U0901307

SHANXI YEARBOOK

2018

中共山西省委党史研究院
山西省地方志研究院 编

图书在版编目(CIP)数据

山西年鉴. 2018 / 中共山西省委党史研究院(山西省地方志研究院)编.
— 北京：方志出版社，2018.12

ISBN 978-7-5144-3468-2

Ⅰ.①山… Ⅱ.①山… Ⅲ.①山西—2018—年鉴
Ⅳ.①Z522.5

中国版本图书馆 CIP 数据核字(2018)第 291683 号

山西年鉴（2018）

编　　者：中共山西省委党史研究院(山西省地方志研究院)
责任编辑：冯　松

出 版 人：冀祥德
出 版 者：方 志 出 版 社
地址　北京市朝阳区潘家园东里9号（国家方志馆4层）
邮编　100021
网址　http://www.fzph.org
发　　行：方志出版社图书经销中心
电话　（010）67110500
经　　销：各地新华书店
印　　刷：山西省史志印刷厂

开　　本：889×1194　1/16
印　　张：40.5
字　　数：1573 千字
版　　次：2018 年 12 月第 1 版　2018 年 12 月第 1 次印刷
印　　数：0001～3000 册

ISBN 978-7-5144-3468-2　　　　定价：398.00 元

山西省地方志编纂委员会

山西省地方志编纂委员会办公室

《山西年鉴》编纂人员

办公电话：0351-5681320　5681326　5681327

办公地址：山西省太原市小店区平阳路49号　　邮　　编：030012

电子信箱：sxnianjian2010@sina.cn

山西省地图集编纂委员会办公室编制 审图号：晋S(2017)033号

（资料截至2017年12月）

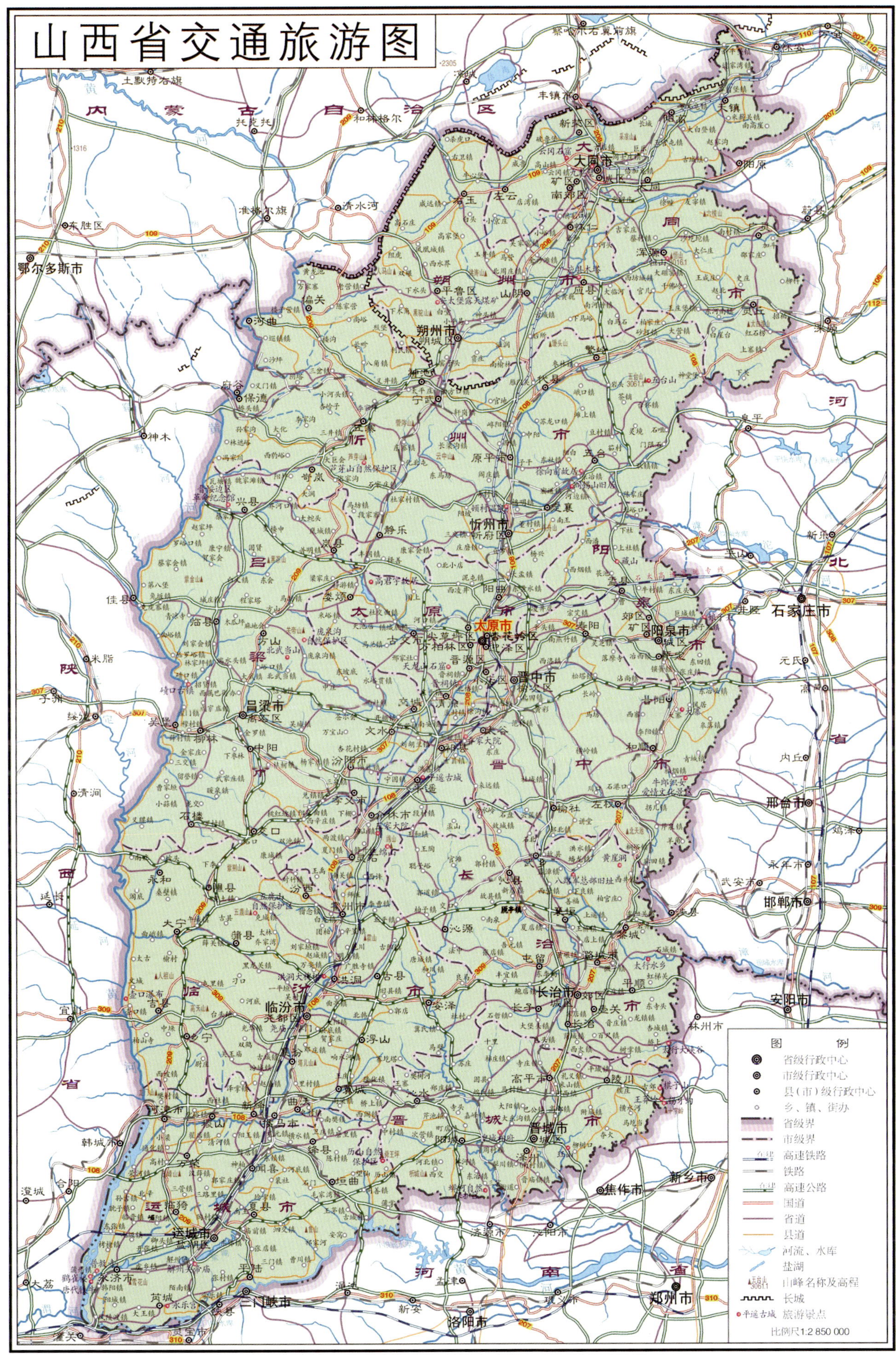

山西省地图集编纂委员会办公室编制　审图号：晋S(2017)033号　（资料截至2017年12月）

综合

地区生产总值	15528.4亿元
第一产业	719.2亿元
第二产业	6778.9亿元
第三产业	8030.4亿元
人均地区生产总值	42060元
最终消费	8756.4亿元
资本形成总额	7154.7亿元

社会从业人员和劳动报酬

社会从业人员	1914.1万人
第一产业	670.7万人
第二产业	483.8万人
第三产业	759.7万人
非私营单位在岗职工平均工资	61547元
非私营单位从业人员工资劳动报酬总额	2558.3亿

人口

总户数	1301.73万户
常住人口	3702.35万人
男性	1895.11万人
女性	1807.24万人
出生人口	40.83万人
死亡人口	20.12万人

固定资产投资

全社会固定资产投资	6140.9亿元
第一产业	580.1亿元
第二产业	2105.1亿元
第三产业	3455.1亿元
全社会竣工房屋面积	5185万平方米
#住宅	4200万平方米

对外经济贸易

海关进出口总额	171.7亿美元
出口总额	102.0亿美元
进口总额	69.8亿美元
实际利用外资额	26.8亿美元

人民生活

城镇居民人均可支配收入	29132元
城镇居民人均消费性支出	18404元
农村居民人均可支配收入	10788元
农村居民人均消费支出	8424元

能源

一次能源产量	6.59亿吨标准煤
能源消费总量	20057.2万吨标准煤
煤炭消费量	32171万吨
全社会用电量	1990.6亿千瓦小时
电力外调量	934.5亿千瓦小时

物价

居民消费价格总指数	101.1
城镇	101.4
农村	100.5
商品零售价格总指数	101.3
工业生产者购进价格指数	119.4
工业生产者出厂价格指数	115.2

农业

农作物播种面积	3568.28万公顷
其中粮食	3171.59万公顷
粮食产量	1353.9万吨
油料产量	15.0万吨
肉类产量	93.3万吨

工 业

工业企业单位数	3835个
原煤产量	87221万吨
发电量	2765.5千瓦小时
生铁产量	3951.9万吨
粗钢产量	4429.7万吨
水泥产量	3760.3万吨

建筑业和房地产业

建筑业施工企业个数	2538个
建筑业竣工产值	1405.4亿元
建筑业总产值	3566.6亿元
建筑业企业房屋建筑竣工面积	3544万平方米
房地产开发投资	1166.3亿元
房地产竣工面积	1969.9万平方米

住宿 餐饮业和旅游

住宿、餐饮业营业额	85.2亿元
接待国内游客人数	5.6亿人次
接待过境过夜游客人数	67.0万人次
旅游总收入	5360.2亿元
旅游外汇收入	35014万美元

财政 金融和保险

一般公共预算收入	1867.0亿元
一般公共预算支出	3756.4亿元
住户存款	18620.3亿元
原保险保费收入	823.9亿元

交通运输 邮电通信业

铁路营业里程	5317千米
公路线路里程	14.3万千米
货物周转量	4185亿吨／千米
旅客周转量	373.8亿人／千米
市话年末数	259.2万户
农话年末数	43.1万户
移动电话户数	3647.9万户

批发和零售业

社会消费品零售总额	6918.1亿元
城镇社会消费品零售总额	5643.6亿元
乡村社会消费品零售总额	1274.5亿元

教育 科技

高等学校数	80所
高等学校在校学生数	79.5万人
研究生在校学生数	32173人
普通中专在校学生数	12.6万人
普通中学在校学生数	180.2万人
小学在校学生数	228.1万人
中等职业学校在校学生数	42.1万人
科学研究机构	158个

文化 体育 卫生 环保

文化馆数	131个
公共图书馆数	128个
体育场地数	26522个
医院数	1388个
废水排放总量	24041万吨

（山西省统计局）

专题宣介会会场

山西省委的实践

——风清气正、奋发有为

2017年6月30日下午，中共中央对外联络部“中国共产党的故事——全面从严治党”专题宣介会在北京举行。中共山西省委以“山西省委的实践——风清气正、奋发有为”为主题，向访华的外国政党政要以及驻华高级外交官、国际组织驻华机构代表等宣介习近平总书记治国理政新理念新思路新战略，展示山西省委落实党中央全面从严治党要求的实践和成效。

宣介会上，中联部部长宋涛致辞，山西省委书记骆惠宁与参会外宾分享了山西省委“风清气正、奋发有为”的精彩故事。正在访华的斯里兰卡、泰国、南苏丹、加蓬、南非、墨西哥、摩尔多瓦等国的政党代表团以及外国驻华高级外交官、国际组织驻华机构代表和外国专家学者等约400人参加宣介会。

中联部部长宋涛(前排右二)、山

宋涛和骆惠宁还与外宾进行了热烈的互动交流,就反腐治理是全球治理的重要内容,以及山西省委加强党内政治文化建设、推动经济结构调整与动能转换等话题现场回答提问。主宣介会前,外宾分别参加了“选人用人”模拟研讨会和“万名干部入企”研讨会,再现了选拔任用党员领导干部的场景和山西省选派干部入企服务的情况。宣介会期间,山西省委还举办了党的建设和社会经济发展图片展、高精尖产品成果展、山西特色文化美食赏鉴及文艺演出等活动。宋涛和骆惠宁一同观摩了上述活动。

中联部副部长郭亚洲,山西省委常委、大同市委书记张吉福出席宣介会。中纪委、中组部、中宣部、全国友协等中央部委代表,中联部有关负责同志,山西各市市委书记、省直有关部门主要负责同志和有关市、企业负责同志参加。

中联部部长宋涛(左)、山西省委书记骆惠宁(右)同与会嘉宾交流

宣介会介绍山西省选派干部入企服务情况

骆惠宁(前排右一)等参观展览

全方位的成果展示吸引外宾驻足观看

2017年8月24日，省委书记、省人大常委会主任骆惠宁(前排中)，省委副书记、省长楼阳生(前排右)等省领导在第三届文博会上

第三届山西文化产业博览交易会

2017年8月24日，第三届山西文化产业博览交易会在中国(太原)煤炭交易中心开展。

文博会以"文化三晋 开放山西"为主题。推出344场各类活动，观展群众累计达25.9万人次。展会现场交易突破1.9亿元，达成合作意向突破41亿元。

关公雕塑展

翼城花鼓展

朝元窑展

首届山西艺术节

首届山西艺术节于2017年8月18日至9月26日在太原举办。艺术节以“艺术的盛会 人民的节日”为主题，展示全省人民在习近平总书记视察山西重要讲话精神的鼓舞激励下，奋发进取、攻坚克难、干事创业的新风貌、新气象，展示近年来山西省艺术创作和群众文化建设的新成果，繁荣艺术创作，打造文化晋军，丰富人民群众精神文化生活，助力山西省实现振兴崛起和全面建成小康社会。

首届山西艺术节汇集开幕式和闭幕式、表演类活动、展览类活动、主题性活动4大板块共29项活动。艺术节共计演出104场，演职人员达5000余人，观众达10万人次。

团队艺术展演

腰鼓艺术展演

锣鼓艺术展演

喜见山西蓝

2017年,山西省制定《山西省2017—2018年秋冬季大气污染综合治理攻坚行动方案》(以下简称《行动方案》),同时配套出台四个方案,打出大气污染综合治理"组合拳"。

根据《行动方案》,从2017年10月至2018年3月,在全省范围开展秋冬季大气污染综合治理攻坚行动,并自加压力,设置的指标更为严格。同时,结合采暖期燃煤污染特征增加二氧化硫控制指标。实施范围由4个大气污染传输通道城市扩展到全省11个市,确保不留死角、不留盲区,全省共同行动,形成合力。

"限行"的太原,天格外的蓝

禁煤按下"确认键" 截至2017年10月底,山西全省实施"煤改气""煤改电"等清洁取暖工程109.5万户。太原、阳泉、长治、晋城、临汾、晋中、吕梁、忻州8个城市开展禁煤区建设,其他城市严格按照高污染燃料禁燃区的要求加强煤质管控;全省淘汰城市建成区20吨/小时以下和县城建成区10吨/小时以下燃煤锅炉4031台,淘汰"散乱污"企业6757家。

政府补贴百姓受益 为消除群众对"煤改气""煤改电"之后所花费用增加的担忧,太原市出台《太原市2017年散煤治理暨冬季清洁取暖实施方案》,其中对"煤改气""煤改电"都给出明确的补贴标准。

限行成为常态 为减少污染、限制排放,山西各地限行从省会城市延伸至县城,限行几成常态。

公共自行车成为太原市民出行的首选交通工具

“煤改气”取代燃煤

拆除“城中村”黑烟囱

煤改气锅炉

公共自行车成为城市交通靓丽风景线

蓝天白云下的太原长风文化商务区一角

精准扶贫的“山西解法”

曾经的山西被贴着“一煤独大”的标签，饱受经济增速全国末位、扶贫资金绩效评价和帮扶工作群众满意度排名全国靠后的困扰。山西要彻底摆脱“资源诅咒”与“贫困魔咒”，需要实实在在地走出一条脱贫攻坚与增收致富共赢、公共服务提升与创新发展并重的小康路。

2017年，山西庄严承诺：以“人心齐，泰山移”的决心和努力，用“山西解法”坚决打赢脱贫攻坚这场输不起的世纪决战。

特色农业　唱响产业扶贫

素有“小杂粮王国”美称的山西省，制约省内贫困地区发展的难点在于：一无产业支撑，二无产业推动。《山西省特色农业扶贫行动实施方案（2016—2020年）》指出方向：未来五年，围绕杂粮、马铃薯、红枣、中药材、水果、蔬菜、畜牧、休闲农业七大特色农业产业精准扶贫。

隰县玉露香梨产业

长治市特色产业草莓

大同市南郊区云冈高山片区的光伏电站

左云县店湾水窑区的光伏电站

光伏发电　照亮脱贫道路

实施光伏扶贫,既可以落实精准扶贫要求,让贫困群众直接受益,又可以促进贫困地区投资增长,带动区域经济发展,是一项既利当前又利长远、既利扶贫又利发展的项目。

异地搬迁　谱写致富新篇

异地搬迁是精准扶贫中任务最重、难度最大的头号工程,也是一项系统工程。山西规划的搬迁实施方案每向前一步,都用人民安居乐业的尺子去丈量,旨在坚持以岗定搬、以产定搬,确保搬得出、稳得住、能致富。

孩子们在搬迁新居快乐生活

武乡县五村举办“播种节”,以新的方式开创农村脱贫致富的新路子

旅游扶贫　显效“一石二鸟”

乡村旅游是旅游与农业的融合发展，具体到旅游扶贫，同样有“一石二鸟”的功效，既能从经济上帮助群众脱贫致富，又能从精神文化上引导群众扶志增智。

生态扶贫　建设美丽乡村

作为中国的造林大省，山西创造性地把生态治理与脱贫攻坚紧密结合起来，通过组建扶贫攻坚造林专业合作社，带动贫困户参与造林，将建设绿水青山的过程变成贫困群众增收脱贫的过程。

电商扶贫　促进创业就业

2017年中央一号文件专门将“推进农村电商发展”列为一个单独要点。山西各部门支持农村电商的政策文件密集出台，促使农村电商迅速变为“蓝海”。

太行山大峡谷

云丘山景区

临县前青塘村发展乡村文化旅游

兴起的山西电商

生态扶贫——植树造林

序一

国务院办公厅2015年8月印发的《全国地方志事业发展规划纲要(2015—2020年)》(以下简称《规划纲要》)要求,到2020年要做到地方综合年鉴一年一鉴,公开出版,实现省、市、县三级综合年鉴全覆盖。《规划纲要》还要求,坚持存真求实,正确处理质量与进度的关系,将精品意识贯穿于年鉴编纂出版工作全过程。2015年12月,中国地方志指导小组办公室启动中国年鉴精品工程,将其与先期实施的中国志书精品工程视为姊妹工程,一道作为加强地方志质量建设的重要抓手。

实施中国年鉴精品工程有助于推动中华优秀传统文化传承发展。近年来,在党中央、国务院的高度重视和关心支持下,全国地方志事业发展迎来最好的发展时期。年鉴编纂发端于欧洲,鸦片战争后被引入我国,在我国走过了100多年的发展历史。在长期的编纂中,年鉴在内容和形式上不断发展,逐渐演变成为适合反映中国国情、具有鲜明中国特色的一种文化载体,并在改革开放后出现了快速发展的局面。2006年5月,国务院《地方志工作条例》颁布施行,明确将地方综合年鉴纳入地方志工作范畴,年鉴工作走上了有法可依的轨道。《规划纲要》出台,为从依法编鉴转变到依法治鉴指明了方向。2016年12月,中国地方志指导小组印发《全国年鉴事业发展规划(2016—2020年)》,更进一步明确了到2020年全国年鉴事业的任务书、时间表、路线图。经过多年的发展,年鉴工作已经成为地方志工作的重要组成部分,成为中华民族优秀文化传统的有机组成部分,其存史、育人、资政作用日益彰显。实施中国年鉴精品工程,是年鉴工作者紧扣时代脉搏、坚持创新发展的一项重要举措,对于坚定文化自信,传承弘扬好中华优秀传统文化意义重大。

实施中国年鉴精品工程有助于为全面建成小康社会提供更多智力支持和历史借鉴。党的十八大作出全面建成小康社会的战略部署。党的十八届五中全会提出到2020年如期实现全面建成小康社会的目标要求。完成《规划纲要》确定的目标任务是年鉴工作者的神圣使命,更是年鉴工作者以自身力量为全面建成小康社会献上的厚礼。一方面,可以更好地利用年鉴这种年度资料性文献,及时记录各地区在全面建成小康社会伟大征程中每年取得的新成绩和新经验、出现的新情况和新问题、涌现的优秀人物和典型事迹等;另一方面,可以更好地积累地情、国情资料,为推动经济社会发展和深化改革提供智力支持,为推进国家治理体系和治理能力现代化提供历史借鉴。

实施中国年鉴精品工程有助于全面推进地方志事业转型升级。地方志不是单纯修志编鉴工作,而是全体方志人"修志问道,以启未来"的一项事业,这项事业包含着巨大的时代担当与使命追求。地方志工作要在"五大建设"总体布局和"四个全面"战略布局中发挥与其自身价值、功能相匹配的作用,就要因时而谋、乘势而上、顺势而为,全面推进地方志事业转型升级。转型升级,当下最重要的目标就是完成“两全目标”,包括“年鉴全覆盖”目标;长远的目标就是基本形成地方志编修体系、理论研究和学科建设体系、质量保障体系、资源开发利用体系、工作保障体系“五位一体”的地方志事业发展综合体系,包括“五位一体”的年鉴事业发展综合体系。中国年鉴精品工程是一项探索工程,也是一项创新工程,是推进地方志事业转型升级的重要内容。通过实施中国年鉴精品工程,不仅有助于确保年鉴质量,不断编纂出版具有鲜明时代特征、年度特点和地域特色的精品年鉴,也有助于推动年鉴工作适应经济社会发展形势和时代需要,不断改革创新,与时俱进。

多年来,在中国地方志指导小组办公室的指导和全国各级地方志工作机构的共同努力下,年鉴种类数量快速增长,年鉴成果粲然可观,为实施中国年鉴精品工程奠定了坚实的基础。实施中国年鉴精品工程,就是要在全国地方志系统起到示范作用,进一步培育精品意识,打造精品年鉴,以点带面,在提高年鉴质量方面探索出一条切实可行之路,使这项探索工程和创新工程能够积累经验,发挥引领作用。

“万山磅礴,必有主峰;龙衮九章,但挈一领。”实施中国年鉴精品工程,是筑牢地方志事业特别是年鉴事业发展根基之举,其意义与价值不言而喻。但编修出年鉴精品佳作,绝非朝夕之功,需要付出长期艰辛的努力。希望通过实施中国年鉴精品工程,能够进一步推进年鉴质量建设,使年鉴真正成为传承中华民族优秀传统文化的重要载体,成为展示中国国情、地情的重要窗口,成为“为当代提供资政辅治之参考、为后世留下堪存堪鉴之记述”的资源宝库,在全面建成小康社会过程中作出更大贡献。

是为序。

中国社会科学院原副院长

中国地方志指导小组原常务副组长 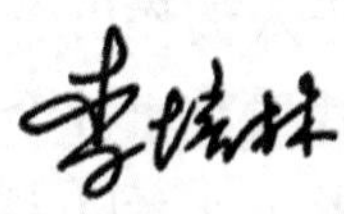

序二

地方志是中华优秀传统文化的根与魂,积淀着中华优秀传统文化最深层的精神追求,代表着中华民族独特的精神标识。新时代坚持和发展中国特色社会主义,更加需要深刻把握人类发展历史规律,更加需要编修出传承不辍的精品志鉴,才能使后代在对历史的深入思考中汲取智慧、走向未来。伟大的时代,为地方志发展提供了取之不尽、用之不竭的源泉,同时也为全国年鉴工作提供了极大的机遇。

党的十九大报告中明确提出"质量强国","努力实现更高质量、更有效率、更加公平、更可持续的发展",这为年鉴事业高质量发展指明了方向。按时、保质完成《全国地方志事业发展规划纲要(2015—2020年)》规定的"两全目标"任务,打造一批资辅当前、存鉴后世、经得起历史检验的精品佳作,不仅是一种法定职责,而且具有重要的政治意义、现实意义和历史意义。中国特色社会主义进入新时代,年鉴事业也进入新时代,呈现快速、稳步发展态势,在各方面都取得了新的显著成绩,包括年鉴编纂进度大大加快,年鉴编纂范围不断扩大,年鉴资源优势得到充分发挥,年鉴开发利用水平全面提升,而且年鉴质量保障机制逐步完善、质量持续提升。因此,在全社会关注质量发展的黄金时期,尤其是在完成"两全目标"任务的关键期,在狠抓进度的时候,实施中国年鉴精品工程更是恰当其时。年鉴工作者要投身于时代,为时代放歌,书写复兴华章,把出品更多的精品年鉴使命落实在实现中国梦的恢宏大业中。

习近平总书记说,精品之所以"精",就在于其思想精深、艺术精湛、制作精良。中国年鉴精品工程紧扣时代脉搏,拓宽视野,围绕人民群众的美好生活,用精品记录新时代,为新时代新气象新作为留下真实、鲜活、生动、翔实的记录。实施中国年鉴精品工程,既是全面贯彻落实《全国地方志事业发展规划纲要(2015—2020年)》的重要举措,也是培育精品意识和精品年鉴、提高年鉴质量的重要手段;既是发挥年鉴存史、资治、教化功能的根基所在,也是年鉴工作者坚持创新发展、传承弘扬中华优秀传统文化的关键步骤。这不仅有助于坚定文化自信,讲述好中国故事,传播好中国声音,更有助于为决胜全面建成小康社会提供更多智力支持和更大精神动力。

实施中国年鉴精品工程顺应地方志进入新时代的历史潮流。"充实之谓美,充实而有光辉之谓大。" 党的十九大报告指出,我国的社会主要矛盾已经转化为人民日益增长的美好生活需要和不平衡不充分的发展之间的矛盾。党章修正案、宪法修正案把习近平新时代中国特色社会主义思想确立为我们党和国家的行动指南,我国的发展进入到新的历史方位。为适应这些重大变化,党和国家随之出台更多重大的举措、推出更多有力的措施。年鉴如何全方位地、开创性地记述这些历史性变化,如何充分记述我们党领导人民进行的伟大斗争、建设的伟大工程、推进的伟大事业、实现的伟大梦想,是新时代地方志工作需要深入思考探究的问题。中国年鉴精品工程正是呼应新时代新变化新要求，致力于在全国地方志系统进一步培育精品意识、打造精品年鉴，从而以点带面，在提高年鉴质量方面探索出一条切实可行之路，充分发挥中国精品年鉴的辐射效应，引领带动全国范围内年鉴质量的全面提高，切实推动年鉴事业转型升级。

实施中国年鉴精品工程要全面把握以人民为中心的发展理念。以人民为中心，贯穿于改革开放以来我们党推进中国特色社会主义文化建设的全过程。新时代把握新机遇，年鉴作为记录新时代地方年度历史的重要载体，应当以习近平新时代中国特色社会主义思想为指导，牢固确立以人民为中心的理念。中国年鉴精品工程始终坚持人民是历史的创造者和改革开放事业的实践主体，始终坚持文化发展为人民服务、为社会主义服务，充分记录人民的首创精神，凸显人民在文化建设中的主体作用，不断满足人民的精神文化需求。年鉴工作要深深扎根于人民之中，坚持以事系人，记载人民群众中的先进典型，内容充分体现社会民生和为民服务的举措。在此基础上，实施中国年鉴精品工程还要建立精品长效机制，逐步推进精品年鉴传播最优化和效益最大化，使精品年鉴能够不断满足人民群众对美好生活的新需要新期待，在铸就中华文化新辉煌的过程中更好地构筑中国精神、中国价值、中国力量的方向上不断努力。

实施中国年鉴精品工程是坚定文化自信的体现。习近平总书记说，文化兴国运兴，文化强民族强。没有高度的文化自信，没有文化的繁荣兴盛，就没有中华民族的伟大复兴。中华优秀传统文化是中华民族的文化根脉，其蕴含的思想观念、人文精神、道德规范，不仅是我们中国人思想和精神的内核，对解决人类问题也有重要价值。地方志是中华优秀传统文化的精神之脉，是中华优秀传统文化基因的真正传承者和发展者。精品年鉴正是从中华民族世世代代形成和积累的优秀传统文化中汲取营养和智慧，记录传承的文化基因，记录思想精华，展现精神魅力。实施中国年鉴精品工程，以时代精神激活中华优秀传统文化的生命力，推进中华优秀传统文化创造性转化、创新性发展，把传承和弘扬中华优秀传统文化同坚定文化自信统一起来，有助于引导人民树立和坚持正确的历史观、民族观、国家观、文化观，不断增强中华民族的归属感、认同感、尊严感、荣誉感。

用精品记录新时代，用奋斗铸就新辉煌。地方志植根于历史，内涵于历史，镌刻于历史之上，是中华民族在漫长历史中形成的区别于其他民族的独特精神标识，精品年鉴是地方志的“守护者”“传承者”，是地方志成果创造性转化创新性发展的“探路者”“先行者”。习近平总书记强调，凡是传世之作、千古名篇，必然是笃定恒心、倾注心血的作品。希望全国年鉴工作者齐心协力，坚持历史唯物主义立场、观点、方法，立足中国、放眼世界，立时代之潮头，通古今之变化，发思想之先声，推出一批有思想穿透力的精品力作，培养一批年鉴专家，充分发挥存史、育人、资政作用，为推动全国年鉴事业转型升级作出新的更大贡献。

是为序。

中国地方志指导小组秘书长
中国地方志指导小组办公室主任

编纂说明

一、《山西年鉴》创办于1985年，是由中共山西省委、山西省人民政府组织，中共山西省委党史研究院（山西省地方志研究院）编纂的大型省级年度资料性文献。《山西年鉴（2018）》为第34部。

二、《山西年鉴》坚持以马克思列宁主义、毛泽东思想、邓小平理论、“三个代表”重要思想、科学发展观、习近平新时代中国特色社会主义思想为指导，坚持辩证唯物主义和历史唯物主义的立场、观点、方法，存真求实，全面、客观、系统地记载山西省自然、政治、经济、文化、社会和生态建设等各个领域的基本情况，反映年度重要事项与发展变化。

三、《山西年鉴（2018）》除特载、特稿之外，记述时限均为2017年1月1日至12月31日。

四、《山西年鉴（2018）》遵循年鉴通例分类编排、设条记述，全书分4个层次，即类目、分目、次分目、条目，共设41个类目、252个分目、66个次分目，1880个条目，收录图片和统计表210张。

五、《山西年鉴（2018）》框架在保持相对稳定的基础上，及时作了适当增加和调整。特载辑录《习近平总书记在山西视察工作》和国务院《关于支持山西省进一步深化改革　促进资源型经济转型发展的意见》，特稿收录省委书记骆惠宁撰写的《牢记殷切教导　走好山西新的征程》和省长楼阳生所作《政府工作报告》。根据党和国家的重要部署、省情及年度特色，类目作了增加和调整，增设“脱贫攻坚”类目；在“农业”“工业”类目中作了调整。将原“卫生和计划生育”类目改为“医疗卫生”。专题图片分为“山西省委的实践”、文化产业发展、转型发展“喜见山西蓝”“精准扶贫的‘山西解法’”等几部分。

六、《山西年鉴(2018)》稿件由山西省各级党、政、军机关和企事业单位提供。照片除署名外的均由山西画报社提供。

七、《山西年鉴(2018)》条目所涉数据来源多处，相关数据或有差异，遇此当以山西省统计局发布的数据为准。所有数据采用法定计量单位，个别遵从习惯。

八、读者可以通过扫描封底二维码阅读手机版《山西年鉴》。

目　录

Contents

特　载

特　稿

2017 年山西省大事记

省情概览

自然地理

历史文化

行政区划

人口　语言

民族　宗教

国民经济和社会发展

机构设置和负责人名录

中国共产党山西省委员会

综　述

省委重要会议

组　织

宣　传

中国共产党山西省纪律检查委员会 山西省监察委员会

综　述

纪检监察重要会议

纪律监察

监察体制改革试点

民主党派　工商联

民革山西省委会

民盟山西省委会

民建山西省委会

民进山西省委会

农工党山西省委会

九三学社山西省委会

山西省工商业联合会

群众团体

山西省总工会

共青团山西省委

山西省妇女联合会

山西省文学艺术界联合会

山西省作家协会

山西省科学技术协会

山西省社会科学界联合会

山西省归国华侨联合会

检　察

法　院

司法行政

仲　裁

军　事

综　述

山西省军区

武警山西省总队

人民防空

经济管理

综　述

宏观经济管理

土地资源管理

国有资产管理

财　政

税　务

物价管理

审　计

统计管理

工商行政管理

质量技术监督

食品药品监督管理

能源监督管理

安全生产监督管理

太原海关

口岸管理

水　利

综　述

水利规划

节约用水

水利工程

防汛抗旱

农田灌溉

水土保持

农村供水

引黄入晋

工　业

综　述

信息产业

煤炭工业

民用航空

内河航运

无线电　通信　邮政

综　述

无线电管理

通　信

邮　政

城乡建设

综　述

住房建设管理

城乡建设规划

城市建设

村镇建设

环境保护

综　述

环境质量

环保管理

污染防治

汾河生态修复

生态环境保护

教　育

综　述

文 化

综 述

公共文化

文学艺术

社科研究

医疗卫生

综　述

卫生管理

公共卫生

中医药

医政管理

体　育

综　述

群众体育

竞技体育

体育产业

体育设施

脱贫攻坚

综　述

组织领导

措施保障

精准帮扶

社会参与

社会生活

综　述

劳动就业

收入与消费

社会保险

社会救助

社会福利

慈善事业

拥军优抚

住房保障

CONTENTS

习近平总书记在山西视察工作

2017年6月21日至23日，中共中央总书记、国家主席、中央军委主席习近平在山西省委书记骆惠宁、省长楼阳生陪同下，到吕梁、忻州、太原等地，瞻仰革命纪念馆、革命旧址，深入农村、企业，就当前经济社会发展和贯彻落实党的十八届六中全会精神进行考察调研。

位于吕梁山区的吕梁市兴县，在中国人民抗日战争和解放战争时期，是晋绥边区首府所在地和八路军一二〇师主战场之一。21日上午，习近平从北京到吕梁一下飞机，就驱车近2个小时到兴县蔡家崖村，向晋绥边区革命烈士敬献花篮，瞻仰晋绥边区革命纪念馆，参观晋绥边区政府、晋绥军区司令部旧址。一幅幅图片、一件件实物，展现了党领导人民开展革命斗争的情景。习近平不时驻足凝视，询问有关细节。他指出，来到这里深受感动、深受教育。党的每一段革命历史，都是一部理想信念的生动教材。全党同志一定要不忘初心、继续前进，永远铭记为民族独立、人民解放抛头颅洒热血的革命先辈，永远保持中国共产党人的奋斗精神，永远保持对人民的赤子之心，努力为人民创造更美好、更幸福的生活。

参观结束时，习近平同晋绥边区的老战士老同志代表一一握手，亲切交谈，充分肯定他们的贡献，祝他们健康长寿、晚年幸福，并同他们合影留念。闻讯等候在这里的群众高声欢呼"总书记好！""总书记辛苦了！"习近平迎上前去同乡亲们握手，向大家致意。

老区人民生活怎么样？老区脱贫攻坚工作怎么样？习近平十分关心。21日下午，他驱车1个多小时，到忻州市岢岚县赵家洼村考察。

赵家洼村是吕梁山集中连片特困地区的深度贫困村。习近平到特困户刘福有、曹六仁、王三女家中看望。每到一户，他都仔细察看生活设施，询问家庭人员构成及基本情况，同主人一起算收入支出账，详细了解致贫原因和扶贫措施落实成效。得知刘福有和自己71岁的妻子、92岁的母亲一家3口都有病在身，习近平要求有关负责同志高度重视因病致贫、因病返贫问题。曹六仁告诉总书记，特困户能得到党和政府这么多扶助，过去做梦都不敢想。习近平对他说，党和政府就是为老百姓服务的，让大家生活越过越好是我们的职责。王三女的丈夫、儿子已经去世，孙子、孙女有残障，习近平安慰她好好生活，叮嘱当地干部安排好她孙子和孙女的特殊教育。总书记温暖亲切的话语和无微不至的关怀，让特困户和在场所有人深受感动。

随后，习近平察看了作为全村唯一生产生活水源的浅层渗水井，蹲到玉米地边揭开间作红芸豆所用薄膜了解抗旱保墒措施，前往驻村扶贫工作队办公地看望县里派驻的扶贫工作队员。习近平指出，让贫困人口和贫困地区同全国人民一道进入全面小康社会，是党的庄严承诺，不管任务多么艰巨、还有多少硬骨头要啃，这个承诺都要兑现。他希望各级扶贫工作队员扑下身子扎实工作，在为贫困群众排忧解难中实现价值、增长才干。离开时，全村人都来为总书记送行，掌声、欢呼声响彻整个村子。

宋家沟新村是岢岚县一个易地扶贫搬迁的集中安置点，村民新居已经建好，村民正陆续搬迁。习近平来到这里，听取了岢岚县精准扶贫工作及易地扶贫搬迁整体情况介绍，了解宋家沟新村规划及建设情况。他到已搬入新居的贫困户张贵明家具体察看，问一家人搬迁享受了多少补贴，现在生活怎么样，还有哪些困难。习近平强调，脱贫攻坚工作进入目前阶段，要重点研究解决深度贫困问题。实施整村搬迁，要规划先行，尊重群众意愿，统筹解决好人往哪里搬、钱从哪里筹、地在哪里划、房屋如何建、收入如何增、生态如何护、新村如何管等具体问题。习近平对村民们说，希望乡亲们同党中央一起撸起袖子加油干，让好日子芝麻开花节节高。

22日下午，习近平在太原考察了太原重工轨道交通设备有限公司和山西钢科碳材料有限公司。在太原重工轨道交通设备有限公司，习近平察看车轮车间、盾构机车间，同锯切线控制室、锻轧控制室和作业现场的职工交流，了解企业提升轨道交通装备研发、设计、制造能力情况。随后视察山西省在装备制造、电子信息、节能环保、新材料、现代煤化工等方面的企业自主创新成果展示，听取全省推动资源型经济转型发展、培育创新体系整体情况汇报。习近平指出，推动传统产业转型升级，必须坚持以企业为主体，以市场为导向，以技术改造、技术进步、技术创新为突破口。要支持企业创新产业组织形态，瞄准国际国内先进标杆全面提高产品技术、工艺装备、能效环保等水平。习近平希望该企业用好我国交通发展和推进“一带一路”建设的历史性机遇，在技术创新和品牌建设上创出更大的天地。

在山西钢科碳材料有限公司，习近平通过视频了解高端碳纤维研发、生产、应用情况，视察T800级高性能碳纤维生产线，了解生产工艺，察看成品展示，同现场科技人员交流。习近平指出，新材料产业是战略性、基础性产业，也是高技术竞争的关键领域，我们要奋起直追、迎头赶上。他强调，科技创新是提高供给质量和水平最重要的发力点。要强化要素投入和政策配套，推动产学研一体化，真正把企业、科研单位特别是广大科研人员的积极性和创造性激发出来，让他们既有科技创新的成就感，又有成果转化收益分享的获得感。

考察期间，习近平听取了山西省委和省政府工作汇报，对山西经济社会发展取得的成绩和各项工作给予肯定。他希望山西广大干部群众紧紧抓住机遇，勇于改革创新，果敢应对挑战，善于攻坚克难，不断推动各项事业向前发展。

习近平指出，实现资源型地区经济转型发展，形成产业多元支撑的结构格局，是山西经济发展需要深入思考和突破的重大课题。党中央赋予山西建设国家资源型经济转型综合配套改革试验区的重大任务。山西要用好这一机遇，贯彻新发展理念，着力解决制约发展的结构性、体制性、素质性矛盾和问题，以深化供给侧结构性改革推动经济转型发展，以创新驱动推动经济转型发展，以营造良好营商环境推动经济转型发展，以全面深化改革推动经济转型发展，真正走出一条产业优、质量高、效益好、可持续的发展新路。

习近平强调，要坚持把解决好农业、农村、农民问题作为全党工作重中之重。要以构建现代农业产业体系、生产体系、经营体系为抓手，加快推进农业现代化。要通过发展现代农业、提升农村经济、增强农民工务工技能、强化农业支持政策、拓展基本公共服务、提高农民进入市场的组织化程度，多途径增加农民收入。要深入推进社会主义新农村建设，推动公共服务向农村延伸，全面改善农村生产生活条件。要完善农村工作领导体制机制，建设一支懂农业、爱农村、爱农民的干部队伍，坚持工业农业一起抓、城市农村一起抓。

习近平指出，我们党干革命、搞建设、抓改革，都是为了让人民过上幸福生活。要在抓好脱贫攻坚这个第一民生工程的同时，统筹做好就业、收入分配、教育、社会保障、医疗卫生、住房、食品安全、生产安全、公共治安等各项民生的保障和改善工作，确保人民安居乐业、社会安定有序。推出的每件民生实事都要一抓到底，一件接着一件办，一年接着一年干。

习近平强调，坚持绿色发展是发展观的一场深刻革命。要从转变经济发展方式、环境污染综合治理、自然生态保护修复、资源节约集约利用、完善生态文明制度体系等方面采取超常举措，全方位、全

国务院关于支持山西省进一步深化改革促进资源型经济转型发展的意见

国发〔2017〕42号

各省、自治区、直辖市人民政府，国务院各部委、各直属机构：

山西省是我国重要的能源基地和老工业基地，是国家资源型经济转型综合配套改革试验区，在推进资源型经济转型改革和发展中具有重要地位。当前，我国经济发展进入新常态，对资源型经济转型发展提出了新的更高要求。为加快破解制约资源型经济转型的深层次体制机制障碍和结构性矛盾，走出一条转型升级、创新驱动发展的新路，努力把山西省改革发展推向更加深入的新阶段，为其他资源型地区经济转型提供可复制、可推广的制度性经验，现提出以下意见。

一、总体要求

（一）指导思想。

全面贯彻党的十八大和十八届三中、四中、五中、六中全会精神，深入贯彻习近平总书记系列重要讲话精神和治国理政新理念新思想新战略，认真落实党中央、国务院决策部署，统筹推进"五位一体"总体布局和协调推进"四个全面"战略布局，牢固树立和贯彻落实新发展理念，坚持以提高发展质量和效益为中心，以推进供给侧结构性改革为主线，深入实施创新驱动发展战略，推动能源供给、消费、技术、体制革命和国际合作，打造能源革命排头兵，促进产业转型升级，扩大对内对外开放，改善生态环境质量，实现资源型经济转型实质性突破，将山西省建设成为创新创业活力充分释放、经济发展内生动力不断增强、新旧动能转换成效显著的资源型经济转型发展示范区。

（二）基本原则。

——坚持改革引领。坚持解放思想、实事求是，以推进供给侧结构性改革为主线，大胆破除阻碍经济转型的观念理念和体制机制束缚，率先复制、推广全国各类体制机制创新经验，先行布局重大改革试点试验。

——聚焦产业转型。以能源供给结构转型为重点，以产业延伸、更新和多元化发展为路径，建设安全、绿色、集约、高效的清洁能源供应体系和现代产业体系。

地域、全过程开展生态环境保护。要广泛开展国土绿化行动，每人植几棵，每年植几片，年年岁岁，日积月累，祖国大地绿色就会不断多起来，山川面貌就会不断美起来，人民生活质量就会不断高起来。

习近平指出，严肃党内政治生活，是全面从严治党的根本性基础工作。各级党组织务必认真贯彻落实《关于新形势下党内政治生活的若干准则》，切实增强党内政治生活的政治性、时代性、原则性、战斗性。要教育党员干部自觉加强党性锻炼和自我省察，不折不扣执行党的各项制度和纪律，及时发现和解决自身存在的问题。要融通党的优良传统、中华优秀传统文化、革命文化、社会主义先进文化，建设正气充盈的党内政治文化，努力实现党内政治生态风清气正。

习近平强调，各级党组织要着力把严肃党内政治生活的成果转化为促进党的事业发展的持续动力，把广大党员干部的精气神引导到改革发展上来，让干净的人有更多干事的机会，让干事的人有更干净的环境，让那些既干净又干事的人能够心无旁骛施展才华、脱颖而出，真正实现党的建设和党的事业互促共进。

王沪宁、汪洋、栗战书和中央有关部门负责同志陪同考察。

（摘自《人民日报》2017年6月24日）

——突出生态优先。大力推进生态保护和环境治理，加快构建生态文明制度体系，形成生产发展、生活富裕、生态良好的新局面。

——加强协同联动。强化山西省主体责任，加强与京津冀地区互动合作，加大国家层面指导和支持力度，协同推进资源型经济转型。

（三）主要目标。

到2020年，重点领域供给侧结构性改革取得阶段性成果，能源革命总体效果不断显现，支撑资源型经济转型的体制机制基本建立。煤炭开采和粗加工占工业增加值比重显著降低，煤炭先进产能占比逐步提高到2/3，煤炭清洁高效开发利用水平大幅提高、供应能力不断增强，打造清洁能源供应升级版。战略性新兴产业增加值占地区生产总值比重达到全国平均水平，研究与试验发展经费投入占地区生产总值比重争取达到全国平均水平，初步建成国家新型能源基地、煤基科技创新成果转化基地、全国重要的现代制造业基地、国家全域旅游示范区，转型发展成果惠及城乡居民，确保与全国同步进入全面小康社会。

到2030年，多点产业支撑、多元优势互补、多极市场承载、内在竞争充分的产业体系基本形成，清洁、安全、高效的现代能源体系基本建成，资源型经济转型任务基本完成，形成一批可复制、可推广的制度性经验，经济综合竞争力、人民生活水平和可持续发展能力再上一个新台阶。

二、健全产业转型升级促进机制，打造能源革命排头兵

（四）推动能源供给革命。引导退出过剩产能、发展优质产能，推进煤炭产能减量置换和减量重组。全面实施燃煤机组超低排放与节能改造，适当控制火电规模，实施能源生产和利用设施智能化改造。优化能源产业结构，重点布局煤炭深加工、煤层气转化等高端项目和新能源发电基地。研究布局煤炭储配基地。鼓励煤矸石、矿井水、煤矿瓦斯等煤矿资源综合利用。结合电力市场需求变化，适时研究规划建设新外送通道的可行性，提高晋电外送能力。布局太阳能薄膜等移动能源产业，打造移动能源领跑者。在新建工业园区和具备条件的既有工业园区，积极实施多能互补集成优化示范工程，推进能源综合梯次利用。以企业为主体，建设煤炭开采及清洁高效利用境外产能合作示范基地。

（五）推动能源消费革命。支持山西省开展煤炭消费等量、减量替代行动，扩大天然气、电能等清洁能源和可再生能源替代试点范围，因地制宜发展地热能、太阳能等可再生能源。加强对“煤改电”、农村电网改造升级的资金补贴支持，提高省内电力消纳能力。加快推进煤炭清洁高效利用，推动焦化、煤化工等重点领域实施清洁生产技术改造。在农村居民用煤等重点替代领域，实施一批电能替代工程。加快实施民用、工业“煤改气”工程。

（六）深化能源体制改革。坚持煤电结合、煤运结合、煤化结合，鼓励煤炭、电力、运输、煤化工等产业链上下游企业进行重组或交叉持股，打造全产业链竞争优势。鼓励有条件的煤炭和电力企业通过资本注入、股权置换、兼并重组、股权划转等方式，着力推进煤矿和电站联营。鼓励山西省探索建立能源清洁高效利用综合补偿机制，支持新兴能源产业及相关产业发展和生态修复。鼓励山西省引导社会资本建立能源转型发展基金。积极推进电力体制改革综合试点和吕梁等地增量配电业务试点。全面实现矿业权竞争性出让。建立煤层气勘查区块退出机制和公开竞争出让制度。鼓励煤炭矿业权人和煤层气矿业权人合资合作，支持符合条件的企业与山西省煤层气开采企业合作。将煤层气对外合作开发项目审批制改为备案制，将煤炭采矿权范围内的地面煤层气开发项目备案下放至山西省管理。落实煤层气发电价格政策，进一步调动发电企业和电网企业积极性，加快煤层气资源开发利用。

（七）实施产业转型升级行动。深入实施“中国制造2025”，加快信息化与工业化两化深度融合，推进两化融合管理体系贯标试点。支持山西省开展国家智能制造试点示范。重点发展新一代信息技术、轨道交通、新能源汽车、新材料、航空航天、生物医药、文化旅游等新兴产业和先进产品。支持开展传统产业绿色改造，构建绿色制造体系，培育发展一批绿色产品、绿色工厂、绿色园区和绿色产业链。支持山西省开展大数据创新应用，推动大数据产业发展。支持运城市建设铝镁合金产业基地。加快推进航空测绘、通用航空、航空仪表等航空航天产业发展。积极推进全域旅游示范区建设，推动文化旅游融合发展，打造文化旅游支柱产业，支持有条件的市县创建国家级旅游业改革创新先行区。建设省域国家级文化生态保护实验区。支持大同市建设综合康养产业区。

（八）建立新兴产业培育扶持机制。国家在重大生产力布局特别是战略性新兴产业布局时给予山西省重点倾斜。支持山西省老工业城市创新创业能力建设，加快新旧动能转换。支持山西省创建智能制造创新中心和铝镁合金、碳纤维等新材料创新中心。支持山西省主动对接京津冀等东部省市，探索建立合作机制，开展互派干部挂职交流和定向培训，学习东部地区培育发展新兴产业的先进经验和做法。

（九）完善传统产业转型升级政策体系。依托山西省要素资源优势，实施现代煤化工升级示范工程。开展“煤—电—铝—材”一体化改革试点，推动铝工业转型升级。积极支持山西省军民深度融合创新发展工作。鼓励山西省探索创新国防科技成果就地转移转化管理办法及利益分配政策机制。推进农业供给侧结构性改革，发展特色、精品农业，打造山西“农谷”综合性、专业性科创中心，鼓励山西杂粮生产大县争创特色农产品优势区。完善和推广有机旱作农业，将有机旱作农业打造成现代农业的重要品牌。建设优质杂粮产地交易市场和中药材交易中心。

三、深入实施创新驱动发展战略，促进新旧动能接续转换

（十）增强协同创新能力。实施国家技术创新工程，加快推进能源技术革命。通过国家自然科学基金、国家科技重大专项、中央财政引导地方科技发展资金等现有资金渠道支持山西省科技创新。在大科学装置等重大创新基础设施布局上给予山西省重点倾斜，推动在山西省布局科技创新基地，提升科技创新服务转型发展的能力。鼓励山西省实施企业技术创新重点项目计划，开展区域骨干企业创新转型试点，创建国家科技成果转移转化示范区。推动太原国家创新型城市建设，支持具有较好基础的城市创建创新型城市。支持企业和产业技术创新战略联盟构建专利池，推动形成标准必要专利。推行科技创新券、鼓励开展知识产权质押融资，促进科技和金融结合，发展一批主营业务突出、竞争力强、成长性好、专注于细分市场的专业化“小巨人”企业。培育壮大天使投资、创业投资和私募股权投资，满足不同发展阶段和特点的创新型企业融资需求。

（十一）培育打造创新创业平台。支持山西省国家双创示范基地建设。鼓励山西省探索高职院校与企业合作办学，开展现代学徒制试点。支持开展产教融合型城市、行业、企业建设试点，支持山西省地方院校开展高水平应用型本科高等学校建设试点。扶持地方科研院所和高校加快发展，继续通过中西部高校综合实力提升工程支持山西大学建设与发展。支持中科院与山西省深化“院地合作”，推进科技创新成果在山西省落地转化。

（十二）统筹推进开发区创新发展。根据开发区总体发展规划和省内不同地区经济发展需要，稳步有序推进开发区设立、扩区和升级工作，支持发展较好的省级开发区升级为国家级开发区，不断提高发展质量和水平。支持以符合条件的开发区为载体，创建战略性新兴产业集聚区、国家高（新）技术产业（化）基地、国家新型工业化产业示范基地。创新开发区建设运营模式，实行管理机构与开发运营企业分离，引导社会资本参与开发区建设，支持以不同所有制企业为主体投资建设、运营、托管开发区，以及在现有开发区中投资建设、运营特色产业园。支持山西省整合太原市及周边各类开发区，高起点、高标准建设转型综合改革示范区，在科技创新重大平台建设、科技金融结合、政府治理体系和治理能力现代化等方面开展探索示范。在山西转型综合改革示范区及国家级开发区落实中关村国家自主创新示范区先行先试的科技成果使用处置和收益管理改革等政策。

（十三）实施人才强省战略。完善吸引人才的政策环境，为人才跨地区、跨行业、跨体制流动提供便利条件。探索人才双向流动机制，允许科技创新人才在高校、科研院所与企业间双向兼职。强化人才激励机制，支持山西省相关单位开展以增加知识价值为导向的分配政策试点。深化干部人事制度改革，探索在专业性较强的政府机构和国有企事业单位设置高端特聘岗位，实行聘期管理和协议工资。

四、全面深化国有企业改革，激发市场主体活力

（十四）实施国有企业改革振兴计划。抓紧出台山西省国有企业专项改革实施方案，按照创新发展一批、重组整合一批、清理退出一批的要求，促进国有资本向战略性关键性领域、优势产业集聚。在煤炭、焦炭、冶金、电力等领域，加大国有经济布局结构调整力度，提高产业集中度。支持中央企业参与地方国有企业改革，并购重组山西省国有企业。开展国有资本投资、运营公司试点，推动若干重大企业联合重组。推行国有企业高管人员外部招聘和契约化管理制度，建立国有企业外部董事、监事、职业经理人人才库。

（十五）更大程度更广范围推行混合所有制改革。制定出台山西省国有企业混合所有制改革工作方案，率先选择30家左右国有企业开展混合所有制改革试点。在系统总结试点经验基础上，深入推进全省国有企业混合所有制改革，除极少数涉及国家安全的国有企业外，鼓励符合条件的国有企业通过整体上市、并购重组、发行可转债等方式，逐步调整国有股权比例。支持中央企业与山西省煤炭、电力企业通过相互参股、持股以及签订长期协议等合作方式，形成市场互补和上下游协同效应。引导民营企业参与山西省国有企业混合所有制改革，鼓励发展非公有资本控股的混合所有制企业。积极引入有效战略投资者，规范企业法人治理结构，实行市场导向的选人用人和激励约束机制。通过试点探索混合所有制企业员工持股的可行方式。

（十六）加快解决历史遗留问题。允许山西省国有企业划出部分股权转让收益以及地方政府出让部分国有企业股权，专项解决厂办大集体、棚户区改造和企业办社会等历史遗留问题。中央财政对厂办大集体改革继续给予补助和奖励，山西省可结合实际情况，将自筹资金和中央财政补助资金统筹用于接续职工社会保险关系、解除劳动关系经济补偿等改革支出。全面深入推进国有企业职工家属区“三供一业”分离移交。对于中央下放企业职工家属区“三供一业”分离移交中央财政补助资金，在确保完成工作任务基础上，可按规定统筹用于地方国有企业职工家属区“三供一业”分离移交工作。

（十七）促进民营经济健康发展。坚持权利平等、机会平等、规则平等，废除对非公有制经济各种形式的不合理规定。在山西省开展民营经济发展改革示范，重点培育有利于民营经济发展的政策环境、市场环境、金融环境、创新环境、法治环境等。着力构建“亲”“清”新型政商关系，打造良好营商环境，不断提振民营经济发展信心。打破基础设施、市政公用设施、公共服务等领域的行业垄断和市场壁垒，切实降低准入门槛，支持民间投资应入尽入。遴选一批有较好盈利预期、适合民间资本特点的优质项目，鼓励民间资本组建联合体投标，推进政府和社会资本合作。完善产权保护制度，甄别纠正一批社会反映强烈的产权纠纷申诉案件。

五、加快推进重点领域改革，增强内生发展动力

（十八）深化“放管服”改革。全面对标国内先进地区，健全精简高效的权责清单和负面清单制度，统一规范各类审批、监管、服务事项。支持市县级政府设立统一行使行政审批权的机构，推广“一个窗口受理、一站式办理、一条龙服务”，逐步推进政务服务全程网上办理。推进“证照分离”改革试点，全面清理和大幅压减工业产品生产许可证，探索改进产品认证管理制度，加快推进认证机构与政府部门彻底脱钩。试点企业投资项目承诺制，探索建立以信用为核心的监管模式。调整优化行政区划，按程序调整大同市、阳泉市城区、郊区、矿区设置，解决设区的市“一市一区”等规模结构不合理问题。完善政府守信践诺机制，建立健全政府失信责任追究制度及责任倒查机制。

（十九）创新财政金融支持转型升级方式。对山西省主导产业衰退严重的城市，比照实施资源枯竭城市财力转移支付政策。中央预算内投资在山西省农村旅游公路建设、生态建设、扶贫开发和社会事业等方面比照西部地区补助标准执行。支持山西省推进完善地方政府专项债券管理，着力发展项目收益与融资自求平衡的专项债券品种,保障重点领域项目建设融资需求。支持山西省开展水资源税改革试点和环境污染强制责任保险试点。在去产能过程中,通过综合运用债务重组、破产重整或破产清算等手段,妥善处置企业债务和银行不良资产,加快不良贷款核销和批量转让,做到应核尽核,依法维护金融债权。鼓励金融机构与发展前景良好但遇到暂时困难的优质企业有效对接,开展市场化法治化债转股。支持山西省在符合条件的情况下设立民营银行。支持企业开展大型设备、成套设备等融资租赁业务。在依法审慎合规的前提下,鼓励金融机构设立绿色金融专营机构,大力开展绿色金融业务。研究建立大同国家级绿色金融改革创新试验区。

(二十)改革完善土地管理制度。坚持最严格的耕地保护制度,严格划定永久基本农田,实行特殊保护。积极创造条件,在山西省推广国家综合配套改革试验区土地管理制度改革经验,在确权登记颁证基础上,推进农村承包土地经营权、农民住房财产权等农村产权规范流转。实施工业用地市场化配置改革。优化开发区土地利用政策,适应产业转型升级需要,适当增加生产性服务业、公共配套服务、基础设施建设等用地供给,探索适合开发区特点的土地资源开发利用方式。大力推进土地整治,支持城区老工业区和独立工矿区开展城镇低效用地再开发,积极开展工矿废弃地复垦利用试点和中低产田改造。加快推进采煤沉陷区土地复垦利用,对复垦为耕地的建设用地,经验收合格后按程序纳入城乡建设用地增减挂钩试点范围,相关土地由治理主体优先使用。允许集中连片特困地区、国家和省级扶贫开发工作重点县的城乡建设用地增减挂钩节余指标在全省范围内流转使用。试点建立“以奖代补、以补代投”激励机制,充分发挥财政资金撬动作用,吸引社会资金投入,大规模开展高标准农田建设。

(二十一)推动城乡一体化发展。加快资源型城市特别是资源枯竭城市转型,促进城矿协调发展,推进产城融合。支持长治市创建国家老工业城市和资源型城市产业转型升级示范区。加快发展中小城市和特色小城镇,实现城镇基本公共服务常住人口全覆盖,推动具备条件的县和特大镇有序设市。深入推进社会主义新农村建设,抓好传统村落保护,推动基本公共服务向农村延伸,全面改善农村生产生活条件,建设幸福家园和美丽宜居乡村。

(二十二)集中力量打赢脱贫攻坚战。以吕梁山、燕山—太行山两个集中连片特困地区为重点,聚焦深度贫困难题,坚持精准扶贫、精准脱贫基本方略,推进脱贫攻坚与生态治理有机结合,统筹易地扶贫搬迁与煤炭采空区治理、国土综合整治,因地制宜实施整村搬迁,同步建设安置点基础设施、公共服务设施,发展相关配套产业,确保贫困群众搬得出、稳得住、能致富。强化特色产业扶贫与深度贫困人口增收有机结合,建立有效化解因病致贫返贫和支出型贫困的长效机制。

六、深度融入国家重大战略,拓展转型升级新空间

(二十三)构建联接“一带一路”大通道。完善物流基地、城市配送中心布局,打造一批具有多式联运功能的大型综合物流基地。支持在物流基地建设具有海关、检验检疫等功能的铁路口岸。支持太原、大同建设全国性综合交通枢纽,有序推进太原至绥德、保定至忻州、大同至集宁、运城至三门峡等铁路前期工作。中央预算内投资、车辆购置税资金、民航发展基金等对符合条件的山西省交通基础设施项目予以支持。将山西省列入普通公路重载交通建设试点。支持山西(阳泉)智能物联网应用基地试点建设。推动大同、运城、五台山机场航空口岸开放,加快太原、大同、临汾无水港建设。支持在符合条件的地区设立海关特殊监管区域。积极支持山西省复制推广自由贸易试验区等成熟改革试点经验。

(二十四)加强与京津冀协同发展战略衔接。支持山西省与京津冀地区建立合作机制,实现联动发展。构筑京津冀生态屏障,完善区域环境污染联防联控机制,利用现有资金渠道对山西省符合条件的生态环保项目予以支持。增加山西省向京津冀地区的清洁能源供应。支持山西省参与京津冀电力市场化交易。支持京津冀等地企业与山西省电力企业开展合作,扩大电力外送规模。鼓励山西省与京

津冀地区探索跨区域共建园区的投资开发和运营管理模式。加强山西省与京津冀地区基础设施互联互通。鼓励北京、天津两地高水平大学以委托管理、联合办学等方式加强与山西省高校合作。

七、深化生态文明体制改革，建设美丽山西

（二十五）加强资源开发地区生态保护修复治理。加快推进国土综合整治，实施太行山、吕梁山生态保护修复工程，推进山水林田湖生态保护工程试点。积极引入社会资本参与生态修复建设，创新市场化生态修复机制。加大中央预算内采煤沉陷区综合治理专项支持力度，研究逐步将山西省矛盾突出、财政困难的重点采煤沉陷区纳入资源枯竭城市财力转移支付范围。

（二十六）加大生态环境保护力度。落实最严格水资源管理制度，严格水资源开发利用控制、用水效率控制、水功能区限制纳污“三条红线”管理。加强水功能区和入河湖排污口监督管理，加大娘子关泉、辛安泉等水源地保护力度。全面落实河长制，创新河湖管护体制机制，加快推进汾河等流域生态修复和系统治理。加强黄土高原地区沟壑区固沟保塬工作，开展吕梁山、太行山等水土流失综合治理，推动重要水源地生态清洁小流域建设。加快水权交易市场建设，探索滹沱河、桑干河等跨省流域横向生态保护补偿机制。实施大规模植树造林，推进天然林资源保护，将符合条件的公益林纳入国家级公益林范围，享受森林生态效益补偿政策。改革创新园区规划环评工作，探索园区式、链条式环评模式。

（二十七）强化资源节约集约利用。实施能源消耗总量和强度双控行动，强化对山西省各级政府和重点用能单位的节能目标责任考核，组织实施节能重点工程，发展节能环保产业。全面推进节水型社会建设，实施水资源消耗总量和强度双控行动，提高水资源利用效率和效益。坚持以水定城、以水定产，严格执行水资源论证和取水许可制度，强化水资源承载能力刚性约束，促进经济发展方式和用水方式转变。大力推进重点领域节水，把农业节水作为主攻方向，实施重大农业节水工程，推进农业水价综合改革。加大工业和城镇节水力度。实施水效领跑者引领行动，开展合同节水管理试点示范工程。积极开展节水宣传教育，增强全社会节水、护水意识。推动山西省建立健全碳排放权交易机制。在确保环境质量稳定达标前提下，允许山西省在省域内科学合理配置环境容量。实行生产者责任延伸制度，逐步提高电器电子产品、汽车产品、铅酸蓄电池等重点品种的废弃产品规范回收与循环利用率。支持山西省大力发展循环经济，对产业园区进行循环化改造。落实固废利用产品税收优惠政策，推进煤矸石等大宗固体废物综合利用，有效防控炼焦、煤化工等行业危险废物的环境风险。加快推进朔州工业固废综合利用示范基地建设。

八、加强组织领导，完善工作保障措施

（二十八）落实主体责任。山西省要深刻认识资源型经济转型发展的紧迫性、艰巨性、长期性，增强思想自觉和行动自觉，切实承担主体责任，加强组织领导，制定实施方案，强化省内协同，建立激励机制和考核机制，发扬钉钉子精神，持续推动资源型经济转型发展。

（二十九）加大支持力度。国务院有关部门要结合自身职能，对本意见涉及的重大事项抓紧制定细化方案和具体措施，逐条抓好落实。对一些关系全局、综合性强的改革发展举措，要建立健全工作机制，加强系统研究、整体设计、联合攻关。因地制宜将山西省纳入有关部门已启动或拟开展的重大改革试点范围，加大政策支持力度，及时解决资源型经济转型发展中的困难和问题。

（三十）强化指导协调。国家发展改革委要加强对山西省资源型经济转型发展的宏观指导、综合协调、督促推进和检查评估，适时总结并推广重大关键性、标志性改革经验，重大改革进展情况和问题及时报告国务院。有关部门和山西省要加强舆论引导，积极营造支持山西省进一步深化改革、促进资源型经济转型发展的良好氛围。

国务院

2017年9月1日

牢记殷切教导　走好山西新的征程

中共山西省委书记　骆惠宁

6月21日至23日，习总书记亲临山西视察并发表重要讲话，充分体现了党的领袖对老区人民的深切关怀，在山西发展史上具有重要里程碑意义。习总书记提出山西今后发展的总体要求和扎实推进经济发展方式转变、严肃党内政治生活等5项重大任务，为我们指明了前进方向。近年山西政治生态由“乱”转“治”，山西发展由“疲”转“兴”，党的建设和党所领导的各项事业迈上新的征程，根本在于以习近平同志为核心的党中央的正确领导，在于有习总书记作为核心为我们掌舵。山西的历史性变化，从一个区域印证了习总书记系列重要讲话精神和治国理政新理念新思想新战略的真理力量和实践力量。

深入贯彻习总书记视察山西重要讲话，始终把习总书记系列重要讲话精神作为根本指引。近年来，全省党员干部群众对习总书记系列重要讲话是一路学过来的，也是紧密结合正在做的事情一路用过来的。在面临严峻困难和挑战的情况下，我们坚持用讲话精神坚定理想信念、指导决策部署、衡量工作成效，领导干部注重融会贯通，普通党员掌握应知应会，广大群众知晓重大观点。山西经历了一次极不平常的重大转折，各级党组织和广大干部经历了一次极不平常的政治考验，是系列重要讲话给了我们信念和力量。党员干部说，学用越深入，越感到系列重要讲话是改造主客观世界的“金钥匙”，从而在实践中牢固确立了系列重要讲话的指导思想地位。我们在全省开展维护核心、见诸行动主题教育，作为今年“两学一做”学习教育常态化制度化的鲜明主题，增强“四个意识”，把维护核心体现在行动上、融入到工作中，确保中央决策部署在山西全面正确有效地贯彻落实。习总书记视察山西重要讲话，为我们推进各项事业提供了科学指南。省委召开省委常委扩大会议、全省领导干部大会、省委十一届四次全会进行学习贯彻，出台实施意见。我们要继续组织引导全省党员干部在学思践悟上狠下功夫，学习讲话提出的重大工作要求，领会蕴含其中的马克思主义立场观点方法，感悟讲话体现的人民至上的宗旨情怀、抓住关键带动全局的科学方法、贯通古今放眼中外的宏大视野、把握事物发展规律的战略思维、求真务实的工作作风和对党的事业高度负责的担当精神，沿着习总书记指引的新征程创造新的业绩。

推动全面从严治党向纵深发展，努力实现党内政治生态持久的风清气正。习总书记视察山西期间，要求努力实现党内政治生态风清气正。全省人民深切感到，全面从严治党就像一场洗刷雾霾的春雨，使山西从一度政治生态退化的受害者，变为现在全面从严治党的受益者。省委深刻汲取前几年系统性塌方式腐败沉痛教训，坚决扛起全面从严治党主体责任，着力落实准则和条例，采取组合拳措施严肃党内政治生活。我们以壮士断腕的决心惩治腐败，在重典治乱、猛药去疴的同时，注重关口前移、抓早抓小；坚持“好干部标准”，去年省市县乡四级换届是多年来风气最好的，确立了正确的用人导向；出台激励干部担当作为干事创业、支持干部改革创新合理容错等政策措施，把严肃党内政治生活的成果转化为促进党的事业发展的持续动力；大力弘扬革命精神，出台加强党内政治文化建设的实施意见，发挥领导干部的表率作用；在县以上党组织部署开展巡视整改自行“回头看”，以分析解决问题为切入点和主抓手，推动党的十八届六中全会精神落地；监察体制改革试点工作取得明显成效，制度优势正在转化为治理效能；推出加强“基层组织、基础工作、基本能力”建设的25条政策举措，不断夯实党的执政根基。6月30日，在中联部举行的专题宣介会上，山西“风清气正、奋发有为”的实践成效，为“中国共产党的故事——全面从严治党”提供了鲜活例证。我们清醒认识到，一些深层次问题还未完全解决，新情况新问题不断出现。要以永远在路上的定力和决心，以更加科学、更加严密、更加有效的思路举措深化全面从严治党，注重在“修复生态、培植土壤”上综合施策、持之以恒。建设既干净又干事的高素质专业化干部队伍，不断实现党的建设和党的事业互促共进。

推动转型综改试验区“再出发”，努力实现经济转型发展持久的强劲态势。习总书记明确要求我们，加快推动经济转型发展，真正走出一条产业优、质量高、效益好、可持续的发展新路。建设国家资源型经济转型综合配套改革试验区是习总书记和党中央赋予山西的重大使命。去年来，我们把深化供给侧结构性改革与深化转型综改试验区建设紧密结合起来，作为经济工作的主线，特别是坚定推进煤炭减产量、去产能。去年压减煤炭产量1.4亿吨，退出煤炭产能2325万吨，均为全国第一，促进了煤炭供求关系的平衡，扭转了山西经济困难局面。我们正确处理“老饭碗”和“新饭碗”的关系，把握科技和产业变革趋势，推动煤炭清洁高效利用，从煤以外寻找战略支撑点。开展“十大创新活动”，实施千企技改工程。国企国资、开发区、人才发展体制机制、投融资体制等改革和优化营商环境取得新突破，建立起转型导向鲜明的考核评价体系。今年上半年，经济增速和经济总量大幅上升，GDP增长自2014年一季度以来首次实现与全国同步；企业效益和财政收入显著提高，规上工业企业同比扭亏增盈416.3亿元；经济结构和发展动能持续改善；供求对接和市场预期稳定向好；先导性指标大幅上升。制约山西经济发展的结构性、体制性、素质性矛盾依然突出，转型任重道远。我们要以“改”促“转”，出台推进转型综改先行先试清单，制定能源革命行动方案，由“煤老大”向全国能源革命排头兵转变，构建多元化中高端现代产业体系。坚持以环保倒逼转型，加大环境污染综合治理力度，推进汾河等7河生态修复保护工程，推进资源节约集约利用和循环型经济发展，还旧账，不欠新账，建设绿色山西。克服资源型地区眼睛向内的习惯，整体上转过身来，眼睛向外，形成开放发展的大氛围大格局，打造内陆地区对外开放新高地。

以“八个更”的群众期盼为奋斗目标，在决胜全面建成小康社会中增进人民福祉。习总书记指出，我们党干革命、搞建设、抓改革，都是为了让人民过上幸福生活，并亲自在晋主持召开深度贫困地区脱贫攻坚座谈会。山西去年贫困发生率为5.94%，高于全国平均水平。脱贫攻坚是第一民生工程，深度贫困是必须攻克的堡垒。我们认真落实习总书记讲话精神，以吕梁、太行两个集中连片特困地区为主战场，聚焦10个深度贫困县、3350个深度贫困村、28.47万深度贫困人口，以超常举措，实现增绿和增收、生态和生计的有机统一，推进易地扶贫搬迁和贫困人口转移就业，发挥产业、光伏、金融扶贫带动作用，构筑健康、社保、教育扶贫等多重防线，形成攻坚深度贫困的强大合力，充分发挥党支部的战斗堡垒作用。同时以绣花功夫统筹推进全省脱贫攻坚。我们倾心倾力做好教育、就业、收入、社保、医疗卫生、食品安全等民生工作。山西民生整体水平不高，我们要始终坚持以人民为中心的发展思想，在改善民生福祉上下更大气力，全面提高公共服务和社会保障水平，激发全省人民创造美好生活的内生动力，增强广大群众的获得感幸福感。

习总书记在省部级主要领导干部专题研讨班上的重要讲话，指明了全党的奋进方向和中华民族的光辉前景。我们要把学习贯彻习总书记视察山西重要讲话与学习贯彻习总书记在专题研讨班上的重要讲话结合起来，紧紧抓住机遇，勇于改革创新，果敢应对挑战，善于攻坚克难，在践行新发展理念中不断开创资源型地区发展新境界，在深化全面从严治党中持续打造政治生态的绿水青山，在统一思想、凝聚力量中切实增强维护核心的思想自觉和行动自觉，以优异成绩迎接党的十九大胜利召开。

（摘自《人民日报》2017年8月10日）

政府工作报告(节选)

——在山西省第十三届人民代表大会第一次会议上

山西省省长 楼阳生

(2018年1月25日)

一、过去五年工作回顾

刚刚过去的五年,是我省发展进程中极不寻常、浴火重生的五年。五年来,面对经济断崖式下滑的严重困难局面,我们迎难而上、砥砺前行。特别是2014年9月,党中央对省委领导班子进行改组式的重大调整以来,我们坚持以习近平新时代中国特色社会主义思想为指引,在党中央、国务院和省委坚强领导下,改革创新、攻坚克难,实现政治生态由"乱"转"治",发展由"疲"转"兴",同全国人民一道迈入了中国特色社会主义新时代!

供给侧结构性改革取得新成效。认真落实"三去一降一补"重点任务,退出煤炭产能4590万吨,淘汰炼铁产能82万吨、炼钢产能325万吨;率先实施煤炭减量化生产,为改善全国煤炭市场供求关系作出了重要贡献。加大房地产去库存力度,全省商品房待售面积、库存消化周期实现"双下降"。多措并举降低国有企业负债率,2017年同比下降1.7个百分点。全面落实国家和我省降低实体经济成本的政策措施,2017年全省规上工业企业每百元主营业务收入成本比2012年下降3.31元。加大脱贫攻坚、基础设施、科技创新、社会民生、生态环保等薄弱环节投资力度,加快补齐发展短板。

转型综改开创新局面。贯彻落实中央支持资源型地区经济转型发展的决策部署,抓住国务院42号文件出台这一重大政策机遇,打出转型综改"组合拳"。开辟转型综改主战场,稳步推进开发区整合改制扩区调规,成立转型综改示范区,批准新设15个省级开发区,推行"专业化、市场化、国际化"的管理运行机制和"领导班子任期制、全员岗位聘任制、绩效工资制"改革。打造"六最"营商环境,率先实施企业投资项目承诺制改革试点,开展加快招商引资项目落地、入企服务常态化等9大专项行动。制定实施区域经济转型升级考核评价办法。制定实施深化国企国资改革指导意见和系列配套文件,21项重大举措有效实施,省属国有企业公司制改革全面完成,成功组建山西国投公司、文旅集团、交控集团、云时代、大地公司、航空产业集团。农村集体经营性建设用地入市、电力体制、金融、财税、高速公路管理体制等改革取得重大进展。

动能转换取得新突破。加快发展大数据、高端装备制造、新材料、新能源汽车等战略性新兴产业。推进能源革命,改造提升传统产业。加快金融、现代物流、康养等现代服务业发展。促进文化旅游融合发展,包装重点项目,引进战略合作者,培育经营主体,完成149个景区所有权、经营权分离改革。实施"十大创新行动",大力开展"双创"活动。深化人才发展体制机制改革,制定实行以增加知识价值为导向分配政策的14个配套文件。2017年,战略性新兴产业、非煤产业增加值占规上工业增加值比重分别达到9%、51.3%;服务业占GDP比重达到53.5%;旅游总收入由1813亿元增加到5360.2亿元,年均增长24.2%;高端碳纤维、笔尖钢、高铁轮轴钢等一批关键技术取得新突破,高新技术企业由290家增加到1117家。

对外开放取得新进展。实施"东融南承西联北拓"战略,积极参与"一带一路"建设,主动融入京津冀和环渤海经济圈。实施晋商晋才回乡创业创新工程,与国内外一批行业龙头企业开展深度合作,推进招商引资体制机制改革,2017年招商引资到位资金4938亿元。开展山西品牌中华行、丝路行活动。新增国际友好城市7对,举办低碳论坛、平遥国际摄影大展、国际电影展等重大对外交流活动。复制推广自由贸易试验区改革试点经验,启动山西自由贸易试验区申报,成功开通中欧、中亚班列,全省进出口总额达到1162亿元。2017年,太原武宿机场年旅客吞吐量首次突破1000万、达到1200万人次，进入全国繁忙机场行列。

"三农"工作取得新成果。五年出台50项强农富农惠农政策，粮食综合生产能力稳定在130亿公斤左右。以省级战略推动山西农谷、雁门关农牧交错带示范区、运城农产品出口平台建设，实施特色现代农业增效工程，农业供给侧结构性改革迈出坚实步伐。落实脱贫攻坚责任制，全力推进精准扶贫八大工程20项行动，易地扶贫搬迁、特色产业扶贫和健康扶贫扎实开展，生态扶贫、光伏扶贫工作走在全国前列，实施"基本医疗保险+大病保险+补充医疗保险"和"参保缴费救助+辅助器具免费适配救助+特殊困难帮扶救助"等举措，攻坚深度贫困。累计退出4800个贫困村，275万贫困人口脱贫，贫困发生率从13.6%下降到3.9%，贫困地区农民人均可支配收入由3967元增加到7330元，年均增长13.1%。脱贫攻坚首战首胜、再战再胜！

城乡面貌发生新变化。全省城镇化率年均提高1.22个百分点，2017年达到57.34%。城乡人居环境改善四大工程顺利实施。推动"五规合一"，修编太原都市区规划，启动大同、长治行政区划调整。狠抓"铁、公、机""岸、港、网"等基础设施建设，五年全省铁路营运里程由3774公里增加到5293公里，公路里程由13.8万公里增加到14.3万公里，高速公路里程由5011公里增加到5335公里，建成打通高速公路出省口10个。大同、运城、五台山航空口岸开放和中鼎物流园区建设加快推进。固定互联网宽带用户增长67.2%，4G电话用户占移动电话用户比重达到61.5%。

文化建设实现新发展。弘扬社会主义核心价值观和优秀传统文化，深入开展思想道德教育，持续推进国有文化单位改革。公共文化服务体系不断完善，公共图书馆、文化馆、美术馆全部实现免费开放。建成广播电视直播卫星户户通257万户。山西文化云、文化保税区、文化产业园等重点产业项目加快推进。编纂出版《山西文华》。科幻小说《三体》获雨果奖。舞剧《粉墨春秋》等一批优秀成果获"文华大奖"等国家级奖项。实施重大文化传承工程。竞技体育蓬勃发展，全民健身日益普及。

人民生活水平实现新提高。始终把民生改善作为一切工作的出发点和落脚点，各级财政累计投入1.38万亿元用于民生福祉，占财政支出的八成以上。深化教育改革，扎实推进义务教育标准化建设工程和农村薄弱学校改造计划，推进高中阶段教育普及，持续改善职业教育办学条件，实施高等教育"1331工程"和"双一流"建设，新增6所本科院校，实现设区市本科层次教育和高等职业学校全覆盖。全面加强就业工作，突出抓好重点群体就业，实现零就业家庭动态清零，五年累计新增城镇就业252.6万人、转移农村劳动力186.9万人。拓宽居民增收渠道，城乡居民人均可支配收入年均增长7.6%、8.8%，农村居民收入增速持续快于城镇居民。深化医药卫生体制改革，县乡医疗卫生机构一体化改革成为全国典型。覆盖城乡居民的社会保障体系基本建成。省政府每年办好一批重点民生实事。平安山西建设扎实推进，安全生产形势持续好转，社会保持和谐稳定。与2012年相比，2017年全省安全生产事故起数和死亡人数分别下降42.15%、41%。稳妥处置重大金融风险案件，守住了不发生区域性金融风险的底线。

生态环境质量实现新改善。开展大气、水、土壤污染防治三大战役，与2013年相比，2017年环境空气质量综合指数下降8.3%，细颗粒物(PM2.5)浓度下降23.4%，完成国家下达的"大气十条"目标任务。全面推行河长制，实施饮用水、流域水、地下水、黑臭水、污废水"五水同治"。地表水优良断面比例比2012年上升7.5个百分点，重度污染断面比例下降4.3个百分点。实施"两山七河"生态治理工程，五年完成营造林2205.8万亩，治理水土流失面积1.32万平方公里，以汾河谷地为中心的地下水位连续10年回升。狠抓节能降耗，推进燃煤机组超低排放改造，万元地区生产总值能耗预计累计下降19%。

政府自身建设得到新加强。严格落实政府系统全面从严治党主体责任，深入推进反腐败斗争。坚持依法行政，扎实推进法治政府建设，严格执行人大及其常委会的决议决定，主动接受人大、政协监督，五年共办理人大代表建议4133件、政协提案4020件；省政府向人大常委会提请审议地方性法规(草案)42件，出台省政府规章28件。省市县三级行政机构权力清单、责任清单公布运行。"放管服效"改革有力有效，累计取消、下放和调整省级行政审批等事项543项；对省政府49个工作部门的232

项行政审批中介服务事项进行清理规范，对保留的47项实行清单管理；商事制度改革成效明显，企业数量达到52.5万户，比改革前的2013年增长87.1%；省市两级政务服务“两平台、一张网”建成运行；覆盖省市县乡四级政府的“13710”信息督办系统建成运行，构建起横向到边、纵向到底的抓落实体系。

五年来，民族、宗教、外事、侨务、港澳、对台、科普、档案、史志、参事等工作取得新进展，妇女、儿童、青少年、老龄、残疾人、红十字、慈善等事业取得新进步，对口援疆工作取得新成绩，国防动员、双拥、人民防空工作扎实推进，各项事业呈现新气象。

回顾过去五年的历程，全省经济社会发展最深刻的变化是，2016年6月以来，按照省委“一个指引、两手硬”的思路和要求，深入贯彻落实省第十一次党代会决策部署，实现了主攻方向的调整和战略重点的转移，开始坚定走上转型综改、创新驱动之路，全省转型发展的趋势性、转折性、结构性变化明显增多。2016年下半年开始逐步走出困境，2017年上半年追平全国增速、迈入合理区间，第三季度经济增长超过全国平均水平，全年地区生产总值14973亿元、增长7%，规模以上工业增加值增长7%，固定资产投资增长6.3%，社会消费品零售总额增长6.8%，一般公共预算收入增长19.9%，城镇、农村居民人均可支配收入分别增长6.5%、7%，达到29132元、10788元。约束性指标中，细颗粒物（PM2.5）浓度下降比例和设区市城市空气质量优良天数比例未达到预定目标，但完成了国家“大气十条”考核要求。除此之外，2017年经济社会发展各项预期性和约束性指标均完成或超额完成，实现了从断崖式下滑到走出困境、再到转型发展呈现强劲态势的重大转折！

五年的砥砺奋进，五年的成绩收获，根本上靠的是以习近平同志为核心的党中央的英明领导，靠的是习近平新时代中国特色社会主义思想的科学指引，是省委坚强领导，省人大、省政协和社会各界有效监督、大力支持，全省上下勠力同心、拼搏奋进的结果！在此，我代表省人民政府，向全省人民，向各民主党派、工商联和无党派人士，向各位人大代表、政协委员，向驻晋部队、公安民警和中央驻晋单位，向所有关心支持山西改革发展的各界朋友，表示崇高的敬意和衷心的感谢！

在肯定成绩的同时，我们也清醒地认识到，我省发展仍面临不少困难和挑战，政府工作还有不少问题和不足。集中表现为：发展不平衡不充分问题比较突出，距离人民日益增长的美好生活需要还有不小差距，长期积累的结构性体制性素质性矛盾远未从根本上解决。实体经济质量效益不高，传统产业不强，新兴产业不大。市场主体发育不充分，国企竞争力不强，民营经济实力不足。科技和人才要素支撑不够，整体创新能力不强。开放型经济水平不高，营商环境亟待改善。生态环境问题突出，可持续发展短板较多。“三农”基础薄弱，脱贫攻坚任务艰巨。民生社会事业欠账较多，安全生产基础不牢，社会治理面临一系列新挑战新要求。政府职能转变还不到位，“放管服效”改革亟待深化，少数干部乱作为、慢作为、不作为，甚至消极腐败，等等。对此，我们一定本着对人民高度负责的态度，采取有力举措，切实加以解决。

谱写新时代山西篇章，必须坚持以习近平新时代中国特色社会主义思想为指导，全面贯彻党的十九大精神，坚定不移推动中央各项决策部署在山西落地见效；必须坚持把发展作为兴晋富民的第一要务，作为解决山西一切问题的基础和关键；必须坚持稳中求进工作总基调，全面贯彻落实新发展理念，牢牢把握高质量发展的根本要求，保持战略定力、毅力和耐力，横下一条心、培育新动能，加快建设现代化经济体系，用非常之力、恒久之功推动转型发展；必须坚持改革与发展高度融合、供改与综改紧密结合，以改革促转型，坚决破除制约转型发展和全面小康建设的难点、痛点、堵点，形成富有活力的体制机制；必须坚持以人民为中心的发展思想，把增进民生福祉作为发展的根本目的，让人民在共建共享发展中有更多获得感；必须坚持底线思维，增强忧患意识，健全各方面风险防控化解机制，确保经济平稳运行、社会和谐稳定，严防“黑天鹅”“灰犀牛”“蝴蝶效应”影响全面小康和振兴崛起进程；必须坚持党对经济工作的领导，切实发挥市场在资源配置中的决定性作用，更好发挥政府作用，不断提高政府抓经济、促转型的能力和水平。

山西人民永远不会忘记，在我们从塌方式腐败和经济断崖式下滑中走出来的关键时刻，去年6

月,习总书记亲临山西视察并发表重要讲话,对我省新时代改革发展和现代化建设作出了全方位擘画指导。我们坚信,只要高举习近平新时代中国特色社会主义思想伟大旗帜,沿着习总书记指明的金光大道,坚定走下去、坚实走出来,就一定能够实现全面小康、振兴崛起的宏伟目标,不断夺取新时代中国特色社会主义山西篇章的新胜利!

二、今后五年工作总体安排

当前,山西已进入深化转型发展的关键阶段。综观国内外形势,我省面临的机遇与挑战并存,机遇大于挑战,总体上看,山西正处于可以大有作为的重要战略机遇期。伴随着新时代新征程的前进步伐,山西2020年要与全国同步全面建成小康社会,2030年要基本完成经济转型任务,2035年要与全国同步基本实现社会主义现代化,这是山西现代化进程中三个重要的历史节点。

今后五年工作的总体要求是:全面贯彻党的十九大精神,以习近平新时代中国特色社会主义思想为指导,在省委坚强领导下,坚持稳中求进工作总基调,坚持新发展理念,紧扣社会主要矛盾变化,按照高质量发展的要求,统筹推进"五位一体"总体布局和协调推进"四个全面"战略布局,坚持把深化供给侧结构性改革与深化转型综改试验区建设结合起来,作为经济工作的主线,充分发挥转型综改试验区建设的战略牵引作用,围绕建设"示范区""排头兵""新高地",统筹推进稳增长、促改革、调结构、惠民生、防风险各项工作,大力推进改革开放,推动质量变革、效率变革、动力变革,在打好防范化解重大风险、精准脱贫、污染防治的攻坚战方面取得扎实进展,引导和稳定预期,加强和改善民生,促进经济社会持续健康发展。

总体目标是:综合经济实力大幅提升,经济发展质量效益明显改善,创新驱动能力切实增强,改革开放广度和深度不断拓展,文化软实力显著提升,人民生活水平普遍提高,社会事业全面进步,生态环境质量明显改善,政府治理体系和治理能力现代化水平进一步提高。到2022年,制造业增加值占GDP比重由12%提高到15%,煤炭产业增加值占GDP比重由15%下降到11%,文化旅游产业增加值占GDP比重由8%提高到11%,开发区增加值占GDP比重由15%提高到35%,民营经济增加值占GDP比重由49%提高到54%。综合科技创新水平指数位次前移,研究与试验发展经费占GDP比重达到全国平均水平,战略性新兴产业增加值占规上工业增加值比重由9%提高到16%。森林覆盖率达到23.5%以上。主要约束性指标完成国家下达任务。城乡居民收入与经济增长同步,现行标准下的农村贫困人口到2020年全部脱贫。

按照上述目标要求,抓好以下重点工作。

(一)深化供给侧结构性改革。坚持供改与综改相结合这一主线,把握供给侧结构性改革赋予转型综改的时代内涵,发挥供给侧结构性改革的治本良方作用和转型综改的战略牵引作用,深化"三去一降一补",破除无效供给,培育新动能,降低实体经济成本,着力促改革、调结构、增动能,着力推进具有"四梁八柱"性质的重大改革,破解资源型地区创新发展难题、结构性矛盾突出地区协调发展难题、生态脆弱地区绿色发展难题、内陆地区开放发展难题、欠发达地区共享发展难题,在产业转型、要素配置、创新驱动、生态环境保护、营商环境等领域推出一批先行先试重大改革事项,构建促进转型发展、高质量发展的指标体系、政策体系、标准体系、统计体系、绩效评价体系,形成一批制度性成果。

(二)建设资源型经济转型发展示范区。落实国务院42号文件各项任务,率先走出资源型地区转型升级、创新驱动发展的新路。把构建现代产业体系作为主攻方向,促进实体经济、科技创新、现代金融、人力资源协同发展,推动新一代信息技术、高端装备制造、新能源汽车、新材料、新能源、节能环保、生物医药、通用航空、煤层气、现代煤化工等新兴产业集群集聚集约发展。基本形成新兴产业快速成长、装备制造业强力支撑、文化旅游业成为支柱、建筑业规模扩大、现代服务业成为重要增长极、新产品新业态新模式加速涌现、传统产业更具竞争力的现代产业格局。

(三)打造能源革命排头兵。加快建设国家清洁能源基地,构建现代能源体系,实现从"煤老大"到"全国能源革命排头兵"的历史性转变。坚持节能优先,实施能源消费总量和强度双控行动,推行能效领跑者制度。优化能源结构，淘汰落后产能，大力提升新能源、清洁能源、可再生能源比重。推进煤炭绿色低碳高效开发利用，坚定走淘汰落后、减量置换、优化升级、清洁利用之路。深化电力体制改革，增强电力产业优势。推动煤层气生产方式、管理体制变革，下大力气打造我省能源体系中新的支柱产业。推进碳交易和矿业权市场化配置。瞄准国际科技前沿，积极开展煤炭清洁转化、煤层气勘探开发利用、移动能源、低碳技术等关键共性技术攻关。扩大能源领域开放，推进产能、技术、装备国际合作。

（四）构建内陆地区对外开放新高地。深度融入国家开放"大战略"，扩大与"一带一路"沿线国家和地区的交流合作，主动融入京津冀协同发展，差异化承接发达地区产业梯度转移，加大与中部和周边地区合作交流。弘扬开放文化，激活开放基因，提高产业发展外向度，强化引资引技引智，建设内畅外联大通道，打造对外开放大都市、大平台，构建开放型经济新体制，在地方立法、优惠政策、规则标准方面形成优势，营造国际化、法治化、便利化开放环境，打造制度建设、营商环境和服务创新高地，加快形成宽领域、多层次、高水平全面开放新格局。

（五）实施乡村振兴战略。坚持"三农"重中之重地位，坚持农业农村优先发展，推动农业农村现代化。坚持以工补农、以城带乡，调整城乡关系，清除要素下乡障碍，完善农村基础设施和基本公共服务体系，推进城乡融合发展。巩固和完善农村基本经营制度，保持土地承包关系稳定并长久不变，第二轮土地承包到期后再延长30年，逐步壮大集体经济，促进共同富裕。深化农业供给侧结构性改革，大力发展有机旱作农业、功能农业，推进农村一二三产业融合发展，构建现代农业产业、生产、经营和服务体系，推进质量兴农。改善农村人居环境，推进乡村绿色发展。传承发展提升农耕文明，注重传统村落保护，推进乡村文化兴盛。加强乡村干部能力和素质培训。健全自治、法治、德治相结合的乡村治理体系。

（六）打赢三大攻坚战。着眼经济社会持续健康发展，突出抓好防范化解金融风险，强化高负债企业举债约束，严格政府债务管理，重视解决政府隐性债务，加强金融薄弱环节监管，打击违法违规金融活动，打赢防范化解重大风险攻坚战。着眼到2020年脱贫攻坚决战完胜，聚焦深度贫困，着力解决区域性整体贫困，建立贫困地区和脱贫人口持续发展长效机制，提高脱贫质量和成效，打赢精准脱贫攻坚战。着眼解决人民群众反映强烈的突出环境问题，继续打好蓝天保卫战、黑臭水体歼灭战、土壤污染防治持久战，提高污染防治法治化、市场化、专业化水平，切实打赢污染防治攻坚战。

（七）深化"放管服效"改革。加快转变政府职能，打造"六最"营商环境，激发市场活力。深化简政放权，完善政府权责清单，深化行政审批制度改革，推动政府向市场放权、向社会放权、向基层放权。加强事中事后监管，改革监管体制，创新监管方式，提高监管效能。大力推进"互联网+政务服务"，让数据"多跑路"，让群众和企业少跑腿。严格行政问责问效，加强和创新督查工作，推动工作落实，提高政府公信力、执行力。

今后五年中，我们一项光荣而神圣的使命，就是到2020年全面建成小康社会、如期实现第一个百年奋斗目标。我们要对标全面小康要求，着力推动经济高质量发展，持续扩大经济总量，不断提高核心竞争力，夯实全面小康的物质基础；要着眼提升全面小康水平，推动社会各项事业全面进步，优先发展教育事业，促进文化繁荣兴盛，提高就业质量和收入水平，加强社会保障体系建设，实施"健康山西"战略，完善住房供应和保障体系，提供更多优质生态产品，推进民主法治建设，提升公共安全水平，维护社会和谐稳定，让人民群众有更多获得感、幸福感、安全感。这是新一届政府的历史性任务，我们要只争朝夕、真抓实干，坚定扛起这一历史重任，完成这一历史使命！

（摘自《山西日报》2018年1月26日）

2017年山西省大事记

A Chronicle of Major Events of Shanxi in 2017

1月

1日

山西省全面启动第三次全国农业普查正式登记工作。

1日起

2017年，山西省实现城乡居民医保制度整合并实行市级统筹，人均财政补助标准在2016年基础上提高30元，达到450元。

3日

省长楼阳生主持召开省政府第141次常务会议，部署落实省委十一届2次全会暨全省经济工作会议精神，研究创新驱动、深化投融资体制改革和建立公平竞争审查制度等工作。

4日

山西省党政代表团赴天津学习考察，并召开山西省——天津市工作交流座谈会，签署《山西省人民政府天津市人民政府全面深化合作框架协议》。

5日

晋城、长治、运城三市被纳入国家发改委印发的《中原城市群发展规划》。

以"朔州号"冠名的2604次旅客列车首次从朔州驶出，途经北京、天津，直抵秦皇岛。填补了多年来朔州没有直达北京、天津列车的空白，为朔州开辟了融入"京津冀""环渤海"经济圈的快速通道。

7日

国内首家省级智库业协会——山西省智库发展协会（三晋智库联盟)在太原成立。

9日

省委书记骆惠宁主持召开省委常委会议，传达中央深化国家监察体制改革试点工作领导小组会议精神，研究山西省监察体制改革试点有关工作，讨论政府工作报告等报告。

国家科学技术奖励大会在北京举行，山西省参与完成的5个项目获2016年度国家科学技术进步奖二等奖。5个项目分别为：中国科学院山西煤炭化学研究所参与完成的"大型高效水煤浆气化过程关键技术创新及应用"项目、太原钢铁(集团)有限公司参与完成的"红土镍矿生产高品位镍铁关键技术与装备开发及应用"项目、西山煤电(集团)有限责任公司参与完成的"煤层瓦斯安全高效抽采关键技术体系及工程应用"项目、阳泉煤业(集团)有限责任公司参与完成的"智能煤矿建设关键技术与示范工程"项目、山西省肿瘤医院参与完成的"中医治疗非小细胞肺癌体系的创建与应用"项目。

省委常委、省纪委书记任建华主持召开省纪委常委(扩大)会议，专题学习贯彻习近平总书记在十八届中央纪委7次全会上的重要讲话精神和王岐山同志在全会上作的工作报告。

中国城市竞争力研究会发布《2016中国最安全城市排行榜》，全国入选的30个城市中，忻州市成为山西唯一入选城市。

9日至10日

国家发改委副主任连维良率钢铁煤炭行业淘汰落后产能专项督查组到山西督查。

10日

第30届(2016)山西十大经济新闻暨2016山西年度创新企业、创业人物系列评选结果揭晓。

10日至11日

省十二届人大常委会第34次会议在太原举行。会议表决通过《山西省汾河流域生态修复与保护条例》，山西省监察委员会副主任、委员任命和宪法宣誓程序。会议表决批准《忻州市地方立法条例》《晋中市地方立法条例》《吕梁市城市绿化条例》《吕梁市柳林泉域水资源保护条例》。

省政协十一届22次常委会议在太原举行。会议协商讨论政府工作报告，省法院、省检察院工作报告，发展计划和财政预算报告；审议通过省政协常委会工作报告、提案工作情况报告。

12日

由11家企业和高校发起的山西省大数据发展联盟在太原成立。

14日

国务院副总理、国务院扶贫开发领导小组组长汪洋到山西调研脱贫攻坚工作。

15 日

副省长王一新在太原会见中国燃气控股有限公司董事总经理兼总裁刘明辉一行，双方就加快发展清洁能源、优化调整能源结构进行交流。

国家"十三五"重大科技专项——H 型高血压精准医学项目启动，山西医科大学第一、第二医院等 39 所医院共同承担该项任务。

17 日

位于朔州市境内的中煤担水沟煤业公司井下发生冒顶事故，9 人遇难。

18 日

中国著名考古学家、古文字学家张颔在太原病逝，享年 98 岁。

第七批全国一村一品示范村镇名单公布，沁水县柿庄镇应郭村（蟹味菇）、长治县南宋乡东掌村（休闲农业）、孝义市梧桐镇南曹村（九州香豆制品）、洪洞县曲亭镇东张村（洪洞莲藕）、曲沃县北董乡（北董大蒜）5 村镇榜上有名。至此，山西省共有 77 个村镇获全国一村一品示范村镇称号。

山西省监察委员会成立。

19 日

山西省互联网农商企业联合会在太原成立。

省政府批准浑源县大磁窑镇、壶关县树掌镇、高平市马村镇、阳城县横河镇、曲沃县曲村镇、翼城县隆化镇、翼城县西闫镇、垣曲县历山镇 8 个镇为第五批山西省历史文化名镇，阳曲县侯村乡青龙镇村等 64 个村为第五批山西省历史文化名村。

19 日至 20 日

全省煤矿安全监察工作会议在太原召开。2016 年全省煤矿事故、死亡人数、百万吨死亡率实现"三下降"，同比分别下降 42.40%、42.90%和 32.91%。

20 日

省委常委、常务副省长高建民在太原会见俄罗斯传统医疗委员会主席弗拉基米尔·依格罗夫一行。

山西省发改委、省财政厅、省环保厅联合印发《关于主要污染物排污权交易价格及有关事项的通知》，要求排污权交易价格严格执行"明码标价"制度。

全省旅游景区景点体制机制改革创新工作推进会召开。

20 日至 5 月 7 日

由山西博物院、俄罗斯联邦国立历史博物馆共同举办的"帝国之路——18 世纪至 19 世纪俄罗斯艺术展"在山西博物院举行。

22 日

国家 14 个部委组成联合调研组到山西调研转型综改试验区建设情况。

省委组织部公布第四批"青年拔尖人才支持计划"10 人入选名单，并为入选者颁发证书。省财政对每位青年拔尖人才给予 30 万元至 60 万元经费支持。入选山西省第四批青年拔尖人才的分别是：太原理工大学刘绍鼎、中北大学唐军、山西省农业科学院张丽君、山西省分析科学研究所刘一鸣、山西医科大学第二医院梁斌、太原钢铁（集团）有限公司赵振铎、山西振东制药股份有限公司张辉、山西嘉世达机器人技术有限公司牛立群、应县富彩陶瓷有限公司李峰、太谷县鑫炳记食业有限公司李俊伟。

23 日

中共山西省十一届纪委第 2 次全体会议在太原召开。

省委常委、副省长孙绍骋会见香港山西商会会长胡晓明一行。

23 日至 24 日

省委常委班子召开 2016 年度民主生活会。

24 日

山西省农科院、山西省农业厅和山西农业大学联合 300 多家单位发起的山西省农业科技创新联盟在太原成立。

省政府与中国中铁股份有限公司在太原举行工作会谈，并签署战略合作协议。

2月

3 日

太原市跨越汾河的第 18 座大桥——摄乐桥通车。

4 日

省委召开市县监察体制改革试点工作推进会。

省人社厅公布《关于做好城乡居民基本医疗保险制度整合工作的通知》，明确全省城乡居民医保将实行覆盖范围、筹资政策、保障待遇、医保目录、定点管理和基金管理"六统一"以及多项惠及城乡居民参保人员的新政策。

7 日

省人社厅公布 2016 年享受国务院政府特殊津贴人员名单，翟华金等 57 人入选。

8 日

骆惠宁主持召开省委全面深化改革领导小组第 23 次会议，审议并原则通过《关于深化人才发展体制机制改革的实施意见》。

临汾红丝带学校校长郭小平入选"感动中国"2016 年度人物。

太原铁路局与中国（太原）煤炭交易中心共同举办《煤炭交收库铁路运输合同》签约活动，签订用量为 50 万吨的铁路运输合同。

9 日

2017 年全省卫生计生工作会议在太原召开。会议确定为群众办好"六件实事"：为 1200 万城乡居民提供家庭医生签约服务；为全省城乡怀孕妇女提供免费产前筛查和诊断服务；为 36 个贫困县建档立卡贫困村妇女提供免费宫颈癌和乳腺癌筛查；预约诊疗平台覆盖全省所有县级综合医院；开展贫困地区"医卫双优下基层活动"；开展健康教育进家庭、进农村、进学校、进单位、进医院、进公共场所活动。

0 时 26 分，运城市盐湖区（北纬 35.21 度，东经 111.02 度）发生 3.3 级地震，震源深度 18 千米。

10 日

楼阳生主持召开省政府第 143 次常务会议，研究部署农业供给侧结构性改革、农村土地所有权承包权经营权分置、农村最低生活保障制度与扶贫开发政策有效衔接等工作，通过"十三五"脱贫攻坚规划。

13 日

山西省对口援疆工作领导小组

第10次会议在太原召开。

全省"一村一品一主体"产业扶贫和"五位一体"金融扶贫推进会在太原召开。

国务院办公厅解决拖欠农民工工资专项督查汇报会在太原召开。即日起第一督查组在山西省督查农民工欠薪、特别是涉及政府投资项目拖欠工程款问题。

13日至14日

海关总署党组成员张广志一行到太原武宿综合保税区、中鼎物流园、忻州五台山机场和大同云冈机场调研口岸工作。

14日

太原市公安局小店分局刑侦大队技术中队民警丁辉被追授为"全国公安系统二级英雄模范"。2015年10月2日上午,在执行任务时,突遭高压线电击,在生死时刻,他奋力推开战友,自己却不幸牺牲。2016年1月24日,丁辉被山西省人民政府正式批准为革命烈士。

15日

山西省首列中欧班列开行仪式在中鼎物流园举行。

中国华侨国际文化交流基地在曲沃县晋国博物馆揭牌。

16日

山西省全面启动"智能粮库"建设工程。

全省首支打击环境污染犯罪专业公安队伍——临汾市公安局环境安全保卫支队成立。

17日

山西省推进商业保险机构参与经办医疗保险业务战略合作协议签约仪式在太原举行。

18日

国家发改委与商务部发布《中西部地区外商投资优势产业目录(2017年修订)》,山西省矿区生态系统恢复与重建工程、煤层气和煤炭伴生资源综合开发利用、焦炭副产品综合利用、牧草饲料作物种植及深加工等36个项目入列该目录。

20日

《山西省实施〈校车安全管理条例〉办法》施行。

国土资源部调研组到山西省调研土地管理工作,并在太原召开座谈会。

21日

全省旅游发展工作会议确定文化旅游业在改革体制机制、建设产业项目、构建"旅游+"机制、实施精准营销、完善基础设施、营造发展环境、加强部门协调攻坚七大领域实现突破,加快文化旅游业发展步伐。

山西省科学技术协会第八次代表大会在太原召开。周然当选省科协第八届委员会主席。

22日

省委副书记、省委政法委书记黄晓薇出席全省信访工作电视电话会议并讲话。

省政协召开"发挥开发区在全省转型综改试验区建设中的主引擎作用"专题调研情况通报会。

全省医政医管工作会议宣布,2017年山西省通过加强服务要素准入管理、规范医疗机构设置审批和资源整合等多项举措,强化医疗安全保障。

全省公路工作会议安排部署2017年干线公路建设主要任务:全年计划完成公路建设投资35亿元,完成建设和改造里程230千米,力争消灭"油返砂"路段,完成公路大中修、危桥(隧)改造、安全生命防护工程任务,将超限率稳控在0.02%以下。

23日

骆惠宁主持召开省委常委会议,审议通过《关于深入推进农业供给侧结构性改革加快培育农业农村发展新动能的实施方案》《关于贯彻〈中国共产党党委(党组)理论学习中心组学习规则〉的实施办法》《省委中心组2017年理论学习计划》《2017年法治山西建设工作要点》,审定省管干部学习贯彻党的十八届六中全会精神专题研讨班方案。

骆惠宁主持召开省委全面深化改革领导小组第24次会议,审议并原则通过《山西省关于进一步深化医药卫生体制改革的意见》《山西省深化投融资体制改革的实施意见》《山西省公安机关警务辅助人员管理办法》。

省总工会表彰奖励2016年度在"五小"竞赛中评选出的600项优秀成果带头人。全省职工"五小"(小发明、小创造、小革新、小设计、小建议)竞赛优秀成果展在省展览馆开幕。

24日

楼阳生主持召开省政府第144次常务会议,研究部署区域经济转型升级考核评价、投资统计改革、大数据发展、企业技术改造、全面推行河长制、实施高等教育"1331"工程、价格机制改革等工作。

25日

中国共产党山西转型综合改革示范区工作委员会、山西转型综合改革示范区管理委员会揭牌仪式在太原举行。

全省县乡医疗卫生机构一体化改革试点启动会议在太原召开。

国家旅游局宣布,忻州雁门关景区正式升级为国家AAAAA级景区,成为山西省第七家AAAAA级景区。

26日

景海鹏、刘军华、贺星龙、郭小平、杨蓉、王剑辉、张东元、孙秀兰家庭、郝佳露、杨立新等荣获"感动山西"十大人物。中央单位驻晋帮扶挂职干部获"感动山西"特别奖。

27日

十一届全国政协人口资源环境委员会副主任,山西省政协原主席刘泽民因病逝世,享年73岁。

山西省法律援助基金会成立。

27日至28日

省委举办省管干部学习贯彻党的十八届六中全会精神专题研讨班。

28日

全省脱贫攻坚工作会议在太原召开。省脱贫攻坚领导小组发布《关于表彰2016年全省脱贫攻坚奖的决定》,王文周、张强、张拉生、李元生、杜海利、杜继英、赵士权、柴过安、程玉珍、薛凤文10人获奋进奖,王元胜、

闫保全、张建起、李大伟、李宏义、杨朝晖、姚振华、郭兰玉、郭舜良、路辰正10人获贡献奖，马威、马文杰、王文广、毕腊英、张宏祥、李旭根、李建军、郭黄萍、董光明、魏剑波10人获奉献奖，李卫国、李安平、柳曦、段兰虎、赵亮、晋荣、崔完根、常明昌、雷茂端9人获创新奖。

原平至神池高速公路全线通车。

全省产业扶贫政银企合作洽谈会在太原召开。

中央一号文件精神山西宣讲报告会在太原举行。

太原市迎泽区入列第一批全国中小学校责任督学挂牌督导创新县(市、区)名单。

3月

1日

省政府在太原召开实施“1331工程”统筹推进“双一流”建设动员部署会议。

1日起

山西省省际、市际客运班线全面实行实名购票和实名查验。

全省推行国税地税“涉税事项一人通办”联合办税专项改革。

《山西美丽宜居乡村建设规范(DB14/T1271—2016)》颁布实施。

《山西省汾河流域生态修复与保护条例》颁布施行。

新修订的《山西省环境保护条例》正式施行。

2日

全省118人获2017年度省筹资助出国留学资格。

《山西省2016年国民经济和社会发展统计公报》发布。

7日

全省农业工作会议确定2017年山西省以推进农业供给侧结构性改革为主线，以功能农业为引领，加强科技创新驱动，提高供给质量和效益，增加农民收入。

9日

全省林业科技创新大会表彰近年来在全省林业科技战线上作出突出贡献的40名科技标兵。

《中共山西省委关于深化人才发展体制机制改革的实施意见》颁布。

10日

省脱贫攻坚领导小组审议通过2017年工作要点、贯彻落实全省脱贫攻坚工作会议精神的任务分解方案和2017年脱贫攻坚八大工程20项行动计划。

13日

全国青年男女举重锦标赛在浙江省海宁市举行，山西选手范桃莲、杨丽分获全国青年举重锦标赛两项冠军。

省工商业联合会、省文物局联合下发《关于动员引导民营企业参与文物保护利用“文明守望工程”的通知》，鼓励社会力量参与文物保护和利用。

14日

省工商局、省消协主办的“网络诚信消费无忧年”主题宣传活动新闻发布会暨全省消费维权先进人物表彰会在太原举行。

山西股权交易中心在太原举办山西青年创业板第三批企业挂牌仪式暨山西省科技企业常态化路演(第三期)活动，全省42家青年创新企业进行挂牌。

《山西省“十三五”城镇住房发展规划》出台。

16日

山西省委、省政府主办，省商务厅、省投资促进局承办的晋商晋才回乡创业创新工程启动大会在北京举行。大会主题为“新机遇新晋商新发展”。大会采取“1+1+4”的形式，即“一场会见”是省领导在京会见知名晋商晋才代表。“一个大会”是举行晋商晋才回乡创业创新工程启动大会；“四个专题”分别是举办以“凝聚智慧 助力发展”为主题的院士专家座谈会、以“发力大数据 布局晋云端”为主题的大数据产业发展主题峰会、以“交流互鉴 汇智共赢”为主题的山西转型综改示范区与北京中关村科技园区合作发展座谈会、以“华夏古文明 山西好风光”为主题的山西文化旅游产业发展座谈会。

17日

省委常委、统战部部长廉毅敏在太原会见澳晋联谊会和澳门山西商会客人。

省政府和中国农业发展银行在太原签订《共创省级政策性金融扶贫实验示范区合作协议》。

华北地区首款专业图片影像类客户端——山西视觉志客户端上线。同日，以“趋势与变革——全媒体时代的信息可视化传播”为主题的山西新闻影像全媒体高峰论坛举行。

太原铁路运输中级人民法院在太原北站设立山西省首家铁路巡回审判工作点。

18日

大同县、壶关县、陵川县、沁源县、右玉县入围百佳深呼吸小城。

山西省农畜产品现代物流仓配集散中心在阳曲县成立。

19日

山西农业大学、省科协、省农资商会、太谷县人民政府共同主办的山西农谷科创城创新创业3·19行动在山西大学生“互联网+农业”创业园启动。

杨伯珠、卫效阶、马中发、邓明阁、刘剑菁、朱同、闫德明、李安民、郑月巴、段改芳、赵志光、贾宏仁、蒋荣先、蔺永茂、裴鸿恩、薛生金16人获首批“山西省工艺美术终身成就奖”。

20日

太原国际马拉松赛从2013年开始连续四年被评为“中国马拉松金牌赛事”。

20日至8月30日

山西省开展煤矿超层越界开采专项检查整治行动。

21日

山西省发布区域经济转型升级考评办法。

22日

骆惠宁主持召开省委常委会议，研究山西省贯彻落实全国“两会”精神意见,研究2017年省委党建工作领导小组工作要点、省委全面深化改革领导小组工作要点和目标责任考核工作。

山西在全国首创财政支出进度考核奖惩制度。省财政厅在新闻发布会上,对《山西省人民政府办公厅关于加快财政支出执行进度提高财政资金使用效益的通知》进行信息发布和政策解读。

由山西省文物局、湖北省文物局、万里茶道联合申遗办共同主办的"万里茶道申遗工作会"在太原举行。

23日

山西省新认定23家省级中小企业创业基地。至此,全省省级中小企业创业基地达123家。

晋剧表演艺术家谢涛获第27届上海白玉兰戏剧表演艺术奖特殊贡献奖。

24日

楼阳生主持召开省政府第145次常务会议,研究部署简政放权、新材料产业发展、晋商晋才回乡创业创新、大气和水污染防治、强农惠农补贴等工作,讨论通过《太原都市区规划(2016–2040年)》《山西转型综合改革示范区潇河产业园区起步区总体规划(2016–2030年)》《黄河壶口瀑布风景名胜区(山西)总体规划(2011–2030年)》。

省政府针对煤矿存在的严重安全隐患和问题,约谈焦煤、阳煤和潞安集团三家企业主要负责人。

全省公务员管理工作会议鼓励党政机关优秀人才向市场流动。

26日

张鸿钧、白世斌、李章云、褚妙玲、韩丽萍、董存梅、赵雪莲、王利利、武俊英卫立稳夫妇、李俊凤获山西首届"十大孝星"。

28日

省脱贫攻坚领导小组召开专题会议,审议《山西省脱贫攻坚责任制实施细则》,听取全省财政资金统筹整合使用、因病致贫返贫、扶贫小额信贷三个专题调研情况汇报,安排部署下一步脱贫攻坚工作。

副省长王赋在太原会见由意大利众议院前议长、意大利对华友好协会主席皮韦蒂率领的代表团一行。

28日至31日

国家旅游局局长李金早到临汾、忻州五台山和大同等地,调研指导"厕所革命"和旅游环境综合整治工作。

29日

太原市公安局杏花岭分局三桥派出所民警杨蓉、临汾市公安局直属分局尧庙派出所民警马卉获全国首届"情满万家·派出所好民警"荣誉称号。

全省产业扶贫企业与项目对接洽谈活动在大同、忻州、临汾、吕梁4市举办,共有377家企业参加活动,推介种植、养殖、加工、休闲旅游等项目346个,现场签约项目41个,总金额77.5亿元。

29日至30日

省十二届人大常委会第37次会议表决通过《关于山西转型综合改革示范区行政管理事项的决定》,表决批准《太原市物业管理条例》《太原市餐厨废弃物管理条例》,表决通过关于个别代表的代表资格审查报告和有关决议、关于接受孙绍骋辞去山西省副省长职务请求的决定、山西省第十二届人民代表大会常务委员会代表资格审查委员会任免名单、人事任免名单。骆惠宁向通过任命的人员颁发任命书。在省人大常委会主任会议组织下,新任命人员进行宪法宣誓。

省军区党委十届八次全体(扩大)会议在太原召开,传达学习中央军委、中部战区和军委国防动员部党委扩大会议精神,总结部署年度工作。

30日

省委常委、宣传部部长王清宪主持召开全省高校思想政治工作调研汇报会。

山西省发布《关于建立全省服务企业常态化机制的通知》,标志全省服务企业常态化机制建立。

31日

楼阳生主持召开省政府第146次常务会议,研究部署招商引资、开发区管理、城市人居环境改善、城市执法体制改革、对口援疆、产权保护和义务教育一体化改革等工作。

4月

1日

骆惠宁主持召开省委常委会议,传达学习十八届中央第十二轮巡视工作动员部署会议精神,研究山西省贯彻落实意见,听取十一届省委第一轮巡视情况汇报,审定第二轮巡视方案。

国家艺术基金管理中心公布2017年度滚动资助立项项目名单,太原市实验晋剧院大型晋剧《于成龙》、省歌舞剧院小舞剧《刘胡兰》、长治潞城市文化馆群舞《海英和她的妈妈们》、山西壁画人才培养班国画《妙乐荡万载》和《晨光初上》5个项目入选。

1日起

山西省实施"建设项目用地预审和用地审查"新政策,简化、调整和改进涉及建设用地项目预审和报批的事项,破解"用地难、批地慢"等难题。

2日

省旅游发展委员会主办、山西日报传媒集团和各市旅发委承办的"沁园春矿泉水·山西旅游品质榜"评选活动在太原举行。评选出山西十佳品质旅游线路:"集山西经典景区,8日深度畅游三晋""朝圣佛教名山,清凉胜境听禅,五台、应县、浑源、大同8日游""华夏古文明,山西好风光,三晋8日之旅""荟萃山西经典山水,太行山5日游""感受晋商文化精髓,饱览自然美景绵山与太行山6日之旅""八路军总部、太行山、平遥古城双飞4日游""世界文化遗产平遥古城,人间仙境绵山2日游""大同古建宗教2日游""大槐树壶口寻根祭祖黄河风情游""万荣永济芮城,运城晋南探秘游"。

5日

省政府与阿里巴巴集团、蚂蚁金服集团签署《战略合作协议》。

6 日

省政府办公厅印发《关于加快推进出口食品农产品质量安全示范区建设的意见》。

7 日

《“健康山西 2030”规划纲要》发布。

9 日

骆惠宁在太原会见到晋访问的泰国公主诗琳通一行。

11 日

山西省首届“无人机应用创新论坛”在太原举行。

12 日

由山西省考古研究所、河津市文物局共同发掘的河津固镇宋金瓷窑址入选 2016 年度全国十大考古新发现。

山西省开通“96568”绿色出行综合服务平台。

13 日

副省长王一新在太原会见新加坡丰益国际有限公司董事局主席、益海嘉里集团总裁郭孔丰一行。

长治市入列全国首批产业转型升级示范区。

《山西省推动非户籍人口在城市落户实施方案》出台。

山西省首家农用无人机飞防救灾航空大队在山西农机新技术服务中心成立。

14 日

首批百卷《赵城金藏》回归广胜寺。《赵城金藏》是中国历史上第一部官方刊印大藏经之覆刻本中的孤本，距今有近 800 年历史，是宋代晋南高僧实公法师尹矧及弟子崔法珍等集大匠历时 50 年、以平水雕版印竣，因卷首刻有“赵城县广胜寺”而得名。

2017“律·动中国”全国公益法律巡讲太原站举办。

省委办公厅、省政府办公厅印发《山西省全面推行河长制实施方案》，明确河湖管护目标，提出以推动绿色发展、建设美丽山西为总目标，实现主要河道不断流、地下水及主要泉域逐步恢复、主要河流水生态明显改善。

省政府发布《山西省改善城市人居环境 2017 年行动计划》。

15 日

楼阳生在太原会见到晋参加邓峪石塔塔身回归仪式的台湾中台禅寺住持见灯大和尚。流失近 20 年的邓峪石塔塔身入藏山西博物院。

16 日

太原至吕梁直达特快城际列车首发。

18 日

《山西省“十三五”脱贫攻坚规划》出台。

陵川县创建国家级中蜂养殖标准化示范区启动仪式举行。该项目被列入第九批国家农业标准化示范项目。

19 日

2013—2015 年度赵树理文学奖颁奖大会暨首届沁水赵树理文化旅游嘉年华启动仪式在沁水举行，本届赵树理文学奖的奖项分为 13 项，共有 36 部(篇、人)获奖。

21 日

省委办公厅、省政府办公厅联合印发《关于实施晋商晋才回乡创业创新工程的意见》，促进山西省创新驱动、转型升级。

省工商局召开新闻发布会，公布一季度山西省市场主体发展情况。截至 2017 年一季度末，山西省市场主体数量首次突破 200 万户，达 200.25 万户，注册资本(金)总额达 3.70 万亿元。其中，企业 47.28 万户，个体工商户 143.39 万户，农民专业合作社 9.59 万户。

山西省发布《大气污染防治 2017 年行动计划》。

原平市被中华诗词学会授予全国首家“中华散曲之乡”称号。

22 日

山西电网 500 千伏 “三纵四横” 主网架建成运行。

24 日

阳煤集团院士专家工作站挂牌，并向入站院士代表——中国工程院岳光溪颁发“山西省科学技术协会特聘专家”聘书。

山西省高文彬获第 13 届全国见义勇为英雄称号，张丹华获第 13 届全国见义勇为模范称号。

24 日至 25 日

省委各专项巡视组按照省委常委会要求，向被巡视党组织和主要负责人进行巡视情况“双反馈”。2016 年 12 月至 2017 年 2 月，省委 10 个专项巡视组对省教育厅等 15 个党组织开展政治巡视。4 月 1 日，省委召开常委会听取十一届省委第一轮巡视情况汇报。4 月 19 日，根据省委常委会精神，省委巡视工作领导小组召开巡视整改工作专题部署会。

25 日

第六届山西道德模范评选揭晓，27 人当选山西道德模范，另有 20 人获山西道德模范提名奖。榜样山西——第六届山西道德模范颁奖仪式在太原举行。“助人为乐模范”张当义、王亮明、刘忠利、肖英、葛丽娟；“见义勇为模范”高纪斌、冯成柱崔爱景夫妇、任要花高宜玲夫妇、张文娟、尚成麦；“诚实守信模范”李鲜芳、刘志东、张成花、侯必顺、常勇；“敬业奉献模范”李培斌、贺星龙、王一飞、吕景山、钟达；“孝老爱亲模范”王玥、刘小虎、安永义、张国全、贾小莲当选。

26 日

农业部、国务院扶贫办在平顺县举办全国产业扶贫(山西长治)现场观摩会。

中铁十七局集团铺架分公司探伤工、技师关改玉被中宣部、中央文明办、中华全国总工会命名为全国“最美职工”。

省政协主席薛延忠主持省政协“深化政府监管体制改革，优化投资营商环境”专题议政会。

26 日至 27 日

交通运输部党组书记杨传堂一行到大同市、太原市、晋中市调研，并主持燕山太行山片区交通扶贫督查工作座谈会。

27 日

山西转型综合改革示范区首批

总投资超千亿元的71个项目奠基开工。

全省医改工作暨县乡医疗卫生机构一体化改革现场推进会在高平市召开。

山西省大数据产业招商引资启动大会在太原举行。省政府与中兴通讯股份有限公司签署战略协议。

山西省获得国务院超额完成化解钢铁、煤炭过剩产能目标任务量,工作成效总体较好的表扬。吕梁市、长治市、大同市、孝义市4市同时获得表扬。

太重集团与晋能集团签署风电合作协议。

28日

中央第二环境保护督察组督察山西省工作动员会在太原召开。

省劳动竞赛委员会授予66个集体“山西省五一劳动奖状”、256名个人“山西省五一劳动奖章”、90个集体“山西省工人先锋号”。中华全国总工会授予山西省2个集体“全国五一劳动奖状”、17名个人“全国五一劳动奖章”、19个集体“全国工人先锋号”。

山西省安全绿色农畜产品直供联盟精准扶贫富农惠农“绿箭”行动新闻发布会在太原召开,包括科技扶贫、仓储扶贫、金融扶贫、直供(销售)扶贫、花卉和黑枸杞产业扶贫、教育扶贫、品牌宣传扶贫、新能源项目投资扶贫等8个方面内容同时启动。

中国共产党山西省第十一届委员会第3次全体会议在太原召开。会议确定山西省出席党的十九大代表候选人预备人选,审议通过《中共山西省委关于召开中国共产党山西省代表会议的决议》。

5月

1日

骆惠宁在太原会见中国国民党前主席连战一行。薛延忠、罗清宇参加会见。

山西地质博物馆向社会免费开放。

2日至4日

原国务委员、第十一届全国人大常委会副委员长、中国老科学技术工作者协会会长陈至立到山西考察调研。

3日

省委常委、统战部部长廉毅敏在太原会见欧洲华侨华人社团联合会(简称欧华联会)山西访问团一行。

《人民日报》一版头条刊登消息《山西:优化政治生态提升发展状态》,并配发长篇通讯《风清气正好扬帆》。

4日

第十七届“山西青年五四奖章”、第十届“山西青年五四奖状”评选揭晓。太原市击剑运动员郝佳露等24人被授予“山西青年五四奖章”,太原市公安局交警支队杏花岭大队等20个青年集体被授予“山西青年五四奖状”。许莜晶等230人被授予“全省优秀共青团员”,陈亚琳等118人被授予“全省优秀共青团干部”,太原市迎泽区教育局团委等114个团组织被授予“全省五四红旗团委”,太原市阳曲县高村乡高村团支部等185个团组织被授予“全省五四红旗团支部”。

省政府召开全省地方志志鉴“两全目标”推进会。

4日至5日

全省蔬菜绿色生产现场推进会暨产业扶贫工作会在曲沃县召开。

5日

山西省第75家新三板挂牌企业——禾源科技获批挂牌。

由经营科技、百得科技等11家发起的山西省物联网产业技术联盟成立大会暨物联网高峰论坛在太原举行。

6日

2017肿瘤国际高峰论坛暨2017中国肿瘤学焦点学术大会暨山西省抗癌协会第十一届肿瘤学术大会在太原召开。

7日至10日

全国政协副主席卢展工率全国政协社会和法制委员会调研组到山西省专题调研去产能过程中职工就业再就业问题。

8日

国务院副总理汪洋出席在太原召开的部分省份易地扶贫搬迁工作推进会。

省财政制定《省级会展业发展专项奖补资金管理办法》并设立会展业发展专项奖补资金1000万元。

9日

以“华夏古文明·山西好风光”为主题的山西旅游推介走进南非。

11日

省委办公厅、省政府办公厅印发《山西省脱贫攻坚责任制实施细则》。

11日至15日

山西展团以“华夏古文明山西好风光”为主题参加第十三届中国(深圳)国际文化产业博览交易会。15日,深圳文博会中国工艺美术文化创意奖揭晓。山西14件文创产品获奖。其中,3件获金奖,7件获银奖,4件获铜奖。省委宣传部荣获优秀组织奖,山西展团获优秀展示奖。

12日

山西省第一支旅游警察大队在壶关县太行山大峡谷景区挂牌成立。

全省首台“达芬奇”手术机器人在山西医科大学第一医院上岗。

山西医科大学第一医院杨辉获2017年第46届南丁格尔奖章。

12日至13日

国家旅游局驻罗马办事处邀请意大利旅行商一行27人到山西考察旅游线路。

15日

骆惠宁主持召开十一届省委21次常委会议,听取中央环保督察反馈问题整改工作汇报,审议讨论深化国企国资改革和加强国有企业党的建设、企业投资项目试行承诺制实行无审批管理、开展优化营商环境专项行动、在全省县以上党组织开展巡视整改自行“回头看”等有关文件和工作。

骆惠宁主持召开十一届省委22次常委会议,研究山西省坚决拥护中央决策部署在服务和对接雄安中加快创新驱动转型升级初步意见、维护金融安全和金融支持实体经济健康发展意见，部署加强政法队伍建设工作、在“两学一做”中加强“三基建设”工作。

17日至18日

全省山洪灾害防治现场观摩暨经验交流会在和顺县举办。

17日至19日

省十二届人大常委会举行第38次会议。会议表决通过《山西省无线电管理条例》；表决通过关于批准《朔州市地方立法条例》《朔州市人民代表大会议事规则》《朔州市人民代表大会常务委员会议事规则》《阳泉市地方立法条例》《长治市地方立法条例》《临汾市地方立法条例》《运城市人民代表大会及其常务委员会立法条例》的决定，以及关于批准2017年省本级预算调整方案的决议；表决通过关于个别代表的代表资格的报告、人事任免名单。在省人大常委会主任会议的组织下，新任命人员进行宪法宣誓。

山西通过举办综合展区展示、战略性新兴产业重点项目推介对接会、旅游项目招商对接会、“山西品牌中华行”等系列重要活动，参加在安徽合肥市举行的第10届中国中部投资贸易博览会，向客商讲述山西“新故事”。

18日

省委常委、组织部部长、省委人才工作领导小组组长吴汉圣主持召开省委人才工作领导小组第10次会议。

“山西品牌丝路行”走进印度尼西亚。

《山西年鉴（2016）》入选中国地方志指导小组办公室实施的中国年鉴精品工程“中国精品年鉴”名单，成为全国省级唯一“中国精品年鉴”。

农业部主要农作物生产全程机械化示范项目在岚县启动。

联合国欧洲经济委员会与山西焦煤集团在日内瓦联合国总部签署备忘录。双方约定在联合国框架下，以山西焦煤集团为依托在中国建立一个非盈利组织性质的国际卓越煤矿瓦斯治理中心，拟于2018年启动。

19日

在全国公安系统英雄模范立功集体表彰大会上，山西省牛继文等7名公安民警被授予“全国特级优秀人民警察”称号，平定县公安局等3个基层公安局被授予“全国优秀公安局”称号、太原市第一看守所等16个基层公安所队被授予“全国优秀公安基层单位”称号，马继刚等32名公安民警被授予“全国优秀人民警察”称号。

山西八建集团承建的中国知网数字图书馆钢结构工程获第12届（2015–2016）“中国钢结构金奖”（国家优质工程）。

20日

全省优化营商环境会议召开。

20日至24日

国务院考核组对山西省2016年消防工作进行全面考核。24日，考核反馈会在太原召开，考核组组长、国家文物局副局长宋新潮反馈考核意见。

21日

骆惠宁在太原会见到晋出席2017年中央企业助力山西转型综改会议暨签约仪式的国务院国资委副主任徐福顺和62家中央企业负责人。

22日

2017年央企助力山西转型综改会议暨签约仪式在太原举行。

省脱贫攻坚领导小组召开全省产业扶贫到村到户长治现场观摩会。

凌晨3时20分，山西登山运动员石磊成功冲顶珠穆朗玛峰，成为第一位登顶珠峰的山西籍人士。

23日

中国共产党山西省代表会议在太原举行。会议由省委常委会主持。会议选举产生43名山西省出席中国共产党第十九次全国代表大会代表。

24日至25日

全省扶贫攻坚造林专业合作社现场推进会在临县召开。

25日

骆惠宁主持召开十一届省委24次常委会议，审定《省委常委推进“两学一做”学习教育常态化制度化、开展维护核心见诸行动主题教育工作安排》，开展以“四个对照”为重点的巡视整改“回头看”，研究部署聚焦深度贫困推进脱贫攻坚，审议《山西省党政领导干部生态环境损害责任追究实施细则（试行）》和深化国企国资改革配套文件。

26日

省政府与海航集团举行工作会谈并签署战略合作协议。

山西《清凉寺史前墓地》和《北齐徐显秀墓壁画保护修复研究》两套书籍入选为2016年度全国文化遗产十佳图书。

27日

中韩文化交流暨祈福世界和平活动在稷山县举行。

山西省首台3D打印保膝截骨手术在山西医科大学第二医院实施。

28日

山西省文化创意、中医药、刺绣剪纸等16家特色服务贸易类企业参展2017北京国际服务贸易交易会。

6月

1日

《山西省实施〈工伤保险条例〉办法》施行。

山西省首张电子营业执照颁发。

2日

省政府与乌拉圭卡内洛内斯省在太原举行工作会谈，并签署两省深化友好关系备忘录。

2日至5日

中共中央政治局委员、中央党的建设工作领导小组副组长、中央新疆工作协调小组副组长张春贤到长治、吕梁等地调研农村基层党建工作。

5日

省政府聘任15位法律顾问。

5日至9日

全国人大常委会副委员长陈昌智率检查组到山西开展固体废物污

染环境防治法执法检查。

6日

全国新型职业农民培育工作推进会在太原召开。

长子县、灵石县和岢岚县入选第一批农村生活垃圾分类和资源化利用示范工作。

晋中市环境保护局向山西瑞光热电有限责任公司颁发山西省首张国家统一编码的排污许可证，标志着山西排污制度改革迈出全新一步。

6日至9日

全国妇联党组书记、副主席、书记处第一书记宋秀岩带队到山西省调研督导妇联改革工作。

7日

全省七河生态修复工程启动。

山西省317208名考生参加高考。

由山西建筑工程（集团）总公司承建的中国援助赞比亚利维·姆瓦纳瓦萨医院项目在赞比亚首都卢萨卡举行开工奠基仪式。

8日

省政府与太平保险集团在太原举行工作会谈并签署战略合作协议。

全省重点旅游景区景点体制机制改革创新工作汇报会在太原召开。

省政府与中国气象局在太原举行省部合作联席会议，共商推进山西气象现代化建设合作事宜。

10日至11日

国家体育总局党组书记、局长苟仲文一行到山西调研全国青年运动会筹备工作情况。

13日

美国晋商总会到山西考察对接座谈会在太原召开。

14日

省政府办公厅发布《山西省鼓励投资政策（2017年版）》。

省政府发布《关于落实建设山西转型综改示范区实施方案的若干意见》。

省脱贫攻坚领导小组召开专题会议，就贯彻落实省委、省政府《关于聚焦深度贫困集中力量攻坚的若干意见》座谈交流。

14日至16日

中央统战部副部长冉万祥率中央统一战线工作领导小组宗教工作专题调研第三组，到山西调研检查宗教工作。

15日

山西招商引资（珠三角）推介会在广州举行，同时举行晋粤文化旅游产业合作推介对接会。

16日

楼阳生主持召开省政府第153次常务会议，研究部署扩大开放积极利用外资、促进创业投资持续健康发展、政府核准投资项目目录、促进土地集约高效利用和开发区扩区等工作，听取中煤担水沟煤业“1·17”重大顶板事故调查处理意见汇报，原则通过《山西省农村扶贫开发条例（草案）》。

《山西省招商引资重点产业指导目录》发布，设置七大产业类别、46个领域、744项内容。

山西青年应急救援队成立。

21日至23日

中共中央总书记、国家主席、中央军委主席习近平到山西视察。在参观吕梁市兴县的晋绥革命纪念馆及其他革命旧址之后，到忻州市岢岚县赵家洼村和宋家沟新村视察扶贫工作，又到太原重工轨道交通设备有限公司和山西钢科碳材料有限公司视察产业发展。习近平视察后指出，实现资源型地区经济转型发展，形成产业多元支撑的结构格局，是山西经济发展需要深入思考和突破的重大课题。解决好农业、农村、农民问题要作为全党工作的重中之重。严肃党内政治生活是从严治党的根本性基础工作。王沪宁、汪洋、栗战书和中央有关部门负责人陪同考察。骆惠宁、楼阳生陪同视察并汇报山西各方面的发展变化。

26日

山西中医学院正式更名挂牌山西中医药大学。

27日

山西国新晋药集团有限公司与澳大利亚阿德莱德大学签署战略合作协议，双方就恒山黄芪系列产品研发达成协议。

28日

中国首套煤炭综采高端输送国产化设备井下工作面转盘式工转破一体机系列产品在忻州阳煤忻通公司下线。

稷山县板枣生产系统入选第四批中国重要农业文化遗产名录。

28日至29日

中华全国总工会书记处书记田辉到山西省督导调研工会改革工作。

29日

省委召开全省干部大会，学习贯彻习近平总书记视察山西重要讲话精神，对全省学习宣传、贯彻落实习近平总书记重要讲话精神作出部署。

龙门供水工程竣工通水。龙门供水工程是柏叶口水库的主要配套工程，是山西大水网工程的重要连通工程。

30日

中共中央对外联络部“中国共产党的故事——全面从严治党”专题宣介会在北京举行。山西省委以“山西省委的实践——风清气正、奋发有为”为主题，向访华的外国政党政要以及驻华高级外交官、国际组织驻华机构代表等展示山西省委落实党中央全面从严治党要求的实践和成效，并举办“山西怎样选干部”研讨会。

31日至6月1日

山西开展农村环境集中整治行动。

6月底

进入2017年后，山西经济由“疲”转“兴”，上半年GDP增长6.90%，增速与全国同步。

山西启动七河生态修复永定河上游桑干河生态补水工程，首次实施流域生态补水。

7月

1日

全省优秀村党组织书记座谈会

在太原召开，刘桂珍等优秀村党组织书记受到表彰。

《山西省专利奖励办法实施细则》实施，山西省自 2017 年起，每年拿出 200 万元奖励山西省专利奖获得者，一等奖每项最高奖励 10 万元。

3 日至 4 日

省十二届人大常委会第 39 次会议在太原举行。会议表决通过《山西省城乡环境综合治理条例》；表决通过人事任免名单，决定任命贺天才为山西省副省长，免去王赋的副省长职务。

山西“文化旅游板”开板挂牌暨省旅游发展委员会与 8 家银行签约仪式在太原举行。

4 日

省政府召开全省解决脱贫攻坚“三保障”突出问题电视电话会议。

5 日

山西品牌丝路行（哈萨克斯坦站)活动启动。

6 日

省人社厅网站公示：太钢(集团)职工教育培训中心、忻州市高级技工学校、大同机车技师学院、晋城技师学院(项目提升)、太原市高级技工学校(项目提升)为国家级高技能人才培训基地，太钢(集团)吕涛技能大师工作室、潞安矿业(集团)有限责任公司王文胜技能大师工作室、汾西矿业(集团)王斌俊技能大师工作室、同煤集团王雷雨技能大师工作室、太重集团樊志勤技能大师工作室、中国重汽集团大同齿轮有限公司刘奇技能大师工作室、杏花村汾酒厂刘江生技能大师工作室为国家级技能大师工作室。

7 日

省政府召开加快推进河长制暨黄河山西段河长专题会议。

从太原开往上海的 G1954“英雄儿女号”高铁专列首发。

9 日

山西省与白俄罗斯布列斯特州合作交流座谈会在白俄罗斯首都明斯克市举行。

10 日

骆惠宁主持召开十一届省委第 31 次常委会议，讨论省委关于学习贯彻习近平总书记视察山西重要讲话精神和在深度贫困地区脱贫攻坚座谈会上重要讲话精神两个实施意见，传达中宣部深化文化体制改革座谈会、构建中国特色哲学社会科学工作座谈会精神，研究山西省贯彻落实意见，研究部署加强耕地保护和改进占补平衡工作，全省科协系统深化改革、全省侨联改革等工作。

11 日

省质监局、省财政厅联合下发《山西省标准创新贡献奖管理办法》，山西省首次设立标准创新贡献奖，奖金总计 290 万元。

骆惠宁、楼阳生与李彦宏举行工作会谈。省政府与百度在线网络技术（北京）有限公司签署《战略合作框架协议》。

12 日

中共山西省委十一届 4 次全体会议在太原召开。会议审议通过《中共山西省委关于深入学习贯彻习近平总书记视察山西重要讲话精神的实施意见》《中共山西省委关于深入学习贯彻习总书记在深度贫困地区脱贫攻坚座谈会上重要讲话精神的实施意见》。

山西青年创新创业投资联盟成立，启动 2 亿元基金，筛选项目近 300 个。

13 日

山西省光伏产业现场推进会在长治市召开。

14 日

楼阳生主持召开省政府第 155 次常务会议，研究部署安全生产、农村建档立卡贫困人口医疗帮扶、城乡居民医保、统计管理体制改革、社会组织管理制度改革、老龄事业和健身休闲产业发展等工作。

山西有 33 个项目和个人入选国家艺术基金 2017 年度资助项目名单，获得资助金额 2810 万元。

18 日

省政府与国家质量监督检验检疫总局在京举行工作会谈，并与国家标准化管理委员会签署《关于深化标准化供给侧结构性改革助力资源型经济转型综改试验区建设合作备忘录》。

山西省制定特色产业扶贫“五有”标准，让有劳动能力的贫困户户均年新增产业收入 3000 元以上。“五有”是指贫困村有脱贫产业、有带动主体、有合作经济组织，贫困户有增收产业项目、有劳动能力的有技能。

20 日

国务院扶贫开发领导小组山西督查组副组长、国家统计局副局长李晓超出席在太原召开的山西脱贫攻坚督查汇报会。

山西省第二次全国污染源普查工作推进会在太原召开。

山西省首套脱硫废水零排放国产示范化项目临汾热电脱硫废水零排放改造工程带负荷一次性投产成功。

25 日

省政府召开全省扶贫小额信贷工作推进会。

山西省政协原副主席、省委统战部原部长王绣锦在太原逝世，享年 103 岁。

27 日

山西省第四届人民满意的公务员和人民满意的公务员集体表彰大会在太原召开。20 名个人、15 个集体分别被授予“山西省人民满意的公务员”和“山西省人民满意的公务员集体”荣誉称号，30 名个人、20 个集体被记一等功。

第二批全国特色小镇名单公布，稷山县翟店镇、灵石县静升镇、高平市神农镇、泽州县巴公镇、怀仁县金沙滩镇、右玉县右卫镇、汾阳市贾家庄镇、曲沃县曲村镇、离石区信义镇 9 镇入选。

山西省 7 村庄上榜 2017 年改善农村人居环境示范村名单，其中娄烦县杜交曲镇下石家庄村、山阴县北周庄镇燕庄村、左权县桐峪镇下武村入围保障基本示范村；南郊区口泉乡杨家窑村、襄汾县古城镇关村、离石区信义镇归化村入围环境整治示范村；长治县振兴新区振兴村入围美丽宜居示范村。

山西临汾—德国慕尼黑中欧班列首发仪式在侯马市举行。

29日

以“发展农村新业态·促进脱贫奔小康”为主题的第十届全国大学生村干部论坛在长治县举行。

30日

中央第二环境保护督察组督察山西省情况反馈会召开。4月28日至5月28日，中央第二环境保护督察组对山西省开展环境保护督察，并形成督察意见。

31日

山西省国有资本投资运营有限公司在太原揭牌成立，标志山西省国有资产管理体制从“管资产”向“管资本”转变迈出实质性步伐。

省脱贫攻坚领导小组召开专题会议，就贯彻落实习近平总书记视察山西和在深度贫困地区脱贫攻坚座谈会上重要讲话精神，落实省委两个《实施意见》，推进光伏扶贫工作进行安排部署。

7月至10月

山西省开展安全生产大检查。

山西省夏粮获丰收。2017年山西夏粮总产量27.89亿千克，比上年增产0.39亿千克，增长1.42%。其中，冬小麦产量27.73亿千克，比上年增产0.39亿千克。

8月

1日

首届“生物经济助力山西创新转型综改大会”在中国（太原）煤炭交易中心召开。

《山西省城乡环境综合治理条例》实施。

2日

全省人才发展体制机制改革推进会在太原召开。会议就贯彻落实习近平总书记视察山西重要讲话精神和全省改革推进会议精神，加快推进省委《关于深化人才发展体制机制改革的实施意见》各项改革任务落地见效进行安排部署。

全国疾控系统科研管理与学术交流大会在太原举行。

省政府与中国建筑股份有限公司在太原签署战略合作协议，双方拟在基础设施投资建设、区域开发建设、金融股权等方面开展多层次、多渠道、多形式合作。

省委办公厅印发《山西省科协系统深化改革实施方案》。

3日

山西省文化旅游投资控股集团有限公司在太原市揭牌成立。

太钢不锈入围由工业和信息化部组织评选的2017年第一批绿色制造体系示范名单。

4日

楼阳生主持召开省政府第158次常务会议，具体部署中央环保督察反馈问题整改工作和下一步环保重点任务，研究城乡污水垃圾治理、易地扶贫搬迁和深度贫困自然村整体搬迁等工作。

山西省首家海峡两岸青年就业创业基地揭牌仪式在晋中举行。

临汾入选交通运输部公布的“十三五”全面推进“公交都市”建设第一批创建城市名单。

6日

省委、省政府印发《山西省农村建档立卡贫困人口医疗保障帮扶方案》，专门用于解决全省201万农村建档立卡贫困人口的医疗费用报销问题，其核心内容是“三保险”“三救助”。

7日

《山西省鼓励重大项目国际国内招投标实施办法》印发。

8日

山西省乡村古桥调查成果公布，山西统计录入63座乡村古桥。其中金代古桥5座、明代古桥20座、清代古桥38座。

10日

《山西省关于加强全省非公有制企业党组织规范化建设的指导意见》出台。

11日

太钢建成全国首个不锈钢防尘大棚并投入使用。

11日至12日

全国黄芪产业发展研讨会在浑源县举办。

12日

山西省煤层气事故灾难应急救援综合演练在晋城市举行。

14日

《山西日报》跻身2016—2017中国报刊经营价值百强榜，当选融合创新经营30佳报刊。

“光明公益行”慈善活动在太原启动。活动由中国妇女发展基金会主办，省妇女儿童发展基金会承办，为1290位户籍在山西、家庭贫困且满足医治条件的60周岁以上白内障患者、14周岁以下屈光不正儿童提供手术救助和免费配镜服务。

16日

全省“践行习总书记视察山西重要讲话精神抓党建促脱贫攻坚暨深度贫困村整体搬迁”现场推进会在岢岚县召开。

山西省政府投资基金理事会成立。

16日至18日

2017年中国技能大赛——第二届山西省“栋梁杯”工业机器人技术应用技能大赛暨全国工业机器人技术应用技能大赛山西省选拔赛在山西机械高级技工学校举行。

17日

骆惠宁主持召开十一届省委第36次常委会议，会议审议通过《山西省贯彻落实中央第二环境保护督察组督察反馈意见整改方案》《关于市县市场监督管理体制改革试点工作的指导意见》《中共山西省委贯彻〈中国共产党巡视工作条例〉实施办法》《省委中心组2017年下半年学习安排》《关于加强县乡人大工作机构建设的若干规定》《关于加强新形势下引进外国人才工作的实施意见》。会议同意省委组织部贯彻落实全国城市基层党建工作经验交流座谈会的具体意见。

省政府召开汾河流域生态修复中游核心区干流蓄水运行动员会。

省政府与中国人寿保险（集团）公司在太原签署战略合作框架协议。

全国大锻件学术会议暨锻造产业高峰论坛在定襄县举办。

《山西省“十三五”老龄事业发展规划》印发。

18 日

山西大学程芳琴教授主持的“粉煤灰高值利用关键技术与示范”、山西大学肖连团教授主持的“基于光晶格超冷量子气体的量子模拟”和中科院山西煤化所王建国教授主持的“煤温和加氢液化制高品质液体燃料关键技术与工艺”三项课题被列入国家重点研发计划，获国家经费 6023 万元资助。

中国科学院、中国地球物理学会和省科协主办的全国首家地球物理“院士专家工作站”揭牌仪式，在山西省煤炭地质物探测绘院举行。

18 日至 19 日

全国杂粮绿色高产高效模式观摩交流会在平鲁区召开。

21 日

《山西省煤层气资源勘查开发规划(2016—2020 年)》发布。

岚县、隰县、方山县、大同县、壶关县、灵丘县、汾西县、代县、五台县、岢岚县 10 县入选 2017 年电子商务进农村综合示范县。

22 日

高平至沁水高速公路通车。

23 日

11 时 38 分 42 秒，在太原市清徐县(北纬 37.49 度，东经 112.42 度)发生 3.1 级地震，震源深度 5 千米。

省国土资源厅召开“山西煤层气勘查开发‘十三五’规划及相关改革事项”新闻发布会，山西省将以招标方式竞争性出让柳林石西、介休等 10 个煤层气区块的探矿权，总面积 2043 平方千米，预测总资源量 4300 亿立方米。这是山西省首次以公开竞争方式出让煤层气矿业权，也是矿业权制度改革以来全国出让的首例煤层气矿业权。

24 日

水利部黄河水利委员会与山西省政府召开座谈会，交流讨论古贤水利枢纽前期工作及黄河禹门口至潼关河段“十三五”治理的有关事项。

山西潞宝集团、美锦能源集团有限公司、大运九州集团有限公司、山西立恒钢铁集团股份有限公司、山西通才工贸有限公司 5 家晋企上榜 2017 中国民营企业 500 强。

24 日至 28 日

第三届山西文化产业博览交易会在中国(太原)煤炭交易中心举行。文博会举办重点项目签约仪式、“开放的山西”主题峰会。签约项目 83 个，签约融资额 269 亿元；招商项目 238 个，总投资 1218 亿元。

25 日

中宣部副部长、中央文化体制改革和发展领导小组办公室主任孙志军就文化体制改革情况到山西考察调研。

由中国食品和包装机械工业协会、山西太钢不锈钢股份有限公司主办的“国家食品工业用不锈钢论坛 2017 年会”在太原召开。

山西省交通开发投资集团有限公司与四川路桥集团举行战略合作框架协议签约仪式。

2017 中国全域旅游魅力指数排行榜 TOP20 榜单揭晓。晋中市入选“2017 中国全域旅游魅力指数排行榜地市 TOP20”，阳城县、平顺县入选“2017 中国全域旅游魅力指数排行榜区县级 TOP20”。

26 日

《山西争当全国能源革命排头兵行动方案》专家座谈会在北京召开。

26 日至 27 日

首届中国眼健康大会在太原召开。

29 日

全省推进农村集体产权制度改革暨承包地确权工作电视电话会议在太原召开。

省自由贸易试验区申报工作领导小组召开第一次全体会议，标志着山西省自贸试验区申报工作启动。

30 日

骆惠宁主持召开十一届省委第 38 次常委会议，研究民生领域有关工作，审议通过《关于进一步贯彻落实中央八项规定精神的实施办法》，研究山西省贯彻落实中央群团改革工作座谈会精神的意见，听取太原市大气污染防治工作情况汇报，审议《太原都市区规划(2016–2035 年)》等。

副省长贺天才主持召开省环境保护督察领导小组第 4 次会议。

山西省启动国际贸易“单一窗口”标准版扩大试点工作。

2017 年度 NSFC–山西煤基低碳联合基金项目于 8 月 29 日在太原评审结束。8 月 30 日，联合基金管理委员会对评审结果进行审定。山西省 33 个煤基低碳项目立项，获得总额 5000 万元基金资助。

8 月份

山西省组建装备制造、信息科学、材料科学、能源与节能环保、生物医药与人口健康、现代农业 6 个重点实验室专业联盟。

9 月

1 日

山西省 15 家企业 6 大类产品参加在长春举办的第 11 届中国—东北亚博览会。

临汾第二列中欧班列（山西临汾—波兰马拉舍维奇)驶向波兰。

国务院印发《关于支持山西省进一步深化改革促进资源型经济转型发展的意见》。

2 日

山西省人民政府机关迁至太原市小店区省府街 3 号。

振东健康产业集团和亚宝投资集团上榜“2016 年度中国医药工业百强”。

4 日

李克强到长治市壶关县五龙山乡程庄村考察脱贫攻坚，对山西省

"三保险三救助"健康扶贫给予肯定。

省委法律顾问聘任仪式在太原举行。省委聘任北京大学姜明安教授、中国人民大学王利明教授、中央党校张恒山教授、山西大学陈晋胜教授、山西财经大学郗伟明教授、山西中吕律师事务所高剑生律师、山西华炬律师事务所孙智律师7名法律顾问。

4日至5日

中共中央政治局常委、国务院总理李克强到山西长治、临汾考察。在潞安集团石圪节煤矿、长治五龙山乡程家村、唯美诺创业创新基地，太钢集团临汾钢铁公司、华翔集团等地，了解国有企业、民营企业及农村农民的情况。李克强强调要加快新旧动能转换，促进经济转型升级，着力脱贫攻坚，推动民生改善。骆惠宁、楼阳生等陪同考察。

全省国有重点煤炭企业安全生产工作座谈会在太原召开，2017年以来发生事故的部分煤矿主要负责人汇报事故情况，深刻汲取事故教训并进行警示教育，部分参会企业代表围绕如何加强煤矿安全生产工作，扭转事故多发势头作大会发言。

4日至6日

由国务院食安委专家委员会副主任陈啸宏带队的第十二督查组到山西督查指导食品安全工作。

5日

永济市国营林场、管涔山国有林管理局高桥洼林场、襄垣县老爷岭国有林场三家获"2017中国最美林场"称号。

7日

山西省政府发布《"山西小米"品牌建设实施方案》。

右玉县上榜第一批国家生态文明建设示范县。

7日至8日

2017年"三秋"农机化技术演示培训班在朔州市举办。

8日

楼阳生主持召开省政府第161次常务会议，听取"13710"督办系统建设运行和重点工作、重大改革、重点工程、重点技改、重点招商落实进展情况汇报，研究部署脱贫攻坚等工作。

山西省运动员在第十三届全运会上共收获9金、12银、14铜。

肯尼亚蒙巴萨郡项目推介会在太原举行。

第五届国家农口产业技术创新战略联盟理事长联席会议在太原召开。

山西酒类产品质量检测中心(有限责任公司)揭牌仪式在汾酒博物馆举行。

8日至9日

国家卫生和计划生育委员会主任李斌到山西调研。

10日

2017太原国际马拉松赛举办。

大同煤矿集团有限责任公司、山西焦煤集团有限责任公司、阳泉煤业(集团)有限责任公司、山西潞安矿业(集团)有限责任公司、山西晋城无烟煤矿业集团有限责任公司、山西煤炭进出口集团有限公司、晋能集团有限公司、太原钢铁(集团)有限公司、山西建筑工程(集团)总公司等9家山西企业入围2017中国企业500强。

11日

副省长郭迎光在太原会见泰国农业部监察长卡尼·力珂利他亚伍替一行。

《关于进一步促进中小微企业创业创新转型发展的若干措施》出台。

11日至13日

山西展区以"文化三晋 创意山西"为主题，分"文化园区、文化旅游、文化科技、文化创意和传统工艺美术"5大板块参加第十二届中国北京国际文化创意产业博览会。

12日

山西省名牌战略领导小组办公室发出公告，山西水塔醋业股份有限公司等298个企业的353个产品入选2017年山西省名牌产品建议名单。

全省深化集体林权制度改革座谈会在左权县召开。

13日

由国家发改委副主任连维良率领的去产能调研组到太原召开专题座谈会，听取山西省煤炭去产能工作情况汇报，研究解决去产能过程中出现的一些问题，调研山西省信用体系建设工作。

13日至14日

全国"扫黄打非"专项行动第三督查组到山西省督导检查"扫黄打非"工作。

14日

骆惠宁主持召开十一届省委第41次常委会议，传达学习李克强在山西考察工作时重要讲话精神，研究山西省贯彻落实意见，就推动经济转型发展进一步作出部署。

骆惠宁主持召开省委全面深化改革领导小组第32次会议。

楼阳生主持召开省政府第162次常务会议，研究落实省委贯彻李克强在山西考察工作重要讲话精神的重大举措，部署秋冬季大气污染综合治理、大清河上游(唐河、沙河)流域生态修复保护、推进"双创"深入发展、完善集体林权制度、促进建筑业持续健康发展等工作。

山西品牌丝路行(波兰站)活动开幕。

2017年中国技能大赛——山西省首届电梯安装维修工职业技能大赛暨全国电梯安装维修工职业技能竞赛山西预赛在太原举行。

《关于第五届全国文明城市参评城市(区、县)的公示通知》发布，晋城市、古县、孝义市、右玉县入选公示名单。

运城市盐湖区三路里镇沟东村主任雷茂端获2017年全国脱贫攻坚奖创新奖。

15日

骆惠宁主持召开十一届省委第42次常委会议，审议并通过《贯彻落实〈国务院关于支持山西省进一步深化改革促进资源型经济转型发展的意见〉行动计划》《山西打造全国能源革命排头兵行动方案》《关于强

化实施创新驱动发展战略进一步推进大众创业万众创新深入发展的实施意见》。

农业部公示 2017 中国美丽休闲乡村名单。山西省灵丘县上北泉村入围特色民俗村，长治县东掌村、阳泉市郊区桃林沟村入围现代新村，临县李家山村、榆次区后沟村入围历史古村。

16 日

山西省首届中药材产业发展“三新”(即新技术、新标准、新产品)博览会暨晋药创新高峰论坛在中国太原煤炭交易中心举行。

16 日至 20 日

第五届中国(山西)特色农产品交易博览会在中国(太原)煤炭交易中心开幕。博览会分别举办农业品牌大会暨招商引资项目签约活动、休闲农业和乡村旅游精品景点推介会、“一带一路”农业国际合作交流会、山西粮食(杂粮玉米)产销衔接会等活动。

18 日

全省进一步深化改革促进资源型经济转型发展大会在太原召开。会议深入贯彻习近平总书记视察山西重要讲话精神，认真落实李克强考察山西提出的要求，对全面实施《国务院关于支持山西省进一步深化改革促进资源型经济转型发展的意见》作出部署。

“山西省—厦门市招商引资项目对接座谈会”在厦门举行。

北方农牧交错带农业结构调整现场观摩会在朔州召开。

大同县出口黄花、绛县出口水果、曲沃县出口蔬菜和盐湖区出口酥梨被列为 2017 年度国家级出口食品农产品质量安全示范区。

19 日

省委推进县乡人大建设会议在太原召开。

省委办公厅、省政府办公厅印发《关于支持右玉县绿色发展暨生态文化旅游开发区建设的若干措施》。

全省企业与贫困县合作帮扶现场推进会在右玉县召开。

19 日至 20 日

2017 年中国技能大赛——全国国有林场职业技能竞赛在岚县举行。

20 日

2017 年山西省就业对接服务月活动启动仪式在中国(太原)煤炭交易中心举行。

晋中市获全国社会治安综合治理优秀市称号;安泽县、平遥县、五台县、灵丘县、永济市、右玉县获全国平安建设先进县(市)称号;翼城县司法局、左权县矛盾纠纷调解中心、阳泉经济技术开发区维稳办获全国社会治安综合治理先进集体称号; 侯丽琳、刘晋阳、乔永生获全国社会治安综合治理先进工作者称号;临汾市安泽县被中央综治委授予全国综治最高奖“长安杯”。

20 日至 22 日

国家烟草专卖局局长凌成兴一行到山西省调研烟草工作。

20 日至 23 日

2017 山西省旅游发展大会在晋中召开。

21 日

山西建设投资集团有限公司揭牌成立。

22 日

骆惠宁主持召开十一届省委第 44 次常委会议，传达贯彻中央巡视巡察工作座谈会精神，听取省委第二轮巡视情况汇报， 研究纪检监察工作，部署军民融合发展，审议通过《中共山西省委关于完善工作机制加强人民政协协商民主建设的意见》。

2017 中国(太原)第四届世界骨科大会暨山西省第十九届骨科年会在太原开幕。楼阳生在太原会见参会的诺贝尔奖得主乔治·斯穆特、美国哈佛大学医学院麻省总医院骨科创伤中心主任雷蒙·马尔科姆·史密斯、美国工程院院士赵以甦等骨科学领域中外专家。

“热血铸剑·丹心卫民”全国公安百佳刑警推选宣传活动揭晓仪式在北京举行。稷山县公安局刑警大队李同斌、阳泉市公安局城区分局张亚杰、忻州市公安局忻府区分局杨喜文 3 位刑警队长入选“全国公安百佳刑警”，太原市公安局刑侦支队阮航、大同市公安局刑侦支队姜越、省公安厅科技处李彬入选“全国公安优秀刑警”。

23 日

第五届亚洲粉煤灰及脱硫石膏处理与利用技术国际交流大会在朔州开幕。

2017 年全国城乡规划实施评估学术研讨会在太原举行。

2017“影像的力量”中国(大同)国际摄影文化展开幕。

25 日

国家林业局、国务院扶贫办在吕梁市召开全国林业扶贫现场观摩会。

27 日

省政府召开全省加快推进国有企业分离办社会职能和厂办大集体改革工作会议。

省政府召开全省协调推进农村信用社改制化险工作会议。

27 日至 10 月 3 日

“右玉精神”主题宣传活动在北京举办。活动分为大型音乐舞蹈史诗《为有牺牲多壮志——右玉和它的县委书记们》演出和“久久为功绿色丰碑——‘右玉精神’ 油画摄影展”两部分。

28 日

省委召开学习贯彻习近平系列重要讲话精神和治国理政新理念新思想新战略经验交流会。

《贯彻落实国务院支持山西省进一步深化改革促进资源型经济转型发展意见行动计划》出台。

《山西省省级自然保护区调整管理规定》出台。

29 日

楼阳生主持召开省政府第 164 次常务会议，研究通过支持科技创新若干政策，部署加强新形势下优抚安置、开展质量提升行动等工作。

30 日

山西大水网工程实现关河水库与云竹水库的连通，首次实现跨区域调水。

山西省首趟中亚班列（太原—巴普洛达尔）开行。

中俄蒙“万里茶道”商旅之行推广活动在太原举办。

云冈石窟景区被选为“全国知名品牌创建示范区”。

10月

1日

山西省调整最低工资标准，按不同区域划分的四个类别的最低工资标准均提高80元。月最低工资标准由一类1620元、二类1520元、三类1420元、四类1320元，依次调整为1700元、1600元、1500元、1400元。

9日

全省质量大会召开，表彰第二届山西省质量奖获奖单位和个人，部署实施质量强省战略、开展质量提升行动工作。太原钢铁（集团）有限公司、山西杏花村汾酒厂股份有限公司、山西四建集团 有限公司、大运汽车股份有限公司、中国重汽集团大同齿轮有限公司等5个组织获“第二届山西省质量奖”，山西江淮重工有限责任公司等10个组织和个人获“第二届山西省质量奖提名奖”。

2017年中国中小城市科学发展指数研究成果榜单发布，孝义市、侯马市、阳高县、沁源县、太原市小店区、朔州市朔城区6县（市、区）榜上有名。

12日

全省教育聚焦深度贫困县助力脱贫攻坚推进会在太原召开。

全省首家农业微生物“院士工作站”在芮城县大禹生物有限公司挂牌。

“山西好网货大赛”总结大会在临汾召开，玉露香梨、力能沛大麦苗青汁系列产品、“水草庙”牌红薯粉条、甜瓜家有机黑糯玉米、晋宝绿珍有机红薯粉条、野山坡系列产品、平遥牛肉原味、宁化府香醋、琪尔康翅果油系列产品、阿盖灌汤花生等被评为“山西十佳好网货”。

13日

全省黄河板块旅游开发推进会在临县碛口召开。

17日

太行板块旅游开发推进会在平顺县召开。

19日至20日

省脱贫攻坚领导小组在阳曲县、吉县召开贫困退出对标提升现场推进会。

20日

山西省首单绿色公司债券——山西国际能源集团有限公司“G17能源1”在上交所发行。

23日至24日

全省深度贫困县脱贫攻坚工作交流会在太原召开。

24日

长城板块旅游开发推进会在偏关县召开。

全省深度贫困县抓党建促脱贫攻坚工作经验交流座谈会在天镇县召开。

25日

永济市入选国家园林城市名单；应县、静乐县入选国家园林县城名单。

26日

全国首张焦化行业国家统一编码的排污许可证由长治市环保局向山西通洲煤焦集团股份有限公司颁发。

武乡小米获国家农产品地理标志认证。

2017年省级“专精特新”中小企业名单出炉。太原鹏跃电子科技有限公司等192户企业被确定为2017年省级“专精特新”中小企业。每户企业获得25万元奖励资金。

27日

国网山西电力公司“煤改电”工程全面竣工。

全省“一村一品一主体”产业扶贫推进会在太原召开。

28日

壶关峡谷国家地质公园入选全国首批国土资源科普基地。

“国家级出口法兰锻件产品质量安全示范区”揭牌仪式在定襄举行，这是国内首家法兰锻件行业国家级出口质量安全示范区，也是山西省第二个国家级出口工业产品质量安全示范区。

31日

山西小米产业联盟在太原成立。

《山西省第一次全国地理国情普查公报》发布。

10月底

“宽带山西”2017专项行动各项指标均提前完成，固定宽带家庭普及率达68.90%、移动宽带用户普及率达75.60%。

11月

1日

楼阳生主持召开专题会议，研究推进黄河、长城、太行三大旅游板块发展工作。

《山西省开展基层政务公开标准化规范化试点工作方案》出台，万柏林区、介休市、左权县、孝义市被确定为试点单位。

1日至3日

以“共创共享，开启大健康时代”为主题的2017中国（太原）第五届世界健康大会在太原举行。

2日

京冀晋陕高铁旅游博览会在太原南站举办，由太原铁路局、中国铁道出版社共同主办，首开国内高铁车站举办旅游博览会的先河。

山西省83人入选首批全国万名优秀创新创业导师人才库。

《全省税务系统优化税收营商环境服务经济转型发展实施意见》印发。

2日至3日

以住房城乡建设部副部长倪虹为组长的国务院第七督查组到山西省，就《国务院办公厅关于全面放开养老服务市场提升养老服务质量的若干意见》贯彻落实情况进行专项督查。

4日

骆惠宁主持召开十一届省委第46次常委会议，讨论通过《中共山西省委关于全面贯彻〈中共中央关于认真学习宣传贯彻党的十九大精神的决定〉的通知》和《学习贯彻党的十九大精神宣讲工作方案》，审议省委常委会向省委十一届五次全会的工作报告，分析前三季度全省经济形势，研究下一步经济工作，部署开展扶贫领域不正之风和腐败问题专项治理，决定开展省市县万名干部大调研。

省委宣传部、省文物局、太原市委宣传部主办的《山西抗战 国家记忆——山西军民抗战史实展》在太原美术馆展出。

山西省网络安全和大数据信息技术标准化技术委员会成立大会暨第一次全体会议在太原举行。"山西省网络安全和信息化行业技术中心"同日揭牌。

5日到12月25日

山西省开展万名干部大调研。

6日

寿阳建成全省首个地埋式移动污水处理站。

6日至7日

中国共产党山西省第十一届委员会第五次全体会议在太原召开。会议学习贯彻党的十九大精神和习近平在十九届一中全会上的重要讲话精神，对全省学习宣传贯彻党的十九大精神作出全面部署，并就做好当前工作提出要求。会议听取和讨论骆惠宁受省委常委会委托作的工作报告。

7日

全国人大教科委主任委员柳斌杰带领全国人大调研组，到山西省调研文化遗产保护传承工作，并在太原召开座谈会。

唐山港(朔州)内陆港揭牌。

8日

由省国际商会、欧洲华人律师协会共同主办的"一带一路"产业转型升级中欧项目洽谈会在太原举行，活动包括欧洲国家投资专题推介、中欧项目发布、项目对接洽谈等，为晋欧企业零距离对接、实现合作共赢搭建起交流合作平台。

9日

学习贯彻党的十九大精神省委宣讲团动员会在太原召开。

山西省与江苏省在南京签署送受电框架协议。

山西省与蓝焰煤层气集团等8家煤层气勘查开发企业签署探矿权出让合同。

10日

商务部国际商报社、上海社科院在京发布《2017中国开发区竞争力报告》，山西转型综改示范区跻身"中国最具投资价值开发区"行列。

11日

国家监察体制改革试点工作动员部署电视电话会议在太原召开，中共中央政治局常委、中央纪委书记赵乐际出席并讲话。

13日

山西省唯一的金融资产交易大厅晋金所交易大厅在太原启动运营。

14日

长治市、孝义市入选全国文明城市。

15日

平定砂器入选国家地理标志保护产品。

16日

骆惠宁主持召开十一届省委第47次常委会议，讨论通过《中共山西省委关于坚决维护党中央集中统一领导的规定》《关于进一步贯彻落实中央八项规定精神的实施办法》《关于认真学习宣传贯彻〈习近平谈治国理政〉第二卷的通知》，传达赵乐际在山西调研监察体制改革试点时讲话精神和全国推开国家监察体制改革试点工作动员部署电视电话会议精神，研究山西省进一步深化监察体制改革试点工作实施方案。

由高新企业、高等院校、科研院所等38家单位组成的山西展团，携光机电一体化、先进制造、新材料、环保节能、生物医药、新一代信息技术等六大产业领域的最新科技成果和项目参加在深圳举办的第19届中国国际高新技术成果交易会，并举行山西省重点产业项目对接会。

交通运输部公路局公示2017年全国高速公路服务区服务质量等级评定结果，河津、垣曲、平遥3个服务区上榜2017年全国百佳示范服务区名单，晋城服务区等10个服务区上榜2017年全国优秀服务区名单。

17日

楼阳生主持召开省政府第166次常务会议，研究部署全民所有自然资源资产有偿使用制度改革、煤层气(天然气)体制改革、创业就业、学校安全风险防控等工作。

工信部、国务院扶贫办在大同组织召开2017燕山—太行山片区部省部际联系会议，通报片区扶贫攻坚工作并对下一步工作安排部署。

运城入选全国未成年人思想道德建设工作先进城市。

山西省黄河、长城、太行三大旅游板块参加在昆明举办的2017中国国际旅游交易会。

中国软件评测中心发布第十六届(2017)中国政府网站绩效评估结果，在省级网站绩效评估排名中，山西省人民政府门户网站进入全国20强，排名第12；在省会城市政府网站绩效评估排名中，太原市人民政府网站排名第8；在地市政府网站绩效评估排名中，长治市、朔州市、晋城市、大同市、阳泉市政府网站进入百强。

省政府审议通过《山西省第二次全国污染源普查实施方案》。

19日

在以"世界名酒、共享荣耀"为主题的2017上海国际酒交会上，吕梁市获评"世界十大烈酒产区·吕梁产区"荣誉称号。

临汾获全国"厕所革命优秀城市奖"。

20日

晋能集团与晋商信用增进投资股份有限公司在太原签署100亿元长期限含权中期票据合作协议。

21日至23日

骆惠宁在临汾、吕梁沿黄贫困县

住村调研。

22日

省政府与渤海银行股份有限公司签署“十三五”时期战略合作协议。

全省县乡医疗卫生机构一体化改革现场推进会在柳林县召开。

在国家能源局网站公布的2017年光伏发电领跑基地优选结果名单中，大同、寿阳入选应用领跑基地，长治入选技术领跑基地。

《山西省文化晋军人才工程实施意见》印发。

23日

全省发展生态文化旅游助力脱贫攻坚推进会在左权县召开。

全国质量管理体系升级行动启动仪式在太原举行。

24日

山西交通控股集团有限公司在太原揭牌成立。

省政府与韩国全罗南道在太原举行工作会谈。

27日

太原理工大学校长黄庆学当选中国工程院院士。

省政府、省政协召开“关于着力解决国企国资改革中拖欠工资和社会保险费的建议”重点提案督办座谈会。

山西省出台《省属企业领导人员在国企改革中履职行为规范》，提出企业领导人员“十个不得”行为规范。

29日

省委组织部在太原召开全省城市基层党建工作经验交流座谈会。

第二届全国工业旅游创新大会上，汾酒文化景区获全国十大“国家工业旅游示范基地”称号。

29日至12月1日

省十二届人大常委会第42次会议在太原召开。会议表决通过《山西省旅游条例（修订）》《山西省农村扶贫开发条例》《山西省食品小作坊小经营店小摊点管理条例》《山西省历史文化名城名镇名村保护条例》，以及关于山西省大气污染物和水污染物环境保护税适用税额的决定等。

30日

全国首单产业扶贫债券晋能集团5亿元光伏扶贫债券由浦发银行太原分行承销发行。

原平市获“全国诗教先进单位”称号。

12月

1日

楼阳生主持召开省政府第167次常务会议，研究转型项目建设、企业投资项目承诺制改革试点、煤矿安全监管体制改革、综合防灾减灾规划等事项。

山西省发布《关于贯彻落实国家老年教育发展规划（2016–2020年）的实施意见》。

山西省水资源税从1日起开征。

1日至3日

在印度海德拉巴举行的第四届世界小儿眼科与斜视大会上，唯一来自中国的眼科医生山西省眼科医院李俊红当选为世界小儿眼科与斜视学会首届委员。

2日

2017资源型地区能源转型发展论坛在太原举办。

山西黄河、长城、太行三大旅游板块（上海）项目招商、产品线路推介在上海举办招商洽谈、旅游推介会。

大同被中国生态文明研究与促进会评为2017“美丽山水城市”。

陶寺遗址入选第三批国家考古遗址公园立项名单。

4日

全省贫困村提升“冬季行动”观摩暨晋中市以户为基“双落实、一达标”精准扶贫左权现场推进会召开。

省卫生和计划生育委员会与省残疾人联合会下发《关于做好残疾人家庭医生签约服务工作的通知》，推进全省残疾人家庭医生签约服务。

5日

十一届省委举行第17次中心组（扩大）学习报告会。邀请中国科学院党组书记、院长白春礼作题为《新一轮科技革命与产业变革》的专题报告。

全省深度贫困县脱贫主导产业培育推进会在太原召开。

中国共产党山西省社会组织综合委员会和中国共产党山西省社会组织综合纪律检查委员会成立。

6日

山西省与中国科学院科技战略咨询研究院在太原签署《山西省产业发展战略咨询合作协议》。

7日

教育部主办的《全国义务教育学校管理标准》实施部署会在孝义市召开。

8日

《山西省税收保障办法》发布。

由山西省考古研究所王晓毅与中国社会科学院考古研究所何驽、高江涛共同主持的研究成果《陶寺遗址：“中国”与“中原”的肇端》获第三届世界考古论坛“重要考古研究成果奖”。

《山西省支持现代服务业发展政策措施（2017年版）》发布。

9日

2017山西·太原人才智力交流大会在太原举行。

12日

山西省消除艾滋病、梅毒和乙肝母婴传播行动启动。

由山西建设投资集团（山西建投）援建的塞拉利昂输变电项目在塞北方省坡特洛科地区举行竣工移交仪式。

13日

骆惠宁主持召开十一届省委第49次常委会议，传达贯彻习总书记关于进一步纠正“四风”、加强作风建设的重要指示，学习习近平撰写的《弘扬“红船精神”走在时代前列》一文，审议《山西省转型项目建设年（2018）行动方案》，对举办县处级以上领导干部学习贯彻习近平新时代中国特色社会主义思想和党的十九大精神学习班作出部署。

省政府召开2018年春节前保障

农民工工资支付工作视频会议，贯彻落实全国会议精神，安排部署山西省节前治欠保支工作。

省旅游发展委员会在太原组织召开全省黄河、长城、太行山“三大板块”旅游发展规划纲要论证会。

“山西太钢不锈钢股份有限公司不锈钢冷连轧技术改造项目”获2016–2017 年度国家优质工程奖。

15 日

全国首个“国际健康养生基地”被“黄花之乡——大同县”获得。这是由国际地理联合会健康与环境委员会颁发。

16 日

全省首家煤改电设备生产基地在交城投产。

山西省公共服务与社会资本合作促进会成立。

18 日

全国农村分质供水工程建设与管理现场会在忻州召开。

19 日

山西科技成果转化和知识产权交易服务平在太原上线。

省政府在太原召开全省推进“证照分离”改革试点动员会。

全省特色农产品优势区和现代农业产业园创建工作现场推进会在太谷县召开。

潞安集团与北京交通大学在太原签署战略合作框架协议。

19 日至 20 日

全国工商联副主席、中国光彩会副会长谢经荣率全国“万企帮万村”精准扶贫行动调研组调研大同市就山西省民营企业参与脱贫攻坚工作情况。

20 日

山西大学光电研究所教师团队、山西农业大学食品科学与工程教师团队、中北大学仪器与电子学教师团队、山西机电职业技术学院数控技术专业教师团 4 个团队入选教育部确定的首批“全国高校黄大年式教师团队”。

22 日

山西省三级党委政府实现法律顾问全覆盖。

楼阳生主持召开省政府第 169 次常务会议，研究主要经济指标、构建内陆地区对外开放新高地和高校专业设置改革、科技成果转移转化、促进外资增长、加强市场监管、平安山西建设等工作。

山西省第一届区域新零售大会暨首批百家实体店入驻全球蛙区域新零售平台启动仪式在太原举行。

23 日至 24 日

国家卫生和计划生育委员会主任李斌到山西调研。

24 日至 25 日

共青团山西省第十五次代表大会在太原举行。

共青团山西省第十五届委员会第 1 次全体会议在太原召开。黄巍当选团省委书记。

25 日

全省国有林场改革主体任务全部完成。

26 日

骆惠宁主持召开十一届省委第 51 次常委会议，学习贯彻习近平在寻乌扶贫调研报告上的重要批示，传达贯彻中宣部、中组部、教育部党组召开的加强和改进高校思想政治工作座谈会精神，研究 2018 年全省经济工作主要目标和重大举措，讨论构建内陆地区对外开放新高地和营造企业家健康成长环境政策措施，听取全省万名干部大调研情况汇报。

27 日

山西航空产业集团有限公司由山西民航机场集团改制更名在太原成立。

28 日

山西省第一块绿色车牌晋 AD01119 诞生。

杨良杰、宋晓文、张海明等 10 人获“全国农业劳动模范”称号，闫艾平、赵少婷、郭学强等 11 人获“全国农业先进工作者”称号。

太钢千吨级高端碳纤维二期工程建成投产。

山西(阳泉)国际陆港集团成立。

29 日

以“绿色康养探新路，生态宜居启新程”为主题的 2017 首届亚洲康养产业国际高峰论坛在阳高县举办。

31 日

潞安年产 180 万吨高硫煤清洁利用油化电热一体化示范项目投产运行。

（师维孝　王瑞琛）

省情概览

A General Introduction of Shanxi Province

自然地理

【位置　面积】 **位置**　山西省位于北纬34°34′~40°43′、东经110°14′~114°33′,属于内陆省份,在太行山与黄河北干流域峡谷之间,地处华北西部的黄土高原东翼,是首都北京的西部屏障。省境山环水绕,构成与邻省的天然分界。东隔太行山,与河北省毗邻;西、南跨黄河,与陕西、河南两省相望;北越长城,与内蒙古自治区接壤。在国家经济发展布局中,山西紧靠以北京、天津为中心的"环渤海经济圈",位于由山西、河南、湖北、安徽、湖南、江西组成的"中部六省"的最北端。

面积　山西省域轮廓呈由东北斜向西南的平行四边形,南北长682千米,东西宽385千米,总面积15.68万平方千米,约占全国土地总面积的1.63%,在全国各省(区、市)中列第19位。　(张　峰)

【地质　地貌】 **地质**　山西省位于中朝准地台近中央部位,称山西断隆。北抵内蒙古地轴中部,南连秦岭褶皱系,西接鄂尔多斯台坳,东以太行山大断裂为界同华北地坳分开。山西断隆的中轴上,叠加有"S"形汾渭地堑系。山西境内地层发育较全,除上奥陶系上统、志留系、泥盆系、石炭系下统和中统缺失外,其余时代地层均有分布;尤其前寒武系和上古生界地层,在中国北方具有一定的代表性。山西境内岩浆岩类型多,分布较广泛,以侵入岩为主,特别是中生代侵入岩反映出多期次的特点,与许多内生矿产的形成有关,并有全国罕见的碱性岩类。

地貌　山西省地貌景观大体分为基岩山区、黄土高原山区、断陷盆地三大类型。主干山脉有:太行山、吕梁山、中条山、五台山、恒山、太岳山(霍山),多呈北东—南西向或近南北向展布。主要盆地由北向南依次为:阳高盆地、大同盆地、忻州盆地、太原盆地、临汾盆地、运城盆地、长治盆地。山地占全省总面积40%,丘陵占40.30%,平川和河谷面积仅占19.70%。全省北高南低,由东北向西南倾斜。省内最高点为五台山北台顶叶斗峰,海拔3058米;最低点在垣曲县西阳河与黄河汇流处,海拔180米;最大相对高差2878米。　(张　峰)

【气候】 2017年,山西省年降水量较常年偏多,其中夏季降水明显偏多,为近20年来第三多;各地年平均气温普遍偏高,全省均值为历史第二高;年日照时数全省大部偏少。主要气象灾害和极端天气气候事件有暴雨、冰雹、高温、干旱等,其中局地暴雨、冰雹和干旱的不利影响较为严重。但大范围造成严重影响的灾害性天气较少,气候总体较平稳。

降水　年降水量较常年偏多。2017年(1月~12月)山西省年平均降水量为552.10毫米,较常年值(468.30毫米)偏多83.80毫米(偏多17.90%)。全省各地年降水量介于305.90毫米~888毫米之间。大同全市、朔州大部、忻州部分、晋城中部、运城部分和其他个别县(市)年降水量在500毫米以下,吕梁部分、晋中东部和长治西部等地年降水量在700毫米以上,其余地区年降水量基本介于500毫米~700毫米之间。与常年相比,除大同东北部、晋城大部、运城部分和其他个别县(市)降水量偏少外,山西大部分地区年降水量较常年偏多。

气温　年平均气温为历史第二高。2017年(1月~12月),山西省年平均气温为10.9℃,较常年(9.8℃)偏高1.1℃,较上年偏高0.3℃。从历年山西省气温变化来看,2017年平均气温与1998年、2006年同为自1961年以来第二高,仅次于1999年(11.0℃)。全省各地年均气温介于5.5℃~15.3℃之间。年平均气温空间分布为由北向南逐渐升高,且中部盆地高于同纬度东西两侧山区。大同部分、朔州西部、忻州部分和其他个别县(市)年均气温在8℃以下;运城大部以及临汾部分气温在14℃以上;其余大部分地区平均气温在8℃~14℃之间。与常年相比,全省大部分地区气温偏高0.5℃以上。冬季(2016.12~2017.2),平均气温为−1.6℃,比常年同期偏高2.5℃,较上年同期偏高2.2℃,为历史最高;春季(2017.3~2017.5),平均气温为12.2℃,较常年偏高1℃,较上年偏低

0.1℃，全省各地春季平均气温介于7.0℃~16.2℃之间；夏季（2017.6~2017.8），平均气温为23℃，较常年同期均值(22.4℃)偏高0.6℃，较上年同期偏高0.3℃，各地平均气温在19.3℃~27.5℃之间；秋季（2017.9~2017.11），平均气温为10.3℃，较常年均值(9.7℃)偏高0.6℃，较上年同期偏低0.5℃，各地平均气温介于4.9℃~14.2℃之间。

日照 年日照时数较常年偏少。2017年(1月~12月)，山西省平均日照时数为2383.8小时，较常年偏少65.6小时。大同大部、朔州北部、忻州部分、吕梁东北部、太原西部、晋中部分和阳泉中部年日照时数多于2600小时；南部大部和北中部部分地区年日照时数在2400小时以下，个别县(市)低于2000小时。与常年同期相比：全省大部分地区年日照时数偏少0小时~200小时，日照偏多的地区主要分布在大同、朔州、太原及其周边区域以及临汾、运城等地，偏多基本在200小时以内。（杨　柳）

【土地资源】 2017年，国家下达山西省年度用地计划指标18.97万亩，其中耕地13.40万亩，下达计划指标19.37万亩，全年实际计划执行量5.90万亩，其中农用地4.90万亩(耕地3.62万亩)，未利用地0.99万亩。全年办理建设项目用地预审142件(含初审报部6件)，涉及用地总面积3.60万亩，供应土地17.50万亩，同比增长12.30%。全省发现闲置土地305宗，面积2万亩，处置274宗，面积1221.60公顷（合1.83万亩）；未处置15宗(均为涉案查封土地)，面积75.68公顷（合1135.20亩)，扣除涉案查封因素，按照处置面积计算，实际闲置土地处置完成率为97.07%。全年出让土地4.80万亩，同比增长23.70%；成交价款265.95亿元，同比增长4.30%；年度工业用地成交均价为17.40万元/亩，同比增长20.50%；房地产用地成交均价为165.10万元/亩，同比增长29.70%。

（程广勇）

【矿产资源】 2017年，山西省分布有丰富的矿产资源，是资源开发利用大省，在全国矿业经济中占有重要的地位。全省已发现矿种120种，其中有探明资源储量并上表的矿产62种。与全国同类矿产相比，资源储量居全国第一位的矿产有煤层气、铝土矿、耐火粘土、镁矿、冶金用白云岩等5种。保有资源储量居全国前10位的主要矿产为煤、煤层气、铝土矿、铁矿、金红石等28种。

煤炭资源得天独厚，资源储量丰富，分布广泛，煤质优良，保有资源储量2708.10亿吨，占全国保有储量的17%，居全国第三位；煤层气资源十分丰富，沁水、西山、河东煤田为煤层气高产富集区，剩余经济可采储量2418.10亿立方米，全国首屈一指，具有良好的发展前景；铝土矿资源保有资源储量15.25亿吨(矿石量)，居全国第一，占全国保有资源储量31.40%；铁矿类型多，资源储量丰富，分布广泛，保有资源储量39.70亿吨，居全国第七位；铜矿集中分布于山西省中条山区，保有资源储量224.47万吨(金属量)；金红石保有资源储量426.40万吨(金红石 TiO_2)，居全国第二位。煤、铝土矿等沉积矿产分布广泛，铁矿、铜矿等重要矿产分布相对集中，但是重要金属矿产贫矿多、富矿少，共伴生矿多、单一矿少。（程广勇）

【水资源】 截至2017年底，径流山西河流流域面积10000平方千米以上的河流有7条，按流域面积从大到小排列依次为黄河、永定河、汾河、滹沱河、漳河、卫河、沁河。其中，永定河、滹沱河、漳河、卫河属海河流域，余者属黄河流域。流域面积小于10000平方千米、大于5000平方千米的河流有5条，依次为冶河、红河、涑水河、清漳河、御河，除涑水河属黄河流域外，其余均属海河流域。流域面积小于5000平方千米、大于2000平方千米的河流有21条，依次为沙河、唐河、壶流河、昕水河、三川河、潇河、文峪河、南洋河、浊漳北源、丹河、朱家川河、绵河、昌源河、清水河、姚暹渠、黄水河、淇河、岚漪河、偏关河、浍河、浑河。其中，沙河、唐河、壶流河、南洋河、浊漳北源、绵河、清水河、黄水河、淇河、浑河属海河流域，其余均属黄河流域。流域面积小于2000平方千米、大于1000平方千米的河流有20条，依次为湫水河、乌马河、浊漳西源、县川河、清漳西源、蔚汾河、杨兴河、牧马河、十里河、恢河、屈产河、乌河、温河、岚河、漭河、洪安涧河、段纯河、白马河、磁窑河、杨家川。其中，浊漳西源、清漳西源、牧马河、十里河、恢河、乌河、温河属海河流域，其余均属黄河流域。流域面积小于1000平方千米、大于500平方千米的河流有50条。流域面积小于500平方千米、大于200平方千米的河流有144条。流域面积小于200平方千米、大于100平方千米的河流有204条。流域面积小于100平方千米、大于50平方千米的河流有451条。

在山西省境内流域面积50平方千米以上的河流有872条(比前述的流域面积50平方千米以上的河流902条少30条)。流域面积10000平方千米以上的河流有6条，按境内流域面积从大到小排列依次为黄河、汾河、永定河、滹沱河、漳河、沁河。其中，永定河、滹沱河、漳河属海河流域，余者属黄河流域。省境内流域面积小于10000平方千米、大于5000平方千米的河流只有1条，即涑水河，属黄河流域。省境内流域面积小于5000平方千米、大于2000平方千米的河流有21条，依次为冶河、昕水河、三川河、清漳河、潇河、文峪河、浊漳北源、丹河、朱家川河、御河、绵河、昌源河、南洋河、清水河、姚暹渠、黄水河、唐河、岚漪河、红河、浍河、浑河。其中，冶河、清漳河、浊漳北源、御河、绵河、南洋河、清水河、黄水河、唐河、浑河属海河流域，其余属黄河流域。省境内流域面积小于2000平方千米、大于1000平方千米的河流有22条，依次为湫水河、偏关河、乌马河、浊漳西源、卫河、县川河、清漳西源、蔚汾河、杨兴河、牧马河、恢河、沙河、壶流河、十里河、屈产河、乌河、温河、岚河、洪安涧河、段纯河、白马河、磁窑河。其中,浊漳西源、卫河、清漳西源、牧马河、恢河、沙河、壶流河、十里河、乌河、温河属海河流域,其余属黄河流域。省境内流域面积小于1000平方千米、大于500平方千米的河流有43条。省境内流域面积小于500平方千米、大于200平方千米的河流有135条。省境内流域面积小于200平方千米、大于100平方千米的河流有200条。省境内流域面积小于100平方千米、大于50平方千米的河流有444条。

按照行政区域来看,山西省各市域50平方千米及以上河流,忻州市最多达157条,太原市最少仅45条,其他市依次为:大同市106条、阳泉市35条、长治市104条、晋城市70条、朔州市85条、晋中市111条、运城市52条、临汾市129条、吕梁市129条;各县域50平方千米及以上河流,平鲁区最多为29条,大同市城区、矿区没有河流。

截至2017年底,山西省水面面积大于1平方千米的湖泊有6个,即晋阳湖、盐池、硝池、鸭子池、伍姓湖、圣天湖。(梁述杰)

历史文化

【历史溯源】 山西省简称晋,是因为在春秋时期,山西的大部分地区为诸侯国晋国所有。战国初(前476),韩、赵、魏三家分晋,史称"三晋",今也用"三晋"称山西省。秦、汉、唐、宋几个朝代都曾在今山西境内置郡、道、路,称为"河东",所以山西也有"河东"之称。明代在山西置行中书省,习称山西行省,这是山西省名的开始。又因山西在太行山之西,所以也称"山右"。太行与吕梁群山环绕,黄河半抱,汾水中流,诸水相间,共同孕育了山西文化。

考古表明:远古时代,山西南部是人类初曙的起源地,运城垣曲的世纪曙猿化石,把类人猿的出现时间向前推进1000万年。旧石器时代,运城芮城县西侯度遗址发现人类用火痕迹,又将中国人类用火历史向前推进100万年。除去考古遗存外,今日山西运城地区流传着上古时期黄帝、炎帝大战于阪泉之野的传说,炎黄文化自此开始融合发展。尧舜禹时代,"尧都平阳,舜都蒲坂,禹都安邑"构建中华文明的早期城邦时代。位于今临汾襄汾县的陶寺遗址被确认为尧都旧地,很可能就是最早的"中国"。公元前2070年,夏朝建立,国家文明首先在山西大地上出现。商代时,山西地区是商朝"邦畿千里"之地的重要区域,方国、部落遍布。

西周初年(前1031),周成王姬诵分封同母弟叔虞于唐国,并将周王室子孙迁到唐地。唐叔虞死后,子姬燮(亦称姬燮父)继位,迁居到晋水之傍,故将国号改称"晋",是为晋侯燮。春秋时期,晋国一时强盛,晋文公为一方霸主。春秋末期,异姓卿大夫崛起,韩、赵、魏三家分晋,史学界以此作为东周时期春秋与战国的分界点。战国时期,韩、赵、魏三国皆为七雄,各自占有山西部分地区。魏国李悝变法、赵国胡服骑射,引领战国时期的改革风潮,并涌现出荀子、韩非子等著名历史思想家,猗顿等著名商人。

秦汉时期,山西郡县封国并存。汉初,山西地区曾主要为汉文帝刘恒始封代国时的封地。自西汉开始,北方匈奴、乌桓、鲜卑等族部分部落逐渐内附,主要安置在山西地区,山西成为民族融合的重要区域。在魏晋南北朝时期,众多民族政权活跃在山西地区,鲜卑族北魏政权统一北方,在平城(今大同)立国98年,推进民族融合,奠定隋唐时期统一多民族国家的多元文化色彩。在北魏末年、东魏、北齐时期,晋阳被权臣、皇帝相继设为别都,遥控洛阳,权势大盛。太原天龙山石窟、忻州五台山等地佛教文化蓬勃发展。

隋唐时期,山西为抗击北方突厥势力的前线,也是唐朝龙兴之地。唐朝几位帝王数次扩建晋阳城,并相继封其为"北都""北京",与京都长安、东都洛阳并称"三都""三京",武则天、杨贵妃、诗人王维等历史人物成长于山西地区。五台山地区有中国现存最早的唐代佛寺建筑遗存。五代时期,山西成为沙陀族军阀割据之地。宋初,晋阳城遭到火焚水灌,化为焦土,太原城则被迁移至阳曲县唐明镇(今太原城所在地)。宋代山西地区为抗击北方政权的前线,晋北地区涌现出杨业、狄青、王彦等抗辽、抗夏、抗金英雄人物。太原城同样为北方地区重要经济、文化中心之一。

金国灭辽、北宋,统治山西地区,涌现出元好问等著名文人。应县木塔等金代历史建筑至今屹立山西大地。金元戏曲鼎盛,戏曲文化遗存丰富。元曲四大家,山西有其三,另有萨都剌堪称一代文杰。明代,山西地区为军事重镇,九边长城军镇独领山西、大同二镇,行"开中盐法",商业繁华。晋南地区掀起大移民活动,洪洞大槐树下成为山西根祖文化的源地。清代,涌现出"天下第一廉吏"于成龙、"康熙帝师"陈廷敬等著名历史人物。明清晋商崛起600余年,祁县、太古、平遥地区成为有清一代中国金融业的核心区域,出现中国第一家票号,汇通天下,山西商贸生意遍布海内外,留有乔家大院、常家庄园等遗存。平遥古城为全国现存最为完好的清代古城之一。

民国初年,太原成为响应辛亥革命的重要省份,在阎锡山统治时期曾成为"模范省"。抗战时期,山西是抗战前线,太行、吕梁山区是重要的抗日根据地。中华人民共和国成立后,山西成为重要的能源基地,支持全国经济建设发展。当代,山西则展开国家资源型经济转型综合配套改革试验区建设,开始向新的历史阶段迈进。(编辑部)

【建置沿革】 上古时期,尧、舜、禹建都晋南地域,相关历史记载中,尧都已被考古发掘证实。夏启始建国家,山西便处于夏朝的统治中心。商朝,山西地区有唐等20多个方国。西周分封唐叔虞,成为晋国立国之始。春秋时期,晋国都城最早在翼(今临汾翼城),之后迁到新田(今侯马)。战国初期,韩、赵、魏三家分晋,占有今山西南部区域。占据山西北部部分地区的代国、中山国则被魏、赵攻灭。战国后期，韩、赵、魏三国相继被秦国灭亡。秦国统一天下后，在山西地区建立河东、太原、雁门、代、上党5郡。

西汉与东汉时期，郡国并存。西汉时山西有6郡，东汉时则被并州、幽州、冀州等3州分割管辖，设有7郡。封国则相继有20多个。西汉中期设13州，以并州刺史部管辖以晋阳（今太原）为中心的今山西大部地区，并州成为太原的别称之一。曹魏时期，山西西南部有司州管辖平阳、河东2郡，并州管辖太原、雁门等6郡，西晋时略有变化。西晋末年，盘踞在平阳的匈奴部帅刘渊建立前赵（汉赵）政权。后赵、代、后燕等多个部族政权在山西地区相继建国，割据一方。在代北地区，鲜卑拓跋氏建代国，割据云中（今山西大同等地），其政权是为南北朝时期北魏的前身。北魏政权在山西设有9州35郡，山西地区主要为东魏、北齐相继设州郡统治。

隋初取消郡，改设州，州设总管府。在山西设4州，最为重要的是并州总管府。隋代，并州已是全国性的大城市之一。大业初年(605)，总管府、州皆废，山西设14郡。唐初先行州（郡）县二级建制，后演变为道统州（府）、州（府）统县三级制。唐朝，山西大部地区属于河东道，辖2府19州110县。主要由河中节度使、河东节度使、泽潞节度使各自管辖部分区域。五代初期，山西中北部为军阀李克用占据。之后相继成为后唐、后晋、后汉的领土。五代后期，中北部为北汉所据，西南部为后周所据。

宋承唐制，实行道、州、县三级行政管理，宋太宗时，改为路、州、县三级。山西大部分地区属于河东路，治所在太原，辖3府、14州、8军，82县。西南部分地区属于永兴军路，辖1府1州10县。辽朝割据燕云十六州，其中包括有今山西大同地区，置西京道，辖1府3州15县。金国灭辽，继而灭北宋，山西被设置西京路、河东北路、河东南路管理，下设府、州、县三级。

元朝实行行省制，中央为中书省，山西为其一部分，下辖冀宁、晋宁、大同三路，其下再设州（府）县管辖。明初设府、州、县三级，山西为行中书省，下辖太原、平阳等5府，之后改设山西布政使司管辖，山西简称“山西行省”，下设6府3直隶州，山西北部另设山西行都司军管区。明清时期，太原设府城，晋阳旧地设太原县城。清承明制，重划府、州区划，山西省辖太原、平阳、汾州等9府，平定、忻州、代州等10直隶州，6散州，总共下辖85县。

中华民国成立后，山西为全国23省之一。民国二年(1913)改为省、县二级制，同年绥远地区脱离山西。山西省内设道，为省、道、县三级。山西分雁门、冀宁、河东三道，共辖105县。民国十六年(1927)，撤销道一级行政区。抗日战争时期，山西地区被划分为7个行政区，各有所属县。民国二十六年(1937)，侵华日军占领太原，山西省政府短暂迁往晋南地区。民国二十七年（1938），7个行政区曾被调整为9个，次年又调整为4个。民国二十九年(1940)，行政区又被分为18个，有些为虚设。抗日战争胜利后，全省105个县中，有36县为解放区。1949年，太原解放，全省行政辖区归于统一。

中华人民共和国成立初，山西设1市、7专区、92县、8市辖区、2工矿区。1952年底，调整为6专区、4地级市、103县、13市辖区、1镇。1958年，山西若干县市又有调整，从1960年至1966年，全省行政区划趋于稳定，分为5专区、4地级市、96县、10市辖区。1994年，行政区划为5地区、6地级市、14县级市、86县、18市辖区、1县辖区、519镇、1399乡、155街道办事处，合计11地（市），118县（市、区），1907乡（镇）。2003年，吕梁地区撤销行政公署，设立吕梁市。行政区划调整主要在撤乡并镇、撤县设区、设立县级市等方面开展工作。截至2017年底，山西省辖11个地级市，119个县（市、区）。（编辑部）

【人文山西】 **上古传说**。传说女娲为中华始祖，山西晋中、临汾、晋城等地存有女娲遗址及纪念地。相传黄帝与蚩尤之战即在解州（今运城），炎帝创农业于百谷山（今长治北），尧建都平阳（今临汾），舜居蒲坂（今永济），禹处安邑（今夏县），治水始于龙门（今河津）。

思想学术。战国时，李悝主导变法，制定《法经》。荀子，临猗人，提出“人性恶”“制天命而用之”，是法家思想之始。子夏，系孔子高足，曾“为魏文侯之师”，在山西传儒学授弟子。魏晋重门第，学术以家族传承，太原王氏、闻喜裴氏等以学问名播数代。隋唐时，王通，万荣人，发扬儒家“仁”学及“王道论”，提出“不以天下易一民之命”的朴素人权理念。宋代，理学奠基人程颢在泽州（今晋城）为官兴学，一时山西书院发达，崇儒重学成风。宋代司马光，夏县人，著《资治通鉴》294卷，为中国首部编年体通史。明代薛瑄，河津人，倡“以气为本”“理只在气中”，开创理学龙门学派。明末学者傅山，忻州人，将诸子与“六经”并列，冲破传统解读，对理学多有针砭。清初有志之士匡明人空谈心性之风，朴学兴起，重考据尚实用，太原阎若璩、寿阳祁韵士、五台徐继畬、平定张穆等均为知名学者，多有著述。而徐著《瀛寰志略》影响尤大。民国以后，阎锡山提出“中的哲学”，系儒家之延伸，为其政权服务。

文学艺术。《诗经》中明确反映山西社会的有《唐风》12篇、《魏风》7篇，战国时晋盲乐师师旷，为当时杰出音乐家，多种古籍均有记载。山西出土的侯马盟书是先秦誓体文的实物样本。西汉女诗人班婕妤，娄烦（今朔州）人，当时就有盛名，是五言诗的创立者之一。隋唐诗歌繁盛，不同时期不同诗风多有山西籍诗人。初唐时，王勃、王绩均为龙门（今河津）人，宋之问，汾州（今汾阳）人；盛唐时，王维，祁县人，王之涣，并州（今太原）人，其《登鹳雀楼》流传甚广。王昌龄、王翰均为晋阳（今太原）人；中唐时，柳宗元，解州（今运城）人，卢纶，蒲州（今永济）人，白居易，并州人；晚唐时，温庭筠，祁县人，司空图、聂夷中均为河东(今永济)人。金元时,元好问,秀容(今忻州)人,是当时文坛领袖人物,无论诗词曲赋还是论证表疏都为世人称赞。元代戏曲发展,泽州创立新的说唱形式诸宫调。元曲有四大家之称,其中三位出自山西,关汉卿,解州人,白朴,隩州(今河曲)人,郑光祖,襄陵(今临汾)人。关汉卿剧作《窦娥冤》成元杂剧代表。明代小说兴起,罗贯中,祁县人,著有《三国演义》。进入现代,以赵树理为代表形成文学上的"山药蛋派"。山西绘画历来不乏名家,但作品以壁画影响较大,最著名者为芮城永乐宫壁画。

宗教文化。山西宗教以释道为主。佛教西汉时期传入中国,魏晋时名僧有竺法济,大阳(今平陆)人;惠远,楼烦(今代县)人;法显,平阳(今襄垣)人,曾赴印度等地学佛计15年,为中国西行求经第一人;昙鸾,雁门(今代县)人,建交城玄中寺,创佛教净土宗。自晋以降,佛教有兴有衰,但绵延不绝,名僧迭出,寺庙遍及村镇,集中代表为五台山寺庙群。元代三次营建五台山,其时藏传佛教进入,五台山成为融藏汉佛寺于一山之圣地。中国四大佛教名山之首,为佛教四大菩萨之一大智文殊菩萨的道场。道教创于东汉末,隋唐流行于山西,李渊太原起兵曾利用道教符命之说。道教中八仙之一的吕洞宾,永乐(今永济)人,其神话传说流布全国。后道教渐衰,但山西境内尚有相当数量道教建筑遗存,知名者有芮城永乐宫、大同纯阳宫、平遥清虚观、太原纯阳宫。

建筑文化。山西建筑以古建闻名,金代以前木结构建筑106处,占全国同期建筑的70%。五台山佛光寺、南禅寺,芮城广仁王庙,平顺天台庵是全国仅存的唐代建筑。山西古建筑类别众多,包括殿、塔、桥、廊、戏台、牌楼、影壁等等,有的是全国唯一。山西古建涵盖中国古代种种营造法式,山西古建多配以雕塑、壁画等艺术作品,是古代科技与艺术的结晶,有着极高的历史、科技与文化价值。

晋商文化。明代商业经济发展,山西商人兴起,成为与徽商比肩的商业群体。晋商由从事贸易开始涉足中介,后又创立专营货币流通的票号,具备了现代金融业的基本性能,至20世纪初走向衰落,晋商从明至清活跃五百年。晋商吃苦耐劳,把握市场,勇于创新;晋商倡导职业道德、行业自律,讲信誉、重诚信,同业慎待相与;晋商讲究用人之道,创股俸制,强化人际互动;晋商重商崇文,注重子弟文化教育,商而优谋仕,有利于文化教育发展。晋商遗存无论是物质的还是非物质的都是文化财富。

民俗信仰。山西民间神灵信仰众多,最突出者为关公信仰。关公即关羽,解州(今运城)人,三国时名将,追随刘备,开创蜀汉,屡建功勋,为时人所敬。后经《三国演义》等小说、评话、戏剧之艺术加工,成为妇孺皆知之英雄,"精忠贯日,义气参天"之代表。历代统治者屡次追封,并宣传其"显灵"圣迹,封号由侯、公、王至帝,清时已称"忠义神武关圣大帝"。各地多建关帝庙,奉为武圣,与孔子文圣齐名。佛道两教均引入关公为护法神。民间更有供奉其为武财神者。关公崇拜经千年传播已遍及世界华人圈。今运城关帝庙占地为武庙之冠。

饮食文化。山西地处的黄土高原在地质形成上早于华北平原,曾是动植物极繁盛之地。运城考古发现的西侯度文化表明,180万年之前已有人类生活,其用火遗迹表明已进入熟食时代。相传神农氏(炎帝)尝百谷教民耕作,古籍所载有禾、粟、稷、黍等。历史上山西是中原汉族与北方少数民族交接融合之地。故形成了独特的饮食文化,以面食为主。山西面食形成三大特点:一为花样多,面粉可以拉、削、拨、切、剔、流等,可做出近百种花样;二为用料多,小麦及各种杂粮均可做不同面食;三为吃法多,不仅可煮,还可炒、炸、焖、蒸、烩等,有十几种做法。除此外,还讲究浇头、菜码,从而使面食五味俱全,自有特色。一些面食品种(如花馍等)进入非物质文化遗产保护范畴。

山水文化。山西地貌多样,崇山深川平滩谷地形成各具特色的自然景观,壮丽山水。历代文人墨客、仁人志士途经游历,留下无数寄情抒怀的诗词歌赋,有的超越时空,长久流传,成为名篇名句。如"欲穷千里目,更上一层楼""清明时节雨纷纷,路上行人欲断魂""风在吼,马在叫,黄河在咆哮"等已是全国妇孺皆知。

红色文化。1924年,中国共产党就在山西建立组织。抗日战争时期,八路军进入山西,创建晋察冀、晋西北、晋东南三大根据地,至解放战争时期,山西都是党领导人民革命斗争的重要依托地,留下了大量的革命史实,革命传统以及活动遗址与纪念建筑。八路军总部设于山西,晋察冀根据地最早出版《毛泽东选集》五卷本,晋察冀《人民日报》系中共中央《人民日报》的前身;国际主义战士白求恩曾在山西工作;平型关战役、百团大战均在山西发生;左权、李林、刘胡兰、尹灵芝等一批英雄先烈牺牲于山西,革命历史形成了独具特色、内涵丰富的山西红色文化。 **(编辑部)**

行政区划

【概况】 截至2017年底,山西省辖11个地级市,119个县(市、区)。其中,县级市11个,市辖区23个,县85个,镇564个,乡632个,街道200个。多地开展辖区内区县级行政区划调整前期工作。 **(李春伟)**

【行政区划调整规划】 2017年,山西省民政厅争取将行政区划调整列入国发42号文件。完成上报国务院的省政府驻地变更、大同市、长治市部分行政区划调整、怀仁县撤县设市的审理、上报工作,实现山西省县级以上行政区划调整近13年来的重大突破。报请省政府审议通过阳高县马家皂乡区划调整事项。印发《实施撤并行政村试点的指导意见》,全省19个试点县撤并行政村350个。完成全国地名普查各项任务,普查成果质量提升,受到国务院地名普查办表扬。 **(李春伟)**

2017年山西省行政区划表

市名	城市			市辖区	县	镇	乡	街道	统计
	合计	地级市	县级市						
	22	11	11	23	85	564	632	200	
太原市	小店区 娄烦县	迎泽区 古交市	杏花岭区	尖草坪区	万柏林区	晋源区	清徐县	阳曲县	1市6区3县21镇31乡52街道
大同市	城区 浑源县	矿区 左云县	南郊区 大同县	新荣区	阳高县	天镇县	广灵县	灵丘县	4区7县33镇66乡40街道
阳泉市	城区	矿区	郊区	平定县	盂县				3区2县20镇12乡12街道
长治市	城区 长子县	郊区 武乡县	长治县 沁县	襄垣县 沁源县	屯留县 潞城市	平顺县	黎城县	壶关县	1市2区10县68镇64乡14街道
晋城市	城区	沁水县	阳城县	陵川县	泽州县	高平市			1市1区4县48镇26乡10街道
朔州市	朔城区	平鲁区	山阴县	应县	右玉县	怀仁县			2区4县19镇50乡4街道
晋中市	榆次区 平遥县	榆社县 灵石县	左权县 介休市	和顺县	昔阳县	寿阳县	太谷县	祁县	1市1区9县59镇59乡17街道
运城市	盐湖区 夏县	临猗县 平陆县	万荣县 芮城县	闻喜县 永济市	稷山县 河津市	新绛县	绛县	垣曲县	2市1区10县81镇55乡13街道
忻州市	忻府区 五寨县	定襄县 岢岚县	五台县 河曲县	代县 保德县	繁峙县 偏关县	宁武县 原平市	静乐县	神池县	1市1区12县59镇126乡6街道
临汾市	尧都区 吉县 霍州市	曲沃县 乡宁县	翼城县 大宁县	襄汾县 隰县	洪洞县 永和县	古县 蒲县	安泽县 汾西县	浮山县 侯马市	2市1区14县75镇76乡20街道
吕梁市	离石区 方山县	文水县 中阳县	交城县 交口县	兴县 孝义市	临县 汾阳市	柳林县	石楼县	岚县	2市1区10县81镇67乡12街道

（山西省民政厅提供）

人口　语言

【常住人口抽样调查】 2017年，山西省按照国家统计局统一部署，完成2017年度全省人口变动情况抽样调查工作。这次人口抽样调查，按照分层、整群、概率比例的抽样方法在全省11个市、119个县（市、区）抽取1219个乡（镇、街道），3193个村（居）委会，3198个调查小区，调查登记常住人口76.76万人。调查的标准时间为2017年11月1日零时。

根据抽样调查，常住人口出生率为11.06‰，比上年上升0.77个千分点；人口死亡率为5.45‰，比上年下降0.07个千分点。人口自然增长率为5.61‰，比上年上升0.84个千分点。据此推算，山西省2017年底常住人口为3702.35万人，比上年增加20.71万人。

全省家庭户根据抽样调查推算，共有1237.41万户，家庭户人口为3662.74万人，占常住人口的98.93%，平均每个家庭户人口为2.96人。

全省常住人口根据抽样调查推算，居住在城镇的人口为2122.92万人，占常住人口的57.34%；居住在乡村的人口为1579.43万人，占常住人口的42.66%。

（省统计局）

【人口分布】 2017年，山西省各市常住人口根据抽样调查推算，分布如下：太原市437.97万人；大同市344.24万人；阳泉市140.88万人；长治市345.49万人；晋城市233.30万人；朔州市177.60万人；晋中市336.56万人；运城市533.60万人；忻州市316.67万人；临汾市448.15万人；吕梁市387.89万人。（省统计局）

【人口构成】 2017年，山西省常住人口根据抽样调查推算，其中0岁~14岁人口为577.33万人，占常住人口的15.59%；15岁~64岁人口为2756.76万人，占常住人口的74.46%（其中：15岁~59岁人口为2542.56万人，占常住人口的68.68%）；65岁及以上人口为368.26万人，占常住人口的9.95%。常住人口中，60岁及以上人口为582.46万人，占常住人口的15.73%。

根据抽样调查推算，全省常住人口中，男性为1895.11万人，占常住人口的51.19%；女性为1807.24万人，占常住人口的48.81%，性别比（女=100）为104.86。（省统计局）

【语言】 山西省是汉语方言比较复杂的省份之一。由于地理和历史等诸多原因，山西方言较多地保留古代汉语成分，在语音、词汇和语法方面都有重要特点。与其他北方方言相比，山西方言除晋南多数县市和北部广灵没有入声外，其余各区均有入声。山西方言的入声读音短促，韵母以喉塞音收尾。山西境内与毗邻省份有入声的方言被称为晋语。在词汇语法方面，有以下特点：一是有分音词、合音词和逆序词，二是有丰富的四字格俗语，三是有大量以“圪”为前缀构成的词语，四是保留许多古语词，五是名词、动词、形容词、量词的重叠形式非常丰富。按照《山西方言调查研究报告》的研究，根据入声有无及其他语音特点，山西方言可以分为六个区：

中区：以太原方言为代表，属晋语。语音特点是有入声，平声不分阴阳。分布在晋中一带，包括太原、清徐、晋中、太谷、文水、交城、祁县、平遥、孝义、古交、介休、寿阳、榆社、娄烦、灵石、盂县、阳曲、阳泉、平定、昔阳、和顺与左权等县（市、区）。

西区：以吕梁市离石区方言为代表，属晋语。语音特点是有入声，多数点阴平和上声调型相同，调值接近。分布在晋西一带，包括吕梁、汾阳、中阳、柳林、石楼、临县、方山、兴县、岚县、静乐、隰县、交口、永和、大宁、汾西与蒲县等县（市、区）。

东南区：以长治方言为代表，属晋语。语音特点是有入声，部分点去声分阴阳。分布在晋东南一带，包括长治、长治县、潞城、黎城、平顺、壶关、屯留、长子、沁源、沁县、武乡、襄垣、晋城、阳城、陵川与高平等县市。

北区：以忻州、大同方言为代表，属晋语。语音特点是有入声，入声不分阴阳。分布在太原以北地区，包括大同、大同县、阳高、天镇、怀仁、左云、右玉、应县、山阴、繁峙、忻州、定襄、原平、五台、代县、浑源、灵丘、朔州、平鲁、神池、宁武、五寨、岢岚、保德、偏关、河曲等县市。

东北区：仅有广灵县一个点，属冀鲁官话。语音特点是无入声，古入声次浊声母字今读去声。

南区：以临汾、运城方言为代表，属中原官话。语音特点是无入声，古入声次浊声母字今读阴平。分布在山西南部，包括运城、芮城、永济、平陆、临猗、万荣、河津、乡宁、吉县、夏县、闻喜、垣曲、稷山、新绛、绛县、临汾、霍州、古县、安泽、洪洞、浮山、翼城、侯马、曲沃、襄汾与沁水等县市。（安志伟）

民族　宗教

【民族】 山西是少数民族散杂居省份，呈现大分散、小聚居特点。据2010年第六次全国人口普查数据，全省有53个少数民族（无保安族和珞巴族），9.36万人，约占全省总人口的0.27%。人数最多的是回族，5.97万人，约占全省少数民族总人口的63.80%；其次是满族，1.17万人，约占全省少数民族总人口的12.50%。全省119个县（市、区）均有少数民族居住，其中城市占69.30%，农村占30.70%。全省有42个少数民族聚居村、56个少数民族相对聚居街道、社区。每年平均有近3万少数民族流动人口在山西省务工经商和就学。（茅立新）

【宗教】 截至2017年底，山西省有信教群众185万人，占全省总人口的5.1%。其中佛教86万人，道教8万人，伊斯兰教8万人，天主教24万人，基督教59万人。经认定备案的宗教教职人员6386人，依法批准的宗教活动场所2844处，全省各级宗教团体有211个。有7个省级爱国宗教团体，分别是：山西省佛教协会、山西省伊斯兰教协会、山西省道教协会、山西省天主教爱国会、山西省天主教教务委员会、山西省基督教“三自爱国运动委员会”、山西省基督教协会。全省119个县（市、区）都有宗教工作任务，信教人数在万人以上的县有63个，信教群众相对聚居村110个。（茅立新）

国民经济和社会发展

【概况】 2017年，山西省地区生产总值14973.50亿元，按可比价格计算，比上年增长7%。其中，第一产业增加值777.90亿元，增长3%，占生产总值的比重为5.20%；第二产业增加值6181.80亿元，增长6.50%，占生产总值的比重为41.30%；第三产业增加值8013.90亿元，增长7.80%，占生产总值的比重为53.50%。人均地区生产总值40557元，按2017年平均汇率计算为6007美元。

全年全省一般公共预算收入1866.80亿元，增长19.90%。税收收入1397.20亿元，增长34.80%。在税收收入中，汽车制造业税收增长2.70倍，专用设备制造业税收增长51.70%，通用设备制造业税收增长28.30%，软件和信息技术服务业税收增长19.60%。

一般公共预算支出3756.70亿元，增长9.60%。其中，教育、医疗卫生、社会保障和就业、住房保障、公共交通运输、节能环保、城乡社区事务等民生支出3058.80亿元，增长7.80%。

全省居民消费价格比上年上涨1.10%。其中，食品价格(不含烟酒)下降2%。商品零售价格上涨1.30%。固定资产投资价格上涨6.30%。工业生产者出厂价格上涨19.40%，其中，生产资料价格上涨20.90%，生活资料价格上涨1.20%。工业生产者购进价格上涨15.20%。农业生产资料价格上涨2.20%

2017年山西省居民消费价格比上年涨幅统计表

指 标	涨幅(%)
居民消费价格	1.10
食品烟酒	−1.10
衣 着	0.90
居 住	1.40
生活用品及服务	0.20
交通和通信	1.00
教育文化和娱乐	1.80
医疗保健	7.50
其他用品及服务	2.30

全年全省城镇新增就业51.80万人。转移农村劳动力40.20万人。年末城镇登记失业率3.40%。 (省统计局)

【农业】 2017年，山西省农作物种植面积3721.40千公顷，比上年增加0.60千公顷。其中，粮食种植面积3204.40千公顷，减少37千公顷；油料种植面积113.50千公顷，减少1.20千公顷；中草药材种植面积69.40千公顷，增加28.30千公顷；蔬菜种植面积266.60千公顷，增加9.60千公顷。在粮食种植面积中，玉米种植面积1577.80千公顷，减少47千公顷；小麦种植面积668.80千公顷，减少4.10千公顷。果园面积362.20千公顷，增加6.40千公顷。

2017年山西省主要农林产品产量及其增长速度统计表

产品名称	产量(万吨)	比上年增长(%)
粮 食	1299.90	−1.40
其中：玉米	853.90	−3.90
小麦	277.30	1.40
谷子	47.00	9.90
豆类	38.00	3.00
薯类(折粮)	53.40	9.70
油 料	14.80	−3.80
蔬菜及食用菌	1339.80	3.50
水 果	891.00	6.00
其中：瓜果类	90.70	4.40
园林水果	800.30	6.20
食用坚果	23.80	6.10
其中：核 桃	23.00	5.80

全年全省粮食产量1299.90万吨，减少18.60万吨，减产1.40%。其中，夏粮278.90万吨，增产1.40%；秋粮1021万吨，减产2.20%。

全年全省完成造林面积312千公顷，增长17%。

全年全省猪牛羊肉总产量68.10万吨，下降3.90%。其中，猪肉产量54.70万吨，下降5%；牛肉产量5.90万吨，下降0.10%；羊肉产量7.60万吨，增长1.70%。牛奶产量93.60万吨，下降1.60%。禽蛋产量79.90万吨，下降10.30%。水产品产量5.30万吨，增长1.50%。年末生猪存栏544.10万头，生猪出栏702.80万头。

全年全省机械耕地面积2733.20千公顷，增长0.70%；机械播种面积2617千公顷，增长0.40%；机械收获面积1854.60千公顷，增长1.40%。全年全省农机化经营总收入90.60亿元。 (省统计局)

【工业和建筑业】 2017年，山西省规模以上工业增加值增长7%，其中，煤炭工业增加值增长3.60%，非煤工业增加值增长9.70%。规模以上工业中，战略性新兴产业增长10%，占规模以上工业增加值的比重为9%。其中，新能源汽车产业增长1.80倍，高端装备制造业增长47.60%，新材料产业增长8.60%，生物产业增长11.10%。年末全

2017年山西省规模以上工业增加值增长速度统计表

指 标	比上年增长(%)
规模以上工业	7.00
其中：轻工业	2.70
重工业	7.30
其中：国有及国有控股企业	8.60
其中：集体企业	−2.20
股份制企业	7.60
外商及港澳台商投资企业	6.00
其中：能源工业	6.20
材料与化学工业	8.10
消费品工业	2.00
装备制造业	13.90
其他工业	−2.00

2017年山西省规模以上工业主要工业产品产量及其增长速度统计表

产品名称	单位	产量	比上年增长(%)
白酒	万升	13990.70	34.50
液体乳	万吨	46.90	−14.30
纱	万吨	3.20	−42.40
布	万米	3640	−12.80
机制纸及纸板	万吨	45.50	11.30
原煤	万吨	85581.00	3.50
焦炭	万吨	8383.10	1.60
硫酸(折100%)	万吨	51.20	−4.50
化肥(折100%)	万吨	373.10	−13.10
合成洗涤剂	万吨	7.20	−7.70
水泥	万吨	3506.00	−2.30
平板玻璃	万重量箱	1702.60	3.30
生铁	万吨	3951.90	8.70
粗钢	万吨	4429.70	12.50
钢材	万吨	4335.40	1.30
原铝	万吨	98.50	13.40
氧化铝	万吨	1928.30	13.20
卷烟	亿支	150.00	−3.50
发电量(全社会)	亿千瓦小时	2765.50	10.20
煤层气	亿立方米	46.80	8.70
移动通讯手持机	万台	2047.70	−24.00
新能源汽车	辆	24781.00	153.60
车轴	吨	53590.00	46.50
光伏电池	万瓦	19776.70	30.60

2016年与2017年山西省规模以上工业企业利润总额对比统计表

指　标	2016年利润总额（亿元）	2017年利润总额（亿元）
规模以上工业	294.80	1024.50
其中：国有控股企业	115.30	430.40
其中：集体企业	−2.90	5.00
股份制企业	217.90	859.80
外商及港澳台商投资企业	72.00	130.80

省发电装机容量8072.70万千瓦，比上年末增长5.70%。

全年全省规模以上工业企业实现主营业务收入17725.30亿元，增长25.70%。规模以上工业实现利税2175.80亿元，增长1.30倍；实现利润1024.50亿元，增长3.50倍，其中，国有控股企业实现利润430.40亿元。规模以上工业企业每百元主营业务收入中的成本为80.56元，下降4.05元。

全年全省建筑业增加值1019.8亿元，增长4.10%。资质以上建筑企业总产值3566.60亿元，增长7.50%，共签订合同额8589.30亿元，增长15.30%。房屋建筑施工面积15861.8万平方米，增长8.50%，竣工面积3552.60万平方米，增长5.90%。资质以上建筑企业共2809家，其中，特级企业8家，增加2家，一级企业168家，增加4家。

（省统计局）

【能源】 2017年，山西省一次能源生产折标准煤6.60亿吨，增长4.60%；二次能源生产折标准煤5亿吨，增长5.90%。全年向省外输送电力774.90亿千瓦时，增长8.60%。全年全省全社会用电总量1990.60亿千瓦时。其中，第一产业用电41.10亿千瓦时，占全社会用电量的比重为2.10%；第二产业用电1566.70亿千瓦时，占全社会用电量的比重为78.70%，其中，工业用电1545.20亿千瓦时；第三产业用电200.30亿千瓦时，占全社会用电量的比重为10.10%；城乡居民生活用电182.50亿千瓦时，占全社会用电量的比重为9.20%。其中，计算机服务和软件业用电量增长49%，交通运输设备制造业用电量增长33.50%。

（省统计局）

【固定资产投资】 2017年，山西省全社会固定资产投资（新口径，下同）6140.90亿元，增长6.30%。其中，固定资产投资（不含跨省、农户，下同）5722.20亿元，增长6.30%。

在固定资产投资中，高技术投资229亿元，增长17.20%。基础设施投资1095.20亿元，增长7.20%。国有及国有控股投资2235.90亿元，增长3.30%；

2017年山西省分行业固定资产投资（不含跨省、农户）及其增长速度统计表

行　业	投资额（亿元）	比上年增长(%)
总计	5722.20	6.30
农林牧渔业	536.30	1.70
采矿业	470.00	−1.20
制造业	884.70	5.60
电力、热力、燃气及水生产和供应业	757.50	−0.60
建筑业	8.70	6.40
批发和零售业	97.50	−14.10
交通运输、仓储和邮政业	393.80	13.00
住宿和餐饮业	25.20	−12.90
信息传输、软件和信息技术服务业	28.00	−13.10
金融业	1.50	−18.80
房地产业	1421.10	16.00
租赁和商务服务业	53.30	−6.30
科学研究和技术服务业	31.50	0.40
水利、环境和公共设施管理业	738.60	3.70
居民服务、修理和其他服务业	8.20	−2.50
教育	74.70	1.20
卫生、社会工作	69.50	5.40
文化、教育和娱乐业	61.40	−8.90
公共管理、社会保障和社会组织	60.60	58.20

2017年山西省部分行业固定资产投资（不含跨省、农户）及其增长速度统计表

指　标	投资额（亿元）	比上年增长(%)
固定资产投资（不含跨省、农户）	5722.20	6.30
其中：高技术投资	229.00	17.20
高技术制造业	86.00	17.70
高技术服务业	143.00	143.00
其中：工业投资	2112.20	3.10
其中：装备制造业	194.30	13.00
其中：通用设备制造业	33.00	32.70
汽车制造业	29.70	45.50
铁路、船舶、航空航天等制造业	12.30	275.10
其中：工业企业技术改造	617.20	14.90
其中：新能源发电	341.20	15.10

民间投资3408.90亿元，增长7.80%。

分登记注册类型看，内资企业和个体经营投资5598.10亿元，增长6.20%；外商及港澳台商企业投资12.40亿元，增长12.80%。

分产业看，第一产业投资509.10亿元，增长0.80%；第二产业投资2104.60亿元，增长3.30%；第三产业投资3108.50亿元，增长9.90%。

全省工业投资（含第三产业中开采辅助活动和金属制品、机械和设备修理业）2112.20亿元，增长3.10%。其中，煤炭工业投资374.90亿元，下降8.60%，非煤工业投资1737.30亿元，增长6%；传统产业（煤炭、焦炭、冶金、电力）投资合计1120.10亿元，下降9.8%，非传统产业投资合计992.10亿元，增长22.90%。

2017年山西省房地产开发和销售情况统计表

指　标	单　位	绝对数	比上年增长(%)
投资完成额	亿　元	1166.30	−27.00
其中：住宅	亿　元	846.40	−25.80
房屋施工面积	万平方米	16437.4	−3.50
其中：住宅	万平方米	11817.1	−3.30
房屋新开工面积	万平方米	3305.80	−14.20
其中：住宅	万平方米	2411.20	−9.20
房屋竣工面积	万平方米	1969.90	−26.60
其中：住宅	万平方米	1413.80	−30.80
商品房销售面积	万平方米	2415.90	17.20
其中：住宅	万平方米	2246.30	19.40
商品房待售面积	万平方米	1225.70	−30.40
其中：住宅	万平方米	811.30	−34.30
待售住宅	亿　元	1357.50	32.20
销售额住宅	亿　元	1225.90	36.10

全年全省房地产开发投资1166.30亿元，下降27%。其中，住宅投资846.40亿元，下降25.80%；商业营业用房投资147.80亿元，下降32%。

（省统计局）

【国内贸易】 2017年，山西省社会消费品零售总额6918.10亿元，增长6.80%。按经营地统计，城镇消费品零售额5643.60亿元，增长6.80%；乡村消费品零售额1274.50亿元，增长6.60%。按消费形态统计，商品零售额6291.50亿元，增长6.60%；餐饮收入额626.50亿元，增长8.80%。

限额以上单位消费品零售额2418.60亿元，增长3.30%。其中，限额以上批发零售业单位网上零售额

2017 年山西省限额以上批发零售业零售额及其增长速度统计表

指　标	绝对数（亿元）	比上年增长(%)
汽车类	734.10	2.70
石油及制品类	364.80	−0.70
金银珠宝类	38.30	6.50
家用电器和音像器材类	115.10	6.80
通信器材类	8.50	3.20
粮油、食品类	238.70	3.60
饮料类	27.30	3.40
烟酒类	73.80	4.10
服装、鞋帽、针纺织品类	287.20	−1.00
化妆品类	27.60	5.50
体育、娱乐用品类	5.80	−0.50

40.60 亿元，增长 27.90%，占限额以上零售额的比重为 1.70%。

新登记市场主体 387942 户，增长 17.60%。其中，服务业新登记市场主体 39632 户，增长 18.80%。市场主体数量增长 7.40%。（省统计局）

【对外经济】 2017 年，山西省海关进出口总额 1161.90 亿元，增长 5.60%。其中，进口额 471.50 亿元，增长 6%；出口额 690.30 亿元，增长 5.30% 。

全年出口煤炭 3 万吨，增长 1.3 倍；出口焦炭 20.50 万吨，下降 15.80%；出口镁及其制品 4.30 万吨，下降 13.50%；出口钢材 133.20 万吨，下降 6.30%。其中，不锈钢 96 万吨，增长 20.10%。出口机电产品 468.50 亿元，下降 2.30%；出口高新技术产品 400.70 亿元，下降 3.60%。

2017 年山西省海关进出口总额及其增长速度统计表

指　标	绝对数（亿元）	比上年增长(%)
进出口总额	1161.90	5.60
出口额	690.30	5.30
其中：一般贸易	182.50	3.90
加工贸易	506.30	6.30
其中：机电产品	468.50	−2.30
高新技术产品	400.70	−3.60
其中：国有企业	153.80	26.30
外商投资企业	416.70	−3.00
进口额	471.50	6.00
其中：一般贸易	164.30	0.60
加工贸易	302.30	9.10
其中：机电产品	282.70	9.80
高新技术产品	239.50	10.40
其中：国有企业	141.80	6.50
外商投资企业	271.00	9.80

全年进口铁矿砂 504.0 万吨，下降 42.60%，进口金额 20.50 亿元，下降 33.10%；进口机电产品 282.70 亿元，增长 9.80%。新设立外商直接投资企业 48 家。按全口径统计实际使用外商直接投资金额 16.90 亿美元，下降 27.50%。对外经济合作新签合同额 10.50 亿美元，增长 3.70 倍，完成营业额 7.10 亿美元，增长 3.80%。（省统计局）

2017 年与山西有贸易往来的主要国家进出口和地区情况统计表

	出口额（万元）	比上年增长(%)	进口额（万元）	比上年增长(%)
韩国	336027	37.60	689311	6.20
日本	367006	−15.40	368267	0.30
印度	332961	−18.10	41278	13.50
越南	93502	23.20	169500	45.70
荷兰	1033625	21.30	1160	−1.10
德国	223555	−30.50	113985	35.80
意大利	220967	25.10	272556	−6.70
俄罗斯联邦	363465	38.10	7045	−90.50
英国	310682	17.50	20884	6.70
巴西	67157	−27.80	201063	0.60
美国	1513550	19.60	90601	−26.10
澳大利亚	131071	6.20	185356	−28.90
中国台湾	358789	21.00	572763	37.00

【交通、邮电和旅游】 2017 年年末，山西省公路线路里程 14.30 万千米，其中，高速公路 5335 千米。民用航空航线 211 条。

年末全省民用汽车保有量 595.40 万辆（包括三轮汽车和低速货车 3.40 万辆），比上年末增长 12.20%，其中，私人汽车 537 万辆，增长 12.60%。本年新注册汽车 73.90 万辆，增长 6.20%。年末轿车保有量 369.90 万辆，增长 12.30%。其中，私人轿车 351.40 万辆，增长 12.80%。

2017 年山西省客货运输量及其增长速度统计表

指　标	单　位	绝对数	比上年增长(%)
旅客运输量	万人	26581.10	−3.80
其中：铁路	万人	7664.30	1.80
公路	万人	17333.40	−7.30
民航	万人	1583.40	27.10
旅客运输周转量	亿人千米	373.70	3.70
其中：铁路	亿人千米	223.30	1.80
公路	亿人千米	1450.40	6.50
货物运输量	万吨	189501.0	13.40
其中：铁路	万吨	74615.90	15.00
公路	万吨	114879.6	12.40
民航	万吨	5.50	0.00
货物运输周转量	亿吨千米	4185.00	17.40
其中：铁路	亿吨千米	2426.30	14.80
公路	亿吨千米	1758.70	21.10

完成邮电业务总量 655.40 亿元，增长 69.50%。其中，邮政行业业务总量 72.40 亿元，增长 27.30%；电信业务总量 583 亿元，增长 78%。年末移动电话用户 3647.90 万户，其中，4G 移动电话用户 2583.30 万户。宽带接入用户 872.90 万户，增长 16.80%。

商业住宿设施接待入境过夜游客 67 万人次，接待国内旅游者 5.60 亿人次，分别增长 6.40%和 26.50%；旅游外汇收入 3.50 亿美元，增长 10.30%；国内旅游收入 5338.60 亿元，增长 26.30%；旅游总收入 5360.20 亿元，增长 26.20%。

（省统计局）

【金融】 2017 年年末，山西省金融机构本外币各项存款余额 32844.90 亿元，比年初增加 1975.80 亿元，比年初增长 6.40%。各项贷款余额 22573.80 亿元，比年初增加 2217.30 亿元，比年初增长 10.90%。

年末全省农村金融合作机构（农村信用社、农村合作银行、农村商业银行）人民币存款余额 7069.10 亿元，比年初增加 738.80 亿元，比年初增长 11.70%；人民币贷款余额 4123.80 亿元，比年初增加 396.60 亿元，比年初增长 10.60%。

年末全省共有上市公司 38 家。全省辖区证券市场各类证券成交额 42166 亿元，增长 20.60%。其中，股票成交额 18575.80 亿元，下降 9.90%；基金成交额 1031.90 亿元，增长 59.50%；债券成交额 20935.20 亿元，增长 93.20%。年末投资者资金账户累计开户数 234.20 万户，增长 13%。

2017 年年末山西省金融机构本外币存贷款及其增长速度统计表

指　标	年末数（亿元）	比年初增长(%)
各项存款余额	32844.90	6.40
其中：住户存款	18713.90	8.60
非金融企业存款	8414.50	7.30
各项贷款余额	22573.80	10.90
其中：短期贷款	8289.00	5.90
中长期贷款	12796.10	17.50
其中：个人消费性贷款（人民币）	2527.20	37.60

保费收入823.90亿元，增长17.60%。其中，寿险业务保费收入536.10亿元，增长17.70%；健康险业务保费收入79.80亿元，增长33.30%；意外险业务保费收入13.90亿元，增长24.50%；财产险业务保费收入194.10亿元，增长11.50%。全年支付各类赔款及给付261.10亿元，增长9.30%。

（省统计局）

2017年山西省各类教育发展情况统计表

指　标	招生（万人）	在校生（万人）	毕业生（万人）
研究生	1.10	3.20	0.90
普通本专科	22.10	76.30	21.00
成人本专科	2.20	8.30	4.40
中等职业教育	14.20	43.00	14.10
普通高中	22.70	72.00	26.00
初中	37.00	118.20	38.10
小学	37.90	228.00	37.50
特殊教育	0.30	1.30	0.20
学前教育	42.60	102.80	35.50

【教育和科学技术】 2017年年末，山西省共有幼儿园6937所，小学5646所，普通初中1835所，普通高中505所，中等职业教育学校535所，普通高等学校80所，成人高等学校11所。全省学前教育毛入园率89.10%，小学学龄儿童净入学率99.90%，高中阶段毛入学率94.20%，高等教育毛入学率46.60%。

专利申请量20697件，增长3.30%。其中，发明专利申请量7379件。全省专利授权量11311件，增长12.40%。其中，发明专利授权量2382件，下降1.20%。全年新登记科技成果560项。获得国家科学技术奖3项。国家级企业技术中心26家，省级企业技术中心270家。按照国家高新技术企业认定办法，年末累计高新技术企业1117家。2017年，山西省省级及以上众创空间达到184家。

全省40个经济开发区（包括高新区、生态文化旅游区），全年区内税收收入256.60亿元，增长33.20%；企业主营业务收入7476.50亿元，增长17.40%。

年末全省共有省、市、县产品质量监督检验和计量检定技术机构126个，国家检测中心9个。全年监督抽查4631家企业16类169种9994批次的产品和商品。全年强制检定计量器具142万台件。

全省有气象台站109个，开展电话天气自动答询的台站24个。全省气象系统开展人工影响天气业务的单位158个，防雹、增雨累计受益面积为全省域内，增雨量31.10亿立方米。全省有天气预报服务Intel网站1个，卫星云图接收站14个。

年末全省有专业综合地震台站10个，省级地震台网中心1个，省级数字测震地震台网1个。2017年，山西省发生M3.0—M3.9级地震3次，最大震级M3.3级。（省统计局）

【文化、卫生和体育】 2017年年末，山西省共有文化馆131个，文化站1409个（其中，乡镇综合文化站1196个），农村文化活动场所2.80万个。专业艺术表演团体148个。公共图书馆128个。出版报纸60种（不含高校校报）19.60亿份，各类杂志201种、2244.40万册，各类图书出版3608种、9721万册。广播电视台114座，电视台2座，中短波转播发射台15座，调频转播发射台119座，100瓦以上电视转播发射台145座。广播人口覆盖率98.80%，电视人口覆盖率99.60%，有线电视用户471.10万户。

年末全省共有卫生机构（含诊所、村卫生室）4.25万个，床位19.26万张。卫生防疫、防治机构134个，妇幼保健院（所、站）135个。全省卫生机构共有卫生技术人员23.26万人。卫生院卫生技术人员2.23万人。其中，农村乡镇卫生院卫生技术人员2.03万人。社区卫生服务中心（站）卫生技术人员1.12万人，防疫、防治卫生技术人员0.34万人，妇幼保健（所、站）卫生技术人员0.73万人。

年末全省有体育场101个，体育馆96个。全年山西省运动员在国内外重大比赛中获金、银、铜牌分别为69枚、66枚和81枚（包括非奥运项目比赛）。2017年，山西省销售中国体育彩票34.90亿元，增长50%。

（省统计局）

【人民生活和社会保障】 2017年，山西省城镇居民人均可支配收入29132元，增长6.50%，城镇居民人均消费支出18404元，增长8.30%；农村居民人均可支配收入10788元，增长7%，农村居民人均消费支出8424元，增长4.90%。按全省居民五等份收入分组，城镇低收入组人均可支配收入11877元，增长8.80%；农村低收入组人均可支配收入3873元，增长15.50%。城镇居民家庭恩格尔系数（即居民家庭食品消费支出占家庭消费支出的比重）23.10%，农村居民家庭恩格尔系数27.40%。

年末全省参加城镇职工基本养老保险795.70万人，比上年末增加36.40万人；参加城乡居民基本养老保险1554.20万人，增加4.60万人；参加城镇职工基本医疗保险666.30万人，增加6.40万人；全省实现城乡居民基本医疗制度整合并轨，参加城乡居民基本医疗保险2552.60万人；参加失业保险420.60万人，增加5.40万人；参加工伤保险584.10万人，增加8.10万人；参加生育保险465.20万人，增加6.70万人。全年城市最低生活保障救济人数46万人，发放城市最低保障资金20.10亿元。14.70万人纳入农村五保供养。

年末全省城镇有各种社区服务设施6068个。其中，综合性社区服务中心648个。各类收养性单位床位数56397张，收养人数31596人。国家抚恤、补助各类优抚对象18.20万人。全年销售福利彩票44亿元，筹集社会福利资金12.80亿元，接受社会捐赠款2633.60万元。（省统计局）

【资源、环境和安全生产】 2017年年末，山西省大型水库蓄水量11.50亿立方米，森林面积321.10万公顷，森林覆盖率20.50%。按《环境空气质量指数（AQI）技术规定（试行）（HJ633–2012）》评价，11个地级城市环境空气达标天数范围在128–301天之间。黄河、海河流域山西段共监测100个断面，达到3类以上（包括1、2、3类）水质标准的断面占56%，达到4类水质标准的断面占14%，达到5类水质标准的断面占7%，劣5类水质标准的断面占23%。

各类自然灾害造成直接经济损失56.80亿元，减少47.60%；农作物受灾面积102.70万公顷，增加26.50%。其中，绝收面积18.90万公顷，增加1.50倍。

2017年，山西省共发生各类生产经营性事故1326起，下降18.40%；死亡1215人，下降15%。煤炭百万吨死亡率为0.07。（省统计局）

机构设置和负责人名录

中国共产党山西省第十一届委员会

书　记　骆惠宁
副书记　楼阳生　黄晓薇(女)
常　委　高建民　孙绍骋*　王伟中*　盛茂林*　任建华　罗清宇　吴汉圣　张吉福　王清宪*　廉毅敏　商黎光　王　赋
委　员　(按姓氏笔画为序)
马彦平　王　亚　王　成　王　宏　王　纯　王　赋　王一新　王立业　王立伟　王伟中*　王宇燕(女)*　王安庞　王利波　王秀文　王建明　王清宪*　王联辉　卢建明　白秀平　师　帅　朱先奇　任建中　任建华　向二牛　刘　杰　刘予强　刘志宏　刘志杰　刘润民　闫喜春　关建勋　江　涛*　许大纯*　孙大军　孙绍骋*　孙海潮　李凤岐　李正印　李建刚　李俊明　李晓波　李福明　杨　司　吴汉圣　吴俊清　张　葆(女)　张九萍(女)　张文栋　张吉福　张志川　张金旺　张建欣(女)　张瑞鹏　陈永奇　陈学东　陈振亮　武　涛　武宏文　罗清宇　岳普煜　郑连生　赵建平　赵雁峰　胡玉亭　胡苏平(女)　贺天才　骆惠宁　耿彦波　高建民　郭长青　郭迎光　郭保民　郭海刚　席小军　黄晓薇(女)　盛仙清　盛茂林*　商黎光　董一兵　楼阳生　廉毅敏　薛延忠　薛维栋
候补委员　(按得票多少为序,得票相等的按姓氏笔画为序)
吴海平*　符惠明　汪　凡　张安顺　翟振新　霍红义　王　震　姜四清　阎俊生　翟　红　刘宏新　李中元　李晋平　王创民　郭　健　薛永辉
秘书长　罗清宇*　王　赋
常务副秘书长　张瑞鹏
副秘书长　李体柱　冯　征　储祥好　王利波　毛益民　宋　伟

山西省第十二届人大常委会

主　任　王儒林*　骆惠宁
副主任　胡苏平(女)　牛仁亮*　张建欣(女)　周　然　张茂才　田喜荣　刘　杰　高卫东
秘书长　李仁和　弓　跃　王立业　王守义　王　宏
委　员　(按姓名笔画排列)
于亚军(女)　王尚义　王娟玲(女)　王继伟　牛三平　牛社威　亢官文　邓永明*　石金鸣　冯改朵(女)*　邢德川　刘　美　闫喜春　孙大军　远勤山　杜永成　李平社　李东福　李永林　李亚明　李泰山　李思进　李　洪　李高山　李福明　杨俊和　杨竞赛*　杨增武　何　涛　宋新柱*　张建国　张铁锁*　张高宏　张　葆(女)　张瑞鹏　赵建平*　赵建平　赵雁峰　侯晋川　秦作栋　秦良玉*　袁升德*　袁　进　高新文　郭　明　郭贵仁*　郭勇义　郭新民　曹建军　韩怡卓　谢　海*　蔡汾湘　薛维梁
副秘书长　秦作栋　汤俊权　刘　钢*　张世文　周世经

山西省人民政府

省　长　楼阳生
常务副省长　高建民
副省长　郭迎光　王一新　张复明　刘　杰*　孙绍骋*　王　赋*　贺天才
秘书长　王　纯
副秘书长　张文栋　孙海潮　张金旺　闫晨曦　郭　立*　刘德政*　刘　星　李秋柱*　高建军　王文保*

政协第十一届山西省委员会

主　席　薛延忠
副主席　王建明　朱先奇　卫小春　刘滇生　王　宁　李悦娥(女)　张友君　张　璞　姜新文
秘书长　阎根生
常务委员　(按姓氏笔画排序)
于若洁　卫忠平　马天荣　马皖东　王　蕾(女)　王兴旺　王丽峰(女)　王建武　王建国　王贵平　王艳梅(女)　王晓立　王爱萍(女)　王爱琴(女)　代全民　冯亚琴(女,蒙古族)　冯改朵(女)*　冯建新　宁立新　边晋南　邢国明　成锡锋　师　帅　朱晓明　庄金洲　刘　正　刘文秀　刘本旺　刘占中　刘国庆　刘佰平　刘致远*　安　华*　孙祥林　苏亚君　杜建荣*　李　理　李中元　李书吉　李安平　李志强　李建民　李桂平(女)　李海瑕(女)　李福龙*　李德志　杨社堂　杨忠华　杨临生　吴晓年　宋兴航　张　政　张　锦(女)　张广慧*　张子玉　张亚平　张并生*　张克强　张李锁　张建豪　张俊生　张根虎　张培富　张湘君(女)　张富刚　武　强　武金贵　武爱国　周明定　法　海　赵　明　赵恒寿　郝　旭　郝建华(女)

侯秀娟(女) 姜利辉 姚宪华 姚锦城
倪生唐 高 凡(女) 高 键 高文变(女)
高英武 郭海刚 海 信(满族) 菅二拴
梅志强 曹改莲(女) 曹惠斌 崔联会
闫润德 渠性轩 梁文海 梁俊明
韩丽珍(女) 韩裕峰 程银锁 谢新宁
薛国利 薛靛民 霍转业
副秘书长 马 伟 蒋福新 冉莉萍(女)
赵胜利 郭玉玺

中国共产党山西省第十一届纪律检查委员会

书 记 任建华
副书记 陈学东 郝 权 孟 萧
常 委 李吉山 何 青 高金喜 王帅红
王成禹 孙京民
委 员 (按姓氏笔画为序)
马 彪 王 珍 王帅红 王成禹 王建成
王晓鹏 王增信 牛榆生 朱晓东 任建华
刘英魁 刘冀民 那志茂 孙京民 李 政
李吉山 李江龙 李曾贵 杨 宏 吴纪平
吴跃平 何 青 宋文斌 张晓永 张晓玲(女)
张稳科 陈学东 范晋昌 周计伟 周培斌
孟 萧 赵建平 赵建华 郝 权 荣 彰
荣奋刚 相里岩 姚安政 党志峰 高向新
高金喜 郭英杰 康吉仁 董赤凡

山西省监察委员会

主 任 任建华
副主任 陈学东 郝 权 孟 萧
委 员 何 青 王帅红 王成禹 孙京民
王海林 荣奋刚

民主党派 工商联

中国国民党革命委员会山西省委员会

主任委员 张友君* 张复明
副主任委员 张复明* 刘占中* 杨俊和* 孙建民*
谢碧玲(女)* 刘 美 辛 琰(女)
张湘君(女)* 王 静(女) 杨林花(女)
刘继隆 谢 刚 陈继光 郝建华

中国民主同盟山西省委员会

主任委员 王维平
副主任委员 亢官文* 傅建荣* 史海涌* 梅志强*
赵恒寿* 梁丽萍 李书吉* 刘本旺
闫美珍 王书红 闫卫平 韩清华
阎美蓉 卫忠平

中国民主建国会山西省委员会

主任委员 王 宁* 薛维梁
副主任委员 姚宪华* 刘蓉华(女) 薛维梁*
王庆荣 代全民* 李俊林 李志强
白德荣 马一清 杨建新

中国民主促进会山西省委员会

主任委员 卫小春
副主任委员 张 政* 张建豪* 成锡锋 高新文
陈维毅 任建国 熊继军 焦斌龙

中国农工民主党山西省委员会

主任委员 周 然* 李思进
副主任委员 郭新志(女)* 王爱萍(女)* 张李锁
李思进* 牛三平 武金贵 解 军
张 锦 杜宏瑞

九三学社山西省委员会

主任委员 刘滇生* 李青山
副主任委员 杨社堂 李青山* 张文旺*
闫义勇* 张培富 张红健
李效玲 韩文让 王爱琴 双少敏

山西省工商业联合会(山西省总商会)

主 席 李武章
党组书记、常务副主席 杨临生
副主席 樊秀清* 刑利民 郎宝山(满)* 赵淑芊*
梁 荣 隋淑静(女) 李剑英(女)

群众团体

省总工会

主 席 田喜荣
副主席 王立业(常务) 辛旭光 王兴旺*
韩丽珍(女) 宋海兵 刘海芸(女,兼职)
张李锁(兼职) 贾向东(兼职)

共青团山西省委员会

书 记 赵雁峰* 黄 巍
副书记 马晥东* 刘 娟(女)* 苏 涛 赵 静(女)
周 鹏 吴 兴(挂职) 段宏飞(兼职)
田 玲(女,兼职) 秦 亮(兼职)

省妇女联合会

主 席 张 葆(女)
副主席 李 菲(女) 刘一平(女) 吴 波(女)
王玉花(女) 阎少泉(女,兼职)

中国作家协会山西省分会

主 席 杜学文
副主席 杨占平* 张锐锋
兼职副主席 哲 夫 吕 新 赵 瑜 蒋 韵
葛水平 王祥夫 潞 潞 李 杜
秦 溱 晋原平 李骏虎 刘慈欣

省科学技术协会

党组书记　许富昌

主　席　侯晋川*　周　然

副主席　许富昌　杨伟民*　王德贵*　郝建新
　　张秀亲(女)

省文学艺术界联合会

主　席　张根虎

副主席　李太阳(常务)　石跃峰*　和　悦

中国国际贸易促进会山西省分会(中国国际商会山西商会)

会　长　陈河才

副会长　焦惠生　李秀生　吴　伟*　陈晓红

省残疾人联合会

党组书记、理事长　李亚明

副理事长　温万一　赵淑芊　刘　晔

省社会科学界联合会

主　席　李高山

党组书记、常务副主席　王　蕾(女)

党组副书记　王纪山

党组成员、副主席　王志超

党组成员、副巡视员　王崇德

兼职副主席　李中元　李劲民　高建生　张卓玉
　　王李金　吴俊清　郭泽光　王尚义

省归国华侨联合会

党组书记、主席　王维卿(女)

副主席　范安龙　李德增(挂职)

兼职副主席　刘越泽(女)*　王　帆(女)*　李　慧(女)*
　　张三货*　郭晋普*　黄成胜*　庄金洲*
　　刘新民*　方敬爱(女)　马金标　宋迎东
　　常新乐　谭　慷　王迪录　武　强

省台湾同胞联谊会

党组书记　李朝亮

驻会副会长　周志文*

省红十字会

党组书记、常务副会长　郭　立*

会　长　张建欣

专职副会长　白　冰(女)

省法学会

会　长　左世忠

党组书记、常务副会长　闫喜春

专职副会长　马　俊

山西省高级人民法院

院　长　左世忠*　邱水平

副院长　朱　明　刘冀民　王书红
　　吴秋霞(女)*　张　炜*
　　王文娅(女)*　方剑峰　翟瑞卿

山西省人民检察院

检察长　杨　司

副检察长　崔国红　荣　彰　曹改莲(女)*　严奴国*
　　王国宏　胡克勤*　秦文峰　王文娅(女)
　　苑　涛

省委工作部门和派出机构

省委组织部

部　长　盛茂林*　吴汉圣

常务副部长　孙大军

副部长　白秀平*　陈跃钢　卢建明　张晓峰　赵建华

部务委员　赵忠保*　张志刚*　张晓永

省委宣传部

部　长　王清宪*

常务副部长　李福明

副部长　刘英魁*　郭　健　杨茂林　董晓林　张　羽

省委统战部

部　长　廉毅敏

常务副部长　郭海刚

副部长　杨临生　赵雁峰　张云泽*　刘国庆
　　王云龙*　刘海芸(女)

省委政法委员会

书　记　黄晓薇(女)*　商黎光

常务副书记　闫喜春

副书记　苗　伟　刘永生

省委政策研究室(省委改革办、省综改办)

主　任　王利波

改革办常务副主任　王利波

副主任　梁若皓*　加年丰　刘东光　张荣章
　　任　凯

省机构编制委员会办公室

主　任　李建刚

副主任　郭晋明　韩　红(女)　张立煌

省直机关工委

书　记　罗清宇(兼)*　王　赋

常务副书记　王　宏

副书记　王建成　魏爱军　余国崎

省直纪工委书记　郭宏魁

省委巡视组

组　长　林玉平　罗　民　任在刚

副组长　刘香兰(女)*　罗　民*　孙兴武　宋文斌
　　董赤凡　吕海燕(女)　刘精瑛

省委巡视组办公室

主　任　赵建平

副主任　闫志强　刘精瑛*　郝点亮

省委部委管理机构

省委、省政府信访局
局　长　李体柱*　梁克昌
副局长　赵培明*　薛建军　郝钦新　郭泽兵
　　　　姚云钢
省委老干部局
局　长　赵建华
副局长　张晓光　岳卫东　王小丽(女)
防范和处理邪教问题领导小组办公室
主　任　冯　征*　卫　国
副主任　高国俊*　蔚新旺　李　波
省委网络安全和信息化督导小组办公室
(省互联网信息办)
主　任　朱新才
省委台湾工作(省政府台湾事务)办公室
主　任　黄进明*　吴　伟
副主任　梁淑娟(女)*　刘可宏*　徐爽志　宋英民
省委机要局(省国家密码管理局)
局　长　任兔平*　景广学
副局长　杨　忠*　李东强　赵　威
省接待办公室
主　任　韩道亮
副主任　闫宝明　刘学军　韩秀山
省委保密委员会办公室(省国家保密局)
主　任(局　长)　张　华
副主任(副局长)　李全顺*　刘炜东　康焕玉
省对外宣传办公室(省政府新闻办公室)
主　任　张　羽

省人大及其常委会工作机构

省人大法制委员会
主任委员　邓永明*　赵建平
副主任委员　王晓明*　蔡汾湘
省人大内务司法委员会
主任委员　李永林
副主任委员　郭贵仁*　杨增武　郭忠烈*　邬敬文
省人大财政经济委员会
主任委员　赵建平
副主任委员　荣　彤*　吴临芳(女)　李　渊
省人大常委会法制工作委员会
主　任　蔡汾湘
副主任　贾毓杰　王守义　张世文*　成　斌　赵贵义
省人大常委会教育科学文化卫生工作委员会
主　任　李　洪
副主任　袁升德*　武海顺　王进喜　冯　睿　谭继海
省人大常委会农村工作委员会
主　任　冯改朵(女)
副主任　王杰敏　杨文章*　祁玉林　刘　钢　郭艳成
省人大常委会城乡建设环境保护工作委员会
主　任　李平社
副主任　郭勇义　李远程*　郭新民
　　　　乔锦瑞　高建平
省人大常委会人事代表工作委员会
主　任　张高宏
副主任　王铁选*　李高山　杨竞赛*
　　　　牛社威　张国富
省人大常委会民族宗教侨务外事工作委员会
主　任　李东福
副主任　秦良玉*　王尚义　何　涛　赵建平*　吕　明
　　　　李　洪(女)　贾雪峰
省人大常委会预算工作委员会
主　任　卢晓中
副主任　杨怀恩　杨随亭　刘晓东
省人大常委会研究室
主　任　梁若皓
副主任　张拯瑜　秦　钟　张晋仁
省人大常委会信访局
局　长　叶增强
副局长　吴明禄

省政府组成部门

省发展和改革委员会
主　任　王　赋*　姜四清
副主任　李永平　赵友亭　姜四清*　程泽业*
　　　　刘　锋*　胡景善*　姚少峰　李海生
　　　　魏茹生　李肇伟
省经济和信息化委员会
主　任　张华龙
副主任　申瑞涛(女)*　马运侠　卢秋生　张占祥
　　　　阳　军
省教育厅(省高校工委)
书　记　张文栋*　吴俊清
副书记　张俊龙*　常乃军
成　员　张卓玉*　王　云*　张培良　孙世新
　　　　任月忠　马　骏　王晓鹏　赵丽华
厅　长　张文栋*　吴俊清
副厅长　王　云*　任月忠　马　骏
正厅长级督学　张卓玉*　张培良
副厅长级督学　孙世新
省纪委监委驻教育纪检监察组组长　王晓鹏
省科学技术厅
党组书记　张新伟
党组成员　李秀林*　李　敏　牛青山　张克军

厅　长　谢　红(女)
副厅长　李　敏　牛青山　张克军

省公安厅
厅　长　刘　杰*　杨景海
副厅长　汪　凡(常务)　边智慧*　李喜春
　　　　段绪忠*　张立刚　戎劲光　杨通顺

省监察厅*
厅　长　冯改朵(女)*
副厅长　何　青*　王成禹*

省民政厅
厅　长　薛维栋
副厅长　王卫东(女)　李太平*　尹也刚
　　　　张　瑞(女)　吴建强

省司法厅
厅　长　薛永辉
副厅长　王化清*　句轶旺　翟新山

省财政厅
厅　长　武　涛
副厅长　高向新*　黄　庙　常国华　武志远

省人力资源和社会保障厅
厅　长　白秀平
副厅长　王建文　刘海芸(女)*　贺德孝
　　　　张　峻　吴海亮

省国土资源厅
厅　长　许大纯*　周建春
副厅长　王晓立*　彭东晓*　周际鹏　武耀文　袁同锁

省环境保护厅
厅　长　郭长青
副厅长　刘　军　王学东(女)　刘大山　张继平

省住房和城乡建设厅
厅　长　李栋梁
副厅长　郝耀平*　郭燕平　李锦生　姚少峰*
　　　　张学锋

省交通运输厅
厅　长　张志川
副厅长　唐　晋　袁清茂*　秦红保　李贵顺　王　晋

省水利厅
厅　长　潘军峰
副厅长　王贵平　李　力　白小丹

省农业厅(省委农村工作领导小组办公室)
厅　长(主任)　关建勋
副厅长(副主任)　陈明昌*　赵志杰*　茹栋梅(女)
　　　　　　　　王进仁*　吴志宏　张和平　郭建文

省林业厅
厅　长　任建中
副厅长　常光明*　张云龙　尹福建

省商务厅
厅　长　孙跃进
副厅长　张　文　王来平*　李志胜　王　岫(女)

省文化厅
厅　长　刘润民
副厅长　张　健　郑中夏

省卫生和计划生育委员会
党组书记　李凤岐
成　员　郭晋刚　刘中雨　武　晋　冯立忠　李跃珍*
主　任　卫小春
副主任　杨建勇*　谢　红(女)*　刘中雨　武　晋
　　　　冯立忠

省审计厅
厅　长　王　亚
副厅长　姚安政　南春林　张红谱(女)　李建国

省外事侨务办公室
主　任　张志川*　武绍忠
副主任　武绍忠*　田亦军*　鞠　振*　梁淑娟(女)
　　　　冉莉萍(女)*　郝文杰(女)　张　源
　　　　秦　杰

省煤炭工业厅
厅　长　向二牛
副厅长　牛建明*　胡万升　王宇魁　苗还利　闫文泉

山西省旅游发展委员会
主　任　盛佃清
副主任　操学诚　李　贵　王　琳

省政府直属特设机构

省政府国有资产监督管理委员会(国资委党委)
党委书记　朱晓明*　王一新
副书记　郭保民　曹慧昌(常务)　李天太*
主　任　郭保民
副主任　马　进　宋世华　张宏永　刘　峰*　韩珍堂

省政府直属机构

省地方税务局
局　长　卢晓中*　潘贤掌
副局长　刘建光　张澎湧　马爱锋

省工商行政管理局
局　长　董　岩
副局长　王亦兵　吕惠兰(女)　武小勤

省质量技术监督局
局　长　常高才*　张岐云
副局长　张岐云*　王国强　高　航　李志强

省新闻出版广电局(版权局)
局　长　李海渊
副局长　田奇越*　李和林　薛　荣*　安　洋
　　　　吕芮宏

省体育局
局　长　苏亚君
副局长　赵晓春　杜　荣（女）　王　福　李俊文
省统计局
局　长　翟振新
副局长　荆红社*　卢永良　张晓东　王德才
省安全生产监督管理局
局　长　霍红义
副局长　牛建华*　王天庆　杨振中　邓维元
省宗教事务局（省民族宗教事务委员会）
局　长（主　任）　刘国庆
副局长（副主任）　侯文禄　滕德刚　范波涛
白　源（女，回族）
省文物局
局　长　王建武*　雷建国
副局长　刘正辉*　宁立新　程书林
省粮食局
局　长　丁文禄
副局长　马　珩　薛愿兵*　宋林根　韩华雄
省人民防空办公室
主　任　孙　群
副主任　刘　涛　张　铭　薄文杰
省政府金融工作办公室
主　任　郭保民*　竟　晖
副主任　竟　晖*　潘跃飞　王晓千　沈　力
山西转型综改示范区
主　任　张金旺
副主任　尤天权　胡志峰　赵瑞雪　董　良
仝清雷　薛江炤　刘　勇
省政府法制办公室
主　任　王卫星
副主任　李云涛　张　钧
省政府机关事务管理局
局　长　王克信
副局长　牛柱珍*　白世禄　祁晓虎　李世军　高晋红

省政府部门管理机构

省国防科技工业办公室（省国防科技工业党委）
党委书记　冯志君
副书记　史国兵　李章贺*　吴泽兵
成　员　安　华　齐建伟　张惠雄　段万乐　王树峰*
主　任　冯志君
副主任　安　华　王树峰*　齐建伟　张慧雄
省中小企业局
局　长　李东洪
副局长　王怀荣　武晨阳（女）　闫龙江*　冯志山
省食品药品监督管理局
局　长　赵光国
副局长　贠亚明　刘蓉华（女）　刘建国
省监狱管理局
局　长　王　伟
副局长　高　奇*　崔恩平　石玉泉　范志民
省扶贫开发办公室
主　任　刘志杰
副主任　张玉宏　张建成　龚孟建
省公安厅交管局（省交警总队）
局　长（总队长）　贾继武*　郭丙福
副局长（副总队长）　张亚云*　郭丙福*　武小彪

省政协工作机构

省政协提案委员会
主　任　张克强
副主任　石扬令　王宇鸿　阎贵林　李卫东
省政协经济委员会
主　任　刘致远*　朱晓明
副主任　巨宪华*　毛金明*　杨晋生*　李　岩　刘新平
省政协人口资源环境委员会
主　任　菅二拴
副主任　杨　波　杨海贵　郭泽光　郭玉玺*　杨春明
省政协农村委员会
主　任　周明定
副主任　杜顺义　高　璋*　张建忠　赵志理
省政协教科文卫体委员会
主　任　刘文秀
副主任　倪生唐　张富明　张明旺　张建全　李维靖
省政协社会法制委员会
主　任　边晋南
副主任　张晓宪　杨有才　李忠康　成振林　韩培方
省政协民族和宗教委员会
主　任　李福龙*　王建武
副主任　王秋生*　李全贵*　郑丽君*
省政协文史和学习委员会
主　任　闫润德
副主任　陶功定　郝本廉*　侯秀娟（女）
兰炎平　王丽梅（女）
省政协港澳台侨和外事委员会
主　任　马天荣
副主任　任月勤　郭　立　高绍柱
省政协调研室
主　任　马　伟
副主任　郑丽君（女）　牛　牧　卢　成

省直属事业单位

省委党校（山西行政学院）
校　长　盛茂林*　吴汉圣

院　长　高建民
常务副校长(副院长)　王联辉
副校长(副院长)　刘明星　田忠宝　王浩学　薛勇民
　　王建军

山西广播电视台
台长、总编　郭　健*　刘英魁
副台长　王树勋　张晋斌
副总编　张敬民　邢书良　李占鳌

山西日报报业集团
社　长　郭玉福
总编辑　丁伟跃
副社长　张　宁*　冯爱民　席永明
副总编　焦玉强　任灵杰　张巨霖　张占鹰

省委党史办公室
主　任　于若洁*　薛　荣
副主任　钟启元(女)　巨文辉

省政府发展研究中心
主　任　李劲民
副主任　王岳红(女)*　王凤鸿　焦斌龙　王炤坤

省地方志办公室
党组书记　张志仁
主　任　李茂盛*　张志仁
副主任　赵群虎　刘益令

省公共资源交易中心(省政务服务中心)
主　任　庞金龙*　李秋柱
副主任　王　沼　温国贵　王拥军　卫继周

省供销合作社联合社
理事会主任　狄重阳
理事会副主任　王彤宇　李俊德　高建忠

省煤炭地质局
局　长　王学军
副局长　张晓峰　张学彦　张胤彬

省地质勘查局
局　长　翁金明*　彭东晓
副局长　韩晋生　潘海燕(女)　马斅民　江　荣

省农业科学院
党委书记　李　斌
院　长　乔雄梧
副院长　聂安全　王娟玲(女)　张　强　李晋陵

省社会科学院
院　长　李中元
副院长　潘　云　宋建平　侯广章

中国(太原)煤炭交易中心
主　任　曲剑午
副主任　高　伐　阎世春

省档案局(档案馆)
局(馆)长　阎默彧
副局(馆)长　王保国*　申彦杰　王　渊　樊秀清
　　邢利民*　孔凡春

山西省省级政府采购中心
主　任　穆恩科
副主任　申志纯　李雪燕

山西社会主义学院
院　长　刘滇生(兼)
副院长　成锡锋　李祥熙*　胡晨光

煤炭工业太原设计研究院
院　长　徐忠和
副院长　耿建平　刘晓勇　赵　民

省城镇集体工业联合社
主　任　李荣钢
副主任　杨晋才　杨润梅(女)

省招生考试管理中心
主　任　马　骏*　赵丽华
副主任　任应红　王双虎　杨建民　韩中文(女)

省公路局
局　长　惠高峰
副局长　张兴顺*　赵玉生　许秀銮

省煤炭基本建设局
局　长　王振海
副局长　王振海*　温运峰

省测绘地理信息局
局　长　李德胜
副局长　孔令礼　裴彦明

省农业机械发展中心(省农机局)
局　长(主　任)　左义河*　王进仁
副局长(副主任)　侯振全　姚建忠　王五明　张建中

中国煤炭博物馆
馆　长　李希海*　张继宏
副馆长　胡高伟　马召源

省民航机场集团公司(管理局)
总经理(局长)　郝孝义
副总经理(副局长)　赵庆斌　梁洪逵　张希亮

省投资咨询和发展规划院
院　长　赵新利
副院长　张立异　杨　勇　王　晋

山西博物院
院　长　石金鸣*　张元成

省投资促进局
局　长　焦育峰

禹门口水利工程管理局
局　长　武福玉*　常建忠

山西老年大学
校　长　张晓光
专职副校长　杨文生

省交通运输执法局
局　长　曹居月

省高速公路管理局

局　长　尹新平

省道路运输管理局

局　长　杨吉平

省国有企业监事会

主　席　王克建　陆　东　弋小燕(女)
杨雨公　胡创业　温　波

省煤炭基金稽查总队(省财政厅煤炭基金稽查局)

总队长(局长)　裴克存

省委前进期刊总社

社　长　边新文

省属地方金融类企业监事会

主　席　张永胜

山西省人民医院

书　记　张晓清

院　长　李荣山

山西医科大学第一医院

书　记　陈利平

院　长　王斌全

山西医科大学第二医院

书　记　李汝德*　徐　钧

院　长　李　保

山西大医院

书　记　苑　静

院　长　刘　强

省就业服务局

局　长　师跃进

省社会保险局

局　长　孔宪江

省交通运输厅重点公路工程建设办公室

专职副主任　刘玉柱*

省直机关党校(行政学院)

校(院)长　尹桂郁

中央部属单位

财政部驻山西财政监督专员办事处

监察专员　李元成*

审计署驻太原特派员办事处

特派员　庄　军

中国人民银行太原中心支行

行　长　李文森

中国银行业监督管理委员会山西监管局

局　长　张安顺

中国保险业监督管理委员会山西监管局

局　长　朱金渭

中国证券监督管理委员会山西监管局

局　长　孙才仁

中国工商银行股份有限公司山西分行

行　长　陆　钦

中国农业银行山西省分行

行　长　杨继荣*　禹修德

中国银行山西分行

行　长　刘旭伟

中国建设银行股份有限公司山西省分行

行　长　尚朝辉

中国邮政储蓄集团公司山西省分公司

行　长　孙江涛

山西省通信管理局

局　长　谢远生*　武　晋

山西省邮政局

总经理　张宗梁

省气象局

局　长　柯怡明

省地震局

局　长　郭星全

省国家税务局

局　长　胡　军

省出入境检验检疫局

局　长　于　洋

山西省烟草专卖局(公司)

局　长(总经理)　宋政峰

太原铁路局

局　长　赵春雷

太原海关

关　长　吴海平*　高继科

国家能源局山西监管办

专　员　薛　浒

中国石化销售有限公司山西石油分公司

总经理　徐建春*　董光明

驻外办事处

省政府驻北京办事处

主　任　陈晓东

省政府驻上海办事处

主　任　(缺)

省政府驻天津办事处

主　任　(缺)

省政府驻南京办事处*

主　任　(缺)

省政府驻广州办事处

主　任　刘亚林

省政府驻沈阳办事处*

主　任　(缺)

本科院校与高职高专院校

山西大学
党委书记 师 帅
党委副书记 贾锁堂 李思殿 丁耀武
校 长 贾锁堂
副校长 杨 军 高 策 殷 杰 韩勇鸿 程芳琴(女) 张天才 周小计(挂职)

太原理工大学
党委书记 吴俊清* 吴玉程
党委副书记 黄庆学 沈兴全 刘润祥
校 长 黄庆学
副校长 李晋平 吕永康 吴斗庆 树学峰 梁卫国 李 明 张建胜(挂职)

山西财经大学
党委书记 尹天五
党委副书记 刘维奇 顾昭明 张兔元
校 长 刘维奇
副校长 卢庆山 马培生 杨有振 杨俊青 钟若愚(挂职)

山西医科大学
党委书记 李凤岐* 张俊龙
党委副书记 段志光 王 军 贺培凤
校 长 段志光* 李思进
副校长 王宏伟 李思进 解 军 张 辉(女) 张 宏(挂职)

山西农业大学
党委书记 陈利根
党委副书记 赵春明 齐利平 马建平
校 长 赵春明
副校长 李宏全 邢国明 杨武德 赵水民 孟秀祥(挂职)

山西师范大学
党委书记 符惠明
党委副书记 卫建国 薛耀文* 郝勇东 高 峰
校 长 卫建国
副校长 郝勇东* 王 云 许小红(女) 车文明 王建华(挂职)

太原科技大学
党委书记 王志连
党委副书记 左 良 王宝儒 师东海
校 长 左 良
副校长 柴跃生 李 忱* 李俊林* 王枝茂 邓学成 刘翠荣(女) 谢 刚 靳秀荣(女) 姜 勇(挂职)

中北大学
党委书记 李忠人
党委副书记 刘有智* 沈兴全 安建平 薛 智
校 长 刘有智
副校长 曾建潮 白培康 熊继军* 雷锋斌 赵贵哲 潘晋孝 李东光(挂职)

山西中医药大学
党委书记 马存根* 段志光
党委副书记 冯 海 高建军
委 员 郭文平 王新塘 冀来喜 闫敬来 郝慧琴 王 旭 苗 强 郭继林
院 长 李青山
副院长 王新塘 冀来喜 闫敬来 郝慧琴(女)

长治医学院
党委书记 李荣华
党委副书记 郑建中 冯向先* 李富德* 李玉冰 张芳萍
院 长 郑建中
副院长 陈忠义* 武有祯* 宋晓亮 张芳萍(女)* 胡春香(女) 王金胜 郑金平

太原师范学院
党委书记 张惠元
党委副书记 梁吉业 王川龙 程太生
院 长 梁吉业
副院长 郭丕斌 王卫平(女) 赵 怡(女)

忻州师范学院
党委书记 王亦农
党委副书记 张虎芳(女) 白宝林 乔永生
院 长 张虎芳(女)
副院长 张美富* 董元兴* 罗小兰(女) 李 丹(女) 张文玉 张爱龙

山西大同大学
党委书记 马存根
党委副书记 冯 锋 郭 永 孙 彦
校 长 冯 锋
副校长 张 策 寇福明 姚丽英(女) 翟大彤

运城学院
党委书记 崔克勇* 姚纪欢
党委副书记 姚纪欢* 梁永平* 薛耀文 张凤琴 冯瑞明
院 长 姚纪欢* 梁永平* 薛耀文
副院长 梁晋才* 梁永平* 李慎明 贺正云 黄解宇

长治学院
党委书记 韩泽春
党委副书记 茹文明 赵水琛 马健宏
院 长 茹文明
副院长 李长江 赵巨涛 史晓东 李 强

晋中学院
党委书记 刘玉平
党委副书记 孙西欢 南志珍
院 长 孙西欢

副院长　柴　达　李长萍(女)　李山岗　张存伟

太原工业学院

党委书记　吴　刚

党委副书记　霍世平　朱　光　李国臣

院　长　霍世平

副院长　靳金贵　刘志明　吴跃焕(女)　梁玉蓉(女)

吕梁学院

党委书记　闫保平*　周富国

党委副书记　周富国*　田晓东*　杨迎平*　刘自强

院　长　熊继军

副院长　马向东　闫　明　高顺有*　冀建峰

山西传媒学院

党委书记　张汉静

党委副书记　王建国　王俊刚　刘　锐

院　长　王建国

副院长　张永德　武升平　郭卫东　王红叶(女)

太原学院

党委书记　任玉平*　李大公

党委副书记　张瑞君　吴建设*　张子荣*　蔡耀群*　马皖东　康晓红

院　长　张瑞君

副院长　邢金龙*　徐秋琴(女)　曹艺鸣*　荆在京　郑其芳　孙华东

山西工程技术学院

党委书记　韩保清

党委副书记　卫英慧　郑德明　韩永清

院　长　卫英慧

副院长　宋　红(女)*　王玉清　姜俊兵　王振林　郑捧柱

山西能源学院

党委书记　董　峰

党委副书记　常建忠　张春有　马光生

院　长　常建忠

副院长　李宏达　李桂平(女)　孙光辉　孟文俊

山西警察学院

党委书记　李喜春

党委副书记　张惠选　李亚尼　孟庆祥

院　长　张惠选

副院长　苏天照　闫龙江　任向东　尉安俊

山西广播电视大学

党委书记　张耀斌

党委副书记　李　忱　姜　海

校　长　李　忱

副校长　牛白琳　刘祁杰*　姜　海*　吴　斌

山西经济管理干部学院

党委书记　丁怀民

党委副书记　武东升　史德源*　秦长江

院　长　武东升

副院长　李晋平　马　骥　景滨杰(女)

山西省财政税务专科学校

党委书记　贾明建

党委副书记　赵丽生　周巧红

校　长　赵丽生

山西职工医学院

党委书记　王卫东

党委副书记　张　波　龚晋文

院　长　张　波

山西青年职业学院

党委书记　李　伟

党委副书记　李志权　李兵义

院　长　李志权

山西省政法管理干部学院

党委书记　秦绍璇

党委副书记　李亚尼*　段江涛*　王海英

院　长　李亚尼*

山西建筑职业技术学院

党委书记　符里刚

党委副书记　成　宏　黄跃春

院　长　成　宏

山西药科职业学院

党委书记　张瑞芳

党委副书记　张震云　邹本贵

院　长　张震云

山西交通职业技术学院

党委书记　李英杰

党委副书记　张文才　毕晋峰

院　长　张文才

山西艺术职业学院

党委书记　王艳芳

党委副书记　单红龙　岳建民

院　长　单红龙

山西林业职业技术学院

党委书记　宋河山

党委副书记　卢桂宾　杜庆先

院　长　卢桂宾

山西水利职业技术学院

党委书记　李振兴

党委副书记　闫顺茂　白继中

院　长　闫顺茂

山西旅游职业学院

党委书记　郑子全

党委副书记　何乔锁　赵贤松

院　长　何乔锁

山西管理职业学院

党委书记　贾二元

党委副书记　岳　澎　马联合
院　长　岳　澎

山西体育职业学院
党委书记　陈　洁
党委副书记　朱天燕*　曹跃民
院　长　朱天燕*

山西警官职业学院
党委书记　谭恩惠
党委副书记　许文海*　张　智*　张永前
院　长　许文海*

山西国际商务职业学院
党委书记　王　毅
党委副书记　付　剑　王爱民
院　长　付　剑

山西戏剧职业学院
党委书记　杨小平
党委副书记　谢玉辉
院　长　谢玉辉

山西煤炭职业技术学院
党委副书记　宋　军　李茂林
院　长　宋　军

山西医科大学汾阳学院
党委书记　薛东平
院　长　孟小平

山西工程职业技术学院
党委书记　张长青
院　长　秦华伟

山西职业技术学院
党委书记　弓永华
院　长　雷承锋

山西金融职业学院
党委书记　王小云
院　长　崔满红

山西财贸职业技术学院
党委书记　邓光辉*　柴　达
院　长　段文美(女)

山西机电职业技术学院
党委书记　张主社
院　长　李向东

山西轻工职业技术学院
党委书记　王枝茂*　岳高社
院　长　岳高社*　任利成

吕梁教育学院
党委书记　张耀峰
院　长　赵清明

长治市教育学院
党委书记　王淑彦
院　长　焦建中

长治职业技术学院
党委书记　闫路平
院　长　卫崇文

晋城职业技术学院
党委书记　朱　莉
院　长　邱建国

临汾职业技术学院
党委书记　秦国杰*　傅遵师
院　长　王　超

忻州职业技术学院
党委书记　晋原平
院　长　梁志文

晋中职业技术学院
党委书记　郝先伟
院　长　刘月红(女)

晋中师范高等专科学校
党委书记　苏耀中
院　长　张润喜

山西师范大学临汾学院
党委书记　张支平
院　长　秦国杰

山西运城农业职业技术学院
党委书记　张作伟
院　长　张苏勤

运城幼儿师范高等专科学校
党委书记　彭　刚
校　长　张汉语

运城师范高等专科学校
党委书记　李晋杰
校　长　张汉语*　王卫国

运城护理职业学院
党委书记　王国兴
校　长　张红洲

太原旅游职业学院
党委书记　白玉明
院　长　马兆兴

太原城市职业技术学院
党委书记　张　勇
院　长　杨志家

朔州职业技术学院
党委书记　赵志坚
院　长　王茂兴

阳泉师范高等专科学校
党委书记　（缺）
校　长　陈永昶

吕梁职业技术学院
党委书记　李殿育
校　长　刘俊珍

朔州师范高等专科学校
党委书记　张毓德
校　长　邵福任
阳泉职业技术学院
党委书记　荆存柱
院　长　曹学仁

市、县(市、区)

太原市

市委书记　王伟中*　罗清宇
副书记　耿彦波　任在刚
市委常委　王伟中*　罗清宇　耿彦波
任在刚　李吉山　张明星*
李新春　魏　民　张文广
薛东晓　王立刚　刘文华*
李　浓(女)　刘　鹏　张　璐
市人大常委会主任　弓　跃
副主任　傅建荣*　刘　斌　刘　剑(女)*
王爱萍　王建勋*　冯晋生*
常　青*　梁争平*　郭治明
李文清*　李增锁　郭建发
市长　耿彦波
副市长　王立刚
王爱琴(女)　魏　民*　张齐山
马润生　刘　鹏　车建华
陈向阳*
市政协主席　张贵元*　张明星
副主席　任书文*　冯　霞(女)　张　政*
王爱萍(女)*　陈远新　李俊林
张文旺*　薛维梁*　毛志鸣*
张建刚　陈继光　任晓峰*
郝宝清　王建堂

·小店区·
中共区委书记　车建华*　刘振华
区人大常委会主任　陈其武
区长　李卫平
区政协主席　李恩星

·迎泽区·
中共区委书记　冯原平
区人大常委会主任　侯富田
区长　李　慧
区政协主席　张志勤

·杏花岭区·
中共区委书记　张　磊
区人大常委会主任　程有录
区长　李文权
区政协主席　施国立

·尖草坪区·
中共区委书记　李贵增
区人大常委会主任　王国卿
区长　卢俊峰
区政协主席　王春龙

·万柏林区·
中共区委书记　常　青*　杨俊民
区人大常委会主任　侯　安
区长　杨俊民*　袁尔铭(代)
区政协主席　陈绍卿*　马金安

·晋源区·
中共区委书记　杨继承
区人大常委会主任　张奇峰
区长　李永强
区政协主席　董云飞

·清徐县·
中共县委书记　韩良会*　王琳玉
县人大常委会主任　张晋涛
县长　王琳玉*　王剑峰(代)
县政协主席　杨保恒

·阳曲县·
中共县委书记　刘晋萍(女)
县人大常委会主任　韩　勇
县长　裴耀军
县政协主席　高保民

·娄烦县·
中共县委书记　薛东晓
县人大常委会主任　冯永奎
县长　李树忠
县政协主席　武润生

·古交市·
中共市委书记　贾慕权
市人大常委会主任　闫亮娥(女)
市长　翟永清
市政协主席　程顺旺

大同市

中共市委书记　张吉福
副书记　马彦平*　武宏文　高　键*
市委常委　张吉福　武宏文　马彦平*
赵向东*　郜向华*　高　键*
刘振国　黄岑丽(女)　卫　国*
张　韬　宋　涛　孙利仁*
朱晓东*　姚鸿波　薛明耀
梁晓旭　穆国新　冯苏京
市人大常委会主任　梁凤书*　赵向东
副主任　张翠萍(女)　刘　美　杨人毅*
雷雪峰　曹世平*　冯境城

张忠义　何永强*　王淑琴(女)

市　　　　长　马彦平*　武宏文

副　市　长　刘振国　杨勤荣*　曹惠斌*

冯苏京　尚建军　尉连生

郭　蕾(女)　马安全　荆　虎

市政协主席　柴树彬*　郜向华

副　主　席　武保洲　陈昌辉*

程廷龙*　许进娥(女)　郭俊岗

张小立*　杨硕平　王剑辉

赤建忠*　王德成

·城　区·

中共区委书记　张　韬

区人大常委会主任　田培山

区　　　　长　董建中*　李继忠(代)

区政协主席　赵世彪

·矿　区·

中共区委书记　赵　宇

区人大常委会主任　马曙光

区　　　　长　逯禾红

区政协主席　睢占文

·南郊区·

中共区委书记　薛明耀*　任希杰

区人大常委会主任　李　杰

区　　　　长　任希杰*　李东升(代)

区政协主席　梁翼龙

·新荣区·

中共区委书记　邓志蓉(女)

区人大常委会主任　乔　成

区　　　　长　李继忠*　李　纬(代)

区政协主席　胡永祥

·阳高县·

中共县委书记　冯晓雷

县人大常委会主任　李晓红

县　　　　长　丁国华

县政协主席　项征武

·天镇县·

中共县委书记　王建江

县人大常委会主任　刘世清

县　　　　长　刘川楠

县政协主席　吕广权

·广灵县·

中共县委书记　李润军

县人大常委会主任　苑在雨

县　　　　长　王丽萍(女)

县政协主席　刘宝贵

·灵丘县·

中共县委书记　张　强

县人大常委会主任　索根生

县　　　　长　罗永山

县政协主席　王瑞春

·浑源县·

中共县委书记　张清河

县人大常委会主任　王维平

县　　　　长　王继武

县政协主席　张振虎

·左云县·

中共县委书记　胡　勇*　苏　智

县人大常委会主任　刘志强

县　　　　长　苏　智*　尹海斌

县政协主席　张立波

·大同县·

中共县委书记　王凤瑞

县人大常委会主任　杨近源

县　　　　长　周聚德

县政协主席　阎　军

阳泉市

中共市委书记　陈永奇

副　书　记　董一兵*　雷健坤　王旭明*

李云峰*　巩　成

市　委　常　委　陈永奇　董一兵*　雷健坤

王旭明*　李云峰*　杨永生*

巩　成　马爱峰　吴纪平

任建华　田桂明　王铁梅(女)

杨自明　梁志勇*　张其光

郭卫东

市人大常委会主任　刘高官*　王旭明

副　主　任　王振国*　刘兆林*　吴丽萍(女)*

孙金明　吕昌政　刘志强

张永忠　张宝明

市　　　　长　董一兵

副　市　长　马爱峰　任衍钢*　董仙桃(女)*

赵　峰*　潘海燕　郭少敏

靳润喜　呼亚民　李　君

市政协主席　郜爱国*　杨永生

副　主　席　曹凯民*　许文珍*　赵永红(女)*

李天祥*　任美福*　李顺宽*

赵平有*　杨　勇　徐本宁

王良义　张立君　杨全生

史友松

·城　区·

中共区委书记　张　晋

区人大常委会主任　李保存

区　　　　长　王晓丽(女)

区政协主席　杨献斌

·矿　区·

中共区委书记　梁志勇

区人大常委会主任　侯彦军
区　　　　　　长　刘乙佑
区　政　协　主　席　王贵平

·郊　区·

中共区委书记　王明厚
区人大常委会主任　王如生
区　　　　　　长　武建功
区　政　协　主　席　王振杰

·平定县·

中共县委书记　申　济
县人大常委会主任　郝建国
县　　　　　　长　韩加政
县　政　协　主　席　高锦孝

·盂　县·

中共县委书记　李云峰
县人大常委会主任　武润珍
县　　　　　　长　孔禄泉
县　政　协　主　席　闫庶民

长治市

中共市委书记　席小军
副　　书　　记　卢建明　郭康锋*　梁克昌*
　　　　　　　　杨勤荣
市　　委　　常　　委　席小军　卢建明　郭康锋*
　　　　　　　　梁克昌*　杨勤荣　潘贤掌*
　　　　　　　　孙刘琳　吴小华　姚　逊
　　　　　　　　马　彪　密国林　刘卓良
　　　　　　　　王　震　胡　勇
市人大常委会主任　李年善*　郭康锋
副　　主　　任　申纪兰(女)*　张振芳*　李进军
　　　　　　　　马四清　崔建泰　郭海英
　　　　　　　　王　耀　王进军*　王辅刚*
市　　　　　　长　卢建明
副　　市　　长　潘贤掌*　王　震　景普秋
　　　　　　　　郜双庆　石建旺　张和平
　　　　　　　　杨通顺*　成文碧　王玉圣*
　　　　　　　　陈鹏飞*
市　政　协　主　席　许　霞
副　　主　　席　秦跃晋*　俞长生*　赵　坚*
　　　　　　　　关小平*　郭建福*　刘鹏飞
　　　　　　　　杨江波　姚中华　桂元平
　　　　　　　　焦吉林　王卫军

·城　区·

中共区委书记　李国强*　胡　勇
区人大常委会主任　杨黎峰
区　　　　　　长　杨　隽
区　政　协　主　席　宋福庭

·郊　区·

中共区委书记　金所军*
区人大常委会主任　张耀华
区　　　　　　长　张晋伟
区　政　协　主　席　崔子庆

·长治县·

中共县委书记　裴少飞
县人大常委会主任　张向东
县　　　　　　长　王现敏
县　政　协　主　席　魏俊英

·襄垣县·

中共县委书记　张志刚*　胡三虎
县人大常委会主任　崔玉彪
县　　　　　　长　胡三虎
县　政　协　主　席　侯慧萍(女)

·屯留县·

中共县委书记　马先明
县人大常委会主任　冯贵兴
县　　　　　　长　崔卫华
县　政　协　主　席　赵旭光

·平顺县·

中共县委书记　吴小华
县人大常委会主任　宋忠义
县　　　　　　长　秦　军
县　政　协　主　席　王建中

·黎城县·

中共县委书记　郜双庆*　杨红旗
县人大常委会主任　高玉飞
县　　　　　　长　牛晨霞
县　政　协　主　席　刘永清

·壶关县·

中共县委书记　李全心
县人大常委会主任　卫　明
县　　　　　　长　崔江华
县　政　协　主　席　王明德

·长子县·

中共县委书记　王　震*　李国强
县人大常委会主任　王成枝
县　　　　　　长　赵永进
县　政　协　主　席　郭志新

·武乡县·

中共县委书记　胡　坚
县人大常委会主任　郝炳宏*
县　　　　　　长　阎新平
县　政　协　主　席　魏书文

·沁　县·

中共县委书记　卢展明
县人大常委会主任　刘光清
县　　　　　　长　张宏伟

县 政 协 主 席　郭建宇

·沁源县·

中 共 县 委 书 记　李丁夫*　金所军
县人大常委会主任　王宏斌
县　　　　　　长　连树斌
县 政 协 主 席　马建峰

·潞城市·

中 共 市 委 书 记　李文兵
市人大常委会主任　孙彩虹
市　　　　　　长　秦苏良
市 政 协 主 席　琚海鹏

晋城市

中 共 市 委 书 记　张九萍(女)*　张志川
副　　书　　记　武宏文*　刘　锋　曾庆勇
市　委　常　委　张九萍(女)*　张志川　刘　锋　曾庆勇　武宏文*　赵沂旸　焦光善　张少波*　马学林*　那志茂　卫明喜　王晋峰　石云峰　张利锋　荆俊明
市人大常委会主任　范丽霞(女)
副　　主　　任　孔庆鹏　廖　军　张斌胜　郭治琛　冯裕民　李翠叶(女)
市　　　　　　长　武宏文*　刘　锋
副　　市　　长　杨勤荣　张利锋　干斌权　梁丽萍(女)　冯志亮　王宏微
市 政 协 主 席　常国荣
副　　主　　席　陈建国　郭一峰　崔守安　武四海(女)　阴建正　郭向阳

·城　区·

中 共 区 委 书 记　王学忠
区人大常委会主任　宋春生
区　　　　　　长　王文全
区 政 协 主 席　晋　昕(女)

·沁水县·

中 共 县 委 书 记　原光辉
县人大常委会主任　郭沁林
县　　　　　　长　侯贵宝
县 政 协 主 席　张桂春

·阳城县·

中 共 县 委 书 记　窦三马
县人大常委会主任　张保国
县　　　　　　长　史小林
县 政 协 主 席　田龙社

·陵川县·

中 共 县 委 书 记　胡晓刚
县人大常委会主任　张江龙
县　　　　　　长　任彩虹
县 政 协 主 席　郎在陵

·泽州县·

中 共 县 委 书 记　赵新年*　高喜全
县人大常委会主任　靳水生
县　　　　　　长　高喜全
县 政 协 主 席　李正根

·高平市·

中 共 市 委 书 记　范兆森
市人大常委会主任　张志刚
市　　　　　　长　邹树琦
市 政 协 主 席　李培安

朔州市

中 共 市 委 书 记　王安庞
副　　书　　记　刘志宏*　陈振亮　郑　红(女)
市　委　常　委　王安庞　刘志宏*　陈振亮　郑　红(女)　陈耳东　康吉仁　王加关　李　锦　崔　魏　李根田*　任　宪　刘义清
市人大常委会主任　冯云龙
副　　主　　任　温日平　李玉兰(女)　白　明　侯　元　王　帆(女)　郭海鸿
市　　　　　　长　刘志宏*　陈振亮
副　　市　　长　陈耳东　韩文让　王志刚　张天茂　田　东
市 政 协 主 席　贯桂梓(女)
副　　主　　席　谭建国　闫美珍(女)　赵景春　解志强　任平龙　刘守斌

·朔城区·

中 共 区 委 书 记　张立新
区人大常委会主任　李　杰
区　　　　　　长　庞明明
区 政 协 主 席　史宝元

·平鲁区·

中 共 区 委 书 记　吴晓斌
区人大常委会主任　焦　文
区　　　　　　长　马占文
区 政 协 主 席　贾志武

·山阴县·

中 共 县 委 书 记　李旭清
县人大常委会主任　相　成
县　　　　　　长　南志中
县 政 协 主 席　段国强

·应　县·

中 共 县 委 书 记　兰成国
县人大常委会主任　张玉儒

县　　长　边润文
县政协主席　李有平

·右玉县·

中共县委书记　吴秀玲(女)
县人大常委会主任　曹占贵
县　　长　王志坚
县政协主席　谭德宝

·怀仁县·

中共县委书记　刘　亮
县人大常委会主任　司永恒
县　　长　苏斌如
县政协主席　朱玉罡

晋中市

中共市委书记　胡玉亭
副　书　记　王　成　苗　伟*　尹乃明
市委常委　胡玉亭　王　成　苗　伟*　尹乃明　宋文斌*　丁利军　王建林　王建忠　唐立浩　任秀红(女)　王　兵　贡　琦　孙宪春*　许杰真
市人大常委会主任　冯建平
副　主　任　陈定堂　王纪萍(女)　赵春雷　张耀明　荣　贵*　陈水泉
市　　长　王　成
副　市　长　王建忠　任　忠　辛　琰(女)　戎劲光*　黄海涛　郝向明　周　建
市政协主席　赵庆华
副　主　席　王继堂　邓　明　杨定旺　王书红　张鲜苹(女)　鹿建平

·榆次区·

中共区委书记　张祖祁
区人大常委会主任　李鹏飞
区　　长　张　鹏
区政协主席　王琳玉(女)

·榆社县·

中共县委书记　张英杰
县人大常委会主任　刘艳萍
县　　长　韩　军
县政协主席　王建华

·左权县·

中共县委书记　王　兵
县人大常委会主任　郑春华
县　　长　赵宏钟
县政协主席　高儒林

·和顺县·

中共县委书记　孙永胜
县人大常委会主任　韩祥书
县　　长　马海军
县政协主席　刘素英(女)

·昔阳县·

中共县委书记　王根元
县人大常委会主任　李显鸣
县　　长　许利伟
县政协主席　石立军

·寿阳县·

中共县委书记　郝鹏鸿
县人大常委会主任　侯成元
县　　长　史　洁(女)
县政协主席　傅贵亨

·太谷县·

中共县委书记　王怀民
县人大常委会主任　游大庆
县　　长　刘　伟
县政协主席　弓俊林

·祁　县·

中共县委书记　吴文胜
县人大常委会主任　卢建华
县　　长　冯耀黎
县政协主席　李郁明

·平遥县·

中共县委书记　武晓花(女)
县人大常委会主任　雷新平
县　　长　石　勇
县政协主席　王金宝

·灵石县·

中共县委书记　段燕翔
县人大常委会主任　王世强
县　　长　刘　旋
县政协主席　卫虎周

·介休市·

中共市委书记　丁雪钦
市人大常委会主任　赵　宇
市　　长　张　驰
市政协主席　郭维新

运城市

中共市委书记　王宇燕(女)*　刘志宏
副　书　记　陈振亮*　朱　鹏　王瑞宝
市委常委　王宇燕(女)*　陈振亮*　刘志宏　朱　鹏　王瑞宝　荆青莲　李曾贵　鞠　振　齐海斌　常社教　邓雁平　陈　杰　王志峰

市人大常委会主任　安雅文
副　主　任　杜自立　侯伟建　郭　宏
张守相　贾爱珍(女)
市　长　陈振亮*　朱　鹏(代)
副　市　长　王瑞宝*　陈　杰　陈竹琴
郭尚礼　乔登州　卫再学
崔元斌
市政协主席　张润喜
副　主　席　赵玉明　王七庚　张学会
刘国义　翟冬鸿　张东婷(女)
胡　宝

·盐湖区·
中共区委书记　王吉敏
区人大常委会主任　郭一民
区　长　李　哲
区政协主席　常　正

·临猗县·
中共县委书记　赵惠民*　于鹏飞
县人大常委会主任　张建莉
县　长　李　明
县政协主席　张　猛

·万荣县·
中共县委书记　杜中伟
县人大常委会主任　刘政光
县　长　李永辉
县政协主席　孙典孝

·闻喜县·
中共县委书记　张汪尤
县人大常委会主任　逯光耀
县　长　黄亚平
县政协主席　张武学

·稷山县·
中共县委书记　廉广锋
县人大常委会主任　王　钊
县　长　吴　宣
县政协主席　赵高云

·新绛县·
中共县委书记　李玉林
县人大常委会主任　李铁路
县　长　解　芳(女)
县政协主席　卫保平

·绛　县·
中共县委书记　王宏伟
县人大常委会主任　苏士杰
县　长　薛玉马
县政协主席　李服役

·垣曲县·
中共县委书记　杨彦康
县人大常委会主任　刘社院
县　长　麻军泽
县政协主席　王小虎

·夏　县·
中共县委书记　张宏志
县人大常委会主任　李永林
县　长　樊双全
县政协主席　王继瑞

·平陆县·
中共县委书记　郭　宏
县人大常委会主任　张孝木
县　长　李　旸
县政协主席　郭淑文

·芮城县·
中共县委书记　董旭光
县人大常委会主任　姚广升
县　长　张建军
县政协主席　杨　琳

·永济市·
中共市委书记　徐志英
市人大常委会主任　刘　明
市　长　孙中全
市政协主席　张廷耀

·河津市·
中共市委书记　胡　宝*　鞠　振
市人大常委会主任　胡凯旋
市　长　赵建喜
市政协主席　李　琦

忻州市

中共市委书记　李俊明
副　书　记　郑连生　王　珍*　朱晓东
市　委　常　委　李俊明　郑连生　朱晓东
王　珍*　阮全进*　陈义青(女)
王建廷　范晋昌　赵志坚
范波涛*　崔建新　王志东
赵新年　刘婷芳　刘瑞生
市人大常委会主任　贾雪峰*　王　珍
副　主　任　李树东　魏广才　王继明
程兴利　贾玲香　李德新
市　长　郑连生
副　市　长　赵志坚　王月娥(女)　武宪堂
裴　峰　安书田　范建民
市政协主席　刘钢柱
副　主　席　边升阳　王庆荣　高志伟
李效玲(女)　曹爱民

·忻府区·
中共区委书记　张钰祥

区人大常委会主任　李晋华*　宁康平
区　　　　　长　崔向松
区政协主席　张家祥*　杨笙敏

·定襄县·

中共县委书记　张文斌
县人大常委会主任　曲建成
县　　　　　长　张生明
县政协主席　郭丽云

·五台县·

中共县委书记　王继明
县人大常委会主任　刘建坤
县　　　　　长　武新亮
县政协主席　吕更美

·代　县·

中共县委书记　田永清
县人大常委会主任　贾明亮
县　　　　　长　郝江陵
县政协主席　陈月峰

·繁峙县·

中共县委书记　孔保宝
县人大常委会主任　赵　琦
县　　　　　长　崔峥岭
县政协主席　钟文秀

·宁武县·

中共县委书记　任宁虎
县人大常委会主任　马在岐
县　　　　　长　王　卓
县政协主席　薛军良

·静乐县·

中共县委书记　李德新
县人大常委会主任　秦文明
县　　　　　长　王　昕
县政协主席　李永成

·神池县·

中共县委书记　曹爱民
县人大常委会主任　刘国强
县　　　　　长　孟宏斌
县政协主席　李生旺

·五寨县·

中共县委书记　张　春
县人大常委会主任　靳海珍
县　　　　　长　张宇光
县政协主席　白效文

·岢岚县·

中共县委书记　王志东
县人大常委会主任　贾玉春
县　　　　　长　侯俊生
县政协主席　岳永福

·河曲县·

中共县委书记　边东圣
县人大常委会主任　田尚麒
县　　　　　长　任鸿宾
县政协主席　丁二明

·保德县·

中共县委书记　温建军
县人大常委会主任　李迎熙
县　　　　　长　韩　斌
县政协主席　马玉泉

·偏关县·

中共县委书记　王　源
县人大常委会主任　李枝贵
县　　　　　长　曲俊安
县政协主席　乔建华

·原平市·

中共市委书记　杨述平
市人大常委会主任　尚茂生
市　　　　　长　马志强
市政协主席　高秀亭

临汾市

中共市委书记　岳普煜
副　书　记　刘予强　雷健坤(女)*　李云峰
市委常委　岳普煜　刘予强　雷健坤(女)*
李云峰　张建平　张晓永*
周计伟　王振宇*　王振富
李朝旗　陈　纲　郭行杰
李新春*　刘文华　常　青
市人大常委会主任　乔建军
副　主　任　杨治平　王金珍(女)　张庚博
任天顺　王国平　冯建宁
张学伟
市　　　　　长　刘予强
副　市　长　王振宇　陈忠辉　马德荣
王　兵(女)　闫建国　王延峰
胡小濛
市政协主席　陈小洪
副　主　席　杨安虎　杨益民　杨忠华
刘小才　程明温　梁清燕(女)

·尧都区·

中共区委书记　陈　纲
区人大常委会主任　杨午生
区　　　　　长　杨保春
区政协主席　许百龙*　鲁立波

·曲沃县·

中共县委书记　郭惠勇

县人大常委会主任 刘 伟
县 长 吴 滨
县政协主席 费向前

·翼城县·

中共县委书记 杨春权
县人大常委会主任 李殿粱
县 长 高永贤
县政协主席 李 伦

·襄汾县·

中共县委书记 刘 浩
县人大常委会主任 贾安民
县 长 乔飞鸿
县政协主席 张全管

·洪洞县·

中共县委书记 郑步电
县人大常委会主任 张玉龙
县 长 解高民
县政协主席 程延平

·古 县·

中共县委书记 郝献民
县人大常委会主任 张金虎
县 长 刘舒华(女)
县政协主席 阴和平

·安泽县·

中共县委书记 李 强
县人大常委会主任 韩建辉
县 长 牛庆国
县政协主席 高成锁

·浮山县·

中共县委书记 史全喜
县人大常委会主任 李 凡
县 长 廉海平
县政协主席 段玉明

·吉 县·

中共县委书记 郝忠祥
县人大常委会主任 李晓民
县 长 崔绍民
县政协主席 李永芳

·乡宁县·

中共县委书记 樊洪平
县人大常委会主任 张春龙
县 长 樊洪平* 杨建军
县政协主席 张欢虎

·大宁县·

中共县委书记 王金龙
县人大常委会主任 张新平
县 长 樊 宇
县政协主席 杨对明

·隰 县·

中共县委书记 李亚丽(女)
县人大常委会主任 任 静(女)
县 长 王晓斌
县政协主席 薛小平

·永和县·

中共县委书记 加天山
县人大常委会主任 马连青
县 长 范洋平
县政协主席 宋新亮

·蒲 县·

中共县委书记 薛凤奎
县人大常委会主任 陈金庄
县 长 赵志慧
县政协主席 席建国

·汾西县·

中共县委书记 任天顺
县人大常委会主任 贾文魁
县 长 张安文
县政协主席 乔建平

·侯马市·

中共市委书记 王煦杰
市人大常委会主任 马兴民
市 长 段慧刚
市政协主席 田怀宇

·霍州市·

中共市委书记 崔山原
市人大常委会主任 陈占平
市 长 黄晓君(女)
市政协主席 薛泽会

吕梁市

中共市委书记 李正印
副书记 王立伟 雷建国* 张广勇
常委 李正印 王立伟 雷建国* 张广勇 马文革 张敬平(女) 张稳科 张 选 秦书义 李建国 李小明 郭震威 梁志勇
市人大常委会主任 郝月生
副主任 孙晋军 梁来茂 卫成印 郭卫民 刘 凯
市 长 王立伟
副市长 张广勇* 张敬平(女) 李俊平 李建国 杨巨才 李安林 郭震威 蔚文龙 竟 晖*

市政协主席　刘云晨
副主席　李真　刘继隆　白荣欣　闫广聪　薛爱平　刘本旺

·离石区·

中共区委书记　常书铭
区人大常委会主任　刘俊禄
区长　吕文平
区政协主席　刘晓勤

·文水县·

中共县委书记　梁宝明
县人大常委会主任　张九聪
县长　许晋文
县政协主席　闫启明

·交城县·

中共县委书记　刘应刚
县人大常委会主任　刘文海
县长　张潞萍
县政协主席　桑小平

·兴　县·

中共县委书记　梁志锋
县人大常委会主任　白鹏昊
县长　刘世庆
县政协主席　史小军

·临　县·

中共县委书记　张建国
县人大常委会主任　张建国
县长　李双会
县政协主席　薛全清

·柳林县·

中共县委书记　郝继平
县人大常委会主任　陈繁昌
县长　刘惠民
县政协主席　王义平

·石楼县·

中共县委书记　油晓峰
县人大常委会主任　孙卫东
县长　陈浩
县政协主席　郑连弟

·岚　县·

中共县委书记　高奇英(女)
县人大常委会主任　尹永平
县长　乔云
县政协主席　刘瑞峰

·方山县·

中共县委书记　王锦锋
县人大常委会主任　贺新众
县长　李溢涛
县政协主席　刘月顺

·中阳县·

中共县委书记　乔晓峰
县人大常委会主任　张喜旺
县长　田安平
县政协主席　赵有军

·交口县·

中共县委书记　霍慧文
县人大常委会主任　王隰平
县长　乔劲松
县政协主席　朱和平

·孝义市·

中共市委书记　马文革
市人大常委会主任　李殿生
市长　王廷洪
市政协主席　王士礼

·汾阳市·

中共市委书记　武跃飞
市人大常委会主任　马林巨*　白小勤
市长　吴晓东
市政协主席　姚翠萍

注:2017年12月31日前部门撤并、调离岗位人员在单位名称、人员姓名右上角标注*。

（省委组织部、各市区县提供）

综　述

【概况】 2017年,是山西经历重大转折、奋力开创新局的一年。6月21日至23日,习近平到山西视察并发表重要讲话,对省委工作给予肯定,指出山西政治生态由“乱”转“治”,山西发展由“疲”转“兴”,各方面建设和发展迈上新征程,对山西工作提出总体要求和五项重大任务。

2017年,山西省委团结带领全省干部群众,高举习近平新时代中国特色社会主义思想伟大旗帜,学习贯彻中共十九大精神和习近平总书记视察山西重要讲话精神,统筹推进“五位一体”总体布局,协调推进“四个全面”战略布局。全面从严治党向纵深发展,正风肃纪反腐深入,政治生态向持久的风清气正迈进;经济发展扭转一个时期的困难局面,步入合理增长区间,转型发展呈现强劲态势;重点领域和关键环节改革取得突破,改革红利持续释放;三大攻坚战取得阶段性成果,民生明显改善,各项事业呈现新气象;干部队伍建设加强,干部群众的精气神凝聚到改革发展上来,全省内生动力和外部形象深刻变化。

（盛　伟）

【中共十九大精神贯彻落实】 2017年,中共山西省委坚持学习贯彻习近平新时代中国特色社会主义思想,在“融会贯通、学以致用、全面覆盖”上下功夫,把习近平重要思想和重要讲话转化为思想自觉、党性观念和实际行动。在学习贯彻中共十九大精神过程中,山西省委要求领导干部带头读原著、学原文、悟原理,原原本本、原汁原味学习和宣传,在“学懂”“弄通”“做实”上下功夫。在召开省委常委扩大会议传达贯彻、举办两次省委中心组专题学习的基础上,11月6日至7日召开省委十一届五次全会,省委书记骆惠宁进一步对全省学习宣传贯彻中共十九大精神作出部署。组织中共十九大精神省委宣讲团、省管干部学习贯彻中共十九大精神专题研讨班,深入学习贯彻中共十九大精神。

（盛　伟）

【习近平视察山西讲话贯彻落实】 2017年6月21日至23日,习近平视察山西,就山西政治、经济发展相关问题发表多次讲话。中共山西省委随即对讲话进行贯彻落实,先后召开省委常委扩大会议、全省干部大会、省委十一届四次全会进行传达,对学习贯彻习近平重要讲话作出总体部署。制定《关于深入学习贯彻习总书记视察山西重要讲话精神的实施意见》《关于深入学习贯彻习总书记在深度贫困地区脱贫攻坚座谈会上重要讲话精神的实施意见》。全省主流媒体开设专题专栏专版,刊播原创类新闻报道近1万篇。组织开展“习总书记视察山西讲话进基层”主题宣讲3万余场,直接受教育党员群众超过300万人次。编印《习总书记视察山西重要讲话精神应知应记要点》。9月秋季开学期间,以习近平总书记视察山西重要讲话精神为主题,按照小学讲故事、中学讲常识、大学讲理论的方法,同上“开学第一课”。对标讲话精神,完善工作思路部署。围绕转变经济发展方式,制定建设国家“资源型经济转型发展示范区”、打造全国“能源革命排头兵”、构建“内陆地区对外开放新高地”三个行动方案,落实中央对山西在全局发展中的战略定位和要求。围绕做好“三农”工作,出台推进农业供给侧结构性改革实施方案、加快有机旱作农业发展的实施意见等政策措施,为农村改革发展提供政策支撑。围绕推进脱贫攻坚和民生保障,出台聚焦深度贫困集中力量攻坚的若干意见等政策措施,打好攻坚深度贫困组合拳;出台做好创业就业工作实施意见、统筹推进县域内城乡义务教育一体化改革发展实施意见等,按照尽力而为、量力而行原则,统筹解决民生问题。围绕推进生态文明建设,出台生态文明建设目标评价考核办法、全面推行河长制实施方案等政策措施,推动以生态文明理念统领经济社会发展全局全域。围绕严肃党内政治生活,出台贯彻落实中央八项规定精神的实施办法、坚决维护党中央集中统一领导的规定等制度方案,落实加强党的领导和党的建设各项工作。层层压实责任,确保讲话精神落地见效。建立五项重大任务台账,将落实情况作为党委(党组)目标考核重要内容。对习近平总书记视察点进

行回访,组织专项督查。（盛　伟）

【经济转型升级引领】 2017年,山西省委推进经济发展方式转变,在新起点上开创转型发展新局面。贯彻新发展理念,把深化供给侧结构性改革与深化转型综改试验区建设紧密结合起来,作为经济工作主线。争取和全力配合国务院出台《关于支持山西省进一步深化改革促进资源型经济转型发展的意见》,确立"示范区""排头兵""新高地"三大目标,推动山西资源型经济转型全面上升为国家战略,形成强劲转型态势。深化供给侧结构性改革,推动经济增长进入合理区间。落实"三去一降一补"重点任务,坚决去产能,在2016年退出煤炭产能2325万吨基础上,新完成煤炭2265万吨去产能任务。去库存,去杠杆,多方降成本,补短板,依靠供给侧结构性改革,扭转山西经济困难局面。加快建设资源型经济转型发展示范区,搭建起转型发展新体制政策的"四梁八柱"。发展新兴产业,加速培育新的市场主体,设立战略性新兴产业投资基金、民营企业创新转型投资基金,重点推进213个战略性新兴产业项目,总投资3410亿元。改造提升传统产业,实施智能制造示范等8项技改工程,新设10亿元技改专项资金,工业技改投资增长14.90%。推动国企国资改革,重点推进21项改革任务;成立省国有资本投资运营公司,实现由管资产向管资本转变。推进开发区二次创业,"三制"改革基本完成,"三化"改革推进,新上项目增长22%。出台科技创新促进条例,制定14个配套政策和法规,设立科技成果转化引导基金,全省高新技术企业总数增加19.30%。打造"一流人才政策",推出31条人才体制机制改革举措,出台关于营造企业家健康成长环境、弘扬优秀企业家精神38条措施。打造"六最"营商环境,开展涉企合同执行难整治等九个专项行动,进行企业投资项目承诺制改革试点,新登记市场主体增长16.36%。出台区域经济转型升级考核评价办法,强化以转型为导向的政绩观。打造能源革命排头兵,推进能源"四个革命"和对外合作。优化能源供给结构,推动煤炭产业走上"减""优""绿"发展之路,煤炭先进产能占比由36%提高到42%,新能源装机容量占比由22.90%提升到26.80%。调整能源消费结构,全省城市(含县城)热电联产集中供热率由62%提高到64%。促进能源技术创新,实施煤炭清洁高效开发利用领域的国家重点研发计划。深化能源体制改革,中国(太原)煤炭交易中心"能源大数据平台"上线,输配电价、电力市场交易等8项电力体制改革任务深入推进,市场化交易电量占到全社会用电量30%。扩大能源开放合作,晋电外送能力新增1000万千瓦。构建内陆地区对外开放新高地,形成对内对外开放新格局。依托"山西转型综改示范区",复制推广54项自贸试验区改革试点经验,启动自贸试验区申报工作。实施晋商晋才回乡创业创新工程。实施海外高层次人才引进计划,引进101名海外高层次人才和2个创新团队。组织央企助力山西转型综改,签约总投资601.67亿元项目协议。全年进出口总额完成1161.90亿元,增长5.60%。

2017年,山西省经济实现稳步向好、好中提质。GDP增长7%,较上年增加1923.10亿元,相当于过去五年增量总和。全社会固定资产投资完成6140.90亿元,增长6.30%。一般公共预算收入完成1867亿元,增长20%;规上工业实现利润1024.50亿元,增长3.50倍。城乡居民人均收入分别增长6.50%和7%。（盛　伟）

【改革全面深化】 2017年,山西省委加强对改革的组织领导,形成改革攻坚强劲态势。把"四个亲自"作为重大政治要求和根本工作方法,坚持突出重点、以点带面,统筹推进"五位一体"和党的建设各领域改革,基本搭建"四梁八柱"性质的改革主体框架,一批重要领域和关键环节改革取得重大突破。建立省领导分工负责、主要负责人直接抓重大改革、改革台账动态管理、督察考核等工作机制。保护干部投身改革积极性,在全省形成允许改革有失误、但不允许不改革的鲜明导向。实行省委政研室、省委改革办、省转型综改办机构和职责"三合一",强化省委对改革工作的统一领导。加强民主政治建设,全省生动活泼、安定团结的政治局面巩固发展。支持和保证人大及其常委会依法履职,召开省委推进县乡人大建设会议,出台加强县乡人大工作机构建设的若干规定。坚持和完善中国共产党领导的多党合作和政治协商制度,出台完善工作机制加强人民政协协商民主建设的意见。出台加强新的社会阶层人士统战工作的实施意见,构建"亲""清"政商关系。加强新形势下民族宗教工作,做好五台山涉藏维稳工作和道风教风建设。成立山西省军民融合发展委员会,谋划推进军民融合发展。（盛　伟）

【管党治党】 2017年,山西省委落实加强党的全面领导和新时代党的建设总要求,提高党的建设质量。坚持思想从严、管党从严、执纪从严、治吏从严、作风从严、反腐从严,把政治建设放在首位,构建良好政治生态工作进一步"巩固、深化、提高",严肃党内政治生活的成果转化为促进党的事业发展的持续动力。在中联部举行的"中国共产党的故事——全面从严治党"专题宣介会上,展示山西"风清气正、奋发有为"的做法和成效。坚持和完善党的领导。制定坚决维护党中央集中统一领导的规定,明确对包括省委常委会和省委书记在内的各级党组织、全体党员的政治要求。省委常委会定期听取省人大、省政府、省政协和省法院、省检察院党组汇报,把党的领导体现到各领域各方面。坚定扛起管党治党主体责任。加强理想信念和党性教育,引导党员干部增强"四个意识"、坚定"四个自信",把讲政治贯穿于党性锻炼和开展工作全过程。严格执行各项制度规定,学习贯彻《准则》《条例》,举办省管干部专题研讨班,引导党员干部维护制度的严肃性。加强党内政治文化建设，出台《关于加强党内政治文化建设的意见》。在全省11.50万个基层党组织普遍开展弘扬“红船精神”主题党日活动。命名晋绥边区革命纪念馆等11个首批党员干部教育基地。十一届省委开展三轮巡视。省、市、县巡视巡察一体化格局形成。反腐败斗争压倒性态势巩固加强。加强领导班子和干部队伍建设。坚持“不干净的干部不能用、不干事的干部也不能用”，树立激励干事创业的用人导向。实施党政领导干部履职能力提升工程，培训党员干部21.80万人次。加强基层组织、基础工作、基本能力建设，出台落实25条措施。省委常委会学习贯彻习近平关于大兴调查研究之风和进一步纠正“四风”、加强作风建设的重要指示，开展万名干部大调研，推进各级领导干部树立起与使命责任担当相适应的理念、能力和作风。

党中央将山西确定为深化国家监察体制改革试点省以来，严格按照中央绘制的“蓝图”推进改革，实现党中央确定的改革目标任务，制度优势转化为治理效能。中纪委在山西召开全国推开国家监察体制改革试点工作动员部署电视电话会议后，又制定深化监察体制改革试点工作实施方案，发挥“试验田”作用，为监察体制改革试点在全国推开提供借鉴，持续为制定国家监察法提供实践支撑。

（盛　伟）

【生态文明建设】 2017年，山西省委践行绿色发展理念，建设美丽山西。坚持节约优先、保护优先、自然恢复方针，把生态文明建设融入经济社会发展全过程。形成铁腕治污常态化工作机制。坚持以环保倒逼转型。抓住中央环保督察整改契机，开展整治工业企业违法排污等4个专项行动，解决一批生态环保突出问题。燃煤机组超低排放改造由原定2020年提前到2017年基本完成。促进资源节约集约利用，2017年大宗工业固废综合利用率达67.20%。倡导推广绿色消费，全省新能源公交车超过6500辆，占到城市公交车辆的一半。加快推进生态保护修复。完成营造林任务468万亩，划定5600万亩永久生态公益林。启动吕梁山、太行山重大生态修复工程。建设机制创新先导区、生态扶贫样板区、“两山”理论示范区。启动汾河等“七河”流域生态修复工程，涉及全省土地面积72%。完成水土流失治理面积553万亩。完善生态文明制度体系。出台生态文明体制改革实施方案和50多个配套文件，颁布《山西省城乡环境治理条例》，建立省市县三级党政领导干部领办包办重点环保工程和重点环保问题长效机制。对市督察全覆盖。学习弘扬右玉精神。新建右玉干部学院，培训党员干部8584人。打造大型音乐舞蹈史诗《为有牺牲多壮志——右玉和他的县委书记们》，弘扬迎难而上、艰苦奋斗，久久为功、利在长远的右玉精神。出台《关于支持右玉县绿色发展暨生态文化旅游开发区建设的若干措施》，从生态建设、绿色产业、特色城镇化等方面给予扶持。

（盛　伟）

【民生改善】 2017年，山西省委践行以人民为中心的发展思想，增强人民群众获得感幸福感安全感。全省11个市出台燃煤污染控制方案，完成清洁取暖工程100万户以上年度目标。16个畜禽规模养殖场取得“国家标准化示范场”称号。食品安全监管体系更加完善，建成“智慧食药”监管平台。开通省内和跨省居民身份证异地办理。投资13.4亿元改造农村薄弱学校。县乡医疗卫生机构一体化改革取得成效，全民覆盖的医保体系和养老保险体系基本建成。落实省、市、县、乡四级河长制。提高养老院服务质量、规范租赁住房市场等民生实事取得新进展。统筹做好就业、社会保障、养老院服务、棚户区改造等工作。

（盛　伟）

【“三农”工作】 2017年，山西省委把“三农”工作摆上突出位置，促进农业增效农民增收农村美丽。挖掘弘扬山西传统农业文化，提升抓“三农”工作水平。深化农业供给侧结构性改革，发展现代农业。实施特色现代农业增效工程，启动雁门关农牧交错带示范区、“山西农谷”等省级战略，特色农业产值占比达75%。新创建4个国家级、14个省级出口农产品质量安全示范区，新认证“三品一标”产品1269个，举办全省农业品牌大会。农产品出口5.91亿美元，增长36.70%。实施旱作良种攻关、耕地质量提升等六大旱作农业工程，逐步把山西有机旱作农业打造成全国现代农业重要品牌。坚持多措并举，增加农民收入。出台促进农民持续增收的实施意见，将增收指标列入区域经济转型升级考核体系。促进经营性收入增长，农产品加工企业完成销售收入1627亿元，增长7.04%。促进工资性收入增长，组织各类职业培训87.29万人，农村劳动力转移就业40.21万人，完成年度目标任务的121.85%。促进财产性收入增长，在58个贫困县铺开资产收益扶贫改革，在13个县开展农村集体产权制度改革试点。促进农民转移性收入增长，推进农村低保线与扶贫线“两线合一”，发放各类社会救助资金64.70亿元。推进美丽宜居乡村建设，创新乡村治理体系。开展农村人居环境集中整治行动，1900个村基本达到美丽宜居乡村建设规范。改建农村公路1.40万千米，完成26.50万户农村饮水安全巩固提升和17万座卫生厕所改造任务，完成603个村燃气入户，新建600个农村社区老年人日间照料中心。选派万名干部到农村挂职帮助工作，覆盖全省1196个乡镇。以第十一届村“两委”换届为契机，推进“并村简干提薪招才建制”。实施农村本土人才回归工程和村级集体经济“破零”工程，新吸引回乡创业人才8084人，有集体经济收入的村占行政村总数94.70%。

（盛　伟）

【意识形态引导】 2017年，山西省委贯彻意识形态工作责任制，把握宣传思想工作的领导权、主动权和话语权。将意识形态工作纳入党建工作责任制、党委（党组）述职、年度目标责任考核和省委巡视范围。出台贯彻落实党委（党组）理论学习中心组学习规则的实施办法。宣传中共十八大以来党和国家事业取得历史性成就、发生历史性变革，宣传中共十九大精神特别是习近平新时代中国特色社会主义思想，宣传中央重大战略部署，加强对经济社会热点问题舆论引导，促进媒体深度融合发展，凝聚起团结奋进正能量。加强领导干部互联网条件下工作能力建设，坚持马克思主义在哲学社会科学中的指导地位，出台加强和改进高校思想政治工作实施意见。弘扬社会主义核心价值观，传承红色基因，深化拓展精神文明创建活动。举办首届山西艺术节。（盛 伟）

【社会安全稳定综合治理】 2017年，山西省委推进法治山西建设，确保社会大局稳定。出台党政主要负责人履行法治建设第一责任人职责实施办法，提高领导干部法治思维和依法办事能力。开展法治专项攻坚和法治创建活动。司法体制改革试点完成面上改革任务。强化政府债务管理措施，全省政府债务风险可控。落实安全生产党政同责"五级全覆盖"，全年事故起数和死亡人数分别下降18.40%和15%。开展军队退役人员、城乡建设领域、企业拖欠社保信访问题源头化解专项行动。全年信访总量下降14.68%。全省社会大局稳定，保障人民群众安居乐业。（盛 伟）

【万名干部大调研】 2017年11月4日，十一届省委第46次常委会决定开展省市县万名干部大调研。11月6日至7日，在省委十一届五次全体会议上，对省市县三级领导干部大调研活动进行安排部署。开展省市县万名干部大调研是贯彻落实中共十九大精神的重大举措。全省各级领导干部以习近平新时代中国特色社会主义思想为指引，围绕十九大提出的新目标新任务新要求，明确调研课题，聚焦调研重点，采取多种方式，深入基层、深入群众、深入一线，开展50天的万名干部大调研，拿出一批高质量调研成果、破解一批发展环境中存在的突出问题、解决一批群众关心的具体困难、形成一批推进各方面工作的硬举措。（盛 伟）

省委重要会议

【中国共产党山西省代表会议】 2017年5月23日，中国共产党山西省代表会议在太原举行。出席省党代表会议的代表由省第十一次党代会代表和省委换届后交流到山西省任职的有关领导组成。会议应到代表694人，因病等请假21人，实到673人，符合规定人数。省党代表会议由省委常委会主持。

省委书记、省人大常委会主任骆惠宁在第一次全体会议上，对增强"四个意识"、准确把握中共十九大代表条件和结构比例，共同实现选举成功提出要求。省委常委、组织部长吴汉圣作关于山西省出席中共十九大代表候选人建议人选名单和选举办法的说明，会议表决通过选举办法和总监票人、监票人人选名单。第二次全体会议上，选举产生43名山西省出席中共十九大代表，中央提名的代表候选人赵洪祝同志当选。

（盛 伟）

【中共山西省委十一届三次全体会议】 2017年4月28日，中国共产党山西省第十一届委员会第三次全体会议在太原召开。会议由省委常委会主持。省委书记骆惠宁讲话。会议根据党章有关规定，按照中央部署，圈选确定山西省出席中共十九大代表候选人预备人选，审议通过《中共山西省委关于召开中国共产党山西省代表会议的决议》。

出席会议的省委委员77人，候补委员15人，符合规定人数。会议圈选确定山西省出席中共十九大代表候选人预备人选49名，提交省党代表会议进行正式选举。会议决定，2017年5月召开中国共产党山西省代表会议。会议指出，做好中共十九大代表选举工作是中共十九大准备工作的重要组成部分，也是开好中共十九大的重要基础和保证。山西省出席中共十九大代表候选人预备人选建议名单，是在充分发扬党内民主的基础上产生的，产生程序和各项构成比例完全符合中央要求。

会议对推进"两学一做"学习教育常态化制度化、开展维护核心见诸行动主题教育进行动员部署。

（盛 伟）

【中共山西省委十一届四次全体会议】 2017年7月12日，中国共产党山西省第十一届委员会第四次全体会议在太原召开。会议由省委常委会主持。省委书记骆惠宁讲话。会议深入学习贯彻习近平总书记视察山西重要讲话精神，审议通过《中共山西省委关于深入学习贯彻习近平总书记视察山西重要讲话精神的实施意见》《中共山西省委关于深入学习贯彻习总书记在深度贫困地区脱贫攻坚座谈会上重要讲话精神的实施意见》，对做好下半年重点工作作出部署。

会议就全省需要重视和把握好的重大问题、工作着力点，提出八个方面要求。一是巩固和扩大经济稳步向好态势。二是高起点推进转型综改试验区建设。三是抓紧抓好"三农"工作。四是做好攻坚深度贫困和保障改善民生工作。五是以环保督察整改为契机着力推动绿色发展。六是切实增强改革的责任感和实效性。七是打造内陆地区对外开放新高地。八是努力实现党内政治生态持久的风清气正。《中共山西省委关于深入学习贯彻习近平总书记视察山西重要讲话精神的实施意见》，共7个部分36条。实施意见围绕五项重大任务，坚持问题导向和目标导向相结合、当前工作和长远工作相结合、改革创新和求真务实相结合、重点突破和全面推进相结合，提出贯彻落实意见，强调要在已有工作基础上自我加压，高标准推进事业发展。对每一条贯彻落实意见，都明确牵头单位和配合单位，压实工作责任，便于实施与考核。

《中共山西省委关于深入学习贯彻习总书记在深度贫困地区脱贫攻坚座谈会上重要讲话精神的实施意见》，分为4个部分21条，按照习近平总书记"解决深度贫困,要有深度举措"的指示,决心态度更加坚定明确,政策举措更加倾斜有效,工作保障更加扎实有力,体现扶贫的政策、资源、力量都向深度贫困地区倾斜集中,通过超常规举措攻克深度贫困堡垒。

出席会议的省委委员 72 人,候补委员 15 人。(盛 伟)

【中共山西省委十一届五次全体会议】 2017 年 11 月 6 日至 7 日,中国共产党山西省第十一届委员会第五次全体会议在太原召开。会议由省委常委会主持。省委书记骆惠宁讲话。会议深入学习贯彻中共十九大精神和习总书记在十九届一中全会上的重要讲话精神,进一步对全省学习宣传贯彻中共十九大精神作出全面部署,并就做好当前工作提出要求。会议听取和讨论骆惠宁受省委常委会委托作的工作报告。

会议围绕学习宣传贯彻中共十九大精神,提出七个方面的目标任务。一是深刻把握中国特色社会主义进入新时代的新要求,不断提高在山西坚持和发展新时代中国特色社会主义的水平。二是深刻把握习近平新时代中国特色社会主义思想和基本方略,不断提高广大党员干部的马克思主义理论水平。三是深刻把握决胜全面建成小康社会、开启全面建设社会主义现代化国家新征程的战略安排,不断提高全省社会主义现代化建设水平。四是深刻把握贯彻新发展理念、建设现代化经济体系的重要任务,不断提高资源型经济转型发展水平。五是深刻把握全面深化改革的重大举措,不断提高治理体系和治理能力现代化水平。六是深刻把握坚持以人民为中心的发展思想,不断提高保障和改善民生水平。七是深刻把握坚持和加强党的全面领导、全面推进党的建设新的伟大工程的重要部署,不断提高全面从严治党水平。

会议对做好当前经济工作做出安排。会议按照党中央统一部署,对做好人大、政府、政协换届工作提出要求。出席会议的省委委员 75 人,候补委员 15 人。(盛 伟)

【省委常委班子民主生活会】 2017 年 1 月 23 日至 24 日,省委常委班子召开 2016 年度民主生活会。会议以习近平总书记在中央政治局民主生活会上的重要讲话精神为指引,以学习贯彻党的十八届六中全会精神为主题,围绕"两学一做"学习教育要求,重点对照《准则》《条例》,查找差距不足,进行党性分析,在重大问题上进一步深化认识、强化举措。省委书记骆惠宁主持会议并作总结讲话。中央纪委机关、中央组织部派出督导组到会指导,对民主生活会取得的成效给予充分肯定。

省委认为,习总书记在中央政治局民主生活会上的重要讲话,是开好民主生活会的思想政治引领,是加强常委班子建设的根本遵循。要在深刻领会习总书记重要讲话精神中汲取政治营养,提高政治站位,提升政治标杆,把握好中央新要求,展现常委班子新姿态,把开好民主生活会的过程作为践行《准则》《条例》的过程,作为向习总书记看齐的过程,确保中央的决策部署在山西落地生根,把中国特色社会主义在山西坚持和拓展好。民主生活会上,通报 2015 年度省委常委班子民主生活会整改措施落实情况和 2016 年度省委常委班子民主生活会征求意见情况。骆惠宁代表省委常委班子进行对照检查,从理想信念、政治纪律和政治规矩、作风、担当作为、组织生活、落实全面从严治党责任等方面查摆问题和不足,深刻剖析原因,提出努力方向和整改措施。骆惠宁带头,常委同志依次进行对照检查并报告个人事项,开展批评和自我批评。民主生活会自始至终体现对表立标,体现从严从实,体现坦诚相见,体现奋发进取。

省人大常委会党组、省政协党组主要负责同志列席会议。(盛 伟)

【省管干部学习贯彻十八届六中全会精神专题研讨班】 2017 年 2 月 27 日至 28 日,省委举办省管干部学习贯彻党的十八届六中全会精神专题研讨班。省委书记、省人大常委会主任骆惠宁在开班式讲话中强调,要站在讲政治的高度,深入学习贯彻习总书记在省部级主要领导干部专题研讨班上的重要讲话精神,抓好领导干部这个"关键少数",把十八届六中全会精神学深悟透,把《准则》《条例》精准领会,以上率下,进一步推动全面从严治党落到实处。

省委副书记、省长楼阳生主持开班式,省委副书记、政法委书记黄晓薇作研讨班总结,省委常委、组织部部长盛茂林主持结业式。

参加专题研讨班的有,各市市委书记、市长,省直有关单位主要负责人,本科院校党委书记、院(校)长,省管国有骨干企业董事长、党委书记、总经理,各县(市、区)委书记。

(盛 伟)

【全省"践行总书记讲话、深化脱贫攻坚"现场推进会】 2017 年 4 月 24 日至 25 日,全省"践行总书记讲话、深化脱贫攻坚"现场推进会在吕梁市召开。省委书记、省人大常委会主任骆惠宁出席会议并讲话。省委副书记、省长楼阳生进一步明确相关政策措施。

会议宣读《关于 2016 年市级党委政府和贫困县党委政府脱贫工作成效考核情况通报》,组织观看脱贫攻坚专题片,学习习近平总书记近期关于扶贫开发重要讲话和相关政策文件,对县委书记、县长进行政策测试。参会人员对临县朝阳农牧有限公司、临县白文职业护理护工培训基地、兴县电商公共服务中心、兴县蔡家崖乡张家梁村、北坡村生态建设和移民安置工程等进行观摩。

会议就进一步深化脱贫攻坚提出五点要求和八个方面政策措施。

省领导罗清宇、吴汉圣、胡苏平、朱先奇出席会议,郭迎光主持会议。11 个市市委书记、市长;36 个国定贫困县的县委书记、县长,22 个省定贫困县的县委书记或县长;省脱贫攻坚领导小组相关成员单位主要负责人参加会议。(盛 伟)

【中央环保督察反馈整改会议】 2017年4月28日，中央第二环境保护督察组督察山西省工作动员会在太原召开。中央第二环境保护督察组组长杨松、副组长黄润秋就做好督察工作分别作讲话，山西省委书记骆惠宁作动员讲话，会议由省长楼阳生主持。

杨松强调，中央第二环境保护督察组进驻山西省，重点是督察省委、省政府贯彻落实国家环境保护决策部署、解决突出环境问题、落实环境保护主体责任情况。在督察中将坚持问题导向，重点盯住中央高度关注、群众反映强烈、社会影响恶劣的突出环境问题及其处理情况；重点检查环境质量呈现恶化趋势的区域流域及整治情况；重点督办人民群众反映的身边环境问题的立行立改情况；重点督察地方党委和政府及其有关部门环保不作为、乱作为的情况；重点了解地方落实环境保护党政同责和一岗双责、严格责任追究等情况。

骆惠宁要求，全省各级党委政府和有关部门要深入学习贯彻习总书记关于生态文明建设的重要战略思想，牢固树立"四个意识"，站在讲政治、讲大局的高度，切实把思想和行动统一到党中央、国务院的决策部署上来，自觉主动接受中央环保督察组的检查。要把配合好环保督察作为当前一项重要政治任务，求真务实，压实责任，查找问题，认真整改，做好环保督察的配合保障工作。

会上，黄润秋就做好督察配合、边督边改、信息公开、条件保障等工作提出要求。

2017年7月30日，中央第二环境保护督察组督察山西省情况反馈会在太原召开。省委书记骆惠宁代表省委、省政府作表态发言。他指出，反馈意见中严肃指出山西省生态环保工作中存在的问题，客观中肯、切中要害，为山西省环保工作敲响警钟。要提高政治站位，把环保督察整改作为贯彻落实习近平总书记视察山西重要讲话的重大举措，以极端负责的态度对待反馈和整改工作，不仅照单全收、而且要举一反三，不仅要抓好半年的集中整改、而且要长期不懈抓好生态环保工作，自加压力、提高标准，确保生态问题得到较好解决。他对整改工作提出五个明确要求。

楼阳生在主持会议时强调，各级各部门要以习近平总书记视察山西重要讲话精神为根本遵循，认真落实督查反馈意见，切实把中央环保督查反馈问题整改作为一项重大政治任务扛在肩上，抓在手上。从严传导压力，从严督查考核，从严推动落实，切实让人民群众感受到实实在在的整改成效。

（盛　伟）

【全省改革推进会】 2017年5月21日，省委召开全省改革推进会，省委书记、省人大常委会主任骆惠宁主持会议并讲话。省委副书记、省长楼阳生，省委副书记黄晓薇出席会议并讲话。省领导薛延忠、罗清宇、吴汉圣、张吉福、王清宪、廉毅敏、胡苏平出席会议。

会上，省、市(厅)、县三级负责人围绕改革落实，通报、汇报全省监察体制改革试点进展、用改革办法打好环境保护攻坚战、煤层气矿业权审批改革、山西转型综改示范区管理体制改革、推进散煤清洁利用优化城乡环境、创新矿山生态修复治理体制机制等情况，开展面对面交流和点评。会议对各级主要负责人抓改革落实工作提出四项要求。即把握大局，强化责任；亲力亲为，敢于担当；善作善成，落地见效；统筹协调，形成合力。

骆惠宁强调各级领导干部特别是主要负责人要亲力亲为抓改革、抓落实，加快重大改革和惠民改革落地落实，推进山西省全面深化改革工作跻身全国"第一方阵"。（盛　伟）

【全省干部大会】 2017年6月29日，省委召开全省干部大会，学习贯彻习近平总书记视察山西重要讲话精神，对全省学习宣传、贯彻落实习总书记重要讲话精神作出总体部署。省委书记、省人大常委会主任骆惠宁讲话。他强调，学习贯彻习近平总书记视察山西期间重要讲话精神，是山西省今后一个时期的首要政治任务，是做好各项工作的根本保证，要以实施总体要求和五大任务为抓手，把习总书记重要讲话精神贯彻落实好，带动全省各项工作水平的提升，做好改革发展稳定和党的建设各项工作，为中共十九大胜利召开营造良好环境。省委副书记、省长楼阳生主持会议。

楼阳生指出，要学深悟透、融会贯通，深刻领会和全面落实习总书记对山西工作提出的总体要求和五项重大任务，用非常之力、恒久之功确保习总书记提出的各项指示要求在山西落地生根、开花结果，以优异成绩迎接中共十九大胜利召开。

全省干部大会以电视电话会议的形式召开。（盛　伟）

【"山西省委的实践——风清气正、奋发有为"专题宣介会】 2017年6月30日，在中共中央对外联络部在北京举办的"中国共产党的故事·全面从严治党"专题宣介会上，山西省委以"山西省委的实践——风清气正、奋发有为"为主题，向访华的外国政党政要以及驻华高级外交官、国际组织驻华机构代表等宣介习近平总书记治国理政新理念新思想新战略，展示山西省委落实党中央全面从严治党要求的实践和成效。

正在访华的斯里兰卡、泰国、南苏丹、加蓬、南非、墨西哥、摩尔多瓦等国的政党代表团以及外国驻华高级外交官、国际组织驻华机构代表和外国专家学者等约400人参加宣介会。

骆惠宁指出，山西一段时间政治生态出现问题，中央对山西省委进行改组式调整，此后省委班子全面贯彻党中央决策部署，推动山西迈上新征程。严厉惩治腐败，持续正风肃纪；培养造就高素质干部队伍；加强基层党组织建设；加强党内政治文化建设。在着力构建良好政治生态的同时，深化供给侧结构性改革，推动经济稳步向好。习近平总书记到山西视察，对山西党的建设、经济社会发展和各项工作给予充分肯定。山西的实践证明，中央关于全面从严治党的战略抉

2017年6月30日，在中联部举办的“中国共产党的故事·全面从严治党·山西省委的实践”专题宣介会上，山西省部分组织工作者和领导干部向外宾介绍中国的干部选拔制度和山西实践做法 （程永杰供图）

择是完全正确的，执政党通过自我净化、自我提高，是完全可以永葆生机和活力的。

墨西哥众议院领导委员会秘书长亚历杭德拉·雷诺索、斯里兰卡统一国民党总书记卡比尔·哈西姆结合赴山西实地考察情况发言，加拿大资深中国研究专家贝淡宁从学者角度评价中共全面从严治党的成效。

中联部部长宋涛和骆惠宁与外宾互动交流，就反腐治理是全球治理的重要内容，以及山西省委加强党内政治文化建设、推动经济结构调整与动能转换等现场回答提问。

（盛　伟）

【全省优秀村党组织书记座谈会】 2017年7月1日，全省优秀村党组织书记座谈会在太原召开。会前，省委书记、省人大常委会主任骆惠宁接见受表彰的优秀村党组织书记。会上宣读《关于表彰全省优秀村党组织书记的决定》，授予刘桂珍等112名同志“全省优秀村党组织书记”称号，予以表彰。刘桂珍、任忠义、郭应林、原贵生等4位优秀村党组织书记代表发言。 （盛　伟）

【省委推进县乡人大建设会议】 2017年9月19日，省委推进县乡人大建设会议在太原召开。省委书记、省人大常委会主任骆惠宁出席会议并讲话。他强调，全省各级人大及其常委会要切实担负起宪法法律赋予的职责，贯彻落实中央和省委关于人大工作的各项决策部署，把发挥人大作用与服务中心工作结合起来，依法行使职权，使每一项人大工作都有利于加强和改善党的领导、有利于巩固党的执政地位、有利于保证党领导人民有效治理国家。

会上，大同市委、晋中市人大、太原市小店区委、孝义市人大、曲沃县北董乡党委、阳城县润城镇人大主要负责人作交流发言。

会议以电视电话会议的形式召开，主会场设在省委。各市、县（市、区）设分会场。 （盛　伟）

【深入学习贯彻习总书记系列重要讲话精神和治国理政新理念新思想新战略经验交流会】 2017年9月28日，省委召开深入学习贯彻习总书记系列重要讲话精神和治国理政新理念新思想新战略经验交流会，省委书记、省人大常委会主任骆惠宁出席会议并讲话。省委副书记、省长楼阳生主持会议。

骆惠宁从五个方面回顾省委和全省各级党组织学用系列重要讲话的做法和经验，指出学用系列重要讲话正在转化为广大党员干部的思想自觉、党性观念和有力行动，全省形成维护核心的坚定信念和社会氛围。从八个方面总结学用系列重要讲话的重大成效。

楼阳生在主持会议时指出，全省各级党组织要细化贯彻举措，实化学用要求，持续在“融会贯通、学以致用、全面覆盖”上下功夫。挖掘好典型，推广好经验，相互借鉴，不断提高学用系列重要讲话的水平。

省纪委监委、省委组织部、省扶贫办、晋中市、太钢集团、山西大学负责人作大会发言，省国资委、大同市、忻州市、省转型综改示范区管委会、右玉县、同煤集团作书面交流。

（盛　伟）

【全省县乡医疗卫生机构一体化改革现场推进会】 2017年11月22日，全省县乡医疗卫生机构一体化改革现场推进会在吕梁市柳林县召开。省委书记骆惠宁出席并讲话。省委常委、副省长高建民主持会议。

会议要求，要落实强化政府办医责任，理顺管理体制机制，加快县域“三医联动”，做实做细家庭医生签约服务，完善分级诊疗制度，加快信息化建设，建立全方位、全周期健康服务体系，完善医疗集团监管体系，推进健康扶贫工程，加强医疗集团党的建设，推动山西省医改工作进入全国第一方阵。以强化领导包干、专家督导、成效评价、责任追究、典型引领和改革宣传等六项措施为抓手，把省委、省政府对县乡一体化改革的决策部署和顶层设计落实到位。

会前，骆惠宁到吉县壶口镇卫生院调研县乡医联体建设运行情况。

（盛　伟）

组　织

【思想政治建设】 2017年，山西省组织部紧跟党的理论创新步伐，组织党员干部深入学习贯彻习近平新时代中国特色社会主义思想，树牢“四个意识”，坚定“四个自信”，在思想上政治上行动上同以习近平同志为核心的党中央保持高度一致。

突出抓好十八届六中全会和中共十九大精神集中轮训。山西省委组织部在省委党校分别举办6期省管干部学习贯彻十八届六中全会专题研讨班、4期中共十九大精神专题研讨班，将省管干部轮训两遍。以县处级以上领导干部为重点，指导各级组织人事部门举办多种形式的学习班、培训班、研讨班，分期分批对全省党员干部进行集中轮训。集中组织中共十九大代表、党员领导干部、专家学者、基层党组织书记开展宣讲辅导，利用好干部在线、三晋红e网、山西组工微信公众号等网络和新媒体资源，推动六中全会和中共十九大精神进企业、进农村、进机关、进校园、进社区、进网络，在全省掀起学习宣传贯彻热潮。

部署开展维护核心、见诸行动主题教育。山西省委组织部落实省委要求，将维护核心、见诸行动作为2017年推进“两学一做”学习教育常态化制度化的鲜明主题，按照“8+5”重点安排，对县处级以上党组织和基层支部分别提出要求，引导广大党员干部自觉把维护核心落实到行动中、融入到工作中。突出维护核心。指导各级党组织围绕学习习近平总书记视察山西重要讲话精神、《习近平总书记的成长之路》和《习近平的七年知青岁月》，开展学习交流活动，1.90万名县处级以上干部、183.90万名普通党员撰写理论文章、心得体会；开展系列知识竞答，累计参与答题6509万人次。抓住“关键少数”。加强各级领导干部政治能力建设，制定重要决策、开展重要工作，都以贯彻习近平指示要求和党中央决策部署为前提，确保山西各项工作始终坚持正确方向。在县以上党组织开展巡视整改自行“回头看”，查找问题61703条，制定“四对照”“三清单一制度”办法，肃清腐败流毒影响。抓实基层支部。坚持“三会一课”制度，全面加强党支部规范化建设，开展主题党日和“党员先锋行”活动，形成抓实基层支部的强大合力。以习近平总书记视察山西重要讲话精神为重点，强化党员教育，使广大党员干部全面掌握应知应会内容，使习近平提出的重大观点在基层深入人心。强化严督实导。坚持常态化督查和随机调研相结合，组成督查调研组对各地各部门推进情况开展3轮督查，发现问题，列出清单，督促整改。全省党员干部在学习教育中增进对党的领袖的敬仰之情，增强对习近平新时代中国特色社会主义思想的坚定信仰，并转化为深入践行的思想自觉、党性观念和有力行动。

山西省委组织部落实省委加强党内政治文化建设《意见》。挖掘山西省红色教育资源，建立太行、右玉两所干部学院，用革命精神滋养激励广大党员干部，全年培训19822人次。在中联部“中国共产党的故事——全面从严治党”山西专题宣介会上，山西省委组织部以“山西怎样选干部”为题，用外宾能够理解的语言和方式，对外宣传习总书记选人用人思想在山西的具体实践，详细解答外国政党高度关注的干部由谁来选、选什么人、怎么选等问题，构建良好政治生态、激发干部干事创业热情的实践探索，增进外国政党对中国共产党执政理念、执政方式的认同。（程永杰）

【干部队伍建设】 2017年，山西省委组织部坚持好干部标准，突出事业为上、人岗相宜，把握正确用人导向。省委常委会全年研究任免干部10批次1079人次，其中提拔重用435人。

山西省委组织部突出专业化要求选干部配班子。把转型综改主战场的干部配强，配齐新成立的山西转型综改示范区领导班子，对5个国家级开发区管委会主任进行调整优化，为新组建的省国有资本投资运营公司、文旅集团、交控集团配备领导人员。围绕脱贫攻坚，为沿黄贫困地区选配一批熟悉农业、林业、水利的专业干部，为贫困县选派44名挂职科技副县长、58名挂职金融副县长，实现贫困县与金融机构干部双向挂职全覆盖。规范省直单位“总师”职务管理，明确人选应为本单位本领域的专业技术骨干，有相应的专业学习背景、专业岗位经历和较强的专业能力，防止把“总师”岗位作为普通行政领导岗位安排干部。

山西省委组织部拓宽选人视野，推进干部交流。制定实施《关于省直机关省管领导干部交流的几条原则》，加大省外人才引进和各领域干部交流力度。全年交流厅级干部221人，占省委常委会研究干部总数的20.50%。从中央有关部委引进4名干部到省经信委、国土厅、商务厅、转型综改示范区任职；从北京大学、清华大学等全国知名高校引进8名高层次人才到山西省具有博士学位授予权的本科院校挂职副校长；从省内高校选拔法律、外语等专业人才到省直有关厅局任职。通过调整和交流，省管干部平均年龄53.50岁，与2016年相比下降1岁。

山西省委组织部加大发现储备和培养锻炼年轻干部力度。改革考核考察方法，采取不组建大规模考察组、不从部外借调干部参与、不搞会议推荐，不公示、不反馈的办法，开展后备干部调研，确定包括218名厅级正职后备干部、1097名厅级副职后备干部的省管后备干部名单，并督促市县和省直单位基本完成各自后备干部库的建立。按照缺什么补什么原则，逐一明确培养方向和培养措施。选派10名厅级副职后备干部参与省委第三轮巡视工作，从省直单位选派24名干部到省信访局开展信访挂职。加强和改进选调生工作，2017年招录选调生377人，其中北大、清华、人大、浙大毕业生77人；扩大2018年定向选调生招录范围，新增复旦大学、南京大学等6所“双一流”高校。

山西省委组织部做好人大、政府、政协换届相关工作。完成太原、大同、阳泉、长治4个市人大、政府、政协领导班子换届工作。做好十九大代表选举工作，组织全省12.70万个基层党组织和240多万名党员，采取自上而下、上下结合、反复酝酿、逐级遴选的方式开展全额推荐提名，省党代表会议选举出山西省出席中共十九大代表43名，代表构成比例均符合中央要求。配合中组部做好省人大、省政府、省政协领导班子换届考察工作，按照中央和省委要求，广泛摸底分析，反复酝酿协商，严格审核把关，深入考察了解，注重听取多方面意见，综合统筹各类人事安排，完成552名省十三届人大代表、550名省十二届政协委员和61名十三届全国人大代表、22名十三届全国政协委员人选的推荐提名工作。（程永杰）

【干部日常管理监督】 2017年，山西省委组织部把日常管理和关键时刻管理贯通起来，把上级管理、班子管理、自身管理结合起来，把行为管理和思想管理、工作圈管理和社交圈管理统一起来，把干部的精气神引导凝聚到干事创业上来。

山西省委组织部严格干部日常管理监督。坚持抓早抓小、严在经常，把严的要求贯穿干部工作全过程，推动咬耳扯袖、红脸出汗常态化。2017年，山西省委组织部共提醒88人、函询396人、诫勉28人，同比分别增加430%、28.20%，减少17.60%。全省各级组织部门共提醒2583人、函询1860人、诫勉995人。学习宣传贯彻新修订的《领导干部报告个人有关事项规定》和《领导干部个人有关事项报告查核结果处理办法》，按"两项法规"组织填报，提高查核效率，查核结果处理从严从实。全年共查核2.07万人次，其中查核省管或拟提拔省管干部1565人次，对未如实填报个人事项报告的338名省管干部依规依纪进行处理。全省各级组织部门对存在漏报等问题的2631人进行批评教育，责令作出检查，对存在隐瞒不报等问题的680人给予诫勉等组织处理。持续推进"三超两乱"专项整治，重点开展因私出国（境）证件专项治理，处理违规人员400人。

山西省委组织部强化管理监督责任落实。坚持把管政治、管思想、管作风、管纪律统一起来，突出对各级党委（党组）及组织人事部门遵守政治纪律和政治规矩、贯彻执行中央和省委决策部署情况的监督。结合省委巡视对20个省直单位选人用人工作进行专项检查，在全省范围内点名道姓进行通报，对发现的5大类22项93个问题逐个对账销号，对8个单位党委（党组）、320名当事人、63名责任人严肃追责问责。会同省纪委对部分省直单位换届期间主要领导成员已经明确即将离任时突击调整干部、未经请示或超出请示范围调整干部情况进行专项检查，对违规作出的干部任免决定予以撤销，对涉及的党委（党组）主要领导、分管领导、纪检组长及组织人事部门主要负责人进行严肃问责，维护组织人事纪律的严肃性权威性。

山西省委组织部着力调动干部干事创业积极性。把严格管理干部和热情关心干部结合起来，贯彻"三个区分开来"要求，推动省委激励干部担当作为干事创业、支持干部改革创新合理容错"两个办法"落实。建立健全"两个办法"配套措施。会同省直有关部门研究制定具体政策，从政治、精神、物质、工作、心理等多个维度对干事创业者予以褒扬奖励，对改革创新者予以支持保护。围绕推动转型发展，赋予干部"试错权"，支持干部干事创业、鼓励干部担当作为。推进干部"能上能下"。全省共调整不适宜担任现职干部234人，其中厅级干部10名、县委书记1名、县长1名。对那些受过处理，但是各方面表现较好、担当作为的干部大胆使用，以"上"的动力、"下"的压力共同激发"干"的活力。改进年度目标责任考核。把区域经济转型升级作为考核五大类指标之一，分值权重占整个考核的50%，构建富有山西特色的政绩考核评价体系。强化考核结果运用，树立不廉洁的干部不能用、不干事的干部也不能用的干事导向。（程永杰）

【干部日常教育培训】 山西省委组织部开展干部日常教育培训。制定实施《关于推进县级党校（行政学校）办学体制改革的指导意见》，加强主渠道主阵地建设。升级做强山西干部在线学院，利用大数据、云计算、移动互联等信息技术手段，建立全面支持移动学习服务的好干部在线学习平台。围绕全省工作大局，采取中央调训、主体班次、联合培训、专题研修、送教下乡、网络培训等多种方式，开展理论学习、党性教育和转型综改、扶贫攻坚等专题培训，全省培训各级各类干部6.4万余人次。其中，山西省委组织部直接举办重点培训班次99期、培训1万余人次。完成赴美"科技创新驱动"专题、赴英"金融振兴发展"专题境外培训，培训46人。（程永杰）

【"基层组织、基础工作、基本能力"建设】 山西省委组织部针对基层组织不强、基础工作不实、基本能力不足等突出问题，牵头制定并落实省委"三基建设"25条措施，2017年重点抓的具有重大牵引作用的13项任务取得明显成效，构建重心下移、力量下沉、保障下倾的机制，带动基层党建工作水平整体提升。

山西省委组织部压实各级党委抓基层党建工作主体责任。印发省委《党建工作领导小组2017年工作要点》，建立市、县、乡三级党委书记抓农村基层党建工作问题清单、任务清单、责任清单，牵头抓好全省党建工作重点任务落实。对11个市和省直4个工（党）委推进"三基建设"情况进行集中督查，对29个进展缓慢的地方、单位主要负责人进行约谈。做好述职评议考核，研究起草市委书记、工（党）委书记抓基层党建工作考核评价办法，开展抓基层党建述职评议，推动各级党组织把管党治党责任真正扛起来。

山西省委组织部强化农村基层党组织建设。随着"三基建设"不断深入，全省上下重视基层、大抓基层的导向日益鲜明，人往基层走、钱往基层投、政策往基层倾斜的大环境逐步形成。抽调2524名县级领导对2685个软弱涣散村党组织进行挂点帮扶、集中整顿。选派9973名干部到乡镇挂职帮助工作。实施农村本土人才回归工程，吸引回乡创业人才8084人。抓好农村“两委”换届，截至2017年底，全省99.90%的村党组织、97.80%的村委会完成换届。开展“村霸”问题专项整治，排查出问题人员389人，涉及村干部56人，调整撤换50人，移交司法机关56人。加大财政投入力度，提升农村基层基础保障水平，实现乡镇工作运转经费不低于60万元、村级组织运转经费县域内平均不低于9万元。

山西省委组织部加大抓党建促脱贫攻坚力度。召开2个推进会和1个交流会，重点推进深度贫困地区抓党建促脱贫攻坚工作。调整配备贫困村党组织书记35名，对首轮选派、任期满两年的5483名农村第一书记进行压茬轮换，农村第一书记、驻村工作队员党组织关系全部转移到村。省、市、县投入5.66亿元对564个村开展扶持村级集体经济发展试点，2017年新增有集体经济收入村9803个，全省94.60%的村实现集体经济破零，同比提高35个百分点，38.90%的村年收入达5万元以上。

山西省委组织部统筹推进各领域基层党组织建设。召开全省城市基层党建工作经验交流座谈会，对城市基层党建工作作出全面部署，实现社区工作经费不低于10万元。截至2017年底，99.70%的社区党组织完成换届。推进国企党建40项重点任务，94%的省属企业完成国企党建工作要求进公司章程；非公经济组织党组织覆盖率达88.64%，同比提高42.84个百分点；社会组织党组织覆盖率达67.48%，同比提高42.98个百分点。省直机关单位全部成立部门党建工作领导小组，8020个基层支部推进规范化建设。首次为民办高校集中配备7名党委书记，531个30人以上的民办学校建立党组织，覆盖率达86.80%。从严加强党员队伍建设，实施全省党员管理信息化工程，做好失联党员规范管理和组织处置，全年共发展党员4.70万余人。建党96周年之际，评选表彰112名优秀村党组织书记和20名最美社区干部。（程永杰）

【人才强省战略】 2017年，山西省委组织部贯彻落实党中央关于人才工作的部署要求，制定出台省委《关于深化人才发展体制机制改革的实施意见》（以下简称“实施意见”），实行更加积极、更加开放、更加有效的人才政策，推动人才工作不断取得新突破，全省人才发展环境优化。

山西省委组织部会同有关部门制定出台《实施意见》近50个配套文件。改革人才管理体制，取消“控编进人卡”和“进人计划卡”，下放事业单位公开招聘等人事管理权限，简化处级干部调配和公务员考录等人事管理环节。改革人才评价机制，取消职称评审计算机应用能力考试、外语考试、论文限制性要求，实行评聘分离，下放职称评审权，对优秀人才开通职称评聘“绿色通道”。改革人才流动机制，实行“顺向流动市场配置，横向流动单位协商，逆向流动科学调控”，打通政企、事企人才流动通道，鼓励和吸引人才向基层一线流动。改革人才引进保障机制，加大投入力度，省财政每年安排1.50亿元专项资金用于“一人一策、一事一议”引进“高精尖缺”人才，探索灵活多样的引才方式，实行“绿卡”制度，启动实施“晋商晋才回乡创业创新工程”，首次面向全国招聘年薪制聘任制公务员。改革人才激励机制，实行以增加知识价值为导向的分配政策，改革薪酬制度，符合条件的单位绩效工资可按全额事业单位5倍的标准核发，提高科技人员收益，实施表彰奖励，使人才“名利双收”。改革人才培养机制，深化教育改革，实施高校“1331”工程，优化人才培养和供给结构，重点实施六大人才培育工程，探索科技创新多元投入机制。

坚持引育并举，打造高水平创新型人才队伍。2017年，山西省新增中国工程院院士1名、国家“千人计划”人才2名、“万人计划”人才4名、“长江学者”2名，“百千万人才工程”国家级人选3名；柔性引进诺贝尔奖获得者2名、“两院”院士15名；引进省“百人计划”人才101名、创新团队2个；遴选“三晋学者”特聘教授（专家）24名、宣传文化系统“四个一批”人才62名、新兴产业领军人才139名、青年拔尖人才10名。

坚持团结引领，将广大人才凝聚在党的周围。更新省委联系专家库，制定实施《关于进一步加强党委联系服务专家的实施意见》，为1016名省委联系高级专家每人发放2000元医疗补助，组织30位高级专家携家属赴右玉休假疗养，推荐7名优秀专家参加中组部举办的高层次专家国情研修班，组织16名优秀中青年专家赴深圳开展国情研修。强化政治吸纳，薛晨阳等一批优秀人才被推选为各级党代表、人大代表、政协委员。（程永杰）

【组工干部队伍建设】 2017年，山西省委组织部带头贯彻全面从严治党要求，弘扬组织部门优良传统，以更高标准、更严要求抓好自身党的建设和队伍建设，持续建设讲政治、重公道、业务精、作风好的模范部门。

山西省委组织部带头开展维护核心、见诸行动主题教育。省委常委、组织部部长吴汉圣撰写讲稿，在太行干部学院为省市县三级组工干部讲党课，带领部机关全体党员到武乡开展主题党日活动，在太行八路军纪念馆、王家峪八路军总部旧址重温入党誓词。部务会成员以普通党员身份参加所在支部组织生活，与支部党员一起学习讨论。各级组织部门坚持先学一步、深学一层，学习习近平新时代中国特色社会主义思想和中共十九大精神，学习习近平总书记视察山西重要讲话精神，学习党章党规，增强“四个意识”，严守党的政治纪律和政治规矩，强化政治担当。

山西省委组织部开展巡视整改自行对照“回头看”，制定出台“三清单一制度”；启动部机关管理制度选

2017 年 6 月 26 日至 27 日，省委常委、组织部部长吴汉圣(前排右三)在革命老区武乡县参加“七一”主题党日活动　（程永杰供图）

编修订工作，编制部机关日常管理手册和应知应会手册；制定机关干部专业能力标准、训练大纲和评价标准，以年轻干部为重点加强组工干部培训。建成全省公务员信息库，基本完成省、市两级干部档案数字化工作。各级组织部门普遍开展“三基建设”“一目录三手册”编制工作，全面推行限时办结制、首问负责制、服务承诺制、AB 岗制、一次性告知制，狠抓效能建设，推动基层组织加强、基础工作进步、基本能力提升。

山西省委组织部从严加强组工干部队伍建设。各级组织部门严格标准、程序选拔组工干部，严把干部入口关。带头推动干部交流，从全省调任 7 名副处级干部、从全国重点高校选调 3 名优秀应届毕业生，从市县和省直部门择优遴选 15 名年轻干部到部机关工作锻炼。围绕“保持工作劲头不减，解决‘不会转’问题”，全省组工干部开展大调研，省委组织部形成关于加强干部队伍抓转型发展能力和作风建设、建设高素质专业化干部队伍、省委“一个细则、两个办法”贯彻落实情况等 3 个《调研报告》，提出加强干部队伍抓转型发展能力和作风建设的目标要求和工作举措。

山西省委组织部带头落实“两个责任”，调整党建工作等 5 个专项工作领导小组，完善“支部建在处室、处长一岗双责”机制。各级组织部门加强经常性警示教育，汲取卢恩光等典型案例教训，严格重要岗位、关键环节风险防控，增强纪律规矩意识，为推动各项工作落实提供保证。

（程永杰）

宣　传

【习近平新时代中国特色社会主义思想学习贯彻】 2017 年，山西省宣传工作坚持把深入学习贯彻习近平新时代中国特色社会主义思想和中共十九大精神作为首要政治任务和头等大事，系统深入学、及时跟进学，围绕中共十九大报告、新修订的党章、习近平总书记视察山西重要讲话精神、《习近平谈治国理政》和十一届省委历次全会精神等内容，部中心组(扩大)学习 19 次。推进“两学一做”学习教育常态化制度化和维护核心见诸行动主题教育，落实“8+5”重点安排，集中讨论交流 3 次，撰写心得体会文章 500 多篇，增强“四个意识”“四个自信”。落实“三会一课”制度，组织经验交流会、学习研讨会、专题报告会、党日活动以及集中收看、主题征文、网络答题等活动。　（王　正）

【中共十九大精神宣传学习】 2017 年初，山西省召开全省宣传部长会议，确定迎接宣传贯彻党的十九大的工作主线。十九大前，先后召开全省宣传部长座谈会、全省宣传部长专题会，印发迎接党的十九大宣传工作方案和深化宣传报道工作方案等文件。习近平总书记视察山西后，在做好新闻宣传报道的同时，传达贯彻习近平总书记视察山西重要讲话精神、“7·26”重要讲话精神以及省委系列部署，推动落实省委两个《实施意见》。十九大后，召开部机关全体会议、全省宣传思想文化系统会议和部机关处级以上干部会议，就学懂弄通做实党的十九大精神，做好新闻宣传、集中宣讲、学习研究、社会宣传、教育培训等工作作出全面部署。结合省委书记骆惠宁宣传口调研讲话要求和省委万名干部大调研安排，由分管部领导牵头领题开展大调研，形成一批高质量成果。　（王　正）

【思想理论建设】 2017 年，山西省委宣传部印发山西省《贯彻党委(党组)理论学习中心组学习规则实施办法》，服务省委中心组理论学习 14 次，举办学用系列讲话经验交流会。引领党员干部深化“两学一做”，组织集中学习、研讨座谈、基层调研、讲座报告等学习活动。推动习近平总书记视察山西重要讲话进教材、进学校、进课堂，受教育学生 500 余万人。强化理论研究宣传。建立重大思想理论文章撰写联席会议机制，成立全国首家省级智库联盟，打造山西日报《理论周刊》等理论宣传阵地和“朔辰”“粟实”等研究品牌，组织撰写刊发理论评论文章百余篇。国家社科规划课题立项 59 项。编印《山西:优化政治生态 提升发展状态——理论热点面对面》等通俗理论读物，开展“山西争当全国能源革命排头兵征文活动”。组织“总书记视察山西讲话进基层”主题宣讲 3 万余场，直接受众 300 余万人次。做好中央党的十九大精神宣

2017年5月18日，省委常委、宣传部部长王清宪（左二）在山西广播电视台调研宣传文化系统"提高标准、提升能力、争创一流"大讨论活动情况　（王　正供图）

讲团来晋宣讲组织保障工作。组建省委宣讲团，开展集中宣讲21场，70余万人次直接间接收听收看。开展"中共十九大精神进基层"主题宣讲20余万场，直接受众410余万人。创建高校"百千万"师生宣讲团队伍。　（王　正）

【互联网建设管理】 2017年，山西省委宣传部加强和改进高校思想政治工作，开展净化舆论环境专项整治，加大"扫黄打非"力度。做好网络安全和信息化工作。开展网上斗争与网络生态整治，出台山西省《提高互联网条件下领导干部工作能力的意见》《加强网评队伍建设的实施意见》《网上舆论引导工作方案》，省委网信办作为省委正厅级工作机构成立；通过《网上舆情督办卡》《网上舆情通报》等方式，向热点舆情发生地和省直相关部门通报情况，强化督办落实，处理问题网站846个。　（王　正）

【舆论引导】 2017年，山西省委宣传部组织重大主题宣传、经济社会改革发展宣传、重大典型宣传。建立并发挥重大题材新闻报道联席会议机制作用，围绕学习贯彻中共十九大精神和习近平总书记视察山西重要讲话精神、"7·26"重要讲话精神，以及省第十一次党代会、全省两会、维护核心见诸行动主题教育、"三基建设"等省委重大决策部署，统筹内宣外宣、央媒省媒、网上网下，开展"砥砺奋进的五年""学好讲话、维护核心、讲好故事""新时代新气象新作为"等大型主题采访活动。《别了，白家庄矿》等3篇通讯报道获第二十七届中国新闻奖。山西媒体智慧云平台正式上线运行。组织世博会、中博会等经贸外宣和"看山西"系列主题外宣活动，制作《读懂中国从山西开始》《品读山西文化》等外宣精品。在省委和中联部联合举办的"中国共产党的故事：山西省委的实践——风清气正、奋发有为"主题宣介会中，协调完成宣传部牵头的图片展览、风光片、专题片、山西画册和文艺表演等五项重点任务。加强新闻发布平台和队伍建设，组织省级发布会45场。　（王　正）

【社会主义核心价值观建设】 2017年，山西省委宣传部出台把社会主义核心价值观融入法治山西建设的实施意见和爱国主义教育基地管理办法，启动省级社会主义核心价值观示范点创建工作，编写《爱国主义教育示范基地巡礼》系列图书，组织公益广告宣传、微电影征集展示，开展"家庭家教家风"主题实践、"寻乡贤·学乡贤·用乡贤"、国家公祭仪式等教育活动。开展第六届山西道德模范评选表彰宣传工作，开展"我的中国梦""我们的节日"系列主题活动。完善文明城市等创建管理办法和测评体系，出台深化农村精神文明建设实施意见，吕梁孝义市、53个村镇、65个单位、17所学校分别新入选全国文明城市、文明村镇、文明单位、文明校园，全省22人入选中国好人榜。　（王　正）

【文艺创作引导扶持】 2017年，山西省委宣传部加大对重点文艺作品创作生产的规划引导和扶持奖励力度，推出大型音乐舞蹈史诗《为有牺牲多壮志》等现实题材精品力作，电视剧《于成龙》荣获全国"五个一工程"奖，音乐剧《火花》入选国家舞台艺术精品创作扶持工程，《三体·死神永生》获世界级科幻奖"轨迹奖"，《中国家规》等图书获中华优秀出版物奖。开展"深入生活、扎根人民"主题实践活动，"群星耀三晋、新风进万家""精准扶贫"主题曲艺作品创作展演等活动影响广泛，高校戏剧季、戏曲进校园等活动深受师生欢迎，举办首届山西艺术节、第十七届平遥国际摄影节、"右玉精神"系列宣传等大型活动，首届平遥国际电影展成为第5个获得国家批准的国际电影展。启动文物密集区体制改革，持续实施乡村文化记忆工程、"文明守望工程"、《山西文华》丛书编纂出版工程，完成山西省优秀传统文化传承发展工程实施意见起草工作。　（王　正）

【文化体制改革推动】 2017年，山西省委宣传部年度10项改革任务基本完成，制定制度性文件10个。推进图书馆文化馆总分馆制改革工作。提升公共文化服务水平。完成389个贫困村综合文化服务中心示范工程建设任务，33万场农村公益电影放映和1.60万场农村寄宿制学校爱国主义教育电影放映任务全部完成，"免费送戏下乡一万场"完成演出11627场。完成戏曲剧种剧团和非遗项目等文化资源普查，"书香三晋·文化山西"全民阅读系列活动贯穿全年,省市县三级公益文化设施建设达标率82.38%。10个单位入选第七届全国服务农民、服务基层文化建设先进集体。加速发展文化产业。发布山西省"十三五"文化强省规划,建立"十三五"时期文化产业重点项目库,实施文化市场主体培育"四项工程",推进省属文化企业负责人双效业绩考核。成立山西省文化金融投资发展联盟和文化创新发展研究院,首批13家企业在山西股权交易中心"文化旅游板"集中挂牌。启动全省文化产业普查调查工作。举办第三届山西文博会。获第十三届深圳文博会优秀组织奖、优秀展示奖。（王 正）

统 战

【思想政治引领工程】 2017年,山西省委统战部开展"凝心"行动,把学习贯彻习近平新时代中国特色社会主义思想和中共十九大精神作为贯穿全年首要政治任务。在民主党派中开展"不忘合作初心,继续携手前进"专题教育,在各民主党派、无党派人士开展"拥戴核心、合作共进"主题教育活动,举办5次"民主党派学习讲堂";在非公经济人士中开展以"守法诚信、坚定信心"为重点的"四信"教育实践活动,召开全省青年一代民营企业家理想信念报告会;在党外知识分子和新的社会阶层人士中开展"学先进、做榜样、比贡献"践行社会主义核心价值观主题活动,全年共举办培训班、专题讲座、报告会等200余场。参加活动党外代表人士达2万余人次。（侯国柱）

【政党协商】 2017年,山西省委统战部从发展新时代社会主义民主政治,巩固中国共产党领导的多党合作制度出发,完善机制,提升政党协商水平。开展"聚力"行动,引导广大统战成员建言献策,为全省转型发展作出新贡献。加强政党协商。政党协商工作纳入省委全面深化改革领导小组2017年工作要点,制订出台《2017年政党协商计划》,工作流程规范细化为5个环节,提出"一督促两反馈"实施步骤,强化协商调研成果落实反馈。全年召开党外人士协商座谈会12次。支持参政议政、民主监督。围绕"三大目标定位",提升党外人士建言献策精准度。创办《直言简讯》并编辑11期,建立党外人士建言献策直通车机制。组织各民主党派开展"订单式"调研12次,为各民主党派有关厅局、地市开展调研活动协调30余次,形成调研报告近200份。12月27日,省委召开党外人士座谈会,骆惠宁、楼阳生等省委领导听取各民主党派、工商联和无党派人士对经济工作意见。完成民主党派换届工作。6月,全省61个民主党派市级组织完成换届;8月底,6个民主党派省委会完成换届,54名党派省委领导班子成员全部高票当选。帮助民主党派加强自身建设。开展"民主党派省委会自身建设年"活动,加快民主党派办公楼改造搬迁工作,推进山西社会主义院新校区项目建设。党外干部安排使用实现新突破。全年共安排使用党外厅级正职干部5名、厅级副职干部11名。做好全国人大、全国政协、省人大、省政协换届党外代表人士安排工作。（侯国柱）

【民营经济服务支持】 2017年,山西省委统战部促进非公经济"两个健康"发展,推动山西民营经济发展由"疲"转"兴"。开展"树信心促转型"行动,营造尊重和激励企业家干事创业环境,打造新型"亲""清"政商关系,提振民营企业发展信心,加快转型发展。开展走访调研。上半年,针对困难民营企业开展"提信心、解难题、促发展"主题走访调研,走访调研1353家困难民营企业,提出7方面20类60条建议,解决相关问题。骆惠宁、楼阳生作出重要指示。下半年,围绕"贯彻落实中共十九大精神,研究挖掘民营经济潜力,弘扬优秀企业家精神,鼓励支持引导民营企业投身全省转型发展",树立问题导向,开展调研活动,形成调研报告,为省委决策提供参考。优化营商环境。启动"兑现政府对民营企业的承诺"专项行动,打造"六最"营商环境;在省政务大厅设立省民营经济综合服务窗,接待来访群众328人次;发布2017山西民营企业100强、制造业20强、服务业20强榜单;召开产业扶贫政银企洽谈会,推动10家银行与企业现场签约。全省计划支持697家企业产业扶贫,新增授信额度171.02亿元,新增贷款额度146.59亿元。太原市创新模式,定期召开政府和民企座谈会,现场解

2017年12月21日,山西省海外联谊会换届,选举产生第六届领导机构
（侯国柱供图）

2017 年 1 月 10 日，山西省委统战部召开党外人士协商通报会　（侯国柱供图）

决问题，打造新型“亲”“清”政商关系，被《内参》刊登，创造典型经验。推动晋商回乡创业。推进“晋商晋才回乡创业创新工程”。组织民营企业家参加山西省招商引资（珠三角）推介会等活动。指导各地市开展多形式、多层次晋商晋才回乡创业创新恳谈会、座谈会，引导广大晋商投身到山西经济建设主战场。完成省工商联换届任务。严格程序，严肃纪律，做好换届前期准备工作，7 月 24 日至 25 日召开省工商联第十二次代表大会。省四大班子领导出席，骆惠宁发表重要讲话，鼓舞非公经济人士，增强他们对党和政府的信任，企业内生动力增强，促进山西民营经济发展由“疲”转“兴”。（侯国柱）

【民族宗教工作】 2017 年，山西省委统战部开展“破解难点行动”，做好民族宗教工作。开展民族团结进步创建活动。做好少数民族流动人口服务和管理工作。在八路军太行纪念馆举行“全国民族团结进步教育基地”揭牌仪式，在运城召开民族团结创建交流现场会。贯彻宗教工作基本方针。制订出台《中共山西省委、山西省人民政府关于加强和改进新形势下宗教工作的实施意见》。（侯国柱）

【港澳台及海外统战】 2017 年，山西省委统战部拓宽港澳台海外统战工作渠道。发挥统战优势，利用港澳台海外资源，为山西省经济社会发展服务。接待港澳台来访团组 10 余个，约 170 余人次到晋参访。举办“铭记历史、开创未来”海峡两岸黄埔同学、亲属后代书画作品展。省海联会换届，选举产生第六届海联会领导机构。指导省侨联、台联筹备换届工作。省侨联完成换届，省台联换届准备工作就绪。帮助香港中科光电集团投资 4.6 亿元交城县光伏电站项目并网发电，推动澳门山西商会与平遥县政府达成投资 100 亿元的战略合作协议，港澳捐资 150 万元在山西省建设 30 所海联新农村卫生室。（侯国柱）

【党外知识分子工作】 2017 年，山西省委统战部创新工作方式，完善工作机制，构建党外知识分子工作新格局。制定并落实《关于全国党外知识分子统战工作座谈会精神》意见。印发《中共山西省委统战部、中共山西省高校工委关于加强新形势下高校统一战线工作的意见》。召开 3 次省属高校统战部长联系交流会议，首次举办山西省无党派代表人士培训班，充实无党派人士重点人物库和后备人物库，与团结报社合作开展宣传活动。推进留学报国基地建设，开展 9 期“百人计划”专家“三进”系列活动，举办“百城同台”海归人才招聘会，为留学人员施展才华、创新创业、服务社会搭建平台。（侯国柱）

【新的社会阶层人士统战工作】 2017 年，山西省委统战部开展“山西省新的社会阶层人士基本情况调研”，形成 1 个主报告 5 个分报告，摸清全省底数。印发《中共山西省委关于加强新的社会阶层人士统战工作的实施意见》。召开全省新社会阶层人士统战工作会议。建立新社会阶层代表人士信息库、联席会议制度等。组织学习培训和开展社会服务，成立新媒体代表人士联谊组。指导各市设立对口工作科室及新社会阶层人士联谊会，开创山西省新社会阶层人士统战工作大格局。（侯国柱）

【“强基固本”行动】 2017 年，山西省委统战部开展“强基固本”行动，夯实统战工作基础，提高统战干部素质，提升工作科学化水平。狠抓改革落实。重视改革创新，实施“四重”工作法，推进各项工作任务落实。按照中央和省委有关改革要求，推进政党协商改革及侨联、台联改革，指导完成相关改革方案，并及时下发。推进省委统战部所属省中华职业教育社、山西欧美同学会、省黄埔军校同学会改革工作。全年召开 8 次会议，专题研究改革事项，形成领导亲力亲为抓落实、大家齐心协力谋改革局面。推进从严治党纵深发展，始终把党的政治建设摆在首位。加强统战“三基”建设。推进“两学一做”学习教育常态化制度化，开展维护核心见诸行动主题教育，组织学用习近平讲话精神交流会、主题党日等活动，严肃党内政治生活、加强基层组织建设。按照省委“万名干部大调研”部署，开展统战工作调研。开展“改造我们的学习”活动，成立统战青年学习小组，“统战学堂”微信平台推出 11 期学习内容。建立“N+m”课程规划和师资库，编制“三基建设”的“一目录三手册”。提升统战工作科学化水平。（侯国柱）

【统战工作宣传】 2017 年，山西省委统战部成立涵盖5个领域80名专家的山西统一战线智库开展统战理论研究,课题申报数量和质量实现新突破,对20项优秀课题予以经费资助。在中央、省内主流媒体开展山西统战宣传,被评为《中国统一战线》宣传先进单位。统战理论研究成果首次获全国统战理论创新一等奖。统战信息蝉联全国二等奖,《零讯》采用11篇,创历年最高,2篇得到中央领导重要批示。山西省开展助力振兴崛起"六大行动"被评为全国统战工作实践创新成果奖。（侯国柱）

巡　视

【概况】 山西省委巡视机构成立于2004年,由领导小组、巡视办、6个常规组和4个专项组组成。领导小组成员5人;巡视办内设5个处;巡视办、常规组有行政编制61人,实有在编人员50人;专项组不占编制。巡视组长实行"一次一授权",组长库入库人选40人,人才库入库人选590人。山西省、市、县巡察机构自2016年4月起开始组建,市级巡察办11个、巡察组51个,县级巡察办119个、巡察组391个;市、县巡察组长库入库人选2292人,人才库入库人选7286人。

2017年,在省委的领导下,在中央巡视办和省委巡视工作领导小组的指导和部署下,省委巡视工作坚持以中共十九大精神和习近平新时代中国特色社会主义思想为指引,贯彻落实《巡视工作条例》,深化政治巡视,提升巡视监督的力度、强度和效果,为推动全面从严治党向纵深发展、构建良好政治生态发挥作用。

省委领导坚强有力。省委始终把巡视工作紧紧抓在手上,先后召开2次书记专题会、4次省委常委会研究巡视工作。骆惠宁先后48次对巡视工作作出批示,提出明确要求,每轮巡视都亲自选定巡视对象、审阅巡视报告、听取情况汇报、见人见事提出处置意见;在向习近平汇报山西工作情况时两次讲到巡视工作,专门汇报巡视整改自行"回头看"和肃清流毒影响工作情况。省委巡视工作领导小组先后3次召开巡视工作动员部署会,2次召开领导小组会议听取巡视情况汇报,逐人逐事提出分类处置意见,2次召开巡视整改专题部署会议,面对面、点对点传导压力、压实责任。

2017年山西省委巡视组巡视党组织名单:

第一轮巡视:巡视时间2016年12月28日至2017年2月26日。巡视省住建厅、省建筑职业技术学院、省粮食局、省体育局、省体育职业学院、省质量技术监督局、省煤炭地质局、省教育厅、招考中心、省食药监督局、省药科职业学院、省工商局、省宗教事务局(省民委)、省林业厅、省林业职业技术学院等15个党组织。

第二轮巡视:巡视时间2017年5月10日至7月28日。共巡视省交通厅、省公路局、省高管局、省执法局、省运管局、省工商联、省国土厅、省测绘局、省公安厅交管局、省水利厅、省供销社、禹门口水管局、省文化厅、山西戏剧职业学院、山西艺术职业学院、省广电局、省民政厅、团省委、青年职业学院、省地税局、省文联、省司法厅、省监狱管理局、省政法干部管理学院、省人社厅、省社保局、省就业服务局、山西管理职业学院、省妇联、省科技厅、省科协、卫计委、贸促会等33个党组织。

第三轮巡视:巡视时间2017年12月7日至2018年2月10日。共巡视省审计厅、省地方志、省地质勘查局、省社科院、省编办、省人防办、省政府发展研究中心、省民航管理局、省农科院、省民航管理局、煤炭工业设计研究院、煤炭交易中心、省政务服务中心、省政府机关事务管理局、省文物局、省博物院、省法制办、省台办、省外事侨务办、省保密局、省档案局等21个党组织。（张　杰）

【巡视整改"回头看"】 2017年,山西省委巡视办按照省委统一部署,5月中旬至9月中旬,省委巡视机构组织全省县以上党组织依据"四个对照",通过制定完善"三清单一制度",对巡视发现问题线索、整改落实情况进行兜底式大梳理。期间,省委两次召开巡视整改自行"回头看"推进大会,骆惠宁亲自部署巡视整改自行"回头看"工作。推动丽华苑省级干部住房超标问题取得成效。省领导对分管单位整改作出批示188次。全省3126个县以上党组织梳理问题61703条,明确整改事项67614项,制定整改措施202843项,整改问题54927条,整改率89.10%,全部修订完善贯彻落实中央八项规定精神实施细则,运用"四种形态"处置党员干部35322人,清理收回违纪违规资金10.94亿元,开展专项治理17503次、制定修订制度65942项、促进改革27197项。

2017年,山西省委巡视办坚持把肃流毒作为"回头看"的重要内容,组织开展以"肃流毒、正本源、践忠诚"为主题的肃流毒活动。省委常委会率先开展肃清金道铭等7名原中管干部流毒警示教育。各级党组织普遍召开党委(党组)和党支部两个层面会议752次,4830人作重点发言,12896人参加会议,基本肃清思想蜕化变质、对党不忠不诚、漠视党纪国法等10种流毒影响。赵乐际等同志作出批示,对山西省"回头看"肃流毒工作给予肯定。（张　杰）

【三轮巡视开展】 2016年12月底至2017年2月底,山西省委10个专项巡视组对省教育厅等10个省直党组织及5个所属党组织共15个党组织开展第一轮巡视,共发现问题线索169件,涉及省管干部17人。5月中旬至7月中旬,省委10个专项巡视组对省交通厅等20个省直单位及其所属13个单位33个党组织开展第二轮巡视,对省科技厅党组、省卫计委党组探索开展机动式巡视。12月上旬,省委10个巡视组对省审计厅、省编办等省直21个党组织开展第三轮巡视,并对省人防办、社会主义学院开展机动式巡视。前两轮巡视明确整改问题1586项,整改问题1338项,整改率84.36%。三轮巡视覆盖省直单位板块的48.40%、高校板块的13.90%。

（张　杰）

【巡视制度创新】 2017年，山西省委巡视办制定实施《关于推动政治巡视向纵深发展的指导意见》，明确20条巡视监督重点内容。研究起草《被巡视党组织政治生态定量定性评估办法》，巡视组结合被巡视党组织自我评估情况，根据评估指标对被巡视党组织进行定量评估，提出定性评估等次初步建议，为省委管党治党提供依据。研究出台山西省《贯彻新修改〈条例〉实施办法》《被巡视巡察党组织配合巡视巡察工作规定》《关于推进市县巡察统筹工作的实施意见》，推动巡视监督规范化、长效化。坚持边巡边改，督促被巡视党组织解决问题190多个。

7月30日，骆惠宁主持省委中心组（扩大）会集体学习，邀请中巡办巡视专员刘华斌作专题辅导，省直、高校、企业等近300多名主要负责人参加。省委巡视机构开展集中交流讨论，先学一步。由省委巡视组组长组成的宣讲团分批次在省直单位、国企、市县开展宣讲26场，学习人数达10000余人。

（张　杰）

【巡视巡察联动监督网构建】 2017年，山西省委巡视办坚持把市县巡察与巡视工作一体谋划、一体部署、一体推进，针对市县巡察队伍人员不到位的情况开展专题调研，骆惠宁高度重视并约谈各市委书记，11个市119个县（市、区）巡察机构编制人员到位率98.40%。创办《晋巡参考》作为学习交流的平台，开设20个栏目，每月一期。

（张　杰）

【巡视成果转化】 2017年，山西省委巡视办向省纪委监委机关移交问题线索52件，向省委组织部移交问题线索19件，处置率50%。向省委组织部回复干部选任意见19批237人次，反映有问题的干部31人，为省委选人用人提供重要参考。完成2256卷巡视档案、8件音像档案的规范化统一管理，十届省委全覆盖和十一届省委第一轮巡视档案全部实现规范化、电子化、系统化管理。先后为省纪委监委机关、派驻纪检监察组以及省委各巡视组提供档案查询服务37次，复制档案1436页。建立包括环境监控、消防监控、安防监控的24小时实时档案监控管理系统。省档案局对省委巡视办在全省第一家实现档案管理数字化给予高度评价。

（张　杰）

【巡视队伍打造】 2017年，山西省委巡视办以开展维护核心、见诸行动主题教育和推进“两学一做”学习教育常态化制度化活动为重点，抓住党课、组织生活会、警示教育、榜样教育“四种载体”，学好习近平总书记视察山西重要讲话精神。重新细化调整巡视办内设处室职责分工，从巡视机构提拔副厅级干部3人、正处级干部1人、副处级干部1人，加强巡视机构与纪检监察机关的干部交流，先后有3名干部交流到省纪委监委机关或派驻纪检组工作，2名机关干部交流到巡视机构工作，省委组织部配备3名副处长级干部到巡视机构工作。从第三轮巡视开始，每个巡视组配备一名省管后备干部，加强巡视工作力量。

（张　杰）

【山西省巡视工作获肯定】 2017年8月15日，中央巡视办公室在山西省召开山西省委巡视整改工作督查调研会议，对山西省巡视整改工作给予肯定。9月4日，中巡办在湖南长沙召开巡视巡察工作座谈会，山西省巡视工作领导小组作经验交流，介绍巡视巡察工作新举措、新进展、新成效。9月8日，在全国纪检监察系统表彰大会上，山西省巡视办荣获“先进集体”称号，在全国地方巡视机构是唯一一家。12月初，中巡办研究讨论山西省《被巡视党组织政治生态定量定性评估办法》，认为《办法》准确领会中共十九大精神，符合中央对巡视工作的新部署新要求，体现深化政治巡视新精神，并要求进一步探索创造经验，适时在全国推广。

（张　杰）

台湾事务

【晋台经济交流合作】 2017年，山西省台办推动晋台银企合作。与中国工商银行山西分行共同举办“推进晋台经贸合作、助力山西经济发展”为主题的“政银企合作金融服务战略合作签约仪式暨座谈会”，签署为台资企业金融服务战略合作协议，加大对在晋台资企业的金融服务力度。推动晋台双向经济交流。组织临汾市有关部门、企业到台举办“第七届晋台经贸交流合作恳谈会”；组织在晋部分台资企业和晋中、阳泉、长治、临汾、运城等市有关部门到南京参加大陆台资企业产品展销会，举办“阳泉、临汾与南京市台资企业协会经贸交流合作座谈会”，达成“推动台资企业向山西进行产业转移”合作共识；加强与全国台企联对接沟通，推动“山西省海峡两岸（阳泉）工业园”“山西农谷台湾农业产业园”和“太原海峡两岸青创园”等园区建设，全省首家“山西省海峡两岸青年创业就业示范基地”正式授牌，引进台湾商家20家、大陆商家90余家。做好台资企业服务和台商投诉协调工作。全年受理台商投诉事项6件，均协调处理完毕，依法保障台商合法权益；结合“全省万名干部大调研活动”，各级台办开展台商座谈、慰问和台资企业走访调研活动，协调解决项目推进、项目审批、政策落实和台商子女就学等相关问题，促进台资企业稳定发展。

全年全省新增台资企业4家，新增投资1658.50万美元。全省累计批准台资企业393家，累计使用台资40.40亿美元。

（吕继常）

【晋台文化交流】 2017年，晋台双向文化交流45项1106人次，其中台湾到晋14项800人次。重点交流活动影响扩大。5月3日，山西省在高平市炎帝陵举办“第二届海峡两岸同胞神农炎帝拜祖典礼活动”。晋台青少年和教育交流深入开展。2017年，在晋举办“华夏文明看山西——台湾大学生三晋行”“第七届海峡两岸中小学校长教书育人研讨会”“东莞台商子弟炎帝陵祈福典礼”“台湾工会青年研习营”“台湾教师山西古文化之旅”等交流活动。晋台各界交流有序推进。举办“高雄里长山西行”“屏东里长山西行”“两岸一家亲·欢乐春节行——山西非物质文化遗产面食艺术走进台湾展演”“台湾中台禅寺捐赠山西遗失文物邓峪石塔”“台湾公教退休人员山西行”“台湾花莲基层社区交流”等活动。（吕继常）

【对台宣传】 2017年，山西省台办先后与华夏经纬网、中国台湾网合作，推出“台湾记者三晋行——晋商文化专题采访”“海峡两岸同胞神农炎帝民间拜祖典礼”和“纪念两岸交流交往30周年”等专题报道，网络宣传工作成效显著。举办“台湾记者三晋行——晋商文化专题采访”，2017年接待台湾5个团组、20家媒体26人次记者到晋采访，增进台湾民众对山西了解。拍摄微电影《圣地五台山》，通过新媒体在岛内播出；做好动漫电影《武圣关公》后期合成工作；组织《联合报》系记者，开展解州关帝庙和高平炎帝陵专题宣传，向岛内民众全面介绍山西省海峡两岸交流基地的历史文化和建设发展情况，促进晋台关公文化和炎帝文化交流。（吕继常）

【涉台事务管理服务】 2017年，山西省台湾事务办公室做好涉台突发事件应急管理工作，妥善处置台湾突发疾病紧急救助、台湾游客在晋旅游期间伤亡等涉台紧急事件，全年无重大涉台突发事件发生。做好台湾到晋和山西公民到台管理服务工作，2017年全省公民到台人数达79282人次。其中，应邀到台551人次、探亲等因私赴台295人次、到台旅游78436人次。做好台湾捐赠管理和台胞台属服务工作。（吕继常）

【面食艺术进台湾】 2017年1月28日至2月12日，“两岸一家亲·欢乐春节行——山西非物质文化遗产面食艺术走进台湾展演活动”在台湾高雄佛光山举办，中国国民党前主席吴伯雄夫妇及200余万台湾民众观赏山西面食表演，近6万人次品尝山西美食，增进台湾基层民众对山西文化的了解。（吕继常）

【台胞参加神农炎帝拜祖活动】 2017年5月3日至4日，“第二届海峡两岸同胞神农炎帝拜祖典礼活动”在晋城市高平市举办，中国国民党前主席连战、前副主席林丰正，新党主席郁慕明以及岛内基层民众等600余位台胞在晋参加活动。原国务委员、第十一届全国人大常委会副委员长陈至立，全国台湾同胞联谊会会长汪毅夫，国务院台办副主任龙明彪等出席活动；楼阳生、黄晓薇、薛延忠等出席相关活动。活动期间，高平炎帝陵被中共中央台办、国务院台办授牌成为山西省第二个“海峡两岸交流基地”。（吕继常）

【高雄乡里长参访团到晋】 2017年6月28日至7月2日，台湾高雄乡里长参访团一行32人应邀到晋参访，与大同市华北星城社区进行座谈交流。参访团参观山西省博物院、云冈石窟等名胜古迹，感受山西省悠久的历史文化和城乡发展进步。（吕继常）

【海峡两岸关系研讨会】 2017年7月24日至25日，第二十六届海峡两岸关系研讨会在太原举行，来自两岸、港澳及海外的百余名专家学者围绕“推动两岸融合 维护和平基础”进行探讨。全国台湾研究会会长、前国务委员戴秉国，中共中央台办、国务院台办主任张志军等出席开幕式并致辞。（吕继常）

【台湾大学生三晋行】 2017年8月29日至9月5日，台湾南华大学、南开科技大学、台湾师范大学等台湾高校20余位大学生应邀到晋参加“第十届台湾大学生三晋行”交流活动。与山西财经大学师生代表开展研习交流，参访晋中、临汾等地。（吕继常）

【晋台经贸交流合作恳谈会】 2017年12月24日至30日，“第六届晋台经贸交流合作恳谈会系列活动”在台举办，省台办组织临汾市有关部门、企业拜会台湾工商建研会、台湾商业总会、中华两岸经贸交流协会等台湾经济组织，考察相关企业，开展宣传推介活动，达成一些合作意向。（吕继常）

机构编制

【行政职权改革】 2017年，山西省机构编制办公室加大取消下放行政审批等事项力度。落实国务院取消中央指定地方实施行政许可事项、清理规范行政审批中介服务事项工作，分3批共落实国务院取消涉及山西省的行政许可事项50项，清理规范行政审批中介服务事项7项。按照楼阳生提出的“减、并、放”要求，再取消下放62项省级行政职权事项。赋予转型综改示范区省级行政管理职权33项，各市向派驻的各类开发区（园区）赋予行政管理权3569项。加强行政审批事中事后监管。组织研发和建设山西省政府部门权责清单动态管理系统。对省政府部门233项行政职权事项进行动态调整。围绕打造“六最”营商环境优化服务。对省级行政审批前置申请材料进行全面清理规范，大幅度精简行政审批事项前置申请材料、相关证照的年检和与之挂钩的政府指定培训。经清理规范，省政府48个部门（单位）权力清单中597项行政审批事项涉及的9141个前置申请材料，精简2467个，保留6674个，精简率为27%。省政府部门（单位）相关证照54项年审年检保留27项，取消27项，保留9项政府指定培训。省级单项行政审批事项办理需提供前置申请材料平均数由原有的7.10个压缩到5.20个。会同省质监局、省政务办等对行政许可事项管理、流程、服务、受理场所、监督检查五个方面进行规范，制定和完善相关标准和制度体系。相关人员多次到灵石县开展专题调研，扩大相对集中行政许可权改革

试点,确定并批复山西转型综改示范区、高平市为山西省扩大试点及实施方案。(王小琴)

【行政管理体制改革】 2017年,山西省机构编制办公室配合省纪委监委做好监察体制改革试点工作,在3个试点省市中,率先组建省监察委员会。习近平总书记视察山西时对这项改革试点工作予以肯定,认为"你们在国家监察体制试点工作上下很大功夫,制度优势正在转化为治理效能,要运用好这一改革成果"。完成第二批司法体制改革试点涉及的111个县10个市法检两院机构编制上划省级统一管理工作,司法体制改革涉及的机构编制调整全部完成;调整设置省委网信办(省网信办)以及所属事业单位;助推群团改革,对省总工会、团省委、省妇联、省侨联、省科协机关及其事业单位进行优化整合,精简人员编制,补充基层力量;整合改革工作领导机构,印发省委政研室(省委改革办、省转型综改办)"三定"规定;研究提出整合太原市区内的太原经济技术开发区、太原高新技术产业开发区、太原武宿综合保税区、太原工业园区、山西科技创新城5个园区管理机构和职能,组建山西转型综合改革示范区管委会(挂太原经济技术开发区管委会、太原高新技术产业开发区管委会、太原武宿综合保税区管委会牌子)的意见,起草示范区管委会"三定"规定,整合示范区所属事业单位,调整省市两级派驻示范区机构。调整设置晋中、晋城等5个国家级开发区,忻州、临汾等31个省级开发区的管理机构;在十个领域统筹推进综合行政执法体制改革,批复11个市改革实施方案。加强党的领导和内审监督、构建决策执行监督既相互制约又相互协调的运行机制,探索推进省政府部门大处(室)制改革;依托省国防科工办设置省委军民融合发展委员会办公室,完成相关"三定"工作;设置省大数据产业办公室;调整省政务改革和管理办公室相关机构编制事宜;完成省民航机场管理局职责移交省交通运输厅、省机场公安机构移交省公安厅等涉及的机构编制调整工作;完成省留学管理职责由省发改委移交到省教育厅涉及的机构编制调整工作;整合省政府驻外办事机构;提出省金融办机构编制调整意见;配合做好全省口岸查验机构编制相关事宜。在省政府发展研究中心加挂山西省人民政府研究室牌子。对省投促局进行重新三定,改革和创新招商引资工作;推动人才领域简政放权,下放高校和科研院所编制结构管理权,取消机关事业单位"控编进人卡",探索建立编制周转池制度,探索高等院校和城市公立医院实行总量管理及取消行政级别;提出县乡医疗卫生机构一体化改革意见,在全国做到"三个率先":创新机构编制管理方式,率先以县级医院为核心,整合县域医疗卫生资源,组建法人实体的医疗集团;统筹调配和盘活编制资源,率先实现现有编制由医疗集团统一管理、使用和调配,促进优质医疗资源下沉;率先建立法人治理结构并实行去行政化改革,取消基层现有医疗卫生机构规格及领导职数管理,深化医疗医保联动改革、合理配置资源;联合省委"三基建设"办公室制定出台《山西省党政群机关事业单位基础工作达标指导意见》等一系列文件。推进乡镇站所管理体制改革,推动市县通过调整空编、减上补下、空编招录、清退借调人员等途径,加强乡镇工作力量。(王小琴)

2017年7月26日,山西省人民政府新闻办举办"实行以增加知识价值为导向分配政策若干意见相关配套政策解读"新闻发布会 (王小琴供图)

【事业单位分类改革】 2017年,山西省机构编制办公室选择运城市和垣曲县开展承担行政职能事业单位改革试点,省市县合力研究出台试点方案,完成试点工作任务。研究制定《关于从事生产经营活动事业单位改革的实施意见》,召开全省动员部署会议,明确改革的"时间表"和"路线图",省市县三级全面启动改革工作。会同省财政厅印发《山西省事业单位政府购买服务改革工作实施方案》。研究拟定省直精简事业单位机构编制优化资源配置的实施意见。政府办公厅先行试点,对所属事业单位机构编制进行大幅度精简优化。全面清理空壳事业单位。(王小琴)

【机构编制管理】 2017年,山西省机构编制办公室完成控编减编工作。省市县三级出台控编减编实施意见和方案,按照全省核减5%事业编制的总体目标,强化组织领导、落实工作责任;强化核查考核,倒逼工作进度;建立健全工作机制,突出和发挥编制部门把关、龙头作用,从源头有效控制增长；统筹推进，与机构编制问题核查整改、超职数配备领导干部问题整改，与机构和行政体制改革、事业单位分类改革等结合起来，加大精简力度。创新机构编制管理。加强培训，对系统进行升级优化，全面调研组织、人社和财政等相关部门的联合监管需求，实现部门间信息共享审批联动；促进实名制数据的更新维护。该系统初步成为融管理、监督、服务为一体，具备大数据分析能力的综合管理平台。机构编制监督检查。贯彻实施《山西省机构编制监督检查办法》，及时转发中央编办关于进一步规范领导职数管理的意见、加强机构编制问题整改推进审批联动的意见、全国机构编制核查暂行办法、加强机构编制违纪违规行为预防工作的意见等，织密机构编制监督检查制度体系。推动全省建立问题整改台账，实现问题整改和审批联动。机构编制法治化建设。健全领导法治建设的工作机制、规章制度，建立依法依规决策机制，落实法律顾问制度。组织全办参加无纸化学法用法考试，邀请法律顾问和专家进行授课。研究出台《关于进一步加强规范性文件审查备案报送工作的通知》。开展规范性文件集中清理。事业单位登记管理。实施登记管理服务标准化，即时办结率达到95%以上；精简优化年度报告报送程序和办法，全程实现网上办理；研究提出注销登记的简易程序和办法，出台加强和创新登记监管工作的实施意见，建立随机抽查机制、日常监管机制、协调配合机制，明确“双随机、一公开”具体实施办法；试行事业单位法人失信“黑名单”制度；加大事业单位法人公示信息书面审查和实地核查力度。推进社会信用体系建设。机构编制电子政务和信息化建设。完成机关信息系统机房、网络和视频会议室的搬迁和重新联通调试工作。指导太原、大同、阳泉、运城开展“机构编制云平台”试点；做好政务和公益专用中文域名注册、党政机关网站开办审核和资格复核工作，全省域名注册总量31511个，域名覆盖率达80%。加强省机构编制门户网站管理，更新、维护和优化相关设备与程序，服务保障机关网络稳定运行。（王小琴）

省直机关党建

【全省机关党的工作会议】 2017年3月17日，全省机关党的工作会议在太原召开。省委常委、秘书长、省直工委书记罗清宇出席并讲话。会议由省直工委副书记王建成主持。各直属机关党委书记、专职副书记、纪委书记和各市直工委书记300余人参加会议。

会议回顾2016年省直工委和全省各级机关党组织的工作，提出2017年要重点从六个方面抓好工作落实。一是旗帜鲜明讲政治，始终坚持机关党建的政治标准和正确方向；二是加强“三基”建设，夯实机关党建的根基；三是贯彻落实《中国共产党廉洁自律准则》和《中国共产党纪律处分条例》，构建机关良好政治生态；四是精准发力，推动机关作风和反腐倡廉建设向纵深发展；五是加强机关党建工作领导，推动管党治党责任落到实处；六是加强精神文明建设和统战群团工作，凝聚形成推动事业发展的整体合力。以优异成绩迎接中共十九大召开。

会议部署2017年省直机关党风廉政建设和反腐败工作。一是学习贯彻习近平系列重要讲话和党的十八届六中全会精神，强化党内监督，推动全面从严治党向纵深发展；二是落实中央八项规定精神，驰而不息纠正“四风”；三是牵牢主体责任“牛鼻子”，以问责促进主体责任落实；四是把实践“四种形态”贯穿到监督执纪问责的全过程；五是加强自身建设，打造忠诚干净担当的纪检监察队伍。

（赵　悦）

【“维护核心、见诸行动”主题教育活动】 2017年5月3日，省直工委召开省直机关“维护核心、见诸行动”主题教育动员部署会，突出强调“三个坚持”的总体要求和“五个一”的重点任务，提出“六个贯穿始终”的基本要求，对省委“8+5”主要任务细化，提出省直机关党委11项、基层党支部6项重点工作安排。组织关系隶属于省直工委的139个省直部门和单位在5月26日之前，全部召开会议进行动员部署，成立主题教育办公室，制定工作方案，对重点任务进行细化分解。各部门各单位贯彻落实省委两个《实施意见》，围绕推进落实五项重大任务，制定相关政策措施1820条，召开重点工作、重大改革推进会704次。

省直各单位按照省委的安排部署，召开学用习近平重要讲话精神交流会321次，参会人员3.54万人，7135个党支部组织开展集中学习研讨，7.37万余名党员撰写学习体会文章；组织开展“习总书记讲话进基层”主题宣讲活动，各部门各单位共组建宣讲团326个，组织开展“习总书记讲话进基层”主题宣讲活动1403次，发放宣讲资料3.60万份，受教育党员5.60万人次，123个部门党组（党委）书记就讲话精神作宣讲辅导；以党支部为单位专题学习研讨《习近平总书记的成长之路》和《习近平的七年知青岁月》，8483个支部开展专题学习研讨，共有1.36万名处级以上党员干部以普通党员身份参加支部学习研讨，各单位主要负责人撰写学习体会122篇；贯彻落实省委深入学习贯彻习总书记系列重要讲话精神和治国理政新理念新思想新战略经验交流会精神，省直72家机关单位、18家事业单位、8家省属企业全部通过中心组扩大会议、机关党员干部大会等形式，将会议精神传达到处级以上干部；在省直广大团员青年中开展“学习青年习近平、让青春在岗位上闪光”主题活动，以习近平总书记视察山西提出的五项重大任务为主题召开5场专题研讨交流会，组织省直机关党员干部1500余人分批次到会听讲。7月底到8月初派出五个督导组对80个省直单位开展督导调研，并于7月26日组织省直单位率先召开工作推进会，要求各单位发挥示范带动作用，做到认识到位、落实到位、组织领导到位，倡导“四比一促”，推进任务落实，会后还约谈7个工作不到位的单位负责人，传递压力，推动落实；组织省直各机关党委专职副书记和工委机关全体党员干部200余人进行省直机关党务干部专业能力测试，就习近平总书记视察山西重要讲话精神应知应会应记要点等内容进行检验。

省直工委坚持用习近平新时代中国特色社会主义思想武装省直机关广大党员干部，思想政治建设增强。抓好中共十九大精神和省委十一届五次全会精神的学习宣传贯彻。省直各单位抓住会前、会中、会后三个关键节点，通过中心组领学、理论宣讲、网络专栏、宣传展板等形式，学习宣传贯彻中共十九大精神。会前主题活动营造喜迎十九大胜利召开的浓厚氛围。省直工委举办省直机关“喜迎十九大，弘扬主旋律”和“欢庆十九大、颂歌献给党”歌曲演唱会，唱响主旋律，弘扬正能量。掀起学习宣传中共十九大报告新高潮。中共十九大召开期间，省直各单位第一时间组织广大党员干部收看开幕盛况，听取大会报告，将组织学习情况、对大会报告的初步认识等形成材料，突出典型，兴起学习宣传贯彻热潮。省直单位党组(党委)中心组发挥龙头带动作用，139个省直部门和单位都召开中心组(扩大)会议，领会把握中共十九大精神。同时，发挥门户网站、宣传板报、自媒体等宣传媒介作用，借助征文、专栏、先进人物展示等形式，掀起宣传贯彻中共十九大精神的热潮。会后学懂、弄通、做实中共十九大精神行动迅速。按照“学懂弄通做实”要求，引导省直各单位结合工作实际，作出专题安排，提出具体要求，多种层面、多种形式开展学习贯彻，抓好落实。省直工委印发《关于认真学习宣传贯彻党的十九大精神的通知》，对省直机关各级党组织和广大党员干部学习宣传贯彻中共十九大精神作出安排部署；举行省直机关干部职工学习贯彻中共十九大精神基本能力竞赛决赛，明确把学习宣传贯彻中共十九大精神作为开展竞赛决赛活动的主题，以赛促学、以赛促干；从15个省直单位抽调31名政治强、业务精的骨干力量组成宣讲队伍，深入各市开展宣讲和互动交流，打通理论武装工作“最后一公里”。（赵　悦）

【省直机关“三基建设”】 2017年，山西省直工委履行省委赋予的牵头抓总职责，把“三基建设”作为贯彻习近平新时代中国特色社会主义思想和中共十九大精神、落实省第十一次党代会部署、推进机关党建工作的重要抓手，紧扣25条政策措施、95项重点任务，精心组织，持续发力，推动省直机关“三基建设”取得初步成效。省直各单位联系工作实际和行业特点，开展“比能力、比服务、比担当、比奉献、促转型”为主要内容的“四比一促”活动，以“三基建设”的成效推动机关党建工作全面加强。圆满完成省委“三基建设”重点工作的分工任务。

省直工委成立省直机关“三基建设”领导组及办公室，并抽调力量组建综合、宣传、效能、督查等5个工作组，加强对省直机关“三基建设”工作的协调和指导。工委会多次专题研究省直机关“三基建设”工作，4次召开23个牵头单位和25家省级行业系统主管部门参加的汇报会，掌握工作进展，研究推进措施，督促任务落实。两次召开省直机关“三基建设”推进会，省委常委、秘书长、省直工委书记王赋和省委组织部部长关汉圣出席7月26日召开的第一次推进会并讲话，要求省直各单位带头学、做表率、严要求，做到认识到位、落实到位、组织领导到位，对省直机关“三基建设”发挥推动作用。建立省直机关“三基建设”联络员报告制度，组织联络员集中培训，掌握动态，加强指导。省直各单位贯彻省委关于加强“三基建设”的重大部署，按照省委“三基办”的安排，主动作为，全力实施。省直139个单位全部成立“三基建设”办公室，制定工作方案，细化分解任务，强化督查落实，推动“三基建设”向基层延伸。省直各单位党组(党委)自觉担负起主体责任，安排部署、督促指导、考核问责一体推进。25个省级行业系统主管部门在抓好本部门“三基建设”的同时，加强对本行业本系统“三基建设”的具体指导，建立与各市县的沟通协调机制和月报制度，构建上下联动、左右协同的工作格局，实现行业系统“三基建设”的同促共进。

省直工委在推进“三基建设”的实践中，注重典型引领。发现和选树典型，总结推广，提供示范。12月4日，省直工委与省委组织部联合召开学习贯彻中共十九大精神加强“三基建设”省直机关现场推进会，省国土厅、省财政厅、省林业厅、省统计局交流经验做法。4个单位通过实物、资料、图片、视频等方式全方位、立体式展示“三基建设”的先进经验、亮点工作、实践探索和突出成绩，省直90多个部门和单位、1200余名党员干部进行观摩。注重后进整改。通过加强督查，紧盯工作落后单位，督促其扭转局面，迎头赶上。7月，省直工委派出5个督导组对80个省直单位主题教育和“三基建设”3个方面15项内容开展集中督导调研，对工作推进缓慢、落实不力的7个单位负责人进行约谈。被约谈单位认领即改，有的连夜召开党组会进行研究部署，有的召开专题反思会检查剖析，加快进度，补齐短板。注重动态管理。建立“三基建设”重点工作台账，实行挂牌督办，办结销号。围绕“三基建设”重点任务，工委每月下发提醒函，要求各单位及时掌握工作进展情况，分析研判形势，剖析存在问题，推动“三基建设”工作有序开展。

省直工委在明确要求、加强指导的同时，发挥各单位结合实际创新“三基建设”的积极性。对“三基建设”的重大工作统一规范，严格标准。以提质提标推动基层组织全面加强。把支部建设作为最重要的基本建设，探索完善支部建设精细化、标准化、台账化、清单化有效方法。以组织健全、制度落实、运行规范、活动经常、档案齐备、作用突出为基本标准，建立完善党支部工作台账，规范5大类53项工作内容，省直机关8000多个党支部实行“一本账”管理。在长治召开省直机关党支部规范化工作现场推进会，总结省煤炭地质局114勘察院等5个单位的典型经验，引导党支部对标先进、争创一流。以标准化推动基础工作全面进步。工委作为机关效能建设牵头单位之一，履行职责，组织人员赴青海省直工委学习考察，专题考察报告得到省委“三基办”的肯定。与省委“三基办”、省考核办联合印发《效能建设八项制度》，对全面推行限时办结制、首问负责制等管理制度作出明确规定，并将效能建设纳入年度目标责任考核、精神文明单位创建考核验收重要内容。按照基础工作的规范要求，工委协同牵头部门省编办督促省直各单位编制“一目录三手册”；围绕基层党组织换届、“三会一课”、党员发展、党纪党规、精神文明创建等重点工作编印机关党建应知应会“口袋书”。以理论培训和竞赛活动推动基本能力提升。把加强机关党员干部能力建设作为推动机关党建、促进转型发展的重要举措。省直工委在右玉干部学院、林州市委党校举办5期省直机关党务干部培训班，培训600余人次；依托省直机关党校，举办党支部书记轮训班、处级党员干部进修班、新党员培训班22期，培训各类党员4142人次。注重“以考促学、以赛促干”，10月份组织省直230余名机关党委专职副书记和工委机关干部进行党务干部专业能力测试。7月至11月，以学习贯彻习近平系列重要讲话和中共十九大精神、持续推动“三基建设”为主题，开展以党的理论知识、公文写作、计算机操作、综合测试为内容的省直机关干部职工四项基本能力竞赛活动，99个省直单位的257名选手参加决赛，省直机关社会主义劳动竞赛委员会对综合成绩前30名、4个单项前10名的优秀选手分别给予记功奖励和通报表彰。省直各单位实施“五大培训工程”，举办各类班次3213个，培训各类人员42万余人次。引导省直各单位联系部门行业实际，开展各具特色的“三基建设”。

（赵　悦）

【党支部规范化建设现场会】 2017年4月21日，山西省直工委在长治市召开省直机关党支部规范化建设现场会。现场会通过听取省煤炭地质局114院党委、114院第三工程处党支部、省地税局财务管理处党支部介绍党支部规范化建设经验和做法，观看山西储备物资管理局639处创造先进基层党组织纪实和114院第三工程处制作的微电影，实地观摩114院第一工程处、第三工程处党员活动室设置及“三会一课”活动资料，引导省直机关党委和党务工作者以规范党支部建设为抓手，做好基层组织、基础工作和基本能力建设，为更好地围绕中心服务大局提供组织保障。

省直机关党务干部、各市直工委负责人共计192人参加现场会。

（赵　悦）

【省直机关作风锤炼】 2017年，省直工委针对省直机关党员干部思想作风松散、工作作风拖推等问题，坚持抓教育、强责任、严问责，推进全面从严治党向纵深发展。

省直工委从加强思想教育、增强党性观念入手，加强作风建设，把讲政治贯穿于党性锻炼、作风锤炼的全过程，引导省直机关各级党组织和广大党员干部牢固树立“四个意识”，坚定“四个自信”。以学习习近平新时代中国特色社会主义思想和视察山西重要讲话精神为主要内容，组织召开学用交流会400余次；省直工委围绕习总书记提出的五项重大任务，举办5场专题报告会；组建宣讲团326个，组织开展“习总书记讲话进基层”主题宣讲活动1403次；组织省直机关8万多名党员干部参加“两学一做”系列知识竞答活动。中共十九大召开后，省直工委及时下发通知，对省直机关学习贯彻工作作出部署。举办中共十九大报告学习辅导讲座、中共十九大精神省委宣讲团报告会；邀请中共十九大代表走进机关开展宣讲活动；举办省直机关中共十九大精神理论宣讲骨干暨宣讲专家培训班，150名宣讲骨干和宣讲团专家参加培训；组织开展省直机关“送党课到基层”宣讲活动，从15个省直单位抽调31名政治强、业务精的骨干力量组成宣讲队伍，到各市开展宣讲和互动交流；召开全省机关党建理论研讨会，省直工委的研究成果获全国党建研究会机关专委会优秀论文奖。

省直工委树立“抓好党建是最大政绩”的理念，落实《省直机关党的工作责任制的规定》，督促省直各单位成立党建工作领导小组，完善工作运行机制。紧盯不按期换届、党内活动不规范、党内政治生活质量不高、流于形式、难以发挥作用等突出问题，要求各单位制定党组织书记抓基层党建“三个清单”，把整改责任具体到人、到事，做到责任层层分解、压力层层传导。落实《关于落实“两个责任”，实施“六定”制度的通知》，工委组成5个监督检查组，对省发改委等32个省直单位机关党委、机关纪委落实“两个责任”、实施“六定”制度情况进行监督检查。对机关党委弱化、虚化、边缘化问题，开展专项调研，在督促省直机关全面自查的基础上，先后召开10个被巡视单位和20个不同类型机关党委专职副书记参加的座谈会，进行集体“会诊”，并从严格和规范机关党内政治生活等5个方面提出加强省直机关党建工作的措施办法，有针对性的补齐短板。发挥考核评价“指挥棒”作用，结合“万名干部大调研”，会同省委组织部深入部分省直单位开展述前调研；根据省委组织部要求，专门下发通知对省直机关2017年度党建述职评议考核工作进行安排部署，明确把学习贯彻中共十九大精神、履行基层党建工作责任等六个方面内容作为重点。

省直工委开展廉政警示教育，把《关于新形势下党内政治生活的若干准则》《中国共产党党内监督条例》等党内法规纳入党员干部教育培训课程，组织省直机关党员干部观看《巡视利剑》《永远在路上》专题片，以案说纪，以案说法。持续强化刚性约束，加大对领导干部纪律执行情况的监督检查，定期开展专项督查。2017年，省直纪工委共受理排查群众信访举报38件（次），受理案件57件涉及73

人，处理违纪党员干部62人。对领导班子民主生活会开展覆盖年初、年中、年底的全过程、全方位督查，下发《关于认真学习贯彻习近平总书记视察山西重要讲话精神进一步严肃党内政治生活的通知》（晋直发〔2017〕5号），督促省直各部门各单位党组（党委）按要求召开专题民主生活会。7月，对省直机关54个直属单位领导班子民主生活会召开情况进行抽查，对征求意见、谈心谈话、对照检查、整改落实等环节工作重点督察，针对监督检查中发现的会议准备工作不充分、程序不规范、批评和自我批评不严肃不认真、会后整改落实不到位等问题，向12个基层单位提出整改要求，推动严肃党内政治生活向纵深发展、向基层延伸。

省直工委把纪律和规矩挺在前面，抓早抓小，加大监督执纪问责力度。督促省直各单位制定落实中央八项规定精神实施细则，对各部门各单位文风会风等作风建设方面长期存在的短板提出明确整改要求。对文明创建工作任务落空、流于形式的两个单位专门下发整改通知，限期整改并进行验收。紧盯重要时间节点，对省直机关落实中央八项规定精神、纠正“四风”工作进行专项检查。2017年元旦、春节期间，印发《关于做好2017年元旦、春节期间监督检查工作的通知》，对两节期间反“四风”工作进行安排部署，要求省直单位开展自查。五一、端午节期间，省直工委下发通知提出要求，同时组成监督检查组对省直12个部门及其下属单位就公务用车、公款吃喝、公款旅游等九大类问题进行全面督查。10月中下旬，组成5个督查组，对25个厅局级单位和50个基层单位中秋节、国庆节期间落实中央“八项规定”精神、纠正“四风”工作进行检查，向省纪委上报检查情况。全年处理违反中央八项规定精神、涉及“四风”问题案件14件，处分违纪处级党员干部18人。

（赵　悦）

【文明创建学、管、考】 2017年，山西省直工委把文明创建工作作为践行社会主义核心价值观、助力构建良好政治生态的有力抓手，广大干部职工参与文明创建的积极性明显增强，风清气正、廉洁勤政的良好局面正在形成。坚持以学促建，以核心价值观引领新风正气。以学习习近平关于精神文明建设工作的重要讲话为指引，围绕“塑造美好形象、实现振兴崛起”，培育和践行社会主义核心价值观，以弘扬传统美德为抓手推进公民道德建设工程，以立德树人为重点加强改进思想政治工作，开展公民道德建设“五个一”活动和道德讲堂、志愿服务、文明传播等群众性精神文明创建活动，开展省直机关第三届道德模范和第八批“十佳文明窗口”“十佳文明公民”评比表彰，开展“传家训、立家规、扬家风”活动，弘扬主旋律、传播正能量，引领社会文明风尚，推动政风家风民风社会风气的根本好转。省直工委注重加强思想舆论引导，出台研判、上报、监督检查等制度，召开省直机关舆情形势分析会，严把政治方向关、舆论导向关，确保意识形态安全。坚持以管促建，建立完善高效运行机制。贯彻执行省直机关文明单位创建管理规定和考核体系，实行分级分类管理，注重发挥各厅局文明办在日常创建过程中的指导、管理、监督职能。完善文明单位申报、培训、创建等各环节的运行机制，力求精细化、零缺陷。对申报材料严格审核、严格把关，对申报主体严格要求、严格管理，夯实创建基础，确保创建质量。坚持以考促建，提振担当作为精气神。省直工委组织8个考核组，对280个省直单位进行文明创建考核验收。在确保创建工作不敷衍、考核程序不缺项、验收标准不降低的前提下，新申报文明单位标兵和文明单位的验收合格率较往年提高30%。注重创新考核方式方法，吸收部分省直系统机关党委和文明办工作人员进入考核组，实行考核工作“三重监督”机制，充分体现公平公正。采取先各单位自查、后省直文明办抽查的办法，做到考核全覆盖。

（赵　悦）

【职工基本能力竞赛】 2017年11月11日至12日，山西省直机关工委举办的省直机关干部职工基本能力竞赛决赛在山西省交通职业技术学院举行，来自99个省直单位的257名选手参加决赛。

此次竞赛活动，是省直机关工委推进“两学一做”学习教育常态化制度化，加强“三基建设”，提升机关干部职工能力素质的重要举措，解决部分机关党员干部存在的基本能力不足、基础工作不实、发挥作用不够等问题，使大家牢固掌握应知应会的基础知识和基本技能，提升办文办会办事、语言表达和计算机操作等基本能力。257名选手参加以党的理论知识、公文写作、计算机操作、综合测试等为主要内容的决赛。经过激烈角逐，最终产生一等奖5名、二等奖10名、三等奖15名，省直机关劳动竞赛委员会分别给予记功奖励。

（赵　悦）

老干部工作

【概况】 截至2017年底，全省共有离退休干部508069人（不含中直单位），其中，离休干部16477人，退休干部491592人。离休干部平均年龄89岁。全省离退休干部党员260013人，其中，离休干部党员12964人，退休干部党员247049人。全省设立离退休干部党委、党工委、党总支562个，单建离退休干部党支部5538个。全省共有老干部活动中心（室）3082个，总建筑面积636575平方米，1000平方米以上的活动中心（室）142个；老干部工作部门管理的老年大学313所。

2017年，全省各级老干部工作部门贯彻落实中央和省委新部署新要求，做好离退休干部工作。出台《关于进一步加强和改进离退休干部工作的实施意见》。经省委、省政府同意，出台贯彻中办发3号文件的《实施意见》。各市、县和省直单位结合实际制定具体贯彻措施。各级老干部工作部门采取专题辅导、座谈讨论、培训学习等多种形式,普遍利用QQ群、微信等网络途径,宣传学习讨论“两个文件”精神。在2016年度目标责任考核中,省委老干部局连续五年被表彰为优秀省直单位。（马召钰）

【离退休干部学习教育】 2017年,山西省各级老干部工作部门贯彻全面从严治党要求,拓展组织覆盖,夯实离退休干部党建工作基础。各级党委（党组）把离退休干部党建工作纳入党的建设总体布局,结合老同志特点探索党组织设置方法。在全省离退休干部党员和党组织中推进“两学一做”学习教育常态化制度化、开展维护核心见诸行动主题教育。开展全省离退休干部党组织建设专题调研,召开全省离退休干部党组织建设经验交流会。省财政落实2018年度省直单位离退休干部党支部工作经费489万元,各市县将离退休干部党支部工作经费按5000元/年的标准纳入预算。3个市、48个县(市、区)开展离退休干部党委(党工委)试点工作。74个县(市、区)挂牌成立老干部党校。继续为全省离退休干部党支部订阅中组部《离退休干部党支部学习参考》。举办全省离退休干部党支部书记示范培训班,全省共举办离退休干部党支部书记培训班196次,培训8900多人次。晋中市和左云县加强离退休干部社区党建经验,在全省城市基层党建工作会议上作书面交流。（马召钰）

【离退休干部“正能量”传递活动】 2017年,山西省委老干部局以“畅谈”“建言”活动为主要载体开展正能量活动。印发《在省直单位开展离退休干部“畅谈十八大以来变化,展望十九大胜利召开”活动和“建言十九大”活动的实施方案》的通知,并转发各市参照执行。省委老干部局分5路对80个省直单位、11个市开展两项活动情况进行督查,向中组部和省委报告山西省开展两项活动情况。向全省离退休干部发出《共唱“人说山西好环境”谱写山西改革发展新篇章》倡议书。举办山西老年艺术节,纳入山西艺术节总体安排,举行《从这里出发》演出、“革命人永远是年轻”快闪活动、老干部摄影展、红色收藏展、舞蹈大赛等10多项丰富多彩的系列活动,参与活动老同志近3万人。组织省城30多名老专家,到平顺、繁峙等7个贫困县开展健康扶贫行活动,诊治患者2000余人。（马召钰）

【离退休干部服务管理】 2017年,山西省委老干部局健全完善离休干部“三个机制”。推进省直机关事业单位处以下离休干部实行医药费单独统筹工作,下发《关于进一步做好驻并省直机关事业单位处以下离休干部医疗保障工作的通知》,完善医疗保障办法;对部分省直机关事业单位离休干部生活待遇落实情况进行督查调研。转发人社部《关于调整离休干部特需经费标准的通知》,从2018年起将省直部门离休干部公用经费提高到2400元/人年。落实中央政策,将生活长期完全不能自理的离休干部护理费标准提高到2500元/人月。

加大财政对国有改制、破产和困难企事业单位离休干部生活待遇保障力度。省财政资金解决部分省直困难企事业单位265名离休干部2016年医药费473.72万元;补助落实省直困难企事业单位离休干部统筹外生活补贴2100万元。对部分省直事业单位离休干部病故一次性抚恤金落实及经费发放渠道、省属困难企业离休干部2016年医药费发放情况、部分省直单位离休干部生活待遇落实情况进行督查,落实部分省直困难事业单位离休干部病故一次性抚恤金。

深化离退休干部服务管理工作。为省直驻并机关、事业、企业单位2500名离休干部发放就诊优先证。春节、重阳节期间,省领导走访慰问省级老同志及遗偶。在山西电视台、《山西日报》等媒体播发《省委省政府致全省离退休干部的慰问信》。在介休市召开利用社区资源做好离退休干部工作推进会,省委常委、组织部长吴汉圣对会议情况报告批示“方向对头,望继续探索。”妥善处理老同志来信来访。开展特殊困难离退休干部帮扶工作,全省共帮扶7700多名困难老同志,发放帮扶资金750多万元。

改善老干部学习活动条件,开展丰富多彩的文体活动。山西老年大学扩大办学规模,2017年招收学员6190人(次),探索依靠社会力量建立分校,创办山西老年大学城市学院分校。协调省发改委、省财政厅,落实5个贫困县老年大学省补资金370万元。召开省补资金落实工作会议和全省老年大学建设发展推进会。市、县两级年内新建或改扩建老干部活动中心11个、老年大学17个,投入资金3100多万元。开展“文化下乡、助力扶贫”慰问演出活动。开展全省优秀老干部文艺团队推荐表彰活动,对老干部活动团队建设情况进行调研。各级老干部工作部门围绕喜迎中共十九大等主题,开展老干部文体活动1800多场(次),参与老同志19.80万人(次)。（马召钰）

【山西老年文体艺术节】 2017年8月16日至22日,山西省委老干部局举办以“不忘初心跟党走、同心喜迎十九大”为主题的第八届山西老年文体艺术节。举行《从这里出发》大型音乐舞蹈史诗演出活动、“我看十八大以来新变化”老干部摄影展、老干部红色收藏展、“舞动生命,阳光心态”舞蹈大赛、“中国梦,夕阳美”模特大赛、“重阳颂真情,银龄正能量”朗诵比赛、“唱响金秋,迎十九大”合唱比赛、省直离退休干部中国象棋比赛、老年讲坛、电影展映等10项系列活动。这次艺术节参与的省直单位总计81家,涉及总人数超过3万人,是历次老年文体艺术节中参与人数最多,活动规模最大,涵盖单位最广的一次。（马召钰）

【离退休干部工作专题调研】 2017年,省委老干部局组织6个调研组,

2017年8月16日至22日，山西省委老干部局举办“不忘初心跟党走，同心喜迎十九大”为主题的第八届山西老年文体艺术节 （马召钰供图）

由局领导带队，机关业务处室负责同志参与，到11个市和部分县（市、区）、部分省直单位老干部工作一线，分6个专题开展调研。赵建华带队到太原市、忻州市、晋中市、阳泉市、吕梁市20多个县（市、区），实地查看7个社区、2个日间照料中心、15个老干部活动中心和老年大学，以学习贯彻中共十九大精神，推动中办发〔2016〕3号文件和晋办发〔2017〕28号文件精神落实落地，加强和改进离退休干部工作为主题，开展为期18天的调研。局班子其他成员分别就发挥老干部文体活动团队作用、加强和改进离退休干部党组织建设、探索退休干部管理服务工作、推进离退休干部社区“四就近”工作、深化市县特困离退休干部帮扶工作等课题分别进行调研。 （马召钰）

信　访

【概况】 2017年，山西省信访局实现年初提出的“三突破、一退位、一好转、三确保”工作目标，完成“为中共十九大胜利召开营造和谐稳定社会环境”政治任务。开展矛盾纠纷源头治理，化解信访突出问题。通过开展“重点信访问题源头化解专项行动”“特殊疑难信访问题集中攻坚”“扶贫领域信访积案‘清零’专项行动”等活动，攻坚解决一大批信访突出问题。推进信访工作制度改革，提升服务群众能力。建成全省8632个单位互联互通的网上信访业务办理系统，建立涉法涉诉信访事项导入导出机制，细化依法分类处理信访事项流转机制。增强围绕中心履职意识，提高信访部门服务大局水平。创新完善工作机制，提升信访系统整体水平。通过创新工作前置机制、完善网上信访机制、改进督查督办机制、创新考核评价机制及落实非接待场所涉访处置机制，实现联动治理，提升整体水平。把握新时代党的建设要求，加强信访部门党的建设。 （杨卫兵）

【信访工作重要会议】 2017年2月22日下午，山西省信访工作电视电话会议召开。黄晓薇出席会议并讲话。省人大常委会副主任、省公安厅厅长刘杰主持会议。会议总结2016年工作，部署2017年任务，并对先进集体和先进个人进行表彰。

7月23日，骆惠宁主持召开十一届省委第33次常委会议，传达学习习近平重要指示和第八次全国信访工作会议精神，研究山西省贯彻落实意见。会议要求，要坚持一手抓信访事项解决，一手抓源头性、基础性工作，推动依法及时就地解决群众合理诉求，把理念提升、机制创新、制度完善和科技应用结合起来，提高信访工作专业化、法治化、信息化水平，更好地维护群众合法权益、维护社会公平正义、维护社会和谐稳定。

7月28日，省委、省政府召开“进一步深入开展‘重点信访问题源头化解’暨‘信访突出问题大整治’活动动员部署视频会议”。黄晓薇出席并讲话，会议由省委常委、常务副省长高建民主持，省委常委、政法委书记商黎光宣读《关于进一步深入开展“重点信访问题源头化解”暨“信访突出问题大整治”活动的实施意见》。 （杨卫兵）

【信访问题化解】 2017年，山西省委、省政府决定从2月20日至4月底，在全省开展“重点信访问题源头化解”专项行动，梳理和化解部分军队退役人员、城乡建设领域、企业拖欠社保三方面稳定风险、突出问题和已形成的信访案件。黄晓薇任专项行动领导组组长，高建民，刘杰任副组长。专项行动分部署交办、包案化解、总结研判三个阶段。 （杨卫兵）

【扶贫领域信访“清零”行动】 2017年，山西省信访局从12月15日起集中半个月时间，在全省范围内开展扶贫领域信访事项“清零”专项行动，对涉及扶贫领域的信访事项进行集中交办。省联席办派出6个督导组到11市带案下访，对任务清单中明确的信访事项，督促包案领导逐案接待信访人、逐案直接听取诉求、逐案研究处理销账，推动专项行动开展，山西省扶贫领域信访事项年底前“清零”。

（杨卫兵）

【化解重点信访案件律师参与】 2017年1月5日，山西省司法厅与山西省信访局联合发文《关于表彰全省律师参与化解重点信访案件工作先进单位和先进个人的决定》，晋中市司法局等40个单位被评为“全省律师参与化解重点信访案件工作先进

单位”,赵匡中等60人被评为“全省律师参与化解重点信访案件工作先进个人”。全省各级司法行政机关和信访部门围绕省委省政府中心工作,组织律师等法律服务工作者主动参与化解重点信访案件,为全省经济社会发展作出贡献。 （杨卫兵）

【省市县三级领导大走访】 2017年,为解决群众反映强烈的突出问题,维护群众合法权益,山西省委决定从2月下旬开始,开展为期1个月省、市、县三级党政主要领导大走访活动。根据省委要求,省委省政府领导带头走访,各市委书记、市长,县(市、区)党政主要领导进行大走访。 （杨卫兵）

【省信访联席办组织明察暗访】 2017年8月17日至23日,省信访联席办派出两个督查组对全省11市23县(市、区)党政领导干部在信访接待场所接访情况进行督导检查。通过明察暗访,提高领导干部接访效果,大量信访问题化解在基层当地。

（杨卫兵）

【信访督导】 2017年,省信访联席会议为做好中共十九大期间信访工作,派出6个督导组,从9月下旬至10月底,到各市和重点省属企业、部分省直单位督导检查。督导内容主要包括六个方面,中共十九大期间信访工作安排部署情况;矛盾纠纷排查化解工作进展情况;“重点信访问题源头化解”和“信访突出问题大整治”活动开展情况;领导干部接访下访情况;教育帮扶落实情况;应急处置机制落实情况。 （杨卫兵）

党校教育

【概况】 2017年,中共山西省委党校、山西行政学院(简称校院)落实习近平新时代中国特色社会主义思想和中共十九大精神,制定印发《认真学习宣传贯彻中共十九大精神实施意见》《宣讲十九大精神“六进”活动方案》《分专题学习研讨党的十九大精神安排意见》,校院全体干部分两期参加学习中共十九大精神培训班,承办4期省管干部学习贯彻中共十九大精神研讨班和6期省直机关处级干部学习贯彻中共十九大精神培训班,组织教师党员中共十九大精神“进课堂”教学专题申报91项,走出校门宣讲174场次。召开1次省委深入学习贯彻习近平系列重要讲话精神和治国理政新理念新思想新战略经验交流会,累计培训省管干部学员3500余人次。其中,3次重点培训和专题班次上,骆惠宁等省领导作辅导报告、讲党课、调研指导工作。

完成全省党校系统中高级专业技术职务任职资格评审,实现2017年党校系统高级职称评聘分离,7人取得教授任职资格,4人获评山西省宣传文化系统第四批“四个一批”人才人选。全年有教师84人次外出参加进修或延伸培训,占专职教师人数的80%以上,有6名教师赴基层挂职锻炼。制定《开展校处两级干部大调研工作方案》,159名校处干部到11个市、30余县(市、区)开展调研,调研总天数达3241天,人均20.40天,形成调研报告53份。

出台《中共山西省委党校业务指导办法》,指导和督促检查市县党校业务。落实校院领导市、县党校联系点制度,全年分别到11所市委党校、30多所县级党校调研近50天。举办全省行政学院系统骨干师资培训班、省行政学院系统教学管理专题培训班。 （孟国丽）

【教育培训】 2017年,校院举办各类培训班次130余期,轮训培训学员1.4万余人次。召开精品课程教学研讨会,33个专题经评审列为重点课程,并以中共十九大精神为核心专门设计“1+8”课程体系。继续完善“13个如何看待”研究成果,相关专题全部进入主体班次课堂。出台校院《2016—2020年学科建设规划》。定期举办“学员论坛”和“硕博论坛”,全年邀请省内外有关领导和专家学者作报告讲座36场次。出版《公务员忠诚干净担当读本》。

（孟国丽）

【理论研究成果】 2017年,院校立项国家社科基金课题1项,结项国家社科基金课题2项。立项省社科课题9项、省软科学课题4项、省社科联课题5项。校院级课题立项12项。省社科课题结项8项,省社科联课题结项6项。在全国党校系统重点调研课题和全国行政学院科研合作项目课题申报中,校院各申报课题4项,分别立项2项。对2016年启动实施的全

2017年11月16日,第一期省管干部学习贯彻党的十九大精神专题研讨班在山西省委党校开班 （孟国丽供图）

省党校系统66项课题进行结项评审，结项成果44项。参与2017年省统战理论政策课题研究，报送成果2项。组织完成全省党校系统第9届科研基金优秀成果评奖。全年在《山西日报》《前进》《学习时报》等党报党刊发表重要理论文章15篇。定期组织举办各类理论研讨会和座谈会，并报送主题论文，1篇论文入选第4届全国哲学社会科学话语体系建设理论研讨会。在全国党校系统第11届优秀科研成果和决策咨询成果评奖中，校院有5项成果获奖。在省社科联2016年度“百部（篇）工程”成果评奖中，有8项成果获奖并获组织奖。在全国行政学院系统第四届优秀科研成果评奖中，有5项成果获奖。

（孟国丽）

【决策咨询工作】 2017年，院校上报省委、省政府《决策建议报告》14期，全部受到副省长以上领导批示。其中，骆惠宁批示9期，楼阳生批示6期，另有其他副省级领导批示19期次，超额完成年度目标任务。2篇咨询成果通过国家行政学院《送阅件》上报中央。一些建议成果被有关部门采纳和参考。 （孟国丽）

党史工作

【概况】 2017年，中共山西省委党史办公室（以下简称“省委党史办”）在党史研究、党史资料征集、党史纪念活动、党史学习和宣传教育特别是反对历史虚无主义、党史人才队伍建设等方面取得成绩。以省委办公厅名义转发《2016—2020年山西党史工作规划》。完成习近平参观晋绥边区革命纪念馆接待讲解工作。以省委办公厅名义印发《关于加强地方党史工作的实施意见》。

《党史文汇》第1期和7期刊发《胡兰精神有传人》和《论历史虚无主义对红色资源的戕害——以“刘胡兰被黑”事件为例》二文，以翔实的资料和科学的推论展现刘胡兰烈士的英烈形象，批判诋毁刘胡兰烈士的错误言论。

参加“砥柱中流——纪念太行抗日根据地创建80周年”研讨会、“黎城解放暨黎城抗日根据地历史地位与贡献”研讨会、平型关大捷80周年纪念大会。

牵头组织太原理工大学设计院团队，为红军东征首战告捷处关上战役纪念馆免费进行景观和建筑设计。

（尹　君）

【党史编研】 2017年，山西省委党史办编撰出版《山西抗击“非典”始末》《山西籍志愿军老同志回忆录》。

全国党史部门统一部署的课题：完成《改革开放实录（山西部分）》《改革开放以来山西旅游业发展概况》《山西扶贫工作的举措与成效》《新时期山西教育事业的改革与发展》3个专题的撰写和上报任务。统编审定完成《抗日战争时期中国人民伤亡和财产损失调研丛书》（B卷本大同卷），并按时上报成果。根据中共党史人物研究会关于协助核定《党史辞典丛书·重要人物辞典》拟定稿相关要求，按时上报核实修改意见。参与中纪委、中国方正出版社重点课题《中国共产党人的故事丛书》山西部分的撰稿任务，撰写16位革命先烈故事，共7万余字。

专题研究、专题史料征编：启动《太行革命根据地史》《太岳革命根据地史》《晋绥革命根据地史》3部根据地史修订再版工作。撰写完成《“一五”时期山西十五项重点工程建设》送审稿，编撰完成《晋中解放区史》《中国共产党与山西抗战（修订版）》《丰碑——晋绥边区革命纪念馆画册（暂定名）》初稿和《山西“三反”“五反”运动》征求意见稿。推进完成《党和国家领导人视察山西》初稿以及《20世纪50年代山西十五项重点工程建设口述》的录音整理工作。编写完成《2016年山西党史大事记》送审稿。推进《山西改革开放实录》专题研究编写工作，收集汇总专题题目、提纲34篇。 （尹　君）

【党史宣传教育】 2017年，编辑出版《中共山西年鉴》（2017版），明确“中共山西省委主办”的定位。编辑出版《党史文汇》12期，在旗帜鲜明反对历史虚无主义、纪念中国人民解放军建军90周年、宣传伟人等方面，刊发大量可信、可鉴、可存的正能量文章，坚持正确导向，守住期刊阵地。

山西党史网累计刊发各类文章620余篇。制作“庆祝中国人民解放军建军90周年”“纪念全民族抗战爆发80周年”“喜迎十九大——砥砺奋进的五年”等网站专题；山西党史微信公众号继续结合党史重大事件、党史重要人物纪念日开展主题宣传，累计发表和转载各类文章308篇。参与省电视台《风骨山西》电视节目录制工作，共8集，每集20分钟。

省委党史办组织开展评选第二批山西省党史教育基地工作，对全省30处党史教育基地进行命名挂牌。

省委党史办参与省委宣传部组织的“如何更好地继承革命文化”相关调研工作，撰写山西革命文化形成发展、资源状况、典型事件人物及作出的独特贡献的调研报告。

省委党史办联合省教育厅关工委在朔州市第二中学举行全省首批青少年“学党史、知党恩、跟党走”主题教育活动，约500人参加。

构建党史资源共享数据平台，筹建山西省数字党史综合管理平台。

（尹　君）

综　述

【省人大常委会职责履行】 2017年，山西省人民代表大会常务委员会（简称省人大常委会）召开常委会会议9次，制定7件、全面修订2件、修正1件、废止2件地方性法规，听取审议“一府两院”专项工作报告13项，开展专题询问1次、满意度测评1次，完成省十二届人大七次会议确定的各项任务，为促进全省经济社会持续健康发展发挥重要作用，作出积极贡献。

（郭　强）

【“一府两院”工作报告审议】 2017年，山西省人民代表大会及其常务委员会听取和审议省政府及其部门、省高级人民法院、省人民检察院的工作报告，主要有：《关于全省政府采购情况的报告》《关于2016年度全省环境状况和环境保护目标完成情况的报告》《关于2017年上半年全省国民经济和社会发展计划执行情况的报告》《关于2016年省本级财政决算和2017年上半年全省预算执行情况的报告》《关于2016年省本级预算执行和其他财政收支的审计工作报告》《省高级人民法院关于案件受理改革工作情况的报告》《省人民检察院关于民事行政检察工作情况的报告》《关于全省开发区改革创新发展情况的报告》《关于全省公共文化服务体系建设情况的报告》《关于全省水利工作情况的报告》《省人民政府关于省十二届人大七次会议以来代表建议、批评和意见办理情况的报告》《省高级人民法院关于省十二届人大七次会议以来代表建议、批评和意见办理情况的报告》《省人民检察院关于省十二届人大七次会议代表意见、批评和建议办理情况的报告》。

（郭　强）

【省人大组织构成】 2017年，山西省第十二届人民代表大会有代表552名，其他区及界别分布为：太原74名、大同52名、朔州26名、忻州42名、吕梁53名、晋中48名、阳泉26名、长治47名、晋城39名、临汾62名、运城68名、解放军15名。人大常委会工作机构有：法制委员会、内务司法委员会、财政经济委员会、法制工作委员会、教育科学文化卫生工作委员会、农村工作委员会、城乡建设环境保护工作委员会、人事代表工作委员会、民族宗教侨务外事工作委员会、预算工作委员会、研究室、信访局。（郭　强）

人大重要会议

【山西省第十二届人民代表大会第七次会议】 2017年1月14日至1月18日在太原举行。

大会议程共八项：(1)听取和审议山西省人民政府工作报告；(2)审查和批准山西省人民政府关于山西省2016年国民经济和社会发展计划执行情况与2017年国民经济和社会发展计划（草案）的报告，批准山西省2017年国民经济和社会发展计划；(3)审查和批准山西省人民政府关于山西省2016年全省和省本级预算执行情况与2017年全省和省本级预算（草案）的报告，批准山西省2017年省本级预算；(4)听取和审议山西省人民代表大会常务委员会工作报告；(5)听取和审议山西省高级人民法院工作报告；(6)听取和审议山西省人民检察院工作报告；(7)选举山西省监察委员会主任；(8)补选及其他事项。

大会共收到代表提出的议事原案26件。经议案审查委员会审查并报大会主席团决定，将其中25件立为22件议案，交由省人大及其常委会有关机构办理，其余1件转为建议。收到建议及议案转建议共761件，其中，20件交由省人大常委会办理，705件交由省政府系统办理，10件交由省高级人民法院办理，2件交由省人民检察院办理，24件交由党群部门办理。

大会表决通过关于政府工作报告的决议、关于山西省2016年国民经济和社会发展计划执行情况与2017年国民经济和社会发展计划的决议、关于山西省2016年全省和省本级预算执行情况与2017年全省和省本级预算的决议、关于省人大常委会工作报告的决议、关于省高级人民法院工作报告的决议和关于省人民检察院工作报告的决议。

大会决定接受王儒林辞去山西省第十二届人民代表大会常务委员会主任职务的请求，牛仁亮辞去山西省第十二届人民代表大会常务委员会副主任职务的请求,邓永明、杨竞赛、宋新柱、张铁锁、秦良玉、袁升德、郭贵仁、谢海辞去山西省第十二届人民代表大会常务委员会委员职务的请求,邓永明辞去山西省第十二届人民代表大会法制委员会主任委员职务的请求,刘杰辞去山西省副省长职务的请求,左世忠辞去山西省高级人民法院院长职务的请求。

大会补选骆惠宁为山西省第十二届人民代表大会常务委员会主任,胡苏平(女)、刘杰为山西省人民代表大会常务委员会副主任,弓跃、王立业、王守义、王宏、牛社威、冯改朵(女)、闫喜春、李青山、杨增武、张葆(女)、张瑞鹏、蔡汾湘为山西省第十二届人民代表大会常务委员会委员,任命赵建平为山西省第十二届人民代表大会法制委员会主任委员。大会选举任建华为山西省监察委员会主任,补选邱水平为山西省高级人民法院院长。主席团组织新当选人员进行宪法宣誓。

(郭　强)

【山西省十二届人大常委会会议】2017年,山西省人大常委会共举行9次常委会会议。

第三十四次会议。1月10日至11日在太原举行。

会议表决通过《山西省汾河流域生态修复与保护条例》,关于山西省监察委员会副主任、委员任命和宪法宣誓程序的决定,关于批准《忻州市地方立法条例》《晋中市地方立法条例》《吕梁市城市绿化条例》《吕梁市柳林泉域水资源保护条例》的决定,山西省第十二届人民代表大会第七次会议议程,山西省第十二届人民代表大会常务委员会向山西省第十二届人民代表大会第七次会议所作的工作报告(稿),关于个别省十二届人大代表的代表资格的报告,山西省第十二届人民代表大会第七次会议主席团和秘书长名单、议案审查委员会组成人员名单、列席人员名单。

第三十五次会议。1月18日在太原举行。

会议审议省人大常委会主任会议提请审议的人事免职议案;审议省人民政府提请审议的人事任免议案;审议省监察委员会提请审议的人事任职议案。

第三十六次会议。2月22日在太原举行。

会议审议人事任命议案,表决通过人事任命名单。

第三十七次会议。3月29日至30日在太原举行。

会议表决通过关于山西转型综合改革示范区行政管理事项的决定、关于批准《太原市物业管理条例》的决定、关于批准《太原市餐厨废弃物管理条例》的决定、关于个别代表的代表资格的审查报告,关于罢免杨绍清第十二届全国人民代表大会代表职务的决议,关于接受孙绍骋辞去山西省副省长职务请求的决定。

会议表决通过山西省第十二届人民代表大会常务委员会代表资格审查委员会任免名单。

第三十八次会议。5月17日至19日在太原举行。

会议表决通过《山西省无线电管理条例》,关于批准《朔州市地方立法条例》《朔州市人民代表大会议事规则》《朔州市人民代表大会常务委员会议事规则》《阳泉市地方立法条例》《长治市地方立法条例》《临汾市地方立法条例》《运城市人民代表大会及其常务委员会立法条例》的决定,关于批准2017年省本级预算调整方案的决议,关于个别代表的代表资格的报告。

第三十九次会议。7月3日至4日在太原举行。

会议审议省人民政府关于提请审议《山西省城乡环境综合治理条例(草案)》的议案;审议人事任免议案。

会议表决通过《山西省城乡环境综合治理条例》。

第四十次会议。7月31日至8月2日在太原举行。

会议表决通过关于批准2016年省本级财政决算的决议。

第四十一次会议。9月26日至29日在太原举行。

会议表决通过《山西省科技创新促进条例》《山西省动物防疫条例》、关于修改《山西省人民代表大会及其常务委员会讨论、决定重大事项的规定》的决定、关于批准《太原市人民代表大会常务委员会关于废止〈太原市价格调节基金管理条例〉的决定》的决定、关于批准《大同市人民代表大会常务委员会关于修改〈大同市物业管理条例〉等法规的决定》的决定、关于批准《吕梁市非物质文化遗产保护条例》的决定、关于批准《临汾市禁止燃放烟花爆竹规定》的决定、关于批准《临汾市非物质文化遗产保护管理办法》的决定、关于山西省第十三届人民代表大会第一次会议召开时间和山西省第十三届人民代表大会代表选举时间的决定。

9月29日上午举行的联组会议对全省开发区改革创新发展情况进行专题询问,副省长王一新及省政府8名负责人到会应询。

第四十二次会议。11月28日至12月1日在太原举行。

会议表决通过《山西省旅游条例》《山西省农村扶贫开发条例》《山西省食品小作坊小经营店小摊点管理条例》《山西省历史文化名城名镇名村保护条例》、关于山西省大气污染物和水污染物环境保护税适用税额的决定、关于批准《太原市电动自行车管理条例》《太原市文明行为促进条例》《太原市人民代表大会常务委员会关于修改〈太原市晋祠保护条例〉等五部地方性法规的决定》《太原市建筑废弃物管理条例》《大同市人民代表大会常务委员会关于修改〈大同市散装水泥和预拌混凝土管理条例〉的决定》《忻州市电动车管理条例》《忻州市五台山风景名胜区条例》《晋中市电梯安全条例》《晋城市公共交通条例》《吕梁市扬尘污染防治条例》《临汾市旅游资源保护和开发办法》《临汾市燃煤污染防治规定》的决定、关于召开山西省第十三届人民代表大会第一次会议的决定、省人大内务司法委员会关于省十二届人大七次会议主席团交付的代表议案审议结果的报告、省人大财政经济委员会关于省十二届人大七次会议主席团交付的代表议案审议结果的报告、省人大常委会人事代表工作委员会关于省十二届人大七次会议主席团交付的代表议案处理情况的报告，分别表决通过省人民政府、省高级人民法院、省人民检察院关于省十二届人大七次会议以来代表建议、批评和意见办理情况的三个报告。

会议对全省开发区改革创新发展情况报告审议意见研究处理情况报告进行满意度测评，测评结果为总体满意。 （郭 强）

立 法

（参见法治·人大立法）

监 督

【《山西省女职工劳动保护条例》执法检查】 2017年4月至6月，省人大常委会有关领导带领执法检查组对《山西省女职工劳动保护条例》实施情况进行检查，分别到太原、大同、朔州、吕梁、阳泉、临汾6市及所属15个县（市、区）进行检查，先后召开汇报座谈会21次，实地查看医院、企业、学校等47个用人单位，随机抽查提问、查阅有关资料，并形成分组报告。其他5个市人大常委会对本行政区域内条例实施情况进行检查并提交检查报告。1个市按照通报要求提交卫生费落实情况报告。11个省级产业工会提交自查报告。6月2日，检查组听取省政府及省财政厅、省人社厅、省卫计委、省安监局、省总工会、省妇联关于条例实施情况的汇报。

省总工会落实监督责任，开展专题调研和自查，全力配合执法检查。市县政府及相关部门结合当地实际进行积极探索和尝试，一些用人单位创新工作制度，有一些值得总结和推广的经验。市、县人大常委会依法履职，加强监督检查，条例实施对女职工劳动保护的推动作用显著。

针对检查中发现的问题，检查组建议，要加大执法工作力度，强化监管责任，完善配套的政策措施，加大宣传普及力度，持之以恒地实施好条例。 （郭 强）

【《山西省安全生产条例》执法检查】 2017年7月至9月，省人大常委会副主任张建欣带领部分常委会委员和省人大代表及财经委组成人员，到大同、忻州、晋城、临汾4个市就《安全生产法》和《山西省安全生产条例》实施情况进行检查，委托太原、晋中、阳泉、朔州、吕梁、长治、运城市人大常委会开展自查，并听取省政府，省安监局、公安厅、住建厅、交通厅、农业厅、煤炭厅，山西煤监局等7个部门的情况汇报。

2016年实现各类生产安全事故、较大事故、采矿业事故、交通运输和仓储业事故、商贸制造业事故，起数和死亡人数“双下降”。截至8月底，各类事故总起数、总死亡人数同比呈现双下降，分别下降28.30%、21.63%。

针对检查中发现的问题，检查组建议：加强宣传培训，提高安全生产法律意识；坚持问题导向，严格落实监管责任；强化隐患整改，加大安全监管执法力度；创新监管方式，督促企业落实主体责任；关注薄弱环节，加强农村和农业领域的监管。 （郭 强）

【《山西省实施〈中华人民共和国民办教育促进法〉办法》执法检查】 2017年7月上旬至10月中旬，省人大常委会副主任胡苏平、周然、高卫东分别带队到太原、运城、临汾、忻州、朔州5市及29所民办学校就《民办教育促进法》和《山西省实施〈中华人民共和国民办教育促进法〉办法》情况实地检查，听取省政府和15个相关部门及部分市、县政府贯彻实施法律法规情况汇报，与省及部分市、县相关部门负责人、民办学校负责人、公办学校负责人、教师代表、学生代表、家长代表160余人座谈交流。大同、阳泉、长治、晋城、吕梁、晋中6市人大常委会受委托在本市开展检查，并形成检查报告。

“一法一办法”实施以来，各级政府及相关部门坚持“积极鼓励、大力支持、正确引导、依法管理”方针，切实维护民办学校和受教育者合法权益；各级各类民办学校贯彻国家教育方针，坚持依法办学，致力培养各类人才，民办教育已形成一定办学规模，成为教育事业的重要增长点、教育改革的重要力量和民生福祉保障改善的重要方面，有力促进了科教兴晋、人才强省战略实施和全省经济社会发展。

针对检查中发现的问题，检查组建议，增强法治意识，有序推进分类改革；加强党的领导，确保正确办学方向；科学规划引导，促进统筹协调发展；加大工作力度，更好落实扶持政策；强化监督管理，维护良好办学秩序；构建保障网络，维护民办教师权益。 （郭 强）

代表工作

【代表议案建议处理】 2017年，在第十二届全国人民代表大会第五次会议期间，山西省代表团共提出议案6件，分别是《关于将家庭财产公示写入〈公务员法〉的议案》《关于修改我国〈破产法〉有关“强裁”条文的议案》《关于〈未成年人保护法〉修改的议案》《关于尽快出台〈中华人民共和国反就业歧视法〉的议案》《关于尽快出台〈中华人民共和国家庭教育法〉的议案》《关于废止〈中华人民共和国乡镇企业法〉的议案》。提出建议194件，内容涉及供给侧结构性改革、扶贫攻坚、科技创新、加强生态建设、发展社会事业、推进司法公正等方面，其中以代表团名义提出的建议3件，分别是《关于在山西太行山、吕梁山开展生态修复工程的建议》《关于支持山西深度融入京津冀地区协同发展战略的建议》和《关于支持山西煤炭去产能的政策建议》。山西省十二届人大七次会议期间，10人以上代表联名或代表团提出的议事原案26件，其中25件内容涉及地方性法规制定、修订和重大事项决定，符合议案构成要件，立为22个议案；1件不属于省人大及其常委会职权范围，转为建议、批评和意见处理。省人大代表依法就山西省各方面的工作向大会提出建议761件，主要集中在推进转型综改试验区建设、实现转型跨越发展和产业结构升级，推动教育事业发展，保障科技发展，统筹城乡发展，加快社会事业发展，大力保障和改善民生，创新社会管理，加强社会主义民主法制建设，搞好安全生产，环境保护等方面。其中18件作为重点办理的代表建议，由省政府5位副省长分别领办，省人大常委会4位副主任牵头督办，取得明显效果，代表提出的许多合理化建议及时转化为政策措施，解决了群众最关心的热点难点问题。（郭　强）

【旅游工作干部法律培训】 2017年9月3日，山西省人大旅游工作干部法律培训班在浙江大学开班。省人大常委会领导出席并讲话，省人大常委会民宗侨外工委主任李东福主持开班式，浙江大学海洋学院院长陶向阳致辞，省人大常委会民宗侨外工委副主任王尚义、何涛、李洪、各市人大常委会分管领导和民宗侨外工委、部分旅游重点县人大常委会负责人80余人参加培训。组织这次以旅游为主题的培训班，主要目的是进一步深入学习贯彻习近平总书记视察山西重要讲话精神，针对山西省大力发展现代旅游业，建设旅游强省，应对经济下行压力，促进经济转型升级，坚持运用法律手段，促进和保障旅游业持续健康发展，坚持完善和落实相关政策措施，积极开发利用旅游资源，把山西打造成国内领先的旅游强省和国际著名的旅游目的地，储备旅游各方面的知识。（郭　强）

山西省第十二届人民代表大会第七次会议代表提出的重点议案情况（共25件22案）

案　由	领衔代表及人数	议案编号	代表团	承办单位
关于尽快修订《山西省食品生产加工小作坊和食品摊贩　监督管理办法》的议案	温变英等22名代表	0001	太原	教工委
关于加快修订《山西省动物防疫条例》的议案	温变英等22名代表	0002	太原	农工委
关于制定《山西省法治宣传教育条例》的议案	杨蓉等19名代表	0003	太原	内司委
关于制定《山西省家庭教育促进条例》的议案	温变英等21名代表 李瑞青等17名代表	0004 0021	太原 吕梁	内司委 内司委
关于尽快制定《山西省社会科学普及条例》的议案	温变英等22名代表	0005	太原	教工委
关于制定《山西省电动车管理条例》的议案	纪勇等12名代表 丁国华等13名代表	0006 0023	大同 忻州	内司委 内司委
关于制定《山西省社区教育工作条例》的议案	于亚军等27名代表	0007	太原	教工委
关于制定《山西省种子条例(草案)》的议案	王继伟等10名代表	0008	长治	农工委
关于修订《山西省畜禽屠宰管理条例》的议案	王继伟等10名代表	0009	长治	农工委
关于制定《山西省关于推动全民阅读的决定》的议案	于乐等14名代表	0010	临汾	教工委
关于修改《山西省风景名胜区条例》的议案	刘新东等13名代表	0011	阳泉	城环委
关于制定《山西省预防青少年犯罪条例》的议案	刘新东等15名代表	0012	阳泉	内司委
关于制定《山西省职工代表大会条例》的议案	刘新东等15名代表	0013	阳泉	内司委
关于制定《山西省老年教育促进条例》的议案	于亚军等27名代表	0014	太原	内司委
关于制定《山西省智慧城市建设促进条例》的议案	曹慧彬等21名代表	0015	太原	城环委
关于修订《山西省节约用水条例》的议案	马海英等11名代表	0016	晋中	农工委
关于修订《山西省旅游条例》的议案	马海英等11名代表	0017	晋中	民侨委
关于修订《山西省煤炭管理条例》的议案	马海英等11名代表	0018	晋中	财经委
关于修订《山西省平遥古城保护条例》的议案	王岩等24名代表	0019	晋中	教工委
关于尽快制定《山西省科学技术创新条例》的议案	丁国华等13名代表	0020	忻州	教工委
关于尽快制定《山西省食品安全条例》的议案	丁国华等13名代表	0022	忻州	教工委
关于修改、合并《山西省促进旅游产业发展条例》和《山西省旅游条例》的议案	连翠芬等26名代表	0024	太原	民侨委
关于制定《五台山风景名胜区管理保护条例》的议案	忻州代表团	0025	忻州	城环委

人事任免

【人事任免情况】 2017年,山西省第十二届人民代表大会及常务委员会共决定任免、任免和批准任免国家机关工作人员229人次，组织10次宪法宣誓仪式,49人次进行宪法宣誓。

（郭　强）

【山西省监察委员会人员任免】 山西省第十二届人民代表大会第七次会议选举任建华为山西省监察委员会主任。山西省十二届人大常委会第三十五次会议,根据山西省监察委员会主任任建华的提名，任命陈学东、郝权、孟萧为山西省监察委员会副主任,何青、王帅红、王成禹、孙京民、王海林、荣奋刚为山西省监察委员会委员。

（郭　强）

【山西省人大工作机构人员任免】 山西省第十二届人民代表大会第七次会议决定接受王儒林辞去山西省第十二届人民代表大会常务委员会主任职务的请求,牛仁亮辞去山西省第十二届人民代表大会常务委员会副主任职务的请求,邓永明、杨竞赛、宋新柱、张铁锁、秦良玉、袁升德、郭贵仁、谢海辞去山西省第十二届人民代表大会常务委员会委员职务的请求,邓永明辞去山西省第十二届人民代表大会法制委员会主任委员职务的请求。补选骆惠宁为山西省第十二届人民代表大会常务委员会主任,胡苏平(女)、刘杰为山西省人民代表大会常务委员会副主任,弓跃、王立业、王守义、王宏、牛社威、冯改朵(女)、闫喜春、李青山、杨增武、张葆(女)、张瑞鹏、蔡汾湘为山西省第十二届人民代表大会常务委员会委员,任命赵建平为山西省第十二届人民代表大会法制委员会主任委员。山西省十二届人大常委会第三十四次会议,根据主任会议的提名,免去郭贵仁的山西省人大内务司法委员会副主任委员职务、袁升德的山西省人大常委会教育科学文化卫生工作委员会副主任职务、杨竞赛的山西省人大常委会人事代表工作委员会副主任职务、秦良玉的山西省人大常委会民族宗教侨务外事工作委员会副主任职务,任命冯改朵为山西省人大常委会农村工作委员会主任、郭新民为山西省人大常委会城乡建设环境保护工作委员会副主任、李高山为山西省人大常委会人事代表工作委员会副主任。山西省十二届人大常委会第三十五次会议,根据主任会议的提名,免去赵建平的山西省人大常委会民族宗教侨务外事工作委员会副主任职务。山西省十二届人大常委会第三十六次会议,根据主任会议的提名，任命蔡汾湘为山西省人大常委会法制工作委员会主任。山西省十二届人大常委会第三十七次会议,根据主任会议的提名,免去牛仁亮的山西省第十二届人民代表大会常务委员会代表资格审查委员会主任委员职务,邓永明、杨竞赛、谢海的山西省第十二届人民代表大会常务委员会代表资格审查委员会委员职务;任命胡苏平为山西省第十二届人民代表大会常务委员会代表资格审查委员会主任委员，冯改朵、赵建平(法制委)、蔡汾湘为山西省第十二届人民代表大会常务委员会代表资格审查委员会委员。山西省十二届人大常委会第三十八次会议,依据省委研究的意见、主任会议的提名,免去李远程的山西省人大常委会城乡建设环境保护工作委员会副主任职务,王铁选的山西省人大常委会人事代表工作委员会副主任职务。山西省十二届人大常委会第三十九次会议,依据省委研究的意见、主任会议的提名,免去王晓明的山西省人大法制委员会副主任委员职务,郭忠烈的山西省人大内务司法委员会副主任委员职务,刘钢的山西省人大常委会副秘书长职务,张世文的山西省人大常委会法制工作委员会副主任职务;任命张世文为山西省人大常委会副秘书长,刘钢为山西省人大常委会农村工作委员会副主任。山西省十二届人大常委会第四十次会议,依据省委研究的意见、主任会议的提名,任命卢晓中为山西省人大常委会预算工作委员会主任,梁若皓为山西省人大常委会研究室主任,赵贵义为山西省人大常委会法制工作委员会副主任,郭艳成为山西省人大常委会农村工作委员会副主任。山西省十二届人大常委会第四十二次会议,依据省委研究的意见、主任会议的提名,免去荣彤的山西省人大财政经济委员会副主任委员职务。

（郭　强）

【山西省政府机构人员任免】 山西省第十二届人民代表大会第七次会议决定刘杰辞去山西省副省长职务的请求。山西省十二届人大常委会第三十五次会议,根据省长楼阳生的提名,决定免去张文栋的山西省教育厅厅长职务,张志川的山西省政府外事侨务办公室主任职务;决定任命吴俊清为山西省教育厅厅长,张志川为山西省交通运输厅厅长。山西省十二届人大常委会第三十六次会议,根据省长楼阳生的提名,决定任命谢红为山西省科学技术厅厅长,武绍忠为山西省政府外事侨务办公室主任。山西省十二届人大常委会第三十七次会议,依据省委研究的意见、省长楼阳生的提名,决定免去刘杰的山西省公安厅厅长职务,任命杨景海为山西省公安厅厅长。

山西省十二届人大常委会第三十八次会议，依据省委研究的意见、楼阳生省长的提名,决定免去王赋的山西省发展和改革委员会主任职务,决定任命姜四清为山西省发展和改革委员会主任。山西省十二届人大常委会第三十九次会议,依据中共中央中委〔2017〕466号文件和省委晋发〔2017〕36号文件通知、省长楼阳生的提名,决定免去王赋的山西省副省长职务,决定任命贺天才为山西省副省长。山西省十二届人大常委会第四十一次会议，依据省委研究的意见、省长楼阳生的提名,决定免去许大纯的山西省国土资源厅厅长职务,决定任命周建春为山西省国土资源厅厅长。

（郭　强）

【山西省法院人员任免】 山西省第十二届人民代表大会第七次会议决定左世忠辞去山西省高级人民法院院长职务的请求。补选邱水平为山西省高级人民法院院长。山西省十二届人大常委会第三十七次会议,依据山西省法官检察官遴选委员会《关于全省法院纳入员额制管理法官人选的批复》、院长邱水平的提名,免去王桂萍、高耀的山西省高级人民法院审判员职务，唐正平的太原铁路运输中级人民法院副院长、审判委员会委员职务；任命赵凯、郑淑灵、张秀红、程庆华、张瑞明、穆丽峰、王国平、马云跃、徐立军、秦颖、郭宁、邓高原、王清芳、刘栋梁、任悦、魏晓俊、张建军、李振华、刘涌、孟静涛、范丽娜、许文杰、张晋荣、张虎、孙成宇、王世明、姚利屏、郭军学、文劼为山西省高级人民法院审判员。山西省十二届人大常委会第三十九次会议，依据省委研究的意见、院长邱水平的提名，免去吴秋霞、张炜的山西省高级人民法院副院长、审判委员会委员职务，关中翔的太原铁路运输中级人民法院院长职务；任命许文海为太原铁路运输中级人民法院院长。另依省法院党组研究的意见、院长邱水平的提名，免去张继荣的山西省高级人民法院审判委员会委员、审判员职务，方建霞的山西省高级人民法院行政审判庭副庭长职务，张继平的山西省高级人民法院审判员职务；任命关中翔为山西省高级人民法院审判委员会委员、审判员，方建霞为山西省高级人民法院行政审判庭庭长，华山为太原铁路运输中级人民法院刑事审判第二庭庭长。山西省十二届人大常委会第四十次会议，依据省委研究的意见、院长邱水平的提名，免去张勇的山西省高级人民法院审判委员会委员、审判员职务，任命方剑锋为山西省高级人民法院副院长，翟瑞卿为山西省高级人民法院副院长、审判委员会委员、审判员。山西省十二届人大常委会第四十一次会议，依据省法院党组研究的意见、院长邱水平的提名，任命丁毅为山西省高级人民法院审判委员会委员、审判员。山西省十二届人大常委会第四十二次会议，依据省委研究的意见、院长邱水平的提名，免去王文娅的山西省高级人民法院副院长、审判委员会委员职务。另依山西省法官检察官遴选委员会《关于全省法院系统纳入员额制管理法官人选的批复》、省法院党组研究的意见、院长邱水平的提名，免去袁振民的山西省高级人民法院审判委员会委员职务，周太生的山西省高级人民法院审判委员会委员、刑事审判第一庭庭长、审判员职务，龚景华、原占斌、李新民、王春生的山西省高级人民法院审判员职务；任命葛郅博、李强、刘群为山西省高级人民法院审判员，赵亚体为太原铁路运输中级人民法院副院长。（郭　强）

【山西省检察院人员任免】 山西省十二届人大常委会第三十七次会议，依据山西省法官检察官遴选委员会《关于全省检察系统纳入员额制管理检察官人选的批复》、检察长杨司的提名，免去贾文声、贾瑞波、王广颖、冯晋蓉的山西省人民检察院检察员职务，李凤英的太原西峪地区人民检察院检察员职务，张春旺的临汾铁路运输检察院检察员职务；任命高波、王翀、张巨新、王国鹏、王继红、王惠瑛、李纪敏、张虎生、王晋斌、齐向荣、侯美春、金京海、董新宇、闫红花、石全鹿、段卫红、李颖媛、郭雁宏、黄佳姝、张忠东、刘晓青、李学峰、马慧贤、郭建军、张汉华、杨慧侠、崔书寰、刘艳芳为山西省人民检察院检察员，张正萍、钟英华、许彩虹为太原西峪地区人民检察院检察员，李鑫为太原铁路运输检察院检察员。另依阳泉市第十五届人民代表大会第一次会议和长治市第十四届人民代表大会第一次会议的选举结果、检察长杨司的提名，批准任命王廉允为阳泉市人民检察院检察长，赵雅清为长治市人民检察院检察长。山西省十二届人大常委会第三十八次会议，依据检察长杨司的提名，免去魏福臣、张建勇、刘建国的山西省人民检察院太原铁路运输分院检察委员会委员职务，周有声的山西省人民检察院太原铁路运输分院检察委员会委员、检察员职务，宋新春的太原铁路运输检察院检察委员会委员职务，韩延瑞的太原铁路运输检察院检察员职务，李金凉、李强、刘新远的大同铁路运输检察院检察委员会委员职务，史亚军的大同铁路运输检察院检察员职务，孙永进的临汾铁路运输检察院检察委员会委员职务，武爱生的山西省太原西峪地区人民检察院检察委员会委员、检察员职务，潘创福、何新亮的山西省永济董村地区人民检察院检察委员会委员、检察员职务。另依太原市第十四届人民代表大会第一次会议、大同市第十五届人民代表大会第一次会议的选举结果及吕梁市第三届人民代表大会常务委员会第十三次会议的决定，检察长杨司的提名，批准免去宁建新的吕梁市人民检察院检察长职务；批准任命宁建新为太原市人民检察院检察长，段运生为大同市人民检察院检察长。

山西省十二届人大常委会第三十九次会议，依据省检察院党组研究的意见、检察长杨司的提名，免去姚江华的山西省永济董村地区人民检察院检察长职务，张利全的山西省太原西峪地区人民检察院副检察长、检察委员会委员职务；任命马红彬为山西省人民检察院检察委员会委员，姚江华为山西省人民检察院太原铁路运输分院副检察长、检察委员会委员，赵明春为山西省人民检察院太原铁路运输分院副检察长。山西省十二届人大常委会第四十次会议，依据省检察院党组研究的意见、检察长杨司的提名，任命南世勤、苏春华、宋晋民、王稼瑶、丁国军为山西省人民检察院检察委员会委员。山西省十二届人大常委会第四十一次会议，依据省检察院党组研究的意见、检察长杨司的提名，免去常锐、赵吉保的山西省人民检察院检察员职务。山西省十二届人大常委会第四十二次会议，依据省委研究的意见、检察长杨司的提名，免去严奴国、胡克勤的山西省人民检察院副检察长职务，霍永宁、马红彬的山西省人民检察院检察委员会委员、检察员职务；任命王文娅、苑涛为山西省人民检察院副检察长、检察委员会委员。另依省检察院党组研究的意见、检察长杨司的提名，免去张润梅、裴木的山西省人民检察院检察员职务，毛小莉的山西省人民检察院太原铁路运输分院检察委员会委员职务，陈蒲的山西省人民检察院太原铁路运输分院检察员职务，段苏华的太原铁路运输检察院副检察长、检察委员会委员职务，黄建华的大同铁路运输检察院检察长职务；任命乔慧峰为山西省人民检察院太原铁路运输分院检察委员会委员，吕全宝为太原铁路运输检察院副检察长，赵莉燕为大同铁路运输检察院副检察长，许建林为临汾铁路运输检察院副检察长、检察委员会委员，董士忠为临汾铁路运输检察院副检察长。（郭　强）

山西省人民政府

The People's Government of Shanxi Province

综　述

【促进经济转型】 2017年，山西省继续实施去产能政策，关闭煤矿27座，退出产能2265万吨，压减钢铁产能325万吨。去库存，全省商品房销售面积和销售额分别增长17.20%和32.20%。全省商品房待售面积1225.70万平方米，比上年减少535.30万平方米。去杠杆，11月末全省规模以上工业资产负债率较年初下降1.20个百分点。非煤产业增加值增长9.70%，对工业增长的贡献率达76.20%。新型产业增长较快，全省工业战略性新型产业增加值增长10%，快于全省工业增速3个百分点，其中新能源汽车产业增长1.80倍，高端装备制造业增长47.60%，新材料产业增长8.60%，生物产业增长11.10%。旅游业主体活力释放，旅游业总收入增长26.20%，接待国内旅游者人数增长26.50%。全年地区生产总值出现逐季回升的良好态势，全年增长7%，比全国快0.10百分点。

（杜天生）

【经济运行质量效益改善】 2017年，山西省工业生产产品出厂价格上涨19.40%，结束自2012年以来连续五年下降态势；工业生产产品购进价格上涨15.20%，低于出厂价格4.2个百分点，工业企业盈利空间扩大。工业企业利润回升到2012年以来同期最好水平。1月至11月，全省规模以上工业企业实现主营收入15890.50亿元，同比增长27.80%；实现利润925.30亿元，较上年增加792.4亿元。

（杜天生）

【民生保障】 2017年，山西省居民收入稳步提升，农村居民增长快于城镇。城镇居民人均可支配收入由一季度的5.90%回升至全年的6.50%，农村居民人均可支配收入由6.10%升至7%，农村居民可支配收入快于城镇0.50个百分点。就业形势稳定，全年全省城镇新增就业51.80万人，完成全年目标115.10%；农村劳动力转移就业40.20万人，完成全年目标121.90%；城镇失业率3.40%，控制在4.20%目标以内。全省一般公共预算支出中，节能环保、社会保障和就业、一般公共服务、农林水、科学技术等民生领域支出保持两位数的增幅。

（杜天生）

【政务信息公开】 2017年，山西省政府办公厅通过省政府门户网站主动公开政府信息14055条，其中发布省政府、省政府办公厅文件274件，发布政策解读228条，发布重点领域信息12037条，为社会公众了解经济社会发展政策和改革举措提供便利；受理公民、法人信息公开申请50件，按时答复率为100%；制定出台《山西省开展基层政务公开标准化规范化试点工作方案》，在太原市万柏林区、吕梁市孝义市、晋中市介休市和左权县启动基层政务公开标准化规范化试点工作；全年采用各市各部门上报政务信息1675条，共编发《晋政信息》71期，编报上报《国办信息》200余条，其中国办采用41条。（杜天生）

【舆情信息处置】 2017年，围绕政府中心工作，针对山西省环保督察、国企改革、大数据发展改革、煤改电煤改气等重点政策、重要工作实施重点监测，及时报告网上动态。针对特殊事件进行重点监测分析上报，提出处置意见供领导参考。针对重大突发事故，实施监测上报网上情况。如《和顺县煤矿滑坡事故舆情实时动态》等专题性报道，受到省政府领导表扬肯定。

（杜天生）

【行政督查问责】 2017年，山西省组织协调中央环保督察、国务院第四次大督查、去产能降成本、退役士兵安置、农民工欠薪、中央预算内投资、放管服等7次国家层面的实地督查，开展扶贫攻坚、环境保护、保密工作、防灾救灾减灾等5次专项督查。“13710”系统督办效能提升。截至2017年底，“13710”督办系统督办平台主平台连接覆盖119市、106个省直部门和单位。省级系统“1+5”版由“1”日常工作综合版和“5”大重点版块构成，其中省政府办公厅负责日常工作综合版块和“五重”版块的重点工作、重大改革2个版块，其余重点工程、重点技改、重点招商三个版块，分别由省发改委、经信委、投促局负责。

市、县、乡三级政府系统全面建成，实现与省级系统在电子政务外网的联网运行，接点达到8931个，纳入相关责任人2.70万余名。2017年，国务院办公厅《督查工作信息》第一期专题刊载山西省《立足发挥督查"利器"作用不断完善督查机制配强督查力量》一文，对山西省"13710"工作制度在全国范围进行介绍。山西省将群众反映事项全部纳入"13170"督办系统限期专办的做法，受到国务院督查组的肯定。（杜天生）

政府重要会议

【省政府常务会议】 2017年，山西省人民政府共召开常务会议27次。

第141次常务会议。2017年1月11日召开，楼阳生主持。研究通过《关于贯彻落实〈国家创新驱动发展战略纲要〉的实施方案》;《山西省深化投融资体制改革的实施意见》《关于在市场体系建设中建立公平竞争审查制度的实施意见》。

第142次常务会议。2017年1月24日，楼阳生主持。研究有关人事任免事项。

第143次常务会议。2017年2月17日，楼阳生主持。讨论通过《关于深入推进农业供给侧结构性改革加快培育农业农村新动能的实施方案》《关于完善农村土地所有权承包权经营权分置办法的实施意见》《山西省"十三五"脱贫攻坚规划》《山西农村最低生活保障制度和扶贫开发政策有效衔接实施方案》《交通运输部山西省人民政府关于加快山西省交通运输发展战略合作协议》；研究通过有关人事任免。

第144次常务会议。2017年3月3日，楼阳生主持。讨论通过《山西省大数据发展规划(2017–2020年)》《山西省促进大数据发展应用的若干政策》《山西省促进大数据发展应用2017年行动计划》《山西省全面推行河长制实施方案（送审稿）》;研究通过有关人事任免。

第145次常务会议。2017年4月1日，楼阳生主持。听取落实《国务院关于第三批取消中央指定地方实施行政许可事项的决定》和《国务院关于第三批清理规范国务院部门行政审批中介服务事项的决定》情况的汇报；讨论通过《山西省加快推进新材料产业发展实施方案（送审稿）》《大气污染防治2017年行动计划》和《水污染防治2017年行动计划》;研究通过有关人事任免。

第146次常务会议。2017年4月6日，楼阳生主持。讨论通过《山西省开发区设立升级扩区和退出管理办法》《山西省改善城市人居住环境2017年行动计划》《关于深入推进城市执法体制改革改进城市管理工作的实施意见》。

第147次常务会议。2017年4月19日，楼阳生主持。讨论通过《山西省生态文明目标评价考核办法》《山西省土壤污染防治2017年行动计划》《山西省改善农村人居环境2017年行动计划》。

第148次常务会议。2017年4月26日，楼阳生主持。分析一季度经济形势，讨论通过《关于2016年脱贫工作成效考核情况汇报》。

第149次常务会议。2017年5月18日。楼阳生主持。讨论通过《关于积极维护金融安全着力防范化解金融风险的指导意见》《山西省招商引资政策条目》；研究通过有关人事任免。

第150次常务会议。2017年5月23日，楼阳生主持。讨论通过《关于近期配合保障中央环保督察工作情况的汇报》《深化国企国资改革指导意见》;研究通过有关人事任免。

第151次常务会议。2017年6月5日，楼阳生主持。讨论通过《关于对中央环保督察交办环境突出问题制定专项整改方案的情况汇报》;研究通过有关人事任免。

第152次常务会议。2017年6月16日，楼阳生主持。听取研究《关于推动形成绿色发展方式和生活方式的情况的汇报》《关于我省供给侧结构改革推进情况汇报》；研究通过有关人事任免。

第153次常务会议。2017年6月27日。楼阳生主持。研究通过《山西省贯彻落实国务院扩大对外开放积极利用外资若干措施的实施意见》;研究通过有关人事任免。

第154次常务会议。2017年7月4日。楼阳生主持。听取《省政府贯彻落实习近平总书记视察山西重要讲话精神的若干重点任务》《山西省参与"一带一路"建设工作情况的汇报》;讨论通过《山西省促进科学成果转移转化若干规定（试行）》;研究通过有关人事任免。

第155次常务会议。2017年7月21日，楼阳生主持。研究通过《关于贯彻落实〈国务院办公厅关于印发安全生产"十三五"规划的通知〉的实施方案》《关于加强新形势下引进外国人才工作的实施意见》。

第156次常务会议。2017年7月29日，楼阳生主持。研究讨论《关于上半年全省经济形势的报告》;研究通过有关人事任免。

第157次常务会议。2017年8月3日，楼阳生主持。深入学习贯彻中央政治局分析研究当前经济形势和经济工作会议精神，研究落实省委第33次常务会议工作部署；研究通过有关人事任免。

第158次常务会议。2017年8月11日，楼阳生主持。听取《关于全省环境保护重点工作情况汇报》《太原都市区规划(2016—2040)修改完善情况说明》;研究通过《全省城乡污水垃圾治理行动方案》。

第159次常务会议。2017年8月24日，楼阳生主持。讨论通过《关于进一步激发社会领域投资活力的实施意见》《关于建设省级大众创业万众创新示范基地的实施意见》《关于进一步促进中小微企业创业创新转型发展的若干措施》；研究通过有关人事任免。

第160次常务会议。2017年9月6日，楼阳生主持。听取《关于晋能集团山西煤炭运销集团和顺吕鑫煤业公司边坡滑坡事故和阳煤集团寺家庄煤业公司冒顶事故的情况汇报》;讨论通过《关于推进安全生产领域改革发展的实施办法》。

第161次常务会议。2017年9月15日,楼阳生主持。听取《关于"13710"督办系统建设运行情况的汇报》《关于省政府重大改革事项落实进展情况的汇报》《关于重点工程工作落实进展情况的汇报》《关于重点技改项目推进情况的报告》《山西省招商引资项目推进情况的报告》和《山西省招商引资项目情况汇报》;讨论通过《全省脱贫攻坚近期工作和下一步工作建议》和《关于加快推进贫困村提升工程的实施意见》;研究通过有关人事任免。

第162次常务会议。2017年9月26日,楼阳生主持。研究落实李克强在山西考察工作重要讲话精神和省委贯彻落实意见;讨论通过《山西省2017—2018年秋冬季大气污染综合治理攻坚行动方案》《关于强化实施创新驱动发展战略进一步推进大众创业万众创新深入发展的实施意见》。

第163次常务会议。2017年10月16日,楼阳生主持。研究通过有关人事任免。

第164次常务会议。2017年10月16日,楼阳生主持。研究通过《关于支持科技创新的若干政策》《关于加强新形势下优抚安置工作的实施意见》。

第165次常务会议。2017年11月11日,楼阳生主持。原则通过《关于前三季度全省经济形势的报告》;讨论通过《关于加快有机旱作农业发展的实施意见》《加快有机旱作农业发展2018年行动计划》《关于加快构建政策体系培育新型农业经营主体的实施意见》;研究通过有关人事任免。

第166次常务会议。2017年11月27日,楼阳生主持。研究通过《山西省全民所有自然资源资产有偿使用制度改革工作方案》《关于鼓励引导社会资本参与土地整治的指导意见》;研究通过有关人事任免。

第167次常务会议。2017年12月8日,楼阳生主持。研究通过《山西省转型项目建设年(2018)行动方案》《企业投资项目承诺制改革试点进展及〈山西省企业投资项目承诺制改革试点方案(送审稿)〉》;原则通过《中国(山西)自由贸易试验区研究报告》。

第168次常务会议。2017年12月21日,楼阳生主持。学习12月8日中共中央政治局会议精神,研究通过《山西省节能减排实施方案》;原则通过《山西省推进煤矿减量重组的实施意见》;研究通过有关人事任免。

(杜天生)

【晋商晋才回乡创业创新工程启动大会】 2017年3月16日,晋商晋才回乡创业创新工程启动大会在北京举行。主题是"新机遇、新晋商、新发展",围绕培育壮大战略性新兴产业和改造提升传统产业,就数字经济、高端装备制造、新材料、新能源、新能源汽车、节能环保、生物医药、文化旅游、特色现代农业、现代服务业,以及煤基产业和原材料产业绿色清洁高效循环发展等进行重点推介。邀请海内外晋商晋才回乡创业创新。

省委书记、省人大常委会主任骆惠宁出席并讲话。省委副书记、省长楼阳生作主旨推介。

大会上,中国科学院病原微生物与免疫学重点实验室主任高福院士,中国机械制造与自动化领域科学家卢秉恒院士,百度网络有限公司总裁张亚勤,香港汉彩投资有限公司董事长董利翔,金花投资控股集团公司董事局主席、总裁吴一坚,福建省山西商会会长、中福实业股份有限公司董事长刘平山代表晋商晋才发言。

大会举行18个重大项目和战略合作协议签约仪式。这些项目对山西省产业转型升级和创新驱动具有战略意义,总投资额199.65亿元,涵盖人才引进和技术合作、新一代信息技术、新材料、节能环保、文化旅游、现代农业、社会事业等。其中,省交通厅和交通银行签署规模为900亿元的授信并设立基金项目(协议)。

省委常委、常务副省长高建民主持大会。省直相关部门负责人、11市市长、"老八所"高校校长以及11市投资促进(招商)局和工商联负责人、签约代表出席大会。 (盛 伟)

【全省优化营商环境会议】 2017年5月21日,全省优化营商环境会议在太原召开。省委书记、省人大常委会主任骆惠宁主持会议,他强调,要坚持改革创新,攻坚克难,对标一流,奋力争先,推动山西省营商环境进入全国第一方阵,在唱响"人说山西好风光"的同时,再唱好一曲"人说山西好环境"。省委副书记、省长楼阳生代表省委、省政府对全省优化营商环境进行安排部署。

会议以电视电话会议的形式召开,主会场设在省委,各市、县(市、区)设分会场。 (盛 伟)

【深化改革促进资源型经济转型发展大会】 2017年9月18日,全省进一步深化改革促进资源型经济转型发展大会在太原召开。会议贯彻习近平总书记视察山西重要讲话精神,落实李克强总理考察山西提出的要求,对全面实施《国务院关于支持山西省进一步深化改革促进资源型经济转型发展的意见》作出部署。省委书记、省人大常委会主任骆惠宁讲话。省委副书记、省长楼阳生主持并对贯彻会议精神提出要求。

大会以电视电话会议的形式召开。主会场设在省委,各市、县(市、区)设分会场。 (盛 伟)

应急管理

【应急预案体系建设】 2017年,山西省政府以保障人民群众生命财产安全为应急管理工作核心目标,落实《山西省突发事件应急预案管理办法》,加强预案体系建设,坚持把管好用好作为检验和评估应急预案的根本标准。优化预案目录,规范编修程序,全面推进预案精编化、手册化,预案的实用性、操作性大幅提升。针对全省应急预案大检查中发现的问题,建立台账，督导各地各部门逐条逐项整改落实，推动应急预案修订、精编、演练等各项工作落实。省政府应急办制定《省级突发事件应急预案管理工作流程》，对省级预案的编修、审核、报备等各个环节进行规范，创新提出“一对一”工作方式，实现对省级预案编修全过程的督导。全省预案总量达16.60万余件，形成涵盖自然灾害、安全生产、公共卫生、社会安全，贯穿省、市、乡镇、企事业单位的多层级、多领域应急预案体系。（杜天生）

【重大事故应急处置】2017年，山西省处置中煤担水沟煤业“1·17”重大顶板事故、临汾市浮山县“4·1”遗弃爆炸物爆炸事件、太原市清徐县美锦集团东于煤业“5·22透水事故”、晋能集团和顺吕鑫露天煤矿“8·11”滑坡事故等各类突发事件438起。在晋能集团和顺吕鑫露天煤矿“8·11”滑坡事故抢险救援中，省指挥部科学决策指挥，克服诸多险情，实施安全有效的应急处置行动，使“8·11”抢险救援成为一起高科技立体化抢险救援的典型案例。（杜天生）

【应急管理演练】2017年，山西省组织各类重点演练5650场次。省地震局组织开展山西省地震专业救援队伍应急拉动演练；省卫生计生委组织开展山西省“健康卫士2017”应急竞赛演练；省通信管理局联合省委网信办组织开展山西省网络安全突发事件应急演练；省煤炭厅组织开展山西省煤层气事故灾难应急演练。部分演练采取以演练代培训，以演练代竞赛的方式。有关地区、部门和重点企业负责人全程参加演练观摩活动，发挥示范引导作用。（杜天生）

【应急管理综合保障】2017年，山西省建立以公安消防、矿山救护、卫生防疫、地震救援专业队伍为基本力量，以解放军、武警、民兵预备役为突击力量，以企事业单位专兼职队伍和志愿者队伍为辅助力量的应急救援体系。全省各类应急救援队伍总量2935支共12.70万人。推进山西省突发事件应急指挥支持系统建设，完成28个部门、6.60万余条应急相关数据录入，基本实现突发事件应急要情提取、应急要素查证、事件等级评估、处置力量调度、投送方案优化等功能，为突发事件应对决策提供辅助支撑。扩容升级山西省应急卫星电话平台，配置卫星电话545部，涵盖41个省直部门和11市119县（市、区），为紧急情况下全省应急指挥通讯提供可靠保障。（杜天生）

【应急管理教育培训】2017年，山西省在国家行政学院举办一期各市和省直有关单位负责人参加的应急管理培训班。联合省委组织部举办两期全省应急管理专题培训班。邀请国家行政学院专家在省政府“梅山课堂”进行应急管理专题讲座。全年省市两级累计培训人员3500余名。抓住全国“防灾减灾日”“安全生产日”“交通安全日”等活动契机，依托电视、广播、网络、报纸等媒体，采取播放公益宣传片、推送公益短信、发放宣传手册、组织安全大讲堂等多种形式，开展应急宣传进学校、进社区、进单位、进农村、进家庭活动，增强公共安全防范意识，提高自救、互救和应对各类突发事件的能力。（杜天生）

人事人才

【人才发展体制机制改革】2017年，山西省人社厅落实用人主体自主权。取消机关事业单位“进人计划卡”，将微观前置审批改为总量后置监管，新进人员不得突破上年度自然减员总量，实行“政策性安置优先、招录招聘为主、市场调剂补充”，三者占比分别为15%、80%、5%，全省计划下达单位从往年的1412个减少到112个，减幅91.40%。改革传统人才评价机制。实行职称评审“4个取消”，取消计算机能力考试、外语考试、应用型人才论文限制条件。将职称“评聘结合”改为“评聘分离”，职称评审不受用人主体岗位设置的限制，实行岗位聘任制和聘用任期制。构建全新的人才流动机制。机关事业单位人员流动，由人社部门审批改为“顺向流动市场配置、横向流动单位协商、逆向流动科学调控”。支持党政机关干部、科研人员离岗创业，鼓励企业技术人员到高校从事科研教学工作。创新人才引进保障机制。省属高等院校、科研院所及公立医院使用空编引进高层次人才，取消行政审批，由用人单位自主决定。引进人才可直接认定相应专业技术职务，职务岗位已满时可特设岗位聘任。企事业单位引才费用可全额列入经营成本或从事业经费中列支。实行人才“绿卡”制度，政府帮助解决住房、子女上学、配偶工作等问题。强化人才激励机制。高校、医疗机构和科研院所等事业单位可在无收入全额拨款事业单位绩效工资总量5倍的范围内自主确定工资总额。在阳泉市开展公立医院薪酬制度改革试点。对“高精尖缺”人才探索协议工资制、项目工资制和年薪制。设立“山西省优秀人才突出贡献奖”“山西省人才工作贡献奖”。健全人才培养机制。开展高校毕业生就业第三方评估，加强就业稳定性监测，建立需求导向的学科专业和招生计划动态调整机制，对毕业生就业率连续两年低于60%的专业，调减直至取消招生计划，优化人才培养和供给结构。推行开发区“三化三制”改革。在山西转型综改示范区、设区市及其他县（市）所属开发区实行领导班子任期制、全员岗位聘任制和绩效工资制，打造专业化、市场化、国际化的人力资源管理运行机制。开展厅校（院）战略合作协同创新。

（田国平）

【人事管理科学化】2017年，山西省人社厅将公务员考录周期由10个月缩短为6个月，改变“一年考一次、一次考一年”的现象，全年招录公务员3504人。事业单位公开招聘可由用人主体独立实施或主管部门统一组织，引进高层次和急需紧缺人才可直接考核聘用、专项招聘、特设岗位聘用，全年聘用事业单位工作人员646人。

将全厅17项行政审批事项、工人调动、省直机关企事业单位人员调配全部归口到行政审批处,在省政务服务中心窗口统一受理、集中办理,实行"阳光审批"。机关事业单位工人技术等级岗位考核和工人技师评聘不再组织任何形式的集中培训,严禁第三方有偿培训,减轻报考人员负担。将省直部门所属事业单位岗位聘用认定权限下放至主管部门,省直事业单位岗位聘用认定权限下放至本单位。省直机关事业单位个人工资审批表由主管部门审核盖章入档,省人社厅每年少盖公章26万个。非省管干部中的高级专家延退,由原来的省政府审批改为由省直主管部门和各市人社局审批。企业养老保险参保人员达到法定退休年龄时,由社保经办机构直接办理领取基本养老金手续,人社行政部门不再审核,每年退休审核人数减少1.60万人。完成军转安置任务。全年安置军转干部1152人。 (田国平)

外　事

【高层对外交往】 2017年,山西省高层外事活动有接待泰国公主团、墨西哥三党议员考察团、意大利前议长友好代表团等63个国家和地区团组69批次、2223人次,其中副总理级团组3批次、副部级以上团组11批次。骆惠宁、楼阳生等省领导外事活动37场。配合李克强总理出访,省委常委、常务副省长高建民出访澳大利亚,在第二届中澳省州负责人论坛作主题发言,推动山西省与南澳州、昆士兰州签署多项合作协议,实质推进与南澳州建立友好省州关系;副省长王一新作为重要省份代表出席阿斯塔纳世博会中国国家馆日开幕式和山西周活动,并在中哈能源合作论坛作主题发言。 (岳剑耀)

【因公临时出国管理】 科学谋划省领导出访。围绕"一带一路"沿线及金砖国家和地区,谋划13位省级领导出访28个国家和地区的出访任务,加强与"一带一路"沿线国家、地区在经贸、友城、文化、旅游等领域的务实合作。

贯彻中央文件要求,执行因公临时出国各项政策规定,审核2017年全省因公出访计划1947批7526人次,核减352批2724人次。落实出访计划,严控党政领导干部出访的同时支持市场主体走出去,全年审核审批团组1183批、3329人次,同比增长41.48%,做好出访行前教育培训。

服务企业走出去。完善经贸类团组出国"绿色通道",疏通出国签证渠道,提供政策指导和信息服务,鼓励企业、高校、科研院所扩大对外交流,促进合作发展。因公出国(境)综合管理网上服务平台建成并试运行。利用省政府新闻平台,举办APEC卡新闻发布会,并在各市组织宣介活动23场,APEC卡申办量较上年同期增长89%,服务市场主体走出去。 (岳剑耀)

【外国媒体接待服务】 省外侨办做好外国媒体服务管理工作,协调安排荷兰BNN电视台、俄罗斯主流媒体团、英国Unigryw公司等多家境外媒体到晋拍摄宣传,妥善处理涉外媒体采访24件(次),为山西发展创造良好的外部舆论环境。 (岳剑耀)

【友好城市建设推进】 2017年,省外侨办深化友城关系,推进务实合作。促成"中美能源(山西)研发中心"成立揭牌,与乌拉圭卡内洛内斯省签署《深化友好关系合作备忘录》;建立新友城,与韩国全罗南道正式结好,山西省与澳大利亚南澳州、哈萨克斯坦巴甫洛达尔州、老挝琅勃拉邦省、亚美尼亚洛里州和捷克摩拉维亚西里西亚省,晋中市与意大利科莫省6对友省友城正式结好事宜,经省政府常务会研究同意,上报国家批准;新建省、市友好合作伙伴关系18对,与德国萨安州、肯尼亚蒙巴萨郡、越南太平省等7省市建立联系,为有关部门、企业开展对外工作牵线搭桥。参加东北亚地方政府联合会相关活动,融入区域发展,推动区域合作。 (岳剑耀)

【涉外环境安全维护】 省外侨办做好中共十九大和全国"两会"的涉外维稳工作。推进"一带一路"境外安全保障机制建设。开展预防性领事保护工作,组织海外领保巡查和海外领事保护实务培训,下基层、进企业、入校园,发放领保宣传资料近10万册(份),发布风险预警提示400余条。妥善处置领保和涉外案件14件。加强外国人到华审批,办理外国人到华邀请2388份,代办领事认证2615份。 (岳剑耀)

2017年9月18日,省长楼阳生(右一)与哈萨克斯坦巴甫洛达尔州州长巴卡乌奥夫签署两省州友好合作备忘录 (岳剑耀供图)

【外事活动】 2017年1月20日，省委常委、常务副省长高建民在太原会见俄罗斯传统医疗委员会主席弗拉基米尔·依格罗夫一行。

3月23日至27日，高建民率山西省政府代表团赴澳大利亚出席第二届中澳省州负责人论坛、中国—澳大利亚经贸合作论坛并顺访澳大利亚。

3月8日，副省长王赋在太原会见由意大利众议院前议长、意大利对华友好协会主席皮韦蒂率领的代表团。

4月9日，骆惠宁会见泰国公主诗琳通，省委副书记、省长楼阳生，副省长王赋在座。

4月13日，副省长王一新在太原会见新加坡丰益国际有限公司董事局主席、益海嘉里集团总裁郭孔丰一行。

4月15日，省人大常委会领导会见美国国会议员助手代表团一行。

5月16日，王赋会见澳大利亚南澳大利亚州投资贸易部部长史毅德一行。

5月25日至26日，2017年“中华文化大乐园”德国法兰克福营教师面试评审会在太原举行。

6月1日至5日，乌拉圭卡内洛内斯省省长亚曼度·奥斯在乌拉圭驻华大使费尔南多·卢格里斯陪同下率代表团访问山西省。2日，楼阳生与代表团举行工作会谈，王赋出席并主持签署仪式。

6月18日至20日，以中国共产党制度研究专家贝淡宁教授为团长的在华外国专家学者代表团一行4人访问山西省。19日，代表团与山西省有关部门举行座谈交流会。

6月26日，骆惠宁在太原会见墨西哥国家行动党众议员、众议院领导委员会秘书长雷诺索（副议长级），国家复兴运动党众议员、众议院领导委员会秘书长戈多伊（副议长级），革命制度党众议员、众议院墨西哥文化遗产委员会主席穆尼奥斯等墨西哥三党议员考察团一行。王赋参加会见。

6月29日，骆惠宁在太原会见由斯里兰卡统一国民党总书记、政府国有企业发展部长卡比尔·哈西姆率领的统一国民党干部考察团一行。王赋参加会见。

6月30日，中共中央对外联络部“中国共产党的故事——全面从严治党”专题宣介会在北京举行。中联部部长宋涛致辞，骆惠宁宣介山西省委“风清气正，奋发有为”的故事。正在访华的斯里兰卡、泰国、南苏丹、加蓬、南非、墨西哥、摩尔多瓦等国的政党代表团以及外国驻华高级外交官、国际组织驻华机构代表和外国专家学者等约400人参加宣介会。

7月2日至8日，王一新率团赴吉尔吉斯斯坦、哈萨克斯坦进行工作访问。

7月6日至7日，第五届中法家

2017年山西省友城、友好合作伙伴统计表

		友城	友好合作伙伴
省级		韩国全罗南道	澳大利亚南澳大利亚州 意大利曼托瓦省
市级	太原		塔吉克斯坦索格特州胡占德市
	大同		南非林波波省波罗克瓦尼市
	忻州		德国马格德堡市
	吕梁		匈牙利索尔诺克州蒂萨弗雷德市
	晋中		西班牙科尔多瓦省卢塞纳市 希腊迈泰奥拉市 美国纽瓦克市
	阳泉		澳大利亚巴瑟斯特市 德国莱法州比肯费尔德
	晋城		俄罗斯弗拉基米尔州亚历山德罗夫市
县级	大同城区		俄罗斯卡拉钦斯克市
	朔州应县		法国巴黎20区
	临汾侯马		美国洛杉矶郡核桃市
	运城稷山		斯里兰卡乌沃省莫纳勒格勒县
	运城河津		哈萨克斯坦埃基巴斯图兹市 黑山新海尔采格市

庭发展政策研讨会在太原举办,高建民出席开幕式并致辞,国家卫计委副主任王培安出席,法国欧洲与国际事务委员会副部长娜塔莉·尼基丹科率法国代表团参加会议。

7月17日至18日,美国欧喜集团高级副总裁兼亚太区总经理艾伯强一行访问吕梁兴县,全国友协副巡视员徐凤华陪同访问。

8月4日,高建民与越南富寿省人民委员会副主席黄公水一行举行工作会谈。

8月6日至16日,省人大常委会副主任田喜荣率团赴巴西、乌拉圭、阿根廷进行工作访问。

8月9日,楼阳生在太原会见意大利曼托瓦省省长贝尼米诺·莫塞利,高建民参加会见。

9月6日至12日,肯尼亚蒙巴萨郡友城部主任萨利玛·努尔·谢赫·侯赛因率团访问山西省。

9月13日至23日,省人大常委会副主任周然率团赴西班牙、捷克、德国进行工作访问。

9月17日至19日,哈萨克斯坦共和国巴甫洛达尔州州长巴卡乌奥大一行到山西省进行工作访问,18日,楼阳生在太原会见代表团一行。

9月19日,纪念中斯建交60周年"摄影家眼中的中国和斯里兰卡"摄影展在平遥开幕,全国友协文化交流部副主任季伟、斯里兰卡驻华大使卡鲁纳塞纳·科迪图瓦库出席开展仪式并致辞。

9月20日,楼阳生在晋中会见出席2017山西省旅游发展大会的国外嘉宾,副省长张复明参加会见。

9月22日,楼阳生在太原会见参加2017中国(太原)第四届世界骨科大会的诺贝尔奖获得者乔治·斯穆特、美国哈佛大学医学院麻省总医院骨科创伤中心主任雷蒙·马尔科姆·史密斯、美国工程院院士赵以甦等骨科学领域中外专家,高建民、省政协副主席卫小春参加会见。

2017中国(太原)第四届世界骨科大会暨山西省第十九届骨科年会在太原开幕,高建民、卫小春,诺贝尔奖获得者、美国加利福尼亚大学伯克利分校教授乔治·斯穆特博士出席开幕式。

9月27日至10月3日,副省长郭迎光率山西省政府林业代表团赴毛里求斯、南非进行工作访问。

10月30日,省友协向日本埼玉县日中友协副会长中崎惠颁发"山西省国际友好交流贡献奖"。

11月1日,2017中国(太原)第五届世界健康大会在太原开幕,高建民、卫小春,2013年诺贝尔化学奖获得者、美国南加州大学洛杉矶分校教授亚利耶·瓦谢尔,中国科学院院士刘以训、中国工程院院士俞梦孙出席开幕式并讲话。

11月24日,楼阳生与韩国全罗南道代知事李在荣、韩国驻华使馆参赞朴炳垠一行举行工作会谈。

12月12日至16日,卫小春率团赴美国进行访问。

12月13日至22日,省人大常委会副主任刘杰率团对俄罗斯、白俄罗斯、蒙古进行友好访问。

12月15日,韩国环境部长金恩京一行访晋,省委常委、大同市委书记张吉福在大同会见代表团一行。

12月18日,省外事侨务办主任武绍忠与日本山西同乡会、山西总商会名誉会长高原龙一先生签署省外事侨务办在日本联系单位委托协议并向高原龙一先生颁发委托书。

2017年,省外侨办着力民心相通,丰富民间对外友好往来。接待法国人民援助协会、瑞中友好协会等外国民间友好团体访晋,组织山西省与日本埼玉县结好35周年纪念活动,组派50名大学生赴日友好交流,举办"摄影家眼中的中国和斯里兰卡"摄影展,接待日本友好人士中崎惠访晋并授予其"国际友好交流贡献奖",推荐五台山黛螺顶与斯里兰卡毛拉帕达寺建立友好关系,争取法国依视路集团为兴县学生免费配置1万副近视眼镜,协调美国欧喜集团与兴县签署带动群众脱贫的《合作备忘录》。推荐4家社会组织成为中促会团体会员,参与国际活动。开展多形式、多渠道民间交流合作,扩大山西影响,传递山西声音,促进山西对外开放。 (岳剑耀)

侨 务

【侨务资源涵养】 2017年,省外侨办接待英国、加拿大等20多国侨团侨社侨领230人。加强联系,建立国外联系单位、联系人机制,分别与加拿大、俄罗斯、柬埔寨、日本等国相关组织签署协议,延伸对外工作手臂,打造海外工作支点。初步建立山西省海外侨团侨社侨领信息资源库。

(岳剑耀)

【关爱侨界民生】 2017年,省外侨办开展归侨职业技能培训、免费体检、慰问等活动。发放困难补助100.78万元,争取各类捐赠近1000万元用于山西省救助扶贫等民生事业。办理和答复涉侨来信来电来访99件次。调动优质侨务资源服务经济社会发展,组团参加"华创会",组织"侨资企业山西行"活动,与相关单位在新能源汽车、新材料等领域达成合作意向。(岳剑耀)

【海外教育交流活动】 2017年,省外侨办举办36个国家516人参加的"中华大乐园——德国法兰克福营""2017华文教育示范校、华教机构负责人华夏行"和"海外华裔青少年中国寻根之旅夏、秋令营"活动,选拔44名教师赴泰国、菲律宾、印度尼西亚和斯里兰卡华校支教。 (岳剑耀)

【侨务活动】 2017年1月11日,2017省城侨界迎新春联谊会在太原市群众艺术馆举办。

2月17日,全国侨务工作会议在北京召开。副省长王赋作交流发言,省外事侨务办侨务工作处获得"全国侨办系统先进集体"荣誉称号。

8月25日至31日,省外事侨务办组织"侨资企业西部行——山西行"活动。

9月18日至27日,举办2017年海外华裔青少年"中国寻根之旅"秋令营(山西营)活动。

10月13日,2017"华文教育·示范学校和华教机构负责人华夏行"在太原启动,国务院侨办文化司巡视员汤翠英出席启动仪式并讲话。

15日,山西省海外留学归国人员创新创业协会成立大会暨第三届海归双创论坛在太原举行,全国政协常委、中国侨联顾问王永乐,副省长贺天才出席活动并讲话。

11月1日,为期两个月的全省"侨爱工程——送温暖免费体检暨侨法宣传"活动结束。

11月13日,高建民会见国务院侨办第55期侨领研习班一行。

(岳剑耀)

港澳事务

【晋港澳交流】 2017年,省外侨办发挥桥梁纽带作用,举办与省政协港澳委员座谈会,协助香港投资推广署举办太原研讨会,承办外交部第十一次涉港领事工作年度交流会,接待香港惩教署和文汇管理学院访晋团,为深化晋港澳交流合作助力。分7批组织开发区管委会负责人、省直公务员交流团和外事干部赴香港澳门进行学习交流访问,深化经贸、金融、文化等重点领域交流合作。 (岳剑耀)

【香港山西商会访晋】 2017年1月23日,山西省委常委、副省长孙绍骋会见香港山西商会会长胡晓明一行。省委常委、统战部长廉毅敏参加会见。香港山西商会是山西重点联系的在港社团,是推进晋港两地交流合作的重要平台和纽带。孙绍骋希望香港山西商会发挥自身优势,宣传山西悠久的历史文化、丰富的旅游资源,发扬光大诚信进取的晋商精神和忠义仁勇的关公文化,通过组织经贸洽谈和招商推介,把更多的"晋"字企业和品牌介绍给广大的香港同胞。胡晓明介绍山西商会近年来的工作以及拟在香港举办"关公节"和"山西节"的有关情况。 (岳剑耀)

参事(文史)

【参事工作】 2017年,山西参事室(文史馆)结合工作实际,建设高水平的政府决策咨询机构和文史研究机构。组织在职参事和馆员参政议政、建言献策。省政府参事、文史馆员列席省政协第十一届四次会议,听取政协工作报告并就报告内容进行讨论,建言献策,为山西经济社会发展出实招、献良方。 (王合龙)

【文史工作】 2017年,山西参事室(文史馆)组织专人编著中华优秀传统文化典籍《止学镜鉴》书籍。《止学镜鉴》是隋代大学者王通的经典著述。

山西参事室(文史馆)组织文史馆员开展文史研究和书画创作活动,推动山西文化事业的繁荣和发展。

2017年7月至9月,室(馆)联合省林厅主办"生态山西 走进绿色"大型诗书画及摄影采风创作活动。30余位省政府文史馆馆员、特约研究员,诗书画及摄影艺术家和相关专家辗转南北,深入林区腹地,进行长达半年的采风和创作,成就数百幅书画作品和诗赋名篇,将文字作品汇编整理并出版《生态山西走进绿色——诗书画采风创作专辑》,结集出版《生态山西走进绿色——诗书画作品集》。

室(馆)先后组织举办馆员李国维、王如何、杨吉魁、焦国辉、张世荣、王建华、陆贤能、吴德文等人的书画展览活动。在展览中,陆贤能馆员捐出两幅作品,在书画艺贰叁公益基金会的策划执行下,将总计6万元所得全部捐给因病致困的王贵芳家庭。

(王合龙)

2017年7月17日,山西省政府参事室(文史馆)与省林业厅联合举办"生态山西走进绿色"诗书画采风创作活动 (王合龙供图)

中国人民政治协商会议山西省委员会

Shanxi Provincial Committee of Chinese People's Political Consultative Conference

综　述

【政协思想政治建设】 2017年，山西省政协常委会贯彻党的十八大及十八届中央历次全会和中共十九大精神，以习近平新时代中国特色社会主义思想为指引，贯彻习近平总书记视察山西重要讲话精神，按照省委"一个指引、两手硬"思路要求及省委各项决策部署，统筹推进中心组、常委会、委员和机关学习，召开全省政协学用习近平重要思想经验交流会，把学习贯彻习近平新时代中国特色社会主义思想和中共十九大精神作为头等大事，组织党组中心组学习7次，召开常委会议进行专题学习和政治动员，培训政协委员和政协干部500余人次。省政协常委会坚持完善"维护核心、服务中心、贴近民心、凝聚人心、律己正心"的"五心"工作思路，引导政协委员深化对省委治晋理政重大思路、总体方略、目标任务、重点举措的理解认知，履行政治协商、民主监督、参政议政职能，为山西省构建良好政治生态、推进经济转型发展、加快全面建成小康社会进程建言献策、协调关系、汇聚力量。（周志清）

【政协委员建言改革发展】 2017年，山西省政协常委会坚持围绕中心、服务大局，为构建山西良好政治生态、推进经济转型发展、加快全面建成小康社会进程献智出力。

省政协把服务转型综改、创新驱动、小康建设和政治生态净化作为政协履行职能的重点，聚焦加快开发区改革创新发展、推进农业供给侧结构性改革、以科技创新为引领发展新兴产业、促进大数据产业发展、优化投资营商环境、加强大气和土壤污染防治、提升公共文化服务水平、加强"三基建设"等重点，组织召开全委会议、常委会议和专题协商、对口协商、界别协商、提案办理协商等重要协商会议15次，形成推进相关工作的建议。

发挥人民政协统一战线功能作用，与党派团体负责人座谈交流，召开政协与民主党派工商联秘书长联席会议，听取工作意见建议，加强同各民主党派、工商联和无党派人士的合作共事。宣传贯彻党的民族宗教政策，经常走访民族宗教界代表人士，促进民族团结、宗教和睦。加强同党外知识分子、非公有制经济人士、新的社会阶层人士、出国和归国留学人员及港澳台侨同胞等团结联谊，为实现振兴崛起的最大同心圆作出贡献。

（周志清）

【政协民主监督】 2017年，省政协发挥政协民主监督的正向性、助力性作用，围绕省委重大部署要求，就实现低保线和贫困线"两线合一"、健全养老服务体系、完善全面"两孩"政策体系、推进县域城乡义务教育一体化改革、加强食品药品安全监管和公立医院改革取消药品加成等6个专题开展监督性调研。着眼山西省委、省政府脱贫攻坚系列决策部署的贯彻落实，党组和主席班子成员分别带领10个专项考察监督组，到26个贫困县，走访100多家贫困户、200多名贫困群众，考察扶贫项目223个，实地了解情况，广泛听取意见，通过专题协商会等方式，向党政反馈情况、提出建议，推动问题解决，为中央大政方针和省委省政府决策部署贯彻落实贡献政协力量。（周志清）

【政协助力民生保障】 2017年，省政协坚持以人民为中心的发展思想，按照中共山西省委万名干部大调研工作统一部署，组织主席班子成员带领专委会和界别委员，围绕9个专题开展调研，针对性提出工作建议。发挥政协提案在助力民生改善、促进和谐稳定中的重要作用，全年征集提案935件，立案830件，办复805件，为党政科学决策、推进工作提供参考助益。引导委员到基层一线倾听群众呼声，客观反映各界群众的所思所想、所怨所盼，全年收集社情民意信息7739篇，编印《政协社情民意》专刊35期，全国政协办公厅采择上报中共中央、国务院领导或转送有关部委11篇，省领导批办和职能部门反馈18篇，推动群众关注问题的解决，省政协机关蝉联全国政协信息工作先进单位。（周志清）

【政协委员履职工作科学化】 2017年，山西省政协常委会加强自身建设。把委员履职能力建设作为提升工作科学化水平的重要方面紧紧抓在手上。加强委员理论政策、经济知识、法规制度等方面的学习培训，帮助委员知情明政、增强本领、提升境界；为委员协商议政、履行职能搭建平台，发挥委员主体作用，鼓励支持委员双岗履职、岗位奉献，在服务大局、服务群众的实践中汲取智慧、提升本领；健全委员履职服务管理和工作考评机制，开展委员履职年度考核，增强委员的政治意识、责任意识和法纪观念。

完善专门委员会通则、委员履职工作规则和调研、视察、考察、提案、社情民意信息、大会发言等方面的工作机制，有序统筹重要会议、重要活动、重点建议、重点提案、重点社情民意信息和重要专项等六个方面的重点工作，政协履职工作科学化水平得到提升。加强对市县政协的指导，围绕中心工作联动开展重大履职活动，形成全省政协组织服务大局的工作合力。 (周志清)

【省政协组织构成】 2017年，中国人民政治协商会议第十一届山西省委员会委员586名，其各界别为：中共31名、民革22名、民盟21名、民建16名、民进14名、农工党13名、九三学社14名、无党派17名、总工会18名、妇联24名、青联11名、工商联22名、台联5名、侨联9名、科协10名、教育界36名、科技界33名、社科界17名、文艺界21名、农业界21名、体育界7名、新闻出版界8名、医药卫生界26名、宗教界11名、对外友好界4名、社会福利界4名、少数民族界10名、经济企业界41名、特邀人士89名。省政协工作机构有：提案委员会、经济委员会、人口资源环境委员会、农村委员会、教科文卫体委员会、社会法制委员会、民族和宗教委员会、文史和学习委员会、港澳台侨和外事委员会、调研室。 (周志清)

政协重要会议

【省政协十一届五次会议】 2017年1月13日至17日，山西省政协十一届五次全体会议在太原举行。省政协主席薛延忠代表政协第十一届山西省委员会常务委员会向大会报告工作，副主席王宁向大会作省政协十一届四次会议以来提案工作情况报告。会议期间，委员们列席省十二届人大七次会议，协商讨论政府工作报告、省高级人民法院工作报告、省人民检察院工作报告以及其他报告。围绕全省改革发展稳定建言献策，提交发言材料86篇、提案751件，反映社情民意信息63篇。赵安泽等12位委员作大会发言。会议补选王建明为十一届省政协副主席；马天荣、马皖东、王蕾(女)、王建武、朱晓明、刘国庆为十一届省政协常务委员。会议通过政协第十一届山西省委员会第五次会议政治决议、政协第十一届山西省委员会第五次会议关于常务委员会工作报告的决议、政协第十一届山西省委员会提案委员会关于省政协十一届五次会议提案审查情况的报告。薛延忠在闭幕大会上讲话。(周志清)

【省政协十一届常委会议】 2017年，山西省政协第十一届常务委员会召开五次会议，即第二十二次至二十六次。

第二十二次常委会议。1月10日至11日在太原举行。薛延忠主持会议，省委常委、常务副省长高建民应邀出席。会议听取高建民所作政府工作报告(征求意见稿)，法检两院工作报告(征求意见稿)，政协常委会工作报告(讨论稿)、提案工作情况的报告(讨论稿)。有关人事事项分别作说明。省委、省政府办公厅通报政协提案办理情况。与会常委协商讨论政府工作报告，省法院、省检察院工作报告，发展计划和财政预算报告；审议通过省政协常委会工作报告、提案工作情况报告；审议通过省政协十一届五次会议议程（草案）、日程和秘书长、副秘书长名单。会议决定增补马天荣、马皖东、王蕾(女)、王建武、王建明、朱晓明、刘旭伟、刘国庆、刘钢柱、张润喜、陈小洪、郑建星、赵庆华为十一届省政协委员；接受刘致远、杜建荣、李福龙、张广慧、张并生5位委员因年龄原因，冯改朵、安华、朱军先、郑国雨因工作变动，请求辞去政协第十一届山西省委员会常务委员、委员的请辞。决定任命：朱晓明为省政协经济委员会主任；王建武为省政协民族和宗教委员会主任。免去刘致远省

2017年1月13日至17日，省政协十一届五次会议在太原举行 (周志清供图)

政协经济委员会主任，李福龙省政协民族和宗教委员会主任，贾坚毅省政协教科文卫体委员会副主任职务。

第二十三次常委会议。1月14日、16日，省政协十一届五次会议期间举行。薛延忠主持会议，省委组织部负责同志作有关人事事项的说明。审议通过省政协十一届五次会议选举办法，监票人、总监票人名单，候选人名单，决定提请省政协十一届五次会议第三次全体大会对候选人进行选举。会议审议通过政协第十一届山西省委员会第五次会议关于常务委员会工作报告的决议(草案)，政协第十一届山西省委员会提案委员会关于省政协十一届五次会议提案审查情况的报告(草案)，政协第十一届山西省委员会第五次会议政治决议(草案)，决定提请省政协十一届五次会议第四次全体会议通过。

第二十四次常委会议。5月24日至25日在太原举行。会议围绕实施创新驱动、转型升级战略，推进全省开发区建设协商议政，建言献策。薛延忠主持会议并讲话，副省长王一新应邀出席。王一新作关于山西省开发区建设情况的报告；会议听取《关于省政协围绕加快推进山西省开发区建设调研情况的报告》及有关人事事项说明；合肥国家高新区工委书记、管委会主任宋道军作专题报告。决定任命：冉莉萍为省政协副秘书长；郭玉玺为省政协副秘书长；杨春明为省政协人口资源环境委员会副主任；高绍柱为省政协港澳台侨和外事委员会副主任；牛牧为省政协调研室副主任；免去郭玉玺的省政协人口资源环境委员会副主任，高璋的省政协农村委员会副主任，李全贵的省政协民族和宗教委员会副主任，郝本廉的省政协文史和学习委员会副主任职务。

第二十五次常委会议。8月24日至25日在太原举行。会议主要议题为，深入学习贯彻落实习近平总书记视察山西重要讲话精神和省委十一届四次全会精神，围绕推进农业供给侧结构性改革，发展功能农业、促进农业提质增效协商议政，建言献策。薛延忠主持，副省长郭迎光应邀出席。郭迎光作《关于我省推进农业供给侧结构性改革，发展功能农业、促进农业提质增效情况》的报告；会议听取《围绕发展功能农业进行调研》的情况报告及关于人事事项的说明；全国政协常委、全国政协经济委员会副主任陈锡文作专题报告。会议通过《关于省政协调研室更名为调研和委员工作室的决定》；决定任命：郑丽君为省政协调研和委员工作室副主任，卢成为省政协调研和委员工作室副主任；免去郑丽君的省政协民族和宗教委员会副主任职务。鉴于郭海涉嫌职务犯罪，根据中共山西省委建议，依照《中国人民政治协商会议章程》和《政协山西省委员会常务委员会关于授权主席会议对违纪违法政协委员及时作出处理的决定》，会议决定撤销郭海政协第十一届山西省委员会委员资格。

第二十六次常委会议。11月8日至10日在太原举行。会议主要议题为，落实中共中央和省委相关部署，学习贯彻中国共产党第十九次全国代表大会精神，围绕提升现代公共文化服务水平、加强社会主义核心价值观建设、推进文化繁荣兴盛协商议政。薛延忠出席并讲话，副省长张复明应邀出席。会议审议通过《关于学习宣传贯彻中国共产党第十九次全国代表大会精神的决议》。张复明代表省政府通报相关工作进展情况，会议听取政协专题调研情况报告及有关人事事项作说明。会议决定：因年龄原因，免去巨宪华、毛金明、杨晋生的省政协经济委员会副主任职务。

(周志清)

【省政协十一届主席会议】 2017年，山西省政协十一届委员会主席会议共召开11次会议，即第四十六次至五十六次。

第四十六次主席会议。1月10日举行。薛延忠主持并讲话。会议听取省委组织部负责人关于人事事项的说明；审议通过关于接受刘致远、杜建荣、李福龙、张广慧、张并生5位委员因年龄原因，冯改朵、安华2位委员因工作变动，请求辞去政协第十一届山西省委员会常务委员、委员的决定(草案)；关于接受朱军先、郑国雨2位委员因工作变动，请求辞去政协第十一届山西省委员会委员的决定(草案)；审议通过增补委员名单(草案)；审议通过关于朱晓明等职务任免的决定(草案)。议定将以上草案提请二十二次常委会议审议。

第四十七次、四十八次主席会议。分别于1月14日、16日省政协十

2017年11月8日至10日，省政协十一届二十六次常委会议在太原举行

(周志清供图)

一届五次会议期间举行。薛延忠主持。会议审议省政协十一届五次会议选举办法(草案),候选人建议名单,监票人、总监票人名单(草案);审议通过政协第十一届山西省委员会第五次会议关于常务委员会工作报告的决议(草案)、政协第十一届山西省委员会提案委员会关于省政协十一届五次会议提案审查情况的报告(草案)、政协第十一届山西省委员会第五次会议政治决议(草案),决定提请省政协十一届二十三次常委会议审议。

第四十九次主席会议。2月27日举行。会议审议通过《省政协2017年主要工作责任分工及进度安排》。

第五十次主席会议。5月5日举行。会议研究召开省政协十一届二十四次常委会议有关事项,审议通过省政协十一届二十四次常委会议议程(草案)和日程,决定该次会议于5月24日至25日在太原召开。建议会议主要议题为,围绕实施创新驱动、转型升级战略,加快推进山西省开发区建设建言献策。审议2017年省领导领办督办重点提案,研究确定省政协领导督办8个方面重点提案的任务分工。部署助力民生领域改革事项落实监督调研工作。根据省委部署要求,就围绕"提高农村低保标准,逐步实现低保线和贫困线'两线合一';创新养老模式,健全养老服务体系;完善全面两孩政策体系;推进县域内城乡义务教育一体化改革,加大对贫困地区、薄弱学校教育投入和资源倾斜力度;加强食品药品安全监管;全面推开公立医院改革,公立医院全部取消药品加成"等六项民生领域重大改革举措落实情况开展监督性调研,作出安排部署。

第五十一次主席会议。5月22日举行。薛延忠主持。会议听取省委组织部负责人关于人事事项的说明,审议通过政协第十一届山西省委员会常务委员会关于冉莉萍等职务任免的决定(草案),议定将草案提请二十四次常委会议审议。

第五十二次主席会议。8月14日举行。薛延忠主持。会议审议通过省政协十一届二十五次常委会议议程(草案)和日程,决定该次会议于8月24日至25日在太原召开。建议会议主要议题为:深入学习贯彻落实习近平总书记视察山西重要讲话精神和省委十一届四次会议精神,围绕推进农业供给侧结构性改革,大力发展功能农业、促进农业提质增效协商议政。审议通过省政协调研室更名为调研和委员工作室,增加委员队伍建设、服务和管理职能。根据省委组织部通知,调研室主任、副主任的职务名称相应变更为调研和委员工作室主任、副主任,不另行文。审议通过关于郑丽君等人的人事任免事项(草案)。鉴于郭海涉嫌职务犯罪,会议审议通过关于撤销郭海政协第十一届山西省委员会委员资格的决定。会议议定将以上内容提请二十五次常委会议追认。

第五十三次主席会议。9月12日举行。薛延忠主持。会议审议并原则同意《关于完善工作机制,加强人民政协协商民主建设的意见(送审稿)》,报省委常委会会议审定。安排部署围绕省委、省政府脱贫攻坚系列决策部署贯彻落实情况开展专项监督活动。审议通过开展专项监督工作方案,重点围绕省委关于深入学习贯彻习近平在深度贫困地区脱贫攻坚座谈会上重要讲话精神实施意见和省委、省政府关于坚决打赢全省脱贫攻坚战实施意见贯彻。审议并同意提案和反映社情民意工作表彰名单。

第五十四次主席会议。10月28日举行。薛延忠主持。会议审议通过省政协十一届二十六次常委会议议程(草案)和日程,决定该次会议于11月8日至10日在太原召开。建议会议主要议题为:学习贯彻中共十九大精神,落实省委十一届五次全会部署,为谱写新时代中国特色社会主义山西篇章汇聚团结奋进力量。围绕加强文化建设,就提升现代公共文化服务水平、培育践行社会主义核心价值观议政建言。会议还研究了有关人事事项。

第五十五次主席会议。11月27日举行。薛延忠主持。会议听取各专委会围绕学习贯彻中共十九大精神,贯彻落实省委十一届五次全会相关部署要求,总结五年工作、谋划2018年重点工作情况汇报。

第五十六次主席会议。12月22日举行。薛延忠主持。研究审议《中国人民政治协商会议山西省委员会委员考察工作条例》《中国人民政治协商会议山西省委员会反映社情民意信息工作条例》。（周志清）

专题议政协商

【深化政府监管体制改革专题议政】2017年4月26日,山西"深化政府监管体制改革,优化投资营商环境"专题议政会举行。高建生等8名委员作议政发言。省政协副主席朱先奇综合政协调研情况,就进一步深化政府监管体制改革,优化投资营商环境提出工作建议。省委常委、常务副省长高建民要求政府相关部门认真研究,吸纳委员意见建议,着力优化山西投资营商环境。（周志清）

【土壤污染防治专题议政】2017年7月19日,山西省"土壤污染防治"专题议政会举行。薛延忠主持并讲话,副省长贺天才出席。赵安泽等6名委员作议政发言。贺天才要求相关职能部门认真研究和吸纳委员建议,着力提升土壤污染防治水平,加快全省绿色发展步伐。（周志清）

【重点提案办理协商】2017年8月16日,省政协召开会议就大气污染治理重点提案办理进行协商。薛延忠主持并讲话,副省长张复明出席。会议听取省环保厅、经信委、住建厅承办政协提案,加强大气污染治理工作的情况汇报。提案者代表、基层代表和有关专家发表意见。政协副主席朱先奇、刘滇生、张璞作重点发言。张复明要求职能部门办好政协提案,加强大气污染治理工作,促进全省生态文明建设步伐。（周志清）

【民生领域改革事项落实协商】 2017年7月31日，省政协举行会议，反馈围绕民生领域改革事项落实开展监督调研的情况，就转化调研成果、促进相关问题解决进行专题协商。薛延忠主持并讲话。省委常委、常务副省长高建民出席。高建民要求省委、省政府相关职能部门认真研究，吸收采纳政协建议，抓好民生领域改革举措落实。 （周志清）

专委会工作

【提案和社情民意】 2017年，山西省政协征集提案935件，立案830件，确定承办单位办理提案2000余件次，副主席督办8个方面83件重点提案。10月12日至13日，省政协召开会议，表彰20篇优秀社情民意信息、45个反映社情民意信息工作先进单位和45名反映社情民意信息工作先进个人。12个单位作大会发言，58个单位作书面交流。2017年，省政协培训基层委员和信息工作人员5000余人。政协反映社情民意信息工作连续16次获全国先进。

（周志清）

2017年山西省政协重点提案选题

提案选题	提案者	案号	建议承办单位
关于着力解决国企国资改革中拖欠工资和社会保险费的建议	民盟省委、贾国华、李志强、杨定础、郭保民、张殿恩、刘正	027、148、226、289、349、350、394、723、352、443、801、802、803	省人社厅(省国资委、省金融办)
关于发挥资源禀赋优势，推进我省特色农产品有效供给的建议	民革省委、九三省委、陈芳、张建忠、杜顺义、郝旭	016、154、240、479、591、653	省农业厅(省商务厅)
关于加快大数据产业发展，推进智慧山西建设的建议	贺安黎、张培富、邓保平、陈维毅、杨益民、蔡凝 郝建华、殷杰	038、065、407、456、501、538、546、554、627	省经信委(省发改委、省教育厅)
关于以科技创新为引领，发展我省新兴产业的建议	民盟省委、九三省委、省工商联、张殿恩、赵建国、陈维毅、李志强、郜宏漪、韩文让	107、111、113、152、392、518、674、675、679、794、795	省科技厅(省发改委、省经信委、省教育厅、省中小企业局)
关于深化我省高校管理体制与机制改革的建议	九三省委、卫虎林、刘有智、行龙、张红亮、殷杰、师帅、张殿恩、赵建国、宋兴航、李桂平、苏建庭	041、198、257、437、542、543、558、611、649、705、783、825	省教育厅(省人社厅)
关于统筹规划，加强我省传统村落保护和开发利用的建议	民盟省委、赵恒寿、陈帅	004、062、770	省住建厅(省文物局、省旅发委)
关于综合施策，加强大气污染治理工作的建议	民进省委、贺安黎、王庆荣、宫瑞忠、郝旭、成锡锋、王杨、杨继文、李桂平、蔡凝、李庭凯、刘钢柱、刘钢柱、刘佰平、陈力克、韩清华、宋政峰、杨晖颖、宋兴航、郭学明	035、201、202、203、300、382、419、461、468、533、574、634、640、646、685、727、765、766、779、790	省环保厅(省住建厅、省经信委)
关于围绕加强"三基"工作，推进农村基层党组织建设的建议	民盟省委、省工商联、樊惠杰、梁清燕、许进娥、姚翠萍、田玲、陈帅	056、066、117、220、436、804、805、806	省委组织部(省民政厅)

2017年7月19日,省政协"土壤污染防治"专题议政会在太原举行

(周志清供图)

【经济发展调研建言】 2017年,山西省政协经济委员会组织委员开展专题调研,形成10余份提案或社情民意。组织委员围绕"实施创新驱动、转型升级战略,加快推进我省开发区建设"议题开展调研,形成《关于加快推进我省开发区建设意见建议的报告》,经省政协十一届二十四次常委会议审议修改后报省委、省政府。协助全国政协在山西省开展调研,形成《山西省政协关于降低企业杠杆率和规范地方政府举债行为的调研报告》报送全国政协。组织部分委员、专家学者和相关职能部门,监督调研山西省食品药品安全监管工作和全省脱贫攻坚、能源革命等,形成调研报告。组织委员围绕发挥商会作用、民营资本融入军工产业、晋菜品牌、电子商务、体育经济、生物经济等专题开展调研,形成《关于加快晋菜餐饮产业化发展的思考》的调研报告,得到省委、省政府领导批示。组织委员就省政协十一届二十一次常委会议建议落实情况进行跟进调研,促进山西旅游业快速发展。组织委员参与价格听证,对职能部门开展行业监督。 (周志清)

【资源环境调研建言】 2017年,山西省政协人口资源环境委员会组织委员就山西省"创新养老模式、健全养老服务体系"工作开展监督调研,形成《关于对朔州、太原两市"创新养老模式、健全养老服务体系"监督调研的情况报告》。组织委员专题调研全省"土壤污染防治"情况,形成《关于加大土壤污染防治力度的意见与建议》,组织召开省政协土壤污染防治专题议政会,所提意见与建议得到相关部门的重视。组织委员督办调研大气污染治理重点提案,会同提案委组织召开重点提案督办座谈会及主席会议,专题协商"关于综合施策,加强大气污染治理工作的建议"重点提案办理,引起省委、省政府领导重视,政府相关职能部门予以回应。组织委员围绕省委、省政府"两个实施意见"贯彻情况、脱贫攻坚"五个一批"和深度贫困县脱贫攻坚工作推进情况开展专项监督,形成《关于对运城市贯彻落实省委省政府脱贫攻坚系列决策部署落实情况的专项监督报告》,提出一些具体意见与建议供政府相关职能部门参考。 (周志清)

【农村工作调研建言】 2017年,山西省政协农村委员会组织委员调研"深化农业供给侧结构性改革,发展功能农业、促进农业提质增效",形成《关于推进农业供给侧结构性改革,加快发展功能农业、促进农业提质增效的建议》,经省政协十一届二十五次常委会议审议修改后报省委、省政府。组织委员围绕民生领域改革重要事项"提高农村低保标准,逐步实现低保线和贫困线'两线合一'"专题监督调研并对应提出建议。组织委员完成"关于山西省培育新型农业经营主体,健全农业社会化服务体系,实现小农户和现代农业有机衔接"的调研任务,并起草《关于山西省培育新型农业经营主体,健全农业社会化服务体系,实现小农户和现代农业有机衔接》的调研报告。到深度贫困地区开展监督性调研,形成《关于忻州市贯彻落实省委省政府脱贫攻坚系列决策部署情况的调研报告》,并牵头承办省政协脱贫攻坚专项监督情况反馈协商会议。省直相关部门负责就解决相关问题,改进工作作出回应。

(周志清)

【教科文卫体调研建言】 2017年,山西省政协科教文卫体委员会组织委员实地调研"提升现代公共文化服务水平,加强社会主义核心价值观建设"议题,形成《关于提升现代公共文化服务水平,加强社会主义核心价值观建设调研情况的报告》报省政协十一届二十六次常委会议。组织委员对山西省脱贫攻坚情况开展监督,针对存在问题撰写调研报告,提出6方面对策建议。组织委员围绕"统筹推进县域内城乡义务教育一体化改革"开展监督调研,针对存在问题撰写建议报告,提出5项对策建议。围绕高考工作组织相关巡视活动。组织委员对"关于深化山西省高校管理体制与机制改革的建议"重点提案开展督办,促进提案成果转化。专题调研山西省职业教育情况,撰写调研报告,提出5项对策建议。围绕"察情建言惠民行"活动,开展送科技、送体育、送医疗、送文化下基层活动。组织委员慰问紧张备战第十三届全运会的山西省运动员、教练员。赴山西省实验小学慰问老师。

(周志清)

【社会法制调研建言】 2017年,山西省政协社会法制委员会组织委员调研山西省"深化政府监管体制改革,

优化投资营商环境”，提出建议。组织召开专题议政会，会后将委员发言和专题建议报送省政府主要领导和办公厅，委员发言要点在《山西日报》《山西政协报》刊载。组织委员监督调研“完善全面两孩政策体系”，针对存在问题提出对策建议。组织委员围绕“关于着力解决国企国资改革中拖欠工资和社会保险费的建议”重点提案进行督办，针对性提出建议和意见，维护职工合法权益。配合全国政协社法委专题调研“重视去产能过程中职工就业再就业”。继续开展政协委员参与人大立法协商及相关活动和参与政府重大决策协商。先后完成省委法治办、省政府办公厅、省人社厅等部门8份草案的征求意见工作。完成《山西省政协社会法制委员会资料汇编》约70万字的编纂工作。（周志清）

2017年4月17日，省政协机关政协学堂以家风建设为主题，邀请第一届全国文明家庭代表杨菮作专题报告 （周志清供图）

【民族和宗教调研建言】 2017年，山西省政协民族和宗教委员会组织委员赴少数民族政协委员企业开展调研，召开促进少数民族民营企业发展座谈会。以“宗教活动场所依法管理”为题组织委员开展实地调研，并向主席会议提交调研报告，提出加强宗教政策法规的宣传教育等对策建议。配合全国政协民宗委“宗教场所文物保护和管理”调研课题组织委员调研，并向全省11个地级市政协发函开展联动调研。向全国政协民宗委提交调研报告。配合经济委开展“食品药品安全监管”调研，形成监督调研报告报省委。持续关心山大附中西藏班学生健康成长，在农历新年和藏历火猴新年前夕，参加山西大学附中喜迎新年慰问活动。定期走访慰问宗教界代表人士并进行座谈，帮其解决困难和问题。（周志清）

【文史和学习活动】 2017年，山西省政协文史和学习委员会举办2次学习培训。4月，组织全省11个市、119个县的130名政协主席参加“全国政协第97期地方政协干部培训班”。11月在太原召开省政协委员中共十九大精神培训班。协助全国政协调研组监督性调研山西省长城保护工作，同时对吕梁、临汾等地的长城保护情况开展扩展调研，提出加强研究与预测，统筹实施长城保护修缮工程，拓宽保护经费来源渠道。组织委员对全面推进公立医院改革，特别是取消药品加成情况展开监督调研，组织召开座谈会5场，发放调查问卷180份，形成《关于公立医院改革取消以药补医专项监督调研的报告》。坚持正确办刊方向，提高《文史月刊》质量。（周志清）

【港澳台侨和外事活动】 2017年，山西省政协港澳台侨和外事委员会组织和引导委员撰写提案和社情民意信息。利用“华夏儿女”和“港澳委员”微信群，为委员知情明政提供服务。组织委员围绕“全面推开公立改革”“脱贫攻坚”专题开展调研，召开座谈会10多次，梳理出具体问题和困难10多个，提出建议对策9条。专题调研“新侨海归创新创业”，与9个厅局单位负责人和31家新侨海归企业家、学者交流走访，形成4条建议和13条意见，供有关部门决策参考。编印《港澳台侨和外事工作重要讲话论述摘编》《“一带一路”参考资料》，供委员学习参考。补充完善《岗位责任制度》等13项规章制度。走访委员及企业，帮其协调解决困难及问题，协助港澳政协委员到晋开展项目考察、协调联系、部门对接。在对港澳工作方面，省政协领导带队赴港澳进行15场公务活动，拜访12个部门和社团，密切与中联办、港澳省级政协委员联谊会等的联系；在对台交往方面，协助张学良基金会联系有关单位和部门提供台湾爱国人士资料，协助阎锡山后人回晋捐赠史料。（周志清）

【调研和委员工作】 2017年，山西省政协调研和委员工作室起草《2017年度政协协商工作计划》《关于完善工作机制、加强人民政协协商民主建设的意见》、省政协十一届五次会议系列文件等各类文稿120余件、近百万字，全年收集社情民意信息8429篇，向全国政协、省委和省政府及有关部门报送重要信息230余篇。据不完全统计，全国政协办公厅采择上报中共中央、国务院领导同志或有关部委12篇，其中单篇信息1篇，综合稿件3篇，转送稿件8篇，《推进重点采煤沉陷区综合治理亟待重视的几个问题》信息被全国政协采用，全国政协主席汪洋、国务院副总理张高丽分别作出重要批示，国家发改委就领导批示进行反馈；编印《政协社情民意》刊物38期，楼阳生等省领导分别作出10次重要批示。（周志清）

中国共产党山西省纪律检查委员会 山西省监察委员会

Shanxi Provincial Committee for Discipline Inspection of Communist Party of China
Shanxi Provincial Supervision Committee

综　述

【纪律监察概况】 2017年，山西省纪委监委及各级纪检监察机关自觉融入全省工作大局，以深化监察体制改革为牵引，履行监督执纪问责和监督调查处置职责，全省党风廉政建设和反腐败工作迈出新步伐。贯彻落实党的十八届六中全会精神，学习贯彻习近平新时代中国特色社会主义思想和中共十九大精神，学习贯彻习近平总书记视察山西重要讲话精神，坚持“一个指引、两手硬”思路和要求，坚定不移全面从严治党，全省政治生态由“乱”转“治”，开创党的建设与党的事业互促共进局面。 （杨凌渡）

【中央八项规定精神落实】 2017年，山西省纪委监委健全完善作风建设长效机制，省委、省政府制定出台《关于进一步贯彻落实中央八项规定精神的实施办法》，省纪委监委督促各级各部门开展落实中央八项规定精神制度执行情况“回头看”，梳理存在问题，修订实施细则，使制度建设的过程成为深化认识、强化执行的过程。落实习近平2017年12月关于作风建设的重要指示精神，查摆“四风”特别是形式主义、官僚主义典型问题，部署启动专项治理工作。

2017年，省纪委监委开通网络举报窗、曝光台，畅通群众监督渠道。每逢重要节点进行明察暗访。强化联动协作机制，推动相关部门参与监督“四风”常态化。对违反中央八项规定精神的行为和“四风”问题，线索单列、台账管理、优先处置。对规避组织监督、顶风违纪的，不论职务高低一律从严查处、通报曝光。2017年，全省查处违反中央八项规定精神问题1368件2070人，通报曝光874人。

（杨凌渡）

【纪检监察机关队伍培训】 2017年，山西省纪委监委学习贯彻习近平系列重要讲话特别是视察山西重要讲话精神，打破“三个篱笆”，扩大选人用人视野，加大干部交流、使用、培养力度，优化干部队伍结构，提拔和交流使用干部315名。加强政治和业务培训，集中轮训省市县三级纪委监委领导班子成员，分级培训全省全部1.80万余名纪检监察干部。理顺和规范省级派驻机构工作机制，完成市级派驻机构全覆盖任务，推进县级派驻机构全覆盖工作。强化内部监督制约，执纪监督和审查调查“前后台”分设，实行“一案一指定”“一次一授权”，执行“三会”集体决策、请示报告、涉案款物管理等规定，完善打听案情、干预过问案件登记备案等制度，严明“三条禁令”，严防“灯下黑”。全省共谈

2017年10月10日，省纪委监委机关召开深入学习贯彻习总书记系列重要讲话精神和治国理政新理念新思想新战略心得体会交流会 （杨凌渡供图）

话函询纪检监察干部439人,组织处理168人,处分135人,移送司法机关3人。（杨凌渡）

纪检监察重要会议

【省纪委十一届二次全会】 2017年1月23日,省纪委十一届二次全会在太原举行。省委书记、省人大常委会主任骆惠宁出席全会并作重要讲话。全会由省纪律检查委员会常务委员会主持。全会审议通过任建华代表省纪委常委会所作的《推进全面从严治党,深化监察体制改革,为答好全面构建良好政治生态山西答卷作出更大贡献》的工作报告。

全会提出2017年要抓好7项重点任务。一是推进监察体制改革试点工作,搞好样品,趟好路子。二是严肃党内政治生活,加强党内监督。三是落实中央八项规定精神,打造作风建设亮丽名片。四是牵牢主体责任"牛鼻子",以强有力问责督促各级党组织履行全面从严治党责任。五是推动实践"四种形态",巩固增强反腐败斗争政治和社会效果。六是提高政治站位,狠抓整改落实,发挥政治巡视利剑作用。七是打造一支让党放心、人民信赖的纪检监察铁军。（杨凌渡）

【山西省监察委员会成立】 2017年1月18日上午,山西省十二届人大七次会议选举产生山西省监察委员会主任;18日下午,省十二届人大常委会第35次会议通过山西省监察委员会副主任、委员的任命,标志着山西省监察委员会成立。

2017年,山西省纪委监委以转隶开局铺开试点,到2017年3月30日,在全国率先完成省市县三级监察委员会组建,为后续工作赢得时间。坚持机构、编制、职数"三不增",撤销行政监察机关和检察机关反贪污贿赂、反渎职侵权、职务犯罪预防部门,组建监察委员会,与同级纪委合署办公,优化组织架构、职能配置、人员结构。（杨凌渡）

【全省扶贫领域不正之风和腐败问题专项治理工作动员会】 2017年11月5日,全省扶贫领域不正之风和腐败问题专项治理工作动员会以电视电话会议形式开到县(市、区)。省委副书记黄晓薇出席会议并讲话。省委常委、省纪委书记、省监委主任任建华主持会议。省委常委、组织部长吴汉圣就做好专项治理工作的组织保证提出具体要求。副省长郭迎光宣读专项治理《工作方案》。

会议强调,要坚持问题导向,突出工作重点,落实好专项治理《工作方案》,聚焦和整治资金项目、政策落地、领导责任和干部作风等方面存在的问题,省级层面聚焦重点地区,注重研究基层情况,把握好工作方式方法,通过专项治理进一步密切党群干群关系,确保脱贫攻坚工作经得起历史和人民的检验。要用好"四种形态",推动各级领导干部特别是扶贫一线的党员干部以求真务实、真抓实干的作风,自觉在脱贫攻坚上下足绣花功夫。要严查失职渎职行为,严惩违法违纪分子,守护好贫困群众的"奶酪",确保扶贫政策、资金、项目真正惠及贫困群众。（杨凌渡）

纪律监察

【"两个责任"落实】 2017年,山西省纪委履行监督责任,督促各级党组织完善责任清单,加强约谈提醒、述责述廉等工作。各级党委和纪委针对党的领导弱化、管党治党不严不实、"四风"和腐败问题频发、巡视整改不落实等问题,共问责党组织133个、领导干部1093名,倒逼主体责任落实。2017年,省、市、县三级党委常委会会议研究全面从严治党工作2807次,批准立案审查、留置、处分决定等4660人次;各级人大、政府、政协、法院、检察院和各部门各单位党组以及各基层党组织履行管党治党政治责任,推动全面从严治党由宽松软走向严紧硬。（杨凌渡）

【监察巡视巡察】 2017年,山西省委出台贯彻巡视工作条例实施办法、深化政治巡视指导意见、推动政治巡视向纵深发展指导意见。推进巡视全覆盖,十一届省委完成2轮对省直48个党组织的巡视,共发现违纪问题线索432件,明确整改事项1586项,整改1338项,整改率84.40%。以肃清系统性塌方式腐败案件流毒影响为着力点,组织开展巡视整改自行"回头看",完善"三清单一制度",对巡视发现问题线索、整改落实情况进行兜底性梳理,巩固扩大巡视成果。探索被巡视党组织政治生态评估工作,提高"政治体检"水平。强化市县巡察机构建设,编制人员到位率98%以上。坚持巡视巡察一体谋划、一体推动,推进市县巡察工作。2017年共巡察党组织3940个,发现问题20947个,发现违纪问题线索9945件。（杨凌渡）

【监察制度体系建设】 2017年,山西省做深做细做实思想政治工作,强化"进一家门、成一家人、说一家话、干一家事"观念,确保思想不乱、人心不散、工作不断。省纪委监委建立"4个一"工作制度体系,再造执纪执法工作流程,规范调查措施审批使用和常用文书,强化内控机制,为纪委监委内部衔接、监督制约提供遵循。省委政法委统筹法、检、公、司四部门制定"1+4"十项制度体系,为监察机关与执法司法机关相互衔接、相互制衡提供保证。（杨凌渡）

监察体制改革试点

【山西省监察委员会第一次干部大会】 2017年1月19日,山西省监察委员会第一次干部大会召开。中央纪委副书记刘金国出席会议并讲话。他指出中央改革试点工作领导小组对山西试点工作给予高度评价、充分肯定。省委书记、省人大常委会主任、省深化监察体制改革试点工作小组组长骆惠宁出席会议并讲话。他对进一步深化监察体制改革试点工作,加强监

2017年7月27日,省委常委、省纪委书记任建华(前右)在和顺县调研

(杨凌渡供图)

察委员会干部队伍建设,推进市县监察体制改革试点工作提出要求。

中央纪委案件审理室主任罗东川,省领导黄晓薇、杨司出席会议。任建华主持会议。省深化监察体制改革试点工作小组成员,省纪委常委、省监委委员,省纪委各派出机构主要负责人,各市纪委书记,省纪委监委机关全体干部、直属事业单位副处级以上干部、省委巡视机构有关干部参加会议。

(杨凌渡)

【市县监察体制改革试点工作推进会】 2017年2月4日,山西省市县监察体制改革试点工作推进会在晋城市召开。省委书记、省深化监察体制改革试点工作小组组长骆惠宁出席会议并讲话。他强调,确立问题导向,协调推进市县监察体制改革;坚持标本兼治,持续加强正风反腐工作;切实加强领导,进一步把全省深化监察体制改革试点工作引向深入。会上,各市汇报改革试点工作推进情况,省改革试点工作小组办公室对11个市的进展情况进行点评。会议对推进市县监察体制改革试点工作作出具体部署。

省委常委、省纪委书记、省监委主任、省深化监察体制改革试点工作小组副组长任建华主持会议。省人民检察院检察长、省深化监察体制改革试点工作小组副组长杨司出席会议。省纪委监委、省委组织部、省编办有关负责人,各市纪委书记、检察院检察长及市纪委、市委组织部、市编办有关负责人参加会议。 (杨凌渡)

【山西省进一步深化监察体制改革试点工作会议】 2017年11月30日,山西省进一步深化监察体制改革试点工作会议在太原召开。省委书记骆惠宁出席并讲话。他强调,要深入贯彻党中央关于在全国推开国家监察体制改革试点工作的部署,在总结经验基础上,推动山西省监察体制改革试点向纵深发展,担当起先行先试责任。会议以电视电话会议的形式开到县(市、区)。黄晓薇主持会议,任建华宣读实施方案,晋中市、平鲁区、永济市纪委监委作交流发言。 (杨凌渡)

【三级党委首责主责全责】 2017年,山西省市县三级党委扛起首责主责全责,省委书记带头、三级党委书记当好"施工队长",三级纪委负起专责,相关部门协同配合,坚持转隶、建制、深化深入,省级示范先行、市县一般压茬推进。通过改革,党对反腐败工作的统一领导在山西省得到加强,从组织形式、职能定位、办案程序上实现由"结果领导"到"全过程领导"转变;集中统一、权威高效的监察体系建立,整合、强化反腐败工作力量;对行使公权力的公职人员监督监察实现全覆盖,全省监察对象较改革前增加53万人;监察权高效运行,12种调查措施得到规范使用,其中留置81人;依法治国和依规治党、党的纪律检查和国家监察有机统一,区域治理能力和治理水平提升,实现"1+1>2"的目标。 (杨凌渡)

【"四种形态"运用】 2017年,山西省纪委监委把握"树木"和"森林"的关系,在思想认识、责任担当、方法措施上跟上中央要求,把纪律和规矩放在前面,运用"四种形态",特别是在第一种形态上下功夫,以纪为尺、动真碰硬,抓早抓小、防微杜渐。加强选人用人监督工作,协助省委做好中共十九大代表和地方"两委"委员、人大代表、政协委员的推荐提名和选举工作,严把政治关、廉洁关、形象关,防止"带病提拔""带病上岗"。全省各级纪检监察机关共回复党风廉政意见24.70万余人次。推动全省党员干部在纪律约束下工作生活的思想自觉和习惯养成。 (杨凌渡)

【执纪审查(调查)工作】 2017年,发挥纪委监委合署办公、执纪执法相互贯通的制度优势,保持惩治腐败高压态势,重点审查调查不收敛不收手、问题线索反映集中、群众反映强烈、现在重要岗位且可能还要提拔使用的领导干部。整治扶贫领域腐败和作风问题,落实省委专项治理工作部署,省纪委监委制定实施意见,班子成员深入市县督导问题整改、督办重点案件。2017年,各级纪检监察机关针对查处一批涉农部门、基层组织长期存在的突出问题,进行落实并解决,群众获得感增强。加大环保领域失职失责问责力度,倒逼环保责任落实。

(杨凌渡)

民主党派 工商联

Democratic Parties The Federation of Industry Commerce

民革山西省委会

【组织建设】 2017年，中国国民党革命委员会山西省委员会（简称民革山西省委会）围绕"坚持原则、探索路径、发挥特色、创新创优"加强组织建设。

8月22日至24日，民革山西省第十二次代表大会完成各项议程，完成政治交接、新老交替。61名委员中，新当选的37人，女性26人，平均年龄50.70岁，全部具有大学以上学历，33人拥有中高级职称；24名常委中，新当选的14人，女性8人，平均年龄52.60岁，全部具有大学以上学历，16人拥有中高级职称。2017年民革全省发展党员212人，其中，女性94人，平均年龄37.20岁，具有大学以上学历的197人，拥有中高级职称的65人，具有民革特色的38人。截至2017年底，全省有党员4495人。其中，各级人大代表85人，各级政协委员546人。对全省党员进行党籍信息核查，利用组织信息管理软件对党员进行动态管理。12月，建成全省首个"民革党员之家"，为省直属基层组织1000多名党员提供固定活动场所。民革太原和大同市委会获"民革中央全国组织工作先进集体"称号，宋强、毛宣国、贺晓梅、刘光明、冯伟5人获"民革中央全国组织建设工作先进个人"称号。

（赵雅铮）

【参政议政】 2017年，民革山西省委会领导班子成员参与高层政治协商，共参加中共山西省委省政府召开的协商会、谈话会、情况通报会等6次，就人事事项、经济形势和经济工作等方面提出意见和建议。9月13日至15日，民革山西省委会专职副主委王静率调研组，到晋城市阳城县寺头乡、河北镇等地，通过个别走访、实地察看、召开座谈的方式，调研蚕桑产业发展有关问题，并形成提案《关于大力发展我省蚕桑业的几点建议》，提交省政协十二届一次会议。9月22日至23日，民革山西省委会专职副主委王静带队，到太原市客运办，调研民革中央交办的山西省电动汽车发展情况，安排临汾市委会做专题调研，汇报材料报送民革中央。10月10日至15日，民革山西省委会专职副主委王静率调研组，到安徽、江苏两省调研推动山西省开发区体制机制改革创新发展，针对调研过程中发现的山西省开发区块头不大、活力不强、引领不足、还处于较低发展层次、"小散低"等问题，两次组织专家学者进行讨论，与相关厅局反复沟通，形成《关于推进我省开发区改革创新发展的建议》的调研报告，作为政党协商材料报送中共山西省委书记骆惠宁。10月15日，根据山西省人民政府办公厅《关于征集2018年重大民生实事意见建议的函》，民革山西省委会报送《关于加强电动车管理的几点意见》《关于提升城区居民住宅区餐厨油烟和噪音排放治理能力的建议》等5篇建议。12月20日，民革山西省委会调研部到忻州市就忻口战役遗址保护、规划、开发工作进行调研，形成《关于将忻口战役遗址上升为国家级文物保护单位的建议》提案。12月27日，中共山西省委召开党外人士座谈会，听取各民主党派省委会、省工商联负责人和无党派人士代表对当前经济形势和2018年经济工作的意见建议，张复明做发言。

2017年，民革山西省委会共报送民革中央社情民意信息9篇；省政协社情民意信息25篇，被转送采用4篇，全国政协采用2篇；报送省委统战部统战信息13篇，民革党员范建新撰写的《关于宋辽金元古建筑优先"申遗"的建议》被中央统战部《零讯》采用，《关于建立全国性破产法院和公司解散强制登记制度的建议》被山西省政协评为年度优秀社情民意信息。民革山西省委会参政议政部、民革太原市委会、民革长治市直一支部获"民革中央全国参政议政工作先进集体"称号，黄登宇、黄华为、王勇、范建新、吴晓文、郭芳芳6名党员获"民革中央全国参政议政工作先进个人"称号。

（赵雅铮）

【主题教育】 2017年8月，民革山西省委会在全省各级组织中开展"拥戴核心，合作奋进"专题教育活动。中国政协网、民革中央网站、团结报、团结网、山西日报、山西政协报等媒体对

2017 年 8 月 31 日，民革山西省委会举办纪念民革成立 70 周年知识竞赛

（赵雅琤供图）

专题教育活动给予关注，累计报道 300 余次。活动中编辑四辑《学习中共十九大精神“拥戴核心，合作奋进”专题教育活动材料汇总》和《民革思想建设 20 题》。8 月至 12 月，民革山西省委会在全省范围内开展“不忘合作初心，继续携手前进——纪念民革成立 70 周年”知识竞赛，全省 3000 多名党员参与，选拔出刘丽娟、冉晋红、冯伟三位选手代表民革山西省委会到京参加民革中央知识竞赛，获优秀组织奖。9 月 24 日至 28 日，省委会组织机关干部到宁夏、甘肃开展“不忘合作初心，继续携手前进”革命传统教育暨“观故居，走多党合作之路”活动，参观六盘山红军长征纪念馆、会宁红军会师旧址、民革前辈邓宝珊故居和八路军驻兰州办事处旧址。10 月 22 日至 24 日，民革山西省委会专职副主委王静带队到民革运城、临汾市委会开展“拥戴核心，合作奋进”专题教育活动工作调研和督导检查。调研情况收入《学习中共十九大精神“拥戴核心，合作奋进”专题教育活动阶段性工作材料汇总（第一辑）》。11 月 6 日至 8 日，民革山西省委会宣传部到民革大同市委会，14 日至 15 日到民革忻州市委会调研学习贯彻中共十九大精神情况及“拥戴核心，合作奋进”专题教育活动进展情况。调研成果《民革大同市委会：以事业为纽带凝聚共识奉献力量》在民革中央网站刊登；《民革忻州市委会以“三塑形”推进“拥戴核心，合作奋进”专题教育活动扎实开展》在团结网刊登，并被人民政协网转载。（赵雅琤）

【社会服务】 2017 年，民革山西省委会制定《民革山西省委会开展脱贫攻坚民主监督工作的实施方案》，成立脱贫攻坚民主监督领导组。8 月 10 日，省政协副主席、民革山西省委会主委张友君带领民革山西省委会社会服务部工作人员到吕梁市进行脱贫攻坚民主监督。副省长张复明带领王静、刘继隆、陈继光等班子成员到吕梁市方山县开展脱贫攻坚民主监督调研。调研期间，实地查看圪洞镇班庄村易地扶贫搬迁工作，走访慰问贫困户，详细了解脱贫攻坚工作的落实情况；通过发送“三查·三看+培训”微信，收集方山县肉牛养殖、中草药种植和移民搬迁等相关资料，掌握详细情况；坚持“寓监督于帮扶之中，寓帮扶于监督之中”工作原则，在开展民主监督的同时，通过安排山西农业大学教授刘文忠到肉牛养殖大户调研指导，并召开座谈会，就养殖技术进行现场答疑，帮助养殖户解决问题，形成民主监督与脱贫攻坚相互促进、相向而行局面。撰写的《民革山西省委会关于吕梁市（重点方山县）脱贫攻坚民主监督的报告》《关于脱贫攻坚民主监督的若干建议》呈报骆惠宁书记。

2017 年，民革山西省委会以“山西民革法律（咨询）服务中心”为平台，开展律师进社区活动，开展“国家宪法日”普法宣传活动。举办法律讲座 100 余次，服务困难群体 500 余人次，在微信公众平台上推送法律援助信息 100 余条。

2017 年，民革太原等 5 个市委会被授予“民革全国社会服务工作先进集体”，宋建荣、靳俊龙、邓勇志、任静、高凡、白海清、周先宝 7 名党员被授予“民革全国社会服务工作先进个人”称号。（赵雅琤）

【促进祖国统一】 2017 年，民革山西省委会坚持“九二共识”，反对“台独”，推进晋台交流合作。5 月 3 日，主委张友君带领联络部副部长丁峰参加在晋城市举办的“海峡两岸神农炎帝文化高端论坛”，并代表中共山西省委、省政府致辞，其间，与台湾新党主席郁慕明进行工作交流。8 月 1 日，张友君、王静及秘书长李润及机关全体参加在省文联大厦举办的“海峡两岸黄埔同学及亲属后代纪念全民族抗战爆发 80 周年书画展”。11 月，举办台湾形势报告会，邀请时任全国政协常委、民革中央副主席郑建邦作专题报告，省市近 200 人接受台情教育。9 月，接待中国国民党中央委员邓治平等台胞参访团一行，并进行座谈交流；按照民革中央统一部署，深化对台青年工作，加入民革中央“两岸青年创新大联盟”成员单位，报送联盟省级组织联络员 1 人，并提供首批企业岗位供台湾青年工作、实习。12 月，开展“两岸一家亲，迎新送春联”活动，周先宝、杨培旺等民革党员书法家书写春联数十幅，寄送岛内新老朋友。（赵雅琤）

民盟山西省委会

【组织建设】 2017年，中国民主同盟山西省委员会（简称民盟山西省委会）发展新盟员840人。截至2017年底，山西省民盟盟员总数为10545人，全省共有58个省直属组织。其中，市级组织11个，高校基层委员会9个，总支委员会9个，支部委员会29个。（梁俊娜）

【参政议政】 2017年，民盟山西省委会在山西省政协十一届五次会议期间，向大会提交大会发言1篇，提案50件，立案45件；在全省由省领导领办督办的8件省政协十一届五次会议重点提案中，民盟山西省委会占4件。《实施债转股改革，化解山西煤企债务危机》《多措并举激发脱贫攻坚内生动力》被列为省政协重点督办提案；《新形势下民主党派在依法治国中应肩负的责任》《关于在山西省高校开设工业机器人专业的建议》2件集体提案和7件盟员委员提案被评为山西省政协优秀提案。

2017年，民盟山西省委会组织盟内外专家开展大型专题调研。11月，根据中共山西省委书记骆惠宁的指示精神，从年初确定的6个重点调研课题中确定3个重点调研课题。通过实地调查研究，形成《山西量子光学研究曾经全国领先，但产业化相对滞后需引起重视并采取对策》《汾河上游岚河（汾河一级支流）水质污染严重，影响汾河水库水质，建议省委省政府协调地方政府采取措施》《农村学校生源流失严重，师生比例严重失衡现象需引起重视并采取对策》等3个调研报告，通过“直通车”报送中共山西省委，为省委省政府科学民主决策提供参考。

2017年，民盟山西省委会报送社情民意信息500余篇，采用237篇，其中民盟中央采用13篇，省政协采用10篇；报送省委统战部150余篇。盟员柳树林《金融扶贫精准度待提高，农村金融制度体系需完善》《牵住“工匠精神”这个实体经济发展的“牛鼻子”》2篇信息、盟员郭译仁的《不断完善知识产权的法律保护体系》1篇信息被中央统战部《零讯》采用；盟员张卫东《对筹建我省戏曲博物馆的建议》被《山西信息》采用，报省委、省人大、省政府、省政协。2017年，民盟山西省委会获民盟中央参政议政信息工作二等奖。（梁俊娜）

【民盟山西省委会智库成立】 2017年11月20日，民盟山西省委会智库在山西大学学术交流中心召开成立大会。民盟山西省委会主委王维平出席会议并讲话，专职副主委刘本旺主持。副主委闫美珍、王书红、闫卫平、韩清华、卫忠平出席会议，中共山西省委统战部党派处干部、首批智库专家及全体机关干部参加会议。

会议为首批智库专家颁发聘书。智库专家由山西省高等院校、科研院所、机关企事业单位及新阶层等不同行业62位专家组成，聘期3年。（梁俊娜）

【思想宣传】 2017年，民盟山西省委会开展“坚持和发展中国特色社会主义学习实践活动”“不忘合作初心，继续携手前进”专题教育、“拥戴核心，合作共进”主题教育等活动。举办“学习中共十九大精神骨干盟员培训班”、纪念中国民主同盟在山西建立组织70周年系列活动、“将改革进行到底”演讲比赛及征文活动、参观刁仲勋纪念馆和晋绥边区革命纪念馆活动，建立“山西民盟思想教育基地”，推动“盟员之家”建设，开展多党合作优良传统教育和盟史教育。

民盟山西省委会与新闻媒体进行联系和沟通，拓宽思想宣传渠道。2017年，《山西民盟》期刊进行改版扩版，突出政策性、时讯性、资料性，内容更为丰富充实。“山西民盟”微信公众平台共发布消息400余条，浏览量近10万人（次），5月取得在全国各民主党派中央及省级组织微信公众号影响力排名第14、在民盟省级组织微信公众号影响力排名第3的成绩。重新组建通讯员队伍，建立通讯员微信工作群，与各级盟组织开通的网站、微信公众平台及微信群互联互通，形成覆盖全省的宣传工作网络，为盟省委履行参政党职能营造舆论环境。

10月，民盟山西省委会课题组承担的民盟中央历史人物研究——《邓初民传略》研究课题获民盟中央理论研究课题二等奖。（梁俊娜）

【中国民主同盟在山西建立组织70周年】 2017年12月29日，纪念中国民主同盟在山西建立组织70周年大会在太原龙城国际饭店召开。全国

2017年11月20日，民盟山西省委会智库成立 （梁俊娜供图）

人大常委会委员、民盟中央副主席、中国文联副主席张平出席会议并代表民盟中央讲话；中共山西省委常委、统战部部长廉毅敏代表中共山西省委讲话；民进中央副主席、省政协副主席、民进山西省委会主委卫小春代表各民主党派省委会和省工商联致贺词。省工商联主席、省总商会会长李武章，山西社会主义学院党委书记张云泽等参会祝贺。民盟山西省委会主委王维平作纪念中国民主同盟在山西建立组织70周年讲话。民盟山西省委会专职副主委刘本旺主持纪念大会。各部门领导和机关干部250余人参会。

大会向入盟50年以上的老盟员颁发荣誉证书。会议期间，播放《不忘初心 砥砺前行——山西民盟发展历程》宣传片，举行“纪念中国民主同盟在山西建立组织70周年”图片展和书画展。（梁俊娜）

民建山西省委会

【组织建设】 截至2017年底，中国民主建国会山西省委员会(简称民建山西省委会)会员总数5621人。从事经济和相关工作的人员占到80%以上;40岁以下会员2846人，占51%;中级以上职称会员2474人，占44%;新社会阶层会员1576人，占28%。有2人当选全国人大代表和全国政协委员，1人当选民建中央常委、4人当选民建中央委员。有9人当选山西省第十三届人大代表、24人担任山西省第十二届政协委员。会员中高素质、经济界代表人士比例提升，会员结构改善。年龄结构优化，男女比例适当，呈现出高学历、高职称、高层次的特点，新的社会阶层人士比例增加，体现民建界别特色。（张云鹏）

【参政议政】 2017年，民建山西省委会制定《民建山西省委会关于贯彻国发〔2017〕42号文件精神做好参政议政工作的意见》，为参政议政工作提出指导意见。在省人大十二届五次全会和省政协十一届五次会议上，民建山西省委会人大代表、政协委员反映所联系群众意见和呼声，建言献策，向省人大会议提交建议案2件，政协大会提交大会发言3篇、团体提案立案39件。参政议政工作获民建全国参政议政工作先进单位二等奖。（张云鹏）

【专题调研】 2017年，民建山西省委会围绕中共山西省委、省政府中心工作，围绕《推广自主创新适用技术，打造固废资源综合利用千亿级新产业》《“户贷企用”小额信贷扶贫现状分析与优化路径》《完善我省中小微企业融资政策的10点建议》等三个年度重点课题，到有关地市厅局、省综改试验区以及有关企业开展调研工作，其中就《推广自主创新适用技术，打造固废资源综合利用千亿级新产业》课题，在中共山西省委召开的党外人士座谈会上进行交流，被2017年省政府工作报告采纳。全年开展实地调研、召开课题调研座谈会及活动10余次，通过向基层组织征集春季、秋季课题以及根据民建中央重点调研专题和省委统战部、省政协年度调研成果征选方向，共向民建中央报送调研成果20多篇。（张云鹏）

【理论研究】 2017年，民建山西省委员会深化《会章》、会史和会优良传统教育，加强参政党理论研究成果。全年向民建中央、省委统战部报送理论成果10多篇，在民建中央2017年重点理论研究成果评比中，报送的《民主党派人士实现民主监督的重点难点及对策研究》获二等奖。（张云鹏）

【社情民意工作】 2017年，民建山西省委会报送民建中央、省政协、省委统战部社情民意建议120多篇，被民建中央、省政协和全国政协采纳32篇，其中《建议规范政府非税收入收支行为》《建议启动煤电联动机制的建议》《建议重视太行山地区高氟砷中毒地方病》《建议适时修改〈土地管理法〉第八十三条》4篇稿件被中央统战部《零讯》采用。《建议重视太行山地区高氟砷中毒地方病》得到时任副总理刘延东批示，《推进钕铁硼企业重组上市带动磁性材料产业发展》得到省长楼阳生批示，《对规范“户贷企用”的小额信贷扶贫模式的建议》被《山西信息》采用，《关于制定“晋气东送”发展战略的建议》《推进钕铁硼企业重组上市带动磁性材料产业发展》等被省政协评为优秀社情民意。社情民意工作获民建全国社情民意工作先进单位二等奖、获省政协2017年社情民意工作先进单位。（张云鹏）

2017年9月1日，民建山西省委会脱贫攻坚民主监督调研组实地考察临汾市易地扶贫搬迁项目（张云鹏供图）

【组织扶贫活动】 2017年，民建山西省委会引导广大会员企业和爱心人士开展助学济困、奉献爱心活动。全年全省各级组织通过各种活动载体捐资捐物，捐助各类学生人数达300多人，支助总额40多万元。组织广大会员企业和爱心人士帮扶下乡、帮扶进社区，共开展招商引资、科技扶贫、医疗义诊、扶贫助教、企业咨询等社会服务活动80多次，参加人数700多人。民建山西省委会争取民建中央思源工程救护车55辆，实现山西省35个国家级贫困县每县三辆救护车的"思源救护"全覆盖。全省投入扶贫资金总额30多万元，省委会以中阳县宁乡镇郝家岭村为"下乡住村帮扶"扶贫点，实施产业项目扶贫，捐助资金3万元。 （张云鹏）

【会员服务与交流】 2017年，民建山西省委会把与会员单位联系、帮助会员进步、为会员服务经常化。构建助力会员企业转型创新的发展氛围。把服务会员企业作为抓手和重点，创优发展环境，引领会员企业开展"双创"活动，带动当地就业，加快转型发展，提高对经济发展的贡献率。紧密联系会员企业，开展咨询、培训、招商引资、信息化建设、银行与企业牵线搭桥等服务工作。组团参加2017(第十八届)广州中国风险投资论坛、2017中国(江西)非公有制经济发展论坛，利用两大品牌，凝聚会员，扩大影响，完成民建中央安排的工作任务。

（张云鹏）

民进山西省委会

【组织建设】 2017年，中国民主促进会山西省委员会(简称民进山西省委会)完成换届任务，实现班子队伍新老交替。实施"星级基层组织创建"强基固本行动，引领推进组织建设工作创新发展。全年发展会员273人，平均年龄40.50岁，大学以上学历占96%，中高级职称以上占76.20%。截至2017年底，民进山西省委会民进会员总数为5738人，平均年龄49.60岁，其中女会员2708人，离退休会员1452人，中上层人士4352人。成员界别主要分布：教育界占61.30%(其中高教11.70%)，出版界占2.50%，文化艺术界6.70%，科技界3.10%，医卫界10.50%，其余为人大、政协、政府、司法、党派机关、社会团体、公有制经济、新社会阶层人士等中高级知识分子。

会员中，担任全国人大常委会委员1人，担任全国政协委员1人；担任省市县级人大代表的有103人，担任省市县级政协委员的有656人；担任副处级以上政府及司法机关实职的有37人。 （赵柱家）

【思想政治教育】 2017年，民进山西省委会部署开展"拥戴核心、合作共进"专题教育活动，通过动员部署、参观学习、调研座谈、讲座报告、撰写心得、主题研讨等六大环节，开展教育活动。中共十九大后，组织专题辅导报告、常委会集中学习、井冈山学习参观、老同志座谈会、经济知识讲座、书画笔会、分批分层次参加多部门组织的各种培训。发挥传统媒介和新媒体宣传作用，探索拓展宣传报道新形式，在《民进山西省委会工作简报》《山西民进》会刊、山西民进网、山西民进微信公众号宣传平台基础上，开办《山西民进组织建设》新载体，构建起以"一报一刊一网两平台"五位一体系列组合宣传载体，成为宣传山西民进工作窗口。截至2017年底，刊发各类文稿200多篇(条)。民进省八代会、民进十二大、省两会、全国两会召开期间，各种宣传平台密切协作，及时准确全方位宣传报道大会盛况和会员履职动态，以时效快、传播广而受到广大会员欢迎。 （赵柱家）

【参政议政】 2017年，民进山西省委会发挥自身优势，坚持教育优先，深耕文旅事业。承接民进中央"职业教育助推装备制造业发展"课题，在太钢技校、太原学院等开展调研，形成《"变招工为招生"——山西省推进职业教育改革的实践》《发展职业教育助推我省转型发展的建议》，就深化职业教育改革、强化政府责任、建设职业教育城等提出具体建议，供有关部门科学决策参考。向政协全会提交教育类集体提案9件，涵盖学前、义务、高等、职业、师范、民办、家庭教育等领域。在聚焦教育热点难点问题的同时，倡导全社会对教育事业给予更多关爱和支持。2017年，与湖南民进举行文化专题研讨会；在忻州、省文旅集团进行调研，形成《关于打造黄河、长城、太行三大旅游板块发展的建议》。向政协全会提交文化旅游类

2017年1月12日，民进山西省委会开展"春联万家"进社区活动 （赵柱家供图）

集体提案7件。

围绕创新驱动转型升级发展战略、供给侧结构性改革等建言献策。向省政协全会提交经济类集体提案7件,内容涉及金融创新、民企发展、科技振兴、农村土地流转、“无水港”建设、精准扶贫等,助推山西省经济健康可持续发展。向省政协全会提交《关于我省齐心治理大气污染的建议》等3件集体提案,其中详细指出山西省大气污染治理中面临组织保障缺乏、环境基础研究缺少、整治标准缺失、机动车污染防治工作缺力、能源结构缺调、产业布局缺优等“六个缺”问题,引起省政协领导高度关注,列为重点督办提案,确定为议政建言会重要议题。

截至2017年底,民进山西省委会报送省政协全会集体提案44件,11件被列为省领导重点督办提案。《农村土地承包经营权入股试点存在的法律问题思考建议》获全国政协优秀提案表彰、获民进中央参政议政成果一等奖;社情民意信息工作取得新进步,《建议加强布鲁氏病诊断试剂研制工作》被中央统战部《零讯》采用。省委会被民进中央评为2017年度参政议政工作先进单位。(赵柱家)

【社会服务】 2017年,民进山西省委会引导鼓励更多会员增进家国情怀和责任意识,深入社会、深入基层,服务大众、服务百姓。

开展助学支教。参加民进中央“书香彩虹——安龙行动”图书捐赠活动,各级组织和广大会员捐赠书籍4834册;在阳泉开展助学支教。

开展文化惠民。民进山西开明画院开展春联送万家活动,截至2017年底,参与群众累计近2000人,书写春联2000余副。山西民进艺术团先后在繁峙县、朔州市举办文艺演出,出版界会员入基层书店、中小学校开展图书阅读推广,发挥文化引领促进社会建设作用。开展科技下乡。山西民进企业家联谊会在吉县举办科技讲座,赠送价值15000余元科普书籍和农资肥料,以实际行动支持果农增收奔小康。开展医卫下乡。组织医卫界会员在繁峙县、文水县、汾阳市开展“曙光行动”,为村民送医送药送健康。 (赵柱家)

农工党山西省委会

【组织建设】 2017年,中国农工民主党山西省委员会(简称农工党山西省委会)完成换届任务。6月28日,农工党山西省第七次代表大会选举产生七届省委会。在七届一次全会上,选举产生7名领导班子成员和21名常委。领导班子成员和常委均全票当选。10月10日至16日,省委会在安徽社会主义学院举办“省市领导班子政治交接暨领导能力专题研修班”,增强省市领导班子的政治责任感和履职水平。11月9日至12日,在晋城市举办“全省基层组织负责人培训班暨基层组织建设现场会”。新一轮人大、政协换届中,1人担任全国人大代表,2人担任全国政协委员,其中1人担任全国政协常委;6人担任省人大代表,其中2人担任省人大常委;26人担任省政协委员,其中1人担任省政协副主席,4人担任省政协常委。推荐2名副主委为山西省统一战线智库专家、1名副主委为山西省海外联谊会理事人选、6名专家学者为山西省中国和平统一促进会第一届理事会理事候选人。选调能力强、有担当的年轻党员,参加中西部骨干党员培训班、农工党中央中青年骨干党员培训班,为加强组织建设储备后备力量。研究制定《农工党山西省委员会党员发展工作计划》和《农工党山西省委员会党员发展工作暂行办法》,建立党员发展工作的长效机制。修订《党员发展规程》,印制新版《入党通知书》,党员发展规范化工作受到农工党中央组织部肯定。举办新发展党员培训班,来自全省各地的140余名学员参加培训。完成监委会换届工作,辽宁、浙江、吉林、陕西等省市监委会到山西开展交流学习。制定印发《农工党省委会基层组织印章管理使用办法(试行)》《农工党山西省第七届委员会委员履职要求》《农工党山西省第七届委员会全委会议签到说明》,用刚性制度约束确保各级组织运转的规范有序。

(杨 露 渠小梅)

【思想宣传】 2017年,农工党山西省委会多次组织召开主委会、常委会、研讨会,重点传达学习习近平总书记视察山西重要讲话精神、全省进一步深化改革促进资源型经济转型发展会议。中共十九大召开,省委会组织专题会议传达大会精神,并举办近200名党员干部参加的“学习贯彻中共十九大精神报告会”,邀请中共山西省委党校专家作专题辅导报告。建立省委会领导班子、常委、委员、监委会委员等微信工作群,开展理论学习和思想交流,开辟思想政治教育新渠道。7月29日至30日,省委会领导班子到吕梁兴县、方山县开展“不忘合作初心·重走先辈道路”专题教育实践活动,学习吕梁精神;探访一代廉吏于成龙故里,自觉接受廉政洗礼。8月3日至13日,省委会组织开展“不忘合作初心·重温光荣历史”主题宣讲活动,7场宣讲覆盖到省直和7个市委会,受众达1300余人,其中有3场宣讲参加范围扩大到省内各民主党派。“坚持和发展中国特色社会主义学习实践活动”中,省委会被农工党中央授予“宣传思想工作先进集体”,5个市委会、6个基层组织、17名党员受到农工党中央表彰。9月5日,省委会召开“拥戴核心·合作共进”主题教育动员会,7个市委会和各基层组织开展主题教育活动。9月25日,省委会到宁夏开展“拥戴核心·合作共进”主题教育培训,巩固主题教育成果。省委统战部印发的8期《2017年度民主党派情况交流》有4期刊发省委会换届工作、主题教育、民主监督等方面的先进经验,农工党中央党刊《前进论坛》多次介绍省委会特色工作的做法和经验。开展宣传报道和党史资料收集整理工作培训,强化与各大媒体的联系互动,提升内外部媒体的宣传报道效果。

(杨 露 渠小梅)

【参政议政】 2017年,农工党山西省

2017年10月21日，农工党山西省委会赴武乡县开展送健康活动

（渠小梅供图）

委会领导班子成员先后参加中共山西省委组织召开的政党协商座谈会15次，向省委、省政府有关部门就经济社会发展提出许多建设性意见和建议。六届省委会主委周然向省长楼阳生提交《关于开展三晋名药认定工作的建议》，得到认可和批示。主委李思进起草《关于合理利用医疗资源、有效节约医保支出的建议》，得到农工党中央主席陈竺的批示。12月6日，李思进带领省委会调研组到山西焦煤集团开展专题调研，形成推动山西焦化产业转型发展的高质量调研报告，其中利用焦化富余产能开展“一带一路”合作的建议，受到中共山西省委主要领导的高度关注并支持开展后续调研。年初召开调研工作会议，通报上年度调研报告评审结果，并对2017年度调研课题申报工作做点评，提建议。年底召开调研成果交流汇报会，各市委会、专委会和党员专家组分别介绍选题背景、调研过程和调研成果，由省委会领导班子成员、相关领域专家和省委统战部领导组成的评审专家组对调研报告进行评审。全年完成调研报告30篇；在十一届省政协期间，有5件提案获“省政协2013—2014年度优秀提案”，9件获“省政协2015—2017年度优秀提案”；在省十二届一次政协会上，提交集体提案26件、委员提案38件。全年报送社情民意信息120篇次，其中农工党中央采用6篇，省政协采用7篇，2篇获“省政协2015—2017年度优秀信息”；中央统战部《零讯》和省委统战部《直言简讯》分别采用1篇，《零讯》采用的信息得到副总理马凯批示。（杨　露　渠小梅）

九三学社山西省委会

【组织建设】 2017年，九三学社山西省委员会（简称九三学社山西省委会）完成换届任务。九三学社第十届山西省委员会中有中央委员4人，其中常委1人。全国人大代表1人；全国政协委员2人，省政协副主席1人。有省人大代表8人，其中常委1人，省政协委员29人，其中常委6人。

截至2017年底，全省共有市级委员会10个，直属高校委员会9个，直属支社18个；社员总数3957人，其中女社员1810人，具有副高级以上职称1782人，占社员总数的45%，科学技术、高等教育、医药卫生等主体界别占比为70%。（张全双）

【参政议政】 2017年，九三学社山西省委会开展专题调研，围绕校园餐食管理、妇女角色与村落文化构建、创新养老模式等课题到太原、朔州、吕梁、运城等地调研。按照中共山西省委关于开展“万名干部大调研”活动的总体部署，选定全省中药材产业发展主题，专题调研中药材种植基地、中药生产企业、高校和管理部门，组织多次专家讨论会进行研讨论证，形成《打造三产融合中药材全产业链，助力资源型经济转型》调研报告。12月27日，在中共山西省委召开的党外人士座谈会上，提出推进山西省一批道地药材进入国家药食同源目录，设立药食同源产品、功能食品等非医药类产品研发重大科技专项，支持高校对接山西省经济社会发展需求优化调整专业等建议，被列入2018年的政府工作报告并纳入省委省政府重点督查工作中加以落实，推进设立重大科技专项等工作。

九三学社山西省委会全年征集提案146件，确定集体提案38件。与省政府提案议案督办处、省政协提案委共同完成由副省长领办、副主席督办的重点提案4件。全年共收到社情民意信息600余篇。其中前三季度，被全国政协综合采用4篇，被省政协报送全国政协3篇，省政协采用5篇，社中央采用1篇，中共山西省委采用1篇。完成全省政协工作经验交流会上题为《围绕重大问题参政议政、服务山西转型综改——持续关注黄河金三角区域合作与发展》的发言，以及政协学习贯彻中共十九大精神专题常委会上题为《启迪新时代、催生新使命、迈进新征程》的发言等10余件大会发言材料。（张全双）

【社会服务】 2017年8月，九三学社山西省委会以中医药产业发展拓展“九地合作”内涵，开展“加快中医药产业发展、助推脱贫攻坚再战再胜”专题调研，实地查看中药材种植情况、中药厂及中医院的建设发展现状，并提出技术指导和建议意见。通过调研，探索并确定社省委“九地合作”工作与中医药产业发展的结合点、切入

2017年4月10日,九三学社中央院士专家科普巡讲团在晋中市开展巡讲活动
(张全双供图)

点和落脚点,并协调各方促成社省委、山西中医药大学与长治襄垣县政府三方签订合作协议。在金融扶贫领域取得新突破,促成原平市与省农业信贷融资担保公司签订合作协议。

(张全双)

【换届工作】 2017年,九三学社山西省委会重视各级组织换届工作,严格换届程序,严肃换届纪律,严格政治标准,确保换届工作风清气正、规范有序。截至2017年底,10个市委会全部完成换届,27个省直属基层组织有24个完成换届。

九三学社山西省第十次代表大会于7月17日至19日召开,完成各项议程,选举产生社省委新一届领导班子和领导集体。 (张全双)

【九三学社创建72周年活动】 2017年8月25日,九三学社山西省委会举行"学习贯彻习近平总书记'7·26'重要讲话精神暨庆祝九三学社创建72周年报告会"。全省各市委会、省直各基层组织的领导班子成员近80人参加。

2017年,"文源讲坛·科技与人文"系列讲座从省内走向全国,全年举办18场,服务听众5000多人次。

11月16日,由九三学社中央、社山西省委、社北京市委主办,社太原市委承办。"九三学社先贤"肖像画展在太原美术馆举行。参加此次展出的共有92幅九三学社先贤肖像画和92幅先贤名言书法。 (张全双)

山西省工商业联合会

【组织建设】 2017年,山西省有35家县级工商联评为全国"五好"县级工商联,占比30%,超额完成年初预定20%的任务;10家省直级会被省工商联评为"四好"商会。12月16日,成立山西省青年企业家商会。(冯学亮)

【参政议政】 2017年2月,山西省、市、县三级工商联会同统战部、经信委等部门到全省1353家经营困难和有其他困难及列入重点工程项目的民营企业,开展以"提信心、解难题、促发展"为主题的专项调研,共收集1241个问题、824条诉求建议。提出7方面60条对策建议被明确到32个省直部门牵头推进落实。提交的调研报告获2017年全国工商联优秀调研成果一等奖。引导帮助工商联界别的政协委员、工商联系统、企业家副主席(副会长)、省直商会履行参政议政职能。向省政协提交《关于推动政策落地落细落实增强民营企业政策获得感的建议》等12件提案,并参加省政协组织的督办会和专题发言,领办省人大、省政协批转的建议和提案。其中《关于鼓励社会资本参与公立医院改制的建议》获得全国工商联2017年度优秀提案奖。《关于促进民营企业参与精准扶贫的建议》《关于推动民营企业参与国企改革,发展混合所有制经济的建议》两件提案获省政协2017年优秀提案奖。 (冯学亮)

【经济服务活动】 2017年,山西省工商联落实省委省政府关于晋商晋才回乡创业创新工作的部署。参与筹备并组织全国晋商商会、知名民营企业家参加晋商晋才回乡创业创新工程北京启动大会、中博会山西省战略性新兴产业重点项目推介会、山西招商引资(珠三角)推介会、山西民营企业高新技术深圳交流会。组织各市县工商联召开晋商晋才回乡创业创新恳谈会、座谈会等招才引资活动,打造山西对外开放新高地。

制定优化营商环境"兑现政府对民营企业承诺"工作方案。收集各类问题77件,其中市级层面70件,省级层面7件,均建立台账并移交相关部门解决;在省政务中心设立民营经济综合服务窗口,共接待来访群众328人次。10月10日举办2017山西民营企业100强系列发布活动,发布山西民营企业100强榜单、制造业20强榜单、服务业20强榜单,推荐20家民企荣获首届山西省优秀企业的称号。与省文物局合作开展"文明守望"工程,动员发动民营企业参与文物保护利用工作,全省共有100多家企业认领、认养、保护利用县级以上文物。

(冯学亮)

【山西省工商联(总商会)第十二次代表大会】 2017年7月24至25日,山西省工商联(总商会)第十二次代表大会在太原召开。省委书记骆惠宁、省长楼阳生及省政协主席薛延忠、省委副书记黄晓薇等领导看望全体代表,骆惠宁发表讲话。开幕式上,省委常委、统战部部长廉毅敏讲话。全省共有450名代表参会,大会选举产生新一届执委会和领导班子,李武章当选为省工商联第十二届执行委员会主席、省总商会会长。 (冯学亮)

山西省总工会

【概况】 2017年，山西省总工会在全省开展基层工会的“三基建设”专项行动，推进工会组织有型覆盖和有效覆盖。全省基层组织建设力度加大，各级工会通过集中开展“组建月”活动和“农民工入会集中行动”，新建基层工会组织724个，新增覆盖法人单位1196个，发展会员54618人，农民工会员22125人。截至2017年底，全省工会组织58852个，覆盖法人单位174075个，会员7841784名，其中农民工会员2144971名。推行“六有”工会建设，全省基层工会组织换届率提高25%，全省工会小组数提升27%。规范建会程序，新建的企业工会实行“三告知、两报告、一宣誓”。全省企业工会普遍建立健全会员代表常任制、职代会制度、厂务公开制度、集体协商等制度。国有企业落实会员代表常任制的基层工会达92%，落实会员评价制度的基层单位达80%以上，职代会制度在基层单位覆盖率达94%，厂务公开制度覆盖率达93%。

（肖 翰 文慧霞）

【工会改革】 2017年，山西省总工会建立省总领导干部抓改革台账制度，召开2次全省工会改革工作会议，组织3次全省性督查，省总改革完成，11个市总工会、119个县(市、区)总工会出台改革方案并推进改革。建立5大类、72项内容的制度体系，具有“四梁八柱”性质的工会管理制度架构形成。省总机关内设机构调整、编制精简完成。省级产业工会到期换届，按照1:1.50的要求配备36名兼职主席。首创“六个五”制度和“第一副主席”工程。工会改革向基层延伸，各类型改革典型涌现。

按照专职、兼职、挂职相结合的方式配备，增加兼挂职成员，班子成员专职比例不超过50%。市、县、乡镇(街道)总工会分别按照专职与兼挂职1:1、1:2、1:3的比例配备兼挂职副主席，省级产业工会按照专职与兼挂职1:1.50的比例配备兼挂职副主席。

在全省各级工会推动下，10个市总工会按时换届，16个省级驻会产业工会全部换届，68个县总工会完成换届，县工会应换届率达76%。11个市总工会主席高配，全省73个县总工会主席高配，高配率61%，1422个乡镇工会主席高配率达67%。全省11个市总工会共配备11名挂职副主席，28名兼职副主席。省级产业工会配备兼挂职副主席40名。119个县(市、区)总工会中共配备86名挂职副主席，309名兼职副主席。

（肖 翰 文慧霞）

【“1+9”规范化指导文件】 2017年，山西省总工会制定出台“1+9”关于工

2017年10月10日，纪念山西省总工会成立80周年座谈会在太原召开

（徐 康供图）

会组织建设、工作规范、制度机制等的指导性文件。“1”是指《山西省总工会关于全面加强工会组织“三基建设”的实施意见》,为全省工会夯实基层组织、规范基础工作、提升基本能力提供工作依据。“9”是指《山西省县总工会规范化建设指导意见》《山西省乡镇(街道)工会规范化建设指导意见》《山西省村(社区)工会规范化建设指导意见》《山西省基层工会规范化建设指导意见》《山西省产业工会规范化建设指导意见》《山西省总工会关于市总工会考核管理办法》《山西省工会代表大会代表、委员会委员提案办法》《山西省总工会全委会议向职工征求意见、邀请专业人士列席会议制度》《工会领导班子兼挂职成员工作规则》,为县、乡镇(街道)、村(社区)、基层工会和产业工会深化改革、推动各项工作提供遵循;为提高省总全委会决策科学化、民主化,发挥兼挂职工会干部的积极性和能动性提供制度支持。

(肖　翰　文慧霞)

【“一汇编、两清单”出台】 2017年,山西省总工会面对山西省煤炭、钢铁行业去产能任务重、时间紧、难度大的情况,编制《去产能职工安置政策汇编》,出台《地方工会做好去产能职工安置工作清单》《企业工会做好去产能职工安置工作清单》(简称“一汇编、两清单”)。通过专题调研,对2017年度去产能企业工会主席、地方工会干部进行专题培训,召开全省去产能企业工会主席座谈会,征求意见出台“一汇编、两清单”,其中《汇编》包含国家和山西省已出台的关于化解过剩产能职工安置工作的政策和关乎职工切身利益的法律法规共18项,“两清单”从职责定位、政策把握、工作程序、关注重点、应急预案、维护稳定等方面进行细化,要求企业依规履行职代会民主程序,对各级工会做好去产能职工安置工作提出指导性意见,并在全省推广实施。据统计,2017年山西省27座煤矿、1家钢铁企业去产能任务完成,实现职工转岗分流安置。全国总工会党组书记、副主席、书记处第一书记李玉赋对“一汇编、两清单”工作作出重要批示,山西省总工会在全国工会基层工作座谈会上对该项工作作经验介绍。

(肖　翰　文慧霞)

【“五一”送奖下基层】 2017年,山西省总工会首次在全省开展“五一”送奖下基层活动。“五一”前夕,省委、省政府主要领导分别深入太钢、太重、太铁等企业送奖下基层。省总工会班子成员分10个组分赴各市开展送奖下基层活动,并与各行各业的先进人物、先进单位代表、一线职工座谈,营造出“学习先进、崇尚先进”的社会氛围。各市党政领导、工会领导、各省级产业工会开展“五一”送奖下基层活动。据统计,全省“五一”评选表彰评出66个“山西省五一劳动奖状”、256名“山西省五一劳动奖章”、90个“山西省工人先锋号”。

(肖　翰　文慧霞)

【“五小”竞赛】 2017年4月,山西省总工会与团省委、省科协召开全省“五小”竞赛活动三方协调推进会议,省委副书记黄晓薇出席会议并讲话,对三方协同推进“五小”竞赛活动(小发明、小创造、小革新、小设计、小建议)提出要求。省工会、团省委、省科协分别对开展“五小”竞赛活动做具体部署。各市总工会、团市委、市科协三方联合下发开展“五小”竞赛活动的文件,确保竞赛活动开展。据省工会、团省委、省科协三方统计,全年全省“五小”竞赛活动参赛企事业单位4.84万家,同比增长138.40%,参赛职工526.30万人,同比增长68.80%,确定的重点示范企事业1597个,增加504家,收集“五小”竞赛成果16.10万项,其中有1699项获得专利,产生直接经济效益76.50亿元。

(肖　翰　文慧霞)

【服务农民工专项行动】 2017年,山西省总工会开展“农民工有困难找工会,拿不到工资找工会”专项行动。据统计,2017年两节期间,全省各级工会共接待处理农民工欠薪来电、来信、来访事件250件,追回欠薪共2376.30万元,其中,省总直接接待处理88件,追回欠薪734.90万元。山西省总工会采取“工会干部+高校师生”的组队形式,组织山西大学、山西师范大学两所高校师生深入基层面向农民工开展宣传教育活动,组成10支服务工作队开展服务农民工法治宣传活动共12场,总计发放普法宣传资料25000余份,服务农民工1.50万余人,现场提供法律咨询1600余人次。

2017年,陕西省总工会发函至山

2017年9月19日至22日,山西省职工职业安全健康知识竞赛在太原举办

(李丕旺供图)

西省要求协助为陕西旬阳籍农民工潘善秀在晋务工工伤案提供法律援助。接函后，省总工会协调省、市、县和企业工会四级工会协调联动，选派专业律师参与，3天内推动企业和工伤职工达成调解协议，8天内运城市、芮城县和企业工会远赴西安，将10万元工伤赔偿金和1000元交通补偿款跨省送到工伤职工手中，《工人日报》《山西日报》、中工网和中国法律援助网等多家媒体对此案进行报道。（肖 翰 文慧霞）

【帮扶救助】 2017年，山西省总工会在"两节"送温暖活动期间，全省各级工会组织共筹措慰问款物总额7617.89万元，慰问困难企业1372家，走访慰问困难职工家庭176255户。开展全省就业创业援助月系列服务活动期间，全省各级工会组织结合实际举办各类专场招聘活动117场，提供免费就业服务11.20万人（次），跨地区有组织劳务输出5955人，成功介绍就业47736人，组织参加职业技能培训12228人，组织家政服务培训5855人，接待就业创业等咨询人数3.90万人，组织创业推介项目1552个。在送清凉慰问活动中，全省各级工会共筹集慰问资金699.80万元，慰问一线职工及农民工11.23万人。"金秋助学"共筹集资金2979.30万元，发放助学款2870.11万元，资助10454名困难职工子女圆大学梦。（肖 翰 文慧霞）

【脱困解困】 2017年，山西省在档城镇困难职工数由年初的22.80万户减少至15.30万户，困难农民工数由3万户减少至2.20万户。山西省总工会对全省困难职工户数做到底数明，责任清，做到精准识别、精准定位、精准施策、精准监管、精准脱困，通过"就业创业、医疗救助、助学帮扶、落实社保、兜底保障、送温暖精准化、结对帮扶，多元化服务、创新帮扶项目"等措施帮助在档城镇困难职工和困难农民工实现脱困解困。（肖 翰 文慧霞）

【煤矿井口安全平台建设】 2017年，山西省总工会依据《山西省煤矿井口群众安全工作站星级管理和考核办法》，组织相关部门对全省各市、各大型煤炭企业集团申报的2016—2017年度"五星级"煤矿井口群众安全工作站进行互查、考核、审核，确认山西焦煤西山煤电集团屯兰矿等30个煤矿井口群众安全工作站为"五星级"。在山西省总工会第十三届委员会第三次全体会议上为2016—2017年度"五星级"煤矿井口群众安全工作站代表进行授牌。全省"五星级"煤矿井口群众安全工作站57个、四星级75个、三星级128个。（肖 翰 文慧霞）

【工会法人资格登记】 2017年，山西省总工会理顺办证权限，修改升级山西省工会法人资格登记管理系统，推进全省工会法人资格存量转码工作，特别是对基层工会委员会超期未换届、基层工会主席缺位、基层工会所在单位重组、分立等特殊情况下的办证工作进行专项规定。截至2017年底，全省各级地方工会共办理基层企业工会法人资格证书5524家，其中，省总一级共为隶属于省直工委等16家省直产业工会的一级基层工会办证311家，依法规范基层工会法人资格管理。11月，在全总法律部召开的全国工会法人资格登记管理工作推进会上，山西省总作为5家发言代表之一，进行典型经验交流。（肖 翰 文慧霞）

【全省职工手工艺品展评】 2017年3月至7月，山西省总工会与省城镇集体工业联合社联合开展"推动供给侧结构性改革 促进创业就业"首届全省职工手工艺品展评活动，全省11个市总工会、各市城联社、89个县和财贸、教育、金融、国防、煤矿、公路、农林水等省级产业工会组织推荐，近10万名职工响应参与，征集作品达20000余件，报送近2000件，从中精选展出1357件作品，其中，剪纸276件，布艺205件，金属47件，雕塑404件，刺绣136件，编织150件，漆器66件，陶瓷73件。经评选，共评出特等奖20名、一等奖8名、二等奖51名、三等奖78名、优秀奖375名，优秀组织奖36个，并向省劳动竞赛委员会为8个类别9名一等奖获得者申报记功表彰。（肖 翰 文慧霞）

【服务职工经费支出新规出台】 2017年9月15日起，《山西省总工会关于服务职工经费支出若干问题的具体规定》执行。该规定实现下列突破：慰问标准的突破。逢年过节职工慰问标准的上限从1000元提高至1500元，职工结婚、生育、住院的慰问上限标准确定为500元；适用范围的突破。适用于全省各级工会；实物到现金的突破。除职工退休发放慰问品外，对职工逢年过节、婚丧嫁娶、生老病死的慰问，文件中的文字均使用"实物或现金"；普通月饼的突破。明确将普通月饼列为符合民族传统节日的用品；劳动模范疗休养的突破。县以上各级工会可用同级政府安排的专项经费或本级工会经费举办本级及以上级次劳动模范疗休养活动。（肖 翰 文慧霞）

【全省工会对口援疆】 2017年3月，山西省总工会召开全省工会对口援疆工作推进会，传达贯彻2016年全国工会对口援疆工作推进会议精神和山西省对口援疆工作领导小组第十次会议精神，各市总工会交流对口援疆工作进展情况和经验。据统计，自2011年以来，省总工会投入910.80万元援疆资金，全省工会援疆资金总计达到2561.36万元。6月，山西省总工会、新疆维吾尔自治区总工会、自治区驻山西省新疆籍务工经商人员服务管理工作组签订《新疆籍内地务工人员服务三方协议》，协商确立工作联系机制。自此，三方加强信息沟通，共同为促进新疆籍务工人员在山西省稳定就业、各民族交往交流交融以及山西和新疆的经济社会发展努力。8月，山西省总工会召开座谈会，欢迎新疆维吾尔自治区驻山西新疆籍务工经商人员服务管理工作组一行5人到晋对接工作，共商建立畅通、有效的联系，帮助在晋新疆籍务工人员解决

实际困难，推动全省工会对口援疆工作。 （肖 翰 文慧霞）

共青团山西省委

【概况】 截至2017年底，全省共有青年894.49万名(其中14至28周岁青年645.91万名)，团员180.16万名，团员与青年比例为20.14%。基层团委5344个，团工委379个，团总支3602个，团支部7.37万个。专职团干部2532名。团省委直属11市、省直、国防、国资委、金融、35所高校共50个团委和3个驻外团工委(北京、天津、广东)。

2017年，团省委建立健全各项制度机制，研究出台并修改完善制度文件19份。印发《山西省少先队改革》《山西学校共青团》《山西省青年联合会改革方案》。选派全省579名团干部参加团中央调训班、改革研讨培训班、新媒体骨干培训班，选派15名干部参加信访、扶贫挂职锻炼。开展“送培训进基层”活动，组建“培训宣讲团” 到11个市开展集中培训2000余人次。

2017年，团省委出台《关于进一步加强团省委机关干部直接联系青年工作的实施方案》，全省3494名团干部直接联系28.30万名团员青年，在省综改示范区集中开展“五个一”活动；结合省市两级团委换届，建立团代表联系青年制度，要求全省各级团代表采用走访、座谈、电话等方式，经常性联系不少于10名普通青年；以“青年之声”为平台，通过线上答办青年提问诉求，线下为青年提供精准帮助，构建服务青年的有效体系。截至2017年底，平台访问量达1.12亿次，回复网友问题18万条，开展线下服务300余次。

2017年，在全省共青团系统开展“大宣讲、大调研”活动，面对面向青年宣讲中共十九大精神4001场次，覆盖39.80万人次。 （赵舒悦）

【共青团山西省第十五次代表大会】 2017年12月24日，共青团山西省第十五次代表大会在太原召开。会议选举产生共青团山西省第十五届委员会委员55名，候补委员30名。省委书记、省人大常委会主任骆惠宁出席并讲话。骆惠宁代表省委向大会的召开表示祝贺，充分肯定省第十四次团代会以来山西省共青团工作取得的成绩。骆惠宁强调，全省各级团组织要不忘初心，牢记使命；围绕中心，服务大局；深化改革，破解难题；提高标准，从严治团。要求全省各级党委要加强对共青团工作的领导，把握共青团工作规律，多给共青团交任务、压担子，支持共青团创造性地开展工作，帮助团干部锻炼成长。要关心爱护青年人，设计政策，搭建舞台，支持广大青年创新创业。共青团山西省委书记黄巍代表共青团山西省第十四届委员会作工作报告。来自全省各条战线的700余名团代表和列席代表参加会议。 （盛 伟）

【共青团改革推进】 2017年，团省委推进改革：规范团省委改革领导小组学习和议事规则，召开15次改革领导小组会议，汇总梳理工作进展，研究解决工作难题。建立完善改革推进工作机制，推行“一图两表双周会，四晒八抓八示范”十四字工作法。开展全省基层团组织大摸底工作，准确掌握基层团组织和团员青年的现状和底数。围绕共青团改革8个方面的重点举措，在省转型综改区和7个地市开展省级示范点建设工作。建立常态化督导机制，出台《有序有力推进全省共青团改革工作向纵深发展的通知》，为市县共青团改革提供宣传解读、任务分解、制度配套、督查落实等一条龙的改革流程指导。指导青联、学联、少先队出台改革实施方案，把青联、学联、少先队纳入共青团改革“大盘子”里一体谋划推进。加快改革进度，团省委127项改革举措除事业单位改革外全部完成，市县两级改革提前半年完成，推动全省共青团改革挺进全国第一方阵。高标准、严要求推进省市两级团委换届工作，成立由黄晓薇任组长的领导组并召开工作推进会。 （赵舒悦）

【“网上共青团”建设】 2017年，团省委建成以457个“双微”平台、185个“青年之声” 平台为主体的新媒体矩阵，@山西共青团在全省政务微博影响力排名第一；发展网评员、网宣员、网络文明志愿者3支队伍，组织团员青年在重大舆情和突发事件面前不当“绅士”、当“战士”，完成30余次网络宣传任务；编创“不忘初心跟党走，青春建功新时代”主题微博微信和网络文化产品，阅读量突破200万；创新开展“青春正在播”直播活动，收看量突破900万次；推出系列宣传片《11市共青团改革请你来评议》，观看量达37万次。 （赵舒悦）

【少年儿童思想引领】 2017年，中国少年先锋队山西省工作委员会开展“中国梦”主题教育活动，深化“红领巾相约中国梦——绿色环保梦、蓝色科技梦、红色报国梦、金色童年梦”系列活动，运用新媒体手段，探索“线上”“线下”同步互动，实现“教育一个孩子，带动一个家庭，影响整个社会”的良好效果，全年共吸引352万名少年儿童踊跃参与。社会主义核心价值观教育活动，通过主题队会、队日、少先队活动课、社会实践、“学雷锋”“争当美德小达人”等常项活动，培育和践行社会主义核心价值观，覆盖374万名少年儿童。组织编写《文明礼仪体验剧》(第三册)，举办第三批试点学校辅导教师培训班，开展第二届“山西省少先队文明礼仪体验剧”展演，在103个县(市、区)确定309所试点学校，参与人数超过16万，影响带动50万名少先队员。 （赵舒悦）

【关爱困境少年儿童】 2017年，山西省成立“山西省少年儿童公益事业促进会”，启动红领巾“爱心守护”行动，统筹协调团内外资源，实现爱心力量与困境少年儿童有效对接。开展“城乡少年手拉手”“情暖童心”“小桔灯梦想课堂”“红领巾微心愿圆梦”等项目，帮扶农村留守儿童、进城务工人员随迁子女、贫困家庭子女等群体31.20万名。（赵舒悦）

【“青年之家”综合服务平台】 2017年，团省委整合青年中心、青年汇、市民学校、七彩小屋等各类服务平台，新建“青年之家”线下实体店258个，“青年之家”线上云平台300个，通过线上线下有机融合，实现对青年服务的全覆盖。8月24日，团省委、省教育厅、省少工委联合印发《山西省少先队改革实施方案》，对山西少先队改革作出全面部署。8月25日，印发《山西学校共青团战线改革实施方案》。印发《山西省青年联合会改革方案》。（赵舒悦）

【青少年思想引领】 2017年，团省委开展“学党史、感党恩、跟党走”“与信仰对话”“四进四信”“我的中国梦”等教育实践活动9000场，覆盖143万人次。推进青年马克思主义者培养工程，培训3.50万人次。组织“圆梦中国人”“向上向善好青年”分享活动1400场，覆盖14万人次。开展“绿色环保梦、蓝色科技梦、红色报国梦、金色童年梦”系列活动，覆盖352万名少年儿童。推行“文明礼仪体验教育”活动。成立团省委意识形态工作领导小组，成立青少年思想文化引领项目组。（赵舒悦）

【青年创业创新创优】 2017年，团省委完善公共就业服务体系，发挥团组织优势，引导青年学生树立到基层和中西部地区及艰苦边远地区就业的观念。着眼青年学生职业生涯规划和发展，关注毕业未就业学生群体，结合实际开展就业服务，推进“千校万岗”高校毕业生就业精准帮扶行动。举办第四届“创青春”山西青年创新创业大赛，汇集4113个创业项目，报备总数位居全国第一。参加全国青年创新创业大赛，山西省选送的“互联网体育平台”项目获第四届“创青春”中国青年创新创业大赛APP专项赛创意组金奖。山西省选送的“培行高科无孔插座项目”获第四届“创青春”中国青年创新创业大赛互联网组银奖。9月3日，山西省在“创青春”大赛官网完成报备的创业项目达3999个，位居全国第一。共青团山西省委被团中央授予第四届“创青春”中国青年创新创业大赛全国赛优秀组织单位奖、APP专项赛优秀组织单位奖。开展“挑战杯”“五小”竞赛，激发青年学生创新活力。深化青年文明号、青年岗位能手、安全生产“五个一”工程等品牌工作，开展山西职业青年技能大赛，引导青年立足岗位、争创一流；深化“保护母亲河”行动，开展绿色出行、增绿减霾、植绿护绿等实践活动，开设30期青少年环保大讲堂；6月12日至13日，由团中央青年发展部、共青团山西省委共同主办的中国青年创新创业人才训练营（第四期），在山西太原开营。推进青少年民族团结进步创建和对口支援工作，4.98万名少年儿童参加“与新疆中小学生结对子”活动，选派219名志愿者赴疆开展志愿服务工作。获“共青团2014—2017年对口支援新疆工作先进集体”。（赵舒悦）

【青少年合法权益维护】 2017年，山西省面向全省2000余所中学中职学校推行“守护青春”青少年法治广播节目，举办全省大学生模拟法庭大赛，实施“共青团与人大代表、政协委员面对面”活动，开展国家宪法日18岁成人仪式教育活动，组建“青少年维权专员”队伍，推行“阳光校园”预防欺凌示范课，引导青少年树立法治精神，培育法治信仰；研究制定《山西共青团服务安全生产实施方案》，深化“山西青年安全生产示范岗”创建活动，开展安全生产主题团日宣誓活动，引导青年争做安全生产排头兵。（赵舒悦）

【青少年违法犯罪预防】 2017年，团省委在全省范围内开展重点青少年安全稳定风险隐患大排查大整治活动，集中化解青少年群体风险隐患问题，防范影响公共安全案（事）件发生；出台《山西省专门教育工作办法（试行）》，推动全省11个地级市联合中职学校全部建成专门学校或专门班级，集中力量教育矫正有严重不良行为青少年；通过政府购买重点青少年社工服务项目，引入社会力量对各类重点青少年提供困难帮扶、法律援助、心理疏导等服务。团省委获“全省社会治安综合治理先进集体（2013—2016）”。（赵舒悦）

2017年11月16日，共青团山西省委书记黄巍（右五）在中铁十七局宣讲中共十九大精神（赵舒悦供图）

【新兴青年群体和困境青少年群体服务】 2017年,团省委启动实施“伙伴计划”“筑梦计划”,建立共青团与青年社会组织的协同合作机制,服务新兴青年群体成长发展需求;成立山西省少年儿童公益事业促进会,开展“城乡少年手拉手”“小桔灯梦想课堂”“七彩假期”等关爱帮扶行动,覆盖31.20万名困境青少年。申请中央彩票公益金支持山西省困境青少年服务项目,每年专项资金支持1000万元;依托省团校、科研院所、社工培训机构,加强青少年社工业务培训,推进青少年社工专业人才队伍建设。 (赵舒悦)

【中国制造“展翅计划”系列宣讲】 2017年5月27日至6月12日,团省委联合团中央,围绕宣传“砥砺奋进的五年”,在太原理工大学、山西大学、太原科技大学、中北大学,创新开展中国制造“展翅计划”系列宣讲活动7场,直接参与青年2400余人。线上话题总量达773.80万条,单条阅读量218万次。 (赵舒悦)

【青年志愿者活动】 2017年12月2日至3日,第四届中国青年志愿服务项目大赛暨志愿服务交流会2017年集中活动在四川成都举办,“七彩假期,点亮留守童年”等6个项目进入全国初赛,其中,阳泉市城区义家亲社会工作服务中心项目获“第三届中青年志愿服务公益创业赛铜奖”、山西医科大学“蒲公英”计划在行动——暨关爱留守、流动、流浪农民工子女志愿服务和太原理工大学“童心圆”留守儿童关爱行动项目获全国青年志愿服务示范项目创建活动提名奖。借助“志愿中国”信息平台,山西省注册志愿者991062人。

6月至12月,团省委开展“2017山西省高校戏剧季”活动,通过开展戏剧知识进校园、道德模范进校园、暑期采风、戏剧作品编创、戏剧作品评比展演等活动,推出优秀短剧22个。6月18日,开幕式在太原理工大学(迎西校区)举行,省委常委、宣传部长王清宪出席开幕式;2018年1月5日闭幕式暨获奖剧目展演在省歌舞剧院举行。

开展全国宣传推选学雷锋志愿服务“四个100”先进典型活动,被全国活动组委会授予“最佳志愿服务组织”称号。开展全国维护妇女儿童权益工作,被全国妇联授予“全国维护妇女儿童权益先进集体”称号。

12月,团省委权益部被山西省人力资源和社会保障厅、省社会治安综合治理委员会评为“全省社会治安综合治理先进集体(2013–2016)”。

(赵舒悦)

【少先队改革】 2017年,山西省少工委制定《山西省少先队改革实施方案》,《推进全省少先队改革落地见效总体施工图》《改革措施重点任务分解考核细则》等配套制度,明确时间表、路线图、责任人。下发8200余份全国《少先队改革方案》和《县(市、区)、中小学少先队改革主要任务清单》,通过召开座谈会、专题辅导、培训研讨,推广“一图就懂”等途径,宣传解读少先队改革。 (赵舒悦)

【少先队专业化建设】 2017年,山西省少工委普及推广《少先队活动课程指导纲要(试行)》,开展辅导员说课和微队课展示303场,征集评选优质活动课案例187件,2.44万名辅导员参与其中。举办两期400余名基层一线少先队工作者、辅导员参加的省级“推进少先队改革研讨培训班”。分级分层开展业务培训,累计培训少先队工作者和大、中队辅导员2.10万余人次。建立33个国家级、省级少先队名师工作室,辐射带动4000余名基层一线辅导员。派出5名辅导员参加全国少先队辅导员风采大赛,获1个一等奖、4个二等奖。 (赵舒悦)

【少先队组织建设】 2017年,山西省少工委印发推广《中国少年先锋队标志礼仪基本规范》,推动基层组织规范化建设。加强少先队员光荣感教育和初中团队衔接工作,开展离队入团仪式、“我是光荣的少先队员”主题队日活动和“优秀动感中队”创建活动,激发基层组织活力。按照“建好工作网、服务网、责任网”要求,创建全省少先队工作微信群矩阵,加强工作交流,确保传导范围全覆盖。“追梦少年”公众号累计编发信息3000余篇,2万名辅导员加入网络文明志愿者队伍,对热点事件、社会思潮和错误言论亮剑发声,争夺网络意识形态主动权。 (赵舒悦)

【学联学生会、中学共青团改革】 2017年8月25日,《山西省学校共青团战线改革实施方案》正式印发。中学共青团改革工作方面,保证团员发展质量,强化团员教育培养,加强团员管理服务。依托“三会两课一制”制度,开展“学习总书记讲话、做合格共青团员”主题教育实践活动,开展“十八岁成人礼”“与人生对话”“彩虹人生”等品牌活动;推动“全体团员成为注册志愿者”工作,建立团员志愿者参与重点志愿服务项目的有效机制;在太原、临汾、朔州、阳泉4个地级市成立团教协作组织。学联学生会组织改革工作方面,建立与高校、中学学生会组织的定期工作会议制度和省学联开放日制度;80%学生会组织实现党领导下的“一心双环”团学组织格局,改进组织运行机制,指导各高校建成全方位、多层次的网上学联机制建设,规范学生干部的选拔、考核和培养以及学生干部作风。

(赵舒悦)

【“青马工程”】 2017年,山西省学生联合会实施高校“青马工程”(青年马克思主义者培养工程),组织学习宣传贯彻习近平总书记系列讲话精神,健全工作机制,加大投入保障,将“青马工程”持续引向深入。全省青年马克思主义者培养工程各级“青马工程”累计培训学员约3.50万余人。

(赵舒悦)

【“挑战杯”大学生创新创业大赛】 2017年,山西省学生联合会与共青团山西省委、山西省教育厅、山西省科学技术协会联合举办山西省第十五届“挑战杯”大学生创新创业大赛。这次大赛以深化大学生创业实践为导向，围绕山西省综改试验区建设和振兴崛起，打造权威性高、影响面广、带动力大的创新创业作品大赛，共收到全省46所高校的入围作品337件，其中82件作品入围省决赛。19件作品入围国赛决赛，其中，山西大学作品《开源还是节流——山西省贫困地区居民收入与消费结构调查》获特等奖。

（赵舒悦）

【文化艺术活动】 2017年，山西省学生联合会与团省委、省教育厅联合举办第三届“山西省大学生新媒体文化艺术节”系列活动。由第十三届山西省大学生校园歌手大赛、第三届山西省大学生手游大赛、第三届山西省大学生手机微视频/摄影大赛、首届山西省大学生网络原创小说大赛、首届山西省大学生动漫创意大赛等活动组成，开创用互联网思维和方式做好团学工作，为做好新形势下的高校思想政治工作提供有力载体和有效渠道。举办第四届山西省校园星光大道比赛，在全省高校刮起一场平民娱乐风暴。共有51所高校的近千名同学参加。开展首届高校戏剧季活动，宣传山西省振兴崛起中向上向善的人物、故事，组织引导高校青年围绕社会主义核心价值观原创一批弘扬真善美、传递正能量的青春题材戏剧作品，通过戏剧的文艺形式进行大学生自我教育，展现山西省大学生追求理想、勤奋学习、砥砺前行，服务社会的良好风貌，营造健康向上的校园文化氛围。（赵舒悦）

【“三下乡”社会实践活动】 2017年暑期，山西省学生联合会组织开展“弘扬传统美德、传承红色基因”为主题的山西省大学生三下乡社会实践活动。组织生产扶贫、教育扶贫、人才扶贫、公益扶贫等重点团队，参与“脱贫攻坚青春建功行动”。全省38所高校，1000余支大学生志愿服务队的共85800名学生参与。（赵舒悦）

【新媒体平台建设】 2017年，山西省学生联合会加强微信、新浪微博、“青年之声”等新媒体平台建设，实现“粉丝数”增长与影响力提升并进。在QQ空间、A/B站、直播平台等开辟新的工作阵地。建设网上全省学校共青团新媒体运营中心，发挥统筹指挥协调作用，加强省、校、院、班四级新媒体工作矩阵建设，实现全省学校共青团联动发声，提升新媒体应用的协作功能和专业化水平。学校部微博累计发博6303篇，稳居全国省级团省委学校部微博账号综合影响力排行榜前10名。（赵舒悦）

【中职主题教育活动】 2017年，山西省学生联合会推进党史、国史、近现代史和形势政策教育。在中学，开展“与人生对话”主题报告会、分享会、主题团日以及以14岁集体生日、18岁成人礼为代表的主题教育活动，帮助学生塑造健全人格和确立人生奋斗目标。在中职学校，以“彩虹人生”为主题和品牌，开展各地各校多层次“奋斗的青春最美丽”优秀毕业生系列分享活动，帮助学生建立自尊、自信和培养职业精神引导学生提高道德修养，自觉践行社会主义核心价值观。（赵舒悦）

【青联改革工作】 2017年，山西省青年联合会多次召开青联改革重点工作座谈会，指导届满需换届的市级青联，陆续于12月28日前完成换届。按照全国青联《关于新形势下推进从严治会的规定》，对市级青联及其他团体会员单位进行调研摸排，推动各青联组织加快改革步伐。建立青联改革重点任务月度通报机制，推进改革重点任务，落实落细。出台《山西省青年联合会改革方案》，提出4个方面、21条具体改革举措。（赵舒悦）

【山西青年人才境外培训】 2017年，山西省青年联合会开展与日本本巢市友好交流，提升交流规模及合作层次；组派优秀青年到美、英等地学习；组织中小学生英、美、日夏令营进行游学交流活动；接待来自多个国家地区青少年友好交流团交流考察。

（赵舒悦）

【对口支援民族地区工作】 2017年8月，在全国援疆工作会议上，山西省青年联合会被共青团中央评为“2014—2017年对口支援新疆工作”先进集体。全年计划实施援疆项目19个，实际完成项目48个，项目完成率252%，涉及资金373.17万元。

（赵舒悦）

山西省妇女联合会

【概况】 2017年，山西省妇女联合会从发挥妇联作用，组织和动员各界妇女投身社会实践出发，加强组织建设，全省地市妇联达11个，县(市)妇联数达119个，乡妇联数1208个，街妇联数232个。基层召开妇女代表会30064个(次)。在非公有经济组织中建立妇女组织达4605个，在高等院校妇女组织达34个，其中省级17个，市级17个。（侯少华）

【妇联改革】 2017年3月，经山西省委常委会议审议通过，省委办公厅印发《山西省妇联改革实施方案》，标志着山西省妇女联合会（以下简称妇联）改革进入全面实施阶段。截至2017年底，全省11个市、85个县妇联出台改革方案。省妇联印发22个改革文件，召开4次改革推进会、现场观摩会，举办13期市县乡村妇联主席示范培训班，通过政府转移支付120万元实施乡镇妇联主席轮训项目，推进妇联改革任务落地见效。2017年，省妇联从基层一线增替补8名执委，省妇联执委中各族各界、各行各业劳动妇女和知识女性优秀代表比例由26%提高到33%；从基层遴选7名挂职干部；确定11个市、10个县、28个乡镇(街道)为调研联系点，推进机关干部深入基层常态化、制度化。99.21%的村(社区)完成村(社区)妇代会改建妇联工作，92.58%的乡镇(街道)妇联完成区域化建设改革。乡镇(街道)新增执委22123名，村(社

区)新增执委 261522 名,改变工作力量“倒金字塔”状况,破解长期制约基层妇联工作的难题。 (侯少华)

【“三晋巾帼脱贫行动”】 2017 年,山西省妇联举办“三晋巾帼脱贫行动”重点工作培训班,提升妇联组织争取政策、资金服务妇女脱贫的工作能力。在 58 个贫困县(市、区)创建各级各类巾帼脱贫示范基地 353 个,示范引领带动 9579 名贫困妇女就业,总计增收 1830 余万元。组织实施就业脱贫技能培训项目,各级妇联共举办贫困妇女脱贫技能培训班 615 期,参训妇女达 54241 人次,其中通过妇女手工艺带动实现就业的贫困妇女 7298 人,通过巾帼家政等转移就业的贫困妇女 6997 人,通过巾帼电商带动就业的贫困妇女 2568 人。

(侯少华)

【女职工劳动保护】 2017 年,山西省人大常委会将《山西省女职工劳动保护条例》执法检查列入全省 3 项执法检查之一。执法检查分 3 个组,深入 47 个不同类型、不同规模的用人单位实地检查,听取用人单位、工会及基层工会女职工委员会负责人,女职工代表的意见。对发现的女职工卫生费、营养补助、产假时间、生育津贴等落实不到位问题,省人大在全省进行通报。代省政府起草《省人大常委会执法检查组检查〈山西省女职工劳动保护条例〉实施情况报告的审议意见》(以下简称《审议意见》)整改方案、《审议意见》整改落实情况联合检查通知、对《审议意见》研究处理情况的报告和《关于贯彻落实〈山西省女职工劳动保护条例〉的实施意见》。完成自选动作。省总通过微信公众号发布多条《条例》解读微信,组织开展问卷调查。出台《山西省总工会关于进一步贯彻落实〈山西省女职工劳动保护条例〉的意见》。在全国工会女职工部长会议上就山西省推动贯彻落实《条例》情况作大会经验交流。省人大通报的 15 个未落实女职工每人每月 30 元卫生费的县(市)和金融系统未落实卫生费的 12 个单位落实。

(肖 翰 文慧霞)

【女职工维权行动月】 2017 年,山西省总工会组织开展以“继续推动《特别规定》和《条例》贯彻落实,依法维护女职工合法权益和特殊利益”为主题的维权行动月活动。据统计,活动期间,全省 111 个县(区)和 11757 个单位参加活动,参加职工 185.80 万人,女职工达 132.83 万人,集中宣传 3873 场(次),法律咨询 2060 场(次),专题讲座 2208 场(次)。在全省组织开展《山西省女职工劳动保护条例》及相关法律法规知识竞赛活动。60.3 万女职工参与竞赛答题活动。推动把《条例》相关内容纳入女职工权益保护专项集体合同。截至 2017 年 11 月,全省共签订专项合同 16872 份,覆盖企业 53056 家,覆盖女职工 105.08 万人。推动省总工会、省人力资源和社会保障厅、省企业联合会/省企业家协会联合制定下发《关于加强女职工权益保护专项集体合同工作规范化建设的意见》,推进专项集体合同规范化建设。

(肖 翰 文慧霞)

【女职工关爱】 2017 年,山西省总工会召开纪念“三八”国际妇女节 107 周年暨“巾帼建新功 共话中国梦”劳模座谈会。举办“强健体魄·阳光生活·共享青运”2017 年庆祝“三八”国际劳动妇女节省城女职工趣味运动项目比赛和山西省第二届女职工乒乓球比赛。举办“相约六月——工会帮你搭鹊桥大型公益相亲会”和“长长久久·青春有约”——北京大型公益相亲会活动。组织开展“培育好家风——女职工在行动”主题实践活动以及第五届“书香三八——注重家教家风·培育家国情怀”读书征文活动。与省卫计委开展“妈咪小屋”建设工作,截至 2017 年 11 月,山西省共建“妈咪小屋”775 家,其中 2017 年建立 384 家,命名第三批省级“妈咪小屋”186 家,并为每家小屋补助资金 5000 元。2017 年,开展“女职工关爱行动”,全省筹集帮扶资金 342.35 万元,48853 名女职工获得帮扶救助。培训心理指导师 363 人,建立心理咨询室 231 个,对 8.34 万名女职工给予心理关怀。 (肖 翰 文慧霞)

【系列宣讲活动】 2017 年,山西省各级妇联组织开展三八红旗手巡讲示范活动、“圆梦中国人·巾帼故事汇”百姓宣讲活动,组织“党的女儿话初心”微信接力传播活动,线上线下辐射约 10 万人。97.72 万人(次)参与“向三八红旗手学习·为三八红旗手点赞”活动;约 100 万人(次)参与“砥砺奋进的五年·妇女事业发展篇”线上线下媒体宣传活动。 (侯少华)

2017 年 3 月 8 日,山西省妇联主席张葆(左二)与群众共度节日 (侯少华供图)

【妇女维权服务】 2017年，山西省妇联指导推动全省11个市建立法规政策性别平等咨询评估机制，参与涉及妇女儿童权益相关法律法规的修订，参与《女职工劳动保护条例》贯彻落实情况的执法督导和调研工作，从政策源头上保护妇女在推进农村集体产业制度改革工作中的合法权益。全省各级妇联组织发挥信访接待室、妇女维权站、“12338”妇女维权服务热线作用，做好信访接待工作，全省妇联系统全年共接待处理信访案件3373件（次）。深化“平安家庭”创建活动，建立联络员工作制度，选树100户省级平安示范家庭。开展婚姻家庭矛盾纠纷大排查大整治工作，全省共排查婚姻家庭矛盾纠纷1862件，化解1790件，化解率96%。深化“建设法治山西·巾帼在行动”活动，全省各级妇联举办普法讲座5810场、面对面现场咨询9416次、法治文化活动5241场，参与各种普法宣传活动的妇女达98.40万人次。在五个试点社区开展心理健康服务进社区、进家庭工作，举办心理健康辅导18场，心理沙龙14场，团体辅导10场。 （侯少华）

山西省文学艺术界联合会

【概况】 山西省文学艺术界联合会（简称省文联）实行团体会员制，由山西省戏剧家协会、山西省音乐协会、山西省美术家协会、山西省电影家协会、山西省电视艺术家协会、山西省舞蹈家协会、山西省曲艺家协会、山西省摄影家协会、山西省书法家协会、山西省杂技艺术家协会、山西省民间文艺家协会11个省级文艺家协会和11个市文联以及部分行业文联、产业文联组织组成。 （樊丽红）

【少儿书画新人新作展】 2017年2月6日至10日，由山西省文联主办、山西艺术研究创作中心承办的山西省第九届少儿书画新人新作展在太原开展。来自全省各地8000多件少儿书画作品参加展览评选。评选出的2000多件作品于2月6日、7日和2月9日、10日分两批展出。

山西少儿书画新人新作展举办近20年，为两年一届。每一届展览都展示山西少儿书画最高水平，以推动全省少儿书画教育事业的均衡发展。 （樊丽红）

【千联千人书法作品展】 2017年5月23日，由山西省文学艺术界联合会、山西省文化厅、中国楹联学会主办的“圆国梦 兴三晋”喜迎中共十九大——联咏太行精神、吕梁精神、右玉精神 千联千人书法作品展在太原开展。楹联征集活动自1月26日起，至3月10日截稿，共收到来自全国各地包括港澳地区以及海外来稿近4000副，由专家组成评审小组，进行初审、复审和终审，评选出优秀作品在全国公示。该次展览共展出作品1000余幅。 （樊丽红）

【山西好风光微电影大赛】 2017年5月19日，由山西省文联、山西省旅发委、山西省广电局等单位联合举办的首届华夏古文明山西好风光微电影大赛颁奖典礼暨第十届“春之约”朗诵音乐会在太原举办，以纪念毛泽东同志《在延安文艺座谈会上的讲话》发表75周年。

来自省内外的影视制作单位和微电影爱好者，先后报送120多部参赛作品，经过评委会评选，山西传媒学院报送的动画片《伯俞泣杖》获最佳作品奖，山西传媒学院报送的动画片《志女求鱼》、晋城市文化局报送的剧情片《美丽乡村那些事》、山西晋绚视觉文化传媒有限公司报送的纪录片《上党味道》获一等奖，《车窗记》等5部作品获二等奖，《山西记忆》等8部作品获三等奖。 （樊丽红）

【文艺扶贫慰问】 2017年5月22日，山西省文联组织艺术家到繁峙县开展“深入生活、扎根人民”文联文艺志愿服务助力扶贫主题活动。5月23日，省文联利用自身优势，开展文艺帮扶、文艺培训、文艺讲座，组织微电影辅导、合唱辅导、舞蹈培训、音乐培训等文艺扶贫慰问活动，同繁峙当地文艺工作者和爱好者一起互动交流。 （樊丽红）

【妇女儿童书法展】 2017年5月12日，由山西省妇联、山西省文联联合主办的“树优良家风 创最美家庭”山西省妇女儿童书法展在山西美术馆开展。展览征集到书法作品3586幅，由知名书法家组成专家组，选出301

2017年5月19日，山西省文联举办首届华夏古文明山西好风光微电影大赛颁奖典礼 （樊丽红供图）

幅作品进行展览，其中获奖作品68幅。作品内容均以"注重家庭、注重家教、注重家风"为主题，展现妇女儿童的家国情怀和精神风貌。（樊丽红）

【纪念毛泽东延安文艺讲话75周年座谈】 2017年5月18日，山西省老文学艺术家协会举办纪念毛泽东同志《在延安文艺座谈会上的讲话》发表75周年座谈会，省城100多位老文学艺术工作者参加座谈会。山西省演艺集团二人台艺术团为座谈会助兴演出。（樊丽红）

【全国地县级文联负责人履职能力研修班】 2017年6月14日，由中国文联主办，中国文联文艺研修院承办、山西省文联协办的"中国文联第11期全国地县级文联负责人履职能力建设研修班"在太原开班，来自全国各省、自治区、直辖市的110余名地县级文联负责人参加培训。中国文联党组成员、副主席、书记处书记左中一作《深入学习贯彻习近平总书记重要讲话精神 把文联建设成为温馨和谐的文艺工作者之家》的主旨报告。

该次研修班重点围绕新时期文联的职能定位，组织专题讲座、文化讲坛、案例教学、分组讨论、现场教学、互动教学等多种教学活动，提升地县级文联负责人的履职能力和创新能力，推动文艺事业繁荣发展。（樊丽红）

【大型航空摄影展】 2017年10月15日至30日，由山西省文联、省摄影家协会、太原美术馆、山西画报社主办的"喜迎十九大 航拍新山西"大型航空摄影展在太原美术馆开展。

该次展览展出山西摄影工作者100幅航拍摄影作品，展示党的十八大以来山西省在经济、政治、文化、社会和生态文明建设，以及城市发展和人民群众生活等方面的新变化。（樊丽红）

【山西省获晋冀鲁豫相声展演金奖】 2017年11月1日至3日，由山西、山东、河南、河北四省曲协联合主办，河南省曲协承办的第十三届晋冀鲁豫"山河杯"相声展演在河南省洛阳市举行。"山河杯"曲艺展演是晋冀鲁豫四省的一项传统曲艺赛事，1990年创办，迄今共举办十三届。该次展演把曲种设定为相声。

从四省报送的40个节目中经有关专家评审后选定展演入围16个节目，分两场进行。山西省报送6个节目，入选3个，分别是弓瑞、耿麟表演的《山西好声音》，师大江、赵全垚表演的《手机趣谈》，徐雁宾、李国顺表演的《如何是好》。最终弓瑞、耿麟的相声《山西好声音》获金奖第一名。（樊丽红）

山西省作家协会

【概况】 山西省作家协会是山西省委、省政府联系广大作家与文学工作者的人民团体，其前身是山西省文学工作者协会，与省文联为一个单位，成立于1949年12月。1984年9月，与省文联分署办公，成为两个平行的正厅级单位。1991年，由中国作家协会山西分会更名为山西省作家协会。主办有文学刊物《山西文学》《黄河》等，设山西文学院。山西文学院负责青年作家队伍的培养建设。

省作协由省委派出党组主持工作，最高机构为山西省作家协会代表大会，原则上每5年召开1次，选举产生出全省委员会和常设领导机构主席团。省作协已召开六届代表大会。第六届代表大会召开于2013年6月，选举产生全省委员会委员108人，选举产生主席团主席1人、常务副主席1人、副主席13人和主席团委员16人。省作协基层工作由各团体会员负责，省作协共有团体会员20个，其中包括11个市文联，9个企业文协（作协），全省共有省作协会员2500余名，中国作协会员243名。（许小登）

【"深入生活、扎根人民"主题实践】 2017年，省作协与国网山西电力公司联合举办"山西作家走进'山西电网'"系列主题采风活动。围绕生态文明建设伟大事业，与朔州市文联、朔州市委党校共同组织省内作家深入右玉，创作表现右玉人民在党的领导下植树造林改变面貌的报告文学，《英雄地——右玉人民绿化列传》在黄河杂志社出版专刊。围绕脱贫攻坚伟大事业，联合有关部门组织山西省作家开展"精准扶贫"主题文学创作活动，组织撰写以表现山西省脱贫攻坚为主题的报告文学作品。省作协与省委宣传部、省外宣办、大同市委宣传部、香港商报联合举办"著名作家

2017年6月1日至11日，山西省作家协会与鲁迅文学院联合举办山西中青年作家高级研修班（许小登供图）

看山西·大同行”采风活动。与省直工委联合举办“家风家教你我他”征文活动，出版《家风家教你我他》获奖作品集。与省残联联合举办“最美残疾人”推荐活动，组织20位作家撰写“最美残疾人”事迹的报告文学作品。与山西汾阳杏花村世界酒文化博览会联合举办“2017山西（汾阳·杏花村）世界酒文化博览会”全国征文活动。挂牌成立曲沃县太子滩和国家电网山西公司培训中心2个全新创作基地，组织带领作家赴创作基地参观采风。据不完全统计，全年组织全省600余人（次）作家采风15批（次）。

（许小登）

2017年4月19日，“2013—2015年度赵树理文学奖”颁奖仪式在沁水县举办

（许小登供图）

【文学人才队伍建设】 2017年，省作协紧扣中共十九大、庆祝建军90周年和“中国梦”主题扶持出版《中国特高压》等一批作品。“双百工程”共推出《薛瑄传》等7部传记和《江山无恙》等4部原创作品。“晋军新方阵”丛书推出第五辑共13部作品。开展重点作品扶持工程，《古渡》等9部作品受到扶持。推荐本土作家王改瑛、袁省梅入选2017年度中国作协定点深入生活项目。推动文学与文化产业对接，网络作家常书欣小说《黑锅：我和罪犯玩命的日子》改编成电视连续剧《警察锅哥》在多家卫视播放，作家张卫平电影文学剧本《杀山》《朱德儿童团》均被影视公司搬上银幕。山西文学院举办孔令剑的阿基米德之点研讨会、赵树义散文创作研讨会等“三晋新锐作家群系列研讨活动”；黄河杂志社举办“黄风报告文学作品研讨会”“杨遥作品研讨会”“寓真作品研讨会”“浦歌小说创作研讨会” 等4次“《黄河》与作者系列研讨会”；山西文学月刊社举办《山西文学》2017年度小说笔会。召开山西省网络文学创作座谈会、2017年山西散文工作会、乔忠延等山西五作家散文新作研讨会、电影文学剧本《杀山》作品研讨会、《狂飙社纪事》出版座谈会、繁荣山西文学评论促进会、《董大中文集》首发暨学术座谈会、长篇小说《合盛元票号》研讨会、长篇传记文学《薛瑄传》研讨会、《胡服骑射》电影剧本大纲评审会暨项目论证会、山西影视文学创作座谈会、2017年度山西中短篇小说创作促进会等。2017年，省作协与鲁迅文学院联合开展张二棍诗歌作品研讨会，杨凤喜、李燕蓉作品研讨会等活动，研讨活动质量提升。在汾阳贾家庄开展“中国作家协会深入学习贯彻习近平总书记文艺工作座谈会重要讲话山西培训班”，对山西省中国作协会员进行培训。推荐成向阳、孙峰等作家到鲁迅文学院高级研修班学习。推选闫文盛到鲁迅文学院与北师大举办的创意写作硕士研究生班学习。2017年，省作协坚持“走出去”和“请进来”，与中国作协、陕西省作协、江苏省作协、湖南省作协、上海市作协、山东省作协、黑龙江省作协等作协以及《收获》《诗刊》《上海文学》《星星诗刊》《长江文艺》《作品》《中国作家》等刊物进行交流。邀请中国作协、湖南省作协、江苏省作协、安徽省作协及《文艺报》《人民文学》《诗刊》《十月》《北京文学》等多位专家来山西进行辅导交流。省作协组织网络作家参加高级研修班，不定时进行走访慰问，借助主流媒体和权威网站进行系列持续宣传报道，联合省委宣传部和省委统战部举办山西网络文学创作座谈会。全年新增省作协会员124名。全省网络作家数量增加，注册网络作家达36000余人。

2017年6月1日至11日，山西省作协与鲁迅文学院在国网山西电力北田培训基地共同举办“鲁迅文学院山西中青年作家高级研修班”，90余人参加，主要由山西省签约作家、签约评论家和来自全省各地市的骨干作家组成。研修班期间，全国著名作家、诗人、评论家吉狄马加、邱华栋、梁鸿鹰、宁肯、贺绍俊、郭艳、叶梅、乔叶等就阅读与写作、多重视野下的文学写作、当下文学创作的新质与流变等课题进行专题讲演。

（许小登）

【文学活动面向基层】 在文学活动中向基层倾斜。山西省作协推荐忻州市和河津市的基层作家入选中国作协定点深入生活项目。2017年鲁迅文学院山西中青年作家高级研修班中80%的作家来自基层市县和行业作协。与晋城市、晋中市、阳泉市、朔州市，万荣县、曲沃县、灵丘县、祁县等县委宣传部、基层文联作协联合举办采风、座谈、作品研讨等活动。开展“两提一创” 大调研和万名干部大调研等调研活动，听取基层意见，进行整改。2017年，首次在赵树理故乡沁水县举办“2013—2015年度赵树理文学奖”颁奖活动。

开展面向社会的文学公益活动。省作协参与“全民阅读”活动和“书香社会”建设,组织作家带着作品走进中北大学、山西农业大学和晋城市、晋中市、阳泉市、朔州市,万荣县、曲沃县、灵丘县、隰县等10余个地市文联作协,举办讲座,赠送图书。与山西传媒学院签署战略合作协议,在专业培训、文学作品影视转化、开展公益活动、科研合作等方面开展协作。

(许小登)

山西省科学技术协会

【概况】 2017年,山西省科学技术协会有市级科协11个;县(市、区)科协118个,其中独立建制116个;行业科协2个,分别是省国防科协、省电力科协。省科协所属省级学会有135个,其中:理科学会17个,工科学会34个,农科学会16个,医科学会21个,综合交叉学科学会47个。企业科协、园区科协、高校科协等科协基层组织壮大。建立省科协包点联系市县工作机制,机关各部门包点联系1个市科协、1个县科协,直属各单位包点联系1个县科协。省科协向11个市、28个县下达各类项目经费1635万元。加强企业科协、高校科协组织建设,新成立16个企业科协、2个企业科协联盟、11个高校科协。(王继龙)

【院士专家工作站建设】 2017年3月16日,山西省科协在北京承办院士专家座谈会,是省委、省政府“晋商晋才回乡创业创新工程启动大会”的四大主题活动之一。省长楼阳生主持会议,特邀38名院士围绕山西转型升级建言献策,把更多的先进成果、高端人才和创新团队引入山西。新建院士专家工作站18个,科协系统共为企事业单位累计建立院士专家工作站76个,引进院士82名,引进创新团队300多人。开展“院士专家山西行”活动,组织27名院士专家到太原、忻州、运城、晋城、长治等市,围绕当地主导产业及需求开展服务,助力地方经济转型发展。(王继龙)

【大众创业万众创新活动】 2017年9月15日至21日,山西省科协会同省发改委、山西综改示范区管委会等单位组织以“双创促升级,壮大新动能”为主题的全国大众创业万众创新活动周山西分会场活动,举办展示、论坛、竞赛、讲座等主题活动20项,展出项目330个,接待公众1.9万人次,线上线下辐射人群近100万人次,打造双创发展展示平台、双创典型推介平台、双创资源汇聚平台。协同省总工会推进“五小竞赛”活动,各级科协组织农村农业领域989个项目参赛。参与“双创沙龙”、山西卫视《异想天开》节目的组织工作。联合省有关单位开展“山西省大学生科学文化作品创新创意大赛”,办好“创响山西”双创服务网及微信号。(王继龙)

【企业技术创新服务平台建设】 2017年,山西省科协出台《山西省科协创新驱动助力工程实施意见》,建设创新驱动助力工程试点市科协4个和示范县10个、省级示范学会12个,建立学会服务站22个。实施“讲比活动”、金桥工程、一线创新工程师培养及创新方法推广、企会合作创新联盟建设、科技信息转化应用、知识产权战略巡讲等项目,组织企业参加“2017中国创新创业成果交易会”和“第二届全国企业创新方法大赛”,增强企业自主创新能力。推进“海智计划”工作基地建设,引进海外优秀人才到晋创新创业。(王继龙)

【科技工作者联系服务】 2017年,山西省科协组织中国工程院院士候选人推荐、全国创新争先奖等全国层面优秀科技人才遴选推荐工作,省科协副主席、太原理工大学校长黄庆学当选中国工程院院士。联合省人社厅开展“第九届山西省优秀科技工作者”暨“第八届山西省十佳中青年优秀科技工作者”评选表彰,推出97名奋战在科技一线新时期创新争先的先进典型。牵头省有关部门出台《山西省关于优化学术环境的实施方案》,推动构建符合学术发展规律的科研管理、宏观政策、学术民主、学术诚信和人才成长环境。完善科协团体会员制度,接纳部分规模和影响较大、工作主动的大型企业科协、高校科协和科技类社会团体作为山西省科协团体会员。组织15个科技工作者状况调查站点开展4项专题调查,掌握科技工作者的动态和诉求。组织举办“山西省煤炭及煤层气、地热新能源勘测技术高级研修班”。建立省科协代表大会代表任期制度,发挥科技工作者在科协组织中的主人翁作用。阳泉、运城、长治、晋城、临汾等市建立科技工作者信息库或科技人才库。开展“全国科技工作者日”系列活动。

(王继龙)

【网上科技工作者之家建设】 2017年,山西省科协办好山西省科协门户网站、“山西科普网”“山西省科技工作者之家”平台等,办好“山西科协”“山西科普”“科学之春” 等微信公众号,发布各类信息1.80万条,点击量逾50万人次。动员各级科协组织和广大科技工作者加入“中国科技工作者之家”APP(科猫),开展网上学术交流,利用现代网络信息技术为科技工作者和社会公众提供高质量的服务。

(王继龙)

【科技宣传】 2017年,山西省科协组织人员到北京对中宣部等四部委主办的“砥砺奋进的五年——大型成就展”进行图片资料采集,专门编印画册,发送给省领导、省直各部门和基层科协进行学习。联合省有关单位举办“砥砺奋进的五年——山西省喜迎十九大科技成果展”,编撰《崛起,在创新的征程中——十八大以来山西省科技创新成就选编》。开展“寻访山西最美科技工作者活动”,邀请纪实文学作家访谈优秀科技工作者出版《名家名作》。通过网站、电视、微信、报刊、屏媒、展板等载体,宣传在晋工作院士、晋籍院士、与山西有合作关系的院士专家,宣传在山西转型综改建设中涌现出的领军人才、创新团队和

基层一线科技工作者，宣传山西重大科技成果和重要科普活动，讲好科技故事，传播科协声音。 （王继龙）

【服务全民科学素质提升】 2017年，山西省科协牵头各成员单位对各市科学素质建设工作进行专项考核，考核结果反馈当地党委、政府，把“软任务”变成“硬指标”。开展全省科普经费专项检查，推动各地加大科普投入力度。针对青少年、农民、城镇劳动者、领导干部和公务员等重点人群，组织开展10项科学素质特色活动。省科协与省体育局、省地震局分别签署战略合作协议，扩大科普受众群体和科普工作覆盖范围，提升全民科学素质建设公共服务能力。 （王继龙）

【科普信息化建设】 2017年，山西省科协强化“互联网+科普”思维，组织实施“科普中国·百城千校万村行动”，依托基层有关设施，建设乡村e站、社区e站、校园e站，构建科协系统线上线下相结合的科普服务新阵地。省科协与吕梁市政府签订战略合作协议，在吕梁市各乡镇和重点村建设乡村e站306个，实现首个市域全覆盖。在北京新发地农产品批发市场建立乡村e站服务中心，打造面向全国的农村科普信息化服务平台、农产品销售展示服务平台。省科协分别联合省民政厅、教育厅下发文件推动社区e站、校园e站建设工作。截至2017年底，在全省建设科普e站1342个，在全国建设乡村e站6350个，工作走在全国前列。在全省3000个社区建立社区科普益民网络书屋，通过手机APP为社区居民提供科普服务。推进省城公交楼宇电视“科普每一天”工程，编播科普专题片48期，覆盖太原2600多辆公交车和400多个公共场所。全年编创影视、挂图、动漫、游戏、H5海报等科普资源453套件，数据存储总量110TB，在61个市县开通《科普大篷车》电视节目。打造“农村微课堂”微信平台，强化视频互动和精准对接，发布信息327期，专家在线解答农民问题4.30万个，被指定为新型职业农民在线培训学习课件。 （王继龙）

【群众性科普活动】 2017年9月16日至22日，山西省科协牵头省直相关单位开展山西省2017年“全国科普日”暨第14届“科普三晋”系列活动，在省科技馆举办省城主场活动，全省各地举办各具特色、异彩纷呈的科普活动，省科协和忻州、朔州、小店等12家科协组织获中国科协“全国科普日”活动优秀组织单位，山西科普巡回报告会、河曲县科普二人台小剧等6个活动获中国科协“全国科普日”优秀活动。举办第六届中国科普摄影大赛，收到全国各地作品6285件，成为全国科协系统知名科普文化品牌。在太谷县开展科普惠农平价农资“319行动”，汇聚30多家企业的百余种农资产品，通过全省近千个科普惠农服务站和乡村e站向农民直供。成立山西科普惠农飞防总队，为农民提供植保飞防服务。“96110”“96365”“96580”3条科技热线免费为4.38万人次提供咨询服务，农科110专家、健康365专家开展下乡服务140场次。与省科技厅联合举办“山西省科普讲解大赛”，省科协荣获全国科普讲解大赛优秀组织单位。开展全省青少年科技创新大赛、青少年机器人竞赛、宋庆龄少年儿童发明奖评选、青少年高校科学营、青少年科学调查体验等活动，激发青少年的科学兴趣和创造实践能力，推动青少年科技教育活动发展。 （王继龙）

【现代科技馆体系建设】 2017年，山西省科技馆开放257天，接待观众126.70余万人(次)。新建创意工作室、机械师摇篮、3D打印室、比特实验室等4个科学工作室，播放科普电影1476场(次)，注重开发原创性趣味科普节目，组织科学实验和科学表演704场(次)，有5个原创节目在全国科学表演大赛、全国科技馆辅导员大赛上获奖。“山西科学讲坛”坚持特邀名家主讲和走进企业、学校、社区、机关巡讲相结合，举办42期，受众2.30万人(次)。“科技馆进校园”走进太原理工大学子弟小学、太原市十六中等6所中小学校，受益学生5100余人(次)。流动科技馆到基层县区51个站点巡展，受众66.10万人(次)；科普大篷车到基层34个站点巡展，受众6.90万人(次)。晋中、朔州两个市级科技馆建设进展顺利，搭建科普展教、科技培训、青少年创新阵地。

（王继龙）

【科技创新智库建设】 2017年，山西省科协出台《山西省科协关于推进高水平科技创新智库建设的意见》，建立科技创新智库专家库，开展智库基

2017年9月28日，首届山西省科协年会在太原举行 （王继龙供图）

2017 年 5 月 26 日,2017 年“全国科技工作者日”山西主场活动在太原启动

(王继龙供图)

地建设试点工作，推动建设小中心、大外围的科技智库体系。围绕经济社会发展的难点、焦点问题开展课题研究,完成 13 项决策咨询课题研究,报送有关部门参考。聚焦吕梁红枣裂果、秸秆综合利用、小杂粮药食同源深加工、中药材“艾草”种植加工、渗水地膜穴播技术示范推广、粉煤灰综合利用、慢性肾病流行病学调查等社会热点、民生难点问题,机关各部门、直属各单位分别牵头承担 1 个课题,组织专家学者进行专题调研和攻关研究,提出科学解决方案,并面向社会普及推广。特邀中国科学院院士、中国科技大学常务副校长潘建伟为省政府领导班子成员、省直各部门负责人作量子力学方面的辅导报告。办好《科学决策参考》《调研动态》等专刊,完成专报 14 篇,促进智库成果转化为政策措施。(王继龙)

【第三方科技评估服务】 2017 年,山西省科协经省编办批准,专门成立山西省科协评估评价中心，对接中国科协、中国社科院及有关方面提供智力、数据、方法支撑,围绕山西省区域发展布局、产业转型升级、公共政策落实、社会治理需求等方面问题,开展第三方评估工作。受省扶贫办委托,开展“山西省 18 个样本县易地扶贫搬迁工作成效第三方评估”;受保德县政府委托,开展“国家级扶贫开发县减贫工作成效预评估”;承接“和顺县光电半导体智造园项目引进评估”等项目。省科协评估评价中心被接纳为中国第三方评估合作组织科技领域专门委员会副主任单位。(王继龙)

【学术交流】 2017 年,山西省科协优化学术会议结构,构建以大型综合性学术活动和小型高端前沿专题学术活动有机结合的学术会议布局,打造一批标志性学术活动品牌,推动建设良好学术生态。以“服务创新驱动,助力转型综改”为主题,举办“2017 年山西省科协年会”,由会、展、服三部分组成，邀请 20 余名院士专家围绕山西省传统优势产业、高端装备制造、现代煤化工、新材料、新一代电子信息技术等开展学术研讨和技术服务。7 月 31 日至 8 月 2 日,会同中国生物工程学会、山西综改示范区管委会主办首届“生物经济助力山西创新转型综改大会”,有关部委负责人、国际组织官员、8 名院士和 15 名国内外知名生物企业家与会建言献策。12 月 7 日至 8 日，会同中国畜牧兽医学会、山西综改示范区管委会举办“中国维生素产业发展高层论坛”,300 多名业内专家和企业家参加。支持省级学会和市级科协组织开展 15 项高端前沿学术交流活动。省医学会联合有关单位承办第四届世界骨科大会、第五届世界健康大会、第十七届全国核磁共振学术大会暨国际华人医学磁共振学会 2017 年年会、中华医学会第十九次心血管年会暨山西省第十八次心血管病学术会议等,受到省政府通报表扬。省抗癌协会联合相关单位举办2017 中国肿瘤学焦点学术大会暨山西省抗癌协会第十一届肿瘤学术大会,省护理学会联合相关单位举办全国首期心肺复苏培训导师培训班，省林学会承办中国栎类天然林经营学术研讨会，省计算机学会联合相关单位承办 2017 全国高校计算机教育大会,省科技评估学会举办山西省创新驱动发展与科技评估研讨会等 5 场学术活动,省地震学会举办“活动构造、古地震研究与中长期地震预测”等 7 场学术报告会、研讨会。(王继龙)

【科技社团管理】 2017 年,山西省科协贯彻落实中央和省委关于加强和改进社会组织党的建设工作的决策部署,4 月 24 日成立中国共产党山西省科技类社会组织行业委员会,理顺科协指导学会党建工作的体制机制,推动在学会办事机构层面普遍建立基层党组织并能正常开展党组织活动,以党建引领学会全面建设。省科协所属 135 个学会实现党的组织和党的工作全覆盖。针对学会存在的凝聚力不够、活力不强、组织松散等问题，以治理结构和治理方式现代化为目标,推进学会组织方式、运行机制创新，提升学会创新和服务能力。出台《山西省科协优秀科技社团建设标准》,加强学会“五项建设、五个能力”，对评选出的省医学会、省机械工程学会、省林学会、省气象学会等 21 个学会进行奖补支持。推动大学科领域或全产业链的学会集群发展，组建成立山西省军民融合学会联合体、山西省智能制造学会联合体。

(王继龙)

【科协系统深化改革】 2017年8月2日，印发《山西省科协系统深化改革实施方案》。64项改革任务按时间节点进展顺利，22项改革举措完成，13项改革举措取得突破性进展。运城、大同、阳泉、忻州等4个市出台科协改革方案；闻喜、保德、阳泉市矿区等11个县(市、区)出台科协改革方案。 (王继龙)

山西省社会科学界联合会

【概况】 2017年，山西省社会科学界联合会(简称山西省社科联)向省属各学会研究会、各地市社科联印发《关于认真学习贯彻落实习总书记视察山西重要讲话精神的通知》《关于认真学习宣传贯彻中共十九大精神的通知》。组织召开省社科联系统学习中共十九大精神暨学用习总书记系列重要讲话精神和治国理政新理念新思想新战略经验交流会、山西省社科界学习贯彻中共十九大精神专家座谈会、社科类社会组织党的建设培训会。开展十部大调研活动，向广大社科工作者、基层群众宣讲中共十九大精神，向基层群众征求意见、听取建议。运用新媒体平台，探索“微学习”“微党课”“微宣讲”等新的学习教育形式，开设微信群“学习园地”。省直工委中心组学习动态2017年第2期在《经验交流》栏目中介绍省社科联中心组学习经验。在11月29日召开的山西省直机关党组(党委)中心组学习经验交流会上，省社科联作为9个先进代表之一交流学习经验。在省直机关读书月征文活动中，获一等奖1个、三等奖1个。

山西省社科联组织召开社科类社团意识形态工作座谈会和社科类社会组织党建工作培训班，与省委宣传部、省电视台联合举办“理论天天讲”栏目，组织广大社科专家学者撰写理论文章，推出《文化价值将越来越凸显》(《光明日报》9月21日)、《文化自信何以为“更基础、更广泛、更深厚的自信”》(《红旗文稿》第1期)、《文艺要塑造人心，创作者首先要塑造自己》(《红旗文稿》第15期)等重大理论文章。组织青年社科理论工作者在《山西日报》发表《改革要“一子落”带动“全盘活”》(2017年3月28日)、《牵挂困难群众》(2017年6月13日)等评论员文章。省社科联报送的《加强机关基层党组织建设的实践与思考》课题，获得省直工委表彰，是省直机关表彰的9个集体优秀成果之一。

山西省社科联加强学会研究会成立、换届、年检时的审查，并把成立党组织作为学会成立的前置条件，把学会研究会党建工作情况纳入年检的重要内容进行审核。在省民政厅组织的2016年度社会组织年检工作中，社科类社会组织审核通过率达100%。执行《学术活动申报制度》，全年审核批复29项学术活动。在全国社科联第18次学会工作会议上，山西省社科联交流学会工作经验。省五台山研究会、卫生经济学会、保险学会、晋绥边区研究会、档案学会获“先进社会组织”，晋城市社科联秘书长张玉凤等5人被授予“优秀社会组织工作者”荣誉称号。全年没有发现一个学会、研究会存在违反政治纪律和政治规矩的现象，确保学会研究会沿着正确的方向健康发展。 (杜伟琴)

【社科社团建设】 2017年，山西省社科联按照“先大后小、先易后难、先组建后规范”的原则，围绕“扩大组织覆盖、理顺管理体制、充分发挥作用”的目标，制定《山西省社科类社会组织党建工作意见(试行)》《省社科联社会组织党建工作指导员制度(试行)》，召开社科类社会组织党建工作会议，98个学会中建立党支部89个，占90.16%，全部配备党建指导员，实现社科类社会组织党的建设“两个全覆盖”。与省委宣传部、省高校工委、省教育厅联合下发《关于加强高校社科联建设的意见》，高校社科联成立4个。推动长治市成立市社科联，市级社科联达到7个。

山西省社科联以“两提一创”大讨论活动为契机，以强化社科管理为目的，科学设置岗位，严格定员定岗定责，研究制定“四表两图”和“一目录三手册”。加强精细化管理，推进社科政务公开，科学规范学会管理、社科研究、社科普及宣传、社科优秀成果评审程序，规范网上申报，提高审核质效。加强制度建设，全面推行、完善、规范岗位责任制、首问负责制、服务承诺制、AB岗制度，建立工作的长效机制，用制度管人管事。

山西省社科联通过以会代训、在线学习、外出培训等方式提升干部基

2017年2月24日，山西省社科联二届五次全委会暨社科工作会议在太原召开 (杜伟琴供图)

2017年8月11日，《山西省社会科学普及条例》立法论证会在太原召开

（杜伟琴供图）

本业务能力；通过党课辅导、主题教育、座谈交流等方式加强党员党性教育锤炼；通过调研，在实践中提升工作能力。在省直机关基本能力竞赛中，杨春艳获计算机个人单项奖。在万名干部大调研活动中，省社科联处级以上干部深入学会、高校、地市社科联和下乡扶贫点开展实地调研。活动开展以来，累计调研人数130人次，累计调研时间160余日。（杜伟琴）

【社会科学普及宣传】 山西省社科联联合“文源讲坛”“朔州大讲堂”等讲座品牌活动，送专家下基层，主办各类社科讲座45场，向各级图书馆捐赠图书1000多册。按照《山西省社会科学普及宣传基地管理办法》的要求，命名省市县公共图书馆、博物馆、大专院校等11个单位为“山西省社会科学普及宣传基地”，基地开展各类科普讲座等活动800多场，听众达9万余人次。弘扬山西历史文化，完成《这里最早叫中国》一书的编辑出版工作，资助出版的《千古先贤介子推》连环画入选国家2017年农家书屋重点出版物推荐书目。（杜伟琴）

【社会科学普及立法推进】 山西省社科联在省人大、省政府法制办的支持下，《山西省社会科学普及条例》被列为山西省2017年立法预备项目。省社科联组织有关社科工作者开展社科普及立法研究，到有关市、县及省外进行调研，召开20余场座谈会、咨询会进行研讨，起草《山西省社会科学普及条例》草案，经过有关方面审核，上报省政府法制办。（杜伟琴）

【社会主义核心价值观培育践行】 2017年，山西省社科联开展公民道德建设“五个一”活动，举办道德讲座40余场，开展读书活动等群众性精神文明传播活动。5月，与中国孔子基金会、省社科院、省当代儒学研究会等单位，联合举办“弘扬优秀传统文化时代价值研讨会——第五届全国儒学社团联席会议暨‘儒学精神的当代价值’学术研讨会”；10月，与省炎帝文化研究会等单位联合举办全国炎黄文化论坛暨第五届中部六省炎黄文化论坛；省孝文化研究会、三晋文化研究会联合山西国际文化交流中心开展“羊羔酒杯·首届‘寻找山西孝星’活动”；三晋文化研究会联合中国先秦史学会共同举办“中国首届子夏文化学术研讨会”；省旗袍文化研究会组织开展“民族母亲情，红色大寨行”的大寨精神主题活动。省哲学学会举办学习贯彻全国“两会精神”座谈会；省中国特色社会主义研究会召开“学习习近平总书记7·26重要讲话精神、学习贯彻中共十九大精神”理论研讨会；省人才研究会召开“文化自信与人才学学科发展”研讨会等等。（杜伟琴）

山西省归国华侨联合会

【概况】 山西省归国华侨联合会（简称山西省侨联）成立于1957年9月，是中华全国归国华侨联合会的团体会员、山西省政治协商会议的组成单位。山西省侨联自成立以来，全省建立起较为健全完善的侨联组织网络，截至6月27日，全省11个市成立侨联组织，50余个县（市、区）建立侨联。山西省有归侨近2000人，侨眷约30万人，祖籍为山西省或与山西有亲属关系的海外侨胞约20万人。（庞　乐）

【侨联国际文化交流联盟】 2017年4月24日，山西省侨联国际文化交流联盟成立大会在太原召开。省政协副主席王宁出席大会并为联盟颁发牌匾，中国侨联文化交流部部长刘奇出席并讲话，省人大、省政协、省委统战部、省外侨办、省文联负责人等出席会议。来自省内26家文化社团（组织）及海外14个国家的19个文化社团（组织）负责人，省内有关单位和媒体代表近150人参加会议。大会审议通过山西省侨联国际文化交流联盟章程、选举产生联盟理事会。出席会议的领导向23名副理事长及45家理事单位颁发证书和牌匾。联盟的成立是省侨联贯彻落实中央和省委、省政府对侨联工作的指示和要求的具体举措，有效整合省内文化艺术资源，发挥海外侨界优势，搭建的对外文化交流的合作平台。（庞　乐）

【欧洲华侨华人社团访问团对接】 2017年5月3日，欧洲华侨华人社团联合会到晋访问对接座谈会在太原举行，省侨联党组书记王维卿主持座谈会，来自欧洲10个国家的23名侨领，省委人才办、省发改委、经信委、教育厅、科技厅、人社厅、商务厅、文

化厅、外侨办、旅发委、贸促会和综改试验区等省直相关部门负责人参加座谈。座谈会上,双方就经贸投资、旅游文化、贸易促进和科技引进等内容进行深入的交流对接,达成多项合作共识。座谈会前,省委常委、统战部部长廉毅敏在太原会见访问团一行。（庞　乐）

【中部投资贸易博览会参与】 2017年5月17日至19日,山西省侨联组织山西省侨商和海外高层次人才到安徽合肥参加"第十届中国中部投资贸易博览会"。活动中,山西省侨商和海外高层次人才与来自安徽省16个市的政府招商、商务、科技等部门负责人,现场进行项目洽谈对接,并到淮南市、亳州市参观考察。（庞　乐）

【美国晋商总会考察对接】 2017年6月13日,由省侨联主办、省工商联协办的美国晋商总会到晋考察对接座谈会在太原举行。省委统战部、省经信委、省科技厅、省工商联、省外侨办、省贸促会、省投促局等省直单位相关部门负责人和山西省部分异地商会会长参加座谈。在项目推介对接环节,考察团成员分别对十余个项目进行介绍推介,省直相关部门负责人对山西省推进创新驱动转型升级,招商引资、引才引智以及促进科技成果转化等方面的政策进行介绍,并就山西省实施"六大工程"和构建具有鲜明省情特点的支撑多元、布局合理、链条高端的现代产业体系情况进行详细说明。在交流中,双方就经贸投资、新技术引进和新材料、智能交通等产业内容进行交流对接,达成共识。（庞　乐）

【"亲情中华——山西运城"夏令营】 2017年7月22日至8月4日,由中国侨联主办,山西省侨联、运城市侨联联合承办的"亲情中华——山西运城"夏令营在运城举办。来自英国、日本和科威特的海外华裔青少年以及老师、志愿者、工作人员共40余人参加。在为期14天的夏令营中,营员们学习《弟子规》《黄河流域中华文明》等课程,参观中国华侨国际文化交流基地——关帝庙、鹳雀楼等古迹,体验绛州澄泥砚制作工艺、稷山高台花鼓、绛州古乐等非物质文化遗产。（庞　乐）

【新侨创新创业联盟】 2017年8月17日,山西省侨联新侨创新创业联盟成立大会在太原举行。省政协副主席姜新文,中国侨联副秘书长、经济科技部部长赵红英出席大会并讲话,王维卿主持会议并作总结讲话,省委统战部、省科协、省人社厅、省政协港澳台侨和外事委员会、省海外联谊会等有关单位负责人出席会议,省侨联机关各部室及所属社团负责人、各市侨联负责人,以及山西省侨联新侨创新创业联盟理事成员单位负责人共110余人参加会议。山西省侨联新侨创新创业联盟是山西省侨联贯彻中央书记处对侨联提出的"两个拓展"工作要求、响应"大众创业、万众创新"和省委、省政府"晋商晋才回乡创业创新"号召而发起的一个由新侨创新创业企业、新侨聚集的众创空间、新侨主导的创投基金等各方面新侨创新创业力量组成的非营利性联盟组织。联盟由54家理事单位组成。（庞　乐）

【"侨爱心·光明行"公益活动】 2017年4月21日,由山西省侨联和太原爱尔眼科医院等联合开展实施的"侨爱心·光明行——走进山西"公益活动启动仪式在太原举行。"侨爱心·光明行"公益活动是由中国侨联主办的一项旨在专门为贫困白内障患者免费实施复明手术的公益事业,也是中国侨联公益品牌项目之一。该次公益活动按照"贫困优先、有侨身份优先、军烈属优先、残疾人优先"四个优先原则,对全省范围内的1000名白内障患者实施免费医疗救助。（庞　乐）

【"侨爱心·暖巢行"活动】 2017年8月19日,山西省侨联"侨爱心·暖巢行"活动在太原举行启动仪式,来自省城侨界的130余名志愿者参加活动。该次活动是省侨联"暖侨惠侨"工程的一项具体活动,也是省侨联践行为侨服务的具体体现。活动针对侨界空巢家庭的具体问题、共性需求和个性特点,分别开展侨心公益讲堂、"侨爱心·光明行"公益活动、健康辅导讲座、文体项目比赛、节日祝福慰问、联欢座谈、休闲娱乐、爱心公益等主题活动,为侨界空巢家庭提供实实在在的情感关怀和精神帮助。（庞　乐）

【侨联改革动员】 2017年9月4日,山西省侨联在省委党校召开改革动

2017年4月21日,"侨爱心·光明行——走进山西"公益活动启动仪式在太原举行
（庞　乐供图）

员大会，王维卿出席会议并作动员讲话，各市县侨联主要负责人及省侨联机关全体干部共90余人参加会议。会上，王维卿阐述侨联改革的重大意义，就改革实施方案的主要内容进行详细解读，并对推动侨联改革提出具体要求。（庞　乐）

【关公文化“走出去”项目启动】

2017年9月23日，“亲情中华·筑梦丝路”关公文化“走出去”项目在运城解州关帝庙门前广场启动，中国侨联副主席李昭玲、省侨联党组书记王维卿，运城市委书记刘志宏、代市长朱鹏、市政协主席张润喜出席启动仪式。近130位海外侨胞参加启动仪式和解州关帝庙组织的祭拜活动。（庞　乐）

【海外晋商晋才促进山西发展大会】

2017年9月21日，由中国侨联主办、山西省侨联承办的“海外侨胞故乡行——海外晋商晋才促进山西发展大会”在太原举行。副省长贺天才代表省委、省政府致辞，中国侨联副主席康晓萍出席活动并讲话，省政协副主席姜新文、省有关单位负责人及来自美国、加拿大等30个国家和地区关注山西发展的海外侨领侨商、专家学者及中国华侨国际文化交流促进会海外理事等180余人参加会议。（庞　乐）

【海外留学归国人员创新创业协会】

2017年10月15日，山西省海外留学归国人员创新创业协会成立大会在并举行。全国政协常委、中国侨联顾问王永乐，副省长贺天才出席活动并讲话，中国侨联副秘书长、经济科技部部长赵红英到会指导，大会由王维卿主持，省人大、省政协、省委统战部、省人社厅、省外侨办、省科技厅、团省委、省转型综改示范区、省留创园等单位有关领导与协会会员300余人参加活动。贺天才、王永乐为山西省海外留学归国人员创新创业协会揭牌。会前召开山西省海外留学归国人员创新创业协会第一届会员大会，通过《山西省海外留学归国人员创新创业协会章程》，选举产生山西省海外留学归国人员创新创业协会第一届理事会。（庞　乐）

【海归双创论坛】　2017年10月15日，由省侨联、省人社厅、中国留学人员回国服务联盟联合主办，省海外留学归国人员创新创业协会、省海外人才服务中心承办的第三届海归双创论坛在太原清控创新基地举办。论坛围绕助力海归创新创业、海归技能优势分析、山西海归创业发展态势、政府如何更好地服务海归创业群体、90后海归如何创新等内容设立主旨演讲和高端对话环节。（庞　乐）

2017年9月21日，“海外侨胞故乡行——海外晋商晋才促进山西发展大会”在太原举行（庞　乐供图）

【海外赤子服务山西转型综改】

2017年10月19日，由人社部专业技术人员管理司、中国留学人员回国服务联盟支持指导，省侨联与省人社厅共同主办的“2017海外赤子服务山西转型综改”活动在太原启动。来自美国、澳大利亚、日本、英国等国家43名海外高层次人才和山西省30余家企事业单位项目负责人参加启动仪式、主题演讲、项目路演、洽谈交流等活动。启动仪式结束后，43名海外高层次人才分赴太原、吕梁、晋中、大同、阳泉等市，与当地企事业单位实地开展学术交流、项目推介和洽谈交流等活动。（庞　乐）

【侨联特聘专家走基层】　2017年10月24日，“中国侨联特聘专家走基层·山西阳泉肿瘤筛查义诊”活动在阳泉启动。中国侨联副秘书长、经济科技部部长赵红英，阳泉市委常委、宣传部、统战部部长王铁梅出席活动并讲话，阳泉市卫计委、第三人民医院领导及相关医护工作人员，当地归侨侨眷、离退休干部职工、基层干部、社区（农村）群众等共110人参加启动仪式。2000余名归侨侨眷、离退休干部职工、基层群众参加免费义诊、肿瘤筛查。（庞　乐）

【归侨侨眷代表大会】　2017年12月22日，山西省第十次归侨侨眷代表大会在太原开幕。省委书记、省人大常委会主任骆惠宁出席。中国侨联副主席李卓彬出席并致词。省领导楼阳生、黄晓薇、薛延忠、廉毅敏、王赋、胡苏平、贺天才出席。省各人民团体和省直有关单位负责人及来自全省各条战线、各行各业的归侨侨眷代表260余人参会。会议听取省侨联九届委员会工作报告，表彰省侨联系统先进集体、先进工作者，以及省

归侨侨眷先进个人，选举产生省侨联第十届委员会，马金标等80人当选山西省侨联第十届委员会委员。在12月23日召开的省侨联十届一次全委会上，选举产生省侨联第十届委员会主席、副主席、秘书长、常委。王维卿同志当选省侨联主席，范安龙、李德增、方敬爱、马金标、宋迎东、常新乐、谭慷、王迪录、武强9人当选省侨联副主席，陈蕾同志当选省侨联秘书长，王晶等29人当选省侨联常委。（庞　乐）

山西省台湾同胞联谊会

【概况】 山西省台湾同胞联谊会(简称山西台联)1983年5月25日在太原成立，是居住在山西省的台湾各族同胞的爱国民众团体，由中共山西省委统战部管理，业务工作受中华全国台湾同胞联谊会(简称全国台联)指导。

截至2017年底，在晋台胞共有97户170人，分布在太原、大同、阳泉、长治、晋中、临汾、运城和忻州8个市。

由于山西省台胞人数较少，省台联在市级以下未设基层组织。

2017年，山西台联先后接待来访台湾教师和青年学生超过1000人次，太原理工大学与台湾华梵大学达成开展校际合作的意向，太原市实验中学与台湾万芳高中互签约为友好学校。利用全国台联台胞社团论坛、晋商大会等各种重大活动，组织到晋的台胞社团领袖、知名人士和台商体验三晋文化。80多岁高龄的统联前主席陈钦铭教授，先后9次带领台湾教师团到晋参访，在大陆捐建9所希望小学；统联屏东分会前会长梁财坤先生帮助山西省台属寻亲，使失散多年的两岸亲人重新团聚；台湾少数民族部落联盟主席根志优先生多次带领岛内少数民族头目、长老到晋参访，促成其子根玮晨与太原市清徐县一名姑娘的美好姻缘。

举办台胞青年骨干培训班，安排优秀台胞到各级政协任职，组织他们深入调查研究，建言献策，许多优秀提案受到国家部委和各级政府的高度重视。重大节日全面开展走访慰问，全年共计发放价值25750元的节日和生日慰问品。发放老台胞生活补贴和部分台胞生活困难补助，全年共发放老台胞补助146400元，困难台胞补助7000元。（樊彩萍）

【台商到晋考察】 2017年3月16日，台湾远雄生物科技股份有限公司总经理、约客国际事业有限公司总经理黄志明带领台湾岛内19名台商到晋，山西台联举办晚宴。山西省委统战部副部长张云泽、山西台联党组书记李朝亮、太原台湾同胞投资企业协会常务副会长林敬祐、陈建成出席。

考察参访期间，山西台联安排座谈会，邀请山西省民政厅社会福利处处长王黎、山西省农业厅种植处处长王英武向考察参访团介绍山西在安养业和农业方面的基本情况、发展前景和优惠政策，并进行交流。（樊彩萍）

【台湾教师“山西古文化”之旅】 2017年7月13日，第二十届台湾教师“山西古文化”之旅参访团到晋。

参访团由台湾教育人员产业工会理事长杨益风带队，团员共17名，参访8天。在晋期间，台湾教师先后参观五台山佛教寺庙群、大同云冈石窟、平遥古城等被列入世界文化遗产名录的文化古迹，悬空寺、晋祠等宋金以来的代表性建筑，以及晋商文化的代表性建筑乔家大院等国家级重点文物。参访团与太原市第三十中学进行交流，相互了解对方的教育理念和教学方法，探讨教育改革的方向。

（樊彩萍）

【台胞青年千人夏令营山西分营】 2017年7月8日，第十四届台胞青年千人夏令营山西分营开营，来自台湾多所高校的17名营员到山西参访5天。

营员们先后参访乔家大院、平遥古城、佛教圣地五台山、北岳恒山悬空寺、大同云冈石窟、山西博物院。

7月12日晚，山西台联在太原龙城国际饭店举办晚宴，欢送夏令营山西分营的17名营员，山西省委统战部副部长张云泽、山西省台联驻会副会长周志文出席晚宴并讲话。

（唐　浩）

【台湾中国统一联盟屏东分会到晋】 2017年4月23日，台湾中国统一联盟屏东分会参访团到晋。参访团由该会前任会长梁财坤和现任会长张逢存带队，团员有16名，在山西参访8天。参访团先后感受太行山王莽岭、锡崖沟、黄崖洞等自然风光，游览皇城相府、晋祠、常家庄园等人文景观，体验山西的醋文化，参观长风商务区等山西经济社会发展的成果。

（樊彩萍）

【台北市山西同乡会探亲参访】 2017年10月23日，应山西省台湾同胞联谊会邀请，台北市山西同乡会组织19名山西省籍台胞到山西探亲参访。李朝亮主持宴见活动，张云泽出席。

参访团参观藏山、娘子关、五台山、悬空寺、应县木塔、云冈石窟等自然和人文景观。（樊彩萍）

【海峡两岸关系学术研讨会】 由全国台湾研究会、中华全国台湾同胞联谊会和中国社会科学院台湾研究所共同主办的，以“推动两岸融合，维护和平基础”为主题的第二十六届海峡两岸关系学术研讨会7月24日在山西省太原市开幕。来自台湾岛内、海外、港澳及大陆的专家学者约100人出席会议，与会人员围绕两岸关系发展面临的新形势与新挑战、推进两岸经济社会融合发展以及两岸基层和青年交流模式进行探讨，献计建言。

全国台湾研究会会长戴秉国和中共中央台办、国务院台办主任张志军出席开幕式并致辞，中华全国台湾同胞联谊会会长汪毅夫，全国台湾研究会副会长孙亚夫，山西省委书记骆惠宁，省委常委、统战部部长廉毅敏，省委常委、秘书长王赋，副省长贺天才出席开幕式，廉毅敏代表山西省向

会议致欢迎辞。（樊彩萍）

山西省残疾人联合会

【概况】 2017年，山西省残联按照省委、省政府和中国残联关于残疾人事业的新部署新要求，围绕一条主线（加快推进残疾人小康进程），办好两件实事（民生实事、精准康复），突出三个重点（脱贫攻坚、“两项补贴”“一店三基地”建设），完成全年各项目标任务。

2017年，28.10万名残疾儿童及持证残疾人得到基本康复服务，其中有视力残疾人2.30万名，听力残疾人8683名，言语残疾人52名，肢体残疾人18.70万名，智力残疾人2.80万名，精神残疾人2.60万名，多重残疾人8221名。实施残疾人事业专项彩票公益助学项目，为911人次家庭经济困难的残疾儿童享受普惠性学前教育提供资助。省彩票公益助学项目资助183名残疾大学生，23名残疾研究生，239名残疾人家庭子女大学生。共有特殊教育普通高中班（部）10个，在校生502人，其中，聋生467人，盲生35人。城乡持证残疾人就业人数为29.10万人，其中：按比例就业6020人，个体就业9849人，社区就业1174人，公益性岗位就业1069人，辅助性就业1009人，居家就业15229人。全年省部级领导到省残联调研指导工作和参加会议19人次，省领导重要批示21件次。中国残联对山西省政府民生实事、精准康复救助、残疾人脱贫攻坚、“一店三基地”建设等工作给予肯定，认为山西残疾人工作有特色、有亮点、有做法、有经验，在全国可复制、可推广。中央电视台《新闻联播》《新闻直播间》，山西卫视、《山西日报》等媒体、栏目对全省民生实事进行多次报道。5月9日，省综治委对2016年度省直和中央驻晋单位社会治安综合治理目标管理考评情况进行通报，山西省残联被评为“综治工作先进单位”。（陈贺峰）

【残疾人工作列入省政府民生实事】 实施3.50万名列为残疾预防重点干预和残疾儿童抢救性康复项目是省政府2017年六件民生实事之一。山西省残联坚持“公开、公平、公正”原则，实施3.50万名残疾预防重点干预和残疾儿童抢救性康复项目完成5.50万名，超额完成57%。其中：为3675名初筛阳性0–6岁儿童提供残疾复筛和诊断服务，完成率为1223%；为42677名疑似残疾人提供残疾评定服务，完成率为171%；为8683名残疾儿童提供抢救性康复服务，完成率为124%。楼阳生在省残联关于民生实事项目实施情况的汇报上批示：“工作抓得实，所以效果好。希望残联继续努力。”高建民批示：“按照计划安排抓好落实。”年底，省政府民生实事在省政府“13710”督办系统办结，被评为“优秀”等次。（陈贺峰）

【残疾预防行动计划】 2017年9月14日，楼阳生主持召开省政府第162次常务会议，审议通过《山西省残疾预防行动计划（2017–2020年）》。《山西省残疾预防行动计划（2017–2020年）》，提出山西省残疾预防行动计划的总体要求（指导思想、基本原则、工作目标），实施的主要行动以及落实行动计划的保障措施，明确督导检查责任。突出山西特色，提出比国家行动计划更具体的措施和更高的工作目标。（陈贺峰）

【残工委全体会议】 2017年4月19日，省政府残工委全体会议在太原召开，省委常委、常务副省长、省政府残工委主任高建民出席会议并讲话，省政府残工委各成员单位领导参加会议。高建民指出，全面建成小康社会不能让残疾人掉队。要把贫困残疾人纳入全省精准扶贫大局，加大对贫困残疾人的康复救助力度，加强残疾人就业援助，做好残疾人社会保障兜底工作。他强调，要健全完善政府主导、社会参与、残疾人组织发挥作用的工作机制，不断加强各级残联自身建设，有效发挥残疾人主体作用，动员社会力量参与，对标一流、扎实工作，开创残疾人事业发展的新局面，为全面建成小康社会做出新的更大贡献。（陈贺峰）

【“共享芬芳”百县百场巡演山西行】 2017年5月20日，由中国残联、山西省文化厅、山西省残联主办的“共享芬芳”中西部地区百县百场巡演山西行公益演出在太原举行。省政协副主

2017年2月21日，山西省长楼阳生（前左一）在省康复研究中心看望接受抢救性康复救助的残疾儿童（陈贺峰供图）

席朱先奇、姜新文，武警山西省总队副司令员李汉中，省政府副秘书长闫晨曦等与省城各界群众共同观看演出。整场演出15个节目荟萃舞剧、音乐剧、京剧及芭蕾、拉丁、现代等众多艺术门类，创造手语诗、盲人舞蹈、手语舞蹈等崭新的艺术形式，以其发自灵魂深处的美，超越语言、民族与国界，表达撼人心魄的艺术冲击力。在演出前，省领导与中国残疾人艺术团主要演员进行座谈。（陈贺峰）

【"山西最美残疾人"评选】 2017年5月20日，由省文明办指导，山西省残联、山西日报社、山西广播电视台、省残疾人福利基金会共同举办的"山西最美残疾人"评选揭晓。经过各地推荐、网络投票、专家评审等环节，最终产生10名"山西最美残疾人"、10名"山西最美残疾人提名"。省委常委、宣传部长王清宪出席颁奖仪式并为获奖者颁奖，朱先奇、姜新文等领导出席活动。（陈贺峰）

【全国残疾人艺术汇演获奖】 2017年8月11日至16日，由中国残疾人联合会、教育部、民政部、文化部、国家新闻出版广电总局主办的第九届全国残疾人艺术汇演（东部片区）在山东济南举行，山西省参演的7个节目全部获奖。其中，女声二重唱《最好的未来》获特别奖。（陈贺峰）

【"残疾预防日"活动】 2017年8月25日，是国务院批准设立的第一个全国"残疾预防日"，2017年宣传教育活动的主题是"推进残疾预防，建设健康中国"。25日上午，省政府残工委在太原市举办现场宣传活动，山西省残联、省卫计委和省人社厅组织省城10家医疗康复机构的专业人员进行现场宣传咨询，发放宣传资料。省康复研究中心、省聋儿康复教育研究中心和太原市残疾儿童教育中心在训的残疾儿童现场展示康复救助成果。刘杰到宣传活动现场看望慰问残疾儿童、残疾人康复工作者和残疾预防专业人员，详细了解政府民生实事的推进情况。中央电视台《新闻联播》《新闻直播间》和《早间新闻》等栏目对山西省"实施3.5万名残疾预防重点干预和残疾儿童抢救性康复项目"纳入政府民生实事加以推进进行重点报道。《山西日报》第4版"专题策划"以专版形式，也对全国首次"残疾预防日"进行报道。（陈贺峰）

【康复服务规范专家研讨会】 2017年9月4日至6日，国家残疾人精准康复服务规范专家研讨会在太原召开，中国残联社会服务指导中心常务副主任刘宇赤一行6位专家以及山西省从事残疾人康复工作多年、有较为丰富的管理和实践经验的省、市、县（市、区）、乡（街道）、村（社区）残联康复管理干部和社区康复协调员、残疾人专职委员，医疗康复机构专业技术人员参加会议。刘宇赤一行对山西省推进全省残疾人精准康复服务行动，对10万名有需求的残疾儿童和持证残疾人提供基本康复服务等工作给予肯定。听取各级各类残疾人康复工作者的意见和建议，对提出的问题进行现场解答和指导。（陈贺峰）

山西省红十字会

【概况】 2017年，山西省红十字会成立"三基建设"工作领导小组，召开推进会，制定实施方案，制定完成"三基建设"工作"基础工作目录"和"三个手册"。党支部以"三会一课"为载体，以《习近平的七年知青岁月》《习近平总书记的成长之路》等为主要内容，以党支部会议形式组织支部集中学习82次，领导干部、支部书记和普通党员讲党课16次。全年组织党员干部参加学习培训70余人次，人均学时150余小时，购买编印学习资料280余册；组织开展"庆祝建党96周年"和"喜迎十九大、弘扬主旋律"系列主题活动，举办道德讲堂，集中观看《巡视利剑》《警钟长鸣》《总书记在山西》《火种》等党建、警示教育片，赴大寨开展党建教育，重温入党誓词，组织开展"两学一做"知识竞赛和竞答活动。推进机关自身建设，优化机关基础设施，向省财政厅申请30万元专项经费完善档案室升级改造，增加档案密级架等设施，提高档案规范化管理水平。规范精神文明创建工作，组织女职工参加庆"三八"趣味运动项目比赛活动并获银奖，举办第八届运动会，开展学雷锋志愿服务活动5次；组织开展捐款献爱心活动，全年累计捐款4250元；山西省红十字会获2016年度"省直机关文明单位标兵"称号。（侯晓俊）

【红十字应急体系建设】 2017年，山西省红十字会完成红十字自然灾害应急预案修订工作，健全全省红十字备灾仓储管理网络，接受总会210万元代储备灾物资；加强省红十字会赈济救援队建设，为救援队配备卫星电话、无人机、照相机、救援服等救援装备，组织救援队参加中国红十字会8省救援队演练，承办2017年中国红十字赈济救援队晋冀蒙培训班，得到省无线电管理局支持获救灾通信专有频率；做好非常规突发自然灾害灾情上报及应对工作，对山西省运城、长治市洪涝灾害受灾群众进行灾害救助，对运城市救助物资发放情况进行回访、抽查，督导检查物资规范发放；派员参加对斯里兰卡洪涝灾害国际救援工作；全年对1.05万多名铁路、民航、矿山、交通运输等重点行业、企业一线职工开展初级救护员培训，在市民、学生、志愿者和企业职工等人群中普及救护知识人数达7.80万人，累计达230余万人（次）；成立全国心肺复苏普及进万家精准健康工程传播基地，启动心肺复苏进万家精准健康工程，开展30多期心肺复苏术及相关急救知识与技能普及讲座，累计普及人数达3500余人；推动"山西省红十字救护培训管理平台"建设，初步建成山西省救护培训信息数据库。做好总会红十字应急救护标准化培训基地创建工作，建成省红十字会生命健康安全体验教室。（侯晓俊）

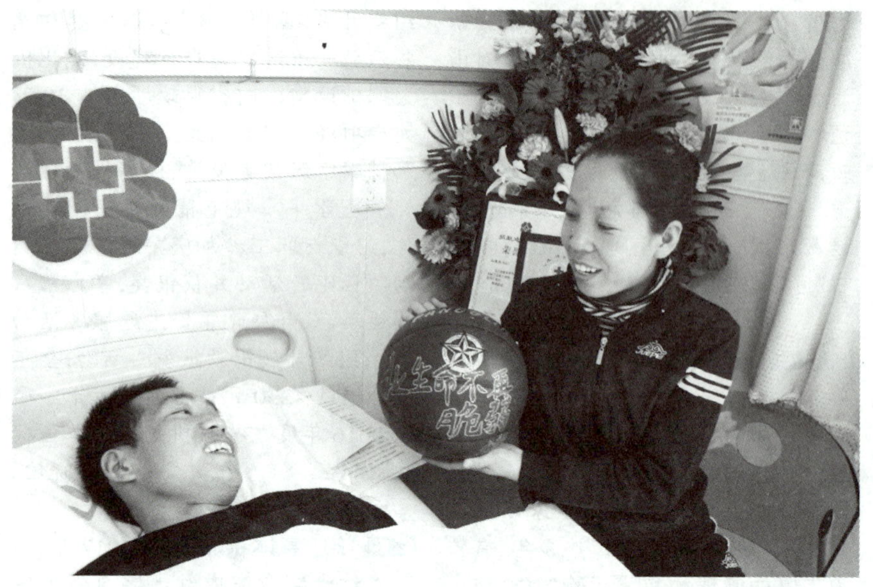

2017年11月21日，长治市李洁捐献造血干细胞　（侯晓俊供图）

【人道救助】 2017年，山西省红十字会开展博爱募捐活动，全省各级红十字会接受捐赠款物10316.97万元。其中，省本级接受捐赠的医疗设备价值7295.17万元，惠及山西省92家医院；接受捐款415.68万元，用于对因灾因病致困群众救助，开展“博爱助医工程”项目，对全省266名贫困白血病、先心病、足内翻等患儿，75名省直单位大病致困职工特困家庭实施精准救助；开展“博爱送万家”活动，向全省7市17县4000多户家庭发放救助物资价值37.20万元，受益群众达2万余人；开展“牛奶助学公益行动”，将伊利集团捐赠的价值120万元的学生奶转赠晋中、吕梁、忻州、大同等地区困难家庭；在大同市开展“看得见的幸福”救助项目，投入112.90万元为贫困家庭白内障患者、儿童青少年斜视患者518例实施免费手术；加强人道救助工作研究，深入基层群众对精准救助工作进行调研，启动对全省贫困家庭脊柱侧弯患者救助项目。执行中国红十字基金会彩票公益金项目工作突出，被中国红十字会总会评为“优秀项目执行省份”。（侯晓俊）

【捐献促进及保障】 2017年，山西省红十字会推进无偿献血宣传动员工作；完成国家分配到山西省3000人(份)造血干细胞志愿者入库任务，全年实现造血干细胞捐献12人，累计149位志愿者成功捐献；全年回访志愿者20000人；联合省卫生计生委在运城市召开全省人体器官捐献工作推进会，全省240余人参训。全年实现公民逝世后人体器官捐献52例，使149位脏器衰竭患者获得新生，累计捐献人数达152例，救助脏器衰竭患者421位。（侯晓俊）

【红十字青少年和志愿服务】 2017年，山西省红十字会新增省直登记注册志愿者6000余人，依托省护理学会建立省红十字护理志愿者服务总队，并下设58支红十字护理志愿者服务队分队，授予省人民医院等57家单位为“山西省红十字志愿服务基地”，覆盖山西省三级医院、医科类院校、120急救中心等多个专业领域。山西省申报省红十字社区志愿服务队杏花岭分队“关注社区空巢老人 助力社区居家养老”项目，获总会“第七期红十字志愿服务项目发展计划”二类项目支持；3个红十字青少年社会实践项目项目获总会资助，共获总会资助金4万元，各项目均实施完工。结合项目推荐项目主管和10名优秀青年骨干分别参加全国红十字志愿服务工作坊培训和青少年训练营。晋城市实施的2017国际人道传播与创新行动专项基金项目“红十字人道理念与志愿服务进太行”通过红会网站、晋城在线、微信公众号等新媒体平台进行一系列的线上线下互动、“网上”与“网下”有机融合，将人道法和红十字基本知识宣传在以晋城市区及各县7所大中专学校为重点的社会各界展开。山西大学生命科学院作为省城大学生防艾同伴教育基地，一直致力于将防艾宣传活动作为服务社会的责任。山西省红十字会于2017年12月1日“世界艾滋病日”为山西大学生命科学院授旗“山西大学红十字防艾志愿者服务队”。（侯晓俊）

综　述

【立法工作】 2017年，山西省人民代表大会常务委员会制定7件、全面修订2件、修正1件、废止2件地方性法规，具有法规性的决议决定3件。山西省人民政府完成10件地方性法规草案和8件省政府规章草案的审查送审工作。（郭　强　景向发）

【公共安全保障】 2017年，山西省公安机关累计建设视频监控摄像机224万余台，运用视频监控图像信息直接破获刑事案件3.90万余起，直接查处治安案件18万余起。全省发生涉及人员伤亡的道路交通事故4988起，造成2125人死亡、4932人受伤，造成经济损失3683万元，同比分别下降1.98%、0.28%、6.54%和7.34%，在公安部交管局“三个不发生”创建活动中列全国第一。（王瑞成）

【检察概况】 2017年，山西省检察机关梳理各类案件线索3000余件，监督公安机关立案破坏环境资源、危害食品药品安全犯罪92件117人；挂牌督办23件侵犯产权的典型案件；公益诉讼立案443件，保护耕地、林地2500余亩，督促收回国有资金上亿元；办理涉企合同执行案件600件，涉及金额6亿元。

对扶贫资金的项目、金额、流向、结果、考核等实行网上全程监督，依法监管民生资金560亿元，保障国家精准扶贫政策落地生根。批准逮捕各类刑事犯罪7296人，提起公诉28659人。对未成年人犯罪依法不逮捕4956人，附条件不起诉106人。成立“未成年人关护基地”，发挥教育、挽救、惩戒作用。纠正冤错案件。通过复查刑事申诉案件，向人民法院提出抗诉4件，提请抗诉13件，提出再审检察建议11件，纠正检察机关原决定6件，改变原决定7件。（尹桂珍）

【审判概况】 2017年，山西省高级人民法院受理各类案件431054件，审执结各类案件403802件，结案率达93.68%，居全国法院第三名，比上年提升23个位次；执结案件116425件，执结率91.77%。庭审直播24865场，居全国法院第六名；省高院庭审直播489场，居全国高级法院第二名。在法官减少2933名、新收案件比上年增加40349件的情况下，各级法院化旧案、结新案，人均结案达130.64件，同比上升103.68%，审理周期减少52.70天。（马云跃）

【司法服务经济社会建设】 2017年，山西省司法厅研究出台《关于充分发挥司法行政职能作用 服务全省进一步深化改革 促进资源型经济转型发展的实施方案》。组建31支法律服务团队，担任全省转型综合改革示范区等15家开发区管委会以及96家进驻开发区大型企业的法律顾问，为企业提供法律意见建议、决策咨询800余次，帮助企业挽回经济损失1.9亿元，服务重点工程项目建设、企业兼并重组、招商引资、科技创新1044件。

司法服务“三农”工作。解决困难群众“打官司难”问题，全年全省法律援助机构接待群众来访2.6万人次，接听群众来电3.9万个，办理各类法律援助案件2.3万件。做好农民工法律援助站公益服务，办理农民工法律援助案件289件，涉及515人，帮助讨回工资1443万元。开展矛盾纠纷排查调处和安全隐患排查工作，排查纠纷5.5万次，预防纠纷2.5万件，调解纠纷1.8万件，调解成功率达96.2%。（张　霏）

【平安山西建设】 2017年，山西省委政法委推进政治安全保卫、反恐防恐攻坚、社会矛盾排查化解、公共安全风险管控四项工作，确保全省政治和社会大局稳定。围绕4大类25种风险隐患组织开展排查整治，排查各类风险隐患365925个，整治352837个。推进对敌斗争，打击各种捣乱破坏活动。开展反恐怖斗争，防止暴恐活动。打击各类政治谣言，维护网络政治生态环境。开展打黑除恶专项斗争，震慑各类违法犯罪。健全矛盾纠纷多元化解机制，推动加强诉调、检调、警调、政调、访调对接，加大对重点领域矛盾纠纷排查化解力度，落实矛盾纠纷排查调处领导组例会制度，推动重大决策社会风险评估制度落实。全年全省排查矛盾纠纷164875件，调处158743件，调处率达96.30%。开展驻京信访维稳工作，成立以省委政法委副书记、综治办主任为组长的省驻京信访维稳工作领导组，强化查控劝返、落地交接、督促检查措施，驻京信访维稳工作取得历史最好成绩。 (李 磊)

人大立法

【地方性法规制定】 2017年，山西省人民代表大会常委委员会制定的地方性法规主要有：《山西省汾河流域生态修复与保护条例》《山西省无线电管理条例》《山西省城乡环境综合治理条例》《山西省科技创新促进条例》《山西省农村扶贫开发条例》《山西省食品小作坊小经营店小摊点管理条例》《山西省历史文化名城名镇名村保护条例》。 (郭 强)

【地方性法规修正和修订】 2017年，山西省人民代表大会常务委员会修正修订的地方性法规主要有：《山西省动物防疫条例》《山西省人民代表大会及其常务委员会讨论、决定重大事项的规定》《山西省旅游条例》。 (郭 强)

【地方性法规废止】 2017年，山西省人民代表大会常务委员会废止的地方性法规主要有：《山西省旅游产业促进条例》《山西省食品生产加工小作坊和食品摊贩监督管理办法》。 (郭 强)

【法规性质的决定】 2017年，山西省人民代表大会常务委员会发布具有法规性质的决定主要有：《关于山西省监察委员会副主任、委员任命和宪法宣誓程序的决定》《关于山西转型综合改革示范区行政管理事项的决定》《关于山西省大气污染物和水污染物环境保护税适用税额的决定》。 (郭 强)

【新制定法规简介】 《山西省汾河流域生态修复与保护条例》2017年1月11日山西省第十二届人民代表大会常务委员会第三十四次会议通过。共7章50条。该条例自2017年3月1日起施行。

《山西省无线电管理条例》2017年5月19日山西省第十二届人民代表大会常务委员会第三十八次会议通过。共8章41条。该条例自2017年9月1日起施行。

《山西省城乡环境综合治理条例》2017年7月4日山西省第十二届人民代表大会常务委员会第三十九次会议通过。共9章66条。该条例自2017年8月1日起施行。

《山西省科技创新促进条例》2017年9月29日山西省第十二届人民代表大会常务委员会第四十一次会议通过。共8章37条。该条例自2017年12月1日起施行。

《山西省农村扶贫开发条例》2017年12月1日山西省第十二届人民代表大会常务委员会第四十二次会议通过。共7章40条。该条例自2018年1月1日起施行。

《山西省食品小作坊小经营店小摊点管理条例》2017年12月1日山西省第十二届人民代表大会常务委员会第四十二次会议通过。共5章47条。该条例自2018年5月1日起施行。

《山西省历史文化名城名镇名村保护条例》2017年12月1日山西省第十二届人民代表大会常务委员会第四十二次会议通过。共7章54条。该条例自2018年1月1日起施行。 (郭 强)

社会治安综合治理

【社会治安防控体系建设】 2017年，山西省委政法委加强社会治安防控体系建设，推进"雪亮工程"建设，全省累计建设公共安全视频摄像机224.40万台，基本实现城市公共区域全覆盖。综治中心标准化建设取得较大成效。全年全省综治信息系统累计受理各类事件374万余件，处置316万余件，处置率达84.46%。强化特殊人群服务管理，加强不良行为青少年教育矫治、精神障碍患者救治救助工作，推动吸毒人员管理服务纳入网格化社会服务管理体系，探索开展特殊人群心理疏导、危机干预工作。研究制定"健全落实综治领导责任制实施办法"，出台工作督查、挂牌督办、一票否决、综治实绩档案、评先提拔前综治审查等5个配套制度，强化各级领导干部维护稳定的第一责任。开展铁路沿线风险隐患排查整治，推动以高铁为重点的铁路护路联防工作，确保全省铁路沿线的社会治安稳定和铁路运输安全畅通。 (李 磊)

【法治山西建设】 2017年，山西省委政法委贯彻落实法治山西建设五年规划工作要点，统筹推进科学立法、严格执法、公正司法、全民守法。出台山西省《贯彻〈党政主要负责人履行推进法治建设第一责任人职责规定〉实施办法》。开展法治保障脱贫攻坚等专项行动，推动解决"执行难"问题。开展法治创建示范点建设，形成法治创建浓厚氛围。 (李 磊)

【政法意识形态和舆情引导】 2017年，山西省委政法委制定出台意识形态工作责任制实施方案，组织开展政法领域意识形态问题研判。加强正面宣传引导，开展"挖掘先进人物、总结典型经验、展现司改成效"主题宣传活动。山西省6部作品获全国第二届平安中国微电影、微电视奖项。建立覆盖省、市、县三级的政法网络舆情工作专班，应对处置多起重点政法舆情。 (李 磊)

法治政府建设

【地方立法】 2017年，山西省人民政府组织起草《关于山西转型综合改革示范区行政管理事项的决定(草案)》。2017年2月24日，经山西省人民政府第 144 次常务会议讨论通过后，提请省人大常委会审议。3 月 30 日，该决定经山西省第十二届人民代表大会常务委员会第三十七次会议通过，自公布之日起施行。

省人民政府组织起草《山西省科技创新促进条例（草案）》。2017 年 5 月 5 日，经山西省人民政府第 149 次常务会议讨论通过后，提请省人大常委会审议。9 月 29 日，该条例经山西省第十二届人民代表大会常务委员会第四十一次会议通过，自 2017 年 12 月 1 日起施行。

省人民政府组织起草《山西省动物防疫条例（修订草案）》。2017 年 5 月 5 日，经山西省人民政府第 149 次常务会议审议通过后，提请省人大常委会审议。9 月 29 日，该条例（修订）经山西省第十二届人民代表大会常务委员会第四十一次会议通过，自 2018 年 1 月 1 日起施行。

省人民政府组织起草《山西省环境综合治理条例（草案）》。2017 年 5 月 24 日，经山西省人民政府第 151 次常务会议讨论通过后，提请省人大常委会审议。7 月 4 日，该条例经山西省第十二届人民代表大会常务委员会第三十九次会议通过，自 2017 年 8 月 1 日起施行。

省人民政府组织起草《山西省旅游条例（修订草案）》。2017 年 6 月 8 日，经山西省人民政府第 152 次常务会议讨论通过后，提请省人大常委会审议。12 月 1 日，该条例经山西省第十二届人民代表大会常务委员会第四十二次会议通过，自 2018 年 1 月 1 日起施行。

省人民政府组织起草《山西省农村扶贫开发条例（草案）》。2017 年 6 月 16 日，经山西省人民政府第 153 次常务会议审议通过后，提请省人大常委会审议。12 月 1 日，该条例经山西省第十二届人民代表大会常务委员会第四十二次会议通过，自 2018 年 1 月 1 日起施行。

省人民政府组织起草《山西省历史文化名城名镇名村保护条例（草案）》。2017 年 6 月 30 日，经山西省人民政府第 154 次常务会议讨论通过后，提请省人大常委会审议。12 月 1 日，该条例经省十二届人大常委会第四十二次会议通过，自 2018 年 1 月 1 日起施行。

省人民政府组织对《山西省食品小作坊小经营店小摊点管理条例》进行修订。2017 年 8 月 18 日，经山西省人民政府第 159 次常务会议讨论通过后，提请省人大常委会审议。12 月 1 日，该条例经山西省第十二届人民代表大会常务委员会第四十二次会议通过，自 2018 年 5 月 1 日起施行。

省人民政府组织起草《山西省家庭教育促进条例（草案）》。2017 年 11 月 2 日，经山西省人民政府第 165 次常务会议审议通过后，提请省人大常委会审议。

省人民政府组织起草《山西省大气污染物和水污染物环境保护税适用税额的决定（草案）》。2017 年 11 月 17 日，经山西省人民政府第 166 次常务会议讨论通过后，提请省人大常委会审议。12 月 1 日，该决定经山西省第十二届人民代表大会常务委员会第四十二次会议通过，自 2018 年 1 月 1 日起施行。

省人民政府组织起草《山西省实施〈校车安全管理条例〉办法（草案）》。2017 年 1 月 3 日，经山西省人民政府第 141 次常务会议审议通过。1 月 16 日，楼阳生签署山西省人民政府第 248 号令，公布《山西省实施〈校车安全管理条例〉办法》，自 2017 年 2 月 20 日起施行。

省人民政府决定对《山西省开发建设河保偏地区水土保持实施办法》等 19 件政府规章予以废止。2017 年 2 月 10 日，山西省人民政府第 143 次常务会议审议通过《山西省人民政府关于废止部分政府规章的决定（草案）》。2 月 17 日，楼阳生签署山西省人民政府第 249 号令，公布《山西省人民政府关于废止部分政府规章的决定》，自公布之日起施行。

省人民政府组织起草《山西省实施〈工伤保险条例〉办法（草案）》。2017 年 4 月 13 日，经山西省人民政府第 147 次常务会议审议通过。4 月 26 日，楼阳生签署山西省人民政府第 250 号令，公布《山西省实施〈工伤保险条例〉办法》，自 2017 年 6 月 1 日起施行。

省人民政府组织起草《山西省著名商标认定和保护办法（草案）》。2017 年 7 月 14 日，经山西省人民政府第 155 次常务会议审议通过。7 月 18 日，楼阳生签署山西省人民政府第 251 号令，公布《山西省著名商标认定和保护办法》，自 2017 年 9 月 1 日起

2017 年 6 月 5 日，山西省人民政府举行法律顾问聘任仪式，省长楼阳生（左）为 15 位法律顾问颁发聘书 （景向发供图）

施行。

省人民政府组织起草《山西省医疗纠纷预防与处理办法（草案）》。2017年8月25日，经山西省人民政府第160次常务会议审议通过。8月29日，楼阳生签署山西省人民政府第252号令，公布《山西省医疗纠纷预防与处理办法》，自2017年10月15日起施行。

省人民政府组织起草《山西省机关事务管理办法(草案)》。2017年11月17日，经山西省人民政府第166次常务会议审议通过。11月18日，楼阳生签署山西省人民政府第253号令，公布《山西省机关事务管理办法》，自2018年1月1日起施行。

省人民政府组织起草《山西省水上交通安全管理办法（修订草案）》。2017年11月17日，经山西省人民政府第166次常务会议审议通过。11月23日，楼阳生签署山西省人民政府第254号令，公布《山西省水上交通安全管理办法》，自2018年1月1日起施行。

省人民政府组织起草《山西省税收保障办法(草案)》。2017年12月1日，经山西省人民政府第167次常务会议审议通过。12月6日，楼阳生签署山西省人民政府第255号令，公布《山西省税收保障办法》，自2018年1月1日起施行。（景向发）

【规范性文件审查备案】 2017年，山西省人民政府严格规范性文件合法性审查，前置审查以省人民政府、省人民政府办公厅名义发文的规范性文件草案64件，前置审查省直部门报送的规范性文件草案545件。按照《山西省行政机关规范性文件制定程序暂行办法》第26条规定，向社会公布省直部门规范性文件42件。其中，省财政厅19件、省国土厅3件、省住建厅7件、省中小企业局1件、省发改委1件、省粮食局3件、省交通厅1件、省司法厅1件、省地税局3件、省农业厅3件。备案审查各设区的市政府规范性文件86件。其中，太原市24件、朔州市5件、忻州市23件、吕梁市1件、晋中市6件、阳泉市1件、长治市6件、晋城市7件、临汾市9件、运城市4件。加强规范性文件工作监督检查，印发《山西省人民政府法制办公室关于2017年度规范性文件审查备案工作情况的通报》。（景向发）

【执法司法规范化建设】 2017年，山西省委政法委组织开展执法司法规范化建设年活动，组织全省政法机关制定一系列具体操作规范。强化政法干警纪律作风专项督查，组织开展领导干部干预司法活动、插手具体案件处理的记录、通报和责任追究工作。作为全国唯一试点探索开展政治督察试点工作，在全国政法队伍建设会议上作经验介绍。深化涉法涉诉信访改革，部署涉法涉诉进京非访积案清理和案件评查专项活动，推动涉法涉诉信访问题在法治轨道内解决。牵头开展打击环境污染违法犯罪专项行动，加大对环境污染违法犯罪依法查处力度。加强重大敏感案件协调督办，实现政治效果、法律效果、社会效果相统一。（李　磊）

【政府法律顾问制度推行】 2017年，山西省人民政府办公厅以晋政办发〔2017〕5号文印发《关于在全省推行政府法律顾问制度的意见》后，省政府法制办加快推进全省政府系统法律顾问制度，制定印发《关于贯彻落实晋政办发〔2017〕5号文件精神加快建立政府法律顾问制度的通知》。明确省政府法制办、各市政府及政府办公厅、法制办的职责及推行政府法律顾问制度工作完成时限。规定省政府法制办负责指导各市政府建立政府法律顾问制度，推动省政府及省政府部门建立政府法律顾问制度；各市政府负责在本地区推动落实政府法律顾问制度工作。各市政府办公厅、法制办具体负责指导和推动本级政府及政府各部门、县级政府及其部门、乡镇政府(街道办)法律顾问的遴选和设立工作。截至6月30日，全省各级政府及部门按要求建立法律顾问制度，聘请法律顾问。

7月10日，山西省人民政府法律顾问委员会成立。由省政府秘书长王纯任主任，副秘书长闫晨曦和法制办主任王卫星任副主任，法制办副主任李云涛、副巡视员韩卫星为成员。委员会下设办公室，办公室设在省政府法制办，办公室主任由省政府法制办主任王卫星兼任。8月，省政府法律顾问委员会对《山西省人民政府法律顾问委员会工作规则》进行修订，以省政府法律顾问委员会名义印发施行。

在推荐、遴选、考察基础上，省政府法律顾问委员会代省人民政府从省内外专家学者中，遴选出15位作为省政府法律顾问。建立由126名成员组成的山西省人民政府法律专家库。截至2017年底，省政府法律顾问委员会组织法律顾问参与处理各类涉法事务38人次。其中，参与山西省重大决策、地方立法和文件审查、论证27人(次)，提供法律意见27件；参与重大行政复议与应诉案件5人(次)；参与省政府重大合作协议4人(次)；协助省政府经研中心处理群众上访事件2人(次)。组织省政府法律顾问为政府法制工作人员和行政执法人员授课10余人(次)。（景向发）

【议案提案办理】 2017年，山西省政府法制办收到省十一届政协五次会议提案3件。受理任务后，省政府法制办成立提案办理工作领导组，制定办理工作方案，落实提案办理“三联系”制度，面商率达100%，确保提案办理工作质量。（景向发）

【依法行政经验交流与宣传】 2017年11月22日，山西省政府法制办在太原市召开依法行政经验交流工作座谈会。省编办、司法厅等9个省直单位分管法制工作的领导和法制机构负责人，太原市政府法制办和侯马市政府办、永济市政府办法制机构负责人，省政府法制办机关各处室和所属事业单位负责人及有关人员50余人参加会议。8月，省政府法制办在全省范围内组织开展第七个“依法行政宣传月”活动，将活动情况作为各地各部门年终依法行政评议考核重要内容。活动以学习贯彻《法治政府建设实施纲要(2015–2020年)》(简称《纲要》)和全省贯彻《纲要》的《实施方案》为重要内容,通过组织举办法治政府建设专题讲座、依法行政专题报告、法制培训班和开展以案释法等方式,加强法治培训教育,提升政府工作人员法治思维和依法行政能力。（景向发）

【依法行政督促检查】 2017年11月,山西省政府依法行政领导组办公室印发《关于报送2017年度法治政府建设工作情况和开展“深入推进依法行政加快建设法治政府”督促检查工作的通知》。12月,结合干部大调研工作对部分市人民政府、省直有关部门2017年度推进依法行政、建设法治政府工作进展情况进行督促检查。向省人民政府报送《山西省2017年法治政府建设情况报告》。（景向发）

【行政执法体制改革试点】 2017年,山西省政府法制办在市场监管、卫生计生、文化旅游、商务流通、城乡建设、城市管理等6个领域推进综合行政执法体制改革。向国务院法制办报送《山西省市场监管综合行政执法体制改革有关情况的报告》。对大同、阳泉等10个设区市综合行政执法体制改革实施方案、运城市垣曲县改革试点方案、长治市调整设置城市管理综合行政执法局和市场监督管理局、晋中市开展城市执法体制改革改进城市管理试点工作方案、晋中市榆次区相对集中行政处罚权工作方案等进行合法性审查。省政府法制办组织起草《关于进一步规范行政执法工作的意见》。经8月18日省长办公会议审议通过,印发全省各地各部门,规范行政执法工作,为转型综改创造法制环境。

印发《关于推行行政执法公示制度执法全过程记录制度重大执法决定法制审核的通知》,对全省推行行政执法公示制度、行政执法全过程记录制度、重大行政执法决定法制审核“三项制度”试点工作作出部署,确定省国土厅、省住建厅、省地税局为重点联系单位。整理汇总11个设区市、48个省直单位报送的“三项制度”试点工作方案。省法制办到广东省政府法制办专题调研学习“三项制度”试点工作。组织召开全省“三项制度”试点工作推介会,省国土厅、省住建厅、省地税局和太原市杏花岭区政府分别介绍工作进展情况。9月5日至6日,全国行政执法“三项制度”试点工作中期推介会议在石家庄市召开,山西省“三项制度”进展情况在会上予以介绍。（景向发）

【行政审批制度改革】 2017年,山西省人民政府法制办先后对《省人民政府拟取消和下放的行政审批等事项目录(60项)》《山西省承担行政职能事业单位改革试点方案》《吉县等18县国家重点生态功能区产业准入负面清单(试行)》《山西省事业单位登记局权责清单》以及省政府部门拟调整的行政职权事项等进行合法性审查,提出书面审查意见。与省编办联合印发《关于确定山西转型综改示范区和高平市为我省扩大相对集中行政许可权改革试点的通知》,于7月初专题调研高平市试点准备工作情况。与省编办共同研究制定《减证便民专项行动清单审核操作规范》,编制工作手册,参与组织开展“三清单”审核。分别审查《省政府部门行政审批事项前置申请从材料、相关证照的年检和与之挂钩的政府指定培训审核稿》(第一批22个、第二批10个、第三批14个单位)。（景向发）

【行政复议事务办理】 2017年,山西省人民政府办理行政复议案件115件。其中,2016年结转案件4件,2017年新收案件111件。经审查,新收案件中受理74件,不予受理37件。受理和结转的行政复议案件中,审结65件,未审结13件,审结率83.30%。其中,驳回14件,占审结案件的21.50%;维持24件,占审结案件的36.90%;确认违法2件,占审结案件的3.10%;责令履行职责7件,占审结案件的10.80%;终止11件,占审结案件的16.90%;其他方式办理的7件,占审结案件的10.80%。在办理的2017年新收行政复议案件中被申请人为省级政府14件,市级政府30件,其他部门30件。涉及行政处罚类11件,行政征收类10件,行政许可类2件,行政确权类6件,行政确认类4件,信息公开类15件,举报投诉处理类1件,行政不作为类12件,其他类13件。

2017年,山西省人民政府法制办指导太原、晋城两市人民政府推进行政复议委员会试点工作,组织开展行政复议委员会试点调研,实地督促指导两市落实省政府办公厅《关于开展行政复议委员会试点工作的通知》精神,探索行政复议体制改革新路。太原市小店、迎泽、杏花岭区等十县(市、区)均出台《行政复议委员会试点工作方案》及相关制度开展工作。8月,晋城市政府办公厅印发《晋城市人民政府办公厅关于开展行政复议委员会试点工作的通知》,在高平市开展行政复议委员会试点工作,施行全部集中复议权模式。（景向发）

【行政诉讼案件办理】 2017年,山西省人民政府法制办参与涉及省人民政府的一审行政诉讼案件55件。其中,2016年结转11件,2017年新收44件。人民法院审结案件49件,正在审理案件6件。其中,一审判决驳回诉讼请求32件,撤销行政复议决定2件;一审裁定驳回起诉15件。（景向发）

【法治建设宣传和教育培训】 2017年,山西省人民政府法制办办好每月一期《政府法制工作简报》。组织举办“法治道德讲坛”和专题法制讲座,上半年邀请原中国政法大学法学院院长、华南师范大学法学院教授薛刚凌就“推进依法行政和法治政府建设”为省直部门分管法制领导、法制机构负责人等作高端法制讲座。组织开展

“12·4”国家宪法日法制宣传活动，围绕“提升依法行政能力暨法治政府建设”，举办8期法制专题培训班，12期执法人员培训班，培训全省3400余名政府法制干部和行政执法人员。

6月14日至21日，山西省人民政府法制办与省委组织部在省委党校联合举办2期领导干部法治建设专题培训班。县(市、区)分管法制工作领导，市县政府法制机构、行政执法部门和省直单位法制机构、行政执法机构负责同志156人参加培训。

(景向发)

【法制理论研究】 2017年，山西省政府法制办编印出版《2016年山西省法规规章汇编》。参加在北京市召开的2017年度环渤海区域政府法制工作研讨会。向省法学会申报法学研究课题项目《五台山地区管理和保护的法律问题研究》，参与《忻州市五台山风景名胜区条例》研究起草工作。

(景向发)

公 安

·治安管理·

【户籍制度改革推进】 2017年，山西省公安厅出台《山西省推动非户籍人口在城市落户实施方案》，放开建制镇和中小城市落户限制，放开四类人员落户限制，实行农村籍高校学生来去自由的落户政策。累计摸排办理户口登记无户口人员1.40万人，基本解决山西省无户口人员落户问题。开展跨省身份证异地受理工作，将受理范围扩大至全国，受理点扩大到527个派出所，全年办理跨省居民身份证2.10万张。全省实行居住证制度，全年制发居住证8.80万张。提高人口信息数据质量，注销死亡未注销户口29万个，整体人口信息数据质量排名全国前三。

(王瑞成)

【治安风险隐患排查整治】 2017年，山西省公安机关排查整治“九小”场所5000余家、旅馆业经营场所3.90万家、娱乐业经营场所2.60万家，破获刑事案件2200余起，治安案件1.20万余起。开展易制爆危险化学品和寄递物流专项整治行动，依法处罚易制爆危险化学品从业单位2.30万家，收缴易制爆危险化学品103吨；排查寄递物流企业2.40万家，查处非法寄运案件832起。

(王瑞成)

【寄递物流安全整治】 2017年5月13日，山西省反恐办组织召开寄递物流业安全防范工作约谈会，就国家反恐办和公安部督导组通报的关于山西省寄递物流企业山西圆通速递没有严格落实“三个百分百”制度问题进行约谈。7月18日，安排部署全省集中开展易制爆危险化学品和寄递物流专项整治行动。全省公安机关组织对辖区内易制爆危险化学品生产、经营及使用单位和寄递物流企业进行全方位排查和全要素管控，发挥数据集成优势，会同有关部门做好对易制爆危化品从业单位和寄递物流企业基本信息、业务信息采集汇总，实现信息高度共享和深度应用。各相关部门形成合力，利用大数据优势加强对危化品和寄递物流业管理，打破信息壁垒，加强信息数据共融共享。提升动态管控水平，利用现有情报信息平台，紧抓涉危涉爆“人、地、物、事”等各要素情报整合和分析研判，发现各类隐患线索，把风险事故消除在发生之前。对危爆物品从业单位审批发证、购买、运输、使用等各环节进行全流程监管，督促其落实凭证购买、流向登记、购销备案、治安防范等管理制度。督促易制爆危险化学品生产、经营及使用单位担负起安全管理主体责任，执行安全管理制度，落实各项人防、物防、技防措施，严防易制爆危险化学品丢失、被盗或流入非法渠道。加大明察暗访力度，重点查访易制爆危化品从业单位流向不登记、销售不验证、购销不备案、丢失被盗不报告、非法向个人和不符合要求的单位出售易制爆危险化学品等行为，对违规行为坚决督促整改，对构成违法犯罪的依法查处。会同邮政管理、铁路、民航等部门，督促寄递物流企业落实“三个百分百”制度，落实收寄、分拣、运输、投递等各环节安全管理责任，严防禁寄禁运物品进入寄递物流渠道，防止发生现实危害。

(王瑞成)

【开展企业周边治安环境治理专项行动】 2017年，山西省公安机关开展企业周边治安环境治理专项行动，摸排企业7736家、重点在建项目工程619个、经济园区229个，查处涉企刑事案件64起，刑事拘留125人；查处涉企治安案件276起，治安拘留342人。

(王瑞成)

·犯罪侦查·

【刑事犯罪侦破】 2017年，山西省公安机关立刑事案件106542起，刑事案件发案数同比下降17.40%，危害严重的八类案件同比下降18.20%，命案破案率达98.10%。快速侦破万荣“10·24”杀人案，协助侦破天津“10·17”持枪杀人案。打掉黑恶势力犯罪团伙230个，抓获犯罪嫌疑人1483人，破获各类刑事案件1272起。打击电信诈骗犯罪，破案3745起，抓获违法犯罪嫌疑人338人。“盗抢骗”立案82638起，同比下降21.40%；破案28435起，同比提升6.30%。抓获网上在逃人员15559名（其中命案逃犯172名）。

(王瑞成)

【经济犯罪侦破】 2017年，山西省公安机关立各类经济犯罪案件4071起，破案3638起，抓获违法犯罪嫌疑人2676名，挽回和避免经济损失5.80亿余元。加大“五行币”重点传销专案侦破工作，抓获2名一级对象，对25名二级对象采取相应措施。立破经济案29起，抓获29名犯罪嫌疑人，公安部交办的7名重点打击对象和3名重点涉稳对象全部抓获。开展打击风险型经济犯罪“云端2017”专项行动，侦破山西省首起知识产权类案件晋城高平“11·17”假烟案。破获

"10·19"地下钱庄案，打掉地下钱庄团伙2个，查明涉案金额100亿余元。开展"猎狐2017"专项行动，缉捕和遣返境外逃犯23名，缉捕率达60%。

（王瑞成）

【网络犯罪整治】 2017年，山西省公安机关开展"公安机关网络安全执法检查"，检查重点单位2734家，重要信息系统和网站2817个，下达整改通知书1106份，暂时关停信息系统72个。处置网络安全事件483起。破获网络侵犯公民个人信息违法犯罪案件102起，破获黑客攻击破坏案件29起。3月21日，晋中市局城区分局破获涉案金额达4300万元的系列电信诈骗案。加强网络安全监测预警和信息安全通报工作，控制"永恒之蓝"病毒在山西省内传播面。（王瑞成）

【新型"蠕虫"病毒应急处置】 2017年5月15日，山西省公安厅召开电视电话会议，安排部署新型"蠕虫"病毒应急处置工作。各单位成立工作专班，制定处置方案，组织技术力量对各自网络和系统进行全面查杀和应急处置，推进网络安全执法检查。检查期间，各级公安机关夯实本地应急处置技术力量，结合此次病毒传播特点，协助各单位做好应急处置工作，梳理统计本行业、本单位互联网、重要信息系统和内部办公网络感染情况，将本单位、本行业工作情况按要求报属地公安机关，对大面积感染病毒疫情的单位断网向公安机关报告。

（王瑞成）

【缉枪治爆、铲除黄赌毒行动】 2017年，山西省公安机关查处涉枪涉爆案件571起，抓获违法犯罪嫌疑人653人，连续破获多起跨省非法制造爆炸物品重大案件。8月5日，临汾、吕梁两地公安机关联合捣毁一非法制造爆炸物品窝点，现场查获用于制造炸药的氯酸钾23袋582.05千克、疑似成品爆炸物595.20千克、复合肥（疑似硝铵）60袋2908.15千克、麦糠1252.45千克、松香49.60千克、石蜡27.70千克、白色液体（疑似柴油67.05千克）、成品纸卷筒5万余枚（炸药外部纸卷筒）及数万张制作爆炸物的纸张。吕梁市公安机关破获文水县"10·17"特大非法制造、买卖、储存爆炸物品案，当场收缴粉碎机3台，搅拌机1台，电雷管3021枚，导爆管雷管280枚，疑似炸药4.96吨，复合肥84袋4.20吨，氯酸钾24袋1.23吨，蜡纸包裹的疑似炸药30枚，锯末2袋，柴油1桶180升，2号岩石乳化炸药1箱。捣毁黄赌窝点378个，打掉涉黄涉赌团伙151个，抓获犯罪嫌疑人1.40万余名。春节前夕，太原市局迎泽分局打掉一累计赌资达3000万元特大聚众赌博窝点。开展"禁毒严打整治"专项行动，破获刑事案件1621起，抓获犯罪嫌疑人1924人，缴获各类毒品3026千克。（王瑞成）

【人口流动涉案整治】 2017年，山西省公安机关集中开展伪假证件大整治，发现双重户籍27人，抓获网上在逃人员5人。开展涉外案件大整治行动，受到公安部通报表扬。（王瑞成）

【环境污染犯罪严查】 2017年7月20日，在山西省公安厅治安总队的指挥下，长治、临汾、运城三市公安机关同时开展集中行动，严查非法收购、拆解、冶炼、销售废旧蓄电池污染环境的违法犯罪窝点，出动民警460余人次，破获刑事案件4起，抓获违法犯罪嫌疑人20名。其中，刑事拘留11人，取保候审5人，上网追逃3人。初步查实涉案窝点10个。其中，集收购、拆解、冶炼、销售等方式的"一条龙窝点"1个（运城），专门进行收购、拆解、销售的窝点6个（运城3个、临汾2个、长治1个），专门进行冶炼的窝点3个（运城2个、临汾1个）。查获危险废物（极板、铅电池、烟灰、铅锭等）178吨，涉案价值515万元。

（王瑞成）

·消 防·

【消防安全整治】 2017年，山西省公安消防部门开展高层建筑消防安全综合整治、电气火灾综合治理、夏季消防检查、今冬明春火灾防控等专项行动，压实消防安全主体责任，整治火灾隐患，实现"杜绝重特大火灾、全力遏制较大火灾、努力减少一般火灾"目标。全省发生火灾4731起，死亡27人，受伤15人，经济损失5551万元，火灾事故数和经济损失同比分别下降23.90%和25%。（王瑞成）

【消防重点风险防控】 2017年4月24日，山西省消防工作电视电话会议召开，通报上年度市级消防工作考核情况，对2017年度消防重点工作再部署，重点杜绝重特大火灾事故，落实《山西省消防事业发展第十三个五年规划》，做好社会面火灾防控工作，科学有效应对"五大风险"。文物古建火灾风险防范方面，对集中连片的古建筑群，市、县政府要实行统一规划、建设、管理，合理规划消防安全布局；对分散的文物古建筑研判火灾风险，找准薄弱环节，逐一研究防控对策。易燃易爆危险品企业火险防范方面，以标准化管理为抓手，要求企业结合自身特点制定用火用电管理、日常消防检查等标准，实施精准管控。人员密集场所火灾风险防范方面，加大日常监督，约谈问题突出的单位法定代表人、负责人，督促落实主体责任；推广太原市迎泽区消防联合管理中心做法，对商业集中的繁华地段以及沿街门面开展检查和督改隐患。电气火灾防范方面，结合国务院安委会为期3年的电气火灾综合治理工作部署，落实措施，减少电气火灾事故。居民社区火险防范方面，分析火灾原因及特点，采取针对性措施。借助综治工作平台，组织发动基层网格力量开展防火检查、宣传培训、隐患整治等工作。落实"三项基础工作"。开展风险评估工作，制定落实对策措施。推进电动车火灾防范和仓储物流场所消防整治"两个专项行动"。做好火灾扑救、应急救援工作。开展"大熟悉、大演练"，尤其是熟悉石油化工企业有关情况，提高初期控制和快速灭火能力。（王瑞成）

·交通管理·

【交通违法专项整治】 2017年，山西省公安交通管理局针对随意穿插超越、不按规定车道行驶、机动车不礼让斑马线、违法占用高速公路应急车道等突出违法行为，在全省部署开展城市道路、普通公路、高速公路严重交通违法行为专项整治行动。3月，召开专项整治工作部署会、研讨会，印发指导意见；4月，举办业务培训，部署开展专项整治工作；5月，进行摸底统计；6月，开展2次查处夏季重点交通违法全省统一行动、2次“周末夜查”统一行动，组织3个督导检查组到各地明察暗访，对专项整治情况进行考核、通报；8月21日起，集中开展为期一个月的全省高速公路隧道严重交通违法整治行动，净化隧道通行秩序，消除突出风险隐患。高速交警各支队探索建立“软隔离、硬措施”“贴壁进洞”“亮头、亮面、亮身”工程等隧道管控新模式，参与组建全省高速公路专业化隧道管理队伍。以公安部交管局确定的142处团雾多发路段为重点，逐步试点安装启用10处雾区防控系统。10月，山西省牵头联合北京、天津、河北、内蒙古交警总队，开展3个阶段8次华北片区区域联合整治行动。累计投入警力89万余人，启动执法站和临时执勤点2.30万余个，现场查处交通违法140万余起，完成整治任务。（杜 虹）

【交通安全保障】 2017年5月31日，山西省公安厅部署开展全省公安机关“迎接十九大、全警保平安”1+8行动，全省公安交警在主干公路、农村、城市3个战场开展重点违法查处工作，分别针对暑期、汛期、旅游季、开学季等重要时间节点开展12次36天的全省集中统一行动。7月19日，公安部交管局部署开展“三个不发生”创建活动。9月20日起，全省交警执法站和一类执法站全部启动二级以上勤务模式。10月10日至中共十九大闭幕，全部启动一级勤务模式。全省2万余名公安交警、交通协管员围绕“三个不发生”目标，在隐患歼灭、路面防控、宣传攻势、合成共治等多个领域，实行“周调度、旬通报、月排名”以及“问题清单制”“责任账单制”，确保中共十九大安保任务完成，保障环京“护城河”安全。完成春节、清明、五一、端午、国庆、中秋等重要节假日和全国“两会”、晋商晋才回乡创业创新工程启动大会、“一带一路”国际合作高峰论坛、高考中考等重要活动期间交通安保工作。（杜 虹）

【车驾监管业务改革】 2017年，山西省公安交通管理局制定重点车辆和驾驶人源头管理工作方案及考核办法，提出全省营转非大客车、大型公路客车、大型旅游客车、危险货物运输车、校车等五类重点车辆检验率、报废率“双率”在中共十九大召开前达100%的目标。每月对重点车辆检验、报废及重点驾驶人审验、换证、满分学习和吸毒驾驶人等情况进行分析通报，督促各地加快整改进度，落实工作责任。加强业务指导，3月，召开全省提高重点车辆“双率”及强化重点驾驶人监管工作推进会；5月，举办全省机动车查验员和驾驶人考试员培训班，召开全省车驾管重点工作推进会；6月，与省运管局召开座谈会，联合下发《关于加强重点车辆“双率”及重点驾驶人源头管理工作的通知》《文明交通进驾校“五个一”活动实施方案》；8月，约谈太原、晋城、忻州、晋中等支队加快推进隐患“清零”工作；9月，提前实现五类重点车辆“双率”100%的目标。截至2017年底，全省五类重点车辆检验率、报废率达100%；重型货车检验率达96.76%、报废率达88.67%；重点驾驶人驾驶证审验率达98.70%、换证率达99.71%。按照公安部新出台的驾驶人考试系列行业标准，推动各地完成考场升级改造，组织开展考场验收工作，实现改造期间全省驾考业务平稳过渡。落实公安部机动车号牌管理制度改革措施，推行互联网预选渠道，扩大号牌选取资源，由5选1、10选1统一调整为20选1；放宽使用原车号牌时限，号牌保留时间由半年延长为一年；推进新能源汽车专用号牌推广应用工作，率先在太原、大同地区启用新能源号牌。（杜 虹）

【公路交通安全保障】 2017年，山西省公安交通管理局修订完善《山西省道路交通事故多发点、段排查工作规范》，在全省部署开展道路交通事故多发点、段排查工作。对排查发现的237处交通事故多发路段，以省道路交通安全领导小组办公室名义向各市政府下发隐患整改通知。提请省、市、县三级人民政府对安全隐患较为严重的路段进行挂牌督办，对其中3处重大隐患路段，纳入“13710”系统，提请省政府挂牌督办。

定期组织开展风险隐患分析研判工作，向各支队下发交通形势分析，向各市政府和相关部门发出道路交通事故警示通报。高速交警支队制定《全省高速公路交通安全风险隐患研判制度》，建立三级安全风险研判工作机制，开展各类研判分析26次，组织开展危化品运输车通行高速公路可行性以及隧道、应急车道设置隔离设施可行性的调研论证。组织全省公安交警部门开展预防重特大道路交通事故工作。推广“安全生产月”“一线交警话安全”“知责履责、失职追责”等活动，强化措施，落实责任，预防重特大道路交通事故的发生。

2017年，全省生产经营性道路交通事故死亡人数大幅下降，一次死亡3人以上较大交通事故起数为2001年以来最低值，未发生一次死亡10人以上重大交通事故。（杜 虹）

【农村交通安全管理】 2017年，山西省公安交通管理局集中开展农村交通安全“大劝导”统一行动，推进“一村一墙一栏”和农村交通安全大喇叭等农村宣传阵地建设，推动各地开展“两员”劝导业务培训。组织人员到临汾安泽、晋中昔阳、忻州偏关等地调研农村“两站两员”建设，总结部分地

区农村道路交通安全管理先进工作经验。推广应用农村道路交通安全管理信息系统，推进基础信息化建设和应用工作。（杜　虹）

【新型交通指挥系统建设】 2017年，山西省公安交通管理局推进指挥中心建设。全省三级指挥中心建设基本完成，各市公安局交警支队实现城市交通大屏监控管理模式，高速交警二、三、四支队指挥系统建设项目，进入收尾阶段。局新指挥中心大厅投入使用，接入集成交通警情管理系统、警用车辆定位系统、全省路况信息采集系统、舆情系统和省政府专网，实现数据资源集中整合。

推进公安交通管理集成指挥平台建设。制定《山西省公安交通集成指挥平台建设推广工作方案》，总结推广朔州、临汾、吕梁三个支队试点经验，组建技术服务小组，举办技术培训班，指导和督促各支队平台建设。截至2017年底，基本完成省市两级公安交管部门和高速支队集成指挥平台建设部署任务，初步实现全省交管图像资源集中管理、视频监控资源共享和互联互通互控、道路交通状态智能感知、动态交通态势研判发布、交通违法主动干预、机动车缉查布控等功能。全省接入卡口1140个，视频监控设备2437路，执法取证设备1816套，警车GPS413套，交通诱导设备6套，逐步构建起快速高效的交通指挥体系和常态实战的新型勤务机制。

推进公安网集群调度系统、京昆高速山西段示范路、局新闻中心全景式全媒体多功能演播室、太古隧道交通秩序管控系统、全省高速交通安全防控体系、公安交通管理重点对象大数据研判系统、综合应用平台分布式系统、山西公安交警微信管理平台等科技项目建设。（杜　虹）

【交通安全宣传】 2017年，山西省公安交通管理局利用电视、广播、报刊等传统媒体高频次、高密度宣传交通安全，向中央及省级媒体发布新闻通稿290余篇（条），刊发新闻稿件1500余篇（条），在节假日、重大活动期间，提前发布"两公布一提示"新闻报道1200篇（条）。突出"三微一端"等新媒体运用，各级交警"双微"平台发布信息8万余条，通过12123交通安全短信平台发送提示警示信息2000余万条。组织各地创作推广新媒体作品，其中太原支队拍摄的微电影《哭没有泪》获中央政法委"双微"大赛优秀微电影、亚洲微电影"金海棠奖"平安中国单元优秀奖。在"4·30全省道路交通安全日""6·16全省安全生产宣传咨询日"和"12·2全国交通安全日"主题活动期间，开展宣传活动600余场次。

2017年，公安交警乘直升机高空现场直播节假日路况　（杜　虹供图）

发起"大曝光、大警示、大直播、大教育、大矩阵"宣传攻势，开展舆情应对工作。全省各级公安交管部门召开媒体通气会48次，在央视、省级主流媒体刊发报道870余篇。对山西省安全生产主体责任落实不到位的105家运输企业和146名终生禁驾人员曝光780余次；对15家2016年以来发生一次死亡3人以上交通事故的运输企业逐一约谈；对"两客一危"企业负责人开展紧急约谈220余（次），开展交通安全进校园活动600余场（次），讲授交通安全体验课52场；开展执法大直播330余场（次），累计观看人数达1500余万人（次）。

推进互联网舆情监测系统终端接入工作，实施涉交警舆情监测。收集、分析涉及全省公安交警的舆情信息，妥善应对网络炒作事件，还原事实真相，获广大网民支持。（杜　虹）

【交通事故快处快赔】 2017年，山西省公安交通管理局与省保监会、省高管局联合印发《山西省高速公路财损交通事故快处快赔实施办法》，清明、五一和国庆、中秋假期，联合山西保监局、省保险行业协会以及24家保险公司，在全省交通流量较大路段累计设立56处服务站，覆盖1300余千米路段，为1500辆车、3500余人提供快速、高效的事故快处服务，累计节约当事人办理时间2885小时。

（杜　虹）

【互联网交通便民服务】 2017年，山西省公安交通管理局互联网服务平台通过网页、短信、手机APP3种方式，提供业务预约、受理、办理及信息查询、告知等130项服务。协调省财政、银行等单位，实现网上缴费功能，打通互联网便民服务的"最后一公里"。截至2017年底，平台总注册量超过447万人，累计办理各类交管业务1616万笔。与国税部门展开合作，建立车购税完税证明和机动车销售发票信息共享核查机制。全年全省核查比对车购税信息 53.7 万条，方便群众缴税。与高管局合作，实现超过 1.50 万余条高速公路视频资源的共享互通。

（杜　虹）

【交通安全合成共治】 2017 年，山西省公安交通管理局完成省政府安排《山西省高速公路交通安全应急预案》编制工作，以省政府名义印发《进一步加强货车超限超载治理工作的通告》，推动《关于加强和改进城市道路综合管理工作的意见》出台。组织召开省公安厅、省交通运输厅中共十九大安保工作座谈会，达成涉及科技合作、隧道交通事故防范、高速交警营房建设等方面的 12 项共识。与山西广播电视台签署《战略合作协议》，建立深度合作机制。联合省文明办、省教育厅、团省委在全省各大高校开展“文明交通 我在行动”大学生志愿者招募活动。与省文明办、网信办、教育厅、交通运输厅、安监局等部门开展 12·2“全国交通安全日”主题宣传活动。对发生较大以上事故或者多次发生事故的 40 家省内外运输企业，联合安监、交通运输部门采取约谈、联合惩戒等措施，督促企业落实主体责任。与省旅发委、气象局等部门联合建立沟通协作机制，在节假日、恶劣天气等重要节点强化部署、合力推进交通安全管理工作。推动重点车辆安全监管和企业主体责任落实，助推公路安全生命防护工程实施，强化道路交通安全基础，深化警媒协作等工作，初步形成党委、政府高度重视、相关部门齐抓共管、社会各界推进的工作局面。（杜　虹）

·边防保障·

【口岸边防安保管控】 2017 年，山西边防总队按照公安部、部边防管理局和山西省公安厅关于做好重大安保维稳工作部署要求，开展“固边”系列和“1+8”专项行动，完成中共十九大、“一带一路”国际合作高峰论坛、金砖国家领导人会晤、香港回归 20 周年系列庆典活动、全国“两会”等边防安保任务。规范验证程序，加强信息比对、询问、人身行李物品检查，应用边检勤务综合管理平台、公安部出入境综合数据应用平台等信息系统，开展“大数据”分析研判，完善口岸处突应急力量建设，落实勤务带班领导现场跟班作业制度，加大处突防暴装备投入，部署勤务中队处突班战士在执勤现场全程待命，确保出现突发情况迅速反应、有效处置。密切与国家安全、公安反恐以及口岸联检等单位的沟通协作，增强预警预测预防能力。推动空港口岸出境安检前置要求在运城临时开放口岸和五台山机场口岸落实，防范大同、运城临时开放口岸管控风险，与两地机场公安、安检等单位签订联勤联防协议，组织开展口岸联动处突演练，提升口岸管控合力。（宋　阳）

【通关服务创新】 2017 年，山西边防总队为对接山西“打造内陆地区对外开放新高地”战略和口岸发展规划，在人员编制少、警力严重不足的压力下，跟进太原、大同、运城三地边检勤务保障需求，结合总队警力构成，研究制定太原、大同、运城三地勤务保障方案，细化完善以前台检查员快速发现问题、后台核查小组辅助决策的“小前台、大后台”勤务模式，构建深化执勤业务科和勤务中队“科队联勤”的勤务运行机制，增强口岸管控查缉工作的针对性和科学性，确保三地口岸通关安全顺畅。投入 20 余万元更新升级太原口岸执勤现场和总队营区的监控系统，实现高清摄像头无盲区、无死角、全覆盖的建设目标。前期建设的 3 条自助查验通道于 2017 年 7 月通过公安部验收，在年底启用 1 条自助查验通道，为提高太原口岸通关效率和缓解执勤用警压力提供科技保障。利用“8·19”边检服务品牌宣传日活动，走访口岸联检、旅行社和机场公司等单位，开展服务对象满意度评价活动，确保边检服务贴近民意民心。（宋　阳）

检　察

【监察体制改革试点工作配合】 2017 年，山西省检察机关承担政治责任，配合监察体制改革试点工作。制定《转隶工作方案》，思想政治工作贯穿转隶全过程。在转隶过程中，划转编制 2166 个，转隶检察人员 1884 名。全年受理监察委员会移送起诉的职务犯罪案件 276 件 365 人，决定逮捕 81 人，决定起诉 275 人，不起诉 1 人。受理监察委员会移送案件 278 件 368 人，提起公诉 204 件 276 人，派员提前熟悉案情 146 件，决定逮捕 113 人，决定取保候审 243 人，未采取强制措施的 12 人，退回监察委员会补充调查的 21 件 27 人。撰写的《山西省检察机关完善机制、密切协作，优质高效办理监察委员会移送案件》经验材料被最高人民检察院转发，供各省市学习借鉴。

2017 年，山西省检察机关保障机要密码服务。完成山西省监察体制改革试点工作中检察机关三部门转隶涉密部件的移交。对全省各级检察机关二、三级机要通道公文传输系统进行改造升级，完成太原、晋中、阳泉、长治、朔州、忻州、临汾、运城 8 个市院及所辖基层院的三级机要通道升级工作。

2017 年，山西省人民检察院在监察体制改革中，承担司法改革前、中、后的人员编制统计任务，完成监察体制改革不同阶段全省检察机关划转政法专项编制、人员的统计工作。向省委报告人员编制转隶工作完成后部分市、县检察院出现的政策性超编问题。在骆惠宁批示下，省纪委、省编办、省检察院协调配合，纪检委向检察院返还 33 名政法专项编制，解决超编问题。

2017 年，山西省人民检察院依据《检察机关与监察委员会办理职务犯罪案件衔接办法（试行）》，研究制定《山西省检察机关职务犯罪公诉工作规程（试行）》，细化和规范职务犯罪案件的审查起诉工作，起草《山西省检察机关对诉讼过程中司法工作人员渎职及侵犯公民人身权利犯罪案件侦查工作实施细则（试行）》，指导全省检察机关依法、规范、高效办理监察委员会移送案件。（尹桂珍）

【司法体制改革】 2017年，山西省检察机关完成司法体制改革既定任务。落实员额制改革“两个30%”刚性要求，两次遴选员额检察官2554名，转隶后为1829名，入额比例为29.46%。率先在全国建立员额检察官退出机制，23名检察官退出员额。完成市县两级院内设机构改革，市级院内设机构减少39%，县级院内设机构减少65.40%。制定实施以《落实司法责任制实施意见》为统领的20余项配套制度，组建检察官办案组366个，独任检察官1829个，入额院领导、业务部门负责人和其他员额检察官按比例直接参与轮案，确保司法责任制落到实处。

山西省人民检察院在2016年先后出台落实司法责任制的实施意见和14个业务条线检察人员权力清单基础上，健全司法责任制配套制度，出台《山西省检察官司法档案管理办法（试行）》等配套性文件16个，与有关机关会签司改指导性文件5个，构建权责利相统一的检察权运行新机制。（尹桂珍）

【刑事民事行政三类监督并进】 2017年，山西省检察机关组织骨干力量成立检察监督理论研究小组，形成“1+7”理论成果，明确刑事监督、民事监督、行政监督齐头并进发展方向。

侦查监督。省检察机关介入命案现场勘查107件次，提出引导侦查取证意见75件，监督公安机关依法、全面收集证据。在市、县两级公安机关设立侦查监督检察室168个，开展侦查活动监督平台建设，监督纠正应当立案而不立案的案件672件，不应当立案而立案的案件486件，监督纠正侦查活动违法4173件次。

刑事执行监督。全年提出纠正违法意见844人，收监执行137人，纠正财产刑执行不当2924件次。注重对被监管人合法权益的保护，监督纠正监狱、看守所违法情形6078件次。加强对律师执业权利的司法保障，监督纠正有关单位阻碍律师行使诉讼权利110件。

补齐民事行政监督短板。针对民事、行政生效裁判提出抗诉84件，向法院发出再审检察建议94件，办理民事行政审判活动违法监督案件2190件、执行监督案件2424件。办理支持起诉案件2627件，帮助务工人员追索劳动报酬2000余万元，起诉拒不支付劳动报酬案件171件185人。最高检委托山西省起草《人民检察院支持起诉工作规定（草案）》。

公益诉讼工作。发现行政公益案件线索715件，立案525件，诉前程序案件523件，居全国非试点省份前列。其中，拟提起行政公益诉讼案件19件，批复同意起诉8件。案件领域涉及生态环境和资源保护、食品药品安全、国有财产保护及国有土地使用权出让，实现案件领域全覆盖。全省各基层院办理公益诉讼案件，消除办案空白。（尹桂珍）

【案件执行检察】 截至2017年底，山西省检察机关办结国家司法救助案件446件，比上年同期（337件）上升32.30%，核拨救助金额723.70万元，比上年同期（296.80万元）上升143.80%。

刑事申诉案件。受理各类刑事申诉案件692件，比上年同期（552件）上升25.40%。其中，不服检察机关诉讼终结刑事处理决定180件，比上年同期（122件）上升47.50%；不服人民法院生效刑事裁判512件，比上年同期（430件）上升19%；立案复查505件，比上年同期（444件）上升13.70%；审查结案172件，比上年同期（98件）上升75.50%。

职务犯罪审查逮捕案件。对监察委员会移送的职务犯罪案件依法审结78件84人，依法决定逮捕74件77人。

财产刑执行检察。开展财产刑执行专项检察“回头看”活动。以2013年1月1日至2017年6月30日期间刑事涉财产刑案件和职务犯罪、金融犯罪、涉黑犯罪、破坏环境资源犯罪、危害食品药品安全犯罪等“五类罪犯”为重点，与案管、控申、公诉、侦监等部门协作配合，在摸清底数的基础上，加强对法院财产刑案件立案监督。经过核查，全省核查出涉财产刑案件43477人，99810.15万元。书面纠正财产刑执行不当2627件，纠正2397件，纠正后执行2797人，293.80万元。

羁押必要性审查和羁押期限监督。按照最高人民检察院《关于人民检察院办理羁押必要性审查案件规定》要求，适应刑事执行检察部门归口办理羁押必要性审查案件新任务，受理羁押必要性审查案件1315件，提出释放或变更强制措施建议1076件，采纳建议972件，采纳率90.30%。向高检院推荐精品案件13件，其中2件被评选为全国羁押必要性审查精品案件，3件被评选为优秀案件。对审前未羁押判实刑未交付专项检察活动进行安排再部署，派出工作组赴各地指导协调，各地检察部门加强与政法各部门沟通协调，使审前未羁押判实刑未交付执行罪犯交付监狱执行刑罚。（尹桂珍）

【刑罚执行监督】 2017年，山西省各级刑事执行检察部门针对刑罚执行和监管活动违法书面提出纠正意见5805件，纠正5589件，纠正率96.30%。根据2016年《最高人民法院关于办理减刑、假释案件具体应用法律的规定》，全省刑事执行检察部门依法办理减刑案件。全年办理减刑案件15711件，派员出庭537件，发现减刑不当899件，书面提出纠正意见909件，纠正698件，纠正率76.80%。省院执检局办理减刑、暂予监外执行案件995件，平均每名员额检察官办案150件左右。其中，审查死缓、无期

2017 年 12 月 20 日,山西省检察机关提起的首例重大破坏生态环境刑事附带民事公益诉讼案在忻州市静乐县人民法院公开开庭审理　　（尹桂珍供图）

徒刑减刑裁定案件 791 件,重点罪犯同步监督案件 126 件, 派员出庭 66 件, 审查暂予监外执行决定案件 12 件,发现减刑不当 56 件,纠正 53 件。（尹桂珍）

【信访办理】 2017 年,山西省检察机关共办理群众信访 14895 件(次)。其中,来信 3245 件(次)、来访 11650 件(次)。办理不服刑事裁判申诉 322 件,不服民事裁判申请监督 1767 件,不服行政裁判申请监督 28 件, 办理检察机关违法办案反映 19 件, 办理阻碍诉讼权利行使 113 件。

山西省人民检察院办理全年群众信访 4889 件(次)。其中,来信 1547 件(次),来访 2606 件 4108 人,网络举报 736 件(次)。省院受理涉法涉诉信访案件 163 件。其中,不服刑事裁判申诉 83 件, 不服民事裁判申请监督 38 件,不服行政裁判申请监督 33 件,不服检察机关处理决定 9 件;受最高人民检察院委托送达刑事申诉答复函 43 份;办理高检院交办案件 2 件; 依法妥善处理集体访 31 件(次)、405 人。（尹桂珍）

【职务犯罪案件程序衔接】 2017 年,山西省人民检察院依据相关监察体制改革文件和法律法规,起草《检察机关与监察委员会办理职务犯罪案件衔接办法(试行)》,对职务犯罪案件移送受理、采取强制措施、退回补充调查、非法证据排除、审查起诉和不起诉、违法违纪线索移送等办案程序衔接问题做出相关规定。省院先后与省监察委员会、省委政法委 10 余次研究讨论, 完善修改。《衔接办法(试行)》印发全省执行。（尹桂珍）

【律师参与化解信访案件】 2017 年,山西省有 474 名律师参与化解涉法涉诉信访工作, 接谈案件 814 件(次),化解案件 204 件(次),在山西省人民检察院检务控告接待大厅,省律师协会派 196 名参与涉法涉诉信访案件化解工作的律师以第三方律师身份值班,接谈案件 405 件,律师参与省院涉法涉诉信访化解工作初步实现常态化。（尹桂珍）

【社区矫正检察监督】 2017 年 9 月中旬,山西省人民检察院联合省司法厅组织开展全省社区矫正执法安全大检查, 规范社区矫正执法行为,存在问题得到及时整改和纠正。全年全省核查纠正监外执行罪犯脱管漏管(平安建设)工作在全国排名第二,各市院通过巡视、巡回检察、交叉检查等方式, 加强社区矫正检察效果;加强各基层院核查纠正监外执行罪犯脱管漏管基础工作。（尹桂珍）

【人民监督员工作】 2017 年,山西省检察机关规范“两类案件”监督,探索完善“九种情形”发现机制,确保“十一类案件或事项” 全部进入监督程序。全省检察机关人民监督员监督案件 148 件、214 人。拟不起诉 135 件、198 人,撤销案件 13 件、16 人。人民监督员不同意检察机关拟处理意见 8 件、9 人, 未采纳人民监督员意见 7 件、8 人,采纳 1 件、1 人。省院监督员办公室利用业务应用系统,加强案件监督动态监控,每月与案管中心检查核对,对出现的问题及时纠正、规范。各市院采用 PPT 模式汇报案件,直观反映案件事实以及相关证据材料,提高监督效率。（尹桂珍）

【检察数据化应用】 2017 年,山西省检察机关推进 “智慧检务”“互联网+检察业务”建设。推进大数据在全省检察机关的应用, 组织两次专题调研,制订《山西检察机关大数据工作计划》, 指导太原市院和晋城市院开展“辅助办案”系统研发工作,在全省检察内网上部署具有大数据功能的“智慧图书馆”,推送常用法律核心期刊、常用法规、指导案例、业务助手、常用工具书等。太原市院部署检务通,完成“移动检务”系统研发。山西省人民检察院制定《全省检察机关远程视频接访常态化实施意见》, 在全省检察机关实行远程视频接访常态化。晋城市院建成全省首个远程出庭公诉指挥监督系统,大同市院自主研发综合检务管理平台,实现一站式信息管理。“阳泉检察”APP 上线运行,大数据及云计算技术与检察工作融合,推进阳泉市院“智慧检察”建设。晋中市院对“云桌面”系统平台制定建设方案和技术要求,完成功能性测试,进入招标阶段。（尹桂珍）

【基层检察院建设】 2017 年,山西省人民检察院根据高检院《2014—2018 年基层人民检察院建设规划》 要求,制定《关于开展选树全省基层检察院

"八化"建设示范院活动的通知》及《山西省基层检察院"八化"建设示范院基本标准》，提出基层院建设精准帮扶目标和8种类型基层院建设帮扶主题。9月，重新修订联系制度有关内容，精简条目、充实内容、明确任务要求，更符合基层实际。 （尹桂珍）

【检察新媒体建设】 2017年，山西省检察机关推进新媒体建设，督促指导各级院打造在政法领域甚至网络空间有影响、有检察特色的新媒体品牌。加强检察新媒体运用情况监管巡查，督促清理"僵尸"微博、"空壳"微信和"空白"客户端，更新推送新闻信息。组织举办全省检察机关第一届新媒体作品创意大赛，全省报送91个新媒体作品。举办全省检察机关第二期新媒体管理应用培训班，对全省三级院151余名"两微一端"管理操作人员进行集中培训，提高全省新媒体管理应用水平。组织专人到河北省院考察新媒体建设。省院门户网站被中国信息化研究与促进网评为"中国最具创新力政法网站"。

2017年，山西省人民检察院宣传部门加强网络舆情监测。编发《舆情快报》240期，《"12·13"案件舆情专报》3期，《涉检网络舆情专报》14期，《国家监察体制改革专报》240期，《公益诉讼网络信息转报》6期。监测处置舆情22起。 （尹桂珍）

法 院

【刑事审判】 2017年，山西省高级人民法院贯彻落实刑事审判政策，发挥刑事审判职能作用，依法受理各类刑事案件41205件，审结39616件，实现打击犯罪与保障人权的统一。坚持惩治与保障并重，依法打击违法犯罪。强化科学的刑事司法理念。省高院召开刑事审判工作会议，明确提出刑事司法"八大理念"：即惩罚犯罪与保障人权并重的理念，罪刑法定、证据裁判、疑罪从无和正当程序的理念，非法证据排除的理念，谦抑、审慎、善意的理念，实体公正与程序公正并重、兼顾效率的理念，依法独立公正行使审判权的理念，以审判为中心的理念，法律效果、政治效果和社会效果有机统一的理念。依法惩处危害国家安全、公共安全和社会治安犯罪；依法惩处毒品犯罪，加大对走私、制造、大宗贩卖毒品等源头性犯罪打击力度；加强对妇女、未成年人的刑事司法保护；加大涉众型经济犯罪审判力度，保护投资者合法权益；依法审结坑害投资商、创业者和破坏市场经济秩序的商业贿赂、虚假出资、合同诈骗、串通投标、非法经营、强揽工程等犯罪案件；依法严惩危害食品药品安全、制售假冒伪劣商品等犯罪案件；依法惩处电信网络诈骗犯罪。严惩贪污贿赂犯罪。运用法律反腐利剑净化政治生态，打击贪腐行为。加大对行贿犯罪惩治力度，坚决惩处贪污、挪用扶贫资金等犯罪，为脱贫攻坚提供司法服务。加强人权司法保障。依法对情节轻微的初犯、偶犯、未成年犯等适用缓刑、管制、免予刑事处罚，对判处缓刑等非监禁刑的犯罪人员辅之以社区矫正，发挥刑罚的教育、感化、挽救功能。贯彻无罪推定、疑罪从无原则，坚守防范冤假错案底线，对定罪证据不足的案件，依法宣告被告人无罪。 （马云跃）

【民商事审判】 2017年，山西省法院系统践行新发展理念，坚持平等保护原则，依法履行民商事审判职能，公平保护各类主体合法权益。全年受理民事一审案件204932件，审结192220件。依法保障民生权益。加强人身权益保护、劳动者权益保护、消费者权益保护和医患合法权益等保护。召开全省法院家事审判改革推进会，在46个中基层法院开展改革试点，探索建立家事案件冷静期、心理测评干预、案后跟踪回访制度，创新预防化解家庭矛盾机制，保障未成年人、妇女、老年人、残疾人等合法权益。依法优化营商环境。省高院出台《关于全省法院服务保障优化营商环境的指导意见》《关于加强金融审判工作的指导意见》，成立破产案件审判庭，建成全省法院破产重整案件信息平台，依法审理企业清算、破产案件。坚持平等保护各类主体合法权益，依法化解买卖、租赁、承揽等合同纠纷，依法审理涉及民间借贷、金融借款、融资租赁等案件。加大环境保护审判力度，推进企业保护资源、保护环境，建设生态文明。推进矛盾纠纷多元化解。全省法院学习"眉山经验""潍坊经验""马鞍山经验"，坚持调判结合、诉调对接，引导当事人选择人民调解、商事调解、行政调解、仲裁等非诉方式化解矛盾，建立征地拆迁、劳动争议、交通事故、村矿（企）矛盾、医患纠纷、环境污染"六大领域"诉调对接联调机制。 （马云跃）

【行政审判】 2017年，山西省法院系统推进行政诉讼法实施，推进行政诉讼管辖制度改革，依法化解"官民"矛盾，促进政府依法行政。全年受理行政案件10432件，审结9791件，审查各类非诉行政案件2665件。推进行政争议实质性解决。全省法院实施行政案件集中管辖、异地审理，消除行政诉讼原告对公正司法的合理怀疑。坚持合法性审查原则，依法对行政机关经济调控、市场监管、公共服务、社会管理等行政行为进行司法审查，对于行为合法、程序正当的行政行为依法支持，对于违法或者显失公正的行政行为，依法判决撤销、确认违法或无效、变更、重新作出行政行为。保护行政相对人合法权益。坚持依法裁判和协调化解相结合，保护原告利益诉求。监督支持行政机关依法行政。各级法院加大对行政权的司法监督力度，对行政机关违反法定程序的行为依法确认违法，造成损失的依法判决赔偿。做好非诉行政案件审查和执行工作，支持合法行政行为，保护人民群众合法权益。推进行政首长出庭制度，向行政机关负责人送达出庭应诉通知书，一些县、市长出庭应诉。发布行政审判白皮书，落实与行政机关联席会议制度，召开行政机关案件协调

会，发出司法建议书，推动法治政府建设。（马云跃）

【执行攻坚跨年大行动】 2017年，山西省法院系统落实中共山西省委《关于进一步支持人民法院解决执行难的意见》，坚决维护胜诉权益，组织开展"执行攻坚跨年大行动"，全年受理各类执行案件126860件，执结116425件，同比分别上升11.93%和37.47%，执行到位金额172.89亿元。协调推进"基本解决执行难"工作联动。省委政法委组织"基本解决执行难"联席会议37个成员单位和三级法院召开全省"基本解决执行难"工作推进会，省高院先后召开三级法院视频会、督办会，开展"执行攻坚跨年大行动"。推进网络查控和信用惩戒。加强各级法院执行指挥中心建设，全省法院网络查控和联合惩戒系统建成运行，135个法院与最高法院执行查控系统全部联网，可以查询到被执行人全国范围内的存款、车辆、证券、网络资金等14类16项信息。三级法院加强联合惩戒，网络查控系统直接查询176家银行失信被执行人的银行信息。全省各联动部门利用"点对点"专网连接对失信被执行人名单信息自动比对、自动拦截、自动监督、自动惩戒，促使被执行人主动履行义务。

推进执行规范化管理。省高院先后出台《关于建立执行案件监督约谈机制的若干规定》《关于中级人民法院协同执行基层人民法院执行实施案件的实施细则》等规范性文件，规范全省法院执行工作。三级法院统一安装使用执行案件流程信息管理系统，做到执行立案、执行查控、财产处置、款物分配、结案审批等37个节点信息准确录入，确保执行案件流程管理系统数据准确、全程留痕。

加强审判执行质效管理。省高院制定《案件质量等级评定办法》，组织三级法院通过自我评查、随机抽查、重点评查、专项评查等方式，评查生效裁判文书3709份，开展委托第三方评查裁判文书活动，评出刑事、民事、行政、执行精品裁判文书45篇，优秀裁判文书59篇。全省法院利用数字法院业务应用系统实现全部案件网上办理、案件信息网上录入、办案流程网上管理、司法活动网上监督、办案质效网上考评，规范审判执行工作管理。坚持将监督关口前移，在案件受理时向当事人发放随案监督卡，对立案、开庭、合议、审批、裁判到归档的各个办案环节进行动态跟踪和监督。加强对重点岗位、重点人员的业内、业外监督，使法官做到办铁案、不办错案，办精品案、不办瑕疵案，办和谐案、不办扯皮案，办服气案、不办窝心案，实现既"让审理者裁判，由裁判者负责"，又让审理者公正司法、廉洁司法。

开展"执行开放日"和打击老赖"四个一批"集中执行活动。省市县三级法院通过指挥平台联动，执行现场通过山西新闻网进行直播。

为军队和武警部队全面停止有偿服务提供司法保障。（马云跃）

【审判运行机制改革】 2017年，山西省法院系统推进以司法责任制为核心的司法体制改革。全省遴选员额法官3091名，选任法官助理1905名，聘用书记员2256名，组建审判团队967个，司法人员分类管理改革基本到位。省高院出台《实施员额制和落实审判责任制的指导意见》等11项配套制度，探索建立新型审判权运行机制，确保合议庭、法官办案主体地位。入额法官一线办案率100%，院庭长审理案件98468件，占全部案件数的22.79%，"让审理者裁判，由裁判者负责"的新型审判权运行落实到位。坚持放权与监督相结合，明确审判组织权限和法官职责，制定法官和其他人员权力清单，实现权责明晰、管理有序、监督留痕。实行书记员政府购买、劳务派遣的管理模式和员额法官退出机制等措施。

开展以审判为中心的刑事诉讼制度改革。同省检察院、省公安厅、省司法厅联合出台15项以审判为中心的刑事诉讼制度改革规范性文件印发全省实施，最高人民法院领导批示给予肯定。推进庭审实质化改革试点，确定12项重点改革项目，出台改革试点方案，分别由省高院4个刑庭庭长、12个副庭长领项推进，11个中院、34个基层法院顺利试点。在太原中院、迎泽区和万柏林区法院开展刑事案件庭前会议规程、非法证据排除规程、法庭调查规程"三项规程"试点，落实司法证明实质化、控辩对抗实质化、依法裁判实质化，提升侦查人员、证人、鉴定人出庭作证率，当庭宣判案件33884件，当庭宣判率9.84%。

推进涉法涉诉信访改革。全省法院把涉诉信访纳入法治轨道解决，按照"诉访分离"妥善化解涉诉信访事项。实行律师代理申诉制度，省高院信访窗口率先在政法机关启动律师驻法院值班和参与化解、代理申诉涉诉信访案件工作，在信访大厅提供专门场所和办公设施，每天有省律协指定2名律师值班，开展法律咨询、答疑释惑、辨法析理，400余名上访人员得到律师帮助，形成党委、政府、法院、律师和社会合力化解涉诉信访案件的工作格局。省高院会同省检察院、省公安厅、省司法厅等部门定期召开联席会议，完善院长批转群众来信办理制度，对信访来信的分类、转办、督办、回复等规定落实，解决律师代理申诉工作中的重大问题以及当事人反映的热点难点问题，全省法院救助涉诉信访困难人员1417人2203万元。推进网上申诉和视频接访工作，当事人在网上查询咨询、递交材料、预约接谈，通过远程视频直接接谈各地群众申诉案件13件。

（马云跃）

【法院司法公开】 2017年，山西省法院加强司法公开信息化建设。三级法院诉讼服务中心提档升级，135个法院全部开通诉讼服务网，实现网上立案、网上缴费、网上质证、网上庭审、网上送达等功能。推进诉讼服务电子化，设置电子公告屏、触摸查询机、庭审自助服务一体机、虚拟导诉机、自助立案缴费一体机、智能中转柜等，

实现窗口传统服务与网上信息服务无缝对接，为当事人查阅电子卷宗、法律文件、网上阅卷提供便利，做到“让数据多跑路、让群众少跑腿”。全省135个法院全部开通网站、微博、微信公众号等媒体平台，向社会公开审判执行信息。

推进“司法五公开”。推进审判流程公开，依托办案系统，通过诉讼服务中心随时查询立案、分案、排期、审限变更、结案等审判流程信息，全省法院公开案件355157件，公开审判流程信息4111万余项，推送短信170129条。推进庭审活动公开，强化科技法庭应用，推进庭审同步录音录像和庭审网络直播。阳泉中院公开审理柳林县原县委书记王宁受贿、行贿一案，直播观看量达上亿次，该案在全国法院庭审直播第三方评价活动中被评为满分，被新浪法院频道评为“庭审直播最有影响力奖”。推进执行工作公开，当事人可在网上便捷查询执行案件办理情况、未结案件被执行人信息和失信被执行人名单等内容。推进裁判文书公开，依法应公开的生效裁判文书全部在中国裁判文书网公开，公开裁判文书412587篇。推进减刑假释公开，落实最高人民法院减刑、假释、暂予监外执行工作“五个一律”要求，全流程推行减刑、假释公开，办理减刑假释案件7738件，做到件件公开透明。

拓展司法公开广度和深度。健全人民法院新闻发布制度，省高院举办新闻发布会3场，向社会公布重要司法举措和审判工作情况，满足人民群众知情权、监督权。完善人大代表、政协委员沟通平台，通过邀请考察、旁听审判、召开座谈会等方式，听取意见和建议。扩大司法民主，推进人民陪审员“倍增计划”，陪审员增至4437名，扩大参审范围，参加审理案件106678件，占一审普通程序案件的83.56%，同比上升11.99个百分点。落实发还重审案件理由、依据、方式“三公开”，从源头上减少和预防涉诉信访案件的发生，这一做法被新华社、人民日报、中央电视台等新闻媒体予以报道，最高人民法院以新闻发布会形式予以推广。（马云跃）

2017年4月18日，山西法院家事审判方式和工作机制改革经验交流暨工作推进会在临汾市召开　（马云跃供图）

【审判管理监督】 2017年，山西省法院系统加强审判执行工作科学考评。省高院先后召开全省法院审判管理工作会、推进会和审判质效约束性重点指标落实工作会，制定《全省法院审判质效约束性重点指标》《全省法院执行质效约束性重点指标》，对审判效率、审判质量、司法公开、信息化应用等4个方面12项重点指标和执行效率、执行质量、执行公开、信息化建设、执行力度等5个方面12项重点指标进行量化，审判管理情况通报81次、院领导批示6次，发挥审判管理的导向和激励作用。各级法院对标通报情况，定期或不定期召开审判质效约束性指标通报分析会、推进会、督办会，坚持月考评、季通报、年总评，推动全省法院审判质效水平提升。全年全省法院结案率93.68%，同比上升5.91个百分点；审限内结案率87.47%，同比上升13.55个百分点；一审案件服判息诉率达83.27%。

加强新型审判权运行监督。省高院制定落实审判责任制指导意见，出台专业法官会议工作规则、审判委员会工作规则等制度，建立起权责明晰、管理有序、监督留痕的新型审判权运行机制。细化院庭长行使审判管理监督权“权力清单”“责任清单”，规范院庭长对案件的管理和监督，形成审判权、审判管理权、审判监督权有效联动。推进“类案类判”，全省法院综合运用集中管辖、专业化审判、类案参考、案例评析等举措，发挥审委会、院庭长等对重大、复杂、疑难案件的审判指导作用，确保裁判尺度统一。完善办案质量终身负责制和错案责任倒查问责制，明确法官对其履行审判职责的行为承担责任，在职责范围内对办案质量终身负责。（马云跃）

【“12·4”法院公众开放日活动】 2017年12月4日，山西省高级人民法院开展以“弘扬宪法精神 感受公平正义”为主题的法院公众开放日活动。三级法院同期进行宪法宣誓，开展法律咨询，邀请人大代表、政协委员、人民陪审员、媒体记者、律师、法律院校学生、群众代表等3000余人走进法院，零距离感受法治魅力。

（马云跃）

司法行政

·司法鉴定·

【机构设置】 2017年,山西省有司法鉴定机构84家,鉴定人1123名。其中,省直12家、242名鉴定人,太原市4家机构、65名鉴定人,大同市7家机构、119名鉴定人,阳泉市3家机构、58名鉴定人,长治市10家机构、135名鉴定人,晋城市4家机构、66名鉴定人、朔州市3家机构、79名鉴定人,忻州市8家机构、76名鉴定人、吕梁市6家机构、48名鉴定人,晋中市8家机构、77名鉴定人、临汾市7家机构、74名鉴定人,运城市12家机构、84名鉴定人。 (张 霏)

【执行分类及专家库】 2017年,山西省司法厅制定《山西省司法鉴定执业分类规定(2016年)》,涵盖山西省核准登记的执业类别,明确22大类38项司法鉴定执业类别,取消执业类别3项,不再保留执业名称96项,新增执业名称18项,基本解决原有执业名称层级不统一、名称不规范、含义不明确的现状。7月11日,省司法厅、省环境保护厅联合印发《山西省环境损害司法鉴定机构登记评审专家库管理细则》,明确入选专家库专家应具备的条件、工作内容。评审专家工作内容包括为环境损害司法鉴定机构的评审提供专家意见;参加相关技术培训;承担环境保护主管部门、司法行政机关委托的其他工作。评审专家采用聘任制,任期三年,期满后,根据需要可以续聘。 (张 霏)

【司法鉴定案件】 2017年,司法部通报的24件司法鉴定行政处罚和行业处分中,山西省主动上报15件,受到司法部肯定。山西省上报的司法鉴定案例入选司法部《案例选编》,成为全国入选两个省份之一。环境损害司法鉴定工作、司法鉴定收费办法和收费标准制定工作、司法鉴定执业分类工作、投诉处理工作走在全国前列。 (张 霏)

·法律服务·

【基层法律工作】 2017年,山西省完成省、市、县三级人民监督员选任工作,选任人民监督员742名,建立奖惩、考评等八项工作制度。发挥人民调解在矛盾纠纷多元化解中的作用,各级人民调解组织接受法院、公安、信访等部门委托调解纠纷2832件。发展基层法律服务工作者队伍,全年核准新申请执业人员同比增长18.70%。深化"一村(社区)一法律顾问"工作,在全省开展法律顾问市、县、乡、村"四级"微信圈建设。推进公共法律服务实体平台建设,建成市、县、乡三级公共法律服务中心(站点)548个。落实司法部司法行政(法律服务)案例库建设要求,按时完成案例评审上报工作。 (张 霏)

【法律援助】 2017年,山西省111个看守所、131个法院设立法律援助工作站,实现100%全覆盖。协调省财政厅,将县级以上法律援助经费纳入同级财政预算。成立山西省法律援助基金会,与便民服务大厅、"12348"热线和远程视频服务系统共同构成法律援助"山西模式",20余个省市到山西省考察学习。 (张 霏)

【社区矫正】 2017年,山西省司法厅推广"七人一中心"社区矫正工作模式,推动全省119个县级社区矫正中心实现100%全覆盖。探索建立监狱戒毒民警参与社区矫正工作机制,在阳泉、晋城、介休三地正式开展试点工作。坚持"重点对象"严密掌控,"重要节点"加密排查,"重点检查"督促整改,全省社区服刑人员重新犯罪率仅为0.08%,低于全国2%的平均水平,被评为"全省社会治安综合治理先进集体"。 (张 霏)

【戒毒工作】 2017年,山西省实现全省监狱、戒毒系统第11个"四无""六无"年工作目标。司法行政戒毒工作以"三基三大三转三提升"为重点,发挥教育戒治职能,开展戒毒执法规范化建设,4次承办全国性工作会议,形成"四位一体、两个延伸"社会化大戒毒工作格局,所内戒断率居于全国前列。 (张 霏)

2017年12月4日,山西省司法厅开展"12·4"国家宪法日宣传活动(张 霏供图)

·律师与公证·

【律师事务】 2017年,中共山西省委办公厅、省政府办公厅出台《关于深化律师制度改革的实施意见》。山西省司法厅与省法院、检察院、公安厅、安全厅等部门联合制定《山西省保障律师执业权利实施细则》。在全国第二家成立"维护律师执业权利中心"和"投诉受理查处中心"。召开全省首次律师工作联席会议。实现向省高院、检察院、公安厅派驻信访接待律师"全覆盖"，组织1100名律师参与涉法涉诉信访接待工作，接待信访群众2500余人次，息访息诉100余件。（张　霏）

【公证事务】 2017年，山西省司法厅在全国率先完成公证机构行政体制转为事业体制的任务，进入全国第一方阵，得到司法部肯定。推进合作制公证机构试点工作，批准成立山西省首批3家合伙制公证处。在全国首家与国土部门联合印发《在不动产登记工作中运用公证法律服务有关问题的通知》。推动全省84个执业区域整合为11个。（张　霏）

·监狱管理·

【监狱安全管理】 2017年，山西省监狱系统推进公正文明执法，推动"治本安全观"实践，开展"一监一品"监狱文化品牌建设。推进"四规范一公开"工作，即规范减刑假释暂予监外执行、劳动岗位分配、计分考核、分级处遇的程序和标准，实施全方位狱务公开。加强对监狱重点部位、时段、环节、人员以及安防警戒设施、监管制度落实等情况的监督检查。集中开展以防脱逃为重点的"三防"（防罪犯脱逃、防狱内重大案件、防重大疫情）安全隐患大排查大整治活动。采取挂牌督办、跟踪问效等措施，保障安全隐患排查整治工作。完成"一带一路"国际高峰论坛、中共十九大召开等重要时间节点安保维稳任务。推进警犬基地建设、落实"犬防"措施。太原一监文化建设成绩突出，被评为"全国十大文化监狱"；女子监狱警示教育基地建成投入使用，试点监狱在监企合作、监校合作上先行先试，全省监狱教育改造工作进入全国第一方阵。（田　庆）

【监狱执法】 2017年，山西省监狱系统以规范减刑、假释、暂予监外执行工作为主线，与省高院、省检察院、省公安厅、省司法厅及部分中院、部分派驻检察院召开联席会议，制定印发《提请减刑假释案件的规定（试行）》，明确执法标准。配合省高院，调整完善《提请减刑假释规定（试行）》，出台《减刑工作规定（试行）》《假释工作规定（试行）》《减刑假释程序规定（试行）》《减刑假释案件中刑事裁判财产性判项执行的规定（试行）》等4个工作规范。做好新老政策衔接工作。开展减刑、假释、暂予监外执行专项检查活动，对2013年以来全省各监狱办理的所有减刑、假释、暂予监外执行案件进行摸底排查，逐人逐案建立排查档案，提升监狱公正文明执法能力和水平。（田　庆）

【监狱政务管理】 2017年，山西省监狱系统推行"四规范一公开"工作，出台《罪犯改造岗位归类指导意见》《罪犯分流及改造岗位分配管理办法》，实现罪犯改造岗位规范公开，在岗位分配中通过量化评估进行匹配上岗。推行《计分考核罪犯实施细则》，运用计分方法考核罪犯改造表现。制定《山西省监狱罪犯分级处遇办法（试点指导意见）》。配合法检系统及信息部门推进执法办案平台建设，推动减刑假释暂予监外执行网上协同办案，实现与法院、检察院联网，案件网上办理，全程留痕。监狱布局调整和监狱煤矿退犯退矿工作取得实质性进展。完成永济监狱整体搬迁、阳泉一监集中调犯、职务犯集中调动工作。

成立山西省监狱网络安全与信息化领导小组，在全系统开展加强网络安全管理工作。以提升信息技术应用水平为抓手，推广应用监狱政务综合信息管理平台，在平台上开发工作日志系统、12520督办系统、干部考核系统、目标责任考核系统等4个电子化业务系统。完善应急指挥中心功能，集成接入20个单位门禁系统。推广应用指挥平台，开发应急指挥系统签到功能。完成永济新建监狱信息化项目、汾阳高度戒备监区项目、潞城监狱、原平监狱和临汾监狱的指挥中心改造项目、平遥监狱等7家单位门禁系统改造项目的验收工作，山西省监狱信息化一期工程竣工验收。推进山西省承担的司法部高度戒备监狱信息化试点示范和监狱安全管控物联网应用示范工程项目。

完善狱务公开告知制度、公示制

2017年7月18日至19日，中国监狱工作协会部分省（区、市）协会负责人座谈会在太原召开（田　庆供图）

度、执法监督员制度,狱务公开方式多样化。建立监狱长接待日制度,及时解答罪犯及其家属疑惑。社会公众可通过省监狱管理局门户网站、微信公众平台等新兴媒体,了解狱务公开信息,做到"网上可查、微信可点、橱窗可看、手册可翻"。 (田 庆)

【"模范监狱"试点工作】 2017年,山西省监狱管理系统制定《贯彻治本安全观建设模范监狱试点工作方案》,召开动员会、培训会、推进会,形成全系统推进、试点先行、重点突破的工作思路。试点单位太原一监与山西省通力达司法救助基金会签定监社合作协议,开展书法绘画培训,与山西农大成教院、太原技师学院、重机技校、太原市非遗办等单位合作开展高等自学考试与职业技能培训。试点单位女子监狱分别与省东华技工学校、太原理工大学山西新新纺织行业技术中心、山西传媒学院动画学院签定监校合作协议。忻州监狱罪犯模范小组建设、阳泉一监心理矫治QC全面质量管理标准化、部分单位出入监教育等典型做法在全系统推广,治本安全观实践取得新进展。 (田 庆)

【罪犯教育改造】 2017年,山西省监狱系统把教育人、改造人作为重要职责,夯实教育改造内容,创新教育改造形式。2月13日,开展以"认罪、悔罪、赎罪"为主题的在刑意识教育活动,重新修订"双十二条",强化罪犯身份意识、改造意识、规范意识和劳动意识,把对服刑人员的思想教育、行为约束、严格奖惩相统一。5月5日,在太原二监启动全省监狱系统服刑人员"调适心态 重塑心灵"心理健康教育月活动暨心理漫画巡展。6月,在全系统工人中开展"学技能、提素质、谋发展、强管理、增效益、享成果"专项主题活动。6月2日至9日,举行全省服刑人员第九届"时光杯"篮球赛。9月21日,第六届"11+1"文化监狱共建交流会在太原一监举办,来自全国12所文化监狱共建单位参加交流会。10月13日,在太原二监举办"翰墨颂盛世 丹青寄深情——喜迎十九大"书画摄影工艺美术作品展,收到作品609件,其中服刑人员作品443件,类别涉及书法、绘画、摄影、工艺美术等。举办大型帮教活动、文艺表演等文化体育活动,开展服刑人员心理健康教育月、心理漫画巡展、心理情景剧创作比赛等一系列活动,展示全省监狱教育改造工作特别是"一监一品"监区文化建设成效。 (田 庆)

仲 裁

【仲裁工作管理】 2017年,山西省政府法制办与山西省8个仲裁委员会加强联系沟通,推进全省仲裁工作健康发展。根据国务院法制办通知要求,先后汇总报送山西省各仲裁委员会2017年受理案件情况、仲裁委员会有关情况及其他相关材料。做好大同仲裁委员会换届工作方案和相关材料审查工作及国务院法制办复核意见转发等工作。派人参加国务院法制办召开的仲裁工作年会。

(景向发)

【基层调解组织建设】 2017年,山西省人力资源和社会保障厅调解仲裁管理处到全省7个市15个县(区)开展调查研究。通过听取汇报、实地走访、座谈交流等方式,掌握第一手工作资料,摸清全省调解仲裁工作底数。完成第二批国有企业劳动争议预防调解示范工作的总结验收,开展第二批非公有制企业商(协)会劳动争议预防调解示范工作。推进乡(镇)街道劳动争议调解组织建设,晋中市太谷县胡村镇劳动人事争议调解中心被确定为山西省调解组织建设综合示范单位,上报人社部。

人社部调解仲裁管理司司长冯怡到山西省开展调研,肯定山西省工作,就基层调解组织建设工作和仲裁机构实体化建设方面提出更高要求。 (任婷婷)

【调解仲裁人员培训】 2017年,山西省人力资源和社会保障厅调解仲裁管理处分别组织全省168名仲裁员参加人社部高培中心举办的两期劳动人事争议处理培训班,组织全省调解组织调解员参加全国调解员师资培训班,增强全省仲裁员、调解员的综合业务素质和职业能力水平。举办统一仲裁案件文书格式研讨会,规范仲裁办案文书,加强仲裁办案标准化建设。为促进新颁布的《劳动人事争议仲裁组织规则》和《劳动人事争议仲裁办案规则》(简称"两个规则")的全面贯彻落实,举办全省劳动人事争议"两个规则"培训班。举办全省劳动人事争议仲裁员聘前培训班,对全省213名初任仲裁员进行聘前培训,充实基层仲裁员队伍。与人社部调解仲裁管理司沟通协调,为全省226名仲裁员办理仲裁员证的申领、换发和补发。 (任婷婷)

【调解仲裁办案信息化】 2017年,山西省人力资源和社会保障厅调解仲裁管理处下发《关于在全省推广使用调解仲裁办案信息系统的通知》,举办全省劳动人事争议调解仲裁办案信息系统推广使用培训班。在全省范围内普遍运行办案信息系统的基础上,征求各市、县对办案信息系统使用的修改意见,与厅信息中心和系统软件开发公司进行协调,改进系统中存在的不足之处。为实现全省调解仲裁办案数字化、网络化、提高仲裁办案效率、提升社会公信力奠定基础。 (任婷婷)

综　述

【山西省军区概况】 2017年，山西省军区突出抓好习近平新时代中国特色社会主义思想的学习和中共十九大精神的贯彻，学习中央军委、中部战区和中央军委国防动员部党委扩大会议精神，开展“维护核心、听从指挥”主题教育和推进“两学一做”学习教育常态化制度化活动。组织改革教育暨作风纪律整顿，为调整改革顺利实施、落地运行奠定扎实思想基础。贯彻中共十九大精神，开展“读、写、背、谈”活动，组织抄报告原文、背记重要观点、撰写心得体会，进行新思想新观点新战略新举措应知应会知识点测试，持续兴起学习贯彻热潮，全面提高官兵的政治素质。

2017年，山西省军区完成中部战区指挥所研究性演练、省人防动员组织指挥演练、省军区地震救援演练等重大演训活动赋予的各项任务。完成国防教育活动及国防基地建设的预定任务，完成年度征兵工作，完成全军区所辖专职武装干部培训，学生军训承训部队干部骨干培训，分配转业干部培训等任务。并按中央军委指示，开始进行军民融合国防动员创新发展试点工作。

（邓宏刚　武艳伟　姚　忠　纪　楠）

【武警山西省总队概况】 2017年，武警山西省总队党委把握“五个大考”特殊形势、特别要求，学习贯彻习近平新时代中国特色社会主义思想特别是强军思想，按照武警部队党委决策部署，强政治保方向，强能力保中心，强基层保稳定，带领官兵朝建设一流总队目标迈进。

武警山西总队始终把迎接保卫学习贯彻中共十九大作为头等大事，持续加强政治贯注，推动进入思想深处、融入话语体系、转入思维理念。坚持把两项重大教育作为统领思想、铸魂育人的“主课堂”，上好基础理论课、革命传统课、纪律规矩课和实践转化课。坚持把赓续红色基因血脉作为激励兵心士气的“源动力”，系统推进“红色基因代代传”工程，盘活用好128个教育基地，全方位开展爱国主义教育。坚定“五个别再想”的原则立场，按照党委领导带头整肃、党员干部深层辨析、部队官兵普遍教育的路子，波次推进、步步深入、层层压紧，全面彻底肃清郭徐流毒影响。贯彻严实硬的要求，扭住生活费审计、军粮清查、停偿工作、长期滞留部队人员移交等重点难点，攻坚克难解决问题。履行“两个责任”，对违法违纪行为“零容忍”，严肃问责追责。

武警山西总队贯彻勤务规范系列会议精神，推进执勤“五防一体化”（人防、物防、技防、联防、犬防），“六化”（组勤正规化、外围阵地化、监控高清化、报警多元化、照明白昼化、联防机制化）建设，连续19年执勤无事故。以“八落实”（人员、时间、内容、质量、摩托（飞行）小时、弹药、教练员、场地），“六种组训模式”为抓手，紧贴实战抓训练，提升部队备战打仗能力。机动支队被武警部队评为军事训练一级单位。坚持令出行随，在任务交叉叠加的情况下，科学摆布力量，分兵把口负责，有序推进、梯次完成总队机关改革整编及部队规模结构和力量编成改革。坚持“瘦身”与“强身”相统一，从转思维、转方式、转作风切入，开展“转学整规”教育整顿，理顺职责界面，规范运行机制。注重下好精准帮建这步“棋”，党委机关先后组织4批当兵蹲连、考察帮建，办好实事，使基层焕发活力。注重用好典型带动这个“招”，评选表彰“六好”“十佳转业干部”，激发正能量。褚旭亮当选第二十届“中国武警十大忠诚卫士”，太原支队五中队当选武警部队“基层建设标兵中队”。注重盯住安全稳定这个“底”，开展“带新促老”活动，制定“四知三责两到位”“五个从严”硬性措施，排查整治隐患，有效堵塞安全漏洞。

（张勇志）

【人民防空概况】 2017年，山西省国防动员委员会、省政府、省军区联合印发《山西省人民防空建设第十三个五年规划》和《“十三五”时期人民防空指挥能力评估指标和标准》，提高全民人防意识、凝聚人防工作合力。山西省人民防空办公室（简称省人防）组织省市县三级人防指挥部带部分实兵研究性演习，创造山西省人防历史上"第一次全系统全要素全过程实战化检验性演练、第一次人防指挥部实名实演和按纲施训、第一次无预案随机导调演习、第一次党政军领导全程参演、第一次省市县三级同步联动演习、第一次参演人员超万人的大规模演训"等六个"第一次"。推进山西省人民防空综合训练基地建设，完成地界测量放线、地面附着物评估、环评、土地手续办理、勘察、场地平整和施工图初步设计。加快防空防灾数据库三期工程建设，完成19个厅局以及社会有关方面20000余条数据汇总、规范、整理，集中组织省市两级人防部门相关人员开展人防战备数据应用管理系统集训。开展全省结合民用建筑批建防空地下室工作，编制《企业投资项目防空地下室建设承诺书》、防空地下室建设承诺制工作流程、防空地下室建设事中事后监管办法和服务指南等文件材料。7月开始在全省10个开发区和晋中市试行防空地下室建设无审批管理。举办人防教育进机关、进学校、进社区、进企业、进网络"五进"活动，受教育人数达280万人次，省防空防灾体验馆开始试运行。（高　博）

山西省军区

【省军区党委十届八次全体（扩大）会议】 2017年3月29日至30日，山西省军区党委十届八次全体（扩大）会议在太原召开。会议传达学习中央军委、中部战区和中央军委国防动员部党委扩大会议精神，总结部署年度工作。省委书记、省军区党委第一书记骆惠宁出席并讲话。省军区党委书记、政治委员郭志刚作党委工作报告。省军区副政治委员兼纪委书记喻军作纪委工作报告。

会议宣读受到上级表彰奖励的先进单位和个人、省军区关于立功受奖通令，对先进人武部、先进预备役团以及军事训练与安全稳定工作等年度先进单位和个人进行表彰。（盛　伟）

【省军区第十一次党代会】 2017年9月25日至27日，中国共产党山西省军区第十一次代表大会在太原召开。会议总结过去5年工作，部署今后五年任务，审议通过省军区第十届党委、纪委工作报告，选举产生中国共产党山西省军区第十一届委员会和纪律检查委员会。省委书记、省军区党委第一书记骆惠宁出席并讲话。省军区党委书记、政治委员郭志刚作工作报告并作闭幕讲话。在省军区十一届党委第一次全体会议上，骆惠宁当选为省军区党委第一书记，郭志刚当选为省军区党委书记，邹小平当选为省军区党委副书记。（盛　伟）

【国防教育和双拥工作】 2017年，山西省军区成立山西省国防教育办公室，举办两期县处级领导干部国防专题研究班。结合纪念建军90周年，设计制作国防教育展板28块，组织百名师团职领导干部上讲台和百场国防教育宣讲进高校活动，共计宣讲245场。完成第三批46个国防教育基地命名工作。学习习近平主席在深度贫困地区脱贫攻坚座谈会上的重要讲话精神，在继续抓好阳高扶贫成果巩固延伸的基础上，为新增帮扶的大宁县安古村下拨129万元扶贫专项资金用于扶贫项目建设，到年底123户贫困户人均分红1573元。组织政策下乡、医疗下乡、文艺下乡"三下乡"和帮扶点贫困学生军事夏令营活动，推动脱贫攻坚工作有效落实。（邓宏刚）

【"岗位要点一口清"活动】 2017年8月，山西省军区针对此次军改后官兵岗位、职责、任务等变化情况，为使官兵尽快适应新的形势和要求，有效提高履行使命的能力素质，在全区部队部署开展"岗位要点一口清"活动。活动区分省军区、军分区、人武部、民兵武器装备仓库、干休所、直属队（室）6类单位、16种人员，逐一梳理细化岗位职责、辖区概况、单位情况、安全工作等应知应会要点，下发模板组织人员熟记掌握，每名官兵做到底数明、一口清、问不倒。（姚　忠）

【军民融合暨国防动员创新发展试点】 2017年7月，为高标准完成中央军委国防动员部赋予省军区开展军民融合暨国防动员创新发展试点任务，根据省军区党委首长决定，省军区办公室在与省发改委、经信委、财

2017年1月2日，晋中军分区组织民兵装备仓库警卫人员军事训练

（李晓涌供图）

政厅等有关部门协调沟通的基础上，向省委议军会提交开展试点工作议题。7月23日，中共山西省委召开议军会议，省党政军领导及省直有关部门负责人参加会议。会议研究并同意，支持省军区利用互联网+、大数据、云计算、物联网等技术，构建“军民融合暨国防动员创新发展平台”，形成可资借鉴的试点成果经验，引领和带动国防动员领域军民融合深度发展。 （张 磊）

【全国科普日国防科技专题参展】 2017年7月28日，山西省军区经与省国防科工办沟通协调，按程序推荐上报山西钢科碳材料有限公司、山西科泰航天防务技术股份有限公司和中北大学三家单位参加在北京中国科技馆举行全国科普日主场活动的参展项目，供中央军委科技委评议、遴选。 （张 磊 纪 楠）

2017年5月10日，省城大学生征兵宣传暨第四届百场国防教育宣讲进高校活动启动仪式在太原理工大学举行 （武万祥供图）

【地震专业救援队伍应急拉动演练】 2017年9月6日，山西省军区按照省防震减灾领导组会议精神和通知要求，组织依托太原市万柏林区和晋源区人武部民兵应急分队组建的省级地震救援二队，参加省政府组织的省市两级专业救援队伍应急拉动演练。这次拉动，采取“军警民联动、昼夜连续实施”的方法，按照应急响应、机动集结、现场救援的流程，在近似实战背景下连续作业近20小时，完成狭小空间破拆、高空斜向救援等10个内容的作业任务。 （梁 菲）

【军队院校招生】 2017年5月至7月，根据军队院校招生工作计划安排，山西省军区先后组织战士进行军事科目考核和文化摸底考试；组织战士参加全军文化统考；组织高中毕业生进行面试和体检。7月初，完成全省高中毕业生和全区士兵考生的招生任务。这次军队院校招生工作，贯彻稳中求进工作总基调，适应军队院校新格局和军事人才培养新体系，依托电视台、网络、报纸、微信、短信等平台加大宣传力度，严格执行政策规定和程序，坚持全程阳光招考，如期完成年度招生任务。 （吴永亮）

【学生军训承训部队骨干培训】 2017年8月30日至31日，山西省军区首次组织学生军训承训部队干部骨干培训，增强做好帮训工作的政治意识、法规意识和责任意识；注重规范组训内容，进行队列、战术、军体拳等教学法示范教学，提高组训能力；坚持问题导向，分析近年来学生军训中发生的事故、案件和承训人员违纪事件等10类案例，通过座谈交流，研究制定承训部队帮训期间管理办法。

2017年，山西省68所高校和505所高级中学，按计划展开军事技能训练。 （杨 慧）

【征兵工作】 2017年2月，山西省征兵办联合省公安厅、卫生厅、教育厅出台《山西省兵役登记暂行规定》，明确全省各高校在办理新生入学、在校生学籍电子注册、毕业离校手续时，要专门对兵役登记情况进行核验，对拒绝、逃避兵役登记的严重失信行为实施严惩。

5月，山西省征兵办在省军区教导大队集中组织2017年全省征兵体检与心理检测业务骨干培训。太原市各县（市、区）以及各市征兵工作分管参谋、主检医师和信息管理员共计91人参加培训。培训采取授课辅导与机上操作相结合的办法，系统学习网络版征兵体检信息化系统，并全部以优异成绩通过结业考核，为年度征兵体检工作奠定基础。

7月至8月，山西省征兵办协调省委宣传部和新闻出版广电局，在山西新闻、综合广播、门户网站等主流媒体高频次播发省征兵办公室主任、省军区动员局局长张太平征兵电视专访，在黄金时间循环播放2017年全国征兵宣传片，在《山西晚报》《山西日报》等各类报刊专门解读优抚优待政策，运用“山西征兵”微信平台定期发布征兵动态，回应适龄青年关切，累计有16万人关注，阅读访问量达300多万人（次）。

8月，山西省征兵办公室研究下发开展新兵役前教育训练的《通知》和《方案》，按照“军营生活早感知、新兵状况早摸清、退兵隐患早排查、廉洁问题早掌握”的思路，督导各级开展役前教育训练，使广大应征青年端正入伍动机，摸清体格情况，提高适应能力。组织预定新兵展开3天至5天的役前教育训练，淘汰思想不稳定、身体素质弱、吃苦精神差的人员，确保入伍新兵身体适应、思想稳定、素质全面,退兵数量为全国最低。

(吴 鹏 李晓翔)

【国防动员潜力平台建设】 2017年10月至11月,落实省政府办公厅关于推进平台建设的批示,山西省军区与省经信委、省财政厅等单位围绕建设目的、主要功能、模块设置、运行环境、经费保障等进行沟通对接,搞好平台架构特别是动员潜力数据调查部分的论证研究,组织军地统计指标体系对比分析,找准结合部和契合点,跟进政务云平台建设进度,提出动员潜力建设需求,掌握平台建设的技术指标,协调开放数据调阅权限,明确核查采集方法,推动平台各项建设落实。 (张 炜)

2017年1月18日,武警山西总队运城支队完成处置新绛"1·18"粗苯泄露抢险救援任务

(张勇志供图)

【感动山西国防动员新闻人物评选】 2017年10月至12月,山西省军区开展"2017感动山西国防动员新闻人物"评选表彰活动。按照层层发动、逐级推荐、事迹公示、网上投票、审核评定的步骤,历时3个月,形成国动系统踊跃参加、社会持续关注、媒体跟进报道的矩阵效应,参与人数近300万。评选的新闻人物,区分"忠诚使命""恪尽职守""爱军精武""岗位奉献""双拥工作""国防教育""敢于牺牲"等7个类别,涵盖国防动员领域各条战线、各个层级、不同岗位。通过评选,共评出1个英雄群体和9名个人。 (苗 鹏)

【山西省国防教育办公室成立】 2017年7月6日,根据《中华人民共和国国防教育法》和中共中央、国务院、中央军委《关于加强新形势下国防教育工作的意见》,经省委、省政府、省军区领导批准,成立山西省国防教育办公室,设在省军区政治工作局。

2017年7月至12月,山西省国防教育办公室联合省委宣传部、网信办、教育厅、民政厅、文化厅、新闻出版广电局、团省委等10个部委办厅局,在全省部署开展"赞颂辉煌成就、赓续红色基因、支持改革强军"主题国防教育系列宣传活动。结合学习贯彻中共十九大精神,把国防教育纳入山西省委、省政府、省军区《关于全面深化国防动员改革的实施意见》和《山西省国防动员建设"十三五"规划》,制定改革创新发展的施工图。(张培荣)

【庆祝建军90周年摄影展】 2017年9月19日,依托第17届平遥国际摄影展,山西省军区举办"军旗猎猎——庆祝建军90周年摄影展"。展览从"历史回眸""铸牢军魂""大国重器""使命担当"等四个方面,展示党的十八大以来政治建军、改革强军、科技兴军、依法治军的伟大成就。《解放军报》、《中国国防报》、"解放军报记者部"微信公众号和《山西日报》等军地主流媒体予以报道。 (张培荣)

【第三批国防教育基地命名】 2017年12月,为深入挖掘、充分发挥红色资源的教育功能,在建好用好已有60个国防教育基地的基础上,经过严格考察筛选,在全省精选出46个场所,由山西省政府命名为第三批国防教育基地,实现全省命名100个以上省级国防教育基地的目标,更好地适应各地开展全民国防教育的需要。

(张培荣)

【微信公众平台宣传】 2017年,山西省军区发挥微信公众平台的宣传教育功能,加大"山西国防教育"微信公众平台的建设和推广力度,先后发布国防教育信息48期308条,关注人数6530人,累计点击次数达584702次。 (张培荣)

【转业干部档案接收审查移交】 2017年5月至8月,山西省军区按照全省移交安置计划,严密组织档案接收、审查工作。期间,实行八小时外轮流值班制度,保证档案随到随收,并严格按要求进行档案审查,及时补充有关资料,确保档案材料完整齐备。8月7日至10日,召开全省档案移交会,一次性将档案移交地方。移交过程中,保持全员在位、分片包干,对地方审档过程中有疑问的重难点问题进行集体会诊,严格按照政策答疑解惑,确保档案顺利移交。

(侯 懿 苏林和)

【计划分配转业干部考前培训】 2017年7月10日至21日,山西省军区组织解放军系统进省会安置的300名计划分配转业干部进行培训。邀请华图培训机构优秀讲师,针对转业干部考试内容,以行政能力测试和申论为重点,附加时事政治内容,进行详实辅导。 (侯 懿 苏林和)

【军地联合督导优化转业安置】 2017年12月，山西省军区联合省军转办到安置进度相对滞后的地市，重点检查推动、一线解决问题，并就团职领导干部职务落实问题进行具体督导检查，对定岗定位不符合政策的转业干部，协调有关部门作出调整，在保证安置质量的前提下，确保各项工作高标准有序推进。全省计划分配转业干部安排到行政机关和参公单位的人员占到计划分配数的93.70%。

（侯　懿　苏林和）

【军史场馆建设调查统计】 2017年9月，根据中央军委政治工作部《关于调查统计军史场馆建设有关信息的通知》要求，山西省军区组织相关人员对省军区团级以上建制单位军史馆基本情况、营连级建制单位军史馆（荣誉室）基本情况进行调查统计。对没有建设军事场馆的单位，提出尽快筹建的具体要求。

2017年，山西省军区政治工作局做好军史馆参观接待工作。全年先后接待部队官兵、地方干部、学校老师和学生各类参观任务50余次，接待人数达5200余人次。（洪文杰）

【军区后勤保障整治】 2017年，山西省军区推进经适房超面积处理，多次专题召开会议研究，派专人赴上级请示协调，到老干部家中宣讲政策，科学制定"一户一案"方案，核定全区67个项目9686套住房面积，按时完成军职以上干部超面积住房认定，得到中央军委国防动员部通报肯定。坚决清理地方领导干部住用军队公寓住房，主动加强军地协调对接。按时完成全区32套腾退任务。持续纠治不合理住房，针对清理工作进展情况，组织开展拉榜排名、责任人约谈和帮建督导，压实各级责任担子，持续向下传导压力，为全面建设减压卸负。

牵头成立驻晋部队全面停止有偿服务工作军地协调领导小组，加强同省国资委、省高院、公安消防总队等单位的沟通协调，推进停偿任务落实。截至2017年底，驻晋部队涉及有偿服务项目1614个，停止1250个，完成率77%；全区涉及有偿服务项目414个，停止288个，剩余126个，完成率70%。

坚持边审边改、以审促建，突出查纠整改重点，完成省军区经济责任审计问题整改工作，配合上级纪委对移交问题进行调查，督导大同、晋城、临汾军分区对审计指出问题进行整改，指导忻州军分区接受经济责任审计，迎接石家庄审计中心生活费决算专项审计。

省军区采取广泛宣传发动、组织警示教育、开展上门服务、全面彻底排查、全员签订安全责任书，连续组织3个波次专项清理，清查收缴各类枪支、弹药。开展老旧废武器弹药清理，采取逐库过、逐件查、逐批对、逐项核的办法，摸清库存底数，为下一步销毁处理工作奠定基础。

根据全军统一部署和国防动员部安排，结合省军区部队实际，制定下发《山西省军区油料系统集中专项整治方案》，成立工作专班，细化整治步骤，对2013年以来油料供应管理情况展开全面整治。

（李　军　温　彦）

武警山西省总队

【红色文化传承工程】 2017年8月9日，武警山西省总队组织第一期团以上领导干部理论轮训人员暨全体机关干部到中共太原支部旧址参观见学，重温革命先辈足迹，接受红色文化洗礼。11月16日，总队党委机关干部和第二期团以上领导干部理论轮训人员到中共太原支部旧址参观见学，重温入党誓词，强化初心使命。

（张勇志）

【忠诚卫士褚旭亮】 褚旭亮，男，1982年6月生，2002年12月入伍，中共党员，任武警山西省总队朔州支队参谋部副参谋长。入伍以来，他忠实履行职责使命，平时刻苦练，战时打头阵，20多次参与武装抓捕、山林灭火、抢险救援等任务。他先后荣立一等功1次、三等功2次，获第十九届"中国武警十大忠诚卫士"提名奖、第二十届"中国武警十大忠诚卫士"和山西省"青年五四奖章"，被总队表彰为"优秀共产党员""优秀教练员"，并当选第十三届全国人大代表、武警部队第三届党代会代表、山西省第十一次党代会代表。（张勇志）

【优秀"四会"政治教员评比】 2017年7月11日至14日，武警山西省总队在直属支队组织支队级单位基层政治教员，开展优秀"四会"政治教员评比竞赛，全面考验参赛选手基础理论、

2017年6月27日，褚旭亮（中）当选第二十届"中国武警十大忠诚卫士"

（张勇志供图）

课件制作、教育方式、分析疏导等能力水平，5名优秀“四会”政治教员脱颖而出，有效检验和提升政治教员队伍整体综合能力素质。（张勇志）

【政治干部比武】 2017年9月12日至14日，武警山西省总队在直属支队组织“亮剑-17”政治干部比武活动，来自总队、支队两级政治机关和基层单位的政治干部参加。经过全体选手的激烈角逐和全体评委的公平裁判，直属支队、晋城支队、直升机大队获团体前三名，直属支队组织股干事文达等10人分别获机关组和基层组前5名。通过比武竞赛，充分展示总队政治干部的过硬素质，有效检验各级政工干部写、讲、练等综合能力。（张勇志）

【地震救援队应急演练】 2017年9月6日，武警山西省总队参与山西省地震专业救援队应急拉动演练。这次演练，由山西省委省政府统一部署，省地震局牵头组织，省地震救援队、省军区、省武警总队、省消防总队及山西大同、忻州、朔州市共7支地震专业救援队参与拉动演练，为全面提升抗震救援队综合处置能力奠定坚实基础。

（张勇志）

【“8·5”中条山山林灭火任务】 2017年8月5日，运城市盐湖区小李村东南山体突发山林火灾，且不断蔓延扩散，形势十分严峻。武警山西总队运城支队经过42小时的连续奋战，扑灭火线10条，累计长度约1800米，开辟隔离带5000米，清理暗火、烟点40处，完成灭火任务。（张勇志）

【“8·11”和顺滑坡事故搜救】 2017年8月11日，山西省晋能集团山西煤炭运销集团和顺吕鑫煤业露天煤矿发生边坡滑坡事故，武警山西省总队直属支队完成搜救任务。（张勇志）

【“三共”联席座谈会】 2017年4月10日，武警山西省总队在吕梁市与省储备物资管理局召开“三共”联席座谈会，共同分析山西省储备系统安全工作形势和执勤建设现状，研究会商加快推进“五防一体化”建设具体步骤。

（张勇志）

人民防空

【防空法规制度建设】 2017年，省人防办完成起草《山西省人民防空工程建设条例》修正案草案修订意见。取消人防工程竣工验收前人防质量设备检测审批事项。组织人防法治宣传教育调研，开展人防法律法规情况专项检查。成立省人防办普法依法治理工作领导组，绘制法治工作岗位流程图、制定法治工作标准。印发推行行政执法公示制度、执法全过程刻录制度和重大执法决定法制审核制度。组织人防全体干部进行宪法宣誓，聘请专职法律顾问，答复省政协委员提案，推动依法行政开展。（高　博）

【人防基础工作加强】 2017年，省人防办编制《基础工作目录》《管理手册》《应知应会手册》《便民服务手册》；制定年度重点工作任务目标，每季度开展机关成效较好工作评选活动；制定《档案行政监督检查整改方案》，规范文书和档案管理；建设政务督办系统，提高机关内部工作信息化水平。制定首问负责制、服务承诺制等制度。结合省市县人防指挥演习演练，开展人防组织指挥能力训练；针对企业投资项目试行承诺制实行无审批改革中出现的人防系统人员监管和服务能力不足问题，到市、县进行业务培训；把法治教育内容纳入干部学习培训计划，开展全省人防系统依法行政培训；制定人防系统机关干部专业基本能力标准、评价标准、训练大纲和测评实施办法。（高　博）

2017年7月，“太行—2017”人民防空演习中晋城市组织抢险抢修综合演练——人防单兵现场传输视频（高　博供图）

综述

【重点改革深化】 2017年，山西省发展与改革委员会按照山西省委"一个指引、两手硬"的工作思路和要求，坚持稳中求进工作总基调，贯彻新发展理念，以提高发展质量和效益为中心，统筹推进稳增长、促改革、调结构、惠民生、防风险，促进经济发展由"疲"转"兴"。在谋划发展大局、深化重点改革等方面，取得一系列突出亮点。配合国家起草出台《关于支持山西省进一步深化改革促进资源型经济转型发展的意见》；制定建设资源型经济转型发展示范区行动计划、打造全国能源革命排头兵行动方案、构建内陆地区对外开放新高地实施意见，把三大目标定位任务化、方案化、举措化、项目化；研究提出把转型项目建设年作为重要定位的政策建议，制定行动方案，形成年度经济工作的主要抓手；承诺制改革，推进全省域企业投资项目承诺制改革试点；争取国家京津冀协同发展领导小组办公室同意出台《关于支持山西省与京津冀地区加强协作实现联动发展的意见》，为山西省在更高层次融入京津冀协同发展，打开新的通道；协调推进大张、太焦、采煤沉陷区治理等重大项目建设，解决省重点工程推进中的457个难题，完成年度任务；保障天然气保供，应对冬春两季气源紧张问题，打赢保供取暖攻坚战；完成省委、省政府交办的重大课题研究，制造业优先发展、统筹平川与"两山"协调发展等研究成果被省委省政府采纳吸收，融入京津冀。 （郭卓宇）

【国土管理改革与制度创新】 2017年，山西省泽州县农村"三块地"改革创出"山西经验"，农地入市改革构建"1+9+3"制度体系，完成农村集体经营性建设用地入市32宗、998亩，预期收益94630万元。土地征收和农村宅基地改革，在制度建设等方面完成工作。实施闲置宅基地整治盘活利用试点。省委省政府印发矿业权出让制度改革试点工作方案，部署矿业权出让、权益金制度改革等任务。落实不动产统一登记制度，开展全省"20佳不动产登记示范窗口"创建活动，压缩办证时限，方便群众办事，颁发不动产证25.40万本、出具证明16.40万次。推进太原市建设用地使用权二级市场试点改革。推进行政审批制度改革，落实"两进驻、两到位"。

（王卫国）

【山西财政】 2017年，山西省一般公共预算收入完成1867亿元，为年初预算1568.70亿元的119%，超收298.30亿元，较上年增长19.90%，增收310亿元。

分级次看，省级一般公共预算收入完成595.70亿元，比上年增长18.60%，增收93.30亿元；市级一般公共预算收入完成485.90亿元，比上年增长18.80%，增收76.90亿元；县级一般公共预算收入完成785.40亿元，比上年增长21.70%，增收139.80亿元。11个市一般公共预算收入实现正增长，从高到低依次为吕梁市54.90%、朔州市49.10%、长治市34.30%、大同市21.80%、阳泉市21.10%、晋中市17.20%、晋城市13.50%、运城市13.50%、临汾市12.90%、太原市10.30%、忻州市5.90%。分科目看，税收收入完成1397.40亿元，增长34.80%，增收360.80亿元，占财政收入的74.80%，比上年提高8.20个百分点；非税收入完成469.60亿元，下降9.80%，减收50.80亿元，其中省级完成151.40亿元，比上年下降20.50%，减收38.70亿元。分税种看，增值税(含营业税)完成623.10亿元，占税收收入比重为44.60%，比上年增长21.90%，增收112.10亿元；企业所得税完成174.40亿元，占税收收入比重为12.50%，比上年增长49.60%，增收57.90亿元；个人所得税完成47.90亿元，占税收收入比重为3.40%，比上年增长36.10%，增收12.70亿元；资源税完成272.70亿元，占税收收入比重为19.50%，比上年增长94.30%，增收132.30亿元；城市维护建设税完成69.80亿元，占税收收入比重为5%，比上年增长23.70%，增收13.40亿元；房产税完成34.40亿元，占税收收入比重为2.50%，比上年增长3.20%，增收1.10亿元；印花税完成24.10亿元，占税收收入比重为1.70%，比上年增长38.20%，增收6.70亿元；城镇土地使用税完成35.60亿元，占税收收入比重为2.50%，比上年增长4.10%，增收1.40亿元；土地增值税完成43.60亿元，占税收收入比重为3.10%，比上年增长38%，增收12亿元；车船税完成20.80亿元，占税收收入比重为1.50%，比上年增长12.30%，增收2.30亿元；耕地占用税完成12.10亿元，占税收收入比重为0.90%，比上年增长2.80%，增收0.30亿元；契税完成38.70亿元，占税收收入比重为2.80%，比上年增长28.70%，增收8.60亿元。从非税收入看，2017年专项收入完成115.90亿元，下降22.50%，减收33.60亿元；行政性收费收入完成78.90亿元，比上年增长4.20%，增收3.20亿元；罚没收入完成43.30亿元，比上年下降10.10%，减收4.90亿元；国有资本经营收入完成3.60亿元，比上年下降7.40%，减收0.30亿元；国有资源(资产)有偿使用收入完成176.60亿元，比上年下降12.40%，减收24.90亿元。

2017年，山西省一般公共预算支出执行3756.40亿元，为年度调整预算的95.80%，与上年决算数相比，执行进度提高3.60个百分点，增长9.60%，增支327.60亿元。分级次看，省级一般公共预算支出累计734.90亿元，市级支出累计758.80亿元，县级支出累计2262.70亿元。2017年省、市、县各占全省总支出比重分别为19.60%、20.20%、60.20%，省级支出比重与上年相比降低1.40个百分点，市县级上升1.40个百分点，县级与上年持平。分科目看，2017年，一般公共预算支出中占总支出比重达10%以上的有3个科目，依次为社会保障与就业支出、教育支出、农林水支出，占比分别为17.20%、16.50%和12.70%；占总支出比重大于5%小于10%的有4个科目，依次为医疗卫生与计划生育支出8.60%、一般公共服务支出8.40%、城乡社区事务支出7.50%、公共安全支出5.80%；再次为交通运输支出4.40%、住房保障支出3.70%、节能环保支出3.40%、国土海洋气象等支出3.20%；其余支出科目所占比重均不到2%。分具体项目看，一般公共服务支出314.10亿元，为年度预算的98.90%，比上年增长17.90%，增支47.80亿元；国防支出3.70亿元，为年度预算的100%，比上年下降24.30%，减支1.20亿元；公共安全支出216亿元，为年度预算的98.80%，比上年增长6.10%，增支12.50亿元；教育支出620.90亿元，为年度预算的97.10%，比上年增长2.30%，增支14亿元；科学技术支出50.20亿元，为年度预算的96.40%，比上年增长45.50%，增支15.70亿元；文化体育与传媒支出71.90亿元，为年度预算的96.80%，比上年下降1%，减支0.70亿元；社会保障和就业支出646.60亿元，为年度预算的98.90%，比上年增长19.20%，增支104.10亿元；医疗卫生与计划生育支出321.30亿元，为年度预算的98%，比上年增长6.80%，增支20.50亿元；节能环保支出128.90亿元，为年度预算的88.40%，比上年增长11.50%，增支13.30亿元；城乡社区支出281.90亿元，为年度预算的97.50%，比上年增长9.80%，增支25.20亿元；农林水支出477.90亿元，为年度预算的95.80%，比上年增长10.60%，增支45.90亿元；交通运输支出164.80亿元，为年度预算的97.10%，比上年下降14.70%，减支28.40亿元；资源勘探信息等支出73亿元，为年度预算的93.20%，比上年增长20.60%，增支12.50亿元；商业服务业等支出19.50亿元，为年度预算的91.40%，比上年增长22.60%，增支3.60亿元；金融支出7.20亿元，为年度预算的95.30%，比上年下降9.60%，减支0.80亿元；援助其他地区支出2.70亿元，为年度预算的100%，比上年增长5.30%，增支0.10亿元；国土海洋气象等支出120亿元，为年度预算的85.10%，比上年增长31.60%，增支28.80亿元；住房保障支出138.20亿元，为年度预算的96.50%，比上年下降7.10%，减支10.50亿元；粮油物资储备支出16.80亿元，为年度预算的94.49%，比上年下降5.80%，减支1亿元；债务付息支出42.40亿元，为年度预算的100%，比上年增长40.30%，增支12.20亿元；债务发行费用支出0.50亿元，为年度预算的100%，比上年下降22.80%，减支0.10亿元；其他支出38.20亿元，为年度预算的49.41%，比上年增长59.50%，增支14.20亿元。（梁智腾　卫忠梅）

【地方税务】 2017年，全省地税系统累计完成各项收入992.50亿元，同比增长18.40%，增收154亿元。其中，税收收入累计完成871.50亿元，同比增长17.30%，增收128.30亿元；非税收入累计完成120.90亿元，同比增长26.90%，增收25.60亿元；地方级税收完成680.50亿元，占财政一般预算收入比重36.50%，地方级税费收入完成784.30亿元，占财政一般预算收入比重42%，地税收入成为全省财政收入的主要来源。新兴产业税收增速明显加快，2017年新兴产业税收完成178.10亿元，同比增长25.20%，增速比上年同期加快31.10个百分点。组织收入增幅从年初开始稳居全国首位，税收收入规模恢复到“营改增”前的水平。落实各项税收优惠政策，推进减税降负，累计减免各项税费92.60亿元。（刘晓军）

【山西物价】 2017年，山西省居民消费价格指数同比上涨1.10%，其中城市居民消费价格指数上涨1.40%，农村居民消费价格指数上涨0.50%。分类别看，食品烟酒下跌1.10%，衣着上涨0.90%，居住上涨1.40%，生活用品及服务上涨0.20%，交通和通信上涨1%，教育文化和娱乐上涨1.80%，医疗保健上涨7.50%。

在食品烟酒中，粮食上涨1.80%，畜肉类下跌5%，禽肉类下跌2.40%，蛋类下跌5.70%，水产品上涨2.10%，烟酒上涨0.10%。

工业生产者出厂价格指数上涨19.40%。按工业部门分，冶金工业下跌20.40%，电力工业下跌1.10%，煤炭及炼焦工业上涨34%，石油工业上涨5.40%，化学工业上涨6.60%，机械工业

上涨 1.60%，建筑材料工业上涨 16.50%，森林工业下跌 0.40%，食品工业下跌 0.70%，纺织工业下跌 0.40%，缝纫工业下跌 1.80%，皮革工业下跌 18.30%，造纸工业上涨 20.70%，文教艺术用品工业上涨 1.90%，其他工业上涨 10.90%。全省商品零售价格总指数上涨 1.30%。工业生产者购进价格指数上涨 15.20%。农业生产资料价格指数上涨 2.20%。（统计局）

【山西审计】 2017 年，山西省各级审计机关单位完成 8 大类 195 项审计任务。共审计单位 154 个，查出违规金额 253.68 亿元，增收节支 17.25 亿元。移送司法机关、纪检监察机关和有关部门处理事项 87 件，移送处理人员 13 人，移送处理金额 38.86 万元。提交审计报告和信息 320 多篇次，提出审计建议 560 多条。由山西省审计厅组织实施的山煤集团董事长经济责任审计项目被审计署评为“全国优秀审计项目”。（宁丽丽）

【统计改革创新】 2017 年，山西省统计局把贯彻中央《关于深化统计管理体制改革提高统计数据真实性的意见》作为重大政治任务，出台山西省贯彻落实实施意见，省委省政府将深化统计管理体制改革列入全省深化改革重点任务，出台具有山西特色的实施意见。推进改革措施落地见效，协调有关部门，推进建立惩治统计造假责任制，实施综合性考核统计造假“一票否优”。加大宣传培训力度，对市县政府领导和统计部门负责人，分别举办深化统计改革专题培训，增进共识、推动改革。

依法治统、从严治统取得成效。宣传贯彻统计违纪违法责任人处分处理建议办法和统计法实施条例，邀请专家解读，组织力量深入部门、市县宣讲培训。统计法进党校、行政学院，纳入干部培训教育必修课。织密扎紧防范统计造假制度笼子，制定“双随机”抽查制度、防范统计造假责任制、领导干部干预统计工作记录制度，建立统计严重失信企业联合惩戒制度及统计人员信用管理制度。开展专业数据质量检查和执法检查，查处一批统计违法案件，配合纪检监察部门对统计违法责任人和责任领导追责，对统计上严重失信企业进行公示。

重点领域统计改革。投资统计改革先行先试，承担全国唯一全口径月报频率投资统计改革试点，做实投资统计数据，为全国投资统计改革探索经验。完成全国“五证合一”部门信息更新名录库试点，依托部门信息，加强“准四上”单位监测，及时入库入统，建立调查单位管理信息平台。创新开展生态文明建设年度评价，省“两办”文件印发生态文明建设目标评价考核办法，制定绿色发展统计报表制度，完成首次全省生态文明建设年度评价工作。开展“三新”统计调查，完善工业新产品、战略性新兴产业和高技术产业统计，开展“四众”和互联网平台专项调查，加强电子商务平台交易、网络零售、城市商业综合体等统计监测。推进专业统计改革，完成研发支出计入地区生产总值及历史数据修订，实施工业统计新行业分组，完善开发区统计、月度劳动力调查制度，推广使用劳动工资电子统计台账，开展规模以上大中型工业企业研发季报和企业创新调查。

（张奇科）

【营商环境改善】 2017 年，山西省工商和市场监管部门深化商事制度改革，削减工商登记前置审批事项，将 226 项工商登记前置审批事项中的 87%改为后置审批或取消。开展“证照分离”改革试点，解决“办照容易办证难”“准入不准营”难题。推出企业登记全程电子化、电子营业执照、企业名称自主申报、简易注销、建立小微企业名录等一系列改革举措，完善和推进“双随机、一公开”监管方式。建成并应用国家企业信用信息公示系统（山西），实现部门间信息共享和联合惩戒强化。加大商标运用和保护力度，推进广告战略实施，推进消费维权工作，加强竞争执法工作，加强网络市场监管，深化法治工商建设。截至年底，全省市场主体达到 208.70 万户，比改革前的 2013 年末增长 55.10%。其中，企业数量 52.50 万户，增长 86.20%。改革 4 年来新设市场主体 124.20 万户，新设企业 32.30 万户，日均新设市场主体从改革前的 826 户增加到现在的 1300 户，日均新设企业从改革前的 156 户提高到 339 户。（靳国琦　王子维）

【质监简政放权】 2017 年，山西省质量技术监督局加大简政放权力度，省级质监行政审批项目由原来的 23 项精减为 18 项，完成省政府“两集中、两到位”工作目标。国务院和省政府取消下放的工业产品生产许可等行政审批事项全部承接和落实到位。强化服务平台监督管理，落实岗位责任制、服务承诺制、限时办结制等制度，推进“阳光审批”工作。截至年底，共受理行政审批事项 1329 件，办结 1084 件，提前办结率 100%，实现“零投诉”。（雷　靖）

【食药监管】 2017 年，山西省食品药品监督管理局把集中整治作为解决突出问题、防范安全风险手段，围绕五个“重点”加大整治力度，一些突出问题得到遏制。

抓重点品种整治。整治肉制品、乳制品、白酒、食醋等风险较高的品种，根据区域特点，对吕梁的白酒、朔州的乳制品、太原的食醋、晋中的肉制品等进行整治，依法取缔 53 家，立案查处 47 起，罚没款 55.30 万元。

抓重点单位整治。实施学校食堂 16 条监管举措，采取排队通报、约谈警示、上限处罚直至停业整顿等措施，检查学校（含托幼机构）食堂 16709 户次，校园周边餐饮店、食品店 9411 家次，责令整改 5098 家，约谈 653 家次，罚没款 56.57 万元。

抓重点区域整治。以批发市场、集贸市场、农村地区、城乡结合部、城中村为重点，整治销售假冒伪劣、过期变质食品等行为，共责令整改 42307 家，立案查处 6026 家。

抓重点行为整治。针对群众反映强烈的网络订餐问题开展专项整治,共约谈餐饮单位2684家次,立案查处69起。聚焦群众关切的保健食品非法经营、虚假宣传等突出问题进行专项检查,查处无证经营单位497家,立案90起,对6个违规宣传品种采取全省禁售措施。

抓重点环节整治。开展生化药品、中药饮片、药品委托生产等专项整治,暂停生产药品品种10个,收回GMP证书2张。开展药品流通领域跨市交叉检查,共撤销GSP证书8张,收回123张,吊销经营许可证1家,立案查处30起。(杨晓峰)

【能源监管】 2017年,国家能源局山西监管办公室(简称山西能源监管办)推进山西电力体制改革,保障电力系统运行,促进国家能源规划政策在地方的落实,维护能源市场秩序,开展各项监管工作。2017年再次获山西省人民政府2016年度目标责任考核"优秀"单位,连续7年被省直文明办评为"文明和谐单位标兵"。

截至2017年底,全省发电装机容量8072.71万千瓦。其中火电6366.49万千瓦,占比78.86%;风电871.63万千瓦,占比10.80%;水电244.21万千瓦,占比3.03%;太阳能发电590.38万千瓦,占比7.31%。

全省发电量完成2765.53亿千瓦时,同比增长10.16%。其中,火电2502.99亿千瓦时,同比增长8.39%;风电164.92亿千瓦时,同比增长21.89%;水电42.11亿千瓦时,同比增长8.68%;太阳能发电55.51亿千瓦时,同比增长104.37%。

全年全省发电设备利用小时数为9080小时,同比增加428小时。其中,火电3992小时、同比增加195小时;风电1992小时、同比增加56小时;水电1725小时、同比增加236小时;太阳能1371小时、同比减少59小时。

2017年全省火电企业完成利润-60.93亿元,同比减少72.83亿元。其中:网调完成0.98亿元,省调完成-61.91亿元。统计口径内6家网调电厂中,4家盈利,2家亏损。50家省调火电厂中,5家企业盈利、45家企业亏损。

截至2017年底,全省全社会用电量完成1990.61亿千瓦时,同比增长10.76%。其中,第一产业41.15亿千瓦时,同比增长7.02%;第二产业1566.68亿千瓦时,同比增长11.09%;第三产业200.29亿千瓦时,同比增长12.50%;城乡居民生活182.49亿千瓦时,同比增长7.12%。

全年累计达成直接交易合同电量525.80亿千瓦时,完成502.62亿千瓦时,合同完成率95.59%。

全年全省外送电量累计完成774.91亿千瓦时,同比增长8.63%。其中,省电力公司外送电量351.15亿千瓦时(外送京津唐101.74亿千瓦时,外送特高压126.52亿千瓦时,外送河北122.89亿千瓦时),同比增长30.31%。(龙 颖)

【安全生产监管】 2017年,山西省安全生产监督管理局(简称省安监局)指导协调全省安全生产工作监督管理非煤矿山、危险化学品和冶金等工贸行业安全生产工作,在全省部署开展"知责履责、失职追责"活动。对全省所有工商注册登记的生产经营单位,逐一落实安全监管挂牌责任制。根据《山西省安全生产条例》规定,推动36个行业领域主管部门制定分级属地监管办法,要求报省政府批准后施行。据月报统计,1—11月份,全省安全生产形势持续稳定好转。发生各类生产安全事故1142起,死亡1049人,同比减少379起、280人,分别下降24.92%和21.07%。发生重大事故1起,即山西中煤担水沟煤业公司"1·17"冒顶事故,造成10人死亡。重大事故同比起数持平,死亡人数减少10人。未发生特别重大事故。(关永革)

【海关服务地方经济】 2017年,太原海关支持山西省承接加工贸易产业转移,全年监管富士康苹果手机区外维修项下进口待维修手机775.63万台、出口修复手机590.22万台,项目运行至2017年,形成一套作业流程严密合理、业务操作规范有序、现场监管高效顺畅的监管方法,新增手机主板维修前期准备进展顺利。支持外贸新兴业态发展,5家企业在武宿综合保税区开展跨境电子商务,选取2家外贸综合服务试点企业、5家培育对象企业。支持地方政府打造农产品出口平台,引导本地企业自营出口、用足用好退税政策。支持企业技术进步和产业结构转型升级,调整减免税审核流程、简化审核手续,取消减免税项目备案环节,跟进省内重点项目进展情况,发挥科研设备存量优势,全年办理各类减免税手续1200余笔,涉及进口货值1.70亿美元,减免税款2.10亿元人民币,同比增长31%。开展税政调研,帮助企业应对美国反倾销调查,提出税则调整建议,撰写《不锈钢产品税则分类过粗、扩大反倾销对我国钢铁企业出口的影响》,获中央领导批示。加大知识产权保护力度,打击虚假贸易,营造良好外贸环境。构建以信用为核心新型海关监管机制,完成8家高级认证企业重新认证,新培育1家企业升级为高级认证企业,对5家企业采取暂停认证措施,对30家企业实施降级调整,对被列入联合惩戒名单9家企业采取惩戒及风险防范措施。落实"放管服""去繁就简"要求,优化通关环境,目前仅保留清单内4个行政审批事项、1项预录入涉企经营服务性收费。(宋 阳)

【口岸发展】 截至2017年底,山西省有经国务院批准的对外开放口岸1个,即太原空运口岸(太原武宿国际机场)。经国家口岸管理办公室批复的临时对外开放口岸2个,分别是大同空运口岸(大同云冈机场)和运城空运口岸(运城张孝机场)。

2017年,山西省空运口岸出入境人员35.4024万人(次),航班2704架次,与上年同期相比,出入境人员减少8.25%,航班减少5.62%。其中,太

原空运口岸出入境人员 30.223 万人(次),出入境飞机 2280 架次;大同空运口岸(临时开放)进出境人员 27237 人(次),进出境飞机 172 架次。运城空运口岸(临时开放)进出境人员 24557 人(次),进出境飞机 252 架次。

(郭 瑞)

宏观经济管理

【宏观调控政策】 2017 年,山西省发展与改革委员会贯彻宏观调控政策,促进经济发展由"疲"转"兴"。

经济形势分析精准。加强对国际、国内发展大势的研究,客观分析可能对山西省产生的影响。抓住山西省经济发展关键变量,突出对煤炭、铁矿石等大宗商品价格动态分析,研判主导产品价格走势。坚持月调度、季分析,强化基层调研和省直相关部门信息互动,把握经济运行的发展态势,结合年度经济工作不同时间节点,提出政策建议,为省委省政府决策提供支持。

有效投资增长。扩大投资规模,全年投资增长 6%左右,实现年初预定目标。优化投资结构,加大战略性新兴产业、高技术产业、服务业投资,三季度工业投资由负转正,1 月至 11 月,非去产能行业、高技术产业、服务业投资分别增长 67.50%、16.90%、9.80%。抓好重点工程,建成"山西省重点工程管理信息系统",开展在建重点工程项目无障碍施工专项行动,解决项目推进中的资金、土地、拆迁等问题。1 月至 11 月,全省重点工程投资完成率 82.20%。促进民间投资,1 月至 11 月,全省民间投资增长 7.6%,增速高于全国 1.9 个百分点。理顺和规范省级 PPP 项目管理机制,形成总投资 7000 多亿元 PPP 项目库。加强项目谋划,梳理未来五年总投资 5 万亿的投资项目,以及 2018 年计划投资建设项目(含打捆)3000 多个,年度计划投资超过 7000 亿元。推进"两集中、两到位",受理、办结各类项目 249 个。加大项目监管力度,全年组织、参加省委省政府安排交办督查检查验收事项 20 项,指导督促市县发改部门稽查中央预算内投资项目 686 个,确保政府资金发挥作用。

促进实体经济发展。拓展企业融资渠道,截至 11 月底,全省新增贷款 2199.50 亿元,股权融资 114.30 亿元,大中型企业债券融资 2267.90 亿元,推进 12 只企业债券发行。抓好《山西省降低实体经济企业成本实施方案》落实,全年降低实体经济企业成本 390 亿元。印发《进一步做好我省降低企业杠杆率工作的通知》,推动市场化债转股,全年达成 13 笔债转股意向或协议,资金规模 1230 亿元。

(郭卓宇)

【供给侧结构性改革】 2017 年,山西省发展与改革委员会落实供给侧结构性改革重点任务,支持传统产业升级改造,培育新兴产业发展,转型发展蓄势聚能,发展质量和效益提升。

新兴产业规模扩大。抓好装备制造业领域发展规划的实施,推进吉利晋中年产 10 万辆乘用车等重点项目投产。发展煤层气产业,全年全省煤层气(瓦斯)抽采量达 117 亿立方米,利用量达 74 亿立方米。推进晋北和中南部两大风电基地,大同市、阳泉市和芮城县三大光伏基地建设。截至 11 月底,全省新能源装机容量达 2127 万千瓦,装机占比达 26.60%。谋划航空产业发展,加快编制《山西省通用航空发展规划》。推进军民融合发展,创建国家军民融合创新示范区。1 月至 11 月,全省战略性新兴产业(制造业)增加值增长 10.60%,超过规上工业 3.40 个百分点。

传统产业发展水平提升。支持煤炭产业提升先进产能占比,完成煤矿安全改造投资 15.30 亿元。编制完成《山西省"十三五"电网主网架规划》,蒙西~晋北~天津南、榆横~晋中~潍坊、晋北~江苏等 3 条外送电通道建成投运,盂县电厂~河北辛集外送电通道加快建设。1 月至 11 月,全省外送电量达 689.70 亿千瓦时。印发实施《山西省焦化产业布局意见》,推动焦化产能向重点园区和优势企业集中。

现代服务业发展加快。建立服务业清单化管理等 6 项工作推进机制。省政府办公厅印发《山西省支持现代服务业发展政策措施(2017 年版)》,推动有关部门出台服务业七大行业发展分类指导意见和扶持政策。省发展改革委组织编报《山西省全国红色旅游经典景区三期总体建设方案》,助力"三大旅游板块"发展。制定实施《关于进一步扩大旅游文化体育健康养老教育培训等领域消费的实施意见》。开展文水县、侯马市服务业综合改革试点工作。前三季度,全省服务业增加值增长 7.80%,对全省经济增长贡献率为 57.20%。

大众创业、万众创新蓬勃发展。山西综改示范区学府产业园区成为国家级双创示范基地,支持首批 12 个省级双创示范基地,国家批复 2 个国家地方联合工程研究中心。印发《关于建设省级大众创业万众创新示范基地的实施意见》《关于强化实施创新驱动发展战略进一步推进大众创业万众创新深入发展的实施意见》,举办 2017 年双创活动周,形成一批可复制推广的双创模式。

"三去一降一补"取得成效。协调推动完成煤炭 2265 万吨、钢铁 170 万吨去产能任务。制定煤电行业化解过剩产能风险实施细则,关停淘汰 5 台共 70 万千瓦机组。制定煤炭、钢铁行业处置僵尸企业实施方案。5 月底取缔"地条钢"。1 月至 11 月,全省规模以上工业每百元主营业务收入成本为 80.70 元,同比下降 4.60 元。提高补短板精准性和有效性,1 月至 11 月,全省基础设施投资增长 6.90%、民生支出增长 14.60%,扶贫攻坚资金投入增长 57.40%。

(郭卓宇)

【重点领域改革】 2017 年,山西省发展与改革委员会深化重点领域改革,提升对内对外开放水平。

投融资体制改革取得突破。研究制定《山西省深化投融资体制改革的实施意见》。修订《山西省政府核准的投资项目目录(2017 年本)》,最大限度减少省级核准权限。推动承诺制改革在10个开发区和晋中市全域试点，全省试行承诺制项目94个，项目立项到开工时间平均缩减约三分之二。对企业投资项目备案实行属地管理。将发改委省级核准权限集中向综改示范区授权。推广运用山西投资项目在线审批监管平台，累计受理项目2.70万余个。

社会信用体系建设和政务信息共享。省政府出台《山西省建立完善守信联合激励和失信联合惩戒制度加快推进社会诚信建设实施方案》。建成省信用信息共享平台，累计归集各类信用信息4000余万条。发布实施《信用信息共享平台》《企业信用综合评价指南》两项地方信用标准。发挥全省信用信息联合激励惩戒作用。推进全省政务信息整合共享工作，山西省政务信息共享网站投入运行，《山西省政务信息资源目录》编制情况在全国排第9位。推动产权保护、企事业单位公务用车、创新政府资源配置、互联网+政务等领域改革。

对内对外开放。制定《山西省招商引资重点产业指导目录》《山西省鼓励投资政策(2017年版)》。融入国家战略，推进与“一带一路”沿线国家和地区的产能合作，融入京津冀协同发展，对接服务雄安新区建设，编制《山西省深度融入京津冀协同发展规划》，基础设施互联互通、清洁能源供应等工作取得进展。推进晋陕豫黄河金三角、蒙晋冀(乌大张)长城金三角等区域合作。开展与德国北威州等省州合作。1月至11月，全省利用外资14.40亿美元，同比增长15.10%。

(郭卓宇)

【城乡协调发展】 2017年，山西省发展与改革委员会统筹城乡发展，推进城乡一体化。

加强农业农村发展。支持农业供给侧结构性改革，加快“一园一区一平台”建设，促进种养结构调整，特色农业占比达72%。加快农村一、二、三次产业融合发展，盐湖、太谷、石楼入选全国农村产业融合发展试点示范县。推进阳高、五寨等6县创建国家农村产业融合发展示范园。推进农村饮水安全、中小河流治理等重点工程。加快农村基础设施建设，全省20%的行政村达到美丽宜居乡村标准。

推进新型城镇化建设。出台《山西省加快推进新型城镇化建设2017年行动方案》，编制《山西省中部城市群发展规划(2017—2030年)》，制定《山西省加快推进城乡发展一体化的指导意见》。新型城镇化推进，太原都市区建设取得成效，城市道路、管网等设施改善，全省城市集中供热普及率达到90%以上。推进太原、阳泉等城市老工业区和独立工矿区搬迁改造，支持霍州市资源枯竭型城市转型。2017年底，全省户籍城镇化率为40.40%，比上年提高1.24个百分点。

(郭卓宇)

【国家政策、项目和资金支持】 2017年，山西省发展与改革委员会争取国家政策、项目和资金支持。

对接国务院办公厅、国家能源局，协调国家减轻山西省煤电化解过剩产能风险任务，从原拟定的停缓建名单中调出8个项目，涉及产能1006万千瓦。向国务院和有关部委争取，简化集团企业内部电解铝产能跨省域产能置换办法，确保山西中铝华润有限公司50万吨电解铝项目推进。争取国家发改委审核批复《山西省企业投资项目承诺制改革试点方案》，为山西省打开承诺制改革工作新局面，奠定基础。争取长治市列为全国首批产业转型升级示范区。争取各类中央预算内资金70.40亿元。

(郭卓宇)

土地资源管理

【能源资源结构调整】 2017年，山西省国土资源厅完善煤炭资源配置管理，提请省政府出台煤炭资源矿业权出让转让管理办法，连续两年煤炭矿业权“零”出让。落实煤炭去产能、煤矿减量重组，注销煤矿采矿证56个、退出产能5100万吨/年。推进煤层气审批制度改革，争取国土资源部支持，出台专项规划和配套制度，开创“山西模式”。推动煤层气勘查开发，榆社—武乡煤层气勘查项目发现超大气田；全省地面抽采量达50亿立方米/年，增长1倍；在全国竞争出让10个煤层气勘查区块。国土资源部上报国务院，在全国推广改革经验。规范矿业权管理，解决历史遗留问题，制定自然保护区内矿业权退出方案，明确煤矿资源整合遗留问题处置思路。展开矿业权人勘查开采信息公示工作。推进地质找矿市场化，把找矿突破战略重点调整到煤层气、干热岩等战略性新兴产业、清洁能源资源项目上，安排一批勘查资金，增加一批重要矿产资源储量。

(王卫国)

【发展用地保障】 2017年，山西省国土资源厅在土地利用总体规划调整完善中，争取国土资源部支持，拓展用地空间，增加建设用地规模74.55万亩，增加建设用地流量指标63万亩。保障开发区改革创新，提请省政府印发《山西省人民政府关于加快开发区转型升级促进土地节约集约高效利用的通知》，按照“一市一国家级、一县一省级”开发区空间布局要求，安排开发区用地总规模达1287平方千米，满足开发区“十三五”期间建设用地需求。提请省政府出台开发区用地政策，加强节约集约用地管理。改革建设用地报批，下放6项审查权限，开通网上直报系统和“绿色通道”，缩短审批时限。转型综改示范区用地直报省厅，厅内审核时间由29个工作日压缩到15个。开展国土资源收益征缴工作，保障各级政府财政收入。

(王卫国)

【耕地保护新机制构建】 2017年，山西省国土资源厅坚守耕地红线，落实《中共中央 国务院关于加强耕地保护和改进占补平衡的意见》，省委省政府出台实施方案和相关政策文件，建立土地整治和占补平衡市场机制，引导社会资本投资或参与土地整治，健全耕地保护责任制，划定4891.52万亩永久基本农田。拓展耕地占补平衡渠道，实施闲置宅基地和农村扶贫易

地搬迁复垦，推进高等级耕地和提质改造耕地开发项目，为破解耕地占补平衡难题奠定政策基础。利用30亿元耕地开发专项基金，推进项目实施，新增耕地补充指标，解决重点项目耕地占补平衡难题。截至2017年底，全省耕地总量6085万亩，守住5757万亩耕地红线。（王卫国）

【地质灾害防治】 2017年，山西省国土资源厅健全共同责任机制，实施群测群防，突出汛期重点防治，地质灾害造成人员伤亡逐年递减，2017年实现地质灾害防治14年来首次零死亡。推进地质灾害调查评价、监测预警、综合治理、应急防治四大体系建设。地质灾害防治高标准“十有县”建成率达80%，建成地质灾害实时监测预警系统及应急平台并投入运行，1.50万地质灾害详细调查实现全省全覆盖。推进地质灾害隐患治理，使10万人民群众脱离威胁。推进农村地质灾害治理搬迁，落实搬迁任务1.2万户。地质灾害应急调查分队在和顺吕鑫煤业8·11事故救援中发挥支撑作用。基本完成采煤沉陷区59个重点矿山地质环境专项调查，推进59个专项治理项目和重点复垦项目。推进地质公园建设，申报国家级古生物化石集中产地。（王卫国）

【法治国土建设】 2017年，山西省国土资源厅制定实施法治国土建设实施意见，梯度推进法治国土建设，修订《山西省基本农田保护条例》，健全重大行政决策、规范性文件备案、行政执法公示等一系列规章制度，建立权责清单制度，实行动态管理，开展“七五”普法工作，提升法治化建设水平。落实社会治安综合治理责任，实现信访维稳，维护群众合法权益，解决信访积案，信访总量连续五年大幅下降，进京访退出全国前十，被省人大常委会表彰为2013—2017年信访督办标兵单位。开展卫片执法检查和土地例行督察，查处、严肃整改违法用地行为。加大非法违法采矿监管打击力度，将无人机技术应用于日常执法，监管23个重点监控县。通过立案查处、收缴罚没、拆除违法建筑物、没收矿产品、党政纪处分、追究刑事责任的手段，增强全社会依法规范用地用矿意识，维护国土资源管理秩序。（王卫国）

国有资产管理

【国资监管机构改革与企业监管】 2017年4月，山西省国资委对内设机构进行优化调整，在原有基础上合并4个处室，更名3个处室，新设5个处室，内设机构数量由18个精减为17个。强化党的领导、财务预决算、风险管控、资本运营和审计监督，运用大数据深化改革、调整结构、强化创新和转型升级的力度。

截至2017年底，省国资委直接监管企业24户。依据快报数据省国资委监管企业（以下简称省属企业）资产总额2.32万亿元，同比增长8.70%；负债总额1.81万亿元，同比增长6.40%；所有者权益5175.80亿元，同比增长17.60%；资产负债率77.70%，同比下降1.70个百分点；完成增加值2288.20亿元，同比增长22.70%；实现利润总额180.80亿元，同比增长808%；实现利税962亿元，同比增长74.80%；上缴税费784.20亿元，同比增长66.50%；营业成本同比下降89.90亿元。成本费用支出总额1.20万亿元，同比增长1.50%，低于同期营业收入增幅1.90%；平均成本费用利润率1.50%，同比提高1.33%。（杨　亮）

【国有企业改革】 2017年，山西省颁布“1+N”政策文件，出台支持国企国资改革十多项政策，制定八个方面21项重点改革措施。

推动新旧动能转换，布局结构优化。加快新旧动能转换，突出新兴产业发展，2017年非煤产业增加值完成893.80亿元，其中新兴产业增加值完成376亿元，占非煤产业比重42%，同比提高3.30个百分点。以煤炭、电力为先导，发布两批53个“腾笼换鸟”股权转让项目，账面资产净值约300亿元。以苏晋能源项目合作为标志的“腾笼换鸟”项目启动，落地项目10余个，涉及金额163亿元。

完成国企重大重组，新兴产业异军突起。通过推动专业化重组、提升管理层级等方式，国投运营、文旅、大地、云时代、航空产业等一批转型集团公司成立。2017年省属煤炭集团先进产能占比达55.23%，同比提高10.20个百分点。

2017年2月23日，山西省国资委与汾酒集团联合举行2017年度和三年任期经营业绩责任书签订仪式（杨　亮供图）

推进企业混改分层，瘦身健体进度加快。省属国企公司制改制完成。汾酒集团、建投集团混改试点按计划推进。二级以下公司以及新设公司混改面达67%。员工持股试点工作开展。推进瘦身健体“处僵治困”，2017年半数以上的省属国企管理层级压缩至四级以内，减少法人超过600户。清理欠薪欠保177.40亿元。大幅度退出落后过剩产能，推动低效无效资产市场化出清。指导市、县加大国企国资改革，加快处置僵尸企业，引进社会资本参与混改，促进市属国有企业市场化改革。推进国有企业分离办社会职能和厂办大集体改革。

推进一企一策考核分配。山西省国资委与汾酒集团签订年度经营目标责任书，压实企业责任。探索省属国企经营班子任期制和契约化管理，将科技创新、转型项目纳入经营业绩考核指标体系，引导企业转型发展。在集团层面出缺岗位探索引进职业经理人和新设公司开展经理层市场化选聘，激发体制机制活力。深化“三项制度”改革，完善以增加知识价值为导向的分配政策，鼓励企业对科技人员采取新的薪酬制度。（杨　亮）

【国资监管新路】 2017年，山西省深化“放管服效”改革。在全省省直机关首家完成大处室改革，主动放权，精简监管事项17项，对企业契约化管理，放手企业自主经营；授权国投公司董事会行使出资人权利10项，国投公司同时放权；提高监管效率，推行电子化办公，建立国资委“13710”电子督办子系统，建设国资监管大数据平台。

增强服务意识。发挥桥梁纽带作用，强化银企合作关系，组织各层次银企协调会30多次，化解各类银企矛盾纠纷60多件；以作风建设为统领，帮助省属国企解决困难问题100多件，解决一批长期困扰企业发展“老大难”问题，解决亏损上市公司保壳、焦煤集团和能投集团三座露天煤矿移交的遗留问题，快速应对三维环保事件等。

创新监管方式。加强业绩考核成果的运用，实现“四挂钩”，让考核“长牙齿”，发挥“指挥棒”作用。突出监管重点，围绕管好资本布局、规范资本运作、提高资本回报、维护资本安全、防范投资风险五个方面从严监管。加强问题整改，对审计监管查实的问题，认真处理，亡羊补牢、追损挽损，查清事实、追责问责，建立台账、督促整改。提出“十个不得”，为企业领导人员在国企改革过程中的行权履职，划出政策红线。

严格投资管理。研究制定投资风险监管办法和投资负面清单，按照“一主三辅”，明确主业，严控非主业投资，对企业各类投资项目摸排，注重质量和效益。

加强市县指导。定期通报市县改革进展，对各市承担的分离办社会、厂办大集体改革等重点任务加强协调督导。（杨　亮）

财　政

【国家财政监督】 2017年，财政部驻山西省财政监察专员办事处完成8户中央驻晋预算单位2018年“一上”部门预算编制审核，核减各类人数280余人，核增津补贴当年需求数324万元，核减新增租用房屋申请457平方米、新增车辆预算17辆、50万元以上设备2台。实施财政授权支付动态监控，制定财政授权支付资金动态监控操作规程，建立月报制度，突出痕迹监控，全年对问题线索电话核实115户（次），实地核实9户（次），发现11户、79笔违规支付问题，约谈2户单位负责人，下发整改通知书，持续跟踪督促整改。受理审核6户（次）预算单位国库直接支付申请，审核同意支付资金9483万元。审核7户（次）新开立银行账户，系统备案4户（次），撤并账户10户，年检单位201户，年检合格账户505个。审核14户预算单位2016年度部门决算，发现问题3083万元。审核46个三级预算单位、143个四级预算单位公车改革方案。（郭　帅）

【中央转移支付监管】 2017年，财政部驻山西省财政监察专员办事处监控中央对地方转移支付资金执行。督导提前下达中央资金1077亿元。动态监管中央预算资金480亿元，全年共发现问题443项金额90多亿元。其中审核煤层气开发利用补贴，剔除不符合补贴规定5户企业1550万元。新能源公交车运营补助审核，同意申领补贴2154辆。审核普惠金融专项资金和民品民贸专项贴息资金核减687万元。审核民航发展基金用于地方机场建设项目核减3811万元。对用于农机购置补贴部分农业生产发展资金预算执行监控，抽查4县（区）发现4类问题，提出改进建议。全年完成江河湖库水系综合整治资金、林业补助资金等8个绩效评价项目，其中传统村落补助资金绩效评价所提“环保、农改等资金统筹整合使用”的建议被有关司局采纳。

（郭　帅）

【地方财政运行监管】 2017年，财政部驻山西省财政监察专员办事处与省财政厅联合建立地方政府债务联合监管机制，完成对山西省省本级和7个市2016年发行地方政府债券置换存量债务情况核查，发现问题金额26亿元。督导地方政府举债融资行为自查整改，查出运城市康杰中学违规举债1.83亿元案例，发现阳泉市顶风违纪、漏报少报等问题，阳泉市立行立改，声明作废并撤回多项担保承诺、政府购买合同和会议纪要。完成2017年四批置换债券协议备案审核，剔除协议55份，涉及金额2.24亿元。完成地方政府性债务投资项目资产清查登记审核等工作。

收入监管。全年完成中央非税收入就地征收70亿元。完成工业企业结构调整专项资金等7项中央非税收入的征缴清算。完成2016年彩票发行机构业务费清算，共核实上缴中央发行费4561万元。完成对30家成品油生产经营企业油价调控风险准备金征收管理有关事项调查。对煤层气企业先征后退自查情况开展实地核查。累计办理3大行业85户企业的退税6.64亿元。（郭 帅）

【民生资金监控】 2017年，财政部驻山西省财政监察专员办事处审核认定城镇居民基本医疗保险396万人，新型农村合作医疗2116万人。完成养老保险资金审核，核减参保人数6万余人。对农村义务教育学生营养改善计划国家试点补助资金和城镇保障性安居工程专项资金开展绩效评价。中央财政城镇保障性安居工程专项资金审核，核减租赁补贴6088户，核减率4.09%，核减公共租赁住房556套，核减率12.16%，核减城市棚户区改造6749套，核减率3.55%。

（郭 帅）

2017年4月19日，财政部驻山西省财政监察专员办事处召开煤层气增值税先征后退工作会议 （郭 帅供图）

【财政专项检查】 2017年，财政部驻山西省财政监察专员办事处全年完成37项重点工作，共发现问题443项金额90多亿元。对相关责任人进行批评或免职记过等处分82人(次)。

财政扶贫资金专项检查。选取大同、浑源两个国家级贫困县和一个计划退出县保德县相关单位9户，走访乡镇32个，实地核查项目117个，发现5大类10多个问题6.67亿元，追责41人(次)。

2016年地方政府预决算公开专项检查，发现收入核算不实问题金额38亿元，下达处理决定，预决算公开方面31个问题已整改30个，真实性方面44个问题已整改42个，追责39人(次)。

实施财政授权动态授权支付动态监控，发现73笔违规支付问题，约谈相关负责人2人(次)。

残疾人就业保障金征收使用情况专项检查，实地检查2个市县，发现残疾人就业保障金使用管理不当等问题。

中国建设银行山西省分行、晋商银行"三项业务"检查，发现被检查银行的呆账核销管理办法不符合财政部相关规定等问题。完成对山西省农发行、国开行专项债券贴息审核。

协调山西省4户煤炭企业，组织10个专员办参加中期汇报会，对阳泉煤业(集团)股份有限公司开展检查，发现7大类184个问题，涉及违规违纪金额55亿元。（郭 帅）

【财政政策调查研究】 2017年，财政部驻山西省财政监察专员办事处开展盘活存量资金核查，财政收入(空转)情况调研及民生政策托底保障机制运行情况调研，提出完善政策建议。

与省国税、地税、财政厅建立联席会议机制，从4个行业中各选5个单位重点调研分析，评估营改增政策成效，按月上报调研报告和情况反映。

对2016年和2017年上半年山西省以及12个市、县民生政策托底保障机制运行情况实地调研，提出完善项目及测算标准等政策建议。

调研利用互联网销售彩票问题，核实两个彩票机构擅自利用互联网销售彩票的销量和支付的佣金，发现问题资金4090万元，并提出组建彩票监督专门机构等建议。

2017年，上报调研报告15篇、信息50篇、政务公开信息107篇，2016年财政部"三优"评选有4篇文章获奖。其中工业企业结构调整专项奖补资金专项调研，发现专项奖补资金2.28亿元未进行分配和使用，多申报奖补资金4615万元等问题。

（郭 帅）

【预算执行】 2017年，山西省一般公共预算收入完成1867亿元，同比增长20%，增收310亿元，一举扭转过去两年持续下降的局面。全省税收收入占财政收入比重达74.80%，比上年提高8.20个百分点，收入质量提升。全省一般公共预算支出累计执行3756.40亿元，同比增长9.60%，增支327.60亿元，支出进度较2016年加快3.60个百分点。（梁智腾 卫忠梅）

【财政扶贫】 2017年，山西省财政厅安排资金24.30亿元实施新的十项强农惠农富农政策，保障实施脱贫攻坚和农业三大省级战略，开展农村集体经济试点和基层服务组织建设。加大财政扶贫投入，推进涉农资金统筹整合使用。财政专项扶贫资金绩效评价考核全国第一。筹措资金69.60亿元，支持12万建档立卡贫困人口和3万确需同步搬迁人口易地扶贫搬迁。采取竞争立项方式确定20个美丽乡村建设试点县，试点项目村达100个。

（梁智腾 卫忠梅）

2018 年 1 月 16 日，全省财政工作会议在太原召开　（卫忠梅供图）

【民生保障改善】 2017 年，山西省统一城乡义务教育学生“两免一补”政策，实现教育经费随学生流动可携带。建立普通高中生均拨款制度。新增投入 3 亿元启动实施高校 1331 工程建设。落实山西省促进就业创业各项政策措施，为大学毕业生购买基层社会管理和公共服务岗位，失业保险费率由现行的 1.50%降低至 1%。提高退休人员基本养老金水平，全省城乡低保保障标准每人每月至少提高 20 元，城乡居民基本医疗保险财政补助标准每人每年提高 30 元，基本公共卫生服务经费标准每人每年提高 5 元。省政府确定的六件民生实事资金全部足额落实到位。全省民生支出 3058.80 亿元，占全部支出的 81.40%，增长 7.80%。（梁智腾　卫忠梅）

【财政支持转型创新】 2017 年，山西省财政厅加大对开发区建设财政支持力度，对转型综改示范区和开发区实施税收增量返还财政政策，下达 20 亿元支持转型综改示范区基础设施建设和设立科技成果转化等政府引导基金。发挥政府投资导向作用，争取并下达中央和省级相关专项资金保障交通、水利等省委、省政府重大基础设施和重点投资项目资金需求。加快政府引导基金运作，省级财政分年安排出资 100 亿元，支持设立太行产业投资基金，定向募集社会资金 200 亿元，重点支持山西转型发展、培育新动能重点产业。推广运用 PPP 模式，筹措资金 1.50 亿元注入 PPP 融资支持基金，对省级以上示范项目实施财政奖补。设立企业技改专项资金 10 亿元，支持实施智能制造示范、技术创新提升、绿色制造推广等八大技术改造专项工程。设立大数据发展专项资金，扶持大数据企业健康发展和创新突破。筹措资金 10 亿元实施“煤改气”“煤改电”工程，改善全省大气环　境质量。制定出台 10 个方面 40 条财政支持政策，以“二流财政”打造“一流人才政策”。

（梁智腾　卫忠梅）

【财政改革】 2017 年，山西省财政厅推进省以下财政事权和支出责任划分改革，建立农业转移人口市民化奖励机制，研究完善省直管县财政改革试点政策，创新完善财政体制机制。加大财政资金统筹力度，将新增建设用地土地有偿使用费等基金调整转列一般公共预算，将政府性基金结余超过收入 30%的部分调入一般公共预算，取消关于排污费、水资源费等以收定支、专款专用的规定。加大结转资金清理力度，凡连续两年未使用完的结转资金一律收回统筹使用。在全国建立支出进度考核奖惩制度，考核结果每月向社会媒体公布。编制印发政府性债务风险应急处置预案，建立融资平台公司、国有企业、事业单位举借融资情况和财政支出责任季报监测机制。开展对财政扶贫资金和重大民生项目监督检查和绩效评价，行政事业单位内控和管理会计专家团队深入企业开展服务，市县法检院财物统管改革全面推开，省属国有煤炭等企业资产价值重估取得成效。

（梁智腾　卫忠梅）

税　务

【国家税务】 2017 年，国税累计完成各项税收入 1647 亿元（含海关代征增值税、消费税，未扣减出口退税）。其中，海关代征完成 11 亿元，同比减少 2.90 亿元，下降 20.90%；办理出口退税 32 亿元，同比减少 1100 万元，下降 0.34%；增值税完成 1245.70 亿元，同比增加 479.20 亿元，增长 62.50%；企业所得税完成 217.90 亿元，同比增加 55.60 亿元，增长 34.30%；消费税完成 63.50 亿元，同比增加 4.50 亿元，增长 7.60%；车辆购置税完成 77 亿元，同比增加 19.80 亿元，增长 34.60%。

2017 年，山西省国税收入有六个特点：国税收入改变 2013 年下滑态势，延续 2016 年良好走势，收入规模和增幅刷新历史同期纪录；在煤焦价格大幅回升、企业利润增加及营改增政策增收等因素影响下，国税收入同比增长 53.50%，与 1 月至 11 月全省规模以上工业企业主营业务收入同比增长 27.80%，主要经济指标走势总体一致；国税地方级收入占全省一般公共预算收入比重由上年的 27%提升至 38%，分别超出地税及财政部门 1.60 个百分点和 12.40 个百分点，国税收入贡献突出，服务地方经济发展能力增强；所辖税种均实现同比增长，增值税占比为 77.70%，超出全国平均水平 20 个百分点；第三产业税收在上年增长 13%的基础增速加快为 38.60%，比剔除煤炭生产行业第二产业增幅（28.40%）快 10.20 个百分点，产业结构调整展现新变化；在煤焦冶电四大传统行业收入增长的同时，非煤行业税收呈现诸多亮点，代表全省经济增长新动能的汽车制造业入库税收8亿元，同比增加6.50亿元，增长4.50倍。（董其文）

【营业税改增值税】 2017年，山西省国税局在营改增成效基础上，发挥工匠精神，统筹兼顾，开展税负分析和政策大辅导工作，做好“改进好”“总结好”阶段各项工作，系统总结试点改革成效。截至2017年11月底，全省共有营改增试点纳税人33.80万户，与缴纳营业税相比，试点纳税人总体减税42.50亿元。（董其文）

【税收法治】 2017年，山西首部涉及税收保障政府规章《山西省税收保障办法》公布，构建以涉税信息共享机制和税收执法协助机制两大支柱为主体的符合山西征管实际税收保障体系。山西省国税局制定《关于进一步完善省局局长法律顾问办公室工作机制深入推进依法治税的实施意见》，发挥法律顾问办公室统揽和推进全省国税系统依法治税工作的职能作用。深化行政审批制度改革，落实《国家税务总局关于简化税务行政许可事项办理程序的公告》，简化许可事项办理程序，简并纳税人报送资料，减轻纳税人负担。选择太原市杏花岭区国税局等16家单位作为全省国税系统法治创建示范点，鼓励其在法治税务建设方面探索先进经验、做法，发挥引领示范作用。推进法治基地建设，确定太原市万柏林区国税局等7家单位为全省国税系统法治基地。（董其文）

【税收优惠政策落实】 2017年，山西省国税局把落实各项税收优惠政策，特别是国务院6项减税政策作为惠民生、促发展的重要举措，利用网站、省级主流媒体开展多部门、多维度联合宣传，扩大政策内容和减税措施的普及面，确保企业对税收优惠政策应知尽知。会同省科技厅等部门对各类符合优惠政策条件的科技型中小企业摸清底数，科学施策，提升税收优惠政策落实的系统性、针对性。全年全省国税系统共减免各类税收309.30亿元，同比增长42.70%，增加92.50亿元。把握国家支持山西资源型经济转型发展重大机遇，就服务全省自主创新发展、服务双创示范基地建设、服务中小微企业“小升规”等方面内容争取优惠的税收政策，凸显政策服务高地效应，助力全省企业转型创新发展。（董其文）

【税种集成管理】 2017年，山西省国税局实施以“数据联动、税种融通”为主要特征的税种集成管理，探索税种管理的互联互通、标准统一、扎口管理，通过“数据+模型”强化风险管理支撑。制定《山西省国家税务局利用发票新系统开展税收风险防控的实施方案》，推行增值税发票管理新系统，规范纳税人使用编码开票，建立风险防控机制。依托国地税网上服务平台，突出企业所得税汇算清缴在所得税管理中的核心作用，通过“互联网+所得税业务”，实现汇算数据“零”差错，纳税申报率100%。推进“互联网+政务服务”，简化办税流程、优化再造办税服务、整合数据资源、拓宽办税渠道、强化国地税合作，促进线上线下融合，初步形成办税服务新模式。推广山西国税地税网上服务平台，实现税务登记、纳税申报、税款缴纳、发票领用等日常业务网上办理，全省60万户纳税人通过线上办理业务，占全部纳税人的76.20%。构建实体办税、网上办税、掌上办税、自助办税和社会办税“五位一体”多元化办税新格局。（董其文）

【纳税服务】 2017年，山西省国税局与省地税局联合开展“万名税务干部入企调研服务”专项活动，为企业讲政策、送优惠、解难题，帮助企业完善财务制度，提升核算能力，降低经营风险，提高理财水平和经济效益。与省地税局联合起草经省政府通过《全省税务系统优化税收营商环境服务经济转型发展的实施意见》，从政策、管理、服务、执法等4个方面制定28项具体举措。开展便民办税春风行动，实现全省范围内推行税务认定、申报纳税、优惠办理等6大类31个办税事项的省内通办。构建“12366”综合服务平台，开展信用评价，维护纳税人合法权益。深化“银税互动”活动，促进纳税信用和金融授信两大领域信息共享和服务联动，确保全省“银税互动”工作机制市、县（市、区）“全覆盖”，全年向18家签约银行推送A—D级纳税人11.90万户。采用银税线上“直连”，优化贷款流程，促进税银合作产品速审快贷，截至2017年9月底，累计向5260户纳税信用优良企业提供贷款181.40亿元。（董其文）

【税收征管】 2017年，山西省国税局根据国家税务总局《深化国税、地税征管体制改革任务分解表》和山西省深化国税地税征管体制改革方案要求，制定落实《方案》任务分解表，细化6大类31项108个改革任务。截至2017年底，“在总局具体部署前各地可以自主实施的改革内容”的62项任务中，完成26项，推进26项，5项任务按照税务总局本年度部署安排实施。与省地税局联合成立全省税务系统融合发展领导组，统筹推进“五个联合”，构建“目标一致、服务一致”的国税地税融合发展新格局。与省地税局联合制定《全省税务系统优化税收营商环境服务经济转型发展实施意见》，推出28项具体措施。优化服务，强化管理，防范出口退税风险，全省办理出口退税32亿元。省国税局制定出台《进一步深化“放管服”改革 优化税收环境的具体措施》，提出64项具体改革措施。与省工商局、省地税局联合在全省范围内开展商事制度改革专项督查。以大企业税收服务与管理为切入点，提出和实践“1241”工作思路，推进税企共治，与52户大型集团企业开展税企高层对话会、研讨、走访等活动，与山西建设投资集团等4户大企业签订《税收遵从合作备忘录》或《税收

共治合作协议》。（董其文）

【税务稽查】 2017年，山西省国税局与省地税、公安、海关、人行、通信等部门协作，统筹推进打击骗税、打击虚开和打击制售非法发票“三位一体”工作布局，全年共查处涉案企业1330户，查处非法发票8.75万份，查补总额14.90亿元。以点面结合为抓手，对医药行业、废旧物资行业开展税收专项整治工作。推进“黑名单”曝光和联合惩戒，惩戒部门由21个扩大到33个，联合惩戒措施由18项扩大到28项，全年累计在省国税局门户网站、“信用山西”等平台对外公布税收违法“黑名单”信息92件次，与联合惩戒责任单位交换信息48件次，巩固“一处失信、处处受限”合力。全省各级国税稽查部门共检查和督导纳税人自查1972户，查补收入18.10亿元，同比增长21.57%。

（董其文）

【电子税务管理】 2017年，山西省国税局优化资源，搭建山西国税基础设施云，完善应用系统技术和运维措施，加大运维体系建设。加强对全省国税系统网络资源运行状况实时监控和管理，确保基础网络运行。加强信息系统等级保护测评和整改，开展关键信息基础设施保护，提升网络安全突发事件应对能力。（董其文）

【税收营商环境优化】 2017年，山西省地方税务局组织全系统开展大调研大讨论活动。先后举办“先行先试促转型”等3个主题论坛，派出调研组42个，召开各类座谈会468次，走访纳税人3800余户，汇总意见建议69类近8000条，收集税务干部心声5大类2000余条，形成调研报告80余份。省地税局牵头出台《全省税务系统优化税收营商环境服务经济转型发展实施意见》，在简政放权、减税降负、集成服务等方面提出28条惠民意见和措施，从出台到年底，为全省企业减免税费4.60亿元。

（刘晓军）

【地方税收体系改革】 2017年，山西省地方税务局推动水资源税、环保税开征；规范所得税管理，落实小型微利企业所得税优惠政策，加强年所得12万元以上个人自行纳税申报管理；推广“以地控税”，推进存量房评估系统扩围升级改造，房地产交易信息管税模式试点成功，契税、耕地占用税减免备案资料实现清单化、标准化，规费管理到位。落实国地税合作，实现国地税网上服务平台全省上线运行，共建联合办税服务厅42家，互派办税服务厅84家，共驻政务大厅36家，联合成立办税服务厅国地税合作，在运城市新绛县、垣曲县取得试点经验，实现分设24年来的深度融合与同频共振。2017年，省地税局加大办税厅和税务所标准化建设，开展“便民办税春风行动”“万名税干入企服务”活动，推动“银税合作”，拓展12366热线和微信公众号服务功能，一窗式办税、一站式服务、同城通办、省内通办、掌上办税等便民措施全面实施。（刘晓军）

【依法治税】 2017年，山西省地税局与国税部门推动实施《山西省税收保障办法》；印发《“十三五”时期全省地税系统全面推进依法治税工作实施方案》；初步构建“四位一体”内控制度体系，提升税收执法信息化督审质效，落实税收执法责任制，追究责任129人（次）；率先在全国实现省级地税机关“无审批、无许可、无报备”，推行行政审批制度改革；开展上下联动、协调配合的“大稽查”，推行“双随机、一公开”监管方式，开展行业税收专项整治，全年查补收入11.10亿元，查处百万元以上案件32件，曝光“黑名单”及涉税违法案件53件。推行国地税联合稽查，建立公安派驻税务联络机制，推进税警协作打击涉税违法犯罪，稽查执法力度。与50余家大型集团召开5次税企高层对话会，与省建投集团等31户大企业签订《税收遵从合作协议》或《税企共治合作协议》，共同建设互信平等、合作和谐的新型征纳关系。（刘晓军）

物价管理

【价格改革深化】 2017年，山西省研究制定《山西省推进价格机制改革实施方案》等若干政策文件。完善行政事业性收费目录清单，政府定价经营服务性收费目录与全国实现一张清单。推进农业水价综合改革。对全省煤矿瓦斯发电执行标杆上网电价政策。建立省内天然气管道运输价格监管机制。加强天然气管道运输价格及城市配气价格管理。简化成品油调价操作方式。深化道路客运、地方铁路货运等运价改革。全面推开城市公立医院医药价格等各项改革。

（郭卓宇）

【输配电价改革】 2017年，山西省输配电价改革坚实落地，初步建立“准许成本加合理收益”为基础的独立输配电价机制。电力交易市场化程度明显提升，直接交易电量503亿度。多元化售电主体格局初步形成，全省成立售电公司126家。（郭卓宇）

【价格调控】 2017年，山西省清理规范涉企等各类收费，取消或停征、降低61项收费。落实生猪市场价格调控预案，完善社会救助和保障标准与物价上涨挂钩联动机制。出台山西省清洁采暖“煤改电”电价政策，最大限度降低群众用电负担。颁布《山西省旅游景区（景点）门票价格管理目录》，加大价格违法处置力度。全省共查处价格违法案件381件。加大成本调查和监审力度，核减不合理成本46.41亿元。（郭卓宇）

审　计

【国家审计监督】 2017年，审计署驻太原特派员办事处（以下简称审计署太原特派办）开展15个审计项目，编发审计（调查）报告16篇，上报审计信息87篇，被审计要情、重要信息要目等采用30篇。开展政策落实跟踪审计，推动国家重大政策落地生根；

深化领导干部经济责任审计，促进依法行政、依法管理；推进资源节约和环境保护情况审计，实现可持续发展；强化监督重点民生资金和民生项目，维护人民群众利益；揭示经济社会运行中的风险隐患，查处重大违法违规问题线索，促进反腐倡廉，维护国家经济安全。2017年，内蒙古自治区党政原主要领导干部任期经济责任审计被审计署评为表彰审计项目。（李　妍）

【审计质量控制】 2017年，审计署太原特派办改进审理方式，实施精准审理。结合审计项目特点，对重点事项实施“嵌入式”全过程跟踪审理，确保审理力量投入精准、审理重点定位精准、审理时点介入精准、审计成果牵引精准。强化审理职能，夯实审计质量。修订完善审理委员会审计报告质量评分标准，强化审计现场审理，夯实全过程审计质量控制责任，确保审计报告质量。探索大项目现场质量控制方法。结合审计实践，总结形成《经责审计项目审计质量控制指引》，明确审计任务清单，规范延伸调查行为等；制定《关于山西省经责审计项目规范外部检查结果证据转化的意见》，明确外部检查结果证据转化，规范责任界定的证据要求。相关创新经验做法被审计工作通讯和经济责任审计工作通讯采用推广。（李　妍）

【政策贯彻跟踪审计】 2017年，审计署太原特派办围绕供给侧结构性改革，注重反映打好“三大攻坚战”相关政策措施落实情况，围绕解决不平衡和不充分问题，注重反映财政、金融、国有企业、生态环境等领域存在的风险隐患，重点关注精准脱贫政策、资金、项目推进落实情况，揭示污染防治、废弃物处置中突出问题。在银行金融政策跟踪审计中，发现部分地方政府违规扩大巨额政府债务、个别银行违规经营理财产品引发金融风险隐患等问题；在铁路政策跟踪审计中，发现铁路建设过程中弃土弃渣、煤尘抛洒造成环境污染等突出问题，并形成专题报告。（李　妍）

审计署太原特派办审计人员在铁路沿线实地查看地下饮用水源地保护情况

（李　妍供图）

【财政审计】 2017年，审计署太原特派办组织实施山西省国税预算执行审计、证监会预算执行及决算草案审计等项目。国税审计中重点围绕税收征管、预算执行、国税总局经责审计“上下联动”事项展开，发现提前征收税款、延压税款及大量税款未及时退抵等6大类问题，其中，“营改增”审计情况形成专题报告。证监会预算执行中，重点关注期货市场运行和人商所重大投资项目等事项，参与查处的“某民营企业从事非法结算业务（地下钱庄）”被审计署以审计要情移送证监会。（李　妍）

【经济责任审计】 2017年，审计署太原特派办组织实施山西省原党政主要领导干部经济责任审计，重点关注国家重大经济政策措施贯彻落实情况和山西省“一煤独大”的结构性矛盾中产业结构调整、化解过剩产能方面问题，投资效率低下等问题，国资国企改革中的体制性问题，国家资源型经济转型综合配套改革试验区推进缓慢问题，财政风险和金融风险问题，因长期依赖资源发展造成资源破坏、生态脆弱问题等。建立常务副省长牵头的审计整改工作机制。在山西省高级人民法院主要领导干部经济责任审计中，发现和揭示省法院重大经济事项决策机制不完善、部分重大经济事项未纳入集体决策范围，部分项目未批先建造成前期投入损失以及其他财政财务收支和内部管理问题。在中国国新控股有限责任公司经济责任审计中，发现推进国有资本运营公司改革试点工作不到位、推动中央企业重组方面成效不明显、所属部分企业违规开展融资性贸易业务，虚增收入和成本等问题，并对开展国有资本运营公司试点、以设立基金为主要模式推进试点工作、专职外部董事试点工作存在的主要问题上报专题信息材料。（李　妍）

【领导干部离任自然资源资产审计】 2017年，审计署太原特派办开展领导干部自然资源资产离任审计研究和实践。在山西省原党政主要领导干部自然资源资产离任审计中，按照《领导干部自然资源资产离任审计规定（试行）》要求，围绕加快推进生态文明建设，践行绿色发展理念，注重反映自然资源资产开发利用中遵守国家法律法规、生态环境保护等情况。发现存在禁采区违规审批、延续矿权，地下水超采严重，采煤沉陷区环境治理进展缓慢等问题。（李　妍）

【民生保障审计】 2017年，审计署太原特派办组织实施财政扶贫资金审计项目，共发现6大类、18个问题，其中关于资金统筹整合、教育扶贫、金融扶贫等方面共5个问题在国务院综合报告中反映并向社会公告，被审计署重要信息要目采用1篇。在山西省农林水专项资金审计项目中，发现山西省病险水库除险加固和水库移民搬迁、山西省农村饮水安全工程建设和运行维护、农田水利项目管理等方面存在的问题。（李 妍）

【金融审计】 2017年，审计署太原特派办组织开展8家重点商业银行跟踪审计，加大对新增贷款投向跟踪审计力度，重点关注小微企业、“三农”、金融精准扶贫、偏远地区金融服务情况和融资难、融资贵等问题，关注不良资产风险、影子银行潜在风险、地方债务风险、房地产市场风险、中小金融机构的流动性风险、涉众型风险、资本市场风险、第三方支付机构风险。促进金融机构加强管理、规范运营，稳定金融秩序，防范和化解金融风险。

（李 妍）

【审计数据中心建设】 2017年，审计署太原特派办研究解决“异构软件数据共享”技术难题，应用数据库“触发器”原理，实现办内专网平台实时同传，提升工作效率。研究开发“WINDOWS环境下缓存清理专用工具”，并在全办应用推广，解决文档自动缓存造成泄密风险问题。开展大数据分析，精准锁定审计重点和延伸对象，发现重大违法违规问题线索。通过筛查期货交易数据，发现某贸易企业利用场外囤货、场内逼仓方式影响期货价格获取暴利的线索，被审计署审计要情采用。在山西省原党政主要领导干部经责审计中，将图斑数据叠加比对，发现禁采区违规审批、延续矿权等问题。

（李 妍）

【跟踪审计】 2017年，山西省审计厅关注脱贫攻坚工作推进、“三去一降一补”任务落实、“放管服”改革深化等方面的政策措施落实情况，抽查部门单位2990个、项目4057个，统筹使用资金78.90亿元，推动重大政策措施落地见效。（宁丽丽）

【财政审计】 2017年，山西省审计厅采取“1拖N”模式，组织开展预算执行和财政决算审计，拨付到位资金144.68亿元，深化财税改革、优化支出结构和提高资金绩效。依法向省第十二届人大常委会报告预算执行审计情况。11月30日，省政府常务副省长高建民向省第十二届人大常委会第四十二次会议作《关于2016年度省本级预算执行审计查出问题的整改工作报告》。（宁丽丽）

【民生审计】 2017年，山西省审计厅组织全省审计机关同步实施对56个贫困县扶贫政策措施落实和扶贫资金分配管理使用情况的审计，抽查乡镇434个、行政村1858个和单位898个，走访贫困户4675个。开展城镇保障性安居工程跟踪审计，抽查安居工程项目1005个、农村危房改造6510户，清退违规分配住房277套。完成对全面改薄、新型农村合作医疗机构整体移交、全省住房公积金的审计。

（宁丽丽）

【投资审计】 2017年，山西省审计厅对国省公路干线、静静铁路、阳大铁路、省射击射箭训练基地等项目跟踪审计，查处工程建设领域腐败行为，核减投资额5200万元。开展对世界银行贷款山西煤层气开发利用项目等10项国外援贷款审计，提高外资利用绩效水平。（宁丽丽）

【企业审计】 2017年，山西省审计厅起草《深化我省国有企业和国有资本审计监督的实施意见》。组织开展对晋能集团、交通投资集团等资产负债损益审计，重点揭示调控措施贯彻落实、经营管理、重大风险隐患等方面的问题。组织开展对省农信社、中煤财产保险资产负债损益审计和金控集团运行情况审计调查。（宁丽丽）

【自然资源环境审计】 2017年，山西省审计厅实现自然资源资产离任审计和经济责任审计一体化，对11名领导干部自然资源资产离任开展审计试点，成立技术支援团队，建立战略合作关系，借助现代信息技术，推动试点审计工作开展。（宁丽丽）

【领导经济责任审计】 2017年，山西省审计厅落实党政同责、同责同审要求，创新“经济责任审计+”模式，坚持书记、市长（县长）经济责任与财政决算、部门单位主要领导经济责任与预算执行、企业领导干部经济责任与资产负债损益、校（院）长与书记经济责任、董事长与总经理经济责任“五个同步审”，共审计省管领导干部102名，促进领导干部依法行政、履职尽责。（宁丽丽）

统计管理

【统计监测服务】 2017年，山西省统计局聚焦转型，统计监测分析服务提质增效。强化经济形势跟踪监测和预警预判，完善经济形势分析例会制度，注重从速度、质量、结构、动能多维度反映经济运行，提高决策咨询建议的针对性和前瞻性，为省委省政府作出山西经济由“疲”转“兴”、一季度走出困难时期、上半年步入合理区间、前三季度稳中向好好中提质等重大判断提供重要依据。牵头组织实施区域经济转型升级考核评价，科学设计指标体系，开展宣讲解读，加强进度监测分析，成为引领全省转型发展的“指挥棒”和“风向标”。加强重点领域专项监测分析，围绕供给侧结构性改革和转型综改主线，持续开展“三去一降一补”、战略性新兴产业、民营经济、能源消耗等监测分析，省局全年编印70篇统计专报、211期统计分析报告，43篇报告获省领导批示。主动发挥“智库”作用，开展“山西基本实现转型目标”课题研究，提出未来五年经济社会发展的主要目标指标，被省委经济工作会议和省政府工作报告采纳。扩大统计新闻宣传影响力，召开新闻发布会，联合主流媒体实时解读经济运行变化和亮点，应对引导舆情；"山西统计"微信公众号上线运行；编印《砥砺奋进的五年》文献资料，制播视频短片《数说山西经济由疲转兴》献礼中共十九大。

（张奇科）

【农业普查】 2017年，山西省统计局开展第三次全国农业普查。强化普查宣传，准备阶段联合移动、联通、电信三大运营商编发宣传短信1.80亿条次，登记阶段推出"农业普查群英谱"栏目，宣传典型人物和先进事迹。推进普查登记，省、市、县三级层层签订责任书，政府领导到登记现场调研指导，12.60万普查员走村入户，完成622.60万农户、11.20万个农业经营单位的普查登记任务。严控普查数据质量，开展普查登记工作"回头看"，清理纠正执行方案不规范行为；加大业务指导和督查力度，建立业务指导包市制度，运用统计调度指挥平台在线指导、实时审核，实现督查检查"全覆盖"。开展普查事后质量抽查。省级普查公报获国务院农普办审批，并向社会发布。

（张奇科）

【部门统计管理】 2017年，山西省统计局加强部门统计规范化建设和管理，规范部门统计调查项目审批备案程序，依法公布部门统计调查制度主要内容。健全完善部门综合统计报表制度，在清理规范的基础上，新建财政金融、对外贸易、社会科技、旅游、农业等部门综合统计报表制度，开发部门综合统计联网直报平台。推进部门信息共享，贯彻落实省政府加强部门统计工作意见，建立部门间名录信息共享和调查信息交换平台，完善部门资料交换制度。加强部门统计业务培训，扩大培训范围，拓展培训内容，提高部门统计人员专业素质能力。

（张奇科）

【国家统计调查】 2017年，国家统计局山西调查总队（简称山西调查总队）是在山西省原农村社会经济调查队、山西省城市社会经济调查队和山西省企业调查队基础上，于2005年11月8日合并成立的国家统计局垂直管理的正厅级单位，在全省11个地级市、35个县（市、区）设有国家调查队。国家统计局山西调查总队既是政府统计调查机构，也是统计执法机构，依法独立行使统计调查、统计监督的职权，独立向国家统计局上报调查结果，并对上报的调查资料的真实性负责。同时，承担地方政府委托的统计调查任务。

2017年，山西调查总队承担的主要业务职能有四个方面：一是负责主要民生调查数据采集上报。包括城乡居民收入消费、居民消费价格指数（CPI）、低收入居民消费价格指数、工业生产者价格指数（PPI）、农业生产资料价格指数、房地产价格指数、固定资产投资价格指数、粮食产量、贫困监测、农民工监测、畜禽监测、退耕还林监测、农产品中间消耗、采购经理指数（PMI）、规模以下工业、规模以下服务业、农民工市民化进程监测、劳动力就业调查等23项常规业务。二是开展重大专项调查。如完成全国党风廉政建设和国有企业党风廉政建设民意调查山西地区的调查任务、参加全国文明城市测评、配合省监察委完成全省党风廉政建设民意调查、配合省委考核办完成全省年度目标责任考核民意调查等重大专项调查工作。三是开展社情民意调查。利用国家调查队工作网络健全、贴近基层、机动灵活、反应快捷等优势，掌握民生政策落实情况，收集上报社情民意信息，反映群众所思所盼。四是服务党政决策和社会公众。通过向省委省政府、地方党政部门和社会公众提供、发布调查基础数据、经济社会信息和分析研究报告等方式，服务党政决策，服务民生改善，服务山西对外形象宣传。

（乔森山）

【粮食生产调查】 2017年，山西调查总队以推进农业供给侧结构性改革为主线，围绕粮食增产、农业增效、农民增收的目标，推动粮食作物种植结构优化调整，力促山西农业生产转型升级。

2017年山西粮食总产量为129.99亿千克，比上年减少1.86亿千克，下降1.40%；其中：夏粮总产量为27.89亿千克，比上年增加0.39亿千克，增产1.40%；秋粮总产量为102.10亿千克，比上年减少2.25亿千克，减产2.20%。由于部分地区遭受干旱、洪涝等自然灾害影响，粮食亩产为270.44千克，比上年减少0.74千克，减产0.30%。全省粮食总产量虽然比上年略有下降，但是仍为历史上第四个高产年。

粮食作物播种面积减少，种植结构优化。按照中央部署要求，山西围绕调整种植结构、去除玉米高库存的

2017年，全国新媒体应用及统计宣传培训会在太原召开 （张奇科供图）

农业供给侧结构性改革主线，推进农业种植结构调整，因时因地引导农户在非优势区域调减普通玉米种植面积，发展青贮玉米、鲜食玉米、杂粮、马铃薯等其他高效益农作物，粮食作物种植结构优化。

2017年，山西粮食播种面积4806.66万亩，比上年减少55.47万亩，下降1.10%。其中，夏粮播种面积1020.75万亩，比上年减少6.12万亩，下降0.60%；秋粮播种面积3785.91万亩，比上年减少49.35万亩，下降130%。分品种看，玉米、谷子、大豆、马铃薯面积增减幅度较大。玉米种植面积减势明显，2017年玉米种植面积2366.64万亩，比上年减少70.49万亩，下降2.90%。谷子面积增势明显，2017年谷子种植面积为337.37万亩，比上年增加11.25万亩，增长3.50%；大豆种植面积减势明显，2017年大豆种植面积280.26万亩，比上年减少7.16万亩，下降2.45%。马铃薯种植面积增势明显，2017年马铃薯种植面积281.87万亩，比上年增加7.65万亩，增长2.80%。

在粮食生产中所占份额有所下降。2017年山西玉米种植面积明显减少，玉米产量占粮食作物的比重有所下降。全省玉米种植面积占粮食作物面积的比重为49.20%，比上年下降0.90个百分点；玉米总产量比上年减产3.50亿千克，下降3.90%；玉米产量占粮食总产量的65.70%，比上年下降1.70个百分点。（乔森山）

【农林牧渔产品调查】 2017年山西省农产品生产价格小幅回落，比上年同期下降4.13%。从各季度走势情况看，呈现一至三季度下跌，四季度止跌上涨的态势。农林牧渔业产品生产价格呈现“三跌一涨”态势：

农业产品生产价格小幅下跌。2017年，山西农业产品生产价格同比下降2.38%。分季度看，呈现波动走势，一季度同比下降3.62%，二季度同比上涨2.01%，三季度同比下降5.54%，四季度同比上涨0.57%。

林业产品生产价格呈下跌趋势。2017年山西林业产品价格在前两年下降的基础上，继续呈现下跌趋势，但降幅收窄。全年林业产品价格比上年下降7.71%。林业产品生产价格下降的主要原因：一是近年来苗木种类更为多样，种植面积较大，市场供过于求；二是规模化购买的客户相对减少。

畜牧业产品生产价格涨跌互现。2017年山西畜牧业产品生产价格比上年下降7.88%。分季度看，一季度同比下降8.08%，二季度同比下降16.30%，三季度同比下降9.96%，四季度同比上涨1.08%，呈先降后涨态势。分品种看，各类畜牧业产品除活牛、活羊价格上涨外其他普遍下跌。生猪、活鸡、生奶、鸡蛋生产价格同比分别下跌14.36%、9.24%、5.95%和11.61%，活牛、活羊生产价格同比分别上涨2.75%和4.89%。

渔业产品生产价格大幅上扬。2017年山西渔业产品生产价格比上年上涨10.45%。分季度看，一季度上涨7.90%，二季度上涨14.73%，三季度下降5.80%，四季度上涨24.97%。渔业产品生产价格上涨的主要原因是居民收入水平提高，人们膳食结构有所改善，对水产品消费增加。（乔森山）

【畜禽生产调查】 2017年，山西主要畜禽生产呈现牛存栏增加、羊养殖效益回升、生猪出栏价格处于盈利区间，整体畜禽生产基本稳定。

生猪养殖仍处于盈利状态。2017年，山西生猪养殖规模呈缩减态势。四季度末，山西生猪存栏544.10万头，同比下降7.60%；全年生猪出栏702.80万头，同比下降6.20%。受生猪供求关系影响，2017年，生猪出栏价格处于震荡调整的态势，一至四季度生猪出栏价格分别为16.70、13.50、13.90元和14.20元/千克，同比分别下跌2.80%、30.20%、22.30%和15.50%，环比分别持平、下跌19.40%、上涨3.10%和上涨1.80%。全年山西生猪平均出栏价格为14.60元/千克，虽然同比有所下跌，但生猪养殖仍然处于盈利状态。

牛存栏增加。四季度末，山西牛存栏100.70万头，同比增长6.80%；全年牛出栏40.10万头，同比下降0.40%；一季度肉牛出栏价格为22.50元/千克，同比下跌5.80%，环比下跌6.30%，由于肉牛养殖成本较高，而出栏价格相对较低，肉牛养殖效益不高；二季度，出栏价格有所回升，为24.60元/千克，同比上涨6.70%，环比上涨9.20%；三季度，出栏价格略有回落，为23.60元/千克，同比上涨2.50%，环比下跌3.80%；四季度，出栏价格回升至24.30元/千克，同比上涨1%，环比上涨2.60%。全年肉牛平均出栏价格为23.80元/千克，同比有所上涨。

羊养殖效益回升。四季度末，羊存栏943.20万只，同比下降7.80%；全年羊出栏525.50万只，同比增长1.50%。全年羊平均出栏价格为20.50元/千克，羊养殖效益回升，走出价格凹地，出售一只40千克的育肥羊盈利约为200元左右。

家禽出栏价格低位运行。四季度末，家禽存栏1050280万只，同比下降1240%；全年出栏家禽1033030万只，同比增长720%。受市场产能过剩及年初南方局地禽流感疫情影响，家禽和鸡蛋消费受到一定程度抑制，2017年山西禽肉及禽蛋市场疲软，家禽生产遭受重创，全年家禽出栏平均价格为880元/千克，处于较低位运行。

畜产品供给总体平稳。2017年，全省畜产品总供给保持基本稳定，全年肉蛋奶总产量为254.90万吨，同比减少4.70%。分品种看：羊肉产量7.60万吨，同比增长1.70%；禽肉产量13.30万吨，同比增长7%；牛肉产量5.90万吨，同比基本持平；生牛奶产量93.60万吨，同比减少1.60%；猪肉产量54.70万吨，同比减少5%；禽蛋产量79.90万吨，同比减少10.30%。

（乔森山）

【工业生产者价格调查】 2017年，山西工业生产者出厂价格（PPI）同比平均上涨19.40%，涨幅比上年高22.60个百分点；工业生产者购进价格（IPI）同比平均上涨15.20%，涨幅比上年高17.10个百分点。价格总水平处于较大幅度上涨区间。2017年11月以前，山西PPI出厂指数基本高于购进价格指数，11、12月份，购进价格同比指数略高于出厂价格同比指数。山西PPI再次进入“高进低出”状态。

分类来看，煤炭类产品价格上涨，涨幅收窄。2017年年初煤炭价格延续2016年末价格走势，持续上涨，但从5月份开始，涨幅呈回落状态，煤炭价格全年平均涨幅为31.20%。焦炭类产品价格涨幅大幅回落，2017年初，山西焦炭类产品价格持续走高，4月份，焦炭价格同比涨幅达到年内最高点(70.60%)，是有史以来，焦炭价格指数的最高点，焦炭价格全年平均涨幅为46.30%。2017年山西钢铁类产品价格走势较为平稳，钢铁价格全年平均涨幅为23.70%。 (乔森山)

工商行政管理

【商事制度改革深化】 2017年，山西省工商系统在全省范围内开通全程电子化登记系统，实现各类型企业的设立、变更、备案、注销等各环节全程电子化办理。全年共有558户企业通过全程电子化登记领取营业执照。

3月1日，启动未开业企业、无债权债务企业简易注销登记，构建市场退出机制。在临汾、大同启动个体工商户简易注销改革试点工作。全年共有5911户企业完成简易注销登记。

6月1日，山西省颁发首张经企业登记全程电子化系统登记的公示版电子营业执照，到10月中旬全省各市全部开通全程电子化登记。山西省注册登记实行窗口受理、网上服务大厅、全程电子化系统并行方式，申请人可以根据需要进行选择。全程电子化登记开放内资企业设立、变更、注销等业务流程，实现零见面、无纸化、不收费，申请人足不出户就可以办理工商登记各项业务。

9月1日起，实施“多证合一”改革，首批整合17项涉企证照事项，简化准入手续，减少申请材料，优化审批流程，提高服务效率。截至12月底，共有57342户企业领取加载统一社会信用代码的营业执照。

9月1日起，修订后的《山西省市场主体住所(经营场所)登记管理办法》实施，在全省范围内推行住所申报承诺制，解决由于无法登记住所造成的无照经营问题。

12月20日起，在山西转型综改示范区和晋中开发区开展企业名称自主申报改革试点，10天时间，有501户企业通过名称自主申报系统申报企业名称。

12月21日起，在山西转型综改示范区等5个国家级开发区开展“证照分离”改革试点，解决“办照容易办证难”“准入不准营”难题。

(靳国琦 王子维)

【各类市场主体支持发展】 2017年，山西省工商系统按照省政府年底前完成国企国资改革相关要求，开通国企改制登记绿色通道，安排专人负责省属国有企业改制登记工作。支持小微企业发展，服务大众创业万众创新。通过完善小微企业名录，基本实现扶持政策集中公示、申请扶持导航、企业享受扶持信息公示、小微企业查询等功能。对全省企业开办情况进行评估，推动山西省开办企业环节的减少。对标先进地区，对山西省企业开办情况进行综合评估，并协调企业开办涉及的各相关部门，采取措施，推动缩减企业开办环节和申请材料。 (靳国琦 王子维)

【各类市场主体注册登记】 2017年，山西省新增市场主体39.40万户。其中，年度新增企业首次突破10万户，全省市场主体总量达207万户。

(靳国琦 王子维)

【“双随机一公开”监管】 2017年，山西省工商系统制定年度抽查计划和《“双随机一公开”监管实施细则》，开展其他业务专项抽查、跨业务条线综合抽查、工商监管事项全覆盖“双随机”抽查。截至12月底，全省开展“双随机”抽查80多次，公示检查结果33061条。指导部分“三合一”“二合一”的县级局，整合工商、食药、质监的随机抽查事项，实施“一次检查、全面体检”。指导部分县级局探索开展跨部门“双随机”联合抽查。

(靳国琦 王子维)

【无照经营查处】 2017年，山西省工商系统落实中央综治办、工商总局和省综治委关于查处无证无照经营的各项工作部署，下发工作要点和工作方案。以商事制度改革和新《无证无照经营查处办法》实施为契机，开展行政指导，引导和督促1237户办理证照，规范市场经济秩序，促进社会和谐稳定。2017年被省综治办评为先进集体，受到省委、省政府的表彰。

(靳国琦 王子维)

【企业信用信息公示】 2017年，山西省工商系统执行工商总局标准规范，坚持“一网归集、双向服务”，推进“一张网”建设。提请省政府出台《国家企业信用信息公示系统(山西)管理暂行办法》，明确涉企部门职责，涉企信息归集、公示、共享、应用，以及运行保障和监督考核等。截至2017年底，归集公示全省近352万户市场主体的行政许可信息48万余条，行政处罚信息6.30万余条，抽查检查信息7万余条，司法协助信息8510条，归集信息部门涉及全省52个业务条线、2137个省市县级部门，为完善信用体系，实施信用监管奠定基础。加大“一张网”的培训力度，累计培训操作人员达6786人(次)。12月6日，接受总局对全面建成“一张网”的验收并受到总局验收组的肯定。制作的“十天倒计时的微信宣传”和“纸质宣传海报”入选中国工商出版社联合国家工商总局企业监管局开展的“首届优秀企业年报公示宣传评选活动”的获奖作品。组织撰写的《信用约束故事》在《中国工商报》整版刊登。

(靳国琦 王子维)

【网络市场监管】 2017年，山西省工商系统建立网络市场监管局际联席会议制度，全省11个市、部分县(市、区)基本建立和完善网络市场监管局际联席会议制度。安排部署并开展2017网络市场监管专项行动，全年共检查网络经营主体21749家，清查网络违法销售信息1109条，实地检查网站经营者1006户，下达《限期改正通知书》21份，删除团购网站不实商品信息9条，立案查处违法经营行为92件，罚没款68.70万余元。

（靳国琦　王子维）

【成品油市场监管】 2017年，山西省工商系统检测11个市90多个县（市、区）的成品油经营企业1217户，抽检成品油2900批（次），合格2597批（次）、不合格303批（次），合格率为89.55%。立案查处不合格油品案件184件，办结案件106件，罚没款159.40万元。（靳国琦　王子维）

【"红盾护农"行动】 2017年，山西省工商系统检测11个市61个县（市区）279家农资经营户，抽检化肥670批（次），合格624批（次），不合格46批（次），合格率为93.13%。办理案件37件，办案率80.40%，罚没款30万元。

（靳国琦　王子维）

【"诚信示范市场创建"活动】 2017年，山西省工商系统遴选全省79户商品交易市场，推荐为山西省2016年度诚信示范市场，在省局门户网站及新闻媒体进行公告，创建诚信示范市场体系。（靳国琦　王子维）

【格式合同专项整治】 2017年，山西省工商系统组织在全系统开展保险业、物流快递业合同格式条款专项整治活动。全省上报格式合同条款备案295份，收集上报疑似不公平格式条款552条。组织法院、检察院以及省城法律界专家、学者对重点条款进行评审论证，并整理编辑《山西省保险业、物流快递业合同格式条款点评汇编》，印制800册下发各地参照使用。全年全系统出动执法人员6350余人（次），出动执法车辆2880余车（次）；受理合同案件181件，查结合同案件147件，同比增长342%，罚没款62.35万元，同比436%。

（靳国琦　王子维）

【房屋租赁合同示范文本推广】 2017年，山西省工商系统与省住房城乡建设厅联合制定《山西省房屋租赁合同》（GF-2017-001）示范文本，并在省工商局门户网站公布，供广大消费者下载使用，印制《山西省房屋租赁合同》33000余份，下发到全省合同系统推广应用。全年系统组织推行各类合同示范文本10305份。

（靳国琦　王子维）

【"合同帮农"实施】 2017年，山西省工商系统按照"扶持龙头建基地、建好基地带农户"的工作思路，推动合同帮农。全省各级选定122家涉农龙头企业为合同帮扶的突破口，以点带面，示范推广，促进合同帮农工作的开展；各地根据当地的农产品种类和特点，制定推广涉农合同示范文本近300种，指导涉农企业与农户签订合同达40余万份，金额达80余亿元。（靳国琦　王子维）

【"守合同重信用"企业公示】 2017年，山西省工商系统完善"守合同重信用"企业公示工作机制，树立合同信用"金字招牌"。通过组织设计开发"守重"企业信用标准体系软件系统、编制软件系统使用操作手册及步骤索引、组织指导各市开展软件申报培训、组织公示宣传等，完成2015-2016年度"守合同重信用"企业公示工作。全省县级公示企业2191户，市级公示企业1744户，省级公示企业1238户；通过山西日报、省局门户网站等媒体向社会宣传公示。

（靳国琦　王子维）

【动产抵押登记和拍卖】 2017年，山西省工商系统完善动产抵押登记系统，为抵押人办理动产抵押登记提供便捷服务，实现抵押登记信息即时在市场主体信用信息公示系统上公示。全年共办理动产抵押1386件，实现主债权金额536余亿元。依法加强拍卖监管，维护拍卖市场秩序。全年办理拍卖备案登记501件，实施现场监督116次。（靳国琦　王子维）

【合同监管业务培训】 2017年6月1日至3日，山西省工商系统组织举办全省工商系统合同监管业务培训班。省市县（区）工商局分管合同工作负责人和业务骨干175人参加。

（靳国琦　王子维）

【广告业务专项整治】 2017年，山西省工商系统开展清理整治"特供""专供"国家机关等内容广告专项行动，督促指导全省清理整治工作的开展，行政约谈企业主要负责人1次，发出行政函件5次，专项检查3次。全省检查专卖店、超市等场所3260户，下架处理"国宴汾酒"2098瓶，检查酒类生产经营主体5927户，责令关闭违法广告网页30余个。以食品、药品、投资理财等广告为重点，加大执法力度。向社会公布"食品广告发布提示"；督办四批违法广告线索；查处工商总局交办督办的违法广告案件17起，罚没款95.95万元。开展互联网广告专项整治工作，对商业网站、金融类网站进行重点监测。查处"晋商贷"互联网金融违法广告案，将广告主、广告经营者一并处罚，罚没款107.30万元，此案被工商总局作为典型案例曝光。开展络市场广告监管、非法医疗美容专项、非法集资、食品保健品欺诈和虚假宣传整治、特供专供国宴、互联网等专项整治工作。

（靳国琦　王子维）

【广告监测管理】 2017年，山西省工商系统实行广告监测信息通报制度。通报广告抽查监测情况11期，查看率100%、处理率100%。组织召开两次联席会议，通报虚假违法广告整治工作进展情况，研究解决突出问题，协调查处虚假违法广告案件，实行信息共享，问题共研。利用"双随机、一公开"方式，抽查检查全省广告发布单位26家、广告企业792家。全省查处违法广告案件387件，罚没款940余万元，省局向社会曝光违法典型案件2次。（靳国琦　王子维）

【广告业培育发展】 2017年，山西省工商系统实施广告企业培育计划，增强广告企业发展能力。针对全省广告企业规模小、发展慢的状况，按照"试点一批、示范一批、带动一批"的工作思路，引导30家广告企业建立健康发展计划，带动全省广告业发展。实施广告战略，争取地方党委、政府支持，将部门行为上升为政府行为，把广告业发展纳入当地经济社会发展总体布局。与媒体探讨、研究，开拓现有资源，走多元化发展的新路子，增加创收收入。截至2017年底，全省广告经营单位23658户，从业人员67191人，实现营业额31.46亿元。

（靳国琦　王子维）

【品牌兴省战略】 2017年，山西省工商系统帮助和指导市场主体申请注册商标。截至年底，全省商标申请件数40016件，注册件数19948件，全省商标有效注册量达108969件，全省有效注册商标突破10万件，驰名商标达90件。印发《关于推进地理标志商标富农工作措施》，编印《地理标志集体商标、证明商标申请注册手册》《马德里商标国际注册知识手册》。在太原、长治市设立商标注册申请受理窗口，3月1日启动运行，完成受理商标申请注册945件，累计接待咨询（含电话咨询）6650余人（次）。服务企业提升商标运用能力。山西省大运汽车股份有限公司入围“2017年中国商标金奖——创新奖”提名名单，“万荣苹果”入选商标富农和运用地理标志精准扶贫十大典型案例。“平遥牛肉”和“襄垣手工挂面”入选参加2017年世界地理标志大会产品展示。完成《山西省著名商标认定和保护办法》的地方立法工作，7月18日，山西省人民政府令第251号以政府规章形式公布。（靳国琦　王子维）

【商标领域打假维权】 2017年，山西省工商系统加大对涉嫌侵犯驰名商标、著名商标、涉外商标和地理标志商标专用权案件的打击力度。截至年底，查处侵犯商标专用权案件465件。其中，查处侵犯驰名商标权益案件247件，查处侵犯涉外商标专用权案件29件，查处违法印制商标标识案件2件，其他侵犯注册商标专用权案件187件。“两节”期间重点开展打击“汾、杏花村”等系列商标和山西陈醋、山西老陈醋地理标志商标侵权行为专项执法行动。查处各类侵权假冒案件212件，没收各类侵权假冒商品8673件（套），罚款90.50万元。加强案件指导，建立政企联合打假机制，帮助企业维权。1月，协调广东省工商局，帮助山西太钢不锈钢股份有限公司维权，涉案价值5400余万元。10月、11月，分别到山东和天津，为大运集团和太钢集团打假维权。截至年底，全省立案查处侵犯商标专用权和制售假冒伪劣商品案件842件，完成办结814件，罚没款701.09万元，立案数和结案数均比上年同期增长一倍多。移送司法机关案件14件，捣毁制（售）假窝点35个。

（靳国琦　王子维）

【反不正当竞争执法】 2017年，山西省工商系统落实国务院、省政府在市场体系建设中建立公平竞争审查制度的相关要求，完成省局机关公平竞争审查和相关政策措施清理工作。加强组织协调，对4起涉嫌滥用市场支配地位排除、限制竞争群众举报进行核查，向国家工商总局竞争执法局作书面汇报，待回复后立案查处。

2017年，山西省工商系统开展重点领域不正当竞争行为集中整治，截至年底，全省经检系统查处各类案件1000起，收缴罚没款2936.99万元，案件数量是上年办案总数的3.45倍。晋中市工商局加强与相关部门协作配合，推进商业贿赂行为查处力度，查处1起商业贿赂案件，案值金额20万元。（靳国琦　王子维）

【专项整治行动】 2017年，山西省工商系统集中开展整治仿冒侵权行为专项执法行动，对与人民群众生活密切相关和涉及国计民生、安全生产的家电产品、日用品、建筑装饰材料、食品、汽车用品等行业或领域内的仿冒侵权行为进行集中打击。截至年底，查处仿冒侵权案件311件。

开展整治公用企业限制竞争行为突出问题专项行动。截至年底，对公用企业限制竞争行为共立案38起，查处36起，案值1502.54万元，收缴罚没款212.50万元。实现查处一批案件、规范一个行业的目标。

配合有关部门参与防范和打击非法集资宣传教育、打击电信网络新型违法犯罪等工作，查处其他经济违法违规案件583起，收缴罚没款2445.87万元。（靳国琦　王子维）

【案件查办制度建设】 2017年，山西省工商局出台《山西省工商局案件查办通报制度》《山西省工商局案件查办约谈制度》《山西省工商局案件挂牌督办制度》和《山西省工商局案件查办激励办法》，为执法办案工作加压力、增动力，加强执法办案力度。

（靳国琦　王子维）

【传销整治与反传销宣传】 2017年，山西省工商局系统共立案查处传销案件31起。其中，结案11起，移送公安机关13起；捣毁传销窝点142个，遣散、遣返传销人员6200余人（次）；与广西壮族自治区工商局、江苏省工商局等协调解救传销人员3人。

2017年，山西省共印制、发放、张贴宣传资料110余万份，发布警示提示320余次，开展现场咨询活动245次，悬挂条幅1750余条，发表打击传销专题文章23篇。省工商局搭建打击传销微信公众平台，制作反传销公益宣传短片，被中国消费者报社评为打击传销宣传工作先进单位。

（靳国琦　王子维）

【直销企业监管】 截至2017年底，山西省直销企业在全省设立分支机构31户；在全省有直销经营许可区域的直销企业17户，共有直销企业服务网点366个，直销员76000余人，与直销企业签约的经销商17990个，直销企业直营专卖店数量728个，登记的会员及优惠顾客25万余人。投资10余万元建立直销企业信息监管平台系统。（靳国琦　王子维）

【市场重点商品质量专项整治】 2017年，山西省工商系统开展对流通领域日用百货、学生用品、家用电器、服装针织、鞋包、珠宝、建材、手机8大类33种类商品质量实施抽查检验，抽检各类商品1455批，检测结果为合格1102批,不合格353批。其中,24个批为标识标志不合格。商品总合格率75.70%,不合格24.30%。

开展"瘦身"钢筋专项整治。全省出动执法检查人员1944人(次),检查建筑钢筋经营户908户,发现35户钢材经营户在经营活动中未按要求建立商品进销货台账,3户未提供质量检测报告,要求经营户停止销售,下达责令改正通知书36起,查处无照经营4起,罚没款0.59万元。发放各类宣传资料5000余份,接受咨询百余人(次)。

开展电器产品专项整治。全省出动执法人员16475人(次),检查电器产品经营户11665户,查处假冒伪劣电器案件数32起,查处无照经营案件2起,查处电器产品假冒案件5起。落实年度抽样检验计划,对家用电器类的空调、抽油烟机、剃须刀、电熨斗进行抽检,抽检样品70组。

开展预付卡专项整治行动。全省出动执法人员966人(次),检查经营户2934户(次),建立预付卡经营户档案407户,签订《诚信经营责任书》180余份,查处免责不公平条款案件15起,罚没款2.20万元,约谈预付卡经营户8起。

开展电线电缆产品专项整治。全省出动执法人员7500人(次),检查经营户4493户,受理消费者举报5件,查处违法案件13件,案值15.70万元。 (新国琦 王子维)

【食品安全宣传周】 2017年,山西省工商系统开展食品安全宣传周活动,活动期间出动执法人员5651人(次),组织普法宣传活动311场(次),印发科普读物26.70万份,播放公益广告481条。(新国琦 王子维)

【消费者维权普法宣传】 2017年,山西省工商系统在"3·15"国际消费者权益日活动期间,共组织普法宣传活动341场(次),组织各类会议207场(次),开展大型咨询活动249场(次),组织重要会议63次,播放公益广告300万条,组织12315开放活动157场(次),印发各类宣传资料92.60万余份(册),消费者参与活动数量27万人(次),经营者参与数量户2万户(次)。(新国琦 王子维)

质量技术监督

【质量创建】 2017年,山西省质量技术监督局制定《山西省"十三五"质量发展规划》;开展质量创建活动,创建"全国质量强市示范城市""全国质量强市(县)先进县""全国质量工作先进单位";实施政府质量奖励制度,参与中国质量奖评选,设立山西省质量奖,建立市长质量奖;加强质量统计分析工作,建立产品质量统计和宏观质量状况分析报告制度;推进质量诚信体系建设。 (雷 靖)

【质量提升】 2017年,山西省政府与国家质检总局在太原签署《关于共同开展质量提升行动推进山西省国家资源型综合配套改革试验区建设合作备忘录》,通过发挥省部合作优势,增强山西省质量提升行动成效,推动山西省经济进入质量时代。省政府办公厅出台关于贯彻《消费品标准和质量提升规划(2016—2020年)》的实施意见。组织9个质量提升行动组,对9个重点领域的质量提升进行调查、研究和行动。 (雷 靖)

【计量监督管理】 2017年,山西省质量技术监督局筹建煤基计量检测技术山西省重点实验室,成立煤基计量检测技术山西省重点实验室学术委员会,建立国家煤矿安全计量器具产品质量监督检验中心。部署对全省袋装水泥等9种定量包装商品、茶叶等6种商品的包装计量以及家用电磁灶等3种用能产品的能效标识进行计量监督专项抽查工作,开展加油机专项计量监督检查和重点领域环境监测用计量器具专项监督检查工作。制定印发《开展"优化计量 提质增效"活动实施方案》,对新修订的《计量标准考核规范》进行宣贯,开展"计量与交通"为主题的"5·20世界计量日"活动。 (雷 靖)

【检验检测认证认可】 2017年,山西省质量技术监督局制定印发《2017年山西省资质认定获证检验检测机构监督检查工作方案》和省本级《检验检测机构资质认定监督检查"双随机"工作实施细则》,加大检验检测机构证后监管力度。继续在节能环保、

2017年10月9日,国家质检总局与山西省人民政府在太原签署《关于共同开展质量提升行动 推进山西省国家资源型综合配套改革试验区建设合作备忘录》,图为签字仪式现场 (雷 靖供图)

食品农产品安全、建工建材等社会关注领域征集能力验证项目，全省共有514家(次)获证检验检测机构参加水泥、水中六价铬等4个项目的能力验证活动。加大强制性产品认证活动的监管力度，推进“省局督查、市局巡查、县级普查、企业自查”联合监管模式，完成认监委部署的断路器产品市场专项监督抽查任务。联合省住建厅开展“认证认可助力质量提升”为主题的“世界认可日”宣传活动，发起诚信检测“十要十不要”倡议。(雷　靖)

【名牌战略推进】 2017年，山西省质量技术监督局推进“全国知名品牌创建示范区建设”，指导汾阳市白酒集中产区、洪洞大槐树寻根祭祖园等7家单位开展全国知名品牌创建示范区建设，协助山西省武乡县八路军文化产业园向国家质检总局递交现场审查的申请。开展企业品牌价值评价工作，指导威顿水泥集团有限责任公司、亚宝药业集团股份有限公司等8户企业递交品牌价值评价申请。开展“山西省名牌产品”推选工作，推选出353个山西省名牌产品。(雷　靖)

【特种设备安全五年无人亡事故】 2017年，山西省质量技术监督局召开全省特种设备安全工作会议，向11个市和18个省直有关部门颁发2017年特种设备安全工作目标任务书。召开全省特种设备安全大检查推进会，全面部署全省开展特种设备安全大检查。制定出台《山西省特种设备安全事故隐患整改挂牌督办制度》《山西省特种设备安全“黑名单”管理制度》和《山西省质量技术监督局特种设备安全风险分级管控体系建设指导意见》，为山西省健全特种设备安全风险分级管控和隐患排查治理双重预防机制，遏制特种设备重特大安全事故发生提供制度遵循。推进电梯安全监管、油气输送管道质量安全和锅炉安全攻坚战，对开展15年以上老旧危电梯主要零部件报废综合治理，对使用20年以上的长输油气管道全部进行风险评估，落实整改措施，2017年底前隐患整改率达95%以上。从2013年至2017年底，全省未发生特种设备安全人员死亡事故。(雷　靖)

【重点消费品质量安全监管】 2017年，山西省质量技术监督局以农资、建材和成品油等产品为重点，开展“质监利剑”行动和“双打”专项行动，共出动执法人员3万余人(次)，检查企业7000余家，查处违法案件580起。推行“双随机一公开”监管模式，对列入“双随机一公开”随机抽查事项清单的具体事项，逐项制定实施细则，明确抽查依据、抽查主体、抽查内容、抽查方式等内容，增强工作的可操作性。自主开发“双随机一公开”监管软件，实现电脑软件自动选取被检查对象和随机选派检查人员的功能。制定的《推行“双随机、一公开”监管模式实施方案》被省政府“13710”工作制度督办事项评为优秀。加强农资、建材和日用消费品等产品质量的监督抽查，下达产品质量监督抽查计划11699批。(雷　靖)

【标准化工作改革】 2017年，“深化标准化工作改革”被列入全省重点改革任务，山西省政府与国家标准化管理委员会在北京签署《关于深化标准化供给侧结构性改革 助力资源型经济转型综改试验区建设合作备忘录》。出台《山西省“十三五”基本公共服务标准化体系建设实施方案》，起草《全省推进标准化工作改革发展2017–2018年行动计划》和《山西省标准创新贡献奖管理办法》。调整省标准化工作领导小组，省长楼阳生任组长。推进标准化试点示范项目建设，完成阳泉市郊区桃林沟村和吕梁市孝义胜溪村两个国家级美丽乡村标准化试点启动，启动第九批10个国家级农业标准化示范区项目，向国标委推荐4家精进扶贫标准化示范企业和4个精进扶贫标准化典型案例，新获批2个国家级社会管理和公共服务综合标准化试点项目。加强标准制定修订工作，立项377项，批准发布259项。截至2017年底，山西省共创建标准化示范市2个，标准化试点市5个，国家级试点示范项目207个，省级项目160个，在建国家级项目19个。(雷　靖)

【质监科技基础建设】 2017年，山西省质量技术监督局完成对山西省计

2017年7月18日，山西省人民政府与国家标准化管理委员会在北京签署《关于深化标准化供给侧结构性改革 助力资源型经济转型综改试验区建设合作备忘录》，图为签字仪式现场　(雷　靖供图)

量院承担的“超大量程激光万能测长机的研制”项目验收;山西省计量院承担的“大口径气体流量计量标准装置研制”项目获山西省科技进步二等奖。3个现运行的国家中心运行状况良好,6个获批筹建的国家中心正在建设,“国家法兰锻件产品质量监督检验中心(山西)”批准筹建。截至年底,山西省8个批准成立的省级质检中心运行情况良好,批准筹建的11个省级中心筹建。向国家总局申报技术能力提升项目3项,立项1项;3个科研项目列入2017年度国家质检总局科技计划项目,2个科研项目列入山西省科技计划项目。报送省科技厅科技条件基础平台项目4项,其中,64台(套)大型仪器设备列入山西省科研设施和仪器开放目录。(雷　靖)

【法治质监建设】 2017年,山西省质量技术监督局成立法治质监建设工作领导小组,建立法律顾问制度,山西并州律师事务所和山西初心律师事务所驻局开展工作。设立质量技术监督局公职律师办公室,聘请4名律师为质量技术监督局公职律师。落实党政主要负责人履行法制建设第一责任人职责和“谁执法、谁普法”责任制。开展政策理论研究,参加总局质量强国课题研究,省科技厅软课题《加强地理标志产品保护,促进区域经济发展研究》立项开展研究。

(雷　靖)

【山西省质量大会】 2017年10月9日,山西省质量大会在太原召开,省委书记骆惠宁作出批示,省长楼阳生、国家质检总局局长支树平讲话,副省长贺天才主持会议并作《全省质量工作报告》。(雷　靖)

食品药品监督管理

【监管技术支撑体系建设】 2017年,山西省食品药品监督管理局把监督抽检作为发现问题、防控风险的重要手段。全省统一组织实施,统一结果应用,统筹推进食品药品监督抽检工作。食品方面,以重点区域、重点品种、重点项目和加工小作坊为重点,将白酒、食醋、畜禽肉、肉制品、水产品列入专项抽检,全年抽验食品7119批,处置不合格食品222批。坚持每周公开抽检结果,省级层面发布抽检结果公告43期,发布核查处置结果公告16期。药品方面,以基本药物、中药注射剂、中药材、中药饮片、医疗机构制剂等不良反应多、临床用量大、安全风险高的品种为重点,完成药品抽样6558批,处置不合格药品93批。组织对2014年—2016年食品监督抽检数据进行综合分析,汇总各品种可能存在的共性问题和“潜规则”问题,研判潜在风险隐患,开展专项整治,提高监管针对性和靶向性。(杨晓峰)

【食品药品案件查处】 2017年,山西省食品药品监督管理局加大案件查处力度,全省共出动103.70万人(次),检查单位42.60万家次,责令整改56522家,停业整顿165家,捣毁窝点187个,立案查处9002件,罚没款3334万元,案件数和罚没款同比分别增长14.10%、4.39%。完善行刑衔接机制,深化与公检法机关合作,共移送涉刑案件59起,破获马建军涉嫌销售假药安宫牛黄丸案、张莉霞等涉嫌销售韩国水光针预装注射器假药等案件,查获清徐程栓巧制造销售有毒有害食醋案,查获造假窝点3个,抓捕嫌疑人2人,查获假冒名牌食醋400余箱、散装勾兑食醋2000千克,查扣假冒包装1万多个、假冒注册商标23.68万枚,捣毁完整假冒包装制造生产线1套,总案值高达50万元,震慑违法犯罪行为。(杨晓峰)

【食品药品监管方式创新】 2017年,山西省食品药品监督管理局把监管信息化作为实现科学监管的有效途径,探索创新监管手段,推动提升监管能力和水平。按照“急用先建、试点推广”的原则,构架以一个基础信息库和六大应用系统为重点的监管平台,实施全省保健食品化妆品监管信息化,向“四品一械”全面推行。抓住乳制品、白酒、肉制品、食醋、食用油等重点品种食品生产企业开展试点,采用二维码标识技术,全省有226家企业建立信息化食品追溯系统。推动大型超市建立食品流通追溯体系,美特好连锁超市在171家门店建成质量追溯查询系统,追溯商品达13854个。

(杨晓峰)

【食品安全城市创建】 2017年,山西省食品药品监督管理局按照“以验收评价促问题整改、以授牌奖励促全域

2017年3月15日,山西省食品药品监督管理局与山西出入境检验检疫局签署加强食品安全监管合作备忘录 (杨晓峰供图)

创建”的思路，协调财政部门落实500万元以奖代补资金，组织对创建省级食品安全的市县进行验收评价，召开全省食品安全“双安双创”现场会，总结交流推广示范创建经验，向首批被命名的1个市、13个县授牌，推动示范创建工作。开展“放心肉菜示范超市”创建，设立优质精品肉菜专柜，推进“产销对接”，全省申报示范超市198家。

建立省、市、县三级举报平台，全年受理投诉举报7990件，做到件件有落实，事事有回音。宣传和落实举报奖励办法，全省兑现举报奖励15起51.62万元。加强餐饮服务单位“明厨亮灶”建设，全省建成4856家。加大新闻宣传力度，在中央和省内主流媒体刊发各类新闻报道545篇，推选“随手拍”作品192件，推送微信公众号信息1084条，增强公众食品药品安全认知和风险防范能力。(杨晓峰)

能源监督管理

【电力交易改革】 2017年，山西能源监管办牵头完成4项电改规则方案的编制。会同有关部门印发《山西省可再生能源发电全额保障性收购暨补贴管理办法》，由省政府办公厅印发施行《山西省电力中长期交易规则(暂行)》《山西省电力辅助服务市场化建设试点方案》《山西省可再生能源参与调峰辅助市场实施细则》。同时，配套出台交易实施细则，分批多次组织规则培训班，推进交易平台系统建设。推进电改试点工作，启动山西电力市场辅助服务市场化试点和电力现货市场建设试点，研究出台辅助服务市场运营、风火深度调峰和现货品种试点方案和市场运营规则。在2016年对5家拥有存量配电网企业颁发电力业务许可证（供电类）基础上，对接试点单位，推进售电业务培育市场主体。支持山西争当全国能源排头兵工作，加强煤电、规划执行和供电监管，加大行政执法力度的建议。 (龙　颖)

【煤电项目监管】 2017年，山西能源监管办督促省内26家在建煤电项目开工建设前按程序办理报建审批事项，并将项目情况及开工支持性文件报告备案。梳理省内未批先建、批建不符、开工手续不全等煤电项目情况上报国家能源局，防范化解煤电产能过剩风险。建立电力项目台账，跟踪掌握省内34家煤电项目规划、核准、建设情况，督促企业按季度上报工程进度及投资完成情况。多次与国家能源局协调沟通，跟踪山西煤电项目规模控制情况，会同省发改委对省内17家装机1748万千瓦停缓建项目开展督查，遏制煤电项目违规开工建设问题。截至2017年底，山西省内取消、缓建煤电项目18家1812万千瓦。

结合山西淘汰落后产能工作，组织对未持证并网企业和超期服役机组摸底，通过电力调度机构核实无证机组上网情况，先后2次向无证发电企业下达“6·30不得上网发电”预通知。按期下达未持证机组不得上网监管通知书，全省未持证和超期服役机组共计87台，容量275.50万千瓦全部解网。对担负供热任务的无证和超期服役机组，加强与地方政府协调沟通，有条件允许冬季供热期临时并网发电，保障民生供热。解决国锦煤电和大同二电厂机组供热有关问题。 (龙　颖)

【能源监管信息化建设】 2017年，山西能源监管办定期组织信息化领导组和工作组会议，掌握监管一体化平台建设及各业务功能模块试运行情况，提出功能完善意见和平台上线要求。截至2017年底，实现山西省电力公司调度系统、国新能源天然气供需信息系统、低热值煤在线监测系统等外部系统衔接。其中，油气信息平台功能正式上线，实现按日监测3大天然气企业供需信息、油气规划项目监管、燃气管网图形展示等功能。实施行政许可功能开发，行政许可政务系统中电力业务许可、电工进网许可等信息数据融入一体化平台。平台主体功能开发基本完成并投入运行。

(龙　颖)

【电力安全监管】 2017年，山西能源监管办召开全省电力企业保电动员会议和电力安委会会议，宣贯全国安全生产电视电话会议精神和国家能源局保电工作安排，重点对省内担负跨区保电任务的重点发电、电网企业和变电站开展专项督查，会同省经信委开展保电专项督查，发现问题33项，下发整改通知书5份。中共十九大期间，山西电力企业保持安全稳定运行，未发生任何安全事件。

2017年10月24日，山西省电力辅助服务市场试运行启动仪式在太原举行

(龙　颖供图)

开展安全生产大检查，组织全省108家省调发、供电企业排查安全生产隐患13337条，截至2017年底，完成整改13000余条，企业投入资金4.13亿，整改率达99.31%；会同有关单位对20家电力企业开展专项督查，发现问题63条，下发整改通知书20份，督查单位全部按要求完成整改。

推进安全专项工作，开展班组建设、电力监控系统安全防护、超低排放和节能改造等专项安全工作，实现全省电力企业的全覆盖。对在建的68家电力建设项目开展落实施工方案专项行动，通报现场检查发现的14项典型违章案例，提出监管意见；组织电力建设工程复工安全检查，发现现场施工安全隐患52项，召开通报会，对32项典型隐患和安全问题进行分析点评，并提出整改要求。推动电力企业应急能力评估和应急预案备案工作，完成省内30万装机容量火力发电企业和满两年电力建设工程企业的应急预案备案工作。强化电网风险管控，开展山西电网运行风险分析工作，形成《山西电网运行安全风险分析报告》，提出风险管控意见和建议。（龙　颖）

【电力市场秩序维护】 2017年，山西能源监管办发布电力企业经营情况，印发新建机组差额资金分配方案，召开2次厂网联席会，维护发电、电网各方权益，激励发电企业参与辅助服务的自觉性。协调中长期交易与现货市场的联合运行，推进调度、交易双平台打通，实现电量、调频、调峰在现货市场中联合出清。维护电力市场秩序，会同省经信委统计年度合同履约情况，印发直接交易违约企业的监管意见，并对违约情况分档进行处罚；审核入围2017年度电力市场发电企业的准入许可，针对风电企业交易电量执行问题、全电量接入和收购问题，责成调度和交易机构保证交易的执行和结算。山西直接交易以年度交易、长协交易和月度集中竞价三种方式，累计达成直接交易合同电量500.80亿千瓦时。（龙　颖）

【行业政策监管】 2017年，山西能源监管办注重抓好低热值煤发电产业政策落实，在2016年低热值煤入炉燃料现场检查基础上，督促抓好问题整改落实，形成监管报告上报国家能源局；印发低热值煤发电入炉燃料使用情况检查通报和整改通知书，督促违规使用原煤的5家企业限期整改；依托监管平台，向入炉燃料热值超标企业告警；开展低热值煤发电监管“回头看”工作，以查促改，确保产业政策有效落实。注重弃风弃光问题监管，落实《山西省可再生能源发电全额保障性收购暨补贴管理办法》，运用计划和市场两种方式，确保全额保障性收购。落实电价补贴，针对企业关注的可再生能源发电补贴资金不能及时、足额发放的问题，向国家能源局呈报补贴拨付情况报告，提出监管建议。完成油气管网公平开放监管工作，推动监管平台与天然气企业调度系统对接，实现能源供需信息自动传输。加强煤电超低排放监管，组织专项督查，提出监管要求；梳理发布2016年全省燃煤发电企业节能减排指标，配合完成21家34台燃煤发电机组超低排放改造环境保护验收工作。（龙　颖）

2017年6月，国家能源局山西监管办组织开展全国安全咨询日活动

（龙　颖供图）

【企业资质监管】 2017年，山西能源监管办提升行政许可能力，做好企业资质颁发工作，推动阳光审批机制建设，出台行政许可工作监督检查及评价办法实施细则，建立资质许可审批随机抽取机制，保障申请人的合法权益。简化审批材料要求，严格执行有关豁免政策，为企业减轻负担；印发承装（修、试）电力设施行政许可定期自查实施办法，规范行政许可行为。加强承装（修、试）许可管理。强化证后管理，将3家违规企业列入国家能源局监管公告的黑名单中，督促整改落实。做好进网作业电工过渡期工作，配合开展淘汰落后机组拆除核查验收，化解煤电产能过剩风险。提出降低承装类业绩标准等修改意见，鼓励部分符合条件民营企业进入高等级施工市场，促进市场公平开放。（龙　颖）

【供用电监管执法】 2017年，山西能源监管办完成2016—2017年度供电监管暨用户受电工程监管工作，针对检查发现的119个问题，召开整改会议，提出监管意见。组织供电监管检查，按照“双随机”要求，抽取12个市县供电公司，开展现场检查；开展优化营商供电环境专项行动，明察暗访4个地市所属供电所、营业厅，规范供

电企业服务行为。摸底配电网投资和运行情况，督促电网企业加快改造，提升配网供电能力；按照压缩用电报装时间实施方案要求，督促供电企业完善制度、流程，促进工作落实；推进供电企业信息公开和“一户一表”改造。截至2017年底，全省改造完成244万户，占到需改造数的62%。研究制定《山西能源监管办行政处罚程序规定》，健全完善行政处罚程序；依法对4家涂改承装许可证和无证施工行为承装（修、试）电力企业进行处罚，罚款19.77万元；完成“12398”能源监管热线宣传普及和集中管理对接工作，做好“12398”投诉举报处理，截至2017年10月底，受理办结投诉举报199件，约谈企业负责人6次；做好争议调解工作，解决运城某公司非法转供电、某供电企业乱收电费等举报事项。（龙　颖）

安全生产监督管理

【安全生产大检查】 2017年6月10日至7月10日，山西省安监局采取企业自查、县级普查、市级抽查、省级督查、省政府领导巡查等方式，在全省各行业领域开展为期1月的安全生产大排查大整治专项行动。7月至10月，集中开展为期4月的安全生产大检查。期间，全省共出动检查（督查）组64152个，出动检查（督查）人员450145人（次），抽调专家8381人（次），检查（抽查）企业314844家次；排查一般隐患362217条，已经整改342306条，限期整改19911条；排查各类重大隐患143项（不含县级），已整改96项；依法打击严重违法违规行为1759起，关闭取缔企业783家，停产整顿企业1053家，暂扣吊销证照企业83家，行政处罚罚款11294.40万元；核查处理国家安全监管总局交办举报案件3起；联合惩戒失信企业62家，通过新闻媒体集中曝光安全生产主体责任不落实的运输企业105家和重大火灾隐患单位64家，公布终生禁驾“黑名单”146人和重点违法驾驶人8977人。（关永革）

【安全生产专项整治】 2017年，山西省安监局按照省政府第一次安委会会议要求和省政府一号文件部署，在煤矿、危险化学品、交通运输等9个重点行业领域展开安全专项整治。围绕煤矿专用排瓦斯巷整改、煤矿老空水治理等重点，全省煤炭系统全面部署开展煤矿“安全体检”和煤矿安全监察执法“利剑行动”。国防军工行业安排部署安全距离不足的企业搬迁工作。省政府办公厅印发《山西省危险化学品安全综合治理实施方案》，明晰各有关部门危险化学品安全综合治理职责，解决突出问题和矛盾，加强危险化学品安全综合治理。（关永革）

【重特大事故遏制】 2017年，山西省政府安委办以遏制重特大事故为重点，安排部署全省安全风险管控和隐患排查治理双重预防机制构建工作，推动和指导各市、各部门开展风险辨识，分级管控和隐患排查治理双重预防机制建设；构建源头管控和安全准入制度体系，减少高风险项目数量和重大危险源，全面提升企业和区域的本质安全水平。煤炭、煤监、交通、住建、公安等部门集中开展风险分级管控和隐患排查治理，坚持风险预控、关口前移，防范和遏制重特大事故发生。（关永革）

【安全生产宣传教育】 2017年，山西省委、省政府领导多次批示并安排部署全省推进安全生产领域改革发展。省政府分管副省长组织省安监局、省煤炭厅、省政府法制办和山西煤监局等部门主要负责人，进行专题讨论。邀请国家和省级专家到山西省市县和企业进行多场专题宣讲。3月11日，新修订的《山西省安全生产条例》开始施行，省安监局协调配合省人大常委会召开全省视频宣贯会，张建欣出席会议并讲话。10月10日，山西省委、省政府印发《关于推进安全生产领域改革发展的意见》，确定6个方面、30条、79项重大改革任务和制度措施。

2017年，山西省安监局开展“送法”活动，为省直相关部门和基层印发《山西省安全生产条例》和《安全生产监管执法手册》，到各单位组织宣讲30多场次。各级监管部门履行法定职责，制定并落实年度监督检查计划，1—9月，全省各级安全监管监察部门共出具执法文书3.20万多份，实施行政处罚罚款1亿多元。配合省人大

2017年8月3日，山西省安监局局长霍红义（左二）检查尾矿库安全生产工作（关永革供图）

常委会开展《安全生产法》和《山西省安全生产条例》执法检查，实地检查大同、忻州、晋城和临汾等市及部分企业，省人大常委会审议通报检查情况报告，指出3方面的问题，提出3条意见，督促各级政府部门强化问题整改。（关永革）

太原海关

【海关支持山西发展】 2017年，太原海关服务山西内陆地区开放新高地建设支持，山西打造“六最”营商环境、申建自贸区、新兴业态发展和经济结构转型等工作，支持山西开放发展战略部署。全年全省进出口1161.90亿元，连续两年突破千亿元大关。

服务山西对接“一带一路”取得新进展。支持山西开放平台建设，大同航空口岸完成航站楼国际厅改造，全年进出境人员数突破2.50万人（次）。运城航空口岸获批临时开放，6月22日首次通航。五台山航空口岸启动通关现场改造建设。完成中鼎物流海关监管场所建设及铁路口岸作业区建设。服务国际物流通道建设，探索多式联运，全年支持开行前往俄罗斯、德国、意大利、波兰等4个国家6趟中欧班列，5趟回程班列，前往哈萨克斯坦1趟中亚班列和前往印度、希腊1趟“公铁水”联运班列。兰花保税物流中心（B型）正式验收并封关运作。（宋　阳）

【海关改革】 2017年，太原海关落实全国海关通关一体化改革。按照总署批复要求完成隶属海关功能化建设和二级风险防控中心建设。建立健全配套作业机制，持续研究分析监控评估工作，创新完善风险防控体系，搭建完善多渠道沟通反馈机制，验估作业水平提升，税收作业改革推进。走访企业宣讲政策，倾听企业建议，引导企业选择“合身”的新型税收征管模式进行申报，全省90家进出口企业在省内就地申报。全年接受申报报关单42392份，同比增长145.50%，受理全国通关一体化报关单29798份，占报关单总量的69.78%。深化税收改革，建立完善关区税收考评机制，2017年征收税款13.78亿元，通关环节同比增长32.88%。电子支付税费8.29亿元，同比增长19.26%，汇总征税4945.36万元，同比增长3.29倍。8月18日上线运行国际贸易“单一窗口”标准版，辖区企业通过“单一窗口”申报货物5551份，其中2017年12月报关覆盖率达84.75%。扩大通关作业无纸化企业适用范围工作，直接退运业务、减免税申请、担保作业逐步实现无纸化，全年通关无纸化放行报关单共计42507份，占关区报关单总量的99.22%。推广关检合作“三个一”，加强与山西出入境检验检疫局的联系配合，全年实施人工对碰“一次查验”报关单21份，“一次查验”率100%，实施人工对碰“一次放行”报关单1092份。（宋　阳）

【通关时间压缩】 2017年，太原海关科学测算通关时间、建立通关时间监督制度，加强执法评估力度，分别分析研究超长时间报关单和查验情况，查找影响通关效率主要原因，分析研判制约通关效率环节和因素，采取措施提高通关效率。全年进出口平均通关时间分别为7.80、0.20小时，均超额完成压缩货物通关时间三分之一要求。（宋　阳）

【通关监管】 2017年，太原海关规范监管场所管理，联网视频监控系统，做好现场验估工作，监管进出口货值142.50亿元人民币，同比增长10.60%，监管进出口货运量171万吨，同比减少35%。监管进出境人员37.94万人（次），同比减少5.10%。优化监管查验机制，落实查验随机自动派单、查验作业超时报批等制度，全年查验645票。提升后续管理效能，专项稽查查发2起减免税进口奶牛、1起融资租赁货物、1起废塑料违规案件，规范企业行为。落实“双随机”要求，随机选取4家企业作为常规稽查对象，办结保税稽查作业28起。发挥专业机构专业优势，引入13次会计师事务处协助海关稽核查，提升海关工作效能。首次开展2起主动披露作业，实现关企双赢。强化业务运行风险分析，优化指令，各项布控查验内容落实，随机选择布控查验占比达98.73%，预定式布控查验占比达93.86%。（宋　阳）

【重点领域缉私】 2017年，太原海关在重点领域打私工作取得成效，立案

2017年5月22日，太原海关缉私局直属队被公安部评为“全国公安优秀基层单位”

（宋　阳供图）

侦办涉枪行政走私行为案件6起，查获走私气体动力枪支4支、枪支零件5件，查获嫌疑人6人。开展打击“洋垃圾”走私，侦办涉嫌走私进口旧医疗设备案6起，旧塑料利用企业涉嫌违规案1起。查发涉嫌低报价走私进口亚麻籽案1起，立案侦查涉嫌走私“冻品”案1起。海关总署(太原)情报中心建设成果逐步显现，围绕中共十九大安全保卫等重点工作，探索“智慧缉私”新模式，梳理出涉枪走私线索129条，署局依据该线索在“国门勇士2017”缉枪专项行动中开展集中和滚动打击。反走私综合治理新格局逐渐形成，全省24个成员单位参加打私工作联席会议，各成员单位配合，推动开展缉枪治爆专项行动、二手医疗设备专项核查，调研冷冻肉走私和食糖走私，梳理“洋垃圾”利用企业情况，反走私综合治理能力增强。

（宋　阳）

【通关一体化无纸化改革】 2017年7月1日，太原海关启动进口全国海关通关一体化改革，10月1日起实施出口全国海关通关一体化改革，进出口申报均纳入一体化改革。7月3日，全国海关通关一体化改革后第一个工作日，在山西受理报关单54票，全部为该模式报关单，关区所有业务现场通关正常，标志全国海关通关一体化在山西省实施。

推进通关作业随附单证无纸化，所有业务现场现实现通关作业无纸化全覆盖；推进行政审批无纸化操作；推进税费无纸化改革，扩大税费电子支付比例，推广汇总征税核批作业无纸化、非政策性退税作业无纸化。全年太原海关通关无纸化放行量占关区报关单总量的99%以上。

（宋晓徽　雁双菲
李　盼　乔　溪）

口岸管理

【中欧班列首发】 2017年2月15日，山西省首趟中欧班列开行。本次班列装载太重集团生产的2台具有中国完全自主知识产权的大型矿用挖掘机，从太原中鼎物流园出发，行程6000千米(国内2491千米，国外3509千米)，抵达俄罗斯列索西比尔斯克市。7月28日，山西临汾—德国慕尼黑中欧班列首发。（郭　瑞）

【两项产品首次出口】 2017年2月19日，在山西侯马口岸帮扶下，辖区山西澳坤农业科技有限公司21.3吨鲜苹果从吉县发车，代表吉县苹果首次出口澳大利亚。12月12日，山西番茄酱罐头出口英国首发仪式暨新闻发布会在大同山西塞北红食品有限公司举行，代表山西番茄酱罐头首次进入英国市场。（郭　瑞）

【山西—天津跨区域口岸合作】 2017年2月28日9时16分，首趟太原到天津港的多式联运班列，从中鼎物流园发出。这是山西与天津两省市签订“全面深化合作框架协议”后第一个合作项目，是全面落实京津冀协同发展战略，深化晋津全方位合作，加速环渤海区域一体化进程重要举措。（郭　瑞）

【山西空运口岸发展】 2017年6月6日，山西省太原航空口岸“一站式作业”试点工作在太原武宿国际机场启动。主要包括建立运输工具联合检查工作机制、建立进出口货物联合检查工作机制、推行关检“一机双屏”等内容。（郭　瑞）

【“单一窗口”标准版首单申报】 2017年8月18日，山西中港茂捷货运代理有限公司通过中国（山西）国际贸易“单一窗口”标准版注册登录货物申报系统，为山西省文水县华冠农业科技有限公司完成标准版山西进口报关首单申报。（郭　瑞）

【空运口岸（临时开放）】 2017年8月，大同机场列入国家口岸办印发的《2017年度口岸开放审理计划》。大同空运口岸(大同云冈机场)于2013年7月31日经国家口岸管理办公室批准临时开放，开通大同至中国香港、韩国仁川、泰国芭提雅、越南岘港、柬埔寨暹粒、金边航线。

4月12日，运城空运口岸(运城张孝机场)经国家口岸管理办公室批准临时开放，开通运城至香港、曼谷和芭提雅航线。引进国航、南航、东航、深航、厦航等5家航空公司，开辟航线26条，通航城市29个。截至2017年底，运行航线有10条，通航城市有北京、广州、成都等15个。

（郭　瑞）

【太原武宿综合保税区】 2017年，太原武宿综保区监管货值240.30亿元(同比增长1.60倍)，监管货运量6.70万吨，同比下降48.50%；审核报关单证2万份，同比增长1.20倍；受理报检进出境货物1011批，货值17821.97万美元，同比批、货值分别增加25.90%、5.73%。其中“一日游”货物947批，货值17100.60万美元。“一日游”货物主要为不锈钢卷板、冷轧不锈钢板材、包装纸盒、蓄电池、手机用振子、信号传输线等。

截至2017年底，综保区入区建设项目4个(另有占地162亩的艾滋病等重大传染病防治项目退区)，包括文化保税服务及加工贸易项目占地110亩，祺比欧纯天然椰纤维制品加工项目占地80亩，太钢保税物流基地项目占地50亩，中外运保税仓储物流项目占地78亩。（郭　瑞）

【山西方略保税物流中心】 2017年，山西方略保税物流中心进出口报关报检901票，进出口货物5650吨，进出口金额820万美元，上缴税收近亿元。服务客户包括晋城富士康、汇源果汁、西安海升、蓝星化工、北车集团永济电机、山西耀阳贸易、山西汤荣机械制造、深圳中集等110家，进出口业务辐射澳大利亚、巴西、印尼、墨西哥、菲律宾、哥伦比亚、日本、韩国及欧美、东南亚、港澳等20余个国家和地区，产品覆盖铁矿砂、铜精粉等冶炼炉料、果汁生产线、聚苯醚、医疗设备、机电、化工、农副产品、黑色金属、各类建材等20余类150余

个品种。（郭　瑞）

【山西兰花保税物流中心】 2017年3月1日，山西兰花保税物流中心通过国家四部委正式验收，6月19号，获得海关总署颁发的保税物流中心(B型)验收合格证书、注册登记证书。8月15日，山西兰花保税物流中心封关运营。开展5笔保税进口业务。9月22日开展山西兰花保税物流中心第一单保税物流业务。（郭　瑞）

【出入境检验检疫】 2017年，山西出入境检验检疫局(以下简称山西检验检疫局)检验检疫出入境货物21476批、货值15.30亿美元，同比增长19.60%、18.40%。其中检验检疫出境货物15129批，货值7.10亿美元，同比批下降0.50%、货值增长10.80%；检验检疫入境货物6347批，货值8.20亿美元，同比批增长131.10%、货值增长25.90%。检出出入境不合格货物118批，不合格货物货值3814万美元，同比不合格货物批下降32.20%、货值增长48.10%。（郑　罡）

【出口物资质量安全示范】 2017年，山西检验检疫局打出质量共治、示范区建设、品牌培育、创新监管、质量基础“组合拳”。制定《2017年出口食品农产品质量安全示范区建设推进方案》《山西出口质量安全示范企业创建工作规范》，联合省农业厅举办全省出口食品农产品质量安全示范区建设培训，促成省政府出台《关于加快推进出口食品农产品质量安全示范区建设的意见》。全年新增国家级出品食品农产品质量安全示范区4个，总数达20个，位居全国第四，其中8个建在国家级贫困县。新增省级示范区14个，总数达16个。新增3个省级出口质量安全示范企业，创建国家级工业品出口质量安全示范区2个、示范企业3家。新增国家地理标志保护产品2个、生态原产地保护产品19个、生态原产地产品保护示范区2个。（郑　罡）

【部门合作机制落实】 2017年，山西检验检疫局与山西省食药局签署《加强食品安全监管合作备忘录》，联合调查核查1批举报婴儿配方食品案件、1批进境食品；分别与省食药局、太原市食药局开展技术培训交流。与中国检科院举办实验室检测结果比对活动，开展两项实验室能力验证活动，邀请检科院专家举办检验检疫科技前沿专题讲座并分别对运城温带果蔬检疫实验室、大同杂粮检疫检测实验室及大中型动物指定隔离场建设进行指导审核。与省林业厅签署《关于共同促进生态林业民生林业发展合作协议》，联合开展枣园病虫害调查和外来有害生物监测工作，建立信息交流机制发布《山西省林业有害生物警示通报》，对有害生物风险分析进行专题培训。与省质监局签署《深化“互联互通”推动“质量共治”合作备忘录》，支持山西省品牌发展战略，推动全省示范区和生态原产地产品保护工作。与山西农业大学签署合作机制2017年行动计划，共同开展风险分析和果园病虫害调查。“山西农大教学实习基地”在机场局、技术中心挂牌，联合开展研究生培养，指派1名技术专家为山西农大研究生指导教师，副局长王益愚应邀作动植物检疫专题报告。（郑　罡）

【口岸检验检疫核心能力建设】 2017年，山西检验检疫局推进太原、大同、运城等机场口岸防控能力建设，落实《“健康山西2030”规划纲要》，健全口岸公共卫生体系，全年检出出入境人员传染病167例。制定《智慧口岸检验检疫建设方案》《口岸核心能力动态监管实施方案》《口岸应对口岸突发公共卫生事件处置预案》，编制《口岸卫生检疫通用规范》。对大同机场口岸国际候机楼改造设计图纸、检疫犬配备及场所建设、伴侣动物隔离场所建设规划等进行论证指导。对运城机场口岸核心能力建设进行检查指导，按照标准配置硬件设施设备及人员。对大同新开国际航线进行传染病风险评估。举办口岸公共卫生风险监测预警决策系统、口岸快速筛查、检疫处理等培训，组织开展口岸核生化有害因子应急演练和预防接种疫苗不良反应应急演练，提升一线人员能力。下放口岸卫生许可审批，加强口岸核心能力。（郑　罡）

【口岸检验检疫规范化】 2017年，山西检验检疫局按照《口岸动植物检验检疫规范化建设三年规划（2015—2017）》要求，制定2017年推进计划，通过召开推进会、专项督查，推进运城、大同、五台山机场及太原综保区、侯马方略物流园区动植物规范化建设。太原航空口岸向质检总局申报动植检规范化建设样板口岸，运城、大同航空口岸，太原综保区、侯马方略保税区均配备专业队伍并建立工作制度和检验检疫技术设施。组织开展2017年国门生物安全全民宣传教育活动，开展“绿蕾行动”，开展“国门安全进校园”“教授博士口岸行”等活动。（郑　罡）

【疫情疫病风险监测】 2017年，山西检验检疫局制定《2017年度国门生物安全监测计划》，对11个地市490个监测点实施外来实蝇监测，对160个监测点实施苹果蠹蛾监测，对葡萄、油桃、樱桃种植基地开展斑翅果蝇监测，对外来杂草实施疫情监测。共诱捕到3种检疫性实蝇，未发现苹果蠹蛾、斑翅果蝇。发现外来杂草4种，其中检疫性杂草1种。在进境检疫中截获植物有害生物143种次，其中科氏网纹盾蚧、薪甲为全国首次截获，及时掌握风险信息，保护山西省农林业和生态环境安全。（郑　罡）

【口岸检验检疫管理】 2017年，山西出入境检验检疫局工作人员在对中国台北至太原的MU5012航班进行例行检疫查验时，从一名入境旅客携带行李中截获一盒带有泥土的贝壳和海螺。经过检疫初筛，在2枚海螺里发现2只寄居蟹，为太原航空口岸首次截获。

山西大同检验检疫局工作人员

在对来自柬埔寨暹粒的入境航班实施检验检疫时，从一名中国籍旅客行李中截获一批用棕榈叶包裹的柬埔寨当地特产。经现场查验，棕榈叶包装盒体上有大量灰白色活体昆虫，工作人员按照检验检疫工作流程予以截留，送至山西出入境检验检疫局技术中心作培养鉴定。植物检疫实验室专家鉴定，灰白色昆虫为T形斑锯谷盗[Monanus concinnulus (Walker)]，系山西口岸首次截获。（郭　瑞）

【活体动物入境监管】 2017年6月6日，澳大利亚700头羊驼在山西省太原航空口岸入境。这是迄今为止中国从澳大利亚进口数量最多的一批羊驼，打破中国羊驼进口单笔记录。

2017年6月27日，载有82匹赛马的澳大利亚货运包机在太原航空口岸入境。这是山西口岸首次直接从国外引进赛马，也是全国单批进口量较大的一次。（郭　瑞）

【监督抽查和退运调查】 2017年，山西检验检疫局实施“进口食品放心工程”，开展“清源行动”，开展进出口食品安全监督抽检、进出口商品监督抽查、退运追溯调查，打击进出口领域假冒伪劣商品。制定《2017年出口食品安全监督抽检工作计划》《2017年度出口动物源性食品安全风险监测计划实施方案》，完成国抽任务168个样本，地抽任务53个样本，出口动物源性食品安全风险监测78个样本。制定《2017年目录外进出口商品监督抽查工作实施方案》《目录外进出口商品随机抽查工作细则》，抽查65种进出口商品，进口商品不合格共8批，不合格率为12.30%，出口商品未检出不合格批，向质检总局报送监督抽查工作总结。组织完成14批出口工业产品的退运调查，上报质检总局C-RAPEX系统。（郑　罡）

【检验检疫服务山西经济】 2017年，山西检验检疫局围绕《国务院关于支持山西省进一步深化改革促进资源型经济转型发展的意见》，加强区域检验检疫合作，配合山西申请建设中国(山西)自由贸易试验区。落实省委省政府建设转型综改示范区决策部署，出台《服务山西转型综改示范区建设举措》，实行原产地签证管理、保税展示交易货物检验检疫监督管理改革措施，制定山西检验检疫局落实山西省促进农业对外合作扩大农产品出口具体措施。按照山西省跨境电商发展规划，建立《跨境电子商务经营主体和商品备案管理办法》《入境跨境电子商务管理办法》《跨境商品风险管理办法》等监管制度。协助省商务厅保障“山西品牌丝路行”(印尼站)顺利开展。与质检总局标法中心、忻州市政府共同签署三方战略合作协议，推动技术性贸易措施、质量提升与定襄特色产业有效衔接，在忻州定襄创建全国首家WTO/TBT-SPS法兰锻造研究评议基地。

2017年，山西检验检疫局服务山西对外开放平台、“铁公机”“岸港网”基础设施建设，推动大同机场口岸正式开放，对大同机场口岸国际厅查验通道进行预验收，基本满足正式开放要求。12月22日，质检总局对大同进口肉类指定查验场进行现场考核并通过验收。推进运城机场2次临时开放（第一次开放时限为2017年4月12日至10月10日，第二次开放时限为2017年9月30日至2018年4月30日）。推进五台山机场临时开放，提出检验检疫监管需求和980万元仪器设备预算，制定检验检疫信息化建设方案。推进中鼎物流园(铁路口岸)开放，制定检疫熏蒸处理库建设方案及完善作业区检验检疫信息化建设意见，作业区联检大楼、联检仓库、熏蒸库基础设施完工，采购熏蒸库检验检疫设备、卡口通道式核辐射检测仪，同意太原铁路口岸在满足相关口岸现场检验检疫功能、完善监管查验设施的条件下临时开放。保障临汾中欧班列、中蒙国际铁路联运运行。支持太原航空口岸扩大航线，成为华北进境活动物集散地。制定《保税展示交易货物检验检疫监督管理工作规范》，完善综保区检验监管模式。

2017年，山西检验检疫局制定39项《全面深化改革2017年工作要点》，落实“放管服效”要求，优化检验检疫流程、压缩流程时长50%以上，严格落实取消或停征行政事业性收费相关要求，平均每批货物为企业降低通关成本300元。深化落实山西、天津两地政府签署的全面深化合作框架协议，与天津检验检疫局对接，共同签署《深化检验检疫协作 推动两地贸易便利化合作备忘录》，推动山西营造“六最”营商环境。（郑　罡）

【检验检疫服务贸易便利化】 2017年，山西检验检疫局制定《检务管理一体化工作方案》，6月13日无纸化系统上线运行，全省无纸化备案企业175家，无纸化报检批覆盖率达到99%以上。将检验检疫报检企业备案和原产地证申报企业备案纳入“多证合一”改革事项并于9月1日起实施。与省口岸办、海关、边检、民航等联检部门共同对太原航空口岸入境货物实施“一站式作业”服务，召开工作会议就“一站式作业”工作进行交流。推进山西国际贸易“单一窗口”建设，国家标准版“单一窗口”系统8月18日上线，在综保办货物申报试单成功并做好扩大试点工作，“单一窗口”在特殊监管区报检覆盖率达100%。制定《关于复制推广自由贸易试验区新一批改试点经验的实施方案》，对实施情况进行总结评估。推进落实黄河金三角区域合作，组织召开山西、陕西、河南检验检疫局三方合作工作会议，交流《晋陕豫黄河金三角检验检疫检测资源共享合作备忘录》推进情况及出口水果检验检疫合作、出口食品农产品示范区建设、应对国外通报、迎检解禁、压缩通关流程时限等工作。（郑　罡）

【检验检疫能力建设】 2017年，山西检验检疫局维护国门安全。正式运行口岸公共卫生风险监测预警决策系统(PROSAS系统)，提升口岸公共卫生预警、监测能力；加大对来自疫区国家或地区人员以及携带物查验力度,开展“绿蕾”专项行动,开展国门生物安全进校园和“教授博士口岸行”等活动;与山西农大、山西财经大学公共管理学院合作建立“教学实践基地”。提供服务保障。太原武宿机场作为2017年“一带一路”国际合作高峰论坛备降机场之一,为完善论坛备降航班检验检疫工作,山西出入境检验检疫局采用加强组织领导,强化责任追究、制定方案预案,加强应急演练、一线全勤工作模式等多项举措保障论坛进行。口岸功能拓展。2017年,保障羊驼和赛马入境太原航空口岸,检疫人员登机检疫机组人员身体状况、核查相关单证,对航空器、木质包装及活体动物实施现场检疫,防止外来有害生物入侵,保障活体动物第一时间快速通关。 (郭 瑞)

【口岸检验检疫平台建设】 2017年,山西检验检疫局成立对外开放口岸检验检疫工作领导组,将各口岸平台建设工作列入局2017年10项重点(大事)工作,确保口岸开放工作。运城航空口岸如期实现临时开放。为做好运城航空口岸临时开放工作,与运城市政府配合,与相关部门联系,克服人员少、业务用房不足等实际困难,在规定时限内完成检验检疫设施配备、专业人员培训、联防联控机制建立、模拟应急演练等各项准备工作。4月12日,运城航空口岸获批临时开放。6月22日,保障运城—香港航班首航,运城航空口岸检验检疫设施到位,专业人员上岗培训完成,口岸疫情疫病联防机制建立。大同航空口岸正式开放工作进展顺利。配合大同市政府展开大同航空口岸正式开放航站楼国际厅改造工程、检验检疫办公业务用房建设、仪器设备采购配置等工作,指导航站楼国际厅检验检疫流程、通道及布局、基础设施建设、仪器设备配置等工作。改造后的大同航空口岸国际厅投入使用,口岸检验检疫办公业务技术用房开工建设。五台山机场航空口岸开工建设。为保障五台山航空口岸临时开放有关工作,科学规划口岸检验检疫查验设施,实地查看五台山机场航站楼口岸开放改造区域,与五台山机场就检验检疫功能设置、区域划分设备购置等进行沟通,确保五台山航空口岸开工建设设计合理、功能齐全,避免和防止造成重复浪费。推进太原中鼎物流园口岸作业区临时开放。为保障太原中鼎物流园口岸作业区设计、申报、批准等工作进行,山西出入境检验检疫局领导带队到口岸现场办公,对太原铁路局业务骨干进行两次铁路口岸开放检验检疫业务知识培训,确保开园初期具备口岸查验功能;协助调查全省中欧中亚货源,开辟绿色通道,为中欧班列建立专门档案,服务保障中欧班列在中鼎物流园发车。在山西出入境检验检疫局的协调和沟通下,太原中鼎物流园口岸作业区联检大楼、联检仓库、熏蒸库等基础设施完工,向山西省政府正式提出临时开放申请。大同进口肉类指定查验场建设通过验收。山西出入境检验检疫局在大同市政府支持下,推进大同进口肉类指定查验场基础建设,与大同市政府等协调推进项目进展,实地查看施工进度、质量保障等情况。12月22日,山西大同进口肉类指定查验场通过国家质检总局审核验收。 (郭 瑞)

【检验检疫“单一窗口”建设】 2017年,为落实国务院和质检总局关于口岸信息互换、监管互认、执法互助要求,山西出入境检验检疫局支持和参与山西省“单一窗口”建设工作,参与完成《山西省“单一窗口”建设方案》《项目建设可研报告》。配合省口岸办调整山西省“单一窗口”建设模式,向企业宣传“单一窗口”免费政策和便利作用,组织专业人员对试点企业进行“单一窗口”系统上线培训,引导和鼓励企业使用“单一窗口”平台。8月18日,山西检验检疫局综保办通过E-CIQ系统成功受理“单一窗口”标准版系统企业申报的货物报检业务,标志中国(山西)国际贸易“单一窗口”标准版报检模块成功运行,实现山西省口岸电子数据“一次性递交”“跨系统共享”“多部门共用”。截至2017年底,通过中国(山西)国际贸易“单一窗口”标准版系统实现货物报关报检共5000余批。 (郭 瑞)

【检验检疫通关效率提升】 2017年,山西出入境检验检疫局压缩检验检疫流程时长。为提升检验检疫通关便利化水平,实现进出口货物通关时间压缩三分之一目标,围绕“减环节、优流程、压时限、降成本、提效率”总体要求,在确保检验检疫执法有效性、风险可控性和工作质量基础上,出台十项举措压缩货物通关放行时间。经测算,山西检验检疫局实现进出口货物通关时间压缩三分之一目标。实施无纸化申报。组织开展全省全覆盖的无纸化系统局端及企业端培训,6月13日,山西检验检疫局正式上线运行无纸化系统,截至2017年底,多家单位实现无纸化报检全覆盖,为企业节约大量耗材、人工、交通等费用,提高报检效率。在口岸开展“一站式作业”。在旅检通道对旅客携带物推行关检“一机双屏”工作模式,实现信息共享;与口岸联检部门共同建立运输工具联合查验机制;建立进出口货物联合检查工作机制。 (郭 瑞)

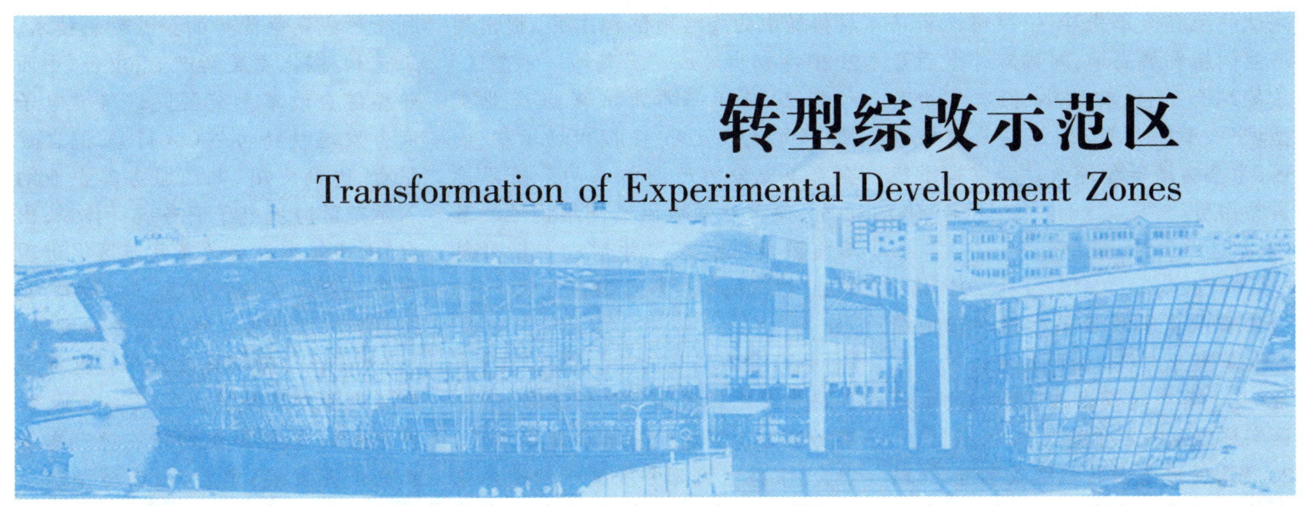

转型综改示范区

Transformation of Experimental Development Zones

综　述

【概况】 2017年，山西省委、省政府推动山西省产业结构调整，建设山西转型综改示范区(简称“示范区”)。示范区由太原都市区内的太原高新技术产业开发区、太原经济技术开发区、太原武宿综合保税区、晋中经济技术开发区4个国家级开发区，太原工业园区、山西榆次工业园区、山西科技创新城3个省级开发区以及山西大学城产业园区，共8个产学研园区整合而成，并向南、向北建立扩展区，总规划面积约600平方千米。

按照“整合、改制、扩区、调规”总体思路，建立转型综合改革示范区，推进开发区改革创新发展，先行先试，改革创新，创造可复制、可推广经验，树立标杆，作出示范。“整合”，就是把太原都市区内的太原、晋中两市8个主要开发区整合成转型综合改革示范区，实行“三统一、三不变”。“三统一”，即统一领导、统一规划、统一政策；“三不变”，即太原、晋中两市的人、财、物不变。晋中市域内各园区受晋中市和示范区双重领导，以晋中市领导为主，形成一个主战场、两个集团军协同作战的格局。“改制”，就是理顺示范区管理体制、运行机制和各类利益关系，强化示范区经济属性，剥离社会管理职能，探索职员制改革，通过体制创新，激发示范区发展活力。“扩区”，就是在整合8个园区现状规划区域的基础上，进一步向南、北两翼扩展，打开示范区发展空间。“调规”，就是抓住土地利用总体规划调整完善的契机，依法依规做好土地利用总体规划调整完善和永久基本农田划定工作，按照“五规合一”要求，科学确定示范区发展布局，做到一次规划到位、滚动开发利用。示范区明确山西省产业结构调整的两大战略，深化国企改革，加快开发区建设。推动山西煤炭“一业独大”经济结构转变。

整合后的示范区从空间上分为3大片区。北部阳曲产业园区，规划面积约104平方千米。其中，原太原工业园区基础区约3平方千米；在阳曲县的扩展区约101平方千米。重点布局新材料、节能环保、绿色食品、文化旅游、健康休闲等产业。中部产业整合区，包括除原太原工业园区外的7个现状园区，规划面积140多平方千米。其中，学府产业园区(原太原高新区)约8平方千米；唐槐产业园区(原太原经济区)约25平方千米；武宿综合保税区约3平方千米；科技创新城约20平方千米；晋中汇通产业园区(含中鼎物流园)约49平方千米；晋中新能源汽车园区约9平方千米；大学城产业园区约28平方千米。主要是对现有比较成熟的产学研体系以及城市功能进行提档升级，重点布局大数据、物联网、电子信息、高端装备、生物医药、绿色食品、文化创意、跨境电子商务、保税物流、科技研发等产业。南部潇河产业园区，规划面积约343平方千米，是示范区建设的主战场。其中，太原约205平方千米；晋中约138平方千米。重点布局新一代信息技术、先进制造、新能源、新材料、生物医药、节能环保等产业。潇河产业园区起步区约100平方千米。其中，太原约60平方千米；晋中约40平方千米。沿潇河两岸布局新能源汽车、移动能源、智能制造、健康医药、电子信息、总部经济、智能物流等多个产业组团，以及金融小镇、智慧小镇、健康小镇等特色小镇；沿潇河生态廊道和潇河两岸，在太原、晋中建一主、一次两个生产生活公共服务中心。

(欣　然)

【转型综合改革示范区党工委成立】 2017年2月25日，中国共产党山西转型综合改革示范区工作委员会、山西转型综合改革示范区管理委员会揭牌仪式在太原举行。省委书记、省人大常委会主任骆惠宁出席仪式并为示范区党工委、管委会揭牌。省委副书记、省长楼阳生讲话。省委常委、太原市委书记王伟中主持，省委常委、秘书长罗清宇参加，副省长王一新宣读中央编办批复和有关任命。

示范区位于太原都市区的核心区域，横跨太原、晋中两市，由4个国家级开发区、3个省级开发区以及山西大学城，共8个园区整合而成，总规划面积约600平方千米。示范区作为经济转型升级的新动能引擎，将着力打造成新体制新机制新政策先行先试的配套改革先导区;战略性新兴产业创新发展高地;对内对外全面开放的综合平台;智慧化、低碳化的新型城区;管理规范、廉洁高效的样板区,为全省域转型综改试验发挥示范引领作用。 (盛 伟)

【转型综改省级政策出台】 2017年,山西省从省级政策层面推动转型综合改革事业发展。山西省人民政府出台《关于落实建设山西转型综改示范区实施方案的若干意见》,提出"意见20条",促进山西转型综改示范区(以下简称综改示范区)创新发展;出台《关于赋予山西转型综合改革示范区部分省级行政管理权的通知》,赋予山西转型综合改革示范区管理委员会(以下简称山西转型综改示范区管委会)省级行政管理权33项。3月30日,山西省人民代表大会常务委员会第三十七次会议通过《关于山西转型综合改革示范区行政管理事项的决定》,规定综改示范区管辖范围,确立综改示范区管委会(以下简称管委会)为省人民政府派出机构,赋予管委会在综改示范区内行使相应的行政审批、行政处罚等行政管理职权。 (欣 然)

【国务院政策支持】 2017年,国务院从国家级政策层面支持并推动山西省转型综合改革事业发展。9月1日,国务院印发《关于支持山西省进一步深化改革促进资源型经济转型发展的意见》(以下简称《意见》),从健全产业转型升级促进机制,打造能源革命排头兵;深化国有企业改革,激发市场主体活力;推进重点领域改革,增强内生发展动力;融入国家重大战略,拓展转型升级新空间;深化生态文明体制改革,建设美丽山西等8个方面30项任务支持山西省转型综合改革事业发展。《意见》总结山西省过去发展的经验教训,提出山西转型发展四项基本原则,指明未来推动转型发展的根本遵循。提出山西要"建成资源型经济转型发展示范区""打造能源革命排头兵",一个"示范区",一个"排头兵",确立山西在全国经济发展格局中的战略地位和作用。提出到2020年初步建成"三基地一示范区"和到2030年基本形成多点产业支撑、多元优势互补、多极市场承载、内在竞争充分的产业体系两个阶段性目标,使重点领域供给侧结构性改革取得阶段性成果,并形成一批可复制、可推广的制度性经验。 (欣 然)

【企业家健康环境营造】 2017年,国务院为深化供给侧结构性改革、激发市场活力、实现经济社会健康发展,出台《中共中央国务院关于营造企业家健康成长环境弘扬优秀企业家精神更好发挥企业家作用的意见》,提出"意见29条",要求各地区各部门认识营造企业家健康成长环境、弘扬优秀企业家精神、更好发挥企业家作用的重要性,统一思想,形成共识和合力,制定和细化具体政策措施,加大面向企业家的政策宣传和培训力度。 (欣 然)

【示范区建设多重扶持】 2017年,山西省推进转型综改示范区建设。成立转型综改示范区管委会,出台《山西转型综合改革示范区促进双创基地发展扶持办法(试行)》,支持双创基地包括众创空间、微型企业孵化园、小微企业创业基地和商贸企业集聚区发展;出台《山西转型综合改革示范区促进科技企业孵化器发展扶持办法(试行)》,培育综合型孵化器和专业型孵化器,推动科技成果转化、培育科技型企业和企业家;出台《山西转型综合改革示范区支持科技研发创新平台建设运营扶持办法(试行)》,推动科技研发和科技服务两种平台建设;出台《山西转型综合改革示范区促进企业自主创新扶持办法(试行)》,鼓励在示范区注册、纳税,具有独立法人资格,且符合示范区产业发展方向的企业和社会组织开展创新项目;出台《山西转型综合改革示范区人才及团队引进培育扶持办法(试行)》,设立专项资金,鼓励在示范园区企业引进优质人才和团队;出台《山西转型综合改革示范区促进科技成果转化扶持办法(试行)》,支持有利于形成竞争优势的企业创新技术、工艺和材料,发展新产业;出台《山西转型综合改革示范区促进跨境电子商务发展扶持办法(试行)》,把自建平台、电商应用、电商服务等企业纳入示范区跨境电子商务统计体系;出台《山西转型综合改革示范区促进现代服务业发展扶持办法(试行)》,支持符新兴服务业、中介服务业发展;出台《山西转型综合改革示范区促进新兴产业发展扶持办法(试行)》,支持先进制造、新能源和新能源汽车等新兴产业发展;出台《山西转型综合改革示范区购买招商引资服务实施办法(试行)》,通过引入市场机制,鼓励具备条件的社会组织、企业、机构和自然人参与示范区招商引资活动;出台《山西转型综合改革示范区合作共建园区管理办法(试行)》,推动产业园区、科技园区、大学生创业园、总部基地、金融小镇、物流园区等建设。 (欣 然)

【示范区建设诸项规范】 2017年,山西转型综合改革示范区管理委员会印发《山西转型综合改革示范区规划建设十五条(试行)》,落实示范区节约集约用地、绿色低碳发展的规划建设理念。出台《山西转型综合改革示范区鼓励留学人员创新创业办法(试行)》,鼓励和吸引优秀归国留学人员及海外高端人才创新创业,激发人才创造活力。加强规范示范区股权投资类企业注册登记和备案监管,促进股权投资类企业健康发展,出台《山西转型综合改革示范区股权投资类企业注册备案监管实施办法(试行)》。推进城市基础设施配套建设,制定《山西转型综合改革示范区征收城市基础设施配套费实施细则》,对建设规模较大、工期较长的建设项目实行分期征收制度,城市基础设施建设项目、中小学教育设施项目、卫生(医疗)、科技、体育设施等非营利性项目给与配套费减免优惠,促进示范区社会和经济发展。为集聚人才优势,构建高层次人才集聚高地,制定出台《山西转型综合改革示范

区人才用房实施细则（试行）》，规范和明确示范区人才用房建设、管理和服务事项。（欣 然）

【综改政策兑现清单】 2017年，山西转型综合改革示范区出台三大类政策兑现清单，包括《普惠类政策兑现清单》49项，公布入园企业在企业主板上市奖励、高新技术企业研发投入补贴、科技研发费用普惠性扶持、博士后科研工作站补贴等方面申请条件，普惠类奖励与人才补贴标准；《评审类政策兑现清单》49项，公布入园企业投资贡献奖、龙头企业贡献奖、经营管理奖、现代服务业项目用房补贴、工业企业分离发展生产性服务业补贴等方面参与评审条件、评审类奖励与人才补贴标准；《合同类政策兑现清单》8项，公布入园企业在投资项目、重大创新项目（科技攻关、新产品研发）、科技成果转化项目、引才引智项目、科技研发平台建设项目、合作共建园项目、孵化器运营管理项目、招商中介服务项目方面的参与评审条件与支持标准。（欣 然）

【示范区科技项目管理】 2017年12月，山西转型综改示范区制定出台《科技项目管理办法（试行）》（以下简称《办法》）。《办法》要求精准发力，扶持科技创新。指出科技项目管理实行依法管理、规范权限、明确职责、管理公开、精简高效的原则；加强统筹，发挥部门作用。《办法》规定创新发展部是示范区科技项目的计划组织与管理单位，会同财政管理运营部负责科技项目的实施情况，项目资金的落实及监督工作；规范立项，突出科学评审。按照《办法》要求，科技项目申报实行属地管理，按照项目单位申报、示范区政务大厅窗口受理、分管业务部门组织项目评审、评审结果公示、合法性审查、示范区立项、签订计划任务书等程序执行；严格把关，确保项目质量。《办法》规定项目的验收与结题，由创新发展部委托第三方科技评估机构负责综改示范区科技项目的验收评估工作。（欣 然）

【国家支持山西行动计划】 2017年12月，山西省印发并实施《贯彻落实国务院支持山西省进一步深化改革促进资源型经济转型发展意见行动计划》（以下简称《行动计划》）。《行动计划》按照国务院印发的《关于支持山西省进一步深化改革促进资源型经济转型发展的意见》要求，围绕6个领域的主要任务，明确责任，科学分解任务，并给出具体举措。要求健全产业转型升级促进机制，打造能源革命排头兵；深入实施创新驱动发展战略，促进新旧动能接续转换；全面深化国有企业改革，激发市场主体活力；加快推进重要领域改革，增强内生发展动力；深度融入国家重大战略，拓展转型升级新空间；深化生态文明体制改革，建设美丽山西。（欣 然）

示范区发展

【示范区目标】 2017年，山西省综改示范区提出发展高端服务业和生产性服务业，推动金融产业和金融创新行业聚集，推动要素市场、大数据、云计算和物联网、服务外包、高端物流、咨询中介和文化创意产业发展。加强现代服务业产业项目招商，优化载体空间布局，提升招商质量。对新引进的重点服务业项目，采用先租赁后出让供地模式。给示范区内企业提供用房补贴。鼓励企业立足制造业发展现代服务业，推动产业链向研发、销售两端延伸。鼓励工业企业分离，发展生产性服务业。（欣 然）

【双创基地建设】 2017年，山西省转型综改示范区构建创新创业政策体系，出台《山西转型综改示范区管委会关于印发山西转型综合改革示范区促进双创基地发展扶持办法（试行）》（以下简称《办法》），推动科技创新中心建设、科技项目和经费管理改革。《办法》规定双创基地设置条件，制定详细补贴资助等内容。鼓励双创基地引进法律、人才、知识产权、财务、咨询、认证及技术转移等专业服务机构，免费提供办公场所。对双创基地为小微企业办理新注册手续发生清单内费用，按年度给予全额补贴。设立双创专项资金，与双创基地签订年度目标责任书，完成目标任务不足50%，停发补贴与奖励。制定各项责任事项的落实措施，推行落实新激励政策，统筹推进双创基地协调发展。（欣 然）

【自由贸易区建设】 2017年，山西省转型综改示范区推广上海、天津、广东、福建自贸试验区改革试点经验。从改变工商注册登记、外商投资管理、市场主体退出机制3方面创新投资登记管理制度。推进市场主体全程电子化登记，推进“多证合一”改革，推进企业名称登记制度改革。推动太原、大同、晋中、晋城4个国家级经济技术开发区健全外商投资企业设立及变更备案机构，开展区域内外商投资企业的设立及变更备案管理工作。简化市场主体注销程序，对未开业企业、无债权债务企业和个体工商户实行简易注销登记程序。从行政审批、社会信用体系、事中事后监管、政府服务水平4个方面推进政府职能转变。完善直接投资外汇管理，促进跨境投融资便利化，发展跨境金融结算业务，推进金融开放创新。推进贸易便利化改革，加快建设国际贸易“单一窗口”，创新海关监管制度，创新检验检疫监管制度。（欣 然）

【跨境电商发展扶持】 2017年，山西转型综合改革示范区制定出台《促进跨境电子商务发展扶持办法（试行）》（以下简称《办法》）。该办法立足示范区特点，涵盖全产业链发展要求，将加速推进跨境电商产业向规模化、标准化、集群化、规范化方向发展，支持企业围绕技术、物流、服务创新商业模式，加强与境外企业合作，通过多种规范的创新商业模式融入现有零售体系，逐步实现经营规范化、管理专业化、物流标准化和运行科学化。

三类企业可享政策红利。示范区设立跨境电子商务专项资金，由区财政扶持资金列支。扶持对象为在示范区注册、纳税，具有独立法人资格，纳入示范区跨境电子商务统计体系的企业，主要包括平台企业、电商应用企业和电商服务企业三类。

补贴政策精准高效。适应经济发展新常态、应对环境新变化，提高政策指向性、精准性和实效性，构建起一套针对性强、含金量高、惠及面广的跨境电商补贴政策体系，激励性补贴与功能性补贴、覆盖性补贴和环节性补贴并重，重点支持适度规模经营。补贴政策可分为办公和经营场所租赁补贴、库房租赁补贴、交易额补贴、公共服务平台对接补贴、物流补贴等几项内容。

定向奖励突出扶持重点。根据行业特点，集中财政资金，通过定向激励，培育知名品牌，建设龙头企业，发展优势产业。出台奖励政策，扶持出口型电商，释放财政资金放大效应，加快产业提升，激励跨境电商企业做大做强。设立跨境电子商务B2B出口奖励、第三方交易平台新招企业入驻奖励、跨境电商平台面向境外开设子网站或独立页面奖励等专项奖励机制，对符合申请条件的企业一次性给予相应的奖励标准。（欣　然）

【新兴产业发展扶持】 2017年，山西转型综合改革示范区贯彻落实山西省创新驱动、转型升级战略和省委、省政府《关于建设山西转型综改示范区的实施方案》，推进项目引进和产业发展，出台《促进新兴产业发展扶持办法(试行)》。设立新兴产业专项资金，由示范区财政扶持资金列支，集中力量扶持发展一批符合示范区总体战略布局、发展规划的重点新兴产业，以此带动相关配套产业发展，在先进制造、新能源和新能源汽车等新兴产业领域取得突破，提升全区新兴产业领域发展整体水平。加大新兴产业用地保障力度，优先纳入供地计划。项目供地除直接出让外，推行用地弹性出让和租赁制。推进原太原工业园区、科技创新城电力试点改革扩展到示范区全范围，建立新的电网建设运营体制和售电体制，降低企业用电成本。支持发展新能源汽车产业，对获得国家、省、市资金支持的，按一定比例给予配套资金支持。对重点优势总部企业进行“一企一策”激励，支持企业科技研发创新、自主品牌创建、高端人才引进和市场营销网络建设等。利用财政资金积极引导，实行奖励政策。鼓励新兴产业项目投资并开工建设，对符合申请条件的企业给予不同额度的一次性奖励。鼓励重点企业提高发展质量和效益，实施智能制造、技术创新、绿色制造、制造业与互联网融合、军民产业融合、工业转型强基、服务制造创新、公共平台建设等技术改造专项工程，采取多种方式促进新兴产业升级。（欣　然）

分园区建设

【学府产业园区】 2017年，山西转型综合改革示范区推进学府产业园区建设。园区包括原太原高新区学府园区和汾东拓展区两部分。其中，学府园区规划面积7.46平方千米，汾东拓展区面积0.91平方千米。学府产业园区初步形成以新一代信息技术、生命科学、光电、新材料、新能源与环保节能、文化创意为特色的高新技术产业格局。截至2017年底，各类入区企业5200余家，其中，高新技术企业211家，占全省总数的近30%。

围绕国家发展战略性新兴产业的导向，将发展高新技术产业与调整经济结构、转变发展方式紧密结合，以特色产业基地和产业联盟为依托，以重点项目建设为突破口，多举措推动特色产业集群发展，初步形成以新一代信息技术、生命科学、文化创意、光电、新材料、新能源与环保节能为特色的高新技术产业格局。新一代信息技术产业，在物联网、信息安全、大数据三大领域的代表性领军企业有罗克佳华、中网信息、天地科技公司等；以国信凯尔、山西康斯亚森、香港正大基因、天津瑞华等为代表的生命科学产业起步；以清华同方知网、丰瑞达文化集团、山西四季风为龙头的文化创意产业初具规模；以晋煤激光、山西迪迈沃科、国惠光电等为核心的光电产业发展；以山西天然气、太钢精密带钢、汇镪磁材、特来电、中绿环保为核心的新材料与环保节能产业发展壮大；以乐村淘、贡天下、易通天下为骨干的电子商务产业发展。

搭建创新创业平台，提高自主创新能力，打造经济发展新引擎，建设一大批孵化器、加速器等创新载体，构建一大批“众创空间”。现有省创中心、科伟通、留学人员创业园、高新建投4家国家级科技企业孵化器，清控科技园、高新置业、高新创业中心等3家省级科技企业孵化器，园区各类孵化器、加速器及科技园的总面积达230万平方米，形成“创业苗圃—孵化器—加速器—专业园区”的孵化服务链条。自主创新能力增强，拥有国家企业技术中心4家、山西省企业技术中心27家、太原市企业技术中心6家；国家工程技术研究中心2家。与山西大学、太原理工大学、中北大学、山西医科大学、太原科技大学等院校签订战略合作协议，开展产学研合作。太原科技大市场、3D打印公共平台正式启动。

以引进和培育高层次人才为核心，完善人才政策体系、加大人才创业扶持、优化创新创业环境，集聚一批领军型人才和国际化团队。园区企业从业人员数12.90万人。其中，拥有大专以上学历人员7.50万人，占从业人员总数的57.70%；中级以上职称人员2.40万人，占从业人员总数的18.30%。全区有4人入选国家“千人计划”，21人入选省“百人计划”，30名企业家入选“山西省新兴产业领军人才”；成立13家院士工作站，8家企业博士后科研工作站。构筑海外高层次人才创新创业平台，太原留学人员创业园被科技部批准授予“国家国际科技合作基地”，吸引来自美国、英国、德国等国家和地区的留学人员266人，创办企业158家。

推进组建多层次资本市场，加快金融与科技融合。截至2017年底，园区聚集非标金融机构227家，各类银行机构网点30多家，为企业提供流动资金贷款余额达40亿元。成立股权投资公司、中小企业融资担保公司、小额贷款公司，设立天使投资基金和科技创业投资基金，对企业不同发展阶段提供精准金融服务；与晋商银行、国开银行、平安银行等多家银行建立战略合作关系，并推出“助保金贷款”“互助基金贷”等专项计划和金融产品；加快推动企业改制上市，培育新三板上市企业19家。

完善支撑服务体系。园区聚集技术产品进出口公司、海关分支机构、人才服务机构、生产力促进中心等一批创新创业服务机构，形成从技术研发、技术转移、企业孵化到产业化基地、产业集聚的一整套技术创新和产业孵育体系，有效地支撑高科技企业的自主创新活动。金融、保险、会计、资产评估、人才劳务、法律等中介服务机构广泛入驻，支撑体系日益健全。

坚持基础设施先行的理念，高起点规划、高标准建设园区，全面实现道路、供水、供电、煤气、热力、通讯、宽带网的畅通。中国电信、中国联通等通信公司的省运营枢纽中心落户高新区；园区绿化总面积约27万平方米，绿化覆盖率达38%，绿地率达32%。截至2017年底，园区内道路畅通，绿树成荫，水、电、暖、气供应充足，生产生活设施完善，为园区的持续发展提供坚实的支撑。 （欣 然）

【唐槐产业园区】 2017年，山西转型综合改革示范区推进唐槐产业园区建设。园区位于太原市东南部，北起太原环城高速公路南，南至十六号线，西起坞城南路、真武路，东至马练营路，面积25.04平方千米，辖区人口16万余人。处于城市布局“南移西进”的中心地带，打造山西省投资环境最优、对外开放水平最高、发展速度最快、新兴产业最集中、对周边和示范区带动作用最强的区域。

唐槐产业园区所在区域在示范区成立前为太原经济技术开发区，截至2017年底，有规模以上工业企业53家，外资企业25家，高新技术企业28家，进出口企业18家，世界500强投资企业23家。初步形成装备制造、新材料新能源、电子信息、食品及农产品加工、生物制药等五大产业基地。装备制造产业基地主要由煤机成套装备产业、高速铁路装备产业、重型汽车装备产业三大产业板块组成。包括太重煤机、山西天地煤机、中煤科工、太重轨道交通、智奇铁路设备、江铃重汽等企业。新材料新能源基地主要有鸿富晋、中电科、拓力拓等企业。电子信息产业基地主要有富士康精密电子、中天信安防科技园、山西长城微等企业。食品及农产品加工基地主要有青岛啤酒、蒙牛乳业、康师傅、宏全食品等企业。生物制药产业基地主要有国药集团、亚宝药业、千汇药业、瑞福莱药业、大宁堂药业等企业。

园区拥有煤矿采掘装备国家工程实验室、煤矿掘进机械质量国家监督检验中心等研发机构14个，省、市院士工作站7个，高新技术企业达33家。有效发明专利162项，获得国家科技进步二等奖等国家和省部级奖励200余项。

园区内形成多条循环经济产业链，一般工业固体废物综合利用率达到98%，危险废物的处理处置率达到100%；形成由污水净化厂和中水回用管网组成的污水循环系统，实现辖园区内生产、生活废水的“零排放”。

建成九年一贯制学校2所和社区卫生服务站1所，基本满足园区居民子女入学和社区居民常见病、多发病的诊疗需求。基本建立包含最低生活保障制度、大病医疗救助制度、优抚对象医疗保障制度等的综合社会保障体系。 （欣 然）

【武宿综合保税区】 2017年，山西转型综合改革示范区推进武宿综合保税区建设。园区位于太原市东南部，正处于城市布局“南移西进”的中心地带，园区北起电子街，南至龙盛街，西起马练营路、唐槐路，东至武宿机场，规划面积2.94平方千米。 （欣 然）

【科技创新城】 2017年，山西转型综合改革示范区推进科技创新城建设。创新城规划面积20平方千米，规划总人口约15万人。位于武宿机场南，太原经济技术开发区东，晋中经济开发区西。按照“智慧碳谷、科技绿城”的规划理念，“国际性低碳技术创新高地，国家煤基产业科技中心”的战略定位，打造以“产研一体、产城一体、产融一体”为特征的区域发展新格局，以改革创新为动力，以煤炭清洁、安全、低碳、高效利用为方向，汇聚高端创新要素，推进低碳技术、低碳产业、低碳城区“三低”创新集群发展，推动煤基科技攻关，为山西资源型经济供给侧结构性改革和转型综改示范区建设积累经验、树立典范。

引进国际一流、国内领先的煤基低碳研发机构，研发方向涵盖煤炭高效清洁利用、现代煤化工、煤炭开采与煤机装备、电力装备及智能电网技术、煤层气及新能源、低碳节能环保、煤矿安全技术研究等7大领域，代表国内煤基低碳最领先的研发水平。截至2017年底，累计引进清华大学、中科院过程所、华能集团等高端研发机构46家。可对接30个国家重点实验室、国家工程技术中心等国家级创新平台，其中新引进省外平台17个（包括国家重点实验室9个、国家工程技术中心7个、国家工程实验室1个）；可入驻科研人员2万余人，包括袁亮、何满潮等院士19人，以及“千人计划”入选者、“长江学者”等国家级人才50余人，打造山西的科技特区和人才特区。 （欣 然）

【潇河产业园区】 2017年，山西转型综合改革示范区推进潇河产业园区建设。设立潇河产业园区事业服务中心，为示范区管委会的所属事业机构，具体下设办公室（党群中心）、县区协调中心（周边事务中心）、项目建设中心（物业管理中心）、政企服务中心等部门。依据山西转型综改示范区《现代产业园区太原起步区总体规划

（2016—2030）》，潇河产业园区包括太原市清徐县、小店区大部分区域（约205平方千米）和晋中市部分区域（约138平方千米），总面积约343平方千米。其中太原起步区位于太原市南部小店区与清徐县交界处、潇河两岸，处于园区核心位置，规划总面积约为57.30平方千米，是“太榆同城化”、太原都市圈“双城”建设的核心区域。

打造“一带、一心、两轴、多组团”的空间结构。其中，“一带”指潇河生态廊道和沿潇河两岸，将增设公共服务设施；“一心”位于起步区中西部、潇河两岸，包括商业金融、商业展览、行政办公、创新研发、管理咨询、教育培训、创业孵化、文化体育、医疗卫生等服务设施。“两轴”是指建成两条南北向发展轴线，即沿规划大运路的产业发展轴和真武路西侧的配套居住生活轴。“多组团”将在潇河南、北两区建设多个工业、物流产业组团及配套生产、生活服务组团。

完善交通路网。搭建衔接清徐县和园区太原区域、晋中区域的小牛线和文源路；贯通衔接太原南部区域和园区的大运路。推进总长度22千米快速路建设。骨干性主干路包括城市主干路系统，结合现状道路的基础上，采用方格网结构，规划“四横四纵”主干路网。

坚持转型为纲、产业为王、创新为上，成为国家资源型经济转型示范先导区、中部地区重要的现代产业集聚区，重点发展新能源汽车、航空新材料、3D打印材料、工业机器人、多用途无人机、下一代信息网络技术、太阳能电池、生物医药、总部经济、会展经济、现代物流等产业。

示范区管委会制定24项政策制度，其中体制机制创新政策5项，管理创新政策8项，产业转型升级政策4项，创新驱动引领政策5项，金融服务创新政策2项。各项政策正式出台后，将对切实贯彻落实山西省创新驱动、转型升级战略和示范区“三化三制”（按照“市场化、专业化、国际化”的要求，实行“全员聘用制、干部任期制、绩效工资制”）建设起到重要作用。

推进征地拆迁工作。与清徐、小店相关部门联合推进征拆工作，完成3.50万亩（不含村庄）征地任务。进行起步区内供水、供电、燃气和其他地下管网调查，开工建设大运路、小牛线、文源路，后续开工建设真武路、人民路、姚村规划路。与示范区招商部门对接，储备项目43个，其中25个项目基本确定用地位置和面积，14个项目通过示范区项目审查会。14个项目总占地约10280亩（一期占地2931亩），总投资约487.05亿元，涉及先进装备制造、新能源、新材料和电子信息等产业。（欣　然）

【阳曲产业园区】 2017年，山西转型综合改革示范区推进阳曲产业园区建设。园区前身为太原市民营经济开发区，2016年11月正式并入山西转型综改示范区，分为基础区和阳曲起步区两部分，总面积104.11平方千米。截至2017年底，位于太原市北部地区的基础区管辖面积2.96平方千米基本开发完毕，建成道路9条，累计完成固定资产投资约100亿元；位于太原市北部阳曲县境内阳曲起步区距市区27千米，范围为北起中社河，南至108复线，西起大运高速公路，东至规划二十一路、盘威村行政村东界，共计37.89平方千米。开工道路里程22.6千米，厂房建成面积29.20万平方米，在建面积17.80万平方米，绿化面积10.10万平方米，累计完成投资79亿元，区内东中西三大片区全面贯通，重点区域实现“五通一平”。园区入驻各类企业1000余家。

确定5个重点产业方向：围绕以华夏文明传承园为龙头，以度假小镇、影视小镇、养生小镇、汽车产业小镇等特色小镇集群为代表的文化旅游产业；围绕以无锡明豪汽车模具为龙头的工业4.0先进装备制造业；围绕以美国安德森癌症肿瘤营养实验室、解放军第301医院营养中心、华中农业大学食品工程博士后工作站合作平台为支撑的健康食品工业；围绕以售电体制改革为契机发展综合智慧能源产业。围绕以科技双创园和产业孵化基金为平台的双创孵化产业。

（欣　然）

【晋中开发区】 2017年，山西转型综合改革示范区推进晋中开发区建设，总规划面积约223.80平方千米。从空间上分为四大片区：大学城产业园区位于太原市和晋中市榆次区的交界处，包含晋中108示范区科技产业区，面积27.60平方千米。园区发挥10所高等院校在人才培养、科技研发、产业转化、服务社会等方面的优势，加快“大学城”向“科技城”的转化，建立企业与各高校及国家、省级研究机构的有效合作机制，推进科技成果转化，实现产学研用联动融合，构建科技支撑体系，打造新兴产业发展策源地，科技创新引领服务平台和大学生创新创业承接地。汇通产业园区位于汇通路以西、108国道两侧，面积49.20平方千米。重点布局医药食品、装备制造、节能环保、电子信息、农副产品加工、冶金制品、新材料等工业主导产业和现代物流产业。潇河产业园区晋中部分位于晋中市主城区南部的潇河两岸，规划面积138.20平方千米，是示范区建设的主战场，是以先进装备制造、新能源、新材料、现代物流等产业为主的产业新区。新能源汽车园区位于晋中市主城区东北部，园区规划面积8.80平方千米。园区以生产新能源乘用车为核心，以中型重卡车为基础，以特种车、专用车为补充，集聚零部件产业群，建设中部地区新能源汽车和零部件的重要生产基地。

晋中开发区作为示范区分园区，定位为国家资源型经济转型示范先导区，中部地区重要的现代产业集聚区，以先进装备制造、新能源、新材料及现代物流等为主的产业新区。以产业转型升级为重点，推进产业配套协作和重大技术的研发与成果转化，发展战略性新兴产业，打造具有影响力、带动力和辐射力的标志性产业集群。（欣　然）

开发区

Development Zones

综 述

【开发区项目】 据不完全统计，2017年，山西省开发区新签约项目612个，总投资额5294.77亿元。其中，新兴产业项目423个，占比69.12%，投资额3540.35亿元，占比66.87%。开工在建项目417个，投资额3570.71亿元；开工在建新兴产业项目302个，占比72.42%，投资额2817亿元，占比78.89%。 (徐晨星)

【开发区规划布局】 2017年，山西省商务厅针对山西省开发区数量少、规模小、发展空间严重不足的局面，树立新发展理念，以提升全省经济发展空间为出发点，以促进新兴产业集聚和转型升级为落脚点，推进开发区设立、扩区和升级工作，先后批准新设15个省级开发区，12个开发区实现扩区，省级以上开发区达40个。其中，以工业为主的综合类开发区37个，生态文化旅游示范区3个。全省37个以工业为主的综合类开发区远期规划面积2394.30平方千米，占全省土地面积的1.53%。山西省商务厅出台《中共山西省委山西省人民政府关于开发区改革创新发展的若干意见》，相关部门制定与之配套的开发区总体发展规划、机构编制、专项资金管理、人事和薪酬制度改革、土地调规、城镇规划调整、环保、统计、考核等方面20项相关政策、措施和文件，形成"1+N"的政策效应。(徐晨星)

【开发区"三化三制"改革】 山西省商务厅以"三化三制"改革为核心，推进开发区干部管理体制、利益分享机制、投资运营机制及专业化管理、市场化运营、国际化环境系列改革。全省开发区"三制"改革基本到位，市管开发区基本实现对整合扩区范围的"三统一"管理，与有关城区和郊县财税分享等利益关系基本明确，设在县(市、区)的开发区明确财政纳入本级预算管理。各开发区实行管委会主任、党工委书记"一肩挑"和领导班子任期制，中层干部基本配齐，全员聘任制基本得到落实，绩效工资制推开。开发区"三化"改革深入推进，促进开发区专业化发展，13个整合改制后的开发区，转岗、分流、清退3629人，朔州、阳泉、吕梁、晋中、长治、临汾、运城等市开发区社会管理事务基本移交地方政府，开发区主要职能聚焦到经济建设上。推行市场化运营改革，大部分开发区在投资、开发、建设等方面不同程度地引入市场主体，在管委会统一领导下实现行政事务管理和园区建设运营的"管运分离"。 (徐晨星)

【开发区"六最"营商环境】 2017年，山西省商务厅深化"放管服"改革，打造"六最"(审批最少、流程最优、体制最顺、机制最活、效率最高、服务最优)营商环境。山西省政府向山西转型综改示范区下放的33项省级管理权限向全省开发区推广。各市累计向开发区下放市级管理权限3569项。在开发区试点的企业投资项目承诺制无审批管理取得良好效果，示范区在土地前置准备就绪后，可以实现43+3天内办结所有手续。 (徐晨星)

【开发区建设进展】 截至2017年底，山西省开发区入区企业34712家，同比增长36.30%；规模以上企业实现工业总产值5004.38亿元，同比增长31.99%；主营业务收入7476.50亿元，同比增长17.40%；税收收入256.60亿元，同比增长33.20%。全省开发区实际到位境内省外投资额(含新增内资企业注册资本)804.95亿元，同比增长6.08%；进出口总额742.87亿元，与上年基本持平。开发区绿色低碳循环发展取得进步，全年全省开发区工业用水重复利用率60%，工业固体废物综合利用率97%，生活垃圾无害化处理率84%。按照国家《水污染防治行动计划》2017年工业集聚区水污染防治任务的要求，截至2017年底，全省开发区全部建成污水处理设施，安装在线监控设备，山西省成为环保部2月24日公示的全部完成任务的9个省(区、市)之一。

(徐晨星)

【开发区新兴产业集群】 2017年，在山西省40家开发区整合扩区过程中，各开发区的主导产业全部重新核定。全省开发区规模以上工业企业

549家,外商投资企业142家,进出口企业322家,高新技术企业409家,分别占全省的15.50%、21%、25.60%、44%;世界500强投资企业123家。高端装备制造、电子信息、生物医药、食品及农产品加工、新材料和现代服务业等新兴产业集群初见规模。

(徐晨星)

投资促进管理

【概况】 2017年,山西省出台《关于改革和创新招商引资工作的若干意见》《晋商晋才回乡创业创新工程实施意见》《山西省鼓励投资政策(2017年版)》《山西省招商引资重点产业指导目录》等重要政策文件。省级层面投资促进机构体制机制改革启动。增强省政府驻外办事处招商引资职能,北京、新疆办事处增加招商引资职责,天津、上海、广州(深圳)办事处分别成立环渤海、长三角、珠三角招商局。招商引资工作纳入省政府"13710"督办系统。设立向社会公布96301投资服务热线,为有意向投资山西省的企业和个人提供投资项目落地前的各种咨询服务。省政府成立由副省长王一新任组长的山西省招商引资工作领导小组,统筹领导全省招商引资和对外合作工作。根据转型综改的战略需要,按照山西省主体功能定位,将有关文件汇编形成《山西省鼓励投资政策(2017年版)》,以省政府办公厅名义印发。以山西省招商引资工作领导小组文件印发《山西省招商引资考核办法》(试行)。新办法重点强调开工率和开工数,把开工率的考核权重加大到70%,而签约项目完成率减少为5%,目的就是要引导各级各有关部门在招商工作中更加注重项目落地、更加注重招商质量、更加注重招商实效。

2017年,招商引资签约项目2433个,总投资金额1.87万亿元,累计到位资金4945.30亿元,当年签约项目当年开工率为52.30%,签约项目中战略性新兴产业项目占比达38%。30亿元以上签约项目167个,完成年度目标任务100个的167%。

2017年,全省新设外商企业投资项目48个,实际利用外资16.90亿美元。西门子、百度、西屋电气、恒天然、福特汽车、富士康区外保税维修项目等一批知名企业落户山西,促进全省结构调整和产业升级。

(徐晨星 宋慧勇 李 佳)

【招商引资】 2017年,山西省委、省政府先后组织举办山西党政代表团赴天津学习考察签约仪式、晋商晋才回乡创业创新工程启动大会、山西省战略性新兴产业重点项目(合肥)推介会、央企助力山西转型综改会议、山西招商引资(珠三角)推介会等5场重大招商引资活动。5场活动共签约131个项目和协议。其中,投资类项目共93个,总投资额1066.85亿元;协议与股权类项目38个。各市结合实际开展招商引资活动,全年各市县组织各类招商推介对接活动150余场。

借助厦洽会,围绕高新技术、节能环保、新一代信息技术、现代服务等重点招商项目,举办山西省–厦门市招商引资项目对接座谈会;借助高交会,针对信息技术、生物产业举办山西省(深圳市)重点产业项目对接座谈会。

全年省级层面共接待60余批(次)投资考察客商。其中,已促成落地的项目2个;已促成签约的项目4个;对接洽谈的项目5个。5月25日,银泰集团董事长沈国军、浙江省旅游集团董事长方敬华一行到晋考察;11月20日,正泰集团董事长南存辉带领浙江省知名企业家代表团到晋考察;6月2日浙江企业代表团24人到晋考察。接待专业人士来访学习交流2批(次)。起草华润集团与省政府战略合作协议、黑洞数码与省投促局合作协议。

(宋慧勇 李 佳)

【招商引资项目落地专项行动】 根据省委、省政府优化营商环境会议精神,山西省投资促进管理局组织开展加快招商引资项目落地专项行动。对2011–2016年全省招商引资签约项目进展情况进行全面摸底。完善13710督办和监测功能,通过招商引资项目"13710"信息督办系统,将招商引资项目推进过程中存在的问题分解到各市、各部门进行跟踪督办,对招商引资签约项目进行线上监测。开展招商引资签约项目落地情况专项督查,通过督查共发现30个问题和33个不落实典型事项。截至年底,30个问题中解决29个,办结率96.66%;33个不落实典型事项中落实23个,办结率76.60%。根据省委、省政府《关于山西省企业投资项目试行承诺制实行无审批管理的决定》,各市

2017年6月23日,山西省委、省政府举办山西招商引资(珠三角)推介会签约仪式

(宋慧勇供图)

采取有效措施积极推进，取得良好效果。建立重大招商引资项目领导分包责任制。各市通过召开座谈会、现场办公、实地检查等多种形式，建立招商引资项目领导包联机制，帮助协调解决项目在申报审批、手续办理等方面遇到的困难和问题。省招商引资领导小组办公室召集5个部门和11个市召开加快招商引资项目落地专项行动推进协调会，进行阶段总结和安排部署。各市、县(市、区)通过多种形式对重大项目审批和服务事项提供全程代办服务，加快推进重大招商引资项目的落地开工建设步伐。各市公布投诉电话和"13710"投诉邮箱，拓宽投资者反映问题渠道。建立招商引资项目落地通报制度。省投资促进局每月按时向省政府报告全省各市招商引资情况，由省政府对各市招商引资情况进行通报。各市建立本市招商引资通报，对各县(区)招商引资情况进行通报，推进招商引资工作开展。

(宋慧勇　李　佳)

【信息平台建设】 2017年，山西省投资促进局加强信息平台建设，提升服务能力和水平，招商引资全方位服务体系逐步形成。建立招商引资项目"13710"信息督办系统，与省政府"13710"信息督办平台实现对接。组织举办山西省招商引资项目"13710"信息督办系统培训会。开通"96301"投资服务热线，通过受理、办理、反馈、归档等工作流程，实行"一号对外、集中受理、分类处置、统一协调、各方联动、限时办理"，实现24小时在线服务、中英文双语接听和全省一张网，为投资者提供信息咨询和投资服务。发挥投诉协调作用。全年受理投诉案件10起。其中，受理上级转办7起，企业投诉2起，商协会投诉1起。截至2017年底，全部办结，结案率100%。

(宋慧勇　李　佳)

【招商宣传】 2017年，山西省投资促进局利用报刊、电视、电台、微信平台、新闻客户端等媒体，通过新闻报道、视频、专访、新闻发布会等多种形式，宣传招商引资新成果，山西转型发展新形象。在晋商晋才回乡创业创新启动工程大会、第十届中博会、山西(珠三角)招商引资活动、青洽会、东北亚博览会、厦洽会、阿洽会、高交会、央企助力山西转型发展、浙企山西考察等重大活动中，共组织国内和山西媒体118家，156人次，电视报道70多场(次)，山西主流报刊发表文章46篇，网络新闻130条。参加省政府新闻办举办的招商引资项目"13710"信息督办系统、加快项目落地专项行动、"96301"投资服务热线专题新闻发布会3场，接受省政府门户网站、山西广播电台关于优化营商环境专访两次。

(宋慧勇　李　佳)

【区域合作】 2017年，山西省投资促进局对2013年以来以省政府名义签署的各类合作协议进行全面梳理。2013年至2017年底，省政府与兄弟省份、国家部委及机构、院校、企业及境外友城共签署78份合作协议(备忘录、指导意见、实施意见)，其中，2016年9月以后与41个合作方签署42份合作文本(37个协议、5个备忘录)。

山西省与天津市签署《晋津全面深化合作框架协议》后，山西省投资促进局及时与天津市进行对接，达成初步共识。组织省发改委、省经信委、山西转型综改示范区、太原铁路局等22家协议任务落实单位，召开晋津协议推进落实工作会议，协调解决协议落实过程中的问题，推动协议落实。

2017年，山西省投资促进局先后组织参加第十八届中国·青海绿色发展投资贸易洽谈会、第六届山西（晋城)投资贸易洽谈会、第二十三届中国兰州投资贸易洽谈会、山西招商引资(珠三角）推介会、2017晋湘经贸洽谈会、黄河经济协作区省区负责人第28次联席会议等经贸活动，推动与兄弟省市的区域合作。加强与异地山西商(协)会的工作交流，先后调研天津市山西商会、山东省山西商会、湖北省晋商商会等，支持湖南省山西商会、广西山西商会、葫芦岛山西商会成立。加大对山西异地商（协）会的工作支持力度，了解在山西省的内蒙古、黑龙江、山东、江苏、福建、广东、贵州、河北等商(协)会的发展情况，听取会员企业诉求，有针对性地服务商(协)会发展，搭建交流平台，促进以商招商。

(宋慧勇　李　佳)

【展会平台】 2017年，山西省投资促进局共组织承担第十届中部博览会、第二十届渝洽会、2017南亚博览会、中联部山西专题展、2017亚欧商品展、第十一届东北亚博览会、2017中阿博览会、第十四届东盟博览会、2017厦洽会、第十九届高交会、第十八届青洽会、第二十三届兰洽会、第五届上交会、服交会等展会，组织近百家企业百余种展品参展参会，共计840多平方米，制作120块展板进行展览展示，展览期间累计吸引参观人次超过10万余名。山西省投资促进局借助展会平台，助推高端装备制造、新能源、新一代信息技术等产业发展，为全省企业搭建与国内外优质客商交流合作、贸易互惠的桥梁。近年来，山西展会签约额突破6000亿大关，并以每年5%—10%的递增速度稳步增长，成为全省招商引资工作不可或缺的重要平台。借助2017年的十大展会平台，全省近百家企业的百余种展品参展参会。以山西帷幄智能科技的智能停车项目为例，截至2017年12月，企业实现签约车场226家，涉及车位数61000个，完成117家停车场施工智能改造任务。

(宋慧勇　李　佳)

园区建设发展

·太原不锈钢产业园区·

【概况】 2017年，太原不锈钢产业园区经济社会各项事业稳中有进。园区规模以上工业增加值完成17.01亿元，增速41%；固定资产投资11.39亿元，同比增长-22.48%；公共财政预算收入1.63亿元，同比增长-18%；入区企业数201家，完成率111.60%；投资强度完成411万元/亩，完成率100.24%；当年实际利用市外直接投资27.97亿元，完成率102.45%；经营(销售)收入完成110.80亿元，完成率100.73%；研究与实验发展经费完成

0.71亿元,完成率110.94%。(郭 微)

【招商引资】 2017年,太原不锈钢产业园区坚持以质量和效益为中心,多措并举,多管齐下,创新招商引资方式,改进招商引资方法,完善招商引资政策,把好企业、好项目、好产业引进来。2017年,到北上广深等17个城市进行30余次招商考察,考察企业20余家。共引进项目21个,总投资110亿元,其中,亿元以上项目15个,10亿元以上项目3个。跟踪在谈项目13个。(郭 微)

【项目建设】 2017年,太原不锈钢产业园区实行代办领办服务制、周例会推进制和督查问责制,做到精细化跟踪服务、全过程跟踪督导、全方位跟踪解决,力促项目快建设、快投产、快见效。2017年初,确定的续建项目12个,包括润恒、原野、东杰、国药、金阳等项目,完成投资9.68亿元;新建的项目13个,包括华润、污水处理、大明不锈钢循环利用等项目,完成投资1.71亿元。(郭 微)

【基础设施建设】 2017年,太原不锈钢产业园区加大投入力度,统筹布局,整体推进,基础设施完善。道路建设方面,完成小返河东路道路工程和三期片区电力排管工程续建工作;配合实施润恒项目涉及5条市政道路建设;完成小返南街和皇后园西路2条市政道路主体工程。新增通车里程290千米。水气暖配套方面,完成供水管线工程320千米,完成污水处理、长城电器等3个项目接水工作;完成燃气管道2千米,完成猫王、正坤、金阳3个项目天然气接入工作;做好园区供热运行监管工作,确保园区企业、赵道峪村按时供暖。电力建设方面,完成金阳、正坤等4个项目接电工作,完成润恒6号地块4000千伏安线路改造工作。园林绿化方面,完成2条道路行道树栽植、环路护坡绿化、三期片区绿地游园主体工程,新增绿化面积2万平方米;完成1个省级园林单位和3个市级园林单位的创建任务。(郭 微)

【营商环境优化】 2017年,太原不锈钢产业园区优化营商环境,打造审批最少、流程最优、体制最顺、机制最活、效率最高、服务最好的营商环境。"四个一"体系建设基本完成,即一个方案(总体工作方案)、一个清单(可承诺事项清单)、一个标准(可承诺事项准入条件和标准)、一个流程(承诺制管理流程)。首批8个企业签订承诺书,相关工作有序推进。为中小企业提供融资服务。成功为京丰、创新中心等项目融资1.30亿元,完成晋金所、浦发银行、晋中银行及农信社授信共计4.50亿元。推进"三个平台"建设。新材料孵化器装修改造工作基本完成,入驻包括新材料、无人机等在内企业8家。超算中心和云服务平台正在进行设备调试工作。(郭 微)

【"三化三制"改革】 2017年,太原不锈钢产业园区推行"三化三制"改革。

"三化"改革推进采用市场化手段引入社会力量,委托其全权开展招商引资、运营管理等具体工作,共同参与园区开发建设。组建专业招商团队。与天津(北京)谷川联行有限公司、深圳中投顾问有限公司、山西正和创业科技有限公司、江苏51不锈钢、上海东方龙商务咨询有限公司等专业招商服务机构全面合作,开展功能区块招商、产业链招商,基本形成北上广深产业招商布局。组建专业运营团队。引入北京启迪清能、山西科元晟地、山西万创科技、北京中科曙光、上海超算科技等专业运营团队,全权负责园区集中供热、污水处理、孵化器、云计算、超算中心等平台运营管理。组建专业服务机构。引进10家会计师事务所,10家工程造价咨询单位(5家甲级、5家乙级),10家资产评估事务所,10家招标代理机构和3家测绘单位。引入专业投资开发主体。引入北京清控科创公司,拟在大学科技园合作建立清控—太原科技企业港。开展国际化合作。与德国通达集团签订战略协议,合作共建太原—德欧中小企业示范园,一期建设1万平方米德国及欧洲产品展示交易中心,截至2017年底,同济大学和中美华尔正在进行方案设计。

"三制"改革构建与园区转型升级相适应的行政管理体制。12月,市委、市政府对园区领导班子进行调整充实,为实行班子任期制奠定基础。全员岗位聘任制完成。根据整合后内设机构和编制,制定出台《职员岗位选聘实施方案》,通过个人报名、领导提名、双向选择、会议决定的方式开展双向选聘工作。绩效工资制正式启动,出台《职员制绩效工资办法》,建立"基础工资+绩效工资+奖励"的收入分配体系。(郭 微)

【安全生产】 2017年,太原不锈钢产业园区开展安全生产大检查,整改消除各类隐患。全年检查企业718家(次),出动检查人员1400余人(次),查处各类安全隐患1092条,截至2017年底,全部整改到位,实现隐患排查覆盖率100%、整改到位率100%。全年各类安全生产事故及死亡人数均为零,连续6年无安全生产责任事故。创新安全监管方式,作为太原市首批"双重预防"机制试点单位,先行先试,构建"两册、两库、一图、一表、一单、一制度、一栏"安全风险分级管控和隐患排查治理工作机制,得到市安委办肯定。7月31日,市安委办在园区组织召开全市安全生产双重预防机制推进会,并现场观摩安全风险分级空间分布图、企业隐患排查治理指导手册等成果展示。为确保园区环境质量改善,园区制定《整改任务清单及责任分工》,明确整改目标、整改责任、整改措施和整改时限,做到一个问题、一套方案,一名责任领导、一抓到底,确保所有问题整改到位,整改率达100%。(郭 微)

·侯马经济开发区·

【概况】 侯马经济开发区(简称侯马开发区)是经国务院审核通过的省级开发区,位于侯马市区东部。2017年8月29日,省政府印发的《山西省人民政府关于同意侯马经济开发区扩区的批复》文件，正式批复侯马开发区在原有8.16平方千米的基础上，新扩区面积16.62平方千米，总面积达到24.78平方千米。截至2017年底，侯马开发区正在推进四至范围核定和“五规合一”编制工作。GDP完成56.70亿元，同比增长6.70%；公共财政预算收入完成9061万元，完成全年任务的100.70%；工业总产值完成35.80亿元，同比增长7.80%；固定资产投资完成11.13亿元，完成全年任务的38.40%，进出口总额完成407.92万美元，同比下降34.80%。截至2017年底，侯马开发区累计入区企业1435家。其中，工业企业79家，建筑行业企业111家，商贸物流、电子商务、医疗器械、现代金融类等企业1245家。（林广源）

【行政管理与服务】 “三化三制”改革。侯马开发区在“三化”改革方面，探索“专业化管理、市场化运营、国际化环境”管理运行机制。新组建6个招商局，构建专业化招商队伍。委托当地的市政等专业公司，对开发区部分社会事务进行管理。以方略陆港集团为龙头，参与“一带一路”建设，先后开行4趟中欧集装箱班列。同时，以方略医疗器械产业园为依托，与欧美多家知名医疗器械企业合作，打造国际化开放高地。在“三制”改革方面，推进实行开发区领导班子任期制、全员岗位聘任制和绩效工资制。选择投资合作促进部作为试点，通过采取“两推两考一票决”方式，打破身份界限，公开选聘6名招商局长。启动全员聘用工作，截至2017年底，侯马开发区部门正职、副职和内设机构人员全部选聘到位，落聘人员全部妥善转岗安置到位。

“五个一”服务保障。侯马开发区提出为领军项目投资商实施“五个一”服务保障模式，即保障一套生活住房、一处办公用房、一部交通工具、一支家政服务队伍、一名服务管家。全面落实“多证合一”和企业登记注册全程电子化，推行网上办税、自助办税和联合办税服务，实现“让信息多跑路、群众少跑腿”。

招才引智。侯马开发区研究制定《高层次人才引进培育实施办法》和《中共侯马经济开发区工委联系高层次人才的管理办法》，制定《侯马开发区关于发展众创空间推进大众创新创业的实施意见》，推进高新技术孵化中心建设和区内企业研发中心建设，引进拥有3个硕士工作团队的“山西中谱安信质检技术服务有限公司”，通过召开人才招聘会、校企见面会等方式，为企业引进各类技能人才共计300余名。（林广源）

【基础设施建设】 2017年，侯马开发区加强基础设施建设和管理，提升园区项目承载力。完成1050盏路灯接地线、电源线路、基座固定螺丝螺杆的维修保养加固；2000余平方米破损塌陷路面、人行道修复，新增和改造易积水路面雨水排水井7处；补植绿化面积2600平方米。通过政府采购，实行向社会购买服务方式，加强对道路、路灯、绿化、供排水等市政设施的日常维护管理。（林广源）

【主导产业和重点项目】 2017年，侯马开发区在“大机电、大电商、大健康”三大产业群基础上，以互联网大数据工业云平台为依托扶持智能制造、电子商务、医疗健康、国际会展和国际贸易、现代服务等五大主导产业，规划打造智能制造小镇、医疗健康小镇、电子商务小镇、金融贸易小镇、智慧文化小镇五个特色小镇。2017年重点项目有：环保燃气壁挂炉生产项目、金葵花大健康产业生产项目、旺旺集团休闲食品生产项目、智能手机金属结构件生产项目、好利阀机械制造生产项目、民间借贷登记服务中心项目、质量安全综合检测中心项目、聚鑫智云大宗物流互联网孵化中心项目。

2017年，侯马开发区启动实施“417”重点项目推进工程，即17个重点帮扶企业、17个重点培育纳税企业、17个重点新建续建项目和17个重点争取招商项目。截至年底，侯马开发区市级重点项目9个，区级重点项目7个，总投资额23.47亿元。其中：三棵树新型建材生产项目、中谱第三方综合检测中心项目、太阳能用单晶石英坩埚生产项目、金葵花医疗器械新建项目、普安门业不锈钢智能防盗门生产项目建成投入使用。（林广源）

【招商引资】 2017年，侯马开发区开展专项招商活动，参加各项招商推介会，派出招商小组前往上海、深圳等地开展精准外联。承办“临汾市东融工程天津启动仪式”，集中签约聚鑫

2017年3月28日，侯马经济开发区在天津承办“与汾同行 与津共赢”2017临汾市创新开放东融工程（天津）启动仪式（林广源供图）

物云、金葵花大健康等5个项目，对接120余家商会、企业，落实省委、省政府“东融南承西联北拓”战略。活动期间，中国新闻网、《山西日报》《天津日报》等众多媒体进行专题报道。全年全区共引进各类项目119个，其中工业项目14个，现代服务业类项目105个。在全省25家省级开发区招商引资考核中取得第二名，创造项目建设全省五个第一：华北地区第一个第三方检测中心项目——山西中谱安信质检技术服务有限公司；山西第一家民间借贷登记服务中心项目；山西第一家煤改气羽顺壁挂炉项目；山西第一家大健康产业基地；山西第一列中欧班列从开发区开出。（林广源）

【公共服务专项平台建设】 2017年，侯马开发区在“方略保税物流中心、加工贸易梯度转移重点承接地、中国现代物流产业基地和国家电子商务示范基地”4个国家级平台基础上，搭建公共服务专项平台。融资平台。区属国有公司与山西创投公司共同设立基金管理公司，运营管理开发区政府引导基金，拓展融资渠道。跨境电商孵化平台。依托敦煌网山西运营中心和阿里巴巴出口通等跨境平台优势，申报获批“山西省跨境电子商务示范园区”，成为省级跨境电商平台。小微企业孵化平台。采取市场化运作模式，依托晋南电商物流园搭建“山西省中小企业创业基地”，依托淘宝特色临汾馆搭建“临汾市巾帼双创基地”和“临汾市众创空间”。创新创业基地。配套高标准的项目路演中心、项目洽谈中心、客商服务中心和创业孵化中心，为青年创业企业家提供零成本的创业环境。

推进企业技术研发和科技孵化平台建设，推荐山西新星制药有限公司申报市级企业技术中心；培育侯马开发区日祥科技有限公司建设高新技术企业，向临汾市科技局申报2017年省级高新技术企业；培育省级技术中心1个，7月12日，山西好利阀机械制造有限公司获山西省中小企业技术中心认定。（林广源）

·风陵渡经济开发区·

【概况】 风陵渡经济开发区1992年11月经山西省人民政府批准设立，2006年3月经国家发改委审核公告。根据2015年1月省政府批复的《风陵渡经济开发区总体规划（2003—2030）》，修编后的规划面积为21.60平方千米。建成区面积8平方千米。

2017年，风陵渡经济开发区规模以上工业总产值15.42亿元，规模以上工业增加值4.12亿元，固定资产投资3.01亿元，财政总收入9817万元，一般公共预算收入4733万元，出口总额647万元。入园企业数319户，园区经营（销售）收入68.50亿元，投资强度209.40万元/亩，实际利用省外直接投资7.69亿元，研究与试验发展经费1.03亿元。（姚洪涛）

【项目建设】 2017年，风陵渡经济开发区在建项目9个，总投资13亿元。分别是，山西凯美佳肥业公司年产50万吨复合肥项目（二期），北京天嘉食品公司食品加工项目，山西银莹顺公司表面施胶剂项目，深圳市易普乐化工公司年产800吨植物生长调节剂项目，印象风陵渡旅游开发公司黄河文化景观园项目（总投资10亿元），陕西隆丰能源股份公司LNG加气站项目，山西压缩天然气集团公司液化加气站项目，机动车检测中心项目，机动车驾驶员培训基地项目。意向项目7个，总投资15.90亿元。分别是，陕西中科联新能源公司高清洁汽柴油项目、江苏常州力仁医药科技公司医药中间体项目、山西中天金水实业公司风力发电项目、上海任德环境科技公司垃圾焚烧炉设备项目、陕西恒田化工公司生物农药、原药和剂型加工项目、山西金水河金属材料公司与中国航发集团哈尔滨东安发动机制造公司合作航空轻型材料项目。

（姚洪涛）

【市政建设】 2017年，风陵渡经济开发区城市建设方面，投资1.08亿元，铺开5项市政建设工程。投资1000万元对城市集中供热进行扩容，增加外环路工业供热管网3.81千米，集中供热面积达25万平方米。投资2800万元，新增燃气管道10千米，新建LNG加气站2座，燃气普及率达91%。投资3330万元对污水处理厂进行提升改造，工业污水处理厂建成运营。总投资7800万元晋龙盛供水工程，完成投资2060余万元，风后西街供水管道铺设完成。投资1600万元的伏羲街建设工程。

城市管理方面，投资625万元完善城市道路交通标识牌、街道名牌，对照明设施及破损路面进行维修，对商业街口、黄河南路与转盘连接处进行改造硬化。投资120万元对黄河南路蔬菜、瓜果批发市场进行改造升级。对黄河北路及学府街口四家临时建筑进行拆迁改造。中心广场公厕免费开放，东柏台村口公厕加紧建设。对辖区主要小区、机关、单位、宾馆酒店等临街建筑实施城市亮化工程，规划设计完成。整合原规划建设局的城建监察、土地分局的国土监察、环保局的环境监察等职能、人员及有关设施，成立综合行政执法局。（姚洪涛）

【“三化三制”改革】 2017年，风陵渡经济开发区“三化三制”改革推进。按照省、市、县“三化三制”改革工作总体部署和相关要求，各项改革任务初步完成。社会管理事务剥离。原划归风陵渡经济开发区管理的11个村政治、经济、文化、生态等32项社会事务统一划回芮城县管理，原开发区社区办职责由县政府接管，原工作人员由县委统筹安排。机构整合基本到位。设立综合办公室、人力资源部、产业事业部、建设事业部、行政审批局、综合行政执法局等6个内设机构，共精简整合内设机构8个。人员聘任基本完成。制定《风陵渡开发区科级干部聘用规则》《风陵渡开发区一般工作人员聘用方案》，研究聘任13名正科级干部，公开选拔15名副科级干部，各单位聘用人员全部签定聘任合同，聘期3年。冗余人员基本消化。制定《风陵渡开发区冗余人员精简消化工作方案》,采取提前退休、提前离岗、待岗、调离、辞职等方式,共分流冗余人员54名。绩效工资考核方案制度完成。制定《风陵渡开发区绩效工资制实施方案》《风陵渡开发区绩效工资制考核办法》,开发区党政联席会及县政府常务会议研究通过。（姚洪涛）

【环境保护】 2017年,风陵渡经济开发区开展大气污染防治专项行动,强化“散乱污”企业整治,实施“控煤、治污、管车、降尘”等措施。开展秋冬季大气污染综合治理攻坚,确保完成目标任务。强化面源污染控制,严格企业料堆站场扬尘污染,推行“绿色施工”。加强工地和道路扬尘治理,开展挥发性有机化合物和油烟型污染专项治理。开展污水治理。克服资金、技术等一系列难题,通过企业筹资、向上争取资金等办法,工业污水处理厂基本建成,解决化工企业污水排放问题。（姚洪涛）

·绛县经济开发区·

【概况】 绛县经济开发区(山西省原华信经济技术开发区)为省级经济开发区,规划面积14.98平方千米。形成以汽车零部件为主的铸造机加产业、现代煤化工产业、食品医药产业、轻工产业四大产业。截至2017年底,开发区共有注册企业240户。其中,工业企业43户,规模以上工业企业19户,是省级新型工业化(装备制造)产业示范基地。

2017年,绛县经济开发区规模以上企业工业总产值完成30.43亿元,同比下降14.44%;销售收入完成27.65亿元,同比下降16.48%;工业增加值完成7.16亿元,同比下降9.67%;固定资产投资完成4.10亿元,同比下降56.20%;财政收入完成7005万元,同比增长14%;公共财政收入完成2621万元,同比增长42%;进出口总额完成13588万元,同比上涨30.45%。

（许引弟）

【项目建设】 2017年,绛县经济开发区在推进“项目建设年”活动中有项目40项,其中前期项目15项、在建项目13项、竣工项目12项,较上年增加22项,增长率122%;项目总投资19.05亿元,较上年增加4.96亿元,增长率35.23%。全年引进企业42家,实际利用省外资金15.01亿元,完成目标任务14亿元的107.21%;洽谈项目25个,完成签约13个,签约率达52%;新开项目10个,2017年开工6个,开工率达46.15%。长期搁置的华晋北路、里册峪危桥改造、开发区法庭、幼儿园配套建设等基础设施类项目和鲲鹏饲料、圣草中药材项目等工业类项目全部启动,其中部分完工。（许引弟）

【招商引资】 2017年,绛县经济开发区开展精准对接。承接京津冀、环渤海、长三角、珠三角产业转移,在北京、上海、浙江等地设立招商联络处,实施“一对一”叩门招商、“点对点”项目对接。全年组织招商小分队分赴北京、上海、河北、江苏、河南等地开展专题招商15次,邀请北京波音润滑油公司、江苏中丹集团、中汽华环等20批次客商前来投资考察。扩大对外宣传。将户外广告牌、灯杆广告等传统宣传手段和互联网、微信等新兴传播媒介相结合,提升开发区整体形象的策划、包装和宣传水平,利用“山西品牌行”、中部博览会、厦洽会、高交会、西洽会等系列平台载体,开展招商推介活动,扩大开发区的对外知名度和影响力。突出以商招商。发挥企业高管和高级人才在以商招商活动中主力军的作用,发挥企业自身特色和产业优势,开创合作伙伴式招商、产业链式招商、接力棒式招商等招商新模式,推动主导产业精深化、链条化、集群化发展。（许引弟）

【改革创新】 2017年,绛县经济开发区完成“三制”改革任务。社会事务剥离方面。5月,将区辖7个村及社会事务整体移交绛县县政府及相关职能部门。按照“大部门制和事业部制”要求,设置综合办公室、人力资源部、建设事业部、产业事业部(挂招商引资部牌子)、行政审批局、综合行政执法局6个内设机构。根据岗位特点和发展需要来核定内设机构职数及人员。实行绩效工资方面。制定《绛县开发区绩效工资分配及考核实施方案》,构建“以岗定薪、岗变薪变,以绩立薪、绩优酬优”激励机制。推进“三化”改革,制定《专业化招商、市场化运行、国际化合作实施方案》,提出由追求速度向追求质量转变、由政府主导向市场主导转变、由同质化竞争向差异化发展转变“三个转变”。组建成立开发区建设发展有限公司、源清水务有限公司、社会事业发展有限公司,支持引导社会资本、民营资本参与开发区基础设施及配套附属设施建设。与上海东方龙商务公司、上海华彩智库咨询公司、上海克莱登商务公司、北京中外招商网、北京网库集团公司五家专业的招商平台建立合作联系,专业化、国际化招商模式初步形成。（许引弟）

【基础设施建设】 2017年,绛县经济开发区以城镇基础设施建设和公共服务设施建设为基础,提升产业支撑和城镇承载力,实施一大批基础设施建设项目。6月,完成总投资2725万元、全长1000米的华晋北路改建项目主体路面建设任务;8月18日,总投资5500万元、日处理能力7000立方米的污水处理厂试水运行;8月,总投资310万元、总建筑面积1000平方米的开发区幼儿园建设项目通过工程主体竣工验收;11月15日,总投资750万元的多热源复合供热项目的直热系统和天然气系统投入运行;10月13日,总投资784万元、总长81.132米的里册峪危桥改造项目正式开工建设;10月19日,总投资211万元的开发区法庭项目完成主体验收,实现“城市功能完善、产业空间拓展、土地集约利用、居民方便宜居”总体目标。（许引弟）

农　业

Agricultural

综　述

【概况】　2017年，山西省农业厅围绕发展现代农业、增加农民收入、建设社会主义新农村三大任务，强化完善工作举措，推进农业供给侧结构性改革，全省农业农村经济呈现稳中向好的良好态势。农林牧渔业增加值稳步提升。全省农林牧渔业增加值822.80亿元，同比增长3.10%。农民收入持续增长。2017年全省农村居民人均可支配收入10788元，同比增加706元，增长7%。粮食综合生产能力连续跨上新台阶。2017年全省粮食总产量为129.99亿千克，粮食单产270.40千克，仅次于上年。全省蔬菜总面积425万亩、产量1389万吨。水果总产量756万吨，是全省第一大出口农产品，全年出口量45万吨，出口58个国家和地区。肉蛋奶总产量达255万吨，比2010年增长18.90%。全省家禽出栏1.03亿只，羊出栏525.50万只，生猪出栏702.80万只，奶牛存栏35万头。农产品加工业稳定发展。全省农产品加工企业销售收入1627亿元，同比增长7.04%，其中销售收入在500万元以上的农产品加工企业销售收入1197亿元，同比增长7.70%，超年度任务0.70个百分点。　（孙青洪）

2017年9月16日，第五届中国（山西）特色农产品交易博览会在太原开幕

（孙青洪供图）

【农村改革】　2017年，山西省出台承包地“三权分置”实施意见、集体产权制度改革方案等多个文件。农村土地承包经营权确权登记颁证工作基本完成，截至年底，全省累计完成调查面积6537.30万亩，实测承包地面积5070.90万亩，占原二轮承包合同面积的107.40%。完成农户承包合同签订率95.50%。提交农业部质检县级数据库115个，超额完成农业部下达任务98%。县乡村产权流转交易市场同步建立。潞城市集体资产股份权能改革试点工作全部完成。推进农村集体产权制度改革工作，启动13个农村集体改革试点建设工作。培育家庭农场和农民专业合作社，农民合作社发展到9.80万个，认定家庭农场9675个，数量居全国前列。　（孙青洪）

【高标准农田建设】　2017年，山西省农业部门落实建设资金29145万元。其中，中央资金17789万元，省财政资金10556万元，市财政资金800万元，建设项目48个，落实高标准农田建设26.84万亩，超年度计划任务的11.82%。通过工程建设，项目区农田基础设施改善，耕地综合生产能力提升，“田、土、水、林、路、电、技、管”综合配套，抗风险能力增强，建成后每年可增加粮食产量2008万千克，增加产值3000万元。　（武少东）

【耕地质量保护与提升】　2017年，山西省组织开展耕地质量调查监测与

评价工作。在全省布设6120个县级耕地质量等级调查监测点位。组织市、县级农业部门对耕地质量调查监测点进行基本情况调查和土壤样品采集化验工作。会同国土部门完成全省永久基本农田划定工作。截至2017年底，全省115个具有划定任务的县级行政区，全部完成“落地块、明责任、设标志、建表册、入图库”五项任务，永久基本农田划定成果数据库全部通过质检。首次开展资源环境承载能力试评价工作。在科学评价、精准识别以县级行政区为单元的资源环境承载能力状况基础上，完成《山西省农产品主产区资源环境监测预警评价报告》，为服务中低产田改造及耕地质量建设提供依据。

（武少东）

2017年8月7日，全省产业扶贫观摩培训会在岚县召开 （孙青洪供图）

【化肥农药使用量零增长】 2017年，山西省落实绿色发展理念，推进化肥、农药减量增效。落实以配方施肥替代农民习惯施肥、有机肥替代化肥、新型肥料替代传统肥料、机械施肥替代人工施肥、培育新型农业经营主体和培育科学施肥社会化服务组织为主要内容的“四替代两培育”措施，全省化肥使用量连续二年实现负增长，走在全国前列。推广提前监测预警、提前预防保护、绿色防控替代单一化学防治、专业化统防统治替代小农户分散防治、现代高效植保机械替代传统落后药械、新型高效安全农药替代传统高毒高残留农药的“两提前、四替代”措施，化学农药使用量增长态势得到遏制，农药使用量实现负增长。

（武少东）

【城郊农业发展】 2017年，山西省农业厅以省政府名义出台推动城郊农业发展的意见，召开现场推进会，安排1.50亿元支持城郊农业结构调整，打造城郊农业先行区和示范区。

（孙青洪）

【山西农谷建设】 2017年，山西省农业厅出台指导意见，编制农谷建设总体规划，组建两个投融资平台和两个研究院。国家现代农业产业科技创新中心等两个大项目落户农谷，太谷成功申报国家农业产业园，获中央财政1亿元支持。 （孙青洪）

【农牧交错带建设】 2017年，山西省发展粮改饲、草牧业，推进草畜一体化，示范区牛羊草食畜养殖规模占到全省60%以上。推进4个草畜一体化示范点和肉羊、奶牛、杂粮等4个产业集聚区建设，吸引10多家国内外著名企业30多亿投资项目落地。农业部在朔州召开北方农牧交错带现场观摩会。 （孙青洪）

【有机旱作农业建设】 2017年，山西省农业厅落实习近平总书记关于发展有机旱作农业的要求，围绕把山西有机旱作农业打造成全国现代农业重要品牌的目标，推进有机旱作农业发展，以省政府名义出台《关于加快有机旱作农业发展的实施意见》和《2018年行动计划》，召开全省有机旱作农业推进现场会，与农业部筹划省部共建山西有机旱作农业示范区，启动实施耕地质量提升等六大工程，整建制建设有机旱作农业封闭示范区。 （孙青洪）

【农民增收政策支持】 2017年，山西省农业厅落实习近平总书记广开门路的要求，以省政府名义出台《关于完善支持政策促进农民持续增收的实施意见》，多途径增加农民收入。（孙青洪）

【新产业新业态培育壮大】 2017年，山西省培育发展休闲度假、养生养老、农耕体验、农村电商等新产业新业态，推动农村一二三产业融合发展。全省休闲农业和乡村旅游年营业收入达300亿元，农产品电商年成交额达40亿元，均增长30%以上。

（孙青洪）

【农村劳动力培训转移就业】 2017年，山西省完成农民工职业技能提升培训42.95万人，培训各类新型职业农民4.50万人。打造“吕梁护工”“天镇保姆”等劳务品牌。 （孙青洪）

【农村资源资产盘活】 2017年，山西省出台《关于在贫困地区发展农民股份合作经济完善资产收益扶贫的实施意见》，在58个贫困县全面推开资产收益扶贫改革，186家实施主体吸纳贫困户17426户，使用资金1.50亿元，返还收益877万元。 （孙青洪）

【强农惠农政策完善】 2017年，山西省建立完善以绿色生态为导向的农业补贴制度，新出台10项强农惠农政策，涉及资金总量24.34亿元。加大困难群众救助补助力度，发放各类救助补助资金59.16亿元。 （孙青洪）

【特色产业扶贫】 2017年，山西省出台“一村一品一主体”产业扶贫实施意见、贫困村“五有”标准,实施“8311”产业扶贫重大项目,建立产业扶贫项目库,设立总规模21.60亿的扶贫周转金,涌现出平顺中药材、大同黄花菜、隰县“玉露香”梨等产业扶贫范例,带动全省产业脱贫32万人。

(孙青洪)

农产品质量建设

【农产品质量安全保障】 2017年,山西省农业厅推进农业标准化生产,新制、修订农业地方标准58项。新建4个国家级、5个省级出口农产品质量安全示范区,新认证地理标志农产品10个,全省获证地标产品129个,数量排全国第三。“三品一标”年增长率达35.30%,远超出6%目标;农业标准化生产率32%,超年度任务2个百分点。全省新发展“三品”产地面积386万亩、“三品”养殖规模444万头(只)、新认证“三品”产品991个,分别完成年度任务的184%、740%和283%。全年没有发生重大农产品质量安全事件。

(孙青洪)

【功能食品开发】 2017年,山西省功能农产品种植约720万亩,约占农作物总播种面积的12.5%。立足山西省资源优势和市场需求,加大产品研发,全年以杂粮、中药材、红枣、核桃、黑枸杞、沙棘、紫苏等原料累计开发出40多个系列数百个品种产品,全省功能食品龙头企业全年销售收入突破120亿元,约占农产品加工业销售收入的7.50%。全省有功能食品加工企业180家左右,占全省农产品加工企业数量(3000家左右)的6%。

(孙青洪)

【农产品区域公用品牌建设】 2017年,山西省农业厅打造区域公用品牌,推进特优区和产业园建设。全年全省特色产业产值占农业总产值比重达75%,比上年提升3个百分点。打造“山西小米”“山西陈醋”2个省级区域公共品牌和20个功能农产品品牌。大同黄花菜、岚县马铃薯、“沁州黄”小米入选中国百强农产品区域公用品牌。

(孙青洪)

【农产品出口平台建设】 2017年,山西省建成运城农产品出口检验检疫平台,创建4个国家级和15个省级出口农产品质量安全示范区。全省出口农产品5.36亿美元,同比增长42%,增速快于上年21个百分点。特色农产品出口增长强劲,全省农产品出口扩大至68个国家和地区,年出口货值4.45亿美元,同比上涨48%,其中水果出口3.09亿美元,同比增长830%。和顺活牛、榆社阿胶、五寨糯玉米、万荣鲜梨、新绛油桃等8类农产品实现首次出口。

(孙青洪)

【农产品质量提升】 2017年,山西省优质安全农产品供给增加。“三品一标”产品增长迅速,全年全省发展“三品”产地面积489万亩,认证“三品”产品1259个。地理标志农产品达129个,数量排全国第三。“三品一标”年增长率达35.30%。培育一批优质农产品品牌,万荣苹果被农业部授予中国“十大苹果”称号,吉县苹果是全国100个与欧盟互认地理标志产品之一,岚县马铃薯、沁州黄小米、大同黄花被中国绿色食品发展中心评为“全国百强区域公用品牌”。功能性农产品发展较快。富硒小麦、黑小麦、彩色马铃薯、高黄酮苦荞等特色功能农产品种植面积达720万亩,山药、甘草、桔梗等药食同源中药材种植面积100万亩,引进白燕系列、富硒甜荞、高芦丁苦荞等近50个优质功能农产品品种。2017年第五届山西农博会对20个“山西省功能农产品品牌”进行现场发布和授牌。

(武少东)

【新农品品种推广】 2017年,山西省科学组织品种试验。全年承担完成4种主要农作物509个品种46个区组110个试验点的国家级品种试验任务,组织安排5种主要农作物386个品种43个区组321个试验点的省级品种试验,参试品种和试验点数量较上年明显增加。拓展品种试验渠道,推进联合体试验、自主生产试验、特殊类型品种自主试验,开展2个普通玉米联合体试验和20个特殊用途品种自主试验,42个品种在统一区域试验的基础上自主开展生产试验,提升全省品种试验能力。依法依规严格品种管理。完成省农作物品种审定委员会换届,成立山西省第七届农作物品种审定委员会。全年全省审定通过71个主要农作物品种,其中玉米品种46个,大豆品种8个,小麦品种16个,水稻品种1个,为促进全省农业增产增收提供品种支撑。全年共发布四次引种备案公告,对287个玉米品种、5个小麦品种、1个大豆品种进行引种备案,改善山西省主要农作物的品种结构。启动非主要农作物品种登记工作,向农业部上报8种非主要作物139个品种,农业部一次复核通过,通过率100%。加大新品种展示筛选推广力度。省级重点在“北方农牧交错带”的大同灵丘、朔州山阴、太原娄烦和太行山上党盆地长治区试站实施杂粮杂豆、粮饲兼用玉米、马铃薯、机收籽粒玉米等四大新品种展示筛选示范。筛选推出7类作物24个新品种,为2018年新品种推广奠定基础。组织市、县重点对薯类、杂粮杂豆、粮饲兼用玉米、强筋弱筋专用小麦、优质食用大豆等农作物品种进行展示筛选。

(武少东)

【农产品结构变革】 2017年,山西省加快优化区域结构、产业结构和产品结构。推进杂粮、鲜干果、蔬菜、中药材、饲草作物“五大替代玉米行动”,在调减籽粒玉米187万亩的情况下,全省粮食总产达129.99亿千克,为历史第四高产年份。

(孙青洪)

种植业

【粮食生产】 2017年,山西省粮食播种面积4806.60万亩,比上年减少56.10万亩;粮食总产129.99亿千克,比上年减少1.86亿千克,减幅1.40%,为历史上第四个高产年份;粮食单产270.50千克/亩,比上年减少0.70千克/亩,为历史第二。其中,夏粮单产273千克,比上年增产5千克,为历

史最高。秋粮单产 275.70 千克，比上年增产 3.60 千克。（武少东）

【蔬菜生产发展】 2017 年，山西省蔬菜生产稳定发展。全年生产态势良好，产销形势好于上年。全省蔬菜产量 2370 万吨，同比增幅 3%；设施蔬菜面积达 232 万亩，总产量 1133 万吨。据测算，蔬菜总产值达 430 亿元，农民人均蔬菜收入 1235 元，比上年农民人均增收 85 元。蔬菜产业绿色发展工程完成，全年全省新建设施蔬菜 10.80 万亩，开发露地特色蔬菜 21.90 万亩。全年蔬菜特色产业扶贫任务完成，全省贫困县新建设施蔬菜项目完成 2.91 万亩，特色露地蔬菜开发项目完成 10.26 亩，新增食用菌 2.10 万吨。（武少东）

【种植结构调整】 2017 年，山西省制定出台种植业结构调整方案，推动种植业结构向“稳粮、优经、扩饲”调整。调减非优势区籽粒玉米，为特色产业发展腾出空间。全年杂粮、水果、干果、蔬菜、大田药材、饲料作物种植面积均比上年有不同程度增加，粮经饲比例由 2016 年的 85.3:13.1:1.6 调整为 2017 年的 82.90:14.40:2.70。（武少东）

【种植业区域布局优化】 2017 年，山西省初步构建起汾河平原、上党盆地、雁门关、太行山、吕梁山和城郊农业六大发展区域，建立运城优质果麦产业化示范区、太原都市农业多功能示范区、上党特色生态农业示范区、朔州草牧业种养加发展示范区四大特色农业产业集群，促进产业发展提升。推进特优区和产业园建设，创建运城苹果、忻州杂粮、朔州雁门关草牧业、吕梁核桃、晋西北沙棘、长治市太行有机小米等 6 个特色农产品优势区和太原市南部城郊农业、大同县黄花菜、岚县马铃薯、吉县苹果、隰县玉露香梨、平顺县道地中药材等 20 个省级现代农业示范园。推动雁门关农牧交错带示范区建设，全年雁门关区完成粮改饲面积 67.80 万亩，区内草牧业总产值预计 170 亿元。（武少东）

【惠农政策落实】 2017 年，山西省推开农业“三项补贴”改革。农、财部门相互配合，下达两批补贴资金 29.10 亿元，完善“农业支持保护补贴”，确定补贴标准为小麦每亩 80 元，玉米每亩 59 元，杂粮 79 元，薯类每亩 49 元。组织各市县开展粮食补贴面积核实工作。农业、财政、保险等部门密切配合，落实小麦、玉米种植保险保费补贴标准政策，提高对农业生产的风险保障能力。（武少东）

【有机旱作农业推进】 2017 年，山西省制定出台《山西省人民政府关于加快有机旱作农业发展的实施意见》。组织协调 13 个省直部门、厅有关单位起草《实施意见》《2018 年行动计划》，经省政府第 165 次常务会议讨论通过，以晋政发〔2017〕47 号文件正式印发。以省政府名义筹备召开全省有机旱作农业现场推进会，副省长郭迎光出席会议并作重要讲话，各市政府、省直单位负责人参加会议。赴农业部汇报山西省推进有机旱作农业的有关工作情况，争取农业部倾斜支持。启动有机旱作各项工作。按照《加快有机旱作农业发展 2018 年行动计划》安排，启动有机旱作封闭示范区建设。（武少东）

【种植业重大技术示范推广】 2017 年，山西省利用中央安排的旱作农业项目资金，在全省范围内推广地膜覆盖特别是渗水地膜谷子穴播技术。会同技术站制定出台《2017 年特色农业产业扶贫“渗水地膜谷子穴播技术示范推广”项目实施方案》，全年渗水地膜谷子穴播技术示范推广面积由上年的 3.50 万亩扩大到 50.50 万亩，示范范围由 2 个县增加到 24 个县。推进项目实施，渗水地膜谷子实现增产增效，促进农民增收，推动种植业结构调整和贫困山区产业扶贫。推进绿色高产高效创建。按照调结构、转方式要求，在全省 29 个县开展小麦、杂粮、油料、玉米、马铃薯及其他作物绿色高产高效创建示范片 44 个。利用中央财政资金在左权、长子、洪洞等 12 个产业基础好、特色鲜明的县开展部级绿色高产高效整县创建。各县创建工作完成，绿色高产高效创建实现高产技术集成示范、生产效益明显提高、绿色生态统筹发展。开展新技术试验、示范，储备粮油绿色生产技术。以节本增效绿色生产为目标，在小麦上围绕宽窄行探墒沟播集成技术，重点开展品种、整地、密度、播量、施肥等对比试验示范。在杂粮上主要开展谷子、大豆、燕麦、高粱等 30 个品种与燕麦膜侧沟播、大豆平作改垄作等 30 余项栽培模式的试验示范。在油料上主要开展胡麻、向日葵、杂交向日葵、杂交油菜等 12 个品种，垄膜沟播集雨、向日葵盐碱地地膜覆盖等 9 项集成技术的试验示范。推广节水农业技术。全省共示范推广旱作节水农业技术 211.30 万亩。其中，秸秆覆盖蓄水保墒培肥技术 122.30 万亩，水肥一体化技术 18.60 万亩，“W”型膜盖集水补灌技术 16.80 万亩，少耕穴灌技术 9.10 万亩，渗水地膜 44.50 万亩。（武少东）

【种植业灾害应对】 2017 年，山西省伏旱、大风、暴雨、冰雹、低温冻害等灾害性天气多次发生，全省全年有 900 余万亩农作物受灾，造成较重的直接经济损失。针对农业防灾形势，农业、气象等部门密切配合，加强灾害性天气监测预警，及时下发通知，安排部署农业防灾减灾。灾后组织市、县有关部门加强灾情核查报告，组织农业专家技术人员分赴灾区查灾，指导农民群众开展灾后生产恢复。向农业部争取中央财政农业救灾资金，支持农业防灾救灾工作。组织各地农业部门与保险公司配合，开展灾情查勘和理赔工作，减轻农民损失。编印《山西省农业自然灾害应急预案操作手册》，提高灾害应对能力。（武少东）

【种子企业发展】 2017 年，山西省开展种业法制建设。组织市、县农业部门和种子管理部门集中开展《种子法》《主要农作物品种审定办法》《种子生产经营许可管理办法》《农作物种子标签和使用说明管理办法》等法律法规的学习培训，开展对科研单位、种子企业、经销门店、种植大户、专业合作社的种子法律法规宣传普及工作。根据新修订的《种子法》，开展《山西省农作物种子条例》修订准备工作，经省政府第168次常务会议审议通过，正式列入2018年地方性法规立法计划正式项目。培育壮大种子企业。企业由单一的生产销售向“育繁推一体化”发展，种子企业逐步成为全省现代种业发展的主体。截至2017年底，全省注册资本3000万元以上种子企业28家，在全省市场占有率达58%。其中，诚信种业、强盛种业、潞玉种业3家种子企业取得农业部“育繁推一体化”亿元种子经营许可证，全部入围中国种业信用骨干企业，大丰种业改制后注册资金达1亿元。全省种业规模、档次和市场集中度提高，市场竞争力增强。潞玉种业加入中农发集团，成为该集团的玉米生产销售主力；三联种业开发非洲市场，在非洲国家开展棉花种子生产经营；诚信种业、大丰种业在新疆建立生产基地，开展规模化玉米制种。构建完善商业化育种体系。企业成为种业技术创新决策、研发投入、科研组织和成果转化的主体。全省种子企业中有17家建立科研机构，其中9家为独立法人科研机构；企业在省内外建立科研育种基地136个，面积2万亩，建立生态鉴定试验站303个，面积3234亩，其中6家企业在海南建立固定科研基地1157亩。企业品种研发投入增加，种子企业商业化育种水平提升，审定品种总数中企业自主选育品种比例提高到45%以上。潞玉36、潞玉39、强盛388、强盛369、强盛101、大丰30、诚信16等一批企业自主选育品种先后通过审定，在生产上大面积推广应用。提升品种选育能力。全年承担8种作物300余个品种35个区组86个试验点的国家级品种试验任务，组织安排21种作物355个品种62个区组360个试验点的省级品种试验，各作物试验全部成功，试验效果和质量较高。审定通过5种主要农作物品种51个。其中，玉米品种36个，小麦品种11个，棉花品种2个，大豆品种1个，水稻品种1个，为促进全省农业增产增收提供科技支撑。建立省级优良品种展示筛选基地6000余亩，市县级优良品种展示筛选基地50000余亩，推动全省优农作物良种覆盖率达98%。（武少东）

【马铃薯产业发展】 2017年，山西省加快脱毒种薯繁育推广。把脱毒种薯推广应用作为提高马铃薯产量的重要支撑，依托粮食高产创建马铃薯优种繁育项目，兼顾鲜食、加工专用薯和早熟、中晚熟品种的合理布局，突出节水节肥节药的绿色品种繁育，在大同、朔州、忻州、吕梁等8个主产市23个县落实脱毒种薯原原种繁育基地305亩、原种繁育基地1.22万亩，引导种薯企业配套建立一级种薯基地约10万亩，繁育晋薯16、青薯9号、冀张薯8号、费乌瑞它等一批在生产上表现突出的品种，保证山西省脱毒种薯自主繁育供应，促进全省脱毒种薯推广率逐年稳步提高。推进马铃薯产业扶贫。立足雁门关、太行山、吕梁山三大马铃薯优势产业带，项目资金向贫困地区倾斜，重点从脱毒种薯繁育基地建设、马铃薯生产保险、完善马铃薯生产扶持政策等方面推进马铃薯产业扶贫，带动贫困地区脱贫增收。据初步统计，2017年，脱毒种薯繁育补贴资金投入25个贫困县975万元，贫困县占项目县的92.50%，投入贫困县资金达项目资金的97.50%，带动马铃薯产业成为贫困地区脱贫致富的新引擎。根据全省“8311”产业扶贫部署要求，分年度推进10万亩优质鲜食马铃薯生产示范基地建设项目，2017年完成任务2.04万亩，超计划完成项目。（武少东）

林　业

【概况】 2017年，山西林业推进林业“六大工程”，联动实施林业生态扶贫“五大项目”，实现增绿增收互促双赢，推进全省林业改革发展。全年累计完成林业投资114亿元。其中，中央财政资金37.51亿元，地方财政资金59.84亿元，利用外资0.14亿元，其他社会资金16.51亿元。（贾向前）

【造林绿化】 2017年，山西省以吕梁山生态脆弱区、环京津冀生态屏障区、重要水源地植被恢复区、交通沿线生态景观区“四大区域”为国土绿化的重点，推进实施国家和省级林业工程，完成营造林31.18万公顷，其中完成人工造林27.98万公顷，封山育林3.20万公顷。重点乡村园林绿化250个，6个村获评“全国生态文化村”。完成通道绿化1.10万公顷，义务植树5308万株。新一轮退耕还林采取提前一年启动实施的办法，省级配套提高补助标准，对贫困县每公顷增加1.05万元，对非贫困县每公顷增加0.60万元，完成退耕还林任务10.87万公顷，兑现资金10.60亿元，惠及26.74万户。出台《山西省新一轮退耕还林工程建设技术规定（试行）》《山西省三北防护林工程建设技术规定（试行）》《山西省太行山绿化工程建设技术规定（试行）》。提升森林质量，完成2016年森林抚育任务6.33万公顷。（贾向前）

【森林资源保护及培育】 2017年，山西省颁布《山西省永久性生态公益林保护条例》，将373.30万公顷永久性生态公益林划入保护范围。全年发生森林火灾7起，过火面积350.69公顷，受害面积69.11公顷，受害率0.02‰，低于省政府0.50‰以下的考核目标，没有发生重特大森林火灾。林业有害生物发生23.90万公顷，防治面积18.10万公顷，成灾面积140公顷，成灾率0.60‰，低于省政府4‰以下的考核目标。受理涉林案件3647起，查处3505起，查处率96.10%。其中，受理刑事案件288起，查处256起，破案率88.89%；行政案件3359起，查处3249起，查处率96.70%。收回林地372.30公顷，收缴木材579.70立方米，没收违法所得20.10万元，收缴罚款1440.02万元。审核审批占用林地项目207项。其中，永久性使用林地项目162项，面积1411.20公顷；临时占用林地项目43项，面积746.54

公顷；林业生产服务占用林地项目2项，面积11.53公顷。开展生态文化建设，全省新建森林公园（林木花卉专类公园）7处，总数达139处。其中，国家级森林公园（林木花卉专类公园）22处；省级森林公园56处；县级（城郊）森林公园61处，总面积59.16万公顷。山西昌源河国家湿地公园（试点）、山西文峪河国家湿地公园（试点）和山西介休汾河国家湿地公园（试点）通过国家林业局验收，正式挂牌成立。山西泽州丹河、山西榆社漳河源2处湿地列入国家湿地公园（试点）范围。全省湿地公园总数59处。其中，国家湿地公园5处；国家湿地公园（试点）14处；省级湿地公园40处。纳入自然保护区和湿地公园的湿地面积占全省湿地总面积15.19万公顷的43.97%。（贯向前）

【集体林权制度改革】 2017年，山西省制定出台《关于完善集体林权制度改革的实施意见》《关于加快培育新型林业经营主体的指导意见》《关于开展集体公益林委托国有林场管理工作的指导意见》《关于发展和规范扶贫攻坚造林专业合作社的若干意见》改革文件，建立林权流转服务机构5个，流转林地0.2万公顷，落实林权抵押贷款1.28亿元。开展森林保险工作，参保森林面积达384万公顷。国有林场改革主体任务全部完成，全省国有林场由267个减至209个，全部定性为公益一类事业单位，人员编制由11717人减至8999人。完善国有林场配套改革，编制完成《山西省国有林场中长期发展规划》，制定出台《山西省国有林场管理办法》《山西省国有森林资源监管办法》《山西省国有森林资源保护管理考核办法》《山西省国有林场森林经营制度》。推进林业放管服改革，取消行政职权事项17项，全部为审批类行政职权事项。调整行政职权事项11项，其中调整审批类行政职权事项7项，调整行政给付、奖励类事项各1项，调整行政处罚事项2项。全年无下放行政职权事项。（贯向前）

【特色经济林产业发展】 2017年，山西省加快干果经济林、速生丰产林、种苗花卉、森林旅游和林下经济等林业产业发展，全省林业产值555亿元。其中，第一产业422亿元，第二产业74亿元，第三产业59亿元，三产比例76:13:11。全年育苗7.40万公顷，超额完成育苗7000公顷。其中，新育苗1.90万公顷，超额完成新育苗2000公顷。苗木总产量60亿株。生产调剂林木种子50吨。完成干果经济林提质增效项目13.33万公顷，其中58个贫困县完成10万公顷，37个非贫困县完成3.33万公顷。完成经济林种植7.75万公顷。其中，国家林业重点工程种植6.40万公顷；省级林业重点工程种植0.66万公顷；其他工程种植0.69万公顷。森林旅游人数1838万人次，森林旅游总收入123亿余元，分别比2016年增长15.60%和15.20%。花卉种植面积达0.70万公顷，花卉产值13.11亿元；花卉生产经营企业301个，其中营业额500万元以上企业28个，从业人员5.74万人；花卉市场260个，带动花农1523户。9月1日至10月7日，在宁夏回族自治区银川市举办的第九届中国花卉博览会上，山西省获得组织特等奖、室外展园设计布置金奖、室内展厅设计布置银奖，各类金奖、银奖、铜奖、优秀奖及科技成果奖等共108个。

（贯向前）

【林业科技和信息化】 2017年，山西省投资175万元开展连翘、大果榛子、无刺花椒等树种引种和繁殖技术研究，及核桃、红枣等传统经济林改良技术研究。投资140万元开展辽东栎、皂荚等12个优良乡土树种种质资源的选择、栽培和繁育等技术研究。颁发《灌木林改造技术规程》《人工生态公益林经营技术规范》等11项地方林业标准。建成国家林业局沙棘工程技术研究中心、国家林业局经济林产品质量检验检测中心和国家级城市定位观测研究站3个国家科研平台。完成林业科研成果鉴定3项，获山西省科技进步奖项2项，其中“皂荚良种选育及野皂荚低效林改造技术研究”获省科技进步一等奖。推进林业网络安全和信息化工作，建成全省林业办公自动化系统，通过网上办理公文1159件；在山西林业网发布各类信息1423条，公开文件182个。

（贯向前）

【国有林局建设】 2017年，山西省九大直属林局完成营造林6万公顷。山西省杨树丰产林实验局开展林业生态建设，重点启动实施杨树、沙棘、沙枣、杜梨、榆树5个种质资源库和小盐坊综合治理示范、金沙滩森林公园景观提升、九梁洼大洼防火综合示范区、上小河阔叶树基地“四大工程”建设。山西管涔山国有林管理局提升森林质量，探索人工单层同龄针叶纯林、天然单层针叶混交林、天然复层异龄针叶混交林、天然复层异龄针阔混交林、天然复层异龄阔叶混交林五种特色抚育经营新模式。山西省五台山国有林管理局发展种苗产业，在11个林场和1个保护区建设国有保障性苗圃。山西省黑茶山国有林管理局推广多模式整地、高标准栽植，因地制宜采取覆盖抗旱造林等综合实用技术，提高造林质量。山西省关帝山国有林管理局开展“森林管护责任落实年”活动，重新划分全局管护责任区，把责任层层分解落实到人头和地块。山西省太行山国有林管理局推行工程项目法人负责制、招投标制（议标制）、监理制和合同管理制，确保工程建设进度和质量。山西省太岳山国有林管理局发展森林康养产业，使大南坪中心林场列入全国第三批森林康养基地建设试点范围。山西省吕梁山国有林管理局开展辽东栎嫩枝扦插试验，培育出经济价值较高的流苏苗。山西省中条山国有林管理局开展林业对外合作，启动“中德森林可持续经营规划项目”，使“中德林业技术合作示范林场建设项目”写入中德两国政府合作备忘录。（贯向前）

【市县林业工作】 2017年，山西省各市推进林业生态建设，完成营造林25.18万公顷。其中，太原市建立市级公益林补偿制度，在娄烦县引进企业启动万亩牡丹园建设项目。大同市探索创新林业投融资模式，启动沿古长城旅游公路生态系统修复工程。朔州市规模化推进国土绿化，启动实施朔城区南山生态环境综合治理工程。忻州市组建550个扶贫造林合作社，实现林业生态脱贫“五个一批”。晋城市创新造林机制，落实“购买式”造林400公顷。临汾市以霍永高速、临吉高速为重点，采取乔灌结合、块状混交模式打造“绿色走廊”。运城市推进南山和环盐池绿化，形成精品造林绿化工程。晋中市按照生态经济效益并举的思路，建成千亩以上造林示范工程23处。吕梁市利用扶贫造林合作社机制，吸纳带动贫困人口18784人参与造林实现增收。阳泉市完成核桃提质增效工程2万亩，占年度任务1万亩的200%。长治市推进森林城镇建设，完成1个森林县城、10个森林乡镇、100个森林村庄建设。（贾向前）

【林业技术推广和经济林管理总站】2017年，经晋编办〔2017〕14号文件批准，整合山西省林业技术推广总站、山西省林业产业管理中心、山西省林业厅国有资产管理中心成立山西省林业技术推广和经济林管理总站。主要承担林业技术推广和经济林发展规划编制与组织实施、经济林建设的技术指导和相关事务、重点林业技术示范推广和经济林项目的组织实施等职责；隶属山西省林业厅管理，正处级建制，公益一类事业单位，核定处级领导职数1正3副，内设9个科室，事业编制51名，在册职工42人，退休职工27人。2月15日，山西省林业技术推广和经济林管理总站正式挂牌成立。（贾向前）

【山西林业开发投资有限公司】2017年，经晋政函〔2016〕137号文件批准，由山西省财政厅代表山西省人民政府全额出资组建成立山西省林业开发投资有限公司，作为全省性的林业投融资平台。作为具有独立企业法人资格的省属国有独资金融类企业，由山西省人民政府具体委托山西省林业厅管理，发挥政府购买服务承接主体的职能作用，拓展林业投融资渠道和规模，为全省林业生态扶贫和林业生态建设提供资金保障。核定公司董事3至5名；公司总经理1名，公司副总经理2名；公司部门人员10名。2月15日，山西林业开发投资有限公司正式挂牌成立。（贾向前）

【国有林场职业技能竞赛】2017年8月17日，山西省林业厅、山西省人力资源和社会保障厅、山西省总工会联合主办，山西省农林水工会委员会、山西省林业厅工会委员会、山西省国有林管理局和山西省黑茶山国有林管理局联合承办的“2017年中国技能大赛——山西省直国有林场职业技能竞赛”在黑茶林局河口林场举行，省直九大林局和山西林业职业技术学院共10支代表队30名选手参加晋级决赛。9月19日至21日，全国国有林场职业技能竞赛（国家级二类竞赛）在山西省黑茶山国有林管理局举行，全国33个代表队99名选手参加竞赛。山西省代表队获团体一等奖。山西省黑茶山国有林管理局孙二文、张永清获个人一等奖。（贾向前）

2017年，黑茶山国有林管理局推广多模式整地、高标准栽植（贾向前供图）

畜牧业

【概况】2017年，山西省畜牧业产值达377亿元，占农业总产值25%。生猪存栏达490万头、出栏703万头，家禽存栏10058万只、出栏10330万只，牛存栏101万头、出栏肉牛40万头，羊存栏896万只、出栏526万只。肉、蛋、奶产量分别达82万吨、80万吨、94万吨，基本满足城乡居民消费需求。

（郑晓静）

【畜产品价格监测】2017年，山西省生猪价格趋势稳中有降。猪价前5个月保持平稳，6月明显下降，7月至9月稳定，10月再次小幅下降，维持到年末。猪粮比价平均高达8.70:1，其中猪粮比价4个月保持在10:1以上，全年养猪盈利，生猪养殖效益稳定。据调查，出栏重115千克的一头猪平均可盈利约200元。活猪、猪肉平均价格比上年分别下降18%和14%。

2017年，鸡蛋价格运行趋势先跌后涨。上半年蛋价创十年来历史低点，第三季度开始快速反弹，蛋鸡养殖脱离困境，大幅盈利。第四季度鸡蛋价格水平下降，蛋价每千克为6.90元，同比下跌8%，跌幅收窄。从全年来看，鸡蛋价格水平较低，主要饲料粮玉米低位降低蛋鸡养殖成本，养殖赚钱。据测算，饲养一只蛋鸡一个产蛋周期平均盈利约18元。肉鸡市场价格相对平稳。活鸡价格同比微降，但趋势小幅走高；白条鸡价格平稳，每千克活鸡和白条鸡价格分别为

12.09 元、15.47 元，同比略降 1%和 5%。饲养肉鸡只均盈利约 3 元。

2017 年，生鲜乳收购价持续低位，前三季度生鲜乳收购价格每千克 3.52 元，同比下跌 3.80%；奶价最低每千克 3.36 元，创五年来新低。奶牛养殖效益下降。进口乳制品对奶业生产压力未减缓。据调查牧场养殖方式每千克奶价 4 元，养殖微利；养殖水平差的小户奶价每千克只有 3.20 元，头均亏损近 2000 元，部分奶牛养殖户关停退出。中大规模养殖企业具有较大竞争力，部分企业通过大量进口奶牛扩大产能，如恒天然、九牛牧业；还有部分企业利用优质奶牛自我扩繁；奶牛单产提高，饲草料成本下降，单产 6 万以上奶牛头均盈利 2000 元以上，效益基本与上年接近。

2017 年，牛肉价格高位稳定，羊肉价格大幅上涨。活牛、牛肉价格平均每千克为 24.20 元和 53.80 元，比上年分别持平和上涨 2%，据各市调查，头均肉牛盈利约 2000 元。活羊、羊肉平均每千克价格分别为 20.50 元和 51.90 元，比上年分别上涨 19%和 9%。由于羊价上涨，饲料饲草等整体养殖成本较低，只均盈利 250 元以上。左云县注册“白羊牧歌”和“边塞牧羊”品牌，“边塞牧羊”通过中国有机食品认证。（郑晓静）

【畜禽规模化标准化发展】 2017 年，山西省规模化养殖占全省养殖量 60%，成为养殖主要形式。推进畜禽标准化养殖示范创建活动，52%以上规模养殖场在设施装备、生产技术、管理制度等方面达标准化养殖水平。备案规模养殖场达 20600 个。其中，年出栏生猪 500 头以上养殖场 4107 个；年出栏肉鸡 1 万只以上养殖场 1527 个，年存栏蛋鸡 2000 只以上养殖场 6315 家；年出栏羊 100 只以上养殖场 6954 个；年存栏奶牛 100 头以上养殖场 374 个；年出栏肉牛 50 头以上养殖场 1117 个；其他规模场 206 个。（郑晓静）

【畜牧业招商引资】 2017 年，山西省第五届农业博览会在太原召开，会上畜牧业招商引资项目达 56 个，签约项目 43 个，达成意向 13 个，引资亿元以上项目 34 个。产业涉及养殖、饲草料加工、循环农业等方面。项目总投资额达 200 亿元，招商引资额达 188 亿元。引资 10 亿元以上项目 7 个，分别为浑源循环农业生态园项目、山西新大象养殖股份有限公司广灵生猪养殖项目、北京大北农科技集团太谷生猪养殖项目、夏县牧原 100 万头生猪体系项目、永济牧原集团 150 万头优质生猪养殖体系项目、黎城县循环农业生态养殖项目、正邦集团沁县 50 万头生猪产业项目。（郑晓静）

【畜禽粪污处理与综合利用】 2017 年，山西省成立畜禽养殖废弃物处理和资源化领导小组及专家组，制定出台《山西省畜禽养殖场和养殖（小区）规模标准》《山西省 2017 年畜禽粪污处理和资源化工作方案》《山西省关于加快推进畜禽粪污处理和资源化工作实施方案》《山西省畜禽粪污处理和资源化利用工作方案（2017—2020 年）》和《关于加强对新建规模养殖企业管理的通知》等文件，为山西省畜禽粪污处理和资源化利用工作提供政策基础。

资金扶持。山西省利用中央现代农业资金和省财政畜牧产业提升工程资金、省财政国债资金近 2 亿元，在全省建设畜禽粪污集中处理中心 10 个，对 500 个规模养殖场配套建设粪污处理设施进行补贴，建设畜禽生态养殖示范点 100 个。把中央农业生产发展资金 7998 万元全部用于畜禽粪污处理，重点在全省畜牧养殖大县、汾河流域生态修复县、城郊结合区、贫困县中选择 54 个县，支持 217 个规模养殖场建设畜禽粪污处理设施。山西省财政将国债资金 1 亿元用于畜禽粪污处理。

指导服务。《山西省规模猪场（小区）粪污设施配套与建设标准》等 6 个地方标准编制完成。组织专家深入乡村和规模养殖场户开展技术指导服务，举办 5 期畜禽粪污处理技术培训班，累计培训 500 余人次。与省环保厅联合召开全省畜禽养殖粪污和资源化推进会，对全省规模养殖场粪污处理设施建设和禁养区划定等工作进行指导和服务。

粪污处理设施配套。2017 年 8 月，山西省针对中央环保督察组反馈“晋城、吕梁等地畜禽养殖问题突出，粪便随意堆放、污水直排、气味恶臭，群众反映强烈”等问题，就畜禽粪污综合利用现状和处理技术模式开展调研、培训、技术指导服务。全省畜禽规模养殖场粪污处理设施配套率从 67%提高到 79%，提高了 12 个百分点。（郑晓静）

【农牧交错示范区建设】 2017 年，山西省推进粮改饲试点建设，雁门关区粮改饲试点县由 10 个扩大到 22 个，完成粮改饲面积 67.80 万亩，青贮饲料收贮量达 191 万吨，在雁门关区外的奶牛大县推进试点工作，全省累计完成粮改饲面积 80.16 万亩，青贮饲料收贮量达 227 万吨。建设高标准苜蓿生产基地，在大同、朔州两市建设配备喷灌设施的高标准苜蓿基地 21.40 万亩，比预计超额完成 1.40 万亩。发展特色产业，增加优质杂粮、薯类生产，发展干鲜果、中药材、蔬菜等产业，特色产业总面积达 50 余万亩，粮经饲比例为 60:13:27。初步形成农牧循环发展模式。推行种养结合模式，发展草畜配套示范企业 735 个，一批粮农成功转型草农牧农；推行社会化服务体系模式，引导 605 个饲草收获服务组织签署青贮玉米购销合同，年青贮收贮量达 300 万吨以上；推行草畜循环发展模式，扶持建设 34 个草畜肥农牧循环示范基地，粪肥还田 280 万吨；推行草食畜标准化养殖场模式，扶持建设具备“五化”功能草食畜养殖场 100 个。推进集聚区建设。按照“发挥区域优势、促进要素集聚、打造区域特色品牌”原则，建设一批产业集群、企业集聚、要素集约、服务集中的集聚区。大同市建设年加工鲜奶 35 万吨的奶业产业集群，年销售收入 26 亿元的果蔬产业集群和年销售收入 54 亿元的肉业产业集群；朔州市建设年存栏 18 万头的现代化奶牛产业园和年销售收入30亿元的现代肉羊产业园；忻州市启动建设“中国杂粮之都”综合园区和五台国际沙棘中医药健康养老养生旅游示范园；吕梁市发展肉牛生产基地县，形成山西中高端肉牛生产带。举办第十二届北方农机展，推动示范区机械化。（郑晓静）

【畜禽繁育改良】 2017年，山西省推广三元优种猪670.10万头、优种蛋鸡354.80万只，改良绵羊262.16万头、山羊230.22万头，超额完成改良任务。对25个种猪场、6个种公猪站及部分种鸡、种羊场进行改造升级。建立晋汾白猪核心场2个、扩繁场6个、公猪站1个；组织省级原种场开展品种选育、测定，测定种猪2600头、种羊1800只、种牛600头。与中国农科院北京畜牧兽医研究所、山西农大、大同市种猪场、长荣公司合作开展特色猪新品种培育，完成零世代合成任务，培育基础母猪125头。

资源保护。2017年，利用各类保种项目资金423万元，用于晋南牛、广灵驴、马身猪、边鸡的保种；利用省科技攻关项目13万元开展晋南牛DNA分子血统鉴定和核心群选育研究；利用国际合作项目50万元开展晋南牛基因资源发掘和创新利用。

牛良种繁育。2017年，育种方面完成牛胚胎移植60头次，定胎27头，冷配54头次，出生犊牛36头，其中公牛19头，母牛17头；购进西门塔尔公牛10头，西门塔尔母牛40头，荷斯坦牛胚胎180枚，引进活体牛于12月11日抵达天津隔离场。农业部在《2017年全国种公牛遗传评估概要》中，总计公布42个种公牛站的1795头荷斯坦种公牛，山西共计57头优秀荷斯坦牛入选。“GCPI”指数青年公牛全国共评选出810头，山西入选24头。最高GCPI值为2754.17，是年内国内育种值最高水平。

生产性能测定和后裔测定。2017年，全年参加奶牛生产性能测定牛场71个，参测牛达3.45万头。参测奶牛日产奶量28.40千克，同比增长1.90%，乳蛋白率3.37%，同比增长1.50%，平均体细胞数29.77万/毫升，逐年下降，平均产犊间隔同比下降4.20%。奶牛生产性能测定管理站开发奶牛生产性能测定（DHI）信息管理平台软件，获国家软件著作登记证书。后裔测定方面，全年共收集配种记录4410条，定胎记录1122条，产犊记录837条，活母犊牛353头。北方六省联盟育种交流评比会上，山西省后裔测定工作获第一名，获北方六省联盟奖励奖金1.40万元。

冻精生产和发放。全年生产冻精75万剂。其中，肉牛36万剂；奶牛39万剂。免费定额发放冻精51万剂。其中，奶牛冻精24万剂；肉牛冻精27万剂。全年对外省销售冻精21万剂。（郑晓静）

【草地建设】 2017年，山西省新增草地建设面积160万亩，推广种植青贮玉米80.43万亩，保护草地325万亩。全年进行草品种区域试验66个。其中，苜蓿品种引种试验24个，一年生牧草燕麦、甜高粱等品种试验11个，多年生牧草鸭茅、无芒雀麦、白三叶、苇状羊茅、猫尾草、披碱草等草品种试验17个，新增青贮玉米品种试验14个。

修订完善《山西省草原火灾应急预案》，全年未发生重、特大草原火灾及人员伤亡事故。开展草原鼠虫害防治工作，全年防治草地鼠害203万亩，草地虫害122万亩，动用防治器械13328台次，出动群众20810人，培训技术人员及农民6560人。加强草原防火基础设施建设。临汾和忻州2个市级草原防火物资库通过省级验收，长治地区、雁门关地区2个草原防火物资库（站）申请建设。

制定“全省大美草原守护行动工作方案”及草原野生植物采集计划。山西省农业厅会同发改委、林业厅、水利厅、环保厅出台《五台山生态保护红线划定方案》《山水林田湖草生态修复方案》《山西省耕地草原河湖休养生息规划》《桑干河、滹沱河、漳河、沁河、涑水河及御河生态修复与保护规划》《吕梁山、太行山修复方案》《资源环境承载力评价工作》等相关文件。

完成粮改饲试点面积80.43万亩，优质青贮饲草料收储量227.51万吨。试点范围由2015年的1市3个县（区），扩大到8市30个县（市、区）。9月18日，农业部在山西省粮改饲核心区朔州市召开北方农牧交错带农业结构调整现场观摩会，总结山西省粮改饲试点经验和做法。山西省在推广“六大模式”基础上，探索创新推出“四种模式”，为全国粮改饲发展探出新路。

重点工程项目。2017年，京津风沙源治理二期工程在山西省23个县实施，国家下达山西草地建设任务为人工种草3.10万亩，棚圈44.96万平方米，青贮窖23万立方米。国家下达山西省退耕还草任务为6.80万亩，分别为石楼县2万亩、临县2万亩、兴县2万亩、柳林县0.43万亩、交口县0.25万亩、岚县0.12万亩，分别种植多年生优质牧草。补助资金按照每亩补助1000元分两次下达，每亩第一年补助600元（其中种苗种草费150元），第三年每亩补助400元。当年牧草种植任务全部完成。山西省草牧业项目主要在朔州六县区实施，主要内容有草原禁牧、人工种草、混播草场、围栏封育、建设贮草棚、草地资源清查等。全年完成草原禁牧78万亩，人工种草15万亩，混播草地2万亩。在项目区推行草原禁牧休牧轮牧和草畜平衡制度，划定和保护基本草原，促进当地草原生态环境恢复。（郑晓静）

【畜产品质量安全保障】 2017年，山西省完成兽药检验检测3182批，其中委托检测完成2748批、监督抽检上报410批，合格率96.70%；检测阿维菌素粉中非法添加非泼罗尼24批，均未检出。完成例行检测任务1858批。其中，生鲜乳412批，猪尿661批、牛羊尿331批、猪肉114批、鸡肉228批、牛羊肉112批，合格率均为100%。生鲜乳检测项目：三聚氰胺、猪尿、盐酸克仑特罗、莱克多巴胺、沙丁胺醇；猪、牛羊肉检测项目：

检测种β-兴奋剂盐酸克仑特罗、莱克多巴胺、沙丁胺醇、特布他林、西马特罗、氯丙那林、妥布特罗;鸡肉检测项目:氟喹诺酮类(恩诺沙星、环丙沙星、沙拉沙星、达氟沙星)、磺胺类(磺胺间甲氧嘧定、磺胺二甲氧嘧啶、磺胺二甲嘧啶、磺胺甲恶唑、磺胺喹恶林)。完成动物产品兽药残留检测任务504批。其中,鸡肝54批、鸡肉100批、牛奶116批、猪肉150批、配套鸡肉检测22批、配套猪肉检测35批、配套牛奶检测27批。猪肉磺胺类检出一批,其他合格率均为100%。鸡肝检测项目:地美硝唑/甲硝唑;鸡肉检测项目:磺胺类、硝基呋喃类代谢物;牛奶检测项目:β-内酰胺酶、甲砜霉素;猪肉检测项目:磺胺类、四环素类、替米考星。完成生鲜乳质量安全检测1097批,其中《生乳》国标指标监测完成任务119批,检测项目:冰点、酸度、非乳脂固体、杂质度、相对密度、黄曲霉毒素M1、蛋白质、脂肪、菌落总数、体细胞;生鲜乳质量安全监测现抽检815批,检测项目:上半年为三聚氰胺、黄曲霉毒素M1、β-内酰胺酶、革皮水解物,下半年为三聚氰胺、黄曲霉毒素M1、碱类物质、硫氰酸钠;生鲜乳质量安全隐患排查163批,检测项目:冰点、菌落总数、酸度,以上检测合格率均为100%。完成饲料检验检测737批。其中,饲料产品质量安全监测159批,合格率95.60%;饲料使用环节违禁添加物监测127批,合格率100%;反刍动物饲料中牛羊源性成分例行监测130批,合格率100%;蛋白饲料原料中三聚氰胺监测31批,合格率100%;养殖场环节饲料中违禁添加物瘦肉精(13种)127批,合格率100%;企业委托检验25批,检出率52%;免税检验138批,检出率41%。完成农产品安全县创建及突发事件畜产品检测113批。其中,全国性及省级农产品安全县创建检测39批;运城市畜产品中发生疑似违禁药物猪肉50批、猪尿18批,汾西2批、高平市鸡蛋4批。生物制品行政审批全年完成兽用生物制品批签发127批。 (郑晓静)

【动物疫病防控】 2017年,山西省免疫畜禽5.5亿头(只、羽)。牲畜口蹄疫共免疫牲畜4937.17万头(只)。其中,O型口蹄疫免疫猪1810.40万头;O型-亚洲I型口蹄疫免疫牛234.78万头;O型-亚洲I型口蹄疫免疫羊2791.92万只;A型口蹄疫免疫牛100.70万头。高致病性禽流感免疫鸡18595.98万羽。小反刍兽疫免疫羊2290.64万只。布鲁氏菌病免疫牛46.10万头;免疫羊1449.93万只。猪瘟免疫猪1766.75万头。高致病性猪蓝耳病免疫猪1197.35万头,新城疫免疫鸡24716.55万羽。

2017年,山西省加强动物疫病监测及流行病学调查,在牲畜口蹄疫、高致病性禽流感、布病监测基础上,重点对高致病性猪蓝耳病、猪瘟、猪伪狂犬、新城疫等动物疫病进行定点监测。开展禽病专项调查、小反刍兽疫紧急流行病学调查、布病专项调查、羊群卫生状况调查等工作。全省监测样品460279份(血清学441850份,病原学18429份)。其中,高致病性禽流感血清学监测107472份,合格102354份,合格率为95.24%;牲畜口蹄疫血清学监测84329份,合格73433份,合格率为87.08%,病原学监测3732份,阳性数25份,阳性率为0.67%;新城疫血清学监测56817份,合格54780份,合格率为96.41%,病原学监测1885份,未检出阳性;猪瘟血清学监测28759份,合格25950份,合格率为90.23%,病原学监测1270份,阳性10份,阳性率为0.79%;高致病性猪蓝耳病血清学监测14579份,合格12848份,合格率为88.13%,病原学监测1380份,阳性5份,阳性率为0.36%;布病血清学监测75003份,阳性520份,阳性率为0.69%;小反刍兽疫血清学监测12108份,合格10881份,合格率为89.87%,病原学监测1240份,未检出阳性。

2017年,山西省发生四起人感染H7N9流感确诊病例,为应对人感染H7N9流感病例,采取家禽H7N9流感防控措施。山西卫生计生部门通报人感染H7N9流感病例后,第一时间派出督查组到现场组织开展处置工作。针对防控形势,组织各级实行动物H7N9流感防控日报告和零报告制度,加强动物H7N9流感防控工作。开展强制免疫。制定《山西省高致病性禽流感免疫方案》,从2017年秋季开展对全省家禽全面开展动物H7N9流感强制免疫工作,秋防期间免疫鸡10732.03万羽。加强家禽产地检疫,落实检疫申报制度,规范检疫出证行为,加强家禽及其产品溯源管理。对跨省调运种禽种雏,执行审批、到达报告和隔离观察制度。强化应急处置。

山西省布病免疫牛46.10万头,免疫羊1449.93万只。开展布病基线调查工作。对各行政区域牛羊养殖方式、数量和不同牛羊的场群阳性率、个体阳性率等基本情况进行调查,划分未控制区、控制区、稳定控制区和净化区。全省115个农业县,按照分区划分标准划分62个县为未控制县,53个县为控制县。

推进动物防疫体系建设。2017年,山西省加大乡镇畜牧兽医站基础设施建设力度,总投资39430万元新建和改扩建乡镇兽医站1208个。其中,中央投资28219万元,地方配套11211万元,所有乡镇畜牧兽医站均建有固定办公场所,配备两台以上冰箱(柜),村级防疫员每人配备冷藏包,解决基层办公场所和设施设备问题,建成省、市、县、乡四级动物防疫体系。解决人员工资补贴问题,全省115个县中,全额落实乡镇兽医人员工资的县从2005年的46个县增加到112县;全省115个县有村级防疫员21404名,全部解决补助待遇,其中91个县村级防疫员补助200元/月以上。

调整动物防疫支持政策。2017年,对口蹄疫、高致病性禽流感、小反刍兽疫、布病实施国家强制免疫,将布病纳入强制免疫范围(疫苗经费由中央和省财政补助)。对鸡新城疫实施地方强制免疫,对猪瘟实行过渡性暂时地方强制免疫(疫苗经费由省、市两级财政各补助50%)。高致病性猪蓝耳病由各市按照国家要求开展防控工作，疫苗由市财政自行解决(9个市由市财政对高致病性猪蓝耳病疫苗进行补助)。开展社会化服务试点，加大“政府购买服务”力度，鼓励各类合法市场主体组建动物防疫服务队、合作社等多种形式的服务机构，规范整合村级动物防疫员资源，向养殖场户提供高质量动物疫病防控服务。朔州市开展“政府购买服务试点”，在山阴县实行规模场自主免疫，畜牧兽医部门提供强制免疫疫苗，监督免疫注射工作。在应县2个乡镇实行政府购买服务试点，政府出钱购买免疫注射服务，县畜牧兽医局对免疫质量进行监管。忻州市岢岚县以每人每年4000元标准，成立23人防疫队，开展强制免疫工作。开展规模化养殖场强制免疫“先打后补”试点，建立规模化养殖场重大动物疫病强制免疫“先打后补”评价机制，全省7个市19个规模养殖场实施“先打后补”政策。（郑晓静）

【动物卫生监督管理】 2017年，山西省开展产地检疫工作，加强检疫监管，执行动物产地检疫申报制度，有报必检。全年检疫畜禽26972.55万头(只)，其中生猪、牛、羊、家禽检疫数量分别为552.96万头、28.58万头、333.94万只、25991.42万只。检出病畜禽20.19万头(只)。其中，病猪4.74万头、病羊0.04万只、病禽15.41万只。做到严把入场、宰前检疫、宰中检疫、出证和染疫畜禽处理关，加强屠宰检疫监管。全省派驻官方兽医的畜禽屠宰场(点)264个。其中，猪屠宰场(点)178个、牛羊屠宰场(点)66个、家禽屠宰场(点)19个、其他1个。山西省全年屠宰检疫畜禽15798.91万头(只)。其中，检疫猪261.39万头，检疫牛羊159.01万头，检疫禽类15378.51万只（羽）。检出病畜禽40.95万头(只、羽)。其中，检出病猪0.46万头；检出病牛羊11头（只）；检出病禽40.48万只(羽)。

动物卫生执法监管。2017年，跨省调运种用、乳用动物检疫审批强化。形成调出地“准出”与调入地“准入”有效联动机制，规范活畜禽流通程序。加强跨省引进种用、乳用动物及其精液、胚胎、种蛋的审核管理，对不符合调运规定的申请企业不予批准调运，全年受理跨省调运申请10件，批准9件。

加强动物卫生监督检查站工作。2017年，加强各省界公路动物防疫监督检查站监督检查工作，严格查证验物，防止重大动物疫病跨区域传播和公路“三乱”发生。开展全省动物卫生监督执法案卷评查活动。对全省11个市上报的23件典型案卷进行剖析和评查。开展全省动物卫生监督执法能力交叉检查和延伸绩效考核活动。

开展病死畜禽无害化处理体系建设。制定出台《山西省病死畜禽无害化处理体系建设规划（2017-2020年)》，加强对病死畜禽专业无害化处理厂的监督指导。对承担省级专业无害化处理厂建设任务的15个县进行督导、调研，全省建成4个病死畜禽专业无害化处理厂，病死畜禽专业无害化处理厂的处理量占所在县病死畜禽处理总量的74%，占全省病死畜禽处理总量的15.80%。文水县、尧都区、高平市、太谷县病死畜禽专业无害化处理厂主体工程完工。

推进山西小“智慧动监”信息平台建设，提高信息化监管能力和规范执法办案能力。山西智慧动监信息平台作为农业电子政务板块参加首届全国“互联网+”现代农业新技术和新农民创业创新博览会。

山西省建成省级、11市、115县级智慧动监信息平台和75个县级移动智慧动监信息平台，山西省动物卫生监督信息化管理水平、监管能力和服务能力提升。（郑晓静）

【生鲜乳监管】 2017年，山西省运营生鲜乳收购站284个。其中，乳品企业开办15个，奶畜养殖场开办104个，奶农合作社开办165个；运输车193辆。山西省生鲜乳专项整治行动对奶站和运输车资质进行审核，取缔不合格收购站和运输车。强化生鲜乳收购站和运输车日常监管。重点对标准化管理、生鲜乳质量检验、不合格生鲜乳处理、安全制度落实情况进行检查。加大生鲜乳质量安全抽检力度。监测抽检覆盖区域内所有奶站和运输车，监测指标覆盖国家公布的所有违禁添加物。打击违法违规行为。全省累计出动执法人员4321人次，检查生鲜乳收购站1530站次，对58个生鲜乳收购站下达整改通知书，取缔17个生鲜乳收购站，吊销8个生鲜乳收购站资格；检查运输车897车次，依法取缔12辆运输车，吊销1辆运输车运输鲜奶资格。（郑晓静）

【畜禽屠宰监管】 2017年，山西省制定畜禽屠宰行业管理工作计划，开展畜禽屠宰专项整治，加强重点区域、重点环节监管，发放宣传资料20余万份，举办培训班119次，培训人员4382人次；开展执法检查2067次，出动执法人员6859人次；治理小型屠宰场点2个，捣毁私屠滥宰窝点2个。严格畜禽屠宰企业审批。全省验收畜禽屠宰企业12家。与北京宝讯融通公司共同研发山西省畜禽屠宰监管系统，保证入厂畜禽及出厂产品实时上传，各级畜禽屠宰监管部门可及时了解各屠宰厂生产经营情况，对存在问题的企业及时预警。

（郑晓静）

渔　业

【概况】 山西省在面对2017年环保督查带来的水域养殖面积减少情况下，全省渔业经济保持平稳发展态势，水产品总产量5.23万吨，渔业经济总产值8.11亿元，渔民人均纯收入8490元，同比分别增长0.12%、0.23%、3%。渔政执法装备建设取得成效。完成8艘渔政执法快艇建设交付使用。

（梁述杰）

【水产养殖规模扩大】 2017年，新创建部级健康养殖示范场4个、省级健康养殖示范场4个。缩骨大头鱼、大鳞鲃引进养殖成功，匙吻鲟、大闸蟹养殖面积扩大。运城市、临汾市发展莲田养鱼，实现亩增百斤鱼、亩增千元钱。池塘循环水养殖系统、鱼菜共生等生态养殖模式进一步推广，盐碱地鱼虾混养生态养殖模式达到预期效果。（梁述杰）

【水产品质量安全监控】 2017年，山西省水产健康养殖示范场、水产原良种场、无公害水产品产地等主要水产品生产基地和大中城市水产品批发市场全部纳入水产品质量安全药残监控范围，覆盖全省11个市和51个县。全年开展两批产地水产苗种、三批产地水产品质量安全监督抽查。其中：抽检产地水产品200个样，合格率为99%；抽检产地水产苗种35个样，合格率为100%。配合农业部完成4次市场水产品质量安全例行监测、2次产地水产品质量安全监督抽查和1次产地水产苗种质量安全监督抽查任务。2017年新认定无公害水产品产地5个、无公害水产品产品5个，完成14个无公害水产品产地、16个产品的复查换证工作，向农业部重新上报无公害水产品13个。（梁述杰）

【增殖放流活动】 2017年6月6日与6月20日，山西省水利厅分别与吕梁市人民政府、太原市人民政府联合举办2017年全国"放鱼日"山西同步增殖放流活动。鼓励广大群众参与放流行动，增强群众的资源环境保护意识。运城市组建水生生物资源养护协会，在汾河入黄口共同举办"尊崇后土感恩黄河"放生活动；省野生动物保护协会水生动物分会携手中华环保基金会山西代表处，举办主题为"养护水生生物资源，共建生态文明家园"的增殖放流活动，全年完成放流苗种数量846.05万尾（只）。山西省水利厅把渔业水环境的改善和保护作为保障水产品质量安全的首要任务，全年共监测水域9600公顷。推进土著鱼类种质保存与苗种繁育。开展黄河鲶鱼、乌苏里拟鲿、黄颡鱼、拉氏鱼岁等土著鱼类的人工繁育，突破人工繁育及苗种培育过程中的关键技术，为山西省土著鱼类的增殖与恢复创造条件。（梁述杰）

【渔政渔船管理】 2017年，山西水利管理部门打击非法捕捞，加强黄河禁渔期、禁渔区管理。继续保持执法高压态势，严厉打击、坚决取缔国家和地方公布的禁用渔具以及网目尺寸严重违反国家标准的违规渔具。内陆渔船"三证合一"改革全面推行。对2016年全省录入渔船"三证合一"系统的183艘渔船进行换证后首次检验，淘汰老旧不合格渔船28条，渔船换证率97.70%，全年渔船受检率达100%，实现渔业安全事故"零"发生。（梁述杰）

农业机械化

【概况】 2017年，山西省农机总动力达到1376.30万千瓦。其中，大中型拖拉机保有量达到13.10万台，玉米联合收割机达到2.30万台，畜牧业、设施农业、林果业、农产品初加工等机械协调发展，多功能、高效率、高性能、复式作业机械占比持续提高。农机作业水平提升。全省机耕、机播、机收面积分别完成273.30万公顷、261.70万公顷、185.50万公顷，机耕、机播、机收水平分别达79.20%、71.10%和50.40%，与上年相比分别提高1.60个、1.30个和1.40个百分点。全省主要农作物耕种收综合机械化率达68.10%，比上年提高1.50个百分点，超出全国平均水平2个百分点。全省农机专业合作社达2549个，农机户达51.80万个。新型农机经营主体业务范围拓展出跨区作业、代耕代种、土地托管、订单作业、"互联网+农机作业"等服务模式。全年发生2起农机事故，造成1人死亡，1人轻伤，经济损失38万元，低于省政府下达的农机安全生产考核指标。（秦永红）

【农机购置补贴】 2017年，山西省共落实中央农机购置补贴资金4.19亿元，扶持4.10万户购置5万台件农机具。按照农业部"缩范围、控定额、促敞开"改革思路，把农机购置补贴品目由46个缩减为44个；取消农民购机后须在7个工作日内办理核机手续的限制；在省政府新闻发布平台举办农机购置补贴政策新闻发布会；与省财政厅联合印发《关于做好农机购置补贴违规查处工作的通知》。山西省农机局被农业部评为"落实强农惠农富农政策（农机购置补贴）延伸绩效管理优秀单位"。（秦永红）

【农机合作社资产收益扶贫试点】 2017年，山西省投入660万元专项资金，争取各市和贫困县整合资金4900多万元，在44个贫困县建立125个农机合作社资产收益性扶贫试点，吸纳和带动贫困户5200余户、贫困人口1.50万人，实现可分配收益350.80万元，为贫困户户均分红近700元。（秦永红）

【新型农机化经营主体培育】 2017年，山西省新发展农机专业合作社48个、农机大户214个。培育农机示范合作社41个、示范家庭农场24个、示范农机大户40个。培训新型职业农机操作手2580人。举办第二届山西省农机操作手技能大赛，40名农机手入围全国总决赛，其中16名进入全国百强，山西省2名农机手分别获全国大赛女子组亚军、季军。9个农机专业合作社被农业部认定为全国农机示范合作社。（秦永红）

【电动农机奖补试点】 2017年，山西省在无电动农机生产企业、无电动农机产品、无电动农机技术标准，国内没有可供参考经验的情况下，引导27家企业研发生产71个电动农机新产品。其中，通过第三方选择21个企业的54个产品进行奖补。2017年，全省共使用资金5000万元，在20个试点县奖补1.20万户农民购买1.40万台件电动农机新产品。（秦永红）

【农业机械化推广】 2017年，山西省建立19个丘陵山区农机化综合示范点，引进、试验、示范、推广丘陵山区先进适用机具和技术。全省71个丘陵山区县农作物耕种收综合机械化率达59.40%,比上年提高2.60个百分点,丘陵山区与平川地区农机化发展差距逐步缩小。2017年11月27日至28日,在重庆举办的全国丘陵山区农业机械化发展座谈会上,山西省作典型发言。

截至2017年底,山西省主要农作物全程机械化作业面积达2400多万亩。清徐、左云等10个县已基本建成率先实现农业机械化综合示范县。岚县被农业部确定为全国第二批基本实现主要农作物生产全程机械化示范县。全省建设全程机械化示范点74个,示范推广"1+6"(小麦+玉米、马铃薯、高粱、胡麻、莜麦、谷子)主要农作物全程机械化关键环节急需技术装备1.20万台。投入2000万元,扶持20个县、39个乡、84个村开展率先实现农业机械化综合示范创建活动。(秦永红)

【农机深松整地作业】 2017年,山西省多渠道争取补助资金8150万元,加强机具调度和作业质量监管,实施农机深松整地作业面积420万亩,其中补助作业面积210万亩。安装农机深松整地作业监控系统2700台(套),全省实施信息化远程监测的作业面积占实际补助面积的85%以上。(秦永红)

【农机技术推广和科研创新】 2017年,山西省组织各类技术培训班224期,各类新技术新机具现场演示培训活动157次,培训农机技术人员、农机操作手以及农民3.60万人次。省农机局组织举办第十二届北方现代农业装备推广展示交易会、第五届中国(山西)特色农产品交易博览会农机展等重大农机展示推介活动。甘蓝规模化生产农机农艺配套技术及关键装备等18个科研项目通过验收。扶持建设农村磨坊油坊升级改造项目16个,高标准农产品处理及初加工装备技术示范点41个,示范推广新型农产品初加工装备541台套。(秦永红)

【农机安全生产】 2017年,山西省农机局开展农机安全生产专项整治、打非治违、农机事故应急处置演练等活动,共发送"一信三书"2万多份,排查拖拉机、联合收割机7222台次,整改隐患1452项;检查变型拖拉机1.20万台,查处违法违规行为307起。免征拖拉机号牌、行驶证、登记证、驾驶证和安全技术检验等5项收费260多万元,全省农机安全生产形势平稳。(秦永红)

农　垦

【概况】 山西农垦系统截至2017年有国有农场(公司)30个。其中,省属农场(公司)8个,市属农场9个,县属农场13个,分布在全省9市、26县(区)境内。垦区总人口32195人,其中农场总人口27883人。职工3765人(其中:年末在岗职工2860人、不在岗职工905人)、离休11人、退休3031人。垦区国土总面积35.45万亩。其中,耕地9.80万亩、草地牧坡8.92万亩、林地9.03万亩、居民点及工业用地1.60万亩、非利用地3.07万亩,其他3.03万亩。

2017年,山西农垦经济继续保持稳中有进。主营种植、养殖业企业有24个,农作物种植面积8.97万亩,粮食总产31872吨,蔬菜总产13232吨;大牲畜存栏10687头,肉类总产量300.69吨,牛奶产量28366吨;有7个农场兼营工业,主要门类有:饲料加工、矿产开采、石材加工、家具制造、白酒及醋酿造等,实现营业收入3.25亿元;有10个农场兼营第三产业,主要从事农副产品批发和交通运输、商贸、服务业等,实现销售总额44.85亿元。全省垦区实现国民生产总值58404万元,比上年增长0.36%。其中,第一产业增加值13905万元,比上年增长5.90%;第二产业增加值24902万元,比上年增长2.83%;第三产业增加值19597万元,比上年减少6%,一、二、三产业增加值在生产总值中的比重分别为25:42:33。垦区人均纯收入9134元,比上年增长2.60%,职均收入20564元,比上年增长19.15%。(闫维平)

【农垦改革】 2017年,山西省推进农垦改革。7月30日,山西省委、省政府印发《关于进一步推进山西农垦改革发展的实施意见》,对19项工作任务进行责任分工。运城市出台推进农垦改革发展实施意见。组织起草《山西省农垦国有农场办社会职能改革实施方案》,分别征求财政厅、民政厅等六厅局和省编办意见,5月31日印发。两次召开土地确权登记发证座谈会,4月21日会同国土厅、财政厅印发《山西省农垦国有土地确权登记发证工作方案》。经省政府批准,落实农垦国有土地确权经费318万元。

推进山西省农垦改革专项试点进程。山西农业产业公司承担推进农场企业化改革和公司化改造试点任务。山投集团以山阴农牧场、忻定农牧场等四大农垦企业为主,组建山西省农业产业有限公司,注册资本金1亿元。山西农业产业公司筹集资金5000万元,组建山西山投辉煌牧业股份有限公司并开始运营;引入山西省农业产业发展基金组建山阴县天喜牧业有限公司,建立现代企业管理运行机制。山西农业产业公司计划申请变更为山西农业(农垦)产业有限公司。临汾市尧都区奶牛场承担组建专业化农业产业公司和对农垦企业改革改制中涉及国有划拨建设用地和农用地、采取作价出资(入股)方式处置改革专项试点任务。临汾市尧都区奶牛场按照整合资源、公司化运作改革发展思路,转换和创新农场管理体制和经营机制,投资设立六个独立法人公司。截至2017年底,六个独立法人公司全部开始公司化运作,其参与经营运行资金达760余万元。土地已经确权发证,土地评估工作正在有序开展。

国务院农村综合改革工作小组连续五年将山西省符合条件的18个国有农场列为办社会职能改革试点农场。其中省直5个农场每年享受财

2017年5月18日，山西省推进农垦改革发展领导小组第一次会议在太原召开
（闫维平供图）

政奖励资金286万元，其他市县农场财政奖励资金直接下达各市县财政。2017年山西省农垦25个国有农场有18个农场享受税费改革转移支付省级补助资金，共计524万元。

（闫维平）

【垦区安全生产】 2017年，山西农垦推动和完善垦区危房改造工作，由分管领导带队，从局、站各科室和农场抽调精兵强将，对全省实施农垦危房改造任务21个农场，逐一进行督查检查。要求各项目农场倒排工期，实行月报制度，每月报送工程进度、手续办理情况、资金完成情况等。对农场反映的问题，与省住建厅等部门咨询沟通，推进项目进度。

落实安全生产责任。2017年，全省农垦系统各企业组织开展安全生产自查和隐患排查治理，预防安全事故发生；开展“安全生产宣传月”活动，强化职工安全生产意识，有效杜绝事故发生；局、站领导多次到农场，重点对企业森林草地防火、防汛抗旱和农牧业生产安全等监督检查。在朔州举办山西农垦系统安全生产培训，50多名农场安全生产负责人参加培训，现场进行灭火应急演练，加强农场实战训练水平。报送2018年山西农垦执法监管财政专项经费（安全生产专项）申报书。

（闫维平）

【垦区民生建设】 2017年，山西农垦开展垦区饮水安全情况进调查，总结山西省垦区饮水安全现状。“十三五”期间，山西省垦区有20个农场有饮水安全巩固提升工程建设需求，投资估算2240万元，涉及农场人口2万余人；开展垦区“十二五”期间水利设施需求及现状调查，摸清山西省垦区水利设施建设现状，“十三五”期间，共有21个农场有水利设施建设需求，投资估算5201万元。

山西农垦组织开展垦区农场公路建设情况调查，总结山西省垦区公路建设“十二五”时期规划任务、任务完成和投资完成等情况，分析存在的问题，针对垦区实际，提出建议和意见。同时，对企业报送的“十三五”公路建设需求做汇总，8个农场有新建设需求，共计公路里程38.73千米。

（闫维平）

农业科研

【概况】 截至2017年底，山西省农业科学院设有国家现代农业产业技术体系综合试验站29个，山西省农业科技创新联盟1个，省级重点实验室8个，验收通过省级工程技术研究中心2个，获批组建省级工程技术研究中心10个，省级重点学科点4个，与山西大学合办生物工程学院并开设硕士学位授予点3个，博士后科研工作站1个。编辑出版《华北农学报》《村委主任》《山西农业科学》《山西果树》等专业刊物，建有山西农业科技服务网站。

山西省农业科学院开展科研课题1031项。其中，国家级152项，省级376项，院级449项，横向协作54项。新开课题462项。其中，国家级87项，省级132项，横向协作25项，院级218项。国家级课题主要包括：科技部中央引导地方科技发展专项3个，重点研发专项子课题18个。发表学术论文565篇，其中国家级164篇。出版专著15部。经山西省质量技术监督局批准发布山西省农业地方标准68项。

（朱俊菲）

【农业科技示范推广】 2017年，山西省农业科学院680名科技人员在全省65个县围绕一园一区一平台、特色优势产业、脱贫攻坚等开展84个推广项目，建立中心示范点147个，推广品种281个，集中展示先进适用简约化技术251项，配套高产高效技术模式35项，建立核心示范田1.7万亩，辐射推广26.90万亩，累计增加社会经济效益1.80亿元。2017年开展各类培训528次，通过集中授课及田间观摩等方式培训农民3.50万人次，发放技术资料14.50万余份，媒体报道宣传95次。与2市、15县建立院市合作、院县共建关系，促进全省产业发展和农民增收。在运城市、隰县建立果业综合试验站，为玉露香梨产业发展提供科技支撑。与中国科协在岚县共同建立马铃薯专家工作站。30个农业科技示范基地建设得到加强。

（朱俊菲）

2017年山西省农业科学院获国家授权发明专利一览表

名 称	完成单位
一种糯玉米富硒栽培方法	玉米研究所
一种籽粒苋的绿色组织特异启动子及其应用	作物科学研究所
蜂箱内置保温填充器	园艺研究所
一种富含功能活性因子的萌动荞麦醋及其制备方法	农产品加工研究所
烟气脱硫石膏改性制备的盐碱地改良专用肥及其制备方法	农业环境与资源研究所
一种内陆盐碱地滴灌用液体肥料及其制备方法	农业环境与资源研究所
一种防治苹果树腐烂病的生防菌发酵液的制备方法	植物保护研究所
一种山楂果实的保鲜方法	农产品贮藏保鲜研究所
棉花 GhEDR2 基因及其编码蛋白与应用	棉花研究所
一种提高藜麦杂交率的方法	生物技术研究中心
大棚集雨灌溉装置	旱地农业研究中心
一种多功能果树抗低温制剂及其制备方法	棉花研究所
核桃与核桃楸种间杂交幼胚培养的方法	果树研究所
用于防治桃小食心虫的高效氟氯氰菊酯水乳剂组合物及其制备方法	植物保护研究所
一种能够进行垄内和株间轮式锄草装置	高粱研究所
小麦抗干热风制剂	棉花研究所
一种耐旱广适稳产小麦品种筛选方法	小麦研究所
一种用于改善消化不良、腹泻的食品	高粱研究所
起垄覆地膜装置及其操作方法	旱地农业研究中心
一种谷子播种量调控方法	小麦研究所
一种授粉用梨花粉的获得方法	园艺研究所
解淀粉芽孢杆菌 Lh-1 及其应用	生物技术研究中心
基于高硫煤矸石的盐碱地生物改良肥及其制备	农业环境与资源研究所
小麦化学杀雄三级联合制种方法	棉花研究所
一种内陆盐碱地甜菜专用肥及其制备方法	农业环境与资源研究所
果树专用农药施药效果测定器具及其使用方法	植物保护研究所
一种双孔同向双叶轮水力击打喷头	作物科学研究所
小麦/玉米一年两熟秸秆全量还田下平衡施肥方法	小麦研究所
一种自行走喷药小车	农业科技信息研究所

续 表

名 称	完成单位
一种藜麦专用肥及其制备方法	农业环境与资源研究所
用苜草幼苗叶片为外植体的组培快繁方法	旱地农业研究中心
一种用于防治桃小食心虫的温敏型农药缓释剂	植物保护研究所
北苍术组织培养与快速繁殖方法	作物科学研究所
一种适用于高杆密植作物的全自动微型中耕除草机	旱地农业研究中心
一种播种机的切秆甩秆松土装置	谷子研究所
一种温室大棚卷被控制装置	农业科技信息研究所
一种培育葡萄大苗的栽培基质及其制备方法	果树研究所
一种杏李杂交种的矮化方法	园艺研究所
农业检测装置	农业科技信息研究所
色素相关基因作为直观标记的花粉介导植物转基因方法	生物技术研究中心
含二氯异氰尿酸钠和噁霉灵的棉籽杀菌配种液的制备方法	棉花研究所
一种芥菜型春油菜套种亚麻的栽培方法	高寒区作物研究所
小麦白粉病抗病基因 Pm51 的分子标记及其应用	作物科学研究所
一种在卤肉加工中替代亚硝酸盐的组合配料	农产品加工研究所
夏播谷子大群体小个体高产节本简易栽培方法	小麦研究所
一种北方马铃薯膜下滴灌高产栽培方法	高寒区作物研究所

2017 年山西省地方标准经山西省质监局批准发布一览表

名 称	完成单位
紫花苜蓿良种生产技术规程	高寒区作物研究所
紫花苜蓿机械化栽培技术规范	高寒区作物研究所
绿豆机械化栽培技术规程	高寒区作物研究所
玉米套种甘蓝高效种植技术规程	高寒区作物研究所
糜子膜下滴灌高产栽培技术规程	高寒区作物研究所
胡麻主要病虫草害综合防治技术规程	高寒区作物研究所
旱作胡麻机械化栽培技术规程	高寒区作物研究所
玉米整秆全覆盖机械化播种栽培技术规程	谷子研究所
鲜食枣冷棚设施栽培技术规程	果树研究所

续 表

名 称	完成单位
葡萄绿枝嫁接技术规程	果树研究所
SH 矮砧苹果滴灌技术规程	果树研究所
Y-1 矮化中间砧富士苹果树栽培技术规程	果树研究所
大棚甜樱桃栽培技术规程	果树研究所
山楂育苗技术规程	果树研究所
樱桃矮化砧木嫩枝扦插技术规程	果树研究所
草莓脱毒原原种苗制备技术规程	果树研究所
旱地春玉米休闲期机械化秸秆粉碎留茬覆盖保墒技术规程	旱地农业研究中心
玉米机械化秸秆还田轮耕技术规程	旱地农业研究中心
红小豆机械覆膜播种技术规程	旱地农业研究中心
柴胡套种玉米生产技术规程	经济作物研究所
玉米间作花生机械化栽培技术规程	经济作物研究所
盐碱地食用向日葵种植技术规程	经济作物研究所
枣园间作芝麻种植技术规程	经济作物研究所
核桃林下套种绿豆技术规程	经济作物研究所
远志种子	经济作物研究所
棉田小地老虎综合防控技术规程	棉花研究所
苹果冷藏库管理规范	农产品贮藏保鲜研究所
荞麦配方施肥技术规程	农业环境与资源研究所
日光温室越冬茬果菜类蔬菜无土栽培技术规程	农业环境与资源研究所
硫酸铝改良苏打盐化土技术规程	农业环境与资源研究所
土壤阳离子交换量乙酸钠-火焰光度快速测定法	农业环境与资源研究所
春播谷子配方施肥技术规程	农业环境与资源研究所
高粱种质资源低温库保存技术规程	农作物品种资源研究所
高粱种质资源田间性状描述规范	农作物品种资源研究所
小豆田间性状描述规范	农作物品种资源研究所
绿豆田间性状描述规范	农作物品种资源研究所
大豆胞囊线虫抗病植株移栽技术规程	农作物品种资源研究所
大豆种质资源抗胞囊线虫病鉴定技术规程	农作物品种资源研究所

续 表

名 称	完成单位
杂交大豆不育系转育技术规程	农作物品种资源研究所
甜荞复播栽培技术	农作物品种资源研究所
燕麦种间杂交技术操作规程	农作物品种资源研究所
设施草莓连茬种植土壤处理技术规程	生物技术研究中心
转基因棉花抗旱性鉴定技术规范	生物技术研究中心
转基因棉花耐盐性鉴定技术规范	生物技术研究中心
桑蚕蛹虫草高效栽培技术规程	食用菌研究所
白灵菇林下仿生态栽培技术规程	食用菌研究所
以盐渍化土壤或栗钙土配制双孢蘑菇覆土材料及使用技术规程	食用菌研究所
温室猴头菇代料栽培技术规程	食用菌研究所
双孢蘑菇U型窑洞栽培技术规程	食用菌研究所
绿色蜜本南瓜生产技术规程	蔬菜研究所
大白菜制种技术规程	蔬菜研究所
胡萝卜机械化栽培技术规程	蔬菜研究所
矮化苹果整形修剪技术规程	现代农业研究中心
水地冬小麦壮苗技术规程	小麦研究所
冬小麦黄矮病防控技术规程	小麦研究所
肉用绵羊种公羊饲养管理技术规程	畜牧兽医研究所
作物秸秆饲用价值评价指南	畜牧兽医研究所
吕梁黑山羊	畜牧兽医研究所
旱地燕麦保苗技术规程	右玉农业试验站
授粉用熊蜂饲养技术规程	园艺研究所
甜樱桃蜜蜂授粉操作技术规程	园艺研究所
萱草种苗组培快繁技术规程	园艺研究所
矮牵牛种苗温室生产技术规程	山西梅芝园艺有限公司 园艺研究所
一串红种苗温室生产技术规程	山西梅芝园艺有限公司 园艺研究所
苹果病虫害农药减量控制技术规程	植物保护研究所

续 表

名 称	完成单位
设施黄瓜病虫害绿色防控技术规程	植物保护研究所
设施番茄病虫害绿色防控技术规程	植物保护研究所
梨树高光效果园建设技术规程	现代农业研究中心

2017 年山西省农业科学院通过山西省审(认)定新品种目录

名 称	选育单位	完成人
脆红宝葡萄	果树研究所	唐晓萍等
翠香宝葡萄	果树研究所	唐晓萍等
汾豆 92	经济作物研究所	刘学义等
运旱 137	棉花研究所	赵智勇等
晋稻 16 号	作物科学研究所	王广元等
晋作 80	作物科学研究所	闫贵云等
太 113	生物技术研究中心	唐朝晖等
晋太 114	作物科学研究所	温辉芹等
晋太 1310	作物科学研究所	温辉芹等
长 6990	谷子研究所	张俊灵等
赛德 5 号	作物科学研究所	白琪林等
晋阳 5 号	作物科学研究所	李凌雨等
并单 56	作物科学研究所	段运平等
太玉 968	作物科学研究所	白琪林等
强盛 377	作物科学研究所	李凌雨等
长单 511	谷子研究所	李洪等
盛玉 688	现代农业研究中心	肖建红等
邦农 369	作物科学研究所	段运平等
瑞普 909	玉米研究所	武忠等
品玉 188	农作物品种资源研究所	田齐建等
金科玉 3306	山西大丰种业有限公司	陈章等
九圣禾 2468	棉花研究所	薛建兵等
龙生 306	玉米研究所	樊智翔等
黑甜糯 631	高粱研究所	邵林生等

续 表

名 称	选育单位	完成人
晋糯 15 号	玉米研究所	陈永欣等
晋豆 49 号	高寒区作物研究所	邢宝龙等
长豆 32 号	谷子研究所	刘永忠等
品豆 20	农作物品种资源研究所	王志等
长豆 31 号	谷子研究所	刘永忠等
晋豆 50 号	小麦研究所	卫玲等
汾豆牧绿 2 号	经济作物研究所	马俊奎等
	作物科学研究所	
晋科 2 号	山西豆冠种业有限公司	张海生等
晋麦 101 号	小麦研究所	刘新月等
运旱 139–1	棉花研究所	柴永峰等
晋麦 102 号	小麦研究所	卫云宗等
长 7080	谷子研究所	张俊灵等
长麦 6789	谷子研究所	常云龙等
太 412	作物科学研究所	任永康等
晋太 146	作物科学研究所	温辉芹等
长麦 6197	谷子研究所	常云龙等
晋太 141	作物科学研究所	温辉芹等
晋麦 104 号	经济作物研究所	任杰成等
晋春 17 号	作物科学研究所	马惠英等
晋稻 17 号	作物科学研究所	王广元等

2017 年山西省农业科学院通过国家审(鉴)定新品种目录

名 称	选育单位	完成人
品育 8161	小麦研究所	姬虎太等
晋超甜 1 号	玉米研究所	卢保红等
中地 88	玉米研究所	樊智翔等

综 述

【水利政策法规】 2017年，山西省水利厅完成有关单位转来《关于修订〈山西省节约用水条例〉的议案》《关于征求〈关于建立地方性法规、地方政府规章和规范性文件备案审查衔接联动机制实施意见〉》《关于推进环境治理法治化制度机制建设的指导意见》等30余件规章制度征求意见稿回复意见稿。

山西省水利厅按照省人民政府办公厅《关于做好"放管服效"改革涉及的规章、规范性文件清理工作的通知》要求及"谁制定谁清理"分工原则，对各类规范性文件进行梳理：中华人民共和国成立后至2000年涉及水利厅、省人民政府办公厅有效规范性文件有4件；2001~2017年8月前涉及水利厅、省人民政府办公厅规范性文件有17件，其中需保留文件15件；中华人民共和国成立至2017年8月底，省水利厅规章性文件有81件，其中需保留文件26件、应修订8件、废止47件。

山西省水利厅编制《山西省水资源全域化配置方案》，于2017年6月8日经省人民政府第152次常务会议审议通过。8月，省人民政府以晋政发〔2017〕38号印发。山西省水利厅完成山西省第三次水资源评价工作水质普查"百日大会战"。完成山西全境包括地表水、地下水等水体近5000个水样的采样监测工作，提交水质普查初步成果。结合水利部及黄委和海委三次评价的部署和安排，修编《山西省第三次水资源调查评价技术大纲》《山西省第三次水资源调查评价技术细则》。

《山西省水土保持规划（2016—2030年）》，经水利部及山西省有关部门专家审查，向省发改、财政、国土、环保、农业、林业等部门征求意见和建议后，省人民政府于年12月18日对《山西省水土保持规划(2016—2030年)》予以批复。

组织编制《山西省水库调度管理办法（试行）》并多次讨论修改，通过厅技术委员会和第28次厅长办公会审核，由省河长制办公室和省水利厅联合印发执行。 （梁述杰）

【水利依法行政】 2017年，山西省水利厅组织市、县各级水行政主管部门会同相关政府部门单位，对破坏水资源、非法采砂、违法设障、侵占河湖水域岸线等行为始终保持高压严打态势，加大对违法案件查办力度，遏制违法案件频发势头，达到"查处一方、震慑一片、教育一方"目的。据统计，全年共查处水事违法案件76件，其中河湖案件25件，水工程案3件，水资源案41件，水利建设管理案1件，其他案件6件。

山西省水利厅根据"放管服效"协同推进思路，对2013年7月以后山西省人民政府各部门取消下放和调整的行政审批事项进行梳理，涉及行政审批事项共39项。以省级政务服务中心为平台，推行"一个窗口对外、一站式服务、一站式办结"服务程序，提升服务水平。整合取消涉水行政审批5项，有24项实行网上办理，4项试行承诺制无审批管理。取水许可审批由原来45个工作日缩短至34个工作日办结，建设项目水环境影响评价报告审批承诺在19个工作日办结。2017年受理办结488件审批申请，无超时办理情况。 （梁述杰）

【水资源管理】 2017年，山西省水利厅按照《山西省实行最严格水资源管理制度考核工作实施细则》要求，开展省人民政府对各市人民政府2016年度水资源管理考核工作。长治、阳泉2市被评为良好，太原、运城、晋中、大同、临汾、吕梁、晋城、忻州、朔州9市被评为合格。其中太原、晋中、大同、运城4市主要问题为氨氮、COD排放量过高，在全省所占比重位列前四，总贡献率分别占到全省的73.52%、64.90%；临汾、吕梁、晋城、忻州、朔州5市主要问题是未达到水功能区达标率指标。联合山西省发改委、经信委等9部门印发《关于印发"十三五"实行最严格水资源管理制度考核工作实施方案的通知》，联合山西省发改委印发《关于"十三五"水资源消耗总量和强度双控行动方案的通知》《关于开展规划水资源论证试点工作的通知》，加强水资源管理制度体系建设。

山西省水利厅推进地下水水位与水量“双控体系”建设，将地下水压采量作为衡量各市地下水保护指标，鼓励各地多用黄河水、水库水、地表水及再生水。贯彻“扩大引黄水供水范围、多用地表水、少用地下水”用水方针，在地表水覆盖区、大水网受水区以及地下水超采区、严重超采区、禁采区、限采区内实施原水直供、水源置换和关井压采，2017 年全省共压采地下水 1.23 亿立方米。报送《关于报送山西省汾河流域地下水超采综合治理实施方案（2017–2020 年）的报告》，争取中央水利发展资金计划，开展地下水超采区综合治理。

（梁述杰）

【河长制实施】 2017 年 4 月 14 日，中共山西省委办公厅、省人民政府办公厅印发《山西省全面推行河长制实施方案》；6 月 30 日，11 个市级实施方案出台；7 月 10 日，119 个县级实施方案出台；8 月 31 日，1330 个需推行河长制的乡级实施方案出台。按照省、市、县、乡四级河长制实施方案，省总河长和所有河湖的分级分段河长全部设立，并明确职责，河长名单于 6 月 9 日在《山西日报》和山西省政府网站进行公告。全省 11 个市 119 个县全部设置河长制办公室。截至 2017 年底，全省共设立河长 21374 名，其中：省级河长 8 名，市级河长 78 名，县级河长 899 名，乡级河长 4336 名，村级河长 16053 名。

山西省出台 6 项制度（河长制省级会议制度、信息报送制度、信息共享制度、督察制度、考核问责和激励制度、验收制度），印发《山西省省级河长制成员单位工作规则》《山西省河长巡查工作制度》《山西省河长制联络员工作制度》《山西省河长制办公室公文处理办法》。召开省级河长工作会议 13 次、省河长办联席会议 5 次。其中，8 月 3 日、10 月 30 日两次会议，省长楼阳生出席并作重要讲话。各级河长累计巡河近 5 万人次；初步完成汾河、桑干河、滹沱河、漳河、沁河、潇河、御河 7 条河流的“一河一策”“一河一档”编制工作；完成《山西省河长制公示牌标准图集》，省市县乡共设置河长制公示牌 1334 块；开通省级河长制微信公众号；完成 5 次全面推行河长制工作督导检查；组织开展全面推行河长制工作中期评估工作；完成全省河长制机制体制建设验收工作。（梁述杰）

【江河湖库水系连通项目】 2017 年 10 月 19 日，水利部水资源司印发《关于完善 2018–2020 年江河湖库水系连通项目库的通知》，要求按照纳入 2018–2020 年度项目库的项目条件，提出山西省拟纳入 2018–2020 年江河湖库水系连通项目库的项目清单。山西省水利厅组织各市水利（水务）局上报山西省江河湖库水系连通项目，同时结合山西省 2016 年上报的《山西省江河湖库水系连通实施方案》，对 34 个项目进行筛选和排序。优先安排前 20 个项目纳入 2018–2020 年江河湖库水系连通项目库。

（梁述杰）

【水利技术推广】 2017 年，重点水利技术研究与推广项目安排以全省水利工作会、厅长办公会精神为指导，涉及大水网及水利工程建设、汾河流域生态治理、水质及水资源开发利用、节水及灌溉工程、饮水安全、水土保持、水产养殖、信息建设 8 大重点，安排 31 个。

山西省水利厅加强制度建设。制定《关于加强水利科技创新的实施细则》，对水利科技创新发展指导思想、发展目标、水利科技体制机制改革、加强重大水利科技问题研究、加快水利科技创新平台建设、加快水利科技成果转化应用、加强高素质水利科技人才队伍建设、推进科技创新合作、完善水利科技创新政策保障等方面进行明确。强化项目日常管理。强化任务书签订、过程监管、验收结题等项目过程管理。9 月，计划下达后印发《关于签订 2017 年山西水利科研与推广项目任务书的通知》。12 月，组织召开水利科技项目任务书审查会。在项目验收过程中，除对项目任务书约定内容进行验收外，突出经费决算验收，确保项目经费使用规范合理。

（梁述杰）

水利规划

【概况】 2017 年，山西省水利厅水利规划方面的年度目标任务共 3 项，至年底全面完成。推进中心城市优质水供水工程前期工作。完成滹沱河太原水质提升调水工程、临汾市引沁入浮至尧都区专线水质提升工程可行性研究报告。运城板涧河小浪底引黄水质提升工程方案比选完成，进入可研报告编制阶段。完成桑干河等河域（年初规划汾河、桑干河、滹沱河、漳河、沁河、涞水河六河，4 月 1 日适应雄安新区建设增加大清河，成为七河）生态修复规划批复，启动实施试点工程。六河生态修复规划全部由省人民政府批复并正式印发，汾河中游核心区蓄水工程、大同天阳盆地地下水置换、沁河干流河道治理等七河生态修复工程年中陆续启动实施。推进万家寨引黄总干南干二期扩机工程前期工作，加快推进清徐原水直供工程建设，开工建设阳曲原水直供工程。围绕提升供水能力、扩大供水量，加快完成万家寨引黄全能力配套工程。年底完成 2.40 亿元。清徐原水直供工程，41.60 千米输水管线主体工程全线贯通，于 3 月向阳煤太化公司供水，管线 13 个分部工程全部通过分部工程验收；调蓄池项目完成基础碎石桩施工 5542 根，完成混凝土预制块 30 万块。阳曲原水直供工程于春季开工，PCCP 管道制作完成 9.30 千米，球墨铸铁管完成采购 7.30 千米，管线铺设（含阳兴大道段）完成 15 千米，末端调蓄水池完成施工用水、施工用电和围挡的架设，大坝基础处理工程基本完成。泵站二期扩机工程，清水系统及消防管网改造、泵站照明改造项目全部完工，通过单位工

2017年10月16日,汾河流域核心区蓄水工程完成,至此,汾河基本实现全年不断流 (梁述杰供图)

程验收,年底进入水泵及附属设备、电动机、变频器招标阶段。大同原水直供配水支线工程,大唐电厂支线、煤化工业园区支线、塔山电厂支线工程完成合同工程完工验收及工程项目移交工作。 (梁述杰)

【"七河"生态修复规划】 2017年3月17日至23日,山西省水利厅按照省人民政府安排,会同11个规划领导小组成员单位联合成立专家组对各市呈报的流域生态修复与保护规划组织审查,并于5月通过省政府常务会议审议。6月,配合省人民政府加快桑干河、滹沱河、漳河、沁(丹)河、涑水河流域生态修复与保护规划的批复工作。8月16日,省政府办公厅印发《山西省桑干河、滹沱河、漳河、沁(丹)河、涑水河流域生态修复与保护规划(2017—2030年)》,为实施桑干河、滹沱河、漳河、沁(丹)河、涑水河流域生态修复与保护做好顶层设计。6月7日,省人民政府在大同启动"七河"生态修复启动暨桑干河治理工程,大同天阳盆地地下水置换、桑干河水质净化、怀仁牧草基地喷灌以及沁河干流河道治理等9个生态修复项目开工建设。

保障河北雄安新区大清河水系。主要河流唐河、沙河,新区水源涵养和生态安全。启动山西省大清河流域生态修复与保护规划编制工作,经省水利厅组织专家审查,省政府常务会议审议,10月13日省政府办公厅印发《山西省大清河流域(唐河、沙河)生态修复与保护规划(2017—2030年)》。加强节水型社会建设,实施河源泉源保护,推进水土保持建设,以工程措施促进自然修复,构建京津冀生态屏障。

下达六河生态修复治理项目资金6.98亿元,涉及桑干河、沁河、涑水河三条河流19个建设项目。截至2017年底,完成投资5.94亿元,完成率85%。 (梁述杰)

【《山西省永定河综合治理与生态修复实施方案》印发】 2017年5月27日,山西省水利厅按照国家发改委、水利部和国家林业局联合印发的《永定河综合治理与生态修复总体方案》(以下简称《总体方案》)要求,编制完成《山西省永定河综合治理与生态修复实施方案》,共包括六大类项目,总投资70.50亿元,其中水利投资65.83亿元,林业投资4.67亿元。全年重点开展农业高效节水、神头泉域保护、在桑干河干流建设蓄水水域和湿地、建设天(镇)阳(高)盆地生态调水工程等。14个项目可行性研究报告获批,下达投资计划4.30亿元,万家寨引黄总干和南干泵站二期扩机工程、大同市南郊区冯庄、田村等片区节水灌溉工程、桑干河固定桥生态蓄水工程等6个工程开工建设。按照北京市、山西省、河北省共同签订的《关于保障永定河生态用水合作框架协议》,6月17日,山西省利用大水网工程万家寨引黄北干线富余供水能力,向桑干河实施生态补水,补水流量12立方米/秒,历时38天,累计向桑干河干流调引黄河水3000万立方米。修复治理建设项目74个,总投资13.12亿元。其中:中央资金10.50亿元,省级资金2.60亿元,市县资金0.02亿元。至12月底,完成投资10.65亿元,完成率81%。 (梁述杰)

【古贤水利枢纽工程前期工作】 古贤水利枢纽工程可研报告编制完成。2017年1月,国家发改委办公厅以《关于进一步做好黄河古贤水利枢纽前期工作的函》,明确该项目由一部两省按程序直接编制报批工程可行性研究报告,标志着古贤水利枢纽前期工作取得重大突破性进展。

按照国家发改委意见,黄河水利委员会同山西、陕西两省编制《黄河古贤水利枢纽可行性研究阶段设计任务书》,并通过水利部水规总院的审查。根据可研阶段工作任务书要求,5月2日,山西省发布《山西省人民政府关于禁止在黄河古贤水利枢纽工程占地和淹没区新增建设项目和迁入人口的通告》;5月10日,经征求各厅局意见,报请省政府批准,成立黄河古贤水利枢纽山西省征地移民工作领导小组,在市、县两级政府的配合下,按时完成山西省征地移民实物调查工作。9月底,设计单位编制完成可研总报告及《黄河水沙变化及古贤入库水沙设计》《工程规模》《坝型比选》等相关专题。10月下旬,水利部科技委联合黄委,共同组织21名国内知名水利专家、晋陕两省代表及设计单位技术负责人赴山西省吉县现场调研,召开专家咨询会,围绕黄河水沙变化、工程规模、坝型比选等重大技术问题进行研讨。

古贤山西供水工程规划报告编制完成。根据国家发改委审查意见和可研任务书时间安排，山西省编制完成《黄河古贤水利枢纽工程山西省供水区专题规划报告》，经山西省水利厅科学技术委员会审查，中间成果提交黄委会。规划近期(2030 年)年供水量 18 亿立方米（农业 15 亿立方米，工业、生活 3 亿立方米），供水流量 161 立方米/秒，农业灌溉面积为 598.50 万亩。远期(南水北调西线工程实施后)供水量 23 亿立方米，新增灌溉面积 191 万亩。

临汾市作为供水水源所在地，强烈要求将临汾市远期新增灌溉面积调整到近期实施。调整后古贤近期新增灌溉面积为 221 万亩，古贤灌溉总面积为 819.50 万亩。《古贤山西供水区农业灌溉补充材料》上报黄委会，于 12 月 6 日与黄委会进行座谈沟通。

（梁述杰）

【耕地草原河湖休养生息规划】 2016 年 12 月，国家 8 部委(局)联合印发《耕地草原河湖休养生息规划(2016—2020 年)》，要求各省做好耕地草原河湖休养生息实施方案的编制工作。2017 年 2 月 23 日，山西省发改委组织召开山西省耕地草原河湖休养生息实施方案编制工作座谈会，会议要求分别编制耕地休养生息、草原生态保护与恢复、河湖生态系统保护与修复 3 个独立的实施方案。3 月底，山西省水利厅按照编制要求完成河湖生态系统保护与修复实施方案。该方案主要包括推进重点河流生态修复与保护、保障河湖生态用水、保护和合理退还河湖生态空间、地下水超采区治理、保护和合理利用河湖水生生物资源 5 部分内容。（梁述杰）

【山水林田湖生态保护工程试点】 2016 年 9 月，财政部、国土资源部、环境保护部下发《关于推进山水林田湖生态保护修复工作的通知》，要求加快推进山水林田湖生态保护修复工作。2017 年 4 月 6 日，财政部办公厅、国土资源部办公厅、环境保护部办公厅联合印发《关于组织申报第二批山水林田湖生态保护修复工程试点的通知》，按照省委、省政府印发的《贯彻落实国务院支持山西省进一步深化改革促进资源型经济转型发展意见行动计划》，省财政厅负责组织编制《山西省山水林田湖草生态保护工程试点方案》(以下简称《试点方案》)，山西省水利厅负责与水、库、湖相关内容的编制。《试点方案(初稿)》编制完成，报送省财政厅。（梁述杰）

2017 年 6 月 17 日，万家寨引黄工程提引黄河水为桑干河生态补水

（梁述杰供图）

【水利项目投资管理】 2017 年，山西省水利厅完成水利项目审查 46 项。其中，可研 26 项，初步设计 11 项，设计变更 9 项。

3 月，启动永定河综合治理与生态修复工程，项目主要涉及大同、朔州两市。至年底，朔州市 33 个项目，完成前期立项 17 项；大同市 28 个项目，完成前期立项 24 项。

推进汾河流域生态修复工程。批复汾河新二坝工程、一坝段综合治理工程的初步设计报告及中游核心区汾河大堤应急加固工程实施方案等项目。

推进城市水安全保障和水质提升 4 项重点工程，至年底：滹沱河太原水质提升调水工程可行性研究报告初审完成；临汾市引沁入浮至尧都区专线水质提升工程可行性研究报告初审完成。

推进县域小水网调蓄水库的前期工作，截至 2017 年底，完成前期立项批复 12 项，完成可行性研究报告审查意见 9 项。

大水网骨干工程项目阶段性调概。全年完成大水网骨干工程东山供水、中部引黄、小浪底引黄三大骨干工程阶段性的调概工作，年底上报省发改委。

2017 年，中央投资计划和省级财政预算安排山西省水利基本建设项目投资计划 620357.67 万元。其中，中央预算内投资 106596 万元；中央财政专项资金 216924 万元；省重大水利工程建设基金 80000 万元；省财政拨款 43426.80 万元；省水资源费 149910.87 万元；政府债券 23500 万元。

中央预算内投资计划 106596 万元。其中，中部引黄水源工程 30000 万元；重要支流治理项目 19000 万元；永定河综合治理与生态修复工程 10000 万元；农村饮水安全项目 15900 万元；坡耕地水土流失治理项目 9800 万元；病险水闸除险加固项目 7906 万元；水文项目 779 万元、京津风沙源治理水利水保项目 10000 万元；新增粮食产能水利工程项目

3211 万元。

中央财政专项资金 216924 万元。其中，用于中小河流治理工程 43018 万元；水库建设及引水、供水工程 38200 万元；水土保持 34003 万元；河流综合治理与生态修复工程 33912 万元；农田水利建设 23285 万元；农业节水灌溉 3660 万元；水利工程维修养护 13996 万元；河湖连通、水质提升工程 12000 万元；水量水质监测、泉域保护工程 7850 万元；水资源监控能力建设 3000 万元；防汛应急保障能力 3000 万元；山洪灾害防治 1000 万元。

重大水利工程建设基金 80000 万元。其中，汾河太原段综合治理三期工程 30000 万元；汾河流域生态修复一坝段综合治理工程 11721 万元；中部引黄水源工程 10000 万元；汾河流域生态修复中游核心区汾河大堤应急加固工程 8840 万元；汾河中游核心区生态修复太榆退水渠黑臭水体应急处理工程 6500 万元；汾河流域生态修复汾河新二坝蓄水工程 3417 万元；水利工程前期费 2511 万元；汾河流域生态修复静乐县汾河干流城区段综合治理工程 2500 万元；汾河渔业项目 2000 万元；汾河干流河津段堤防工程 2000 万元；汾河清水复流北赵联接段工程 311 万元；汾河源头水生态修复人工影响天气能力建设工程 200 万元。

省财政拨款 43426.80 万元。其中，汾河干流新二坝蓄水工程 10000 万元；柏叶口水库工程 8830 万元；西范灌区东扩工程 5055.34 万元；汾河一坝枢纽水闸除险加固工程 3222.46 万元；水文基础设施建设省级配套 778 万元；石楼县坪底供水工程 319 万元；沁河河道治理工程 5278 万元；杜河提水工程 3500 万元；天镇县供水改（扩）建工程 1944 万元；南村水库 1700 万元；郭壁供水改（扩）建工程 1000 万元；运城市姚暹渠圣惠路至曲庄头河道治理工程 500 万元；西岁兴水库续建工程 1300 万元。

省水资源费 149910.87 万元。其中，大水网骨干工程 148982.99 万元；大水网隧洞衬砌质量检测 927.88 万元。

政府债券 23500 万元。其中，县域小水网配套工程。

重点水利工程投资计划下达任务完成。2017 年，山西省水利建设投资规模 217 亿元。截至 11 月底，累计完成投资 240.16 亿元，占年度投资任务的 110.67%。其中，汾河流域生态修复水利项目完成投资 111.55 亿元；大水网骨干工程及县域小水网配套工程完成投资 34.18 亿元；农业灌溉工程完成投资 9.53 亿元；节水工程完成投资 0.75 亿元；河流治理工程完成投资 5.46 亿元；农村饮水安全工程完成投资 6.60 亿元；百座小型水库更新建设工程完成投资 1.25 亿元；病险水库（闸）除险加固工程及水库管理工程完成投资 0.69 亿元；水土保持面上工程完成投资 30.28 亿元；面上水利工程完成投资 35.78 亿元；抗旱规划小水库建设工程完成投资 0.04 亿元；水投集团为主投资的水电、供水及城市水务工程完成投资 4.05 亿元。

落实水利工程前期工作经费 2511 万元，全部为省级投资，用于黄河古贤水利枢纽工程山西省供水区专题规划报告、永定河综合治理与生态修复实施规划等 32 个专项规划及其他水利工程前期工作，保障全省水利前期工作的顺利开展。完成水利部对山西省水利建设项目进度督导检查、水利行业 2018 年及未来五年项目谋划编制及投资项目在线审批监管平台、病险水库除险加固、中小河流治理系统填报等多项工作。

（梁述杰）

节约用水

【节水型社会建设省级补助】 2017 年，山西省下达节水型社会建设省级补助 2960 万元，其中，事业发展类（省直）资金 2160 万元，转移支付类（市县）资金 800 万元。事业发展类（省直）节水型社会建设补助项目扶持的内容包括以下几个方面：给省科技厅、山大商务学院、省汾河水库管理局等 11 家省直和水利厅直属事业单位安排资金 500 万元，用于开展节水型单位建设，更换供水管网，安装和更换节水器具，在单位内进行节水宣传等；给省水务投资集团安排资金 400 万元，扶持和补助全省首家合同节水管理试点的建设；在省团委、水利发展研究中心、传媒中心等 11 家水利厅直属单位安排资金 410 万元，开展多层次、多方位的节水宣传，利用《山西水利》和户外 LED 宣传屏等传媒对节水型社会建设进行宣传；给省机关事务管理局等 2 家单位安排资金 280 万元，在省直机关小区等开展节水型居民小区建设，建设再生水利用和雨水集蓄利用设施；给省水资源研究所、省水利科学研究院、省水资源管理中心等 6 家技术支撑单位安排资金 440 万元，开展节水型企业调查、水平衡测试试点等 12 项节水技术研究和示范推广；给省汾河一坝管理局等 3 家水利厅直属单位安排资金 130 万元，建设农业节水示范园区，推广和示范农业高效节水技术。至年底，各项目均按要求编制合同任务书和实施方案，按合同任务书的预期安排实施。

（梁述杰）

【水资源消耗强度控制】 2017 年，山西省水利厅依据国务院最严格水资源管理制度考核范围内的水资源消耗强度控制指标拟定 2017 年的预期控制目标，即万元国内生产总值用水量比上年下降 3%、万元工业增加值用水量下降 2.80%。年初将这两项指标纳入对市、县级政府的区域经济转型升级考核和目标责任考核范围中。6 月，以晋水节水〔2017〕221 号文件向各市级水利主管部门明确各自年度控制任务。

（梁述杰）

【节水型社会建设】 2017 年，山西省水利厅按照水利部开展县域节水型社会达标建设的相关要求，编制并上报山西省的节水型社会达标建设实施方案，11 月，又将目标任务落实到县，计划从2018–2020年，每年建成16个左右节水型社会建设达标县。通过学习和借鉴水利部合同节水管理试点的经验，选择某高校为山西省首家合同节水管理试点，采用政府部分投资+企业自筹资金+受益单位参与节水改造+双方分享节水效益的模式，通过实施管网改造、节水器具更换和信息管理平台建设等内容，改善校区用水设施和环境，提高水资源利用效率。按照水利部开展水效领跑者引领行动的要求，联合省经信委推荐太钢不锈钢有限公司作为山西省唯一工业企业水效领跑者，经专家评审，太钢不锈钢有限公司作为全国钢铁行业第一批水效领跑者在工信部、水利部网站上公示。开展多方位、多层次的节水宣传活动。山西省水利厅联合团省委、省教育厅、省文明办、省少工委等单位开展“青少年节水护水公益行动”，通过招募“节水护水志愿服务队”和“小小巡河队”，开展节水宣传实践活动等形式，影响和带动更多的人参与到节水护水公益行动中。

（梁述杰）

水利工程

【大水网骨干工程】 2017年，山西省水利建设目标是：实现大水网隧洞骨干连通工程全部贯通，辛安泉供水和东山供水工程正式投运，小浪底和中部引黄工程试运行，年度完成隧洞掘进40.60千米。完成情况：9月28日大水网辛安泉供水工程通过主体工程完工通水验收，完工达效；9月30日，东山供水工程关河水库至云竹水库通水成功，12月20日，实现石匣、云竹、关河及泽城西安等水库的多库联调联运，具备投运条件；中部引黄和小浪底引黄工程泵站引水隧洞全面贯通，第一批水泵机组制造完成，进入机组安装准备阶段。全年完成隧洞掘进40.80千米，占年度目标任务40.60千米的100.5%，其中：中部引黄完成隧洞掘进35.10千米；小浪底引黄完成隧洞掘进5.70千米。完成年度计划内的670千米隧洞建设任务。年内完成投资35.70亿元（占年度投资任务的101%），其中：中部引黄完成25.30亿元，小浪底引黄完成6.80亿元，东山供水完成3.60亿元。将原由各市县实施的规模较大、投资大、跨县市的3项供水工程纳入大水网骨干工程统一实施，年内新增中部引黄蒲大支线、汾孝介支线和东山供水祁太平介灵支线均开工建设，蒲大支线、汾孝介支线增加隧洞4.90千米。中部引黄水源工程2017年列入国家172项重大水利工程，推进泵站地下洞群掘进。年内批复的泵站优化初设及小浪底地下泵站增加洞群长度10.10千米，大水网隧洞总长由原来的670千米增加到685千米。

（梁述杰）

【小水网建设】 2017年，山西省与大水网配套的县域小水网建设启动，取得实质性进展。至年底，44个县的小水网规划全部完成省级复核、县级批复。续建项目蒲县四沟水库具备蓄水条件；刁口水库施工中，水泥等建材供应出现困难，坝体砼浇筑工期受到不利影响，大坝封顶尚余10米；汾西县北掌水库、盐湖区张良水库、祁县昌源河灌区改造工程、平遥县源神庙灌区改造工程及太谷县侯城乡灌区改造工程主体工程完工。太谷县南山水库、屯留县县域小水网工程、潞城市县域小水网工程、黎城县南村水库、隰县南峪水库、汾阳市花枝水库、保德县李家湾水库7项重点项目开工建设。

2017年，面上水利建设项目共9项，分别是：西范灌区东扩、堡子湾水库、浮山供水、张峰水库一干渠供水、北赵引黄灌区二期、泽城西安水电站、夏县温峪引水等7项续建工程，新开工浮山县臣南河水库、武乡东干线供水2项工程。年内新开工2项，续建7项。累计完成投资4.18亿元，完成率86.40%。其中，中央投资完成1.32亿元，完成率89.80%；地方投资完成2.86亿元，完成率84.90%。其中：夏县温峪引水工程年度投资任务全部完成，已竣工验收；堡子湾水库、浮山供水工程、张峰水库一干供水、北赵引黄二期工程、武乡东干供水等工程年度投资全部完成；泽城西安水电站完成投资80.60%；年内开工的臣南河水库完成投资81.50%，西范灌区东扩完成年度投资74.30%。　（梁述杰）

【农村水电安全生产标准化】 2017年，山西省水利厅开展第二批11座农村水电站安全生产标准化达标评级工作，至年底，完成9座水电站安全生产标准化建设任务。　（梁述杰）

2017年，汾河清水复流北赵联接段工程——黄河取水口　（梁述杰供图）

【水库安全管理】 山西省水利厅落实省人民政府办公厅印发的《关于加强水库安全管理工作的意见》，2017年3月31日在《山西日报》对全省大中型水库的安全责任人进行公告，明确各管理单位的职责，并将每座水库的安全责任分解落实到人。

山西省水利厅落实水库大坝安全巡查制度，保证度汛安全。汛前，组织专家到各市对水库安全运行管理进行专项检查，落实水库值班和巡查制度，对汛前隐患排查、抢险队伍和防汛物资、各项应急预案及演练等进行专项部署；汛期，结合降雨情况不定期进行抽查，应对"7.26"洪水，水库实现全年安全度汛；汛后，组织各市和有关单位对全省600余座水库的大坝、泄水建筑物等进行年度安全检查，并将年检结果与下一年度安排水库维修养护资金挂钩。基本完成229座蓄水水库标准化建设项目。 （梁述杰）

【入河排污口设置管理】 2017年，山西省水利厅为规范入河排污口设置管理，编制《山西省入河排污口监督管理办法（试行）》，年底报省人民政府法制办履行相关程序。

为摸清底数，规范入河排污口设置管理，9月22日，省河长办印发《关于对全省现有入河排污口开展排查登记工作的通知》，启动全省入河排污口的排查、登记工作。 （梁述杰）

【水利工程管理主体和责任落实】 2017年，山西省新增明晰产权的工程36项，落实管护主体和责任的工程58项，落实工程管护经费37701万元，19个省级小水改示范县中新增晋城2个县完成县级改革验收，累计完成验收14个县。 （梁述杰）

防汛抗旱

【防汛工作】 2017年，山西省气候状况总体偏差，极端天气频发多发，局地强降雨频发。6月至8月分布不均的强对流天气几乎天天出现，汛期全省平均降水量356毫米，较常年同期偏多9%，主要集中在中部、西部和中北部地区。日降水量达到暴雨级别的有1069站次，最大降水量为泽州晋庙铺156.60毫米；1小时降水量达到暴雨级别的有3749站次，最大降水量为吉县窑渠88.40毫米；最大累计点雨量为交城神尾沟762毫米。过程性降雨持续时间长。7月21日至29日，出现持续9天的大范围强降雨过程。大中小河流洪水并发。汛期全省大多中小河流发生洪水，吕梁、忻州、太原等地山洪暴发。7月21日至29日，黄河、汾河、沁河、永定河、子牙河、南运河等水系干支流发生不同程度洪水，黄河龙门站出现6010立方米/秒洪峰，是2012年后黄河山西段最大洪峰。雨季结束时间晚。10月上旬仍出现长历时强降雨，为多年少见。全省10个市、96个县（市、区）、48.31万人受灾。因洪涝灾害造成直接经济损失5.98亿元，其中：农业2.97亿元，工业交通业0.56亿元，水利工程损毁1.29亿元。

面对汛情灾情，防汛指挥部组织受威胁群众撤离，确保604座水库、18161座淤地坝无一垮坝，重点河段无一决口，重要城市和重要基础设施安全度汛，确保供水安全，全省无一人因洪灾死亡。

3月初，省防指对山洪地质灾害防御、城市防洪排涝、汛期安全生产、景区旅游安全、水库安全度汛等工作提出明确要求。汛前对市县级指挥长进行专项培训，组织山洪灾害防治现场观摩和经验交流，要求各地落实防汛责任人，修订应急预案，开展防汛演练。据统计，全省共组织行政首长培训和业务培训162场8959人（次），开展应急演练247次。投入4亿多元对300多项水毁工程进行修复，确保安全度汛。

3月起，县、市、省开始汛前检查和督查。山西省水利厅派出10个工作组到各市进行专项督查，对57处安全隐患要求限时整改。对全省902条河流开展"清河专项行动"，清理河道垃圾等违章堆积物788万余立方米、非法采砂201处、河道淤积量1164万立方米，保障汛期河道行洪安全。

省防指召集气象、国土等部门就天气形势和地质灾害进行会商，4次派工作组赴临汾、吕梁、忻州、晋中等地指导防汛工作。"7.21"强降雨期间，对降雨较为集中的太原、吕梁等9市启动防汛Ⅳ级应急响应，确保没有大灾情发生。7月27日黄河洪峰，沿河19县启动Ⅲ级应急响应，运城市组织抢险人员1700多人，撤离安置滩区群众3553人，确保黄河洪峰安全过境。

各级防汛部门发布预警，组织转移受威胁群众1.25万人次；县级山洪灾害监测预警平台发布预警432次，发布预警短信8.80万条，启动预警广播3062站次，通过预警撤避转移5050人，避免人员伤亡。6月21日《中国水利报》头版头条报道山西省山洪灾害防治经验。

科学调度骨干水库、水电站、水闸等工程，有效发挥拦峰、削峰、错峰作用，大型水库拦蓄洪量3.04亿立方米，保障重点河流、水库、城市、重大工程和重要设施的防洪安全及抗旱供水需求。

全省投入抗洪抢险人员3.60万人次、动力1376台班，紧急转移1.25万人。减淹面积45.83千公顷，避免粮食减收68.16万吨，减少受灾人口1.18万人，解救洪水围困群众200多人，减少经济损失0.37亿元，防洪减灾效益显著。

2016—2017年度防凌工作，沿黄各市强化组织领导，严格落实各项防凌责任制，完善防凌预案，清除行凌障碍，宣传避险知识，强化凌情观测和巡查值守，处置突发险情，转移危险区人员，确保防凌安全。 （梁述杰）

【抗旱减灾】 2017年，山西省受极端天气影响，发生阶段性干旱。1月~2月，临汾、运城小麦主产区发生轻度春旱。入汛后，由于降雨时空分布不均，旱涝急转、旱涝并发时有发生，大同、朔州、忻州、运城和吕梁局部发生较为严重的夏伏旱。全年农作物受旱面积1151万亩，受灾面积313万亩，其中成灾面积136万亩，因旱累计造成8万人，3万头大牲畜发生临时性缺水现象。面对旱情，各级防汛抗旱部门围绕“保饮水、保灌溉、保播种”开展工作，采取各种措施，将旱灾损失降到最低。

1月，山西省水利厅会同财政部门将上年结转2000万元中央特大抗旱补助费分解下达，支援夏粮主产区抗春旱。旱情发生后，争取中央特大抗旱补助费1500万元，支援各地开展抗旱工作。夏伏旱期间，运城市政府拨付100万元用于紧急抗旱夏浇补助。

发挥大中型灌区和泵站的抗旱主力军作用，加大马力开机上水，全力扩浇，确保水地产量不受影响。运城市组织沿黄8处大中型泵站干部职工600余人，挖河引水20余千米。全省共开动各类水利设施近6.20万眼（处），投入抗旱人员44万人次，完成实灌面积2086万亩，浇灌3411万亩次，挽回粮食损失1.60亿千克、3.50亿元，挽回经济作物损失2.60亿元，抗旱减灾效益显著。

山西省115支县级抗旱服务队发挥抗旱生力军作用，抗旱扩浇，县乡村三级联动解决临时性饮水问题。全省抗旱服务队新建、维修设施466眼（处），维修抗旱设备2849台（套），出动抗旱设备1125台（套），拉运水5.80万立方米，抗旱扩浇面积11万亩，浇灌果树165万株，累计解决5.70万人，2.20万头大牲畜临时性饮水困难。

截至2017年底，山西省建成抗旱应急引调提水工程205处涉及39县，年可提供抗旱应急水量1465万立方米，解决148.60万人，10.80万亩农田在发生严重以上干旱时的抗旱应急需水，抗旱应急能力提升。2017年大多工程试运行，供水959万立方米，67万人受益。（梁述杰）

农田灌溉

【高效节水灌溉】 2017年，山西省高效节水灌溉和实际灌溉面积任务全部完成。高效节水灌溉项目涉及26个县28个项目，工程总投资6.41亿元。11月底，提前实现新增高效节水灌溉面积60万亩目标。加大新增粮食产能、中型灌区节水改造等农田水利基础设施建设及维修养护，落实灌区水价电价补贴政策，全年完成农田实灌面积2410万亩。7月28日，山西省召开全省农田水利推进会，落实分片包干责任制，加大灌溉黄河水使用量。

加强灌溉用水统计及灌溉试验站建设及灌溉水利用率分析工作，启动市级测算分析工作。截至2017年底，全省灌溉水利用率达0.54%。

（梁述杰）

【农业水价综合改革】 中共山西省委将农业水价综合改革纳入《全面深化改革领导小组2017年工作要点及责任分工》重点改革事项，省人民政府把农业水价综合改革工作纳入“13710”重点督办事项；山西省水利厅成立农业水价综合改革工作领导小组，联合省发改委、财政厅、农业厅印发《关于扎实推进全省农业水价综合改革“十三五”期间年度绩效评价工作的通知》；省发改委起草《山西省农业用水价格核定管理办法》。按照省人民政府指示精神，各市编制农业水价综合改革年度实施方案；安排稷山、洪洞2个试点县省级财政专项资金1600万元，10月，完成实施方案审查和批复。两县政府成立改革领导组，各项具体工作推进。2017年立项的高效节水项目县同步开展以建立水价机制、完善计量设施、开展精准补贴、实施节水奖励以及组建用水协会为主的农业水价综合改革工作，完成水价改革面积10万亩。（梁述杰）

【水利设施产权制度改革】 2014年开始实施的清徐、汾阳、稷山、临猗4个小型农田水利设施产权制度和创新运行管护机制改革试点工作任务全部完成，2017年11月底通过省级验收；省级试点运城市各县改革工作取得阶段性成果。（梁述杰）

水土保持

【水土流失综合治理】 2017年，山西省水利厅完成水土保持任务。完成水土流失综合治理面积525万亩，实际完成水土流失治理面积553.31万亩（太原市21.73万亩、大同市58.40万亩、朔州市29.74万亩、忻州市116.77万亩、阳泉市14.02万亩、晋中市50.60万亩、长治市47万亩、晋城市39.24万亩、吕梁市71.25万亩、临汾市67.51万亩、运城市37.05万亩）。

（梁述杰）

【水土保持重点工程建设】 2017年，山西省水利厅落实实施中央水利发展资金水土保持项目（包括小流域治理和病险淤地坝除险加固两部分）、坡耕地水土流失综合治理工程、京津风沙源治理水土保持项目、黄土高原塬面保护项目、沟坝地治理项目、省水保生态建设项目、水土保持补偿费返还防治及能力建设项目等国家和省水土保持重点工程项目。中央和省水土保持投资63949万元。其中：中央投资57303万元，省投资6646万元。综合治理水土流失面积1109平方千米，骨干坝除险加固132座，建设水平梯田72087亩、沟坝地5134亩，保护黄土高原塬面面积117平方千米，建设水源工程1019处、节水工程789处。（梁述杰）

【淤地坝安全运行】 2017年，山西省水利厅把淤地坝安全运用纳入防汛体系，10市62县（市、区）2035座骨干、中型淤地坝明确防汛行政责任人、技术责任人和管护人，并在媒体公示，接受监督，淤地坝全年安全运用。（梁述杰）

【水土保持重点检查】 2017年6月

2017年，闻喜县山地水土保持种植核桃林建设成效显著 （梁述杰供图）

至7月，山西省水利厅组织各市、县水行政主管部门对111项部批下放生产建设项目进行摸底和梳理，确定年度水土保持重点检查任务。9月至10月，联合相关市、县水行政主管部门，组成10个检查小组赴11个市对55个生产建设项目开展水保监督检查，督促生产建设单位按照水土保持方案要求，全面落实水土保持防治措施和水土保持法律法规有关规定要求。配合黄委、海委对20多项部批生产建设项目进行监督检查，并及时反馈上报。全年征收水土保持补偿费4105万元。 （梁述杰）

【水土保持监测】 2017年，山西省水利厅印发《山西省水土保持监测工作方案(2017−2020年)》《关于开展水土保持监测工作任务落实情况检查的通知》，编制完成《山西省水土流失动态监测与公告项目规划》初稿。选择曲沃县开展重点防治区水土流失动态监测试点，选择灵石县开展以县为单位的水土流失消长分析评价试点。全省23个监测点设施完好，监测设备使用正常，并对各监测点采集的数据资料进行整编。编制年度山西省水土保持公报。 （梁述杰）

【水土保持信息化建设】 2017年，水保信息化建设是项新工作，按照水利部安排部署，完成年度省市县水土保持监督管理信息数据录入，新审批生产建设项目水土流失防治责任范围矢量图在水保方案报批时同步入库，完善2011年~2016年信息录入；在盂县、平定县开展区域生产建设项目水土保持天地一体化监管工作，收集影像资料和水保方案，进行扰动图斑解译、合规性分析、现场复核、成果修正等工作，通过年度任务验收；完善国家水土保持重点治理项目相关信息录入，应用水土保持综合治理系统开展项目设计、验收图斑上图等工作。 （梁述杰）

农村供水

【概况】 2017年4月，国家发改委、水利部《关于下达2017年农村饮水安全巩固提升工程中央预算内投资计划的通知》下达山西省农村饮水安全巩固提升工程中央预算内投资1.59亿元。5月24日，完成对中央投资计划的分解下达，分解后项目总投资1.89亿元，建设826处农村饮水安全工程，巩固提升923个村庄、11.51万农户、36.60万农村人口饮水条件，其中涉及769个贫困村、3.45万贫困户、9.17万贫困人口。至2017年年底，完工864处(因项目变更或县级投资增加)，完成投资19535万元，占计划总投资的103%，占中央投资的123%。巩固提升923个村庄、12.10万农户、38.32万农村人口饮水条件，其中涉及769个贫困村、3.59万贫困户、9.60万贫困人口。 （梁述杰）

【农村饮水安全工程债务资金】 2017年6月29日，山西省财政厅印发《关于下达2017年农村饮水安全工程债券资金的通知》下达农村饮水债券资金2亿元。7月17日，省水利厅完成切块分解下达。省级债券项目资金完成91%。经各市县分解到具体项目后，项目总投资2.29亿元，建设952处农村饮水安全工程，巩固提升1153个村庄、17.50万农户、54.71万农村人口的饮水条件，其中涉及932个贫困村、4.49万贫困户、12.31万贫困人口。至年底，完工920处，完成投资2.09亿元，占项目计划总投资的91%，占省级投资的104%。巩固提升1076个村庄、14.41万农户、44.72万农村人口的饮水条件，其中涉及881个贫困村、4万贫困户、11.40万贫困人口。

农村饮水安全保障实行地方行政首长负责制，地方政府对农村饮水安全负总责，各级水利部门结合脱贫攻坚要求提出工程建设任务量、时间表、路线图，落实地方财政、债务、统筹、社会等资金，保障工程建设和水质净化设施资金投入。部分县统筹用于农村饮水安全的资金超过5000万元，如乡宁县达7000万元、保德县达9600万元。

2017年，山西省分解下达中央资金1.59亿元，省级债券资金2亿元，明确提出，要围绕脱贫攻坚目标，按照改造、配套、升级、联网要求选择工程项目。对管网老化、损毁、采煤沉陷影响等工程进行改造修复；对非移民村、非搬迁村提高工程建设标准，结合村民意愿，建设自来水入户工程，落实好对贫困户入户工程补助50%的优惠政策。对水源存在较严重的本源性氟砷指标超标的供水工程，尽量通过更换水源解决；水源排污导致超标供水工程，通过污染源治理保障水质；需要水质处理的，建设集中水质处理设施。做好城乡一体化供水和排水试点，实现城市公共服务向农村延伸。2017年投资1500万元在侯马开展城乡一体化供水试点，安排2000万元选择20个村开展排水试点。 （梁述杰）

【贫困农村饮水项目攻坚】 2017年，山西省按照脱贫攻坚"三保障"安排部署，组织4083人组建792个调查组，对60万建档立卡贫困人口和省扶贫办提供的贫困户所在村，从饮水工程情况、存在问题类型及原因等方面进行调查，准确掌握仍存在饮水安全问题的贫困村和贫困人口数量，贫困户饮水安全档案涉及有建档立卡贫困人口村庄25210个，其中贫困村12059个、贫困户入户9.72万户、贫困人口201.25万人。

5月，山西省水利厅印发《关于开展山西省非国定贫困县农村饮水安全工程水质检测工作的通知》，在2016年完成36个国定贫困县水质普查基础上，对剩余79县农村饮水工程水质进行普查，由各市水文分局和县级农村饮水安全水质检测中心共同承担，双方各检测50%水样。截至2017年底，79县水质检测全部完成，进入数据汇总、复核、分析阶段。2016年~2017年安排450万元，在忻州建立检测培训中心，8月通过竣工验收。安排121万培训经费，在忻州水质检测培训中心完成7期培训，累计培训检测人员400余人，平均为每个水质检测中心培训3人，全省县级水质检测中心的水质检测工作逐步走向规范。 （梁述杰）

【集中供水水源地保护区划定】 2017年，山西省水利厅完成规模以上集中供水工程水源地保护区划定工作，配合环保部门推动千人以上农村集中供水工程水源地保护区划定，推动水源保护工作基础薄弱、防护措施不足、长效运行机制不完善等突出问题的有效解决。 （梁述杰）

【农村水电扩容增效】 2017年，完成水电新农村电气化项目泽州县三姑泉二级水电站竣工验收，完成小水电代燃料项目灵丘县上沿河水电站的机组启动，完成盂县夫城口、北峪口水电站，垣曲县后河水库1号、2号水电站，吕梁市文峪河水库水电站、柳林县琵琶、杨彩塔水电站7个农村水电增效扩容改造项目的竣工验收。

"十三五"农村水电增效扩容改造。2016年8月启动，共涉及农村水电增效扩容改造项目15个，河流生态修复项目28个。截至2017年底，13个项目开工，2个补充项目招投标。有9座水电站水轮发电机组到货，其中4座完成安装，5座水电站安装中。13个河流生态修复项目开工，完成生态堰坝2座，增设泄放闸（孔）4个，其余项目推动落实。

2017年5月，山西省水利厅着手编制《山西省沁河流域水能资源开发规划报告》；12月11日，组织专家进行技术审查。制定《农村水电开发专项行动计划》，涉及8座新建水电站，装机容量17080千瓦，年发电量8979万千瓦时；改造6个水电直供电片区工程分两步实施，先开发4个水电站，装机容量14210千瓦，年发电量8091万千瓦时；组织实施6个水电直供区农村电网改造。4月11日至28日，财政部对山西省农村水电增效扩容改造项目进行绩效评价，肯定山西省农村水电增效扩容改造工作成绩。 （梁述杰）

【绿色小水电创建】 2017年6月，山西省水利厅推荐晋城市东焦河水电站、汾河二库水电站、文峪河水电站3座水电站创建全国绿色小水电示范电站。12月21日，水利部公布3座水电站列为全国首批44座绿色小水电站。创建绿色小水电站，"以点带面"，逐步推进，促进河流生态修复，改善河流生态环境。

7月，山西省水利厅开展小水电绿色发展调查工作，对已建的150座水电站基本情况、所在河流、厂坝间自然河长、前期批复及生态需水保障进行调查摸底，编制《山西省绿色小水电创建方案》，确定到2020年底，山西省建成36座绿色小水电站的总目标。 （梁述杰）

【水库水质监测及地下水位监测】 2017年，山西省水利厅完成水库水位水质监测及地下水位监控体系数据统计、运行维护与管理工作。全省65座大中型水库水位水质监测工程基本完成建设任务，验收汾河水库、汾河二库、柏叶口水库、漳泽水库、张峰水库5座水库的水位水质监测工程，完成1588眼地下水位监测井的日常巡检任务，监测系统在线率达80%以上。

山西省国家水资源监控能力建设项目全面完成。对监测设备安装过程中存在的问题进行梳理和分析，研究整改的办法和措施，年底通过国家水资源监控能力建设项目技术评估。 （梁述杰）

【水库向河道补充生态基流】 2017年起，山西省将水库向河道补充生态基流作为一项重要生态修复任务来抓，省管6座大型水库均按照不少于2个流量向下游河道补充生态基流，有效改善省管河道的水生态环境。启动向桑干河—永定河跨流域调引黄河水，首次实现黄河、海河两大流域在桑干河牵手，2017年向桑干河—永定河下游河道补充生态水量近1亿立方米，其中黄河水3000万立方米。 （梁述杰）

引黄入晋

【黄河万家寨水务集团改革】 2017年，山西省黄河万家寨水务集团有限公司（简称黄河水务集团）各项工作取得新进展。2017年完成供水3.02亿立方米，比上年增长3%，其中南干线2.21亿立方米，北干线0.81亿立方米。

2017年，公司深化国企国资改革，建立法人治理结构，完善内控体系。以安全稳定供水为目标，科学组织生产运行，提升生产管理水平。以提升供水能力、扩大供水量为方向，推进全能力配套工程，清徐原水直供工程全线贯通，阳曲原水直供工程开工建设。以服务转型综改示范区为重点，以点带面拓展水务市场，实现原水直供到供水服务和终端收费。以向桑干河、永定河生态补水为重点，提升水资源保障能力。 (闫淑铮)

2017年4月5日，山西省省长楼阳生(前排右二)在黄河水务集团调研

(梁述杰供图)

【引黄入晋清徐原水直供工程】 2017年3月3日至14日，按照《山西省万家寨引黄入晋工程联接段清徐原水直供工程初充水(应急供水)试运行方案》，引黄入晋工程联接段清徐原水直供工程向阳煤太化新材料园区首次供水。该项目是黄河水务集团贯彻执行山西省委、省政府“分质供水、原水直供”决策部署，在太原市建设的第一个“分质供水、原水直供”工程，主要任务是向太原市晋源区、小店区和清徐县等地的工业企业直供黄河原水，承担向山西转型综改示范区供应黄河原水的任务。工程通水为太原南部及晋中新开发地区的经济社会发展、生态环境改善提供水支撑。 (闫淑铮)

【万家寨引黄工程生态供水】 2017年6月17日，万家寨引黄工程向桑干河、永定河进行生态供水。黄河水从万家寨引黄工程北干线1号隧洞注入朔州七里河，流向下游京津冀地区。山西省正式启动七河生态修复永定河上游桑干河生态补水。根据国家发改委、水利部和国家林业局共同印发的《永定河综合治理与生态修复总体方案》，截至2020年底前黄河水务集团需具备向北京市永定河生态恢复工程年供水不低于2.16亿立方米的能力。 (闫淑铮)

【供水项目特许经营】 2017年8月，黄河水务公司与山西转型综合改革示范区管理委员会签订《山西转型综合改革示范区潇河产业园区供水服务项目特许经营协议》《股东出资协议》和《公司章程》等系列协议。《特许经营协议》签订满足集团公司在特许的经营期限和经营区域范围内建设、运营和维护供水工程，向用户提供服务收取费用。有助于拓展集团公司水务市场项目实施，实现引黄工程原水输送和供水服务一体化，为综改示范区提供重要水支撑，有利于综改示范区开局起步、招商引资。 (闫淑铮)

工　业

Industrial

综　述

【工业概况】 2017年，山西省经信系统推进供给侧结构性改革，提升服务实体经济能力和水平，全省工业经济总体上呈现出良好发展势头。主要有以下4个特点：工业生产增速加快，增速高于全国平均水平。电力运输需求强劲，主要指标大幅回升。发用电达到近五年最好水平。市场预期改善，企业产销积极性增强。企业盈利水平大幅提升，工业经济效益改善。全省工业经济延续上年后两季度稳中向好运行态势，2017年上半年全省工业增长持续加速，进入第三季度，虽然受同期基数提高及第四季度环保约束工作力度加大等因素影响，增速有所回落，但全年仍实现较快增长。规模以上工业增长7%，高于全国平均水平0.40个百分点，在全国增速的排位由上年的29位前移至18位。

工业经济运行总体情况。分轻重工业看：2017年，轻工业增长2.70%，比上年回落3.80个百分点，拉动全省工业增长0.20个百分点，占全省工业比重6.60%，下降1.50个百分点。重工业增长7.30%，比上年加快6.70个百分点，高于全省平均水平0.30个百分点，拉动全省工业增长6.80个百分点，占工业比重93.40%。

分隶属关系看：2017年，中央企

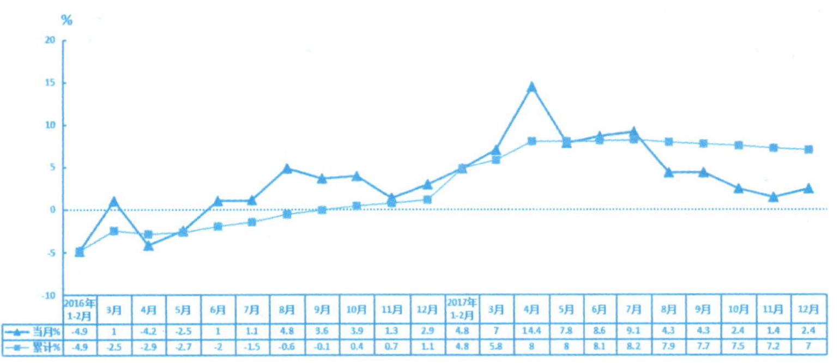

	2016年1-2月	3月	4月	5月	6月	7月	8月	9月	10月	11月	12月	2017年1-2月	3月	4月	5月	6月	7月	8月	9月	10月	11月	12月
当月%	-4.9	1	-4.2	-2.5	1	1.1	4.8	3.6	3.9	1.3	2.9	4.8	7	14.4	7.8	8.6	9.1	4.3	4.3	2.4	1.4	2.4
累计%	-4.9	-2.5	-2.9	-2.7	-2	-1.5	-0.6	-0.1	0.4	0.7	1.1	4.8	5.8	8	8	8.1	8.2	7.9	7.7	7.5	7.2	7

2016至2017年山西省工业增长情况统计图

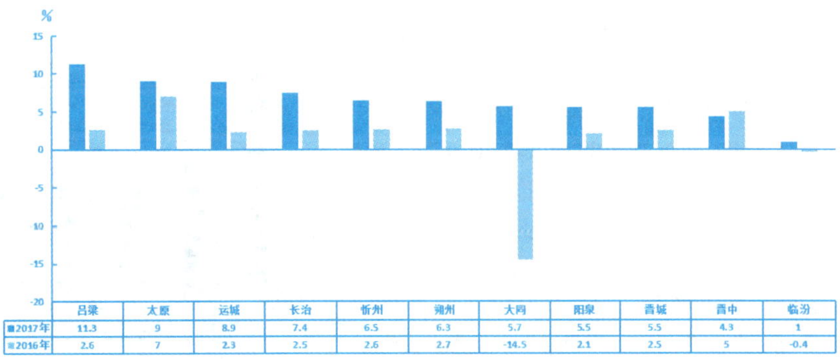

	吕梁	太原	运城	长治	忻州	朔州	大同	阳泉	晋城	晋中	临汾
2017年	11.3	9	8.9	7.4	6.5	6.3	5.7	5.5	5.5	4.3	1
2016年	2.6	7	2.3	2.5	2.6	2.7	-14.5	2.1	2.5	5	-0.4

2016至2017年山西省各市工业增速情况统计图

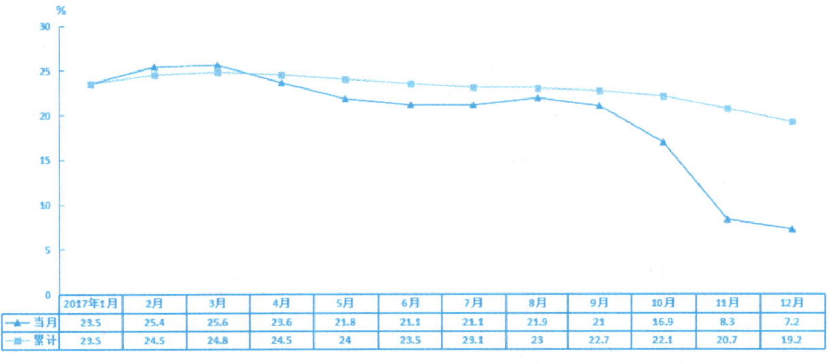

	2017年1月	2月	3月	4月	5月	6月	7月	8月	9月	10月	11月	12月
当月	23.5	25.4	25.6	23.6	21.8	21.1	21.1	21.9	21	16.9	8.3	7.2
累计	23.5	24.5	24.8	24.5	24	23.5	23.1	23	22.7	22.1	20.7	19.2

2017年山西省工业品出厂价格情况统计图

业增长 8.10%，拉动全省工业增长 1.30 个百分点，占全省工业比重 14.30%；省属企业增长 8.20%，拉动全省工业增长 2.40 个百分点，占全省工业比重 30.30%；省属以下企业增长 6%，拉动全省工业增长 3.30 个百分点，占全省工业比重 55.40%。

分经济类型看：2017 年，国有及国有控股企业增长 8.60%，占全省工业比重 530%；非公有制经济增长 5.10%，占全省工业比重 43.90%。

分企业规模看：2017 年，大中型企业增长 8%，拉动全省工业增长 5.90 个百分点，占全省工业比重 74.70%。省重点监测的 300 户企业完成工业总产值 8134.80 亿元，增长 25.60%，占全省工业总产值比重 52.30%。

企业效益情况。2017 年，全省规上工业企业 3581 户，实现销售收入 17725.30 亿元，比上年增长 25.70%；实现利润 1024.50 亿元，增长 350.30%；实现利税 2175.80 亿元，增长 128.80%。盈利水平提高，销售利润率 5.80%，比上年提高 4.30 个百分点。工业内部除电力、化工行业净亏损外，煤炭、冶金、焦炭等其他行业均实现盈利，工业企业总体盈利能力和水平为近五年来最好水平。亏损大幅减少，亏损面 29.60%，比上年下降 7.2 个百分点；亏损企业亏损额 343.70 亿元，下降 19.60%。成本下降明显，每百元主营业务收入成本 80.60 元，比上年降低 4 元，低于全国平均水平 4.30 元。每百元主营业务收入中三项费用（管理费用、销售费用、财务费用）为 12.30 元，比上年下降 0.90 元。杠杆率趋于下降，全省工业资产负债率为 74.60%，较上年末下降 1.50 个百分点。

地市工业增长情况。2017 年，11 个地市工业均实现正增长，其中吕梁、太原、运城和长治分别增长 11.30%、9%、8.90%和 7.40%，增速高于全省平均水平；忻州、朔州、大同、阳泉、晋城、晋中和临汾工业增速低于全省水平，分别增长 6.50%、6.30%、5.70%、5.50%、5.50%、4.30%和 1%。

行业运行情况。10 个主要行业“9 增 1 降”，纺织行业下降 1.20%，其他

	煤炭	钢铁	有色	焦炭	电力	化工	机电	轻工	建材	医药	纺织
2016年	58.9	18.1	13.9	-12.8	56.7	-28.2	34.2	36	-1	16.4	0.8
2017年	608.5	136.4	50.9	80.6	-14.8	-9.3	74.2	37.7	23.5	20.4	1.7

2016 至 2017 年山西省主要行业实现利润情况统计图

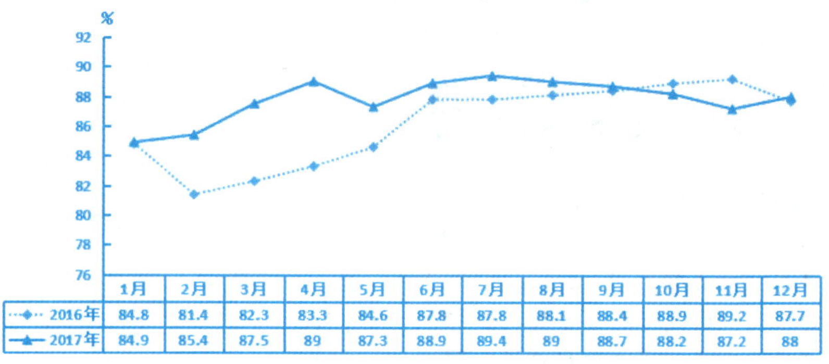

	1月	2月	3月	4月	5月	6月	7月	8月	9月	10月	11月	12月
2016年	84.8	81.4	82.3	83.3	84.6	87.8	87.8	88.1	88.4	88.9	89.2	87.7
2017年	84.9	85.4	87.5	89	87.3	88.9	89.4	89	88.7	88.2	87.2	88

2016 至 2017 年山西省规模以上工业企业开工情况统计图

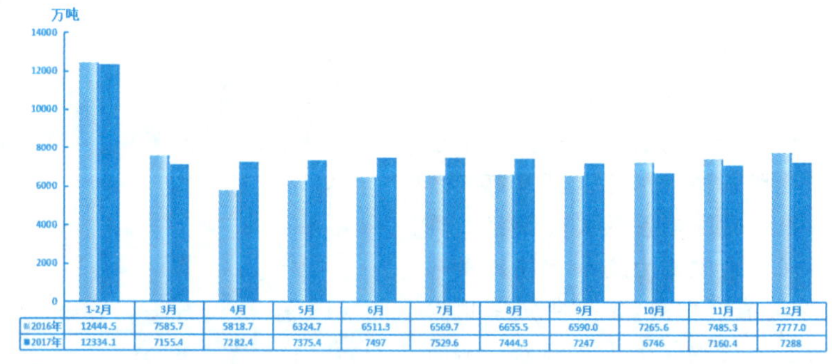

	1-2月	3月	4月	5月	6月	7月	8月	9月	10月	11月	12月
2016年	12444.5	7585.7	5818.7	6324.7	6511.3	6569.7	6655.5	6590.0	7265.6	7485.3	7777.0
2017年	12334.1	7155.4	7282.4	7375.4	7497	7529.6	7444.3	7247	6746	7160.4	7288

2016 至 2017 年山西省月度煤炭产量完成情况统计图

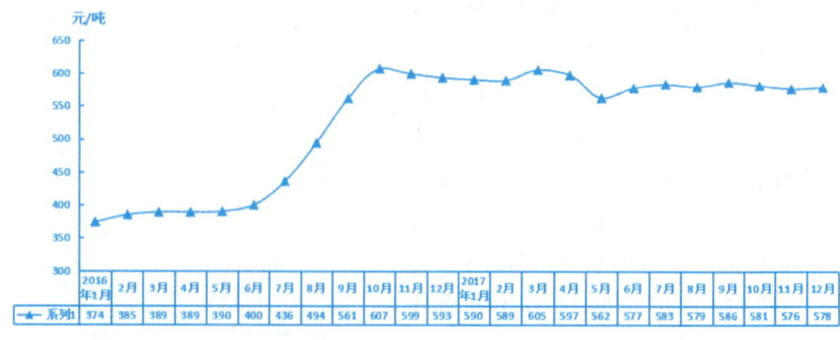

	2016年1月	2月	3月	4月	5月	6月	7月	8月	9月	10月	11月	12月	2017年1月	2月	3月	4月	5月	6月	7月	8月	9月	10月	11月	12月
系列1	374	385	389	389	390	400	436	494	561	607	599	593	590	589	605	597	562	577	583	579	586	581	576	578

2016 至 2017 年环渤海动力煤价格变化情况统计图

行业均实现正增长。煤炭工业增加值增长3.60%，拉动全省规上工业增长1.80个百分点；非煤工业增加值增长9.70%，拉动工业增长5.20个百分点；焦炭（6.40%）、冶金（7.20%）、电力（12.70%）、装备制造（13.90%）、化工（12.30%）、建材（7.90%）、食品（2.80%）和医药（0.40%）等行业实现增长。

产量情况。2017年，山西省经信委重点监测的33种工业产品，有22种产量实现增长，11种产量下降。其中：全年全省煤炭产量85581万吨，增长3.50%；焦炭产量8383万吨，增长1.60%；粗钢4429.70万吨，增长12.50%；钢材4335.40万吨，增长1.30%；电解铝98.50万吨，增长13.40%；氧化铝1928.30万吨，增长13.20%；水泥3506万吨，下降2.30%；化肥（折纯）373.10万吨，下降13.10%。

产品销售情况。2017年，全省规模以上工业企业实现销售产值16400.20亿元，比上年增长27.60%；工业产品产销率97.70%，提高1.30个百分点；实现出口交货值944.30亿元，增长18%。

产品价格情况。产品价格保持高位运行。2017年，山西省煤焦钢等主导产品价格总体处于高位运行区间，全年工业品出厂价格增长19.40%。2017年底，环渤海动力煤价格578元/吨，同比下降15元/吨；5500大卡动力煤价格549元/吨，同比回落21元/吨；二级冶金焦炭价格2150元/吨，同比上涨400元/吨；6.50毫米线材价格3950元/吨，同比上涨850元/吨；304B不锈钢价格15276元/吨，同比下降1851元/吨；425#水泥320元/吨，同比上涨75元。

发用电情况。2017年，全省发电设备平均利用小时为3570小时，同比增加92小时；其中火电装机利用小时为3992小时，同比增加195小时。全省发电量2765.50亿千瓦时，增长10.20%；全社会用电量1990.6亿千瓦时，增长10.80%；工业用电量1545.20亿千瓦时，增长11.10%；全省外送电774.90亿千瓦时，增长8.60%。

企业开工情况。2017年底，全省

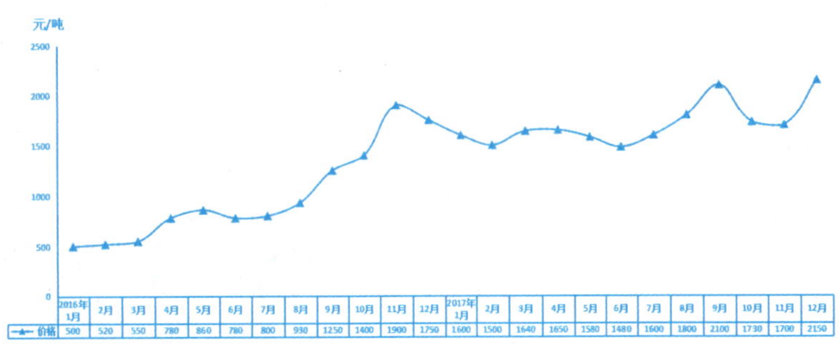

2016至2017年山西省二级冶金焦炭价格变化情况统计图

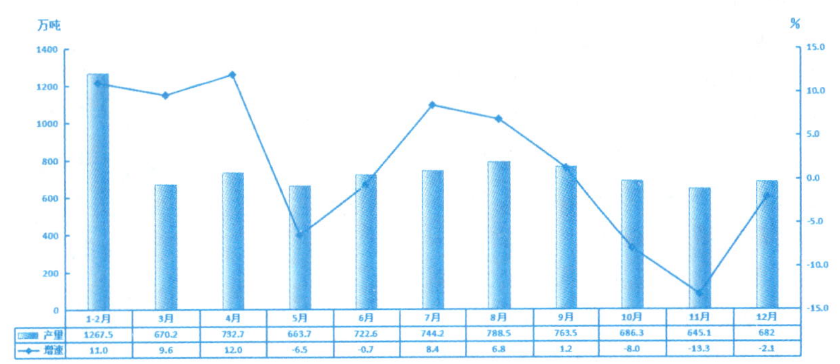

2017年山西省焦炭月度产量完成情况统计图

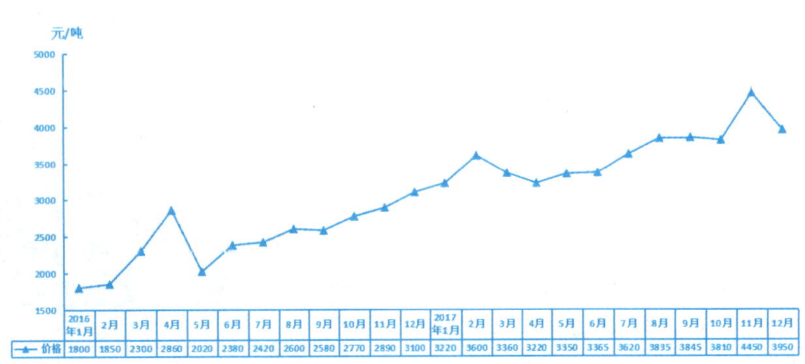

2016至2017年山西省钢材价格变化情况统计图

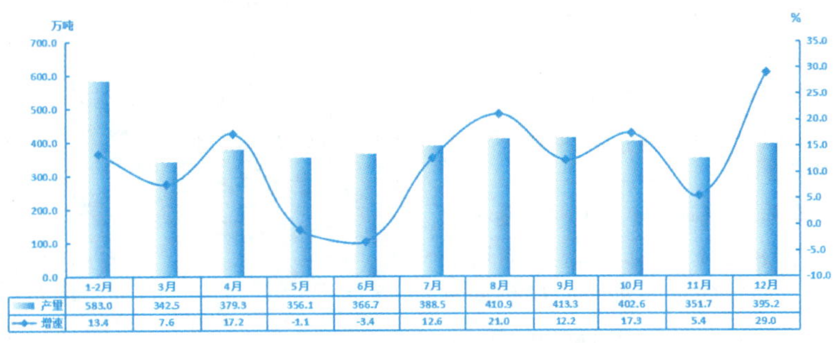

2017年山西省粗钢月度产量完成情况统计图

工业企业开工率88%,较上年提高0.30个百分点。分行业看,装备、化工行业开工率保持在90%以上,焦炭、煤炭、冶金行业开工率分别为88.50%、84.20%、75.50%。分地市看,太原、晋城、朔州、晋中和运城开工率分别为89.90%、94.60%、91.80%、92%、91.60%,忻州、阳泉、临汾工业企业开工率低于全省平均水平,分别为81.90%、80.50%、74.80%。

货物运输情况。2017年,全省公路货物运输量完成114880万吨,同比多运9759万吨,增长9.30%。全省铁路货物运输总量完成62177万吨,同比多运8178.40万吨,增长15.10%;其中煤运量53436.20万吨,同比多运7872.70万吨,增长17.30%;其他物资运量完成8740.80万吨,同比多运305.70万吨,增长3.60%。

铁路运输分路局情况看,太原铁路局山西片运量完成46503.40万吨,同比多运6941.40万吨,增长17.50%,占全省铁路货运量比重74.80%。郑州铁路局山西片运量完成9265.80万吨,同比多运801.10万吨,增长9.50%,占全省铁路货运量比重14.90%。北京铁路局山西片运量完成6407.80万吨,同比多运435.90万吨,增长7.30%,占全省铁路货运量比重10.30%。

从太铁请车、装车情况看,12月份,太原铁路局日均请车数43414车,同比增加291车,增长0.70%,环比增加2082车,增长4%。日均装车21267车,同比多装1043车,增长5.20%,环比少装117车,下降0.50%。

(董晨阳)

【主要工业行业运行情况】 煤炭行业。2017年,煤炭行业受去产能及企业科学组织生产影响,市场供需处于紧平衡状态,煤炭产销率小幅增长,价格持续处于高位运行,企业效益明显好于上年。

煤炭产销增长。2017年,全省煤炭产量85581万吨,比上年增长3.50%。全省煤矿企业商品煤销量累计完成7.90亿吨,增加3784万吨,增长5%。截至12月底,全省煤矿企

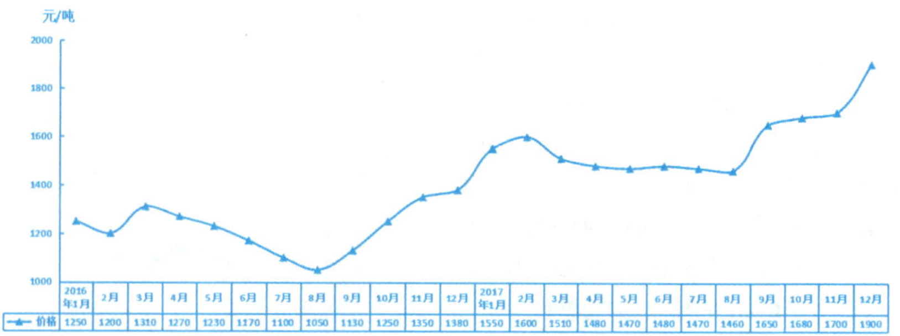

2016至2017年山西省尿素价格变化情况统计图

2017年太原铁路局请车装车情况统计图

	2016年1月	1-2月	1-3月	1-4月	1-5月	1-6月	1-7月	1-8月	1-9月	1-10月	1-11月	1-12月	2017年1月	1-2月	1-3月	1-4月	1-5月	1-6月	1-7月	1-8月	1-9月	1-10月	1-11月	1-12月
增速%	-10.6	-9.2	-7.6	-7.5	-9	-10.2	-12.2	-10.9	-9.1	-8.2	-6.8	-6.2	3.4	4.8	8.3	10.9	13.4	14.9	18.5	18.2	17.5	16.9	16	15.1

2016至2017年山西省铁路货运量增速变化

2017年山西省规模以上工业主要行业增速情况统计表

主要工业行业	增速(%)	累计增速(%)	增加值占工业比重(%)	
	12月		2017年	2016年
总计	2.40	7	100.00	100.00
煤炭工业	−4.90	3.60	48.70	43.80
非煤产业	9.50	9.70	51.30	56.20
焦炭工业	−12.40	6.40	4.90	3.90
电力工业	14.30	12.70	11.10	13.70
冶金工业	12.30	7.20	12.90	11.40
化学工业	4.40	12.30	2.90	4.20
建材工业	13.90	7.90	2.20	2.30
装备制造业	10.80	13.90	8.90	11.30
医药工业	15.90	0.40	1.30	1.70
食品工业	10.00	2.80	3.80	4.60
纺织工业	0.20	−1.20	0.20	0.20
战略性新兴产业	—	10	9	7.90

业库存 2064 万吨，比年初减少 792 万吨，下降 27.70%。

煤炭价格总体高位运行。12 月末，环渤海动力煤平均价格 578 元/吨，环比上涨 2 元/吨，同比下降 15 元/吨。太原煤炭综合交易价格指数 142.66 点，同比增长 2.70%;5500 大卡动力煤价格 549 元/吨，环比上涨 3 元/吨，同比回落 21 元/吨；主焦煤价格 1269 元/吨，环比下降 1 元/吨，同比下降 16 元/吨；喷吹煤价格 1017 元/吨，环比下降 24 元/吨，同比上涨 87 元/吨；化工煤价格 1088 元/吨，环比上涨 86 元/吨，同比上涨 265 元/吨。

企业效益大幅好转。2017 年，全省煤炭行业实现销售收入 7002.50 亿元，比上年增长 28.90%；实现利润 608.50 亿元，增加 540.10 亿元，增长 789.60%;1045 户规模以上煤炭企业中 328 户亏损，亏损面 31.40%，下降 11.70 个百分点；亏损企业亏损额 141.40 亿元，下降 31.30%;全行业资产负债率 76.30%，下降 2.10 个百分点。

冶金行业。2017 年，全省冶金行业去产能、打击"地条钢"工作取得成效，为供给腾出市场空间，价格持续在高位区间，企业效益改善。全省粗钢产量 4429.70 万吨，比上年增长 12.50%；钢材 4335.40 万吨，增长 1.30%；电解铝 98.50 万吨，增长 13.40%；氧化铝 1928.30 万吨，增长 13.20%。从产能利用情况看，粗钢、钢材、电解铝产能利用率分别为 55.40%、62.70%和 82.40%。

产品价格高位运行。2017 年，钢材价格总体呈现高位波动态势，同比明显上涨。6.50 毫米线材价格 3950 元/吨，同比上涨 850 元/吨；不锈钢行业产能不断扩张，市场供大于求矛盾逐步显现，产品价格呈现震荡波动态势，304B 不锈钢价格 15276 元/吨，环比下降 133 元/吨，同比下降 1851 元/吨。电解铝受汽车、房地产行业的恢复增长，市场需求有所增加，价格高位波动，电解铝价格 14351 万元/吨，同比上涨 1341 元/吨。

企业效益大幅增长。2017 年，全省冶金行业实现销售收入 3270.80 亿元，比上年增长 27.40%；实现利润 187.30 亿元，增长 404.90%。其中，钢铁行业实现利润 136.40 亿元，增长 697.70%，有色行业实现利润 50.90 亿元，增长 154.50%;436 户规上冶金企业中 154 户亏损，亏损面 35.30%，下降 4.50 个百分点，亏损企业亏损额 32.30 亿元，下降 21.60%;全行业资产负债率 68.90%，下降 3.20 个百分点。

2017 年 5 月 22 日，2017 年央企助力山西转型综改会议暨签约仪式在太原举行
（董晨阳供图）

焦化行业。2017 年，由于环保治污工作的推进，导致第四季度全省焦炭产量出现负增长，市场供求矛盾明显缓解，焦炭价格持续高位运行，企业效益大幅好转。全年焦炭产量 8383 万吨，增长 1.60%，增速同比回落 0.60 个百分点，由于环保约束，四季度企业限产情况增多，10、11、12 月焦炭产量分别下降 8%、13.30%和 2.10%，全年焦炭行业产能利用率 66.30%。

焦炭价格高位运行。2017 年，大气污染防治工作推进，焦炭企业普遍延长结焦时间降低污染物排放，市场供给减少，焦炭价格持续高位运行。二级冶金焦炭价格达到 2150 元/吨，较上年上涨 400 元/吨，全年均价达 1710 元/吨，高于上年 710 元/吨。

焦炭企业效益开始扭亏为盈。2017 年，全省焦化行业实现销售收入 1548.90 亿元，你上年增长 70.80%；实现利润 80.60 亿元，减亏增利 92.50 亿元；127 户规模以上焦化企业中 34 户亏损，亏损面 26.80%，下降 26.50 个百分点，亏损企业亏损额 15.50 亿元，下降 58.20%；全行业资产负债率 87.40%，下降 1.10 个百分点。

电力行业。2017 年，宏观经济稳步向好，发电设备出力明显增加，发用电保持稳定增长态势，但原料价格持续高位，全行业效益净亏损。

生产指标增势强劲。截至 2017 年末，全省装机容量 8072.70 万千瓦，较上年增加 432.70 万千瓦，增长 5.70%；较 2012 年增加 2617.70 万千瓦，增长 48%。全年发电设备平均利用小时 3570 小时，同比增加 92 小时，其中火电装机利用小时为 3992 小时，同比增加 195 小时。全年全省发电量、全社会用电量、工业用电量、外送电分别增长 10.20%、10.80%、11.10%和 8.60%。

全行业效益净亏损。2017 年，全省电力行业实现销售收入 1597.80 亿元，比上年增长 11.30%；实现利润盈亏相抵净亏损 14.80 亿元（同期盈利 60.30 亿元）；207 户规模以上电力企业中 90 户亏损，亏损面 43.50%，提高 7 个百分点，亏损企业亏损额 83.10 亿元，增长 141.60%；全行业资产负债率 75.90%，提高 1.60 个百分点。

化工行业。2017 年，化工行业受环保约束影响，企业产能发挥受限，产品产量较上年下降，同时由于原料价格上涨，产品价格略有上涨，全行业同比减亏。

产品产量涨跌互现。受化肥主产地企业限产影响，2017 年，全省化肥

(折纯)产量373.10万吨,比上年下降13.10%,其中尿素产量340万吨,下降13.40%。基础化工产品价格处于盈利区间,企业生产积极性较高,产品产量保持增长,精甲醇产量300.50万吨,比上年增长7.90%;聚氯乙烯树脂79.10万吨,增长14.70%;合成橡胶3万吨,增长46.50%。

产品价格总体高于同期。受宏观经济向好及化工煤价格高位运行等因素影响,化工产品价格好于同期。2017年底,尿素价格1900元/吨,同比上涨520元/吨;甲醇价格2743元/吨,上涨987元/吨;氯丁橡胶价格31590元/吨,上涨4680元/吨。

企业效益同比减亏。2017年,全省化工行业实现销售收入625.10亿元,比上年增长9.90%;实现利润盈亏相抵净亏损9.30亿元,同比减亏23.40亿元;257户规模以上化工企业中78户亏损,亏损面30.40%,同比下降6.20个百分点,亏损企业亏损额29.7亿元,下降30.60%;全行业资产负债率81.90%,同比提高2.10个百分点。

机电行业。2017年,机电行业企业按序组织生产,总体保持稳定增长势头,效益明显好于上年。

行业生产保持稳定增长势头。2017年,全省机电行业增加值增长13.90%,高于全省平均水平6.90个百分点,拉动全省工业增长1.50个百分点。龙头企业增势强劲,太原富士康、太重集团、大运汽车产值分别增长14.20%、24%和45.10%。铁路产品生产企业保持增长,中车太原、中车同车产值分别增长54.30%和64.60%。

企业效益明显回升。2017年,全省机电行业实现销售收入1982.70亿元,比上年增长22%;实现利润74.20亿元,增长107.30%,547户规模以上机电企业中134户亏损,亏损面24.50%,下降5.70个百分点;亏损企业亏损额20.10亿元,下降43.80%;全行业资产负债率70.60%,下降1个百分点。 (董晨阳)

【工业经济形势分析】 2017年,山西省工业经济健康发展的外部环境持续向好,供给侧结构性改革等重大政策措施的积极效应持续叠加释放,但经济运行依然面临传统动能快速修复与新动能引领不足、外部市场持续改善与产能释放受限、煤炭等上游行业效益好转与下游行业成本上升等多重“两难”困境,产业发展不平衡、不充分矛盾突出,工业增长短期内仍面临较大压力。

从有利因素看,工业经济增长外部环境持续向好。国务院出台《关于支持山西省进一步深化改革促进资源型经济转型发展的意见》,将山西资源型经济转型全面上升为国家战略,对山西省工业转型发展提供支持,带来新一轮政策红利。国际大宗商品特别是原油价格连续两年处于上涨态势,波罗的海干散货指数持续攀升,达到近两年较高水平,有利于山西省能源原材料行业发展。省委省政府确定“示范区”“排头兵”“新高地”三大目标,实施创新驱动战略,营造“六最”营商环境,推进国资国企、开发区、电力体制、企业投资承诺制试点改革,培育新动能,为工业经济发展提供支撑。

从不利因素看,山西省工业发展不平衡、不充分矛盾突出。主要表现为:工业恢复性快速增长势头逐步转向趋于平稳运行。工业投资增速偏低,增长后劲不足。投资的强度力度不够,带动性强、引领作用大的项目不多。传统产业产能释放受限,对经济增长的贡献趋于减弱。新兴产业规模较小,对经济增长的引领和支撑作用不足。近年来,战略性新兴产业保持稳定增长态势,增速均高于同期全省平均水平;但规模总量较小,对全省工业稳定增长的拉动贡献十分有限,短期内难以弥补传统产业回落对工业增长的影响。 (董晨阳)

【工业领域产业结构调整】 2017年,山西省处于发展方式转变、产业结构转型、增长动能转换的关键期。制定出台传统优势产业提质工程、战略性新兴产业培育工程2017年行动计划,实施技术改造,推动先进装备制造、新材料、节能环保、新能源汽车、现代煤化工、信息产业、现代医药等七大战略性新兴产业发展。

加强企业技术改造。制定企业技术改造实施意见,推进八大技改专项。遴选190个优质项目,安排支持技改资金9.44亿元。2017年,全省工业投资完成2112.20亿元,比上年增长3.10%;技改投资完成617.20亿元,增长14.90%,占工业投资比重达29.20%。

实施传统优势产业提升工程。推进钢铁行业兼并重组,组建晋南钢铁集团;加快“煤—电—铝—材”一体化进程,推动中铝吕梁基地铝合金项目建设和铝循环产业园区局域电网运营试点;促进焦化产业园区化集聚化发展,全省大机焦占比提升4个百分点;开展消费品“三品”行动,医药、食品、轻工、纺织等产业提档升级。

实施新兴产业培育工程。推动先进装备制造、新材料、节能环保、新能源汽车、现代煤化工、信息产业、现代医药等七大战略性新兴产业发展。装备制造业全年增长13.90%,占比达8.90%;高端碳纤维、石墨烯、碳化硅等新材料取得重大突破;比亚迪首批纯电动客车产品下线;潞安集团煤制油等重点项目稳产达效;成立山西省传感器产业联盟,召开光伏产业、软件企业推进会,软件和信息服务业全年增长15%。2017年,全省战略性新兴产业增长10%,占全部工业9%。

提升企业创新能力。全年新培育省级企业技术中心36户,全省省级以上企业技术中心达296户。太钢不锈、大运汽车获批国家智能制造试点示范。成立山西省物联网产业和增材制造产业技术联盟,新认定15户省级研究生教育创新中心,全省开展产学研合作企业占比达6.30%。太钢获批国家级工业设计企业。太重获批制造业单项冠军示范企业。

精准招商引资。开展“央企助力山西转型综改”活动,共与央企对接合作项目162个,签约项目72个,投资额1282亿元。组织召开4场大数据招商引资活动，省政府与华为等9户国内知名企业签订战略合作框架协议。新旧动能接续转换加快，产业结构调整取得成效。

传统产业中的新动能逐步累积增加。煤炭行业关闭27座煤矿，退出产能2265万吨；先进产能达到3.96亿吨/年，占全省煤炭产能比重达到43.50%。钢铁行业压减钢铁产能325万吨，“地条钢”产能全部出清，符合产业政策的16座1200立方米及以上高炉，炼铁产能占全省总产能比重达到39.30%；14座100吨以上转炉，4座50吨及以上合金钢电炉，合计粗钢产能占全省炼钢总产能比重达到28.90%。电力行业关停缓建一批煤电项目，关停淘汰小火电机组70万千瓦，全省风电、太阳能装机容量分别占全省装机总量比重10.80%和7.30%，比上年分别提高0.70和3.40个百分点。焦化行业炭化室高度6米（含5.50米捣固）以上的大型机焦炉产能4314万吨，占全省建成焦炉产能29%，同比提高3个百分点。

非煤产业引领全省工业较快增长。2017年，非煤行业增长9.70%。其中，电力工业（12.70%）、有色工业（17.10%）、化学工业（12.30%）和装备工业（13.90%）增速均高于全省水平，非煤产业拉动全省工业增长5.30个百分点，对全省工业增长的贡献达到76.20%。

战略性新兴产业呈现快速发展势头。2017年，战略性新兴产业增长10%，快于全省工业增速3个百分点，占全省工业比重9%，拉动全省工业增长1个百分点。其中，新能源汽车产业增长1.80倍，高端装备制造业增长47.60%，新材料产业增长8.60%，生物产业增长11.10%。新产品产量快速增长。全年全省汽车产量增长3.30倍，其中新能源汽车增长1.50倍；光伏电池增长30.60%，光缆增长21.40%，车轮增长43.80%，车轴增长46.50%，锂离子电池增长1.20倍。

工业投资结构持续优化。2017年，全省工业投资完成2112.20亿元，比上年增长3.10%，其中非去产能行业投资高速增长。全年煤炭、钢铁、火电三大主要去产能行业投资下降52.10%，负拉动工业投资增长29.80个百分点；非去产能行业投资增长75.60%，拉动工业投资增长32.90个百分点。工业技改投资快速增长。全年全省工业企业技改投资完成617.20亿元，增长14.90%，占全省工业投资比重29.20%。（董晨阳）

【工业经济调控】 2017年，山西省经信委围绕全省规模以上工业增长3%的目标任务，制定出台《2017年全省工业经济运行实施意见》，加强工业经济运行监测预警调控，完成年度增长目标任务。

强化经济运行宏观指导。分解下达各市工业增长目标，层层落实责任。按月通报各市工业主要经济指标完成进度，逐月滚动分解工业增长目标任务，按月组织召开地市、重点企业经济运行座谈会，按季牵头召开全省工业运行专项调度会议，对增速下降的市进行专题督导，促进工业平稳运行。全省工业累计增速从4月开始，扭转自2014年以来连续低于全国增长水平的困难局面，实现高于全国水平增长。

加强经济运行监测调度。按照区域、行业、企业、产品、要素五个方面和产、销、效、价、存五类主要指标，涵盖省、市、县、企业四个层次及企业、地市及全省工业综合分析平台的综合监测调度体系，结合工业经济形势，以300户重点企业监测调度为基础，对煤电油气运、企业开工、增长点项目实施专项监测调度，围绕供给侧结构性改革，对产销率、主营业务成本、资产负债率，新兴产业增速、贡献率等指标实施重点监测调度。根据重点企业生产经营情况，调整增加重点监测企业名单，加强重点企业监测调度。筛选确定40户重点企业，按月调度企业运行情况，为研判全省工业运行走势提供基础支撑。

突出经济运行分析研究。密切关注国内外宏观形势变化，加强重点行业、重点企业、重要要素、重点地区、重点产品、重要指标的研究分析，编写12期山西工业经济运行分析报告。根据重点监测企业生产效益快报及月度运行情况，编写12期重点企业生产效益分析报告。每季度都与省统计局开展企业问卷调查工作，撰写企业景气报告。9月安排各市调查摸底增长点项目情况，研究形成《关于2018年全省工业增长预测及未来五年增长目标的报告》。

推进重要增长点项目建设。研究制定《关于加强企业开工、增长点项

2017年10月13日，2017中国（太原）物流产业展览会在省展览馆开幕

（董晨阳供图）

2017 年 9 月 20 日，2017 山西网络信息安全高峰论坛暨第二届工控安全高峰论坛在太原举办 （董晨阳供图）

目专项监测调度的通知》，对各市月度开工情况、增长点进展情况进行专项调度。2017 年，全省重点监测的 192 个增长点项目中，大运汽车新能源项目、吉利新能源汽车项目、建龙钢铁板材生产线等 181 个项目投产或试运行，拉动全省工业增长约 1.90 个百分点。

支持企业搞好产销衔接。制定发布 2017 年山西省重点工业产品推荐目录，组织焦炭与钢铁企业产销对接，召开晋苏两省钢铁焦化企业深度合作座谈会，组织 LED、光伏等产品上下游企业进行产销对接。

2017 年，全省规模以上工业增长 7%，高于年度目标任务 4 个百分点。11 个地市中，除临汾工业增长未达到年度目标外，其他 10 个地市均完成年度目标任务。 （董晨阳）

【工业体制机制改革】 2017 年，山西省深化电力体制改革。完善电改顶层设计。扩大电力直接交易规模和范围，新兴产业企业参与电力直接交易占比达 70%，全年交易电量 526 亿千瓦时，为电力用户降低用电成本超过 31 亿元。组建山西省电力市场管理委员会，多途径培育售电主体 126 户。推进吕梁铝循环产业园区局域电网运营试点，轻合金项目进入带电调试相关准备工作阶段。

推进"放管服效"改革。推进"取放调"工作，取消发电机组并网备案等 7 项行政职权事项，赋予山西转型综改示范区 5 项省级权限。推进企业投资项目试行承诺制实行无审批管理，节能审查事项承诺制试点在 10 个开发区落地实施。推行"双随机、一公开"，加强事中事后监管。落实省政府审批事项"两集中、两到位"要求，行政审批事项全部授权窗口受理、办理。全年受理业务 500 件，办结 481 件，均做到无超时、无投诉、无违纪。 （董晨阳）

【工业供给侧结构性改革】 2017 年，山西省促进工业供给侧结构性改革，确保工业经济保持稳定增长。

推进去产能。压减钢铁产能 325 万吨，超额完成退出 170 万吨产能的年度任务。"地条钢"产能全部出清。关停淘汰小火电机组 71.10 万千瓦。降成本。多措并举降低企业物流成本 20 多亿元；完成电力直接交易电量 526 亿千瓦时，降低企业用电成本超过 31 亿元。2017 年，全省规模以上工业企业每百元主营业务收入成本 80.60 元，同比降低 4 元。

推进岸港网建设。大同航空口岸正式开放，运城航空口岸继续获批临时开放。中鼎物流园铁路口岸作业区建成运营，填补山西省口岸物流空白。全省组织开行 10 列中欧中亚班列。国际贸易"单一窗口"试点成效明显。大同国际陆港进口肉类指定查验场通过国家验收。"宽带山西"专项行动推进，全省 50 兆以上宽带用户占比达 63.30%。

加强运行监测调控。强化监测调度，科学引导发展预期。2017 年，全省规模以上工业增长 7%，超过年度目标 4 个百分点，高于全国平均水平 0.40 个百分点。11 个市全部实现正增长，吕梁、太原、运城和长治等市增速高于全省平均水平。

提升服务企业水平。建立服务企业常态化机制，开通 96302 服务企业热线，帮助企业解决问题 2636 个，干部入企服务专项行动取得成效。编印重点工业产品推荐目录，持续推动晋品晋材晋用。起草省委落实中发 25 号文件实施意见，配合相关部门组织召开全省企业家大会。

支持中小微企业快速发展。推动"个转企、小升规、规改股、股上市"，培育行业细分市场隐形冠军。2017 年，全省新创办小微企业 9.70 万户，中小企业营业收入同比增长 8.10%。

推动军民融合发展。对 24 个军民融合项目给予技改资金支持。在山西转型综改示范区建设军民融合产业示范园，推动长治康庄航天工业园等 9 个军民结合园区（基地）建设。2017 年，全省军工企业实现营业收入 503.70 亿元，比上年增长 10.90%。 （董晨阳）

【工业绿色低碳发展】 2017 年，山西省狠抓节能降耗。分解下达各市 2017 年度能耗强度指标，约谈能耗未达时序进度的地市，传导目标压力；实施节能审查、节能改造，在电解铝、钢铁、水泥等行业推行差别电价政策，提升重点用能企业单耗水平。2017 年，全省单位地区生产总值能耗同比下降 3.37%，超额完成年度目标任务。

推进绿色制造。太钢不锈、金辉兆隆等四户企业获批国家绿色制造示范，全省大宗工业固废综合利用率达67.20%。朔州市国家固废基地建设水平提升；大同市推进企业绿色循环发展，广灵金隅水泥被工信部评为首批“绿色工厂”。

完成燃煤机组超低排放改造。率先在全国完成30万千瓦及以上煤电机组超低排放改造任务。相比改造前，全省火电机组二氧化硫、烟尘排放量削减70%，氮氧化物排放量削减50%。

加强能源革命战略性研究。完成山西省能源革命、煤化工产业发展战略、煤层气产业发展战略等课题研究任务。（董晨阳）

【工业节能降耗】 2017年，山西省经信委落实能耗“双控”制度，分解下达各市年度能耗强度指标，各市能耗均下降3.20%，与全省目标保持同步。2017年，全省万元生产总值能耗比上年下降3.37%，超额完成下降3.20%的约束性节能目标任务。

全省11个地级市中，有8个市完成年度目标任务。其中，5个市降幅高于全省平均水平；3个市降幅低于全省平均水平；3个市未完成年度节能目标任务。（董晨阳）

信息产业

【概况】 2017年，山西省完成电信业务总量583亿元，比上年增长78%。年末移动电话用户3647.90万户，其中4G移动电话用户2583.30万户。全省宽带接入用户872.90万户，增长16.80%。电子信息制造业实现主营业务收入977.80亿元，增长18%；软件和信息技术服务业实现软件业务收入27.50亿元，增长15%。

宽带网络基础设施建设。推动全省11个市达到“宽带中国”示范城市和“光网城市”建设标准。推动互联网骨干直联点和太原国际通信专用通道建设，加快“i–Shanxi”无线网络“市场化”发展。固定宽带用户单位带宽和移动流量平均资费水平分别降低10.80%和15%；新建宽带网络行政村3081个；互联网骨干直联点和太原国际通信专用通道建设深入推进。培育发展信息消费产业，推动百度数据标注等人工智能产业发展。促进宽带普及提速降费，组织开展电信普遍服务试点。推进政府部门无纸化办公和文书档案电子化管理。

信息安全保障。实施工控系统信息安全“十三五”规划、工控安全管理指导意见和应急管理指南。成立山西省网络安全和大数据信息技术标准化技术委员会。对11个重点行业15家单位的关键信息基础设施网络安全情况进行专项抽查和风险评估，完成中共十九大期间网络安全保障工作。（董晨阳）

【信息化大数据平台建设】 2017年，山西省推动大数据产业发展。实施“云聚、云惠、云殖、云安”四大工程。制定全省大数据发展规划、行动计划和若干政策；推动成立大数据产业办公室和云时代技术有限公司；山西大学等3所院校成立大数据学院；政务云平台建设步伐加快。阳泉、吕梁等云计算数据中心项目相继建成。山西省信息化协会等被认定为两化融合管理体系咨询服务机构。山西省工业云服务平台建设向前推进。（董晨阳）

【信息化和工业化融合发展】 2017年，山西省深化两化融合管理体系贯标试点。推荐“中国重汽集团大同齿轮有限公司”等21户企业申报“2017年两化融合管理体系贯标试点企业”，其中12户企业入选。遴选太重、经纬纺机、亚宝药业申报两化融合管理体系贯标示范企业。（董晨阳）

煤炭工业

【概况】 2017年，山西省煤炭行业深化煤炭供给侧结构性改革，产业结构优化；狠抓安全生产工作，煤矿安全生产形势平稳发展；抓好生态环保工作，绿色发展理念深入人心；应对市场变化，全省煤炭经济发展质量和效益提升。全省煤炭经济实现产量、价格、效益“三提升”，为全省经济由“疲”转“兴”作出贡献。

2017年，据省煤炭厅统计口径：全省煤炭产量8.75亿吨，同比增加4332万吨；煤矿企业商品煤销量7.90亿吨，同比增加3784万吨；全省煤炭综合售价439.96元/吨，同比增加148.31元/吨；全省煤炭销售收入3535.35亿元，同比增加1127.18亿元；全行业实现利润320.02亿元，同比增加303.07亿元。（王德善）

【煤炭产业优化升级】 2017年，山西省煤炭厅贯彻落实国家和省委、省政府关于化解过剩产能政策，把淘汰落后产能作为重点，将总量性去产能转向结构性优产能，为先进产能腾出发展空间。2017年内，全省关闭煤矿27座，退出产能2265万吨。总体上看，煤矿关闭符合标准、奖补资金使用规范、人员安置稳步推进，全年化解煤炭过剩产能工作完成。推进产能减量置换。截至2017年底，国家批复山西省28座新建煤矿产能置换方案，建设规模1.56亿吨/年；省内确认113座重组整合煤矿产能置换方案，建设规模1.12亿吨/年。实施减量重组。研究起草《山西省推进煤矿减量重组的实施意见》，为全省煤矿减量重组提供政策保障。开展标准化达标创建，推进特级安全高效矿井建设。按照国家新标准，在潞安高河、晋煤成庄、阳城竹林山、中煤王家岭、岚县昌恒等5座煤矿开展省级试点并建成一级标准化煤矿。全省达到一级标准化和特级安全高效的先进产能煤矿178座、能力3.96亿吨/年，占生产总能力的42%。（王德善）

【煤矿安全生产】 2017年，山西省煤炭厅执行安全生产规章制度，对全省煤矿实行“双盯守”，强化落实政府监管责任和企业主体责任，按照国家分级属地安全监管要求，推动省属五大集团所属煤矿属地安全监管责任落实。各市创新监管方式，落实属地安全监管责任。太原、临汾、吕梁市根据煤矿风险等级，实施差异化安全监管；晋中市聘请阳煤集团25名专家，开展安全检查和技术指导。开展煤矿安全“体检”、安全生产大检查、隐患大排查大整治暨“反三违”专项行动、安全生产突击检查等，层层履职尽责、严格执法检查。全省各级煤炭管理部门开展安全生产执法行动21702起，出动人员98514人次，检查各类企业12223矿次，排查各类隐患316189条，下达执法文书18131份。推进煤矿重大灾害防治。省煤炭厅加强“一通三防”管理，推进煤矿瓦斯综合治理。2017年，完成全省瓦斯抽采全覆盖工程，全年瓦斯(煤层气)抽采115亿立方米，利用70亿立方米。推进专用排瓦斯巷整改工作，全省采用尾巷排放瓦斯的31座矿井、52个回采工作面整改到位。推行防治水“禁采区”“缓采区”“可采区”分区管理，突出老空水防治。2017年，全省有732座正常生产和建设的煤矿完成分区管理论证报告，实现分区管理，煤矿防治水平提升。执行事故煤矿整顿恢复机制。省煤炭厅对发生事故的28座煤矿下达停产停建指令，撤销16座煤矿的标准化等级。严格执行“不放心煤矿”挂牌制度，54座煤矿被列为省级“不放心煤矿”，38座摘牌销号。煤矿安全生产形势总体持续稳定，全省煤矿百万吨死亡率0.073%，继续保持全国先进水平。

（王德善）

【煤炭生产管理】 2017年，山西省煤炭厅执行国家关于抓能源工作要坚持依法行政、发挥市场作用的要求，加强生产要素管理，组织全省煤矿登记公告要素信息动态核查，截至2017年底，登记公告生产煤矿568座，产能9.08亿吨/年，平均单井规模159.80万吨/年，所有生产煤矿签订《煤矿按照登记公布生产能力组织生产的承诺书》。推动先进产能释放，全省验收重组整合、新建及改扩建矿井35座，产能3485万吨/年；完成山煤集团河曲旧县露天煤业等2座煤矿的产能核增，生产能力净增710万吨/年。

（王德善）

【煤炭经济调控】 2017年，山西省煤炭厅贯彻落实国家宏观调控政策和各项决策部署，发挥化解煤炭过剩产能对改善市场供求关系、促进煤炭经济平稳发展的积极作用，强化对煤炭经济运行日常监测调控和分析研判，密切关注铁路、中转港以及用煤行业产、销、存变化，对日常运行中出现问题及时协调解决。引导企业运用新技术、新工艺，开发生产适销对路的新产品。转变销售理念，推动交易改革创新，推进煤炭中长期合同签订和履约工作。全省煤矿企业与下游用户签订2017年煤炭中长期合同2.24亿吨，促进供需稳定。

（王德善）

【煤炭科技进步】 2017年，山西省煤炭厅以提升煤矿机械化、自动化、信息化和智能化建设水平为重点，推进“机械化换人、自动化减人”，加强科技重大项目技术攻关，全省煤炭行业整体科技创新能力和水平得到提高。

推进科技减人提效工作。省煤炭厅制定出台《山西省煤矿减人提效工作方案》，坚持地面减员和井下减人“两轮”驱动，全省11座“千人矿井”单班入井人数控制在900人以内。煤炭技术创新力度加大。加强煤矿智能化综采工作面、快速掘进、充填开采、无煤柱自成巷开采、洗选新技术等研究与应用。推进煤矿无人值守建设，全省共有45座煤矿，203个变电所、水泵房实现无人值守。全省煤炭行业共获省级及以上科技奖励88项，全行业工会“五小”竞赛活动征集优秀成果1.20万余项。煤炭监管信息平台建成。完成项目竣工验收，在全省建成煤炭行业三个大数据分析系统，初步形成全省煤炭大数据基础支撑体系，煤炭行业管理信息化水平迈上新台阶。

（王德善）

【煤矿用工管理】 2017年，山西省煤炭厅构建全省煤炭行业煤矿劳动用工管理体系，规范煤矿用工管理秩序，强化井下劳动定员和生产效率管理，开展违规转包承包行为排查整治，建立健全煤矿职业病防治制度，督促企业落实主体责任，保障从业人员职业健康。2017年内，全省培训考核“三项岗位”人员92259人次，组织开展安全监管执法和群众安全监督员培训500余人次，煤矿关键岗位职业教育入学注册11766人，举办2017年中国技能大赛——“晋煤杯”第四届全省煤炭行业职工职业技能大赛。煤炭职业技能鉴定62848人。

（王德善）

【煤炭产业环保】 2017年，山西省煤炭厅加大煤炭生态环保工作力度，加强煤矿建设项目初步设计环保“三同时”审查和煤矿能力核增环保审查。提升煤炭洗选标准，提高煤炭入选率，改善矿区生态环境。完成中央环保督察整改任务，加强煤质管理工作，出台煤炭生产和销售质量管理办法，下发劣质煤销售管控方案，加强高硫高灰民用散煤销售管控，加强农村地区民用清洁煤供给，对7座开采高硫煤层煤矿进行整改，完成中央环保督查反馈的各项任务。

（王德善）

【煤炭现货交易平稳】 2017年，中国（太原）煤炭交易中心（简称交易中心）加快发展煤炭交易和会议展览，推动子、分公司发展，开创交易和会展事业发展新格局。通过健全制度、简化流程、优化服务、提升功能等多措并举，实现煤炭现货交易平稳快速发展。截至2017年底，平台注册交易商12722户，遍布全国31个省份。全年交易量21.51亿吨，同比增长80.90%；交易金额1.28万亿元，增长290.40%。从2012年2月23日开市至2017年底，煤炭现货交易总量累计达82.07亿吨，交易总额4.37万亿元，连续五年位居全国同行业第一。

（李海涛）

【大区域煤炭交易平台构建】 2017年，中国(太原)煤炭交易中心通过政府推动和服务吸引，在省内煤炭主产地忻州、临汾、长治建立煤炭交易分中心以巩固省域内交易基础，与唐山曹妃甸港合作成立中太北方供应链管理有限公司以吸引省域外资源入市，在深圳前海成立中能电子商务（深圳）有限公司以尝试开展跨境电商，实现贴近资源，贴近市场，前移功能，延伸服务的目标，巩固“晋、陕、蒙煤炭交易市场联盟”，开展市场间合作，实现信息互通，资源共享。

（李海涛）

【煤炭交易会】 2017年12月6日至8日，中国（太原）煤炭交易中心2018年度煤炭交易大会（以下简称“太交会”）在太原召开。自2013年国家实行电煤由供需双方自主协商定价政策后，交易中心根据国家煤炭产运需衔接方式改革精神，连续六年召开年度煤炭交易大会，承办两年全国煤炭产运需衔接合同汇总会。截至2017年底，煤炭“太交会”注册商标、品牌影响力在全国日益增强，在煤炭产运需有效衔接方面发挥作用，得到国家、省相关部门的肯定和广大交易商的认可。搭建产运需企业交易和信息交流平台，推动煤炭供需企业签订年度中长期交易合同，创新煤炭营销模式，降低煤炭交易成本，优化资源配置效率，促进全省产业转型升级。会议期间举办包括开幕式暨高峰论坛、交易业务说明会、交易类、物流类、市场体系建设类、金融类、展览展示以及文化艺术等八大类28场活动，来自省内外500余家煤炭供运需企业参会，其中包括山西大型煤炭生产企业、全国大型电力企业、知名钢铁企业、化工建材企业及重点港口、金融机构等，近万人参与会议组织的各项活动。

（李海涛）

【煤炭交易服务体系完善】 截至2017年底，中国（太原）煤炭交易中心自主研发的集交易、结算、信息、物流、金融、信用评价服务于一体的煤炭电子商务平台历经三次迭代，通过“互联网+”实现煤炭供应链的电子商务化，功能日趋完善；推行定制化交易服务，年度、日常、专场交易模式和挂牌、招标、拍卖交易方式完善；自主研发移动商务客户端，匹配物流服务和金融服务，获取煤炭及其关联产业信息。

物流服务方面，交易中心落实与太原、郑州铁路局等铁路部门签订的战略合作协议，巩固和发展定期协调新机制，从煤炭物流、电商平台、物流基地建设等方面拓展合作空间，实现资源共享，促进煤炭交易合同与铁路运力高效衔接。在全国范围内布点布局，先后在河南、江苏、山西、湖北、山东、河北等6个省份，设立10个煤炭交收仓库。与铁路部门首次签署《煤炭交收库铁路运输合同》，按照交易合同，配置铁路运力85万吨。参与制定省政府《关于推动交通物流发展的实施意见》《关于现代物流发展的实施意见》。整合线上线下运营，形成服务于煤炭供需及物流企业的现代化物流服务网络。作为国家首批无车承运人试点的交易中心云启正通公路物流服务平台，全年签约注册经纪人1378户，累计运行线路144条，整合社会运力3.20万辆，承运煤炭138万吨，运费结算16679万元，平台功能提升，数据规模和规范程度省内排名第一，位居全国前二十，成为国家级首批骨干物流信息平台，入选省经信委社会物流统计省级重点物流企业。

信息服务方面，形成信息产品研发推广新机制，通过立体化设计，多途径推广，为交易商提供煤炭市场周报、季报、年报，煤炭信息速递，煤炭新闻时讯和煤炭市场蓝皮书等多元化信息产品，提高市场接受程度，提升行业影响力。交易中心建立门户网站、移动商务客户端、电商平台、微信公众号等多种信息发布渠道，其中微信公众号关注用户达5万余人。“中国太原煤炭交易价格指数”体系获得优化，连续发布237期，对企业公平交易、合理定价起到参考作用，成为煤炭主产地现货价格的晴雨表和风向标。自主研发达到国内领先水平的《煤炭质量升贴水标准》，成为煤炭供需企业日常处理纠纷的参考依据。

金融服务方面，资本运作取得新成果，通过与14家金融机构合作，以先进的支付结算系统、完善的结算业务制度，为交易商提供便捷、高效、安全的第三方支付结算服务。截至2017年底，煤炭交易累计结算金额超过4900亿元，2016年底分中心结算业务实现上线。金融产品推陈出新，资金监管产品“易付保”一经发布即得到市场广泛关注和好评，“煤炭订单融资”“票据池融资”“仓单融资”和“应收账款融资”等融资服务产品应用层面更广，用户体验更优。 （李海涛）

【煤炭营销创新】 2017年，中国（太原）煤炭交易中心交易平台相关技术成果获国家版权局颁发的软件著作权，连续三年通过国家ISO27001信息安全管理体系认证，被山西省科技厅鉴定为科技成果国际领先水平。能源大数据平台正式启动，整合煤炭交易、信息、物流、金融数据，打通煤炭供应链，对煤炭产业宏观调控、生产调度、消费预测等多方面提供支持，成为交易中心运营模式转型升级的新引擎。

多层次交易市场体系建设完善，通过探索期现结合业务，开展课题研究，推进市场培育。2017年11月2日，交易中心煤炭期现结合产品——“期现通”正式上线，特别交易商弘业资本与鄂尔多斯伊兴煤业通过煤炭“期现通”产品完成秦皇岛港4.5万吨动力煤交易。

创新集装箱煤炭多式联运交易，交易中心响应国家发展集装箱多式联运的政策号召，顺应政府环保要求，帮助企业解决煤炭运输困难和污染问题，探索集装箱煤炭清洁运输新模式。截至2017年底，集装箱煤炭多式联运首列试运行，实现“煤不落地”“门到门运输”，带动公路全流程交易量的提升和金融产品的应用推广，为交易中心转型发展提供新动能。 （李海涛）

【晋能集团煤炭主业】 2017年，晋能集团有限公司（简称“晋能集团”）资产总额2720亿元，资产负债率79%，在册员工9.62万人。

2017年，晋能集团煤炭产量完成7366.20万吨，同比增长3.20%；发电量完成189.70亿千瓦时，比上年增长18.40%；售电量完成75.80亿千瓦时，同比增长10.30%；清洁能源发电量完成13.90亿千瓦时，同比增长56.30%；煤炭贸易量完成1.60亿吨，同比增长22.80%；营业收入完成1026亿元，同比增长47.30%；实现利润16.40亿元，同比增加13.80亿元；上缴利税97.20亿元；工业增加值完成204.30亿元，同比增长21.50%。完成国资委考核指标。全员劳动生产率和先进产能占比指标基本实现；净资产收益率由负转正，趋势向好；约束性指标达标，否决性指标事件没有发生。集团产业实力增强。煤矿投产产能、电力投产装机在全省名列第三；清洁能源装机全省第一；主要产品市场竞争力增强；营业收入重新跨入一千亿元行列，在省属企业中排名靠前。2017年3月30日，晋能集团王家岭煤业公司500万吨/年矿井及配套选煤厂项目通过矿井项目竣工综合验收。5月14日，晋中超高效异质结光伏电池组件项目投产。

煤炭产业贡献突出，基础地位稳固。全年5座矿井竣工投产，新增产能760万吨；4座矿井进入联合试运转，形成产能450万吨。全年入选煤炭3666万吨，入选率49.80%，同比提高10个百分点。煤炭产业实现利润39亿元。电力产业在逆境中前进。大土河热电厂1#机组投产，新增装机35万千瓦。降本增效，控制亏损。拓展市场，与太钢集团签订中长期50亿千瓦时电量直接交易协议；发挥全省最大供热企业优势，延伸拓展能源产品服务。地电公司推进电网改造工程，9县（区）城网、8县（区）农网改造工程完工；吕梁局域电网建设推进，中铝华润项目调试供电，为中铝项目落户山西提供支持。清洁能源产业技术引领、优势凸显。光伏、风电5个项目投产，新增装机16.30万千瓦；晋中2吉瓦（一期100兆瓦）高效异质结单晶电池组件项目投产运行。贸易物流产业向市场化贸易转变。成立煤炭贸易管理局，明确集团、市公司、贸易公司权责定位，结束公路、铁路、多元多头管理贸易物流业务局面。发挥集团贸易优势，以销带贸、以贸促销，保证全年集团煤炭正常销售，维护煤矿正常生产秩序。各贸易公司拓展采购范围，市场煤采购量同比大幅增长。加强与战略用户、重点用户、终端用户合作，全年签订中长期合同4863万吨，兑现率提高10个百分点。集团全年完成贸易量1.60亿吨，实现销售收入512.60亿元。万景嘉苑、坤泽十里城等8个重点项目顺利推进，晋城兰煜龙湾等3个项目竣工验收，朔州壹号公馆有效盘活。市场营销力度加大，万景嘉苑一期市场销售取得成效。全年实现销售收入20亿元，实现利润2.30亿元。装备制造产业做实做强。拓展非煤市场及煤机大修、个性化配件市场，参与新能源建设项目，向明智装在新三板挂牌。文化旅游产业按照省政府安排，在人事和资产冻结情况下抓好运营，等待划转。

（王　丽　李慧芳）

【晋能集团绿色发展】 2017年，晋能集团清洁能源产业光伏制造国际领先，风光发电居全省前列。发电装机100.70万千瓦，在建装机129万千瓦，总装机229.70万千瓦。建成吕梁文水1.30吉瓦光伏电池和组件、晋中2吉瓦（一期100兆瓦）异质结晶硅高效光伏电池组件项目，光伏组件制造产能140万千瓦，在建制造产能46万千瓦。光伏制造完成从高效多晶到背钝化到异质结三次技术升级，电池转换效率达22.50%，进入世界前5%先进产能行列，保持世界领先水平。2017年，清洁能源公司进入中国光伏组件企业20强。

煤炭产业办矿理念先进，先进产能占比高。拥有生产矿井65座，试生产矿井4座，全部实行一井一面、用人少、装备先进和综合机械化生产，产能7720万吨/年；建设矿井33座，产能2685万吨/年。生产矿井能力在省属国有企业排名第三，仅次于同煤集团和焦煤集团。年煤炭贸易量超1亿吨，用户覆盖全国主要煤炭消费市场。在河北、河南、山东等地拥有8个省外公路煤炭超市；在大同、忻州、吕梁等市拥有17个省内煤炭储配中心；专业化物流车队拥有自购车辆1060辆，整合社会车辆7859辆；在太原、北京、郑州三个铁路局和神黄线上拥有104个铁路发煤站点、5条铁路专用线。

电力产业突出节能环保，实现超低排放。以低热值煤发电和热电联产为主，在役运行电厂8座，装机达到558.20万千瓦。在建控股电厂3座，装机237万千瓦，总装机795.20万千瓦，全部实现超低排放，热电联产装机达60%以上，承担供

2017年，晋能集团装备产业公司生产车间一角　（王　丽供图）

2017 年，晋能集团平鲁光伏发电场一角　（王　丽供图）

热面积达到 4260 万平方米，为全省最大；配电网覆盖吕梁、临汾、朔州 3 个地市 12 个县，供电区域 2.30 万平方千米。在建火电项目全部建成后，每年消耗集团燃煤（含低热值煤）5000 万吨以上，真正确立煤电一体化优势。吕梁局域电网建设推进，中铝华润项目调试供电，为中铝项目落户山西提供支持。

房地产业板块化经营格局形成，产业优势显现。成立晋能房地产公司，对集团所属的房地产企业进行整合。集团控股房地产开发企业 22 个，资产总额 132.50 亿元，11 个开工建设和竣工销售的运营项目总用地 122.60 公顷，总建筑规模 461 万平方米，预计总投资 224 亿元。2017 年计划完成投资 15.90 亿元。全年实现销售收入 20 亿元，实现利润 2.30 亿元。山西国际金融中心项目获“中国最具投资潜力商业地产项目”奖。

（王　丽　李慧芳）

【晋能集团安全生产】 2017 年，晋能集团安全生产管理水平提升。“三基”工作夯实。基层建设方面，健全以矿长为首的安全生产管理团队，以总工程师为首的技术管理团队，以区队长、班组长为首的现场管理团队；加强探放水、瓦斯抽放、机电、瓦检、安监等基层专业化队伍及技术骨干、技能人才队伍建设；区队长、班组长的选拔任用严格，标准化区队和优秀班组建设推进。基础工作方面，健全安全风险分级管控和隐患治理双重预防机制，完善《安全红线管理制度》《安全绩效考核办法》等制度；安全生产标准化达标工作推进，3 座矿井通过国家验收，17 座矿井达到一级标准，21 座矿井达到二级标准；现场安全生产标准化动态达标和职工操作规范化达标水平提升。基本素质方面，组织举办“安全生产 1 号文件”解读、“矿井瓦斯等级鉴定”等培训班，累计培训各类安全管理人员 2264 人；开展技术比武、技能竞赛，生产一线职工参与率达 95%以上。推进防治水分区管理，63 座矿井分区管理方案通过集团评审。在 11 座高瓦斯、突出矿井，采用“两堵一注”封孔等先进工艺，增强瓦斯抽采效果。召开井下电气安全管理示范矿井现场会，提升煤矿机电管理水平。晋能电力、清洁能源、贸易物流、房地产业、装备制造、文化旅游及多经产业科学确定安全管理重点，危险源控制、薄弱环节管理、应急救援等工作得到加强。安全检查和隐患排查治理推进。开展全覆盖、不间断安全检查和隐患排查，累计督查矿井 260 次、地面生产经营单位 420 次，发现问题 6453 条，整改隐患 6414 条。开展煤矿管控问题专项整治行动，对未实现“三真”管理的 10 座煤矿进行停产整顿。安全责任落实。执行安全生产挂牌责任、领导干部值班带班跟班、“周四安全活动日”、地面单位周安全巡查和车间网点走动式安全管理等制度；健全各级领导班子成员下井、下基层工作的统计体系、周通报和督导考核制度，对领导干部纪律作风实行制度化、常态化管理，提高现场管控水平。（王　丽　李慧芳）

【晋能集团企业改革】 2017 年，晋能集团产业架构基本成型。推进专业化重组，形成煤炭、电力、清洁能源、贸易物流、房地产业、装备制造、文化旅游、多经产业八大板块。组织架构适应性增强。“集团公司+板块公司和市公司+实体公司（厂、矿、站）”的管理架构基本确立，“三级架构、两级管理”运行体制趋于成熟，形成机构扁平化、运行高效化管控格局。集团机关机构调整优化完成。设置 20 个职能部门、3 个专业管理局、10 个直属机构，增补职能和弱项。二级公司机构改革推进。“瘦身健体”工作取得成效。启动“瘦身健体”工作，全年压减法人 368 个，累计压减法人超过 600 个，将管理层级压减到三级，保留少数四级法人，基本消灭五、六级法人。国企重点改革任务完成。完成 133 家全民所有制企业改制任务；厂办大集体改制工作达到进度要求；晋能清洁能源科技公司完成股份制改革；其他改革工作按期完成。公路销售体制改革职工分流安置任务收官。

（王　丽　李慧芳）

电力工业

【概况】 国家电网山西省电力公司（简称国网山西省电力公司）是国家电网公司全资子公司，以电网规划、建设、运行管理及电力调度、经营等为主营业务，资产总额 823.49 亿元。截至 2017 年底，员工 2.88 万人，下设 11 个市供电公司、102 个县级供电公司，供电区域覆盖山西省除 12 个趸售县以外的 108 个县（市、区），直供营业区面积13.55万平方千米，直供用电客户1076.76万户，承担向京津唐、河北、江苏、湖北、山东等地外送电力的重要任务。

截至2017年底，山西电网总装机80693.777兆瓦。按调度单位划分，江苏省调装机容量3300兆瓦，为阳城电厂，以点对网方式送江苏电网；华北网调直调机组容量5920兆瓦；省调装机容量66655兆瓦；地区小电厂合计容量4818.78兆瓦。省调机组按机组性质划分：火电机组172台，容量48545兆瓦（其中供热机组119台，容量30335兆瓦，占比为62.48%；空冷机组137台，容量40175兆瓦，占比82.75%；循环硫化床机组67台，容量12085兆瓦，占比为24.89%），占比72.83%；风电场89座，容量8906.80兆瓦，占比13.36%；光伏电站90座，容量4950.20兆瓦，占比7.44%；水电厂4座（含抽水蓄能），16台，容量2288兆瓦，占比3.43%；燃气机组9台，容量1845兆瓦（全部供热），占比2.76%；煤层气电厂1座，容量120兆瓦，占比0.18%。

2017年，有省电力公司220千伏及以上电压等级变电站257座，主变577台(含换流变24台)，变电容量133068.69兆伏安（含换流变容量9723.12兆伏安）。其中：1000千伏交流特高压变电站3座，变压器5台，容量15000兆伏安；±800千伏直流特高压换流站1座，换流变24台，容量9723.12兆伏安；500千伏变电站23座（含榆社开闭站），主变43台，容量37500兆伏安；220千伏变电站230座，主变505台，容量70845.57兆伏安。

2017年，有省电力公司220千伏及以上输电线路802条，线路长度24306.68千米（不含过境跨省输电线路）。其中：1000千伏交流特高压线路9条，境内长度1283.92千米；±800千伏直流特高压双极线路2条，境内长度615.82千米；500千伏线路93条，长度6000.42千米；220千伏线路698条，16406.52千米（其中省调线路608条，15032.41千米）。另有过境跨省输电线路（资产属于国网公司、华北分部及浙江公司等单位）42条，全长15761.48千米，山西境内长度5404.89千米。

新能源并网装机增长，保障芮城、阳泉光伏领跑技术基地投运，累计新增光伏装机263万千瓦，新增风电装机100万千瓦，新能源装机突破1400万千瓦。（龙　云）

【电网投资与建设】 2017年，国网山西省电力公司完成固定资产投资97.78亿元，其中电网投资82.54亿元。在国家大气污染防治行动计划12条重点输电通道中，山西省境内有7条，其中国网山西省电力公司负责建设管理特高压工程项目5项。截至2017年底，山西负责建设管理的“两交三直”（蒙西—晋北—天津南、榆横—晋中—潍坊1000千伏特高压交流输变电工程，灵州—绍兴、山西晋北—江苏南京、内蒙古上海庙—山东临沂±800千伏特高压直流输电工程）5项工程，途经山西省8市40县，总投资228.36亿元，“三站五线”（新建晋北、晋中2座变电站，变电容量900万千伏安，晋北1座换流站，换流容量800万千瓦，线路总长1978.70千米）建成，各项工程进度符合国家电网公司制定的里程碑进度计划，安全质量管控到位，未发生安全、质量事件。特高压交直流工程竣工，标志山西电网迈入交直流混联大电网时代，外送输电能力达3830万千瓦。

500千伏北电南送“西通道”全线贯通，“三纵四横”主网架正式形成。加强规划和前期工作，滚动优化“十三五”电网发展规划，晋北特高压配套电源改接工程通过可研评审，蒙西–晋中交流、陕北–湖北直流前期手续全部取齐，晋中东等3项500千伏项目取得核准。推进配电网建设，提前打赢新一轮农网改造升级“两年攻坚战”，累计完成4.50万眼机井通电、1491个小城镇（中心村）电网改造升级、460个自然村通动力电任务，农网供电能力和农村电气化水平提升。帮扶昌都电网实现升级换代。强化工程质量管控，运城东500千伏变电站工程获国家优质工程奖并入选“中国安装之星”。（龙　云）

2017年12月5日，国网山西电力青年志愿者服务队走上街头，开展青春光明行系列活动（龙　云供图）

【电力工业经营管理】 2017年，国家电网山西省电力公司完成省内售电量1512.87亿千瓦时，比上年增长13.04%；外送电量351.15亿千瓦时，同比增长20.31%。电网频率合格率100%；城市供电可靠率完成99.94%，较计划提高0.005个百分点，用户平均停电时间(5.594小时/户)同比减少

3%；农网供电可靠率完成 99.74%，比计划提高 0.0025 个百分点，用户平均停电时间（22.64 小时/户）同比减少 8.5%；城市综合供电电压合格率完成 99.99%，比计划提高 0.003 个百分点；农网综合供电电压合格率 99.93%，比计划提高 0.38 个百分点。

股份制交易机构规范运营，注册各类市场主体 1028 家，直接交易电量 526.59 亿千瓦时，降低客户用电成本 31.28 亿元。全国首个调频辅助服务市场启动试运行。首批增量配电试点项目取得突破，综改示范区、工业新区项目进入混合所有制公司组建阶段。推进国资国企改革，打开合表用户 60.50 万户，“两供一业”分离移交协议签订率 92.90%，超额完成年度目标。

开展“十大管理创新工程”，实施 105 项重大重要管理创新项目，《基于协同高效和集约贯通的督办体系研究与实践》等 7 项成果获国家电网公司管理创新成果奖。深化“双创”，开展大数据分析应用大赛、职工技术创新大赛等活动，两个项目分别获全国电力职工技术创新一等奖和国网公司青创赛金奖，35 项成果获省“五小”竞赛优秀成果奖。推进基层基础和机关本部建设，推广应用 159 项典型经验，建成 159 个“全能型”供电所，41 项小型基建工程投入使用，基层软硬件水平提升；整改各级机关本部 377 项短板，提炼推广 26 项优秀案例，推进“一清理三加强”制度体系建设，“五型”本部建设转入常态化。

（龙 云）

2017 年 12 月 4 日，国网山西电力员工在“煤改电”工程现场，为用户进行表计倒接、模块更换和表号核对工作
（龙 云供图）

【电力工业安全生产】 2017 年，国家电网山西省电力公司组织安全生产大检查、安全生产问题清单梳理等专项行动，排查整治各类隐患 1.09 万项。实施现场安全管控，把保障人身安全、杜绝人身事故作为首要任务，推行军事化管理和危险点管控，开展安全督（纠）察 1.38 万次，覆盖现场 1.53 万个，确保现场作业平稳有序。提高大电网驾驭能力，深化交直流大电网运行分析和风险管控，科学安排电网运行方式，应对恶劣天气频发、负荷屡创新高等多重考验，确保电网安全运行和电力可靠供应。推行设备运维改造，启动整站整线五年滚动综合整治，开展“双百创优”，治理 100 座老旧变电站，完成所有 35 千伏及以下跨高铁线路改造，输电线路故障停运率同比下降 16%。组建多专业联合运维保障团队，确保雁门关换流站平稳运行。（龙 云）

【电力营销与服务】 2017 年，国家电网山西省电力公司拓展线上办电渠道，高压客户平均接电时间缩短 9 天，净增接电容量 1283 万千伏安，省内售电量增速排名国网公司第三。开拓新兴市场，电能替代电量 52 亿千瓦时，拉动售电量增长 3 个百分点。投运 40 座高速快充站，形成覆盖省内国家级高速公路的“两纵三横”充电服务网络。制定“多表合一”地方标准，新增一体化采集 10 万户。推进“三高”治理，线损合格台区占比达 91.60%，平均线损率下降 1.84 个百分点；整治 300 条高掉闸线路，10 千伏线路停运率下降 73.53%；业扩结存占比压降至 21%，低于国网平均水平 19 个百分点。完善电费管理，月均预付电费占比达 80%，电费回收率保持 100%。

对接国发 42 号文件，促成国网公司在央企中首家出台支持山西资源型经济转型发展意见，细化制定 21 条举措，得到省政府通报表扬。服务脱贫攻坚，国家首批 582 座分布式和 10 座集中式光伏扶贫电站全部并网，累计支付电费 2.56 亿元。实施定点扶贫，58 个村、2679 户、7436 人实现脱贫。服务人民用电需求，3.30 万户“煤改电”配套电网工程提前投运，推广电采暖近 1000 万平方米。“网上营业厅”注册用户 781.70 万户，居民智能交费实现全覆盖。11 个地市供电服务指挥平台上线应用，快速响应能力提高。服务新能源发展，制定促进新能源消纳“17 条”，保障阳泉、芮城光伏领跑基地投运，消纳新能源电量同比增长 33.40%，实现弃风弃光电量和弃风弃光率双下降。

开展光伏扶贫工程，专项投资 2.33 亿元用于公司经营区域内光伏扶贫项目接网工程。开辟绿色通道，做到“三优先”，即优先开展并网服务、优先安排接网工程投资、优先建设配套电网，落实项目前期、计划安排、资金预算和物资供应，保证国家安排的 70.96 万千瓦村级光伏扶贫电站和省政府安排的 1.70 万千瓦贫困户屋顶光伏扶贫电站的按期并网，帮

扶贫困户约4.80万户。（龙　云）

【科技创新体系和组织架构】 2017年，国家电网山西省电力公司印发科技创新平台建设方案，健全省、市（包括直属单位）两级科技委员会，建立省公司专家咨询机制，推动国网山西电科院成立院级学术委员会，建立以学术委员会为核心的科技创新管理体系和组织架构。新组建5支科技攻关团队，完成省公司12支攻关团队布局。3个省部级实验室完成三年发展规划编制，9类41项实验项目通过CNAS实验能力认证复审，“电网设备影像诊断技术实验室”完成120平方米实验场地的建设和第一批仪器设备配置。（龙　云）

装备制造工业

【概况】 2017年，山西省装备制造业完成工业增加值434.90亿元，比上年增长13.90%；实现主营业务收入1826.80亿元，同比增长17.50%；拉动全省工业经济增长1.40个百分点。8个主要行业工业增加值全部呈增长态势。其中：汽车制造业实现工业增加值44.90亿元，同比增长95.70%；铁路船舶、航空航天和其他运输设备制造业实现工业增加值27亿元，同比增长23%；仪器仪表制造业实现工业增加值5.40亿元，同比增长25.70%；专用设备制造业实现工业增加值39.40亿元，同比增长18.70%；计算机、通信和其他电子设备制造业实现工业增加值211.30亿元，同比增长9.40%；金属制品业实现工业增加值44.70亿元，同比增长3.90%；通用设备制造业实现工业增加值29.10亿元，同比增长3.80%；电气机械和器材制造业实现工业增加值33.10亿元，同比增长2.20%。全省装备制造业呈现稳中有升，整体向好态势。

（周继祥）

【装备制造重大科技成果】 2017年，太重煤机公司获三项国家级科技大奖。在2016年中国机械工业科技大会上，太重煤机公司自主研发的“MG1100/2860-WD大功率大采高电牵引采煤机的研究与应用”项目，获2016年度中国机械工业科学技术二等奖；“煤炭综采成套装备智能系统开发与示范应用”项目，获评为“十二五”机械工业优秀科技成果项目；“综采装备创新团队”，获“十二五”机械工业优秀创新团队奖。

山西煤机公司获中国煤炭工业科学技术一等奖。在中国煤炭工业协会和中国煤炭学会组织的表彰会上，山西煤机公司研制的国内首套具有自主知识产权的千万吨级综采工作面智能型输送系统获中国煤炭工业科学技术一等奖。该系统共取得专利23项。其中，发明专利4项，软件著作权5项，制定企业标准3项，在国内煤炭高端装备制造与应用领域实现重大突破，是一项具有自主知识产权、世界领先水平的智能化运输技术与装备，对实现大型运输装备智能化、无人化高效开采和推动煤炭科技进步具有引领作用。

太原理工大学在水中机器人大赛中有两个项目获奖。在安徽省举行的第十届国际水中机器人大赛中，太原理工大学现代科技学院的两支参赛队分获“全局视觉组—水球2V2”和“工程项目组—助老服务”两个项目的一等奖和二等奖。

山西队选手在全国机器人大赛中获奖。在2017年中国技能大赛——“埃夫特·栋梁杯”第二届全国工业机器人技术应用技能大赛中。山西代表队6名选手发挥稳定，再创佳绩，共获得个人二等奖2项、三等奖2项以及“团体总分奖”“优秀组织奖”。

中国重汽集团大同有限公司获“第二届山西省质量奖”。10月9日，在山西省质量大会上，中国重汽集团大同有限公司凭借“卓越绩效管理”为基础，实施“精品工程”为核心，“全员开展精彩二件事”，进行“QCD改善”等独有特色的质量管理模式，获“第二届山西省质量奖”。

太重创新产品获两项重大奖励。在“创响山西”系列推选活动中，太重创新产品获两项重大奖励。其中：“海上5MW风力发电机组”获评为最具投资价值品（项目）第一名；“时速350公里中国标准动车组轮轴”获得特别奖第一名。

寿阳县光伏发电应用领跑基地项目上优选名单。在国家能源局网站公布的2017年光伏发电领跑基地优选结果名单中，寿阳县光伏发电应用领跑基地项目榜上有名。该基地规划总装机容量100万千瓦，共9个电站，总投资80亿元，总占地面积3.80万亩，绝大部分为未利用地，分两期建设。一期规划建设装机规模为50万千瓦，共5个电站，用地总面积18673.95亩。（周继祥）

【装备制造重点投资项目】 2017年，山西省最大的集中式光伏项目——芮城县光伏示范领跑技术基地开工建设。该项目是全国光伏领跑技术八大基地项目中唯一获批的县级项目，也是省、市重点项目，总装机容量102万千瓦，建成后将成为山西省光伏先进技术示范区、农光林光互补示范区和观光旅游示范区。

阳煤集团煤机装备研究院成立。标志着阳煤集团煤机装备制造业走上专业、合作、转型之路。研究院实行院长、所长负责制，拥有65人的研发设计团队。其中，高级工程师20名，工程师35名。主要技术顾问专家来自著名大学与科研机构。

首家电动汽车充电站——运城南村电动汽车充电站一期工程施工任务完工。该充电站位于运城解放北路与北高速十字路口西北角。由国网山西运城供电公司与中国石化销售有限公司山西运城石油分公司共同合作建设。该充电站全部施工任务为建设5台120千瓦一体式双枪直流充电桩，分为两期完成。

太原万柏林区高新技术产业园无人机基地项目奠基。该项目为太原市在城市规划、交通管理、农林水利、公安缉毒、应急指挥等领域提供无人机设备及服务。无人机基地集研发、生产、制造、服务、交流于一体，分为两期建设。其中，一期用地面积为8929平方米，二期用地面积为5762平方米。

在第二届北斗民用推进会上，山西北斗导航数据中心被中央军委联合参谋部中国卫星导航定位应用管理中心正式颁发"国家北斗导航位置服务数据中心山西分中心"牌匾，成为北斗导航民用分理级运营和终端级（无源）服务双资质单位。山西北斗数据中心作为军地共建、军民融合项目，在基础设施、硬件设备、软件系统、人才队伍、业务资质、核心能力、品牌形象和示范应用等各方面取得成效，得到国家北斗导航主管部门的认可及高度评价，成为北斗行业高效率、高质量建设和推广应用的示范项目。

太重集团公司获批两个新的院士工作站：太原重工轨道交通设备有限公司院士工作站、太重煤机有限公司院士工作站。（周继祥）

【装备制造业务新突破】 2017年，"风云三号D"气象卫星在太原卫星发射中心发射升空。11月15日2时35分，中国在太原卫星发射中心用长征四号丙运载火箭，成功将"风云三号D"气象卫星发射升空，卫星进入预定轨道。"风云三号"气象卫星是中国第二代极轨气象卫星，可实现全球、全天候、多光谱、三维、定量遥感。

中国首套煤炭综采高端输送国产化设备在忻州下线。井下工作面转盘式工转破一体机系列产品在忻州阳煤忻通公司正式下线。其中，直角转弯大功率重型刮板输送机填补国内煤炭综采高端输送国产化设备的空白，其技术迈入国际煤机制造领域的高端舞台。该设备由阳煤忻通公司与德国布朗公司共同研制，集综采工作面输送、转载、破碎功能于一体，实现从工作面到采区顺槽不需转载的连续运输，简化设备配套环节，有助于减少底链回煤和井下煤尘浓度。其设计的转盘式导向结构实现链条刮板输送的连续直角变向运动，新型双面组合式中部槽极大延长设备寿命，可拆卸的链轮齿排降低使用成本。中国煤炭机械工业协会副理事长关树强认为，其技术在国际上处于领先地位。

太原重工股份有限公司被工信部确定为第一批制造业单项冠军示范企业。是山西省唯一入选企业。

永济电机公司为宝兰线提供动力。由永济电机公司提供牵引辅助变流器、牵引电机的5列CRH5G型动车组和装配永济电机公司牵引电机的6列CRH380B动车组，为宝兰线提供动力。针对宝兰新线特色研制的装配永济电机公司牵引辅助变流器和牵引电机的CRH5G型技术提升动车组，在宝兰高铁开通后服务于西安铁路局加开的各次高铁列车。

长治市成功集团与一微集团签订6亿元大单。在全国新能源汽车运营产业联盟成立大会上，长治市成功集团与一微集团签订5000台成功V2E纯电动物流车，共计6亿元大单，创成功集团史上新高。

山西电网光伏发电再创历史新高。最大发电电力达236.80万千瓦，占当时山西电网用电负荷的10.93%。山西省光伏装机容量达339万千瓦，较上年同期增长33.50%。

中车永济电机有限公司产品在美国展出。中车永济电机有限公司所生产的时速350千米中国标准动车组电机模型在2017美国铁路工业展览会上展出。作为专业研制电气传动和新能源动力产品、为全球用户提供电传动系统整套解决方案的企业，永济电机公司在该次展会上，展示推介代表世界先进水平的高速铁路动车组电传动系统，以及大功率机车和地铁轻轨电传动系统。

罗克佳华自主研发的污染源监控系统在多省投入应用。该系统实时监控全国重点污染源数千家，物联网设备接入上万台，是全国最大的物联网体系之一。其自主研发的"环保天眼"产品，通过网格布点锁定污染源，实现靶向治理。在北京、上海、天津、广东、山东、河南、贵州、山西等省份进行应用。

中国五矿化工进出口商会授予太谷县"中国玛钢外贸孵化基地"资格。这是中国五矿化工进出口商会在中国第一个玛钢基地，标志着太谷县玛钢铸造行业协会正式成为中国五矿化工进出口商会的成员单位，共建基地的落户为"太谷玛钢"走向国际增添一张新名片。

太原重工股份有限公司获质量管理体系认证证书。在全国质量管理体系升级行动推进会上，太原重工股份有限公司成为山西省唯一获得全国首批试点项目质量管理体系认证证书企业。为开展质量提升行动、加强全面质量管理，国家质检总局、国家认监委于2017年启动"质量管理体系升级行动"，重点选取航空、船舶、机械、汽车、石油石化、纺织、水电、港口运输、勘探设计、金融等21个行业的40多个项目作为"升级版"试点，山西省太重集团等国内31家企业获得首批试点项目质量管理体系认证。（周继祥）

【装备制造经济合作】 2017年，太重集团矿山设备分公司与俄罗斯极地黄金公司一次性签订近3亿元矿用挖掘机订单。

太重集团与晋能集团签署风电合作协议。晋能集团发挥清洁能源利用方面的优势，太重集团发挥设备优势，双方持续推进风电项目合作，共同开发新项目。

中车永济电机与太钢不锈钢股份有限公司组建"技术联合创新工作室"，签署战略合作协议。在轨道交通电机、风力发电机等材料选型和产品升级上开展合作、共同研发，形成选材、用材、制造等一整套技术解决方案，推进技术、产品衔接，实现共赢。

中车大同电力机车有限公司为"复兴号"动力车组提供"心动力"。6月26日，中国标准动车组"复兴号"

在京沪高铁上双向首发，中车大同电力机车有限公司为首发的两款列车提供牵引变压器产品。“复兴号”中国标准动车组有“CR400AF”和“CR400BF”两种型号，中车大同公司旗下中车大同ABB公司分别向两种型号的动车组提供牵引变压器产品。

太原理工大学与山西华翔集团股份有限公司展开合作，在临汾举行校企战略合作签约仪式。按照“优势互补、合作互动、互利共赢、共同发展”的原则，发挥双方优势和特色，拓展合作领域，提高合作水平，通过共建科研成果产业化孵化基地、材料成型技术与装备研究院、材料成型及控制工程、机械设计制造及其自动化专业“华翔班”、大学生实习实践基地、员工培养培训基地等，实现校企合作、产学共赢。

长治县人民政府与山西机电职业技术学院签订政校合作协议。根据协议要求，双方将在电子商务、机械制造、数控技术、电气控制等新兴产业创新方面建立多领域、多层次、全方位战略合作，共同推动双方互利共赢。位于长治县上党经济技术开发区的山西锦东融兴物贸有限公司与山西机电职业技术学院经贸管理系也签订合作协议，双方将在山西锦东融兴物贸有限公司合作建立“长治县大学生电商实训基地”，共同开展创新创业活动，实施电子商务人才培养，推动大学生创业项目孵化。（周继祥）

【装备制造行业建设】 2017年，太原市围绕先进装备制造、电子信息、新材料、新能源及新能源汽车等新兴产业以及智能制造、物联网、网络安全等重点领域，共筛选储备63户企业重点技术创新项目160个。其中包括装备制造36项，电子信息11项，智能制造、物联网、网络安全10项，新材料12项，新能源及新能源汽车7项。其中，智奇铁路设备有限公司《标准动车组国产化轮轴材料性能及组装技术研究项目》首次基于高速动车组轮对材质和性能指标定制国产化材料，并基于国产化材料和原产品图纸进行高速轮对制造；山西智杰软件工程有限公司《大数据技术在医疗数据的组织与管理中的应用项目》，通过多源多格式医疗数据的采集与融合，为基层医疗、网络医院、政府管理提供有效的数据支撑。

山西省经信委公布《山西省新能源汽车产业发展2017年行动计划》。山西省在税收、交通管理等方面实施优惠政策，推广新能源汽车使用。行动计划提出，鼓励各地因地制宜创新电动汽车商业运营模式，建立健全电动汽车融资、租赁、保险、物流、售后、电池利用等服务体系，提升新能源汽车使用便利性，通过商业模式创新，扩大私人领域新能源汽车应用规模。在新能源汽车税收优惠方面，对列入《免征车辆购置税的新能源汽车车型目录》的新能源汽车免征车辆购置税；对符合《关于节约能源使用新能源车船车船税优惠政策的通知》要求的新能源汽车免征车船税。实施差异化交通管理。实行新能源汽车独立分类注册登记，便于新能源汽车的税收和保险分类管理。在机动车行驶证上标注新能源汽车类型，便于执法管理中有效识别区分。改进道路交通技术监控系统，通过号牌自动识别系统对新能源汽车的通行给予便利。

大同供电公司实现公交、客运电动汽车市场全面覆盖。大同供电公司与各类电动汽车运营企业签订合作共建充电站协议10份16站，跟踪对接新增用户6家，实现公交、客运电动汽车市场全面覆盖。大同供电公司系统项目建成4个市内快充站、5个县区慢充站、12个高速公路服务区快充站项目，建成充电桩130个；集体企业加快推进公司签约合作共建的10家企业、16座充电站、300个充电桩的建设投运。大同市高速公路服务区、市区、县区各建成充电站13个，充电服务半径城市核心区不超5千米，县区不超60千米，充电时间大型车辆不超2小时，小轿车不超1小时，除公共领域以外，可满足全市不少于2000辆电动汽车的充电需求。

山西省标准化研究院主要起草及参与制定的6项地方标准正式发布并实施。分别为DB14/T1421.1-2017《信用信息共享平台第1部分总体框架》、DB14/T1421.2-2017《信用信息共享平台第2部分公共信用信息基础数据项》、DB14/T1421.3-2017《信用信息共享平台第3部分公共信用信息交换规范》、DB14/T1421.4-2017《信用信息共享平台第4部分法人信用信息查询报告范围》、DB14/T1426-2017《电梯更新的主要部件溯源管理规范》、DB14/T1427-2017《电梯报废的主要部件跟踪管理规范》，这些地方标准对山西省公共信用信息平台的建设及实现电梯主要部件更新报废的溯源管理发挥作用。

中国（太原）煤炭交易中心正式发布能源大数据平台，实现山西省能源信息在全国范围内的共享共用，为全国能源革命提供第一手宝贵资料。该中心结合成立近八年来的煤炭相关信息及2800万条煤炭交易数据，研发设计独具特色的能源大数据平台，该平台设置打通能源生产、存储、运输、消费各个产业链，通过对能源数据的汇集整理、挖掘分析，可以释放能源领域的数据价值，对能源产业的宏观调控、生产调度、消费预测等多个方面提供支持。煤炭慧眼模块可实现对煤炭生产、运输、消费、库存、进出口、价格等整个产业链数据的综合分析，为上下游企业提供实时分析数据，助力企业及政府部门、行业组织科学决策。

山西举办工业机器人技术应用技能大赛。2017年中国技能大赛——第二届山西省“栋梁杯”工业机器人技术应用技能大赛暨全国工业机器人技术应用技能大赛山西省选拔赛在山西机械高级技工学校举办。

山西省机电联合会教育分会成立。59所院校、150余名嘉宾参加成

立大会。（周继祥）

冶金工业

【概况】 2017年，山西省规模以上冶金工业企业375户，从业人员20.2万人。其中钢铁工业企业259户，从业人员15.14万人；有色金属工业企业116户，从业人员5.06万人。

主要产品产量完成情况：粗钢完成4430万吨，比比上年增长12.50%，高于全国6.83个百分点。其中：不锈钢完成413.60万吨，比上年增长0.34%；生铁完成3951.90万吨，比上年增长8.70%，高于全国6.87个百分点；钢材完成4335.40万元，同比增长1.30%，高于全国0.48个百分点。十种有色金属完成132.10万吨，同比增长9.66%，高于全国6.71个百分点。其中：电解铝完成98.50万吨，同比增长13.44%，高于全国11.87个百分点；精炼铜完成19.23万吨，同比降低1.69%，低于全国9.38个百分点；金属镁完成14.36万吨，同比增长2.27%，低于全国1.51个百分点，居全国第4位；氧化铝产量1928.26万吨，同比增长13.23%，居全国第2位；铝材产量48.09万吨，同比降低16.38%，低于全国25.91个百分点；铜材1.90万吨，同比降低26.47%；镁合金完成19.85万吨，同比增长5.56%；镁材完成4829吨，同比降低5.27%。

主要经济指标完成情况：全省规模以上冶金工业主营业务收入3270.70亿元，占全省的18.45%，比上年增长27.40%，高于全省1.70个百分点。其中：钢铁工业2367亿元，同比增长24.90%；有色金属工业903.70亿元，同比增长34.40%。全省规模以上钢铁工业增加值增速2.60%，低于全省6.40个百分点；有色金属工业增加值增速17.10%，高于全省10.10个百分点。冶金工业实现利润187.30亿元，占全省的18.30%，比上年增加150.20亿元。其中：钢铁工业实现利润136.40亿元，比上年增加119.20亿元；有色金属工业实现利润50.90亿元，比上年增加31亿元。

进出口贸易：全省钢材出口133.20万吨，比上年下降6.30%，出口值同比增长330%。其中，不锈钢出口96.80万吨，同比增长20.10%。出口镁及其制品4.30万吨，同比降低15.80%。铁合金和铜、铁、铬、锰等矿砂及其精矿的进口占外贸进口45.80%。不考虑富士康的进出口，太钢对全省进出口总值的贡献率为52.20%。

冶金行业经济运行情况。随着钢铁去产能的深入和取缔“地条钢”，钢铁行业供大于求的局面有所缓解，国内钢材市场波动上行。2017年CSPI国内钢材价格平均指数107.40点，同比上升32.37点，升幅为42.95%；CSPI长材价格平均指数112.73点，同比上升38.12点，升幅为51.09%，其中高线6.50毫米年平均价格增加1364元/吨，同比增长51.69%，螺纹钢（钢筋）16毫米年平均价格增加1350元/吨，同比增长52.84%；CSPI板材价格平均指数105.24点，同比上升27.12点，升幅为34.72%，其中中厚板20毫米年平均价格增加1087元/吨，同比增长40.02%。

电解铝现货平均价格为14495元/吨，同比增长18.20%。氧化铝价格现货平均价格为2904元/吨，同比增长39.70%。（康建基）

【冶金工业项目建设】 2017年，山西省最大限度地利用现有资源（包括自然资源、土地、厂房、人才以及生产过程中产生的废弃物等），达到合理生产规模，对产业链实施补链、延链，发展循环经济，用先进装备和技术改造传统产业，提升产品档次，促进企业可持续发展。实施供给侧结构性改革，瞄准当前短缺和未来需要，布局高端项目，加快科研成果转化为生产力的速度，进军新产业，推出新产品。

太钢集团袁家村铁矿采矿接续工程2017年3月建成投产；峨口铁矿露天转地下开采项目完成计划总投资的45.39%；电站锅炉用镍基耐热合金材料项目8月热负荷试车成功，进入批量生产阶段。启动建设年产千吨级的高端碳纤维二期工程，聚合、纺丝、碳化工序陆续投料试运行和全线顺利投产。高端碳纤维二期工程的关键设备实现百分之百国产化，并掌握核心制备技术。

首钢长钢1号焦炉于2月投产，4月并网发电。结束高炉焦炭“吃百家饭”的历史，焦炭成本全行业排名第2位，干熄焦率达97%以上。

山西晋南钢铁集团由立恒集团发起组建，按照“减量置换、装备升级、环保优先”原则，实施2×1860立方米高炉及配套2×150吨转炉、2×300平方米烧结项目。

山西建龙年产220万吨1500毫米热轧卷板4月顺利通板成功，160万吨850优特带钢工程2017年12月顺利轧制并成功卷曲。

中铝山西兴华科技公司一期二步35万吨/年铝基新材料项目高压溶出系统5月5日实现一次投料试车成功。

中条山集团尾矿综合利用制备建筑陶瓷项目8月18日在垣曲县低碳循环经济产业聚集区内奠基，总投资5.40亿元。

泰兴铝业15万吨/年氧化铝12月底建成投产，孝义田园化工120万吨/年氧化铝项目一期40万吨/年氧化铝和山西华庆铝业120万吨/年氧化铝项目一期45万吨/年氧化铝投产，推进奥凯达化工90万吨/年氧化铝项目、柳林森泽三期60万吨/年氧化铝项目建设。山西铝厂和山西炬华合作的铝基催化新材料项目的一期工程基本完成。孝义兴安化工240万吨/年氧化铝项目和东方希望晋中铝业100万吨/年氧化铝项目前期工作基本完成。（康建基）

【冶金工业提质增效】 太钢以市场化改革为切入点，发挥市场对产品质量的倒逼作用和对产品开发的牵引作用，严格按照价值和效益原则组织生产经营。在质量系统实施“产品工程师制度”，加强上下工序及各层级技术质量系统的协同；引入市场化质量考评机制，完善配套激励政策；深化服务型营销体制改革，敏锐发现市场，敏捷满足用户，积极发展战略客户，壮大终端客户群。强化反倾销预警机制建设，加强产品出口形势的分析研判，开拓国际市场，加大海外优质客户的开发力度，强化“一带一路”沿线国家的市场开发。2017年，太钢不锈钢的出口订单突破100万吨，比上年增长20%，占到全国不锈钢出口总量的45%。6月，中国工商银行以增资扩股方式注资太钢岚县矿业公司40亿元，这是全国第一单银行真正持股参与企业经营管理的市场化债转股业务。太钢的资产负债率不到70%。

首钢长钢完善优化矿铁、煤焦、铁焦三个“一体化”管控机制，铁成本与当期进口矿采购价格走势实现同步吻合，将采购成效转化成铁成本成效。借鉴铁前管控模式，健全完善“产销一体化”生产联系协作机制，销售中心挂钩轧钢工序成本考核，轧钢工序挂钩销售价格跑赢长材指数考核，营销能力稳步提升。2017年，钢材直销量115万吨，直销比例47.50%。最大限度使用财务公司商票置换高成本融资票，年内使用财务公司商票9亿元，比年初新增5.93亿元，下半年实现承兑汇票不贴现；财务费用同比降低7.30%，管理费用同比降低10.70%。

建邦集团推进“产量提升10%、成本降低10%、品种钢产量提高10%、人员优化10%、收入增加10%”的“五个10%”生存目标的实施。通过推动TnPM全员规范化生产维护项目补短板、引进新观念，在软实力上下功夫。不仅整体作业现场管理、设备维护保养水平得到明显改善，而且员工工作积极性得到激发，团队凝聚力和协作能力得到提升，企业的整体面貌发生较大改变。

山西建龙集团树立动态质量管理理念，推进自主管理和提案管理，让员工带着问题去工作，在工作中发现问题、分析问题、解决问题。公司围绕“管理数字化、数字责任化”，推进实施降本增效工程，将降本增效业绩与员工薪酬挂钩。

晋城福盛转变营销模式，推进重点铁路工程项目直供用钢及加强与施工单位战略客户紧密合作，不断对接新标准，及时满足客户需求，重点铁路工程项目供货量稳步提升。中标参建的铁路工程近20条，累计供货超过600万吨。

中铝山西新材料有限公司出台20项规定，提升基础管理水平。生产过程中，贯彻“上标准岗、干标准活、出标准产品”工作理念，严格工艺纪律，细化工作措施，强化过程控制，提高生产经营质量，氧化铝工艺参数合格率环比上升0.80%，标准产品合格率环比上升0.40%。创新经营模式，氧化铝板块开展大宗原材料大客户采购，大宗原燃料采购成本较目标值每吨氧化铝降低116.05元；电解铝板块99.85%铝锭生产销售工作取得新突破，吨铝创效310元。

中条山集团以经济责任制考核为抓手，以专业责任制考核为必要补充，运用现代化管理手段，补齐弱项，逐步集成制度、文化等管理要素，打造专业、高效、透明的综合管理平台。提出让利不让市场、让利不赊销或少赊销，探索通过寻找分销商等嫁接手段，适当转移市场风险。 （康建基）

【冶金工业节能减排】 2017年，太钢对3座焦炉大烟囱实施脱硫脱硝再净化处理。能源利用效率显著提高，万元产值能耗，吨钢综合能耗，新水消耗和烟粉尘、二氧化硫、氨氮、化学需氧量排放等主要指标居行业一流水平。近3年，太钢平均吨钢新水消耗量2.15吨，工业水重复利用率达98.50%以上，在全国冶金行业名列前茅。被工业和信息化部等部门评为2017年度行业水效领先水平的领跑者企业。每年处理回用城市居民生活污水近2000万立方米，减少城市COD排放5000多吨；推进生产过程余热回收利用，为省城太原提供供热面积达2200多万平方米，成为太原市集中供热的主要热源之一。

首钢长钢实施环保提标项目，将环保指标纳入企业绩效考核体系，攻关解决烧结脱硫灰处置难题，各类污染物指标达到特别排放限值要求。修订完善环境风险报告和突发环境事件应急预案，全年启动环境应急和重污染天气预警响应7次。

立恒钢铁以改善环境质量为核心，从强化源头控制入手，深度整治现场环境，2017年投资2亿元对现有环保设施进行升级改造，对厂区环境进行综合整治，开展绿化美化工作，打造“花园式”“森林式”的厂区环境。

建邦集团投资近亿元对综合原料场进行环保提标改造，将原来的露天料场建成全封闭料场，在棚顶建设光伏太阳能发电，形成光伏发电和节约土地的完美结合，实现经济效益和环保效益的高度融合，为改善区域环境质量起到推动和示范作用。

山西建龙在节能方面投入4.5亿元，对水、电力、煤气和压缩空气系统进行升级改造，新建100兆瓦高温超高压燃气发电机组、3万立方米制氧空分机组；在环保方面投入近3亿元，对烧结脱硫、高炉和转炉除尘、料场封闭等环保设备进行升级改造。

晋城福盛于5月13日起进行一周全面停产整改。对所有环保设备进行排查整修；对跑、冒、滴、漏部位进行全面排查处理，彻底整治厂区环境，实现厂容厂貌明显改观。

中条山集团实施污酸污水处理系统改造工程，通过改造，实现铜砷渣分离，形成富铜渣和富砷渣，降低砷渣等危废物的量，通过对富铜渣进行回炉，达到污酸废渣的资源化、减量化，降低废水中的F含量，处理后的外排水能够满足国家环保要求。

中铝山西新材料探索出适合孝义铝矿地质条件特有的“剥离—采矿—复垦”一体化复垦的新工艺，做到边开采、边复垦，形成矿山开采用地与复垦的良性循环，缩短土地破坏及复垦的周期。4月，山西分公司孝义铝矿西河底矿区、交口县孝义铝矿温泉乡联办矿两矿山被山西省国土资

源厅确定为第一批矿产资源节约集约与综合利用示范矿山。（康建基）

【冶金工业创新驱动】 2017 年，太钢发挥国家级技术中心和国家不锈钢重点实验室的优势，成功研发笔尖钢、高铁用钢、核电用钢、高端碳纤维等高精尖特产品。太钢高端和特色产品占钢材总量的比例不断提高，20 多个产品国内市场占有率第一，16 个产品国内市场独有。太钢的车轴钢市场占有率始终保持在 90%以上。太钢职工创新工作室达 30 多个，实现主线单位全覆盖。国家发改委公布全国国家企业技术中心 2017–2018 年评价结果，太钢技术中心位列全国第 14 位，居冶金行业和山西省第一位。太钢连续 6 年获评国家级创新示范企业，科技创新对企业的贡献率达 80%以上。

银光集团发挥国家级企业技术中心和镁合金国家地方联合工程研究中心的优势，成功实现镁合金高铁、地铁型材的大批量生产。2017 年下半年，银光镁业集团成功开发出镁合金精密挤压型材，成功列装 36 列高铁车辆、44 列地铁车辆。通过技术攻关，成功研发出性能高于国标 4 倍的铝镁轮毂产品。该种产品主要应用于卡车、10 米以上的大巴车。成功轧制出厚度为 1–200 毫米、幅宽为 1.5 毫米的 ZK61 镁合金板材(中宽幅板材轧制、高延展性能板材轧制系国家"十三五"重点研发项目)。成功研发出黑、白、兰、绿、粉红五种色彩的微弧氧化生产技术，弥补传统镁合金微弧氧化颜色单一的不足，为镁合金材料提供丰富的颜色选择。

中条山集团完成尾矿制备建筑陶瓷的开发利用，进入施工阶段。

建邦钢铁 2017 年实施各种技术创新项目 1444 项，年创效 3.47 亿元；中电投山西铝业巧用小改造，溶出磨机运转率同比提升 4.10%，氧化铝全年产量增加 8000 余吨。（康建基）

【冶金工业兼并重组】 2017 年 8 月 8 日，中国铝业山西分公司与山西华泽铝电有限公司实施合并重组，成立中铝山西新材料有限公司。山西建龙钢铁旗下子公司山西建龙实业有限公司和山西宏达钢铁集团决定联合成立山西宏达建龙实业有限公司，于 4 月 1 日举行揭牌仪式。11 月 19 日，山西晋南钢铁集团揭牌成立。该集团由山西立恒钢铁集团与山西星原集团重组成立。（康建基）

化学工业

【概况】 截至 2017 年底，山西省化学工业规模以上企业 253 户，资产总额 1840 亿元，从业人员约 16 万人，年转化煤炭约 2000 万吨，实现主营业务收入约 900 亿元，完成固定资产投资 560 亿元。

年内，化工产业各项产能都有所发展。煤化工方面，合成氨产能 650 万吨，居全国第三位；化肥产能 1200 万吨，其中尿素产能 1000 万吨，居全国第二位；甲醇产能 550 万吨，居全国第五位；潞安集团、晋煤集团分别建成煤制油和甲醇制汽油(MTG)示范装置；阳煤集团年产百万吨乙二醇项目(一期)、昔阳氯碱项目和化工新材料园区基本建成；同煤集团建成 60 万吨/年甲醇项目。

炼焦化产品加工方面：焦炉气制甲醇产能 270 万吨，居全国首位；尿素产能 122 万吨和合成天然气产能 2 亿立方米，均居全国前列。煤焦油加工能力和焦化粗苯精制能力居全国首位，其中煤焦油加工能力 278 万吨，产品主要有超高功率电极、针状焦、专用炭黑等 20 余种；粗苯精制能力 66 万吨，主要产品有苯、顺酐、富马酸、噻吩等。

盐化工方面：山焦盐化公司无机盐总产能 220 万吨，无水硫酸钠产销量世界最大，硫化碱、硫酸钡、硫酸镁等产销量均为全国第一，日化洗涤用品总产能 52 万吨，品牌价值、产销量位居全国前列。氯碱化工方面：烧碱产能 85.50 万吨；聚氯乙烯产能 76 万吨。

精细化工方面：翔宇公司的橡胶防老剂、青山化工公司的荧光增白剂产能规模、技术水平和市场占有率处于行业领先地位；三维集团的聚乙烯醇和 1,4–丁二醇、天脊集团的苯胺、山纳集团的氯丁橡胶等产品，在国内具有较高知名度；太钢集团建成国内首条 T800 级聚丙烯腈基碳纤维生产线。（张 平）

【化工产业布局】 2017 年，晋东基地依托当地丰富的无烟煤资源，以晋煤集团、阳煤集团、潞安集团、天泽集团等企业为龙头，形成全国最大的高浓度氮肥和复合肥生产基地；以潞安集团煤制油和晋煤集团 MTG 项目为核心，形成现代煤化工示范基地。晋中(南)基地依托优质焦煤资源和焦炭产业基础，形成以阳煤集团、焦煤集团等企业为龙头的炼焦化产品深加工基地，以山焦盐化、三维集团、青山化工、翔宇化工为代表的精细化工集聚区。晋北基地依托煤炭资源、黄河水资源、盐碱地资源等优势，建成同煤集团塔山园区和阳高化工新材料循环经济园区，同煤集团煤制天然气和烯烃项目进入实质推进阶段。（张 平）

【科研技术中心】 2017 年，山西省大型化工企业均建立科研技术中心，行业拥有省级企业技术中心 25 户，行业技术中心 2 户，天脊集团等 5 户企业技术中心被认定为国家级技术中心，潞安集团组建国家煤基合成工程技术研究中心。山西省集聚了中科院山西煤化所、赛鼎工程公司等知名的化工研究设计机构，在相关领域的科研实力达到国内先进水平。（张 平）

【煤炭化工转型升级】 2017 年，山西通过各类基金投资 220 亿元，支持煤炭产业转型升级。由山西省财政厅出资设立的国有独资金融类企业山西省煤炭清洁利用投资有限公司，与晋煤集团联合设立30亿元煤炭清洁利用投资基金和80亿至100亿元的供给侧改革发展子基金，总投资不低于100亿元；与潞安集团设立30亿元的煤基科技振兴基金和80亿至100亿元的供给侧改革发展子基金，总投资也不低于100亿元；与孝义市政府设立山西孝义现代煤化工转型升级基金，总投资为20亿元，用于支持该市的现代煤化工产业。

山西省财政厅先后设立100亿元的煤炭清洁利用基金和1000亿元的供给侧改革发展基金。其中，前者主要围绕煤炭清洁利用，通过参股或共同设立子基金推动煤炭产业升级；后者主要用于支持山西省属煤炭企业供给侧结构性改革，降低企业资产负债率和财务成本，优化资本结构，推动煤炭和非煤产业的发展。

（张　平）

【危化品生产企业整顿】 2017年，山西省政府办公厅印发《山西省危险化学品安全综合治理实施方案》，要求凡在城市主城区、居民集中区、饮用水水源保护区等环境敏感区以及重点保护区等区域内的化工企业，2020年底前原则上完成搬迁、转产或关闭。山西全面摸排危化品安全风险，摸清全省密集区危化品生产、储存企业底数，通过定量风险评估，确定分批关闭、转产和搬迁企业名单，推动企业关停并转、退城入园。提高化工产业准入门槛，对非法设立、不符合国家产业政策和安全生产条件、不能稳定达标排放污染物的化工企业，依法予以关闭。

针对危化品运输事故暴露出的问题，合理划定危化品运输车辆限行区域、时间，合理划定在水源地区域的禁行方案，加大执法力度，确保饮用水安全。

（张　平）

【百吨级甲醇制芳烃技术获进展】 2017年，中国科学院山西煤炭化学研究所煤转化国家重点实验室甲醇转化团队在太原市小店中试基地，完成百吨级甲醇制芳烃（MTA）中试试验。装置实现满负荷稳定连续运转500小时，生产出合格的芳烃，各项技术指标均达到并超过国内同类技术。

这次试验在自主开发的百吨级甲醇制芳烃中试装置上进行，经装置的安装调试和设备优化，试验一次开车成功。试验期间，不仅打通全部生产流程，还进行自主研发的催化剂及工艺条件的验证和优化，实现操作条件如进出料流量、温度和压力等的自动控制。

（张　平）

新材料产业

【概况】 2017年，山西省推动新材料产业发展。全省各地市县开发区引进新材料产业，涉及以高性能合金等材料生产为代表的金属新材料，以丙烯酸树脂与荧光增白剂等材料生产为代表的化工新材料，以环保耐火材料与纳米碳材料等材料生产为代表的无机非金属新材料，以高性能碳纤维与锂电池等材料生产为代表的前沿新材料四大产业领域。支持推动52家企业开展55个新材料项目建设。

（贯　一）

【金属新材料产业项目推进】 2017年，山西省推动金属新材料产业开展设备购买前期工作，推动部分项目基础设施建设工作。位于运城的山西河东龙新材料科技有限公司扩建年产10万吨节能铝型材项目、河津鑫银河铝业有限公司年产50万铝制品项目、山西瑞格金属新材料有限公司年产5万吨铝合金项目、山西海丰铝业有限公司年产5000吨铝模板生产线建设项目开展设备购买前期工作。位于大同的栋梁实业有限公司中北铝工业铝型材研发与生产项目开展设备购买前期工作。位于运城市的同天翔有色金属有限公司年产8万吨高性能铝板带箔材项目、年产3万吨铝板材技术升级改造项目、山西恒天镁业有限公司年产6万吨镁合金与2万吨铸件及轧板生产线建设项目二期工程、远华冶金材料有限公司年产1万吨高性能镁基合金板材型材项目、闻喜县振鑫镁业有限责任公司年产5万吨高性能镁合金项目、山西金商新材料有限公司年产2万吨镁粉项目、中磁科技股份有限公司年产3000吨高性能钕铁硼磁性材料项目开展投产前调试工作。位于临汾的山西春雷铜材有限责任公司年产1万吨高性能高精度铜合金板带材生产线技术改造、位于吕梁的山西中磁尚善科技有限公司金属软磁粉芯项目推进建设进度，开展投产前调试工作。位于晋中的中海油太原贵金属有限公司10000公斤铂网催化剂迁（扩）建设项目推进土建施工工作。

（贯　一）

【化工新材料产业项目推进】 2017年，山西省推动化工新材料产业开展前期工作，推动部分项目基础设施建设工作。位于运城的山西佳宇丰化工科技有限公司新建年产10万吨环保型水性杂化丙烯酸树脂项目、山西青山化工有限公司年产2万吨高效环保型荧光增白剂CXT及DSD酸项目及年产3000吨新型高效荧光增白剂FB-351项目、山西阳光焦化集团股份有限公司19万吨炭黑加工精制及尾气发电项目加快建设进度，开展投产前调试工作。位于长治的霍家工业有限公司年产4万吨合成橡胶项目开展设备购买前期工作。（贯　一）

【无机新材料产业项目推进】 2017年，山西省推动无机非金属新材料产业开展设备购买前期工作，推动部分项目基础设施建设工作。位于太原的山西昊业新材料开发有限公司高技术节能环保耐火材料项目开展项目部分投产前期工作。太原钢铁（集团）有限公司年产7万吨重烧白云石项目，开展投产前调试工作。位于晋中的太谷腾飞炭素有限公司25000T/a高品质石墨化阴极炭块项目开展设备购安前期工作。位于运城的山西阳光焦化集团股份有限公司2万吨微纤维新材料项目，开展投产前调试工作。位于吕梁的山西水木新碳材科技有限公司1万吨/年锂电池负极材料项目、山西宏特煤化工有限公司年产6万吨超高功率石墨电极项目开展项目部分投产前期工作。孝义市中锐新材料科技有限公司年产100万吨活性氧化钙、30万吨纳米碳酸钙及20万吨净水材料建设项目如期推进,开展投产前调试工作。吕梁山矿产品有限公司年产20万吨电熔改性料生产线建设工程项目开展设备购安前期工作。位于阳泉的山西华岭耐火材料有限公司年产1万吨刚玉砖生产线项目开展开工前期工作。阳泉市志胜耐火材料有限公司年产12万吨竖窑铝矾土熟料技术改造项目,开展投产前调试工作。山西中兴环能科技股份有限公司环能纳米碳材料基地项目开展项目部分投产前期工作。阳泉星火金源工贸有限公司年产30万吨氧化钙生产线新建项目开展设备购买前期工作。位于朔州的山西三元有限责任公司年产10000吨锂离子电池负极材料技术改造项目开展设备调试前期工作。怀仁星乐高岭土有限公司年产5万吨优质煅烧高岭土项目开展设备购买前期工作。山西玉竹活性石灰制造有限公司活性硅酸钙新材料项目和绝热保温硅酸钙板项目开展部分投产前期工作。位于长治的屯留县睿达新能源科技有限公司锂离子电池用煤基负极材料产业化项目、黎城蓝天燃气开发有限公司年处理6万吨废旧活性炭再生项目,开展投产前调试工作。山西山予钙业有限公司年产10万吨纳米碳酸钙建设项目推进土建施工前期工作。位于忻州的山西金宇科林科技有限公司20万吨煅烧高岭土项目、民赢粘土深加工有限责任公司年产5万吨中高档系列耐火材料深加工项目、繁峙县长田建材科技有限公司年产20万吨玄武岩纤维岩棉(含矿渣棉)开展设备购买前期工作。位于大同新成新材料股份有限公司2万吨超高功率石墨电极项目、通扬碳素有限公司年产2万吨超高功率石墨电极生产线项目、晋投玄武岩有限公司2万吨岩棉项目、宏鑫岩棉科技有限公司年产10万吨岩棉制品生产线、誉瑞科技有限公司1万吨玻璃纤维粉综合生产项目,开展投产前调试工作。位于晋城的陵川县骅磊盛纳米新材料有限公司年产50万吨活性氧化钙和10万吨纳米碳酸钙建设项目, 开展投产前调试工作。山西万鑫智陶瓷熔块有限公司年产40万吨陶瓷熔块生产项目开展部分投产前期工作。 (贾 一)

【前沿新材料产业项目推进】 2017年,山西省推动前沿新材料产业开展设备购买前期工作,推动部分项目基础设施建设工作。位于太原的太原钢铁(集团)有限公司高端碳纤维千吨级基地二期工程年产500吨高性能碳纤维项目、山西中电科新能源技术有限公司300兆瓦多晶铸锭技改项目,开展投产前调试工作。位于长治的平顺县西沟龙鼎新材料科技有限公司碳纤维复合材料、加固材料生产项目开展投产前调试工作。位于晋中的中国钢研科技集团有限公司蓝宝石、碳化硅项目推进土建施工前期工作。位于晋中开的山西中聚晶科半导体有限公司等承担的半导体产业园一期工程开展部分投产前期工作。介休市博创纳米材料科技有限公司纳米材料产业园项目开展设备购买前期工作。位于大同的新成新材料股份有限公司2万吨汽车锂电池电解液项目开展投产前调试工作。

(贾 一)

节能环保产业

【概况】 2017年,山西省节能环保产业总体规模壮大。推进100个重大项目建设,完成投资100亿元;产业总体技术水平提高,新增1个省级企业技术中心、10个市级企业技术中心;推广20项节能环保先进适用技术。建立节能环保产业统计制度,研究确定统计指标体系,统一节能环保产业统计口径,加强节能环保技术、装备、产品、服务等分类统计指标监测,注重统计监测及其成果运用。(西 亿)

【节能环保产品拓展】 2017年,山西省在重点高耗能、高排放的领域,引导企业以实施重大项目为载体,实现节能减排,绿色发展,拓展节能环保产业发展空间。推进比亚迪太原新能源汽车、山西立恒钢铁40兆瓦高温超高压再热发电项目、中电国际新建2×1000兆瓦超超临界燃煤发电机组、山西天元绿环1.40万台废旧家电处置利用等100个项目投资。通过入企服务专项行动和提升服务水平,协调解决节能环保项目实施过程中的困难和问题。

加强创新能力建设。发布《山西省重点行业关键共性技术导向目录(2017)》,提高节能环保关键共性技术攻关的针对性。围绕煤炭、电力、冶金、化工、焦化、建材等重点领域,出台节能先进适用技术推广目录。从省级财政科技经费等渠道安排节能环保科技研发资金,支持高校、科研机构、企业的科研项目。培育节能环保企业技术中心,提高产业整体技术实力, 全年新增1户省级企业技术中心、10户市级企业技术中心。

加大工程应用引领。完成钢铁、火电、水泥、煤炭等重点行业排放达标改造;推进现有城镇污水处理设施提标改造和工业园区建成污水集中处理设施并安装自动监控设施,推动土壤污染治理与修复技术应用试点,焦化、化工、钢铁、造纸、印染、制药、制革等行业要按照要求完成清洁化技术改造。以高耗能行业为重点,在火电、水泥、钢铁、化工、焦化、有色等重点行业推进能效对标活动,加快推进列入计划的燃煤发电机组超低排放和节能改造,扩大节能环保产品应用市场;推进既有居住建筑供热计量和节能改造。

促进成果转化应用。支持一批节能环保新产品推广应用,重点推进节能环保中试、工程化及产业化。加强重点节能环保产品初期市场培育,鼓励同等条件下选用省内节能环保产品和服务。依托相关行业协会的平台作用，在重点领域组织召开专业性、针对性强的节能环保技术、装备、产品对接会。（西　亿）

【节能产业扶持】 2017年，山西省加强节能环保产业扶持。协调产业融资对接。搭建银企对接平台，推介省内节能环保产业重点企业和项目。组织节能环保企业与山西省战略性新兴产业基金开展专题对接。引导符合条件的节能环保企业改制上市或在全国中小企业股份转让系统(新三板)挂牌，实现股权融资；支持符合条件的企业通过发行企业债券、公司债券、中期票据等方式实现直接融资。

建立招商引资激励机制。制定奖励办法，对完成节能环保产业招商工作较好的市按照实际完成投资额比例进行奖励。各市也制定相应奖励办法，对完成招商工作优秀的工作人员给予表彰和按实际完成投资额比例进行奖励。

加强示范试点推进。选择一批工业园区推进省级低碳工业园区创建示范，探索开展绿色数据中心试点创建。推进太原高新技术开发区等10大园区开展以"资源节约型、环境友好型"为重点的产业共存生态绿色园区创建活动。在山西省冶金、化工、焦化、建材、机械、汽车、食品、医药等行业选择优秀企业，开展50户"绿色工厂"创建活动。

提升智能制造水平。对节能环保企业发展智能车间、智能工厂等智能制造方式，采用数字化设计、装备智能化升级、可视化管理、质量控制与溯源、智能物流等先进智能应用的，技术改造专项资金按照智能改造投资额的一定比例予以补贴。选择2—3户采用智能制造的节能环保企业作为示范企业，授予"智能制造企业"牌照，推动战略新兴产业基金倾斜支持。

推进重点领域提升。在摸底细化锅炉、电机等产业发展现状的基础上，制定产业发展方案，明确发展思路和方向，细化发展重点和措施，引导推进产业快速发展。（西　亿）

医药工业

【概况】 2017年，山西省医药工业主营业务收入自年初始同比增长，各项经济指标较2016年提高。根据省统计局数据，2017年，全省规模以上医药制造企业82家，占全省规模以上工业企业总数的2.29%。全省医药工业实现主营业务收入194.60亿元，比上年增长9.10%；实现利润20.40亿元，同比增长22.90%；资产总计395.20亿元，同比增长6%。与2016年同期相比，主营业务收入增速加快4.40个百分点，利润增速由负转正，资产总计增速下降。

山西省医药工业有利因素与不利因素交织，要求转型升级提质增效。利好因素有山西省对生物医药产业持续关注，财政对医药卫生投资增加，综合减税、鼓励创新、药监新政长远利好；影响因素有GDP增长放缓，一致性评价、两票制对中小企业影响、招标降价、临床控费、环保压力等。受到原材料价格波动、产品价格下降、市场竞争激烈等市场因素的影响，增长态势稳中趋缓，行业发展更加复杂多变。

山西省医药工业运行特点：呈现稳中向好的运行态势，但仍低于全省工业增速。山西处于发展动力深度转换、经济结构全面升级新阶段，省委、省政府多项举措助力经济发展，工业经济环境改善，各项指标逐步向好的态势发展。全省医药工业主营业务收入增速与工业运行态势趋势基本一致，但低于全省工业增速。2017年，全国医药工业主营业务收入增速为12.24%，保持两位数增长，山西省医药工业2017年主营业务收入增速为9.15%，落后于全国医药工业增速。针对山西省医药工业主营业务收入增速在全国排名落后，在中部六省中排名最后的现状，培育形成新供给新动力，促进产业迈向中高端，实现发展提质增效，是当务之急。受市场政策影响加剧，各子行业经济运行走势分化。根据中国医药统计网重点企业监测数据看，按主营业务收入分析，高于医药行业平均水平的子行业为生物药，低于医药行业平均水平的子行业为原料药、化学制剂、中成药、卫生材料子行业。总体看，生物药、卫材子行业占比较小，发展不均衡现状亟待改善。重点企业主动出击，龙头企业规模扩大。龙头企业振东大健康多元发展、多头并进，发展大健康产业；亚宝药业定位创新与国际化；威奇达、威奇达中抗在现有原料药产品基础上进行产业链延伸；广誉远发展高品质中药战略全产业链。

山西省医药工业存在的问题：医药工业产品低端，同质化严重，竞争优势不突出。山西省医药产业存在自主知识产权品种少、医疗器械子行业发展不足等多种问题，需要加快研究制定可以落地实施的规划，加速转型升级，推进供给侧结构性改革。企业兼并重组和强强联合成效不明显。企业兼并重组后资源整合能力不强，未能通过企业成功的流程再造和企业文化融合，实现资源优化配置，最终形成合力，比如仟源并购普德。全省医药行业整体规模小直接影响企业市场表现力和持久性。行业领军人才匮乏，培养机制滞后。全行业尚未形成完备的人才引进机制，营造适宜人才发展的优质工作和生活环境。资金投入不足，融资结构不合理。多数中小企业融资困难，难以得到银行大额度贷款，缺乏有效融资手段，缺乏足够资金进行新药研发和技术改造，导致许多拥有产品优势的传统医药企业举步维艰。政策支持力度不够，企业生存环境不优。与医药产业发达的省市相比，山西省对医药工业的重视仍然不够，差异化政策优势不突出。企业普遍存在生产经营成本偏高、资源要素供给偏紧等问题。

（康雁翔）

【医药工业运行监测】 2017年3月21日，山西省组织召开全省医药工业经济运行分析会。省经信委分管领导、相关处室负责人、重点医药企业负责人、相关行业专家及行业协会负责人等30余人参加会议。会议通报2016年全省医药工业生产运行情况及中国医药统计网、医药工业企业运行监测平台上报情况；参会重点医药企业介绍2016年及2017年1月至2月生产经营状况、在建拟建项目投资进度；相关行业专家及行业协会负责人对当前行业发展面临的机遇和挑战提出建议。会议为相关企业提供深入交流平台，促进山西省医药工业提质增效，优化结构。 （康雁翔）

建材工业

【概况】 2017年山西省建材工业经济运行有如下特点：

生产继续保持合理增长，去产能（控产量）成效显著。主导产品产量：水泥熟料产量2594万吨，比上年降低2%；水泥产量3506万吨，同比降低2.30%；平板玻璃产量1702.60万重量箱，同比增长3.30%；商品混凝土产量1240.70万立方米，同比增长0.50%；砖产量8.75亿块，同比下降28.20%；水泥排水管产量317.10千米，同比增长241.70%；水泥压力管产量10.20千米，同比下降39.20%；水泥电杆产量6.70万根，同比下降9.30%；水泥混凝土桩产量297.10万吨，增长15.40%；陶瓷砖产量2703.40万平方米，同比下降22.40%。

价格水平大幅回升。全省建材产品均价同比上涨8.20%，扭转连续两年下降趋势。其中，水泥价格涨幅明显，12月当月水泥出厂均价300元/吨，同比上涨13.30%。平板玻璃价格稳中有升，9月后连续上涨，12月当月出厂均价同比上涨8.50%。

经济效益明显好转。2017年，全省建材生产保持增长态势，规模以上建材企业实现主营业务收入446.30亿元，同比增长23.10%；实现利润23.50亿元，同比增加23.10亿元；实现利税39.90亿元，增加20亿元；建材行业资产负债率76.73%；亏损企业亏损总额9.50亿元，同比减亏42.10%。

山西省建材行业存在的主要矛盾和问题：

产能过剩矛盾没有根本解决，行业运行存在下行风险。从全年来看，全省建材行业增速呈走缓态势，大部分过剩产能只是暂时关停，一旦市场形势好转随时可能恢复生产。特别是水泥2000吨/日及以下的熟料产能，能耗、排放水平明显落后于大型新型干法生产线，竞争乏力，如何推动这部分产能加快退出是化解过剩产能的难点。

需求增长乏力，全省建材行业投资出现首度负增长。2017年全省基建领域投资增速均出现不同程度回落，对水泥等大宗建材产品需求拉动减弱。细分行业中只有混凝土和水泥制品、纤维及复合材料、建筑卫生陶瓷保持增长，建材新兴产业培育和传统产业提升改造后劲不足。

生产要素价格上涨，外部约束日益趋紧。2017年，煤炭、天然气、纯碱等大宗燃原料价格上涨明显，公路运输治超推高物流成本，环保督查力度加大，建材企业为还“欠账”实现达标排放，必须增加投入进行节能减排等专项技术改造，也增大企业的运营压力。 （刘永凤）

【建材工业供给侧结构性改革】 2017年，山西省建材工业行业完成去产能（控产量）任务，维护行业合理利益。山水水泥集团、金隅冀东水泥集团、华润水泥、卓越水泥等大企业大集团，在行业自律及错峰生产中为水泥全行业去产能增效益作出贡献。

深化内部改革，提高运行效率。2017年建材企业结合企业实际，实施一系列内部改革，如：深化“放管服”改革，把市场化经营决策权放归于各级市场主体；加快新的组织架构体系全面运行，总部战略管控、战略支撑和职能定位更加准确和完善；发挥经营主体责任，逐步下放采购、销售及部分计划管理权限，激发经营活力；进行颠覆式、重生式全员重新竞争上岗，激活全体员工的内生动力和干事创业激情；在频繁受到停产、限产影响的情况下，保持窑炉等大型设备的安全、稳定运行；推进人力资源优化和内部机构改革，提升管理效率和劳动生产率。

坚持降本增效，增强盈利能力。2017年，全建材行业企业在市场回暖、建材产品价格合理回升情况下，坚持开展降本增效工作，一大批企业降本增效措施各有特色。如：山水集团实施全方位、全过程、全员参与的降本节支、创新挖潜增效的“系统降本”管理模式；广灵金隅水泥在最困难时期提出的“跑赢市场、跑赢同行、跑赢自己”的要求；华润水泥持续挖掘全流程降低成本；卓越水泥工业废渣资源化利用降成本；威顿水泥集团以“一切成本皆可降”的理念为指导，逐级细化降本增效。

加强科技创新，促进产业结构调整。围绕高质量发展，山西省建材行业加大科技创新力度。一批企业通过完善创新体系建设，加大科技创新投入，创新能力提升。

践行绿色发展，提升环保水平。企业加大环保投入，实现“近零”排放。广灵金隅水泥成为工信部首批“绿色工厂”。建材企业履行社会责任，适应严格的环保措施。 （刘永凤）

【山西省水泥行业工作会议】 2017年1月4日，山西省建材工业协会在太原召开山西省水泥行业工作会议，坚持错峰生产不动摇，水泥行业结构调整、去产能”等主题进行探讨，并发布“2017年山西省水泥行业供给侧结构性改革行动宣言”，与会企业代表就继续做好2017年错峰生产工作进行表态。推动建设山西省水泥投资管理平台，以此为载体，落实晋政办发164号文件精神，协同错峰生产、严禁新增产能，实现大幅度减亏，加快行业转型升级步伐。 （刘永凤）

【玻璃行业淘汰落后产能专项督查】

2017年2月17日至19日，环境保护部副部长黄润秋与国务院水泥玻璃行业淘汰落后产能专项督查组到山西省进行专项督查，建材行业办派员陪同参与现场抽查督查工作。建材行业办督促企业落实现场抽查发现问题的整改工作，加强行业自律，狠抓国办发〔2016〕34号和晋政办发〔2016〕164号文件精神落实，发挥行业协会组织、协调、引领、服务作用，促进山西省建材行业稳增长、调结构、转型升级和降本增效工作。

（刘永凤）

【水泥错峰生产】 根据“晋冀鲁豫C12+4市场协调组织”2017年5月27日会议精神有关“错峰生产”的要求，2017年山西省水泥行业夏季错峰生产，从6月26日0:00至7月5日24:00，停窑10天；7月26日0:00至8月4日24:00，停窑10天。两次共计停窑20天。

根据省政府办公厅《山西省2017—2018年秋冬季大气污染综合治理攻坚行动方案》和省经信委《关于印发〈山西省2017—2018年秋冬季钢铁建材原材料工业企业错峰生产实施方案〉的通知》，10月30日由省建材行办和省建材工业协会联合下发《关于做好2017—2018年水泥行业错峰生产工作的通知》文件，安排2017年冬季及2018年全年的水泥错峰生产停窑时间。（刘永凤）

【水泥行业违法违规专项检查】 2017年11月14日，山西省经信委下发《关于全省水泥行业开展违法违规专项检查的函》，该项工作省经信委委托省建材行业办和省建材工业协会，组织专门力量在全省水泥行业开展违法违规生产行为专项检查行动。

（刘永凤）

【水泥企业质量管理】 2017年，山西省建材协会组织专家对提出申请化验室合格证申领的6户水泥企业进行评审考核，并颁发水泥企业化验室合格证和水泥检验报告专用章。9月至11月由各市组织对全省水泥企业化验室进行年度考核工作。全年对543名水泥中央控制室操作员、化学分析、物理检验、质量控制4个工种岗位人员进行理论知识及操作技能培训，经考试合格颁发相应岗位资格证书。12月27日至29日，聘请国家及省内专家，对部分水泥企业113名化验室主任和质量统计员进行岗位培训，经考核合格后，颁发相应岗位资格证书。（刘永凤）

【建材品牌培育】 2017年4月至11月，山西省建材行业办在北京市建材行业联合会、天津市建材业协会、河北省建筑材料工业协会、山东省建材工业协会、辽宁省建筑材料工业协会、山西省建材工业协会、内蒙古自治区水泥协会的配合下，完成对环渤海区域建材行业最具影响力企业、知名品牌、诚信企业和技术创新型企业的评选工作。环渤海地区建材行业表彰大会暨新闻发布会在山东召开，其中山西省有9家企业获得“诚信企业”称号，4个品牌获评“知名品牌”、4家企业获得“技术创新型企业”称号、1家企业获得“最具影响力企业”称号。（刘永凤）

国防科技工业

【概况】 2017年，山西省国防科技工业经济保持良好发展态势。全省民爆行业实现全年工业总产值21.96亿元，比上年增长11.46%；销售总值21.89亿元，同比增长10.67%。生产工业炸药34.90万吨，同比增长11.88%；销售35.01万吨，同比增长12.77%；生产工业雷管9725.60万发，同比增长18%；销售9497.90万发，同比增长9.22%。

（赵登斌）

【武器装备科研生产】 2017年，山西省国防科技行业协调解决供气不足、铁路专运线等问题20余个，落实14家单位军品配套免增值税×××万元，承担的重点型号任务按计划节点完成，完成建军90周年阅兵等重大任务保障。组织实施军工项目，一批重点型号研制生产能力提高，军工核心能力建设向体系效能型转变。全系统获得国家科技奖1项，国防科技奖26项，军队奖11项。持有有效发明专利数1340件。组织评选2017年度全省国防科技工业创新奖25项。全年近6万名职工参加“五小”竞赛活动，产生成果2.1万项。（赵登斌）

【军民融合发展】 2017年9月，中共山西省委成立省军民融合发展委员会，省政府将军民融合产业列为战略性新兴产业，享受《山西省鼓励投资政策（2017年版）》，省技术改造专项资金对24个军民融合项目支持1.23亿元。争取设立山西省军民融合产业投资基金100亿元规模，用于支持全省军民融合发展。在高端装备制造、电子信息、节能环保、新材料、新能源、现代服务业等军民融合产业领域重点推进44个重点项目，其中7个项目基本建成。太钢千吨级高端碳纤维二期工程投产。

推动省政府与中国核工业工业集团公司等3个军工集团签署军民融合发展战略协议。举办“山西军民融合协同创新成果展洽会”，展示技术成果和项目123项。

组建省空间信息技术产业联盟，编制发布《军用技术转民用推广目录》和《民参军技术与产品推荐目录》。推进科技创新基地和设备设施等资源双向开放共享，首批向社会开放314项军工重大试验设施和大型科研仪器，总价值超过1.90亿元。全系统承担山西省重大科技专项13项，获得经费支持4272万元。北方动力集团616厂、中国电子科技集团公司第二研究所等6家单位率先开展协同创新试点，其中太钢高端碳纤维成为航天领域唯一供应商，汾西重工船用直流组网电力推进系统首船项目取得突破性进展。成立省科协军民融合学会联合体，实现跨界联合。加强对全省军民融合产业园区（基地）的规划论证和指导，重点推动山西军民融合产业示范园、长治市城南工业园区

2017年7月20日，山西省国防科工办组织召开山西省军民融合协同创新成果展洽会 （赵登斌供图）

建设，重点支持太原军民融合创新示范区建设，打造太原市轨道交通及高端装备制造基地等9个军民融合产业园区(基地)，实现产业聚集发展。与全省11个市建立对接机制，共同打造军民融合产业园区。 （赵登斌）

【民爆安全监管】 2017年，全省民爆行业持续开展管理年活动，促进技术进步。督促企业完成两条生产线的技术改造，山西江阳兴安民爆器材有限公司的“粘性炸药连续化、自动化工艺及装备”“结构安全型起爆具”科研成果，山西壶化集团股份有限公司的“自动化、高精度延期体生产工艺和设备国外引进科研项目”科研成果突出。全省民爆企业新建的乳化炸药生产线实现1.1级工房定员不超过5人，其他炸药生产线1.1级工房实现9人，工业雷管生产线关键工序实现人机隔离，所有民爆物品生产工序实现视频监控，关键危险设备实现安全联锁控制。

着眼全省露天矿山开采需求，推进现场混装车“一体化”爆破作业模式，年内完成两个现场混装炸药地面站的建设和验收。全省所有的露天开采矿山均实现“安全、高效、节约、环保、零库存”的现场混装车“一体化”爆破作业模式，混装炸药生产量占全省工业炸药生产量比重达61.42%(全国21.70%)，安全风险降低。全省9家生产企业、11家销售企业和4家原材料销售企业除2家暂缓考评外全部达标。 （赵登斌）

轻工业

·行业发展·

【概况】 轻工业运行情况。2017年，全省轻工业规模以上企业370家(食品工业302家)，主营业务收入739.70亿元，同比增长0.10%，利润总额37.70亿元，同比增长6.20%，低于山西省全部工业(350.30%)利润增长水平。其中，食品工业主营业务收入624.80亿元，同比下降1.70%，利润总额31.10亿元，同比增长9.10%。

主要产品产量情况。1月至12月，全省轻工业主要产品中，白酒(折65度，商品量)、液体乳、软饮料、机制纸及纸板分别累计实现产量13.99万千升、46.90万吨、126万吨、45.55万吨，分别比上年增长34.50%、−14.30%、−8.03%和11.30%。合成洗涤剂累计实现产量7.20万吨，同比下降7.70%。

行业运行趋势情况。2017年，山西省轻工业经济主营业务收入保持小幅增长，利润降幅逐步收窄，呈温和复苏态势。食品工业总体稳定，运行态势良好，工业增加值实现同比增长2.80%，低于全省工业增加值累计增速(7%)，主营业务收入同比略降，利润总额同比增长且增速有所加快，主要经济指标增速低于同期工业水平。 （高文珍）

【轻工业科研开发】 2017年12月，中国轻工业联合会发布《关于2017年度中国轻工业联合会科学技术奖获奖建议项目公告》，中国日用化学工业研究院《窄分布脂肪醇聚氧乙烯醚及其硫酸盐的制备》项目获2017年度中国轻工业联合会科技进步一等奖，《双癸基甲基羟乙基氯化铵制备工艺技术开发》获科技进步二等奖；中国日用化学工业研究院与浙江赞宇科技股份有限公司、北京洛娃日化有限公司合作项目《GB/T 26388-2011〈表面活性剂中二噁烷残留量的测定 气相色谱法〉国家标准》获得科技进步一等奖。

科技项目申报及验收。2017年，山西省轻工行业办组织省食品工业研究所申报“食醋生产前置质量预判导引技术研究与应用”项目技改专项资金第三方机构，推荐省食品工业研究所申报关于食品企业质量安全检测技术示范中心；申请省科研单位科研设备购置专项1个，中试基地建设1个，技术开发实验室建设1个，政府采购进口仪器2部；对山西杏花村汾酒集团有限责任公司“汾酒发酵过程中微生物动态组学研究体系及其应用”“汾酒生产食品安全控制体系技术研究”验收资料进行审核。 （高文珍）

【食品用塑料包装桶(壶)地方标准制定】 2017年，山西省轻工行业办制定山西省食品用塑料包装桶(壶)地方标准。该标准的制定将为生产企业提供可依据的产品质量标准，解决省内生产的食品用塑料包装桶(壶)存在标准不一致、技术指标参差不齐等问题，规范企业生产，填补此类产品

省内空白。（高文珍）

【金晖兆隆公司获三项大奖】 2017年11月9日至10日，由中国标准化研究院、中国科学院科技战略咨询研究院、中国产学研合作促进会联合主办的2017绿色生产与消费国际交流会在浙江省绍兴市上虞区召开。该次大会颁发绿色设计领域的三项大奖："绿色设计国际大奖"、首批"绿色环保产品领跑榜""光华龙腾奖·绿色设计先锋团队"。凭借绿色产品研发设计方面的突出贡献，山西金晖兆隆高新科技股份有限公司获全部三项大奖。（高文珍）

【轻工业经济合作】 2017年5月中旬，第三十一届2017国际橡塑展在广州琶洲中国进出口商品交易会展馆举办。山西省塑协秘书处组织中德集团、金晖兆隆、太原亚明、潞安精蜡、惠丰型材、永腾建材、乾通公司、旺中塑料、中北大学、泰鑫塑料等企业参加该次活动，就加强与国内同行之间的合作进行交流。

9月20日，清徐县举行"中国醋都 美丽清徐"醋产业主题推介活动，共签约招商投资项目6个，总投资164.30亿元。其中：清徐北部生态新区建设项目，总投资108亿元；中国醋都绿色循环产业示范项目，总投资50亿元；山西面食文化园项目，总投资2亿元；鱼饵研发生产基地项目，总投资2.30亿元；水塔公司中国醋博园建设项目，总投资1.80亿元；昌发祥食品有限公司孟封饼历史文化展览馆建设项目，总投资1650万元。（高文珍）

【轻工企业入选中国轻工业十强】 2017年7月，中国轻工业联合会发布《中国轻工业行业十强企业评价结果公告(2016年度)》，山西大华玻璃实业有限公司、山西宏艺玻璃有限公司入选中国轻工业日用玻璃行业（日用玻璃制品）十强企业；山西杏花村汾酒厂股份有限公司入选中国轻工业酿酒行业十强企业；山西中德塑钢型材有限责任公司入选中国轻工业塑料行业(塑料异型材)十强企业；山西澳瑞特健康产业股份有限公司入选中国轻工业健身器材行业十强企业。（高文珍）

【轻工行业省级技术中心认定】 2017年，山西省轻工行业办根据《山西省企业技术中心管理办法》第219号政府令精神，经企业申报，主管部门推荐，12月，全省36户企业技术中心被认定为第二十一批省级技术中心。其中，山西省山地阳光食品有限公司技术中心、山西海玉园食品有限公司技术中心、山西汾阳王酒业有限责任公司技术中心等3家轻工企业技术中心入选。（高文珍）

【轻工行业技术改造专项投资】 2017年3月，山西省政府办公厅发布《山西省技术改造专项资金使用管理暂行办法》文件。年内，技改专项类轻工企业完成投资153718万元，重点推进8个项目，其中亿元以上项目4个。（高文珍）

【轻工行业动态】 2017年1月19日，山西祁玻玻璃器皿集团正式宣告成立。

1月，紫林醋工业园被评为山西省新一批国家AAAA级旅游景区。

2月，汾酒集团作为山西省国资改革试点单位，签下山西国资国企改革的第一份军令状，经营业绩目标责任书签订后，国资委对企业实行国有资本授权经营，不再干预微观经济活动。2017年，汾酒集团围绕"坚持目标导向，激发经营活力，狠抓基础管理，提升运营能力"的年度经营方针，实现酒类销售收入增长40%，利润增长70%，超额完成各项目标任务。山西大华玻璃实业有限公司的拉挺工罗琴琴获全国"优秀农民工"称号。

3月，罗琴琴被山西省总工会推荐出席2016年全国五一劳动表彰，这是新中国成立以来祁县第四位获表彰的国家级劳模。3月中旬，由中国食品工业协会支持，山西省食品工业协会和山西市场导报社联合主办的"紫林杯"2017消费者喜爱的食品品牌山西调查活动正式启动。

4月，2017"世界面食大会"在太原举行。来自省内外40家知名品牌餐饮企业展开角逐，山西省22家面食品牌企业参加比赛。

9月16日，"全球葡萄酒中国鉴评"暨"河西走廊杯"国际葡萄酒大赛在武威市体育馆举行，共有来自40多个国家的2000多个葡萄酒品牌在展会上展出，戎子酒庄获"河西走廊杯"国际葡萄酒大赛CWE优质产区大奖赛——优质奖。9月起，传统工艺美术发展协会开展第七届中国工艺美术大师评审推荐工作。根据《关于开展第七届中国工艺美术大师评选工作的通知》文件精神，省工艺美术协会组织开展"第七届中国工艺美术大师评审推荐"工作，制定评审推荐的工作流程和监督办法，择优提出代表山西省传统工艺美术最高技艺水平的推荐名单。

12月8日，2017中国·山西第三届"居然顶层杯"室内设计大赛举行颁奖盛典。日用玻璃企业入选山西省跨境电子商务示范企业。根据《山西省商务厅关于开展2017年第二批省级跨境电子商务示范企业和公共海外仓申报工作的通知》的要求，山西上卓玻璃制品有限公司被评为第二批省级跨境电子商务示范企业。

（高文珍）

2017年山西省级技术改造(轻工业类)专项资金项目表

企业名称	项目名称	专项类型	总投资(万元)	额度(万元)
山西杏花村汾酒厂股份有限公司	保健酒扩建项目信息化技术改造	制造业与互联网融合	19925	705
山西水塔醋业股份有限公司	灌装生产线建设项目	智能制造示范	5417	185
平遥县唐都推光漆器有限公司	平遥县唐都推光漆器创意园	服务制造创新	12300	310
太原水塔绿色能源有限公司	水塔2×15兆瓦生物质热电联产项目	绿色制造推广	31551	655
山西天之润枣业有限公司	年产10000吨红枣浓缩汁技改项目	制造业与互联网融合	2950	125
山西宇皓环保纸业有限公司	年产6.78万吨石粉(煤矸石及碳酸钙)造纸项目	绿色制造推广(资源节约与综合利用类)	73244	1000
稷山县翟店印刷包装文化产业园区管理委员会	标准化厂房建设项目	公共平台建设	2830	280
晋中伊利乳业有限责任公司	安慕希生产工艺技术改造项目	工业转型强基	5501	120

·食品工业·

【概况】 2017年,山西食品行业以转变经济发展方式为主线,提升传统食品、特色食品、现代食品三大产业加快信息技术与食品工业融合,促进技术创新与食品工业整合,实现智能制造与食品工业结合,构建产业结构优化、战略布局合理、地域特色鲜明的食品工业体系。

截至2017年底,山西省规模以上食品工业企业有303户,完成主营业务收入666.40亿元,其中重点企业(亿元以上)92家,占比主营业务收入48.60%。利润总额总额35.3亿元;利税总额89.60亿元;工业总产值617.30亿元。

农副食品加工业。1月至12月,全省规模以上企业162户,实现主营业务收入287.60亿元,比上年下降7.90%;利润总额8.90亿元,同比下降24.60%;利税总额9.50亿元,同比下降23.40%;工业总产值310.30亿元,同比下降10.50%。其中:食用植物油加工主营业务收入同比下降23.70%,利润同比下降26.50%;肉制品加工完成主营业务收入18.60亿元,同比增长5.70%,利润总额同比下降25%;蔬菜、水果及坚果加工和淀粉制造下降比较明显,主营业务收入分别较同期下降35%和31%。

食品制造业。1月至12月,全省79家规模以上企业,实现主营业务收入104.80亿元,比上年下降10.50%;利润总额6亿元,同比下降20%;利税总额8亿元,同比下降20.80%;工业总产值114.70亿元,同比增长12.80%。

乳制品制造业发展明显回落,2017年完成主营业务收入40.30亿元,比上年下降14.10%;利润同比下降21.70%,利税同比下降17.90%;工业总产值同比下降11.30%。

酒、饮料和精制茶制造业。1月至12月,全省实现主营业务收入232.40亿元,比上年增长12.80%;利润总额16.20亿元,同比下降76.10%;利税总额45.30亿元,同比下增长52.50%;工业总产值150.80亿元,同比增长16.30%。其中,白酒制造业主营业务收入176.60亿元,同比增长15%,利润总额同比增长98.40%,利税总额同比增长62.30%,工业总产值同比增长41.30%。在饮料制造中,果蔬汁饮料制造规模企业25家,主营业务收入较上年增长7%,工业总产值较同期下降15.70%。

烟草制造业。全年完成主营业务收入41.70亿元,利润总额4.30亿元,利税总额26.90亿元,工业总产值41.44亿元。 (黄永建 王 彬)

【功能农产品品牌推出】 从2017年开始,山西每年推出20个功能农产品品牌。到2021年,实现培育100个功能农产品品牌,初步形成具有国内外市场影响力和竞争力的功能农产品品牌集群。 (黄永建 王 彬)

【食品安全工作】 2017年5月27日,山西食品行业办根据《国务院办公厅关于印发2017年食品安全重点工作安排的通知》，结合山西省实际，制定出台《山西省2017年食品安全重点工作安排》。

2017年7月12日，2017全国食品安全宣传周·粮食质量安全宣传日活动启动，山西省相关系列活动在太原迎泽大街举行，活动的主题为“尚德守法共治共享食品安全”。

（黄永建　王　彬）

【食品餐饮旅游博览会】 2017年8月24日至28日，2017中国（山西）食品餐饮旅游博览会暨首届中国山西面食文化节在太原煤炭交易中心室外展区启幕，作为第三届山西文博会配套的展会，与第三届山西文博会同期举办。该次博览会由中国饭店协会、山西省饭店业商会、山西省食品工业协会等联合举办，坚持“创新、协调、绿色、开放、共享”的办展理念，培育山西特色展会平台，探索政府支持，市场化运作，商会、企业联合办展会的新路子。也是以互联网思维策划，颠覆传统展会模式，弘扬山西五千年文明，展示山西面食、餐饮、食品及相关行业的大型博览会。

（黄永建　王　彬）

【特色农产品博览会】 2017年9月16日，第五届中国（山西）特色农产品博览会在太原煤炭交易中心举办。农博会体现“开放办展”理念，参展企业1300余家，产品涵盖粮食、杂粮、中药材、干鲜果、蔬菜、畜产品、醋类、酒类、饮料、油脂、水产、农业科技等16大类6700余种，其中不乏中国名牌产品和中国驰名商标。中心展区突出“创新、功能、品牌、特色”主题，集中展示一批山西省的区域公用品牌和功能农产品品牌。（黄永建　王　彬）

【国际果品交易博览会】 2017年11月5日，第二届山西（运城）国际果品交易博览会在运城市农展馆举行。开幕式上，“运城苹果”区域公用品牌首次公开亮相，这标志着运城市开启由农业大市向农业强市转变、由规模农业向品牌农业转变的新时代。来自全球33个国家的50多家外商、22个国家的驻华使馆和全国30个省、直辖市、自治区的1200余位政商界人士和农业专家参加该次果交会。（黄永建　王　彬）

【食品企业获诚信合格评价】 截至2017年底，山西省共有13家食品工业企业通过诚信体系评价，涵盖白酒、乳制品、食醋、肉制品、方便食品等行业，在守法经营、履行承诺、维护食品安全、承担社会责任等方面起到带动示范作用。山西省食品工业企业诚信管理体系建设获证企业：山西雅士利有限公司，山西古城乳业集团有限公司，山西太谷通宝醋业有限公司，蒙牛（太原）有限公司，大同夏进乳业有限公司，内蒙古蒙牛乳业（集团）山西乳业有限公司，山西双合成工贸有限公司，山西海玉园食品有限公司，山西泽榆畜牧业开发有限公司，山西田森农副产品加工配送有限公司，北京红星股份有限公司六曲香分公司，太原六味斋实业有限公司，北京燕京（晋中）有限公司。（黄永建　王　彬）

【消费者喜爱的食品品牌调查】 2017年3月15日，山西食品工业办在中国食品工业协会的指导下，由山西省食品工业协会组织承办“紫林杯”2017消费者喜爱的食品品牌山西调查活动正式启动，全省有109家食品企业经过自主报名和行业协会推荐参与。投票环节获得消费者投票达128616次，同比增长55%。

6月15日，由山西省食品工业协会和山西市场导报社联合主办的“2017消费者喜爱的食品品牌山西调查活动”走进山西天赐绿珍农业科技有限公司和山西沁州黄小米（集团）有限公司，山西省多位食品行业专家、媒体及企业代表参加该次活动。

7月20日，“2017消费者喜爱的食品品牌山西调查活动”会员互访走进兴县，以“兴县农产品加工发展研讨会”为主题召开座谈会。

8月29日，“紫林杯”2017消费者喜爱的食品品牌山西调查活动走进朔州古城乳业暨山西乳制品行业发展研讨会在朔州市召开。

10月28日，“紫林杯”2017消费者喜爱的食品品牌山西调查活动走进平遥冠云牛肉暨山西肉制品产业发展研讨会在平遥县召开。

12月20日，2017中国（国际）食品产业发展论坛在北京举办，论坛主题为“新时代、新需求、新发展”，同时向社会公布调查结果并颁发获奖证书。山西省食品工业协会获中食协授予的“优秀组织奖”。

“2017消费者喜爱的食品品牌”全国评选（山西）名单：山西汇天华科技有限公司，兴县山花烂漫农业综合开发有限公司，晋城市古陵山食品有限公司，山西天赐绿珍农业科技有限公司，山西金绛食品有限公司，山西九牛牧业股份有限公司，山西古城乳业集团有限公司，吕梁野山坡食品有限责任公司。

“2017消费者喜爱的食品品牌”区域品牌（山西）名单：山西杏花村汾酒集团有限责任公司，山西汾阳王酒业有限责任公司，山西紫林醋业股份有限公司，山西老陈醋集团股份有限公司，山西戎子酒庄有限公司，山西水塔醋业股份有限公司，山西厦普赛尔食品饮料股份有限公司，太谷县鑫炳记食业有限公司，山西清高食品有限公司，山西绿色山区农副产品有限责任公司，平遥县晋升食品有限公司，山西沁州黄小米（集团）有限公司，晋城市伊健食品有限公司。（黄永建　王　彬）

【山西食醋产业发展研讨会】 2017年12月16日，以“传承与创新、品牌与发展”为主题的山西食醋产业发展研讨会在太原举行，中国调味品协会、中国食品工业协会、山西省食药监局等部门和山西各大醋企负责人齐聚一堂，共商山西醋企行业提质升级之策。（黄永建　王　彬）

2017年山西省食品工业主要效益指标(分地区)表

指标代码	企业单位数	主营业务收入(亿元)		利润总额(亿元)		利税总额(亿元)		工业总产值(亿元)	
		1–12月(亿)	增减%	1–12月(亿)	增减%	1–12月(亿)	增减%	1–12月(亿)	增减%
山西	303	666.40	–1.60	35.30	4.70	89.60	11.00	617.30	–5.10
太原	36	106.70	–1.70	9.00	–5.30	33.70	–3.20	104.30	–4.30
大同	15	12.10	9.00	0.50	–50.00	0.80	–38.50	12.50	7.20
阳泉	4	1.90	–47.20	0.00	0.00	0.00	0.00	2.80	–52.40
长治	24	52.60	–0.90	1.60	–5.90	1.90	–26.90	54.10	–0.90
晋城	12	11.20	–0.90	0.20	100.00	0.20	100.00	10.80	–6.90
朔州	17	20.50	–6.40	0.60	0.00	1.20	–14.30	21.20	–8.90
晋中	46	77.40	–6.10	1.70	21.40	3.80	11.80	79.40	–21.00
运城	59	104.50	–11.70	6.20	–10.10	7.20	–8.90	127.80	–13.10
忻州	24	11.20	17.90	0.60	20.00	0.90	28.60	12.80	17.20
临汾	11	9.70	–15.70	0.10	–66.70	0.10	–66.70	15.20	–6.30
吕梁	55	258.70	5.00	14.90	26.30	39.80	40.60	176.40	10.60

2017年山西省食品工业主要产品产量及其增长速度情况表

产品名称	计量单位	总产量	同比增长(%)
粮 食	万吨	1299.90	-1.40
其中:玉 米	万吨	853.90	-3.90
小 麦	万吨	277.30	1.40
谷 子	万吨	47.00	9.90
豆 类	万吨	38.00	3.00
薯 类(折粮)	万吨	53.40	9.70
油 料	万吨	14.80	-3.80
蔬菜及食用菌	万吨	1333.90	3.50
水 果	万吨	891.20	6.00
其中:瓜果类	万吨	90.70	4.40
园林水果	万吨	800.30	6.20
食用坚果	万吨	23.80	6.40
其中:核 桃	万吨	23.10	5.80
精制食用植物油	万吨	18.80	-25.30
鲜、冷藏肉	万吨	68.10	-3.90
其中:猪 肉	万吨	54.70	-5.00
牛 肉	万吨	5.90	-0.10
羊 肉	万吨	7.60	1.70
禽、蛋	万吨	79.90	-10.30
水产品	万吨	5.30	1.50
方便面	万吨	2.50	-12.40
小麦粉	万吨	13.50	-0.10
乳制品	万吨	47.40	-12.10
液体乳	万吨	46.90	-14.30
罐 头	万吨	0.95	-35.50
糖 果	万吨	0.33	37.50
白 酒(折65度商品量)	万千升	13.99	34.50
啤 酒	万千升	33.96	-12.80
饮料酒	万千升	44.98	-7.40
软饮料	万吨	126.10	-8.02
其中:碳酸饮料类	万吨	17.03	-
包装饮用水	万吨	28.63	-
果汁和蔬菜汁饮料	万吨	40.26	-
卷烟	亿支	150.00	-3.50

纺织工业

【概况】 2017年，山西省纺织全行业有43户规模以上企业，其主要产品产量为：生产纱约3.20万吨，比上年下降42.40%；生产布3640万米，同比减少12.80%。利润总额1.70亿元，比上年增长112.50%，利税总额2.80亿元，同比增长47.40%。

2017年，省纺织行业办完成全年目标任务，各项工作取得新进展。山西省纺织行业利润和税收大幅增长，主营业务成本、利息支出下降，纺织企业整体实现扭亏为盈。相对于棉纺织企业，印染企业和服装企业生产经营形势更加乐观。（张彦斌）

【纺织工业"巧媳妇"工程】 2017年，山西省纺织工业制定宣贯行业标准，推进"巧媳妇"工程，加强行业管理工作，拓展服务企业的领域、广度和深度。12月24日，由省纺织行办、省服装协会、山西新新纺织行业技术中心，组成的山西省服装行业"巧媳妇"工程推进组，邀请省内休闲时尚、职业装、学生装等三类优秀企业代表——山西恒运制衣有限公司、际华三五三四制衣有限公司和晋中久冠服饰商贸有限公司，在前期沟通协调的基础上，到曲沃县里村镇封王堡村实地考察，进行对接。（张彦斌）

【纺织服装行业人才培训】 2017年，山西省纺织行业开展行业培训活动。4月14日至16日，在太原联合举办"山西省纺织服装行业招、投标专题培训"，有31家纺织服装企业、50余人参加。10月27日至30日，组织有关单位在太原参加由国家知识产权培训（山西）基地举办的"知识产权管理与运营培训班"。与院校开展合作。5月11日，由山西省服装协会、山西省教育装备协会、山西新新纺织行业技术中心及太原理工大学轻纺工程学院联合组建的学生装设计研发中心成立。6月12日，联合山西省服装协会召开2017年度服装专业院校座谈会。（张彦斌）

城镇集体工业

【概况】 2017年，山西省城镇集体工业联合社（简称省城联社）坚持二轻行业管理向集体资产监管运营转型发展，推进集体企业改革，发展混合所有制经济。以传统手工业、手工技艺、工艺美术向文化产业、旅游产业融合发展为突破口，打造手工技艺、工艺美术品牌展会，在全省城联系统和工美行业开展"百强项目建设"活动，建立项目库，对招商项目、新建项目、在建项目、竣工项目进行常态化管理和服务。"振兴山西传统手工业"调研报告列入政府"13710"督办系统。

2017年，山西省城联社工业企业经济持续增长，全省城联系统和工美行业完成工业总产值150.87亿元，同比增加47.42%；工业增加值61.41亿元，比上年增长70.39%；销售收入149.10亿元，同比增长43.07%；利税总额27.87亿元，同比增长160.22%。其中工美行业规模企业完成工业总产值43.44亿元，同比增长501.66%；工业增长值14.08亿元，同比增长2246.66%；销售收入40.21亿元，同比增长590.89%；利税总额3.69亿元，同比增长344.58%。资产总额378.60亿元。

城镇集体企业发展"瓶颈"：

政策保障不足。多数城镇集体企业自行实施改制，不均衡、不规范、不彻底，遗留问题多，未改制企业成为僵尸企业。资产和债权债务处理、改革成本支付、职工安置、养老医疗保险等方面不能与国有企业一视同仁，在实施中最终成为"无法执行"。

资产管理无力。因产权不明晰，现代企业制度不完善，导致多个县城联社股东地位悬空，集体资产流失严重，集体企业产权转让以资产重组、优化资源配置等名义被纳入地方财政收入。如所在地城市改扩建和规模较大的煤炭集体企业归入当地煤业集团过程中，城联社丧失对人财物的控制权，工作人员和机关办公房产划转至县财政，由政府统一管理。

机构职能弱化。省、市、县三级城联社的职能严重弱化。全省对传统手工业、工美行业的管理，陷入行业无人管、有事无法管、应管不敢管、一管就违规的尴尬境地。各级城联社以工艺美术行业为抓手寻求转型发展。

人员保障缺失。省、市、县三级城联社"班子小""队伍老""经费少"。多数县级城联社领导班子成员长期不健全，工作人员越来越少，职工平均年龄在50岁左右。工作重点是接待信访维稳工作、办理企业遗留问题、

2017年5月11日，2017年山西省服装行业大会在太原召开（张彦斌供图）

精准脱贫攻坚等县委县政府部署的中心任务。大多数市、县级城联社职工工资财政拨付、办公经费包干，但极其有限，很难与其职能相匹配。

市、县联社机构情况。经过调研统计，山西省城联系统11个市直县（处）级建制城联社中，有7个参公事业单位财政全额拨款、4个全额事业单位。在职职工219人，离退休职工440人。119个县（市、区）有107个县设有城联社。其中35个县为参公事业单位，45个县为全额事业单位，1个县为差额事业单位，13个县为自收自支事业单位，其他13个县在2010年机构改革后无事业单位法人登记证，单位性质或改为企业或与其他单位合署办公。在职职工1220人，离退休职工1371人。

企业人员情况。山西省城联系统城镇集体企业752户，职工95221人。其中：在职职工63790人，退休职工31431人；未参保职工4640人，未参保退休职工1012人。在职职工累计欠缴养老、医疗保险6.14亿元。未改制企业405户，职工36302人，其中在职职工20332人，退休职工15970人；未参保职工2397人，未参保退休职工771人。已改制企业347户，职工56919人，其中在职职工43458人，退休职工13461人；未参保职工2243人，未参保退休职工241人。

资产情况。截至2017年底，全省城联社系统752户企业总资产357.72亿元。其中：省城联社0.09亿元，市、县级城联社3.14亿元，集体资产354.49亿元；未改制企业405户，总资产63.04亿元，其中省城联社0.01亿元，市、县级城联社0.87亿元，集体资产62.17亿元。 （冯晓东）

【工美行业发展】 2017年，山西省城联系统工美行业协会会员单位有1210户，其中规模以上47户；实现总产值37亿元，实现利税4071万元，出口额1.20亿元。从业人员30万人以上。有2名中国工艺美术大师、6名中国工艺美术行业艺术大师、98名山西省工艺美术大师，16名国家级非遗传承人，44个国家级非遗保护项目；355名省级传承人，99个省级非遗保护项目；32名三晋技术能手、200名高级、700名中级、1200名初级工艺美术师。山西的青铜器、漆器、雕塑、陶瓷、堆锦、刺绣、木版年画、澄泥砚、皮影、木雕、石雕、造纸等民间工艺中，有44项手工技艺列入国家级非物质文化遗产，181项列入山西省级非物质文化遗产。通过开展寻找老字号、老品牌、老行当、老手艺、老艺人"五寻"行动计划，在"山西品牌中华行""山西品牌丝路行"活动中梳理打造出山西非遗晋酒晋药晋醋晋艺晋风晋韵晋味晋茶"八大晋字品牌"。

2017年8月2日，省长楼阳生（前排中）等省领导到山西省城联社、山西工美集团考察调研，并主持召开座谈会 （冯晓东供图）

山西省11个地级市均有传统手工艺资源分布，尤其以运城、长治、晋城等晋南和晋东南地区资源种类全、数量多、历史底蕴深厚，是山西省传统手工技艺的富集地带。总体来看，山西传统手工技艺自南向北、由东向西，形成以"运城、晋城、长治、临汾"为第一梯队、"太原、晋中、吕梁、阳泉"为第二梯队、其他3个市均有分布的地域特征。

山西省城联系统工美行业国家级文化产业基地5个（全省9个），省级文化产业示范园区17个（全省49个）。以山西工艺美术集团为首的省属文化企业宏艺首饰、长治吉利尔潞绸、运城宇达青铜、本命年文化创意、平遥唐都漆器、平定刻花瓷、广灵剪纸、长治雅瑞地毯、唐人居和韵宝楼晋作家具、红海玻璃等成为山西传统工艺美术行业的领军企业。

3月1日至5日，山西工美行业组团参加第52届全国工艺品交易会，作品获5金6银7铜14优秀奖的成绩。蔺涛、李和平、李斌杰、刘晓辰等人的6件作品获得杰出手工艺品徽章认证。

5月20日，山西省工艺美术协会根雕艺术专业委员会成立。6月12日，山西省工艺美术协会玉文化艺术专业委员会成立。

山西省工美行业管理碎片化。有的市多个部门管理工美行业，行使不同的管理职能。

传统工艺技艺传承困难。许多传统手工业、工艺美术技艺大多属于师徒相授的模式，传承性强，技艺保密，"父艺子不学、师技徒不受"情况十分严重；部分传统手工绝技和工艺美术品种面临技消艺绝的处境，工艺美术面临着断代失传危险。

工美行业产业化层次低。山西多数工艺美术生产企业属于零星分散的小规模手工作业、家庭个人作坊式的布局，区域性的乡、村、街的规

2017年，外国友人参观考察山西省工艺美术馆、山西省非物质文化遗产展示馆

（冯晓东供图）

模和工业文化产业园区寥寥无几，产品创新研发能力不足。

政策资金扶持力度不强。山西工艺美术企业都属于小微文化企业，需理顺税赋优惠政策。（冯晓东）

【集体企业转型创新】 2017年，山西省城联社和山西工美集团二轻行业管理向集体资产监管运营转型发展，由传统手工业、手工技艺、工艺美术向文化产业、旅游产业融合发展，破解省城联社机关和直属单位以及全省城联系统生存、维稳、解困、改革、发展五大难题。在加强传统手工业与文化、旅游、农业、扶贫、古村落保护等融合发展，在脱贫攻坚工作中开展“家家户户有手艺、村村都有手工业合作集体经济”的一村一品活动，打造晋酒晋醋晋药晋风晋韵晋味晋艺晋茶的山西非遗“晋字”牌，扩大山西品牌影响力。以“五寻行动计划”寻找“老行当、老手艺、老品牌、老字号、老艺人”为抓手，通过恢复和命名传统手工业、老字号、老品牌、老传统技艺、老行当，抓老创新，促进手工业、轻工业振兴发展，摸索转型发展之路。配合山西省财政厅文资办完成3个目标责任项目：山西工艺美术品入“中国艺品网”，成立“中国艺品网山西工作站”；完成山西工美品牌建设；建成山西工美文创蜂巢创作基地建设。

山西省工艺美术行业同中国工艺集团共同出资组建的中国工美珍宝馆太原店有限公司，组建山西中艺互联网科技有限公司，成立“中国艺品网山西工作站”，依托山西省、市、县二级联社和工艺美术协会的资源，山西工作站逐步开展运行，部分省级工艺美术大师及作品陆续上线，2017年有100多位省级工艺美术大师上线。

山西工美集团与山西省文化馆（原群众艺术馆）达成合作意向，建设“山西省非物质文化遗产文创基地”。经过近一年的装修改造，初步建成建筑面积近4000平方米的非遗文创基地。其中包括：1100平方米的非遗传习、演艺、体验、展示、交流公共场所，1000平方米的“创意蜂巢”文创公寓，510平方米的“山西非遗晋味街坊”，350平方米的群众艺术画廊和500平方米的群艺小剧场。还备有食堂、排练厅等配套设施。文创基地入驻10余个非遗项目、22家企业。文创公寓的建设，成为解决山西省城艺术类高校大学生离校后安居创业的新选项和一个集展示、研发、传习、创作、表演、体验、交流等多种功能于一体的综合性山西非物质文化遗产展演展销平台。（冯晓东）

【集体企业借力发展】 2017年5月22日，央企助力山西转型综改会议暨签约仪式在太原市晋祠宾馆国际会议中心举行。签约会上，山西省城联社与央企中国工艺（集团）公司签约2个项目：山西工艺美术集团与中国工艺美术（集团）公司签订“中工美珍宝馆太原有限公司增资扩股”项目协议；山西中艺互联网科技有限公司与中艺互联商务科技（北京）股份有限公司（中国艺品网）签定“‘中国艺品网’山西工作站”项目协议。山西工美集团吸收央企资源，结合山西省工艺美术行业实际，建立“中国艺品网”山西工作站，通过线上线下全方位立体式经营模式，加快培育山西工艺美术文化产业新市场，改造提升传统工艺美术行业新境界，构建具有山西特色的多元化文化产业体系，做大山西省工美行业，助力山西省文化产业与旅游产业的融合发展。（冯晓东）

中小型工业企业

【概况】 2017年，山西省中小企业出台政策措施，推进创业创新，缓解瓶颈难题，强化服务支持。全省中小企业经济运行自2014年以来首次步入合理区间，呈现稳中向好、持续回升发展势头。全省中小企业实现增加值6632.73亿元，同比增长8.11%，占全省GDP的比重达48.58%。2017年，全省中小企业从业人员420.98万人，比上年净增19.78万人，增长4.93%。中小企业提供的就业岗位占全省城镇新增就业85%以上，占从业人员存量75%以上。全省中小企业上缴税金960.73亿元，农民工从中小企业取得的工资性收入占农民纯收入比重超过50%。省中小企业局认定省级中小企业技术中心49个，中小企业双创基地23个，入驻企业4948户，吸纳就业12.47万人。中小企业拥有国家驰名商标和山西著名商标165件，数十种产品填补国内省内空白；拥有发明专利403项，新认定"专精特新"中小企业192户；一批具有"新技术、新产品、新业态、新模式"创新型中小企业脱颖而出。（边　疆）

【中小企业发展政策环境】 2017年，山西省中小企业局完善政策支持体系。牵头起草制定并以省政府办公厅名义出台《关于进一步促进中小微企业创业创新转型发展的若干措施》，完善中小微企业发展政策支持体系；与省经信委等7个部门共同起草《山西省营造企业家健康成长环境弘扬优秀企业家精神更好发挥企业家作用的若干措施》，并呈请以省委、省政府名义出台，促进山西省构建"亲""清"新型政商关系，加快山西省民营经济健康发展，助推实现资源型经济转型。

抓好政策落实。省、市、县三级联动，组织开展首个联合国"中小微企业日"宣传活动，中小企业扶持政策社会知晓率提高。组织开展"一法一办法"专题调研活动、民营经济走访调研活动、"送政策、送专家、送服务"三送活动和"法律进企业"活动，累计服务企业上万家。

强化目标责任考核。将"民营经济增加值占比提高率"和"规上工业企业净增数量"2项指标纳入省委、省政府对各市年度目标责任考核指标体系，使考核工作成为推动政策落实、促进企业发展的"风向标"和"指挥棒"。

开展帮扶指导。建立服务企业常态化机制，健全领导干部联系帮扶企业工作制度，开展结对帮扶服务，宣传解读政策，开展专题调研，实施跟踪辅导，帮助解决困难。

维护企业合法权益。设立推广"中小企业维权服务工作站"，开通"法律百事通"服务热线，建立全省中小企业法律维权公共服务平台，提供法律咨询与维权服务，保障中小企业合法权益。

提出立法建议。新的《中华人民共和国中小企业促进法》于9月1日颁行后，向省政府法制办、省政府办公厅秘书五处及省人大财经委提出修订山西省《实施〈中华人民共和国中小企业促进法〉办法》，并列入5年立法计划建议。

调整与下放行政权力事项。根据省审改办《关于对权力清单中行政职权提出调整意见的函》及《关于继续做好省政府部门权责清单更新工作的通知》要求，对权力事项进行微调，并报送审改办。依据中共山西省委、山西省人民政府《关于开发区改革创新发展的若干意见》精神及2017年3月30日省十二届人大常委会第三十七次会议《关于山西转型综合改革示范区行政管理事项的决定》，向开发区下放开发区行政管理范围内"中小企业创业基地认定"的行政职权。

清理"放管服效"改革涉及规章、规范性文件。依据省政府办公厅《关于做好"放管服效"改革涉及的规章、规范性文件清理工作的通知》要求，对2012年7月以来山西中小企业局出台的17个规范性文件，提出暂时保留11个，废止6个的建议；对2015年以来，以中小企业局为主起草、以省政府办公厅名义下发的规范性有3个，提出保留建议。（边　疆）

【中小企业生产经营】 2017年，山西省中小企业经济运行延续持续加快、稳步向好的发展态势。一季度，全省中小企业实现营业收入同比增长4.81%，上半年经济同比增长5.90%。前三季，全省中小企业营业收入同比增长6.97%，比上半年提高1.07个百分点，比一季度提高2.16个百分点。全年全省中小企业营业收入同比增长8.11%，高于前三季1.14个百分点。

从规模以上中小工业企业主要指标看：据工信部反馈资料，山西省规模以上中小工业企业3359户，比上年增加4户；亏损面30.30%，比上年缩小6.90个百分点；从业人员86.40万人，同比增长1.60%，从业人员数由高到低排列，山西在全国排第14位；实现主营业务收入8279亿元，同比增长31%，增速在全国排第1位；主营业务成本6786亿元，同比增长26.10%，增速在全国排第1位，主营业务成本增幅小于主营业务收入增幅4.90个百分点；利润总额436.90亿元，同比增长465.90%，增速在全国排第2位；产成品存货373亿元，同比增长2.40%；应收账款1360.80亿元，同比增长16.60%，增速在全国排第5位。

从规模以上中小工业企业行业分布看：年度行业监测数据显示，2017年，规模以上中小工业企业数排在前6位的行业依次为：煤炭开采和洗选业，非金属矿物制品业，化学原料和化学制品制造业，通用设备制造业，其他制造业，农副食品加工业。这六个行业单位数占全部单位总计的57.79%。从业人员排在前6位的行业依次为：煤炭开采和洗选业，化学原料和化学制品制造业，非金属矿物制品业，有色金属冶炼和压延加工业，石油加工炼焦和核燃料加工业，其他制造业。这六个行业从业人员占全部从业人员总计的61.88%。营业收入排在前6位的依次为：煤炭开采和洗选业，石油加工炼焦和核燃料加工业，化学原料和化学制品制造业，有色金属冶炼和压延加工业，非金属矿物制品业，农副食品加工业。这六个行业营业收入占全部营业收入的67.93%。

从500万~2000万元中小工业企业生产销售看：2017年，500万~2000万元中小企业4198家，年平均从业人员22.89万人，实现工业产值680.76亿元，销售产值634.02亿元，营业收入603.89亿元，利润总额46.59亿元，上缴税金28.76亿元，劳动者报酬88.58亿元。

企业个数排在前6位的行业依次为：非金属矿物制品业，其他制造业，农副食品加工业，煤炭开采和洗选业，金属制品业，食品制造业。这六个行业单位数占全部单位总计的61.53%。从业人员排在前6位的行业依次为：非金属矿物制品业，其他制造业，煤炭开采和洗选业，农副食品加工业，金属制品业，黑色金属冶炼和压延加工业。这六个行业从业人员占全部从业人员的65.11%。营业收入排在前6位的行业依次为:非金属矿物制品业,其他制造业,煤炭开采和洗选业,农副食品加工业,黑色金属冶炼和压延加工业,金属制品业。这六个行业营业收入占总计的62.77%。

中小工业企业出口。全年有产品出口的中小工业企业239家,比上年减少7家;实现出口产品交货值696433万元,同比下降15.60%。

按出口规模分:年出口产品交货值在500万~1000万元企业41家,实现交货值41885万元;年出口产品交货值在1000万~3000万元企业68家,实现交货值115502万元;年出口产品交货值3000万元以上企业69家,实现交货值504997万元。

按主要商品分:全年出口焦炭企业4家,实现出口交货值20485万元;出口金属镁企业10家,出口金属镁5417吨,实现交货值12177万元;出口活性炭企业4家,出口活性炭13889吨,实现交货值7274万元;出口铁合金企业3家,实现交货值977万元;出口玛钢件企业25家,出口玛钢件82350吨,实现交货值104936万元;出口铸铁件企业21家,出口铸铁件132411吨,实现交货值85711万元;出口汽车配件企业7家,实现交货值23286万元;出口法兰企业33家,出口法兰72424吨,实现交货值84987万元;出口磁性材料企业1家,出口磁性材料400吨,实现交货值7260万元;出口玻璃器皿企业42家,出口玻璃器皿46346万件,实现交货值43068万元;出口陶瓷制品企业4家,出口陶瓷制品3537万件,实现交货值4660万元;出口芦笋企业3家,出口芦笋800吨,实现交货值1190万元;出口药品企业6家,实现交货值7272万元;出口其他产品企业76家,实现交货值293150万元。

从第三产业看:2017年,中小企业局统计监测的从事第三产业的中小企业法人单位21.43万户,比上年增长50.60%;从业人员191.41万人,同比增长20.17%;实现营业收入5935.08亿元,同比增长37.48%;利润总额398.86亿元,同比增长29.28%;上缴税金308.51亿元,同比增长89.20%;劳动者报酬452.15亿元,同比增长29.39%。

分行业看:交通运输仓储业营业收入682.76亿元,占第三产业营业收入总计的15.82%;批发零售业营业收入1681.93亿元,占38.96%;住宿及餐饮业营业收入779.89亿元,占18.07%;居民服务、修理和其他服务业营业收入542.61亿元,占12.57%;其他行业营业收入629.71亿元,占14.58%。

从重点监测企业看:2017年12月,全省重点监测企业上报数据审核通过的企业761家。其中,工业491家,农林牧渔业57家,建筑业36家,第三产业177家。从企业规模看:中型企业102家,占13.40%;小型企业447家,占58.73%;微型企业212家,占27.85%。

2017年12月,761家重点监测企业中亏损企业228家,亏损面29.96%,环比减少0.52个百分点。其中,中型企业亏损20家,亏损面19.61%;小型企业亏损131家,亏损面29.31%;微型企业亏损77家,亏损面36.32%。

全年重点监测企业实现营业收入435.41亿元,同比增长37.66%;营业成本355.77亿元,比上年增长27.50%;利润总额19.77亿元,同比增长251.01%;应收账款83.04亿元,同比增长28.73%;应缴税金9.92亿元,同比增长61.45%;从业人员7.96万人,同比增长5.26%。

重点监测工业中,采矿业实现营业收入84.67亿元,比上年增长107.77%;制造业实现营业收入275.70亿元,同比增长36.90%。其中:农副食品加工业实现营业收入16.22亿元,同比下降16.32%;食品制造业实现营业收入69.64亿元,同比增长146.61%;石油加工、炼焦和核燃料加工业实现营业收入27.63亿元,同比增长103.41%;化学原料和化学制品制造业实现营业收入15.68亿元,同比增长18.10%;医药制造业实现营业收入1.86亿元,同比增长26.93%;非金属矿物制品业实现营业收入39.17亿元,同比增长7.73%;黑色金属冶炼和压延加工业实现营业收入27.38亿元,同比增长22.10%;计算机、通信和其他电子设备业实现营业收入0.44亿元,同比增长140.08%;设备制造业实现营业收入12.80亿元,同比增长13.10%;其他制造业实现营业收入64.89亿元,同比增长17.63%。

重点监测服务业全年实现营业收入31.97亿元,比上年增长6.24%。其中:住宿业和餐饮业实现营业收入2.13亿元,同比增长26.18%;批发和零售业实现营业收入24.48亿元,同比增长11.68%;交通运输仓储和邮政业实现营业收入0.44亿元,同比下降37.45%;其他服务业实现营业收入4.93亿元,同比下降14.86%。

从产业集群看:2017年12月重点监测的特色产业集群22个,涉及企业1916家,其中1121家开工,总开工率为58.51%,较上月(57.16%)提高1.35个百分点。

开工率在80%以上的产业集群有8家,分别是:大同医药,侯马装备制造,怀仁陶瓷,稷山纸包装,清徐醋业,太谷玛钢,屯留农副产品,闻喜金属镁。开工率在50%~80%的产业集群有6家,分别是:定襄法兰,汾阳白酒,交城铸造机加工,泽州铸造,万荣添加剂,原平皮带机。开工率不足50%的产业集群有8家,分别是:大同县活性炭,平遥铸造,祁县玻璃器皿,山阴乳制品,阳城陶瓷,阳泉耐火材料,榆次纺机,榆次液压。

22个产业集群全年实现营业收入355.17亿元,比上年增长2.63%。全年营业收入同比增长速度为正的产业集群有16家,分别是:大同县活性炭,大同医药,汾阳白酒,侯马装备制造,怀仁陶瓷,稷山纸包装,交城铸造机加工,平遥铸造,祁县玻璃器皿,清徐醋业,泽州铸造,屯留农副产品,万荣添加剂,闻喜金属镁,阳泉耐火材料,原平皮带机。其中,汾阳白酒、交城铸造机加工、闻喜金属镁、阳泉耐火4家增速达两位数。全年营业收入增长速度为负的产业集群有6家,分别是:定襄法兰,山阴乳制品,太谷玛钢,阳城陶瓷,榆次纺机,榆次液压。其中榆次纺机和榆次液压同比降幅达两位数。

从主要产品产量看:全年重点监测的44种产品产量中,有21种产品产量同比增长,23种产品产量同比下降。产量增幅较大的产品主要有:发电量、焦油、生铝矾土、活性炭、耐火砖、肉制品、白酒、啤酒、杂粮系列、饮料、食醋等产品。产量降幅较大的产品主要有:汽摩铸件、成品钢材、电石、服装、食用植物油等。

从主要产品价格看:与年初相比,12月重点监测10种主要产品出厂价格"6升4降"。主焦煤、电煤、钢坯、钢材、水泥、砖价格上涨,涨幅在10%~30%之间;主焦洗精煤、配煤、焦炭、精矿粉价格下降,降幅在1%~11%之间。

与2008年上半年金融危机前相比,主焦煤出厂价格下降53.30%,主焦洗精煤下降31%,电煤下降22.50%,焦炭下降49.30%,精矿粉下降30%。

从个体经济和其他领域看:2017年,全省个体工商户户数92.69万户,年末从业人员286.14万人,实现营业收入3831.49亿元,上缴税金108.70亿元。

2017年,省中小企业局认定省级中小企业技术中心49个,中小企业双创基地23个,入驻企业4948户,吸纳就业12.47万人。中小企业拥有国家驰名商标和山西著名商标165件,数十种产品填补国内省内空白;全省拥有发明专利403项,新认定"专精特新"中小企业192户;全省一批具有"新技术、新产品、新业态、新模式"的创新型中小企业脱颖而出。

(边　疆)

【中小企业品牌和人才素质建设】 2017年,山西省中小企业局推进企业技术创新。新认定省级中小企业技术中心49个,全省省级中小企业技术中心达252个,拥有发明专利403项,实用新型专利1213项,外观设计专利538项,全国领先技术279项。

推进企业品牌建设。支持中小企业实施品牌发展战略,安排专项资金835万元,对上年度获得国家驰名商标和山西省著名商标176户中小微企业进行奖励。

加强人才培训。实施"3个1"经营者素质提升工程,组织全省100名小微企业优秀经营者到清华大学进行系统进修培训,还对1000名有发展潜力的小微企业主进行创业能力提升培训,对10000名小微企业管理人员进行专题培训。(边　疆)

【中小企业"专精特新"】 2017年,山西省培育"专精特新"中小企业。制定出台《促进中小企业"专精特新"发展的实施意见》,建立完善"专精特新"中小企业培育库,搭建"专精特新"中小企业展示平台。组织开展2017年度山西省"四新"中小企业评价活动,168家中小企业获评"四新"中小企业。安排专项资金4800万元,对筛选确定的192户"专精特新"中小企业进行支持,培育一批具有竞争力的"小巨人"企业。

推进企业规范改制。实施规范化改制行动计划,建立完善规范改制培育目标企业库,将334户中小企业纳入培育目标;研究制定《山西省中小企业规范化股份制改造奖补方案》,明确目标要求、改制条件、奖补程序等;组织开展中小企业规范化股份制改造专题培训。(边　疆)

【中小企业培育】 2017年,山西省中小企业局促进小微企业发展。建立创业辅导师队伍,依托全省375个小微企业服务站,开展创业培训和创业辅导。1月至11月,全省新创办小微企业8.85万户,提前超额完成年度目标任务。

培育"规模以上"中小企业。完善年主营业务收入500万~2000万元规模的基础企业培育库,年主营业务收入1000万~2000万元规模的重点企业培育库,强化跟踪监测与帮扶指导。起草《关于进一步促进小微工业企业上规模的若干措施》,落实资金奖励政策,安排专项资金5440万元,对上年度272户主营业务收入首次达到规模以上并纳入统计部门联网直报小微工业企业进行奖励,推动小微工业企业规范升级。通过培育扶持、改造提升、引导促进,实现净增"上规"企业100户以上,为全省工业经济增添生力军。

推进双创活动开展。联合相关部门举办"创享行"双创沙龙活动(举办10期),并在项目推荐、资金支持、贴息贷款和基金跟投等方面对创业路演项目进行支持,共对27个企业资金奖励81万元,对8个项目资金奖励24万元,对路演获得银行贷款支持的5个项目奖励138.30万元。举办2017年"创客中国"山西省创新创业大赛,组织首届中小企业双创优秀项目辅导培育沙龙,推荐48个获奖项目参加全国总决赛,其中2个项目入选全国企业组100强,3个项目入选全国创客组100强。

推进双创示范县建设。筛选确定朔城区、定襄县、新绛县为第二批中小企业双创示范县,安排专项资金2400万元重点支持。全省确定双创示范县11个,实现市域全覆盖。

推进"双创"基地建设。研究制定《山西省中小企业创业创新基地管理办法》,新认定省级中小企业双创基地23个,全省省级中小企业双创基地达123个(其中国家级双创示范基地2个、省级双创示范基地1个),厂房面积3799.88万平方米,入驻企业4948户,吸纳就业12.47万人。

(边　疆)

【中小企业资金投入】 2017年,山西省中小企业完成固定资产投资1105.98亿元,比上年增长2.60%。其中:国家及有关部门扶持资金12.26亿元,占全部投资的1.10%;金融机构贷款201.81亿元,占18.25%;引进资金29.85亿元,占2.70%;自有资金804.46亿元,占72.75%;其他资金57.60亿元,占5.21%。

在中小企业固定资产投资中,第一产业31.24亿元,比上年下降35.50%,占比4.49%,比重下降1.67个百分点;第二产业投资639.72亿元,同比下降2.30%,占比57.84%,比重下降2.84个百分点;第三产业投资435.02亿元,同比增长15.66%,占比

39.33%,比重提高4.49个百分点。

在中小企业固定资产投资中,煤、焦、冶三大传统产业投资92.99亿元,比上年增长17.69%;工业非传统产业投资493.02亿元,同比下降5.40%。

全年中小企业固定资产投资施工项目1777个。其中:亿元以上项目527个,完成投资776.25亿元;5000万~1亿元项目230个,完成投资128.50亿元;1000万~5000万元项目656个,完成投资170.54亿元;500万~1000万元项目364个,完成投资30.69亿元。全年新开工项目920个。其中:工业项目594个,占比64.57%;第三产业项目229个,占比24.89%。全年投产项目825个。其中:工业项目558个,占比67.64%;第三产业项目185个,占比22.42%。 （边 疆）

【中小企业服务体系建设】 2017年,山西省推进平台网络建设。构建"1+11+24"(1个省级枢纽平台、11个市级综合服务窗口平台、24个产业服务窗口平台)平台网络体系,基本形成互联互通、资源共享、服务协同的中小企业公共服务平台网络。截至2017年底,省级枢纽平台共入驻中小企业11646户,发布服务需求672项;入驻服务机构达827家,发布服务项目1628项、服务活动1597条,线上线下各类服务12778项。

组建双创服务联盟。全省择优确定47家双创服务机构、高校科研机构、行业协会、省级双创基地、中小企业,组成山西省中小微企业创业创新服务联盟,整合集聚优势服务资源,打造全省中小企业创业创新生态圈。

帮助企业开拓市场。组织92家中小企业、468种产品,参加上海第15届中国国际铸造博览会、广州第14届中国国际中小企业博览会,进行产品推介,开展合作洽谈,累计签约达8671.30万元。 （边 疆）

【中小企业融资模式创新】 2017年,山西省中小企业局创新融资模式。推广"助保贷"等融资模式,安排资金4600万元,对财政资金放大倍数在6倍以上县市进行奖励。截至2017年底,省、市、县三级政府累计投入资金16.67亿元,采取以奖代补方式,引导银行共为2833户中小企业发放贷款175.65亿元,杠杆效应明显。

加强担保体系建设。筹措1396万元对从事低保费业务的担保机构进行保费补助,享受补助的29户担保机构上年为2371户中小企业提供担保贷款68.50亿元。安排资金1000万元,对银行业金融机构小微企业贷款进行风险补偿,获得补助的27户银行业金融机构共为7509户小微企业提供贷款241.20亿元。

推动企业挂牌上市。建立挂牌上市企业资源库,围绕股权融资、改制上市开展专题培训。落实资金奖励政策,对上年9月9日至2017年4月10日在"新三板"挂牌上市的20户中小企业给予1000万元直接融资奖励。全省在"新三板"挂牌中小企业达80户,在山西股权交易中心挂牌展示的中小企业达1483户。 （边 疆）

【中小企业运行监测】 2017年,山西省中小企业局建设大数据平台。对接调研华为、浪潮、中国联通等相关企业,选定山西柯瑞森信息科技有限公司开发建设大数据平台。平台模型开发完成,进行调试。加强与省大数据办对接,申报2017年促进大数据发展应用专项资金,解决平台运行经费问题。加强各部门协调,解决平台数据来源问题。

加强全省中小企业月度分析。做好中小企业月报报表、重点监测企业月报和特色产业集群月报等汇总工作,撰写《中小企业经济运行情况》《重点监测企业分析报告》《特色产业集群运行分析报告》,完成每月国家工信部中小企业局重点监测企业网上直报任务及每季度省政府经济运行分析会任务,为各级政府正确决策提供参考和依据。

加强季度分析和专题调研。召开一季度、上半年、三季度全省中小企业运行分析会,研究分析各季度全省中小企业经济运行形势。结合中小企业运行中的突出问题,针对重点行业、重点产业开展专题调研,一季度组织安排对主导产业和重点产业集群运行情况的调研,上半年组织安排对因环保督查停产企业的调研,三季度组织安排对中小企业成本变化情况的调研,有针对性地了解中小企业运行情况。

加强重点企业监测工作。增加重点监测企业数量。为解决重点监测企业样本量不足问题,召开重点监测企业工作会,明确各市重点监测企业数量目标,增加全省重点监测企业样本量,报送数据的企业达2000户。出台《鼓励企业"入统计、上平台"工作制度(试行)》,要求近三年享受过全省中小企业系统资金奖励、补助或帮扶、培训等服务的企业要全部纳入重点监测企业范围。加强对重点监测企业管理。要求各市中小企业管理部门加强对重点监测企业报送的监督和管理力度,加大对重点监测企业信息员和市县管理员的考核监督,提高重点监测企业上报数据的及时性和准确性。

加强统计监测专项资金支持。安排省级统计监测专项资金294万元支持运行监测工作。其中,230万元用于开展重点企业监测工作,64万元切块到长治、临汾、朔州、晋中、运城等5个地市,重点支持当地开展中小企业运行监测和统计监测人员能力培训等工作。

提高手机直报水平。对原有200户手机直报企业进行调整,组织召开手持移动终端快速调查平台信息员培训班,对全省200户手机直报企业信息员就相关统计指标解释和快速调查软件的使用进行培训,提高信息员统计能力和水平。

开展指数课题研究。与山西财经大学统计学院进行合作,运用现有手机直报中的小微企业生产经营指标,研究开发出"山西小微企业景气指数",进行山西省小微企业发展形势综合研判。 （边 疆）

2017年山西省中小企业特色产业集群情况表

重点特色产业集群	监测企业个数（个）	开工企业个数（个）	开工率(%)	全年营业收入（亿元）	全年营业收入同比增长(%)
万荣水泥添加剂	45	32	71.10	19.45	2.41
清徐醋产业	42	35	83.33	11.55	5.60
祁县玻璃器皿	94	37	39.36	16.49	2.90
原平皮带机	74	46	62.16	7.83	2.90
定襄法兰盘片	324	249	76.85	74.54	−3.70
屯留农副产品	13	13	100.00	1.87	0.80
山阴乳品加工	8	3	37.50	12.18	−3.92
稷山纸包装	112	112	100.00	7.99	3.00
交城铸造机加工	170	125	73.53	25.76	17.10
闻喜金属镁产业	16	16	100.00	34.57	17.00
大同医药产业	10	10	100.00	2.69	2.10
怀仁陶瓷产业	35	30	85.71	13.38	2.26
侯马装备制造	10	10	100.00	2.50	1.20
榆次液压产业	215	65	30.23	6.80	−33.50
太谷玛钢产业	99	95	95.96	3.85	−2.70
榆次纺机产业	200	70	35.00	2.10	−30.9
泽州铸造	101	55	54.46	60.72	5.60
阳城陶瓷产业	14	5	35.70	3.13	−2.00
大同县活性炭	30	4	13.33	0.76	5.90
阳泉耐火材料	183	66	36.07	8.15	13.00
汾阳白酒	43	31	72.09	3.97	20.80
平遥铸造	78	12	15.38	9.75	5.00

2017年山西省中小工业企业主要产品产量情况表

产品名称	计量单位	本期实际	去年同期	同比增长%
原煤	万吨	13036.06	11644028	11.95
型煤	万吨	283.51	254.57	11.37
洗精煤	万吨	16795.85	18366.26	-8.55
发电量	万度	2277030.70	1665875.51	36.69
焦炭	万吨	5189.23	5019.87	3.37
其中:机焦	万吨	3249.39	3746.70	-13.27
生铁	万吨	522.21	583.20	-10.46
硅铁	吨	75230.85	85070.59	-11.57
焦油	吨	286250.00	212703.55	34.58
金属镁	吨	111800.00	120688.20	-7.36
铁矿石	万吨	3365.13	3471.80	-3.07
铁精矿粉	万吨	1309.78	1201.69	8.99
生铝矾土	万吨	308.65	225.97	36.59
铸铁件	万吨	394.55	420.64	-6.20
其中: 汽摩铸件	万吨	3.59	5.72	-37.24
铸铁管	万吨	133.01	125.79	5.74
玛钢件	万吨	49.69	58.56	-15.15
暖气片	万吨	28.41	29.65	-4.18
粗钢	万吨	-	-	-
成品钢材	万吨	23.18	165.97	-86.03
电解铝	吨	-	-	-
磁性材料	吨	14737.54	17674.19	-16.62
糠醛	吨	20677.00	22021.00	-6.10
电石	吨	10797.00	17558.00	-38.51
活性炭	吨	44057.00	27329.00	61.21
水泥	万吨	3227.00	3414.80	-5.50
耐火砖	万吨	3703.13	2405.44	53.95
水泥预制件	万立方米	508.72	501.91	1.36
陶瓷	万件	170844.20	168067.50	1.65
服装	万件	747.21	4122.80	-81.88
淀粉	吨	182247.90	215900.49	-15.59
罐头食品	吨	15927.79	15214.23	4.69
肉制品	吨	1344720.09	922303.44	45.80
乳制品	吨	462769.47	469305.70	-1.39
酒	吨	324439.87	289540.55	12.05
其中:白酒	吨	67901.00	48395.50	40.30
啤酒	吨	250687.90	135433.00	85.10
干果系列产品	吨	50843.86	54857.94	-7.32
杂粮系列产品	吨	132328.43	96319.40	37.39

续表

产品名称	计量单位	本期实际	去年同期	同比增长%
饮料	吨	667735.96	497524.46	34.21
食醋	吨	919416.61	919416.61	25.37
食用植物油	吨	68379.62	101343.52	−32.53
西药制品	万片、万粒、万支	221483.12	229713.80	−3.58
成品中药	千克	1384334.80	1373195.20	0.81

2017 年山西省主要产品价格变化情况表

单位：元 / 吨、元 /200 块

主要产品	1 月	2 月	3 月	4 月	5 月	6 月	7 月	8 月	9 月	10 月	11 月	12 月
主焦煤	700	750	800	750	700	650	650	750	750	850	850	800
主焦洗精煤	1400	1350	1300	1400	1220	1200	1200	1500	1550	1550	1550	1380
配煤	670	650	620	620	570	510	510	560	600	600	600	600
电煤	500	400	470	410	450	450	450	450	450	620	610	620
焦炭	1525	1370	1550	1589	1600	1850	1600	1800	1900	1850	1650	1420
钢坯	3150	3550	3100	3400	3700	3850	3850	3950	3950	3850	4450	3850
钢材	3300	3700	3200	3600	3800	4000	4000	4100	4100	4000	4600	4000
精矿粉	750	780	787	800	650	620	655	780	860	710	停产	670
水泥	240	300	320	330	240	240	240	240	320	320	320	320
砖	36	38	54	46	停产	44	44	40	40	40	40	40

2017 年山西省各市中小企业主要经济指标情况表

地 区	企业个数	增幅±%	从业人员（人）	增幅±%	营业收入（元）	增幅±%	上缴税金（元）	增幅±%
全 省	278995	13.13	4227662	4.93	141929830	8.11	7761019	13.23
太原市	134337	17.57	1140539	6.30	47745727	7.21	2778877	6.75
大同市	7531	2.16	1140539	0.20	5662510	2.62	306256	1.77
阳泉市	8525	0.04	128093	0.19	2168757	8.45	141707	16.26
长治市	20322	14.81	321699	0.85	13297675	12.58	563666	8.38
晋城市	19026	15.25	343873	2.72	10929290	3.14	502052	0.20
朔州市	9153	6.11	280069	6.67	12408284	2.96	639073	41.79
忻州市	12656	2.23	215620	7.04	5070110	15.83	260859	26.17
吕梁市	19822	6.22	381747	2.08	13026963	19.93	1022928	28.08
晋中市	17565	10.22	349249	16.44	12346667	9.48	504119	16.94
临汾市	14086	15.58	386376	3.78	11151418	4.63	611961	17.47
运城市	15972	10.55	505750	3.21	8122429	6.96	429521	7.72

综　述

【概况】 2017年，山西省住建厅出台《关于进一步加大对山西省建筑业企业扶持力度的通知》《关于加快山西省建筑业企业资质提档升级的通知》和《关于鼓励外埠建筑业企业在山西省落户的指导意见》等系列政策，帮扶山西省企业承揽业务、加快资质提档升级、吸引省外优秀企业落户，助力企业成长，推动行业发展。加大企业资质提档升级服务，建立企业服务登记制度，重点做好资质报部升级企业帮扶工作，实行包保扶持，提升资质升级成功率。住建部共核准山西省企业特级资质12项，一级资质26项，高等级资质企业队伍实现跨越式发展。加大骨干企业培育力度，印发《关于支持山西省骨干建筑业企业做大做强的实施意见》，评选48家骨干建筑业企业，在资质升级增项、招投标等方面予以重点支持。强化建筑业运行监测，坚持月分析、月调度、月排名，及时查找问题、制定措施，确保全省建筑业运行平稳。全省完成建筑业总产值首次突破3500亿元，达3566.57亿元，较上年度增长7.50%。实现建筑业增加值1019.80亿元，同比增长4.10%，占GDP的比重达7%，发挥建筑业的支柱产业作用。从业人员平均104万人，较上年同期减8万人，劳动生产率342956元/人。利润总额101.13亿元，较上年度增加4.04%。全省有建筑业资质企业3863家，其中总承包企业1691家，专业承包企业1802家，劳务分包企业370家。全省建筑工程产值3122.16亿元，建筑业竣工产值1405.39亿元。

（李国红　米玉婷）

【建筑业持续发展意见出台】 2017年10月，山西省政府办公厅印发《关于促进建筑业持续健康发展的实施意见》，提出加快行业转型升级，完善工程建设组织模式等27条具体意见。针对国有企业体制约束大，活力尚未完全释放的问题，文件提出要加快山西省国企改革步伐，破解困扰国企建筑业企业经营发展的难题。为加快推动装配式建筑发展，文件提出推动建筑产业园区建设，以园区为平台，吸引上下游相关产业入驻园区，推动产业集聚发展。并以太原、大同、运城、晋东南、吕梁为重点建设地区，形成覆盖全省，辐射京、津、冀、蒙、豫、陕等周边省份的产业布局。针对拖欠工程款严重阻碍行业发展的问题，明确项目前期、施工过程和工程竣工验收等阶段工程款支付要求，建立竣工结算备案制度和推行业主支付担保制度，建立完善建设单位市场行为监督机制，防止工程款拖欠的发生。

（李国红　米玉婷）

【龙头企业转型重组】 2017年9月21日，山西省内规模最大的工程建设企业山西建筑工程（集团）总公司完成公司制改革，成立山西建设投资集团有限公司。通过改制，集团实现由承建商向建筑服务商、投资运营商转变；由传统、单一的房建施工向产业链一体化、相关多元化经营转变；由施工总承包企业向工程总承包企业转变；由劳动密集型向资本、技术密集型企业转变；由规模速度型向质量效益型增长转变。（李国红　米玉婷）

【建设科技成果推广】 2017年，山西省住建厅开展建设科技成果登记，印发《山西省住房和城乡建设厅关于做好建设科技成果登记工作的通知》，将科技成果与企业资质管理、招投标、评优评奖挂钩，引导企业把科技创新放在核心战略位置，加快自主创新能力建设，经省级以上部门鉴定和专家审定，49项建设科技成果予以登记。引导企业技术进步，开展科学技术计划项目申报示范工作，列入住房和城乡建设部科学技术计划项目9项，山西省科学技术厅科学技术计划项目3项，山西省住房和城乡建设厅科学技术计划项目24项，3项成果被评为山西省科学技术二、三等奖。推广应用新技术新产品，印发《山西省住房和城乡建设厅关于进一步加强建筑节能新产品新技术新设备推广应用的通知》，召开泡沫陶瓷应用技术交流推广会，举办装配式建筑、智慧城市专题讲座，全年发布节能技术、产品目录303项，新产品新技术新设备推广应用工作向广度、深度发展。组织实施绿色建材评价，太原市玉磊预拌混凝土有限公司生产的预拌混凝土通过山西省首个二星级绿色建材评价。（李国红 米玉婷）

【装配式建筑推进】 2017年，山西省住建厅印发《关于大力发展装配式建筑的实施意见》，制定《山西省住房和城乡建设厅装配式建筑行动方案》，成立装配式建筑领导组，加快推动全省装配式建筑发展。打造装配式建筑产业园区，山西建设投资集团有限公司被住房城乡建设部认定为第一批装配式建筑产业基地。印发《山西省住房和城乡建设厅装配式建筑示范城市管理办法》《山西省住房和城乡建设厅装配式建筑产业基地管理办法》《山西省住房和城乡建设厅装配式建筑示范项目管理办法》，开展省级示范评选工作。全省建成装配式建筑产业基地4个，在建、拟建5个，涵盖钢结构、混凝土结构、木结构三大装配式建筑结构体系，产业基地布局基本形成。召开山西省装配式建筑现场会，参观大同市体育运动学校钢结构装配项目及钢管束生产车间，结合太原市、大同市试点城市进展情况安排工作。开展山西省装配式建筑工作推进情况大调研，全面掌握全省情况。（李国红 米玉婷）

质量安全

【工程质量监督检查】 2017年，山西省住建厅落实参建各方主体的工程质量安全责任，全省新办理质量监督手续工程1588项，办理竣工验收备案工程555项，所有项目执行“两书一牌一档”制度。加强工程质量监督检查，开展建设工程质量监督机构和监督人员考核，完成对全省县级以上工程质量监督人员培训与考核工作，1291名监督员考核合格；加强工程质量监督机构考核，实现市、县两级机构考核全覆盖。11月底，开展工程质量安全提升行动勘察设计专项督查，实地抽查太原、晋中2个市3家图审机构，抽查10个项目，对检查中发现的问题完成整改。推进监理单位报告工程质量监理情况试点工作，制定试点工作实施方案，并将太原市和晋中市列为试点城市，逐步在全省范围内推行监理企业质量管控标准体系。（李国红 米玉婷）

【新工法审定推广】 2017年，山西省住建厅评审公布2016年度省级施工工法。组织专家对申报的731项工法进行评审，确定483项省级工法，鼓励企业采取新技术、新工艺，提高全省工程建设技术水平；审核公布2017年度省建筑业新技术应用示范工程立项项目200个，推广“建筑业10项新技术”；编制完成《海绵城市工程建设标准设计图集》，通过专家委员会审查，并予以公布。（李国红 米玉婷）

【绿色建筑行动】 2017年，山西省住建厅强化建筑节能监管，推动建筑行业绿色发展。强化建筑节能监管，严把节能设计认定和节能专项验收备案两个关口，确保新建建筑全面执行65%节能标准。发展绿色建筑，全省新设计建筑面积4097.06万平方米，执行绿色建筑标准面积2817.99万平方米，执行率68.78%，超额完成35%的年度目标任务。培育高星级绿色建筑，新增二星级以上绿色建筑评价标识项目127.98万平方米，超额完成100万平方米年度目标任务。发挥建筑节能领跑作用，完成“绿色建筑行动”计划投资49.69亿元，为全年任务的248.45%。（李国红 米玉婷）

【居住建筑节能改造】 2017年，山西省克服中央、省节能改造奖励资金政策取消等客观因素影响，督促各市结合当地实际，制定年度改造计划，统筹各方面资金推进既有居住建筑节能改造工作。结合清洁取暖工作，指导全省“2+26”中的太原市等4个城市申报国家清洁取暖示范市，争取中央财政奖励资金。将既有居住建筑节能改造工作纳入《山西省冬季清洁取暖实施方案》，并确定太原、阳泉、晋城、长治、晋中、临汾6个城市为重点市，推进既有居住建筑节能改造。组织有关企业和节能改造主管单位开展合同能源管理、PPP等改造模式探讨和工作对接，争取社会资金。加大考核问责力度，按月对各市进展情况进行考核评分，对进度较慢的市通报批评，并约谈市主管部门主要负责人，督促加快工作进度。全省累计新开工既有居住建筑节能改造项目307.67万平方米。（李国红 米玉婷）

【安全监管与专项整治】 2017年，山西省住建厅建立健全安全生产管理机制。推进建筑施工安全标准化考评工作，出台《山西省建筑施工安全生产标准化考评实施办法（试行）》《关于创建省级建筑施工安全生产标准化示范项目和企业实施办法》，通过开展建筑施工企业和项目安全生产标准化考评，创建省级标准化示范项目和企业活动，落实安全生产主体责任，提升建筑施工安全生产管理水平。构建风险隐患双重预防机制，制定《全省住房城乡建设系统构建安全风险分级管控和隐患排查治理双重预防机制实施方案》，要求建筑施工企业分析安全风险关键环节和岗位，在安全风险辨识、隐患排查治理方面，实行全过程分类差别化安全管控，实现隐患排查整治闭合管理，构建双重预防体系建设。抓好安全生产专项整治和专项检查。根据省政府1号文件要求，开展预防建筑施工模架支撑和土方（隧道）开挖坍塌事故专项整治，累计排查安全隐患675项，全部完成整改。开展“反三违”专项行动，对施工企业存在的“三违”现象进行专项整治，纠正“三违”行为153项，督促企业规范安全生产行为。制定全省建筑工地扬尘综合整治实施方案和年度工作方案，明确扬尘整治目标任务、措施标准和工作要求。省、市、县三级住建部门累计检查3702次，检查项目2414个，责令整改1848起，行政处罚105起，处罚金额270万元。做好重点时段安全生产督查。开展全省春季复工安全生产督查，共抽查34个在建工程项目，下发检查情况反馈意见表34份、整改通知单11份、执法建议书5份，对督查情况进行通报；做好汛期安全生产工作，要求各市组织开展汛期安全生产隐患排查整治，由厅分管领导带队对太原市地铁2号线建设项目汛期安全生产进行督查调研；国庆节期间对太原市九院沙河快速化市政道路改造工程进行安全生产督查。开展安全生产大检查工作。制定《全省住建系统安全生产大检查工作方案》。大检查期间，各级住建部门累计出动检查组1029个，检查人员9659人(次)，检查企业1966家，责令限期整改企业248家，责令停产停业整顿企业37家，排查安全隐患7763条，完成整改7153条，限期整改1584条。结合安全生产大检查工作，开展2017年度建筑施工安全生产"双随机"核查，抽查在建项目50个，下达执法建议书18份。

（李国红　米玉婷）

【建筑抗震设防】 2017年，山西省住建厅执行《山西省超限高层建筑工程抗震设防界定规定》，截至2017年底，组织专家对12个超限高层建筑抗震设防项目涉及18幢、45万平方米的超限高层建筑工程进行抗震设防专项审查，审查率100%。在太原、忻州、晋中、临汾等抗震设防八区、地震重点危险区新建的中小学校舍与医疗卫生建筑采用减隔震技术，抗震防灾能力提高。（李国红　米玉婷）

【建筑安全生产宣传培训】 2017年，山西省住建厅制定全省住建系统安全生产"知责履责、失职追责"活动方案，开展为期6个月的专题活动，理清安全生产职责，提升安全生产意识。参加省政府安委办组织的"2017年安全生产咨询日活动暨三晋安全行启动仪式"，印制宣传展板3个，向社会群众发放《工程项目施工人员安全指导手册》800余册、安全常识宣传资料1200份；组织开展安全生产知识进企业进工地活动，向一线从业人员发放《指导手册》1000册。在太原市"竞杰·常青藤"项目施工工地，举行"2017年省城建筑工地应急演练暨建筑安全标准化现场观摩会"，组织省内10个骨干企业200余人，开展物体打击和基坑坍塌事故应急演练，并进行现场观摩。加强从业人员安全教育培训，累计培训建筑施工企业"三类人员"50477名，提高从业人员安全素质。（李国红　米玉婷）

市场监管

【工程质量安全提升行动】 2017年，山西省住建厅下发《山西省工程质量安全提升行动工作方案》，对工程质量安全提升行动进行安排部署，启动山西省工程质量安全提升行动。召开全省工程质量安全提升行动推进观摩会，组织厅安委会有关处室(单位)负责人，各市住建局(委)分管领导、质量安全科长(处长)、质量安全监督站站长70余人，实地参观山西财大图书馆项目和太原市"常青藤"房地产项目工地，推进工程质量安全提升行动。组织开展全省工程质量安全提升行动督查，6月下旬，山西省住房和城乡建设厅组织4个督查组，抽查11个市本级和11个县(市)的在建项目33个，共检查工程质量内容1932项，检查施工安全内容4563项，下达执法建议书10份，并对督查情况进行通报。7月中旬，配合住建部对山西省工程质量安全提升行动开展情况专项督查，抽查阳泉市5个在建工程项目，下发1份执法建议书，检查中发现的问题全部完成整改。9月下旬，配合开展工程质量安全提升行动轨道交通工程专项督查，对太原地铁2号线一期工程2个站点进行现场检查，检查中发现的问题责令市轨道公司督促施工单位完成整改。

（李国红　米玉婷）

【建筑市场多项监管】 2017年，山西省住建厅印发《房屋建筑和市政基础设施工程施工评标办法》，加大省内科技成果和投标人资信的评审权重，遏制投标人陪标、围标、串标等违法违规行为，促进评标活动科学化、规范化。印发《关于开展度建筑业等5类企业双随机核查工作的通知》，持续加强建筑市场监督执法检查力度，对存在违法违规行为的51个典型项目，下达执法建议书18份，行政处罚告知书30份，10个项目予以通报。加大资质批后监管力度，对资质申报的人员资格、业绩真实性进行核查，共撤回、撤销15家企业资质。开展资质动态核查，为527家勘察、设计、监理和招标代理机构核定动态考核结论，作为市场监管、招标投标和评优评先参考依据。制定印发《关于推进建筑工程项目劳务实名制管理工作的通知》，加强项目用工管理，从源头遏制拖欠农民工工资问题发生，保护农民工合法权益，维护社会稳定。（李国红　米玉婷）

【市场监管服务平台建设】 2017年，山西省住建厅印发《关于进一步加强建筑市场监管公共服务平台建设提高信息采集录入质量的通知》，实现信息采集、资质审批和市场监管等事项的联动管理，确保数据录入质量。录入项目信息8245项，实现全省房屋建筑和市政基础设施工程新建和在建项目信息全部入库，建筑工程项目信息化监管水平提升。完善企业和从业人员诚信信息档案，2017年各级住房城乡建设主管部门共检查项目3536项，对发现存在违法行为的60余个项目的有关责任企业和个人均计入诚信档案，并通过监管公共服务平台进行曝光和通报。按照国家发展改革委等38部委联合下发的《关于印发〈失信企业协同监管和联合惩戒备忘录〉的通知》要求，逐步建立与人社、工商等其他省直部门的信息数据交换、共享机制。定期向信用山西信息共享平台推送企业和人员诚信信息，探索开展协同监管，对失信企业依法采取联合惩戒措施。

（李国红　米玉婷）

2010年至2017年山西省建筑业发展情况统计表

指标名称	计算单位	2010年	2013年	2014年	2015年	2016年	2017年	2017年为(%)	
								2016年	2015年
建筑企业个数	个	2971	3814	3987	4123	3742	3863	103.23	93.69
其中:施工总承包企业个数	个	986	1594	1640	1681	1546	1691	109.38	100.59
专业承包企业个数	个	1614	1937	2045	2111	1826	1802	98.69	98.69
劳务分包企业个数	个	191	283	302	331	370	370	100.00	111.78
期末从业人数	万人	75	63	73	76	112.30	78	69.46	102.63
计算劳动生产率平均人数	万人	96	105.40	106.50	99	112	104	92.86	105.05
本年新开工面积	万平方米	3822	4708.20	5528.30	4349	4532.20	5245.90	115.75	120.62
竣工工程面积	万平方米	2585	3722	3940.04	3634.36	3353.30	3552.60	105.94	97.75
建筑业总产值	亿元	2143.50	3034.40	3103.49	2931.30	3318.50	3566.60	107.48	121.67
建筑业增加值	亿元	574.80	759.70	825.70	847.20	895.60	1019.80	113.87	120.37
建筑业竣工产值	亿元	852.30	1393.70	1357	1539.10	1278.55	1405.39	109.92	91.31
工程结算收入	亿元	2123.90	2986.50	2962.80	2893.90	3302.90	3627.80	109.84	125.36
劳动生产率	元/人	222319	287957	291325.40	296090.10	296292.30	342956	115.75	115.83
利润总额	亿元	48.40	89.70	90.20	84	102.50	96.90	94.54	115.36

商贸服务业

Commercial Service Industry

综　述

【概况】 2017年,山西省社会消费品零售总额6918.10亿元，增速由年初的5.20%低位加速至全年的6.80%,总体呈现稳中有进态势。其中,限额以上消费品零售额累计增速持续回升,全年增长3.30%。

2017年,山西省商务厅围绕全省转型发展,坚持问题导向,改革创新,全省开发区开展二次创业,整合设立山西转型综改示范区,开发区成为全省转型综改主战场、新兴产业集聚区、先行先试试验田、对外开放桥头堡、创新驱动主引擎、绿色发展先行区。对外开放深化,山西省委、省政府出台《山西构建内陆地区对外开放新高地实施意见》等政策措施,提升投资贸易便利化水平,复制推广自由贸易试验区改革试点经验,央企、外企、民企、晋商晋才等一系列重大项目落户山西,对接"一带一路"建设,开放型经济指标稳定增长,山西开放发展氛围浓厚。创新内贸流通工作,山西品牌中华行、丝路行、网上行在全国推广，健全覆盖城乡的内贸流通网络,提高流通的信息化标准化集约化水平，改善消费市场秩序和环境,提高流通效率,降低流通成本,对释放消费潜力、提振消费信心、促进消费升级发挥重要作用。深化行政审批制度改革,取消对外承包工程经营资格审批等4项行政审批事项和对外贸易经营者备案,落实省政府"多证合一"要求,制定拍卖设立许可等3个事项的可预期性措施和2个事项的市场准入监管措施。　(徐晨星)

2017年3月16日,晋商晋才回乡创业创新工程启动大会在太原召开

(徐晨星供图)

【商务执法改革】 2017年,山西省推进商务综合行政执法体制改革,建立市级执法队伍10支，县级执法队伍73支,在全国率先提出将商务综合行政执法体制改革在全省市县层面全面推开。双打工作成效显著,与京津冀蒙建立跨区域跨部门合作机制,单用途商业预付卡管理工作领跑全国。开展商务诚信体系、肉菜和中药材等重要商品追溯体系建设。　(徐晨星)

批发零售

【概况】 2017年,山西省批发零售业完成社会消费品销售总额6918.09亿元,较上一年度增加6.75%。销售总额中城镇为5643.63亿元，乡村为1274.46亿元。按行业分,批发零售贸易业6289.20亿元，住宿和餐饮业628.89亿元。限额以上批发企业(年主营业务2000万元以上)980个,从业人员68271人;限额以上零售企业(年主营业务500万元以上)2066个,从业人员150183人。

批发企业构成　2017年,山西省限额以上批发企业980个。其中私营

企业占比较大，共计589个，国有与集体企业79个。按资本控股情况分，国有控股264个，私人控股637个。企业数超过100个的批发行业中，矿产品、建材和化工批发企业547个，食品、饮料和烟草批发企业113个，机械、五金和电子产品批发企业113个，医药及医疗器材批发企业109个。

（徐晨星）

【零售企业构成】 2017年，山西省限额以上零售企业2066个。其中，私营1525个，国有和集体123个。国有控股186个，私人控股1671个。在零售企业中，综合性零售企业357个，其他专门性零售企业中，汽车、摩托车零配件及燃料零售企业827个，家用电器及电子产品零售企业199个，食品、饮料及烟草零售企业161个，纺织、服装及日用品零售企业124个，医药及医疗器材零售企业115个。

（徐晨星）

电子商务

【电商发展】 2017年，山西省与阿里巴巴、苏宁、京东等国内知名电商平台建立战略合作，培育出贡天下特产网、龙巅商场、乐村淘等具有一定竞争力的本土电子商务平台。开展电子商务进农村、进社区，探索形成具有山西特色向全国推广的乐村淘、粮易模式等农村电商模式，25个县（其中21个贫困县）被确定为国家电子商务进农村综合示范县。全省119个县（市、区）建立县级电子商务服务中心，1.60万个村建立村级服务站点。其中，电子商务进农村综合示范县建成电子商务公共运营服务中心21个，乡（镇）、村级服务站点969个，县级物流配送分拣中心15个，农产品展示体验中心15个，实现收发件1.79亿件，网络零售达10亿元，累计培训6.40万人次。全省城镇居民通过互联网购买商品或服务的人均支出由2010年的14元增加到163元，增幅达10.60倍，年均增长63.40%。

（徐晨星）

【电子商务进农村】 2017年，山西省58个贫困县全部建立电商县级运营中心，2485个贫困村建立村级服务站，贫困户农产品上行1.70亿元。2017年岚县、隰县、方山县、大同县等10个贫困县新列为电子商务进农村综合示范县。省供销社制定《关于贫困村电商网点规范提升和新建扩面的实施方案》，对贫困县电子商务实行“五免一扶持”政策，并对农芯乐商城入驻商家进行店铺运营、品牌推广、形象建设扶持。供销系统建设县级电商管理运营服务中心108个，实现58个贫困县全覆盖，建设村级电商综合服务网点12000多个，覆盖贫困村2800多个。优先聘用贫困户在服务站从事农业主产服务及劳动力工作，带动农民就业3200人。本土电商“乐村淘”2017年山西省贫困地区交易总额达4.66亿元，其中农产品上行销售额5600万元。京东集团与石楼县签署电子商务进农村战略合作协议，组织开展用工扶贫、电子商务培训，开设特色馆。9月在北京举办“吕梁山货”扶贫活动暨中央单位大宗采购对接会，联合20个贫困县、50余家单位和企业参加，汇集100余种特色产品，推进“吕梁山货”区域品牌在片区发展中的带动作用，带动吕梁山片区农产品销售达1000万元。

（刘世锋）

【网上商店】 2017年，山西省批发零售业中限额以上（年主营收入500万元及以上）无店铺网上企业82个，从业人员4221人，商品销售额354942万元，流动资产139142万元，营业收入345097万元，利润总额-212万元。

（刘世锋）

2017年4月5日，山西省人民政府与阿里巴巴集团签订战略合作协议

（徐晨星供图）

餐饮住宿业

【餐饮业发展】 2017年，山西餐饮业限额以上企业402家（年主营业务收入200万元以上），其中正餐服务391家，快餐服务9家，营业面积1166669平方米，营业额498109万元，营业收入476092万元，营业利润-45365万元。（徐晨星）

【世界面食大会】 2017年，山西省举办世界面食大会，省内20余个面食餐饮品牌企业与来自日本、马来西亚、印度等国家和北京、上海、广东、江苏、陕西、重庆等地10余家知名品牌企业同场竞技，山西面食影响力提升。倡导绿色生活，培育健康消费模式，在全省餐饮行业践行新发展理念，重点是减少宴席浪费，合理安排宴席流程和餐台数量，引导顾客理性

定餐、合理消费。（徐晨星）

【住宿业发展】 2017年，山西省住宿业餐饮业营业额85.17亿元，接待国内游客56073万人次，入境过夜游客（外国人及港澳台来客）67万人次，限额以上住宿企业（年主营业务200万元以上）334个，共有客房66979间，床位105858个，上述住宿企业营业额35.36亿元，其中客房收入16.87亿元，限额以上住宿企业按资本分，国有和集体57个、私营204个。按行业小类分，旅游饭店176个，一般旅馆146个。全年度住宿业管理费用11.07亿元，营业利润-5.64亿元。

（徐晨星）

【酒店星级】 2017年，山西省共有五星级酒店17个，其中太原市4个、大同市2个、阳泉市1个（平定县内）、长治市2个、晋城市2个（阳城县内）、朔州市1个、晋中市2个（灵石县内有1）、运城市1个（永济市内）、忻州市1个（五台山）、吕梁市1个（孝义市内）。四星级酒店58个，其中太原市12个、大同市18个、阳泉市2个、长治市2个、晋城市10个（阳城县、陵川县各1）、朔州市4个（右玉县有1）、晋城市3个（介休市、平遥县各1）、运城市4个（河津市、芮城县各1）、忻州市5个（五台山2、原平县、繁峙县、定襄县各1）、临汾市5个（侯马市、襄汾县各1）、吕梁市3个（孝义市、汾阳县各1）。三星级酒店65个、二星级酒店16个、其他184个。

（徐晨星）

供销合作

【概况】 2017年，山西省供销合作社联合社（简称山西省供销社）全系统购进总额完成644.30亿元，比上年同期增长24%；销售总额完成712.90亿元，比上年同期增长25.60%；汇总实现利润达2.38亿元，比上年同期增长10.50%；新建或提升惠农服务中心128个，完成160%；新建改造基层社63个，完成210%；规范提升专业合作社79个，完成158%；建设农村综合服务社星级社231个，完成231%；实现全省114个县级供销社电商全覆盖，完成100%；选择11个农民合作社开展内部资金互助业务试点，完成220%。在省级25个综合改革试点县的基础上，选择37个市级综合改革试点县开展工作，省市综合改革试点县达到62个，超额完成目标任务。

（狄重阳 韩景洲）

【供销系统综合改革】 2017年，山西省市、县级供销社争取当地党委、政府出台《实施方案》。各试点县按照“5+N”要求推进综合改革。长治市供销社被授予“全国供销合作社综合改革试点工作先进单位”。健全工作机制。省、市社对综合改革试点县实行“领导包市、处（科）室包县”工作机制，领导班子成员包项目、包单位、包任务，保质量、保数量、保完成时间。按照“六个一”工作举措，一把手总揽改革全局，当好“施工队长”。建立完善综改台账。以省政府深化供销合作社综合改革电视电话会议确定的“五项重点工作任务”为要求，梳理形成综合改革总台账，以“框架图”形式展示五项重点工作任务完成情况，数据一月一更新，实行“挂图作战”，打造“有形抓手”，推动综合改革。现场观摩推进改革。在长治组织召开深化供销合作社综合改革推进会，现场观摩学习，典型示范引导，提出构建“八大体系”工作思路。推广外省先进经验。制定工作方案，印发河北、浙江、山东、广东等省11项改革试点经验汇编，引导各级供销社创造性学习借鉴吸收试点单位先进经验，推动综合改革。

（狄重阳 韩景洲）

【基层合作社扩容】 2017年，山西省供销社召开座谈会议，提出密切与农民利益联结的“四梁八柱十条筋”改革方略，推动“四社”建设取得新成效。全系统领办创办合作社1601家，合作社示范社178家。其中，国家级39家，省部级示范社139家，合作社联合社由6个增加到50个；建立综合服务社9030个，行政村覆盖率达30%，经营品种达3000余种，服务项目达20种以上，全省星级综合服务社375个。新增入社入股农户22.88万户，达42.46万户；新增入社社员66.47万人，达125.52万人。晋中市供销社被确定为全国总社开展强化基层社合作经济组织属性试点单位，探索出五种改造模式，得到全国总社肯定。（狄重阳 韩景洲）

【农业社会化服务惠农工程】 2017年，山西省供销社坚持“扩面、提质、增效”发展方向，推进“农业社会化服务惠农工程”。长治、运城、忻州市社走在全省供销社前列。按照“主体多元、形式多样、服务专业”原则，搭建为农民提供测土配肥、农资直供、土地托管、病虫害防治等服务的惠农服务中心（站）、庄稼医院。新建或提升惠农服务中心128个、惠农服务站261个，新建或改造庄稼医院96个。平定县供销社采取“合作社+惠农服务中心+农户”模式，带动周边8个村庄发展有机土豆种植，面积达1000亩。尧都区供销社为农民推广“种肥同穴”种植技术，带动周边村镇种植面积5000亩。围绕农业生产的耕、种、管、收、加、贮、销等环节，为农民及各类新型农业经营主体提供“保姆式”全托管、“菜单式”半托管等形式的土地托管服务。上年新增土地托管面积77.11万亩，新增土地服务面积266.12万亩，全系统土地托管、土地服务面积达813.53万亩。采取集中培训、现场培训、流动培训等形式，对农民开展农业生产技术培训。怀仁县新家园供销社惠农服务中心对周边村镇瓜果蔬菜种植户开展“种植技术、大田管理、病虫害防治、农机操作”集中培训，培训人数达450余人，带领农民种植蔬菜面积3.5万亩，户均增收1万余元。（狄重阳 韩景洲）

【供销社社有企业发展】 2017年，山西省供销社落实省委、省政府《贯彻落实国务院支持山西省进一步深化改革促进资源型经济转型发展意见行动计划》，实施“特色产业、新型业态”战略，承接省委省政府安排制定

《山西省关于建设全国优质杂粮产地交易市场工作方案》和《山西省关于建设全国中药材电子交易中心工作方案》任务，全系统社有企业在巩固提升传统业务的同时加大转型力度。山西农资集团围绕建设全国优质杂粮产地交易市场要求，组建杂粮公司，建设杂粮基地，加强杂粮功能性食品研发，拓展营销渠道，促进杂粮一二三产业融合发展。构建产地交易、网上交易、终端交易、展会交易、跨境交易“五位一体”交易模式，推进杂粮功能性食品进早餐、进食堂、进车站、进机场、进超市。省盐业公司组建山西晋药堂中药材有限公司。9月19日，平遥中医药健康养生旅游街暨山西中药材电子交易中心（晋药网）启动运营，以广誉远等一批老字号为代表的46家商户入驻，形成线上撮合交易1.12亿元。与屯留县政府合力推进万亩辣椒基地建设项目。省棉麻公司投资建设电动汽车快速充电站项目，向新能源产业拓展。省果品公司加快实施由传统仓储业向现代冷链物流转型。（狄重阳　韩景洲）

【供销社重点领域改革】 2017年，山西省供销社推进合作金融试点工作。加强业务培训，加大监管力度，新增11个合作社开展资金互助合作试点。18个试点单位按规定开展试点工作，拥有社员5079户，其中参加资金互助社员1550户，可用资金互助额3124.65万元，发生互助资金使用额累计2.30亿元。推进“三位一体”试点工作。全省确定8个县开展“三位一体”工作试点，所有试点单位实施方案均形成，逐步推进。加快历史债务化解工作。省社与省农行签署《战略合作框架协议》，双方对历史债务数额进行确认，省政府召开专题会议协调批量转让和所需资金。

（狄重阳　韩景洲）

【农村现代流通网络完善】 2017年，山西省供销社统筹仓储设施建设，打造物流枢纽体系，在区域中心布局商品分拨中心，在重点县域布局商品直供中心和分拣中心，完善物流基础设施，改造升级配送体系。推进“互联网+农村物流”建设，实行“五免一扶持”优惠政策，采取“三进”模式，引导实体网络与电商网络融合，形成网上订单、专业化配送、一体化经营新模式。全系统成立专业电商公司125个，250个企业开展电子商务相关业务，培训各类人员30792人次，电商销售额达12.90亿元。建设区域分拨中心。省盐业公司与民营企业联合出资建设“供货港”直供中心和分拨中心，致力于搭建供、采、销一条龙模式的小商品市场供应集群，在太原、吕梁、翼城等地正式运营。建设物流配送体系。建成县级分拣中心58个，覆盖贫困县33个，村级体验店12000余个，按照“六有八功能”，覆盖贫困村3100余个，32个县开展农村物流业务，配送车达200余辆。建设公益性农批市场。实施“农产品批发市场改造升级工程”，拓展经营领域，扩大市场交易规模。长治市金鑫瓜果批发市场获全国总社20个公益性农产品示范市场称号。鲜活农产品网上行活动取得实效。以“农芯乐”电子商务平台和农资集团销售网络为依托，以市、县供销社和电商公司为节点，以村服务网点为终端，实行“线上推广、线下运销、网络销售、配送上门”，优质特色农产品实现从田间到餐桌无缝对接。举办33场促销活动，直接销售各类农产品4000余万公斤，销售额突破2亿元，签订合作意向40余亿元。

（狄重阳　韩景洲）

【城乡流通体系完善】 2017年，山西省农村市场推进农村物流配送中心和乡镇商贸中心建设，培育120个农村物流配送中心，扩大直接配送规模，提高商品统一配送率，畅通农产品进城和工业品下乡双向流通渠道。农产品现代流通综合试点、大晋中农产品现代流通试点、跨区域农产品流通基础设施建设试点进展顺利，推进公益性农产品示范市场建设，开展农商互联，推进农产品冷链流通标准化示范，形成农产品加工生产、冷链物流、仓储配送和信息服务等功能较为完善的农产品流通网络，增强龙头企业的辐射带动作用，在全国农产品流通现场会上作经验介绍。探索社区商业体系建设，认定太原市食品街、吕梁市贾家庄三晋民俗体验地贾街、晋中市昔阳县红旗一条街等8个特色商业街。（徐晨星）

粮食流通

【概况】 2017年，山西省农作物种植面积有372.14万公顷，比上年增加600公顷。其中，粮食种植面积320.44万公顷，减少3.70万公顷；油料种植面积11.35万公顷，减少0.12万公顷。在粮食种植面积中，玉米种植面积157.78万公顷，减少4.70万公顷；小麦种植面积66.88万公顷，减少0.41万公顷。2017年，全省粮食总产量1299.90万吨，比上年减少18.60万吨，减产1.40%。其中，夏粮总产278.90万吨，增产1.40%；秋粮总产1021万吨，减产2.20%。其中，玉米产量853.90万吨，比上年减少3.90%；小麦产量277.30万吨，比上年增长1.40%；谷子产量47万吨，增长9.90%；豆类产量38万吨，增长3%。全省年消费粮食1365万吨，小麦缺口277万吨，稻谷缺口115万吨，全部靠调入，玉米需销往省外433万吨。总体上看，总量不足，结构不平衡，产粗吃细，小麦稻谷不足，玉米有余。

2017年，山西省各类粮食企业收购粮食708万吨，比上年增加19万吨，增加2.70%，其中国有粮食经营企业收购138万吨，占总收购量19.50%。全年销售粮食826万吨，比上年减少12.80%，其中国有粮食经营企业销售172万吨，占总销售量的20.80%。截至2017年底，全省国有粮食企业460户，从业人员总数20764人。山西国有粮食企业完好仓容540万吨。

（辛剑波）

【粮食购销】 2017年，山西省粮食局执行收购政策，统筹国有粮食企业与多元市场主体入市收购，探索建立粮食收购担保基金，累计收购粮食710万吨。开展粮食购销市场化电子交易试点，交易量达13万吨，带动农民和各类主体增收1000余万元。运城、临汾等市创新收购服务，积累有益经验。开展公开竞价交易试点，完成年度省级储备粮轮换任务。44.50万吨县级调控粮纳入地方储备粮体系，争取粮食风险补助资金2亿元。主动对接，确保军改期间军粮供应工作。建立粮食应急供应网点1522个、加工企业170个、配送中心114个，开展应急演练32次。实施“放心粮油”示范工程，建成11个市级和30个县级“放心粮油”配送中心、240个示范销售店。举办山西粮食产销衔接会、中国粮企山西行、粮油精品展系列活动，签约粮油购销总量663万吨，与北京、天津、贵州等8省市粮食部门签订战略合作协议，粮食协作范围扩大。

依法治粮持续推进。深化“放管服”改革，清理规范粮食行政许可事项，下放省级粮食收购资格许可。实行“减证便民”和网上审批，建立粮食经营者信用档案，完善信用评价办法。开展“七五”普法宣传，建立法律顾问制度，规范性文件制定，提高依法办事水平。完成粮食安全省长责任制“首考”任务，受到国务院通报表扬。

（辛剑波）

【粮企改革】 2017年，山西省粮食局深化国有粮食企业改革，制定改革方案。建立改革进度定期报告制度，实行民营企业、粮食经纪人参与政策性粮食经营月报和社会资本参与粮食流通基础设施建设季报制度，完成13个国有粮食企业混合所有制改革，比上年增加7户，比省委、省政府确定的5户目标多完成8户，吸引外商和民间投资4.18亿元。重点帮助指导山西省粮油集团出资成立益海嘉里（太原）粮油食品工业有限公司，注册资本3亿元，三方投资分别占比80%、15%、5%，是山西省粮食行业首家建立的跨国、跨所有制混合所有制企业。签订投资协议和补充协议，明确土地等优惠政策，完成土地摘牌。全年引导108户民营企业和粮食经纪人参与政策性粮食经营，经营量30.75万吨，吸引资金6.48亿元。 （辛剑波）

【“人才兴粮”和“科技兴粮”】 2017年，山西省粮食局坚持“人才兴粮”。举办“粮食产业经济学习研讨班”，组织各市、重点县、粮食产业龙头企业对“中国好粮油”行动、粮食产后服务体系建设、“互联网+”等国家有关政策和粮食产业发展新趋势学习交流，培养粮食产业发展人才。坚持“科技兴粮”。组织干部到安徽、河南、深圳参加科技活动周活动，组织各市和涉粮企业参加粮食科技成果展览展示和名特优粮油产品展。根据国家粮食局文件精神，围绕“发展粮油科技、增加优质产品、保障主食安全”主题，各市组织开展2017年粮食科技活动周。根据《关于开展第一届山西省专利奖申报推荐工作的通知》要求，广泛宣传，组织申报，向社会公示推荐名单，推荐“一种α-亚麻酸补充剂及其制备方法”和专利“苦荞麦脱壳方法”参加第一届省专利奖评选。发挥行业社会服务职能，申报2017年政府购买公共科技服务项目，争取资金40万元，开展“山西省小杂粮质量与主要营养成分的调查测试与分析”等。 （辛剑波）

【粮食品牌带动】 2017年，山西省粮食局制定《“山西好粮油”行动计划》《“山西小米”品牌建设实施方案》，评选首批10个“山西好粮油”产品品牌，入选“中国好粮油”产品名录。组建“山西小米”产业联盟，推进商标注册、标准制定、产品营销等工作，争取资金，打响“山西小米”品牌。长治、朔州等市加快杂粮产业发展，太原启动粮食园区建设。风陵渡储备库通过土地流转、订单生产发展优质小麦400公顷，新绛县珍粮种植合作社通过土地托管发展优质小麦333.33余公顷。山西粮油集团与益海嘉里合作成立全省首家混合所有制粮油企业，投资10.50亿元在山西转型综改示范区建设粮油加工项目。山西省在2017年全国加快推进粮食产业经济发展现场经验交流会上作交流发言。

（辛剑波）

【“山西好粮油”行动】 2017年，山西省粮食局组织各市、产粮大县召开专题会议，安排部署申报“优质粮食工程”有关事项，向国家粮食局、财政部提交《关于申报“优质粮食工程”重点支持省份的报告》，参加国家粮食局开展的“优质粮食工程”竞争性评审。对各市推荐申报“中国好粮油”产品资料进行专家评审，“沁州黄”等3个小米产品入选“中国好粮油”产品名录。对接“中国好粮油”行动，结合山西省实际，突出“杂粮特色产业”“突出优质绿色粮油”，实施“山西好粮

2017年11月15日至17日，国家粮食局副局长徐鸣（右三）一行到山西调研“中国好粮油”行动 （辛剑波供图）

油”行动计划，提升山西省绿色优质粮油供给水平，满足更高层次粮食安全。联合省农科院起草《“山西好粮油”行动计划实施方案》，向省政府报送《2017年“山西好粮油”行动计划》，经省长办公会议研究通过，追加2017年省级预算5460万元用于支持“好粮油”系列标准制定、主题宣传和示范工程建设。经各市组织推荐示范县14个，项目评审基本结束。宣传“山西好粮油”行动。在中国（太原）煤炭交易中心举办第五届“农博会”，宣传“山西好粮油”主题；在2017年世界粮食日和全国爱粮节粮宣传活动中，向全社会发布2017年度第一批“山西好粮油”产品，授予“沁州黄”等10个产品“山西好粮油”称号。（辛剑波）

【“山西小米”区域品牌打造】 2017年，山西省粮食局学习考察“吉林大米”品牌建设，组织全省重点小米加工企业、省内谷子育种、栽培、加工，品牌管理和市场营销等方面的专家召开座谈会，探索研究“山西小米”品牌建设和推广路径。省政府成立“山西小米”品牌建设领导小组，办公室设在省粮食局，由省粮食局牵头实施，打造“山西小米”区域公共品牌。在长治沁州黄小米（集团）有限公司召开“山西小米”品牌建设推进会，省政追加预算1700万元支持“山西小米”品牌建设。面向社会公开征集“山西小米”LOGO和广告宣传语，联合省地方志办公室编制《山西小米——地方志附册》，获得省政府“山西小米”地理标志证明商标注册授权书，联合省工商局到国家商标局申请注册“山西小米”商标。以绿色认证为最基本入盟门槛，组织11家小米企业和科研院所等20家单位，成立“山西小米产业联盟”。举行多种形式的展销推介活动。在山西省第五届农博会中举办“精品小米展”“山西小米”获“2017年最具影响力的山西农产品区域公用品牌”；在2017粮食产销衔接会上举行“山西小米论坛”；在“世界粮食日”活动中，3家小米企业入选“中国好粮油”产品名录（第一批），9家小米企业产品获“山西好粮油”称号。

（辛剑波）

【粮食产业园区建设】 2017年，山西省粮食局在全省推进粮食产业园区建设，运城市粮食产业园区纳入当地市政府发展规划；结合太原市面粉二厂退城进郊，推进太原粮食产业园区建设，依托批复的44公顷土地，以仓储建设为主，开展产业园区一期工程建设，该项目联合省发改委向国家发改委和国粮局申报国家粮食物流园区项目，争取国家支持。（辛剑波）

2017年9月18日，山西粮食产销衔接会与会领导参观精品粮油展示

（辛剑波供图）

【优质粮食工程】 2017年，山西省粮食局推进“产后服务体系”建设。在运城、大同、晋州、忻州等市调研，制定方案，为2018年项目启动实施理清思路。实施“放心粮油”示范工程。制定印发《山西省“放心粮油”示范工程建设实施方案》，明确建设标准、规范、经营管理制度等，组织召开全省“放心粮油”示范工程建设推进部署会。全省建成11个市级和30个县级“放心粮油”示范配送中心、40个“放心粮油”示范销售店、200个示范经销点，完成建设任务。争取省财政预算资金100万元，抽检现有“放心粮油”经营网络和完成认定的示范企业经营的主要粮油产品质量。开展“优质优价”试点。经过多次调研，依托粮食主产区运城市优质粮食资源，在新绛县珍粮粮食种植专业合作社开展“优质优价”试点。（辛剑波）

【粮储设施改造与安全】 2017年，山西省维修和提升改造省、市、县三级储备库。健全省市两级质监体系，举行粮食质量安全应急培训演练，开展库存粮油质量安全和新收获粮食品质监测。学习落实“一规定两守则”，与有关储备库签订“两个安全”责任状和承诺书，安全工作责任得到落实。晋中、阳泉、大同等市在加强储粮管理、加大仓储设施建设方面取得成效。

推进粮食仓储设施建设，推进2017年项目建设。将中央预算内补助资金和省级配套资金，全额拨付到位。各相关市、县及项目单位按照规定和程序及时办结各项手续，全部开工建设。按时申报2018年项目需求。

推进粮食仓储设施提升改造。对朔州库、阳曲库、晋粮植物油库的提升改造项目进行现场核实；召集局属4个库储备库逐项审核所报项目。编制2017年粮食仓储设施维修和提升改造项目资金分配方案。推进山西省粮食仓储设施维修和提升改造工作，督促指导各项目单位制订项目实施方案，规范项目管理，确保按期完成维修改造任务。

把春季安全储粮检查与粮食库

存检查、秋季储粮检查与全省“大快严”行动相结合，统一部署、统一组织、统一检查，春季对吕梁、阳泉等市库点，秋季对运城、临汾等市库点，对2个承储企业的省级储备油库存进行省级抽查。向国家粮食局报送全省春、秋两季安全储粮检查情况报告。组织开展为期一个月粮食系统安全整治专项行动。开展火灾防控工作。夯实全省粮食行业安全生产工作基础，组织开展为期5个月的火灾防控隐患排查工作，12月下旬对山西粮油集团东留库进行“随机”检查，对发现问题提出整改要求和时限，把各项安全措施落到实处。开展粮油仓储物流设施保护和企业备案工作。调查全省粮油仓储企业仓容情况，数据进行更新，形成长效机制；组织开展全省粮油仓储企业备案工作，对仓储企业备案信息实行季报制，每季后10日逐级上报，实行动态管理。

（辛剑波）

【粮储及市场检查】 2017年，山西省粮食局落实“双随机一公开”和“四不两直”要求，开展安全储粮检查和“大快严”集中行动，组织跨市交叉检查，实现中央与地方储备粮、政策粮与商品粮、原粮与成品粮抽查全覆盖。忻州、晋城、吕梁等市在依法履职、强化市场监管方面取得成效。全省组织粮食市场检查3284次，检查经营主体10894个次，查处违法违规行为183例，确保粮食市场有序运行。

（辛剑波）

【储备粮油轮换】 2017年，山西省粮食局汇编省级储备粮轮换旬报表37期，备案粮油购销合同150份，开具69份出入库通知书，轮换出、入库粮食分别占计划的100%，完成年度轮换任务。推进储备粮轮换公开竞价交易试点。强化储备粮轮换管理机制，确定公开竞价交易试点范围和企业。完成地方储备粮轮换竞价交易试点工作。（辛剑波）

【库存粮食质量监测】 2017年，山西省粮食局建立健全粮食质量安全监管办法。做好全省粮食质量安全监管工作，保障粮食质量安全。加强库存粮油储存品质监测。贯彻落实粮食安全省长责任制，加强省级储备粮油库存质量管理工作，组织41个承储省级储备粮油企业开展春、秋两季储存品质指标监测工作。从全省报备的82份监测结果情况看，全省省级储备粮油质量良好，品质宜存。完成监测工作。开展“粮食质量安全宣传日”活动。联合太原市粮食局、山西粮油集团有限责任公司共同举办以“尚德守法 共治共享食品安全”为主题宣传日活动，制作宣传标语9条、展板9块，编印粮油质量安全宣传页4200份，宣传知识手册100本，免费向群众发放；山西卫视、山西日报、山西经济频道等11家新闻媒体对宣传活动进行报道。食品安全宣传周期间，全省各级粮食部门组织3000余人参加宣传活动，发放宣传材料10万余份，制作展板200余块，宣传标语200余条，接受咨询人数2万余人。（辛剑波）

石油化工供销

【概况】 2017年，中国石化销售有限公司山西石油分公司（简称山西石油分公司）有在用油库13座，总库容60万立方米，加油站1300余座，占山西省加油站网点数40%。

2017年，山西石油分公司抽调精干力量，对油库、加油站、非油仓库和门店商品进行地毯式盘点，逐家逐户核查账实，摸清家底，封堵企业出血点；开展基层用工、加油站委托、业务外包“三项清理”活动，清理全省系统不在岗人员，重新测算制定加油站委托方案，清理规范业务外包工作；强化油库、加油站现场综合督查。

设立合资合作处，对长期投资、设施设备等历史遗留问题，分类制定解决方案，对闲置资产及在建工程，重新整理规划盘活利用；设立加油站建设投营临时办公室，开展加油站建设历史遗留问题处理，推进停滞项目复建及歇业停业站复营；改进油库汽、柴储油设施不合理布局，解决加油站硬件设施落伍，服务功能不全，单枪、双枪加油机比例过大，流转效率不高等问题，全年完成改造500余座。集中力量解决对外纠纷，实施法律维权结案8件，全部取得满意结果。

成立专项改革工作组，改革体制机制。制定《山西分公司体制机制改革试点实施方案》等“1+5”系列总体改革方案，制定《市分公司薪酬考核总方案》等“1+6”全员绩效考核机制，优化设置省、市公司两级机关职能部门，制定涵盖省、市两级机关所有管理人员的分层考核制度，为推进“三项制度”改革探索路径。加大网点建设力度。抓好“十三五”发展规划落实，重点布局中心城市、县级城区、重点乡镇、新开发区、新开城市外环线。对潜力租赁站点采取合资合作、择机收购的方式锁住网点。抓好“拆一还一”，维护网络完整，落实“一把手”工程。抓实内涵发展，改造升级油站，改善被小站化状况。（赵晓蓉）

【石油市场开拓】 2017年，山西石油分公司实施资源、零售、直分销和非油4项主营业务的集中指挥、统筹运作。围绕进销存滚动平衡，把握采调节奏，把控库存水平，开展资源创效，降低外采综合成本；围绕拓市增量创效目标，综合运用价格竞争、加油卡营销、油非互促、微信营销等手段，占领高端市场，挖掘新的利润增长点；将“算大账、算综合账、算市场份额账”作为摆脱资源价格束缚，主导市场格局的重要手段，突出体现直分销业务对资源和市场价格的调控，以及对零售业务的支撑，增强企业市场竞争力；统筹店内销售，做实非油经营，一手抓核心商品销售，扩大“易捷”特色商品影响力；一手抓新业务拓展，拓展非油业务领域。核心商品和服务合作类项目经营实现质的飞跃。整体经营显现出直分销快速增长、天然气和非油品大幅增长、油品市场占有率首破50%的三个结构性特点，反映出市场主体地位有所提升和新型业务发展良好。3月21日，山西石油营业执照增项取得重大突破，在保留原有经营范围的基础上，

2017年3月13日，中石化山西分公司在晋中油库举办公众开放日活动

（赵晓蓉供图）

新增酒类批发、食品经营、保险代理等事项，为做大做优做强非油品经营创造条件。（武海涛）

【石油市场安全环保监督检查】 2017年，山西石油分公司加大安全生产责任制落实的监督检查力度，突出“四不两直”，严查“三违”现象，推进隐患治理，确保全年安全经营无事故。推进大气污染防治工作，对公司涉及的小型燃煤锅炉淘汰、国六油品质量升级、油气回收改造、车用尿素销售工作逐一进行落实。截至2017年底，完成防渗罐池改造及双层罐改造476座，完成燃煤锅炉更换改造530座。加大质检仪器配置力度，提高质检室检测能力。做好租赁站维稳工作，强调“契约精神”，注重网络完整性，采取转收购、合作合资或“他有我营”的方式稳定网络。7月12日，华北区域联动反恐及环保应急演练在山西石油太原皇后园油库举行。集中演练应急反应、指挥协同、快速组织、围追堵截、油品回收、设备抢修、危险废物处理等内容，集中展现突发事件联动应急响应专业化能力。（武海涛）

【石油战略合作开展】 2017年9月5日，山西石油分公司与华电山西能源有限公司签署战略合作协议，双方将在助燃油、天然气、非油品、售电业务等方面开展合作，实现互利共赢。11月30日，山西石油分公司与中国邮政山西省分公司签署战略合作协议，在市场拓展、金融服务、物流配送、邮政服务等方面开展深入合作。（赵晓蓉）

【首家易捷选购中心】 2017年11月28日，山西石油首家易捷选购中心正式对外营业。该选购中心占地面积200余平方米，经营种类丰富，兼具非油经销试点、商品优化甄选、营销专员培养等多项功能。该选购中心开业当天营业额达1.5万余元。（赵晓蓉）

烟草专卖

【概况】 2017年，山西省烟草专卖局（公司）下辖太原、大同、阳泉、长治、晋城、朔州、忻州、吕梁、晋中、临汾、运城11个地市级烟草专卖局（公司），112个县级烟草专卖局（营销部）。拥有总资产181.39亿元。其中，固定资产净值21.17亿元、流动资产153.37亿元，资产负债率为14.75%。从业人员7370人。

开展各类培训39期，培训学员3410人次，职业技能鉴定652人次。山西省烟草专卖局（公司）代表队，在行业第三届烟草制品购销职业技能竞赛中获团体一等奖、个人第二名，在行业培训师教学技能竞赛中获个人一等奖1名、三等奖2名。

出台《全省系统“五好”县级局创建活动实施方案》，确定“好班子、好队伍、好机制、好环境、好业绩”五个方面22项具体创建标准和工作要求，优选20个县级局作为创建示范单位，以点带面，推动全省系统涌现出一批富有特色、业绩突出的“五好”县级局创建先进单位。（朱永胜）

【烟草专卖监管】 2017年，山西省烟草专卖局协同省法院、省检察院、省公安厅，协同省公安厅、省交通厅、省邮政管理局，健全两个“四部门”联合打击涉烟违法犯罪活动工作机制。全省查处假冒卷烟案件4867起，其中案值在5万元以上假烟案件104起，查获假冒卷烟2720.30万支，案值3181.26万元。查获制假原辅料7.46吨。破获符合公安部、国家烟草专卖局标准的网络案件27起，破获公安部督办案件2起。向公安机关移送案件80起，公安、司法机关依法拘留53人、逮捕29人、判刑30人。

重大案件。破获公安部打假“利剑”行动督办案件2起。临汾“10·20”销售假冒伪劣卷烟案件，案件涉及山西、浙江、广东、福建等省，查获假冒卷烟23.93万支，涉案金额达460余万元，抓获5名犯罪嫌疑人，其中3人依法实施逮捕。晋中“8·26”利用微信自媒体非法经营假冒卷烟案件，案件涉及山西、广东、福建、四川、河南等省，查获假冒卷烟2.26万支，涉案金额达231余万元，抓获4名犯罪嫌疑人，其中1人依法实施逮捕、1人网上追逃、1人直诉、1人判刑。

市场监管。开展全省系统依法严管违法违规卖烟大户专项行动，打击卖烟大户违法违规行为，全年依法查处违法违规卖烟大户594户，责令暂停经营239户，注销许可证117户，降级降档处理694户。各级局建立健全市场监管快速响应机制，对违法卷

烟实现第一时间发现流入，第一时间研究对策，第一时间上门查处。推行“双随机、一公开”监管模式，实施APCD工作法，施行“一户一码”管理，实现对卷烟零售市场有效监管。“不打招呼、不定时间、不定线路”，每季度对全省各市局卷烟零售户守法经营率实施检查考核，全年检查卷烟零售户3740户，覆盖全省100%县域市场，卷烟零售户守法经营率达96.65%。

卷烟非法流通治理。全年直接调查处理案件2起，印发督办函督办案件4起，电话督办案件4起，对13名相关责任人实施责任追究。各市局全年查处非法流通卷烟案件5444起，查获非法流通卷烟5817.94万支，案值2625.30万元。（朱永胜）

【烟草商业经济效益】 2017年，山西省烟草商业系统实现税利总额85.24亿元，同比增长5.97%，其中利润29.28亿元，同比增长11.93%。卷烟单箱销售收入26155.81万元(含税)，同比增长4.72%。卷烟单箱税利0.65万元，同比增长4.89%。三项费用率5.06%，同比下降0.48个百分点。物业管理费、信息系统维护费、办公费、水电费、燃料费、中介费费用同比下降7.98%，管理费用和销售费用同比下降2.37%，实现降本增效2996万元，超额完成国家烟草专卖局下达的2950万元年度目标。（朱永胜）

【卷烟经营】 2017年，山西省烟草商业系统销售卷烟655.48亿支(131.10万箱)，同比增长1.31%。其中，销售一类烟95.12亿支(19.02万箱)，同比增长6.72%；二类烟73.30亿支(14.66万箱)，同比增长32.95%；三类烟290.72亿支(58.14万箱)，同比增长3.25%；四类烟142.24亿支（28.45万箱)，同比下降9.91%；五类烟54.11亿支(10.82万箱)，同比下降14.55%。销量居前三位的品牌为“云烟”“红塔山”“红河”，销量分别为124.66亿支(24.93万箱)、65.46亿支（13.09万箱)、44.72亿支(8.94万箱)。销售雪茄烟0.78亿支，同比24.20%。卷烟(含雪茄烟)实现销售收入343.25亿元，同比增长6.05%。销售卷烟(含雪茄烟)实现税利总额85.24亿元，同比增长5.97%，其中利润29.28亿元，同比增长11.93%。

品牌培育。出台《全省新品卷烟培育管理办法》，将新品卷烟培育成功率纳入市公司领导班子绩效考核。按照《全省卷烟品牌规格退出实施细则》规定，实施分结构、分品类、分梯次卷烟品牌规格评价和引入退出，全年清退卷烟品牌规格75个、引进52个。截至2017年底，全省卷烟品牌规格总数优化至279个，同比减少23个，新品培育成功率达81.60%。出台《全省卷烟品规市场联控工作方案》，实施自主、区域、全省“三级联控”工作措施，主销品规价格回升。落实“工商零携手，省市县联动”思路，协同工业企业，累计开展营销活动5000余场(次)，县级工商协同覆盖面达80%以上，在2017年全国烟草行业工商互评中山西省烟草专卖局（公司)得分98.98分，排名第六位。全年销售重点品牌卷烟520.21亿支（104.04万箱)，同比增长3.96%，占总销量比重79.36%，同比增加2.03个百分点。销售细支卷烟53.51亿支(10.70万箱)，同比增加23.26亿支（4.65万箱)，同比增长76.87%。

卷烟市场营销。建成现代卷烟零售终端1.33万户，客户占比10.71%，其中示范店452户，建成环保吸烟室(区、点)28个，建设卷烟零售户自律互助小组853个，成员9824名，客户占比7.93%。运用“互联网+”技术手段，开展二维码扫描、微信公众号订阅、移动付款等新型营销模式。采用“营销主题+会议推进”形式，分别以货源精准投放、卷烟品牌培育、营销队伍转型为主题，先后在太原、朔州、运城三个市公司召开全省系统卷烟营销基础工作推进会。

市场化取向改革。2017年，全省烟草商业系统扩大范围，分两批将晋城、晋中、大同、朔州、运城5个市公司纳入市场化取向改革试点范围，上线应用省级卷烟营销平台，完成国家烟草专卖局推进目标。强化监管力度，聚焦8个业务流程和36个监管环节，依托营销平台监督管理功能，对上线试点单位进行定期监管，全年公文通报三次，保障规定动作的规范执行。贯彻“三精”管理办法，优化精准需求预测、精准货源组织、精准货源投放业务流程，全年平均预测准确率达95%以上，交易协议变更率控制在5%以内。贯彻客户经理工作要点，推行移动办公平台，推动客户经理工

2017年1月23日，山西省烟草专卖局(公司)召开2017年全省烟草工作会议

（朱永胜供图）

作流程优化、绩效管理升级、岗位等级评聘。 (朱永胜)

【烟叶产销】 2017年,山西省有种烟农户864户种植烤烟2.7万亩,签订烟叶种植收购合同864份,收购烟叶7.72万担。上等烟比例为39%,中等烟比例为59%。国家烟草专卖局检查工商交接等级合格率在80%以上。烟叶收购均价24.41元/千克,同比增加0.83元/千克。烟农实现总收入9419万元,同比减少2381万元。户均收入10.90万元,同比减少1.26万元。

现代烟草农业建设。在山西省烟草种植面积中,机械化作业情况:耕地面积2.70万亩、起垄2.54万亩、移栽0.80万亩、覆膜2.37万亩、施肥2.39万亩。湿润育苗技术推广2.50万亩、轮作2.96万亩、沤制有机肥1万亩、小苗深栽1.50万亩,开展烟田废弃地膜捡拾2万亩。

推广先进适用技术。规范各类生产标准,在轮作倒茬、湿润育苗、均衡施肥、井窖式移栽等方面加大力度,实施精准作业。强化"不同品种对重金属吸收规律研究""不同比例有机无机肥配施对烟叶中重金属含量的影响""种植黑麦草对植烟土壤重金属含量的影响""不同配方窝肥对烤烟防治重茬效果研究及新品种试验示范"等项目研究,推进清洁型烟叶生产。

(朱永胜)

【烟草企业精益管理】 2017年,山西省烟草系统围绕"深化提高—精准发力—提质增效",把精益管理各项举措落到实处。精益财审管理。做好省市两级税利指标月度衔接,定期通报税利预测与实际偏差率,确保当期税利总额跟上进度。坚持监督与服务并重,出台《审计全覆盖实施办法》《信息化投资项目审计管理办法》等制度规定,抓好重大工程项目审计和离任经济责任审计,完成国家局审计事项整改,解决屡审屡犯问题。

精益物流管理。推进长治市公司物流新建项目、晋城市公司物流技改项目、太原市公司异型烟分拣线改造项目。完善全省系统同厂家物流备品备件统一管理调配机制,开展送货线路优化工作,创新物流调研和成本费用研究方式,加强配送中心非法人实体化运行、卷烟包装箱循环利用和托盘联运管理。拓展物流降本增效新途径,单箱可控物流费用同比下降5.26%,单箱配送费用、人均配送效率等多项运行指标优于行业平均水平。2017年山西省烟草专卖局(公司)被国家烟草专卖局授予"行业物流先进单位"称号。

精益质量管理。在全国烟草行业第二十八届优秀质量管理小组成果发布会上,太原市公司"精细严"质量管理小组成果"TYT12150分拣线缺条检测装置的研制"获一等奖;运城市公司执行者质量管理小组成果"烟用扎带自动盘整设备的研制"获二等奖;临汾市公司"造梦师"质量管理小组引进应用成果"基于银联系统的零售客户货款跨行结算平台的研发"获引进应用奖。

精益规范管理。出台《规范投资项目管理监督意见》和《双随机一公开检查方案》,强化事中事后监管;编制《采购管理项目书》和《采购目录》,完善常用低值易耗品供应商库,规范采购项目立项程序;开展全省系统规范管理检查,及时发现解决问题。 (朱永胜)

会 展

【概况】 2017年,山西省举办会展活动110场,展览104场,同比增加10.30%,展览面积87.30万平方米,同比增加20.50%。推动太原煤炭交易中心股份制改造,组建山西国际会展投资集团。推动太原市建设太原国际会展中心。引进"中国(五台山)国际佛事用品博览会"及"中国(山西)国际房车露营博览会",引进国家级会议6场。 (徐晨星)

【山西省展览馆】 2017年,山西省展览馆通过"走出去引进来"和"常设固定展"的办展模式,发展新展商,了解新趋势,推进豫晋陕联盟工作,与会展发达城市的展馆形成学习、交流与合作,逐步走向新跨越和新发展。举办各类展览36场,其中经济类展览30场,书法摄影类展览6场。

(韩一平)

【"三晋大年会"】 2017年1月6日至16日,由山西省展览馆主办,山西科技会展有限公司、山西晋安钰岫文化传媒有限公司、都市110商城共同承办,阳曲县、交城县、临县、古交市协办的第二届"三晋大年会"在山西省展览馆举办。

该次年会参会商户近500家,展会面积达3.60万平方米,以"年货惠民生、和谐过大年"为主题,以"健康·生态"为主要活动特色。年货节的特色内容主要包括:科普惠农特色优质农产品特装区;交城县特色农产品展示区;阳曲县首届年货会;临县特色农产品展示区;农业厅特色农产品展区;96365健康养生馆;非物质文化遗产作品展区;美食小吃一条街;各种民俗文化艺术展演;各类精品年货(酒、饮料、食品、灯笼、花卉)展区;都市110主持人见面会、主持人现场砍价会、和事佬见面会、都市110商城展区等。 (韩一平)

【职工"五小"竞赛成果展】 2017年2月23日至25日,山西"五小"竞赛优秀成果展在山西省展览馆举办。展区总面积为4100平方米,每个展区80平方米至180平方米。室内区域划分为17个展示区位,共展出590项成果,其中各市总工会399项,各省级产业工会191项。

上一年度,全省企事业单位职工"五小"竞赛参与率达92.70%。竞赛企业达2.01万家,参赛职工492.40万人,职工创新成果10.50万项,创造经济效益53.70亿元。共评审出600项"五小"竞赛优秀成果,包括一等奖56项、二等奖189项、三等奖355项。

(韩一平)

【山西(太原)畜牧业交易会】 2017年3月10日至12日,2017年第八届山西(太原)畜牧业交易会在山西省展览馆举行。展会包含畜牧产业的

方方面面，展示重点是立足生产、面向消费，突出畜禽良种和饲养管理、疫病防控、粪污无害化处理技术以及温控消毒等厂房设备，旨在推动科技成果转化成第一生产力，为行业发展提供全产业链服务，助推产业转型升级。（韩一平）

【国际可再生能源博览会】 2017年5月12日至14日，2017山西（太原）国际可再生能源博览会暨政策技术论坛会在山西省展览馆举行。展览面积超过1万平方米，参观人数近万人次。

该届博览会展示内容主要涉及光伏、光热、空气源热泵3大领域。主要包括太阳能光伏、煤改电工程及产品、太阳能光热新技术、太阳能光热新产品以及系统解决方案、热泵系列产品、净水器、生产设备和配套设备等。组委会围绕精准扶贫、强装令、煤改电、清洁采暖等政策热点，举办"分布式光伏电站发展论坛""太阳能建筑一体化论坛""山西省政策及解决方案论坛""可再生能源供热采暖论坛"4场专业论坛。（韩一平）

【省城青年创新创业交流展】 2017年5月19日至21日，由太原市"双创"示范办、共青团太原市委主办，太原市青少年事业发展中心、山西科技会展有限公司、山西人才汇人力资源服务有限公司承办，太原市青年创业促进会、太原青年创业服务中心协办的"2017首届省城青年创新创业交流展示会"在山西省展览馆举办。交流展示会以"创新引领未来创业成就梦想"为主题，主要内容包括双创成果展示、青年创新创业大赛成果展示、就业招聘三大板块。

该次交流展示会组织专家与媒体面对面，邀请太原各创客空间负责人、创客代表等相关方面的业内人士和专家学者解读国家和省市有关人才战略、创新创业活动的方针政策。开展创业融资现场咨询服务，为各类创业者开展政策性创业担保贷款和政策性创业贷款专题讲座。

（韩一平）

【中国·太原生活用品交易会】 2017年6月1日至9日，首届中国·太原生活用品（夏季）交易会在山西省展览馆举办。全国各地数百家企业参展，展出商品涵盖休闲服装、丝绸服饰、布艺家纺、箱包皮具、日用百货、家居用品、农副产品、食品等各类商品。

2017年9月23日至10月7日，由旭峰会展承办的"第二届中国·太原生活用品（秋季）交易会"在山西省展览馆举办。全国各地数百家企业参展，展出商品涵盖休闲服装、秋季服装、家纺用品、家居用品、厨卫用品、农副产品等各类商品近万种。

（韩一平）

【德商汇国际经济技术贸易与投资洽谈】 2017年6月17日至18日，德商汇（2017山西）国际经济技术贸易与投资洽谈会暨德商汇两周年庆典、德商汇山西联盟成立大会在山西省展览馆举行。资本市场、品牌战略、共享经济、全域旅游、现代农业、物联网以及高端制造等领域的百名行业知名人士、2000名商户代表参会，现场签署的所有项目总价值达50亿。洽谈会还举办新型经济高端圆桌论坛等。

山西省大数据博览会、首届山西省魅力乡村旅游暨精品非遗文化展示博览会、"江山走墨"书画展等同时举行。（韩一平）

【阳曲县特色农副产品展销】 2017年9月22日至29日，阳曲县第二届特色农产品展销暨全域旅游推介会在山西省展览馆举行。这次展会以"迎国庆、庆中秋；喜迎党的十九大、展示脱贫新成果"为主题，设立"八个展区一条街"180多个展位，共150余家企业百余种商品参展，开幕当日成交量为45万余元。（韩一平）

【中国（太原）物流产业展览会】 2017年10月13日至15日，2017中国（太原）物流产业展览会在山西省展览馆举行。展会以"聚集现代物流产业，助力转型创新发展"为主题。中国邮政、中储物流、山西中鼎物流集团、阳煤集团、晋能集团、山煤集团、国新能源、能投集团、中国（太原）煤炭交易中心、山西方略陆港集团、传化集团、顺丰快递、圆通快递、中通快递、上汽集团、江铃汽车、成功汽车等近50家优秀企业参展。（韩一平）

【节能减排低碳发展博览会】 2017年10月26日至28日，第七届山西省节能环保、低碳发展博览会在山西省展览馆举办。展览面积超过1万平方米，中石油、中石化、华润、潞安、晋煤、太重等百余家省内地市和省内外知名企业参展。展会上主要展示各市（区、县）在节能环保工作、低碳经济发展建设方面取得的成果，以及煤炭、化工、电力、冶金等重点领域企业在节能环保、低碳发展方面所取得的阶段性成果。（韩一平）

【煤炭交易中心】 2017年，中国（太原）煤炭交易中心加快山西国际会展中心运营，引领山西会展产业发展，形成一批在国际国内具有较大影响力的品牌展会。

全年举办外部会议89场，场地使用150余天，累计参会10万余人，实现收入2500万元；展览71场，场地使用302天，展览面积70万平方米，参展观众260万人，累计销售收入3282万元。自主创立的文化品牌"晋道大讲堂"，联盟单位增至15家，全年举办14场，市场化运营模式日趋成熟，实现精神文明物质文明双丰收。（李海涛）

旅游业

Tourism Industry

综　述

【旅游接待与收入】 2017年，山西省接待入境旅游者95.71万人（次），实现海外旅游创汇3.50亿美元，同比增长分别为6.38%、10.32%。累计接待国内游客5.60亿人（次），实现国内旅游收入5338.61亿元，同比增长分别为26.49%、26.27%。实现旅游总收入5360.21亿元，同比增长26.21%。

（任卫军）

【旅游产业规模】 截至2017年底，全省有旅行社865家，其中出境游组团社103家，赴台游组团社9家。全年新批旅行社49家，新增出境旅游业务旅行社9家，注销旅行社30家，吊销旅行社1家。旅游星级饭店251家，其中五星级17家、四星级62家。旅游景区景点A级景区172家，其中AAAAA级景区7家，AAAA级景区90家。山西省在旅游行业一线从业的导游人员有14603名，其中高级导游74名，中级导游747名。（任卫军）

【旅游景区（景点）体制机制改革】 2017年3月28日，国家旅游局局长李金早与省长楼阳生共同为山西省旅游发展委员会（简称山西省旅发委）和11个地级市旅游发展委员会揭牌。商请省编办印发《关于加强旅游重点县旅游发展工作机构建设的通知》，截至2017年底，41个县（市、区）成立旅游发展委员会。

2017年7月，山西省旅发委以省政府名义成立汇集国内旅游领域专家学者、行业领军人物等63人的山西省旅游发展专家咨询委员会。

山西省旅发委推进依法治旅工作，完成《山西省旅游条例》的修订工作，为全省文化旅游产业健康发展提供法律支撑。

山西省旅发委按照山西省委、省政府《关于推进旅游景区（景点）体制机制改革创新的意见》，制定《全省旅游景区（景点）体制机制改革创新工作推进方案》，在全省确定149家重点景区（景点）为改革对象，选定20家改革重点景区（景点）省级挂牌督办。截至2017年6月底，149家重点景区（景点）完成“两权分离”，70家景区（景点）实行现代企业制度，进行股份制改造，8家长期履行协议不到位的景区（景点）理顺关系，引进新的合作方，为实现市场化、公司化、专业化运营打下基础。乔家大院景区成功挂牌“新三板”。（任卫军）

2017年5月26日，“我们的节日·端午”沁县第九届民俗文化节暨“沁园春”杯山西省第五届龙舟公开赛开幕（王淑红供图）

【旅游市场综合监管】 2017年，山西省旅发委制定《2017年山西省旅游市场秩序综合治理工作行动方案》和《山西省旅游市场秩序综合监管专项督查考评方案》，联合省公安、工商、物价、质监、食药监等相关部门开展春季行动、暑期整顿、秋冬会战三大战役，会同省旅游改革发展领导小组

部分成员单位赴各市开展督查考评活动,旅游市场秩序平稳有序。推动旅游综合监管机制创新,五台山、太行山大峡谷、平遥古城3支旅游警察队伍,五台山、平遥古城2家旅游工商分局,太行山大峡谷、运城盐湖区2家旅游法庭,先后挂牌成立。

(任卫军)

【旅游基础设施建设】 2017年,山西省加强旅游基础设施建设,省财政支持4000余万元资金,在全省55条(段)高速公路上设立旅游景区(景点)标识牌420余块,涉及80多个景区(景点)。全年新建、改建旅游厕所1239座,超额完成年度1088座目标任务,临汾市、晋中市旅发委受到国家旅游局表彰。为方便国内游客,在机场、高铁站、汽车站以及社区建设20个旅游咨询点。加快山西省智慧旅游公共服务平台,山西省旅游产业运行监测与应急指挥平台(一期)通过验收,山西省7家AAAAA级景区、40家AAAA级景区的监控视频通过省级平台接入国家旅游局产业运行监测与应急指挥平台,实现对山西省部分重点景区游客流量的实时动态监测。各市、重点景区在基础设施建设上加大力度,大同市投资8.08亿元开工建设153千米的沿古长城旅游公路,沿黄旅游公路吕梁碛口试验段和临汾乾坤湾试验段先后开工建设。五台山首批环保车和污水处理设备投入使用。 (任卫军)

【旅游宣传促销】 山西省旅发委加大"华夏古文明·山西好风光"主题宣传推广。组织旅行社、景区参加西北地区、厦门、武汉、北京、昆明、香港和俄罗斯、丹麦、瑞典、埃及、日本、毛里求斯等系列境内外主要客源市场旅游会展。在北京外国人聚居地、阿斯塔纳世博会、南非约翰内斯堡举办3场专场旅游推介会。邀请境内外旅行商460人来山西省踩线考察。举办中国山西第三届"一带一路"古城古镇国际文化旅游暨第四届国际旅行商采购大会。 (任卫军)

2017年5月27日,中韩友好文化交流暨祈福世界和平活动在稷山县大佛寺举行

(段美云供图)

【国内旅游】 2017年,山西省接待国内旅游者5.60亿人(次),同比增长26.49%;实现国内旅游收入5338.61亿元人民币,同比增长26.27%;实现旅游总收入5360.21亿元人民币,同比增长26.21%。山西省作为内陆省份,国内旅游市场占到整个旅游市场的90%以上,同时也是典型的周边型旅游市场。

2017年,山西省接待的5.6亿人(次)国内旅游者中,有3.29亿人(次)来自省内,有7484万人(次)来自周边省市区,占整个国内旅游市场的32.40%。从国内旅游者选择的游览目的地来看,山西省AAAAA级景区的吸引力占有绝对优势。据统计,全年全省7个AAAAA级景区的接待量占到36个重点景区的40%以上,这一比例较上年提高5%。A级景区中,年接待量超过100万人(次)以上的达25个,年接待量超过50万人(次)以上的达15个,基本保持稳定。

(任卫军)

【假日旅游】 2017年春节假日期间,山西省接待海内外旅游者951.05万人(次),比上年同期增长26.93%,其中过夜旅游者276.33万人(次),比上年同期增长24.92%;一日游游客674.72万人(次),比上年同期增长27.77%。全省实现旅游总收入47.78亿元人民币,比上年同期增长28.94%。

"国庆中秋"假日期间,全省接待国内外游客5341.47万人(次),按可比口径计算同比增长17.26%。其中:过夜游游客1953.31万人(次),按可比口径计算同比增长16.97%;一日游游客3388.16万人(次),按可比口径计算同比增长17.43%。实现旅游综合收入340.37亿元人民币,按可比口径计算同比增长17.63%。 (任卫军)

【红色旅游】 2017年5月3日至5日,山西省旅游发展委员会派员到江苏省常熟市参加国家局举办的全国旅游系统红色旅游工作专题培训;5月25日至26日,在河南桐柏参加全国红色旅游工作协调小组办公室举办的红色旅游导游员讲解员培训;按照国家红色旅游工作协调小组办公室要求完成《全国红色旅游经典景区名录》中山西省红色旅游经典景区的坐标划定工作;按照国家旅游局红色旅游工作协调小组办公室要求,组织武乡八路军太行纪念馆等红色旅游景区参加博览会,获"最佳组织奖";11月7日至11日,组织山西省红色旅游景区,参加国家旅游局红办在山东省临沂市沂南县宣贯《红色旅游经典景区服务规范》暨红色旅游扶贫培训班。 (任卫军)

【国际旅游】 2017年,山西省接待入境过夜旅游者67万人(次),同比增长6.38%;接待入境旅游人数95.71万人(次),同比增长6.38%;旅游外汇收入3.50亿美元,同比增长10.32%。 (任卫军)

旅游规划与建设

【旅游资源】 山西表里山河,文明久远。人文旅游资源非常丰富。据2017年统计,山西有旧石器早期遗址157处(全国发现200多处)。山西有3处世界文化遗产:平遥古城、云冈石窟、五台山;6座国家级历史文化名城:太原、大同、平遥、代县、祁县、新绛;40个国家级历史文化名镇、名村。国家级重点文物保护单位452处,数量居全国第一。古代壁画24000平方米,古代彩塑12799尊,均居全国第一。元代以前的地上木构建筑120座,占全国同期木结构建筑总量的75%。

自然资源雄奇壮美,有关帝山林区、管涔山林区、中条山林区、太岳山林区、太行山林区、五台山林区等9大林区,连片大森林有四、五十万亩,高山草甸、大峡谷价值各异。共有国家级风景名胜区6处,国家级森林公园18个,国家级自然保护区7处。

休闲旅游发展迅速。截至2017年底,山西省已有休闲农业和乡村旅游示范县38个,其中国家级休闲农业和乡村旅游示范县11个省级休闲农业和乡村旅游示范县27个,休闲农业和乡村旅游示范点218个,其中国家级休闲农业和乡村旅游示范点17个;省级农业旅游示范点201个。 (任卫军)

【旅游规划】 2017年,山西省有2市18县(市、区)为国家全域旅游示范区创建单位,晋中市的全域旅游规划编制完成,忻州市的全域旅游规划开展招标工作。平顺县、阳曲县、壶关县、右玉县、永济市、左权县完成县级全域旅游规划编制工作。晋城市全域旅游规划编制完成,待评审。

在2017年全省旅发大会上,省政府作出打造黄河、长城、太行"三大板块"的重大战略决策。截至2017年底,组织召开7次三大板块旅游规划编制工作的相关会议。山西省旅游规划单位共有1家甲级单位,5家乙级单位,23家丙级单位。 (任卫军)

【旅游业招商引资】 2017年,山西省旅发委借助晋商晋才回乡创业创新启动大会、第十届中博会及山西省(珠三角)招商对接会契机,分别于2017年3月16日在北京组织召开山西文化旅游产业发展座谈会,5月18日在合肥组织山西省旅游项目招商对接会,6月15日在广州组织召开晋粤文化旅游招商项目推介对接会。其间,汇总整理全省旅游招商项目,制作招商项目册,纳入全省旅游招商项目337个,投资总规模2120亿元,招商引资约1200亿元。这几次招商活动共计800余人参加会议,取得很好效果。其间,山西省旅发委与浙旅集团、银泰集团签订战略合作协议,忻州市政府与中景信集团就共同开发芦芽山达成协议,招商引资工作取得实质性进展。9月21日,举办山西旅游投融资项目洽谈会,发布山西省旅游投融资白皮书和重点旅游项目招商册。12月2日,在上海举办山西黄河、长城、太行三大旅游板块项目招商、线路产品推介会。 (任卫军)

【旅游景区建设】 2017年,雁门关景区创建国家AAAAA级旅游景区,完成对长治太行山八泉峡景区和洪洞大槐树景区服务质量与环境质量、临汾吉县壶口瀑布景区景观质量创建AAAAA级旅游景区初评工作。临汾晋国博物馆、晋中渠家大院文化旅游区、运城圣天湖景区3家景区创建国家AAAA级旅游景区。 (任卫军)

【智慧旅游建设】 2017年,完成山西旅游产业运行监测与应急指挥平台第一期项目建设,此项目是基于SaaS模式搭建的大数据应用平台,平台主要建设内容包括云服务器的租赁与部署、数据中心、数据交换共享平台、旅游基础数据、景区视频监控、景区客流监测、出境游监测、导游监测、旅游地理信息、旅游投诉监测、游客满意度监测、假日监测、数据分析等,平台服务能够延伸至各市、县、景区及涉旅企业。截至2017年底,接入自有旅游资源14类、旅行社信息943家、星级酒店300家、导游人员13751、图片库5027张图片、视频库202部短视频、山西旅游统计系统内容、山西省重点景区运行监测系统内容。协调接入国家12301旅游数据、47家AAAA级和AAAAA级景区监控视频、66家重点景区的游客流量动态监测数据。完成基于GIS的高速公路旅游标识管理系统、综合视频监控管理系统、旅游产业基础数据库系统、游客满意度监测、假日综合监测系统、山西省导游数据监测与分析系统、旅游市场秩序监测与分析系统、旅游投诉监测与分析系统、出境旅游团队监测与分析系统、地理信息系统、数据交换共享系统。 (任卫军)

旅游监督管理

【旅游市场培育】 2017年,省、市、县旅游部门联动,建立全省旅游项目库,通过专业化策划包装,推出1218个、规模超万亿元的投资项目,先后在北京、上海、广州、合肥、太原组织5场大规模的招商引资推介会。针对一些重点项目,组织有关市、县领导和企业主体,与有意向的大企业、投资者对接,进行小分队精准招商。签约48个项目,投资额度1001.07亿。吸引华侨城、银泰、中景信、中景润、乐华恒业等旅游知名集团落户山西。

2017山西省旅游发展大会申办《人说山西好风光》第二季电视竞演,实现从演播厅走到景区现场、官员秀变成企业家秀、单向推广向双向互动等的转变,塑造山西旅游美好形象。9月21日,山西省旅游发展大会在晋中召开。大会主题为:"华夏古文明,山西好风光"。大会期间开展山西旅游大展示、大推介、大招商系列活动。

与往届相比，此届旅发大会的呈现形式有创新性变化，首次采用“1+3+N”的形式，“1”即：21 日上午举办的高规格的主题会议；“3”是指 2017 年山西旅游投融资项目洽谈会、“华夏古文明，山西好风光”山西旅游推介洽谈会和山西省旅游发展专家咨询委员会团体会议三项专题活动；“N” 是指一系列国际国家级、省市县级和各景区多层级、多形式的活动。（任卫军）

【旅游市场监督管理】 2017 年，山西省各级旅游质监执法部门受理旅游投诉 399 件，同比上升 1%；经各级旅游质监执法部门调解，全部结案。投诉理赔金额 197016 元，其中，国内游理赔金额 69033 元，出境游理赔金额 127983 元。从旅游目的地划分，国内旅游投诉 336 件，同比上升 2%；出境旅游投诉 63 件，同比下降 2%。从投诉对象划分，旅行社投诉 185 件，同比下降 7%；景区投诉 208 件，同比上升 18%；饭店投诉 6 件，同比下降 70%。

山西省国家级 AAAA 级以上景区名录

级别	所在市	景区名称
AAAAA	忻州市	五台山风景名胜区、雁门关景区、介休绵山景区
	晋中市	平遥古城景区、乔家大院文化园区
	大同市	云冈石窟
	晋城市	皇城相府生态文化旅游区
	临汾市	洪桐大槐树寻根祭祖园旅游景区
AAAA	太原市	太原汾河公园景区、中国煤炭博物馆、六味斋云梦坞、九龙国际文化生态园、蒙山大佛景区、太原森林公园、太原动物园、紫林醋文化产业园、清徐宝源老醋坊、台骀山滑世界景区、东湖醋园、晋祠旅游区
	大同市	华严寺、城区善化寺、晋华宫国家矿山公园、城区大同城墙景区、恒山风景名胜区
	阳泉市	盂县藏山景区、盂县大汖温泉度假村、桃林沟景区、翠枫山自然风景区
	长治市	八路军太行纪念馆、黎城县黄崖洞革命纪念地、武乡八路军文化园、武乡太行龙洞、壶关县太行山大峡谷景区、襄垣县仙堂山、平顺县太行水乡风景区、平顺县天脊山风景区、平顺县通天峡
	晋城市	泽州珏山青莲寺景区、沁水历山景区、沁水柳氏民居景区、高平丹朱岭景区、陵川王莽岭景区、阳城蟒河风景区、阳城天官王府景区
	朔州市	朔州崇福寺景区、怀仁金沙滩景区、应县木塔景区、右玉县生态旅游景区
	晋中市	平遥县镇国寺、山西乌金山国家森林公园、平遥县票号博物馆、麻田八路军总部纪念馆、平遥县双林寺彩塑艺术馆、昔阳县大寨景区、榆次老城景区、太谷梅苑山庄景区、灵石王家大院旅游景区、灵石县红崖峡谷、灵石石膏山风景名胜区、左权县太行龙泉风景区、介休市张壁古堡、介休市绵山风景名胜区、平遥县衙博物馆、平遥文庙学宫博物馆、平遥县城隍庙财神庙、平遥县协同庆钱庄博物馆、榆次常家庄园
	运城市	永济普救寺旅游区、垣曲历山景区、万荣李家大院、芮城县永乐宫旅游区、盐湖景区、舜帝陵景区、解州关帝庙旅游区、永济鹳雀楼景区、永济市神潭大峡谷景区、五老峰风景名胜区
	忻州市	忻府区云中河景区、定襄县凤凰山景区、定襄河边民俗馆、宁武芦芽山景区、宁武万年冰洞、宁武汾河源头景区、忻府区禹王洞旅游景区
	临汾市	临汾汾河公园、霍州七里峪景区、侯马彭真故居景区、蒲县东岳庙景区、隰县中国梨博园景区、隰县小西天、古县云丘山风景区、古县牡丹文化旅游区、尧庙–华门旅游区、黄河壶口瀑布风景名胜区（同属山西和陕西）
	吕梁市	玄中寺、天宁寺（山西省吕梁市）、山西北武当山风景名胜区、孝义市金龙山风景区、孝义市三皇庙、孝义市孝河湿地公园、孝义市胜溪湖森林公园、汾阳市贾家庄文化生态旅游区、汾阳汾酒文化景区

全省各级旅游质监执法机构共开展旅游市场检查4378次，联合相关部门开展检查243次，共出动检查人员14842人(次)，检查旅行社7888家次(含分社、营业部)；星级饭店480家次；A级旅游景区1517家次；导游1850人(次)。查处违规旅行社11家，其中“黑社”4家。行政处罚208395元，没收违法所得465元，为游客追回经济损失120万元。（任卫军）

【景区监督管理】 2017年，山西省住建厅组织五台山风景名胜区、碛口风景名胜区、壶口风景名胜区按照住房城乡建设部意见，开展风景名胜区总体规划修改完善工作；摩天岭风景名胜区、黄河乾坤湾风景名胜区两处省级风景名胜区总体规划经省政府批复实施；指导云梦山风景名胜区、卦山—玄中寺风景名胜区、太行龙泉风景名胜区等加快风景名胜区总体规划编制工作。配合有关部门做好风景名胜区、公园等景区(景点)的改革创新工作，印发《关于切实做好风景名胜区体制机制改革创新工作的通知》，推动风景名胜区理顺体制机制，拓宽投融资渠道，加强政策扶持，加快改革进度等工作。

（李国红 米玉婷）

【旅行社奖励】 2017年，山西省旅游发展委员会根据《“美丽山西休闲游”奖励办法》和《“美丽山西休闲游”奖励办法实施细则》，委托山西国元会计师事务所对旅行社申请2016年度美丽山西休闲游奖励的申报资料进行审核，并将奖励结果在山西旅游政务网进行公示。经审核，有49家旅行社获得奖励，审定奖励金额共计11637025元。（任卫军）

【导游人员培训及资格考试】 2017年，山西省旅游发展委员会按照年度培训计划，保质保量完成旅游行业培训任务。3月29日至30日，在晋中市举办全省导游领队人员应急救护专题培训班。全省旅游行管、质监相关人员，导游、领队代表100余人参加培训。

全年参加导游资格考试合格人员1269人，其中初次考试合格1213人，加试合格56人；取得中级导游等级证书人员52人，其中参加中级导游等级考试合格人员51人，直接晋升中级1人；取得高级导游等级证书人员6人，其中参加高级导游等级考试合格人员5人，直接晋升高级1人。（任卫军）

【旅游商品管理】 2017年5月26至29日，山西省旅游发展委员会组织相关企业参加在浙江省义乌市举办的第九届中国国际旅游商品博览会；8月24日至28日，组织相关企业参加在新疆维吾尔自治区乌鲁木齐市举办的2017(中国)亚欧商品贸易博览。8月29日至9月4日，组织各市商品企业参加在内蒙古包头市举办的首届特色旅游商品博览会暨中国特色旅游商品大赛。山西省20家旅游商品企业38件旅游商品参赛，临汾市选送的鸣梦老粗布和晋城市选送的阳阿匠人铁壶获金奖。此次大赛山西省旅游商品取得2项金奖、5项银奖、9项铜奖的好成绩，山西省旅发委获“优秀贡献奖”。组织各市旅游商品企业参加2017中国旅游商品大赛，山西省萃谱园布包系列、潞景巷老粗布、鸣梦老粗布获中国品牌旅游商品奖。（任卫军）

旅游公共服务

【旅游公共信息服务】 2017年，信息中心向国家旅游局官方网站方地新闻栏目报送信息713篇（条），其中492篇(条)通过审核对外发布，发布量名列榜单第八名。连续两次荣登最受欢迎地方信息榜前三名；全年信息中心提供电话咨询服务1278次，官方微博发布信息978条，微信平台推送图文信息276期，共计830余条。旅发委官方网站发布政务信息769篇，资讯信息265篇，图片586张，新增景点7个，新增专题7个。

（任卫军）

【旅游安全与应急管理】 2017年8月，山西省旅发委从各市旅发委抽调分管安全工作委领导和安全监管人员，组成11个督查组，对11个市的旅游安全工作进行交叉检查，督导检查旅游部门和企业110家。截至2017年底，全省各级旅游部门开展旅游市场检查1568次，出动检查人员11687人(次)，检查旅游行业管理部门、旅行社、星级饭店、A级旅游景区5172家次。

各级旅游部门排查出一般隐患2023条，整改2023条，整改率100%。

2017年6月24日，灵丘县第十一届平型关文化旅游节开幕 （刘甫花供图）

为确保宣传的实效，投资10万余元印刷《旅游安全事故应急救援预案》《旅游突发事件应急手册》《安全出行手册》等宣传资料。全省旅游行业共发放安全宣传资料20万余份，回答群众关心的问题5000余条。

（任卫军）

文明旅游与旅游教育培训

【文明旅游】 2017年3月15日，山西省旅游发展委员会在太原南站开展以"文明旅游，理性消费"为主题的"3·15国际消费者权益日"活动。向广大游客宣讲如何"文明出游，理性消费"、如何提防旅游低价陷阱、如何理性维权等旅游常识。还在现场发放《旅游法》《文明旅游出行提示》宣传单等3500余份宣传资料。倡导科学、合理、健康、文明的旅游消费理念，营造"诚信、优质、文明、和谐"的旅游环境。

完成5万册《山西文明旅游示意图》、5万册《文明旅游宣传手册的》印制工作，交付全省旅游咨询服务点免费发放。制作文明旅游宣传短片，利用新媒体开展文明旅游宣传。制作10个文明旅游系列宣传短片，并利用山西青少年新媒体协会新媒体资源进行宣传。

（任卫军）

【旅游教育培训】 2017年，山西省旅发委集中培训资源，汇总各处室年度培训计划，统筹制定山西省旅游发展委员会2017年度教育培训计划，对全年的培训作具体部署，并配合相关处室完成全域旅游培训、乡村旅游从业人员培训等。2017年度教育培训计划执行情况良好，举办多期标准化建设、全域旅游、乡村旅游、安全应急、文明礼仪、体制改革、饭店师资等涉及旅游行业各要素的专题培训，10000余人（次）参加培训，全年培训计划基本完成，显示统筹培训的推动力。

（任卫军）

2017年，芮城县圣天湖全景 （董少峰供图）

【旅游信息化建设】 2017年，山西省旅发委启动山西旅游产业运行监测与应急指挥平台建设，推进与国家旅游产业运行监测与应急指挥平台对接。该项目通过在山西省AAAA级、AAAAA级景区的重点位置（售票处、景区入口、广场等地）设置网络摄像头，通过长途数据专线实现对新建高清视频图像的接入，并将图像信号回传至中心的视频管理控制平台，为山西省旅游发展委员会提供视频实时浏览、录像存储及回放、云台控制等相关功能。2017年，山西省47家景区的实时监控视频、66家重点景区的游客流量动态监测数据已接入到国家旅游产业运行监测与应急指挥平台。

做好山西省旅游发展委员会官方网站、官方微信优化与系统维护工作，实施网民特征分析、内容采集、站内优化，实现官网综合指标提升。主要完成制定站内优化的方案，根据方案整理优化整站的SEO关键字、页面、目录及文件命名规则、导航等；配合进行连接交换、软件推广、论坛推广；并进行软文、博客、微博等的推广，综合运用百度百科、视频、图片等进行站外推广；使用专题方式，增加话题、活动推广，提升网站关注度。

（任卫军）

【山西铁路旅游】 2017年，太原铁路局与山西省旅游发展委员会签订文化旅游发展战略合作协议，共同主办"中国铁路旅游·华夏古文明 山西好风光"黄河、长城、太行主题推介会，启动"打造十个高铁旅游服务品牌""引进百趟入晋旅游列车""培养千名山西旅游宣传员"的"十百千"系列活动。8月10日，命名为"一带一路"黄河号的Y401次旅游列车驶出太原火车站，承载700余名三晋游客和文化界、媒体界精英，驶向西北五省，开启品位丝路精神，传扬三晋文化"西游"旅程。

（孙淑环）

对外经济贸易

Foreign Economic and Trade

综　述

【概况】 2017年，山西省实施外贸主体培育工程，全省有进出口实绩企业1260家，比2012年增加335家；2016年以来消灭外贸空白县15个。建成5个国家级和42个省级外贸转型升级基地，占全省出口总额的77%以上。2017年全省进出口总额1162亿元，机电产品、高新技术产品进出口占比分别达75.60%和44%。手机出口占比达54%，是全省第一大出口产品。农产品、化肥、医药品、纺织品、工程机械零件、汽车零配件、铁路设备等产品出口保持较好增长态势。（徐晨星）

【贸易市场扩展】 2017年，山西企业在美国等国家和地区建立127个境外投资、经营营销网点。山西毛里求斯晋非经贸合作区是中国第一批境外经贸合作区之一。园区面积73.85公顷，定位为高端现代服务业园区，主要分为文化旅游板块、金融服务板块、教育及临港产业区板块。截至2017年底，租赁土地17.80公顷，一批国内外企业先后到园区设立公司，入驻商务中心和公寓。改革境外展会管理体制和广交会参展办法，实施“千企百展”行动计划，与山西省有贸易往来的国家（地区）达176个，占全球239个国家（地区）的73.64%，比2012年增加16个。承接加工贸易产业转移，富士康手机区外保税维修业务、新增主板模组项目先后获批。加快培育外贸新业态，太原市获批全国跨境电子商务试点。实行进口促进政策，鼓励先进技术设备和关键零部件进口，建成武宿综合保税区进口商品体验展示中心，作为跨境电商线下体验平台。大同肉类进口口岸、太原机场进口水果口岸获批。（徐晨星）

【山西品牌行】 2017年，“山西品牌中华行”实现全国省会城市全覆盖，在北京、上海、天津、广州、重庆、五台山等地建立山西名优特商品展销中心，创新“店中柜”上海模式，展示山西品牌魅力。“山西品牌丝路行”成为推进投资贸易合作重要平台和山西对外开放名片，在匈牙利、吉尔吉斯斯坦、俄罗斯、意大利、泰国、韩国、波兰、澳大利亚、印度等18个国家举办25站活动，全省参与企业400余家次，推广山西省的食品、化工、纺织、陶瓷及玻璃、五金、机械等10大类2000余种品牌产品，达成贸易意向超过10亿元人民币。“山西品牌网上行”重点促进农产品外销，提高山西省品牌商品特别是红枣、核桃、苹果的知名度和市场占有率，推动山西省特色产品走出山西、走向全国。（徐晨星）

2017年，中德现代化型材生产车间一角　（刘瑞林供图）

对外投资与经贸合作

【概况】 2017 年，山西省商务厅促进对外投资便利化，出台《关于促进企业“走出去”开展跨国经营的指导意见》。开展境外并购，东辉集团、美锦集团在澳大利亚分别并购铜矿、煤矿，华运集团在蒙古并购煤矿，运城制版在印尼、越南等 29 个“一带一路”国家设立企业 42 家，投资额 1.27 亿美元，成为全球投资小规模经营的典范。2017 年，全省对外直接投资 1.68 亿美元，投资领域更加集中于实体经济和高科技行业，制造业对外投资增长 15%，科技服务业对外投资增长 3.40%。（徐晨星）

【“一带一路”建设参与】 2017 年，山西省出台《山西省参与建设丝绸之路经济带和 21 世纪海上丝绸之路实施方案》，制定《山西省参与“一带一路”建设三年（2018–2020 年）滚动实施方案》。与“一带一路”国家开展经贸合作和国际产能合作，出台《推进煤焦国际产能合作实施细则》，编制山西推进国际产能合作规划，成立晋企“走出去”战略合作联盟。山西省在“一带一路”国家投资设立 78 家境外企业，累计投资 5 亿美元，占全省对外投资存量的 15.80%。2017 年，山西省与“一带一路”国家进出口总额达 241.38 亿元，占全省进出口总额的 20.80%。（徐晨星）

2017 年山西省进出口贸易总额统计表

单位：万元

项目	进出口总额	出口总额	进口总额
总　额	11618521	6903055	4715466
一、按企业性质分			
国有企业	2955449	1537893	1417556
外商投资企业	6877104	4166866	2710238
合作企业	16094	14887	1208
合资企业	6384459	4086244	2298214
独资企业	476551	65735	410816
民营企业	1785967	1198296	587671
集体企业	29806	29361	445
私人企业	1746162	1158958	587204
个体工商户	9998	9976	22
二、按贸易方式分			
一般贸易	3468029	1825251	1642778
国家间、国际组织无偿援助和赠送的物资	4262	4262	
加工贸易	8085945	5062877	3023069
来料加工装配贸易	2640	1475	1164
进料加工贸易	8083306	5061401	3021904
加工贸易进口设备	38615		38615
对外承包工程出口货物	9387	9387	
外商投资企业作为投资进口的设备、物品	753		753
保税仓库进出境货物	7015	103	6912
保税区进出境仓储或转口货物	437		437
其　他	4077	1176	2901

金 融

Finance

综 述

【银行业概况】 截至2017年底，山西省银行业有法人单位3221个，从业人员136786人。全省银行业金融机构资产总额42014.80亿元，负债总额40563.70亿元，所有者权益1451.10亿元，较年初分别增长6.90%、6.50%、19.40%。分机构类型看，政策性银行、国有商业银行、股份制商业银行、城市商业银行、农村金融机构资产总额分别为3430.70亿元、14901亿元、4729.40亿元、4668.70亿元、10753.30亿元，分别占总资产的8.20%、35.50%、11.30%、11.10%、25.60%。银行存贷比、信贷资产占比分别为71.10%和53.90%，同比分别上升3.02和1.97个百分点，均达到近十年最高值。资产损失准备金910亿元，比年初增加49亿元；拨备覆盖率100.40%，比年初上升12.0个百分点。各项贷款增长，贷款利率持续下行。截至2017年底，山西省银行业金融机构本外币各项贷款余额22573.80亿元，同比增长10.90%，比年初增加2217.30亿元，同比多增435.60亿元。人民币各项贷款余额22463.90亿元，同比增长11.10%。转型综改、战略性新兴产业等领域新增贷款942亿元，占全部新增贷款的41.90%。个人住房贷款增长较快，2017年，山西省个人住房贷款新增540.70亿元，同比多增167.80亿元。2017年，全省银行业金融机构人民币贷款加权平均利率为6.51%，同比降低0.04个百分点。各项存款增长。截至2017年底，山西省银行业金融机构本外币各项存款余额32844.90亿元，同比增长6.40%，较年初增加1975.80亿元，同比少增251.90亿元。人民币各项存款余额32480.60亿元，同比增长6.90%，比年初增加2109.20亿元，同比多增83.90亿元。盈利能力回升。2017年，山西省银行业金融机构实现净利润335.80亿元，同比增盈71.01亿元。分行际看，股份制商业银行扭亏为盈，净利润较上年增加63.30亿元，地方金融机构同比增盈10.90亿元，国有商业银行盈利与上年持平。（扈照轼）

2017年1月15日，中国人民银行太原中心支行召开2017年全省人民银行工作会议暨外汇管理工作会议（扈照轼供图）

【保险业概况】 山西省实现保费收入823.92亿元，同比增加17.61%，规模居全国第18位。其中，财产险业务实现保费收入194.10亿元，同比增长11.46%；人身险业务实现保费收入629.80亿元，同比增长19.70%。全省保险深度5.50%，同比提高1.85个百分点。保险密度2225.40元/人，同比增长19.40%。农业保险、货运保险、责任保险、保证保险和特殊风险保险等业务加快发展，保障功能突出的健康险、意外险业务占比提高，两个险种的承保保额同比分别增加26.40%和67.80%，业务结构优化。

截至2017年底，全省保险公司各级机构2494家。其中，保险公司总公司1家；保险公司省级分公司49家；中心支公司328家；支公司1173家；营业部20家；营销服务部923家。行业为社会提供各类风险保障29.30万亿元，同比增加37.90%，是保费收入增速的2.15倍；赔款给付支出261.10亿元，同比增加9.30%。

（李 鹏）

【证券业概况】 2017年，山西省共有境内上市公司38家，其中上海交易所20家，深圳交易所18家，上市公司数与上年齐平。股票总发行股本7980539万股，较上年增加439842万股，上涨6个百分点。股票发行量2918867万股，较上年增加210567万股，上涨8个百分点。股票筹资额15562917万元，较上年增加1440828万元，上涨10个百分点。（任承业）

金融监管

·中国人民银行太原中心支行·

【货币政策调控运用】 2017年，中国人民银行太原中心支行落实金融宏观调控政策，研究制订金融支持供给侧结构性改革、金融支持山西省转型综改试验区建设、推动山西省绿色金融发展等一系列指导意见，引导金融机构支持山西经济结构调整和转型升级。开展宏观审慎的评估工作，针对山西省内评估结果C类机构问题，对地方法人金融机构进行约谈。开展信贷政策效果评估工作，组织对全省金融机构支持“三农”、支持小微企业、精准扶贫、普惠金融以及支持煤炭钢铁行业去产能等工作和中央银行货币政策执行情况进行效果评估。

发挥中央银行资金正向激励作用。落实“定向降准”优惠政策，定向降低10家地方法人银行业金融机构存款准备金0.50~1.50个百分点，释放流动性36亿元。根据对县域法人金融机构将新增存款一定比例用于当地贷款的考核结果，有49家县域法人金融机构执行低于同类机构正常标准1个百分点的存款准备金率，释放流动性7.20亿元。37家县级农业银行三农金融事业部执行比农业银行低2个百分点的优惠存款准备金率，释放流动性24亿元。2017年，人民银行太原中心支行办理再贷款、再贴现和常备借贷便利616亿元。

（扈照轼）

2017年9月19日，中国人民银行太原中心支行召开2017年山西省中小企业和农村信用体系建设工作推进会 （扈照轼供图）

【精准扶贫金融服务】 2017年，中国人民银行太原中心支行履行金融专项扶贫“双牵头”单位职责，建立金融助推脱贫攻坚工作机制，出台《金融扶贫2017年行动计划》《金融助推脱贫攻坚实施意见》《金融精准扶贫政策效果评估实施细则》《扶贫小额信贷考核办法》等。组织召开“五位一体”扶贫小额信贷协调会、金融助推脱贫攻坚工作座谈会、全省人民银行助推脱贫攻坚电视电话会议、全省金融支持深度贫困地区脱贫攻坚电视电话会议。推进扶贫信贷投放工作，全省金融精准扶贫贷款大幅增长。截至2017年底，山西省金融精准扶贫贷款余额1193.60亿元，较年初新增453.10亿元，增长61.20%。全年全省金融机构累计投放各类精准扶贫贷款629.20亿元，共惠及贫困地区人口331.10万人(次)。在扶贫小额信贷方面，年末全省扶贫小额信贷余额67.50亿元，较年初新增57.50亿元，累计支持建档立卡贫困人口53.80万人(次)。

（扈照轼）

【金融服务与管理】 2017年，中国人民银行太原中心支行开展供给侧结构性改革金融服务工作。支持煤炭钢铁骨干企业稳债续贷，压缩违规新增产能企业、落后产能企业、僵尸企业贷款规模。保障全省重点煤炭、钢铁企业合理资金需求。截至2017年底，全省煤炭行业银行贷款和表外融资合计融资余额7170.40亿元，同比增长5.50%；钢铁行业银行贷款和表外融资合计融资余额737.10亿元，同比增长1.34%。对违规新增产能企业、不符合国家产业政策规定的落后产能企业、“僵尸企业”以及有恶意逃废债行为企业累计压缩退出贷款31.30亿元。其中，煤炭行业25.60亿元、钢铁行业5.80亿元。推动债务优化和重组，支持重点企业“去杠杆”。2017年，全省金融机构通过开展融资租赁、保理、票据池、出售标准化融资产品等创新业务，支持煤炭企业盘活资产约130亿元。全省有7家企业开展市场化债转股业务,与金融机构签约1290亿元,落地金额237亿元。

推动利率市场化改革。2017年,中国人民银行太原中心支行监测金融机构利率变动趋势,引导贷款利率回归合理水平。组织召开2017年山西省市场利率定价自律机制工作会议,审议修订《山西省市场利率定价自律机制工作指引》《山西省市场利率定价自律机制公约》,指导省利率定价自律机制开展工作,处理相关非理性定价行为举报20余次,对4家机构非理性定价行为进行约谈。组织全省人民银行及地方法人金融机构开展金融机构定价能力进阶提高培训。推动同业存单和大额存单发行。2017年,全省有35家地方法人金融机构发行同业存单1950.30亿元,有9家地方法人金融机构发行大额存单74.90亿元。

加强外汇管理。执行稳健中性的货币政策,支持山西经济转型升级;加强金融风险监测防范,防止发生区域性金融风险;拓展深化金融服务功能,提高金融服务与管理水平;加强外汇管理和服务,支持全省外贸转型升级。 (扈照轼)

【金融风险监测与防控】 2017年,中国人民银行太原中心支行加强风险监测评估与预警。加强对地方法人金融机构风险监测、评估和预警。针对农村信用社系统风险问题提出化解和处置建议。完成全省农村信用社和村镇银行现场评估工作,对发现问题及时提示。开展风险排查分析,梳理出277家大型企业的经营及风险状况,摸清大型企业风险底数。组织开展金融风险排查,梳理出信用风险、流动性风险、担保圈风险、大型企业债务违约风险、金融产品风险、违法违规经营风险六大类风险并持续关注风险演变。制作完成山西省金融风险分布图。构建山西省县域金融生态环境建设考核体系。

强化存款保险风险监测、识别和处置工作。按季监测投保机构运行及风险状况,按月对问题投保机构开展风险监测、分析和评估工作。开展对投保机构,指标数据真实性核查,完成对全省179家地方法人投保机构风险评级工作。存款保险风险处置试点工作取得实质性进展。执行重大事项报告制度。重新修订新设金融机构开业管理流程,注重事中事后管理。完成对147家金融机构的综合评价工作。 (扈照轼)

【金融法治环境改善】 2017年,中国人民银行太原中心支行依法整治金融环境。2017年,山西省金融机构在人民银行太原中心支行的牵头组织下,采取多种形式的金融法治宣传活动,开展辖区金融广告治理工作。加大对金融违法行为的查处力度。2017年,全省各级人民银行依法查处金融违法行为,共作出行政处罚125件,罚款金额857.60万元。 (扈照轼)

【金融消费权益保护】 2017年,山西省人民银行系统贯彻落实《中国人民银行金融消费权益保护工作管理办法(试行)》,采取直接处理、转办、调解等多种方式化解金融消费纠纷。各金融机构妥善解决金融消费者投诉。全年全省人民银行系统共受理金融消费者投诉331件,同比上升4.40%;受理金融消费者咨询4621件,同比下降11.80%。办结投诉326件,办结率98.50%,金融消费者满意度97.20%。

(扈照轼)

【支付体系建设】 2017年,中国人民银行太原中心支行加强货币金银管理。累计投放货币1678.20亿元,回笼货币1562.80亿元,净投放115.40亿元,同比增长0.70%。加大反假币工作力度,全省累计收缴假人民币983.70万元、13.50万张(枚),同比分别增长1.30%、减少1.90%。加大发行库检查力度,确保库款安全,组织检查发行库23次。

支付结算业务系统平稳运行。135家银行网点加入现代化支付系统,54家银行机构加入人民币银行结算账户管理系统,255家机构加入电子商业汇票系统,7家机构加入同城票据交换系统。现代化支付系统业务量17141万笔、金额42万亿元,同比分别下降15.30%、11.60%。

非现金支付工具投放上升,业务量稳步增长。截至2017年底,山西省57家发卡机构累计发卡16034万张,同比增长6.60%。特约商户累计达974052户、同比增长26%,POS机、ATM机累计达1030650台、17921台,同比分别增长23.10%、5.50%;全省银行卡特约商户交易2.70亿笔,笔数同比下降15.70%,交易金额8121亿元,同比增长32.96%。

农村支付环境建设。截至2017年底,山西省在农村地区共发展服务点63584个,布放终端25.30万台,服务点覆盖率和受理终端覆盖率均达100%,平均每个行政村覆盖2至3个服务点、3台左右支付终端。全省累计办理助农取款业务481万笔,取款金额19.60亿元;累计发生"农民工银行卡特色服务"跨行交易业务10.60万笔,交易总金额7494万元。

支付结算监管深入。合规开展行政许可事项,开展支付结算综合执法检查和专项检查,做好无证经营支付业务专项整治工作,开展联合整治预付卡违规经营专项行动;开展"微盘"交易平台、违规交易场所清理整治工作;联合开展整治非法买卖银行卡信息专项行动、整治支付结算重大违法犯罪行动,支付服务环境持续优化。

(扈照轼)

【社会信用体系建设】 截至2017年底,金融信用信息基础数据库分别为山西省23.70万户企业和1937.30万自然人建立信用档案。全年累计提供企业征信系统查询19.50万次,个人征信系统查询1114.50万次;累计向公安局、法院、检察院、审计署特派办、中小企业局等机关提供个人信用报告查询86笔,企业信用报告查询926笔。推广应用应收账款融资服务平台。截至2017年底,应收账款融资服务平台累计登记全省融资业务352笔,融资金额674.40亿元,同比增长14.10%。完成13.70万户新设机构的信息采集和机构信用代码证发放工作。

社会信用环境优化。上线运行全省中小微企业和农村信用信息平台，截至2017年末，系统共收录全省297.90万企业及个体工商户基本信息、443.80万农户家庭成员信息和50.8万户贫困户基本信息。履行行政许可和行政处罚信用信息“双公示”推送职责，全年向山西省信用信息共享平台推送“双公示”信息10.4万余条。强化征信信息安全监管，规范金融信用信息基础数据库接入机构征信业务行为。（扈照轼）

【反洗钱监管】 2017年，山西省推进《金融机构大额交易和可疑交易报告管理办法》落实，将保险专业代理、保险经纪、消费金融及贷款公司等68家新增四类机构纳入反洗钱监管范畴；出台《山西省金融机构反洗钱分类评级实施细则（试行）》《山西省金融机构反洗钱和反恐怖融资内部审计工作指引（试行）》，创新监管方式，延伸监管链条；探索特定非金融行业的反洗钱监管制度，法律服务机构反洗钱监管试点工作取得突破性进展，推进典当行业反洗钱监管试点工作。

加强研判，形成监管合力。配合公安、税务、海关等部门开展“打击利用离岸公司和地下钱庄转移赃款专项行动”“打击骗取出口退税和虚开增值税专用发票专项工作”“国际追逃追赃专项行动”等。重点领域反洗钱调查取得成效。深化与部分联席会议成员单位反洗钱合作。开展保险业、证券业洗钱类型分析以及建立涉税洗钱风险监测指标。（扈照轼）

【经理国库职责履行】 2017年，中国人民银行太原中心支行制订第二代TIPS系统推广实施方案，建立工作例会制度，做好系统上线准备工作。出台《山西省国库会计管理标准化指引》《山西省商业银行（信用社）代理国库业务监管指引》，推进国库标准化建设。制订省级国库现金管理实施细则和现金管理工作实施方案，规范国库现金管理。做好设立山西转型综改示范区支库工作，探索五台山风景区人民银行异地经理国库新模式。加强国债管理和国库监管力度，检查全省20余家金融机构代理支库业务、国库经收业务、国债承销业务。（扈照轼）

【个人本外币兑换特许机构开业】 2017年5月26日，山西省首家个人本外币兑换特许机构山西宝华盛世国际旅行社有限公司在太原开业，个人本外币兑换特许业务在山西落地。国家外汇管理局山西省分局，按照“规范起步、规范发展、循序渐进、总量控制”原则，推进个人本外币兑换特许业务在山西省的健康发展。要求五台山支库开业后，将异地经理模式与国库直接支付模式相结合，发挥国库事中监督职能，当好国库资金守护神，为五台山经济转型发展作贡献。（扈照轼）

【银行会计核算数据集中系统二次升级换版】 2017年10月28日，太原中心支行组织开展2017年中央银行会计核算数据集中系统（简称ACS）第二次升级换版工作。全省人民银行系统支付结算、科技、营业部、事后监督、会计、货币金银和国库等相关部门百余人参加ACS、ACS信息管理子系统（简称AMIS）、ACS档案管理子系统升级换版及系统验证工作。辖内数台ACS客户端软件、AMIS客户端软件、ACS档案管理子系统客户端软件升级换版，全部登录验证无误。系统升级换版完成后，各级用户全部使用“密码加认证”登录方式，实现用户与计算机地址绑定，严格规范用户管理，保障系统安全性。（扈照轼）

·中国银行业监督管理委员会山西监管局·

【实体经济金融监管】 2017年，中国银行监督管理委员会山西监管局（简称山西银监局）加强监管政策引领。支持供给侧结构性改革与山西转型综改建设相结合，落实习近平总书记视察山西重要讲话精神，出台银行业支持转型综改建设通知，制定银行业助力脱贫攻坚、支持“三农”发展、加强小微企业金融服务意见。落实国发42号文和省委省政府行动计划，出台支持资源型经济转型发展实施意见，印发改进转型综改示范区市场准入监管通知。截至2017年底，支持转型综改建设项目3285个6021亿元，增长13.75%。

深化服务实体经济系列活动。围绕“支持重点精准扶贫、助力小微、服务三农”三大方向，加大信贷投放。贷款新增2250亿元，增长11%，同比多增452亿元。支持重点工程建设，累计对接项目692个，贷款新增462亿元。推进扶贫小额信贷乡镇包干责任制，支持贫困户17.60万户83.80亿元，完成全年任务的168%，扶贫开发贷款新增397亿元，增长37.40%，超额完成省政府下达的任务。出台小微信贷计划，开展银税合作宣传月，支持纳税企业5522户189亿元，完成“三个不低于”。召开服务“三农”发展座谈会，支持农业供给侧结构性改革，涉农贷款新增1062亿元，增长12.20%。

支持供给侧结构性改革。出台发挥债委会职能作用的意见，推动237家债委会规范运行，帮扶企业118家，续贷430亿元。推进去产能，煤炭行业新增贷款62亿元，退出或集团承接去产能贷款42亿元；实施转型升级中长期专项贷款1744亿元，新增贷款347亿元，中长期贷款占比51.40%。助力企业去杠杆，7家银行与7家企业达成债转股意向1248亿元，到位224亿元。推动降成本，累计为企业减免息费18.72亿元，转贷续贷5464亿元。（赵未陆）

【金融风险化解】 2017年，山西银监局整治银行业金融乱象。组织专题学习，到银行机构解读银监会政策，加强自查评估和督导检查，发现问题1369个。督促城商行制订实施资产结构调整计划。整顿规范农合机构资金业务，开展同业业务风险排查，对66家机构提示风险或暂停业务，处置存量高风险资产。

防范化解信用风险。监测10大行业120户企业信贷情况，关注政府融资平台、房地产贷款风险。开展信用风险和担保圈贷款风险排查，出台通知加强担保贷款风险管理，担保圈减少110个。推动联盛集团破产重整计划执行。建立不良贷款监测处置台账和责任追溯机制，机构问责6422人。坚持“五个一批”分类处置不良贷款362亿元，不良贷款率3.50%、下降0.99个百分点。联合省高院开展涉金融案件集中执行专项活动，执结3477件、70.14亿元，结案率86.80%。

开展法人机构风险综合治理。推动城商行建立全面风险管理体系。出台高风险农合机构风险处置化解三年规划，开展风险处置责任落实情况检查；推动省政府将不良贷款清降列入市长双月例会内容，部分市贷款拖欠情况与人大代表、政协委员提名挂钩，累计处置不良贷款209亿元。整顿规范村镇银行，对29家机构开展检查和后续整改检查。

强化法人机构股东股权管理。排查城商行股东关联交易情况，针对机制不完善、管理不全面、授信超比例等问题，提出监管要求督促整改。出台文件，加强农合机构发起人资质审核、农商行筹建期间监管和股东持续监管；出台农商行股东监管实施办法，建立股东信息库，印发告股东书；开展准入“回头看”，严查股东资质，严控关联交易。印发告村镇银行主发起行和股东书，开展股东关联交易专项整治，发现违规贷款145户、169笔、4.70亿元。

防控其他类型风险。开展高管层合规管理履职评价，狠抓案件风险处置，追责问责134人，堵截风险事件674起，避免损失8372万元。组织网络安全专项治理行动，强化信息科技现场检查。完善消费者权益保护工作体制机制，组织“双录”实施评估检查和消费者权益保护考核评价。开展金融知识宣传服务月和打击治理电信网络新型违法犯罪宣传月活动。推进P2P网络借贷风险专项整治。

（赵未陆）

【银行业重点领域改革】 2017年，山西银监局推动银行业供给侧改革。围绕实体经济、“三农”领域金融需求，调研分析金融供给失衡原因。引领银行业优化资源配置，创新产品服务和风控措施，实施“万名客户经理进村入户”行动，推出“流动资金贷款再融资”“连连贷”等业务产品和“惠农卡+转账电话”“金融服务综合站+电商”等服务模式。

2017年9月19日，山西银监局在北京召开“深化供给侧结构性改革 支持山西转型综改试验区建设”的新闻发布会（赵未陆供图）

加快法人机构改革发展。开展城商行转型发展成效评估。6家城商行增资扩股62.20亿股，发行二级资本债15亿元。推动省政府召开全省协调推进农信社改制化险工作会，与金融办、省联社联合印发通知，省政府督查室组织督导。开展农商行产权改革质量及转型发展成效评估，全年开业、筹建农商行15家。督促信托公司规范以固有资产从事股权投资业务，支持金融租赁公司开办资产证券化、财务公司延伸产业链金融服务试点，开展消费金融公司设立后评价。

完善银行业服务体系。引进全国性银行业金融机构，进出口银行山西省分行、广发银行太原分行开业。引导银行业下沉网点和服务，基础金融服务“村村通”覆盖率98.52%、提高5.29个百分点。支持民间资本进入银行业，法人机构吸收民间资本529亿元，持股比例75%。省政府办公厅转发山西银监局制定的《关于推进设立民营银行工作的实施意见》，召开解读会对意向企业进行辅导。（赵未陆）

【银行业监管能力建设】 2017年，山西银监局强化监管履职能力。举办分局局长“强化监管履职 提升监管能力”专题研修班，实行监管工作日志制度和工作台账管理。健全特色统计监测体系，完善区域性风险分析报告工作机制。注重现场检查统筹协调，强化问题整改和监管问责，对91家机构罚没2752万元，处罚责任人员89名，罚款14万元，取消36人一定期限直至终身的任职或从业资格。制订监管履职问责和履职回避实施细则。

弥补监管短板。加强制度建设，清理规范性文件，废止20件、修订6件。印发加强银行业法人机构股东股权监督管理的通知，强化股东准入和行为监管。明确重大违法违规行为认定标准、行政处罚资料移交法律审理标准，规范违法违规行为行政处罚、责任追究和问题整改。开展高管任职资格管理情况排查，督促34家银行

2017 年 11 月 15 日，山西银监局举办山西省深化银税合作暨小微企业金融服务宣传月启动会　　（赵未陆供图）

业机构整改。

加强服务保障。做好中共十九大期间银行业安保、网络安全、信访维稳各项工作。督查督办，开展现场督查 2 次。应急值守，加强新闻舆情和保密管理，加强金融信息调研。强化财务管理和后勤保障，财务决算工作被中国银监会评为一等奖。指导银行业协会在“自律、维权、协调、服务”方面主动作为，支持金融工会和金融团工委发挥作用。　（赵未陆）

·中国保险监督管理委员会山西监管局·

【保险实体经济服务】 2017 年，中国保险监督管理委员会山西监管局（简称山西保监局）配合省政府出台《关于发挥保险作用 支持创新驱动转型升级的若干意见》，明确 6 方面 16 项落实举措。以贯彻落实若干意见为主线，引导行业融入山西省资源型地区转型发展和转型综改试验区建设。

支持创新驱动。推动首台（套）重大技术装备保险加快发展，支持新材料首批次应用保险试点。2017 年保险业为中车电力机车等 30 台（套）设备提供 2.98 亿元风险保障，累计为省内 34 台（套）设备提供 4.01 亿元风险保障，为易通环保的脱硫脱硝及余热回收装置支付赔款 80.60 万元。

支持“一带一路”建设。出口信用保险为“一带一路”沿线工程提供 3.10 亿美元风险保障，为对外贸易和投资提供风险保障 25.20 亿美元，服务企业 911 家，出口企业覆盖率 90.70%，一般贸易渗透率 86.10%，两项指标保持全国第一。

保障农业发展。小麦、玉米等保险保额每亩提高 100 元，森林保险在保费不变的情况下，每亩保额提高 200 元，赔付效果逐步体现。其中，小麦保险已赔款 4514.30 万元，同比增加 103.20%；件均赔款 1.20 万元，同比增加 30.20%。马铃薯目标价格保险、玉米气象指数保险、杂粮（谷子）天气指数保险覆盖面继续扩大。组织行业与山西“农谷”管委会对接，探索服务功能农业发展。2017 年，农业保险为山西 372.90 万农户提供 454.40 亿元风险保障，已决赔款 4.60 亿元，134.80 万农户受益。

支持重大项目建设。借助保险资金管理协会平台，建立保险资金与山西重大项目对接机制，发布煤矿技术改造、生态环保、新能源等领域项目 302 个、资金需求 3700 亿元。全国保险资金在山西新增投资 146.80 亿元，累计投资 934.30 亿元，同比增加 18.60%。　（李　鹏）

【保险民生保障】 2017 年，山西保监局协助省政府研究出台《关于加快发展商业养老保险的实施意见》，参与制订《关于进一步完善城乡居民医疗保险政策的通知》，完善大病保险承保理赔机制。开展大病保险积案清理，半个月时间清理未决大病保险赔案 1.18 万件，大病保险积案数量较年初下降。到基层开展调研督导，督促行业加快理赔进度，促进大病保险补偿比例提高 13 个百分点，其中贫困户大病保险补偿比例提升 20 个百分点，结案率达 100%。与人社厅签署战略合作协议，推动保险参与基本医保业务经办，并在忻州、长治等地启动试点。总结太原市个人税优健康险试点经验，指导保险行业在全省推广。探索建立长期失能人员护理保险机制，并在临汾启动试点。围绕保险参与职业年金，开展调研和政策协调。

推动重点领域强制责任保险机制建设。2017 年，山西保监局与省安监局协调在矿山、交通运输等 8 个领域强制实施安全生产责任保险。与省环保厅拟定推进环境责任保险强制试点工作实施意见。与省卫计委等部门联合发文，将医疗责任保险机制建设纳入“平安医院”创建工作目标。

完善防灾救灾体系建设。与省民政厅围绕财政救灾资金购买农房保险试点达成一致意见。推进各地市小额财损快处快赔，指导行业协会联合高速交管部门建立节假日高速公路小额财损事故快处机制，提高事故处理效率。　（李　鹏）

【保险市场秩序规范】 2017 年，山西保监局遏制不规范销售行为。开展违规“买送”问题专项整治，依法查处市场反映强烈的保险机构。督促行业落实保险销售可回溯管理制度，并通过窗口指导、专项督导等方式，到基层梳理问题、督促整改，推进制度落实。

集中整治车险市场乱象。按照保监会 174 号文件要求，组织公司开展自查，针对发现的 100 多个问题，督促开展系统性整改。结合非现场监管，锁定监管对象，开展专项检查，查处3家机构、约谈8家省级分公司负责人。

开展政策性业务专项检查。农业保险领域，重点检查承保理赔合规性，针对检查发现的保单信息不完整等65个问题，要求相关公司在全省范围内开展整改，维护农业保险市场秩序。大病保险领域，在配合本地现场检查的基础上，完成对山东3家省级公司、3家中支机构的现场检查，查实7大类45项违规事实，并将相关情况移交当地保监局，推动大病保险的合规经营。

规范中介市场秩序。专业中介领域，结合非现场监测和市场反映情况，对9家专业中介机构开展业务财务合规性现场检查，对4家机构开展注册资本托管等情况核查，责令1家机构停止接收新业务，拟定对两家机构予以行政处罚；对3家银邮类兼业代理机构开展业务财务合规性现场检查，针对突出问题，提出限期整改要求。加强对中介法人机构出资人、高管人员日常监管，强化其内部管控主体责任，从源头防范化解风险。

推进县域巡查工作。派出51个检查组、199人（次），对11个地市县域51家次保险机构开展现场检查，查实违法违规问题73个。针对检查发现的问题，坚持处罚机构与人员并重，从严从重处罚屡查屡犯、影响恶劣的行为。处罚机构17家次，处罚人员16人（次），罚款237万元，罚款金额同比增加158%，对11家机构下发监管函，对6家机构实施监管谈话。

（李　鹏）

【保险业监管完善】 2017年，山西保监局针对市场存在的突出风险和问题，排查制度漏洞与监管短板，制定、修订稽核检查、风险排查、行政处罚、舆情监测、案件防控、非现场监管等领域制度性文件29个，加强制度保障。运城分局围绕市域监管，梳理监管职责，完善监管制度机制。

按照保监会统一部署，完成高管任职资格考试新旧系统切换，并以此为契机完善高管考试制度。依托行业协会力量，组织全辖各级保险机构1900多名高管，分13期开展法律法规监管政策集中培训，并通过评估考核确保培训效果。

联合省司法厅印发《关于做好涉及保险理赔司法鉴定工作的通知》，加强执法协作，规范涉保司法鉴定工作，防范保险欺诈。落实《关于进一步推进保险纠纷诉调对接工作的指导意见》，加强对保险纠纷诉调对接工作的统筹与指导。推进行业社会信用体系建设，落实信息归集、公示要求，推进信息交换共享，并将失信信息作为机构批设、高管资格核准的重要参考，强化失信联合惩戒。

2017年2月17日，山西省人社厅与山西保监局签署战略合作协议（李　鹏供图）

印发《关于加强山西保险社团组织建设的指导意见》《山西保险社团组织请示报告制度》。对协会工作开展评价和通报，促进行业协会规范化建设。指导行业协会加强自律检查和服务评价，开展从业人员培训，提高从业人员素质。指导省保险学会推进保险志、地方志编纂，组织课题成果征集评选，营造保险理论研究氛围。

（李　鹏）

【保险风险防范】 2017年，山西保监局结合风险特征新变化，完善风险排查报告制度，强化风险监测预警，及时处置风险苗头，确保行业安全平稳运行。

严控案件风险。研究制定《案件风险考评办法》，明确加强案件风险防控要求，强化保险机构风险防控责任。开展防范和处置非法集资专项检查，针对存在问题督促有关机构强化内部管控。建立反洗钱信息报送机制，加大反洗钱工作力度。与省公安厅合作，就涉嫌保险欺诈机动车运行轨迹，探索建立信息查询共享机制，防范欺诈案件风险。

严控群体性事件风险。加大对退保和满期给付的监测力度，建立中短存续期产品、非寿险理财型业务的监测机制，坚持早部署、早研判，开展应对和处置工作，全年未发生相关风险事件。

严控合规风险。组织保险公司参加《保险公司合规管理办法》培训，并通过专项调研、日常督导，梳理行业存在突出问题，对相关机构负责人进行约见谈话。加大对违法违规举报件的调查力度，针对问题对相关机构实施监管谈话。

严控中介领域风险。推动全省67家保险经纪、专业代理法人机构全部完成注册资本金托管，提高中介法人机构风险管控能力。加大实地巡访力度，深入基层排查风险，实现中介机构巡访检查全覆盖。对K积分等问题开展风险排查并及时处置，避免相关风险向行业传递。

严控互联网保险风险。建立互联网保险风险专项排查报告机制，对山

2017 年 3 月 15 日，全省六大行业企业向消费者公开承诺大会召开

（李　鹏供图）

西大乐送等机构开展调查，针对存在问题组织专题研究，制定监管措施，及时向行业和消费者发布风险预警，向保监会和省整治办报告，消除风险隐患。

严控网络安全风险。召开网络安全工作会议，加大网络安全法宣传。制定网络安全应急处置制度，组织行业开展网络安全自查及病毒防护，强化关键时间节点保障工作，确保信息网络的安全运行。（李　鹏）

【保险消费者权益保护】 2017 年，山西保监局以客户信息真实性、落实小额理赔制度和投诉处理制度情况为重点，对投诉量较大的保险机构开展现场检查，就查实的问题，依法采取监管措施。

加大对“12378”保险消费投诉热线的管理，强化对公司投诉处理工作的考核通报，消费投诉处理效率得到提升，消费者来电满意度达 99.50%，在保监会考核中，山西位居 22 个分中心第 1 位。

指导各地行业协会完善纠纷调处及诉调对接机制，巩固设区市诉调对接工作，探索建立县域对接机制。开展万柏林区“交通巡回法庭”试点，并向其他地区推广。2017 年，山西调解案件数量和成功率稳步提升，山西保调委被司法部授予“全国模范人民调解委员会”称号。

征集数据，坚持定量与定性相结合，对保险公司服务质量开展评价，并将评价结果向行业通报，强化服务质量监管导向。

利用“3·15”“7·8”等时间节点，开展普法宣传和消费者教育，发布消费提示，提高公众的风险识别能力和维权意识。（李　鹏）

·中国证监监督管理委员会山西监管局·

【证券市场运行监管】 2017 年，山西证监局累计对上市公司、拟上市企业、新三板挂牌公司、公司债券发行人、证券期货经营机构、私募基金管理人、各类中介机构等市场主体现场检查 70 家次，采取行政监管措施 23 起，查办辖区证券期货违法违规案件 35 件，做出行政处罚决定 5 件。全年累计摸排涉非线索 3 条，办理非法证券期货活动性质认定案件 5 件；配合地方政府开展清理整顿各类交易场所“回头看”工作，向省政府办公厅转报非法开设交易场所线索 1 条；联合山西省证券业协会举办“防控债券风险，做理性投资人”暨“远离非法证券活动，传递正能量”健康跑宣传活动；累计发布防非宣传文章 20 篇，印制发放防非宣传页一万余份。

（任承业）

【重点领域风险防控】 2017 年，山西证监局将风险防控工作摆在突出位置，摸清底数，列出清单，加快处置，确保不发生区域性系统性风险。对辖区资本市场股票、债券、期货、基金等领域开展全方位、持续性风险隐患排查，累计排查出各类风险隐患点 37 个。对辖区上市公司存在的退市风险、流动性和违规风险、控制权变更风险、维稳风险、公司债券兑付风险以及新三板挂牌公司未能按期披露年报风险，加强监管协作，综合施策，督促公司在依法合规基础上充分揭示并有效化解风险。化解辖区三立期货、晟鑫期货净资本不足风险，做好证券期货经营机构信息安全保障工作。完善风险私募机构风险监测手段，从基金管理人和基金两个维度，全面排查辖区 34 家私募机构风险情况，稳妥处置 2 起风险事件。对山西省股权交易中心发行结束且尚在存续期的私募债进行风险排查，督促股权交易中心制订风险防范方案。召开首次承接上市公司年报审计业务负责人会议，督促审计机构归位尽责，防控上市公司年报审计风险。（任承业）

【监管能力建设】 2017 年，山西证监局依法监管证券期货行业。落实证监会“放管服”要求，提高服务意识，规范审核行政许可和备案报告事项。全年累计核准行政许可事项 8 件、换发证券期货经营机构许可证 216 件。全年办理各类案件 35 起。依法依规实施行政处罚，全面审结行政处罚案件 5 起，平均结案时间 24 个工作日，无一起案件引发行政诉讼。应对行政复议和行政诉讼案件，1 起行政复议案件经证监会复议维持，2 起行政诉讼案件全部胜诉。（任承业）

【多层次资本市场体系建立】 2017 年，山西证监局主动融入和服务地方，引导和支持符合条件的企业有序对接资本市场，多层次资本市场体系得以有效建立。截至2017年底，全省共有A股上市公司38家，其中主板31家、中小板4家、创业板3家；全国股转系统挂牌企业83家；山西省股权交易中心挂牌企业83家；辅导备案的拟上市企业10家，其中证监会IPO在审企业1家；省内企业21家在交易所累计发行36只公司债券。

（任承业）

【证券期货经营机构业务范围拓展】截至2017年底，全省共有2家证券公司、32家证券公司分公司、185家证券营业部；证券经营机构投资者资金账户总数为379.70万户，同比增长21.20%；客户总资产4099.80亿元，同比增长22.30%；证券公司分支机构全年累计代理证券交易总额为42166亿元，同比增长20.60%。全省共有3家期货公司、2家期货分公司和26家期货营业部；期货经营机构投资者开户数50415户，同比增长10.70%；客户保证金余额17.60亿元，同比增长7.60%；全年期货市场累计成交额9662.20亿元，同比增长37.40%。2017年，支持山西证券发行第一单资产证券化产品“浙商银行池融1号”，实现资产证券化业务零的突破；支持山西证券用好香港子公司平台，山西证券香港子公司山证国际新设山证国际投资管理有限公司、汇通商品有限公司，山证国际旗下的山证国际资产管理有限公司取得合格境外机构投资者资格，业务范围拓展。

（任承业）

【基金行业管理】2017年，全省基金行业运行平稳，公募基金销售机构规范营业，私募基金规范运作水平有所提升。截至2017年底，山西证券股份有限公司共管理4支公募基金产品，规模累计40.20亿元。私募基金方面，截至2017年底，在中国证券投资基金业协会登记的私募投资基金管理人共50家；备案私募基金56只，私募基金认缴与实缴规模分别达81.28亿元、34.46亿元。（任承业）

【资本市场融资】2017年，山西证监局引导和支持符合条件的企业利用资本市场融资，融资规模持续攀升。全年实现资本市场融资1081.10亿元，同比增长14.30%。其中，蓝焰控股等3家上市公司实现股权融资95.10亿元，永东化工发行可转债3.40亿元；6家上市公司发行公司债融资135.60亿元；阳煤集团发行可交换公司债10亿元；13家非上市企业发行公司债融资410.70亿元；13家新三板挂牌公司定向增发融资19.30亿元；私募基金融资16.50亿元。证券公司发行柜台产品融资193.30亿元；证券业务创新融资146.10亿元；发行资产支持证券融资9.10亿元。互联网平台高新普惠公司为中小企业融资10.80亿元，山西股权交易中心融资7.8亿元。（任承业）

【资本市场服务实体经济】2017年，山西证监局推动资本市场改革创新。主动服务山西国企国资改革，支持符合条件的省属国有上市公司利用资本市场再融资去杠杆、降成本，提高抗风险能力。2017年，共有4家省属国有上市公司利用资本市场实现再融资150.10亿元，比上年再融资15.70亿元超出134.40亿元。支持证券经营机构通过股权质押融资、定向资管融资、约定式购回、公司债、短期融资券、资产证券化等融资工具累计为实体企业融资146.10亿元。支持涉农和煤焦化等6家企业开展套期保值业务，累计成交金额30.55亿元。配合省政府出台《关于加快股权投资基金业发展的若干意见》，与省金融办、省工商局联合下发《山西省股权投资类企业注册备案监管办法（试行）》，规范股权投资类企业注册登记和备案监管，促进股权投资类企业健康发展。支持发展普惠金融，山西高新普惠控股集团有限公司全年为767家小微企业的2140个项目提供融资10.80亿元，缓解小微企业融资难问题。

（任承业）

【资本市场培训宣传】2017年，山西证监局与有关部门、地市合作，通过各类专题培训和政策讲座，推进资本市场人才培养和干部培训工作。强化调研指导，深入市场主体、市县调研10余次；为省国资委领导干部及省属企业负责人、省宣传部文化金融高级人才研修班、省人大财经委干部培训班、贫困县与金融机构双向挂职干部培训班、沁水县干部和企业家作资本市场专题讲座；强化市场主体培训，联合省内四个行业协会举办各类专题培训10余次，受训人数累计上千人。强化舆论引导，重点围绕资本市场新出台政策、投资者保护、法制宣传等进行报道，各类新闻媒体全年围绕山西资本市场有关工作报道125次。（任承业）

银行业

·中国工商银行山西省分行·

【概况】2017年，中国工商银行股份有限公司山西省分行（简称工行山西分行）实现拨备前利润58.20亿元，较同期增加3.30亿元，增幅5.90%；实现净利润35.60亿元，较同期增加6.20亿元，增幅21.30%。截至2017年底，本外币各项贷款（含贴现）余额2297亿元，较年初增加66.87亿元。其中：公司贷款（含小微）累计投放760.30亿元，同比多增118.50亿元，时点余额净增86.10亿元，是前三年净增总和的3.80倍，日均余额净增97.80亿元，是前三年净增总和的1.1倍，四大行占比达47.40%；个人贷款（剔除经营、信用）当年净增69.30亿元，是上年同期8.78倍，为历史新高，四大行占比由上年的末位上升至第2位。小企业贷款（监管口径）净增45亿元，全面完成监管部门“三个不低于”要求；票据贴现451亿元，同比净增102.70亿，增量位列系统内第1名。本外币全部存款余额4128亿元，时点增量62.50亿元。其中，储蓄存款时点增量92.30亿元，总行系统内排第14位，储蓄存款增量同业占比达30%，比年初提升10.20个百分点。公司存款时点余额479.70亿元，较年初净增13亿元，同比多增19.70亿元，日均余额487.30亿元，较上年净增29.30亿元，同比多增37.10亿元，近五年首次实现正增长；机构存款增量31.40亿元，同比多增23.20亿元。全年实现中间业务（未含银行卡还原收入）收入18.72亿元，四大行占比38.20%，其中机构金融中间业务实现5396.80万元，同比多收709.20万元。截至2017年底，贷款劣变较上年同期少劣变25.80亿元。清收处置不良贷款16.60亿元。信用卡贷款质量明显改善，不良额较年初下降1.60亿元、不良率较年初下降3.40个百分点，实现“双降”。 （闫洁琼）

【贷款业务】 2017年，工行山西分行服务与支持实体经济，筛选确定核心领域重点项目，集中开展百个项目信贷营销主题活动，一手抓公路、电力、铁路、煤层气等传统“大行业”；一手抓现代农业、文化旅游、现代物流、医院、教育、医药制造、高端装备制造、政府主导市场领域等新型行业。通过自上而下和自下而上开展多轮次信贷市场梳理，充实信贷项目储备库，明确近中远分批次的信贷营销目标。拓展“债转股”“转型综改”等重点领域。全年实现太钢、潞安、同煤、阳煤等省属国有企业债转股项目106亿元落地；投放20亿元理财直投资金，服务山西转型综改项目。在传统行业领域，对煤炭、钢铁等行业的先进产能代表即优势龙头企业，继续采取“存量+增量”的信贷策略，对省属重点企业存量贷款保证不抽贷、不压贷、不断贷，并适度增加优质企业融资，确保企业正常运营需要。全年煤炭、钢铁行业累放贷款305.60亿元，占全部公司贷款的40.50%。继续将公路、电力、铁路、煤层气等山西支柱产业作为支撑全年贷款规模的压舱石和主引擎，全年累计为全省电力、公路、铁路等基础设施领域项目投放贷款223.70亿元。在稳定煤、电、路等传统产业的基础上，开拓城市基础设施、城市公共事业、产业聚集区、教育、医院、文化旅游板块金融服务领域，扭转“以煤为大”的传统信贷结构布局，实现公司信贷投向新型化，全年累计投放新兴行业贷款68.60亿元，煤炭行业贷款余额和占比实现双下降，分别较年初减少38亿元和下降3.30个百分点。持续做大票据直贴业务，开展网上票据池质押融资、存单质押、理财产品质押等低风险业务，全年发放质押融资贷款51.80亿元，营销客户180户。

以成立普惠金融事业部为契机，推进“一行一群一链”工程，运用“银政通”“医保贷”、网上小额贷款等产品开拓市场，提高小微金融的专业水平和放贷效率。全年实现小微企业贷款（监管口径）356亿元，较年初净增45亿元，增幅14.70%，高出各项贷款平均增速11.46个百分点；有贷户973户，同比净增32户；申贷获得率98.80%，同比提升1.22个百分点。投放首笔融资性担保贷款200万元及“国有企业医保贷”500万元。推动金融精准扶贫工作落地，解决基层行“不愿贷、不敢贷、不会贷”的问题，全年累计投放扶贫小额贷款1.30亿元，超额完成投放任务。围绕个人贷款拓展增量，保持个贷发展势头，加快二级分行和支行成立个贷专营团队和专业团队，实施“统一管理、团队服务、多层营销、封闭考核”业务运作模式，2017年个人贷款净增69.3亿元，是上年同期的8.78倍。个人信用消费贷款白名单客户438万户，较年初增长344万户，增量位列系统首位。

（闫洁琼）

【客户拓展工程】 2017年，工行山西分行把客户拓展作为业务拓展和结构优化的重点，形成线上快速拓户和线下精准维护的营销格局，实现客户扩容提质和存款稳步增长。全年新增有效对公结算账户1.70万户，依托大额资金监控平台精准定位他行优质目标客户，并成功营销243户；组织开展日均金融资产5万元以上客户专项竞赛活动，从年初负增长1709户大幅回升至年末1569户；新开户时点存款和日均存款分别达68.40亿元和33.30亿元。

以“十大客群”两全两一营销服务方案为标杆，实施客群营销标准化流程，指导基层行开展标准化营销，全年星级有效客户净增64.80万户，同比多增13.30万户，同比增幅25.90%；资产100万元以上财富客户净增4269户，同比多增2464户，同比增幅136%，中高端客户和财富客户增长为5年来同比最高增幅；拓展“财政、社保、代发工资”两大基础性客群，借力机关事业单位养老金代理发放，全年新增10人以上代发工资单位5517户，新增代发工资个人客户36.70万户，净增代发金额126.90亿元。

工行山西分行把私人银行客户、财富客户以及金融资产20万元以上的高中端客户作为市场攻坚重点对象，打通客户晋升通道，提升客户星级和综合贡献，截至2017年底，私银客户突破两千户大关，达到2107户，较年初增加247户，达标客户留存率达73%，高于全国平均水平7个百分点，居全国首位。以网格化营销管理为抓手，夯实“财政、社保、住房、军队”四大核心板块，把行政事业单位、教育、医疗、公检法、社团、工会组织等传统类客户群体以及住宅维修资金、公共资源等新市场纳入营销视图，全年新增机构客户1737户，同比多增582户。截至2017年底，三方存管客户规模达140万户，新增三方存管客户24万户，客户规模、新增客户、存管资金等均列同业首位，新增客户同业占比系统内排名第一位。

（闫洁琼）

【存款业务】 2017年，工行山西分行储蓄存款传统保持行业领先位次，围绕代发工资、大学生、普通商户、重点对公客户四大目标市场，突出薪金溢、节节高、存管通、大额存单等创新性产品优势，拉动储蓄存款稳健增长，储蓄存款较年初净增92.30亿元，储蓄存款增量同业占比达30%，比年初提升10.20个百分点，首次夺得同业双第一。抓紧传统大户和贷款客

2017 年 6 月 16 日，工行山西分行举办私人银行财经论坛暨工银家族办公室业务启动仪式 （闫洁琼供图）

户，在月末季末关键节点锁定重点企业资金动向，综合运用大额资金监控平台等系统，提前预警和督促各行严控重要时点走款，上下联动多维实施策略挽留，最大限度实现派生存款体内循环，公司存款时点余额较年初净增 130 亿元，日均余额较年初净增 29.30 亿元，近五年首次实现正增长。

机构存款继续发力财政、社保、军队、公积金等传统市场，拓展公检法、公共资源、工会社团、教育院校、医疗结构、城乡医保、住宅维修基金等新增长点，新兴领域存款达 70.50 亿元，时点净增 17.30 亿元，新增客户 800 余户；与山西财大、山西师大等地方高校签署全面战略合作协议，教育院校存款规模突破 20 亿元，时点净增 1.10 亿元；住宅维修基金营销面覆盖到 9 市 26 个机构，存款贡献 5 亿元；以地方总工会和企事业单位工会组织为重点目标实施网格化营销，客户规模突破 2000 户，存款规模突破 20 亿元；把握城乡医保整合有利时机，竞争地方专户，先后取得运城、晋城城乡医保整合财政专户，竞争存款近 10 亿元；中标省级机关事业单位养老保险收支专户开户行资格；中标两期省级国库现金管理招投标获得 103.30 亿元资金存放；与法院系统一案一账户签署合作协议、与异地交警罚没代理取得合作资格；实现社保项目合作，成为补换卡和新发卡一体化项目独家开办行，线上场景应用 APP 唯一支付合作行，机关事业单位养老金统一代理发放行。与山西信托、大同证券开展外汇同业存放业务 1000 万美元，实现总行专营业务新突破；与山西证券开办同业拆借业务 104 亿元，实现同业线上业务新突破；晋城分行率先与泽州农商行签订全省首笔代理理财销售协议，为业务发展奠定基础；省分行与晋商银行、民生银行等就同业存出达成合作意向。

（闫洁琼）

【中间业务】 2017 年，工行山西分行以提升中间业务组织收入能力为重点，加快重点产品线转型，打造基础产品支撑、重点领域拉动、新型业务创收的收入格局。2017 年实现中间业务收入（未含银行卡还原）18.70 亿元，四大行占比 38.20%，继续保持同业首位。做强、做大投行业务，举办投行同业合作业务座谈会，邀请省内 13 家券商、信托同业建立沟通联系机制，相继完成 24.60 亿元同业结构化业务、结构化证券投资业务、美克家居员工持股计划证券投资业务。先后对综改示范区、晋商信用增进投资股份、国有资本投资运营公司提供 20 亿元、4 亿元和 5 亿元理财直投，成为四大行助力全省综改和国企国资改革“四梁八柱”的首笔融资。全年实现中间业务收入 2.80 亿元，对中收的贡献率较上年提高 6.70%，落地项目数达到 14 个，较上年增长 27%。资管业务，全年向总行推荐资管项目 195.60 亿元，同比增加 96 亿元，投资地方债 150.70 亿元，实现债券投资收益 1.76 亿元；累计销售养老金理财 51.80 亿元，日均余额 125.80 亿元；托管业务实现营业贡献 1.20 亿元。组建贵金属业务专业营销团队，将区域划分为若干单元网格，实施网格化营销模式，全年组织 286 场专项销售活动，新增贵金属有效客户 8.50 万户，实物贵金属销量 2190 公斤，童心系列产品销售创造极致单品销售纪录。个人金融资产实际净增 280.50 亿元，同比多增 195.72 亿元，净增额达上年的 2.3 倍，全年实现私银中收 1.80 亿元，达标客户留存率达 73%，连续 10 个月位居系统首位；实现私银产品配置 564.10 亿元，较年初增加 16.30 亿元；私人银行客户资产 393.50 亿元。成立全国首家区域家族办公室，家族基金规模突破 9000 万元，实现首单 2000 万元三年期专属产品，排名全国首位。全年新增融 e 联客户 157 万户、新增融 e 行客户 93.70 万户，融 e 购 B2C 交易额实现 9 亿元，B2B 交易额实现 76.6 亿元。信用卡业务，实现中间业务收入 4.30 亿元，较同期增加 1 亿元。票据业务，在实现零风险运营的同时，全年累计办理票据直贴 451 亿元，实现业务收入 7.30 亿元。 （闫洁琼）

【资产质量管控】 2017 年，工行山西分行在省分行组建不良资产管理处置中心，增配多名清收处置经验、信贷资质和法律专长人员，完善清收处置工作机制，全年累计清收处置不良贷款 16.60 亿元。加快处置信用卡逾期不良贷款，信用卡不良余额较年初下降 1.60 亿元，不良率较年初下降 3.40%，首次实现总量和占比“双下降”。坚持常规清收和创新清收同步走的处置思路，建立省、市、支三级沟通联络机制，统筹用好现金清收、债务重组、推动兼并、以物抵贷、打包处置、呆账核销等手段,尽可能以更少的财务成本撬动更多的不良资产化解,运用重组转化方式实现2.74亿元不良贷款的重组转化。在依法合规前提下,探索与资产管理公司、信托、证券、基金子公司、保险、私募股权投资等机构的合作,开拓不良资产创新处置新渠道。紧抓部分行业回暖的有利时机,对预计劣变的大额剪刀差客户实施重点监控,加强与前中后台联动协调,通过合同要素调整、展期等风险缓释措施,化解重点客户贷款劣变,2017年累计化解剪刀差56户贷款24.30亿元,年末全行剪刀差贷款压降到3.03亿元,较剪刀差最高峰值35.60亿元(2016年6月末)降低32.50亿元。全年压降潜在风险贷款余额86.78亿元,较年初减少94.70亿元。(闫洁琼)

【金融管理】 2017年,工行山西分行强化省行经营职能,成立票据中心、个贷中心、资产处置中心和普惠金融部。合并国际业务部和公司业务部,试点推进"财富顾问子序列改革"。开展十大客群营销方案编写项目,率先推出"全货架、全流程、一指引、一PPT"的"两全两一"十大客群营销服务方案。创立金融产品和渠道应用实验室,已启动的"智汇通"金融SaaS项目、山西分行外拓宝项目、线上医保支付系统项目等均为全国首创。在大零售委平台下探索建立以客户为中心的部门联动和资源整合模式,按项目制方式组建跨部门跨层级的柔性项目组,逐项进行系统化构建和推进实施。整合多种考核办法,构建"关键绩效指标(KPI)考核机制",导入"引领性指标"新理念,实施"比赛记分表"式公开通报。

完成印章综合改革试点任务,实现结算与现金管理、个人信贷、银行卡等多专业多领域92种合同签约流程的线上闭环管理,作为宣讲案例在全国范围推广。截至2017年底,累计办理业务5462笔,打印电子印章1.70万枚,行政印章替代率达84%。加强渠道优化建设和网点精益化管理,分层推进网点经营效能提升,全年完成轻型化网点建设16家,网点布局优化75家。在全行304个网点投产人脸识别技术,建立"联网核查+人脸识别+柜员人工"柜面增强型客户身份认证机制,配套实施双屏交互运营服务模式,实现业务申请信息与相应处理结果的同步展示。

围绕内控合规"执行强化年"主题活动,推进合规文化建设,以案件多发领域和新型风险事件领域,银行账户和关键人员为重点,开展现金实物安全管理检查、"两加强、两遏制"回头看、"十大重点领域和关键环节""三违反、三套利、四不当、市场乱象"等专项治理工作,滚动推进风险排查和问题整改,核查准风险事件6.28万笔,确认风险事件2.65万笔,整改风险事件2.70万笔,整改率99.96%,责任追究2869人(次)。组织开展合规文化宣讲、"熟知禁令、承诺执行""践行合规 明责有为""寻找我身边的合规标兵"等内控合规专题活动。执行案防"三个办法",划分"责任区",抓案防责任落实。2017年,全行全年未发生案件和重大风险事件,防堵各类欺诈事件123起,防堵金额373万元。(闫洁琼)

·中国农业银行股份有限公司山西省分行·

【概况】 截至2017年底,中国农业银行股份有限公司山西省分行(简称农行山西分行)共有机构515个,网点506个,在职人员13867人。到2017年末,核心存款日均余额3281亿元,日均增量246亿元,排名四大行第一;存量份额25.45%,在上年提升0.11个百分点的基础上,再次提升0.39个百分点;增量份额31.59%。各项贷款余额1547亿元,比年初增加62亿元,其中人民币实体贷款净增110亿元,同比多增52亿元,个人贷款增量总占比达62%。(田喜成)

【支持地方经济发展】 2017年,农行山西分行服务全省经济转型升级,加大对重点项目、重点客户、新兴产业支持力度,提升服务实体经济效率和质量。加强重大战略和重点项目金融服务。发挥战略性经济资本的引导和支持作用,形成支持国家重大战略的合力。2017年累计投放法人贷款616.22亿元,同比增加10.19亿元,集中在煤炭、电力、计算机、通信、交通等山西省支柱行业。围绕175个省级重点工程项目,支持能源、交通等重大基础设施项目。铁路领域,支持准朔铁路、蒙西华中铁路等5个项目,2017年底贷款余额69.65亿元;新能源领域,支持大唐山西代县沟掌48兆瓦风力项目、中电投垣曲20万千瓦风电项目等14个项目,2017年底贷款余额34.62亿元,较年初净增8.93亿元;电力领域,支持华电忻州广宇电厂二期2×350兆瓦发电项目、国网山西农网改造等项目,2017年底贷款余额20.20亿元,较年初净增6.85亿元。

做好普惠金融服务。按照"广覆盖、可持续、互相共享、线上线下同步发展"的原则,完善覆盖城乡的普惠金融服务体系。将小微企业金融部改建为普惠金融事业部,承担普惠金融业务牵头管理职能,推进普惠金融服务和产品供给。

落实地方政府小微企业扶持措施,加强银担合作,与30户政策性担保公司开展合作,合作额度22亿元。实施小微企业"一网三化"(互联网金融和模板化、批量化、专业化)工程。围绕全省百年老字号企业金融需求,以融资信贷、企业网银等业务品种为重点,推进深化合作。2017年,为全省27家"百年强小"企业中的14户企业提供金融服务。2017年,全省农行小微企业贷款增速为17.04%,小微企业贷款户数高于同期395户,小微企业申贷获得率高于同期9个百分点,完成"三个不低于"监管指标。

加大对供给侧结构性改革的金融支持。做好去产能金融服务,支持技术先进、产品有竞争力、有市场的企业合理资金需求。做好去库存金融服务,2017年,个人住房贷款累计投放66.68亿元,余额169亿元。做好去杠杆金融服务,支持暂时性遇到困难但前景较好的企业开展市场化、法治化债转股,在晋能集团启动全省煤炭行业"普通股权投资还债"模式市场化债转股"第一单",帮助企业降低融资成本,全面落实减费让利要求,减轻企业负担。促成农总行与山西省政府签约。抓住国务院出台《关于支持山西省进一步深化改革促进资源型经济转型发展的意见》的契机,促成农总行与省政府签署金融支持山西省"十三五"规划战略合作协议,涉及金额3000亿元,助力山西转型发展。

做好机构类客户金融服务。成功中标省级职业年金收支户开户行资格、山西省综改示范区国库集中支付业务代理银行资格。拿到全省11个地市中8个地市的城乡居民医保专户,全省新开立各类社保有效账户168户。与山西省供销社、山西省农业担保公司签订战略合作协议。

(田喜成)

【服务"三农"能力提升】 2017年,农行山西分行围绕农业供给侧改革,适应县域经济转型、农业农村经济结构改革,推进"大新特"三农金融服务。县域基础设施建设贷款持续快速增长。县域城镇化贷款全年增长24.84亿元,余额达77.98亿元。"农民安家贷"业务全年增长19.22亿元,余额达30.77亿元。支持重点水利项目建设。围绕全省十三五"治水规划",为山西西龙池抽水蓄能电站发放流资贷款2.50亿元,为古交市御道川水库项目出贷1334万元。为张峰水库高平城乡供水工程城市第三水厂项目、辛安泉改扩建工程屯留县供水配套工程项目出具有条件贷款承诺函,金额分别为8635万元、27708万元。加深与山西水务投资集团的合作关系,同黄河万家寨水利枢纽有限公司、北控水务、首创股份等意向投资山西水利水务市场的大型企业建立联系机制。水利水电贷款余额8.50亿元,较年初净增2.43亿元。做好"百亿百家"龙头企业金融服务。支持紫林醋业等"百亿百家"客户贷款3.20亿元。择优支持一批经营效益好、抵押担保有效的农民专业合作社适度规模经营,全年新开户33家,贷款增量7206.54万元。创新产品推进特色农业发展。围绕全省"三农"特色资源,创新推出果库贷、酥梨贷、非遗传承贷、银担新农贷、青贮贷等"三农"特色金融产品,为"山阴奶牛""平陆苹果"等全省11个特色产区的各类特色农业主体提供贷款18584万元。深化农村基础金融服务。截至2017年底,全省发放惠农卡708.80万张,建设惠农通服务点28502个,实现金融性交易1146.80万笔、93.20亿元。全省共有涉农代理项目555项,较年初增加33项;全年共办理公用事业代缴费业务748.60万笔、10.20亿元。推进互联网金融服务"三农""一号工程"。启动实施互联网金融服务"三农""一号工程",提高对县域市场服务品质。截至2017年底,全省农行电子商务存量商户40701户,"农银e管家"电商平台当年交易16.80万笔、金额14.70亿元。

(田喜成)

【消费者权益保护】 2017年,农行山西分行秉承"积极维护消费者权益就是维护农行良好声誉"的服务意识,在人民银行太原中心支行2017年度金融机构消保评价考核中被评为A级。大同、朔州、忻州、晋城、临汾五家二级分行被当地人行评为A级。加强消保工作制度建设,制定《中国农业银行山西省分行消费者权益保护工作实施细则》《中国农业银行山西省分行消费者权益保护工作委员会议事规则》。加强消保统筹指导。制订《中国农业银行山西省分行2017年消费者权益保护工作计划》《中国农业银行山西省分行2017年度金融知识宣传普及工作计划表》,明确全行年度消保工作重点。强化消保工作考核和宣传促进活动。首次将消保工作纳入部门绩效考核。按照银监局、人民银行、银行业协会、省消协等部门要求,开展"金融知识进万家""金融知识普及月""普及金融知识万里行""普及金融知识,守住'钱袋子'""金融与诚信""'3·15'消费者权益保护日"等专项宣传教育活动,分行参与网点507个,累计活动次数2873余次,出动宣传人员12000余人(次),发放宣传材料60余万份,接待消费者180余万人(次)。堵截多起电信诈骗案件。2017年,长治壶关支行、朔州右玉支行、忻州忻府支行等为客户堵截电信诈骗案件,晋城凤庆支行有效劝阻一起电信诈骗事件。做好电信诈骗冻结资金返还工作。全年接待山西省公安人员44次,办理冻结返还178万元,接待江苏、广东等10个省市公安人员17次,冻结返还82万元,是山西金融同业2017年首家办理冻结返还资金的银行,省公安厅专门编发简报予以表扬。

(田喜成)

·中国银行山西省分行·

【概况】 2017年,中国银行山西省分行(简称中行山西分行)助力山西转型综改试验区建设,推动山西国资国企改革,支持普惠金融,经营业绩。

2017年,全行实现营业收入58.16亿元,同比增长5.37%;拨备前利润32.28亿元,同比增长7.08%;实现净利润21.34亿元,同比增长31.96%;三项财务指标均同比正增长,其中利润指标增幅显著。

2017年底,全行人民币各项存款日均余额2504.16亿元,较年初新增163.81亿元;人民币各项贷款时点余额1345.11亿元,较年初新增73.66亿元。余额贷存比为53.69%。

2017年底,不良余额较年初减少0.29亿元;不良率1.03%,较年初下降0.07个百分点,连续3年保持不良资产"双降",成为当地主要同业资产质量最好的银行。

国际贸易结算、跨境人民币结算、结售汇三项市场份额分别为22.71%、36.74%、26.32%,债券发行量107亿元,债券分销量170.80亿元(全口径),继续位居省内同业前列。

(高 歌)

【服务地方经济转型】 2017年,中行山西分行围绕山西转型综改示范区建设和国资国企改革两大主线，优化信贷投向，加强对省内“十三五”重点项目的对接、储备与投放，全年累计提供各类资金411亿元，支持高端装备制造、节能环保、生物医药、现代农业、文化旅游、数字经济等领域的重大项目建设。

叙做债券承分销、城发基金、产业基金、境外发债、券商收益凭证、PPP等业务，引导省内企业主动接洽资本市场，引入海外低成本资金，全年为阳煤集团、潞安集团、山煤集团、能交投集团、路桥集团共计发行各类债券107亿元，满足多样化融资需求；运用投行思维实现产品模式与行业布局的创新突破，叙做全国首笔存量信托受益权差额转让项目、辖内首笔旅游行业非标项目；拓宽金融机构合作模式，叙做山西证券券商收益权凭证业务15亿元。

围绕“三去一降一补”政策支持供给侧结构改革。按照市场化、法制化原则，推进债转股、资产证券化等工作，降低企业杠杆率。落实国家、山西省关于供给侧结构性改革的各项政策要求，对煤炭、钢铁等传统行业，有保有压、分类施策，继续办好省属煤炭集团转型升级中长期专项贷款业务，支持重点省属企业做优做强。规范服务收费，改进定价管理，盘活企业资产，降低企业融资成本。

运用传统信贷和投行资管两种手段，打通海内外两个市场，为山西对接和融入国家“一带一路”和京津冀协同发展战略，为全省外向型经济发展，为山西企业“走出去、引进来”，提供包括融资融智在内的全方位金融配套服务支持。2017年分别为省内企业提供国际贸易结算、跨境人民币结算、结售汇三项业务47.52亿美元、63.91亿元、35.70亿美元；组织15户中小企业参加跨境撮合洽谈会。其中，2户赴菲律宾开展跨境撮合洽谈会，4户参加中欧跨境撮合洽谈会，9户参加中东欧洽谈会。

中行山西分行发挥中银集团的国际化、多元化优势，加强与中国银行总行、海内外行以及附属公司的业务联动，开办境外工程承包项目项下投标、履约等非融资性保函，风险专项资金项下保函，创新开展融资性保函项下“海外直贷”“内保外贷”等特色业务。2017年为太钢集团、中铁三局、中电神头、山西煤层气等重点客户办理上述业务3.57亿美元。

（高　歌）

【金融风险管控】 2017年，中行山西分行突出重组平移的主渠道作用，将潜在不良信用风险化解放在突出位置，全年化解潜在不良25户、20.67亿元。对讲诚信、产品有销路、政府支持的企业，不抽贷、不断贷、不压贷，主动寻求化解，以时间换空间，帮助企业恢复造血功能。支持债委会在推动企业解困、银行化险、经济发展方面发挥更大作用。

用“活”多元化平台，通过中银投、中银国际和中银证券等渠道，重组盘活具备条件的项目；用“巧”新型工具，推动不良资产证券化，提升不良清收化解的科学化、专业化水平。

压实案防工作主体责任，强化合规文化建设，管好员工、管好业务、管好资金，对案件多发环节、风险上升业务及监管关注问题，开展集中排查和治理，落实好定期轮岗、强制休假、飞行检查等制度要求，保持内控案防高压态势，遏制案件发生。组织开展反洗钱治理工作，通过梳理特色系统、排查ATM存款洗钱风险、强化非现场监控、筹备全辖反洗钱监测中心等措施，加强反洗钱工作过程管控，提升反洗钱甄别能力，优化分析模型，强化对可疑交易的重点监控力度。建立经营性机构“灰名单”管理机制，通过抓“关键少数”，防范柜面操作风险，研发投产“网点仪表盘”项目，“机控”+“人控”，最大限度减少人工操作和人工干预，实现网点运营风险管控的精准化和预警化。强化科技手段应用，创新员工异常行为排查方式，提早发现风险、化解风险，“员工参与民间借贷排查工作法”获总行中银纪检监察优秀成果奖。责任追究，检查问题整改，对屡查屡犯的问题重拳出击，对道德风险行为实行“零容忍”。

（高　歌）

【消费者权益保护】 2017年，中行山西分行落实金融消费者权益保护工作，开展丰富多样的宣传教育活动，在各营业网点张贴重要风险提示，引导人民群众提高金融安全意识。设立消费者权益保护办公室，细化产品服务、服务管理、投诉管理、宣传教育、信息保密等工作流程，建立消费者权益保护工作监督考评、信息报告、培

2017年9月14日，中国银行山西省分行与东方航空山西分公司举办战略合作协议、党建兴建协议签约仪式

（高　歌供图）

2017 年 6 月 2 日，中国银行山西省分行第三批智能柜台正式投入使用

（高　歌供图）

训、应急响应机制。打击非法集资、电信网络诈骗等违法犯罪活动，做好涉案账户资金查控和电信诈骗冻结资金返还工作。2017 年，堵截各类案件 60 起，涉及金额 3339.12 万元，直接帮助客户避免资金损失 32.19 万元。 （高　歌）

【普惠金融服务】 2017 年，中行山西分行以成立普惠金融事业分部为契机，以各类民生民用项目为着力点，整合大数据、互联网+、云计算等新生业态资源，加强科技投入与运用，使金融改革发展成果更多更好地惠及广大人民群众。截至 2017 年底，累计为普惠型小微企业和其他组织投放贷款 13.97 亿元；为普惠型农户投放经营性贷款 1.52 亿元；投放普惠型消费贷款 1.18 亿元。

完成普惠金融服务组织架构搭建工作。普惠金融事业分部和二级机构普惠金融服务中心挂牌成立，明确全辖 314 家营业网点全部作为普惠金融基础服务网点的职能定位，并对各级机构的工作职责进行梳理和明确。

加大科技投入，整合优势资源，促进网点提升。在全辖 230 个网点投产智能柜台，网点覆盖率 73%，推进智能柜台“转段”工作，提高智能柜台使用效能，客户体验和服务质效提升。优化资源配置，加快分期专业支行建设步伐，实现 14 家银行卡分期专业支行挂牌运营，精简业务流程，开通审批绿色通道，提高服务质效。

立足消费金融，加快分期业务拓展，满足市民消费需求。截至 2017 年底，实现分期交易额 24.54 亿元，同比增长 16%。其中，实现场景分期交易额 3.09 亿元，同比增长 35%；实现卡户分期交易额 20.25 亿元，同比增长 7%；实现客群分期交易额 1.21 亿元。 （高　歌）

·中国建设银行山西省分行·

【概况】 中国建设银行山西省分行（简称建行山西省分行）有营业机构 391 个。其中，二级分行 11 个，综合型支行 51 个，单点型支行 90 个，网点型支行 200 个，分理处 38 个。员工 10178 人。

2017 年，建行山西省分行各项贷款余额首破 2000 亿元，当年新增 161 亿元，四行占比 46%，同比提升 8 个百分点，增量、增幅均为同业第一。一般性存款余额突破 3000 亿元，日均新增 190 亿元，四行占比 24%，其中核心企业存款新增四行第一，个人存款时点新增同业第二。综合定价水平四行最优，存贷款利差、存款付息率、贷款收益率、新发生贷款浮动幅度均列四行第一，存贷款利差连续三年领先同业。中间业务收入提比跨档，实现净收入 18 亿元，总量、同比增速、增量均为四行第一，是唯一连续两年实现正增长银行。账户总量同业居首，单位人民币结算账户总量由同业第三跃居第一，新增量占比 430%，增量、增速均为四行第一。资产质量有效把控，不良贷款余额 59.77 亿元，不良贷款率 2.97%，逐季完成管控目标。不良逾期“剪刀差”在同业唯一为负。全年累计处置不良贷款 28.80 亿元。经营效益好于预期，实现主营业务收入 85 亿元；在减值计提支出 40 亿元前提下，实现税前利润 15.70 亿元。 （麻林楠）

【金融服务地方经济】 2017 年，建行山西省分行创新发展市场化“债转股”。与省国资委、山西焦煤集团、潞安集团签署市场化债转股合作框架协议；其中，山西焦煤集团“降杠杆”基金项目落地 118 亿元，签约和落地规模均为同业之首，提升企业可持续经营能力。重点支持煤炭行业“降成本”。在行业政策趋紧情况下，对省属七大煤炭集团确定支持策略，完成七大煤企授信，对七大煤炭集团煤炭信贷支持力度不减，支持转型升级非煤板块 110 亿元；对接山西焦煤集团“外采统销”改革，授信 27 亿元，满足企业多元化融资需要。快速响应住房租赁供给侧结构性改革。与省住房和城乡建设厅签署全面合作协议，把助力政府解决社会民生领域难点、痛点问题作为工作目标，发挥在住房金融领域的专业优势、品牌优势，助力全省人民实现“住有所居”的安居梦；全省 9 个地市上线建行住房租赁监管平台，签约 13 家企业，9 家企业平台上线。

2017 年，跟进国家和全省重大战略，多渠道引入资金对接项目落地。发挥金融全牌照优势，制订一户一策金融服务方案，集中支持煤炭、铁路、

电力、制造业、商务服务业、城市基础设施等行业，为大西、蒙华等铁路，长临、西北二环等高速公路，特高压电力输出、清洁能源光伏发电等项目投放贷款 150 亿元。承销各类非金融企业债券 265 亿元，其中独家承销 214.50 亿元，同业第一；举办“2017 年中国建设银行服务实体经济、支持转型综改”山西地区煤炭行业重点客户系列推介会，邀请全国各地 30 余家基金公司、证券公司，走进潞安、阳煤、同煤、晋煤等六家企业集团近距离对接金融服务，增强全国金融投资人对山西煤炭行业投资信心。集中资源助力转型综改建设。成立太原并州分行，牵头对接服务转型综改试验示范区，以差别化发展策略加大资源倾斜力度，为示范区直接融资 5 亿元，支持入园企业 45 户。

助力山西省深化国企国资改革。举办“汇通天下、金彩同行”金融市场发展论坛，邀请建信期货公司、大连商品交易所与山西焦煤、太钢不锈等 46 家重点企业就煤炭市场、黑色金属等领域分析研判；举办“建行禹道、伴您远航”现金管理活动，为省内 51 家重点客户推介全面现金管理服务，助力财务管理转型升级；支持国企改制，深化与山西国投运营集团、文旅集团、交控集团等国企的合作关系，为交控集团所辖公司综合授信 67 亿元，为山投集团搭建多银行银企直联整合平台；为汾酒集团提供涉及国企混改并购、销售渠道改革、企业年金管理、债券承销、理财产品、产业基金等一揽子综合金融服务方案，降低融资成本；对重点客户全部提供综合金融服务方案，银团贷款四行占比提升超过 60 个百分点。支持企业“走出去”战略。自主研发“融票通”“融证通”“集团代证通”等产品，落地 9.2 亿元，为“走出去”企业累计引入境外低成本资金 158 亿元。助力 PPP+“一带一路”产业融资。参与中铁十七局集团 PPP+“一带一路”战略合作伙伴联盟，将互联网、大数据融入企业管理全流程，为中铁十七局搭建“e 融通”网络银行平台，为其发展注入新活力。

2017 年 10 月 30 日，建设银行山西省分行与山西文旅集团举办签署合作签约仪式 （麻林楠供图）

落实《重点城市行转型发展三年行动方案》，太原并州分行牵头对接服务综改示范区，以差别化发展策略加大资源倾斜力度；主要业绩指标实现提比进位，提前完成发展目标。

（麻林楠）

【多领域服务】 2017 年，建行山西省分行服务司法系统电子政务化改革。依托资金结算网络优势为全省监狱管理系统搭建信息化资金管理平台，助其实现资金统筹管理，节约财务成本 3200 万元。与省商务厅全面协同，创建政府搭台、银企合作新模式，建行系统内第一批开通“善融商务山西品牌特色馆”，137 家入驻的山西品牌企业交易额达 24 亿元；参与“山西品牌中华行”，将山西的品牌和产品推向全国。打造银校合作新模式。与太原理工大学签订战略合作协议，共同创立“金融工程人才培养基地”和“大学生创新创业实习基地”，助其加快实现“双一流”大学建设目标；两年累计投入 5000 万元支持高校数字化校园建设，投入 4000 万创新信息化“智慧医院”项目，建成银医、银校通项目 37 个，同业最多；创新“龙支付”“慧兜圈”互联网现金管理与支付产品，提升大众综合化优质服务水平。

（麻林楠）

【普惠金融发展】 2017 年，建行山西省分行找准信贷切入点，推进扶贫小额信贷和产业扶贫工作。小额扶贫信贷细化明确“间接带动脱贫”和“直接支持脱贫”两种类型 5 种服务模式，选择有行业特色优势、经营持续稳定、具备带动条件的 47 家现有授信对公客户作为扶贫实施主体，累计投放建档立卡户 3700 笔，投放金额 2.20 亿元。产业扶贫项目为晋能清洁能源光伏发电项目投放贷款 7 亿元，带动当地贫困户 1400 户、4200 余人加快脱贫。开展电商扶贫。依托善融商务平台，采取“龙头企业+合作农户”“农户+供销社”模式，线上与线下结合，78 家扶贫企业入驻善融平台，打造“红色老区特色专区”，开展“善融扶贫爱心购”活动，帮助贫困户扩大农特产品销售渠道。推进普惠金融业务。普惠金融领域贷款新增 27 亿元，347 个基层机构上线“小微快贷”，白名单客户新增 2200 户，贷款新增 9.70 亿元；普惠金融特色网点新设机构 27 个，系统占比 18%；23 个机构升格为特色支行，系统占比 21%。

（麻林楠）

【客户服务改革创新】 2017 年，建行山西省分行拓展消费金融新领域。以经济资本预算管理为导向，个贷、信用卡分期、小微企业贷款三项资产业务下沉到网点。创新产品服务重点同业客户。转变经营策略，提前统筹贴现规模，腾挪信贷规模137亿元，支持业务发展。同业客户授信规模突破100亿元，累计办理买入返售业务量系统第七；累计办理贴现业务量系统第三，收益率系统第二，综合评价系统第四。

对经济资本占用高、风险回报水平低的客户和债项加强精细化管理，信贷业务经济资本占用总量降低130亿元，等同创造EVA8700万元。

（麻林楠）

【风险管理】 2017年，建行山西省分行重点突出信用风险管理，建立信贷管理约谈机制；制定《对公信贷集中放款标准化操作指引》，提升放款审核质量和效率；制定《大中型客户信贷业务贷后岗位尽职指引》，明确13个关键业务环节、58项规定动作的任务、要求和职责。处置化解不良贷款。开展“提质增效、颗粒归仓”现金回收专项活动，现金回收8.50亿元，占比29%，同比提升18个百分点；批量转让处置占比34%，下降26个百分点，处置结构得到优化。

提升集约化运营水平。创新成立“集约化中心”，设立账务集中处理、账户集中审批、后台集中建模管理等模式，实现“物理分离”“随机分配”系统功能，提升业务处理质量和风险控制水平，实现“云生产”实验突破。重点城市行提前完成三年发展目标。

完成4个二级分行及所辖45个基层机构巡视、省分行本部8个部门巡察工作，组织开展2个分行巡视“回头看”。

（麻林楠）

·中国邮政储蓄银行山西省分行·

【概况】 2017年，中国邮政储蓄银行山西省分行（简称邮储银行山西分行）完成全年工作任务。截至2017年底，中国邮政储蓄银行山西省分行下辖11个二级分行、2个直属单位、96个一级支行。全省从业人员6702人。全省拥有邮政金融网点1213个，其中县及以下网点456个，覆盖全省所有县域，占网点总数37.59%；自助取款机2232台，其中210台分布在农村。年末全省总资产规模2436.51亿元，净增122.96亿元，增幅5.31%。全年实现收入25.95亿元，同比增长1.85%；实现利润5.95亿元，同比增长4.80%。

2017年底，邮储银行山西分行加大信贷投放力度，持续优化资产业务结构。各项贷款规模627.94亿元，较年初净增107.81亿元，增幅20.73%，比山西省金融机构各项贷款平均增速高出9.74%，累计投放各项贷款678.73亿元。三农金融创新推广产品和模式，小额贷款业务余额净增8.3亿元，年末余额达32.92亿元。其中，向家庭农场（专业大户）等新型农业主体发放贷款11.31亿元。投放扶贫小额贷款7.80亿元，投放量列山西省金融同业第2位。小企业贷款推进“三化”建设，落实客户名单制和营销责任制，余额净增4.30亿元，规模达20.38亿元；消费贷款稳房贷、增车贷、抢消贷，规模达124.70亿元，净增38.20亿元。公司贷款坚持规划引领、项目驱动、产品联动，规模达253.31亿元，新增54.06亿元，增幅27.13%。办理票据贴现187.93亿元。实现国内保函、议付、卖方押汇等贸易金融业务破冰。投资债券13.50亿元，办理同业融出39亿元。

（杨宏东）

【负债业务】 2017年底，邮储银行山西分行拓展负债业务，保持负债规模增长。2017年底，各项存款规模2345.60亿元，较年初净增102.12亿元，增幅4.55%。个人金融发挥网络优势，加快网点转型，提升客户体验，突出联动发展，拉动储蓄存款稳定增长，储蓄规模达到2067.5亿元，较年初增长91.01亿元，年末市场占有率11.11%，省内金融机构排名第4位。公司金融业务坚持项目引领，持续拓展客户行业范围，集中发力财政专项资金、代收付类资金，年末余额277.56亿元，增长11.11亿元，市场占有率2.01%。

（杨宏东）

【中间业务】 2017年，邮储银行山西分行以提升中间业务收入能力为重点，打造基础产品支撑、重点领域拉动、新兴业务创收的格局。做好基础及结算业务，开展代发工资、代发养老、非税收缴、国库集中支付、烟草资金归集、电力资金归集等业务。发挥大资管引擎拉动作用，全省销售个人理财产品187.79亿元、代销保险128.27亿元、代销基金18.84亿元、代销国债12.97亿元，合计销售个人理财类产品347.87亿元，比上年增长42.33%；销售机构理财21.08亿元，营销公募基金托管22亿元，年末托管结余70.47亿元，首次主承销永泰能源债券20亿元。实施信用卡跨越发展规划，发卡27.20万张，结余64.24万张。

（杨宏东）

【资产质量管理】 2017年，邮储银行山西分行发挥授信政策导向作用，优化区域授信政策指引，行业和客户覆盖面拓宽，全省信贷投向结构持续优化，授信政策调研成果获总行通报表扬。小企业授信实现线上线下省分行集中审查审批，统一授信标准，强化信贷管理，提升业务发展质量。监测行业与重点客户，定期开展监督检查。强化风险限额管理，完善考核评价机制，管控能力提升。突出管好信用风险，健全监测、预警体系，加快不良资产处置。2017年底，全行贷款不良率0.72%，较年初下降0.08个百分点，资产质量保持较好水平。

（杨宏东）

【互联网金融服务安全】 2017年，邮储银行山西分行顺应互联网金融发展趋势，打造线上线下综合金融服务渠道。推进网点轻型化、智能化，加大新型自助设备的投放，新增智能柜员机107台，完成柜员出纳机试点工作。加快网点分类，形成网点系统化转型方案。开展营业网点综合化产能提升项目，通过将信贷业务下沉至二级支行，形成资产业务、负债业务联动经营模式，带动二级支行综合化产能提升。完成全省243个“名行实所”

2017 年 8 月 23 日，邮储银行三农金融事业部山西省分部成立　（杨宏东供图）

代理营业机构变更，完成山西银监局及总行下达目标。丰富线上场景，开展大数据精准营销，电子银行客户新增 106 万户，总量 702 万户，交易替代率 88.80%。上线微信银行，拓宽获客渠道。

2017 年，完成信息科技风险限额目标，全年系统完好率 100%，储蓄、中间业务、保险等重要前置系统可用率 100%，网络可用率 100%。在全国邮政金融计算机系统安全运行年考核中列第 1 位。数据整合和挖掘取得成果，清洗客户信息数据超过 1.5 亿条，形成自有客户信息库。生产经营信息发布平台、营销小秘书系统向全景式迈进，新增信贷业务、信用卡、银企对账等功能模块，定向增加报表，满足基层营销和统计需求。开展综合化产能提升等 5 项主题数据分析。未发生信息科技操作风险事件。（杨宏东）

【营运管理】 2017 年，邮储银行山西分行推进业务流程优化，提升营运效率和客户体验。根据网点业务办理需要，调整网点台席 150 个，优化柜员 206 人。信用卡预审、银企对账集中省分行处理，网点预警、集中监控上收工作准备到位。资金管理方面，备付金率平均控制在 0.56%，在全国邮储银行一级分行中排名第 4 位；假币浓度控制受到人行太原中心支行通报表扬。

加强合规管理，开展内控优化活动，制度废止 104 项、新建 43 项、修订 45 项，内外部检查问题整改率 91.70%。组建监控预警专业化团队，非现场合规管理优化升级。保持案防高压态势，银邮联控联防，狠抓制度落实和专项检查，强化重点业务领域的风险管控，全年未发生资金案件和重大风险事件。安全保卫能力持续提升，全年技防改造 44 个网点，建成 22 个安全管理标准化达标网点。视频监控和预报警设备在线率提高至 99.50%，处理客户远程求助 262 个，驱离可疑人员 20 余次，处理预报警信息 1195 个。（杨宏东）

【战略合作】 5 月 18 日，邮储银行山西分行在太原与省农业信贷融资担保有限公司签订农业信贷担保业务战略合作框架协议；7 月 11 日，在太原与山西国际能源集团(格盟国际能源)有限公司签署战略合作协议；9 月 11 日，在长治与山西潞安矿业(集团)签署战略合作协议；12 月 4 日，在阳泉与阳泉煤业(集团)有限责任公司签署战略合作协议。（杨宏东）

·中国农业发展银行山西省分行·

【概况】 中国农业发展银行山西省分行(简称农发行山西省分行）下辖市分行（含省分行营业部)11 个，县(市)支行 73 个(含市分行内设营业部 6 个)，外派驻县客户服务组 23 个、扶贫工作组 14 个，服务网络基本覆盖全省县域并实现对贫困县全覆盖。

2017 年，农发行山西省分行共投放各类贷款 310 亿元，同比多投放 114 亿元；年末各项贷款余额 727 亿元，较年初增加 222 亿元，净增额位列全省国有银行和股份制银行之首；增幅 44%，分别高于全国农发行系统、全省银行业平均增幅 30、35 个百分点。年末对公存款余额 425 亿元，较年初增加 148 亿元，增量居全国农发行系统第三；全年对公存款日均余额 337 亿元，较上年增加 115 亿元，完成总行下达任务的 225%；实现经营利润 5.85 亿元。（席晓军）

【服务“三农”】 2017 年，农发行山西省分行服务国家战略和“三农”发展。支持粮食收储。累计发放收储贷款 12 亿元，确保增储、轮换等资金供应和收购工作顺利进行；落实去库存宏观政策，加大促销力度，累计收回贷款 15 亿元；实现夏粮收购贷款本息“双结零”；加强县级储备粮规范管理，7.90 亿元贷款全部纳入全省地方储备粮体系；推进“互联网+封闭运行”，库存远程监控系统安装实现市分行全覆盖。支持农业农村基础设施建设。向棚户区改造、水利、农村人居环境改善、城乡一体化等“三农”关键领域投放贷款 241.70 亿元，是上年 1.50 倍。助力棚户区改造，投放贷款 183.70 亿元，同比多投放 133.30 亿元，成为业务发展新主引擎和增长极。实现山西“大水网”项目后续资金 19.10 亿元的贷款投放，累计投放资金达 36.10 亿元。支持业务创新。支持林业资源开发与保护，投放大同、朔州共 3 笔、4.30 亿元林业贷款，实现林业贷款“零突破”；支持农村流通体系建设，投放大同 2 笔、2.20 亿元县域农村流通体系项目贷款；顺应政府投融

2017 年，农发行山西省分行支持全省“千企帮千村”精准扶贫行动企业山西振东制药股份有限公司发展中药材产业带动当地农民增收脱贫 （席晓军供图）

资体制变化，探索推进 PPP、公司自营模式，为业务创新奠定基础。

（席晓军）

【经营效益管理】 2017 年，农发行山西省分行强化管理，精细核算，提升经营质效水平。强化信贷管理。对接检查 45 个营业机构，覆盖面近 6 成；加强经营分析，推动财会职能向“决策支持型”转变；加强收息管理，重点落实第三轮粮食挂账贷款利息补贴政策，全行贷款利息综合收回率 94.04%，同比提高 1.7 个百分点，其中排名第一的晋城市分行达 100.76%；推动晋城、五寨等基层行基建历史遗留问题解决，年末 21 个基建项目如期完成任务。强化内控合规。开展市场乱象等专项治理，对外加强与监管部门沟通，对内查漏补缺。开展“稳存增存竞赛”活动，存款增长亮点纷呈、贡献突出，其中吕梁、阳泉市分行保持存差行。年末企业单位存款余额 365.70 亿元，比年初增加 134.70 亿元，增幅 58.30%；继续推进财政支农资金代理拨付主办行向主存行转变，年末财政性存款余额 59.30 亿元，较年初增加 14.20 亿元。 （席晓军）

·华夏银行股份有限公司太原分行·

【概况】 2017 年，华夏银行股份有限公司太原分行（简称华夏银行太原分行）融入山西能源、交通、旅游文化、新能源等主流经济发展和重点项目建设，在服务实体经济发展、扶持小微、服务三农、普惠金融、绿色金融等多方面履行金融企业责任。分行在效益提升、存款增长、客户维护、逾欠管控等方面取得进展，实现年度预期经营目标。截至 2017 年底，华夏银行太原分行在太原、大同、朔州、长治、运城、临汾、晋中等七个地区设立 29 个对外营业机构，完善以太原为中心、辐射全省的金融服务体系。

2017 年，华夏银行太原分行总体上各项经营继续保持稳中向好的态势，实现新四年规划（2017 年–2020 年）第一年良好开局。经营效益继续增长，对总行利润贡献较大，是受到总行表扬的利润贡献较大的 9 家分行之一。中间业务净收入再创历史新高，超额完成总行年度计划，在系统内排名第 8 位。在资管政策调整、监管力度加大的环境下，存款日均增长取得突破，摆脱连年徘徊局面。其中对公存款日均贡献突出，继续保持在股份制银行同业排名靠前。逾欠贷款取得处置，资产质量管控压力缓解。年末逾欠贷款、双 90 天逾欠贷款、贷款偏离度等均超额完成总行下达的调控计划。处置联系不良贷款 5.35 亿元，成为首家完成处置的银行。年末存款偏离度、贷款偏离度及小微企业贷款增速、贷款客户、申贷获得率 3 项指标均符合监管“三个不低于”要求。

夯实存款基础，优化负债结构。基础型存款日均与一般性存款日均占比继续提高，高于系统内平均水平 12.80 个百分点，在系统内排名第 10 位。非利息净收入快速提高，收入结构优化。中间业务增幅远远快于营业收入，净收入高于系统平均水平 2.10 个百分点，连续两年持续增长，在系统内排名第 8 位。付息和运营成本降低，成本结构持续优化。 （韩 雪）

【金融创新服务】 2017 年，华夏银行太原分行“搭平台、建机制、做推动”管理模式促进营销成效显现。融入主流经济，坚持为实体经济服务。抓住山西国企改革、综改试验区建设两大主题，圈定分行主导的“3–3–1–1”白名单客户，组成专业营销团队，走进企业、沟通监管、对接政府，融入地方经济主流，搭建起重点客户集群和业务合作平台，实现政企银三方互惠多赢。与省政府商订“十三五”规划服务框架协议；参与地方债项目和财政国库现金业务，累计持有地方债 50.75 亿元；与省旅发委签订全面合作协议；建立与新改制集团企业的互利合作关系。为大地环投控股投放 2 亿元；与金控集团签订战略合作协议；与国信投资集团、文旅集团、交通控股集团达成合作意向；服务于实体经济，助力地方发展。全年金融产品总量累计实现 357.78 亿元，系统内排名第 4 位。其中，债务融资工具承销、票据池、融资租赁、资产证券化、国内信用证重点产品、重点业务的推广运用，推动全行业务发展，带动存款与中间业务收入大幅度增长。

公司业务加大与证券、信托、基金、保险、租赁、资产管理等金融同业合作，步入批量获客阶段。推动“世行和法开署” 重点项目——“华夏银行京津冀大气污染防治融资创新项目”

在山西落地，完成投放折合人民币2.70亿元。全年对公有效客户较年初净增234户，计划完成率109.36%；对公客户数超过1.17万户。个人业务开展平台营销，与省旅发委旗下著名旅游景点合作，以“温情相伴、一心为您”为主题搭建获客平台；与苏宁、美特好等多家大型连锁企业开展欢乐购、内购会等营销活动，实现借记卡和信用卡动户数的快速增加；整合高收益理财、三方存管、POS等周末资金归集功能，提升客户资金日均贡献度；开办保证保险贷款。小微企业依托银税互动平台、“创享行”双创沙龙等政府平台，借助省股权交易中心、担保公司等同业渠道，拓展科技孵化园、农产品批零市场、物流园等商圈，推动向批量化获客方式转变。国际业务通过推广“亚洲美元汇款直通车”“出口收结赢”等产品，扩大与留学中介、旅游机构等平台机构合作渠道，增加对出口客户的服务手段。

（韩 雪）

【风险防控与内控建设】 2017年，华夏银行太原分行推进总行制定的全面风险管理组织架构建设方案，落实新资本协议项下的外部监管和信息披露要求，坚守不发生重大风险和系统性风险的底线。结合区域经济特点和本行信贷运行问题，制定《华夏银行太原分行2017年风险管理工作指导意见》《华夏银行太原分行2017年区域信贷与投融资政策》，围绕服务实体经济和供给侧结构性改革，指导分行信贷与投融资业务投向选择和结构调整优化，严控新增不良贷款和“双90天”逾欠贷款增长，增强信用风险统筹管理能力。截至2017年底，太原分行逾欠贷款余额较年初下降14.08亿元；“双90天”逾欠贷款余额较年初下降15.22亿元。

定期开展利率、资金等的压力测试工作，强化金融市场类重点业务的市场风险管理，落实总行资产负债管理要求和重定价政策，将流动性管控细化到日常资金安排、业务结构调整等关键环节，提高流动性风险管理的主动性和先导性。

加强操作风险管理监测，强化操作风险事件主动报告机制，及时进行风险预警，全年累计报送伪造印鉴、冒用证件、非法用途汇款等柜面堵截事项222件。

组织完成17次业务连续性演练，建立运营中断突发事件的应急响应及恢复机制，健全太原分行业务连续性管理体系，提高业务连续性管理水平，保障全行各项重要和次重要业务持续运营。

（韩 雪）

【基础管理】 2017年，华夏银行太原分行综合管理能力提升。以“价值管理”理念为核心，加快“管理会计”实施和“资本管理高级法”运用，构建全口径全流程的全面预算和价值管理体系。上线自助报账系统，推动财务管理规范化、标准化、精细化的进程。统筹管理流动性风险，通过系统内下借、市场撮合、同业合作等渠道，防范流动性风险。尝试贷款定价管理新模式，出台贷款定价管理办法并严格贯彻执行，四季度新投放贷款利率在系统内排名重回上升通道。

科技保障管理加强。搭建高效稳定运维平台，利用“掌上IT”APP软件实现运维工作的线上管理与监控；TOPS系统虚拟化完成迁移；参与社保、财政代理支付、集团P2P等项目推动，完成核心系统4次版本上线、自助设备2次版本升级以及财政、人行、住建部等系统开发改造及上线工作。

营销机制完善，绩效考核引导作用显现。公司业务以优化考核政策为抓手，建立完善“2+N”营销竞赛体系。小微企业制定《小企业业务目标责任方案》，进行A、B、C三类差异化管理，有重点地选取2家特色行，吸引客户经理向小微客户经理的转岗，以点带面促进小微业务经营目标有效落地。推动机构国际业务全面化，年末可以办理个人外汇汇款业务的机构达14家。制定、修订完善7项外汇管理实施细则，更加适应新的监管要求，外管局年度监管评级较上年提升。

（韩 雪）

·中国民生银行太原分行·

【概况】 截至2017年底，中国民生银行太原分行(简称民生银行太原分行)，在吕梁、大同、运城设立三家二级分行，各类营业网点数量超过200家。民生银行太原分行各项存款余额708亿元，各项贷款余额1061亿元，民生全系统投放山西各类信贷资产余额近2000亿元，贷存比接近3，为山西金融机构之首，资产规模、存贷款规模、经营利润等主要指标长期稳居山西省内股份制行业银行首位。先后获“全国文明单位”“全国企业文化建设示范基地”“全国金融五一劳动奖状”等称号。

（王 晶）

【国资国企支持】 2017年，民生银行太原分行聚焦“三优一特”重点企业，加大对传统主导产业、战略性新兴产业、重大民生工程的金融支持，累计为煤企融资支持5800多亿元，为全省公路建设融资600多亿元，新型产业信贷占比达35%；参与山西国资国企改革，出台金融服务国企改革方案，与山西文旅集团、山西金控集团签订战略合作协议，与山西大地、山西交控、山西建投等新组建的国企阵营建立合作关系；创新产品服务，以“商行+投行+交易银行”的业务模式以及“融资+融智+融商”服务模式，在传统贷款以外，综合运用发债、并购贷款、股票质押融资等金融工具，满足企业多元化的资金需求，打造“专业化的商业银行”“场景化的交易银行”“定制化的投资银行”三大业务特色。

（王 晶）

【支持民营经济发展】 2017年，民生银行太原分行落实民营企业战略，支持民营经济发展。信贷支持民企客户696户，客户数占比达81%，贷款余额占比达76%，累计为各类民企发放贷款5600亿元。围绕山西创新驱动、转型升级战略，启动“中小企业民生工程”，推出新供应链金融产品，优化金融服务模式，提升对民营企业全方位

的服务能力。 (王 晶)

【支持供给侧结构性改革】 2017年,民生银行太原分行助力供给侧结构性改革,科学配置资源,在省属重点煤企推广转型升级中长期专项贷款,减轻企业压力;开展债券融资业务,先后为阳煤、同煤等企业发行债务融资工具140多亿元,帮助企业降低融资成本;实行差异化信贷政策,及时清退“僵尸企业”,对于有市场前景的困难企业,做到不抽贷、不压贷、不限贷,帮助企业减轻负担;发展绿色金融,支持节能环保、清洁能源、绿色交通等项目的建设,服务绿色经济发展;在经济发展新常态下,通过下调贷款利率、减免利息、调整还息方式等手段主动让利于企业,实现与企业长期共赢发展。 (王 晶)

【零售业务】 2017年,民生银行太原分行零售业务依托科技运营平台和产品研发供应体系,在社会上打造“懂你的银行”全新品牌。发展财富管理业务,依托理财、保险、基金、贵金属等产品为客户量身制定财富管理规划,满足客户多元化的投资理财需求;发展个人消费信贷,推出“月供贷”“社保贷”“税喜贷”“公喜贷” 等特色化产品,解决客户消费融资需求;提供多样化的金融产品,通过“薪悦宝”“存管宝”等帮助客户自动锁定较高的利率,实现收益最大化;为高净值客户提供全方位的专业私人银行服务,为客户创造更大价值;构建多层次非金融服务体系,组织健康运动、财富传承、亲子教育等主题活动,为客户提供非凡增值服务。截至2017年底,零售金融资产达840亿元,服务个人客户275万户。 (王 晶)

【支持小微企业发展】 2017年,民生银行太原分行小微企业主贷款规模居全省股份制银行首位。占到股份制银行小微贷款的36%,累计提供小微企业贷款超800亿元,支持1.40万家小微企业的融资需求,金融服务小微客户涉及29个行业14万余户,间接惠及小微企业就业人口30万人。 (王 晶)

【科技创新】 2017年,民生银行太原分行基于客户化运营理念打造智慧厅堂,引进智能柜员机、厅堂服务智能机器人等智能化作业系统,推出手机银行、移动支付、电子账户、二维码收银台等移动端金融产品,提升服务效能;通过搭建线上开户结算通道、开辟线上融资渠道、打造集中式信贷审批系统等方式,扩大线上金融服务范围,降低客户交易成本;创新推出安全账户产品,实现私人定制的个人账户安全保护;推动移动金融多元化服务,将手机银行及直销银行嵌入“生活圈”概念,实现金融消费场景整合,提供各类费用代缴、购物、医疗挂号、优惠特卖等增值服务,构建“金融+科技+生活” 互联网金融生态圈。截至2017年底,手机银行客户达126万户,年度完成交易超过6000亿元。 (王 晶)

【风险管理】 2017年,民生银行太原分行重视风险文化建设,开展“法治民生”建设,加大法治教育培训,从合规经理队伍组建到日常培训宣导,风险责任警钟长鸣,风险教育常抓不懈,在全行范围内形成对法治合规的价值认同和行为坚守;创新风险管理,以大数据为基础为客户精准画像,前移风险管理,加强对重点区域、重点客户的风险监测,开展各类风险隐患排查,补短板、堵漏洞,提高风险防控质量。 (王 晶)

【维护消费者权益】 2017年,民生银行太原分行打造文明服务窗口形象,强化软硬件设施建设,合理配置厅堂功能分区,改善升级装备,为客户提供环境优美、形象统一、温馨舒适的服务环境;搭建标准化的分层服务体系,倡导“有温度”的服务,深化服务内涵,提升服务品质;加大消费者权益保护力度,深化金融知识教育普及,构建起服务提供、服务支持、服务监督三位一体的服务管理体系。太原亲贤北街支行被评为“中国银行业文明规范服务百佳示范单位”,10家支行网点获评全国五星级网点,10家支行网点获评全国千佳示范单位。 (王 晶)

【社会服务】 2017年,民生银行太原分行参与金融精准扶贫行动,助力脱贫攻坚,对全省七个乡镇实施对口扶贫,累计发放金融扶贫贷款6340万元,支持贫困人口151户;支持国家全民健身战略,支持省内多项大型群众体育活动,开展“健康民生行”急救知识公益培训,推动全民建设与全民健康深度融合;成立“民生青年志愿者”团队,设立“民生爱心基金”,常态化开展各类扶危济困爱心捐赠;利用节假日组织开展金融知识进校园、金融知识万里行活动,普及现代金融知识,向社会撒播金融爱心。 (王 晶)

·晋商银行股份有限公司·

【概况】 2017年,晋商银行股份有限公司(简称晋商银行)资产总额突破2000亿元,达2062.61亿元,存款余额达1354.90亿元,贷款总额达967.30亿元,三项规模类指标的总量及增量均取得历史性突破。利润实现26.60亿元,同比净增4.90亿元,增幅22%。上缴税费9.26亿元,推动零售业务改革,个人存款全年净增126亿元。

保证信贷供给支持,加大对山西省支柱产业、重点项目、小微企业、民生工程等领域的金融支持力度。截至2017年底,各项贷款余额937.97亿元,较年初增加276.46亿元,增长41.79%。对接省、市确定的国计民生重大项目,把工作重点聚焦于综改示范区、政府、交通、医疗、旅游、品牌地产等领域,成立重点业务板块团队,推动信贷项目快速落地。支持煤炭企业的供给侧结构性改革,完成省属七大煤企转型升级中长期专项贷款的置换,为省属国有企业设计产品提供专项服务。保证信贷资金支持快速到位,为综改示范区、社会公共基础设施建设和民生工程项目开辟“绿色通道”,建立起快速处理机制和预授信管理机制,确保重点项目优先投放,

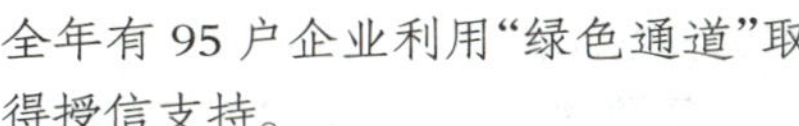

全年有95户企业利用“绿色通道”取得授信支持。

加大各分支行与当地政府的合作力度，分别与临汾、忻州等地市政府建立战略合作伙伴关系；支持财政国库现金管理，为财政资金的创收增值提供支撑；支持太原、临汾、大同、晋城等地市的“城中村”改造项目，累计融资额达210.20亿元。关注国企改革，与山西省国有资本投资运营有限公司建立联系，开立基本户，为服务山西骨干国有企业提供保障。重塑小微金融，通过完善“条块结合、以条线为主”的管理方式，以及“信贷工厂”业务模式，建立起标准化产品和标准业务流程，让方便快捷的小微金融产品快速应用于小微企业，破解融资难题。 （韩晓俊）

【金融环境改善】 2017年，晋商银行强化规章制度管理，完善制度建设。全年新发布制度77个，修订65个。开展现行制度、系统缺陷反馈工作，反馈制度缺陷2776条。加大检查监督力度，开展合规大检查工作，发现50类9532个问题，共计处理相关责任人874人。提高案防工作能力，强化合规教育，开展各类警示教育、员工行为排查活动。

反不正当竞争。定期梳理制度、流程，完善各项收费机制，保证按照国家利率管理相关规定进行业务定价，科学合理收费；建立健全服务投诉机制，妥善应对和处置各类投诉。

推进反商业贿赂。健全预防和惩治腐败工作机制，强化教育、落实责任，推动反商业贿赂工作开展。

履行反洗钱义务。完善反洗钱内控制度。启动反洗钱监控系统改造。开发完成电信诈骗、非法集资、毒品犯罪、赌博、涉税犯罪等13个反洗钱监测模型及配套资金网络。完成产品服务洗钱和恐怖融资风险评估模块的开发及应用，实现线上产品服务洗钱和恐怖融资风险的测算与评估。组织全行开展“贯彻落实3号令 维护金融秩序”反洗钱主题宣传活动。全年开展外出宣传1358次，发放宣传资料36700余份，拍摄情景剧18部，取得良好的宣传效果。

维护市场秩序。开展非法集资、反洗钱宣传和监测预警工作，利用反洗钱监测系统对各类涉嫌非法集资资金和日常异动交易情况进行分析识别。开展日常员工行为排查与合规教育培训，提高员工防范非法集资、洗钱违法犯罪活动的风险意识及识别能力，维护金融市场秩序的稳定。

（韩晓俊）

【金融服务创新】 2017年，晋商银行创新客户服务模式。

产品创新。零售业务方面，巩固存款基础，在实现“先得利”常态化发行的基础上，先后发行“一本万利”和大额存单，改善存款结构，个人存款余额占各项存款余额的比例达34.70%，较年初上升4.05个百分点。推进个人贷款，启动住房按揭业务新引擎，个人住房按揭贷款占个人贷款比例达52.03%，较年初上升36.11个百分点。“卡易贷”客户群实现细分和聚焦，推出线上质押类贷款“盈贷通”。完善财富管理，丰富理财产品期限结构，全年发行理财产品340期、金额604.38亿元，实现中间业务净收入1.38亿元，晋商银行财富管理品牌“晋升财富”正式面世，联合普益标准推出国内首个财富管理综合量化指数，私人银行中心正式成立，对高端客户的维护与服务步入专业化轨道，获“2017年度最佳财富管理银行”，成为华北地区唯一获此称号的区域性银行。发展信用卡业务，依靠优惠商户体系建设和丰富多样的增值促销活动，自正式发行以来发卡量和收入同步上升，分别突破6万张和700万元，成为零售业务体系的又一重要产品线。 （韩晓俊）

【公司业务发展】 2017年，晋商银行业务实现新发展。优化负债结构，研发、推广符合市场需求的“加多利”“稳得利”系列存款产品，拓展代发工资业务，完善信贷资金流向管理，提高结算资金归行率，置换大量结构性存款，结构性存款余额较年初减少136.54亿元，核心存款余额较年初增加304.02亿元，低成本核心存款上升单位活期存款余额首次超过单位定期存款余额。精准投放资产，由总行统一调配资源，聚焦政府重大项目，对接转型综改领域，实现信贷资源精准投放。创新融资方式，作为山西省内具备债券承销（分销）业务的唯一法人机构，全年累计承分销债券300.50亿元，为企业成功发行债券融资计划11.50亿元，启动完成29.20亿元信贷资产流转业务。

2017年8月17日，中国华能集团入股晋商银行签约仪式在北京举行

（韩晓俊供图）

2017 年 2 月 23 日，晋升财富品牌暨中国财富管理指数在并发布（韩晓俊供图）

同业业务承接新形势。贯彻落实监管要求，规范同业业务，撤销金融同业部，同业牵头管理职能以及同业业务职能划归至金融市场部，推动常备借贷便利、自动质押式回购、利率互换等创新业务的开展。票据业务适应市场发展趋势，明确转贴现业务的运行策略和方向，对全行直贴票据实行集中上收管理，补充完善相关制度和管理办法、优化系统，完成与票交所的对接，实现稳健发展。

网点建设。2017 年，按照年度机构发展战略规划，新设分支机构 4 个，分别为太原千峰北路支行、太原国师街社区支行、忻州建设路支行、晋城凤鸣社区支行。截至 2017 年底，全行共有分支机构 162 家，其中太原地区 88 家（含 1 家小企业金融服务中心和 28 家社区、小微支行）、异地分行 10 家、异地支行 64 家（含 34 家社区支行）。省银监局受理 3 家新设支行筹建报告。加强对营业网点及办公场所整合调整和优化升级，对太原地区 1 个支行和临汾地区 1 个社区支行进行迁址（更名）。

电子银行服务。对手机银行进行全新设计，3.0 版正式上线；对网上银行进行改造，推动线下业务线上化。丰富电子银行的服务功能和内涵，推出晋商生活圈、旅游度假、医院预约等一些跨界合作产品和服务。（韩晓俊）

【业务发展创新】 2017 年 3 月 31 日，晋商银行申报的恒大集团太原项目债权融资计划获北金所批复成功提款，是晋商银行首次作为主承销商的债权融资计划，是山西省首单备案的债权融资计划产品。5 月 15 日，晋商银行承分销赤峰城投 2017 年第二期非公开定向债务融资工具，面额 5.60 亿元。这是本行自 2016 年 10 月获得非金融企业债务融资工具意向承销类会员资格后，首笔成功落地的线上承分销业务。8 月 17 日，中国华能集团入股晋商银行，是山西城商行首次引入大型央企作为战略投资者入股。9 月 8 日，晋商银行获得全球最大的国际卡组织 VISA 入会及发卡资质。此次发卡资质获批完善晋商银行信用卡产品体系，提升信用卡综合服务水平，满足客户境内外消费需求。9 月 11 日，中国人民银行支付结算司致中国人民银行太原中心支行支付结算处银支付函〔2017〕1532 号，批准同意晋商银行开办自动质押融资和小额支付系统质押业务。

（韩晓俊）

【金融消费者权益维护】 2017 年，晋商银行结合自身业务的发展，提高金融服务水平，完善金融服务收费管理，通过服务收费自查及各监管部门检查，建立起较为完整的服务收费管理体系，形成长效机制，加强消费者权益保护工作。

风险揭示。利用网点 LED 屏、官方网站、微信公众号、手机短信等各种渠道向客户及市民宣传金融安全小常识、借记卡安全使用知识、网络信息安全知识等，提高客户各类金融风险的防范意识。根据监管部门规定，梳理与规范产品的销售流程，在产品销售过程中，通过《客户风险等级评估问卷》《风险揭示书》等多种形式，向客户提示产品风险，强化客户的风险意识。

客户投诉管理。完善《客服中心投诉处理流程》《晋商银行消费者权益保护工作管理办法》《晋商银行分支行金融服务工作管理办法》；根据人民银行消费者投诉分类标准应用试点工作的要求，对总行各部门、各分行和直属支行投诉分类标准开展收集、统计、分析、归档。以各营业网点为突破口，落实消费者投诉分类标准。各分支行要结合规范化流程，按照要求组织开展好投诉管理工作。针对客户投诉处理工作要求，设立由各直属行分管行领导、服务主管负责人、经办人构成的投诉处理专职人员工作机制；完善客服中心队伍的建设，加强业务技能的培训，提高客户投诉受理的专业性与全面性；坚持客户投诉按月通报制度，突出各类来电情况占比问题、申诉处理及时性、客户回访满意度等指标，加强投诉处理质量监督。

客户信息保密。制定网络与信息安全策略、标准和流程，且纳入本行全面风险管理体系，梳理完善客户信息安全管理、银行卡业务管理、客户信息使用管理方面的规定，从权限管理、技术防范、交易监测等方面进行自查，确保从技术源头保障客户信息安全。在员工管理过程中，对信息安全与保密进行规定。截至 2017 年底，初步建立一套包括技术流程与操作流程在内的数据安全管理体系来确保客户信息不被滥用和盗用。

信用体系建设。落实政府及监管部门的各项征信管理制度，配合

社会信息体系建设工作。利用自媒体平台配合人民银行开展公众征信知识宣传。（韩晓俊）

【助推小微企业发展】 2017年，晋商银行加强对小微企业的金融扶持，解决小微企业融资难问题。优化管理，探索可持续发展之路。坚持以"条块结合"的小微组织管理架构，负责小微业务的营销指导、审查审批、风控管理、产品研发、系统支撑等。

转变业务模式。由单户作业向批量作业转变，由营销客户向营销渠道转变，由做业务向做产品转变。制定《晋商银行小企业授信业务责任认定管理办法》，明确小微业务人员尽职免责条款，并区别于大中客户实施差别化责任认定管理。

开发小企业信贷工厂系统和移动作业端，专门用于小微信贷业务的调查审查审批。

创新产品，解决小微客户融资难问题。推出税信贷、医保贷、押信贷产品。通过科技支行专门服务科技型小微客户。以公司股权质押、知识产权质押、投贷联动为主要方式，适配智融通、义融通、投联贷、投融贷、优信贷等业务产品，与太原市科技局合作风险补偿专项基金批量业务、与高新区股权投资服务平台合作投融贷批量业务、与高新金控股权服务有限公司合作挂牌"优信贷"等。为解决知识产权价值认定难问题，引入省内外知识产权专业评估机构开展合作，为科技型企业进行知识产权评估。

优化流程，提高审查审批效率。建立小微企业贷款审查审批专门通道，运用信贷工厂理念和流程系统，通过外部渠道获取客户工商、税务、涉诉、P2P融资等信息，开展贷后管理。（韩晓俊）

【绿色信贷推行】 2017年，晋商银行支持绿色信贷项目。执行信贷投放环保政策。制定《2017年晋商银行大中型法人客户信贷政策指引》，执行绿色信贷政策有关要求，将环保政策作为授信审查审批的必要前提，支持全省处于行业龙头地位的科技创新型、环保绿色型企业，支持与民生工程息息相关的、涉足文化旅游等完全适应环保要求的相关企业，支持全省转型标杆具有示范意义的优质企业。控制"两高一剩"行业贷款。对能耗、排污不达标，或违反国家有关规定的贷款企业，收回贷款。增强钢铁、焦炭、水泥、电解铝、平板玻璃等产能严重过剩行业存量业务的担保措施、制订相关退出计划、设定退出比例，除省属七大煤企、驻晋央企、优质上市公司、优质民营企业和因战略合作或重组、转化、并购等需要合作之外的，原则上不再介入。

推进绿色金融建设，电子银行业务发展良好，网上银行和手机银行用户注册数量大幅增加，全年网上银行新增客户量8199户，交易笔数669.81万笔、交易金额4074.48亿元；手机银行客户新增152173户，交易笔数219.99万笔，交易金额607.78亿元。电子支付渠道快捷支付交易笔数182.94万笔，交易额707.72亿元。2017年，晋商银行电子银行业务替代率达69.58%。（韩晓俊）

·山西省农村信用社联合社·

【概况】 2017年，山西省农村信用社联合社（简称"省联社"）坚持服务"三农"根本宗旨，加大改革发展、支农支小、金融创新和风险防控力度，推进转型提质，发展成为全省服务覆盖面最全、业务规模最大、上缴税金最多金融机构，支持全省"三农"工作和地方经济发展。

截至2017年末，全省农村信用社有省、市、县、乡四级机构3186个。其中：省级机构1个、市级机构11个（3个市联社，7个办事处，1个审计中心）、县级机构110个、管理部6个，营业网点3058个，全省从业人员41813人，服务范围基本覆盖全省各县（市、区）、乡（镇）、村。全省农村信用社资产总额达到10570.68亿元，较年初净增698.21亿元，资产规模跻身全国农信前十。各项存款余额7069.07亿元，占全省银行业金融机构的22%，较年初净增738.79亿元；各项贷款余额4123.77亿元，较年初净增396.61亿元。资产总额、存贷款余额均居全省金融机构之首。

加大涉农信贷投放，为全省"三农"发展提供金融支持。截至2017年底，涉农贷款余额达3581.16亿元，累计投放农业贷款3435.04亿元。通过设立专营机构、加强产品创新、简化贷款流程等措施，支持小微企业发展。截至2017年底，全省农信社小微贷款余额达2400.17亿元，增速为13.17%，高于各项贷款增速2.53个百分点；小微贷款户数12.54万户，较同期增加0.09万户；申贷获得率99.79%，高于上年同期0.08个百分点，实现"三个不低于"目标。

省联社以58个贫困县为主战场，组织开展"万名客户经理进村入户"行动计划，对接全省产业扶贫项目名单库，推进金融精准扶贫。截至2017年底，全省农信社扶贫贷款总余额250.66亿元，较年初净增129.38亿元。其中，单位扶贫贷款余额为152.99亿元，较年初净增74.75亿元。个人扶贫贷款余额为97.67亿元，较年初净增54.63亿元。个人扶贫贷款中，"5321"扶贫小额信贷余额为55.08亿元，较年初净增48.20亿元，扶贫小额信贷累计发放57.95亿元，占全省银行业金融机构的70%，依托扶贫小额信贷支持12.11万贫困户脱贫致富。

支持转型综改项目。通过依法合规参与银团贷款、组织社团贷款向省内融资需求额度较大的实体企业投放贷款总额达524.08亿元，重点支持山西振东实业集团有限公司等一批省属重要骨干企业，以及同煤宏丰天镇农业开发有限公司扶贫项目等省重点工程项目。通过认购债券、购买信托、资管计划等多种方式，支持省内企业融资236亿元。年内与交通银行、兴业银行等5家单位签署战略合作协议，合作单位达40家。

省联社履行行业管理职能，出台

2017年7月24日,山西省农村信用社改制化险工作推进会召开

(夏广朝供图)

全省农村信用社2017年改制化险规划,加快改制化险进程。全年成功改制10家农商行。截至2017年底,全省110家县级法人机构中已改制农商行数量达58家,改制进度达53%,其中高风险社成功改制农商行达40家。改制后的农商行继续坚持归属省联社党委统一领导、执行行业基本管理制度、全省统一的行业形象标识、服务"三农"和地方经济的根本宗旨不变,股本金占全省农信社的88.06%,存款总额占全省62.87%,贷款总额占全省64.92%,经营利润占全省77.38%,资本充足率13.19%,较全省平均水平高5.67个百分点;拨备覆盖率169.10%,较全省平均水平高102.87个百分点。

省联社丰富产品业务。24个县级行社开办林权抵押贷款业务,贷款余额达4.12亿元;7个县级行社开办土地承包经营权抵押(土地收益保证)贷款业务,贷款余额达2.05亿元。通过应收账款质押登记平台办理信贷业务41笔,交易金额16.07亿元;银税合作平台贷款客户2372户、3530笔,金额115.18亿元。研发上线芯片存单"便易贷"产品,发行"芯片"存单5.84万张、金额92.95亿元,累计授信1.68万元、用信1.13亿元。上线IC卡小额双免业务。加快研发大额存单系统。拓展银行卡的行业应用,推出晋中公交一卡通、太原银医一卡通、盂县"易通便民卡"、寿阳"福寿卡"、和顺"粮易通卡"等具有地方特色的卡种。推出信合通公务卡,并在32家农商行开始发行。

加快电子银行发展。上线银联云闪付、农信银e支付、晋享e付等业务,推出晋享生活平台,推广利农商城惠农平台并入驻1400多户商户。截至2017年底,全省农信社网上银行、手机银行累计开户数108.90万户,全年交易笔数1874.22万笔,交易金额8024.76亿元。微信银行、支付宝、京东、腾讯财付等绑卡数448.40万户,较同期增长56.67%,全年交易笔数11400.27万笔,较同期增长288.89%,交易金额590.51亿元,较同期增长74.65%。

推进全面风险管理,加强重点风险风控,开展稽核检查、安全保卫和案件防控工作。落实安全保卫工作,连续第7年组织全省农村信用社"3·15"突发事件应急预案演练,推动17家县级机构完成守押社会化改革、19家县级机构完成向公安部门的枪弹移交工作,降低安全风险隐患。协调各级政府和有关部门,重点清收处置乡村集体、涉诉类、涉政类、特殊群体(公职人员、农村党员干部、代表委员)等四类不良贷款,加大不良贷款听证问责力度,2017年清收处置不良贷款209亿元。

推进科技信息建设。2017年上线投产项目304个,较上年增加近3倍。改造完成柜面系统、指纹管理系统、农信银系统、中间业务平台、公积金系统。推进应用监控系统及桌面云平台建设,完成北大街数据中心搬迁工作。全年组织系统巡检、环境巡检、设备巡检4825余次,处理软硬件、网络类、安全类、机房类等故障525次。 (夏广朝)

【农信社改制化险】 2017年,山西省农信社改制化险工作。4月24日,省政府组织召开双月市长例会,楼阳生、王一新分别就帮助农信社做好清收不良工作作出指示,要求各市采取措施,化解金融风险,帮助农信社做好清收处置不良贷款工作。(夏广朝)

【省农信社新系统和新产品上线运行】 2017年3月16日,全省农村信用社增值税管理系统全面上线运行。作为全省农村信用社统一的增值税管理平台,实现涉税信息的自动提取和增值税发票的统一管理,减少计税差错、降低涉税风险。

5月21日,全省农村信用社中间业务平台上线运行。该平台对接柜面、手机银行、晋享生活、自助设备等多个渠道。截至2017年底,接入中间业务8类123项。

9月13日,全省农村信用社"信合通"公务卡系统成功上线。"信合通"公务卡属于贷记卡,主要面向财政预算单位、国有(控股)企业的在职职工发行。截至2017年底,有32家县级机构开办该业务。

10月16日,全省农村信用社芯片存单"便易贷"正式发行。芯片存单"便易贷"是省联社在全省银行业金融机构中首家推出的手续简便、操作简单、折让利率的普惠金融产品,具有授信用信流程简便、防范存单复制风险、保障客户存款安全等重要作用。截至2017年底,全省110家县级

机构全面开通该业务。（夏广朝）

保险业

·中国人寿保险股份有限公司山西省分公司·

【概况】 中国人寿保险股份有限公司山西省分公司(简称中国人寿山西省分公司),全辖机构总数达623个。其中,省级分公司1个;市级分公司机构11个;县级公司机构128个。截至2017年底,全省系统共有3988名员工。

截至2017年底，公司规模保费跃上160亿元新平台，达160.83亿元,同比增长21.70%,增速创9年来新高。续期保费达100亿元,同比增长31.95%。价值业务在连续数年高位增长基数上保持较快增长。首年标准保费达15.06亿元,同比增长16.30%;首年10期交保费17.06亿元,同比增长15.59%;首年期交34.07亿元,同比增长6.86%。

2017年，公司总体市场份额提升,达26.27%,同比提升0.59个百分点。个险首年期交、团体短期险、银保期交等核心业务市场份额均占据主导,分别达30.43%、68.20%和18.72%。个险"双领先"比值提升。个险首年期交和持证人力与主要竞争对手比值分别为1.47和1.09,同比提升0.02和0.04个百分点。省会城市"双领先"比值提升。太原分公司"双领先"对标比值分别提升至0.57和0.46,较上年分别提升0.04和0.13。

2017年，公司大短险实现突破性发展,保费收入高达5.7亿元,同比增长18.76%,列全国系统第4位。其中,团险、个险、银保渠道短期险保费分别增长37.38%、35.02%和12.99%。通过微信销售"微信五保"保费收入3489.51万元,累计销售获客19.13万人。互动业务持续快速发展。寿代产保费收入、寿代养老业务规模分别达到3.88、5.72亿元，分别增长27.57%、34.14%，分别完成预算的117.90%、127.15%。其中,寿代产业务拓展客户达15.82万人。

2017年，公司政保合作开创新局面。中国人寿保险(集团)公司与山西省人民政府实现战略合作。协议签订后，中国人寿投资晋城煤业30亿元,投资太钢医疗3.50亿元,投资同煤集团21.60亿元。大病保险全年续签项目3个,新中标4个项目,合计承保人数1213.45万人，实现保费收入6.17亿元,同比增长23%。扶贫保险新增承保人数110.83万人,保费突破0.53亿元,同比增长47.43%。税优健康险业务承保2027人，保费收入439.60万元。（王平均）

【业务经营管理】 2017年,中国人寿山西省分公司提升发展质量,推进结构调整。首年期交占首年保费比重68.27%,首年10年期占首年期交保费比重50.06%,续期保费占总保费比重62.13%,同比分别提高1.04个、4.12个和4.82个百分点。首年期交、续期保费两项占比，分别高于全国均值5.6个和4.05个百分点。推进产品多元化。前三大产品占首年期交保费比重为71.79%，同比下降6.63个百分点;特定保障型产品首年10年期保费同比增长93.56%，占首年10年期保费比重达31.42%，同比提高12.27个百分点。持续强化效益经营。新单创费达成6.36亿元，同比增长18.92%;费用节余8740.85万元，同比增长12.29%；费用预算控制率88.24%,同比下降0.38个百分点;首年佣金突破7.13亿元,同比增长12.33%;员工薪酬同比增长26.35%。7月10日,中国人寿山西省分公司首张"全流程电子化保单"正式出单,开启全流程电子化承保新征程。

2017年，山西省分公司坚持队伍驱动业务战略。销售队伍总人力达6.80万人,较年初净增1.60万人。从个险渠道看，持证人力达56255人,较年初增加6748人，同比增长13.63%；收展人力增至13753人,成功反超主要同业公司;月均增员率达9.40%;季均有效人力27343万人,同比增长27.69%；月均长险举绩达15035人,同比增长14.57%。从团险渠道看同比增长61.61%;建成86个城区标准拓展团队和307个县支公司标准拓展团队。从银保渠道看,新增保险规划师4617人,规划师队伍达10385人；月均举绩人力达3780人,同比增长40.10%。

2017年，山西省分公司推进销售转型,推进个险"331"(指以两乡、城区、收展三大平台为统领的业务、队伍、基础管理三位一体工作模式)、营销区部改革、761综合服务进社区项目。个险"331"配备率106%,建成标准化营业部实践基地130个,761社区服务获得客户107万人。强化职场标建、星级导师队伍建设,强化制度经营和品质管理。构建多层次销售平台,推进多元化销售,自展保费贡献度达17%,同比提升7个百分点。推行团险渠道3S管理标准,管理系统综合使用率达95.92%。推广银保渠道"五自"标准化体系,建成标杆团队30个。

运营服务能力提升。推进新一代互联内部操作平台上线，新一代契约、核保平台替代率达100%,新一代理赔平台(一期)替代率达65.88%。推进保单e化服务，保全e化率70.98%,理赔e化率76.34%。95519热线服务197万人(次),短信通知服务3716万条，同比分别增长18%和26%。客户服务改善。通过"e柜"服务、电子服务和柜面智能预约服务系统,柜面排队时长减至14分35秒。成功试点"一站式"直付理赔服务。推广客户资源管理平台，获取准客户信息155万条,促成再投保客户7.5万人。微回执89.78万件,占回执比95.20%;微回访111万件，推广率达85.70%。销售服务给力。推进全流程电子化承保,无纸化出单1.4万件。推广快捷支付功能,支付借款保单2.8万件,占同期借款件数的87.60%。开展销售服务满意度测评1493次，开展送培训进职场5268次。人工核保41.78万件,日均核保件1559件,同比增长75%;

2017年8月17日至19日，山西省人民政府与中国人寿保险（集团）公司举办战略合作框架协议签约仪式　（王平均供图）

打印保单53.30万件，日均出单量2008件，创历史新高。

推进改革创新。推进"3+1"突破工作，各市分公司制订实施方案，省公司13个条线梳理推进52项任务，提高管理水平。公司系统自主开发综合经营管理系统、个险"331"管理系统等个性化应用数达50多个，综合经营管理系统日最高使用量突破6万人（次）；国寿e店、e宝（国寿e店、e宝均为总公司推出的互联网保险网店和产品），e店云助理端开通数达45380个、APP端开通数达42687个、活跃用户数达39909个，国寿e宝新增绑定用户818887人、客户自助服务量达168303人（次）；推进"营销+互联网"创新实践，e门店出单保费突破14848.86万元，"微信五保"保费收入突破3400万元，银保渠道网销保费突破874.12万元。　（王平均）

【风险防控】 2017年，中国人寿山西省分公司组织全辖11家市公司及144家基层公司开展自查自纠，适应监管升级。发现问题734件，处理销售人员3889人（次），追究管理人员219人（次）。推进"双录"工作。

2017年，山西省分公司管控重点风险。关注满期给付和退保，办理满付与退保23.80万件，涉及金额61.91亿元，未发生群体性事件。健全客户投诉处理机制，受理投诉纠纷类案件320件，处理时长缩短至5.6天/件。开展防范非法集资专项治理工作，排查发现3名营销人员存在风险苗头，并进行处置。

2017年，山西省分公司强化内控监督。突击检查45家县支公司，并对113人发起问责，起到警示作用。调整审计组织架构，对3家县支公司开展经济责任审计，对3家市公司、26家县支公司开展反洗钱审计。　（王平均）

·中国人民财产保险股份有限公司山西省分公司·

【概况】 2017年，中国人民财产保险股份有限公司山西省分公司（简称人保财险山西分公司）取得市场份额历史性回升，风险保障持续扩大。市场份额回升，保费收入70.19亿元，同比增长13.4%；市场份额34.21%，同比提升0.42个百分点；增量保费8.30亿元，同比实现翻番，保持市场第一；4条产品线、6个市分公司市场份额高于40%；建成6个亿元区县支公司。经营效益稳定，综合成本率98.54%，同比下降0.23个百分点，11个市分公司和7条产品线实现承保盈利。品牌形象彰显，全年立案结案率101.62%，高于系统0.77个百分点；车险万元以下案件理赔周期10.28天，优于系统0.85天；同比下降22.60%；全年承担保险责任金额7.31万亿元，同比增长18.34%，处理赔案55.35万件，支付赔款43.25亿元，同比增长17.40%；上缴税金9.50亿元，同比增长131.71%。　（梁　曦）

【市场开拓】 2017年，人保财险山西分公司坚持车险、非车险、政策性业务三箭齐发，发展新动能不断孕育壮大。车险方面，把握商车费改后由费用竞争向服务竞争转变的内在规律，对标市场和主要竞争对手，突出家自车发展和渠道布局，狠抓车险承保定价和费用差异化配置，强化续保团队建设，严格送修资源管理，加快电商渠道转型，拓展县域二网卖场，改造营运货车业务，车险保费突破51亿元，实现五年来首次超越市场，为全省保费突破70亿元做出贡献。商业非车险方面，深化政企互动，强化保险供给，推广"保险+服务"模式，提升重点险种和分散性业务拓展能力，保费收入突破8亿元，同比增长8.20%，养老机构责任险、诉讼财产保全保险、首台（套）重大装备综合保险、政府救助保险、重点新材料保险、中小企业贷款保证保险等新产品持续突破。政策性业务方面，以保险助推脱贫攻坚为切入，持续提升覆盖面和渗透度。深耕农业保险，致力扩面提标增品，自主开发72个区域性农险产品，建成70个三农保险营销服务部；创新保险扶贫，10个市分公司签署扶贫战略合作协议，为58个贫困县开发保险扶贫产品38个，扶贫保险保费2603.68万元；巩固社保业务，对接多层次社保体系建设，完善专管专营，推进信息平台建设，社保业务保费6.47亿元，同比增长43.14%，服务人群1161.04万人；试点普惠金融，以支农支小为切入，为18个县办理"五位一体"扶贫小额贷款保证保险，保费1304.67万元；发放支农融资贷款8笔，保费收入7.02万元，带动保费29.41万元；“政融保”签约9000万元；采取“政府推荐+险资自投”模式，为10个深度贫困县提供支农融资1亿元。

提质降本增效，深化成本领先战略，狠抓利润关键环节，注重联动协同，夯实盈利基础。改善承保质量，承保理赔联动，全险种有效报案量增幅低于保费增速37.50个百分点。提升费用效能，强化“费用是挣出来”的理念，对标市场，优质优配，鼓励算账经营，销售费用使用效能评价C类。从严理赔管控，以降赔和整肃理赔队伍为重点，加快人伤、法律诉讼队伍和营业货车专管团队建设，车险纯人伤案均赔款同比下降3.66万元。持续应收清理，实施过程清收专项考核，突出重点险种和区域，全年应收保费率5.85%，同比下降0.31个百分点。（梁　曦）

【服务能力建设】2017年，人保财险山西分公司整合线上线下资源，强化在线理赔团队建设，推广微信理赔、极速理赔和小额案件快处等新工具，打造“三进”营销品牌和红顶棚“心服务”理赔品牌；加大微信公众号绑定考核，推广俱乐部系统管理平台，深化客户经理制，整合增值服务。“95518”客服代表满意率99.93%；监管机构服务评价92.41分，评级AA。

加强基层服务能力。深化“县域长青”行动，提升综合竞争能力。扩大基层授权，将区县支公司定位为经营单位，差异匹配权限，提高经营自主权，改善基层队伍结构；加大基层帮扶指导，制定省分公司领导班子和部门主要负责人对口包点制度；加强销售队伍建设，完善销售基本法，组建市级销售培训中心，开展星级团队、十佳组训评选；深化“县域长青”行动，制定农村销售队伍建设方案，明确农村销售渠道建设指导意见。40个区县支公司保费增速超过30%，同比增加15家；建成6个亿元区县支公司。（梁　曦）

【合规经营】2017年，人保财险山西分公司防范内控风险。坚持合规创造价值，从严执行监管要求，健全内控机制，推进持续健康发展。开展保监会第35/40号文件自查和整改整治，制定重点风险板块合规指引，实现对关键风险点的重点关注和定期排查；配合监管机构开展现场检查，治理整顿政策性业务，带头维护市场秩序；从严推进车险乱象整治，明确22条禁令，推动车险健康发展；完成三级机构内控体系评估定级，基层合规经营规范自觉。（梁　曦）

·中国太平洋人寿保险股份有限公司山西分公司·

【概况】2017年，中国太平洋人寿保险股份有限公司（简称太平洋寿险山西分公司）累计实现原保险保费收入81.67亿元，以同比增长20.80%的成绩继续保持稳固市场地位，总体规模保费在山西省保险市场位居第二名。截至2017年底，全省11个地市均开设有地市机构，另有100余家县区机构。

推进“智能营运”建设。全年共计处理各类赔案2.88万件，累计给付理赔金3.12亿元，理赔数额大幅增长。

截至2017年底，渠道业务累计实现意外险保费1.24亿元，市场份额21%，市场排名第二位，健康养老业务累计实现新保0.95亿元，成为全国14家重点机构之一。落实“渠道业务属地化自主经营，健康养老业务条线化经营”改革思路。达成渠道业务聚焦业务目标和利润。健康养老业务在现有业务基础上搭建发展平台，组建专业队伍，实现健康养老业务的规模增长。

截至2017年底，实现个险新保21.10亿元，同比增长17.90%，个险新保市场排名第二。总人力5.15万人，同比增长15.60%，（刘志平）

【个险业务活动】2017年，太平洋寿险山西分公司共开展17项客户服务活动，通过“太平洋寿险”APP中“趣跑”模块邀请客户参与线上“环太平洋跑”“遇见最中国”等活动，加强客户黏度，累计参与客户5万人。年末客户大回访活动“忠诚行动”，累计参与客户15万人，7万客户绑定“太平洋寿险”APP。通过存量客户脸谱分析，应用客户洞见结果。通过“金佑你我他”“超能宝客户加保”等专项活动，补足保障缺口。

5月20日，太平洋寿险大同中支举办首届亲子手绘风筝大赛；12月，分公司在全辖三级机构柜面开展“2017感恩季创新服务客户体验活动”；开展理赔客户鲜花探望活动；依托“太平洋寿险”官微搭建“e生相伴客户俱乐部”增值服务体系开展线上与线下结合的服务活动，打造“太尊享”“太活力”“太有爱”三大系列服务品牌。

太平洋寿险山西分公司利用节点开展活动。3月15日，分公司及辖内11家机构共同开展“总经理接待日”活动现场宣传咨询；“7·8”全国保险公众宣传日期间，参加山西省保险行业协会“7·8公里保险扶贫公益跑”活动及7·8大型现场宣传咨询活动，扩展传统保险服务的渠道。公司在业务、人力、客户经营各方面都取得较快增长。（刘志平）

【新技术运用与服务提升】2017年，太平洋寿险山西分公司应用新技术优化作业模式。“智多星”智能审核平台上线，将新保审核时效由“天”压缩到“秒”级，提升客户信息真实性、完整性和有效性。承接“数字太保”“智能营运”落地的公司重点项目，页面流程简化，作业效率提升30%。“新理赔系统”完成试点工作并成功上线，与核心系统直接对接，简化页面流程，提升作业效率。上线移动双录功能，将“录音录像”与“神行太保”移动智能保险平台融合，首创“移动在线双录”模式，有效规范保险销售行为。上线长险电子保单项目，打通线上承保全流程，完成客户投保、保单签发、电子保单制作发送、客户签收保单和新技术回访全流程线上无纸化操作，提升效率节约成本。推动服务网点的标准化建设和柜面服务水平提升。在2017年度"山西省人身险公司星级柜面评选"活动中,太平洋寿险晋城中支、朔州中支柜面获得最高评审级AAAAA级柜面,运城中支、长治中支及平遥支公司柜面获AAAA级柜面,晋城高平支公司等15家四级机构柜面获得AAA级柜面。(刘志平)

【财务管理】 2017年,太平洋寿险山西分公司在太平洋寿险总公司组织的财务达标评审中,会计达标、预算达标得分均处于全司系统年度最高,会计达标获评最高等级AAA级。

通过建立分条线管控的岗位设置模式,完善财务内部预算管理体系模型,理顺条线专属预算管理员体制运行。完成捷报系统的推广上线工作,改进用户费用报销体验,实现P07核心财务系统提速升级。

通过制定流程细化标准,规范操作工具,按月开展科室培训,推动会计达标。做好后"营改增"时代税务统筹管理。通过涉税风险自查梳理完善制度与内部控制流程,提升税收风险的防范能力。推行电子发票上线,降低人工开票风险,截至2017年底,全辖均完成电子发票上线配置。

加强零现金管理,收支转账率均高于系统内全国平均水平;规范柜面收付费方式,加强柜面客户身份验证工作,分公司远程督导抽检,防范风险;上线微信平台公杂费缴费项目,拓宽资金收付渠道。(刘志平)

【合规经营防范风险】 2017年,山西分公司以"一守三全"(守住不发生系统性风险的底线,全面减少违规行为及外部监管处罚,全力遏制重大案件与系统性风险,全方位杜绝一般性内控缺陷与重复性合规问题的发生)为核心目标,"夯实基础管理",偿二代综合评级、人行反洗钱分类评级均为A级,实现年度合规内控责任目标。反洗钱工作连续三年被人民银行评为"A类"机构。

2017年,山西分公司推进条线负责制,开展非法集资风险排查、销售管理合规自查自纠、反洗钱、反欺诈、反舞弊等专项治理活动;加强对营业场所风险管控,开展职场宣传与警示,强化一、二道防线全防全控、联防联控、重防重控,推进案件防控与处置,控制风险,预防风险,2017年未发生风险案件。(刘志平)

·中国太平洋财产保险股份有限公司山西分公司·

【概况】 中国太平洋财产保险股份有限公司山西分公司(简称太平洋产险山西分公司)作为中国太平洋财产保险股份有限公司所辖省级分公司,为山西经济社会发展、为客户提供风险保障。

2017年,公司推进"数字太保"战略转型,以新科技,新技术提升公司的核心竞争力与客户服务能力。以承保盈利为底线,以合规经营为红线,以提升客户体验,满足客户需求为生命线,结构调整增活力、转型创新谋长远,实现可持续价值增长战略目标。截至2017年底,有11家地市中心支公司,71家县级支公司。

(周苗为)

【产品创新与客户服务】 2017年,太平洋产险山西分公司结合市场需求,创新开发新险种。太平洋产险山西分公司推出"太健康"百万全家桶、"太享贷""家政雇佣责任险""诉讼财产保全责任保险""驾乘人员意外伤害保险"等"码上保"系列产品及食品安全责任险等,为客户的"衣、食、住、行"提供全方位的保险保障。为方便客户投保,简化投保流程,太平洋产险山西分公司推出"车险电子保单",客户在投保时只需提供手机号及电子邮箱即可投保,实现投保流程"移动化""通用化""去纸化",便于客户快速查找自己的投保信息。太平洋产险山西分公司推出电子发票,方便客户实时查阅和接收。

太平洋产险山西分公司提升服务质量。"以客户需求为导向"创新客户服务模式,推出"太好赔"服务,为客户提供服务。提升车险理赔时效,以及标准化、专业化程度。太平洋产险山西分公司优化理赔增值服务,针对三年未出险客户推出金钥匙服务、无限次免费道路救援服务、小额案件授权授信服务;针对女性客群提供免费协助更换备胎及无限次免费道路救援服务、小额案件授权授信服务;针对新车首次出险客群提供查勘接触、全程导赔服务、理赔回访等服务。

开展首届客户节,全辖各机构邀请客户参观门店,组织客户联谊活动。在"3·15""7·8"活动期间,在全省开展"扶贫公益跑""高管倾听客户声音""客户服务问题大排查"等消费者权益保护活动,利用自身专业力量,为客户提供风险管理、防灾防损等方面的咨询与服务;在春节、五一、国庆假日期间,开展"爱心时刻相随,服务一路相伴"系列特色理赔服务活动。在各大旅游景点、高速路口、快处中心设立流动理赔服务点,通过温馨提醒送关爱、流动网点送服务、自动查勘易理赔、简化流程快赔付、全国通赔畅无忧等举措为客户出行保驾护航。致力于保险扶贫,在全省设立41个农险服务站,推广大病保险,农村小额贷款保证保险等,维护农户利益。(周苗为)

·中国平安人寿保险股份有限公司山西分公司·

【概况】 2017年,中国平安人寿保险股份有限公司山西分公司(简称平安人寿)适应经济发展新常态,保护保险消费者合法权益,各项业务持续健康发展。截至2017年底,分公司下辖太原本部11个营业区、10个地市三级机构和55个县域四级机构。

2017年,分公司累计实现总保费收入75.34亿元,同比增长24.80%,其中个人代理保费66.91亿元,同比增长25.60%,银保新单期交保费收入1.42亿元,同比增长167.80%。2017年分公司13月保费继续率为89.70%,同比提升3.60%。截至2017年底,营销员人数站上25000人的平台。

2017年，分公司累计为近151万客户提供5340亿元的保险保障，同比增长50.50%。在赔付方面，2017年全省死伤医疗赔款支出28648.56万元，同比增长35.90%；满期、年金给付支出35502.52万元，其中年金给付5368.02万元，同比提升114%。

上缴各项税款21924.86万元，其中上缴公司增值税2334.82万元，占总缴纳税款10.65%。

截至2017年底，平安人寿在山西累计投资已达107.80亿元，其中债券累计投资额54.90亿元；基础设施投资方面，向太焦高速公路项目投资额23.46亿元；新能源开发方面，风电累计投资额达1.80亿元。（李晓光）

【销售渠道拓宽】 2017年，平安人寿山西分公司实现从用户到客户"双圈双户"经营模式的转化和升级。2017年个销产及个销养保费平台持续增长，其中个销产保费同比增长19.50%，累计达成77198万元；个销养保费同比增长15.70%，累计达成9595万元。

制作一年内新人个销车险，个销卡式业务主拓产品课程，线上利用微信、直播等平台推广，线下配套制作产养一年内新人训练手册、车险折页、车险销售十大金句等行辅资料助力新人展业。山西2017年1月至11月个销产3月内新人破零率54.20%，个销产一年内新人首单平均69天，助力新人留存。

个销产1月至10月累计获客300180人(次)(未去重)，月均获客3万人(次)；1月至10月个销养卡式业务累计获客55575人(未去重)；2017年6月首次尝试学平险+主顾开拓新模式，2017年学平险客户数较上年新增19109个(未去重)；

2017年个销产贡献人均综拓收入792元，个销养贡献人均综拓收入74元。

2017年7月个人客户经理俱乐部会员人数较2017年1月环比提升29.60%；较2016年7月同比提升31.20%；会员占比由年初的11%提升至15.40%；建立综金优秀部课、组区的荣誉文化体系，加强对综拓绩优人员的支持，提升会员的保费贡献度，搭建会员推动五大体系。

通过线上微讲堂学习、线下早会宣导反馈、指标追踪，定期会议培训模块，形成固定的标准化运作流程，截至2017年10月底，分公司分阶段制定4次综拓功能组方案，制定《综拓功能组操作手册》，支持功能日常组运作。（李晓光）

【便民服务创新】 2017年5月28日，平安人寿山西分公司第二十一届客服节启动。分公司通过线上问诊、健康头条等更多就医便民服务、平安欢乐秀、专家巡讲以及APP系列活动，创新服务客户，并进入平安客服节码上行公益秀全国决赛。

推出"智慧客服"，依托生物认证、大数据、人机交互和远程视频等技术，实现低中高风险实时分流。客户通过金管家APP等移动入口，即可随时随地办理理赔申请和保单信息确认等传统需要到柜面亲办的保险业务。

开设亲访、电话、信函、网络等多种投诉渠道，并在各营业场所公布投诉处理流程，便于客户咨询、投诉，对受理的各类投诉案件，及时妥善处理，化解客户纠纷，提高投诉满意度。在全省开展总经理接待日活动及客户座谈会，了解客户真实需求。为提高服务水平，管控业务品质，公司对投诉案件分析总结，并编写典型案例。年初制定全年的投诉宣讲计划，并严格按计划开展宣讲，规范展业、提高服务质量，减少投诉案件的发生。

截至2017年底，山西省58个贫困县中，平安寿险山西分公司已开设机构共计20个，截至2017年12月底，有营销人员1713人。（李晓光）

【理赔服务】 2017年，平安人寿依托互联网前沿技术，通过流程创新与优化、人脸识别、OCR+NLP、医院联网、智能理赔模型等一系列新科技技术，推出"闪赔"服务。客户可通过手机进行在线理赔申请，减免8–10项理赔申请纸质资料，30分钟内赔款到账。截至2017年底，理赔E化覆盖全省超96%的案件，闪赔最快速度2.17分钟，闪赔最高金额2万元，全年理赔案件34415件，赔付金额2.80亿元，豁免保费5100万余元，理赔最高金额236万元，理赔客户服务满意度94.83%。

理赔业务E化率高达96.30%以上，通过安e赔理赔案件从受理到结案平均1.41天，方便线下网点较少的偏远地区客户。2017年3月推出"闪赔"服务，客户可在申请后30分钟内获赔，使得农村地区的用户也能享受极速理赔。闪赔自2017年3月上线截至12月底完成3549件，闪赔占比11.80%。

在各岗位落实服务承诺。分公司落实理赔全流程各环节标准化作业流程。依托平安后援集中运营平台，实现案件集中作业。客户提交理赔资料齐全后，由后援运营作业人员在后台进行集中审核操作。对理赔金额低、责任明确的赔案，通过闪赔服务，加快理赔时效，最快30分钟内赔款到账。专人进行案件时效追踪工作，每日对案件处理进行通报，并追踪到经办人员，对临超案件与后援作业中心沟通，优先处理。"安e赔"手机在线理赔申请项目覆盖96%的案件量，简化物流、扫描等中间环节，节省纸质资料，节约社会资源，实现理赔绿色环保。

落实分公司初定工作目标，整体理赔案件平均服务时效1.5天以内(以自然天数计)，保险小额理赔5日结案率大于98%，保险小额理赔平均索赔支付周期小于2天。

服务承诺落实效果。2017年全年平安人寿山西分公司标准案件共结案23476件，占整体案件量的69%以上，标准案件件均时效0.25天，标准案件2日结案率达成98.93%，保险小额理赔5日结案率99.57%，保险小额理赔平均索赔支付

2017 年 10 月 19 日，平安人寿山西分公司开门红启动仪式　（李晓光供图）

周期 0.19 天。　（李晓光）

【风险防范】 2017 年，平安人寿提升分公司合规经营管理水平，加强流程合规管控。

法律合规部牵头前线、共同资源各条线于全省范围内开展“举一反三”自查自纠工作，排查内容包括：职场管理、采购风险管理、销售行为管理、防范和处置非法集资违规代销风险管理、费用管理、人员信息管理等，重点针对内外勤及公司管理涉及的相关问题开展自查自纠，持续强化风险管理及内外勤合规意识，严控稽核风险，避免亮牌问责。

销售管理合规情况自查自纠。在全省范围内开展销售管理合规情况自查自纠。重点针对产品管理、信息披露、销售宣传、客户回访、续期服务和投诉处理等业务环节，排查相关经营行为是否合规、内控制度是否健全有效、信息资料是否真实完整。

风险防控及常规风险排查。在全省范围内开展风险防控排查及 2017 年常规风险排查，主要排查内容分别包括：制度健全性、执行有效性及单证印鉴使用、是否存在可疑人员、是否存在可疑业务、重点内控风险及保险资金案件。通过排查对监管提出的风险点的防控措施和执行情况进行全面的检视。

防范和处置非法集资风险排查。5 月至 7 月在全省范围内开展防范和处置非法集资专项排查工作，排查范围包括营业部/展业课名称规范性、职场布置规范性、私刻、留存内外部印章或存在已作废未及时销毁的公司印章等。

加强操作风险及内控管理，组织开展操作风险事件及损失数据收集，识别操作风险。

开展内控自评项目及制度执行自查工作。该次内控自评工作的自评流程涉及销售误导治理的流程包括销售、佣金管理及培训管理。

落实监管政策，分公司开展保险销售行为可回溯管理工作，成立专项工作组，落实总部下发的相关业务制度，严格对投保人年龄≥60 周岁，通过录音录像等技术手段采集试听资料、电子数据的方式，记录和保存保险销售过程关键环节，同时下发双录视频质检操作作业指导，质检人员按照质检标准对录音录像进行质检，维护客户的合法权益、规范保险销售相关环节。

加强理赔反保险欺诈处置能力，山西分公司为提升风险管理技能，及时发现、处置风险隐患，防范、打击保险欺诈犯罪，通过事前预防，事中阻断，事后处理三条主线以及风险识别、衡量、控制、监测四大步骤，形成风险管理闭环，使公司内、外勤队伍欺诈行为持续保持警觉、机构持续高压状态。

在全省开展“学法、知法、守法、远离保险欺诈”为核心的反保险欺诈主题宣传活动。　（李晓光）

房地产业

综　述

【概况】 2017年,山西省有房地产开发企业2379个，资产总计10358.70亿元，营业收入完成920.10亿元,实现利润34.30亿元，新增固定资产564.70元,购置土地面积269.40万平方米。房地产企业从业平均人数达55229人。全年房地产开发投资完成1166.30亿元,其中住宅846.40亿元,占房地产开发投资的72.60%。房屋施工面积完成16473.40万平方米,其中住宅11817.10万平方米,占房屋施工面积的71.70%。房屋竣工面积1969.90万平方米，其中住宅1413.80万平方米,占房屋竣工面积的71.80%。商品房销售面积2415.90万平方米,其中住宅销售面积2246.30万平方米。商品房销售额完成1357.50亿元,其中住宅销售额完成1225.90亿元。

（统计局）

【房地产业持续发展政策】 2017年12月,山西省住建厅报请山西省人民政府印发《山西省人民政府办公厅关于加快推进房地产业持续健康发展的意见》。从总体要求、工作重点及主要任务、扶持政策、推进措施等方面提出合理安排住宅用地供应,科学把握住房建设和上市节奏,推进三四线及以下城市房地产去库存,加大住房保障力度，规范和培育住房租赁市场,落实中介机构备案、从业人员实名服务制度,规范房地产中介服务行为,建立联动监管机制,强化行业监督检查，完善物业服务管理体制,延伸拓展物业服务领域,发展壮大物业服务企业,加强物业服务市场监管13条具体措施。《意见》进一步明确要求,加强房地产市场分类调控,因城、因地、因势施策,加快化解三四线及以下城市房地产库存,有效防范房地产市场泡沫,规范发展房地产中介行业,加快发展物业服务业。

（李国红　米玉婷）

【房地产业贷款】 截至2017年底，山西省房地产贷款余额2809.72亿元,同比增长51.50%,占各项贷款余额的比重为12.40%,房地产新增贷款占全部新增贷款的比重为43.10%。

（李国红　米玉婷）

【房地产市场运行】 2017年,山西省完成房地产开发投资1166.30亿元,同比下降27%。山西省房屋施工面积1.65亿平方米,同比下降3.50%;新开工面积3305.80万平方米,同比下降14.20%;竣工面积1969.90万平方米，同比下降26.60%;山西省商品房销售面积2415.90万平方米,同比增长17.20%。

（李国红　米玉婷）

【房地产企业到位资金】 2017年,山西省房地产开发企业到位资金1677.50亿元,同比增长5.60%,增幅比上年回落4.4个百分点。其中,国内贷款150.40亿元,同比增长52.90%,增幅比上年加快62.60个百分点;自筹资金652.20亿元,同比下降19.60%,降幅比上年扩大19.80个百分点;其他资金874.90亿元,同比增长28.90%,增幅比上年回落0.50个百分点。其他资金中,定金及预收款510.60亿元，同比增长20.20%，增幅比上年加快3.3个百分点;个人按揭贷款301.0亿元,同比增长60.0%，增幅比上年回落0.9个百分点。

（李国红　米玉婷）

【房地产企业土地购置】 2017年,山西省房地产开发企业土地购置面积269.40万平方米,同比下降23.40%,降幅比上年扩大4.90个百分点;土地成交价款95.5亿元，同比下降25.30%，降幅比上年扩大76.2个百分点；待开发土地面积468万平方米,同比下降22.40%,降幅比上年收窄5.80个百分点。

（李国红　米玉婷）

【房地产交易展示会】 2017年10月27日至29日,2017太原市第15届大型房地产交易展示会在中国（太原)煤炭交易中心举办,主题是"调结构、促消费、稳房价、稳市场"。参观市民达88115人次，较上年增长33.35%,意向客户达11490组,预订客户为4451组，签约客户1916组。房展会面积共15000平方米,共有恒大、富力、碧桂园、远大、万科、融创等31家房企118个楼盘参展。其他上下游产业腾讯企鹅装修、美得你家装、我爱我家、工商银行、朗润智业等18家企业参展,互联网媒体12家参展,参展商达60余家。展会首次提出“全产业链服务”概念。“全产业链的服务”概念的提出将打通消费者从选房到入住的所有环节，大大降低老百姓的购房成本。（李国红 米玉婷）

市场监管

【房地产市场监管】 2017年，山西省住建厅开展房地产市场专项检查和整治，加大对房地产违法违规项目的打击和整改力度。制定《高校物业服务标准》，健全物业服务标准体系，提升物业行业发展水平。联合6个厅局起草制定《关于加快发展物业服务业的指导意见》，加快推进物业服务业向社会化、市场化、专业化、规范化发展。（李国红 米玉婷）

【房地产去库存】 2017年，山西省住建厅制定政策措施，印发《山西省化解房地产库存工作方案》，从加强供应管控、优化供应结构、扩大有效需求、推进房地产开发企业兼并重组4个方面提出13项具体措施。印发《山西省化解房地产库存行动计划》，对去库存工作进行安排部署，明确去库存的时间表、路线图和责任单位。制定《房地产去库存工作专项督查方案》，开展房地产去库存专项督查，确保政策落实到位。截至2017年底，山西省商品房待售面积1225.70万平方米，消化周期6.10个月，较上年底（10.30个月）缩短4.20个月，控制在年初“力争商品房待售面积消化周期控制在10个月左右”目标任务之内。（李国红 米玉婷）

【房地产市场泡沫防范】 2017年，山西省住建厅加强对太原市房地产市场调研、督导，定期与太原市会商研判房地产市场形势，实地督查，强化太原市稳房价、防泡沫、防风险的主体责任，督促指导太原市出台加强预售审批、加强网签管理、控制二手住房短期交易转让等一系列政策措施。指导太原市调整棚改货币化安置政策，对太原市棚改货币化比例不做具体要求；指导太原市落实住房和城乡建设部要求，调整住房公积金政策，降低公积金贷款额度、提高二套房贷款条件。加强房地产市场整顿，房地产市场专项整治和商品房销售价格行为联合专项检查，加大对违法违规项目的打击和整改力度，遏制投资投机性购房。（李国红 米玉婷）

【住房租赁市场规范发展】 2017年4月，山西省住建厅下发《关于对住房租赁市场摸底调查的通知》，对各市住房租赁市场进行摸底调查，基本摸清全省住房租赁市场底数；6月，与山西省工商行政管理局共同研究制定《山西省房屋租赁合同示范文本》，明确房屋租赁双方的权利义务，保护租赁当事人的合法权益。9月，山西省化解房地产库存工作领导小组办公室印发《关于加快培育和发展住房租赁市场的目标责任分解方案》，对发展住房租赁工作进行目标任务分解，明确责任单位，强化责任落实。11个设区城市均出台培育和发展住房租赁市场的实施意见，全省培育和发展住房租赁市场工作有序推进。11月，省住建厅与中国建设银行山西省分行签订住房租赁全面合作协议，共同协作建立住房租赁综合服务平台系统，入围全国前3名全面推开该项工作省份。（李国红 米玉婷）

二手房市场

【房地产中介行业规范】 2017年，山西省出台《关于加快推进房地产业持续健康发展的意见》，明确落实中介机构备案、从业人员实名服务制度，规范房地产中介服务行为，建立房地产、发展改革、金融、税务、工商、通信等多部门联动监管机制，强化行业监督检查。开展为期三个月的房地产市场规范整治专项行动，重点整治房地产中介机构发布虚假房源、不实价格信息招揽业务、哄抬房价等违法违规行为，对全省344家房地产经纪机构进行了排查清理，对违法违规行为进行查处纠正。（李国红 米玉婷）

【二手房市场调控】 2017年，山西省住建厅加强对太原市的调研、督导。定期与太原市会商研判房地产市场形势，实地督查，强化太原市稳房价、防泡沫、防风险的主体责任，督促指导太原市出台控制二手住房短期交易转让等一系列政策措施。加强房地产市场整顿。开展房地产市场专项整治和商品房销售价格行为联合专项检查，加大对违法违规项目的打击和整改力度，遏制投资投机性购房。（李国红 米玉婷）

物业管理

【物业管理水平提升】 **物业服务制度建设**。2017年7月，山西省出台《加快发展物业服务业的指导意见》，一是明确工作重点及主要任务：健全物业管理体系，推进信用体系建设，建立物业纠纷调处机制，积极拓宽服务领域，做好前期物业监管，发展壮大企业，大力培育人才，发挥业主委员会自治作用，发挥行业协会自律作用，改善小区物业服务环境。二是明确扶持政策：落实税收扶持政策，落实相关补贴政策等。提出到2020年底，物业服务覆盖面持续扩大，在城镇新建住宅小区全面实现物业服务的基础上，住宅物业服务平均覆盖率达到75%以上。2017年12月，山西省住建厅制定《高校物业服务标准》。健全物业服务标准体系，引导物业服务企业找准市场定位，转变管理者的角色，强化服务意识，提高物业服务的规范化和标准化水平，为推进物业服务业健康发展提供依据和保障。

强化事中事后监管。按照“双随机、一公开”的工作要求，2017年，山西省住建厅加大对物业服务市场检查力度，采取随机方式抽取被检查对象、选派执法检查人员进行检查，并及时公开检查结果，实现监督检查常态化、规范化。将双随机检查结果记入企业信用档案，加强事中事后监管。

推进建设信用体系。完善物业服务行业信用管理制度，2017年，省住建厅制定《2017年度房地产企业资质动态考核及信用评价工作的通知》，开展了物业服务企业信用等级评价工作，强化守信激励和失信惩戒机制，促进物业服务企业讲诚信、守规则。督促各市建立健全物业服务企业信用档案和黑名单制度，加大信息公开力度，提高社会公众知晓度。

（李国红 米玉婷）

【高层建筑物业消防培训】 2017年8月24日，由太原市公安消防支队、市住建委、市房管局和山西省房地产业协会联合主办，由省房协物业工作部承办的太原市高层建筑物业消防专项培训在山西大剧院举行。省、市主管部门有关负责人，全市各区、街办和高层建筑产权单位的消防安全责任人，物业服务企业经理、物业经理、消防维保人员共1000余人参加培训。培训班向街办、社区物业负责人发放《太原市关于开展高层建筑消防安全整合治理的通告》《消防安全经理人(楼长)备案表》等资料。

（李国红 米玉婷）

【物业服务百强企业】 2017年6月16日，中国指数研究院、中国房地产TOP10研究组在北京举办“2017中国物业服务百强企业研究成果发布会暨第十届中国物业服务百强企业家峰会”。山西滨汾物业管理有限公司为物业服务百强企业榜第98名，获“2017中国物业服务百强企业”称号。

（李国红 米玉婷）

【物业管理职业技能竞赛】 2017年4月8日至9日，由山西省房地产业协会主办，山西建筑职业技术学院、太原云天文化传播公司承办的第一届“华通杯”山西省物业管理行业职业技能竞赛暨全国物业管理行业职业技能大赛选拔赛在山西建筑职业技术学院举行。来自全省物业企业的229名选手分别参加物业管理员和电工两个工种的比赛。该次竞赛是根据中国物业管理协会《关于举办2016年中国技能大赛——“深圳物管学院杯”全国物业管理行业职业技能竞赛的通知》的要求，并受中国物业管理协会委托举办的。参赛选手通过理论考核、实际技能操作、知识抢答、案例分析和个人演讲等方式进行比赛。技能竞赛有6名选手获一等奖；14名选手获二等奖；20名选手获三等奖；130名选手获优秀选手奖；23家企业获优秀企业奖。5月20日至21日，在中国技能大赛——“深圳物管学院杯”首届全国物业管理行业职业技能竞赛决赛上，永济电机安居物业管理有限公司李亮霞、太原达人物业管理有限公司宋正芳、山西田森物业管理股份有限公司张计生获优胜奖，山西美嘉乐物业管理有限公司赵志刚获竞赛奖。省房协获优秀组织奖。

（李国红 米玉婷）

2017年山西省房地产业施工、销售情况统计表

指　　标	总　计	住　宅	办公楼	商业营业用房	其他
房屋施工面积(平方米)	164733982	118171176	5489337	19798501	21274968
#本年新开工面积	33058426	24112234	739318	3292900	4913974
房屋竣工面积(平方米)	19699186	14138324	845709	2280312	2434841
#不可销售面积	2015806	959538	171095	323981	561192
房屋竣工套数(套)		129811			
房屋竣工价值(万元)	5294611	3700023	334768	678461	581359
房屋出租面积(平方米)	550803	14271	72668	386474	77390
商品房销售面积(平方米)	24159189	22462784	426032	807331	463042
商品房销售额(万元)	13574775	12258970	375314	743660	196831
商品住宅销售套数(套)		196486			
待售面积(平方米)	12257255	8113307	290011	2353445	1500492

交通运输

Traffic and Transportation

综　述

【概况】 2017年，山西省交通基础设施建设完成投资291.30亿元，完成年计划的126.70%。全省新增公路通车里程789.50千米，达14.29万千米。高速公路建设及改扩建工程，4个项目建成通车，新建成出省口2个，总数达到23个，通车总里程达5335千米。普通国省干线公路完成拥堵路段和瓶颈路段新改建486千米。农村公路完成新改建7930千米，完成安防工程5532千米。建成城市公交场站和乡镇汽车站15个。开工建设黄河、长城、太行三大板块旅游公路吕梁碛口、临汾乾坤湾2个试验段。3月2日，交通运输部与山西省人民政府签署加快山西省交通运输发展合作协议，推动山西构建现代综合交通运输体系。（师国梁　陈瑞丽）

【交通运输改革】 2017年，山西省交通运输厅推进运输业降本增效。实施政府还贷高速公路"分区域、分路段、分时段、分车型"差异化收费试点，对国际标准集装箱及厢式货车通行费进行优惠、客运班车实施分档包缴，全年实施三个月减免通行费1.47亿元，受到国务院办公厅和省政府通报表扬。落实鲜活农产品"绿色通道"和重大节假日小型客车免费通行政策，全年减免通行费12亿元。发展现代物流业，太原中鼎物流园区和侯马方略国际物流中心列入交通运输部多式联运示范项目。山西经纬通达股份有限公司等7家物流企业进入全国无车承运人试点行列。临汾兴荣物流联盟加盟企业达300余家，成为全省现代物流企业"领头羊"。省交通运输厅整合62条政府还贷高速公路、10户路桥企业、厅直2户科研企业、省高管局3户直属企业和省国资委管理的路桥集团、交通投资集团、高速集团，组建山西交通控股集团有限公司。交控集团注册资本约500亿元，静态资产达4000亿元、居全国交通企业前列，是一个集投融资、勘察设计、施工监理、设施运营和资本运作等于一体的交通全产业链集团。截至2017年底，交控集团运行平稳、发展态势良好。推进综合交通运输体制改革。省交通运输厅承接民航机场管理主要职责，实现公路水路运输与民航运输综合管理。12月29日，省民航机场管理局在省交通运输厅揭牌。厅机关增设民航综合协调处和民航建设运行处。开展"放管服效"改革。省交通运输厅取消下放行政审批事项4项，精简行政审批前置材料124项，完成14项"多证合一""证照分离"改革试点工作，80%以上审批事项实现网上办理。建立"双随机一公开"监管机制，开展行政许可、行政处罚和企业信息归集公示及信用评价工作。实行"13710"督查督办工作制度，按时办理重点事项104项。

（师国梁　陈瑞丽）

【交通运输服务】 2017年，山西省交通运输行业管理加强。重点公路工程监督抽检合格率达93.50%，关键指标合格率达96.60%。高速公路和普通国省道优良路率、农村公路优良中等路率分别达99.85%、81.87%、77.33%。7月28日，召开全省公路"品质工程"示范创建活动。公路控制区划定工作有序推进。开展打击"黑车"非法营运专项行动，查处非法营运车辆1357辆次、违规营运车辆857辆次，维护运输市场秩序和经营业户合法权益。道路水路航空运输平稳有序。全年累计完成营业性公路水路客运量1.75亿人、旅客周转量150.50亿人千米；累计完成营业性公路水路货运量11.50亿吨、货物周转量1758.80亿吨千米。全省民用机场完成旅客吞吐量1583.41万人（次）、货邮吞吐量5.46万吨。太原武宿国际机场年旅客吞吐量首次突破千万人(次)，进入国内繁忙机场行列。城市公交稳步发展。全年新增更新公交车1757辆，其中新能源公交车达1200余辆，忻州、吕梁、长治、临汾4个设区市实现公交车纯电动化，临汾市列入"十三五"全国"公交都市"试点。开通晋城至郑州、焦作城际公交。7个县开展城乡交通运输一体化试点，平定、平顺2县入选全国首批试点；10个地级市实现城市公交"一卡通"，7个地级市实现

"95128"出租车预约"一号通"。

(师国梁　陈瑞丽)

【交通运输法治和安全管理】 2017年,山西省交通运输厅制订出台规范性文件5件,组织对现行规范性文件进行清理。加强行政执法评议考核,依法开展行政复议和行政应诉工作,组织开展公路执法、源头治超等专项检查。落实安全生产"两个责任",对全省584户道路水路运输企业、14个在建重点建设项目、117个汽车站以及17259辆"两客一危"重点营运车辆实行挂牌监管。全年整治各类安全隐患6404项,整改率达97%。编制完善各类应急预案54部,开展各类应急演练1276次,国务院安委办授予"全国安全生产月和安全生产万里行活动先进单位"。加强治超工作,全省非法超限率控制在0.20%以内,保持全国领先地位。开展与公安部门社会综治联防联治,行业保持安全稳定。

(师国梁　陈瑞丽)

【交通环保整改】 2017年,山西省交通运输厅编制《"十三五"山西交通运输节能环保发展规划》,印发《党政领导干部生态环境损害责任追究实施细则(试行)》,开展路域环境综合治理,抓好中央环保督察发现问题的整改落实,道路抛洒、扬尘污染等得到治理。阳城至蟒河高速公路入选全国绿色公路建设典型示范工程。

(师国梁　陈瑞丽)

【"山西交通"正式发布信息】 2017年2月27日,山西省交通运输厅政务微信"山西交通"正式对外发布信息,旨在建设全省交通运输行业新闻发布新阵地、政务公开新平台、便民服务新窗口。主要发布厅党组重大决策部署、交通运输行业重大改革措施、重要法律法规、行业重大突发事件应急处置、基层工作经验和先进典型以及服务社会的有关信息,适时适度回应公众关注的交通运输热点问题。

(师国梁　陈瑞丽)

【道路运输突发事件应急救援综合演练】 2017年9月19日,山西省道路运输突发事件应急救援综合演练在长治市举行。山西汽运集团长治公司、长治市第一汽车运输有限公司、长治市客运东站、长治市奕辰运输有限公司4家道路运输企业200余名从业人员、40余辆救援车参加演练。演练模拟道路旅客运输站场反恐防爆、道路旅客运输滞留疏散、气体危化品运输和液体危化品运输泄漏险情等6项道路运输突发事件应急救援全过程。　(师国梁　陈瑞丽)

公　路

【高速公路差异化收费】 2017年,在山西省高速公路货运车辆通行费优惠12%基础上,对办理ETC卡实行刷卡缴费货运车辆再优惠5%。对持有超限证车辆,超重载100%以上部分道路补偿费由现行费率的16倍计收降至4倍计收。实施"新三减",对甲醇重卡和燃气重卡、新能源汽车加大优惠力度。9月28日,国务院办公厅印发通报表扬山西省实施高速公路差异化收费、降低企业物流成本做法。10月1日起,作为全国4个试点之一,全省开始实施高速公路新一轮差异化收费政策,优惠期暂定为1年,惠及客货车,主要涉及集中连片贫困地区,最大优惠幅度达到70%,在优惠范围、优惠幅度、政策多样性方面均处于全国领先水平。

(师国梁　陈瑞丽)

【高速公路建设】 2017年,山西省推进高速公路建设。2月28日,灵丘至河曲高速公路原平至神池段正式通车运营。路线全长64.67千米,起点位于原平市沿沟乡麻地沟村,与繁峙至大营高速公路终点大运枢纽相接,经原平、宁武、神池3县(市)、7个乡(镇)、43个自然村,终点位于神池县东湖乡,与神池至河曲高速公路相接。全线采用全封闭双向四车道高速公路标准,设计时速80千米,路基宽度24.50米,建设投资75.27亿元。

8月22日,高平至沁水高速公路通车。高沁高速公路是全省高速公路网规划"三纵十二横十二环"中第十一横重要组成部分。东连长晋和高陵高速公路,西接阳翼高速公路,全长69.99千米,投资63.60亿元。全线采用双向四车道标准,设计时速80千米,途经高平、泽州、沁水3县(市)7个乡(镇)48个行政村,是全省晋煤外运的重要通道。

12月27日,京乌高速公路山西段与天黎高速公路互通连接线贯通。该段高速公路起于大同市天镇县平远堡村(冀晋界),接京乌高速公路河北段在建的胶泥湾至西洋河高速公路,终于内蒙古兴和县韩家营村南(晋蒙界),接京乌高速公路内蒙古段建成的韩家营村至呼和浩特高速公路,路线全长8.89千米,采用双向六车道高速公路标准建设,设计时速100千米,路基宽33.50米,占地面积1402.70亩,投资金额6.65亿元。

12月28日,长邯高速公路改扩建工程完工,全线恢复通车运营。起于晋冀界的黎城县下湾村,向西经黎城县、潞城市,终于郊区长治北互通,全长53.53千米,途中分别与左黎、黎霍、长平、长临高速相接。改造总投资34.52亿元。在全省率先实现高速公路双向八车道(长达10千米)。

(师国梁　陈瑞丽)

【温馨春运活动】 2017年1月13日至2月21日,山西省高速公路管理局与山西交通广播(FM88)合作开展"情满旅途·温暖回家路——报车号送午餐"主题活动,营造高速公路服务区"温馨春运"环境。全省高速公路有33对服务区自愿参与活动,广大司乘人员踊跃参与,每日有300余人与山西交通广播电台微信公众号进行互动,参与活动的全省高速公路服务区每日送出100份美味自助午餐。

(师国梁　陈瑞丽)

铁　路

【概况】 2017年,中国铁路太原局集团公司管辖大西高铁、石太客专、南同蒲、北同蒲、大秦、侯月、侯西、石太、

2017 年 2 月 8 日，中国铁路太原局集团公司举办 2017 年山西煤炭铁路直达运输产运需三方合同签约仪式　　（孙淑环供图）

太中银、韩原、太兴、瓦日、京原、京包、太焦、迁曹等共计 84 条线路（含控股合资公司）。线路总延展里程 11589.34 千米，营业里程 4465.41 千米。其中，客运专线 424.05 千米，双线营业里程 3438.99 千米，电气化营业里程 4173.41 千米。道岔 10659 组，道口 120 处，桥梁 3842 座，隧道 524 座，明洞 23 座。配属机车 1140 台，客车 1932 辆，动车组 44 组。与 4 个铁路局集团公司交界：京包线 K225+000 处（郭磊庄站）、京原线 K234+000 处（灵丘站）、石太线 K117+000 处（赛鱼站）、石太客运专线 K222+400 处（太原东站）与北京局集团公司分界；南同蒲线 K849+500 处（风陵渡站）、侯西线 K76+650 处（禹门口站）、太中银线 K1173+650 处（吴堡站）、大西客运专线 K685+214 处（永济北站）与西安局集团公司分界；太焦线 K190+700 处（夏店站）、侯月线 K147+273 处（嘉峰站）、瓦日线 K501+417 处（长子南站）与郑州局集团公司分界；京包线 K380+500 处（古店站）与呼和浩特局集团公司分界。11 月 19 日，“中国铁路太原局集团有限公司”正式挂牌为标志，搭建完成法人治理架构，研究出台一系列配套制度。　　（孙淑环）

【安全生产】 2017 年，太原铁路局在石太客专、大西高铁标准线建设成效明显，安全大数据系统研发取得实质性进展，钢轨铣磨车、接触网检修列等一批新装备整装入列，14 次集中修、综合维修施工完成，领导干部挂牌督办解决安全突出问题 557 个，20 个专项整治项目全部完成。全年集团公司奖励安全有功人员 854 人（次）、171.70 万元，20 个运输站段杜绝 D 类及以上事故，210 个工区班组获“零受牌”“零故障”表彰奖励，全公司责任事故、设备故障同比下降 48.60%和 44.60%。　　（孙淑环）

【货物运输】 2017 年，太原铁路局开行首趟中欧、中亚、多式联运和汽车特货班列。扛起大秦线这面中国重载运输“旗帜”，模块化实施运输组织，一体化开展设备整治，全年 91 天日运量突破 130 万吨，累计完成运量 4.32 亿吨。推进瓦日线上量，提高本线装车能力，拓展下游市场空间，开行万吨试验列车，累计完成运量 1933.77 万吨，同比增长 5.50 倍。全年集团公司货物发送量、运输总收入分别完成 5.92 亿吨、776.50 亿元，同比增长 15.70%和 23.70%。日装车、日交车等多项指标 26 次刷新历史纪录，受到铁路总公司通报嘉奖 205 次。　　（孙淑环）

【旅客运输】 2017 年，太原铁路局适应山西文化旅游发展和山西人民出行需求，先后开行到达兰州、西宁、成都、重庆动车组，升级太原—大同、大同—北京快速列车，节假日动客车“火力全开”，全年旅客发送量完成 7235.40 万人，同比增运 134.30 万人。太原、太原南、大同站和太原客运段获“全国文明单位”称号，太原站连续三十一年被评为全路“文明车站”。　　（孙淑环）

【现代物流】 截至 2017 年底，太原铁路局与省内外企业共同打造的中鼎物流园入园企业 60 余家，仓库运用率达 85%，货物吞吐量完成 265 万吨，收入 1.48 亿元。铁路口岸作业区开通试运营，开行出口俄罗斯等国家

2017 年 2 月 15 日，山西首趟中欧班列从太原开行　　（孙淑环供图）

6列中欧中亚班列，开辟辐射广州等地4条国内直达专线，促成到达天津、日照等港口多个铁水联运项目，在服务山西构建内陆地区对外开放新高地、融入“一带一路”建设中发挥示范引领作用。中鼎云平台功能更加完善，注册客户1.20万个，成交金额1.50亿元，成为国内首家自动生成公铁联运解决方案、实现“铁路+公路”物流轨迹追踪等功能的互联网物流平台。举办“第二届山西中鼎物流论坛”，应邀出席铁路运输与现代物流融合发展论坛、中国(太原)物流产业展览会，获“中国物流社会责任贡献奖”“国家多式联运示范工程”等多项荣誉奖项，“中鼎”现代物流品牌知名度和影响力扩大。（孙淑环）

【经营开发】 2017年，太原铁路局坚持产学研一体化开发，电动液压转辙机开辟城市地铁和巴基斯坦铁路市场，全路市场占有率达70%以上，制造业创效占全路工业板块40%以上。设计旅游精品线路，完善五大旅游列车停留基地，吸引地方政府投资，客运产业在路地联动中蓄势待发，全年累计开行、接入旅游列车90列，定制冠名12列，创收5230万元。推进商贸物流业转型，商品汽车物流量达15.90万台，占山西市场的1/5，商品汽车物流量等创造多个全省第一。加强土地综合开发，高架桥下土地利用、无轨物流基地、电动汽车充电站、快捷酒店等一大批社会化经营项目得到拓展。（孙淑环）

【企业管理】 2017年，太原铁路局优化机构设置，调整车间班组布局，推进设备维修体制改革，整合国铁控股合资铁路公司管理机构，创新吕梁综合段管理模式。坚持开源节流，全面预算管理，修订经营业绩考核办法，完善工资总额挂钩、容错免责机制，优化计件工资分配管理，企业在依法合规的道路上催生出发展新活力。（孙淑环）

【铁路工程建设】 2017年，太原铁路局集中修施工期间，利用“天窗点”对大秦线进行大机清筛、成段更换钢轨、道岔换砟、大机边坡清筛、人工换枕、桥梁换砟、道岔捣固、大机铣磨、大机打磨、道岔达标整治、隧道清污测试共计20余个项目。大机铣磨车、大机边坡清筛车、隧道清污测试车、JJC型接触网检修车列在大秦线首次投入使用。其中，JJC接触网检修车列由2台牵引车和10台作业车组成，顶部安装175米长的贯通升降作业平台，最高运行速度每小时120千米。除两端牵引车外，中间车厢各有功能，分成物料存储车、设备预配车、安全用品车、工具车、炊事车、餐车、会议车、宿营车、办公车九大功能区，是全国装备最先进、科技含量最高的接触网检修作业车，被称为接触网“移动检修工厂”。

南同蒲、京原线电化改造按期投运，代建大西客专西润河线路所开通，准朔铁路27座隧道全部贯通，西南环铁路太原西站站改完工，北同蒲韩家岭至应县增建四线、聂庄至东港增二线和东港站改造工程推进。打通运输通道梗阻，推进太原站增建“两线一台”工程，完成运城北动车存车场改建、茶坞—柳村南增加机车信号绿2绿3显示、榆次枢纽增设联络线等更新改造项目。全年累计完成建设投资135.27亿元。（孙淑环）

【“朔州号”“五台山号”旅客列车开行】 2017年1月5日，以“朔州号”冠名2604次旅客列车首次从山西朔州出发，途径北京、天津，直抵渤海之滨秦皇岛，填补朔州与北京、天津两大直辖市没有直通列车的空白。1月11日，太原至北京K602/601次冠名“五台山号”旅客列车在忻州站首发。（孙淑环）

【合作班列开行】 2017年，太原铁路集团公司与太原重型机械集团有限公司、中铁集装箱股份等企业开展合作。2月15日，装载2台具有中国完全自主知识产权大型矿用挖掘机山西首趟中欧班列75006/5次列车从中鼎物流园站驶出，踏上前往俄罗斯列所西比尔斯克的“远嫁”之旅。

2月28日，载满出口的机械配件、化工品、轮胎等物资的79218次集装箱列车从中鼎物流园驶出，开往天津。是中鼎物流园至天津港开行的首趟多式联运班列，也是山西省与天津市签订“全面深化合作框架协议”后第一个落地项目。

9月30日，由中鼎物流园开往哈萨克斯坦的山西首趟中亚班列开行。中亚班列编组41辆，由38个40英尺集装箱和6个20英尺集装箱组成，满载山西制造的出口机械设备，由阿拉山口出境，终到哈萨克斯坦巴

2017年1月5日，以“朔州号”冠名的朔州至秦皇岛2604次旅客列车首发（孙淑环供图）

普洛达尔南站,全程运行 3705 千米。

(孙淑环)

【煤炭直达运输产运需三方合同签订】 2017 年 2 月 8 日,太原铁路局分别与山西焦煤集团、大同煤矿集团、阳泉煤业集团三大煤炭企业,与山东钢铁、北京大唐、齐鲁石化等十家下游企业,共同签订 2017 年山西煤炭直达运输产运需三方合同。是推进铁路供给侧结构性改革,推动山西煤炭产、运、需三方融合发展的实质性举措。

(孙淑环)

民用航空

【概况】 2017 年,山西省民航机场集团公司(管理局)落实中央及省委、省政府国有企业改革战略部署,推进民航体制改革。“山西省民航机场管理局”及其主要职责正式划转省交通运输厅,省民航机场公安机构成建制移交省公安厅管理,“山西省民航机场集团公司”改制为国有独资公司,由省国资委履行出资人职责,改制方案、公司章程取得省国资委批复,企业名称变更为“山西航空产业集团有限公司”,新公司于 2017 年 12 月 27 日正式挂牌。

(张 芮)

【航空运输生产】 2017 年,山西省民用机场机场共保障运输起降 13.57 万架次,旅客吞吐量 1583.41 万人(次),货邮吞吐量 5.46 万吨,同比分别增长 21.35%、27.14%、-0.48%。其中,太原机场通航航线 147 条,通航城市 75 个,完成运输起降 10.04 万架次,旅客吞吐量 1240.11 万人(次),货邮吞吐量 4.84 万吨,同比分别增长 22.50%、25.93%、-1.38%;长治机场通航航线 8 条,通航城市10个,完成运输起降 0.66 万架次,旅客吞吐量 55.71 万人(次),货邮吞吐量 0.05 万吨,同比分别增长-26.89%、-24.87%、-35.29%;大同机场通航航线 15 条,通航城市 19 个,完成运输起降 0.61 万架次,旅客吞吐量 64.01 万人(次),货邮吞吐量 0.17 万吨,同比分别增长 0.03%、17.55%、2.97%;吕梁机场通航航线 6 条,通航城市 10 个,完成运输起降 0.33 万架次,旅客吞吐量 27.58 万人(次),货邮吞吐量 43.40 吨,同比分别增长 15.07%、28.99%、111.71%;五台山机场通航航线 10 条,通航城市 16 个,完成运输起降 0.38 万架次,旅客吞吐量 26.11 万人(次),货邮吞吐量 25.80 吨,同比分别增长 121.30%、134.03%、141.12%;运城机场通航航线 19 条,通航城市 27 个,1.24 万架次,旅客吞吐量 144.46 万人(次),货邮吞吐量 0.32 万吨,同比分别增长 56.51%、71.32%、-0.84%;临汾机场通航航线 11 条,通航城市 14 个,完成运输起降 0.30 万架次,旅客吞吐量 25.43 万人(次),货邮吞吐量 0.08 万吨,同比分别增长 39.27%、68.30%、346.79%。

(张 芮)

【航空安全管理】 2017 年,山西省机场安全形势持续平稳,未发生机场责任造成的劫、炸机(含未遂)事件、未发生机场责任原因造成的运输航空事故,发生一起运输航空严重事故征候。太原机场刷新第 46 个航空安全年和第 26 个空防安全年纪录。

强化安全检查,落实隐患整改。细化安全质量绩效考核指标和考核标准,实行动态管理和综合考核评价,持续提高安全管理质量;制定安全监察计划和监察清单,按时间节点对春运保障、夏季消防、设施设备换季等工作进行抽查,加强重大保障期间的专项检查,及时堵塞安全漏洞;组织开展全省机场交叉检查、“反三违”、平安民航、平安货运等专项活动及安全生产大检查,共发现自查隐患 236 项,整改完成 231 项,整改率为 98%;通过现场督导检查,发现突出问题和安全隐患 132 项,下发《整改通知书》19 份,整改完成安全隐患 125 项,整改率为 94.70%;未整改完成项均制定整改措施,并指定专人负责跟踪落实;开展“平安民航建设”,严格落实“六严”工作要求,严厉打击危害民航运输秩序的违法犯罪活动,维护航空运输秩序,提高全省机场空防安保水平;强化净空区域保护,加强对无人机等低慢小航空器的安全管控工作。

完善应急预案,提高应急水平。修订完善《山西省突发公共卫生事件民用航空应急控制预案》《太原武宿国际机场突发事件应急救援预案》,基本实现生产保障各环节应急预案的全覆盖;共开展 316 次应急救援桌面推演和实操演练,提高应急救援队伍的业务水平、协同作战能力和应急处置能力;完善“四方两市”,即“4+2”应急协调联动机制,通过统一指挥、密切配合、联合应对,实现应急处置资源整合。

(张 芮)

【民航市场开拓】 2017 年,山西省民航机场集团公司(管理局)结合山西旅游市场需求,多措并举加大航空市场开发力度。太原机场启动国内中转联程服务,实现中转旅客无缝转机衔接;深化与国内各大在线旅游公司、基地公司以及铁路局的“空铁联运”合作;优化升级阳泉城市航站楼服务功能,新增平定营业部,延伸航站楼服务范围;加大与第三家基地航空公司昆明航的沟通合作力度,实现昆明航在太原机场落户第二架飞机;分别在太原和大同承办华北地区 2017 年夏秋航季航班时刻换季协调集中办公会,以及北方区域相关机场航空市场战略联盟第十八届洽谈会议,为各航空公司、机场和旅游企业之间搭建交流平台,为拓展山西航空市场奠定基础;参加亚洲航线发展大会,向国内外人士全方位展示、推介山西民航及山西旅游资源。

国内航线。太原机场增开太原至博鳌、台州、西宁等国内航线 40 条。根据“一带一路”战略,加大太原至乌鲁木齐、西宁、南宁、兰州等相关城市的航班密度。长治机场增开以长治为经停点的西安至大连、太原至海口、昆明到天津,以及经停武汉至广州的 4 条国内航线;大同机场增开大同至大连、太原以及以大同为经停点的天津至海口 3 条国内航线;吕梁机场增开吕梁至成都以及以吕梁为经停点的南宁至太原 2 条国内航线;五台山机场增开五台山经停南京至厦门、经停郑州至广州、经停郑州至深圳、经停桂林至海口以及以五台山为经停点的深圳至哈尔滨、三亚至哈尔滨的6条国内航线；运城机场增开运城至珠海、南昌、以及以运城为经停点的南京至克拉玛依、温州至呼和4条国内航线；临汾机场增开以临汾为经停点的天津至海口、呼和至成都的2条国内航线。

国际(地区)航线及口岸开放工作。太原机场增开、恢复太原至泰国甲米及普吉岛、柬埔寨暹粒、越南芽庄及岘港和俄罗斯莫斯科的国际航班，加大太原至泰国曼谷的航班密度。大同机场首次与外籍航空公司合作，先后开通直飞柬埔寨暹粒和金边、越南岘港、泰国曼谷、泰国芭提雅国际航班。运城机场开通运城至香港、曼谷、芭提雅国际航线；五台山机场航空口岸开放正式列入《国家口岸发展“十三五”规划》以来，开放改造工作正在加紧推进。（张　芮）

2017年10月25日，太原国际机场年旅客吞吐量首次突破1000万人(次)，正式跨入全国大型繁忙机场行列（张　芮供图）

【民航通航发展】 2017年，山西省民航机场集团公司(管理局)围绕省委省政府通航强省建设目标，履行职能，谋划通航发展。完成《山西省关于促进通用航空业发展的实施意见》《山西省通用机场布局规划》修改完善及报审工作，协助完成《山西省通用航空业发展规划》编制修改；与中国民航报社专题策划《今日民航》“通航看山西”7–8月特辑，全方位、多维度地宣传山西通航；完成2017中国国际通用航空大会的参会参展活动任务。推进山西通用航空集团筹组工作，对省内外有意参股组建山西通用航空集团的民营企业进行调研摸底，编制山西通航集团筹组思路方案；为抢抓国家鼓励通用航空发展和改革低空空域管理体制的战略机遇，研究起草申请山西省低空空域改革试点的请示及初步方案。推进省内“十三五”规划通用机场前期工作，指导和帮助阳城、芮城、万荣、永和、乡宁、平遥、襄垣等地方政府及筹建单位推进通用机场选址、空域协调、场址报审等前期工作，协调、帮助大同通航产业园项目规划建设，及时向省政府报送通航发展相关情况和意见，为省政府科学决策提供参考。（张　芮）

【机场建设】 2017年，山西省机场建设共计完成投资2.12亿元。太原机场完成飞行区安防工程、T2航站楼卫生间改造等项目立项审批；完成机坪扩容、1号航站楼高架桥平台拓宽改造项目、航空货运物流基地、国际服务设施改造、桥载设备改造等项目的初步设计审批及部分施工前期筹备工作；长治机场航站区改扩建工程项目积极推进，场道工程、新建中心变电站工程开工建设，其中民航专业工程部分完成70%，非民航专业工程部分完成施工招标准备工作；大同机场航空口岸国际服务中心项目由大同市发改委立项批复，完成航站楼工程部分，总投资2746万元；吕梁机场防洪防汛系统改造项目完成项目初步设计审批和工程招标工作；五台山机场航站楼航站区改造工程项目由省发改委立项批复；临汾机场复航改造工程及航站区扩建工程项目全部完工，总投资12.87亿元。（张　芮）

【民航服务质量】 2017年，太原机场微信公众号正式上线，实现旅客值机、航班信息查询、交通指引、乘机须知等功能；全面推出中转联程业务、配套推出特色中转联程产品、顺利通过HUD落地后首次校飞、建立航班放行顺序发布机制、启动ADS–B系统建设、新建对讲机中继台，提高生产运行效率和服务质量；长治机场补充和完善机场基础服务设施；增设母婴室、学雷锋志愿服务站，与中航信开展“航信通”合作建设，为移动渠道办理值机选座业务的旅客提供便捷通关服务，有效提升旅客服务体验和通关效率；大同机场实现旅客“一证通关”、开通军人依法优先通道等，推出各式特色服务、打造“妈咪小屋”等，增进旅客对真情服务的获得感；吕梁机场通过自助值机、手机值机、手机二维码过安检等智能化手段完善机场服务保障功能；增加贵宾通道、母婴候机室、军人优先通道等改善旅客乘机出行体验；五台山机场对初次乘机或独自乘机的老年旅客进行服务预约，全程陪同办理乘机手续；在值机柜台设置特殊旅客服务站、安排专人全程“一对一无缝隙”服务；贵宾公司编写2017版《真情服务手册》，通过提升服务标准、优化服务流程、策划服务惊喜、完善服务功能、对内加强服务监察等多种措施，提升贵宾服务的品质；停车场公司更换2代智能收费系统，并在全国率先开通银联云闪付通道，为旅客提供更便捷的服务。（张　芮）

【太原机场航站楼室内地图正式上线

【手机百度地图app】 2017年1月14日,太原机场T1、T2航站楼室内地图正式上线百度地图app,实现太原机场T1、T2航站楼内的手机定位查询、登机导航、商业活动及业务推广等功能,方便旅客出行活动。 (张 芮)

【吕梁大武机场、忻州五台山机场纳入集团公司维修管理体系】 2017年2月,民航华北地区管理局向集团公司颁发新《维修许可证》。新维修许可证的颁发,标志着吕梁大武机场、忻州五台山机场正式纳入集团公司维修管理体系,可开展B737-700/800、A319/320/321机型的航线维修工作。 (张 芮)

【山西省政府与海航集团战略合作协议签署暨山西航空旅游集团有限公司揭牌仪式在并举行】 2017年5月26日,山西省政府与海航集团有限公司战略合作协议签署暨山西航空旅游集团公司揭牌仪式在太原举行。按照省政府与海航集团的战略协议,与海航旅业集团共同出资组建成立山西航空旅游集团,在机场建设管理、运输航空、通用航空、文化旅游、金融服务等领域展开深度合作。(张 芮)

【太原机场拦鸟网升降滑轮装置项目获实用新型专利证书】 2017年8月10日,山西省民航机场集团公司(管理局)拦鸟网升降滑轮装置项目获国家知识产权局颁发的实用新型专利证书。该项创新举措属全国民航机场拦鸟网技术创新首例,得到民航局鸟害评估小组的高度评价,该项目革新节约人力、物力、财力,有效减少鸟类低空穿越跑道的频次,保障太原机场航空器起降安全。 (张 芮)

【深圳市机场(集团)有限公司与山西民航机场集团公司签订战略合作框架协议】 2017年11月22日,山西省民航机场集团公司(管理局)与深圳市机场(集团)有限公司签订战略合作框架协议。双方在签署合作协议后,将进一步加强沟通,在培训、科技、物流等方面尽快落实具体合作项目,并将在建立多层次交流机制、推进航班航线合作、深化航空旅游合作等方面逐步探索深入合作机制。

(张 芮)

内河航运

【《山西省水上交通安全管理办法》出台】 2017年,山西省为加强水上交通安全管理,促进水路交通运输事业安全发展,省人民政府第166次常务会议修订通过《山西省水上交通安全管理办法》,共22条。11月23日,省长楼阳生签署第254号省人民政府令,公布《山西省水上交通安全管理办法》。

按照水上交通管理安全第一、预防为主、综合治理、依法监管、便利交通原则,规定县级以上人民政府及其部门、乡镇人民政府管理职责,明确船舶、浮动设施安全管理,实行所有人经营人负责制,细化浮桥、漂流、渡运、新型船舶水上经营活动安全管理规定,明确实施水上应急救援机构和措施及事故调查要求。对于加强全省水上交通安全管理、保护人民群众生命财产安全,提供法治保障。

(师国梁 陈瑞丽)

【《山西省水上搜救应急预案》通过评审】 2017年12月15日,山西省政府应急办召开《山西省水上搜救应急预案》(简称"预案")评审会,中国海上搜救中心、省安监局等有关单位负责应急工作的领导和专家20余人参加。领导专家普遍认为,《预案》结构合理,内容基本完整,实用可靠,符合有关要求,能够在保障全省水上交通安全上发挥重要作用,一致通过评审。

(师国梁 陈瑞丽)

【内河航运"结对子"共建活动】 2017年10月24日至26日,福建海事局局长徐增福、副巡视员欧成光一行6人到山西考察,开展"结对子"共建活动,到长治市考察地方海事工作,双方签定"结对子"工作协议。福建海事局在开展业务经验交流、海事队伍培训挂职、科研合作、信息化建设、文化建设、提高监管手段等方面给予山西支持。 (师国梁 陈瑞丽)

【水上应急救援演练】 2017年8月8日,山西省忻州市地方海事局在宁武县暖泉沟水库举行水上应急救援演练。演练模拟暖泉001号船舶在营运途中油管起火后失去动力,应急救援队接到报警后核实遇险船只情况,按照《忻州市水上搜救应急预案》的规定,组织现场救援,调集码头待命的救援艇赶往事发水域进行救援。在海事部门现场指挥下,应急队员扑灭出事船舶火灾,暖泉001号船舶的船员和乘客安全脱险,事故船只被救援艇拖回码头。 (师国梁 陈瑞丽)

综 述

【无线电管理概况】 2017年,山西省无线电管理局贯彻执行国家无线电管理方针政策和法律法规,按照权限配置和管理无线电频率资源;依法监督管理无线电台(站);协调处理军地间无线电管理相关事宜;开展无线电监测、检测、干扰查处;协调处理电磁干扰事宜;维护空中电波秩序;依法组织实施无线电管制。

2017年,山西省无线电管理局共组织2次行政执法培训,4次无线电监测技术培训。全年无线电管理系统共受理用频设台申请13个,指配频率86个,审批各类台站351个,打印电台执照507份;核发业余电台执照1086个,指配业余电台呼号904个。截至2017年底,全省共有各类无线电台站76542个。其中:广播电视375部、基站49920个、无线接入1540个、数传58部、卫星地球站66个、微波180个、集群62个、固定台635部、移动台22517部。 (任小英)

【通信行业发展】 山西省有山西联通、山西移动、山西电信3家基础电信运营企业,主要经营移动通信、固定电话、互联网等业务;山西铁塔1家通信基础设施综合服务企业,主要经营通信铁塔、基站机房的建设运维业务;158家增值电信业务经营企业,从事经营互联网服务、因特网内容提供、互联网数据服务等业务;26家移动通信转售业务试点企业;90家通信工程建设企业。全行业从业人员约为13万人。

2017年,山西省电信业务总量累计完成583亿元,同比增长78%。电信业务收入累计完成253.30亿元,同比增长3.90%。移动数据及互联网业务收入实现100.70亿元,同比增长18.80%,成为拉动行业收入增长的第一驱动力。

2017年,新增光纤到户端口347万个,总数1615万个。新增4G基站1.90万个,总数8.90万个。互联网省际出口带宽总量12207G。新增光缆16.50万千米,总长度107万千米。移动物联网加快推进,新建NB-IoT基站12000多个,基本覆盖乡镇以上区域。应用基础设施广泛渗透,三家企业建设数据中心26个,投入运营22591平方米,机架数5975个;在建数据中心机房14个,面积47780平方米,机架数9880个。 (魏程明)

【邮政业发展环境】 2017年,山西省邮政行业业务总量完成72.42亿元,同比增长27.34%;业务收入(不包括邮政储蓄银行直接营业收入)完成65.63亿元,同比增长20.98%。全省行业从业人员数量达4.90万人。全省邮政普遍服务网点达1650处,邮政普遍服务网点乡镇覆盖率和行政村邮件直接通邮率均保持100%;累计建成村邮站6798个。长治黎城、吕梁孝义邮政管理局挂牌。

2月20日,经山西省人民政府同意,省发改委、省邮政管理局联合印发《山西省"十三五"邮政业发展规划》。3月底,11个地市规划全部发布,全省"十三五"邮政业"1+11"规划体系形成并实施。省邮政管理局加强与地方发展战略融合,牵头推进国际邮件互换局建设,协调省速递物流公司、海关、检验检疫等部门做好规划、建设等工作,年底组织开展规划任务措施自监测评估,推进重点任务、重大工程、重要项目落实。 (刘博军)

无线电管理

【《山西省无线电管理条例》出台】 2017年5月19日,《山西省无线电管理条例》(以下简称《条例》)由山西省第十二届人大常委会第38次会议审议通过,并于9月1日起发布实施。为宣传贯彻《条例》,山西省无线电管理局制定山西省《2017年〈条例〉宣传贯彻实施方案》,确定23项具体工作事项和行动方案。全年组织全省集体学习177场次,举办不同层次的学习培训6次,对外开展各类宣传活动152场次,宣传覆盖近260万人次。组织开展《条例》知识竞赛,编制《山西省无线电管理条例宣贯材料》,召开省内重点设台用频单位、各大媒体以及各市局参加的《山西省无线电管理

2017年9月11日，山西省无线电管理局开展《山西省无线电管理条例》宣传活动 （任小英供图）

条例》宣贯会，扩大条例影响面。 （任小英）

【频谱使用评估】 2017年，山西省无线电管理局制定《山西省无线电管理局无线电频谱评估工作方案》，成立频谱评估专项活动领导组，培训参与评估工作人员。全省累计实施无线电测试281天，出动人员326人次，使用固定监测站40座，累计监测时长14500余小时，移动监测累计行程9464.17千米，采集测试数据3.40TB，频谱使用评估报告及时上报工信部无线电管理局。委托中国信息通信研究院编制山西省1.40GHz和1.80GHz频段频率分配和使用规划并通过专家验收评审。 （任小英）

【频率资源市场化配置】 2017年，山西省无线电管理局作为工信部无线电管理局确定的试点单位，相继确定实施竞争性频谱资源许可试点工作的思路、必要条件，通过省局网站发布《山西省关于开展1800MHz无线接入频段竞争性许可试点的公告》，山西省民航机场集团公司、中国民航华北空管局山西分局、太原市轨道交通发展有限公司通过资格初审。 （任小英）

【无线电台站服务】 2017年，山西省无线电管理局对省气象局在4个地级市的16个小雷达、山西红十字会等单位的超短波中继台，以及各县市的广播电视台站进行现场核查，办理设台手续。核查、比对、规范辖区内跨越省界的23个台站数据。完成2017年太原国际马拉松赛事用频协调、指配及无线电安全保障任务，获赛事组委会授予的“特别贡献单位”奖。对电力通信、地震气象、轨道交通、航空机场等行业系统的台站电磁环境进行专项测试。为9个设台用户提供新建台站电磁环境测试15次，出具测试报告14份。 （任小英）

【无线电管理行政执法】 2017年，山西省无线电管理局注重现场执法的信息采集和事后案件处理的规范性、合法性，开展行政执法38次，采取行政强制措施12次，下发责令整改通知书23份，下达行政处罚决定书3份，没收违法无线电设备9台(套)，执行罚款13000元。 （任小英）

【无线电监测】 2017年，山西省无线电管理局监测站和各市监测站发挥技术设施作用，掌握电磁环境发展演变态势，开展日常监测工作29900多小时，重要节假日、敏感时期24小时监测值班14976多小时，撰写频谱监测统计报告121份。

省监测站开展“村村响”无线电发射设备专项监测活动，排查太原市900个行政村，发现39处“无线村村响”设备，各市局在辖区内发现“无线村村响”设备75个。 （任小英）

【违法设台打击】 2017年，山西省无线电管理局与反欺诈中心建立联动协作机制，及时发现、打击“伪基站”“黑广播”。协助公安机关查获“伪基站”案件14起，收缴设备14套，抓获涉案人员13人；查获“黑广播”案件30起，收缴设备30套，向省公安厅提供“黑广播”线索3条；查获卫星电视

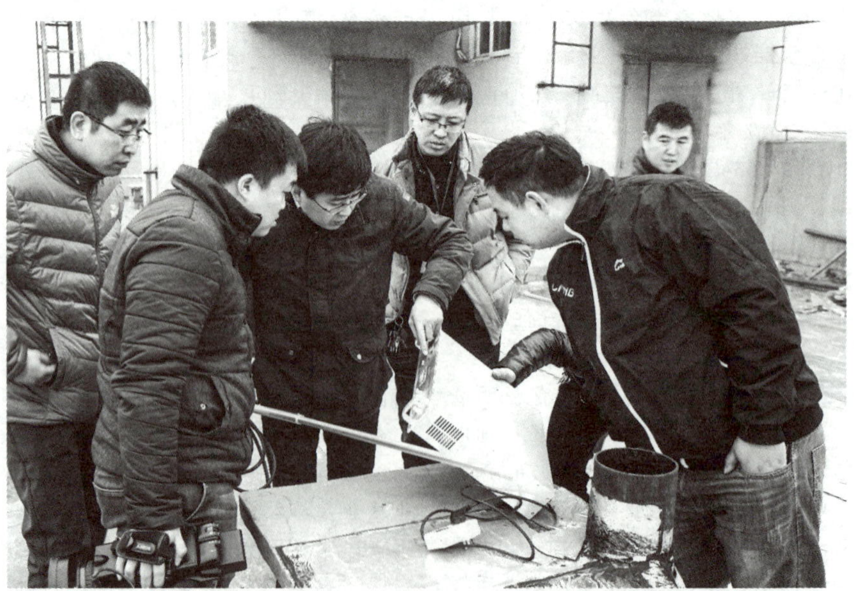

2017年1月1日，山西省无线电管理人员查获“黑广播”“伪基站”（任小英供图）

干扰器案件5起，收缴设备5套。全年排查民航干扰隐患、手机信号屏蔽器干扰移动4G网、1400-1427MHz频段美国SMAP卫星、法国SMOS卫星的干扰隐患72起。 （任小英）

【无线电基础和技术设施建设】 2017年，山西省推进无线电基础和技术设施建设。大同、晋城、晋中、忻州、临汾市无线电监测技术机房标准化建设项目完成政府采购，除大同市外，其余四个市无线电监测技术机房标准化建设项目全部完成。全省投入资金2372.13万元，完成长治、晋中、临汾、忻州市55个小型监测站智能无线电监测网建设，实现全省县域无线电监测全覆盖。投资682.80万元，完成长治、晋中、临汾、吕梁12个监测站的民航、广播频段专用监测网建设。

（任小英）

通　信

·通信行业发展与监管·

【"宽带山西"建设】 山西省通信管理局印发"宽带山西"2017专项行动实施方案，召开电视电话会议部署全行业建设发展任务，完善考核指标和方法。调整"宽带山西"建设领导小组，副省长王一新担任组长。推动宽带网络建设有关内容纳入到新型城镇化建设、改善城市人居环境、服务业发展等多项重点工作目标中。10月底，提前完成"宽带山西"2017专项行动各项指标。 （魏程明）

【电信普遍服务】 2017年，山西省完成电信普遍服务第二批试点项目竣工验收工作，当年开通1074个行政村的宽带网络。开展第三批电信普遍服务试点项目的申报、招标工作，总投资11.60亿元（中央财政补助2.30亿元），建设3191个行政村的宽带网络。各项准备工作基本就绪，工程建设正式启动。 （魏程明）

【网络提速降费】 2017年，山西省互联网省际出口带宽扩容5195G。宽带发展联盟报告显示：三季度山西省固定宽带平均可用下载速率为16.43Mbit/s。首屏呈现时间为1.06s。视频下载速率为12.16Mbit/s。省会城市太原市下载速率17Mbit/s。移动宽带4G网络视频下载速率为16.58Mbit/s。在资费水平方面，全省固定宽带单位带宽、移动流量平均资费水平降幅分别为18%和22.05%。取消长途与漫游费，降低互联网专线租费，让众多中小企业和电信用户享受到提速降费带来的实惠。 （魏程明）

【城市通信基础设施专项规划编制】 2017年，山西省通信管理局通过召开座谈会、推进会、经验交流会等方式，推进城市通信基础设施专项规划编制工作，全省11个地级市完成专项规划编制，其中2市获市政府批复，4市报市政府审批，5市通过专家评审。协调省住建厅、国土厅就移动通信铁塔站址用地及规划印发文件。

（魏程明）

【光纤到户建设】 2017年，山西省通信管理局联合省住建厅对吕梁等6市进行光纤到户检查，对太原等3市施工图审查机构进行实地抽查。全年住宅建设单位投资建设通信配套设施实现光纤到户的项目1280个，累计进行验收备案的新建住宅小区945个，全省既有小区光纤到户改造项目累计21510个。 （魏程明）

【绿色通道共建共享】 2017年，山西省通信管理局完善共建共享例会制度，开辟电信普遍服务共建共享绿色通道。成立太焦、大张高铁通信设施共建共享领导小组。在太原市率先启动其他独立铁塔运营企业承建铁塔试点工作。全年杆路、管道、室内分布系统共建率达100%，共享率达93%以上。通过共享存量资源，少建铁塔3859座，节约大量土地和建设资金。

（魏程明）

【网络运行管理】 2017年，山西省通信管理局完成中共十九大等重要时期节点电信网络运行安全保障工作。完成语音网互联互通监测系统升级改造及软件功能优化完善，网间通信质量提高。开展通信设施安全保护集中宣传活动，开展通信管道、杆路等通信基础设施核查工作。完成全省通信设施防雷检测工作。 （魏程明）

【应急通信保障】 2017年，山西省通信管理局制定中共十九大应急通信保障预案及地震、反恐等专项预案并完成应急通信保障任务。应急通信报送数据合格率及反馈率均达100%。开展全省灾难信息报送演练和地震信息发布流程演练。探索新模式，推动演练培训常态化，参加"太行-2017"全省人民防空演习、北京等5省（市）跨区域网络安全应急演练。联合省委网信办开展2017年山西省网络安全突发事件应急演练。在省政府、省军区评比"十二五"期间人民防空指挥能力建设先进集体和先进个人表彰工作中，山西省通信管理局被记集体一等功。

（魏程明）

【信息通信市场秩序规范】 2017年，山西省通信管理局开展宽带接入服务行为专项整治工作，清理规范互联网网络接入服务市场，关停6家违规企业、通报7家违规行为、规范10家合作协议、责令20家超业务经营范围企业作出书面承诺、28家企业签订依法经营依规服务自律承诺书，专项整治工作在工信部召开的电视电话会议上作交流发言。组织开展校园电信业务市场巡查，维护校园用户合法权益。对3家基础通信企业接入的248家增值电信企业2531项上线业务收费和服务行为进行拨打测试，公示158家持证单位市场主体信用信息和37家企业56条违法不良信用记录，维护通信市场秩序。 （魏程明）

【互联网基础管理】 2017年，山西省通信管理局推进太原国家级互联网骨干直联点建设工作，根据工信部全国骨干网直联点建设规划及设置数量情况，向省政府作专题汇报。按照省长楼阳生批示精神，完成太原国际互联网数据专用通道可行性论证评审工作。

出台《互联网基础管理专项行动实施方案》，与网信、住建、公安等10几个部门建立工作联动机制，网站备案率、备案主体信息准确率均列全国前茅。

（魏程明）

【网络安全防护】 2017年，山西省通信管理局完成行业372个网络单元和业务系统的风险评估，技术检测19个重要网站，现场检查10家互联网企业，实地检查18个企业用户个人信息保护和网络数据安全工作，确保行业不发生数据泄露事件。组织开展国家网络安全宣传周活动。累计捕获移动互联网恶意程序疑似样本1604个、木马和僵尸网络疑似样本2626.99万个，发现并处置省内用户感染已知移动互联网恶意程序39.11万个、感染已知木马和僵尸网络数量20.51万个，发现并处置机关事业单位网站仿冒、网络漏洞、网络攻击等网络安全事件108件。（魏程明）

【网络信息治理强化】 2017年，山西省通信管理局将防范打击通讯信息诈骗、“扫黄打非”列为2项行业专项工作。电话用户实名制取得显著成绩，5项检测指标全国排名第二。完善互联网信息安全管理系统建设和使用，全国首家与工信部系统完成对接，全年累计接收和下发监测指令545条、处置指令173条。督促电信企业完善骚扰电话、垃圾短信等系统功能，共处置违法违规网页(URL)6897个、垃圾及有害短信1893万条、骚扰及有害信息电话呼叫2007万次。全国“扫黄打非”办对山西省通信行业工作开展情况给予高度肯定，山西省通信管理局1人被评为全国“扫黄打非”先进个人，1人被评为全省社会治安综合治理先进工作者。

（魏程明）

【通讯信息诈骗防范打击】 2017年，山西省通信管理局与公安机关建立相关工作机制，配合信令倒查3031次，关停涉案违法电话号码444个，配合查处“伪基站”7个。建成诈骗电话防范系统，并与工信部系统对接，累计检测疑似诈骗电话113亿次，处置诈骗电话呼叫285万次、电话号码35万余个。（魏程明）

【电信服务地方经济社会发展】 2017年，山西省通信管理局举办第二届山西省互联网大会，大会围绕山西省经济结构调整、产业转型升级，致力于推进互联网和传统产业的创新融合，共设大数据智慧城市、智能互联技术应用（人工智能、物联网、工业互联）、新经济、新媒体、文化旅游、县域经济精准扶贫、智慧医疗等7个论坛，社会各界和互联网企业共计2200余人参加大会，人民网、新华网、山西日报等媒体进行广泛报道。开展精准脱贫工作，为帮扶村争取到7万元资金建设日间照料中心，建成510亩黄花喷灌项目，争取到近16万元的农机补贴项目，协助贫困户办理90万元贷款。（魏程明）

·中国电信山西分公司·

【概况】 2017年，中国电信山西分公司（以下简称电信山西分公司）业务收入达30.60亿元，同比增幅8.12%，超行业平均3.94PP；收入份额12.40%，累计提升0.45PP；移动用户实现规模增长，过网份额达10.76%，累计提升1.11PP；宽带用户结构逐步优化，出账融合占比达62.30%，累计提升18.30PP；百兆宽带占比49.70%，累计提升20.90PP。用户总数达522万，其中移动用户330万，宽带用户192万。

电信山西分公司构建“倒三角支撑”体系支撑能力。推动“一线围绕客户转、部门围绕一线转”的新型运营管理模式。易问全面推广，为倒三角支撑提供有效工具，逐步形成“一线派单、逆向考核”的派单文件。通过专业化运营体系建设，从传统的“下指标、下文件、下任务”转向“做培训做帮扶、做支撑”，建设纵向专业化运营体系。（于俊玲）

【电信服务水平提升】 2017年，电信山西分公司推进客户服务转型升级，综合满意度同比提升1.15分，光宽满意度同比提升0.93分，4G满意度同比提升0.70分；百万用户申诉率同比减少43.30%，不明扣费申诉率同比减少40.30%，本级投诉率同比减少29.15%，均完成工信部、集团双控目标，完成行风纠风2方面7类22项考核指标。

提升光宽端到端能力，故障投诉同比下降45%；4G业务优化流量使用、查询、提醒的服务过程，网络问题处理服务质量同比提升15%。

电信山西分公司累计使用赋能平台19万次，推进107项政企客户服务标准贯标；天翼高清I类服务标准100%达标；全省160个自有厅、51个社区店及24个专营店落实营业厅服务标准达标。

打造“43N11”维系体系，合约到期用户活跃率91%，同比增加2PP；优化客户关怀服务，星客收保率92%，超目标6PP；星客行权参与度达46%，积分活跃度同比增加6PP。

建成全省规模最大FDD 4G网络，城区覆盖率97.80%，实施全省光网覆盖，光端口达600万线。城市覆盖率达77%。行政村覆盖率达22%，其中300户重点行政村覆盖覆盖率达45%。完成100个小区千兆接入，城域网骨干出口达3600G。率先建成NB-IoT网络。2017年9月19日，“万物互联·晋享未来—中国电信山西分公司NB-IoT商用发布会”在山西太原举行，标志着中国电信基于新一代物联网技术(NB-IoT)的物联网专用网络在山西省正式投入使用。NB-IoT与LTE-800M基站（共计8858个）同步共址部署，完成全省城市和乡镇物联网基本覆盖，提供2亿张物联网卡连接；NB-IoT覆盖电平达标值、网络速率、时延指标优势明显。

与山西联通全面展开合作。完成铁塔租用管理系统上线联调，2017年度新建塔共享率达90.40%。协同铁塔公司提升存量站点共享率，由年初的46.60%提升至58.30%，全量铁塔共享率由年初的65%提升至72.70%。推动并深化管道、杆路、室内分布等基础

资源的共建共享。 （于俊玲）

【互联网＋行动】 2017年，电信山西分公司拓展互联网+政务、医疗、金融领域业务，服务地方经济发展。在互联网+政务领域，承建党务网横向二期项目、省级财政信息化系统虚拟化(二期)建设项目，签约老干部APP服务平台、山西省妇女联合会网上妇女之家等信息传输服务项目，中标“省福彩中心通讯服务”项目。在互联网+医疗领域，中标“孝义市医疗集团采购运营商信息化支撑服务”项目，签约省人民医院新院区信息化合作项目、山大二院医疗影像云服务项目、同煤医院移动护士站项目等。在互联网+制造领域，召开“互联网+先进制造业”中国电信研讨会，承接山煤集团办公OA云主机项目，中标中石化全省数字电路项目，签约长治振东集团移动业务入网项目、山西天然气有限公司全省数字电路和互联网专线租用项目、山西朔神新材料科技有限公司基于CPS的数字化工厂建设项目、山西焦煤集团出省长途数字电路入网项目等。在互联网+金融领域，中标农信社IDC项目、交通银行全省电路项目；与山西邮储启动“新零购”项目，创新金融异业合作模式；举办“智享天翼，慧于金融”主题研讨暨新产品展示活动，携手金融单位共同打造“互联网+金融”生态圈。

2017年，全省组织酒店行业推介会94场，邀请客户3200+个，现场达成签约意向1100家，“酒店完美联盟”覆盖客房逾4万间。

9月25日，电信山西分公司中标省交通运输厅智能视频协作平台项目一期项目；9月30日，电信山西分公司完成山西省第三军休所离退休干部服务平台项目交付工作，该平台是中国首个为部队离退休干部提供全方位服务的综合性平台。（于俊玲）

【电信惠民利民】 2017年9月1日起，电信山西分公司“取消长途漫游”，修改资费配置与描述2948个，其中主套餐2350个，可选包598个；惠及165.60万用户；推出省内流量不限量套餐。推出99元、129元、179元三档不限量套餐。全年不限量套餐在网用户达25.20万户。移动用户的净ARPU值由年初的56.90元，下降至53.70元，而户均流量由637兆上涨至1921兆，提速降费效果明显。落实加快高速宽带网络建设、推动网络提速降费在本省的落地执行。宽带ARPU值不断下降，由上年底39.04元降至2017年底29.49元。

开展面向全国各高等院校的应届毕业生招聘工作，累计招聘应届毕业生50人。与各地安置办沟通，累计安置退役士兵35人。

落实用户个人信息保护管理。建立绩效考核体系，修订实施细则，盘点75个系统平台，敏感信息100%脱敏；提升机防能力，实现人防向机防转变，批量数据提取全流程管控，全年未发生用户信息风险事件。

（于俊玲）

2017年11月10日，中国电信山西分公司举行中国电信天翼云3.0(山西)发布会 （于俊玲供图）

【通信实名制推进】 2017年，电信山西分公司落实新入网实名登记工作，新上线新入网全国一证五卡限制功能、实体渠道拍照留存功能、留存影像人证比对功能等三项重点实名认证管控手段认证管控措施，实现系统层面的有效管控。在2017年工信部实名制检查中，电信山西分公司实名登记率100%，留存照片合规率97.78%；组织开展超一证五卡用户核实清理等专项行动，第二季度全面启动超一证五卡专项清理工作，截至2017年底，一证五卡合规率100%；组织开展非实名用户清理及实名制补登工作，6月15日，筛选出30多万非实名用户，开展实名制补登工作，全年持续开展社会渠道暗访工作，健全通信诈骗闭环流程，落实“先停后查”等措施，对未补登用户分四批次停机，确保实名率达99.90%；实现实名制信息收集统一服务。12月20日，电信山西分公司提供实名制信息收集统一服务，实现各触点统一调用，减少营业员拍照次数。 （于俊玲）

·中国联通山西分公司·

【概况】 2017年，中国联通山西省分公司（简称山西联通）聚焦重点业务发展和重点工作落实，出台4个阶段139项专项重点工作，实现业绩V形反转，打赢2017业绩翻身仗，下辖11个市分公司、97个县分公司各项经营指标全面向好。全省主营收入预算完成率99.22%，同比增长由一季度末的−7.40%转为全年的2.26%；完成利润目标，预算完成率100.03%；全年移动网上用户和出账用户双双突破千万级大关；宽带用户第四季度连续3个月用户净增为正；现金收入比达99.90%，改善1.19PP，人均劳产率提升8.50%。（黄云霞）

【联通公司基础管理】2017年，山西联通公司推进“瘦身健体”工作。省公司本部机构由36个减少到28个，市分公司机构平均数量由33个减少到21个。全省职能线人员减少834人；市公司本部人员占比较瘦身前下降1.79PP；全省累计减员1608人。首聘迈出混改一步。完成省、市分公司中层正副职管理人员首聘工作，省公司党委管理干部及各市分公司中层管理人员总体退出率分别达25.85%和19.70%。深化基层单元改革。推进基层单元改革2.0,4G化、强化流量化、现金收入导向工作；全生产场景划小改革先行试点，建立“增量毛利分享”激励模型和“一单元一表”系统报表，实现收入、成本、资源、毛利等数据清晰展现。推进驻地网综合转型。对驻地网进行再定义，开展驻地网单元综合化优化和流程再造，营业厅临柜时长缩短至10分钟。政企全面转型，行业开发全面落地。建立“事业部归口统领、行业开发为主体、信息化应用拉动和纵向一体化运营”全新运行模式和以行业信息化支撑中心为基础的省–市–县分级支撑体系。省、市按照“8+2”架构，设置104个行业客户部，充实到位人员1814人。推动人岗匹配工作。全省设置运维基层单元694个，运维专业人员占比由21.30%降为16.90%；开展铁塔反包，转签739人；市场线92人进入员工能力提升中心，82人退出企业。（黄云霞）

【网络支撑能力建设】2017年，山西联通公司围绕市场需求，加快宽带建设。累计新增FTTH端口49万线，全省宽带端口到达901万线，千兆小区达108个；完成电信普遍服务一、二批试点项目，中标第三批试点项目，争取政府补贴8000万元。建维联动，响应市场。完成53所校园建设、2182个行政村3/4G网络的完善和提升；大西高铁全线4G覆盖率达99.21%；室外基站开通比例达94%;LTE用户覆盖满足度达89%，聚焦区域覆盖满足度达91%；移动互联网出口带宽扩容1120G，二级干线系统扩容7100G，本地传输网扩容5325G，移网日均流量增幅达506%。（黄云霞）

【通信网络安全运行】2017年，山西联通完善基础网络，提升网络安全运行能力。建立资源长效管控机制，宽带实占率达49.90%，4G网络资源利用率达63.88%；排查隐患4177处，整治70个重点机房、964个接入机房，隐患整治率99%。拓展网络功能，服务能力前置。建立工单实时监管调度及掌上抢单行为分析支撑体系，抢单成功占总工单比达46.89%，工单时长缩短8.96%。推进运维集约化、一体化转型，集中监控升级。汇聚层和接入层监控职责上移，实现全省12.30万个网元全专业全覆盖及全省告警集中监控、故障一点派发和工单闭环管控；完成网络管理中心整体搬迁与升级，完成网络重点优化21项，全省资源匹配率99.62%，故障历时缩短80.51%。集团客户支撑服务主动性提升。累计为客户提供个性化业务以及应急支持27次，解决省级客户投诉69件，完成中共十九大等重要通信保障37次，实现零报告与“五个确保”。（黄云霞）

【客户服务质量提高】2017年1月1日，山西省营业员评价系统上线投入使用，覆盖全省所有自有营业厅的2800个营业人员。2月4日，“山西联通支付宝服务窗”升级为“山西联通支付宝生活号”，为支付宝联通客户群提供查交办等服务。9月底，山西省集约化“96302”企业服务热线启用。山西联通发挥具有丰富大型呼叫中心运营管理经验的优势，为“96302”企业服务热线注入全新的“互联网+”元素，为企业提供常态化服务。（黄云霞）

【数字化服务】2017年，山西联通公司推进山西省大数据中心建设、“数字经济双创产业基地”建设、与高校合作建立“大数据联合实验室”、打造“三晋兴业云”平台、加快“数字经济演示厅”建设、开展“山西数字经济大讲坛”活动等9项工作，内引外联，助力山西数字经济发展，促进山西经济转型升级。

5月22日，山西联通公司签订全面推进山西大数据产业发展战略合作协议。发挥中国联通基础网络资源及物联网、云计算、大数据等创新能力优势，提升双方战略合作关系。（黄云霞）

【“冰激凌套餐”线上销量】2017年1月10日，山西联通根据集团总部安排，开展冰激凌套餐线上销售测试工作，于当晚23时20分通过测试。1月11日，山西联通网上营业厅（www.10010.com）、手机营业厅上线“冰激凌套餐”并展开线上宣传，当天即产生成功支付订单。2月24日至3月5日，开展的“新爆款——冰激凌套餐惊艳来袭”活动中，线上有效订单量145单，累计有效订单量565户。（黄云霞）

【山西联通与中国石油山西分公司签署战略合作协议】2017年3月30日，山西联通开启B2B2C、B2B2E方面新尝试。山西联通与中国石油山西分公司签署战略合作协议，标志着双方合作进入新的发展阶段。围绕“2017沃加油”主题，双方在跨界营销、渠道共享、信息化应用等方面启动全面合作，签署“沃钱包电子券商户”“沃钱包三方合作”“全省电路组网”3个落地协议。（黄云霞）

【信息安全保障】2017年，山西联通加强信息安全保障工作。推进电话用户实名制。7月，工信部开展电信行业电话用户实名制检查以来，山西联通加大非实名用户整改力度，8、9、10三个月停机、补登9万多户，补拍照片2万多张，电话核实超一证五卡用户10万户。截至10月底，全省电话用户实名率由1月的99.92%提升到99.99%。防范打击通讯信息诈骗。配合开展对举报号码的快速核查工作，配合工信部核查疑似诈骗电话号码103个；配合集团公司核查疑似诈骗号码55个。

（黄云霞）

·中国移动山西省分公司·

【概况】 截至2017年底，山西省电信行业移动电话客户数达3648万户，4G移动电话客户数达2583万户，固定电话客户数达302万户，有线宽带客户数达873万户，移动电话计费时长达1396亿分钟，移动数据流量达49623万GB。

作为山西区域主导基础电信运营企业，山西移动全面实施“大连接”战略，从聚焦管道连接服务向平台级服务和垂直应用领域拓展，打造电信级的端到端信息基础设施体系和内容应用体系，支撑智慧山西、数字山西建设。截至2017年底，山西移动通信客户达2447万户，4G客户达1594万户，宽带客户达254万户，集团客户达7.20万户。累计总计费时长达949亿分钟，短信业务量达22亿条，移动数据业务流量达2206亿兆，手机上网业务户均流量达1473兆。山西移动共有通信基站10.40万座，光缆37.30万皮长千米，网络覆盖全省100%的行政村及以上区域。4G网络下载速率达45兆位/秒，50兆以上宽带客户占比达57%，家庭固定宽带平均资费下降超过30%，移动流量平均资费下降41%。关停电信诈骗涉案号码64万个，拦截垃圾短信2362万条，拦截钓鱼诈骗网站260个。

10月1日，山西移动全面取消手机国内长途漫游费。10月19日，山西移动启动蜂窝窄带物联网（NB–IoT）一期工程建设，仅用67天完成4234个基站的开通，实现全省城区NB–IoT网络的室外连续覆盖，为山西借势“万物互联”新机遇做好战略布局。11月，山西移动中标山西省政务云平台项目。山西移动承担1725个行政村新建、111个行政村升级的电信普遍服务任务，总投入达6.54亿元，在三家运营商中占比56%。 （张炳武）

【2017年央企助力山西转型综改签约仪式】 2017年5月22日，2017年央企助力山西转型综改会议暨签约仪式在太原举行。山西省委书记骆惠宁、省长楼阳生、国资委副主任徐福顺等及62家中央企业负责人出席会议。会上，山西省政府与10家央企签署战略合作协议，中国移动与山西省政府签署“大连接”战略合作协议。

（张炳武）

【中国移动（山西）太原云计算数据中心运营投产】 2017年7月5日，中国移动（山西）太原云计算数据中心正式运营投产。该中心位于太原经济技术开发区，用地面积38101平方米（57.2亩），本期投产两栋机房楼及一栋动力楼，建筑面积47553.80平方米，规划装机架数6900架。数据中心按照集团公司大型数据中心标准设计，采用全水冷空调系统、10千伏高压水冷机组及柴油发电机组等新型技术，设计PUE（能源效率指标）达1.30。

（张炳武）

【第二届山西省互联网大会】 2017年8月2日，以“新思维、新融合、新经济”为主题的第二届山西省互联网大会在山西省国际会议中心召开。山西移动参会，在大会发布主题演讲，进行专题布展，并通过“和商务”直播会议盛况。 （张炳武）

2017年，山西移动承担1725个行政村新建、111个行政村升级的电信普遍服务任务 （张炳武供图）

邮 政

·邮政管理·

【邮政业供给侧结构性改革】 2017年，山西省邮政行业实施邮政普遍服务基础设施建设项目，整修、翻建网点53处，改造危旧县局房9处，新增干线车辆17辆。

省、市两级分拨中心规范化（半自动化）建设。树立标杆引导8家省级品牌快递企业增加投入，上线自动化（半自动化）分拣系统，应用智能分拣柜、伸缩机、螺旋梯等设备，中通、韵达、顺丰省级分拨中心基本实现自动化，EMS、百世等5家企业省级分拨中心基本实现半自动化。完成市级分拨中心规范化验收工作。全省分拨中心硬件设施改善，现代化、信息化指数提升。

引导基层网点打破企业藩篱，加强企业之间的合作，依托供销、电商、交通、第三方企业等资源，构建城乡寄递服务体系。晋中、忻州、朔州等市快递企业依托供销社资源延伸服务半径；晋城市快递企业联合成立第三方配送公司统一配送农村快件；临汾、运城等市继续加强邮快合作；长治市继续推进交邮合作。同城寄送、专属寄递方案、县乡区域配送、上门采摘、免费定制包装等形式新颖、灵活管用的合作模式相继涌现。

整合晋邮惠民店、便民站、三农站等各类社会资源，累计建成“邮乐购”网点1.56万个，邮乐小店19.90万个，拓展包裹快递、农村电商、便民金融等核心产品，逐步形成以实体渠道为主、线上线下互动运营模式。发挥电商园区、电商平台优势，吸引“王小帮”等37家农特产品电商企业入驻园区，打造“孙吉果”“习礼情”等自主平台农产品。建成首个区域包裹快递中心，服务区域电商和微商农产品寄递。

（刘博军）

【邮政服务水平提升】 2017年，山西省、市邮政管理部门从3月1日起正式执行新修订的《邮政普遍服务》标准，先后举办培训班，通过印发小册子、上门宣讲等方式向邮政企业和社会大众宣传。督促邮政企业制定实施方案，优化接发流程，并增加投资升级投递网络、强化投递力量，全省5千克以下包裹全部实现投递入户。

县级城市党报实现当日见报。制定下发党报党刊当日见报台账，各市局到邮政企业、基层，通过发函调查、实地走访、现场办公等形式掌握和了解底数。通过客运班车代运模式解决临汾隰县、永和邮车无法当日到达难题。督促省邮政分公司加强投递能力建设，优化邮路和投递道段，强化流程管控，对重点单位实行专段专投。截至2017年底，全省县级城市党政机关实现党报当日见报。中共十九大期间，省局派出督导组到太原印刷厂、邮区中心局等地，确保党报实现当日见报。

发挥邮政、快递服务“农产品进城、工业品下乡”双向流通主渠道作用，加强晋南以时令水果为主，晋东南晋北以小杂粮为主的外销格局，各市均完成快递服务现代农业“一市一品”建设工程，打造项目25个。全年邮乐网销售农产品交易额2416.14万元，带动电商快包业务315.76万件。建成邮农合作社107个，发展会员16.20万名，组织农技下乡活动104场。（刘博军）

【依法治邮】 2017年，山西省邮政管理局推进“放管服”改革，完成“三个清单”编制工作。优化行政审批和网上办理流程，快递业务经营许可审批时限压缩到11个工作日，许可快递企业达239家，设立分支机构3431家。依法注销7家许可快递企业，指导市局对辖区长期未开展业务和已停止经营的分支机构办理撤销手续。

开展邮政普遍服务网点分级监管工作，实行差异化管理，加强对二三级网点的合标检查。开展机要通信监督管理工作，省局机要通信处被评为全国邮政机要通信工作先进集体。做好邮政社会监督工作，监督员市县总覆盖率达78.50%。

开展整治经营秩序、整治安全隐患、提升服务质量的“两整治一提升”专项行动，随机抽取执法人员和执法区域，重点对历年互查未涉及县域和品牌开展交叉检查。专项行动历时62天，出动执法检查人员1385人次，监督检查企业277家，移交属地局线索80条，立案75起，行政处罚58.19万元，责令停业整顿47天，违法线索全部销号清零，首次实现专项检查县域全覆盖、快递品牌全覆盖。大同、运城、临汾3市组建快递协会。

全年全省邮政市场共下达责令改正通知书684份，行政处罚630起，处罚金额244.80万元。（刘博军）

【寄递安全管理】 2017年，山西省邮政管理局印发《关于强化寄递企业落实主体责任的指导意见》，督导企业形成“一个安全机构、一支安全队伍、一套标准制度、一次应急演练、三本安全台账、五个记录本”的安全体系。落实寄递渠道安全管理三项制度，省市两级政府财政补贴880万元全部到位，全省新增X光安检机88台，累计达190台，基本实现省、市、较大县分拨中心全覆盖。推进X光安检机操作人员持证上岗，实现双人轮流值守。邮件快件实名收寄信息系统得到广泛应用，列位居前。

发挥寄递渠道安全管理领导小组协作机制作用，推动寄递安全属地化综合治理。出台全省行业分级属地监管办法，加强源头管控，先后开展寄递渠道危险化学品、涉恐、涉枪涉爆隐患专项整治等活动。加强安全管理，出台寄递渠道可疑线索举报奖励办法，先后开展邮政行业安全生产大检查、寄递安全专项整治、“安全生产月”等活动。督促企业加强应急演练，提升突发事件应急处置能力。

（刘博军）

·邮政业务·

【邮政业务拓展】 2017年，中国邮政集团公司山西省分公司（以下简称山西邮政）拓展邮政业务，实现全年经营目标。

实施代理金融转型2.0版本。全省打造“借力 引流”示范代理金融网点262个、产能提升网点达670个、老年特色服务网点22个。建立山西邮政数据实验室，大数据分析应用与专业资源共享。

引进微信、晋邮惠民等线上渠道销售。实施《遊戏规则》电影票务合作项目，举办首届《阅读童年 晋邮筑梦》阅读之星评选大赛，链接点击量超过200万人次，报名人数3千多人，吸粉近22万人。

促进“尖刀排”“阿米巴”等营销团队发展活力和内生动力，开展红色市场、农产品集群市场开发，推行“以仓转包”、电商造包和省内采购、省外落地配等发展模式，实施农产品返城、“樱桃”寄递、保单配送等项目。

实施代收税款、代办车险等“代”字类增值业务，建设渠道平台，发展专业板块联动，组建邮农合作社107个，发展会员162158个，建成“邮乐购”店15663个，新增注册邮乐小店22万个，建成9个地级市分邮乐地方馆；批销业务全面启动，家电下乡展销活动累计实现交易额4132.08万元；推进农产品进城，举

办吉县苹果全国邮政订货会，新绛油桃、娄烦土豆、原平小米等项目运作成功。 （王二平）

【邮政机制改革推进】 2017年3月底，山西邮政完成全省邮政包裹快递业务经营组织架构，8月底全省经营组织机构编制调整全部到位。侯马邮区中心局交由太原邮区中心局统一管理，提高全网运行效率。12月13日，中邮证券山西分公司挂牌运营展业。12月20日，中邮消费金融山西营销中心成立。推进山西邮速合体经营，36个一体化县域托管机制深化，零基预算核算体系建立。推行扁平化管理模式，组建“尖刀排”“阿米巴”等项目营销团队。80个尖刀排的310名专兼职营销人员，完成60%多的电商快包收入。实施代理金融网点和邮区中心局损益核算，推动网运单位由成本中心向利润中心转型，全年打造1个市级、10个县级、219个金融网点损益核算示范基地。

围绕“利润元年”目标，编制下达经营单位成本费用预算，加强人工成本弹性管控和用工总量调控力度，2017年度全省邮政从业人员较年初减少202人。实现省市县三级领导班子成员薪酬集中管理，完善代理金融网点内部分配办法。加强业务外包管理，清查清理全省范围内对业务外包，实现省分公司对业务外包的准入统谈、业务统控、费用统付。推行市分财务负责人派驻制，向2个市分公司派驻财务部负责人。以经济责任、任前审计、集采和工程项目建设等为重点，年内对77个单位、272项内容开展审计。推进实施“2+1”电商平台集中采购。 （王二平）

【邮政基础能力建设】 2017年，山西邮政完成太原和侯马邮件处理中心工艺改造工程，为各市分邮件处理场地配备伸缩皮带机。装修改造金融网点67处，新增自助填单机400台、UPS电源191台、清分机300台、叫号机50余台。加大安防保障投入，完成949个金融网点视频监控联网、网点四类库报警系统升级改造、消防设施改造建设等工程，两年更新运钞车49辆。对62处普服营业网点实施装修改造。全年共改扩建县级邮件处理中心场地96处，新增邮路汽车154辆、投递汽车192辆、三轮摩托车和电动车1435辆、PDA2599部、图形终端945部；建设智能信包箱155组。

（王二平）

【寄递服务能力提升】 2017年，山西邮政快递包裹省内互寄次日递率达95%以上，当日妥投率达96%以上，妥投信息实时反馈率达98%以上。加强农村邮政普遍服务。开展服务质量专项检查和无着邮件清理整治活动，用户服务满意度达94.67分，超上年同期0.71分。加强寄递渠道服务安全工作，完成“两会”“一带一路”高峰论坛以及中共十九大等国家重大活动的服务保障任务。机要通信质量全红，实现“十一连冠”。全省县域以下党报党刊投递全面提速。 （王二平）

·快递行业管理·

【快递业发展环境】 2017年，山西省邮政管理局贯彻落实《山西省支持快递业发展的若干措施》，推进省政府成立由分管副省长任组长的促进快递业发展工作领导小组。省人大代表、政协委员关心支持行业发展，先后提出5件建议提案，对快递下乡、行业安全、快递电商协同发展等提出意见建议。临汾、吕梁市委书记分别到邮政业一线考察快递业发展。晋中市委、市政府把快递发展列入年度重点工作。忻州、运城、晋城、大同等6市先后出台配套政策。落实邮政专用车辆免费通行高速公路政策，享受政策车辆增加到100台，降低邮政普遍服务成本。省、市政府相继出台利好政策20余项，涉及快递城乡配送体系建设、快递物流园区、快递电商协同发展、邮政业精准扶贫等工作。

全省许可快递企业达239家，设立分支机构3431家，快递网点乡镇覆盖率达95.20%。主要快递企业城市自营网点标准化率达85.10%，高校快递规范服务率达100%，智能快件柜格口达4.72万个，箱递率较上年提升3个百分点。建成快递末端公共服务站511个，农村快递公共取送点190个。快递业务量完成2.44亿件，同比增长30.50%；收入完成29.99亿元，同比增长35.45%。从业人员数达2.80万人。

（刘博军）

【快递末端投递服务】 2017年，山西省推进“快递下乡”工程，快递网点乡镇覆盖率达95.20%，太原、晋城、运城、阳泉、晋中、长治、朔州、大同、忻州9市实现全覆盖，临汾、吕梁两市达90%以上。6市引导35家快递企业入驻10个快递专业类物流园区。

全省快件处理场所和县以上末端网点离地设施铺设率100%，基本实现“不着地、不抛件”。省邮政管理局定期召开全省快递服务质量提升联席会议，全省快递服务用户满意度达98.90%。阳泉、忻州局开展最满意快递员、最美快递员评选活动。落实快递包装绿色化、减量化要求，全省重点品牌快递企业电子面单使用率达90%。

（刘博军）

【快递车辆通行】 2017年，山西省邮政管理局协调省公安厅交通管理局印发《关于进一步加快城市配送车辆交通安全管理工作的通知》，对全省快递车辆市内通行提出具体解决方案。省政府办公厅印发《关于现代物流发展的实施意见》，明确“有关部门要加强协同，解决城市配送车辆‘进城难、通行难、停车难、装卸难’问题”“在配送车辆作业区域周边科学确定停靠卸货区域，解决通行难、停靠难、装卸难的问题”。阳泉、忻州、大同、朔州先后出台相关规定保障电动车市内通行；运城、晋城出台支持快递业发展的若干措施，对快递车辆市内通行作出安排；运城出台规定保障快递车辆出入社区。大同市率先实现车辆型号、车体外观、行业标识、企业编号“四个统一”。 （刘博军）

综　述

【城市总体规划编制】 2017年，山西省住建厅印发全省《山西省县(市)城乡总体规划编制导则(试行)》和《山西省县(市)城乡总体规划技术审查要点(试行)》，全省县及县级市的总体规划修编，全面按照城乡总体规划进行，推进城乡一体化发展。指导全省市、县开展总规修编，太原市、大同市城市总体规划获国务院批复；临汾市市域城镇体系规划和城市总体规划获省政府同意修编；晋中市完成总体规划修改调整，获省政府批复；21个县(市)总体规划全面开展修编工作。

(李国红　米玉婷)

【城市人居环境改善】 2017年，山西省住建厅围绕设施提升、城市安居、城中村改造和环境提质“四大工程”任务，促进山西省城市人居环境改善。山西省改善城市人居环境四大工程累计投资2700.20亿元。其中，设施提升工程完成751.20亿元，城市安居工程完成1575.67亿元，城中村改造工程完成198.15亿元，环境提质工程完成175.18亿元。全年山西省新增公交车辆1757辆、运营线路1768.70千米，缓解城市交通压力；开工建设城市地下综合管廊26.80千米，新建、扩建变电站29座，新增、更换配电变压器467台，改造老旧10千伏线路1218千米，保障城市供电能力；新增固定宽带用户121万户、4G用户596万户，通讯质量提升。保障性安居工程推进，保障基本住房需求。完善山西省城市保障性住房供应体系，开工各类保障性住房13.60万套，建成20.37万套；商品房竣工1970万平方米，房地产开发总体保持稳定。城镇中低收入住房困难家庭和棚户区居民居住条件改善，居住水平提高。推进城中村改造，完善配套设施。城中村改造作为棚户区改造重点任务，开工7.60万户，同步进行市政设施配套建设，城中村脏乱差现象消除。生态环境改善，宜居水平提高。山西省建成污水配套管网751千米、污泥处置中心4个、生活垃圾无害化处理设施9个，建设固体废物处置项目3个、建成再生资源回收站点35个、投放旧衣物回收箱1700个。新设计执行绿色建筑标准面积2818万平方米、可再生能源建筑应用面积2869万平方米；抢险维修文物保护单位23个；完成城市河道整治94.20千米，蓄水美化面积2.80平方千米；淘汰城市燃煤小锅炉4068台、黄标车32146辆、老旧车13362辆，全省平均空气优良天数达201天。

(李国红　米玉婷)

【农村人居环境建设】 2017年，山西省农业厅抓好《山西省改善农村人居环境2017年行动计划》落实，推进乡村清洁工程，狠抓农村环境集中整治和美丽宜居乡村建设。召开全省农村环境集中整治现场会，在全省开展为期三个月的农村环境集中整治行动。90%以上的行政村实施拆违治乱；80%的村实现垃圾定点收集、清运，启动50个县农村垃圾治理PPP项目；16%的行政村实现污水统一收集，启动8个污水综合利用试点县项目；61%的行政村实施农业面源污染治理行动。推进400个省级美丽宜居示范创建村提档升级和美丽乡村集中连片创建。加快推进畜禽粪污综合处理和资源化利用，配套建设700个规模畜禽养殖场粪污处理设施，全省畜禽规模养殖场粪污处理设施配套率达70%以上。

(孙青洪)

住房建设管理

【企业投资项目承诺制改革】 2017年，山西省住房和城乡建设厅根据山西省企业投资项目承诺制改革领导组部署，成立企业投资项目承诺制改革领导组，将涉及山西省住房和城乡建设行业的10项审批事项在山西省转型综改示范区等10个开发区内进行承诺制改革试点；制定《落实企业投资项目试行承诺制实行无审批管理服务监管办法(试行)》和《施工图设计文件联合审查管理办法(试行)》。

(李国红　米玉婷)

【“互联网＋政务服务”】 2017年，山西省住建厅将涉及山西省住建部门的建设项目选址意见书核发等7项事项纳入山西省投资项目在线审批监管平台运行；按照省政府推进"互联网+政务服务"要求，完成山西省住房和城乡建设厅行政审批管理系统与省政务服务中心管理系统间的单点登录对接、全审批流程数据对接；梳理收集山西省省级住房和城乡建设部门网上审批事项系统升级改造基础数据；开展社会信用体系建设，完成山西省住房和城乡建设行业省级部门生成的行政许可、行政处罚数据与山西省社会信用信息平台对接，全年共计实时、全量推送数据99479条；对山西省住房和城乡建设厅行政许可、行政处罚"双公示"工作进行全面自查，接受国家发展改革委员会委托第三方评估机构进行的抽查评估，并在山西省委组织部、山西省发展与改革委员会组织的山西省社会信用体系建设培训及经验交流会议上作为山西省省级部门先进代表做经验交流。（李国红 米玉婷）

城乡建设规划

【太原都市区规划】 2017年，太原都市区规划由山西省政府第145次、第158次常务会议审议，省委第38次常委会议审议并原则批准。太原都市区规划范围包括太原市六城区、清徐县、阳曲县，晋中市榆次区和太谷县，面积6503平方千米，规划期限为2016年至2035年。空间布局结构为"一主一副一区多组团"，总体定位为国家新型产业基地和能源科技创新中心，国家资源型经济转型与绿色发展示范区，具有国际影响力的文化旅游都市，建设国家区域中心城市。11月1日，山西省政府以晋政函〔2017〕145号批复《太原都市区规划（2016—2035年）》，并印发执行。

（李国红 米玉婷）

【"五规合一"试点】 2017年，太原市政府和山西省住房和城乡建设厅联合成立太原市"五规合一"试点工作领导小组，完成"五规合一"空间总体规划编制和信息平台建设工作，推进"五规合一" 改革优化建设项目审批流程再造，系统在太原市政务专网上线试运行。在总结太原市试点工作经验基础上，山西省住房和城乡建设厅制定完善《山西省多规合一规划编制技术导则》和《山西省多规合一信息平台建设指南》。（李国红 米玉婷）

【历史文化名城保护评估】 2017年，山西省住建厅开展历史文化名城、街区保护评估工作。评估主要针对历史文化名城、街区所在地政府履职情况，名城、街区内人居环境改善情况以及历史文化遗产保护情况，全面总结"十二五"期间山西省历史文化遗产保护取得的成绩，梳理存在的问题，为"十三五"期间历史文化名城、街区保护提供依据，评估工作全面完成并形成评估报告。

（李国红 米玉婷）

【城乡规划许可系统建设】 2017年11月1日，山西省城乡规划许可信息管理系统试运行。该系统覆盖全省所有市县和开发区城乡规划主管部门核发的"一书三证"（建设项目选址意见书、建设用地规划许可证、建设工程规划许可证和建设工程竣工规划认可证）。截至2017年底，全省各市县规划管理部门通过省许可系统核发"一书三证"511件。其中，选址134件、用地规划证131件、工程规划证177件、竣工认可证69件。证书加印可识别独立二维码，保证证书信息安全，可及时查看、验证证书的信息，了解证书发放情况；通过二维码扫描，可直接到山西省住房和城乡建设厅网站上验证证书真伪，方便批后监管和群众查询甄别。（李国红 米玉婷）

城市建设

【市政基础设施建设】 2017年，山西省住建厅报请山西省人民政府出台《全省城乡污水垃圾治理行动方案》，印发《全省城市生活垃圾分类工作的实施意见》《关于全面加快城市集中供热建设推进冬季清洁取暖的实施意见》等重要文件。以目标责任书的形式，将投资和建设任务分解下达各市，开展专项督察，研究解决存在问题，采取会议调度、现场指导、通报督办等措施推进市政基础设施建设。全省城市市政基础设施建设完成投资639.72亿元，新建改造城市道路1000千米，新建改造水气热各类市政管网6748千米，新增园林绿化面积1564万平方米，建成11个高标准的城郊森林公园。永济市、应县、静乐县被住建部命名为国家园林城市（县城）；河津市、繁峙县、五寨县被省政府命名为省级园林城市（县城）。

（李国红 米玉婷）

【城市生活垃圾分类】 2017年，山西省住建厅研究出台《全省城市生活垃圾分类工作的实施意见》，报请山西省人民代表大会常务委员会出台《山西省城乡环境综合治理条例》，健全城市生活垃圾分类的政策法规体系。会同山西省发展和改革委员会安排部署城市生活垃圾焚烧发电工作。11个设区城市均出台《城市生活垃圾分类工作方案》，晋城市出台《生活垃圾分类管理办法》。太原市列入全国第一批生活垃圾分类示范城市，在100个单位、学校、小区开展试点；晋中市针对机关、学校、门店、楼院等不同情况，多形式、多层面推进试点工作。太原市餐厨垃圾处理设施投入试运行，晋中市餐厨处理项目进行设备安装；太原、阳泉、长治三市的垃圾焚烧项目开工，晋中市开展前期工作。

（李国红 米玉婷）

【城市供热】 2017年，山西省住建厅配合发改部门开展山西省城市清洁取暖工作调研，下发《关于全面加快城市集中供热建设推进冬季清洁取暖的实施意见》，明确山西省城市集中供热的发展目标、重点任务和保障措施。组织开展冬季清洁取暖推进情况督察，指导各市加快推进集中供热设施建设和供热管网改造等工作，累计完成投资82.62亿元，新建改造供热管网1465.44千米，新增集中供热面积6149万平方米。根据山西省政府工作报告"支持太原市率先实现清洁取暖全覆盖"的安排部署，指导太原市制定《清洁能源供热全覆盖实施方案》，申报清洁供暖试点城市，争取国家和省级补助资金。太原市新建改造供热管网264千米，新增集中供热面积2155万平方米，热电联产占比提高到77%。（李国红 米玉婷）

【城市供水】 2017年，山西省城市（县城）新建改造供水管道1118.10千米，供水管道长度累计达19519.20公里，用水普及率达99.06%。城市（县城）用水总户数3533820户，用水总人口达1761.90万人。全省日均供水610.71万立方米，其中地下水日均供应438.02万立方米。全年累计供水126719.27万立方米。其中，生产运营用水39937.74万立方米，公共服务用水15215.62万立方米，居民家庭用水55907.50万立方米。

（李国红 米玉婷）

【城市地下综合管廊建设】 2017年，山西省住建厅会同国家开发银行山西分行出台《关于运用抵押补充贷款开展城市地下综合管廊建设的通知》，明确PSL（抵押补充贷款）资金使用范围、使用条件和申报流程。两次召开山西省城市地下综合管廊建设调度会；组织各市参加住房城乡建设部管廊专项规划专题辅导会，指导帮助各市提升规划编制水平；对部分重点城市管廊建设情况进行专项督查，针对问题进行督促指导，太原、大同、朔州、忻州、晋中、临汾等市县累计开工地下综合管廊26.78千米。

（李国红 米玉婷）

【城市黑臭水体治理】 2017年，山西省住建厅会同山西省环境保护厅印发《关于做好城市黑臭水体效果评估工作的通知》，安排部署黑臭水体信息公开、效果评估等工作。按照住房城乡建设部、环境保护部黑臭水体整治工作要求，督促太原、晋中、吕梁、晋城等市加快实施整治工作，将进展严重滞后的晋城市纳入山西省人民政府“13710”信息督办系统加以推进，并组织督导检查晋城市黑臭水体整治工作进展情况。落实黑臭水体整治工作河长制，重点挂牌督办太原市4个黑臭水体整治工作。山西省列入住房城乡建设部城市黑臭水体整治平台的74条黑臭水体，56条完成整治，其中太原市全部整治完成，其他设区市完成总数的67.30%。

（李国红 米玉婷）

【海绵城市建设】 2017年，山西省住建厅按照山西省人民政府办公厅《关于推进海绵城市建设管理的实施意见》，安排部署各市工作任务。组织编制山西省《海绵城市技术标准》和《海绵城市工程建设标准设计图集》，并结合工作实际，召集各市主管部门举办专题宣贯培训班，提高山西省海绵城市建设管理人员政策理论知识水平。19个城市编制海绵城市建设专项规划，开工建设一批海绵城市项目，累计建设面积49.10平方千米。

（李国红 米玉婷）

【违法建设专项治理行动】 2017年，山西省22个城市全部制定违法建设专项治理工作方案，完成摸底排查工作。全省查处违法建设建筑面积1567.92万平方米，完成查处违法建设总数的73.17%。对新增违法建设采取“零容忍”，加大执法力度，开展巡查管控工作，发现和查处新增违法建设行为，遏止在建、新建项目违法建设，全省新增违法建设零增长，确保各类建设项目依法依规建设。

（李国红 米玉婷）

【城市市政运营行业监管】 2017年，山西省住建厅开展山西省市政公用行业重点领域事故隐患集中排查治理行动，并结合省内实际，制定印发检查方案，对各市市政公用主管部门、企业（单位）安排部署，结合山西省住房城乡建设系统安全生产大检查、城建行业重点工作督查等工作。组织各市开展汛前检查和备汛工作，指导各市落实住房城乡建设部、山西省防汛抗旱指挥部各项城市防汛措施。强化城市供热统筹调度，供暖季前指导各市供热企业就供热储煤、检修、运行、信息报送等工作进行安排部署。

（李国红 米玉婷）

【城市燃气市场监管】 2017年，山西省住建厅研究印发《关于进一步加强燃气市场监管确保安全供气的通知》，规范整顿全省自供燃气设施，促进燃气行业健康有序发展，要求山西省内全部自供燃气设施应符合当地城乡发展规划、天然气和燃气发展等专项规划，并由取得燃气经营许可证的燃气企业设立。组织开展专项检查，全面消除各类燃气安全隐患。印发《关于进一步加强城镇燃气安全管理工作的通知》，要求各市针对城镇燃气安全问题，做好城镇燃气安全管理工作，强化安全用气指导。组织开展全省住房城乡建设系统危险化学品安全综合治理工作，制定印发工作

2017年，长治市长子县丹朱大街地下管廊项目　（李国红供图）

方案，将管道燃气企业，CNG、LNG加气站企业，液化石油气储配企业纳入摸排范围，建立城镇燃气行业重大危险源数据库，强化危险化学品安全监管能力建设。（李国红 米玉婷）

村镇建设

【农村危房改造】2017年，山西省政府把农村危房改造工作纳入农民办的“五件实事”、改善农村人居环境“四大工程”和脱贫攻坚重点工作强力推进。印发《2017年度山西省农村危房改造专项提升行动计划》，对年度任务推进的组织领导、项目实施、落实资金、技术服务、监督管理、责任落实等提出明确要求。2008年启动实施至2017年底，全省累计完成农村危房改造任务85.96万户，约使301万农村贫困人口解决住房安全问题。山西省工作成效得到住建部肯定和认可。2017年完成农村危房改造任务7.42万户。其中，四类重点对象任务5.19万户，一般户任务2.23万户。编印《山西农村危险土窑洞加固技术指南》，制定不同危险等级的鉴定标准。7月19日、26日和27日，分别在吕梁市石楼县、大同市天镇县和忻州市繁峙县召开农村危险土窑洞改造片区现场会，参观学习石楼县、天镇县、繁峙县危险土窑洞改造先进做法和经验。山西省住房和城乡建设厅配合省财政厅印发《山西省农村危房改造补助资金管理办法》，明确农村危房改造补助对象和补助标准，各地补助资金通过“一卡通”或“一折通”方式及时发放到农户。8月至11月，山西省住房和城乡建设厅对全省农村危房改造进行三轮督查，督查范围覆盖全省11市68县700余户农户。

（李国红 米玉婷）

【乡村清洁工程】2017年，山西省住建厅落实乡村清洁工程“人员队伍、清扫保洁、垃圾收集处理、村容整饰、长效管理机制”五个全覆盖，累计配备清扫保洁人员9.40万名，监管员1.60万名，农村清扫保洁体系持续运转。推进农村垃圾收运处置体系建设，争取农发行贷款支持，协调相关部门加快农村垃圾治理项目各项手续办理；48个县启动农村垃圾治理PPP项目。开展非正规垃圾堆放点排查，会同环保、农业、水利部门共同下发《关于开展非正规垃圾堆放点排查工作的通知》，组织各地深入摸底调查，完成各类非正规垃圾堆放点排查录入9205处，数量居全国第一。启动农村垃圾分类试点，印发《山西省农村垃圾分类治理工作方案》和《山西省农村生活垃圾分类治理技术指南》，岢岚县、灵石县、长子县3个县被住建部公布为首批国家级农村垃圾分类治理示范县，阳曲县、怀仁县等18个县列为首批省级试点县。

（李国红 米玉婷）

2017年，中国历史文化名村、中国传统村落——湘峪村鸟瞰图 （李国红供图）

【特色小城镇培育发展】2017年，山西省推进特色小城镇培育创建，全省有怀仁县金沙滩镇、高平市神农镇、泽州县巴公镇等9个镇被公布为全国特色小城镇，30个镇公布为省级特色小城镇。组织省规划院、山西大学、太原理工大学、太原师范学院等院校的专家成立特色小城镇规划建设专家指导组，开展山西省特色小城镇建设研究，制定《山西省特色小城镇规划编制要求》和《山西省特色小城镇创建培育标准》。从全省建制镇中遴选50个镇作为山西省特色小城镇的重点培育对象，编写《山西省特色小城镇情况简介》，根据产业发展特点，将各镇定位分类为：历史文化小镇9个、旅游休闲小镇14个、传统经典产业小镇5个、商贸物流小镇5个、现代农业小镇5个、先进制造业小镇12个。组织市、县、镇160多人召开全省特色小城镇建设工作推进会。连续两年与省委组织部联合举办特色小城镇建设专题培训班。利用电视、广播、网络等媒体宣传山西省特色小城镇。金沙滩镇、右卫镇、巴公镇、神农镇配合山西电视台制作特色小城镇专题片，并在山西电视台经济资讯频道和山西网络电视台播出；贾家庄镇利用山西举办文博会的契机，邀请中央电视台神州大舞台节目组，举办《走进全国特色小镇贾家庄》专题晚会，为招商引资创造良好环境。

2017年，各特色小城镇按照《山西省特色小城镇创建培育标准》，加强基础设施建设。重点加强水电路气网等基础设施和学校、医院、养老院等公共服务设施建设。实施道路建设、供水、燃气、供热、污水及排水等基础设施建设项目105项，累计投资37.30亿元。特色产业基础初步建立，形成5种特色产业发展模式的特色小城镇：以巴公镇、翟店镇为代表的先进制造业小镇，以杏花村镇、金沙滩镇为代表的传统经典小镇，以信义镇为代表的现代农业小镇，以大寨镇、贾家庄镇、静升镇、曲村镇为代表的旅游休闲小镇，以润城镇、右卫镇、神农镇为代表的历史文化小镇。2016年至2017年，山西省共有12个全国特色小城镇累计吸纳农业转移人口16998人，直接或间接带动周边农民就业62763人。（李国红 米玉婷）

综　述

【生态环境保护加强】 2017年，中共山西省委办公厅、省政府办公厅出台《山西省生态文明建设目标评价考核办法》。省发展改革委会同有关部门印发《山西省2017年生态文明建设工作任务及分工的通知》。起草《关于推动形成绿色发展方式和生活方式的报告》。印发山西省范围内国家级重点生态功能区产业准入负面清单。配合有关部门制定生态保护红线划定工作方案。开展资源承载力试评价，形成《山西省资源环境承载能力监测预警试评价报告》。推进芮城县等4个国家生态文明先行示范区工作。

（郭卓宇）

【节能减排和循环经济】 2017年，山西省编制完成《山西省节能减排实施方案》。开展项目节能审查。推行垃圾分类，太原市成为国家实施生活垃圾强制分类重点城市。编制完成《山西省城镇生活垃圾焚烧发电厂布局的报告》，加快城镇生活垃圾焚烧发电项目建设。推进园区循环化改造及资源综合利用“双百”工程示范基地建设，印发《山西省循环经济发展评价指标体系（试行）》。（郭卓宇）

【生态保护修复】 2017年，山西省启动实施太行山、吕梁山重大生态修复工程。加快汾河、桑干河、滹沱河等七河治理。编制《山西省耕地、草原、河湖休养生息规划（2016–2030年）》。做好退耕还林工作，提前启动2018年退耕还林还草195万亩任务。

（郭卓宇）

【气候变化应对】 2017年，山西省政府出台《山西省“十三五”控制温室气体排放实施方案》。省发展改革委组织完成300家左右重点企业历史碳排放数据核查，为进入全国碳排放权交易市场奠定基础。编制完成2012年、2014年度省级温室气体排放清单。

（郭卓宇）

环境质量

【大气环境】 2017年，山西省环境空气质量综合指数平均为7.16；优良天数平均为200天，占57.10%；重污染天数平均为13天，占3.70%。与2016年相比，综合指数上升2.30%；优良天数减少49天，比例下降10.80%；重污染天数减少8天，比例下降1.90%。

2017年，全省环境空气二氧化硫（SO_2）、二氧化氮（NO_2）、可吸入颗粒物（PM10）、细颗粒物（PM2.5）年均浓度分别为56微克/立方米、42微克/立方米、109微克/立方米、59微克/立方米，一氧化碳（CO）和臭氧（O_3）百分位数平均浓度分别为3.0微克/立方米和186微克/立方米。与2016年相比，SO_2、PM2.5年均浓度和CO百分位数平均浓度分别下降15.20%、1.70%和11.80%，PM10年均浓度持平，NO_2年均浓度上升13.50%，O_3百分位数平均浓度上升34.80%。

（王　颖　王　毅）

【水环境】 大气降水：2017年，山西省11个地级市中仅阳泉市在10月份出现1次酸雨，阳泉市酸雨发生频率为2.70%，比2016年下降0.33个百分点。

地表水：2017年，山西省地表水水质中度污染。监测的100个断面中，Ⅰ~Ⅲ类水质断面比例为56%，Ⅳ类水质断面比例为14%，Ⅴ类水质断面比例为7%，劣Ⅴ类水质断面比例为23%。与2016年相比，地表水环境质量有所好转。

城市集中式饮用水源地：2017年，11个地级市城市集中式饮用水源地总体水质达标率为87%，比2016年下降2.30个百分点。

地下水：2017年，11个地级市共监测地下水基础井204眼，山西省地下水总体水质为较好，与2016年相比水质基本稳定。

（王　颖　王　毅）

【声环境】 2017年，山西省城市区域声环境质量级别为“较好”，平均等效声级为52.80dB(A)，与2016年持平；全省城市道路交通声环境质量级别为“好”，平均等效声级为65.20dB(A)，比2016年下降0.60dB(A)；全省城市功能区噪声昼夜间达标率分别为86.30%、76.60%，与2016年相比，分别提高 4.80%、4.20%。

（王 颖 王 毅）

【辐射环境】 截至 2017 年底，山西省 1924 家核技术利用单位领取辐射安全许可证，其中涉源单位有 425 家，3675 枚放射源。射线装置使用单位 1499 家，4221 台。山西省城市放射性废物库运行全年无事故。全省共有辐射环境国控点 42 个，省控点 123 个，监测结果表明，全省辐射环境质量状况处于正常水平。

（王 颖 王 毅）

环保管理

【环保资金投入】 2017 年，山西省共计下达大气污染防治专项资金 24.05 亿元。其中，争取中央资金 13.25 亿元，省级资金 10.80 亿元。省级水污染防治专项资金 6.47 亿元，土壤污染防治专项资金 1.49 亿元。其中，争取中央土壤专项资金 1.22 亿元，省级土壤专项资金 0.27 亿元，形成全省范围内污染防治的资金推力。

（王 颖 王 毅）

【环境影响评价管理】 2017 年，山西省环保厅提请省政府印发《关于加强环境保护促进开发区绿色发展的实施意见》，赋予开发区市级环评审批权限；实行环境影响登记表备案制，全省累计备案项目 8868 个；优化审批流程，精简环评前置条件和申报材料。取消水土保持批复、部门预审、执行标准复函等作为环境影响评价的前置条件，提升环评服务效能。全省累计批复建设项目环境影响报告书（表）3960 个。其中，环境影响报告书 688 个，环境影响报告表 3272 个。省本级审批项目 14 个，市、县共审批项目 3946 个 。

2017 年，围绕着提升环评文件质量和规范环评机构管理，加强对环境影响报告书（表）质量和环评机构的考核，印发《关于做好建设项目环境影响评价文件及环评机构考核工作的通知》，开展对 2016 年全省环境影响报告书（表）的技术复核工作，促进山西省环评工作规范、健康、稳定开展。

（王 颖 王 毅）

【建设项目环保管理】 2017 年 10 月 1 日起，国务院实施《建设项目环境保护管理条例》取消建设项目竣工环保验收行政审批，改由建设单位自主验收。推进建设项目竣工环保验收审批制度改革，11 月 22 日，环保部发布《建设项目竣工环境保护验收暂行办法》要求，建设项目需要配套建设水、噪声或者固体废物污染防治设施，随后，山西省环境保护厅印发《山西省环境保护厅关于做好建设项目管理相关相关工作的通知》，对山西省建设项目竣工环保验收工作进行指导。

2017 年，山西省环保厅共批复 8 个建设项目竣工环保验收。其中煤炭项目 2 个；电力 3 个；热力 1 个；化工 1 个；运输类 1 个。

（王 颖 王 毅）

【环保法治建设】 2017 年，山西省环保厅加大环境保护执法力度。完善环境保护法规和制度建设。出台《山西省环境保护厅规范性文件制定与审查办法》，与山西省高级人民法院联合下发《山西省高级人民法院与山西省环境保护厅司法审判与行政执法协调工作机制的意见（试行）》，建立环境保护部门与司法机关沟通机制。出台《山西省环境保护厅关于实行“谁执法谁普法”普法责任制的实施方案》和《山西省环境保护厅 2017 年度普法责任清单》，推进普法工作开展。

（王 颖 王 毅）

【依法治污】 2017 年，山西省环保厅确立排污许可证环境管理核心制度。将排污许可制确立为固定污染源环境管理的核心制度，实行排污许可管理的排污单位必须持证排污、按证排污，不得无证排污。强化环境保护普法宣传培训。 （王 颖 王 毅）

【环保监管常规执法】 2017 年，山西省开展工业污染源全面达标排放工作。山西省九大行业共计 1431 家企业。其中，1164 家被纳入全面达标评估范围，849 家实现达标排放，对 315 家达不到排放要求进行分类处置。开展环境执法大练兵活动。全省下达行政处罚决定 3843 件、罚款金额 39981 万元，查处重大案件 1309 件，移送司法机关 327 起。2017 年，全省共向公安机关移送环境违法案件 430 件，行政拘留案件 401 件，涉刑事案件 28 件，退回案件 1 件。

（王 颖 王 毅）

【环保监管专项治理】 2017 年，山西省环保厅开展全省铁腕治污行动。排查发现环境违法问题企业 9900 余家，下达罚款金额 1.30 亿余元，取缔土小企业 1700 余家。其中，按日计罚 100 余件、查封扣押 400 余件、限产停产 550 余件、行政拘留 130 余件。对 125 名有关责任人进行责任追究。开展第一季度空气质量专项督查，累计检查 813 个单位，发现各类环境问题 623 个。开展纳污坑塘集中整治，排查各类坑塘 137 处，完成整治 117 处。开展砖瓦行业专项执法检查，共取缔、关停不符合产业政策企业 90 家，停产整治 255 家，限期（责令）整改 69 家、采取断电措施 22 家、行政处罚 50 家，处罚金额 698.50 万元，移送案件 4 件，行政追究 1 人。2017 年全省征收排污费 11.56 亿元，全国排污申报核定与排污费征收汇审考核山西省获“一等奖”。 （王 颖 王 毅）

【环保督察】 2017 年，山西省委、省政府推进环保督察工作，形成以省级环保督察为主，强化督查和专项督查为辅，“督企与督政并举，以督政为主”的全方位、多层次、系统化环保督察体系。

配合保障中央环保督察工作。中央第二环境保护督察组于 2017 年 4 月 28 日至 5 月 28 日进驻山西省开展环境保护督察工作。6 月 11 日，书记骆惠宁对山西省环保厅提交的边督边改总结报告批示“工作得力”，6 月 6 日，省长楼阳生批示“配合保障工作做得好，整改工作继续抓落实”。中央环保督察组向山西省交办群众反映问题 33 批 3582 件，全部办结并公示。其中，责令整改企业 2484 家、立案处罚企业855家、实施行政处罚7172.7万元、立案侦查22件、实施行政拘留58人、实施刑事拘留3人、约谈1589人、问责1071人。5月30日，环保部发布第三批中央环保督察边督边改情况，在全国接受中央环保督察7个省(市)中，山西省交办案件数量处于第四位，但罚款总额高居第一位，约谈、问责、行政拘留人数等位居第二位。

中央环境保护督察整改工作。山西省落实中央环保督察组反馈意见整改方案于2017年8月30日上报国务院并抄送国家环境保护督察办公室，12月18日，整改方案全文公开接受人民群众监督。整改方案涉及11个市、13个省直部门和9个企业集团，共60项整改任务含755个项目。对整改任务实行台账式、清单式管理，建立周调度、月通报制度，要求逐一整改销号清零。全年要求完成32项任务含223个项目，市级完成31项221个项目，完成率为99%。

实现省级环境保护督察全覆盖。2017年5月至6月，环保督察组对忻州、吕梁、晋中3个地级市开展继2016年7月至8月，11月至12月后的第三次进驻督察；10月至11月，第四批环保督察组分别进驻太原、大同、朔州、运城4市。四批对11市督察累计受理信访举报5718件，转办5326件，截至12月16日，全部办结。集中处理4507件违法违规案件，罚款金额4856万元，累计批评问责1163人。（王 颖 王 毅）

【环保监测】 2017年，山西省贯彻执行中共中央办公厅和国务院办公厅《关于深化环境监测改革提高环境监测数据质量的意见》，推进各项环境监测业务工作。组织开展全省地表水、地下水、集中式饮用水源地、噪声、酸雨、土壤、农村、生态等各项例行监测工作，加强对重点污染源的监督性监测，完成地表水跨界考核专项监测，开展土壤污染详查工作。加强空气预报预警人才队伍及能力建设，完成预报预警系统二期反演系统的建设与验收，具备预报未来3天环境质量情况及7天潜势预报的能力，预报准确率提高，2017年过程预报准确率实现100%，程度预报准确率近70%。完成2017年“一带一路”等国家重大活动山西省空气质量监测预报预警保障工作。组织完成全省204个县级环境空气自动监测站点监测事权上收工作，初步建成全省统一运维、统一考核、统一监测的空气监测网络，从机制上保证监测数据质量。推进山西省地表水环境质量监测事权上收，对全省所有58个地表水国考断面进行前期踏勘的基础上，编制全省地表水国考断面水质自动站建设选址分析论证报告，为水质自动站建设提供科学依据。（王 颖 王 毅）

【排污许可制度管理】 2017年，山西省推进排污许可制度改革，报请省政府印发《控制污染物排放许可制实施计划》，安排部署排污许可制度改革；申请获得全国焦化行业排污许可证申请与核发试点省，组织研究制定《排污许可证申请与核发技术规范 炼焦化学工业》(HJ854—2017)作为环保部标准，指导全国焦化行业排污许可证的申请与核发，并完成相关试点工作；开展排污许可证核发工作，6月27日，晋中市核发全省首张国家统一编码的排污许可证。10月26日，长治市核发全国首张焦化行业国家统一编码的排污许可证，2017年全省共核发国家统一编码的排污许可证539张。其中，火电137张，造纸41张，钢铁18张，水泥133张，焦化130张，石化3张，平板玻璃3张，有色金属3张，氮肥20张，纺织印染11张，原料药制造18张，制革1张，电镀12张，农药7张，其他2家，完成核发任务。（王 颖 王 毅）

【环保信访】 2017年，山西省环保厅深化信息公开和信访办理。落实环境信息公开制度，做好区域环境质量状况、环境执法信息和突发环境事件信息公开。落实年度《环境信访工作要点》，畅通信访渠道，处理初信初访，重点解决群众反映强烈的环境问题，强加基础工作，规范和提升信访业务水平。截至2017年11月底，全省环保系统受理信访举报13917件，全部及时办理。（王 颖 王 毅）

【环保宣传】 2017年，山西省、市两级环保部门开通环保微信、微博，省市两级共举办新闻发布会20多次，开展伴随式采访活动10多次，在各类媒体发表稿件3000条篇，为攻坚行动营造舆论氛围。完成配合保障中央环保督察组宣传任务，仅省、市两级媒体、网站共刊播稿件6589篇条，新闻网站转载9520余篇次，宣教中心督促“一报一台一网”严格按照中央环保督察组要求，宣传报道各地整改情况，发出新闻稿件300多篇，配合全省整改工作。抓好秋冬季大气污染防治宣传工作，配套出台宣传报道方案。开展第二次全国污染源普查宣传工作，牵头制定二污普宣传方案，组织新闻媒体集中宣传

2017年3月1日起，《山西省汾河流域生态修复与保护条例》正式实施

（王 颖供图）

解读污染源普查政策，编印制作宣传资料，对各市污染源普查宣传工作进行检查指导推动。启动全省环保设施和城市污水垃圾处理设施向公众开放工作，确定山西省环境监测中心站、太原城南污水处理厂、太原市同舟能源有限公司等为山西省首批向公众开放的单位。以“绿水青山就是金山银山”为主题，举行省城各界纪念六五环境日大会，动员社会各界关心、支持、参与环境保护。联合山西省作家协会、共青团山西省委举办启动第三届绿色读书月活动，联合省高级人民法院、山西省环境污染损害司法鉴定中心开展环境公益诉讼和环境污染损害司法鉴定咨询活动，举行山西省首家“环保管家”项目签约仪式，宣传推广山西创新治污新模式，为推动山西环保治理市场化鼓与呼。组织“环保出行，骑乐无穷”骑行环保宣传活动，开展“垃圾不落地、地矿最美丽”主题宣传活动等。（王 颖 王 毅）

污染防治

【大气污染防治】 2017年，山西省政府印发《山西省大气污染防治2017年行动计划》《关于进一步控制燃煤污染改善空气质量的通知》《山西省2017–2018年冬季大气污染防治综合治理攻坚行动方案》。2017年，全省设区市PM2.50平均浓度为59微克/立方米，与2013年相比下降23.40%，同比下降1.70%，完成“大气十条”目标任务。实施散煤清洁化替代。省财政拿出10亿元资金支持“煤改气”“煤改电”清洁取暖工程，完成113万户冬季清洁取暖工程；对全省煤场进行清理整顿，加强劣质民用散煤销售管控，禁售劣质煤；8个市完成“禁煤区”建设，其余3个市按高污染燃料禁燃区要求开展清洁能源和洁净煤替代。加大燃煤小锅炉淘汰力度。全省共淘汰燃煤锅炉1.10万台。推进重点行业深度治理。组织开展工业企业无组织排放管理，钢铁、焦化等重点行业在稳定达标排放基础上实施深度治理；2017年底单机30万千瓦以上火电机组全部实现超低排放改造；太原、阳泉、长治、晋城、晋中、临汾6市钢铁行业执行大气污染物排放限值。处置“散乱污”企业。加大“散乱污”企业排查力度，全省共排查“散乱污”企业8155家，其中列入淘汰范围的7433家全面取缔。推进错峰生产与运输。全省建材、钢铁、焦化等重点行业2153家企业实施采暖季错峰生产。强化重污染天气应对。按照京津冀大气污染传输通道城市标准修订重污染天气应急预案和减排清单，各市纳入应急减排清单的企业比原预案增加5000多家，措施精准有效；全年共下达14次应对重污染天气调度令，统一采取橙色级别以上应急减排措施，污染峰值均较预期大幅下降。建立城市环境空气质量改善奖惩制度，10月起，按月对各市空气质量改善情况实施奖优罚劣，全年共扣罚13283万元、奖励8546万元。（王 颖 王 毅）

【水污染防治】 2017年，山西省落实国家《水污染防治行动计划》，制定并实施《山西省水污染防治2017年行动计划》。加快推进工业集聚区水污染治理和重点行业清洁化改造，25个省级及以上工业集聚区全部完成集中式污水处理设施建设并实现在线联网监控。开展农村环境综合整治工作，严格饮用水源地环境监管，对水源保护区违法排污进行清理整顿，加强水源地规范化管理。全省新增完成农村环境综合整治的建制村有716个，完成年度目标任务，农村人居环境得到改善。出台《山西省城市地表水环境质量排名技术指南（试行）》，加大媒体和公众参与力度，督促各市推进水环境质量改善。制定《山西省地表水跨界断面生态补偿考核方案》，科学实施地表水跨界断面水质考核。全年扣缴6.50亿元，奖励1.70亿元。（王 颖 王 毅）

【噪声污染防治】 2017年，山西省加强噪声日常监管工作。畅通各级环保“12369”、公安“110”、城建“12319”举报热线的噪声污染投诉渠道。推进城市声环境功能区划分工作。编写年度环境噪声污染防治工作总结报告，按时报送环保部。组织开展“绿色护考”行动。中高考期间、省内大型人事考试期间，通过环保、公安、城管等部门联动的方式开展“绿色护考”行动。铁路护路联防涉工作。配合开展全省铁路风险隐患整治工作，助推铁路风险隐患问题全面整治。（王 颖 王 毅）

【土壤污染防治】 2017年，山西省环保厅落实国务院《土壤污染防治行动计划》和《山西省土壤污染防治工作方案》要求，以开展农用地土壤污染状况详查为重点，推进全省土壤污染防治工作。完成《山西省土壤污染防治2017年行动计划》。完成农用地详查检测实验室和质控实验室初选、土壤及农产品采样单位选定、点位设置与核实。完成全省土壤环境质量国控监测点位设置和调整，公布全省土壤环境重点监管企业名单，制定《山西省土壤污染状况详查工作方案》。完成《山西省土壤污染防治目标责任书》任务分解，配合省政府与各市政府完成各市目标责任书的签订。重点推进8个土壤污染治理修复试点示范项目，6个工业污染地块项目全部启动，2个农用地项目进入验收阶段。严格控制在优先保护类耕地集中区域，开展重点行业涉重金属企业清查，建立涉重金属企业环境管理清单。制订全省固体废物堆存场所和危险废物贮存、处置场所整治方案。会同省发改委、商务厅等部门开展废旧汽车拆解、电子废物、废轮胎、废塑料再生利用行业清理整顿。完成2017年度的危险废物规范化管理督查考核及2017年度四个季度的废弃电器电子产品拆解处理审核。（王 颖 王 毅）

【辐射环境污染防治】 2017年，山西省环境保护厅开展放射源安全检查专项行动，按照国家环保部《关于开展全国放射源安全检查专项行动的通知》要求，开展对使用γ射线探伤作业和Ⅲ类以上放射源企业的专项检查，完成 11 个地市放射源专项行动的督查评估。2017 年举办辐射工作人员培训班 22 期，培训 3437 人。

（王　颖　王　毅）

【机动车污染防治】 2017 年，山西省环保厅督促未完成 2016 年黄标车淘汰任务的地市加大淘汰力度，督促各市加大老旧车淘汰力度。执行调度通报机制；把机动车污染防治工作列入 2017 年 5 月 25 日对“2016 年度大气污染防治任务未完成城市进行集中约谈”内容中；印发《关于进一步做好黄标车及老旧车淘汰工作的通知》，针对各市进展不平衡的现状，提出分层次差别化要求。截至 2017 年底，全省淘汰老旧车 13362 辆，剩余黄标车 1368 辆，已完成国家“基本淘汰黄标车”的淘汰任务。

督促各市按照环保部联网规范要求完善机动车排污监控平台，推进机动车环保监管能力建设；逐月向环保部上报山西省检验机构联网最新进展；以省大气办名义印发通知，要求辖区检验机构与市平台联网滞后的大同、吕梁、临汾市立即采取措施，完成联网任务；对未按时升级完善平台功能的太原市下达督办通知；运用平台开展监管，安排专人对全省 11 个地级市上报的机动车排放检验数据及视频进行抽查，并反馈各市。截至 2017 年底，全省建成并运行的 178 家机动车排放检验机构全部与省级系统联网。

督促各市加大日常执法检查力度，加强机动车排放检验机构监管，规范机动车检验程序；督促各市处理举报信息，查处违法违规检测行为；组织开展全省 2017 年机动车排放检验机构监督检查，并印发《关于 2017 年全省机动车排放检验机构抽查情况的通报》，对检查中发现的问题进行曝光，并要求各市整改到位、处罚到位。

推进 4 个京津冀大气污染传输通道城市完成环保部下达的机动车遥测网络建设任务，做好网络布点工作；组织太原、阳泉两市召开交流座谈会；组织 4 个通道城市相关人员参加环保部召开的机动车遥感监测网络建设工作座谈会，到天津、安徽等地开展实地调研；组织召开《山西省机动车遥感监测网络建设方案》专家论证；督促指导 4 个通道城市开展机动车环境执法检查，并将执法结果报送环保部。

（王　颖　王　毅）

【排污权许可交易】 2017 年，山西省排污权交易中心各项工作稳步推进。探索排污权交易研究，《排污权交易政策体系研究》和《山西省排污权自主价格交易研究》两项课题被列为全省重点项目研究课题；推动“山西省排污权价格自主交易平台”开发建设，实现由环境资源稀缺程度主导排污权市场交易价格，由市场价格决定环境资源配置的根本目标；编制印发《山西省排污权交易手册》，规范全省排污权交易业务受理工作，提高从业人员的业务水平，使全省的排污权交易工作向更高的标准迈进。2017 年全年共完成省级、市级排污权交易 514 宗，总成交额 7.08 亿元。涉及二氧化硫 15556 吨，化学需氧量 467 吨，氨氮 37 吨，氮氧化物 19099 吨，烟尘 5236 吨，工业粉尘 3251 吨。

（王　颖　王　毅）

汾河生态修复

【《山西省汾河流域生态修复与保护条例》】 由于经济社会快速发展和人口急剧增长，汾河流域生态环境受到严重破坏，虽经持续治理取得一定成效，但仍未得到根本性好转。为此，山西省 2015 年启动汾河流域生态修复重大战略工程，提出建立健全相关法规，依法推进汾河流域生态修复和保护工作。2015 年 7 月，中共山西省委、省人民政府印发《汾河流域生态修复规划纲要》。2016 年 4 月，水利部与省政府联合批复《汾河流域生态修复规划》，这是水利部会同省级政府批复的全国第一个流域生态修复规划。2015 年，根据中共山西省委、省人民政府《关于印发〈汾河流域生态修复规划纲要(2015–2030 年)〉的通知》要求，山西省水利厅成立《条例(草案)》起草组，开展立法项目资料收集、论证，按立法规定向省政府法制办报送《条例(草案)》(代拟稿)。2016 年 9 月 2 日，《条例(草案)》经山西省人民政府 2016 年第 130 次常务会议讨论通过并报山西省人大常委会审议。2017 年 1 月，省人大常委会审议通过《山西省汾河流域生态修复与保护条例》，并于 3 月 1 日起正式施行。《条例》内容确定“统一规划、保护优先、因地制宜、科学修复”的修复保护原则，规定汾河流域内县级以上人民政府责任、流域生态修复与保护规划及产业政策、地下水关井压采的强制措施、河流源头和泉源修复保护制度，细化河湖岸线管理，加强汾河流域生态修复与保护的监督检查。从法律层面进一步规范汾河流域内开发、利用、建设、保护等各项活动，为汾河流域生态修复与保护提供重要的法律依据，与前期省委、省政府印发的《纲要》和省部联合批复的《规划》一起，形成汾河流域生态修复三管齐下、三位一体系统推进的治理格局。

结合全面推行河长制和实行水资源全域化配置的工作要求，省水利厅制定《关于贯彻落实汾河流域生态修复与保护条例的实施意见》，提出贯彻落实汾河流域生态修复与保护条例的工作指导思想、目标、主要任务、保障措施及组织实施等内容，明确各项任务的牵头和配合部门，努力构建“责任明确、协调有序、监管有力、保护有效”的流域生态修复与保护管理机制。

（梁述杰）

【汾河生态修复核心区重点工程建设】 2017 年，按照中央推进生态文明建设的总体部署和习总书记提出的“节水优先、空间均衡、系统治理、两手发力”新时期治水思路，从全省经济总量最大、人口集聚最多、生态环境最差的汾河流域入手，按照“综合治理、自然修复”原则，山西省全面启动实施汾河流域生态修复。以中游核心区为重点的工程建设取得阶段性成果。汾河流域生态修复启动后，截至2017年底，共启动实施核心区干流蓄水工程、太原段治理三期、古交市区段治理、汾河一坝综合治理、堤外“珍珠串”蓄水湿地、汾河运城段清水复流联接(黄河)段等47项水利工程，其中2017年共实施36项。2017年计划完成投资50亿元，截至12月底完成投资137.70亿元，占年初计划的275.40%。10月，汾河中游核心区15座蓄水闸坝工程全部建成并下闸蓄水，核心区总长82.20千米、蓄水面积16.17平方千米的水面正在形成;12月，汾河运城段清水复流联接(黄河)段工程顺利通水运行，从根本上解决西范、北赵两个大型灌区近150万亩农业灌溉水源没有保证的问题，可向汾河下游补水，增加河道生态基流，改善水质，提高汾河河道自净能力;汾河古交市区段滩上桥至铁磨沟河道综合治理工程于10月底全部完工并实现蓄水运行，形成4.25千米的连续水面;汾河河津–新绛段防洪工程于6月中旬完工，确保该河段度汛安全;汾河太原段综合治理三期工程、汾河干流堤外调蓄水工程和汾河干流稷山城区段综合治理等其他工程按计划有序推进。（梁述杰）

【汾河流域生态修复投融资机制建设】 2017年，汾河流域生态修复投融资机制投融资机制改革不断深入。从加强组织领导机构、创新投融资模式和实现流域生态修复的良性运行机制三方面分别制定相关指导意见。7月24日，汾河流域生态修复工作领导小组办公室印发《汾河流域生态修复组织机构工作规则指导意见》;8月18日，省人民政府办公厅印发《汾河流域生态修复项目投融资指导意见》《汾河流域生态修复管理工作指导意见》。按照“政府引导、分级负担、吸引社会资本”的资金筹措思路，省水利厅推行政府和社会资本合作模式，建立政府与社会资本合作共赢的长效机制，通过政府与市场两手发力，逐步实现生态效益、经济效益与社会效益的整体提升。2017年，山西省为推进汾河中游核心区堤外调蓄水工程建设，安排中央水利发展资金1.1亿元作为政府引导资金，其余资金通过PPP模式筹资解决，吸收社会资金2.57亿元，年内干流堤外调蓄水工程全面开工建设。古交市汾河干流区段河道综合整治工程除中央和省级补助资金外，其余通过政府购买服务的方式解决资金缺口问题，年底工程建成并实现蓄水运行;吕梁交城磁窑河、瓦窑河生态修复治理PPP示范项目成功落地，在吸引社会资本投资方面起到示范带动作用。（梁述杰）

【汾河水量水质监测】 根据水利部和省人民政府联合批复的《汾河流域生态修复规划(2015–2030年)》，结合全面推行河长制要求，围绕保证生态基流和改善汾河水质的两大生态修复目标，在河流源头、3个枢纽坝(一坝、二坝、三坝)站、各支流河口、大型污染源或工业集中区、城市污水集中汇入河段和水文有明显变化特征的河段共布设25个水质监测断面，实施汾河干流排污口、支流入河口和跨市断面的实时监测。年底，汾河流域生态修复汾河水量水质监测项目实施方案获批复，规划建设的25处水质监测站抓紧实施。

为贯彻落实全省汾河河长制工作现场推进会议精神，坚决打赢黑臭水体歼灭战，进一步摸清家底，弄清其成因，从11月2日开始，省水利厅组织有关单位对汾河干流太原兰村–入黄口段的60个入河排污口和33个入汾支流口进行水质取样监测，每周监测一次，至12月20日，共监测8次，第八次监测结果较第一次水质达标率提高7.80个百分点，总体达标率达40%，呈现水质逐步好转态势。

（梁述杰）

【汾河流域生态修复工程建设任务】 汾河流域生态修复其他行业工程有序推进。按照《政府工作报告》有关要求，省汾河流域生态修复工作领导小组办公室结合各行业工作进展情况，通过多次与相关部门沟通落实2017年其他行业汾河流域生态修复工作任务，就具体建设项目进行反复筛选，确定环保、住建、农业、林业、扶贫五大类183个项目。7月24日，省水利厅以汾河流域生态修复领导小组办公室名义印发《2017年汾河流域生态修复工程建设任务》，年底，各行业按预期完成年度目标任务。

（梁述杰）

生态环境保护

【生态文明建设】 2017年，山西省发展与改革委员会加强生态环境保护和资源节约，推进绿色发展。

完善生态文明体制。中共山西省委办公厅、省政府办公厅出台《山西省生态文明建设目标评价考核办法》。省发展改革委会同有关部门印发《山西省2017年生态文明建设工作任务及分工的通知》。起草《关于推动形成绿色发展方式和生活方式的报告》。印发山西省范围内国家级重点生态功能区产业准入负面清单。配合有关部门制定生态保护红线划定工作方案。开展资源承载力试评价，形成《山西省资源环境承载能力监测预警试评价报告》。推进芮城县等四个国家生态文明先行示范区工作。

推进节能减排和循环经济。编制完成《山西省节能减排实施方案》。开展项目节能审查。推行垃圾分类，太原市成为国家实施生活垃圾强制分类重点城市。编制完成《山西省城镇生活垃圾焚烧发电厂布局的报告》，加快城镇生活垃圾焚烧发电项目建设。推进园区循环化改造及资源综合利用“双百”工程示范基地建设，印发《山西省循环经济发展评价指标体系(试行)》。

加强生态保护修复。启动实施太行山、吕梁山重大生态修复工程。加快汾河、桑干河、滹沱河等七河治理。编制《山西省耕地、草原、河湖休养生息规划(2016–2030年)》。做好退耕还林工作，提前启动2018年退耕还林还草195万亩任务。

开展应对气候变化工作。省政府

出台《山西省“十三五”控制温室气体排放实施方案》。省发展改革委组织完成300家左右重点企业历史碳排放数据核查，为进入全国碳排放权交易市场奠定基础。编制完成2012年、2014年度省级温室气体排放清单。（郭卓宇）

【生态环境治理】 2017年，山西省环保厅加快组织划定生态保护红线工作。起草并提请省政府办公厅印发《山西省划定并严守生态保护红线工作方案》，成立山西省生态保护红线工作领导组，召开红线工作领导组第一次会议，部署生态保护红线划定工作。组织完善生态系统服务功能重要性评估和生态环境敏感性评估，优化生态保护红线分布格局，通过地理信息技术和实地核查初步将红线落在地块上。征求省国土厅、省林业厅等相关部门的意见，与相关规划相衔接。并与周边省份进行对接，初步形成《山西省生态保护红线划定方案》（征求意见稿）。

【自然保护区】 2017年，山西省环保厅组织国家级和省级自然保护区卫星遥感监测实地核查工作，对全省自然保护区的数千个疑似点位逐一检查，并将检查情况上报环保部。开展“绿盾2017”监督检查专项行动，会同省林业厅、省农业厅印发《关于联合开展山西省自然保护区“绿盾2017”监督检查专项行动的通知》，配合环保部等七部委联合开展“绿盾2017”国家级自然保护区监督检查专项行动巡查，起草《山西省省级自然保护区调整管理规定》，省政府办公厅予以印发。开展生态文明示范区创建工作，推进生态文明建设示范创建工作，组织指导右玉县积极开展申报工作，右玉县被环保部评为首批全国生态文明建设示范县，并被授予全国第一批“绿水青山就是金山银山”实践创新基地称号。（王　颖　王　毅）

【林业保护区保护】 2017年6月15日至7月31日，按照省委第27次常委会、省政府第152次常务会安排部署，在中央环保督查组到来之前，山西省林业厅组织开展林业自然保护区执法大检查。重点对自然保护区内商业性的探矿权、采矿权、取水权等设置，及风（水）电、房地产、旅游开发及其他人类活动情况进行检查。针对发现问题，督促各市县按照中央环保督查组要求整改，加强林业自然保护区的管理。（贾向前）

【水资源保护】 山西省水利厅按照“保护优先、自然恢复、综合治理”修复原则，配合有关部门，开展晋祠泉域黄河水水源置换、加大渗漏补给、煤矿禁采限采、水质保护等工作。在晋祠泉域重点保护区实施禁采限采，编制完成晋祠泉域及重点保护区范围拐点坐标地理信息图，重新排查泉域内煤矿，排查出与重点保护范围重叠煤矿19座，提出煤矿分类处置意见。其中，白家庄矿于上年关闭；西峪煤矿矿区与泉域重点保护区全部重叠，要关闭退出；剩余17座煤矿要退出泉域重点保护范围。实施汾河水库、汾河二库联合调度，从汾河水库放水，提升汾河二库蓄水位，增加回水长度，加大汾河河道对晋祠泉域入渗补给，二库库区年平均渗漏量达6370万立方米，二库大坝下游至兰村水文站区间河道年平均渗漏量达5140万立方米。针对4月份晋祠泉地下水位急速回落情形，邀请中国地质大学校长王焰新带领专家团队对晋祠泉域进行实地考察和专题研究，查明晋祠泉水文地质条件和补径排条件，开展泉域地下水监测控制网完善等工作。截至2017年底，晋祠泉地下水位埋深3.80米，相较于1月1日上升0.17米。

开展国家重要江河湖泊水功能区水质监测工作。对纳入国家监测名录99个断面全部进行监测。2017年1月至11月，全省参与评价水功能区共83个（因河干、断流、连底冻原因，有5个水功能区不参与评价，另有11个排污控制区无水质目标不进行达标评价），达标水功能区53个，达标率63.90%。其中，黄河流域62个，达标37个，达标率59.70%。

开展用水计划管理，将全省82亿立方米用水总量控制指标分解到各市。简化取水许可审批手续，山西省建设项目水资源论证报告书审批与取水许可审批合二为一。全年完成水资源论证报告、水环境评价报告、取水许可报告批复124个。（梁述杰）

【土地资源利用与矿产资源保护】 2017年，山西省国土资源厅将耕地保护率、违法用地率、万元GDP用地量等国土资源指标纳入区域经济转型升级考核和生态文明建设目标评价体系，健全资源约束性制度体系。多个县（市）获国土资源节约集约模范县称号，受国土资源部表彰。提请省政府出台政策，建立土地批后监管约束机制。推进处置730宗、4.12万亩闲置土地，处置率99.06%。完成23个开发区节约集约用地评价，提升节约用地水平。推进矿产资源节约集约与综合利用，制定适合山西矿产特点的适用技术推广目录，选定同煤大唐塔山煤矿等10家矿山企业为全省示范矿山。6个煤炭中共伴生稀有资源调查评价项目成果初步显示：大同、宁武、河东等6大煤田煤炭中赋存锂、镓、铷、铯、稀土等稀有资源。开展绿色矿山建设，印发工作方案，部署标准制定、示范区建设任务，形成山西绿色矿业发展模式。（王卫国）

综 述

【概况】 2017年，山西省教育系统共有各级各类学校1.55万所，在校生633.72万人，教职工56.26万人。其中：幼儿园6937所，在园幼儿102.75万人，专任教师54796人，学前三年毛入园率89.10%。义务教育阶段中小学校7481所，在校生336.36万人，专任教师27.73万人。特殊教育学校73所，在校生12684人，专任教师1656人。高中阶段学校（不含技工学校）954所，在校生104.90万人（其中普通高中505所，在校生71.97万人，中等职业教育学校449所，在校生32.93万人），专任教师89137人，高中阶段毛入学率94.25%；普通高等学校80所，其中本科院校33所（含独立学院8所）、高职高专院校47所，成人高等学校11所，普通本科在校生48.84万人，专科在校生27.46万人，在学研究生3.22万人，高等教育毛入学率46.60%。

2017年，山西省教育经费具体来源渠道为：公共财政预算教育经费680.72亿元，政府性基金预算安排教育经费收入达26.27亿元，企业办学教育经费1.70亿元，民办学校中举办者投入经费3.83亿元，社会捐集资办学经费0.23亿元，事业收入133.37亿元，其他教育经费6.15亿元。全省教育和其他部门教育经费总支出770.70亿元。（张建伟）

【学习贯彻习近平新时代中国特色社会主义思想宣讲进校园】 2017年，山西省教育厅多次召开党组会议、专题会议和厅务会议，传达学习中共十九大、习近平总书记视察山西重要讲话、习近平总书记在7月26日省部级主要领导干部专题研讨班上重要讲话以及省委十一届五次全体会议等重要会议和讲话精神，坚持以习近平新时代中国特色社会主义思想武装头脑、指导实践、推动工作。厅机关、直属单位各党支部开展“我学十九大”主题组织生活会，省高校工委与省委宣传部联合启动中共十九大精神进基层高校“百千万”师生面对面行动，在全省教育系统全面掀起学习宣传中共十九大精神热潮。推进习近平总书记视察山西重要讲话精神进校园、进课堂、进教材，组织全省82所高校和9251所中小学校同上“开学第一课”，各级教育行政部门和各级各类学校通过党委（党组）理论中心组学习、教师政治理论学习、学生社团活动以及宣讲会、研讨班等形式举办主题教育活动43000余场次，推动习近平总书记视察山西重要讲话精神在全省教育系统落地生根、开花结果。（张建伟）

【“三基建设”】 2017年，山西省教育厅开展“三基建设”（基层建设、基础工作、基本功训练），制（修）订《厅党组工作规则》等一系列制度，梳理“三基建设”34项重点任务，梳理制定山西省教育厅（高校工委）基本工作目录、应知应会手册、便民服务手册、管理手册和工作运行流程图，制定《山西省教育系统干部职工和相关从业人员通用基本能力评价标准（试行）》《教育行政干部专业能力评价标准（试行）》《中小学校、幼儿园教师通用基本能力评价标准》等，建立健全岗位责任制、限时办结制、首问负责制、服务承诺制、AB岗制、一次性告知制、离岗告示制，促进工作提质增效。从高校和直属单位选派6名干部到厅机关挂职，选派2名厅机关干部到高校挂职，选派23名扶贫队员和“第一书记”参加驻村扶贫督导工作，5名干部到乡镇挂职。举办教育厅干部能力素质培训班，强化干部能力提升。（张建伟）

【教师队伍建设】 2017年，山西省教育厅在11个国培项目县和43个能力提升工程项目县实施国培计划，对乡镇及以下18万名中小学幼儿园教师开展混合式培训。各地共交流义务教育学校校长5196人，交流教师91508人，交流比例分别达到24.65%和14.91%。全省20余万名中小学幼儿园教师按要求完成学习培训任务，达到教育部规定年均72学时继续教育要求。为太原市娄烦县等40个贫困县招聘特岗教师1812名，全部落实2017年履约到山西省中小学任教432名部属师范大学免费师范毕业生和山西省省属师范院校478名免费师范毕业生就业工作岗位落实工作。授予太原市娄烦县庙湾联校赵国有等220名优秀教师“晋绥儿女支持老区教育奖”称号，每人发放2000元奖金和慰问品。全年组织中小学校长和教育行政干部培训1076人（次）。完成全省中等职业学校教师和高校教师专业技术职称评审工作。落实集中连片特困县乡村教师生活补助政策，全年安排资金1.11亿元，实际发放26000人，发放资金9060万元。指导、督促各市、县（市、区）落实原民办代课教师教龄补贴，全年安排省级补助资金2600万元，实际发放人数89648人。111207人参加省内各类教师资格教育理论考试，考试科次数为205000科次，2361人教师申请教师资格认定教育教学能力测试。

（张建伟）

【语言文字保护教育】 2017年，山西省教育厅开展第20届全国推普周活动，推动语言文字工作向纵深开展。运城市河津县、闻喜县、绛县县、平陆县、临猗县、夏县县、万荣县以及临汾市吉县、蒲县、大宁县、永和县通过三类城市语言文字工作评估验收。15个方言点和两个濒危汉语方言点通过“2017·中国语言资源保护工程·山西汉语方言调查”中期检查和预验收。举办第20期省级普通话水平测试员资格考核培训班，选派9名语委干部、3名高校语委干部、3名中小学骨干校长、3名幼儿园骨干园长、3名经典诵读骨干教师、10名贫困地区语文教师、5名中小学经典诵读教育骨干教师、3名中小学书法教师参加国家级培训。印发《关于贯彻〈教育部 国家语委关于进一步加强学校语言文字工作的意见〉的通知》。76所学校（幼儿园）认定为山西省语言文字规范化示范校（园），84所学校认定为山西省规范汉字书写教育特色学校。完成普通话水平测试共176751人（次）。组织各市开展县域普通话普及情况调查，全省总体达标率67.93%。（张建伟）

【学校体育教学】 2017年，山西省新申报全国青少年校园足球特色学校192所，大同市城区成功申报“全国校园足球试点县区”，130所中小学校获批国家级校园篮球特色学校。举办2017年山西省校园足球联赛，首设小学生组别，实现省级校园足球联赛各学段全覆盖。完成2017年山西省教育系统体育竞赛计划。太原理工大学男子足球队获2017年中国大学生校园足球联赛超级组全国总冠军，实现山西省足球运动历史性突破。组织山西省15所国家级校园足球特色学校近2000名女学生参加2017年国际足联Live Your Goals（追梦）女孩足球节活动。组队参加第13届全国学生运动会，山西省获2枚金牌、6枚银牌、4枚铜牌、“优秀组织奖”和“体育道德风尚奖”好成绩。遴选160篇论文参加第13届全国学生运动会科学论文报告会，获奖论文超过半数，创历史最佳记录。选拔高职院校体育教师组队参加第二届全国高等职业院校体育教师教学技能大赛并取得优异成绩。配合教育部对山西省4个市8个县区32所中小学校和4所高校6660名学生进行《国家学生体质健康标准》测试抽查复核。举办全省《国家学生体质健康标准》培训班。山西大学承接2017年全国青少年校园篮球骨干教师专项培训任务。（张建伟）

【学校卫生防控整治宣传】 2017年6月，山西省教育厅启动农村中小学、幼儿园旱厕无害化改造工作，全省11个市完成厕改任务996所。组织开展学校传染病防控和食品安全大排查。在山西财经大学等10所高校开展艾滋病防治知识进高校活动，与省电台、山西警察学院共同举办防治艾滋病宣传活动。（张建伟）

【大中小学艺术活动】 2017年5月，山西省教育厅召开全省高校艺术教育工作会议，安排部署第五届大学生艺术展演和高雅艺术进校园活动。7月，省政府印发《山西省全面加强和改进学校美育工作实施方案》，对推进全省各级各类学校美育教学改革作出谋划和安排。举办“梦从这里出发”山西省第二届高校毕业季优秀美术作品展、山西省第二届大中小学生钢琴比赛暨钢琴艺术节和全省音乐教师“合唱指挥”培训班。开展2017年高雅艺术进校园活动，组织3个国家级院团、18个省级院团在全省学校累计演出110场，惠及师生14万余人。组织学校参加教育部《传承的力量》学校艺术教育弘扬中华优秀传统文化成果展示活动，开展中华优秀文化艺术传承学校创建活动。组织开展第五届大学生艺术展演活动，80个节目分五大项参加全省现场集中展演，遴选170件优秀艺术作品参加山西省第五届大学生艺术展演活动优秀美术作品展。12月31日，举办首届山西高校新春音乐会。（张建伟）

【学校国防教育】 2017年，山西省教育厅组织太原成成中学校等24所中小学校成功申报全国中小学国防教育示范学校，太原理工大学等173所学校被教育部认定为“国防教育特色学校”。结合庆祝中国人民解放军建军90周年、纪念全民族抗战爆发80周年，组织开展山西省第四届“百场国防教育宣讲进高校”活动，宣讲团到全省80所高等院校巡回宣讲104场，惠及3万余名师生。组织“2017首届全国兵棋推演大赛山西分赛区”比赛，来自全省24个单位的400余名选手参加比赛。组织山西省代表队参加第四届全国学生军事训练营活动。指导全省高校和高中阶段学校完成学生军训任务。（张建伟）

【学校安全稳定】 2017年，山西省教育厅落实高校安全责任，加强重要保障期和敏感期形势研判与专题调研，做好应急处置工作。与各高校签订《安全工作责任书》，将安全生产目标责任分解落实到基层单位。开展学校安全法制教育，涉及学生600余万人。开展防灾减灾活动，各地约1.59万所学校开展集中观看防灾减灾科普影片、举办防灾减灾知识竞赛等活动，共开展安全应急演练5.60万次，提升山西省广大师生的防灾减灾综合防御能力。深化平安校园建设，全省共创建省、市、县三级平安校园12988所，占全省学校81.10%。省政府办公厅印发《关于加强中小学幼儿园安全风险防控体系建设的实施意见》，构建学校风险预防与处置体系。加强学校安全隐患排查整治，全年组织开展四次学校安全工作大检查，通过全面排查整治学校基础设施、技术装备、校园及周边环境、防控手段等方面存在的安全隐患以及学校安全体制机制、制度建设、安全管理组织体系、责任落实、事故查处等方面存在的薄弱环节，有效防范和遏制重大事故发生，维护学校安全稳定局面。被省政府、省综治委评为“安全生产先进单位”和“综治工作优秀单位”。

（张建伟）

【家庭经济困难学生资助政策】 2017年，山西省教育厅下达学前教育资助中央及省级资金9427.81万元，资助幼儿14.70万余名。对城乡义务教育家庭经济困难寄宿学生安排生活费补助1.68亿元，受助学生达19.50万人。发放普通高中国家助学金2亿元，惠及贫困学生15.08万人。免除建档立卡类家庭经济困难学生高中教育学费5202.93万元，受助学生5万余人。中职免学费7.60亿元，受助学生31万人。发放中职国家助学金1.40亿元，受助学生7万元。按24万左右学生人数安排高校学生奖助学金经费9.23亿元。高等教育发放生源地助学贷款23.40亿元，受助学生37万人。

（张建伟）

【教育领域综合改革深化】 2017年，山西省教育厅制定印发《山西省深化教育领域综合改革的意见(2016—2020年)》，促进人才培养模式、教育资源配置方式、考试招生制度、学校管理体制和办学体制等各方面改革向纵深突破。启动实施普通高中学生综合素质评价、选课走班、学生生涯规划教育三项试点。启动中考综合改革试点，山西省中考改革实施方案被教育部作为范本印发各省学习参考。推进职业教育“文化知识+职业技能”招生考试制度改革。推进全省民办学校分类管理改革。省教育厅等5部门联合印发《关于深化高等教育领域简政放权放管结合优化服务改革的实施意见》，扩大高校办学自主权。推进山西大学等3校综合改革工作，中北大学朔州校区、太原科技大学晋城校区综合改革工作试点启动。做好第五届全国教育改革创新典型案例推选活动，晋中市教育局《突出四个重点深化中考改革》获第五届全国教育改革创新特别奖，大同市广灵县第一小学校范秀丽《“问题导学”生本教育英语课堂教学模式探索》获第五届全国教育改革创新优秀教师奖。（张建伟）

【教育行政审批制度改革】 2017年，山西省教育厅取消6项中央指定地方实施的教育行政审批事项。建立和完善权责清单制度动态调整机制，行政职权由年初63项调整为59项，进驻政务服务中心事项由3类22项调整为3类19项。建立健全厅行政许可、行政处罚等信用信息上网公示制度，全年共推送“双公示”事项139件2170条信息，自觉接受社会监督。推进阳光审批，精简行政审批事项申请条件，由170条减少至148条，依法依规精简22条。行政审批工作运行有序，全年共办理行政审批事项209件，具体办件数为44118个，全部提前办结。

（张建伟）

【教育法治宣传】 2017年，山西省教育厅和省检察院联合开展“法治进校园”巡讲活动，在全省11个市21县（市、区）开展巡讲49场次，覆盖21所中学（包括职校），受教育学生22000余名。举办“学宪法讲宪法”主题征文大赛，218名同学分获不同奖项，50名教师获优秀指导教师奖。举办第二届“学宪法讲宪法”演讲比赛山西赛区决赛，遴选出5名学生参加“学宪法讲宪法”全国总决赛，获2个全国初中组三等奖、1个高校组三等奖，1个全国小学组一等奖和1个高中组季军以及团体比赛三等奖好成绩。和省禁毒委员会办公室联合举办2017年山西省全民禁毒宣传月启动暨“青春无毒美丽绽放”校园禁毒文化节。遴选9所示范学校、160名优秀教师、320名优秀校外辅导员为学校毒品预防教育工作先进典型。组织全省教育系统参加全国系列法治活动，教育厅获司法部和全国普法办“我与宪法”优秀微视频作品征集展播活动优秀组织奖。

（张建伟）

【教育督导】 2017年，山西省教育厅25个县(市、区)通过国家义务教育均衡发展督导评估认定，比年初《省政府工作报告》确定20个县(市、区)工作目标超额完成25%。6个县职教中心通过省级督导评估验收。组织开展“全面改薄”项目、营养改善计划、春秋两季开学等专项督导，推动山西省教育重大决策项目落地生根。开展中小学生欺凌专项治理和幼儿园规范办园行为专项督查，山西省太原市第二实验小学校长徐艳红在12月27日教育部《加强中小学生欺凌综合治理方案》新闻发布会上作典型发言。配合国家完成10个县四、八年级学生科学学习质量、德育状况，以及课程开设、条件保障、教师配备、学科教学和学校管理等相关影响因素质量监测，山西省被教育部授予“省级优秀组织单位”称号。委托教育部高等教育教学评估中心完成山西大学、太原理工大学、山西财经大学、中北大学、太原科技大学等5所本科院校教学审核评估工作，完成晋中学院本科教学合格评估复评工作。（张建伟）

【民办教育】 2017年，山西省教育厅召开民办教育座谈会，开展民办教育调研，健全支持和规范民办教育发展机制。加强对省属民办学校年度检查，全省民办学校共62所(包括民办非学历高等教育机构45所)，经检查合格55所（2016年度新批学校1所不参加年检)，不合格6所。开展机关干部帮扶教育培训单位常态化专项行动，山西工商学院、太原理工大学继续教育学院和山西正枫英语培训中心3个单位共6个具体帮扶问题全部销号。加强民办培训机构管理,开展违法违规办学专项治理工作,关停非法擅自举办培训机构千余所。

(张建伟)

【毕业生就业创业】 2017年,山西省各高校组织举办大型招聘活动231场、专场招聘活动1966场,参会企业单位累计11000多家(次),提供就业岗位22.70万多个(次)。举办第五届山西省“互联网+”大学生创新创业大赛,累计参赛学生人数达7138名。开展其他创业大赛、创业论坛、创业讲座活动182场(次),参加人数56240人。开展大学生创业意识培训和创办企业培训504期(次),培训学生30799人。全省高校毕业生自主创业1299人,在校生自主创业1753人。基层就业项目招聘毕业生2985人,其中“农村教师特岗计划”招聘1812人,“三支一扶计划”招聘600人,“西部志愿者计划”273人,“选调生”300人,毕业生到各级各类中小企业就业2.1万多人。报名应征入伍学生4.10万人,实际入伍1.36万人。(张建伟)

【教育国际交流合作】 2017年,山西省教育厅加强顶层设计,印发《山西省推进共建“一带一路”教育行动计划》,形成教育对外开放新思路新理念新举措。理顺出国留学体制,完善国家公派、省筹资金公派、单位公派三级公派留学选拔机制。山西省共录取各类公派出国留学人员431人,较上年增长17%。其中国家公派出国留学录取237人,地方合作项目录取101人。截至2017年底,山西省高校接受外国留学生首次突破千人,达1212人,较上年增长42.90%。教育部新批准山西中医药大学成为中国政府奖学金生接收院校,山西省中国政府奖学金生接收院校增至3所。太原理工大学成为中俄工科大学联盟观察员院校,山西医科大学成为中俄医科大学联盟成员,山西中医学院(更名为山西中医药大学)作为首批联盟成员加入“中俄中医药创新发展联盟”,山西大学等9所高校加入“一带一路”高校联盟,中北大学等5所高校作为倡议单位发起成立“中蒙俄丝绸之路沿线大学联盟”。做好面向港澳台地区招收本科学生工作以及赴港澳教师选派、晋港澳姊妹学校建设等,推进与港澳台地区合作交流。加强海外孔子学院建设,新增1所孔子学院,依托山西省高校建设海外孔子学院增至3所。(张建伟)

【教育援疆】 2017年,山西省教育厅选派15名山西优秀教师赴疆支教。6月,六师五家渠市东区实验幼儿园及西线学区八所团城幼儿园共14名教师到山西省康乐幼儿园开展为期两周顶岗置换、跟班见习和交流学习。暑假期间,六师五家渠职业技术学校57名干部、教师,分3个批次到山西省进行职业教育培训。下半年,从省级示范高中抽选11名优秀高中教师,对口支援五家渠高级中学。全省11个市与第六师五家渠14个团场开展对口合作,派出优质师资到五家渠学校开展教师培训和教研活动。确定山西师范大学、山西省实验中学、山西大学附属中学等一批优质学校,承担两市选派的管理干部、中青年骨干教师的挂职、任教、培训、交流工作任务。继续实施面向受援地高考定向招生人才培养项目,落实招生计划90名,专项用于定向招收昌吉州阜康市、第六师五家渠市的高中毕业生。(张建伟)

基础教育

【学前教育】 2017年,山西省教育厅出台《第三期学前教育行动计划》,在运城召开改革开放以来第一次由市、县教育局主要负责人参加的全省学前教育工作会。开展普惠性学前教育认定扶持工作,全年认定扶持普惠性民办幼儿园702所,受益幼儿14万人,超额40%完成年度任务;开展小区配建幼儿园督查,全省小区配建幼儿园718所,占应配总数的71.60%;清理整治无证幼儿园,全年共取缔464所,颁证301所;推进优质园帮扶工作,共有591所优质园帮扶2702所农村园、薄弱园。(张建伟)

【义务教育均衡发展】 2017年,山西省政府印发《关于统筹推进县域内城乡义务教育一体化改革发展的实施意见》,召开义务教育城乡一体化改革部署会、试点启动会,以“1+X+Y”综合施策,以8大计划集中攻坚。山西省作为全国5个省级典型之一在全国城乡一体化改革推进会上,作经验介绍。晋中市中考改革相关经验获评第五届全国教育改革创新特别奖。

2017年9月4日,阳泉市城区上站幼儿园在新学期开始的第一课——“中国龙,我们都是中国娃”主体教育 (梁君燕摄)

针对“城镇挤”难题，联合住建厅制定加强城镇中小学校幼儿园建设管理意见，在城镇新建学校100余所。制订消除大班额规划，48个县基本消除大班额，76个县基本消除超大班额；50余个县采取“名校+新校”“名校+弱校”“名校+普校”，扩大优质资源。针对“乡村弱”问题，以县为单位优化学校布局，撤销空壳学校432所，合并小规模学校264所。完成义务教育学校标准化建设任务，在孝义市召开全国《义务教育学校管理标准》实施部署会，“孝义现象”成为基础教育新典型，进入全国样板“第一方阵”。在全国基础教育改革创新研讨会上，山西省获评2017年度省级基础教育工作展示优秀案例。山西省义务教育由县域均衡向市域均衡、由基本均衡向优质均衡迈进。　（张建伟）

【中小学德育和心理健康教育】2017年，山西省教育厅深化中国梦主题宣传教育，在中小学持续开展“三爱三节”教育活动、少年传承中华传统美德系列活动、中小学微电影创作征集等活动，把社会主义核心价值观和优秀传统文化教育融入学校教学和管理各环节。举办山西省家庭教育实验学校小学校长培训班，打造学校、家庭、社会良性互动教育格局。及时总结全省各地开展社会主义核心价值观教育暨德育工作经验做法，大同市示范性综合实践基地等8家单位获评全国中小学德育工作优秀案例。在全省范围内开展心理健康教育特色示范校创建活动，7所学校被命名为全国心理健康教育特色示范校。组织申报全国中小学生研学实践教育项目，八路军太行纪念馆等4家单位获批“全国中小学生研学教育实践教育基地”，晋中市中小学示范性综合实践基地获批“全国中小学生研学教育实践教育营地”，实施中央彩票公益金支持未成年人校外活动场所项目能力提升工程，山西省校外活动中心累计获批中央彩票公益金4776.80万元资金支持。　（张建伟）

【普通高中教育】2017年，山西省教育厅联合发改、财政、人社等部门制定《高中阶段教育普及提升计划》，建立普通高中学校生均公用经费拨款制度，出台化解高中债务风险意见，保障高中学校健康运行。推进高中办学条件标准化建设，绝大多数学校办学条件基本达标。召开近十年来首次高中校长会，对高中普及提升计划做出全面部署，对高考改革进行系统培训。在72所高中学校开展综合素质评价、选课走班、生涯规划试点，组建专家团队跟踪指导。全省88所非贫困县省示范高中对口帮扶58个贫困县70所公办普通高中，实现深度贫困县普通高中帮扶全覆盖。省示范高中共派出80余名管理人员挂职，5000余名教师参与交流培训，800余名学生进行互助互访，被帮扶学校办学水平提升。　（张建伟）

【特殊教育】2017年，山西省教育厅组织实施《第二期特殊教育提升计划》，新增特殊教育学校4所，建设118个资源教室，93个县建立送教上门制度，指导各地落实残疾儿童少年“一人一案”，促进不同阶段特殊教育协调发展，三类残疾儿童少年入学率达90%以上。国培计划首次将特教专干纳入其中，3期共培训210人；省培计划7次662人。利用国家彩票公益金273.30万元资助911名学前年龄段残疾儿童少年，保障残疾儿童少年受教育权利。　（张建伟）

职业教育

【职业教育基础能力建设】2017年，山西省教育厅制定《山西省高等职业院校基本办学条件标准（试行）》和《山西省中等职业学校基本办学条件标准(试行)》，推进职业院校办学条件达标计划。新立项建设214个实训基地项目和171个重点专业项目。对2014年立项建设中、高职实训基地建设项目开展验收工作，完成山西省管理监测系统与教育部相关系统对接工作。古交市、天镇县、文水县、汾阳市、中阳县、夏县等6个县级职教中心通过省级督导验收。　（张建伟）

【职业学校管理】2017年，山西省教育厅整合职业教育资源，清理削减中职学校101所，中职学校从446所削减到345所，削减率22.65%。完成2017年度中等职业学校办学资质清查和管理星级评估认定工作，清查举办中等职业学历教育学校375所，其中350所学校具备中等职业学历教育办学资质；21所学校需按要求限期整改；4所学校取消中等职业学历教育办学资质。全省共认定管理五星级学校34所，管理四星级学校99所，管理三星级学校142所，管理二星级学校68所，管理一星级学校16所。开展学生实习管理检查，进一步加强职业院校实习管理。实施职业院校管理水平提升行动计划，完成山西省管理监测系统与教育部相关系统对接工作。　（张建伟）

【职业院校专业建设】2017年，山西省教育厅新增山西交通职业技术学院“城市轨道交通机电技术”等96个普通高等学校高等职业教育专业，完成高等职业教育2017年新设专业考核工作，全省32所学校申报2017年新设置105个专业，其中3所学校增设7个专业方向，2所学校3个专业进行学制调整。经考核论证答辩评审，同意开设96个专业，不同意开设9个专业。同意太原铁路机械学校等46所职业院校新增“机电技术应用(工业机器人应用与维护)”等82个专业或专业方向。太原旅游职业学院导游专业、长治市第一职业高级中学旅游服务与管理专业被确定为全国职业院校旅游类示范专业点，山西交通职业技术学院汽车车身维修技术专业被确定为全国职业院校交通运输类示范专业点。　（张建伟）

【职业院校招生考试改革】2017年，山西省教育厅推进职业教育招生考试制度改革，出台《山西省中等职业学校毕业生对口升学“文化素质+职业技能”考试招生实施办法(试行)》《山西省高等职业院校单独招生实施办法》和《山西省五年制高职教育考试招生实施办法》，明确2018年对口升学考试有关事项和信息技术、护理类、旅游服务、交通运输类、资源环境类5个专业“文化素质+职业技能”考试办法。2017年山西省中职计划招生138400人，全省中等职业学校共招生144996人(其中技工学校招生31700人，非全日制招生10486人)，完成招生计划104.76%。

（张建伟）

【职业教育教学科研】 2017年，山西省教育厅举办山西省高等职业院校教学质量水平提升培训会，对高等职业院校专业建设、人才培养、科研团队建设等工作开展专项培训。建立山西省教育厅职业教育专家库，共遴选出专家库成员530名，其中公共基础课程类111名，专业技术类274名，综合类145名。山西机电职业技术学院、运城职业技术学院、山西华澳商贸职业学院、忻州市原平农校等4所职业院校入选第二批全国现代学徒制试点单位，太谷县、祁县、垣曲3县入围国家第四批农村职业教育与成人教育示范县创建名单，沁源县、襄汾县通过国家第二批农村职业教育与成人教育示范县验收。开展省职业教育教学成果奖申报评选，产生特等奖13项，一等奖26项，二等奖40项。 （张建伟）

【农民与职工技术培训】 2017年，山西省教育系统完成农村实用技术培训299.20万人（次），其中妇女培训98.80人(次)，残障人员培训7.10万人(次)。全年全省高校完成职工继续教育培训任务25368人(次)，其中煤炭行业职工培训7541人(次)。做好煤炭企业职工带薪转岗教育培训工作，全年培训职工1300余人。

（张建伟）

【社区教育】 2017年，山西省教育厅出台《山西省教育厅等9部门关于推进社区教育发展的实施意见》。全年完成社区教育培训任务764.3万人(次)，创建学习型街道(乡、镇)、学习型居委会(村)、学习型企业、学习型社区等各类学习型组织22356个。组织“全民终身学习活动周”，太原市活动周连续举办12届，全市10个区(县)参与单位3000余个，开展学习活动8000余项，参与市民约240万人(次)。做好“百姓学习之星”和“终身学习品牌项目”评选推荐，太原市马如龙、吴富生、樊志勤、崔苗苗4人获“2017年百姓学习之星”称号，其中太原重型机械集团有限公司焊接技术培训中心副主任高级技师樊志勤获“事迹特别感人的百姓学习之星”。太原市“爱上朗读”等5个项目评选为2017年“终身学习品牌项目”。晋美工商管理专修学院等2所机构被评为2017年“优秀成人继续教育院校(培训机构)”。开展老年教育，出台《山西省人民政府办公厅关于贯彻落实国家老年教育发展规划(2016—2020)的实施意见》。 （张建伟）

【职业技能大赛】 2017年，山西省教育厅举办山西省第11届职业院校技能大赛，参赛选手和教师选手5642人，参赛人数创新高。组织山西省72所中高职学校425名参赛选手参加全国职业院校技能大赛，共获一等奖4个，二等奖25个，三等奖70个。举办2017年山西省职业院校信息化教学大赛，共产生一等奖46个、二等奖68个、三等奖111个。举办山西省2017年职业教育活动周，活动期间全省各类职业院校共举办各类活动500多场，接待人民群众近10万人(次)，职业教育影响力扩大。 （张建伟）

高等教育

【高校思想政治和意识形态教育】 2017年，山西省教育厅研究制定《网络意识形态工作责任制实施细则》，与省委宣传部定期开展高校意识形态领域工作研判分析，掌握高校意识形态工作的领导权、管理权、话语权。开展全省高校思政工作大调研，向省委提交《山西省高校思想政治工作调研报告》。召开全省高校思想政治工作推进会，以省委名义印发《关于加强和改进新形势下高校思想政治工作的实施意见》。举办高校领导干部、思政课骨干教师、辅导员骨干等能力提升研修班，举办第五届山西省辅导员职业能力大赛，提升高校思想政治工作队伍素质。实施高校思政课教学质量年专项工作，委托6个单位展开课题研究，组建8个分课程集体备课组，完成7门课程的教学设计和教案编写。加强高校思想政治工作理论研究，完成2017年立项评审和2015年结项验收工作，形成一批优秀研究成果。启动实施易班新应用推广行动计划，推进思想政治工作传统优势与互联网技术相融合。创新高校思政工作形式，组织高校在全省36个国家扶贫工作重点县建立思政教育实践基地，提升思政教育实效性。《中国教育报》以“脱贫攻坚主战 思政教育大课堂”为题进行专题报道。 （张建伟）

【成人高等教育】 2017年，山西省教育厅完成2016年度函授站年检，127个函授站年检合格。完成2017级成人高等学历教育2.23万人新生学籍注册和2017届毕业生4.41万人即时注册。完成2017年46所高校(普通本科高校、高等职业学校、独立设置成人高等学校）共1031个高等学历继续教育招生专业的设置工作。

（张建伟）

【高等教育“1331”工程】 2017年，山西省教育厅实施“1331工程”，主要建设任务：坚持立德树人这一根本任务，促进高等学校“一校一面”特色发展，培养高素质创新人才；全面加强重点学科、重点实验室、重点创新团队三项建设，促进高等教育内涵发展；全面加强高校协同创新中心、工程(技术)研究中心、产业技术创新战略联盟三项建设，促进高等教育与经济社会融合发展；努力产出一批对国家及地方经济社会发展有重大贡献的标志性成果，提升高校服务我省创新驱动、转型升级能力。统筹推进“双一流”建设，遴选建设5个省级重点马克思主义学院，培育建设8个高校思想政治工作协同育人中心；支持建设4

个“一流学科”、30个“优势特色学科”、56个重点创新团队和32个协同创新中心，统筹支持43个重点实验室、26个工程(技术)研究中心和3个产业技术创新研究院(战略联盟)。（张建伟）

【高等学校布局和专业结构调整】2017年，山西省教育厅启动本科专业调整优化工作，推进高等教育供给侧改革。山西大学东山校区正式开建。山西中医学院更名为山西中医药大学，并被教育部增列为优秀本科生推荐免试高校。围绕省综改试验区建设对相关专业人才需求，支持有关高校设置2个数据科学与大数据技术专业和资源循环科学与工程、车辆工程、新能源材料与器件、物联网工程、城市管理、地质工程、信息安全、网络安全与执法等专业，批准有关高校依托有关专业设置6个大数据专业方向和彩塑壁画文物保护与修复、功能农业、功能食品、新能源材料、新能源汽车、足球等专业方向。（张建伟）

【高校重点学科建设】2017年，山西省教育厅增列山西大学等5所高校马克思主义理论学科为省高等学校重点(建设)学科。持续支持立项的“优势学科攀升计划”项目和“服务产业创新学科群建设计划”项目，围绕需求立项支持34项省级一般性重点学科建设项目。太原理工大学化学工程与技术学科成为国家首批立项支持的“一流学科”。教育部第四轮高校学科整体水平评估结果显示，山西省高校33个学科排名前移。（张建伟）

【高等教育质量工程】2017年，山西省教育厅推进高等教育质量提升工程，加强专业建设，立项支持优势专业36个；推进教学改革创新，立项支持教学改革创新项目162项，其中重点项目27项，一般项目135项；加强大学生创新创业教育，立项支持大学生创新创业训练计划项目588项，其中重点项目134项，一般项目454项。8所应用型转型试点高校组建山西省应用型高等学校联盟，6所高校获批全国深化创新创业教育改革示范校，太原理工大学和山西大学2所高校被认定为山西省首批省级双创示范基地。（张建伟）

吕梁职业技术学院 （张彩琴供图）

【高层次人才队伍建设】2017年，山西省教育厅出台《山西省高等学校优秀教学业绩和教学成果认定办法》等5个文件，推进落实以增加知识价值为导向分配政策。太原理工大学教授黄庆学当选中国工程院院士，山西大学高山、胡英泽入围2017年度青年长江学者建议人选。从北大、清华等全国知名高校引进8名高层次人才到山西省具有博士学位授予权的本科院校挂职副校长。新增2名“三晋学者”特聘教授(专家)和24名“青年三晋学者”特聘教授(专家)；启动满聘期“三晋学者”考核工作。2017年，高校系统共安排招聘计划1462名，实际完成招聘1146名。（张建伟）

【研究生教育】2017年，山西省教育厅新增校企研究生教育创新中心15个，遴选支持34项研究生联合培养基地人才培养项目。新增山西农业大学、山西师范大学2所省级研究生课程改革试点，立项支持93项研究生教育改革研究课题。遴选支持201项研究生教育创新项目，其中博士创新项目121项，硕士创新项目80项。表彰奖励1个研究生优秀导师团队和11名研究生优秀导师。开展2016学年研究生学位论文抽检工作。开展2016学年优秀博士、硕士学位论文评选工作，共评选优秀学位论文80篇。举办山西省研究生教育管理干部高级研修班，全省各研究生培养单位、各本科高等学校分管校长、研究生院院长、学科(学位)办主任等80人参加研修。（张建伟）

【高校人文社科重点研究基地】2017年，山西省教育厅新批准设立5个人文社科重点研究基地，分别是依托山西大学建设的“区域科技政策研究中心”“区域现代化研究中心”，依托山西财经大学建设的“山西省中小企业发展研究院”，依托太原科技大学建设的“创业研究院”，依托山西应用科技学院建设的“应用型高等教育研究中心”。截至2017年底，山西省高校人文社科重点研究基地达43个。（张建伟）

科学技术

Science and Technology

综 述

【概况】 2017年，山西省科技厅强化科技创新顶层设计，推动产业结构转型，推进科技成果转化，开展创新平台基地建设，完成各项任务。推进科技体制机制改革，重大科技创新成果亮点纷呈；新动能加快成长，对供给侧结构性改革支撑引领作用增强；“双创”活动蓬勃开展，全社会支持参与创新热情高涨。在《国务院办公厅关于对2017年落实有关重大政策措施真抓实干成效明显地方予以督查激励的通报》中，山西省科技厅获表彰。

2017年，山西省综合科技进步水平指数达57.98%，较上年增长5.38%；全省R&D经费投入占地区生产总值(GDP)的比重达1.10%，较上年增长6.80%；全省地方财政科学技术支出63.04亿元，占全省财政公共预算支出的1.68%，较上年增长72.66%；全省每万就业人员中研发人员达13.57人，较上年增长9.70%；全省每万人拥有大专及以上学历人口达2674.37人，较上年增长39.50%；全省每百万人专利授权量为336.20，较上年增长22.40%；全省认定高新技术企业455家，较上年增长31.50%，全省高新技术企业数量首次突破千家，达1117家，占全省规模以上工业企业数量29.30%，较上年增长11.40%；全省新认定省级众创空间83家、科技企业孵化器24家，获批国家备案众创空间24家、科技企业孵化器2家、星创天地18家，全省国家级科技企业孵化器、大学科技园、众创空间(含星创天地)总数达99家，较上年增长80%。（杨先锋）

【科技奖励制度改革】 2017年，山西省科技厅落实国家《关于深化科技奖励制度改革的方案》，新修订《山西省科学技术奖励办法》。在奖项设置方面进行改革，新增技术创新奖、管理创新奖和企业技术创新奖3类奖项。科学技术杰出贡献奖奖金由80万元提高至300万元；企业技术创新奖奖金60万元；科技进步奖、自然科学奖、技术发明奖一、二、三等奖每项奖金由6万元、2万元、1万元提高至50万元、20万元、10万元；科学技术合作奖增设等级和奖金，一、二、三等奖每项奖金分别为50万元、20万元、10万元。

（杨先锋）

【科技成果转移转化】 2017年，山西省科技厅制定出台《山西省促进科技成果转化若干规定（试行）》《山西省促进科技成果转移转化行动方案》，解决成果权属、收益分配、法人责任等政策难题。建设市场化运作、省市县联动山西省科技成果转化和知识产权交易服务平台。联合省财政厅、综改示范区共同设立规模10亿元科技成果转化引导基金，全年全省技术合同交易总额达256亿元。

（杨先锋）

【科技合作与交流】 2017年，山西省科技厅与中国科学院、中国工程院合作，邀请中科院等10余个科技代表团访问山西省；与中科院签订战略咨询合作协议，围绕科技革命和产业变革趋势开展研究；与中科院高福院士及其团队洽谈组建山西高等创新研究院，在山西转型综改区落地。与澳大利亚阿德莱德大学签署合作谅解备忘录，建立联合实验室，共同拓展大数据技术研究与人才培养在山西省实施农业、中医药、人工智能等领域产业化应用。组织到外科技交流团组8批次18人(次)开展科技对外合作交流。围绕“1331工程”等重点工作，支持一批领军人才牵头实施一批国际联合研究项目。设立5大研发平台，引进30名国内外高层次人才到晋开展创新研究工作。（杨先锋）

【“国家可持续发展议程创新示范区”建设】 2017年，山西省科技厅开展“国家可持续发展议程创新示范区”建设工作，组织太原市进行申报，开展方案编制、规划论证等各项创建工作。国务院明确太原市以资源型城市转型升级为主题，建设国家可持续发展议程创新示范区。（杨先锋）

【科技创新政策环境建设】 2017年，山西省委、省政府围绕实施创新驱动发展战略，制定出台系列政策文件和配套措施。在战略层面，出台《关于强化实施创新驱动发展战略进一步推进大众创业万众创新深入发展的实施意见》《山西省科技创新促进条例》

《山西省关于贯彻落实〈国家创新驱动发展战略纲要〉的实施方案》《山西省支持科技创新的若干政策》等。在人才方面，出台《关于深化人才发展体制机制改革的实施意见》及支持政策、《实行以增加知识价值为导向分配政策的14项配套政策》等。在成果转化方面，出台《山西省促进科技成果转化若干规定(试行)》《山西省促进科技成果转移转化行动方案》。在科技计划管理方面，出台《〈山西省科研项目经费和科技活动经费管理办法（试行)〉的补充规定》《支持开展科技项目融资贴息试点实施办法(试行)》等。

（杨先锋）

【产业科技创新】 2017年，山西省科技厅围绕产业链，安排创新链，配置供应链，保障要素链，制订政策链，取得镁铝合金宽厚板、石墨烯超级电容、石墨烯电池关键技术等突破。T800基本实现产业化，太钢集团二期工程即将投产。5兆瓦级海上风电机组并网发电。“超大规模微细粒复杂难选红磁混合铁矿技术开发及工业化应用”等3个项目获国家科学技术进步二等奖。在新一代信息技术、智能制造、生物医药、新能源汽车、节能环保、新材料等重点产业领域，投入经费12980万元，新实施46个重点项目。煤制油、煤制高端化学品等取得重大技术突破。煤制烯烃开展中试。600度超超临界用钢、高铁、核电用钢等取得技术突破。围绕能源革命，开展煤基科技重大专项，在煤炭清洁高效利用、煤层气、煤机装备等方面推进一批重大和重点项目。在谷子杂交育种、特色农业绿色高效开发等方面取得技术突破。围绕“农谷”、有机旱作农业、功能食品等领域，投入2300万元，新实施23个重大和重点项目，支持现代农业发展壮大。

（杨先锋）

【高新技术企业发展】 2017年，山西省科技厅围绕增强科技创新供给、培育创新发展动能，省委、省政府重视高新技术企业发展，明确提出“高企倍增计划”，并将高新技术企业认定数量纳入全省目标责任考核体系，对新认定高新技术企业和连续三次通过认定高新技术企业给予奖励。推动研发费用加计扣除等税收优惠政策落实，加大科技型中小企业和高新技术企业培育和精准培训辅导力度，全省高新技术企业队伍壮大，创新动能释放，技术创新主体地位增强，发展成为推动经济转型发展的重要力量。2017年，全省高新技术企业实现营业收入3289亿元，同比增长24%；全省高新技术企业累计拥有发明专利5269件，占全省企业有效发明专利86.70%；全省高新技术企业新挂牌上市16家，增幅24%，上市高新技术企业数量达82家，占全省125家上市企业的65.60%。全省高技术产业主营业务收入达8.29%，较上年增长19.40%。

（杨先锋）

【科技创新人才引进】 2017年，山西省科技厅围绕“晋商晋才回乡创业创新工程”，吸引一大批创新要素和优秀人才向山西集聚。引进院士高福团队，初步计划设立5大研发平台，建立10个研究所，引进30名国内外高层次人才来晋开展创新研究工作。围绕“1331工程”等重点工作，支持“千人计划”“百人计划”等领军人才，牵头实施一批国际合作项目。（杨先锋）

【科技创新平台建设】 2017年，山西省科技厅加强创新平台基地建设，优化创新平台基地布局，完善创新平台基地支持措施，全省重点实验室和工程技术研究中心建设得到发展，数量增长，结构优化。截至2017年底，山西省拥有国家重点实验室5家、省部共建国家重点实验室培育基地3家、国家级工程技术研究中心1家。推动双创示范基地和双创载体建设，全省省级和国家级众创空间、科技企业孵化器、星创天地得到增长。（杨先锋）

【“双创”推进】 2017年，山西省委、省政府制定出台《关于强化实施创新驱动发展战略进一步推进大众创业、万众创新深入发展的实施意见》，对全省推动和实施大众创业万众创新做出总体部署。副省长王一新策划启动全国首档大型创业竞技栏目“异想天开”，搭建创业项目与投融资机构对接平台“创享行”双创沙龙。组织举办第六届中国创新创业大赛（山西)；作为全国16个省份之一，首次举办第二届中国创新挑战赛(山西)，参赛队伍和国家赛获奖项目数均创历史最高纪录。长治唯美诺“创意+工厂”模式和临汾华翔“人人创新、全员创客”经验受到总理李克强肯定。（杨先锋）

科研机构

【专业科学研究机构】 2017年，山西省科学研究机构共158个，其中自然科124个，社会科学22个，情报科学12个。在自然科学研究机构中按经济行业分类，计有农林牧渔51个、采矿2个、制造15个、建筑1个、信息技术1个、技术服业21个、环境及公共设施14个、教育2个、卫生和社会生活13个、文化体育2个、社会公共管理2个。在社会科学研究机构中按门类分，计有艺术学6个、考古学2个、经济学8个、社会学1个、教育学2个、体育科学2个、统计学1个。全省科研机构员工总数10695人，其中科技人员8817人。科技人员过千的行业或门类有3个，即农林牧渔、技术服业、卫生和社会生活。（杨先锋）

【群众性科研组织】 2017年，山西省群众性自然科学科研组织有除省级外有市、县科协和行业科协共130个，科研性质的省级学会135个，其中理科17个、工科34个、农科16个、医科21个、交叉学科47个。省级学会全手组织学术会议211次，交流论文4470篇，举办科普宣讲243次，举办实用技术培训23次。山西省群众性社会科学科研组织除省级外有9个市社科联和12个高校社科联。省级社科性质学会128个，省级学会全年举行各类学术会议34次。

（杨先锋）

科技投入

【工业企业研究与试验经费投入】2017年,山西省规模以上工业企业科技研究与试验共投入1122323万元。其中投入较大的行业有:煤炭开采和洗选业343241万元,黑色金属冶炼和加工业259139万元,专用设备制造业74375万元,计算机、通信和其他电子设备制造65622万元,化学原料及化学制造63779万元。全部投资中按企业类型分,主要有国有企业15533万元,国有联营企业828126万元,私营企业129190万元,港澳台投资企业22818万元,外商投资企业45422万元。(杨先锋)

【新产品开发投入】2017年,山西省规模以上工业企业新产品开发共投入895493万元,项目3119个。其中投入较大的行业有:煤炭开采和洗选业218194万元、项目324个,黑色金属冶炼和加工业114470万元、项目131个,专用设备制造81748万元、项目475个,金属制品业64529万元、项目290个,电气机械制造64483万元、项目205个。(杨先锋)

【发明专利】2017年,山西省规模以上工业企业共取得科技发明专利6567件。按行业分较多者,专用设备制造业为1054件,黑色金属冶炼与加工883件,化学原料及化学制造377件。(杨先锋)

科技成果

【农业科技】2017年,山西省农业科学研究院鉴定科研新成果8项。通过国家审(鉴)定农作物新品种3个,省级审(认)定农作物新品种44个,登记品种28个。4个品种获植物保护新品种权证书。获国家授权专利255件。其中,发明46件,实用新型209件。获山西省科学技术奖15项,其中二等奖4项,三等奖11项。

2017年,山西省农业科学院棉花研究所完成的“优质强筋抗旱高产国审小麦品种运旱20410、运旱618选育与应用”、山西省农业科学院农业环境与资源研究所主持完成的“农工矿废弃地复垦与固碳技术研究与示范”、山西省农业科学院园艺研究所完成的“早熟优质晋西瓜6号、7号新品种的选育及应用”、山西省农业科学院经济作物研究所完成的“耐旱、耐连作国家鉴定绿豆新品种晋绿豆6号选育与应用”获2016年度山西省科技进步类二等奖。

山西省农业科学院棉花研究所主持完成的“抗性基因的挖掘鉴定及其在棉花中的应用”获2016年度山西省自然科学类三等奖。

山西省农业科学院农业环境与资源研究所主持完成的“内陆盐碱地玉米专用肥的研制与应用”、山西省农业科学院作物科学研究所完成的“玉米覆膜精播多功能一体化播种机的研究和应用”,获2016年度山西省技术发明类三等奖。

山西省农业科学院小麦研究所完成的“优质专用小麦品种临Y7287的选育及应用”、山西省农业科学院畜牧兽医研究所完成的“欧拉藏羊引进与利用技术研究”、山西省农业科学院果树研究所完成的“甜樱桃新品种‘晶玲’选育及推广应用”、山西省农业科学院果树研究所完成的“中晚熟葡萄新品种‘秋红宝’选育及推广应用”、山西省农业科学院棉花研究所完成的“麦后直播早熟棉‘晋棉57号’选育与应用”、山西省农业科学院农产品贮藏保鲜研究所完成的“番茄采后病害生物防治技术研究”、山西省农业科学院高寒区作物研究所完成的“旱地燕麦新品种‘同燕1号’的选育与推广”、山西省农业科学院园艺研究所完成的“梨树蜜蜂授粉配套技术研究与应用”获2016年度山西省科技进步类三等奖。(朱俊菲)

【水利科技】2017年,山西省水科院完成的“管道漏点测试定位技术”、省水保所完成的“黄土高原丘陵沟壑区沟道和洞穴侵蚀机理与防治措施技术研究”获山西省科技进步三等奖。

山西省水资源所承担的“山西省水资源适应性调控与干旱影响减缓对策研究项目”等7个项目通过省科技厅验收;“晋城市三姑泉域地下水生态修复研究”“大同市守口堡水库胶凝砂砾石筑坝技术研究”等22个项目通过山西省水利厅验收。

(梁述杰)

【煤炭工业科技】2017年,山西省煤炭行业加强科技重大项目攻关,推进“机械化换人,自动化减人”。全行业共有科技成果88项获省级以上科技成果奖。推广无煤柱自成巷开采等新科技,加强智能化综采工作面建设,全省已有45座煤矿、203个变电所、水泵房,实现无人值守。(王德善)

【电力工业科技】2017年,山西省电力行业组件5支科技攻关队伍。配网可视化、小现场安全管控系统等重大科研成果投入使用,《新能源安全“四位一体”调控技术应用》等18项科技成果获省部级以上奖励。全年申请发明专利270项,授权发明专利111项,《一种充气组装式高电压均压环》首获中国专利优秀奖。(龙 云)

【冶金工业科技】2017年,太原钢铁(集团)有限公司主持的“超大规模微细粒复杂难选红磁混合铁矿选矿技术开发及工业化应用”项目获2017年度国家科学技术进步奖(通用项目)二等奖。

2017年度冶金科学技术奖评审结果,太钢有4项成果获奖,其中《超纯净不锈钢脱氧及夹杂物控制关键技术开发与应用》成果获一等奖,《基于扫描电镜微观组织表征新技术的开发与应用》获二等奖,《太钢使用大比例小粒度焦炭和部分劣质原燃料实现高煤比稳定运行技术》《工业企业电力需求侧综合管理信息系统》获三等奖。由钢铁研究总院申报,太钢作为主要完成单位之一的项目“基于M3组织调控的钢铁材料基础理论研究与高性能钢技术”获一等奖。

山西省科学技术奖励委员会关于2016年度山西省科学技术奖励的决定，太原理工大学、山西工程技术学院等单位完成的“镁合金构件特殊环境下的腐蚀行为及耐腐蚀镁合金创新研究”、太钢的“清洁高效燃煤机组关键耐热材料07Cr25Ni21NbN开发及核心工艺技术创新”“特殊钢钼合金化新工艺技术开发及应用”“2250mm宽幅热轧生产线新型板型控制技术”“冶金废水双膜法高效处理回用技术的研发及应用”五个项目获二等奖；太钢完成的“复杂组分微细粒全精矿烧结技术开发与应用”“高强铝合金阶梯工件复合加压精确挤压成形技术”“热连轧高效轧制稳定性控制技术研究与应用”“单心动周期全容积实时三维超声心动图定量评价左右心室整体收缩功能”四个项目获三等奖。

中国钢铁工业协会发布2017年冶金企业管理现代化创新成果名单：太钢完成的“大型钢铁企业基于“互联网+工业” 的OMT信息安全管理模式的实践与应用”“本质化、精细化质量管控实践”“基于集团战略层面的产业链金融体系建设与实践”三个项目获二等奖。“特征废弃物工序协同市场化处置机制的建立与创新”“原燃料检验双随机作业模式防控岗位风险”“公司自有物流机械进行管、用、养、修一体化管理”三个项目获三等奖。

中国钢铁工业协会2017年度冶金产品实物认定结果，山西太钢不锈钢股份有限公司“铁素体不锈钢热轧钢板和钢带”“奥氏体不锈钢热轧钢板和钢带”，晋城福盛钢铁有限公司“钢筋混凝土用热轧带肋钢筋”获“金杯奖”。其中山西太钢不锈钢股份有限公司“奥氏体不锈钢热轧钢板和钢带”获“特优质量奖”。

银光镁业“镁合金电池负极材料及薄板铸轧关键技术”项目获国家教育部科技进步二等奖。 （康建基）

【制造业科技】 2017年，山西煤矿机械制造股份有限公司研制出装机功率最大的SGZ1250/3×1200千瓦智能化成套输送装备，实现山西煤机在智能化研发上的又一次自主创新。此项产品在多变频电机智能集控、链条自动张紧和运行状态远程预知性维护等方面做进一步探索和实践，可满足工作面倾角和走向倾角正负10度，7米煤层一次采全采高，年产千万吨智能化综采工作面的装备需求。

由太钢生产材料、太重制造轮轴的350千米高铁轮轴通过技术鉴定，中国高铁完全自主化的速度加快。中国高铁350千米以上的车轴长期依赖进口，价格居高不下。由太钢、太重等山西企业合力完成的这项技术突破，将使高铁轮轴的材料、运费大幅降低，价格下降1/3。太钢在国内率先进行高铁车轴钢的技术攻关，并通过中铁总公司的运行评审。太重集团在轨道交通装备制造领域拥有雄厚的研发、生产实力，跻身国际顶尖铁路轮轴制造公司行列。

2017年，山西省高新技术企业山西全安新技术开发公司承担的科技创新计划项目“瓦斯超限开盖闭锁技术及装备”，获得“山西省科技创新计划项目验收证书”，标志着该技术通过正式验收，山西省煤矿安全生产又有新的科技保障。该项目产品主要应用于螺栓紧固的防爆电气设备上，能确保实现瓦斯超限时闭锁，即瓦斯超限时，作业人员违章操作时打不开电气设备接线空腔盖板或操作腔大门，能实现开盖前报警，或开盖前断电，或开盖前闭锁及防止非专职人员擅自开盖操作。 （周继祥）

【化工业科技】 2017年，由阳煤集团研发制造，达到国内领先水平的水煤浆水冷壁气化炉成功投入运行，晋煤、阳煤、同煤、兰花等集团引进航天炉、壳牌炉、GSP炉等大型先进煤气化技术装备，化肥行业形成百万吨级化肥生产企业5户，整体装备达到国内先进水平。山西焦化等建成大型煤焦油连续化深加工装置；丰喜华瑞40万吨焦炉煤气制尿素装置，山西焦化40万吨焦炉气制甲醇等装备水平位居全国前列；天脊集团引进国际先进技术建成多孔硝铵、苯胺装置。山焦盐化公司开发的婴幼儿专用洗护产品技术达到国内先进水平；榆社化工公司大容积氯乙烯聚合釜技术达到行业先进水平。全行业DCS集散控制技术得到广泛采用，行业信息化管理水平明显提高。 （张　平）

【交通运输科技】 2017年，山西省交通运输厅开展科研项目79项，获省科学技术奖13项，创历年之最，居省直部门前列。鼓励行业创新，取得专利授权400余项。推动群体性科技活动，全系统获国优、部优、省优QC小组(企业)奖112个、个人奖10个。

（师国梁　陈瑞丽）

【铁路交通科技】 2017年，太原铁路局投入810万元开展科研攻关，30项科技成果得到推广应用。投入760万元，表彰1333项合理化建议和技术改进成果。大西高铁综合试验完成，为“复兴号”上线运营作出贡献。利用“互联网+”、大数据技术，开发安全生产、物资管理等大数据平台。推进“视频进车间、网络进班组”工程，在全路率先实现综合计算机网与数据通信网“双网融合”。 （孙淑环）

【高校科技】 2017年，山西省教育厅实施高校科技创新繁荣计划，遴选支持72项科技创新项目。获批327项国家自然科学基金项目。实施高校创新人才支持计划，遴选支持3个高校优秀创新团队，9个中青年拔尖创新人才和19个优秀青年学术带头人。 （张建伟）

【测绘科技】 2017年，山西省测绘地理信息局投入科研经费456万元，实施完成“三维不动产权籍测绘生产体系研究”“数字城市基础地理信息数据库升级改造及数据管理系统开发”“GIS技术在水利防汛领域中的应用研究”“基于无人机中画幅传感器技术在城市大比例尺基础测绘中的应用研究”“山西省自然生态空间格局监测与分析指标体系研究”5项科技创新项目。

山西省测绘地理信息局系统完成的科技项目获2017年中国地理信息产业协会优秀工程银奖3项、地理信息科技进步二等奖1项，中国测绘地理信息学会全国优秀测绘工程奖银奖1项、铜奖2项，山西省科技进步奖三等奖2项。山西省地图院2项成果取得国家版权局颁发的计算机软件著作权登记证书。（王文斌）

【气象科技】 2017年，山西省气象局新组建航天气象保障创新团队，省级科技创新团队达6个。参与“大北方数值模式协同创新联盟”，业务应用取得较好效果。8项成果得到业务准入，7项科研成果受到表彰奖励。省所改革取得初步进展，环境气象院士专家工作站正式启动。举办“气象科技下乡·山西临猗”科普宣传活动、“绿镜头·发现中国”走进山西活动和“创新引领、气象为民”学术研讨会。

山西省气象局与太原卫星发射中心签订合作协议，共同组建创新团队，建立保障业务系统，完成卫星发射等活动气象保障；省人降办与中航太原航空仪表有限公司合作研发人影飞机大气参数采集处理系统；太原、大同、吕梁、朔州等市气象局与当地军分区、预备役和空军驻军在业务科研、人工影响天气、国防教育、人才培养等方面广泛合作，军民融合机制作用彰显。推进气象军民融合发展工作被中国气象局评为2017年全国气象部门创新工作。（杨 柳）

【地震科技】 2017年，山西省地震局争取省部级及中国地震局司局级各类科研项目17项，共计经费41.41万元。山西省地震局下达局属科研项目38项，共计经费24万元，组织验收局属科研项目37项。4月20日，与中国地震局地震预测研究所签署科技合作交流共建框架性协议，联合开展“鄂尔多斯东南缘弧形拉张区地震危险性研究”。《山西地区Pb震相识别及特征研究》和《基于ArcGIS的山西台网布局优化研究》，经中国地震局验收评审，两项均被评价为优秀等级。

省局防震减灾科技成果奖25项，包括：科学技术类成果12项、基础工作类成果13项。推广应用“基于无线通讯技术的前兆设备应急备用信道设计及实现”“虚拟仪器在地震专业仪器检修中应用”“山西前兆台网应急服务软件研制”等7项成果。其中，82项建设工程推广应用减隔震技术，山西省地震局职工以第一作者发表论文131篇，其中核心期刊发表论文86篇，被SCI收录1篇，被EI收录2篇，普通期刊发表论文45篇。出版专著和图书2本。（和 炜）

行业科技

·测 绘·

【测绘业务发展】 山西省测绘地理信息系统完成省级1:1万基础测绘1.56万平方千米数字线划图和1850平方千米数字正射影像图更新生产；建成山西省北斗卫星定位连续运行综合服务系统。山西省第一次全国地理国情普查成果通过验收，10月公开发布《山西省第一次全国地理国情普查公报》。开展年度基础性地理国情监测，建立稳定经费投入机制，落实省级基础测绘经费1071万元；开展专题性地理国情监测，完成2017年山西省地级以上城市及典型城市群空间格局变化监测。完成“天地图·山西”与国家主节点、朔州和临汾市级节点数据融合，2个县数字城市地理空间框架建设项目通过验收。完成地籍测绘3503.40平方千米、房产测绘43826592.40平方米、县级行政区域界线测绘6.50千米。

投入科研经费456万元，推进科技创新，完成5项科研成果；申报科技奖项，7项科技成果获国家行业协会科技奖励，2项成果获山西省“科技进步奖三等奖”，2项成果取得国家版权局计算机软件著作权登记证书。

推进“放管服效”改革，加强测绘市场监管，开展全省测绘地理信息质量监督检查，省级质量管理体系监督，以及市级测绘成果质量监督检查试点。在2017年全省测绘地理信息质量监督检查工作中加强标准化宣传贯彻。完成多项国家和行业测绘地理信息标准征求意见工作。与山西省国土资源厅、山西省互联网信息办公室等14个部门联合开展全覆盖排查清理“问题地图”专项行动，发现各类“问题地图”561处，查处、查封网站17个，查封、收缴产品281件。组织对2017年申领测绘成果的测绘资质单位和用户单位开展测绘成果跟踪保密检查。（王文斌）

【测绘行业管理】 2017年，山西省测绘地理信息局印发《山西省测绘地理信息局测绘资质管理实施细则》，将丁级测绘资质委托市级测绘地理信息主管部门审批。全年审查发放测绘资质证书53家，审批测绘资质升级27家，完成复审换证106家、续期换证49家。开展2017年全省测绘资质“双随机”巡查工作，对太原、晋中、运城3市18家甲级、乙级测绘资质单位进行巡查。组织开展2016年度测绘资质年度报告公示工作。

（王文斌）

【基础测绘】 2017年，山西省测绘地理信息局推进基础测绘“十三五”规划年度系列工作开展。实施完成晋北、晋西测区部分1:1万基础地理信息采集更新。开展2017年度省域基础性地理国情监测和省地级以上城市空间格局变化专题性监测工作。建立覆盖全省北斗卫星连续运行参考站网。完成各地级市基础测绘“十三五”规划编制与备案。

落实2017年基础测绘经费2470.58万元，地级以上城市空间格局变化专题性监测项目配套资金30万元。2018年基础性地理国情监测专项经费2383万元纳入财政年度预算。落实岢岚县“边老少”地区基础测绘专项补助经费200万元。

测绘地理信息局组织实施山西省北斗导航地基增强系统建设项目，新建30个基准站，改造67个基准站，建成山西省北斗卫星定位连续运行综合服务系统。完成全球卫星导航系统(GNSS)大地控制点测量202点，水准测量61点。推进新型基础测绘体系建设。完成省级卫星导航定位基准服务系统安全升级改造。推动卫星导航定位基准站的应用服务，与山西省嫦娥北斗卫星导航公司开展战略合作。推进2000国家大地坐标系使用，建立覆盖全省各县(区)(GPS)D级控制网，完成2000国家大地坐标系统构建；协助省国土资源厅、省农业厅等开展2000国家大地坐标系成果应用和转换。

协调各市、县人民政府及省直有关部门提供本行政区域内1:5万数据库更新所需专业资料和升级成果。协助黑龙江省测绘地理信息局开展国家1:5万数据库更新工作。推进1:1万基础测绘成果更新。

制定2017年山西省航摄计划，联合国家测绘地理信息局与飞行中标单位签订“晋东(一、二)”两个摄区3.80万平方千米0.50米分辨率的数字航空摄影合同。截至12月底，航摄任务完成并通过验收。 (王文斌)

【航空航天遥感影像获取与应用】 2017年，山西省遥感中心接收国产高分辨率卫星影像2188景，处理影像1600多景，分发提供基础性地理国情监测亚米级原始卫星影像数据706景。全省完成航空摄影28130.20平方千米，用于基础测绘4032.50平方千米、应急测绘保障392平方千米、数字(智慧)城市建设4170平方千米。 (王文斌)

【智慧城市和数字城市建设】 2017年，山西省测绘地理信息局和太原市国土资源局推进“智慧太原”时空信息云平台试点项目。完成太原市80千米街景360°实景影像数据采集；完成数据技术规范制定、各类数据库建设、云平台电子地图处理；建设完成“智慧城市管理”“智慧公共交通”2个应用系统。

组织完成数字右玉、数字永和2个县地理空间框架建设。山西省列入国家测绘地理信息局数字城市地理空间框架建设试点或推广计划城市建设工作全面完成。 (王文斌)

【地理国情普查监测】 2017年7月21日，山西省第一次全国地理国情普查成果通过验收。山西省测绘地理信息局与省国土资源厅、省民政厅、省林业厅、省统计局等部门完成地理国情普查数据与有关行业专题数据衔接。省测绘地理信息局、省国土资源厅、省统计局、省第一次全国地理国情普查领导小组办公室联合编制《山西省第一次地理国情普查公报》，10月11日，经山西省第一次全国地理国情普查领导小组审议通过，10月31日，公开发布。

测绘地理信息局推进常态化地理国情监测，完成2017年度基础性地理国情监测任务。建立稳定经费保障机制，实施好国家级专题性监测任务，完成2017年山西省地级以上城市空间格局变化专题性监测。组织开展“太原盆地及太原城市群城市空间格局变化监测”项目。 (王文斌)

2017年6月，山西省遥感中心无人机应急飞行队在宁武县迭台寺乡协助当地政府实施无人机航拍，打击非法种植罂粟 (王文斌供图)

【排查整治“问题地图”专项行动】 2017年8月21日至10月30日，山西省组织开展全覆盖排查整治“问题地图”专项行动(以下简称“专项行动”)。省政府成立专项行动协调小组，9月13日，省政府办公厅以特急明电印发《山西省开展全覆盖排查整治“问题地图”专项行动工作方案》。9月14日，省政府召开山西省开展全覆盖排查整治“问题地图”专项行动协调推进会。

9月30日，山西省测绘地理信息局举办专项行动培训班，省专项行动协调小组14个成员单位、各市国土资源局、地图编制资质单位及互联网地图服务资质单位等100多人参加培训。开展现场检查513次，累计检查网站、微信公众号、博物馆、图书或其他地图产品个数或种类数7371个(种)，检查地图数量6068幅(张、册)，发现各类“问题地图”561处，查处、查封网站17个，查封、收缴产品281件。11月至12月，组织开展专项行动“回头看”。截至2017年底，专项行动检查发现的“问题地图”全部整改。 (王文斌)

【“天地图”建设与应用】 2017年，山西省测绘地理信息局完成“天地图·山西”影像和部分矢量要素及兴趣点数据更新，省级节点与临汾、朔州两

2017年8月29日,山西省测绘地理信息局开展"8·29全国测绘法宣传日"活动

(王文斌供图)

市级节点数据融合,太原、晋中两市级节点数据更新,11个地级市市级节点评估考核等工作,推动"天地图·山西"应用,与省气象局对接。

(王文斌)

【测量标志管理】 2017年,山西省测绘地理信息局完成4项测量标志拆除审批,建设完成朔州市右玉县右玉干部学院和晋中市乔家大院景区2座景观型测量标志,完成昔阳县大寨虎头山景区景观型测量标志宣传版面维修整饰。 (王文斌)

【应急测绘保障服务】 2017年,山西省测绘地理信息局完成国家应急测绘能力建设项目山西省单项工程建设年度任务,山西省远程会商终端应急测绘调度场所建设项目通过验收。参加山西省"5·12"防灾减灾应急演练、2017年全省人防演习、2017年大同震后次生地质灾害应急演练。省遥感中心无人机应急分队完成晋能集团山西煤炭运销集团和顺吕鑫煤业公司滑坡事故处理应急测绘任务,为临汾市浮山县城关镇爆炸案件侦破提供卫星影像服务,协助宁武县迭台寺乡精准打击非法种植罂粟行为。

山西省测绘地理信息局与省住房和城乡建设厅、中国测绘研究院、省地质勘查局等签署战略合作协议并开展业务合作。配合省审计厅完成晋城等市党政领导干部自然资源资产离任审计。与省气象局合作在省预警信息发布中心部署山西省地理信息公共服务平台,为省政府的"山西省突发事件应急指挥支持系统"项目建设提供保障。与武警山西省总队签署军民深度融合发展共建合作协议,为武警山西省总队提供地理信息数据资源、人才和技术服务,《人民武警报》头版头条刊登报道;11个地级市国土资源局分别与驻地11个支队签署共建合作协议。 (王文斌)

【地理信息产业发展】 2017年,山西省测绘地理信息局选取山西金瓯土地矿产咨询服务有限公司和山西迪奥普科技有限公司作为试点,开展地理信息产业监测工作,按时上报企业经济运行监测数据和全省地理信息产业发展综合情况。完成全国地理信息产业单位名录库中77家非测绘资质企业基本情况统计调查和上报。建成全面兼容北斗卫星信号的山西省北斗卫星定位连续运行综合服务系统,向社会提供各种精度的导航定位服务,促进北斗技术在山西省的社会化应用。全省测绘地理信息行业完成服务总值15.87亿元,同比增加1.62亿元,增长11.37%。 (王文斌)

·水　文·

【农村饮水安全工程水质监测】 2017年6月9日,山西省水文水资源勘测局召开全省非国定贫困县农村饮水安全工程水质检测工作会议。会议传达《山西省水利厅关于非国定贫困县农村饮水安全工程水质检测工作的通知》精神。截至6月,开展水质检测2万余个。 (刘耀峰)

【水质水文监测能力建设】 山西省水环境监测中心参加2017年度水利系统水质监测实验室质量控制考核。全省10个监测中心共参加40项目次考核。其中,5月,省中心参加B组考核,考核项目为高锰酸盐指数、氨氮、汞和硝基氯苯;6月,各分中心参加C组考核,考核项目为高锰酸盐指数、氨氮、铅和汞。省中心和各分中心均一次性通过考核。

8月22日,山西省水利厅主持召开山西省中小河流水文监测系统及防汛水文监测能力建设工程竣工验收。山西省中小河流水文监测系统建设总投资3.03亿元。新建水文站43处,改建28处水文站测验设施设备;新建水位站47处,改建水位站2处;新建雨量站987处,改建雨量站625处;建设水文巡测基地7处,改建水文信息分中心9处、省水文信息中心1处;新设省水文应急监测队1处,编制预警预报服务软件1套,编写预报方案89个,新购置大型设备1260台(套)。

(刘耀峰)

【山西水文援疆基础业务培训班结班】 2017年11月10日,山西水文援疆基础业务培训班结班。援疆培训包括水文测报基本知识、水情信息报讯及传输流程、高程测量、断面测量、降水、水位、流量、水位流量关系曲线定线、水位流量过程线绘制能基本等在内的水文测验理论知识学习及包括水尺零点测量、水准点校核、大断面测量、水位观测、流量测验及降水观测等在内的外业实践操作学习,授课内容丰富且具有针对性。来自新疆生产建设兵团第6师、第十三师18名选手参加培训。 (刘耀峰)

2017年山西省汛期海河黄河各主要河流控制站逐月实测来水量统计表

序号	流域	河名	站名	流域面积（平方千米）	月平均流量(立方米每秒)				汛期累计水量（万立方米）
					6月	7月	8月	9月	
1	海河	桑干河	固定桥	15803	0.85	3.90	4.72	5.18	3871
2		滹沱河	南庄	11936	5.75	5.30	7.30	8.80	7146
3		龙　华	下社	475	0.03	0.11	0.13	0.13	106
4		松溪河	泉口	1627	0.76	2.93	6.74	2.61	3464
5		桃　河	阳泉	490	0.13	0.37	0.68	0.37	411
6		浊漳河	石梁	9652	15.40	19.50	23.60	9.00	17868
7		清漳东支	蔡家庄	460	0.25	1.89	3.84	1.25	1924
	海河流域累计水量(万立方米)				6006	9107	12591	7087	34790
1	黄河	偏关河	偏关	1896	0	0.54	0.02	0	150
2		东川河	岢岚	476	0.55	0.61	1.35	1.02	931
3		三川河	后大成	4075	6.93	46.40	16.30	40.90	29191
4		涑水河	张留庄	5545	1.10	1.41	0.99	1.04	1197
5		汾　河	河津	38650	18.80	21.10	50.30	49.20	36749
6		沁　河	飞岭	2683	1.02	3.99	14.10	10.40	7805
	黄河流域累计水量(万立方米)				7361	19832	22247	26584	76023
	全省合计(万立方米)				13366	28939	34838	33670	110813

·气　象·

【气象业务发展】 2017年，山西省气象部门建设以"智慧气象"为标志的气象现代化体系，发展安全气象、资源气象、生态气象，提升气象综合防灾减灾、应对气候变化和保障生态文明建设的能力，发挥气象工作在防灾减灾、服务"三农"和保障全面建成小康社会中的重要作用。多项气象工作和指标、气象重点工程纳入《山西省"十三五"农业农村经济发展规划(2016–2020年)》。气象部门承担的房屋建筑工程和市政基础设施工程防雷装置设计审核、竣工验收许可工作，整合纳入建筑工程施工图审查、竣工验收备案，统一由住房城乡建设部门监管。开展重大气象灾害(暴雪)Ⅲ级应急管理。

协调承办2017年气象科技周系列活动之一的"气象科技下乡·山西临猗"宣传活动。承办全国人工影响天气安全管理培训第3期培训班。推动气象服务地方标准研制、气象省级标准化技术委员会建设。省局建立"13710"督查督办工作制度。和省农业厅联合下发《关于进一步加强"三农"气象服务工作的指导意见》。推进防灾减灾救灾体制机制改革，省局牵头负责"加快各种灾害地面监测站网建设，完善自然灾害监测预报预警体系。健全统筹协调体制，建立各级减灾委员会与防汛抗旱指挥部、气象灾害应急指挥部等机构之间工作协同制度。推进和完善全省温室气体监测体系建设。建立完善省市两级行政区域能源碳排放年度核算方法和报告制度，提高数据质量。《人工影响天气作业点安全射界图绘制规范》等12项地标通过审查。开展全省环境空气质量形势分析向吕鑫煤业滑坡事故现场应急抢险救援提供气象保障服务。参与承办2017年"绿镜头·发现中国"系列采访活动走进山西活动。建立完善省市两级行政区域能源碳排放年度核算方法和报告制度，提高数据质量，以及建立碳排放权交易机制体制、加强碳排放权交易能力建设、开展企业碳排放监测、增加生态系统碳汇、完善低碳发展政策体系、相关工作目标责任考核等多项工作任务。为全省转型发展提供气象服务与保障。

参加大北方区域数值模式体系协同创新联盟数值模式技术交流会，学习"睿图"模式短期预报子系统(RMAPS–ST)产品应用与技术研发。加强全省防雷减灾工作，参加第七届华北区域气象影视技术交流会。省局与省环保厅合作提高大气污染防治工作。109个国家级地面气象观测站正式启用降水类天气现象仪，开始进行降水现象平行观测，标志着山西省地面气象观测自动化水平迈上新台阶。　　　　（杨　柳）

2017 年 6 月 8 日，山西省省长楼阳生（右）与中国气象局局长刘雅鸣（左）签署共推山西“十三五”气象现代化建设合作协议（杨 柳供图）

【气象服务】 2017 年，山西省各级气象部门强化监测预报预警和决策气象服务，应对暴雨、高温、寒潮、大风等灾害性天气多发，做到重大灾害性天气过程不漏报、重大气象服务无失误。参与山西省生态保护红线划定工作，联合环保部门发布重污染天气预警。完成“风三 D”气象卫星发射等活动气象服务保障以及和顺县吕鑫煤矿事故应急救援气象保障任务。启动第二届青运会气象保障服务筹备工作，服务方案通过专家评审。完成 5 项风电、太阳能电站等气候可行性论证。第二期温室气体观测站网建设项目完成。开展卫星遥感监测及气候影响评价工作。

2017 年，山西省气象局与省农业厅联合下发“三农”专项建设指导意见，与省扶贫办联合印发脱贫攻坚战气象保障行动计划。“三农”服务专项实现国家级贫困县全覆盖，“直通式”气象服务覆盖 82%的新型农业经营主体。太原设施农业、大同小杂粮、运城经济林果农气试验站基础建设以及特色作物气候品质认证工作有序开展。全年组织飞机人工增雨作业 150 架次，开展地面增雨（雪）作业 385 次，开展地面防雹作业 365 次，人工影响天气作业累计影响面积 153.50 万平方千米。

2017 年，“山西气象”综合 APP 开始面向决策、公众和部分专业领域开展服务。“首席天气”公众号等新媒体平台影响力增强。与水利、国土、农业、林业、交通、环保、民政、旅游等部门合作，联合开展防灾减灾、精准扶贫等工作。建成省市县一体化突发事件预警信息发布系统。完成山西省突发事件应急决策支持系统三期建设任务，实现 29 个部门应急基础信息融合。建立 11 个地级市专业气象服务台。公共气象服务社会满意度达 88.8 分。（杨 柳）

【气象现代化建设】 2017 年，山西省气象局开展综合观测能力建设，各类气象观测业务运行稳定，综合气象观测业务一体化平台投入业务使用。新增 153 个国家地面天气站。试点开展地面气象观测站无人值守观测业务。太原、五寨新一代天气雷达建设进展顺利，进入基础设施建设阶段。智能网格气象预报业务正式运行，形成 3 小时、5 千米分辨率智能网格气象预报“一张网”。建立省、市、县一体化预报预警业务服务平台。2017 年，暴雨预警准确率、强对流天气预警时间提前量同比有明显提高。推进集约化基础设施资源池建设，全省信息网络传输能力提升。组织开展 CIMISS 业务应用，省级 8 个业务系统、市级 11 个业务系统接入 CIMISS 数据环境。2017 年 6 月，山西省长楼阳生和中国气象局局长刘雅鸣在太原签署共同推进山西“十三五”气象现代化建设合作协议，省部合作共同推进山西气象现代化。2017 年，山西气象现代化综合评分达 90.8 分，较上年提高 5.1 分。年内 2 项地方现代化重点工程建设项目获立项投资，省市县三级财政

2017 年 5 月 23 日，山西省 2017 年气象行业天气预报职业技能竞赛在太原举行（杨 柳供图）

投入气象现代化项目经费5882万元。
（杨 柳）

·地 震·

【地震监测基础资料及探查】 2017年，山西省地震局完成国家地震烈度速报与预警工程（山西分项）初步设计前期准备工作，向中国地震局填报台站信息调查包、信息接收终端调查包、新增示范学校汇总表、预警中心初步设计大纲等基础数据，完成基础资料核查工作。

2017年，山西省地震局协助、指导各市开展震害防御基础探查工作。与河北省地震局、内蒙古自治区地震局、中国地震局地球物理研究所和北京大学联合开展“三省一所一校”专项。山西省跟踪区内17个测震台站全年平均运行率为91.94%，6个地磁台站全年平均运行率为99.65%，实施流动水准和流动地磁加密观测，新增构造地球化学流动观测项目。
（和 炜）

【建设工程抗震设防】 2017年，山西省地震局重新规范地震安全性评价范围，于6月29日印发《需开展地震安全性评价的建设工程目录（暂行）》。确定太原理工大学地震与地质灾害防治研究所负责全省地震安全性评价报告审查。4月18日，经山西省政务服务中心同意，省地震局纳入省政务服务中心综合窗口。全年对11项重大工程或容易产生次生灾害的工程进行地震安全性评价，对“太原高铁恒山隧道进、出口（恒山南、北麓断裂）”进行活动断裂探测，项目技术报告均通过太原理工大学地震与地质灾害防治研究所的技术审查。
（和 炜）

【《山西省防震减灾条例》修订】 2017年，《山西省防震减灾条例》（以下简称“条例”）修订起草组多次召开起草工作会，吸取近年来防震减灾工作取得的新经验、新认识，开展《条例》起草工作，最终形成《条例》（修订稿）。4月10日，《条例》（修订稿）报送省政府法制办公室。11月10日，根据省人大法工委安排，省地震局向省人大汇报《山西省防震减灾条例》修订准备情况。
（和 炜）

2017年4月20日，山西省地震局与中国地震局地震预测研究所签订科技合作框架性协议
（和 炜供图）

【抗震设防】 2017年，山西省地震局开展的《山西地震应急基础数据库更新开发》项目通过专家验收，项目内容包括数据库建设、配套软件系统开发两部分。其中，数据库建设完成13类地震应急基础数据更新，配套伤亡评估和短信服务软件系统开发。

开展大同、朔州、忻州3个地级市31个县（市、区）的地震应急基础图件制作。

3月和9月，山西省防震减灾领导组2次派出检查组，对大同、朔州、忻州、晋中、吕梁等市和原平市、应县、祁县、孝义市的地震应急准备和抗震设防工作进行检查抽查。检查组通过市县政府汇报、座谈提问、实地查看等方式，对地震应急预案修订、地震应急演练、地震隐患排查、应急物资储备与调用、应急救援队伍建设、应急避难场所建设和管理、第五代中国地震动参数区划图实施情况和农村安居工程的抗震设防工作等方面进行检查，并实地查看应急物资储备库、应急避难场所、应急救援队伍等24个基层点，具体了解相关工作情况。

应急避难场所建设。山西省新增3个Ⅰ类地震应急避难场所（长治市太行公园及八一广场应急避难场所、阳泉市北山公园应急避难场所、忻州市原平市范亭广场应急避难场所），5个Ⅲ类地震应急避难场所（忻州市定襄县金鼎广场、忻州市定襄县和谐园广场、忻州市宁武县凤舞广场、忻州市神池县政府广场、忻州市河曲县临隩公园）。截至2017年底，山西省建成符合国家标准的Ⅰ类地震应急避难场所6个、Ⅱ类地震应急避难场所9个、Ⅲ类地震应急避难场所13个。推进地震应急避难场所管理系统建设，初步建成应急避难场所查询管理系统，实现全省主要应急避难场所的基本信息查询、设施及资源储备查询、功能分区图展示、周边热点展示等功能。8月，山西省地震救援二队，移交给太原市警备区，由万柏林区、晋源区人武部承担省地震救援二队主要任务。3月，大同市依托武警大同支队成立大同市第三支市级地震专业救援队伍，主要包括武警大同支队机关干部50人、机动大队300人以及各县

2017年9月6日，山西省防震减灾领导组在忻州市代县举办省、市地震专业救援队伍应急拉动演练 (和 炜供图)

区武警中队200人，共550人。

山西省防震减灾领导组办公室组织市级地震救援队伍参加专业培训。6月26日至7月7日，3支省级地震救援队和大同、晋中、忻州、长治、吕梁市5支市级地震救援队伍骨干共55人到兰州国家陆地搜寻与救护基地参加地震专业技能培训；9月至11月期间，组织临汾、运城、朔州、阳泉市4支市级地震救援队伍骨干共33人到北京国家地震紧急救援训练基地开展培训。 (和 炜)

【地震应急演练】 2017年5月12日，山西省防震减灾领导组在省地震局应急指挥大厅组织开展2017年省抗震救灾指挥部地震应急演练，演练内容包括应急响应与先期处置、信息共享与联动、决策指挥与部署和险情应对与处置四部分。

9月6日，在忻州市代县组织省军区、武警山西总队、省公安消防总队、大同市地震救援队、朔州市地震救援队、忻州市地震救援队6支队伍开展省市地震专业救援队伍应急拉动演练，参演人数380余人，出动车辆63辆，演练时长14小时。

7月11日，山西省地震局组织开展2017年度全省地震系统地震应急演练。演练模拟晋中市平遥县发生6.8级地震，省地震局启动二级应急响应，省地震局各工作组、各市地震局(防震减灾局)、各地震台站应急人员围绕《山西省地震局地震应急预案》规定任务和事件情景，模拟开展震后4小时内应急处置行动。

山西省地震局派现场工作队员43人，现场工作人员总数152人参加“震安-2017”地震应急演练。

(和 炜)

【地震灾害风险预评估】 2017年，山西省地震局印发《市县级地震灾害风险评估工作实施细则(试行)》。8月23日至24日，省地震局在朔州市组织开展地震风险评估工作实地调研和应急处置研讨，11个市级地震局、11个县级地震局的36名从事地震灾害预评估工作业务骨干参加调研与研讨。研讨内容主要包括地震风险评估工作的意义、全省分年度分批次完成地震灾害风险评估工作安排、地震灾害风险评估的方法流程介绍、建筑物相关知识与典型建筑分类识别等。 (和 炜)

【地震救援物资及装备建设】 2017年9月，山西省政府公开招标，为省地震救援一队、二队采购价值356.96万元的救援装备49台(套)，其中：省地震救援一队23台(套)，省地震救援二队26台(套)，主要包括生命探测仪、起重气垫、液压破拆工具、生命复苏仪等设备。 (和 炜)

综　述

【概况】 2017年,山西省文化艺术机构共计7402个,从业人员59226人。其中,艺术业825个,从业人员23027人;图书馆业128个,从业人员1673人;群众文化服务业1540个,从业人员4542人;艺术教育业19个,从业人员1463人;文化市场经营机构4489个,从业人员21176人;文艺科研机构35个,从业人员1436人;文化行政主管部门131个,从业人员2067人;其他机构235个,从业人员3842人。

2017年度政府购买演出工作取得实效。省、市、县各级共落实购买资金9000余万元,购买演出15349场,政府购买公共演出服务情况入选财政部政府购买公共服务案例选编。文化云平台上线试运行,实现文化领域供给侧结构性改革新突破。运用互联网、云计算、大数据等现代信息技术手段和传播方式,建立"全省文化一朵云"大数据平台,为人民群众提供更加精准、便捷、智能的文化服务,标志着山西省文化大数据建设迈出新步伐。

(陈燕萍)

【"免费送戏下乡一万场"活动】 2017年,山西省开展"免费送戏下乡一万场"活动,被列入山西省2017年政府工作报告的6件民生实事之一。全省调动200个省市县文艺院团,演出15349场,实现全省国贫、省贫县全覆盖。 (陈燕萍)

【文化市场培育和监管】 2017年,山西省推进文化市场综合执法改革。省委、省政府办公厅印发《关于进一步深化文化市场综合执法改革的实施意见》,撤销省文化市场稽查总队,省级改革任务全部完成。出台《营造"六最"环境实施方案和行动计划》,开展文化领域商事登记制度改革,精简行政审批手续。规范和开放山西省游戏游艺娱乐市场,举办多期培训班。开展平安文化市场创建工作。持续探索文化市场分级分类管理和"双随机、一公开"模式,推动实现跨部门、跨行业综合执法。 (陈燕萍)

【山西文化云上线】 2017年8月17日,山西文化云上线暨山西首届网上艺术节启动仪式在太原举行。山西文化云是省文化厅建设的一项文化科技融合示范项目,是运用互联网、云计算、大数据等现代信息技术手段和传播方式,整合山西文化数字资源,建设文化资源管理平台、文化公共服务平台、文化产业服务平台,促进文化信息服务渠道和服务方式多元化,推动文化资源优势向文化发展优势转变。文化云的上线标志着山西省文化大数据建设迈出新步伐,文化领域供给侧结构性改革实现新突破,公共文化服务水平得到新提升。同步开通的"网上艺术节"是依托山西文化云平台功能进行的创新实践,通过电脑、手机移动端和微信公众号,在线上呈现艺术节线下的展演展示展览活动及艺术节相关信息,打造"永不落幕"的艺术节。 (陈燕萍)

【文化人才培养】 2017年,山西省出台《文化晋军人才工程实施方案》,计划到2020年,选拔40名优秀文化专家,培养120名青年文化拔尖人才,引进不少于100名高端文化人才,培训1万名基层文化工作者。举办晋剧流派人才培训班。组织参加"中国少儿戏曲小梅花荟萃"活动,山西省选送的7位小选手获地方戏专业组6项"金花十佳"荣誉。 (陈燕萍)

【新春文化大拜年系列活动】 2017年,山西省文化厅在"两节"期间举办主题为"塑造山西新形象 文化惠民进万家"的新春大拜年系列演出活动,历时40多天,演出118场剧(节)目。活动共分六大板块。2017新春新创优秀剧目展演,从全省各市选取上年新创作的12台剧目在省城集中展演。举办"新春贺岁、筑梦三晋"2017新春惠民演出季,从初九起,在省城演出京剧《三打白骨精》《钓金龟》《扈家庄》《四进士》《战洪州》及音乐剧《火花》、歌舞晚会、新春曲艺相声汇等11场演出。开展拥军助企大拜年系列慰问演出活动,艺术院团分别到省军区、省武警总队、太原卫星发射基地等驻晋部队和国有大型企业、重点工程等进行慰问演出。开展"春到长风"年俗文化庙会系列演出，让群众逛庙会、赶大集、看大戏、赏民俗、购年货、祈福贺岁。开展“新春文艺走基层”慰问演出活动，组织全省各级文艺演出院团，到农村开展新春文艺走基层，让群众在家门口就能看到高质量的艺术精品。在省城太原举办迎两节文艺演出，从初八开始，组织名家名段为省城群众进行演出，丰富省城群众文化生活。（陈燕萍）

公共文化

·公共服务体系建设·

【公共文化服务体系示范】 2017年，山西省文化厅以贯彻落实《公共文化服务保障法》为契机，推进国家公共文化服务体系示范区创建工作。指导晋中市开展第三批创建工作并通过文化部中期督导，晋城市成功申报第四批创建单位。开展县级文化馆、图书馆总分馆制建设。先行确定17个试点单位，整合各类群众文艺资源，统筹开展文艺创作、文艺辅导、送戏下乡、队伍培训等文化活动。加强公共文化设施建设。落实专项建设资金8000余万元，指导支持省市县三级公共文化设施标准化建设。“省市县三级公益文化设施建设达标率”82.38%，较上年增长2.32个百分点。推进公共文化机构法人治理结构改革。选定省、市、县三级试点单位，省文化馆成立首届理事会并召开理事会议，省文化馆协会正式挂牌成立。（陈燕萍）

【基本公共文化服务格局形成】 2017年9月26日，山西省十二届人大常委会第41次会议举行第一次全体会议，听取关于全省公共文化服务体系建设情况的报告。从2016年起，公共文化服务体系建设情况纳入全省各级党委、政府目标责任考核体系，通过“百县强基工程”“万村千乡公益文化建设工程”等举措，截至2017年底，全省建成公共图书馆127个，文化馆131个，博物馆140个，乡镇文化站1196个，村级文化室2.82万个，省、市、县三级公共文化设施达标率为82.38%，基层文化服务设施落后和设备短缺问题总体得到有效解决，基本实现省、市有图书馆、艺术馆、博物馆，县县有图书馆、文艺馆，乡镇街道有综合文化站，村和社区有文化活动阵地的目标，省、市、县、乡、村五级公共文化设施网络加快完善。推进广播电视户户通、县级广播电视台数字化建设、县（市）城区数字影院建设覆盖工程、公共数字文化服务网络建设，公共文化服务内涵、服务半径、服务效能不断扩大和提升。（陈燕萍）

【政府购买公共文化服务】 2017年1月，山西省文化厅会同省财政厅、省新闻出版广电局、省体育局、省文物局等单位联合印发《关于做好政府向社会力量购买公共文化服务工作的实施意见》（以下简称《意见》）。《意见》包括政府购买公共文化服务的总体要求、主要内容、流程、政策保障、绩效评价和监督5部分、共25项具体内容，并附有《政府向社会力量购买公共文化服务指导性目录》。《目录》包括公益性文化体育产品的创作与传播，公益性文化体育活动的组织与承办，山西优秀传统文化与民族民间传统体育的保护、传承与展示，公共文化体育设施的运营和管理，民办文化体育机构提供的免费或低收费服务5大类、73项，其中第一批重点试点推广项目53项。（陈燕萍）

【百场巡演到农村】 2017年1月4日，由中共山西省委宣传部、山西省精神文明办公室、山西省文化厅主办，山西省文化馆承办的“群星耀三晋 新风进万家”全省百场巡演活动在太原市青年宫演艺中心启动。10月14日，在省戏校华夏剧场进行收官汇报演出。百场巡演节目是从全省挑选出20多个反映新农村、新风尚、新生活的小戏、小品、曲艺、舞蹈等群星奖获奖节目，并选择具有地域特色的民歌、民舞、民乐节目参与活动。通过招募，组织40余名文化工作者与各地文化馆业务骨干、社会文艺团队及群众文化队伍，近500余人到偏远山村和贫困农村进行巡演。（陈燕萍）

【全国万人广场舞大赛】 2017年10月23日，大同举办首届全国万人广场舞大赛，来自山西、陕西、河北、山东、内蒙古等10个省和自治区的12000名广场舞爱好者参赛。活动由大同市文化局、大同市旅游发展委员会等部门联合主办，旨在把休闲文化与全民健身活动有机结合，打造一个具有导向性、示范性的广场舞品牌活动，丰富市民业余文体生活，搭建大众互动交流、增进友谊、强身健体的公益平台。（陈燕萍）

·图书馆·

【概况】 截至2017年底，山西省共有公共图书馆128个，从业人员1673人。总藏书量1757.20万册，新增藏量（含电子图书）69.60万册。其中，省级公共图书馆藏书301.80万册，新增藏量（含电子图书）6.10万册；地市级公共图书馆藏书399.40万册，新增藏量（含电子图书）13.10万册；县级公共图书馆藏书1050万册，新增藏量（含电子图书）50.40万册。全省公共图书馆共设有阅览室席位3.40万个，电子阅览室终端4810个。其中，省级公共图书馆有阅览室席位3000个，电子阅览室终端267个；地市级公共图书馆有阅览室席位9000个，电子阅览室终端969个；县级公共图书馆有阅览室席位2.20万个，电子阅览室终端3574个。全省共计办理有效借书证1214个，其中省级公共图书馆276个，地市级公共图书馆639个，县级公共图书馆299个。全省公共图书馆流通人次总计1189.60万人次，外借书刊文献382.10人次，为服务读者举办各种活动2120次。（李德胜）

【图书馆管理】 2017年10月10日，在中国图书馆学会公布的2016年全民阅读相关称号的决定中，山西省图书馆、太原市图书馆、吕梁市图书馆、清徐县图书馆通过中图学会2016年“全民阅读示范基地”复核,古交市图书馆、应县图书馆被中图学会授予“2016年全民阅读先进单位”。太原市图书馆郭欣平负责的“真人图书馆”项目、隰县图书馆冯永宁负责的“甜甜姐姐讲故事”项目则被中图学会评为“2016年阅读推广优秀项目”。

12月11日,文化部第六次全国副省级以上公共图书馆第三评估组到山西省图书馆开展副省级以上公共图书馆实地检查评估,实地查看山西省古籍修复中心、拓片整理现场、地方文献专题图书展区、视障阅览室等地,对照评估要求,调研山西省图书馆服务效能、业务建设和保障条件等情况。抽查太原市小店区图书馆评估定级情况,调研太原市图书馆。反馈意见肯定山西省公共图书馆事业成绩,对工作中存在的问题提出意见和建议。

(李德胜)

【总分馆制建设深化】 2017年,山西省组织实施太原市图书馆分集群系统建设、业务培训及该分集群所属县馆数据迁移;完成对繁峙、五台、阳高县图书馆总分馆部署及业务培训。

2017年4月20日至22日,“山西省公共图书馆第六次评估定级培训班”在朔州市图书馆举行。来自全省各市、县(区)图书馆馆长及业务骨干共计200多人参加培训。培训中,山西省图书馆的馆领导、业务专家从不同方面解读、释疑第六次公共图书馆评估定级的标准及新特点。

6月21日,山西省图书馆首个社区分馆——坞城东街社区分馆投入使用。该馆是太原市小店区首个公共图书馆社区分馆,可为社区居民办理省、市、区图书馆通用借书证。居民在省、市、区图书馆借阅的图书可就近归还到社区分馆。 (李德胜)

【山西图书馆】 2017年,山西省图书馆入藏图书22625种58590册;购买数字资源21个。接待读者2125189人次,借还书刊2227729册次,读者证办理22332个;整理分馆图书17000余册;流通站图书借还25937册次;举办公益讲座233场、公益展览23场、主题艺术沙龙23场、累计服务1000余人次;举办大型朗诵会3场,读书沙龙25场,累计近3000人参与;网上推荐新书12期;举办阅读推荐展览11次。

公共数字文化惠民工程 数字资源建设完成15个系列300余集文化专题片,9个多媒体数字资源库;12月,拍摄制作的《山西年俗〈武乡顶灯〉》获中组部2017年度全国党员干部现代远程教育优秀课件节目一等奖。

品牌服务打造 成立山西省图书馆文化创意发展中心。7月27日,山西省图书馆开展“2016—2017年度地方资源建设项目《“山西旅游”系列微视频》《文源微视频》《发现山西——文源讲坛专题讲座》(第二季)、《山西历史名人》《山西民俗·曲艺篇》《守望家园——山西传统手工技艺》(第二季)、《山西省红色历史动漫》和《山西戏曲动漫》(第二季)八个项目。文源讲坛系列讲座内容和形式创新,效益和影响扩大,“文化行三晋 讲座走基层”服务项目在阳泉、晋城等12个市、县开讲,共举办讲座123场,累计服务近4.70万名市县读者,文源讲坛面向太原市教育局“实践育人共同体联盟”第一批试点单位中小学生开展讲座服务,累计发布讲座7场,提供听讲名额450个;《晋图系列信息专刊》和《晋图指南》广受好评,编辑《晋图专递》40期、《晋图实用信息》(农业实用信息)12期、《晋图实用信息》(文化视点)37期,为省委宣传部舆情处和省政府信息处报送舆情200期,省委宣传部舆情直报700条,为各级领导提供各类专题信息资料21个,编发《晋图指南》6期;“两会服务”服务方式与时俱进、不断创新,除现场发放6大专题资料外,还提供电子书刊借阅机入代表、委员驻地,APP查阅馆藏资源,“两会”信息服务平台等创新服务。

文化志愿服务 新挂牌成立服务基地1个,培育新服务项目2个,累计服务读者10万人次,山西省图书馆文化志愿者团队被文化部评为“2017年基层文化志愿服务典型团队”,“家庭志愿者团队管理模式——‘亲子志愿家庭’策划方案获得“创新案例优秀奖”。“阅读推广活动”初具品牌效应。

馆藏古籍保护 2017年,山西省图书馆开展的古籍保护工作:《山西省图书馆古籍普查登记目录》正式出版;举办“2017年中华古籍普查文化志愿服务行动山西行”活动,发现明万历七年至清康熙四十六年刻印的《径山藏》172册,明刻本230余册,清宣统元年本地乡绅信函一封;完成103家单位古籍收藏数据采集工作;“山西省国家级珍贵古籍修复”项目取得成果,21件国家一级珍贵古籍修复完成;全省民间石刻文献拓制保护工程进展顺利。

3月31日,山西省图书馆等5家单位被增补为中国古籍保护协会常务理事单位。

6月29日至30日,山西省古籍保护专家调研组就屯留一中古籍普查事宜和高平石刻文献拓制保护工作进行调研和指导。

9月19日,国家级古籍修复技艺传习中心山西传习所拜师仪式在山西省图书馆长风馆举行。9名省图古籍修复工作人员拜胡玉清为师,并举行山西省国家级珍贵古籍修复工作座谈会。

11月1日至3日,全国古籍保护工作专家委员会一行在山西省图书馆、山西博物院、太原市图书馆和山西大学图书馆进行实地考察,就古籍普查进展、数据审校、分省卷编纂等问题进行调研。选择山西开展《中华古籍总目》编纂试点工作。

读者服务 2017年,山西省图书馆面向少儿读者,打造“桐叶”系列读书会、绘本沙龙等阅读栏目,举办少年儿童阅读年系列活动,获“阅读推广贡献奖”“阅读活动优秀组织奖”等10余项荣誉和奖励;面向视障读者,实施阅读推广与社会教育示范项目，开设“我是你的眼——阅享人生”微信读书栏目；面向普通读者，开设长风读书会活动，以推荐图书为基础，以分享交流为形式，以推广阅读为导向，半年时间举办8期。

残障人员阅览服务 2017年3月18日至19日，山西省图书馆在视障阅览室举办盲人读者推拿按摩技法交流活动。3月18日，山西省图书馆联合山西邮政、山西省青少年维权中心、山西方舟自闭症研究院、小桔灯爱心联盟主办“星星的孩子·多彩的世界”2017山西自闭症儿童关爱行动暨自闭症儿童绘画作品展。5月19日，由山西省图书馆和太原市盲协联合举办“长风有梦·与爱同行”盲人读者健步行公益活动。10月14日，山西省图书馆在盲人阅览室开展“用爱心点亮你的世界”主题口述电影放映活动，近20位盲人读者“欣赏”《重返20岁》这部电影。 (李德胜)

·博物馆·

【概况】 2017年，山西省共有博物馆140个，从业人员3995人。藏品1206352件。举办陈列、展览414个，参观人数达2467.50万人次。全年收入59189万元，支出62492万元。

(田若微)

【博物馆管理】 2017年，山西省推进文物类博物馆建设。晋中市、临汾市博物馆进行陈列布展。忻州市博物馆编制陈展大纲。阳泉市博物馆陈展方案立项。八路军太行纪念馆完成“八路军将领馆”提升改造工程。晋绥边区革命纪念馆重新布展。陶寺遗址博物馆建设工程设计方案修改完善。平顺县太行三村生态博物馆白杨坡认知中心展陈工作接近尾声。

馆际交流合作日趋活跃。《山西“十二五”考古成果展》《山西晋式童帽专题展》和《山西抗战，国家记忆》3个精品巡展项目到省内外展出。由晋陕豫冀四省联合推出的《山河相依窑火辉映——四省宋辽金元陶瓷特展》引起较大反响。山西博物院引进《18—19世纪俄罗斯艺术展》《意大利陶瓷艺术展》等临时展览16个，举办《六朝的艺术新潮展》《山西古代艺术展》等5个展览，分别到美国、俄罗斯和深圳、浙江、上海展出。八路军太行纪念馆对外输出《抗战中的八路军》《八路军总部在太行》2个展览。

博物馆社会教育功能彰显。山西博物院作为全省博物馆“龙头”，接待观众120余万人(次)，提供讲解服务13000余批（次），志愿者讲解服务9000余批(次)。“来博物馆约会吧”“约读”“晋界讲坛”“时光飞船”“博物馆小课堂”“小小讲解员”等30个教育主题项目形成品牌效应。省民俗博物馆与太原市多所中小学校合作开展“入学礼”“成人礼”等活动。晋城市博物馆举办“博物馆奇妙日”游学寻宝活动。

文创产品研发势头初现。山西博物院文化创意发展中心研发近20种文创产品。太原晋祠博物馆、双塔寺文管所、北齐壁画博物馆分别设计研发一批文创产品。大同市博物馆为形象代言研发5个系列文创产品，云冈石窟用3D打印技术制作的云冈大佛落户青岛。 (田若微)

【山西省博物院】 2017年，山西省博物院举办主要展览近13场。馆内展览有：1月21日，山西博物院、俄罗斯联邦国立历史博物馆共同举办“帝国之路——18–19世纪俄罗斯艺术展”。展出从俄罗斯联邦国立历史博物馆中选取302件(组)珍贵藏品。1月24日，山西博物院举办“岁华春晖——史秉有作品展”。展出史秉有先生不同时期创作的120幅代表作品，以及他从事艺术创作和美术教育的珍贵资料。1月25日，山西博物院和太原市晋祠博物馆共同举办“丹青造化——董寿平书画艺术展”。分为董氏家族遗珍、早期仿古溯源、中期探索创新、晚期独领风骚四个部分，共展出展品90余幅。4月14日，山西博物院、湖南省博物馆共同举办“何绍基书法艺术展”。分楷书、行草、隶书、篆书、绘画五个部分，展出70余幅作品。4月16日，台湾中台禅寺捐赠邓峪石塔塔身回归仪式在山西博物院举行。国台办副主任龙明彪、山西省副省长张复明、国家文物局副局长关强等出席仪式并为塔身揭幕。6月30日，山西博物院、浙江省博物馆、嘉兴博物馆共同举办“深竹幽香蒲自华——蒲华书画艺术展”。展品来自浙江省博物馆和嘉兴博物馆共80幅代表作品。同日，山西博物院、中国科学院古脊椎

2017年1月，俄罗斯联邦国立历史博物馆馆长阿里克谢—列维金和副馆长塔玛拉—依古姆诺娃参观展览 (田若微供图)

动物与古人类研究所共同举办“从鱼到人的生命之旅——中国古脊椎动物与古人类学成果展”。展览分为海洋之子、征服陆空、哺乳新生、灵长时代四部分，共展出各类化石及模型约200件。

7月30日，“军魂永铸——纪念中国人民解放军建军90周年军旅雕塑家作品展”在山西博物院会展中心开展，成为新中国成立以来首次现役军旅雕塑家作品联展。8月16日，中共山西省委宣传部、山西省文化厅、中共太原市委、太原市人民政府主办，山西博物院、山西画院承办“翰逸神飞——山西画院藏画精品展”，首次展出山西画院140件藏品。9月26日，山西博物院、意大利法恩扎国际陶瓷博物馆共同举办“马约里卡之约——意大利陶瓷艺术展”。共展出150余件意大利法恩扎国际陶瓷博物馆收藏的陶瓷艺术珍品。9月29日，山西博物院和旅顺博物馆共同举办“绘影红楼——清·孙温《红楼梦》绘本特展”，精选全套《红楼梦》画册中近200帧进行展示。

2017年，山西省博物院开展的馆际交流有：8月19日，浙江省博物馆和山西博物院联合举办“生死同乐——山西金代戏曲砖雕艺术展”在浙江省博物馆孤山馆区精品馆开展。共展出山西出土的宋金砖雕文物78件组，其中一级文物8件。11月30日，上海博物馆和山西博物院联合推出“山西博物院藏古代壁画艺术展”在上海博物馆开展。遴选山西博物院珍藏的北朝和宋金元时期的12组89件有代表性的壁画文物进行展示。

（田若微）

【中国煤炭博物馆】 2017年，中国煤炭博物馆（以下简称中煤博）对基本陈列局部内容进行更新改造；完善“博物馆藏品综合信息管理系统”；完成“于铭钦、于泉城捐赠书画摄影作品”及“海下采煤专题展”两个临时展览的设计及布展工作；编写《煤层气专题展方案策划及建议》《中国煤炭博物馆虚拟现实体验系统项目建议书》；完成季刊《煤炭博览》的编印发行工作；完成《中国煤炭史志著作总目提要(1)》初稿编写，进行部分初稿的审核校对工作；《中国煤炭要事录》一书与煤炭工业出版社签订图书出版合同。

收藏全国煤炭系统各类史志文献400余套，从阳泉煤业集团、山东龙口矿业集团、西山煤电集团等征集回煤炭史志类图书及部分电子版资料；接受个人捐赠史志文献及图书近200册。接收中国地质大学逸夫博物馆捐赠距今5500万年前的湖北江鱼化石。征集回一批文物、标本及图书资料，其中，1896年道轨实物、《阜新炭田开发志》《满洲炭矿株式会社概要》图书均具历史史料价值。征集回中国唯一的海下采煤矿井—山东龙口矿业集团北皂煤矿有关海下采煤的设备仪器、标本，记录海下煤炭开采历史。

2017年，煤博馆入选教育部“第一批全国中小学生研学实践教育基地”。作为全国研学旅游、教育示范基地，设计适合初中、高中学生的《你来比划我来猜—煤矿的五大灾害》《煤炭连连蹲》等课程。走进太原理工大学、太原师范学院、山西能源学院、山西建筑职业学院、山西传媒学院、山西中医药大学、公园路小学等学校，赞助篮球比赛、线上线下互动、开展给毕业后的自己一封信、讲授煤炭知识等活动。连续7年与太原旅游职业学院共同主办“煤海探秘杯”“谁不说俺家乡好”专业技能大赛。开展志愿服务活动，开展以“立足本职岗位、弘扬雷锋精神”、在“煤海探秘”景区建立志愿者安全员志愿服务等活动。7月21日，中煤博成为“青年之声”旅游服务联盟常务理事单位。

2017年山西省煤炭博物馆开展的参观交流活动主要有：1月20日，俄罗斯国立历史博物馆馆长阿里克谢·列维金一行3人到馆参观考察；7月4日，在山西省文明办组织带领下，来自新疆建设兵团第六师的31名美德少年和随行的13名管理辅导人员到中煤博游学交流参观，促进兵地教育大交流、大发展；8月1日，山西内蒙古夏令营在中煤博开营，来自四川的首批30余名学生参加开营仪式；9月16日，中煤博参加由山西省科学技术协会组织的在山西省科学技术馆开幕的山西省2017年“全国科普日”暨第十四届“科普三晋”主题宣传活动，9月25日，中煤博与中国人寿保险股份有限公司山西省分公司签署全面合作框架协议。是双方对8月17日中国人寿集团与山西省人

2017年，中国煤炭博物馆开展社会实践走进校园系列活动　（张红霞供图）

民政府签订战略合作框架协议的贯彻落实，中国人寿太原分公司入驻中国煤炭博物馆。（张红霞）

·文化馆·

【概况】 2017年，山西省文化馆总计131个，从业人员2067人。文化站1409个，从业人员2714人。其中，乡镇文化站1196个，从业人员2180人。全省共举办展览888个，举办培训班5887次，组织文艺活动14263次，累计支出29560.90万元，其中商品和服务支出4212.70万元。

（陈燕萍）

【文化馆协会成立】 2017年2月1日，山西省文化馆协会成立大会在太原举行，全省各市、县艺术馆、文化馆代表、部分企业代表共计100余人参加成立大会。大会上宣读山西省文化馆协会第一届常务理事名单、领导名单及常设机构名单，并举行山西省文化馆协会揭牌仪式。当天召开山西省文化馆协会第一次会员代表大会，表决通过协会章程、会费标准及管理办法等文件，选举产生以白向杰为理事长的第一届理事会及领导机构。

（陈燕萍）

【文化馆文化共享工程培训】 2017年9月19日至22日，由山西文化厅主办，山西文化馆承办的2017年全省文化馆（群艺馆）文化共享工程专题培训班及公共数字文化服务推广活动（第一期）在太原举办，来自全省119个县文化馆馆长参加培训。培训班讲授《以习近平总书记系列讲话精神为指引，运用互联网思维加快推进公共文化服务供给侧结构性改革》《互联网+全面艺术普及》《我国公共数字文化服务的发展过程与发展趋势分析》《山西文化云平台》《山西省数字文化馆》等专题讲座。（陈燕萍）

【山西文化志愿者云南行】 2017年11月17日至21日，山西省文化馆组织16名文化志愿者组成团队，到云南省保山市昌宁县，以“大讲堂”“大舞台”形式，为当地200多名文化馆、文化站、文化公司、业余文艺团体的文化工作者、文化带头人举办为期3天的培训班。“大讲堂”对当地乡镇文化工作者进行为期三天的业务培训。“大舞台”展演具有山西地方特色的文艺节目，与昌宁县彝族、壮族、苗族民歌手及基层文艺骨干同歌共舞，得到人民群众热烈欢迎。（陈燕萍）

文学艺术

·文　学·

【概况】 2017年，山西省作协优化刊物设置，《山西文学》推出“视野”“叙事史”栏目，《黄河》开设“作家书斋”“黄河对话”“百家评说”等栏目，《山西作家》《山西创作研究》《中国赵树理研究》《名家名作》更加注重针对性，发挥特色优势，形成优势互补。在各类研讨会中，山西省作协邀请省内外有影响力的评论家，发挥本土评论家的主力作用，尤其注重发挥青年评论家的主力军作用，召开“文学评论的时代使命——繁荣山西文学评论促进会”。在《山西创作研究》上开辟首届签约评论家系列专栏，设置“纸上谈评”和“主题对话”栏目，推荐山西省青年评论家原创作品，在评论界内反响良好。在省委宣传部的支持下，出版《新锐批评家丛书》10种，编辑《山西文学》青年评论家专号，强化对评论家的引导扶持。2017年，省作协强化媒体等资源的宣传推介作用。梳理年度山西文学创作成果，编辑出版《2016山西文学年度报告》《2016山西文学年度作品选》。借助“一院两刊”微信公众号，传播正能量，弘扬主旋律。与省电台、电视台、报刊加强联系，通过《山西日报》《山西晚报》《三晋都市报》《太原日报》《山西发展导报》等媒体对山西省作家进行重点宣传报道。主动对接外省资源，在《人民日报》《光明日报》《文艺报》《文学报》《中国现代文学研究丛刊》《中国文学批评》等报刊发表一批理论文章，加大向社会推荐优秀作品的力度。《山西文学》《黄河》有20余篇作品被国内外报刊选载、连载。（许小登）

【赵树理文学奖颁奖】 2017年4月19日，“2013~2015年度赵树理文学奖”颁奖仪式在赵树理故乡山西省晋城市沁水县举行。山西省委宣传部相关领导，晋城市、沁水县有关领导，省内作家、省内外各级媒体以及文学爱好者数千人出席颁奖仪式。该届赵树理文学奖共颁奖36项。其中，29部（篇）作品分获长篇小说奖、中篇小说奖、短篇小说奖、诗歌奖、散文奖、长篇报告文学奖、中短篇报告文学奖、儿童文学奖、影视戏剧文学奖、文学评论奖，2人获文学新人奖，3人获优秀编辑奖，2人获荣誉奖。（许小登）

【文学创作成果】 2017年，山西省一大批优秀作品发表在《人民文学》《文艺报》《诗刊》《散文》《上海文学》《解放军报》《作品》等重要刊物，并被《新华文摘》《小说选刊》《小说月报》《北京文学中篇小说月报》《长江文艺·好小说》《散文选刊》等转载。长篇纪实文学《大湄公河》在加拿大侨报《渥京周末》连载，同时被美国侨报《华夏时报》选载。多项作品获文学奖项。主要有：刘慈欣科幻小说《三体：死神永生》获世界级科幻奖“轨迹奖”；常书欣网络小说《骇罪》被列入“2017猫片·胡润原创文学IP潜力价值榜”榜首；董群与吴京等创作的电影《战狼》系列获中宣部“五个一工程奖”；作家吕新先后获“首届陆渔小说奖”评委会大奖、第六届“花城文学奖”杰出作家奖、首届“吴承恩长篇小说奖”；作家张卫平《特战》、史宗义《寻郃调查》获第11届夏衍杯电影文学剧本奖。陈克海、张暄、张二棍、赵树义、玄武、唐晋、白琳、王绍君、卢静、吴言、江雪、韩玉光、张琳、袁省梅、晋洋、蒋殊、雨君等作家获其他各种奖项。

（许小登）

·艺 术·

【概况】 2017年，山西省重点剧目创作成果丰硕。推出大型音乐舞蹈史诗《为有牺牲多壮志——右玉和他的县委书记们》、晋剧《日升昌票号》、上党梆子《太行娘亲》、蒲剧《老鹳窝》、临县道情《吕梁护工》、话剧《热泉》等一批优秀剧目。音乐剧《火花》入选国家舞台艺术精品创作扶持工程“十大重点扶持剧目”，山西省有9部作品荣膺国家舞台艺术精品工程，艺术精品创作继续位居全国第一方阵。山西文化走出去步伐进一步加快。组团到比利时、瑞士、德国、哈萨克斯坦等国家交流演出。通过市场化运作举办“山西优秀舞台艺术中华行——全国保利院线巡演”活动，7部优秀舞台剧在15个省区市演出71场。选派优秀剧目和艺术家参与“山西艺术精品新疆行”活动。组织创作一批扶贫扶志优秀剧目，在全国扶贫日期间集中展演、巡演，举办“群星耀万家”群星奖获奖作品全省巡演。 （陈燕萍）

【新春新创优秀剧目展演】 2017年2月15日至3月7日，山西省文化厅主办，在太原各大剧场进行新春新创优秀剧目展演，演出剧目有晋剧《日昇昌票号》《河清海晏》《唐宗归晋》、话剧《甲午祭》《热泉》、蒲剧《樱桃花开》《西厢记》、晋北路梆子《平城赋》《宁武关》、上党落子《两狼山上》、二人台《母亲泪》，共演出24场，演出实行30元的惠民票价，受到省城观众的欢迎。演出期间，举办“城市美容师之夜”环卫专场，“司法干警之夜”“人民卫士之夜”武警、驻晋部队专场等专门演出，服务春节、坚守岗位的卫生、环卫、民航、铁路、公安等行业的一线工作者及驻晋部队、武警官兵们。展演期间，首次在文艺演出活动中采取“一戏一评”模式，在每场演出后，由专家们对剧目进行建设性的点评、建议与意见，为剧目把脉。 （陈燕萍）

【山西优秀舞台艺术中华行】 2017年6月16日，山西优秀舞台艺术中华行·全国保利院线巡演武汉琴台大剧院正式启动。山西优秀舞台艺术中华行·全国保利院线巡演，是山西省与保利院线签订战略合作协议以来，双方首个全方位、深层次、高规格的文化合作项目。实现演出市场“政府+企业”“双轮驱动、双效提升”的运行机制和创新方式。晋剧《日昇昌票号》为首演剧目。从6月到12月，山西省7台优秀剧目在15个省区市的36家剧院演出71场。参加巡演的7部优秀舞台剧包括舞剧《粉墨春秋》《吕梁英雄传》《千手观音》、说唱剧《解放》、晋剧《日昇昌票号》、话剧《甲午祭》和民族管弦乐《丝弦鼓韵》。 （陈燕萍）

【全国曲艺大赛（北方鼓曲唱曲类）】 2017年8月11日至14日，第十届中国曲艺牡丹奖全国曲艺大赛(北方鼓曲唱曲类)在长治开赛。来自全国12个省市的200余名曲艺家角逐表演奖、文学奖、节目奖、新人奖的提名。长治潞安大鼓、长子鼓书、沁州三弦书、武乡琴书和壶关鼓书等8个节目入围。 （陈燕萍）

【“右玉精神”主题宣传】 2017年9月27日至29日，由中共山西省委宣传部、山西省文化厅、中共朔州市委、朔州市人民政府主办的“右玉精神”主题宣传活动在北京举行。活动主要宣传60多年以来右玉人民迎难而上、艰苦奋斗，持续用力、久久为功，以坚强的意志，硬是把一块风沙肆虐的不毛之地变成闻名全国的“塞上绿洲”的右玉精神。活动包括音乐舞蹈史诗《为有牺牲多壮志——右玉和它的县委书记们》“久久为功 绿色丰碑——‘右玉精神’油画·摄影展”两个板块。9月27日，由山西省歌舞剧院、山西大学、太原师范学院、晋中学院等院校共同演出的《为有牺牲多壮志——右玉和他的县委书记们》在北京保利剧院演出。9月29日，“久久为功 绿色丰碑——‘右玉精神’油画·摄影展”在北京炎黄艺术馆展出。展出范迪安、杨飞云、张路江、段正渠、白羽平等40名艺术家的近170幅油画及摄影作品。 （陈燕萍）

【《火花》入选国家舞台艺术精品扶持工程】 2017年5月15日，山西省歌舞剧院创作演出的音乐剧《火花》入选2017年度国家舞台艺术精品创作扶持工程十大重点扶持剧目。该剧先后获2015年国家艺术基金资助、山西省第十一届精神文明建设“五个一工程”优秀剧目奖。 （陈燕萍）

【首届山西艺术节】 2017年8月18日至9月28日，山西省委宣传部、山西省文化厅和太原市委、市政府联合主办首届山西艺术节。艺术节以“人民的节日，艺术的盛会”为主题，历时40天，举办4大板块29项精品活动。吸引53个国内外演出团体参与，调动演职人员约5000人，接待观众10万余人次；群众文艺活动调动演职人员3万余人，参与人数20万余人次；展出作品万余件，接待观众29万余人；互联网及手机移动端参与人次过千万。

第15届山西省“杏花奖”、第18届“群星奖”等选拔奖项在首届山西艺术节闭幕式暨颁奖典礼上依次揭晓。获奖优秀作品和单位共149个，其中舞台艺术特别贡献剧目10个、优秀剧目5个、优秀组织单位13个，杏花奖38个，群星选拔奖15个，美术作品展优秀作品18个，书法篆刻作品展优秀作品12个，雕塑作品展优秀作品6个，网络摄影展优秀作品10个，广场舞展演优秀作品6个，锣鼓艺术展演优秀作品6个，农民工歌手展演优秀歌手10个。

除23场免费展览和众多免费惠民演出外，组织省外到晋投资兴业的企业家、“晋商晋才”、扶贫驻村第一书记、教师节专场、医护人员专场等公益演出。

“文化山西云”同步上线，艺术节期间共完成网上艺术节29项活动的2021条信息上传，10次网络直播在

线观看人数突破20万，网络媒体总点击量过亿次。（陈燕萍）

【山西省话剧艺术】 2017年，山西省话剧院完成演出98场，创收近800万元。其中话剧《甲午祭》50场，《生命如歌》31场，《立秋》2场，“歌舞小品综合晚会”15场。演出足迹遍及全国14个省市的23个大中城市。参加“2017新春新创优秀剧目展演”、文化部等三部委组织的“高雅艺术进校园”“第13届中国(深圳)文博会艺术节”“2017山西省高雅艺术进校园”、山西省“免费送戏下乡一万场”“周二剧场”“首届山西艺术节”展演、“欢度两节喜迎十九大”“话剧110周年系列展演”等演出活动。话剧《生命如歌》和话剧《立秋》获首届山西艺术节特别贡献奖。

（张　弢）

【工艺美术走出去】 2017年5月17日，山西工艺美术行业组团参加第十届中国中部投资贸易博览会主旨论坛。山西品牌中华行(合肥站)同期开幕、同时举办。山西展区综合展区展览面积为320平方米，展区集中展示山西省45家企业的11大类2000余种产品，汾酒、六味斋、双合成、平遥牛肉、龟龄集等“老字号”及山西传统工艺美术精品。

1月28日至2月12日，山西海峡经济文化交流协会、山西省工艺美术协会、山西省民间文艺家协会联合主办，山西工美集团具体承办，应台湾佛光山博物馆邀请，举办“两岸一家亲·欢乐春节行”山西非物质文化遗产面食艺术走进台湾大型展演活动。山西面食以独特的风味、精湛的技艺和厚重的文化在佛光山亮相，出现“山西面一碗难求”的场面。

4月13日，山西工美集团组织企业参加在广西壮族自治区首府南宁为期4天的“2017中国——东盟博览会文化展”。山西展厅设在城市文化生活创意馆，占地100平方米，从装潢设计，布局匹配以及展品陈列都体现“魅力山西，开放山西，文化山西”主题，参展600余件非遗产品、文化创意产品、工艺美术精品。

组织参加第六届中国成都国际非物质文化遗产节。山西省永乐桃木木雕、高平绣活、平阳木板年画、闻喜花馍、金银细工制作技艺等23位非遗传承人应邀参加。在中国传统工艺竞技活动与传承新生代艺人竞技作品展中，山西省23位非遗传承人凭借自身超群的手工技艺与非凡的精美作品在该次竞技活动中脱颖而出。（冯晓东）

【工艺美术行业比赛】 2017年6月28日，山西省举办“推动供给侧结构性改革促进创业就业首届全省职工手工艺品展评活动”。该次展评活动以“弘扬工匠精神，追求卓越创新”为主题，山西省11个市、89个县涉及财贸、教育、金融、国防、煤矿、农林水等省级产业近10万名职工参与，征集作品20000余件，报送近2000件，选出1357件作品。其中，剪纸276件，布艺205件，金属47件，雕塑404件，刺绣136件，编织150件，漆器66件，陶瓷73件。

10月16日至17日，山西省工艺美术首届“广灵剪纸奖·神工杯”剪纸职业技能大赛在中国广灵剪纸艺术博物馆举行。山西省各市城联社和工艺美术协会组织选拔，55名剪纸技艺人才进入决赛。大赛内容有理论知识、操作技能和作品展示3个部分。吉祥瑞获创意金奖、张安安获创意银奖、牛墁浈获创意铜奖；梁盛萍、李斌杰、刘莲平、杨毅、温涛、王春秀获优秀选手奖；中国广灵剪纸艺术博物馆、阳泉市工艺美术协会、右玉县飞天民间艺术发展有限公司、太原理工大学艺术学院、晋城市中等专业学校被大赛组委会授予优秀组织奖。决赛前3名的优胜者，由山西省人社厅报请省人民政府授予“三晋技术能手”称号，并提请省劳动竞赛委员会予以记功表彰；决赛前6名中的女性，提请省妇联授予“巾帼建功标兵”称号。对参赛选手作品优先推荐参加国家级行业重点展会及评奖活动，获奖选手的展示作品在山西省工艺美术馆展出；应往届大中专毕业生获得前六名者，将推荐至国家级、省级(工艺美术)文化产业示范园区工作。（冯晓东）

社科研究

·政策发展研究中心·

【概况】 2017年，山西省人民政府发展中心(研究室)完成政策研究、决策咨询和重要文稿等成果数十项，多项研究成果获省主要领导肯定批示，发挥重要决策参考，获“中国发展研究奖”银奖2项，“山西省优秀社科成果奖”二等奖2项。（王展波）

【政策研究】 2017年，山西省人民政府发展中心(研究室)聚焦转型发展示范区、能源革命排头兵、对外开放新高地“三大目标”定位，开展政策研究工作。围绕建设资源型经济转型发展示范区，形成《我省基本完成转型任务标志性指标研究》《关于山西转型基本问题的观点》等研究报告。围绕打造能源革命排头兵，完成《2030年我省煤炭经济的展望与分析》《可燃冰开发利用的能源战略意义以及对山西的启示》《山西在能源革命中要承担的三重责任》等研究报告。围绕构建内陆地区对外开放新高地，完成《自由贸易试验区推进行政体制改革的举措》《各省优化营商环境的做法》《我省自贸区的定位、空间布局和主要突破点》等研究报告。这些报告通过《省长专阅》和《决策咨询建议》等形式报送省领导，提供重要决策参考。（王展波）

【重要文稿撰写】 2017年，山西省人民政府发展中心(研究室)承担省长楼阳生在2017年旅游发展大会、加快推进国有企业分离办社会职能和厂办大集体改革工作电视电话会议、全省质量大会、全面推行河长制工作推进会、汾河河长制工作现场推进会、全省农村经济工作会、全省政府系统大调研部署电视电话会、全省全面推行医疗卫生机构一体化改革电视电话会等会议上的讲话起草工作。承担中共十九大报告起草组调研山西材料、全国两会期间省领导重要发言材料、山西省人民政府领导班子工作总结、国务院第四次督查综合汇报材料、省领导在全国两会媒体开放日答记者问材料及媒体专访材料起草工作。承担省领导在省委常委会研究经济形势分析会、省政府双月市长例会、深改组会议、全面深化改革推进会、省政府常务会上半年经济形势会上的讲话和上半年全省经济形势通报等起草工作。（王展波）

【重大决策咨询】 2017年，山西省人民政府发展中心（研究室）有2人参加中共十九大报告起草组召开的专家学者座谈会，就经济转型、生态环境治理作专题发言。开展习近平经济思想研究、山西转型目标研究、山西省轨道交通产业发展研究、对接雄安新区政策研究、打造能源革命排头兵研究、扩大对外开放研究、建设现代化经济体系研究等，形成一批重大决策咨询研究成果，一些成果得到省领导充分肯定，一些获国家和省级奖励。《关于煤层气开发利用和技术创新》的报告得到总理李克强的批示。参与国务院42号文件的起草和解读工作，参与《山西打造能源革命排头兵行动方案》的起草工作。对《关于深化山西资源型经济转型综合配套改革试验区建设的意见》《中国（山西）自贸试验区研究报告（征求意见稿）》等10余项文件提出修改建议。

向省委省政府提供一批务实管用的决策咨询建议，全年刊印《调查研究报告》83期，刊印并向省领导报送《省长专阅》《决策咨询研究建议》各12期，新创刊的《他山之石》出刊28期，得到省长楼阳生、副省长郭迎光等省领导的批示肯定。（王展波）

【专题调研】 2017年，山西省人民政府发展中心（研究室）按照省委开展大调研的部署，参与省长楼阳生关于建设现代化经济体系、省委统战部部长廉毅敏关于民营经济的调研。组织11批22人（次）对经济转型、开发区建设、科技创新、社会民生事业、对外开放、乡村振兴等到省内外开展专题调研，形成《山西推进转型发展调研报告》《我省建设现代化经济体系调研报告》《新时期浙江关注的十个重大问题》《苏州培育战略性新兴产业的经验启示》《乡村振兴战略的思考和建议》《福建省美丽乡村建设调研报告》等16篇调研报告，得到省领导高度赞许。（王展波）

【政府课题研究】 2017年，山西省人民政府发展中心（研究室）完成省政府重大决策咨询跨年度课题“推进供给侧结构改革”“煤炭产业过剩产能退出问题研究”“转型背景下的产业工人失业转岗研究”“优化我省民营经济发展环境研究”“促进山西经济开放发展研究”“我省如期脱贫政策研究”“新型县域经济发展路径与政策研究”等7项，通过专家评审，并向省政府提交研究报告，发挥重要决策参考作用。（王展波）

【社科智库发展】 2017年，山西省人民政府发展中心（研究室）与省委组织部联合组织“新型智库能力建设和第三方评估2期专题培训”，初步搭建起全省政府系统智库联系机制和交流平台，得到省委领导批示“发展研究中心此项工作很有价值”。该中心旨在起草修订决策咨询重大课题管理办法、购买决策咨询服务办法、新型智库试点建设方案等；创新工作机制，向省政府报送决策咨询委员会换届工作方案。（王展波）

·社科联·

【概况】 2017年，全省社科工作者围绕中央及省委、省政府的部署完成3000余项课题研究，出版著作300余部，发表学术论文4000余篇，撰写研究报告100余个，召开研讨会30余场，发挥社科界思想库的作用。（杜伟琴）

【重大课题研究】 确立“习近平的网络空间治理思想研究”等172项课题为2017至2018年度重点课题。“山西融入一带一路战略的机遇与对策研究”“山西省哲学社会科学学科资源调查”“山西煤炭行业供给侧结构性改革探讨与思考”等课题研究，针对性强，应用价值高，对相关部门的决策发挥重要的作用。组织开展宣传思想文化调研课题研究工作，省社科联申报的“社科类社团基层党组织的管理方式初探”“山西省“互联网+旅游”融合创新发展研究”“‘互联网+’环境下加强高校思想政治工作研究”3项课题被确立为2017年宣传思想文化系统重点调研课题。同时，围绕山西省经济社会发展的重大问题，进行调查研究，形成《激活社会科学生命力与创造力的核动能》《着力扩大经济外向度，进一步提升开放型经济水平》《推动技术改造成为撬动山西传统产业优化升级，带动投资增长的有力杠杆问题研究》等6篇基础资料详实、分析研究透彻、学理支撑厚实、对策建议切实可行的调研报告，以“决策参考”的形式报送省委、省政府领导和相关部门，促进社科研究成果的转化应用。山西省社科联分别于11月25日、12月23日举办两次四场“锻造黄河长城太行文化旅游新品牌”理论研讨会，省、市旅发委有关负责人参会。（杜伟琴）

【社科成果评奖】 山西省社科联在省委、省政府和省社科评奖领导组的领导下，组织开展山西省第十次社会科学研究优秀成果评奖工作。通过调研、电话咨询，借鉴先进省、市在评奖工作方面的好经验、好做法，对评奖实施细则进行修改，力求使评奖办法更加规范、合理，使评奖程序更加便捷、科学。8月3日，召开省社科评奖领导组第一次会议，审议通过《关于开展山西省第十次社会科学研究优秀成果评奖工作的意见》，启动评奖工作。评奖审核通过666项，进行初评。组织开展“百部（篇）工程”评审工作。2016年度“百部（篇）工程”共接收成果申报321项，经学科组和评委会评审，共评出一等奖23项、二等奖39

项、三等奖66项。

2017年，山西省社科联针对社科工作者反映的基层人员成果被认可难、青年社科工作者成长不易等问题，在广泛征求意见的基础上，形成2017年度"百部（篇）工程"评审规则改革意见，把"百部（篇）工程"评审作为扶持基层社科工作者、青年社科工作者和应用型成果的重要渠道，确定青年学者（45岁以下）的获奖成果要占到50%，基层的研究成果及应用型成果要占50%。（杜伟琴）

·社科院·

【概况】 2017年，山西省社会科学院（以下简称省社科院）推进山西社会科学研究和决策咨询服务合作。全年完成33项院规划课题、11项青年课题、41项后期资助课题，承担2项国家社科基金课题、7项省软科学课题、3项省社科联课题、24项省哲学社会科学规划课题。

省社科院主管主办的《语文研究》《经济问题》杂志在2017年度获"山西省十强社科期刊"称号，再次入选人大复印资料转载重要来源期刊。《语文研究》全年被人大复印资料《语言文字学》全文转载11篇，《语文研究》转载率达25%。（徐宏新）

2017年1月7日，由山西省社科院发起的"山西省智库发展协会（三晋智库联盟）"成立暨第一届会员代表大会在太原举行（徐宏新供图）

【智库发展】 2017年1月7日，由省社科院发起的"山西省智库发展协会（三晋智库联盟）"成立。全省各高等院校、科研机构和企业代表参加协会。

3月18日，省社科院在北京大学召开"助推山西发展塑造美好形象"智库发展座谈会。来自中国社会科学院、北京大学、清华大学、中国与全球化智库等首都高校、科研机构、智库单位专家学者40余人参加座谈。（徐宏新）

【"开放的山西"主题峰会】 2017年8月24日，由省委宣传部和省社科院共同主办的第三届山西文化产业博览交易会重点活动"开放的山西"主题峰会在中国（太原）煤炭交易中心举行。会议以深入学习贯彻习总书记系列重要讲话精神和视察山西重要讲话精神，彰显晋商开放精神，增强山西对外开放的文化自信，推动山西全方位对外开放和转型崛起为主要内容和目的。（徐宏新）

【华北社科院科研管理联席会】 2017年9月24日至25日，由省社科院主办的第三十四届华北地区社科院科研管理联席会议在大同召开。会议主题是深入贯彻落实习近平总书记系列重要讲话特别是在哲学社会科学工作座谈会上的重要讲话精神，研究探讨构建中国特色哲学社会科学的路径、方法，交流推进哲学社会科学工程、加快现代新型智库建设的经验和做法。（徐宏新）

【"黄河、长城、太行"文化资源发掘】 2017年11月20日至21日，由省社科院主办的山西"黄河、长城、太行"历史文化资源发掘及向旅游资源转化转换研讨咨询会在太原召开。省内外30余名专家学者分别围绕推动"黄河、长城、太行"三大板块历史文化资源向旅游要素转化转换主题进行研讨，提出意见和建议。（徐宏新）

【《口述申纪兰》《西沟口述史及档案史料》出版】 2017年7月，《口述申纪兰》《西沟口述史及档案史料》由山西人民出版社出版。这套书籍是山西省社科院西沟系列研究课题组的研究成果，12月16日，省委宣传部、社科院、人民出版社和长治市委宣传部共同在太原举行《口述申纪兰》《西沟口述史及档案史料》出版座谈会。（徐宏新）

·三晋文化研究会·

【三大丛书编纂】 2017年，三晋文化研究会继续编纂出版三大系列丛书。《三晋石刻大全》文献资料搜集、整理、研究和出版工程，65个县（市、区）68卷编纂完成，占总计划的53%。《三晋文化研究丛书》出版3种，即《三晋贤达民族志士崔廷献》《山西密码》《唯恐史有后例》。其中《三晋贤达民族志士崔廷献》，印数1000册，字数10万字；《山西密码》，印数1000册，字数35万字；《唯恐史有后例》，印数1000册，字数15万字。《近世山西学人文丛》出版6种，即《渊照楼杂著·文学研究法》（郭象升著）、《中国文学史纲要》（贺凯著）、《春秋左氏释义答问笔法》（李亮工著）、《韬园诗集》（贾景注著）、《何澄诗文选》（何澄著）、《罪案及外一种》（景梅九著）。（王 岳）

【三晋文化研讨系列活动】 2017年

2017 年 4 月 19 日，发展导报社与三晋文化研究会举行战略合作签约仪式

（王 岳供图）

4 月 8 日，由中国先秦史学会、三晋文化研究会和上海卜子书院共同举办的“中国首届子夏文化学术研讨会”在太原召开。旨在挖掘子夏的思想文化内涵，自觉培育和践行社会主义核心价值观，讲好中国故事，传播好中国声音。

4 月 22 日，由三晋文化研究会作为主办单位之一的“中华关帝陵筹建座谈会”在运城召开。会议主题为中华关祖圣地景区暨中华关帝陵筹建与弘扬忠义文化的必要性。

6 月 9 日，由中共运城市委宣传部、三晋文化研究会、山西大学、山西省社科院共同主办的“纪念王通逝世 1400 周年暨王通思想文化学术研讨会”在万荣召开。

8 月 9 日，《华夏文字之父》出版座谈会在太原举行。该次活动由中国社会科学文献出版社、中国民主促进会山西省委员会、山西省社会科学院傅说文化研究中心、三晋文化研究会主办，由山西省文化旅游促进会、三晋国际饭店承办。

9 月 4 日，由交城县委、县政府、交城县三晋文化研究会主办的“汾河流域狐氏文化研讨会”在交城举行，来自省内外相关领域的专家学者以及汾河流域 4 市 11 县的文史研究者共同探讨狐氏文化、忠信精神，就狐氏文化源流发展、研究成果、研究方向、跨领域合作发展等事宜进行交流。

9 月 28 日，纪念孔子诞辰 2565 周年活动在太原举行。全省各界代表、专家学者和国学爱好者 500 余人参加活动。该活动由山西省当代儒学研究会、三晋文化研究会、山西省民俗博物馆、山西孔子文化研究会、文瀛书院主办，山西大学商务学院、山西儒商联投企业管理有限公司等单位协办。

11 月 25 日，在毛岸英烈士抗美援朝壮烈牺牲 67 周年之际，由三晋文化研究会主办，吕梁红色文化促进会和临县郝家坡村承办的“纪念毛岸英同志在山西郝家坡工作 70 周年纪念活动”在太原市举行。

12 月 6 日，《晋商与徽商》学术研讨会在山西大学举行。会议是由三晋文化研究会、山西大学晋商研究所、山西省社会科学院晋商文化研究中心、山西财经大学晋商研究院主办的。与会专家学者们就如何传承中华优秀文化，弘扬晋商、徽商精神，以及晋商与徽商两大商帮的不同特点展开研讨。（王 岳）

【专门研究机构成立】 2017 年 3 月 25 日，三晋文化研究会晋商文化交流促进会在太原成立。促进会旨在立足晋商故里，凝聚晋商晋才，面向全球海外，传播晋商文化。

5 月 14 日，山西汾河文化研究院在太原成立。该院主要在发掘、搜集、整理、考校汾河流域文化沿革、历史变迁、人物事迹、风俗民情等方面开展工作。

11 月 10 日，三晋文化研究会姓氏文化委员会在太原成立。委员会旨在弘扬中华传统文化，为山西省经济文化建设做贡献。

12 月 26 日，三晋文化研究会姓氏专委会在汾阳成立。（王 岳）

方志 档案

·地方志·

【概况】 2017 年，山西省地方志办公室（以下简称省方志办）以《全国地方志事业发展规划纲要（2015–2020）》和山西省《地方志事业发展规划纲要（2015—2020 年）》为统领，推进全省志鉴“两全目标”，开展修志编鉴、旧志整理、地情研究、期刊编纂工作，完善质量审查。推进方志馆和信息化平台、实体化平台建设，提高服务社会读志用志能力。

出台《志鉴质量检查办法》，实行志鉴编纂出版质量“三关”制度。省方志办志鉴编纂成果经过评审关、校对关、质检关，才能批准出版。

推进方志馆建设。山西（省情）方志馆立项，建设资金全部到账。规划占地面积 2.93 公顷，建筑面积 20900 平方米（其中室内建筑 18800 平方米，室外停车场等附属建筑 2100 平方米），规划总投资 7600 余万元。

（一 溪）

【省政府依法治志】 2017 年，山西省政府推进全省志鉴“两全目标”工作。1 月 14 日，在山西省第十二届人代会第七次会议上，省长楼阳生在《政府工作报告》中要求“做好修志编鉴工作，发挥资政育人作用”，首次将地方志工作纳入 2017 年政府重点工作任务。

2 月 16 日，山西省副省长王赋到

省地方志办公室调研指导，肯定省方志办志鉴及资政项目编研成果与出版工作，从省政府层面督促全省各级修志工作进展缓慢的单位和部门落实依法治志与志鉴“两全目标”。

(一　溪)

【省人大督导依法治志】 2017年，山西省人大常委会教科文卫工作委员会就贯彻落实国务院和山西省《地方志工作条例》及《规划纲要》开展执法调研。2月21日，印发《关于开展地方志工作条例执法情况调研的通知》。3月至12月，对志鉴编纂进度缓慢的若干市、县和省直修志单位进行实地调研。

(一　溪)

【志鉴“两全目标”任务督查落实】 2017年4月7日，山西省政府督查室印发《关于对全省志鉴“两全目标”完成情况开展专项督查的通知》，对各市、县人民政府，省直有关厅局的“两全目标”完成情况进行督查。4月至12月，实地重点督查太原、大同、朔州、吕梁、长治等5市，18个县志编纂进度缓慢的县(市、区)，19个未开展综合年鉴编纂工作的县(区)，以及21个省志编修进展缓慢省直单位志鉴“两全目标”完成情况。

5月4日，山西省政府召开全省地方志志鉴“两全目标”推进会，省政府与志鉴“两全目标”进展缓慢的5个市和21家省直单位签订完成“两全目标”责任书，明确目标，压实责任。

(一　溪)

【明嘉靖《山西通志》影印出版】 2017年，省方志办以国家图书馆所藏原刻本为底本，采用宣纸影印、手工线装的形式，影印出版明嘉靖《山西通志》。该志12册75万字，详细记录明代山西的地理、政治、经济、文化、军事及民生古迹等。　(一　溪)

【省志编纂】 2017年，省方志办编纂完成《山西省志》之《民用航空志》《工会志》《人口志》《开发区志》《统计志》《烟草志》，均由中华书局出版。《民用航空志》记述1978年至2010年山西民用航空事业发展史。《工会志》系统记述1978年至2014年间山西工会组织运作史，其中“人物”篇完整收录山西早期工运人物和山西省总工会第六届委员会以前的正副主席名单。《人口志》收录1978年至2013年底山西省人口和计划生育事业的发展历史。《开发区志》系统记述1991年至2012年山西省开发区事业历史与发展情况。《统计志》收录1978年至2013年山西省统计事业的发展总貌，收录重要统计资料。《烟草志》追溯烟草引入山西种植历史，记述山西烟草发展的历史和现状，下限收录至2012年。

(一　溪)

【市县志编纂】 2017年，山西省方志办推动二轮市县志编纂。审核完成《吕梁市志》《阳高县志》《沁县志》《襄垣县志》《静乐县志》《保德县志》《临县志》《柳林县志》8部市县志；指导出版《太原市志》《运城市志》《偏关县志》《芮城县志》《永济市志》《怀仁县志》《灵石县志》《寿阳县志》《昔阳县志》《太原市晋源区志》《大宁县志》《朔州市平鲁区志》12部市、县志。　(一　溪)

【年鉴编纂】 2017年，山西省方志办按照中国年鉴精品工程要求，完成《山西年鉴(2017)》，由方志出版社出版。《山西年鉴(2017)》共设37个类目，218分目，109个次分目，2016个条目，收录图片和统计表288张，总字数175万字。完成市级综合年鉴审核。省方志办审核《太原年鉴》《大同年鉴》《临汾年鉴》《吕梁年鉴》《阳泉年鉴》《长治年鉴》《朔州年鉴》，均出版。

市、县综合年鉴编纂。截至2017年底，11个地级市中，10市综合年鉴出版，1市完成终审稿。119部县级综合年鉴中，出版71县(区)，45县(区)开展编纂工作，3县未启动。

(一　溪)

【期刊编纂】 2017年，山西省地方志主办的《史志学刊》编辑出版6期，发表论文70篇，总字数102万字。全年刊发的70篇论文中，国家社科基金项目10篇，教育部社科基金项目5篇。

(一　溪)

【“方志山西”微信公众平台运行】 2017年1月1日，山西省方志办开通“方志山西”微信公众号，推送山西方志文化信息331期1078篇，被列为山西省综合发布平台《山西发布》的固定栏目，进入全国省级先进方志公众信息平台序列，设有《晋志人物》《每周一域》《史志论坛》等特色栏目。

(一　溪)

【志鉴专柜平台建设】 2017年，山西省方志办向国家图书馆、国家方志馆报送出版的志鉴图书，先后在山西省委大院图书报刊阅览亭、清华大学图书馆、右玉干部教育学院、山西省图书馆开设“晋志专柜”，集中陈展省方志办编纂出版的志鉴图书，为读志用志提供新平台。　(一　溪)

·档　案·

【档案馆库建设】 2017年，山西省档案馆新馆建设取得重大突破，可研报告获省发改委批复，土地不动产权登记证办理完毕，新馆占地约66亩，总建筑面积5.40万平方米，总投资近4亿，各项工作正在快速推进；市级档案馆新馆建设顺利推进。县级档案馆响应国家中西部县级综合档案馆建设规划，中央批准建设的52个项目中，23个建成启用，14个主体完工，3个开工建设。　(孔跃宏)

【档案服务】 2017年，山西省档案局找准档案工作切入点和着力点，根据《山西日报》相关报道汇集编印《骆惠宁同志工作活动剪辑》，得到省委相关部门肯定。加强“三基建设”(即基层组织、基础工作、基本能力)，推进全省党政机关规范文书和档案管理。

2017年，山西省档案局为山西省经济转型和国企改革提供服务，连续七年对省属企业进行档案工作年度目标考核工作，在省属企业之间开展“结对子”活动。1月，出台《重大建设项目档案验收规范》，填补山西省重大建设项目档案验收标准规范空白，规范山西省重大建设项目档案验收工作，确保重大建设项目档案的完整、准确、系统、安全及有效利用。强化对各级各类党政机关、社会团体、企事业单位档案工作业务监督指导，通过开展档案工作规范化管理活动，提升档案管理水平。在服务社会主义新农村建设方面，完成14个社会主义新农村建设档案工作示范县和17个示范单位建设，其中霍州市、柳林县创建全国社会主义新农村建设示范县。

2017年，山西省各级档案部门推进档案文化建设，拓宽与社会各方面合作渠道，利用档案信息资源，打造档案文化精品。推动开展全省《抗日战争档案汇编》编纂工作，举办抗日战争档案汇编暨档案鉴定划控工作轮训。开展“档案文化进校园”活动，结合档案史料，讲述档案故事、传播档案文化。（孔跃宏）

【档案法治建设】 2017年，山西省档案局法规制度体系完善。出台《山西省档案局关于进一步改进和加强机关档案工作的实施意见》，规范机关档案工作开展。按照山西省政府办公厅要求，对1949年至2017年由山西省档案局起草省政府印发的现行有效文件和由省档案局制定或与其他部门联合制定的档案规范性文件进行全面清理，废止一批过时规范性文件。

山西省档案局配合省政府督查室，对各市和部分省直单位贯彻落实《山西省重大活动档案管理办法》情况进行督查，推动全省档案事业的发展。完成对省直72家单位检查，取得成效。各市档案局强化行政管理职能，档案行政执法形成常态。全省各级档案部门普遍建立法律顾问制度，发挥法律顾问在制定重大行政决策、推进依法行政中的作用，提高档案部门依法办事能力。（孔跃宏）

【档案工作“三个体系”建设】 2017年，山西省档案馆接收6706卷（件）档案和2428件（册）政府公开信息。完成民国档案9099卷，革命历史档案21279卷、12816件，共计2032255页档案划控鉴定工作。

利用服务水平提高。山西省档案局加强利用服务窗口建设，实行档案查阅首问责任制，为利用者提供服务。全年接待社会各界档案利用者3204人次，查阅档案10594卷，资料2957册，为山西省经济建设、编史修志、落实政策、调解纠纷、学术研究等提供一手资料。（孔跃宏）

物质文化遗产

【概况】 2017年，山西省共有文物机构246个，从业人员4408人。藏品420228件（套），举办陈列展览19个，参观人数达857.90万人次。全年收入134610万元，支出147583万元。

2017年，山西省文物工作社会影响力扩大。山西博物院被团中央授予“全国青年文明号”。河津固镇宋金瓷窑址项目当选2016年度全国十大考古新发现。陶寺北墓地和榆社偶尔坪城址墓地入选2017年度重要考古发现。陶寺遗址进入第三批国家考古遗址公园立项名单。由山西省承办的中国博物馆协会博物馆学专业委员会“2017年年会暨经济环境变化与博物馆应对”学术研讨会在太原召开。由山西省主办的万里茶道申遗工作推进会、“晋陕豫冀四省博物馆理论与实践研讨会”、第七届“黄淮七省考古论坛”“京晋冀鲁豫五省文物建筑保护理念与对策研讨会”均取得成功。长治市政府与中国城市雕塑家协会联合举办“中国传统雕塑传承与复兴学术论坛”。（王振华）

【文物密集区体制改革】 2017年，山西省启动文物密集区体制改革试点。以阳城、沁水为试点，建立省、市、县三级改革领导机构，编制实施方案，制定资金管理办法，安排1000万元专项经费对密集区内文物实施保护维修，使密集区体制改革在规划理念、管理体制、投入体制等方面取得突破。（王振华）

【世界文化遗产保护工程】 2017年，平遥古城4段危险墙体进行保护，双林寺彩塑数字化保护工程通过验收。实施云冈石窟监测中心和文保中心建设工程。实施五台山殊像寺抢险维修工程，南山寺善德堂修缮方案和显通寺禅房改造方案获国家文物局批准。（王振华）

【古建筑与红色文物遗存保护】 2017年，山西省永乐宫文物保护规划得到国家文物局批复，彩塑壁画数字化采集保护工程完工，推进文物保护智能安防综合体系建设。应县木塔启动残损构件调查与展示研究项目。贺龙中学、上党战役指挥部旧址等13处红色及抗战遗存得到保护。湘峪古堡、砥洎城等一批古民居得到修缮。国省保木结构古建筑日常养护得以实施。推进明长城沿线平型关段、得胜堡等重要点段保护工程。太原市晋祠环境整治工程进入扫尾阶段。晋中市重要工业遗产晋华纺织厂旧址保护利用项目接近尾声。推进大同古城保护工程。长治市完成武乡、黎城抗战文物资源调查，启动规划大纲编制工作。（王振华）

【考古遗址保护】 2017年，山西省襄汾丁村遗址、兴县碧村遗址、闻喜酒务头墓地等考古项目获得重要发现。配合基本建设的考古工作任务完成。出版考古报告和论文集9部，发表专业论文60余篇。其中，《清凉寺史前墓地》入选“2016年度全国文化遗产十佳图书”，《山西碑碣（续编）》获“第一届山西优秀图书奖”。（王振华）

【“文明守望工程”】 2017年，山西省文物局推动社会力量参与文物保护利用，组织实施“文明守望工程”。报请省政府印发《山西省动员社会力量参与文物保护利用“文明守望工程”实施方案》，举办启动仪式，策划“众手搭”“巨手擎”“妙手集”“千手护”“巧手创”“小手托”“顺手帮”“联手助”“携手援”九大项目。社会力量认养文物建筑34处，备案确认非国有博物馆6家，确定文创研发试点单位，完成榆社邓峪石塔回归接收工作。（王振华）

【可移动文物保护】 2017年，山西省珍贵文物数字档案录入信息7万余条，编撰纸质档案6部、出版1部。对26家文物收藏单位5200余件馆藏文

2017年4月16日，台湾中台禅寺捐赠邓峪石塔塔身回归仪式在山西博物院举行（王振华供图）

物实施修复，提升2家文物保护修复实验室装备。运城市印制《博物馆藏品总登记账》，《大同市第一次全国可移动文物普查成果集萃》完成招标，晋中市完成藏品专题陈列策划和“一普”珍贵文物图录出版工作。（王振华）

【文物安全监管】 2017年，山西省文物安全形势总体平稳。

文物安全防范能力强化。在全省范围内组织开展文物安全状况大排查行动，查出安全隐患233条，整改182处，防止文物安全事故发生。晋中市投资450万元启动“文博智能技防系统工程”。大同市建立文物系统安全月报制度。吕梁市建立文物安全QQ群和微信群，形成“微来微去、群来群往”工作模式。朔州市在长城重要段落实施安全智能防范工程。

文物安全监管形成有效抓手。印发《山西省文物安全管理十项规定》，起草《关于进一步加强文物安全工作的实施意见》。阳泉市出台《贯彻落实〈山西省文物安全管理十项规定〉实施意见》。临汾市制订《文物安全“党政同责，一岗双责”实施细则》，为履行文物安全主体责任和监管责任提供依据。

文物安全主体责任履行。对影响较大的案件实施通报、约谈、挂牌督办等方式，督促地方政府履行文物安全主体责任。朔州市贯彻副总理刘延东、书记骆惠宁关于“应县木塔存在重大消防安全隐患”批示精神，落实木塔消防水源供给和消防技术要求。忻州市落实副省长张复明关于“明长城因私挖滥采遭到破坏”的批示精神，落实50万元长城保护专项经费，配备111名长城保护员。长治市针对连续发生文物构件被盗案件，开展系列专项行动。（王振华）

【历史文化名城名镇名村保护】 2017年12月1日，《山西省历史文化名城名镇名村保护条例》由山西省人大常务会审议通过。《条例》共七章、五十四条，对历史文化名城、名镇、名村、街区的申报与确定，保护规划的编制、审批与修改，历史文化资源的保护与利用，监督检查和法律责任作出法律规定，为山西省加强历史文化名城、名镇、名村、街区和历史建筑的保护与管理，传承优秀历史文化遗产提供法律依据。（李国红 米玉婷）

【传统村落保护】 截至2017年底，全省现存古村落达3500多处，登记建档古村落1700处。其中，中国传统村落279处（全国第4位），省级传统村落286处；中国历史文化名镇名村40处（全国第3位），省级历史文化名镇名村197处。建立省级住建、文化、文物、财政、国土、农业、旅游、环保等八部门参与的“7+1”协调工作机制，定期召开专题会议，开展技术指导和专项督查，协调解决困难和问题，完成49个中国传统村落保护项目，启动59个中国传统村落保护项目。配合开展《山西省历史文化名城名镇名村保护条例》立法，完成《山西省传统村落保护发展管理办法（送审稿）》，《山西省传统建筑解析与传承》编辑完成并由中国建筑工出版社出版，启动《山西传统建筑认定标准》《山西省传统村落保护发展规划编制要求》《山西传统村落图集》等编写工作。开展第五批中国传统村落调查申报，分四组对全省11个市81个县（市、区）650余个村开展实地摸底，审核推荐600个村申报第五批中国传统村落，申报数量居全国第一。推荐88个村镇申报第七批中国历史文化名镇名村，超过前几批申报数量总和，居全国第1位。推荐136个中国传统村落开展中央资金申请工作，97个被列入中央资金支持范围，争取中央资金2.91亿元。16个村被列入首批住建部中国传统村落数字博物馆。推荐51位工匠申报首批中国传统建筑名匠。开展全省传统村落论文征集等五项省级传统村落系列活动，并推荐优秀作品上报首届传统村落保护发展国际大会。会同省摄影家协会等单位举办2017年平遥国际摄影大展“山西传统村落摄影展”，择优推荐摄影作品数量居全国第一。（李国红 米玉婷）

非物质文化遗产

【概况】 2017年，山西省文化厅启动全国首家省域国家级文化生态保护实验区建设工作。起草完成《山西省文化厅关于贯彻落实〈中国传统工艺振兴计划〉的实施意见》。推进“晋中国家级文化生态保护实验区”建设，完成第一期建设任务。开展乡村文化记忆工程。完善四级非遗名录体系。全省国家级非遗116项、保护单位168个，数量位居全国第三；省级非遗537项、保护单位942个；市级非遗1534项；县级非遗4010项。推进保护利用、传习传播设施建设。建成非遗文化展示场馆129个、传习所322个、生产性保护示范基地123个（其中国家级3个、省级14个）。开展非遗传承人群研修研习培训计划，举办4期普及培训班。完成戏曲剧种剧团和非遗项目调研普查。（陈燕萍）

【乡村文化记忆工程】 根据中共中央办公厅、国务院办公厅《关于实施中华优秀传统文化传承发展工程的意见》和省文化厅《“乡村文化记忆工程”工作方案》要求，按照“乡村文化记忆工程”试点先行、以点带面、逐步推广的实施步骤，2017年起各地进入推广实施阶段。

《方案》对“乡村文化记忆工程”推广工作提出明确要求。建立健全相应领导小组，以试点乡镇的成功经验为依托，逐步辐射扩大，在2020年前实现乡镇全覆盖。发挥村级组织的基础作用，发挥农民群众的主体作用，引导农民群众积极参与“乡村文化记忆工程”，邀请有关专家学者作为顾问进行专业指导，鼓励在外工作生活、对家乡有深厚感情的各界人士参与这项工作。建好用好“乡村文化记忆工程”展览展示馆，抓好陈列展示、宣传书画印制等工作，有条件的地方可以拍摄乡村文化记忆影像纪录片。借助和运用各类媒体的力量，宣传工作亮点，打造乡村名片。

各县乡村不断完善图文并茂的文化发展记录，着手县域历史文化资料数据库建设，依托当地传统文化资源发将乡村的历史脉络、文化烙印、发展轨迹、乡风民俗等融合在旅游景点之中，打造自己的特色和亮点。分别打造红色文化记忆陈列室、农耕文化记忆陈列室、民俗文化记忆陈列室等。（陈燕萍）

【文化和自然遗产日活动】 2017年6月，由山西省文化厅主办，山西工美集团、山西省工艺美术协会、山西省民间文艺家协会联合承办的2017“6·10文化和自然遗产日”系列主题活动在太原举办。山西工美集团、山西省工艺美术协会、山西省民间文艺家协会将山西省传统音乐、传统舞蹈、传统戏剧、曲艺、杂技、传统手工艺、民俗等国家级、省级非遗项目带进社区，让更多人了解非遗传统项目，近距离感受非遗文化。

进社区：到太原市鼓楼街帽儿巷活动现场集中表演面食技艺。剪纸、木偶皮影（孝义木偶皮影剧团）、面塑展演；三晋窑火展示瓷器、砂器等，拉坯展演互动；堆锦、刺绣和丝带绣现场表演；漆彩三晋展示山西三大漆器制作工艺（平遥推光漆器、新绛云雕漆器、稷山螺钿漆器）；木版年画邀请非遗传承人印制工艺；特色文房四宝展示出山西澄泥砚及山西平阳麻笺麻纸传统技艺；五湖四海包含金壶、铜壶、银壶、铁壶、紫砂壶、珊瑚、珍珠、玛瑙、砗磲；木木三晋有六道木、崖柏、核桃木雕刻工艺；山西民间传说、民间故事；“舞动三晋·鼓舞山西”南北中华鼓韵展演；“百鸟朝凤晋阳颂”三晋南北唢呐王展演；“三晋民俗”舞狮、旱船、社火、快板、民歌、戏曲、手语展演。

开发古村落：山西工艺美术集团和山西官道巷文化旅游有限公司合作，共同打造太原—榆次传统民俗文化旅游小镇。小镇区域自然生态环境良好，建筑形态反映出传统风貌和地方特色，是饮食、特产、传统技艺等非遗活动专区，与传统商场和景区相比更有独特魅力，是欣赏山西民俗传统演绎、感受山西非遗项目活动传承、品尝山西独特乡土美食的三晋民俗村落。（冯晓东）

【非遗文创基地】 2017年2月1日，山西省首个“非物质文化遗产文创基地”落户太原五一广场。“基地”由非物质文化遗产展示区、创意蜂巢文创公寓、非遗晋味老街坊、群众文化小剧场和画廊五大区域组成，是一个集展示、研究、传习、创作、表演、体验、交流等多种功能于一体的综合性现代化的非物质文化遗产展示平台。（陈燕萍）

【山西长治非遗剧种培训班】 2017年11月9日，文化部非遗司山西长治非遗剧种培训班开班仪式在中国戏曲学院举行，文化部非遗司、艺术司，山西省文化厅，中国戏曲学院的相关负责人及山西省长治市屯留县麟山剧团、长子县人民剧团、长治县红专剧团的非遗剧种（上党梆子）培训班学员参加开班仪式。（陈燕萍）

文化产业

【概况】 2017年，山西省文化厅推进文化文物单位文创产品开发。召开全省文化文物单位文创产品开发工作座谈会，出台《推动文化文物单位文化创意产品开发实施意见》，举办文创产品联展，确定14个省级开发试点。加快文旅融合，推动演艺、非遗项目进景区。召开演艺进景区工作对接座谈会，开展景区与艺术院团“结对子”，建立演艺进景区示范区。推进文化产业重点项目建设，文化保税区累计完成投资2.45亿元；文化产业园投资4.10亿元，完成进度的60%。搭建各类展览展会交易平台。组织参加2017东盟博览会、北京国际文创产业博览会、深圳文博会等。配合省委宣传部成功举办第三届山西省文博会，配合省商务厅完成山西品牌中华行、丝路行等重大商贸交流活动。（陈燕萍）

【“文化·创意·生活”产品联展】 2017年4月12日，由省文物局、省文化厅主办的“文化·创意·生活”山西省文化文物单位文化创意产品联展在山西博物院开展，展期为40天。来自省内外20家参展单位展出的400余件

"有故事"的文创产品。展览特邀中国国家博物馆、上海博物馆、南京博物院、浙江省博物馆、湖北省博物馆、苏州博物馆6家全国文化创意产品开发示范单位友情参展。山西博物院和山西省图书馆等14家省内文化文物单位参与展览。(陈燕萍)

【文化创意产品开发试点确定】2017年5月12日,山西省文化厅确定山西省文化馆、山西省非物质文化遗产保护中心、山西省文化产业发展中心、山西网络文化艺术中心、山西大剧院、太原美术馆、太原市非物质文化遗产保护中心、大同市少年儿童图书馆、阳泉市图书馆、长治市非物质文化遗产保护中心、临汾市非物质文化遗产保护中心、运城市非物质文化遗产保护办公室、太谷县文化馆、交城县非物质文化遗产保护中心14个单位为省级文化单位文创产品开发试点单位,享受国家级试点单位同等相关政策支持。(陈燕萍)

【深圳文博会山西成果丰硕】2017年5月,在第十三届中国(深圳)国际文化产业博览交易会上,山西展团以"华夏古文明,山西好风光"的主题,推出130个文化产业招商项目,总投资546亿元。现场成交105万元,达成合作意向3280万元。山西睿信传媒与山东广电网络集团、大众日报集团、深圳大学传播学院等88家单位达成合作意向。(陈燕萍)

【3D文化旅游综合体验馆落户】2017年6月5日,由平遥煤化集团投资打造的平遥古城奇幻体验官开业运营。体验区面积3500平方米,投资5500万元,引进世界奇幻体验技术,体现"国际标准,中国元素,山西特色,文化支撑,项目原创"的特点,是山西省首家、华北地区规模最大的3D文化旅游综合体验馆。(陈燕萍)

文化交流

【概况】2017年,山西省承办文化部"欢乐春节"对外文化交流品牌活动。举办"两岸一家亲 欢乐春节行"——山西非物质文化遗产面食艺术走进台湾大型展演活动,获文化部表彰。开展"一带一路"文化交流。山西优秀舞台艺术精品舞剧《粉墨春秋》到欧洲参加"中华风韵"项目演出,"晋风晋韵"文艺演出参加2017年阿斯塔纳世博会山西活动周系列活动,受到热烈欢迎和广泛赞誉。推进对港澳台文化交流。在新绛县举办"内地与香港青少年山西绛州鼓乐研习活动"。现代舞剧《当我们遇上孔子》到香港参加首届城市当代舞蹈节等。(陈燕萍)

【绛州鼓乐名扬孟加拉】2017年2月1日,由中国驻孟加拉国使馆主办、山西省文化厅支持、山西绛都春鼓乐艺术团承办的2018"欢乐春节"活动在孟加拉首都达卡国家剧院开幕。中国国家级非物质文化遗产山西绛州鼓乐首次登上孟加拉国家舞台,并与南亚鼓乐同台献艺。中国驻孟加拉国使馆临时代办陈伟、孟加拉国文化部部长努尔、孟中友好中心主席侯赛因、各国驻孟使节及孟社会各界数百人观看演出。整场演出具有浓郁的华风晋韵,演绎绛州鼓乐系列经典曲目《牛斗虎》《秦王点兵》《黄河船夫》《老鼠娶亲》。现场展示绛州木版年画、新绛剪纸等非物质文化遗产。(陈燕萍)

【舞剧《粉墨春秋》赴欧洲演出】2017年5月26日至27日,舞剧《粉墨春秋》到比利时布鲁塞尔国家剧院演出。5月30日至31日,在瑞士日内瓦BFM剧院演出,中国驻瑞士大使耿文兵,中国常驻联合国日内瓦办事处和瑞士其他国际组织代表团大使、常驻代表马朝旭,副代表、特命全权裁军事务大使傅聪,瑞士联邦文化总局局长伊萨贝尔·沙苏,以及来自土耳其、挪威、不丹、黑山、埃及、塞尔维亚、以色列、特多、埃塞俄比亚等国常驻联合国日内瓦办事处的使节们出席观看,近千个位置座无虚席。6月3日,在德国法兰克福世纪剧院进行演出,中国驻德国大使史明德观看演出。(陈燕萍)

【阿斯塔纳世博会山西活动周展演】2017年7月7日,以"未来能源,绿色山西"为主题的2017年阿斯塔纳世博会山西活动周在中国馆开幕。活动周期间,来自山西的舞蹈、民歌、戏曲表演,民间原生态剪纸、木版年画印制和面塑制作技艺展演,以及优秀非遗作品展览等文化交流活动,吸引众多嘉宾观众前来观看,争相与表演者合影留念,在中国馆大门前排起近百米的长队。(陈燕萍)

【中国—中东欧国家文化季走进山西】2017年9月7日,由中国文化部主办、山西省华艺实业总公司承办的"2017年度中国–中东欧国家文化季"山西太原站演出在山西大剧院音乐厅奏响。该次活动旨在促进中国与中东欧国家间在文化领域的交流与合作,3位克罗地亚的木管演奏家在山西大剧院音乐厅演奏来自欧洲的古典旋律。山西的木管重奏组与他们同台演出。(陈燕萍)

【阿兰·蓬皮杜作客大同市图书馆"平城讲坛"】2017年10月22日,国际友谊使者、法国前总统乔治·蓬皮杜之子阿兰·蓬皮杜作客大同市图书馆"平城讲坛",在图书馆御东新馆报告厅与读者分享新书《双面蓬皮杜》。该书由乔治·蓬皮杜著,阿兰·蓬皮杜和埃里克·鲁塞尔编选。阿兰·蓬皮杜为百名读者签名。(陈燕萍)

2016年度山西省社会科学优秀成果“百部（篇）工程”获奖成果目录

一等奖（23项）

序　号	题　目	成果形式	作　者
1	激励与规约:大学诚信制度何以构建	著作	党志峰
2	“四个全面”战略布局的问题导向	论文	郑文靖
3	黄河传统文化在当代文化建设中的传承与创新研究	著作	刘建霞
4	语境论的数学哲学——一种对数学本质和实在性研究的新范式	著作	康仕慧
5	资源型地区人口城市化发展研究	著作	韩淑娟
6	20世纪二三十年代中国国内金融市场圈的构建——基于汇兑层级体系的分析	论文	马建华
7	基于SNS大数据的捕获移出模型抽样估计	论文	米子川　李　毅
8	古村镇文化景观整体保护与扶贫策略研究——以山西“三河一关”20个古村镇为中心	著作	段友文
9	社区家事纠纷解决机制研究	著作	张翼杰
10	体育运动心理理论与应用	著作	石　岩
11	社会转型期下中国人公私表征以及公私实践的本土社会心理学研究：基于群己关系的视角	著作	张曙光
12	数学阅读:认知与教学	著作	杨红萍(专著)
13	北宋寒韵系字的锐钝分化与元代北方方言“寒山”与“桓欢”分韵之间的关系	论文	王为民
14	“子母调”新解	论文	孙改霞
15	晋阳古城一号建筑基址	著作	韩炳华　常一民　裴静蓉
16	《流风余韵沁两岸》(沁河风韵系列丛书之一)	著作	行　龙
17	敦煌汉文文献题记整理与研究	著作	朱　瑶
18	明清晋商徽商的委托代理研究--基于社会资本视角	著作	李　枫
19	网络组织理论与治理研究	著作	孙国强　张宝建 邱玉霞　吉迎东　王　莉
20	资源型区域乡村聚落规模结构及空间分异动态	论文	吕敏娟　郭文炯
21	公众参与下的企业能源消费行为演化研究	论文	曲卫华　颜志军
22	上党神庙剧场研究	著作	王潞伟
23	山西寺观壁画山水图式研究	著作	赵建中

二等奖(39项)

序　号	题　目	成果形式	作　者
1	延安时期党内政治生活的经验与启迪	论文	崔建周
2	非正式组织价值引领的大众化路径选择	论文	张志芳
3	文化自信的理论基础与实践要求	论文	潘新喆　刘爱娣
4	马克思主义文艺育德思想研究	著作	刘晓哲
5	中国共产党推动民族复兴伟大进程的历史贡献基于"背景·问题·立场·道路"的"四维"分析	论文	邢云文　尹占文
6	法行与类举：荀子礼学中的经权之道	论文	冯　俊
7	通向善念的权利——论斯皮内洛的规范伦理思想	论文	吴文清
8	最佳说明的推理模式研究	著作	王航赞
9	我国个人所得税收入变动趋势及原因	论文	孔翠英　彭月兰
10	清乾隆至宣统年间的经济周期——以开封、太原粮价数据为中心	论文	罗　畅　李启航　方　意
11	"出口—产能假说"与中国企业适用性	论文	刘　军
12	基于性别视角的收入分配研究	著作	高艳云
13	新常态下中国企业跨国并购的战略选择	论文	樊增强
14	中国农产品价格传导机理与政策——基于生猪产业的分析	论文	孙秀玲　宗成华　乔　娟
15	欠发达地区提升文化影响力的营销策略	论文	林　洁
16	煤矿产权结构与资源型村庄治理	著作	李利宏
17	"道"与"德"、道德与非道德——韩非道德观的历史唯物主义考察	论文	张　昭
18	中国中部省区体育旅游联动发展研究	著作	石晓峰
19	新建本科院校趋同发展的新制度主义分析——以山西省12所新建本科院校为例	论文	郭芳芳　牛源渊　郎永杰
20	汉语儿童读词者的认知特征及其影响因素	论文	李利平　伍新春　周宁宁　程亚华　阮氏芳
21	专家型教师与熟手教师运用元认知提示语的数学课堂比较研究	论文	韩龙淑
22	纳西东巴文辞书研究	著作	王　娟
23	固定短语的自动提取研究	著作	刘　荣
24	论中国古代文学"传统"的内在作用机制及相关理论表征	论文	郭　鹏

续表

序 号	题 目	成果形式	作 者
25	新中国成立初期农村生产互助与国家扶助措施研究	论文	苏泽龙
26	明清晋东南基层社会组织与社会控制	著作	段建宏
27	朝鲜停战后中国对和平解决朝鲜问题的努力	论文	宋晓芹
28	石油冷战——中东石油与冷战中的大国竞争(1945—1990)	著作	李若晶
29	谦卑型领导对研发人员创造力的影响机理研究	论文	王艳子 白 玲 罗瑾琏
30	网络原生数字资源社会价值研究	著作	李 倩
31	地方审计机关负责人任免征求上级意见提高审计质量了吗?	论文	吴秋生 郭檬楠 上官泽明
32	影响古村落“煤转旅”公共治理有效性的因素分析——基于皇城村和郭峪村的比较研究	论文	高翠翠 刘改芳
33	多 Agent 的复杂经济仿真系统构建策略	论文	曲国华 张振华 徐 岭 刘增良 曲卫华 张汉鹏 张 强
34	零杠杆公司业绩研究	论文	陈艺萍 张信东 史金凤
35	中国戏曲美学史	著作	梁晓萍
36	太行山说书人的社会互动与文艺实践——以山西陵川盲人曲艺队为例	论文	卫才华
37	专著:社会主义核心价值观的文化建构与影像传播	著作	段 祎 鄢 睿
38	State-owned or Otherwise: Dialogic Construction of Corporate Identities by Chinese Banks on Sina Weibo	论文	冯 薇 Doreen Wu
39	形成性评价对大学生英语写作水平的动态影响研究	论文	王学锋

三等奖(66项)

序号	题目	成果形式	作者
1	论加强县处级党员领导干部政治纪律和政治规矩	研究报告	余国琦　李迎斌
2	新时期中国共产党党建思想研究	著作	褚尔康　赵宇霞
3	中国传统文化与思想政治教育	著作	徐永春
4	论马克思对自由主义民主的批判性超越	论文	丰存斌
5	论高校马克思主义理论教育的重要环节和方法研究的重点	论文	赵国珍
6	逻辑与哲学:真与意义融合与分离之争的探究	著作	郭建萍
7	把握新发展理念的哲学意蕴	论文	张志蓬
8	生态文明内在本质的理论阐释——一个基于生态经济视角的分析	论文	张胜旺
9	激活中国传统科技文化生命力	论文	赵云波
10	思想实验的认知机制	著作	薛　平
11	向互联网医疗注入人文精神	论文	任俊杰　孙俊狮　曹小清 闫丹凤　王科科　王志中
12	新型城镇化的可持续发展及调控策略研究	论文	邓　韬　张明斗
13	供给侧改革下货币政策对房地产价格的效应研究	论文	史　贞
14	共享发展的科学内涵及实现机制研究	论文	赵满华
15	新形势下我国转变农业发展方式的着力点研究	论文	武甲斐　张红丽
16	中国利用外资的溢出效应研究	著作	秦晓丽
17	农村居民工资性收入的区域差异及其影响因素:基于空间计量的分析	论文	任　媛　陈立中
18	农业转移人口市民化成本分担机制分类设计初探	论文	王国霞　张　慧
19	农业转移人口市民化的意愿、障碍及对策——基于山西的调查分析	论文	刘兆征
20	腐败惩罚的边际递减及地区差异:基于腐败金额的实证分析	论文	褚红丽　魏　建
21	盘活青龙古镇资源打造北方旅游品牌	论文	马吉平　任陇禅　徐文胜
22	关于推进农业供给侧结构性改革的调研报告	论文	晋中市社科联、晋中市农委联合课题组
23	当“女性”遇到“工人”——以某机械制造业国企青年女工为例	论文	高成新　刘　洁
24	农村集体经济组织成员资格界定及其相关救济途径研究	论文	吴春香

续表

序 号	题 目	成果形式	作 者
25	德国团体法中的成员权研究	著作	任中秀
26	城市新移民社会保障权益完善探讨——共享发展理念的视角	论文	苏 昕
27	农民道德启蒙与乡村治理——以义利观、理欲观变革为中心的考察	论文	李卫朝
28	右玉精神:中华优秀传统文化沃土长出的常青树	论文	熊高德
29	校长非权力影响力:原因探析、功能解析与进路分析	论文	朱文辉 靳玉乐
30	多元文化视野下学校核心价值观的培育研究	著作	陈耀玲
31	新时期高校辅导员工作基本内涵与思想政治教育策略	著作	陈新新 陈 霞
32	论儿童精神成长	论文	王福兰
33	达琳—哈蒙德专业取向教师质量问责思想探析	论文	赵 英
34	在新媒体环境下的教育资源设计研究	著作	张丽萍
35	我国竞技体育职业化进程中道德失范现象的表征及应对策略研究	论文	吴合斌 曹景川
36	多元智能与多维评价	论文	郑秀芬
37	《说文》“转注”与“六书”再思考	论文	潘 杰
38	《魏书》著录高允著述考释	论文	孙小梅
39	禅宗语录词语研究	著作	何小宛
40	谚语的文化阐释	著作	张 琳
41	古汉语黑系颜色词疏解	著作	侯立睿
42	中国慈善救助事业发展史论纲	著作	谢忠强
43	关于《周礼》鸟兽尊彝形制研究的反思	论文	张雁勇
44	沁河瓷韵	著作	刘 辉
45	明末西方传华火器技术研究	著作	冯震宇
46	维多利亚时期伦敦社会分层研究	著作	贺 鹭
47	晋中历史文化丛书	著作	黄耀春
48	小城故事——晋中人文印象	著作	王 蓉
49	二十世纪四十年代皖南永佃制租佃及经营机制考察	论文	张 明 慈鸿飞

续表

序 号	题 目	成果形式	作 者
50	张壁史话	著作	武增祥
51	中国旅游消费对经济增长的拉动效应与贡献度分析	论文	苏建军 张 毓 孙根年
52	政府管理活动对经济增长的影响	论文	张建英
53	Extending the theory of planned behaviour: testing the effects of authentic perception and enviornmental concerns on the slow-tourist-decision-making process	论文	Bo Meng; Kyuhwan Choi
54	Analysis of scientific collaboration in Chinese psychiatry research	论文	武 颖 金 星
55	石窟型世界文化遗产地旅游意象研究——以云冈石窟为例	论文	高 楠 王 馨 马耀峰 王琳艳 刘楚楚
56	家长式领导与团队创造力：基于三元理论的新发现	论文	常 涛 刘智强 景保峰
57	基于环境认知的生态旅游者对景区管理方式的态度测量	论文	程占红 牛莉芹
58	科学基金资助提高科研产出了吗？——基于倾向得分分层法的实证研究	论文	宋志红 郭艳新 李冬梅
59	治理现代化背景下社会组织省域发展差异分析	论文	王玉珍 王李浩
60	旅游景区周边环境规划、利用及促动经济增长研究	著作	胡炜霞
61	改革开放以来当代电视节目民族性与现代性的碰撞与交融	论文	张雪姣
62	明代北水陆法会壁画图式空间表达与审美承载探究	论文	李玉福
63	“十七年”抗战电影史观与类型化研究	论文	苗 壮
64	少数民族音乐作品的民族文化特征解析——以蒙古族音乐为例	论文	杨博华
65	简论地方戏曲与文化产业发展的新方向——以山西为例	论文	邱怀生 芦柳源
66	语言安全界定之批判思考	论文	寇福明

新闻出版　广播影视

Press and Publication　Radio and TV Movies

综　述

【中共十九大重要出版物出版发行】2017年，山西出版传媒集团做好中共十九大重要出版物出版发行工作。集团成立专项工作领导小组，制定工作方案，组织相关单位召开专题会议，筹划落实工作。在集团统一部署下，各单位通力合作，人民社数次赴京商洽租型业务，保证重要出版物及时付印；纸张公司、物资公司提前备好印刷纸张和材料，人印公司、新华印业安排专门机组和精干力量，共同保证完成印刷任务；书店集团动员全员力量，保证全域发行，满足全省广大党员学习需要。《十九大报告》等重要文件总发行量超过280万册，码洋2400万元，较十八大文件发行量增长58.30%。《中国新闻出版广电报》在头版对集团这项工作予以重点报道。

（张　茂）

【主题出版产品线建设】 2017年，山西出版传媒集团将主题出版建设提升到新的战略高度，先后出台《主题出版实施方案》《传承中华优秀传统文化实施方案》《传承红色文化实施方案》，邀请中宣部、总局、新闻出版研究院专家，对集团的主题出版产品线进行充分论证。各出版社在选题规划、重点项目、营销推广等方面综合发力，围绕弘扬社会主义核心价值观、弘扬三晋优秀历史文化、聚焦山西当代建设成就等主题，推出《中国家规》《弦歌三晋》《法治山西建设的理论与实践》等20余种优秀主题读物，《一诺的家风》入选向中共十九大献礼的精品出版物选题，《爸爸读过的英雄故事》等3种主题出版物入选2017年度国家主题出版基金资助项目。主题出版板块成为集团产品线建设中一个新的亮点。书店集团全年政治类图书销售突破5000万元，获《习近平的七年知青岁月》发行贡献奖、《2017理论热点面对面》宣传推广先进单位，创造新的业绩。（张　茂）

【广播影视公共服务】 2017年，山西省把加快推进广播电视村村通向户户通升级工作列入全省重大民生工程、文化信息扶贫项目和改善农村人居环境完善提质工程项目。实施第二期14万户工程建设。截至2017年底，加上零售市场用户，全省“户户通”用户达257万余户。另有早期实施的村村通用户近50万户，直播卫星用户规模突破300万户。

山西省有146个无线发射转播台站承担中央广播电视节目无线数字化覆盖任务。截至2017年底，全省146个无线发射转播台站数字电视节目全部开播，完成中央投资2.45亿元，为全省广大人民群众免费提供12套中央数字电视节目和广播节目，部分市县提供的节目达到15套，直接覆盖人口约2900万，促进广播电视节目无线发射由模拟向数字全面转型，提升广播电视节目传播质量。

全省建成11条农村数字院线公司，有流动放映车辆130余辆、数字放映设备1400余套，实现一村一月一场公益电影全覆盖。坚持“企业经营、市场运作、政府购买、农民受惠”思路，年均放映场次33.80万场，场次补贴资金按时足额到位。开展农村寄宿制学校优秀影片放映活动，每年为全省2445所农村寄宿制学校放映优秀影片22005场。（丁耿彪）

【知识产权宣传教育】 2017年，山西省各级版权管理部门在“4·26知识产权宣传周”期间，大范围、多角度开展各类版权宣传活动，在全社会营造“尊重知识、尊重版权、崇尚创新、诚信守法”的舆论氛围。开展版权宣传进媒体活动。利用省、市、县三级广播、报纸、电视、互联网媒体、公交移动媒体和城市核心区域的楼宇LED，通过播放版权公益广告、开设专栏等方式宣传版权知识。开展版权宣传进机关活动。设计制作版权宣传画发放给100余个省直机关和各市政府机关，组织学习《政府机关使用正版软件管理办法》等相关文件，在全省各级政府机关形成学正版、用正版、防盗版氛围。开展版权宣传进企业活动。在部分知识密集型企业、电脑城、书店、影剧院、网吧等悬挂宣传条幅、张贴宣传海报、解答版权问题，对经营人员进行版权法律宣传教育。利用短信平台开展针对性宣传。开展版权宣传进校园活动。在高等院校、中小学开展版权宣传活动，发放版权宣传品、宣传海报，解答各类版权法律问题。在城市广场、图书馆门前、主要街道以举行版权宣传活动启动仪式、摆放宣传展板、发放宣传资料、现场解答问题等多种方式，宣传普及版权法律知识。（丁耿彪）

新闻出版

【概况】 截至2017年底，山西省新闻出版行业有大型集团组织8家，包括山西日报报业集团、山西出版传媒集团两大龙头集团，山西新华书店集团以及非时政类报刊改革中组建成立的三晋报刊传媒集团、山西教育教辅传媒集团、山西科技传媒集团、山西医药卫生传媒集团、山西师大教育科技传媒集团。图书出版社8家（其中副牌社1家），音像（电子）出版社3家，报纸出版单位60家（不含高校校报），期刊出版单位201家，获得互联网出版资质单位22家。全省有新闻出版单位6400余家，从业人员5.62万人。（丁耿彪）

【山西出版传媒集团】 山西出版传媒集团有限责任公司是一家集纸质出版、数字出版、版权贸易、印刷复制、物资供应、出版物发行于一体的专业化、大型文化企业集团。成员单位16家，包括山西人民出版社、山西教育出版社、希望出版社、北岳文艺出版社、山西科学技术出版社、山西经济出版社、三晋出版社、山西春秋电子音像出版社等8个出版社，山西新华书店集团和三晋报刊传媒集团2个子集团，山西新华印业有限公司、山西美术印务有限责任公司、山西人民印刷有限责任公司3个印刷企业，山西省新闻出版纸张公司、山西省印刷物资总公司2个物资供应公司及集团教材中心，职工6276名，年出版图书和电子音像制品5000余种，是全国文化体制改革工作先进单位、山西省文化体制改革和改革工作先进单位、山西省首批文化产业示范基地。全年营业总收入实现63亿元，完成目标任务的110%；利润总额达3.20亿元，完成目标任务的100%。（张　茂）

【国家统编三科教材印制发行】 2017年，国家统编语文、历史、道德与法治三科教材启用。为确保将中央要求落实到位，山西出版传媒集团配合省教育厅、省新闻出版广电局召开专题工作会议，成立领导小组，协调指导“新三科”教材教辅出版、印装、发行、培训等工作。集团所属教材中心、书店集团、印刷企业、物资供应公司密切合作，如期保质保量将329万册“新三科”教材送到学生手中；教育社、希望社跟进配套教辅改版工作，发挥“阵地作用”。（张　茂）

2017年，“山西文华”丛书亮相第二十四届北京国际图书博览会（丁耿彪供图）

【出版重点项目】 2017年，山西出版传媒集团推动重点项目建设，带动集团整体发展水平提升。希望社的《中国精神·我们的故事》、北岳社的《沈从文全集·补遗卷》增补入选“十三五”国家重点出版规划；人民社的《全国少数民族传统造物研究》、科技社的《唐五代木构建筑实例》、教育社的《中国古代防洪工程技术史》获国家出版基金支持，获资助743万元。三晋社的《北京大学图书馆藏历代石刻拓本草目》获国家古籍整理出版专项经费资助。重点工程《山西文华》出版80种252册；书店集团“校园书店”建设项目入选总局新闻出版改革发展项目库，开设249家，总营业面积超过30000平方米。（张　茂）

【版权贸易】 2017年，山西出版传媒集团出台《“走出去”工作实施方案》，对相关工作进行顶层规划。教育社的《中华佛教史》俄文版5册出版；科技社的《李可老中医急危重症疑难病经验专辑》、希望社的《花娘谷》、人民社的《民国文学十五讲》等19种出版物版权输出至法国、韩国和中国台湾、香港地区。科技社被评为全国和山西省版权示范单位。集团首批加入中国出版“走出去”联盟，承办“山西—韩国图书版权贸易交流座谈会”以及“刚果（金）新闻媒体人员研修班”参观座谈会，与国外新闻出版界的联系、交流与合作加深。（张　茂）

【出版传媒集团产业拓展】 2017年，在山西出版传媒集团“抓转型，促融合，推动产业优化升级”发展思路的带动下，各成员单位转型探索项目亮点频现。教育社的“问导教育云平台”上线，销售合同收入超过100万元，实现集团数字教育资源收入“零”突破，为各出版社整合传统资源优势，探索转型融合提供经验。报刊集团制作的电视纪录片《太行军工》在中央电视台军事频道播出；少儿绘本动漫片《叽哩与咕噜》与央视和四大网络动漫播出平台签订播映意向书。书店集团着眼建立布局合理、互联互通的省内研学、省外游学、国外留学网络，重点在实施店校研学、游学项目上下功夫，实现研学基地建设的平稳起步。书海科技公司推动集团微信公众号矩阵建设，促进各出版社内容资源平台化与用户资源垂直化整合，为集团数字出版提供技术支撑。美印公司推进数字化、智能化、绿色化印刷，数字印刷业务同比增长23%。

（张　茂）

【出版传媒集团经营管理】 2017年，山西出版传媒集团通过完善管理手段、健全管理制度，管控力度加强，运行效率提升。生产经营管理方面，新设立生产经营部，加大对发行、印刷、供应板块的统筹协调力度；印刷供应战略联盟共同应对纸价上涨等不利因素，联盟凝聚力加强；ERP项目一期发行系统升级改造通过初步验收，相关运维人员和各出版社业务人员培训保障到位。人力资源管理方面，细化集团的绩效考核指标，考核机制更趋合理；全年选拔调整干部29人，开展业务培训、技能竞赛等100余场次，队伍建设水平和人才素质提高；人民社通过在机构设置、人员配置、薪酬分配等方面探索改革，人员积极性有效调动，发展活力初步释放。财务资产管理方面，制定修订《差旅费管理办法》《成本核算制度》《会计档案管理办法》等多项制度，针对专项资金、重大工程项目和实物资产管理等开展专项工作，资产财务运作和经营规范。在省长楼阳生调研考察之后，集团涉及土地使用权及房屋产权的问题推进有序，进展良好，产权关系得到理顺，为股改上市前期工作提供支撑。

（张　茂）

【山西日报报业集团】 山西日报报业集团由机关、所属媒体、传媒（集团）公司三大板块组成，拥有主报《山西日报》和10个子报、2个子刊，1家省属文化企业山西日报传媒（集团）有限责任公司，1家由报业集团举办设立正处级事业法人单位山西宇通信息中心。

2017年，山西日报报业集团坚持“两论”立报，加强新闻宣传和舆论引导，为全省改革发展营造主流舆论。在《理论周刊》头条开设“治国理政新理念新思想新战略在山西的实践”和“学习领会党的‘十九大’精神”等专栏，先后推出近60余篇重大理论文章。在《山西日报》报头版常设“三晋之声”专栏，全年刊发51篇署名“朔辰”理论文章。山西法制报社举办“争创一流 聚焦一线”大型采访活动。《山西晚报》推出“十九大时光·山西援疆故事”特刊。在理论评论部先后举办10余期“科学理论三晋行”活动，组织人员先后走进太原、朔州、晋中、吕梁等市基层一线，推动理论研究融入社会生活实践。

山西日报报业集团发挥党报传统优势，策划推出重大评论、述评。《山西日报》在一版突出位置推出全省经济工作会议、国企国资改革、“两会”之后话发展、央企助力山西转型综改、山西全面深化改革、学习宣传贯彻中共十九大精神等系列评论、述评累计达50余篇。

围绕中心工作强化舆论引导。《山西日报》从6个方面开设专栏，加强舆论引导，凝聚推动省委、省政府中心工作合力。“撸起袖子加油干、扑下身子抓落实”专栏，反映各地各部门推动转型创新发展，发稿近60篇；围绕山西跻身全国改革“第一方阵”目标要求，策划关于推进改革系列重点报道，发稿40余篇；围绕打造‘六最’营商环境开设两个专栏，发稿40余篇；围绕全省重点工作、重大举措，策划多篇现象级重头报道。《山西农民报》推出《一个人的“红枣晚熟”项目攻关组》《暖新闻正能量 小人物接地气》等一批优秀稿件；《山西经济日报》的《利润为王，不再以收入规模论英雄》《煤炭地位特殊 不能自暴自弃》等追踪探访报道；《发展导报》采写《寻访山西四极》《共享经济引领商业发展趋势》等稿件。山西新闻网举办“走进山西看发展——全国网络媒体山西行”活动，面向全国讲好山西故事。

集团各报、网、新媒体同频共振、共同发力，完成中共十九大、习近平总书记视察山西、全国“两会”等9次重大战役性报道。中共十九大期间，仅《山西日报》就刊发40余块整版、300余篇文字报道、近40幅图片新闻，完成大会报道任务。

根据国家新闻出版广电总局推荐结果，《山西日报》名列2017年全国“百强报刊”。《山西日报》获“经营管理优秀团队奖和“经典案例奖”两项全国报刊广告大奖。山西日报工交部张临山、冷雪获中国新闻奖一等奖；山西晚报记者田晓瑛入围“好记者讲好故事”决赛名单。

（郭成强）

【新老媒体融合发展】 2017年，山西日报报业集团推进媒体融合发展，重点从两个方面进行发力。整合媒体资源、产品，实施多个媒体融合重点项目，扩大各新媒体影响力。2月，山西日报客户端加入“全国移动直播平台”（人民直播），具备视频直播功能；3月，上线运行以原创摄影图片为主打的山西视觉志客户端；人民摄影网PC端、微信端改版上线；《山西法制报》“我是新闻发言人”栏目收官；10月，整合山西新闻网所属“山西手机报”和“三晋手机报”，开发“山西日报手机报”。截至2017年底，完成山西日报电子报数据库项目和山西日报客户端机房改扩建工程。在省委宣传部指导下，推进省级“中央厨房”平台建设。集团筹资1000万元参股组建山西云媒体发展有限公司，山西媒体智慧云平台一期上线。推动省级“中央厨房”平台一期工程如期完成。参与建设省级媒体智慧云平台，建设山西日报自有融媒体平台，对接省级平台，提供优质新闻内容。

（郭成强）

【报业集团深化体制改革】 2017年1月，山西省委书记骆惠宁在山西日

2017年11月30日,由腾讯与山西财经大学、《山西晚报》联手打造的山西企鹅新媒体学院成立 (郭成强供图)

报报业集团向省委提交的《关于调整山西日报管理体制的请示》报告上作出批示,明确指出山西日报是党的"喉舌",应由省财政给予补助,就集团下一步改革发展提出具体要求。省编制委员会下发文件,涉及人员编制明确,原则上每年补助3400万元。集团按照精细化要求规范经营管理。强化预算计划控制作用,各单位经营活动规范,财务管理水平提高;传媒(集团)公司法人治理结构完善,修订公司章程;集团规范招投标工作程序,对23家单位的经济责任进行审计,实现全覆盖。 (郭成强)

【报业经营拓展新模式】 2017年,山西日报报业集团有效遏制发行、广告等主业收入下滑态势。报刊总期发量66万份,同比虽有下降,但基本上遏制前两年大幅下滑不利趋势,部分报纸发行量止跌回升,山西日报发行收入同比增长2.06%。所属各报通过创新广告经营方式、依托品牌影响策划活动等转变盈利模式。《山西日报》广告收入连续三年稳定在3000万元以上。

加快子报子刊转型升级步伐。各子报子刊社深耕相关地区领域、专业领域和细分市场,发挥自身优势,在分众市场中获得发展空间。《山西市场导报》推出132版特刊《至善3·15》,单期报纸广告收入达120余万元。《山西晚报》先后组织六大类多种类型活动,实现收入902.70万元,占经营收入的62.60%。《人民摄影报》与多方联手举办摄影活动和赛事,多管齐下增加经济收入。《发展导报》争取到灵石县委宣传部《灵石》周刊项目,开启与地方党委政府合作办报、服务地方中心工作新模式。经济日报、农民报、都市报和文摘、良友报在细分行业、精耕细作中挖掘潜力,取得成效。

推进媒体融合步伐,探索新媒体产业发展模式。《山西农民报》运用官方微信平台开展"三农"新闻人物投票表彰活动,吸引14.30万人参与投票。良友周报社"相阅衣橱"上线,创办《双创内参》杂志。山西农民报社挖掘乡村旅游资源,3月开始推出"乡村旅游"图片专版,全年刊发"乡村旅游"版35期。三晋都市报社成立山西晋商纵横旅行社有限公司,拓宽经营范围,运营各类旅游产品,发展旅游产业。山西晚报社发起、省内30家主流媒体和机构参与的山西媒体电商联盟在太原成立。共同审议签署《山西媒体电商联盟章程》。三晋都市报社打造的全国首家全媒体主导型众创空间——"创享都市创客空间"被正式认定为省级众创空间。"山西头条"微信矩阵上线发布,在原有"山西头条"基础上,新开通11个地方号。《山西日报手机报》与成都硕达公司合作,进行市场化推广。腾讯与山西财经大学、山西晚报社联手打造的山西企鹅新媒体学院在山西财经大学成立,助力山西数字经济发展,山西新媒体人才升级,构建山西区域新媒体生态。 (郭成强)

【传媒多元化经营升级】 2017年,山西日报报业集团承办三届山西文博会,现场交易突破1.90亿元,达成合作意向突破41亿元,文化产业项目签约融资额269亿元,推出招商项目238个。集团与中国普天集团就山西日报文化创意园项目签署战略合作协议,与普天下属企业签署投资合作协议,与其他企业签署参股合作基本议定,共同建立一座线上山西博物馆,完成对部分重点文保单位三维数据采集及VR摄影;集团各经营单位开发"晋创商盟"经济型物流速递等一批新项目。 (郭成强)

【图书音像电子出版】 2017年,山西省主要出版社有山西人民出版社、山西教育出版社、希望出版社、北岳文艺出版社、山西科学技术出版社、山西经济出版社、三晋出版社、山西春秋电子音像出版社等8个出版社。全年图书出版3517种,较上年下降1.14%。其中,新出2192种,同比下降3.18%;重印1325种,同比增长6.08%。图书总印数为10899.03万册,较上年增长10.54%;图书总印张1041128.83千印张,较上年增长6.21%。定价总金额164770.18万元,同比下降2.14%。"山西文华"大型丛书累计出版《傅山全书》《于成龙集》等252册。

全省全年图书出版行业审核选题4180种,专题报备《古今中外政党概览》等17种重大选题,调审18种敏感选题,加强书号实名申领,全年核发书号2641个,申请追加书号631个。开展第十二期编辑业务培训班、"彰显工匠精神,提高图书质量"系列活动。确定《天之一隅的战后记忆——侵华日军“山西残留”》《长江支队》等59种重点图书选题，加上年度结转的执行88种。开展质量检查工作，全年检查216种422册图书，总计5679.30万字。

全省有网络出版单位22家，其中网络游戏单位1家。截至2017年底，开发数字出版产品数量40个，数字出版总收入2487.45万元。其中，《英语周报》社有限公司的数字出版产品《英语教师网》《英语周报网》及相关业务、“悦作业”产品正式市场运营；语文报的“手机报”“名师课堂”“中小学阅读写作”数字出版平台以及作文大赛，实现线上线下阅读；山西教育出版社的数字出版产品《教育资源公共服务平台——问导网》在吕梁市13县42所学校铺开，开启教育信息化收入。

山西省《全国少数民族传统造物研究》等7个项目获国家出版基金资助，《北京大学图书馆藏历代石刻拓本草目》获国家古籍整理出版专项经费资助；《一诺的家风》入选“迎接党的十九大精品出版选题”，入选2018年全国50种好书名单；《为英雄正名》《中国精神·我们的故事》2种图书入选“向全国青少年推荐百种优秀出版物”；《中国精神·我们的故事(中英文版)》等2种选题入选国家十三五规划增补项目；《刀尖上的舞者》等多种图书获专项奖和地区奖。《五台山碑文》《侯马盟书》获“2016年度全国优秀古籍图书奖”二等奖。山西教育出版社获第四届中国出版政府奖先进出版单位奖。山西同方知网数字出版技术有限公司入选全国新闻出版业数字化转型升级软件技术服务商推荐名录。 (丁耿彪)

【期刊出版】 2017年，山西省各类公开发行期刊201种，总印数2217.28万册，较上年下降8.40%，平均期印数117.31万册，较上年下降8.30%；总印张138403.97千印张，较上年下降7.98%；定价总金额23606.28万元，较上年下降5.96%。山西省学术期刊在业内形成较大影响，列入南京大学“中文社会科学引文索引”(CSSCI)来源期刊7种，列入北京大学中文核心期刊目录24种。《编辑之友》被评为全国“百强社科期刊”，《前进》《语文研究》《经济问题》《山西大学学报》(哲学社会科学版)、《山西财经大学学报》《科学技术哲学研究》《理论探索》《教育理论与实践》《名作欣赏》《山西老年》被评为2017年山西省“十强社科期刊”。《新型炭材料》《日用化学品科学》《日用化学工业》3种科技期刊被评为全国“百强科技期刊”，《燃料化学学报》《煤炭转化》《火力与指挥控制》《山西大学学报》(自然科学版)、《中华风湿病学杂志》《辐射防护》《太原理工大学学报》《护理研究》《农产品加工》《科学之友》被评为2017年山西省“十强科技期刊”。 (丁耿彪)

【报纸出版】 2017年，山西省报纸出版60种(不含高校校报)，其中省级36种，市级23种，县级1种。全省报纸平均期印数2469.20万册，较上年增长2.33%；总印数1886605.69万册，较上年下降0.25%；总印张1886605.69千印张，较上年下降6.40%；定价总金额208592.89万元，较上年增长6.37%。山西省以《英语周报》《语文报》为代表的教辅类报刊被誉为“中国第一教辅报刊群”。《语文报》《小学生拼音报》被评为“向全国少年儿童推荐的百种优秀报刊”。《小学生拼音报》再次被评为“全国编校零差错报纸”。《山西日报》《英语周报》《小学生拼音报》被评为全国“百强报纸”，《太原日报》《长治日报》《临汾日报》《山西晚报》《黄河晨报》《语文报》《学英语》《山西法制报》《科学导报》《同煤日报》被评为山西省“十强报纸”。 (丁耿彪)

【印刷复制】 截至2017年底，山西省有各类印刷企业1435家，较上年增加45家。其中，出版物印刷企业154家，包装装潢印刷企业289家，其他印刷品企业922家，专项排版、制版、装订企业11家，专营数字印刷企业59家。山西省印刷工业总产值766204.70万元，较上年减少1.76%；利润总额16949.49万元，较上年减少2.40%；销售收入759107.07万元，较上年减少2.10%，工业增加值152963.16万元，资产总额844748.34万元，营业税金及附加18324.60万元，从业人员数量2.49万人。规模以上重点企业(年印刷产值5000万以上)18家，比上年增加4家；实现工业总产值159138.19万元，较上年增加22.90%；利润总额5427.40万元，较上年减少1.92%；从业人员4221人。

全省数字印刷企业(含专营和兼营)148家，数字印刷装机267台(套)，实现工业总产值约42160.95万元，较上年增长2.50%。其中专营数字印刷企业59家，实现工业总产值13755.28万元，较上年增长10%。

全省有15家企业通过绿色认证；中小学教科书实现绿色印刷全覆盖；印刷企业中采取清洁生产、环保节能措施的达40%以上。 (丁耿彪)

【数字出版】 2017年，山西省拥有网络出版资质的企业22家，其中网络游戏出版单位1家，网络报刊出版单位16家，网络图书出版单位5家。截至2017年底，全省网络出版单位利润总额12109.83万元，其中数字出版总收入2499.15万元。数字出版产品包括电子图书、数字报刊、网络教育出版物、网游动漫、手机出版物以及基于各种移动终端的数字内容。

全省共9家省级数字出版转型示范单位，其中5家入选全国数字出版转型示范单位；2015文化产业发展专项资金新闻出版业数字化转型升级支持项目入选4家，共获得文化产业发展专项资金3330万元，2016年文化产业发展专项资金融合发展支持项目入选1家，获得400万元；国家数字复合出版系统工程应用试点单位山西省入选2家；新闻出版业数字化转型升级软件技术服务商推荐名录入选1家。

山西省部分传统出版单位数字出版面临转型困境。山西省数字出版趋势集中于在线教育，《英语周报》有限公司、《学英语》报社有限责任公司，提供在线教育PC端与移动端数字出版产品，结合实体报纸发行，在大部分传统出版单位发行量下降的时候，反而逆势上行；山西教育音像出版社、山西教育出版社着力发展在线微课教育平台；部分传统报刊出版单位将现有传统出版资源进行数字化再生产，开发移动客户端，增加用户的友好体验，22家网络出版服务单位中有9家共开发17个移动APP，8家开通微信公众号。有些出版单位只能把现有传统出版资源数字化后在网络重新发布，无法产生有效收入。如校园心理杂志社只是将本社《校园心理》杂志作为网刊发布，没有进行新模式探索；近两年新申请网络出版许可证的传统出版单位，如《编辑之友》杂志社有限责任公司只进行报刊的数字化出版。总的看依旧缺乏创新盈利模式，数字出版单位整体亏损。

山西省游戏产业后继乏力。山西省共有1家游戏公司取得网络出版服务许可证，山西问天科技有限公司页游运营128组服务器，实现同时在线5万余人的承载力。其中网络游戏《梦幻问情》于2010年9月进行公测。《仙OL》于2011年8月16日进行不删档内测。《英雄问天》于2012年8月终极封测、2013年6月正式上线运营。与其他游戏公司合作运营多款网页游戏，如：《神仙道》《龙将》《盛世三国》《凡人修真》《卧龙吟》《大唐真龙》《热血海贼王》《火影世界》等产品。2014年5月开始研发移动终端游戏（手游）产品《天天飚题之啃你大爷》《别吃翔》《别吃翔2》《归途》，截至2017年底，全部完成开发任务，取得软件著作权2项。（丁耿彪）

【出版物发行】 截至2017年底，山西省有各类出版物发行单位2148家，从业人员14201人。其中，批发单位191家，零售单位1957家，出版物发行业销售总额72292.36万元。

全省网点数量前10名的发行单位分别是：山西省邮政公司—山西省邮政报刊发行局，拥有1412个网点；山西新华书店集团有限公司，拥有322个网点；《学习报》社有限责任公司，拥有420个网点；山西唐文文化发展有限公司，拥有303个网点；山西芸签图书贸易有限公司，拥有228个网点；山西教博文化交流有限公司，拥有110个网点；山西至诚经典出版物发行有限公司，拥有80个网点；山西圣典华章文化传媒有限公司，拥有30个网点；山西新视野全景图书有限公司，拥有10个网点；山西晋苑图书有限公司，拥有2个网点。

全省出版物销售总额（实洋）前10名的企业分别是：山西新华书店集团有限公司，销售额394321.50万元；中国邮政集团公司山西省分公司，销售额52702.47万元；希望出版社，销售额11516.36万元；《学英语》报社有限责任公司，销售额7800.64万元；山西教育出版社，销售额7102.68万元；山西蓝色畅想图书发行有限公司，销售额6701.16万元；《学习方法报》社有限责任公司，销售额5878.09万元；山西无界文化产业有限公司，销售额5136万元；《语文报》社有限责任公司，销售额4734.92万元；太原华拓文化发展有限公司，销售额4507.31万元。

山西新华书店集团零售数量年度前10名的图书为：《中国共产党章程》（人民出版社）；《决胜全面建成小康社会夺取新时代中国特色社会主义伟大胜利——在中国共产党第十九次全国代表大会上的报告》（人民出版社）；《党的十九大报告辅导读本》（人民出版社）；《中国共产党第十九次全国代表大会文件汇编》（人民出版社）；《党的十九大报告学习辅导百问》（学习出版社）；《中国共产党章程》（人民出版社）；《关于新形势下党内政治生活的若干准则中国共产党党内监督条例》（人民出版社）；《习近平的七年知青岁月》（中央党校出版社）；《全面从严治党面对面（理论热点面对面2017）》（学习出版社）；《十九大党章修正案学习问答》（党建读物出版社）。（丁耿彪）

【全民阅读活动】 2017年，山西省开展全民阅读活动，营造“书香三晋·文化山西”浓厚氛围。4月，在太原理工大学举办全民阅读启动仪式，开启全省统一开展书香系列活动，市一级组织启动仪式11场，配套系列活动39场，县一级组织活动119场。全民阅读月期间，全省开展活动467场（项）。其中，重点阅读活动187项，山西出版传媒集团各出版社举办作家进校园、名家讲座等活动20场，省新华书店集团开展“手拉手 传爱心——关爱农村留守儿童图书捐赠活动”“百店百场‘七进’活动”260场。全省175个门店参加中共十九大主题展销微信群实时报送活动，展示主题出版物136种，实现销售526万元。完善常态化荐书机制，全年累计推荐优秀图书416种，其中全民阅读月期间向全省推荐优秀读物100种。开展山西读者最喜爱的十本好书评选工作，选择100种备选书目，线下线上发布。开展全民阅读活动专项调研工作，省新闻出版广电局对太原、阳泉、朔州等6个市开展综合性全民阅读活动、专项全民阅读活动调研，形成全省全民阅读调研报告。制定《山西省全民阅读考核办法》，在全省开展第三届书香之家评选活动，评选30个书香之家。全年全省建成农家书屋28339家，覆盖全省所有行政村，成为农村地区开展全民阅读活动的主阵地，补充更新出版物147万册。

（丁耿彪）

【出版及网络“扫黄打非”】 2017年，山西省保持出版及网络“扫黄打非”高压态势，制定下发“清源”“净网”“护苗”“秋风”“固边”等5大专项行动方案，下发“两会”期间、中共十九大期间等重要时间节点保障工作方案，部署印刷企业大检查等领域专项检查行动。及时跟进督导检查，检查各类文化市场点位110余个。其中，出版物销售场所49个，印刷复制企业24家，景区周边出版物纪念品销售场所20余个，检查基层乡镇、村级“扫黄打非”工作机构18个，发现转办各类问题案件线索22个，召开各类“扫黄打

2017年4月24日,山西省开展"扫黄打非"活动,集中销毁非法出版物
（丁耿彪供图）

非"工作推进会、汇报会16次。全省各级"扫黄打非"执法部门收缴违法出版物108013件,处置网络有害信息8551条,取缔关闭网站44个,查办各类案件120起。全年全省向全国"扫黄打非"办公室报备案件三批7起,破获阳泉1·15"法轮功"跨省反宣品案、朔州2.09利用邪教危害社会案等大要案件2起;配合福建省、浙江省核查案件线索2个,发现转送兄弟省市案件线索2条;山西朔州"2·09"张树勇利用邪教危害社会案被全国"扫黄打非"办公室列为督办案件。在全省各市1000人以上村庄社区挂牌,1464个乡镇(街道办)设立"扫黄打非"乡镇级联络站,有重点开展进景区工作。聘请30040名"扫黄打非"村级信息员,推动宣传工作进基层,编印《山西省"扫黄打非"进基层宣传手册》35000余册。全省6家基层单位被列为全国"扫黄打非"进基层示范点。（丁耿彪）

广播影视

【概况】 2017年,山西省有广播电视播出机构112个,开办272套广播电视节目。其中,省级1个(山西广播电视台),市级11个(各市广播电视台),县级96个,教育电视台4个。电视频道140个。其中,省级电视频道8个,市级电视频道32个(含4个教育电视台),县级电视频道96个,付费电视频道4个。广播频率132个。其中,省级广播频率8个,市级广播频率28个,县级广播频率96个。全年广播节目播出时间460873小时,电视节目播出时间585602小时。

全省中、短波转播发射台15座,发射功率459千瓦。全省调频电视转播发射台198座,调频发射机功率3723千瓦、电视发射机功率396千瓦。全省广播人口覆盖率比上年增加0.14%,为98.75%;电视人口覆盖率比上年增加0.14%,为99.55%。全省有线广播电视实际用户数430.12万户,数字电视实际用户337.66万户,有线广播电视传输干线长度57841.56千米。2017年,山西卫视全国覆盖人口达10.16亿,居全国省级卫视第18位,山西卫视在IPTV、直播卫星数字电视用户规模分别达1.82亿、1.79亿,OTT TV用户4413.80万。

全省城市影院电影票房突破7.87亿元。农村公益电影放映、广播电视直播卫星户户通、中央广播电视转播发射台站无线数字化覆盖工程推进,广播人口覆盖率98.75%,电视人口覆盖率99.55%。全省广播影视从业人员2.92万人。

全省广播影视行政事业、企业总收入74.73亿元。其中,行政事业单位总收入32.02亿元,企业单位总收入42.71亿元。实际创收37.03亿元。其中,广告收入11.20亿元,网络收入9.33亿元,电影发行放映收入7.95亿元,其他创收8.54亿元。全省广播电视资产总额160.54亿元,年度固定资产投资总额8.44亿元,增加值28.44亿元。（丁耿彪）

【影视剧创作】 2017年,山西省备案电影54部,终审电影24部;备案电视剧16部,终审2部。电影《七儿娘》获第三十一届中国电影金鸡奖最佳中小成本故事片提名;影片《山村母亲》获最佳戏曲片提名。电视剧《于成龙》于1月3日央视一套首播,1月29日于央视八套重播,刷新多项主流剧播出纪录;5月5日,电视剧《铁血将军》于央视八套黄金时段播出。省财政厅、省新闻出版广电局出台《山西优秀电影项目扶持奖励办法》,每年投入1000余万元,开展电影精品创作扶持、"山西优秀电影奖"评选奖励、电影发行放映奖励、电影学术及市场分析研究项目奖励。（丁耿彪）

【广播电视节目创新】 2017年,山西广播电视台在中央电视台和中央人民广播电台上稿1058条,其中《新闻联播》217条,头条报道16条,《山西发力煤炭领域供给侧结构性改革》《山西:用创新破解"圆珠笔之问"》等重头报道在社会上引起反响,形成正面持续宣传山西的舆论热度。山西卫视推出的《歌从黄河来》《走进大戏台》《伶人王中王》等老牌节目持续发力,《人说山西好风光》(第二季)、《世界面食大会》《异想天开》《探秘大峡谷》等新版节目,《走进大戏台》《伶人王中王》分别受到中宣部、国家新闻出版广电总局专题点评表扬。地面频道和广播频率坚持专业化特色化发展,突出贴近性和服务性,《都市110》《小郭跑腿》《黄河大

2017年，山西卫视《走进大戏台》节目受到中宣部、国家新闻出版广电局专题点评表扬 （丁耿彪供图）

交通》《生活新主张》《宝贝玩吧》《新唐风》《政风行风热线》《88早高峰》《音乐纵贯线》等节目影响力提升，科教频道《小郭寻宝》受到国家新闻出版广电总局表扬。

举办2017年山西省红色优秀网络视听作品评选活动，评选从网络剧、微电影、影视动画片、纪录片、专业类节目（栏目）等多个门类中选出，经专家评委评选，20部优秀作品获奖。剧情类作品《抢修队长王二小》在国家网络视听节目内容建设扶持项目2017"中国梦"原创网络视听节目推选活动中获奖。 （丁耿彪）

【城市影院建设】 2017年，山西省新增城市影院46家，新增银幕222块。截至2017年底，全省城市影院246家，银幕1095块。全省分布19条院线，万达、浙江横店、北京新影联、北京华夏联合、中影星美等院线票房比例较大。全年全省电影票房收入7.87亿元，同比增长24.30%，超过全国平均增幅。全年放映场次198万场，观影人数2545.70万人。其中国产电影票房为4.91亿元，占票房总额的62.39%。 （丁耿彪）

版权管理与服务

【概况】 2017年，山西省版权局坚持依法依规行政、保护改革创新发展和注重实际效果原则，加强版权监管保护力度，拓展版权宣传教育范围，注重打击侵权盗版和软件正版化工作，开展版权公共服务体系建设，提升公众版权意识，改善版权市场秩序。 （丁耿彪）

【版权管理执法】 2017年，山西省版权局加强领导，形成版权监管合力。坚持狠打快打、聚焦重点、追根溯源、强力查办的工作方针，多次对全省版权领域"双打"工作进行部署，突出重点领域、重点环节、重点位置、重点对象的集中整顿工作，保持对生产、销售侵权盗版制品违法行为的高压打击态势。组织开展打击网络侵权盗版专项治理"剑网行动"，围绕文字、音乐、影视、游戏、软件等重点领域以及图书、音像制品、电子出版物、网络出版物等重点产品，以查办网络侵权盗版案件为抓手，加强网络版权监管，加大版权执法力度，查办一批较有影响力的网络侵权盗版案件，保障权利人合法权益。 （丁耿彪）

【机关软件正版化】 2017年，山西省加强政府机关软件正版化工作长效管理。完善更新省级政府机关软件正版化责任人数据库。推动制度建设。落实工作责任，遵守软件购置、使用、管理相关规定，完善工作协调、经费保障、软件采购、日常监督、资产管理、审计考核和年度报告等工作制度，加强使用正版软件工作长效机制建设。加强考核管理。考核全省各级党政机关、人大政协、法检两院、民主党派、人民团体正版化工作责任落实情况、软件正版化工作实施情况、软件安装使用情况、软件资产管理和长效机制建设情况等方面，对于工作出现问题的单位和责任人严肃追究责任。试点国产软件。山西省平顺县是国家确定的全国三个国产软件应用试点县之一，3月，平顺县国产软件应用试点工作基本完成。 （丁耿彪）

【版权公共服务建设】 2017年，山西省版权局完成作品版权登记200余件，完成版权贸易合同备案28件。调解多起著作权纠纷，版权工作社会影响显现。山西省率先在省转型综改示范区和部分版权密集型单位建立全流程管理的版权专业工作机构，初步探索构建版权管理、交易交流、维权保护、衍生开发、宣传教育"五位一体"工作机制。突出加强版权示范创建工作，初步培育出一批具有完善版权管理体系、较强市场竞争力和典型示范带动作用的版权要素企业。山西科学技术出版社、英语周报社被授予"全国版权示范单位"称号。

（丁耿彪）

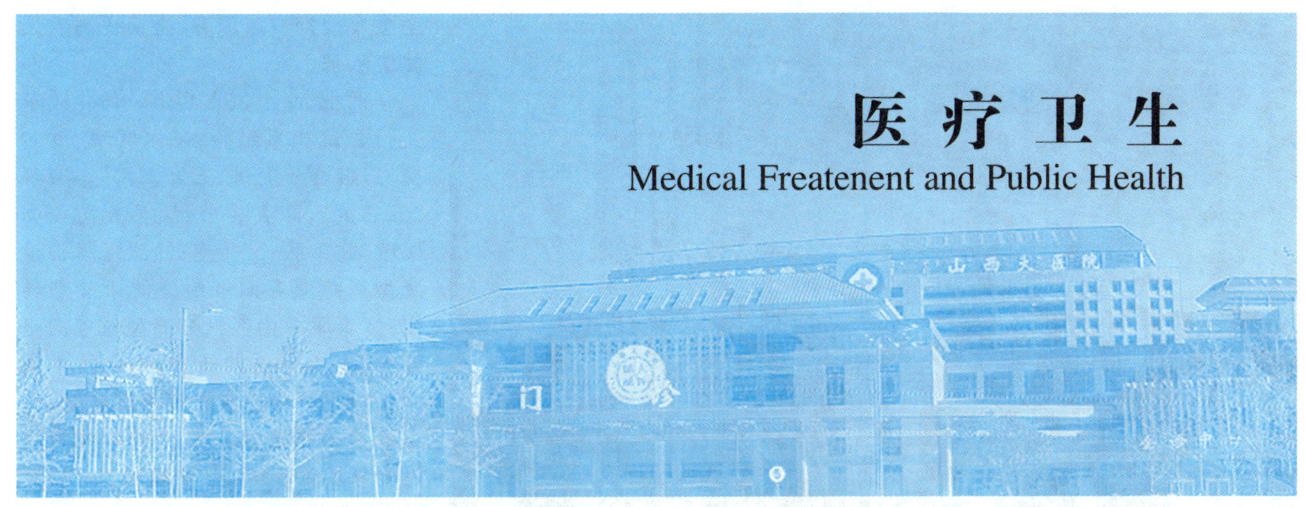

医疗卫生

Medical Freatenent and Public Health

综 述

【概况】 截至2017年底，山西省有医疗卫生机构42491个，其中，医院1388所，基层医疗卫生机构40581所，专业公共卫生机构456所，其他机构66所。拥有三级医疗机构66所（三级甲等47所、乙等13所、未评6所）；二级医疗机构391所，其中县区级综合医院137所，92%达到二级甲等及以上水平；乡镇卫生院1605所，每个乡镇都至少有1所卫生院；城市社区卫生服务机构达937所（中心227所，站710所，其中政府办的235所）；村卫生室28942个，基本实现服务全覆盖。全省医疗卫生机构共有床位19.75万张，每千人口床位5.33张；在岗人员31.87万人，其中卫生技术人员23.29万人，执业（助理）医师94277人，每千人口执业（助理）医师2.55人，每千人口注册护士2.62人。

2017年，山西省卫生与计划生育委员会（以下简称卫计委）推进全省卫生计生事业改革发展和健康山西建设。城乡爱国卫生运动稳步开展，新创建国家卫生城镇11个、省卫生县城5个、省卫生乡镇28个、省卫生村176个。健康促进与教育工作全面加强，全民健康生活方式行动覆盖所有县。 （季 巍）

【医药卫生体制改革】 2017年，山西省构建医改组织保障机制。围绕建设“健康山西”目标，提出“加快迈入全国医改先进行列”的总要求。省长挂帅担任省医改领导小组组长，分管省长统筹各方，卫生计生和发改、财政、人社、编办等相关成员部门协同配合，把医改重点工作任务纳入省委、省政府对各市年度目标责任考核，与政府“13710”督办系统对接，自上而下建立“一把手”抓医改、合力推医改的领导机制。先后制定出台“健康山西2030”规划纲要、深化医改的意见、十三五医改规划等指导文件，出台公立医院改革、分级诊疗制度、全民医保、药品供应保障“五项制度”配套文件，相继推出重大民生改革举措，初步完成山西医改立柱架梁任务。全省上下营造关注民生、重视医改，大卫生、大健康优先发展的氛围。 （季 巍）

【基本公共卫生服务均等化】 2017年，山西省推进公共卫生服务均等化，基本公共卫生服务经费由上年的每人年均45元提高到50元，服务项目由12大类扩展到14大类。建立防治重大疾病厅际联席会议制度，艾滋病、结核病等重点传染病、慢性病、地方病、职业病等综合防治水平持续提高，为35.59余万名适龄儿童、老年人、心脑血管疾病、糖尿病、肿瘤患者等重点人群提供预防接种、疾病筛

2017年3月16日，在中央电视台举行“寻找最美医生”颁奖典礼上，临汾80后村医贺星龙（左二）获奖，登上领奖台 （季 巍供图）

2017年4月1日，山西省卫生计生委主任卫小春（左五）参加阳曲县医疗集团揭牌仪式　　（季　巍供图）

查、随访、干预等健康服务。精神科（门诊）实现县域全覆盖。生活饮用水、传染病防治等10项监督量化指标连续多年处于全国第一方阵。

（季　巍）

【医疗质控体系建设】 2017年，山西省医疗卫生行业建立健全医疗质量管理与控制体系，省、市专业质控部分别达到34个、230个，各级医院都设立医疗质量管理部门，三级质控网络体系基本形成。出台《山西省医疗质量控制组织管理办法》，配套考核细则，强化对各专业质控部的动态管理、考核评价。组织开展医疗质量安全专项整顿活动，全省范围内共督查医疗机构582所，累计排查重点部门（科室）近4000个，其他临床科室约7400个，梳理排查各类问题近万条。

（季　巍）

卫生管理

【公立医院综合改革】 2017年7月1日起，全省所有公立医院全面取消药品加成（中药饮片除外），实行零差率销售，比国家要求提前3个月。山西卫计委以取消药品加成为突破口，重点落实医疗服务价格调整，印发《山西省推进医疗服务价格改革的实施方案》，各市及时确定补偿政策，综合推进取消加成与价格调整、医保衔接、医疗控费、财政补偿“五同步”改革；落实政府办医责任，增强各级政府对公立医院发展建设方面的财政保障，政府卫生支出占卫生总费用比重始终保持在30%以上；启动阳泉市省级薪酬制度改革试点，加强公立医院绩效考核评价，初步建立公立医院发展新机制，实现“一优两降”，即全省公立医院收入构成优化，药占比从改革前的40%以上降至29.66%，居民个人卫生支出占卫生总费用比重从改革前的35.6%降至31.05%。

（季　巍）

【县乡医疗卫生机构一体化改革】 2017年，山西省继续推进2015年提出的县乡医疗卫生机构一体化改革（以下简称“一体化改革”）。2月，在18个县首批试点，5月，推出第二批21个试点县，7月，在6个地级市所有县域全面推开，9月，在全省全面推开。截至10月底，全省119个县医疗集团全部挂牌运行。

一体化改革原则是坚持政府主导、统筹规划，坚持改革创新、三医联动，坚持保基本、强基层、建机制，坚持预防为主、中西医并重。树立大卫生、大健康理念，为群众提供全方位、全生命周期健康服务，全面提高人民健康水平。

两批39个试点县为一体化改革先行先试积累经验，基本实现“五转变、三融合三促进、三升三降”。实现“五转变”，即县委书记、县长向争当医改“施工队长”转变；健康保障由浪费型医疗服务向节约型健康管理转变；健康服务由医卫分离型服务向全方位、全生命周期转变；人才技术由向上“虹吸”向优质资源下沉转变；群众看病习惯由往上跑找专家向家庭医生基层首诊转变。实现医卫、卫计、医养“三融合”，即医疗集团设立公共卫生管理中心，把过去分离的公共卫生和基本医疗服务有机融合。基层医疗卫生机构开展医养结合试点，让群众老有所养，病有所医。实现家庭医生签约服务、预防为主、健康扶贫“三促进”。促进县乡村“1+1+1+X”家庭医生签约团队服务模式，利益同向、目标同向。前两批试点县普通人群签约率达49%，重点人群达70%。县域分级诊疗新格局形成，县级医院下转患者增加1060人次，同比增长57.40%。居民健康档案建档率达86.50%，高血压和Ⅱ型糖尿病患者规范管理率分别达77.70%、77%。“组团式”医疗精准帮扶在贫困县实现全覆盖，并全部建立远程诊疗系统。“双签约”“双服务”“双督导”“三保障”“三救助”“一站式服务”机制惠及50余万贫困群众。实现基层服务量、服务能力、群众满意度“三提升”，群众负担“三下降”。基层医疗服务量提升，县域就诊率达89.20%，门急诊总人次同比增长10.80%，住院总人次同比增长4.70%；乡镇卫生院门急诊人次和住院人次分别增长14.98%和8%。基层服务能力提升，医疗集团共下派医疗专家12826人（次），服务群众164923人（次），派驻医务人员5803人（次），培训基层医务人员27954人（次），为乡镇卫生院引进新技术、新项目134项，投入设备639台件。新招聘1132人充实基层医疗卫生队伍。群众满意度提升到85%以上。县级医院门急诊患者次均费用同比下降3.40%，自费比

例同比下降6.40%。家门口就医，群众看病的间接成本明显下降。（季　巍）

【“三医联动”发展】 2017年，山西省政府办公厅制定下发《山西省关于进一步深化医疗保险支付方式改革的实施意见》，推进医疗、医保、医药“三医联动”改革。城市公立医院实行按病种付费的病种数达100种以上，在省眼科医院、山大二院等医院开展日间手术试点；在县域实行医保总额预算管理、打包付费，推动一体化改革。执行新一轮基本药物和非基本药物集中采购结果，基本药物和非基本药物招标类药品比上一轮价格整体降幅分别达18.35%和17.36%，其中有90%的产品中标价已达到或低于全国省级最低执行价格；对8类高值医用耗材和体外诊断试剂实行阳光采购、限价采购，降价幅度10%–28%。2017年8月1日起，在全省所有公立医疗机构全面实行“两票制”，推动药品全流程改革。在省级公立医院探索推进以投入换机制改革，印发《省级公立医院基本医疗服务财政补助资金管理暂行办法》，改革财政补助方式，按照总额控制和分项预算的办法安排财政投入，实行“（年度门急诊人次★门急诊补助标准+年度住院床日数★住院补助标准）★绩效考核系数★倾斜系数★社会平均工资增长率”的补助标准，通过分项预算落实六项投入责任。（季　巍）

【疾病防控】 2017年，山西省疾病防控机构有疾病预防控制中心（防疫站）、专科疾病防治院（所、站）、健康教育所（站、中心）3类。控制中心共135个，其中省级1个、省辖市10个、县级市及县112个、其他12个。专科疾病防治院有职业病防治院1个、所站7个、健康教育所12个。专科疾病防治院、所、站全年总诊疗人数4.55万人次。（季　巍）

公共卫生

【计划生育管理服务】 2017年，山西省全面两孩政策平稳有序实施。独生子女伤残、死亡家庭特别扶助金标准分别提高到每人每月400元、500元。“为全省城乡怀孕妇女提供免费产前筛查和诊断服务”“对36个贫困县建档立卡的农村妇女免费进行‘两癌’筛查”列入省政府六件民生实事，全年共完成产前筛查24.60万人，占项目实施期间孕产妇的91%。确诊出生缺陷232人，并及时进行干预。两癌检查分别为27.58、27.69万例，超额完成年度目标任务。在重点公共场所新建母婴室384家。开展妇幼健康服务年活动，创建国家级示范县3个，省级儿童发展实验基地11个，基层妇幼保健门诊100个，孕产妇救治中心142个，危重新生儿救治中心137个。全省孕产妇死亡率、婴儿死亡率、5岁以下儿童死亡率分别为13.78/10万、6.53‰、8.14‰，均低于全国平均水平。（季　巍）

【爱国卫生运动】 2017年，山西省卫计委组织开展全省以农村环境集中整治为主要内容的城乡环境卫生整洁行动。全省乡村清洁工程累计投入50.60亿元，配备保洁员9.40万名，农村垃圾处理率达到50.30%，50个县启动农村垃圾治理PPP项目；清理农村“四堆”135.10万处、垃圾2593.40万吨；启动农村垃圾分类工作，3个县列入首批全国示范，17个县启动省级试点。全省行政村全部通达等级公路；农村集中式供水人口比例为95%；建制镇、行政村生活垃圾无害化处理率和生活污水处理率大幅提高。各地根据季节及区域特点，以政府购买服务为主、自主消杀为辅的方式对病媒生物进行防治。经协调，全年完成17.03万座农村无害化卫生厕所的建设改造任务。（季　巍）

【卫生应急处置】 2017年，山西省出台《山西省食品安全地方标准管理办法》，食品污染物和有害因素监测范围覆盖全省所有县（市、区）。加强卫生应急工作，全年协调处置突发公共卫生事件55起，有效处置4起H7N9疫情。（季　巍）

【卫生室与日间照料中心】 2017年，山西省卫计委与省民政厅联合下发《关于开展村卫生室与乡村老年人日间照料中心融合发展试点工作的通知》，启动社区（村）卫生室与老年日间照料中心融合发展试点。全省确定试点单位33个。重点推进二、二级综合医院开设老年病科，各级医疗机构开通为老年人便利服务的绿色通道。（季　巍）

中医药

【中医药事业发展】 2017年，山西省卫计委加大《中医药法》培训宣传力度，建立山西省中医药工作厅际联席会议制度。11个地级市全部建立局际中医药联席会议制度。在太原、大同、运城开展社会办医试点工作。运城市、静乐县、平遥县、万荣县4个省级中医药综合改革试验区完成试点改革，基本达到预期目标。（季　巍）

【中医医院服务能力提升】 2017年，山西省卫计委推进全省中医医院服务能力的提升。全省有4所省级中医科研机构和三级甲等中医医院入选国家中医药传承创新工程项目库。创建2个国家级、1个省级基层中医药工作先进单位。创建200个中医药特色基层医疗卫生机构，建设120个基层中医馆。6所综合医院通过国家中医药管理局综合医院中医药工作示范单位复审。加强中医药适宜技术推广工作。建设7个中医药适宜技术推广基地。100%的县（市、区）完成一轮中医药适宜技术推广培训。国家基本公共卫生服务中医药健康管理工作指标数超过国家要求。（季　巍）

【中医药人才培养】 2017年，山西省卫计委重视中医院传承工作。2月27日，山西省人民政府学位委员会、山西省教育厅正式批准山西中医学院为新增博士学位授予单位（点）立项建设高校，建设期为3年。山西中医学院更名为山西中医药大学，6月

30日正式挂牌。挂牌成立山西省针灸医院圣彼得堡中医院。评选认定首批“山西名药”20个，召开山西名药表彰大会，5人分别当选第二、三届“国医大师”和首批全国名中医。

（季　巍）

医政管理

【医卫招才引智】 2017年，山西省医疗卫生行业提升人才培养力度，在国内和海外开展招才引智系列活动，柔性引进院士和海外高层次专家58名，与省外知名医疗机构和专家签订合作协议近百项。建立4个院士工作站，获批3个诺奖工作站。举办国际级肿瘤高峰论坛、世界骨科大会、世界健康大会。推进高端领军和骨干精英人才海外研修项目，全面开展基层适宜人才紧缺专业培训项目。加大全科医生培养力度，共计培养培训农村订单定向医学生和全科医生551名，拨付专项培养经费1379万元。把科普文章纳入高级职称评审条件，调动医务人员从事健康科普工作的积极性。

（季　巍）

【医疗服务行动】 2017年，山西省卫计委印发《2017年深入落实进一步改善医疗服务行动计划重点工作方案》，以三级医院为重点，实施11项改善医疗服务行动，改善群众就医体验。发挥“互联网+”的作用，推进区域卫生信息平台建设，“山西挂号”更名“健康山西”，全省112所县综合医院全部接入平台，并接入55所三级公立医院、74个社区卫生服务中心（乡镇卫生院）、1435个社区卫生服务站（村卫生室）。累计服务患者282万人次，在线支付43.50万笔、金额1453万元，双向转诊1100余人次，在线签约家庭医生服务26892户。完成247所群众满意的乡镇卫生院、50所社区卫生服务示范单位创建。5所乡镇卫生院和3所社区卫生服务中心分获国家“百佳”“百强”称号。巩固“三调解一保险”长效机制，实施《山西省医疗纠纷预防与处理办法》。配套印发《山西省急性卒中“黄金救治3小时”及“提升县域医院服务能力”实施方案》，太原市在全国省会城市率先发布“卒中地图”。开展心肺复苏普及进万家精准健康工程，共确定“中国心肺复苏培训中心”35个，传播基地45家，培训国家级心肺复苏培训导师372人。

（季　巍）

【医疗服务格局多样化建设】 2017年，山西省政府办公厅出台《山西省推进医疗联合体建设和发展工作方案》，省医改办会同省卫生计生委印发《山西省三级医院推进医疗联合体建设实施方案》，搭建医联体制度框架；安排400余名三级医院医务人员在166所县级医院开展为期3个月的驻点帮扶；面向基层、边远地区发展远程医疗协作网，覆盖全省71个县区，58个贫困县。发展社会办医，开展全省卫生计生干部入民营医院服务工作，促进规范管理，提高经营水平；打造多层次多样化医疗服务新格局，2017年仅省本级设置1500床位的山西仁济医院、1007张床位的山西爱心护理院、350张床位的长治慷宁中西医结合医院。推进仿制药质量和疗效一致性评价行动，开展药物临床试验机构建设，全省开展一致性评价的医疗机构数达到全国第五位、中部省份首位。

（季　巍）

【医疗服务监管】 2017年，山西省卫计委拓展医疗运行评价，遴选代表专科水平、费用较高、涉及高值耗材使用的30种疾病，在全国省级范围内率先公开次均费用、平均住院日、药占比、耗材占比等医疗信息，主动接受社会监督。加强重点领域监管，组织开展单采血浆站督导检查，重点针对原料血浆质量管理和供血浆者健康权益的关键环节和薄弱环节，对发现的问题追踪整改确保落实到位；以抗菌药物、辅助用药为重点，实施临床合理用药专项整治，规范医疗服务行为；开展医疗废物管理专项检查、院感管理督导检查、委直医院社会治安综合治理考评等，为年度医疗管理工作推进夯实基础。

（季　巍）

【医养结合模式探索】 2017年，山西省卫计委探索医养结合多种模式，医院开办养老院模式取得突破。全省推进农村卫生室与老年日间照料中心发展融合，为全国农村社区医养结合提供典范。1月，省卫生计生委与省民政厅联合举办全省医养结合工作培训班，对推进省医养工作开展作出具体部署安排及要求。11月，在长治市举办全省医养结合工作现场会，各市卫生计生委主要负责人、37个省级医养结合试点单位及相关专家代表参会，现场观摩学习。确定37个省级医养结合试点单位，全省能提供医疗服务的养老机构达50%以上。承办国家卫生计生委、法国社会团结与卫生部、法国国家家庭补助局举办的第五届中法家庭发展政策研讨会，学习借鉴国内外经验，推进山西医养结合开展。

（季　巍）

【社会办医】 2017年，山西省卫计委支持和鼓励社会办医，开展民营医院信用等级管理评价试点工作和卫生计生干部入民营医院服务工作。综改示范区健康产业园区建设取得进展。推进仿制药质量、疗效一致性评价和药物临床试验机构建设工作，一致性评价的医疗机构数位居全国前列。

（季　巍）

体　育

Sports

综　述

【概况】 2017年,山西省体育局制定《健康山西2030规划纲要》《关于进一步扩大旅游文化体育健康养老教育培训等领域消费的实施意见》《关于扶持职业体育发展的意见》,发挥体育价值,履行体育使命,全面落实全民健身国家战略。深化"放管服效"改革,规范办事流程,缩短审批时限,提供"一站式""一网式"政务服务,依法办事能力不断提升。

山西省本级、11个地级市、119个县(区、市)三级《全民健身实施计划》出台,省全民健身工作委员会成员单位扩大至35个。推进中央集中体育彩票公益金支持地方项目,培训社会体育指导员11982名。72个先进单位、62名先进个人被国家体育总局授予荣誉称号,10名群众体育先进代表受到总书记习近平接见。围绕"全民健身与青运同行""强健体魄·阳光生活·共享青运"主题,开展市级以上全民健身活动400余项。全民健身与全民健康深度融合,普及科学健身知识,推进校园足球特色学校和试点县建设,全省676所中小学校被教育部命名为"全国青少年校园足球特色学校",孝义市、太原市迎泽区和大同市城区成为"全国校园足球试点县区"。启动校园足球四级联赛,70多所大中学校约1500名运动员参赛。举办全国青少年"未来之星"阳光体育大会山西分会场活动。

第十三届全运会,山西体育代表团取得竞技体育项目9枚金牌、13枚银牌、13枚铜牌和75个录取名次,获体育道德风尚奖。山西运动员参加蹦床、跳水、皮划艇等项目世界锦标赛、世界杯赛,获9枚金牌。参加射击、乒乓球、摔跤等项目亚洲比赛获4枚金牌,国内各类大赛中共获42枚金牌。参与国家体育总局2020年奥运会和2022年冬奥会备战,32名运动员在11个项目上参加国家体育总局跨界跨项选材集训。承办第十三届全运会花样游泳预赛暨国际泳联花样游泳世界系列赛、全国田径大奖赛系列赛(太原站)、全国蹦床冠军赛、全国青年击剑锦标赛等一系列赛事。阳泉体校等9所学校被认定为国家级高水平体育后备人才基地,扶持41个国家级和省级体育后备人才基地,累计创建国家级和省级青少年体育俱乐部106所,20万名青少年成为注册会员,活动人次达3000多万人。

《山西省支持社会力量举办马拉松 自行车等大型群众性体育赛事实施方案》等政策措施出台,提高大型场馆建设及运营水平。全省体育产业资源交易、信息平台启动,实行"政府监管、市场化运作"模式。

9月22日,电影《女娃要摔跤》在太原开机。影片讲述的是"跤乡"少女月儿,从小酷爱摔跤,不断向世俗和封建传统观念发起挑战,冲破一个又一个阻碍她摔跤的困难,终于夺得全国"挠羊赛"冠军,为"跤乡"万千妇女在跤场摔跤争得一席合法地位。

(王宏德)

【全国第二届青年运动会筹备】 2017年,山西省体育局成立全国第二届青年运动会筹委会和各市执委会,建立由省筹委会统一领导、各赛区执委会分别负责的组织领导体系和各单项竞赛委员会组织比赛的管理运行机制。制定《二青会筹委会议事规则》系列规章制度,制发筹委会各类文件60余件,制作二青会筹委会各部门三年重点工作流程图。组建山西省二青会参赛队伍,选拔人才,提高竞争实力,各项目参赛队伍组建基本完成。场馆建设全面展开,印发《全国综合性运动会技术指南》,配合国家体育总局专家和技术官员实地考察和技术认定,制定比赛场馆标准,提出比赛场馆维修改造意见和经费补贴安排意见。青运村主体工程建设接近尾声,山西射击射箭训练基地、太原体育训练中心等重点工程按计划施工,阳泉、临汾、长治新建改建场馆均立项。完成二青会会徽、会歌、吉祥物、主题口号、宣传画等征集、初评、复评。财务工作保障有力,制定《二青会财务管理办法》。定期向社会通报二青会筹备情况,开展"喜迎二青会,当好东道主"主题宣传活动。

(王宏德)

【山西体育十大新闻】 2017年2月，阳泉市体育运动学校、太原市第二少体校入选国家重点高水平体育后备人才基地(2017-2020)，大同市体育运动学校、太原市体育运动学校、山西体育职业学院、长治市体育运动学校、太原市业余游泳运动学校、阳高县少年儿童业余体育学校、潞城市业余少体校等7所学校入选国家高水平体育后备人才基地(2017-2020)。

省足球协会第六届会员代表大会3月25日在太原召开。新一届省足协实现脱钩改革，独立运行。

《“健康山西2030”规划纲要》等一系列新政策出台。4月7日，山西省委、省政府印发《“健康山西2030”规划纲要》，提出提高全民身体素质，完善全民健身公共服务体系，开展全民健身运动，加强体医融合，促进重点人群体育活动，到2030年实现市、县全民健身活动中心覆盖率100%，城市街道、社区、乡（镇）室外健身设施覆盖率100%，基本实现全民健身“6565四级工程”建设全覆盖。8月21日，山西省人民政府办公厅发布《关于加快发展健身休闲产业的实施意见》，鼓励各地培育发展品牌赛事活动，重点发展山地户外、航空运动、冰雪、汽摩等在山西省发展优势明显、潜力巨大的项目，打造集体育健身、旅游体验、户外运动为一体的产业链。9月30日，山西省人民政府办公厅印发《关于扶持职业体育发展的意见》，提出以职业体育、专业体育融合发展为路径，支持职业体育健康发展，合理利用公共资源推动职业体育基础设施建设，鼓励俱乐部运动员参加省运会、全运会、青运会、亚运会、奥运会，政府购买服务，最大限度满足人民群众对体育的不断需求。

山西登山运动员石磊登上地球之巅珠穆朗玛峰。5月22日凌晨3时20分，山西登山运动员石磊冲顶珠穆朗玛峰成功，成为第一位登顶珠峰的山西籍人士。

竞技体育层面，乐彩悦夺得女子4公里团体追逐赛、女子20公里计时赛两枚全运会金牌，成为天津全运会上荣获金牌最多的山西运动员；群众体育层面，全年共举办10余次规模较大、水平较高的群众性自行车赛事，其中影响较大的有4月举行的“介休绵山寒食节自行车公开赛”、7月举行的“环中国公路自行车赛昔阳赛段比赛”、8月举行的“环云竹湖山地自行车赛”、9月举行的“宁武自行车爬坡王挑战赛”、10月举行的“2017临汾百里汾河骑行自行车公开赛”等赛事。

8月27日至9月8日，第十三届全运会在天津举行，山西350名体育健儿挑战竞技体育25个大项163个小项，共取得竞技体育9枚金牌、13枚银牌、13枚铜牌和75个录取名次。群众体育项目比赛中，139名群众体育高手在18个项目上获得1枚银牌、1枚铜牌和11个录取名次。山西代表团荣获全运会组委会颁发的体育道德风尚奖。

太原、长治、大同举办马拉松赛。9月10日，以“唐风晋韵，激情太马”为主题的中国马拉松金牌赛事、太原国际马拉松赛开跑，该赛事2017年晋级为国际田联标牌赛事。来自全球7个国家的26名特邀运动员和国内10余个省市的3万名跑友参加比赛。举办7月23日长治振东国际马拉松赛和9月24日大同国际半程马拉松赛。

在10月25日合肥第四届学生职业技能大赛和11月26日苏州全国高等体育职业院校教师技能大赛中，山西体育职业学院选派35名学生和6名教师参赛，共获得3个团体一等奖、3个个人一等奖。

11月3日，“山西体育名人堂”正式开展，展区分为“新中国体育开拓者”“奥运板块”“亚运板块”“全运板块”“荣誉墙”五个部分。山西省体育局局长苏亚君向体育博物馆捐赠珍藏多年的北京奥运会火炬，著名运动员梁磊捐赠个人20年专业摔跤生涯中获得的全部37枚奖牌。

山西体育彩票销售量创新高。2017年，山西体育彩票全年销量突破30亿元，比上年增长49.98%，筹备7亿余元公益金。（王宏德）

2017年8月27日，在全运会开幕式上，山西代表团步入会场（王宏德供图）

【山西足球改革联席会议】 2017年2月16日，山西省足球改革发展部门联席会议第一次全体会议在太原召开。副省长张复明出席会议，省委宣传部、省发改委、省教育厅、省财政厅、省体育局等16个省直单位和省足协有关负责人参加会议。张复明指出，推进省足协改革，尽快理顺省体育局与省足球协会、球类运动管理中心和职业足球俱乐部的关系，探索和社会、学校、职业俱乐部联合办队方式，尽快将省专业足球队建起来，省发改委尽快制定好足球发展总体规划和场地设施建设规划；省教育厅要大力推进校园足球发展；省财政厅要确定政府购买足球服务的清单目录、购买方式、程序和监管规定，统筹安排预算资金，畅通资金渠道；省住建厅要做好城乡足球场地配套规划，完善足球场地建设标准等。（王宏德）

【体育竞赛名录新闻发布会】 2017年3月15日，山西省体育竞赛名录新闻发布会在太原召开，通报2017年山西省群众体育、竞技体育、青少年体育竞赛情况。全年山西主办、承办3大类137项体育赛事。其中，国际、全国竞赛部分28项。国际性赛事（花样游泳世界杯赛）1项；全国性赛事27项，包括竞体项目7项，群体项目20项。省级竞技、青少年体育竞赛部分53项。其中，与等级运动员审批挂钩的赛事335项，其他青少年赛事17项，少儿分龄赛2项。省级群众、社会体育竞赛部分56项。（王宏德）

【《健康山西2030规划纲要》】 2017年4月7日，山西省人民政府新闻办举行新闻发布会，省卫生计生委、省发改委、省教育厅、省人社厅、省体育局5部门有关负责人就《“健康山西2030”规划纲要》总体战略、主要措施以及未来的发展重点进行政策解读。《“健康山西2030”规划纲要》共计八篇三十章，其中普及健康生活、优化健康服务、完善健康保障、建设健康环境、发展健康产业、健全支撑与保障六个篇章中有二十四项要求。《纲要》明确指出“共建共享、全民健康”是建设健康山西的战略主题。

（王宏德）

【《关于扶持职业体育发展的意见》出台】 2017年9月30日，山西省人民政府办公厅印发《关于扶持职业体育发展的意见》。《意见》提出，从山西实际出发，以职业体育、专业体育融合发展为路径，支持职业体育健康发展，最大限度满足人民群众对体育的不断需求，总体目标兼顾运动成绩、精神文明建设、经济效益。（王宏德）

群众体育

【全民健身】 2017年1月1日，“中国体育彩票”2017全国新年登高健身大会山西主会场活动暨“不忘初心，走向明天”徒步迎新年活动在中北大学举行。省人大常委会副主任周然与省城3500余名群众登高望远、健身悦心。同日，“强健体魄 阳光生活 共享青运”省城群众迎新年冬泳入水仪式在太原举行，省政协副主席、省卫计委主任卫小春出席。

3月29日，全省群众体育工作会议在太原召开。会议按照全省体育局长会议部署，总结经验、认真学习，创新思维、改进作风，凝心聚力、共谋发展，为全面贯彻落实《全民健身计划（2016–2020年）》和《山西省全民健身实施计划（2016–2020年）》，不断完善公共体育服务体系，强化公共体育服务能力，建设“健康山西”做出新贡献。

7月8日，2017全民健身万里行——太原站城市主题活动开跑，奥运会赛艇冠军张杨杨和赛艇世青赛冠军徐蕊等2500人参跑。

8月6日，山西“全民健身日”活动启动仪式——全国棋牌项目万人同赛暨山西省草根足球友谊赛在太原举行。600余名棋牌手对弈围棋、象棋、国际象棋、国际跳棋、斗牌竞技。

（王宏德）

【五老峰登山节】 2017年4月23日，全国群众登山健身大会山西永济站暨第17届五老峰登山节开幕。活动以“强健体魄·阳光生活·共享青运”为主题，由中国登山协会、山西省体育局、运城市人民政府主办，来自北京、河北、甘肃、河南、陕西、吉林等省市及山西省1500余人参加。登山节首次采用政府购买公共服务方式，引入专业赛事策划公司合作办赛，设登山竞速组和全民健身体验组两个组别，实行专业选手和业余选手分组竞技。（王宏德）

【北京国际山地徒步大会阳城站开启】 2017年5月21日，第八届北京国际山地徒步大会晋城·阳城站暨智和农庄杯第二届中国阳城国际徒步大会举行。大会主题为“悠然阳城，有凤来仪”，设田园城市徒步线路、环城绿道徒步线路两条主线路。52个国家和周边省市及当地徒步爱好者1万余人参加。（王宏德）

【太行红山自行车骑游文化节】 2017年9月26日，第五届太行红山自行车骑游文化节开幕。活动主题是“骑游红山 感知太行 山西黎城”“观骑游赛事 赏太行红叶”“发展全域旅游 建设大美黎城”，为期1月，活动包括环城骑游、聚焦黎城采风、环浊漳河山地自行车越野挑战、徒步登四方山挑战赛、文化旅游会等。（王宏德）

【百里汾河骑行公开赛】 2017年10月22日，以“骑行百里汾河，穿越华夏文明”为主题的自行车公开赛在临汾开赛。北京、天津、河北、湖北、安徽、河南、山东、黑龙江、四川、重庆、浙江、福建、江西、甘肃、辽宁、陕西、山西等地342人寻“中华根”，探“黄河魂”，享“骑行乐”。（王宏德）

【“追梦女孩足球节”山西站开启】 2017年11月16日，国际足联Live Your Goals（追梦）女孩足球节山西站活动在太原举行，20所全国青少年足球特色学校600余名小学女足小队员体验手拉手传球接力赛、协调性控球、五人制足球比赛、射门接力赛、趣味颠球赛、亲子足球赛。（王宏德）

【“未来之星”阳光体育大会】 2017年7月19日，全国青少年“未来之星”阳光体育大会山西分会场系列活动在太原启动，全省10市10支代表队400余人参加。大会以“阳光少年、健康中国”为主题，设体育比赛、运动乐园、青少年体育科技活动、奥林匹克文化交流活动等版块。

（王宏德）

竞技体育

【太原马拉松赛晋级国际“铜标”】 2017年2月2日,太原国际马拉松赛获国际田联认可,获国际田联铜标赛事称号。这标志着太原国际马拉松赛首次走进国际田联路跑赛事的视野,成为其全年标牌赛事日历中的一员。太原国际马拉松赛2010年创办,累计近20个国家和地区的10余万人次参赛,2013年至2015年连续三年被评为“中国马拉松金牌赛事”。

(王宏德)

【山西业余足球赛事启动】 2017年3月25日,山西省业余足球赛事在太原启动。赛事覆盖全省、贯穿全年,11市158支球队参赛。同年新一届山西省足球协会点燃“三把绿茵烽火”:山西省足协杯、山西省足球超级、山西省足球甲级联赛。 (王宏德)

【全国田径大奖赛太原站开赛】 2017年5月9日,全国田径大奖赛系列赛太原站开赛,来自全国各省、市、解放军、行业体协等36支代表队1080运动员在为期3天的比赛中参加42个项目的角逐。比赛由国家体育总局田径运动管理中心主办,山西省体育局承办,山西省田径运动管理中心、山西省田径协会协办,设男子项目21项、女子项目21项。

(王宏德)

2017年9月10日,太原国际马拉松赛开跑 (王宏德供图)

【全运会柔力球预赛】 2017年5月14日至15日,第十三届全运会群众比赛项目柔力球预赛在晋中举行。比赛分花式项目和网式项目两大类。全国各省、自治区、直辖市28支代表队490名运动员参赛。陕西、山西、四川、云南、浙江摘得集体项目一等奖。 (王宏德)

2017年9月12日,环中国国际公路自行车赛晋中赛段在昔阳县举行

(王宏德供图)

【龙舟公开赛】 2017年5月26日,由山西省文明办、长治市委宣传部主办,山西省文联、山西省社会体育管理中心等承办的“我们的节日 端午”沁县第九届民俗文化节暨山西省第五届龙舟公开赛启动。该次活动以“水城旅游,连接未来”为主题,以挖掘沁县优秀传统文化元素,促进旅游经济发展为总目标,推动经济社会转型升级。 (王宏德)

【雁门关国际骑游大会】 2017年7月8日,2017中国·代县·雁门关国际骑游大会在山西代县举行,来自全球20多个国家和地区的1000余人逐鹿雁门关。骑游大会以“骑游中华第一关,逐鹿千年古驿道”为主题,地点在代州古城和雁门关,包括全民健身自行车赛、代州古城环绕赛、雁门关国际自行车挑战赛、风筝表演赛、骑游比赛摄影展、传统摔跤挠羊赛等10余项内容。 (王宏德)

【太原马拉松】 2017年9月10日,以“唐风晋韵 激情太马”为主题的太原国际马拉松赛开跑,全球7个国家的26名特邀运动员和来自国内10余个省市的3万名跑友参赛。山西省委常委、太原市委书记罗清宇,山西省副省长张复明等鸣枪发令。埃塞俄

比亚选手阿兹美拉·贝克勒·莫拉力恩以 2:12:49、肯尼亚选手安德鲁·本·金姆泰以 2:12:53、肯尼亚选手埃文斯·奇普奇伊奇伊·萨安部以 2:13:03 分别获得全程马拉松男子组前三名，肯尼亚选手奇姆泰·瑞欧诺图科伊以 2:29:36(打破赛会纪录)、埃塞俄比亚选手加博·提格斯特以 2:30:11、埃塞俄比亚选手阿耶路·阿贝贝·荷杜法以 2:34:51 分别获全程马拉松女子组前三名。（王宏德）

【"环中国"自行车晋中赛段】 2017 年 9 月 12 日，2017 环中国国际公路自行车赛晋中赛段在昔阳举行，这是"环中国"赛事首次进入山西。晋中赛段以"红色太行 户外天堂 家国晋中"为主题，从昔阳大寨出发，穿过和顺、左权两县，在榆社云竹湖畔冲刺、颁奖，全程赛段约 200 千米。五大洲、30 余个国家的 132 名职业选手组成的 22 支顶级车队参赛。（王宏德）

【山西代表团参加全运会】 2017 年 8 月 27 日，中国第十三届运动会在天津奥林匹克中心体育场启幕。山西派出以副省长张复明为团长的体育代表团。全运会共设 33 个竞技项目(含 417 个小项)、19 个群众项目（含 126 个小项)，总计 543 个小项。山西 350 名体育健儿分别挑战 25 个大项 163 个小项，139 名群众体育高手在全运赛场上奋力争先。

9 月 9 日，第十三届全运会山西代表团从天津载誉凯旋。该届全运会，山西代表团在竞技体育项目上共取得 9 枚金牌、13 枚银牌、13 枚铜牌和 75 个录取名次。（王宏德）

体育产业

【山西体育产业统计公告发布】 2017 年 4 月 22 日，2015 年度山西体育产业统计公告发布，2015 年山西体育产业总产出(总规模)为 134.59 亿元，增加值为 58.52 亿元，占同期全省国民生产总值的比重为 0.46%。以 2010 年为基期，2010 年至 2015 年全省体育产业增加值年均增速 22.70%；以 2012 年为基期，2012 年至 2015 年增加值年均增速 19.70%。全省体育产业增加值年均增速为 22.70%，超过同期 GDP 增速，体育产业增加值占 GDP 的比重由 2011 年的 0.24%增加到 2015 年的 0.46%。（王宏德）

【澳瑞特跻身体育产业"国家队"】 2017 年 2 月，国家体育总局正式认定 22 家企业为"国家体育产业示范单位"，澳瑞特健康产业股份有限公司成为山西省唯一一家获国家体育产业示范单位的民营企业。（王宏德）

【体育产业资源交易信息平台】 2017 年 11 月 26 日，由山西省体育产业管理中心与山西省产权交易中心合作建设并运营的山西省体育产业资源交易、信息平台在太原启动。该平台致力于搭建金融资本与体育、旅游、文化产业的桥梁，为体育产业实体经济以及体育与旅游、文化产业融合发展提供专业化金融服务。（王宏德）

体育设施

【吕梁生命健身中心】 2017 年 9 月 30 日，山西省吕梁市文化扶贫惠民工程启动，吕梁市文化局、离石区文化局携手两家公司推出"文化惠民 一元健身"活动。吕梁生命健身中心对外开放，健身市民每天消费一元钱就可以使用健身中心的所有器材、享受配套服务。（王宏德）

【体育场馆建设与开放】 山西射击射箭训练基地建设完成工程投资 2.289 亿元，山西国际体育交流中心于 2017 年 12 月 1 日开工。省级及部分市县体育场馆节假日免费、低收费开放。（王宏德）

【通用航空资源整合】 2017 年，山西省推进太原、大同、长治三所航校整合，将组建山西通用航空职业技术学院列入《山西省"十三五"高校设置规划》并上报教育部待批，大同航校新机场建设成投资 3.47 亿元，占总投资的 60%。（王宏德）

【新型综合体育设施】 2017 年，山西省推进打造山西省体育博物馆、省全民健身中心、省五龙沟基地"三大片区"新型综合体育设施，提出改造升级总体规划。（王宏德）

【体育事业基础设施建设】 2017 年，山西省体育局组织申报 2017 年中央集中体育彩票公益金扶持地方体育事业项目，获批 23 个乡镇农民健身工程、3 个运动休闲特色小镇、2 个社区健身中心、1 个公园配建体育设施、1 个健身步道项目，推进"百县万村示范村"项目实施，更新部分行政村体育器材。（王宏德）

第十三届全运会山西代表团成绩

（一）竞技体育

项　目	小　项	成　绩	名次	运动员
蹦床	男子网上个人	61.05 分	1	涂　潇
空手道	男子个人型		1	母世科
射击	男子 50 米手枪	561/227.9 环	1	王智伟
射击	女子 10 米气步枪	421.0/250.9 环	1	赵若竹
射箭	女子个人淘汰赛		1	方玉婷
摔跤	女子 58 公斤级		1	裴星茹
田径	男子撑竿跳高	5.00 米	1	陈　阳
自行车	女子公路个人计时赛		1	乐彩悦
自行车	女子 4 公里团体追逐赛		1	乐彩悦　缪敏莉(王素素　罗晓玲)
蹦床	男子网上个人	60.985 分	2	董　栋
蹦床	男子团体	212.675 分	2	董　栋　涂　潇　符　冰　穆　童 张　雒　金仁泽
击剑	女子重剑个人		2	郝佳露
举重	女子 75 公斤级	254 公斤	2	张　倩
射击	男子 10 米气手枪	589/240.1 环	2	王智伟
射击	女子 10 米气步枪团体	1252.9 环	2	裴蕊娇　赵若竹　苗婉茹
射箭	男子个人淘汰赛		2	任沿舟
射箭	女子个人淘汰赛		2	吕　娜
摔跤	男子自由式 125 公斤级		2	胡展翔
田径	女子 4×100 米接力	45.87	2	蒋义帆　杜　淼
跳水	男子双人三米跳板	430.20 分	2	张星浩　栗泽万
艺体	女子个人全能		2	赵雅婷
游泳	女子 4×200 米自由泳接力(跨省组合)	07:56.77	2	曹　玥
空手道	男子个人组手–75 公斤级		3	寇　赢
空手道	女子个人组手–61 公斤级		3	邱　桐
皮划艇	女子 500 米双人划艇		3	张雅珏
拳击	男子 91 公斤级		3	郭　晋
拳击	男子 49 公斤级		3	黄　鑫
柔道	男子+100 公斤级		3	原绍童
摔跤	男子 74 公斤级		3	边　凯
摔跤	男子 125 公斤级		3	梁　磊
田径	女子 4×100 米接力	44.54	3	杨红光
游泳	少年组女子 13–14 岁组自由泳全能	3500 分	3	庞欣怡
自行车	男子山地越野赛		3	王亚东
自行车	女子场地麦迪逊		3	白　月　刘铖烨

(二)群众体育

项 目	小 项	成 绩	名次	运动员
羽毛球	A 组男子单打		2	谢泽伟
国际跳棋	64 格混合团体		3	汪 洋 王建斌 张志慧

2017 年山西省运动员参加世界比赛录取名次

比 赛 名 称	姓 名	性别	项 目	成绩	名次	时间	地点
蹦床世界杯分站赛	董 栋	男	网上个人		1	10.9	葡萄牙
蹦床世界锦标赛	董 栋	男	网上团体	181.92 分	1	11.10	保加利亚
世界运动大会	张 雒	男	蹦床单跳个人		1		
静水皮划艇亚洲锦标赛 U23	马亚男	女	500 米单人划艇		1	10.18	上海
皮划艇世界青年锦标赛	马亚男	女	500 米单人划艇		1	7.29	罗马尼亚
静水皮划艇世界杯	马亚男	女	500 米单人划艇		1	6.9	匈牙利
亚洲乒乓球锦标赛	武 杨	女	女子团体		1	4.9–16	无锡
第十届亚洲气枪锦标赛	陈 妍	女	10 米气手枪（青年组）	377/240.1 环	1	12.11	日本
第十届亚洲气枪锦标赛	赵若竹	女	10 米气步枪团体	1249.2 环	1	12.11	日本
第一届世界青年射击锦标赛	陈 妍	女	25 米手枪团体	1734 环	1	6.24	德国舒尔
第五届亚洲室内与武道运动会	裴星茹	女	摔跤 58 公斤级		1	9.17–27	阿什巴哈德
布达佩斯世界游泳锦标赛	李 政 王 涵	男 女	混合双人三米板	323.7 分	1	7.22	匈牙利
国际泳联跳水系列赛	李 政 王 涵	男 女	混合双人三米板	321.1 分	1	3.4	北京
国际泳联跳水系列赛	李 政 王 涵	男 女	混合双人三米板	333 分	1	3.14	广州
国际泳联跳水系列赛	李 政 王 涵	男 女	混合双人三米板	322.5 分	1	4.3	俄罗斯喀山
国际泳联跳水系列赛	李 政 王 涵	男 女	混合双人三米板	335.1 分	1	4.24	加拿大温莎
蹦床世界锦标赛	张 雒	男	单跳团体	111.3 分	2	11.10	保加利亚
静水皮划艇世界杯	马亚男	女	200 米单人划艇		2	6.9	匈牙利
第十届亚洲气枪锦标赛	赵若竹	女	10 米气步枪	420.2/250.2 环	2	12.11	日本
蹦床世界杯分站赛	董 栋	男	网上个人		3	10.8	西班牙
蹦床世界锦标赛	董 栋	男	网上个人	61.54 分	3	11.10	保加利亚
第一届世界青年射击锦标赛	陈 妍	女	25 米手枪	580 环/29 中	3	6.24	德国舒尔

2017年山西省运动员参加全国锦标赛冠军赛录取名次

比赛名称	姓名	性别	项目	成绩	名次	时间	地点
全国蹦床锦标赛暨第十三届全运会蹦床预赛	董栋 涂潇 符冰 穆童 张雒 金仁泽	男	团体	212.715分	1	5.13—15	衡阳
全国蹦床锦标赛暨第十三届全运会蹦床预赛	张雒	男	单跳个人	72分	1	5.13—15	衡阳
全国蹦床冠军赛	董栋	男	网上个人	61.425分	1	7.7	太原
全国蹦床冠军赛	董栋 涂潇	男	双人同步	52.1分	1	7.7	太原
全国击剑锦标赛暨十三运预赛第四站	郝佳露 刘娜娜 田雪 崔怡青	女	重剑团体		1	6.28—7.5	宁德
全国空手道冠军赛	母世科	男	个人型		1	11.8—10	台州
全国空手道冠军赛	瓮宁宁	男	个人组手–63公斤级		1	11.8—10	台州
全国空手道锦标赛	瓮宁宁	男	个人组手–63公斤级		1	5.9—15	保定
全国空手道精英赛	黄永才	男	个人组手–75公斤级		1	1212—17	葫芦岛
全国空手道精英赛	母世科	男	男子个人型		1	1212—17	葫芦岛
全国空手道精英赛	瓮宁宁	男	个人组手–67公斤级		1	1212—17	葫芦岛
全国空手道精英赛	袁怀斌 南高飞 刘永升	男	男子团体型		1	1212—17	葫芦岛
全国空手道冠军赛	张晓玲	女	个人组手–68公斤级		1	11.8—10	台州
全国空手道精英赛	邱桐	女	个人组手–61公斤级		1	1212—17	葫芦岛
全国空手道精英赛	张玉婷	女	个人组手–55公斤级		1	1212—17	葫芦岛
全国皮划艇锦标赛	马亚男	女	1000米单人划艇		1	5.20—21	上海
全国柔道大师奖杯赛	原绍童	男	+100公斤级		1	1125—28	佛山
全国青年柔道锦标赛	吴红桃	女	–78公斤级		1	5.24—28	兴城
全国沙滩排球冠军赛总决赛	陈春霞 魏兆辰	女			1	6.11	曲靖
全国射击冠军赛	王智伟	男	50米手枪	567/233.9环	1	4.22	莆田

续表

比赛名称	姓名	性别	项目	成绩	名次	时间	地点
全国射击个人团体锦标赛暨全运会热身赛	王智伟	男	50 米手枪	564/232.4 环	1	7.2	天津
全国射击个人团体锦标赛暨全运会热身赛	王智伟 刘 毅 刘锦尧	男	10 米气手枪团体	1742 环	1	7.2	天津
步枪大奖赛	裴蕊娇	女	10 米气步枪	126.2 环	1	9.27	南昌
手枪大奖赛	陈 妍	女	10 米气步枪	121.9 环	1	9.27	南昌
第十三届全运会古典式摔跤资格赛暨全国锦标赛	闫鹏飞	男	66 公斤级		1	4.14–17	陕西
全国男子古典式摔跤冠军赛	钱海涛		80 公斤级		1	11.7–10	海南
中国跆拳道公开赛	肖树楠	女	67 公斤级		1	11 月	西安
第三十一届西南体操大联盟协作区比赛	向旭东	男	鞍马		1	3.22–26	西安
2017 衡水湖国际马拉松赛暨全国马拉松锦标赛	刘 强	男	马拉松	2:29.13	1	9.30	衡水
全国冠军赛暨大奖赛总决赛	杨红光	女	4×100 米接力	45.04	1	6.25–27	贵阳
全国田径大奖赛(3)	杨红光	女	4×100 米接力	45.01	1	5.7–11	太原
全国武术套路冠军赛	崔碧晖	男	太极拳	1	1	10.17–20	保定
全国武术套路冠军赛	崔碧晖	男	太极剑	1	1	10.17–20	保定
全国武术套路冠军赛（传统项目赛区）	崔碧晖	男	42 式太极剑	1	1	9.19–22	重庆
全国武术套路冠军赛（传统项目赛区）	高晓彬	男	华拳	1	1	9.19–22	重庆
全国武术套路冠军赛（传统项目赛区）	李国朋	男	翻子拳	1	1	9.19–22	重庆
全国武术套路冠军赛（传统项目赛区）	姚 洋	女	华拳	1	1	9.19–22	重庆
全国游泳锦标赛	杨 畅	女	200 混合泳	02:13	1	10.20–24	黄山
全国游泳锦标赛	杨 畅	女	400 混合泳	04:45	1	10.20–24	黄山
全国 BMX 自行车冠军赛第三站	赵志阳	男	越野赛	36.681	1	5.06	太原
全国 BMX 自行车冠军赛总决赛	赵志阳	男	越野赛	34.790	1	6.16	营山
全国场地自行车冠军赛总决赛	王一博	男	凯林赛		1	5.19	老山
全国场地自行车冠军赛总决赛	王一博 联合队	男	竞速赛	45.474	1	5.16	老山

续表

比赛名称	姓名	性别	项目	成绩	名次	时间	地点
全国蹦床锦标赛暨第十三届全运会蹦床预赛	董　栋	男	网上个人	60.055 分	2	5.13—15	衡阳
全国蹦床冠军赛	涂　潇	男	网上个人	61.39 分	2	7.7	太原
全国蹦床冠军赛	王　振 李佳杰 李成想	男	单跳团体	67 分	2	7.7	太原
全国蹦床冠军赛	方璐鹭 夏琳娜	女	单跳团体	63.1 分	2	7.7	太原
全国空手道冠军赛	管叙栋	男	个人组手—57 公斤级		2	11.8—10	台州
全国空手道锦标赛	高璇仪 瓮宁宁 寇　赢 管叙栋 黄永才 许凯鹏 刘秉法	男	团体组手		2	5.9—15	保定
全国空手道锦标赛	许凯鹏	男	个人组手—84 公斤级		2	5.9—15	保定
全国空手道精英赛	陈　虎	男	个人组手—67 公斤级		2	12—1217	葫芦岛
全国空手道锦标赛	张晨阳	女	个人组手—68 公斤级		2	5.9—15	保定
全国空手道精英赛	陈思思	女	个人型		2	12—1217	葫芦岛
全国皮划艇锦标赛	马亚男	女	500 米单人划艇		2	5.20—21	上海
全国皮划艇静水冠军赛(春季)	马亚男	女	500 米单人划艇		2	3.31	上海
全国春季皮划艇冠军赛	王澳蓉 石舒艺	女	500 米双人划艇	02;27.090	2	3.29	上海
全国青年柔道锦标赛	呼格如很	男	—100 公斤级		2	5.24—28	兴城
全国柔道锦标赛	张　雯	女	—63 公斤级		2	4.16—22	怀化
全国青年柔道锦标赛	王　钰	女	—52 公斤级		2	5.24—28	兴城
全国沙滩排球巡回赛总决赛	陈春霞 魏兆辰	女			2	12.3	海口
全国射击个人团体锦标赛暨全运会热身赛	刘锦尧	男	10 米气手枪	581/243.1 环	2	7.2	天津
全国射击冠军赛	裴蕊娇	女	10 米气步枪	419.5/251.2 环	2	4.27	云南
全国室外射箭锦标赛	杜安琪	女	个人淘汰赛		2	11.5	长兴

续表

比赛名称	姓 名	性别	项 目	成绩	名次	时间	地点
十三运射箭资格赛	刘慧敏	女	个人射箭淘汰赛		2	4.26	长兴
第一届全国手球、水球联合锦标赛	山西队	男	男子组		2	9.25–27	沈阳
第十三届全运会古典式摔跤资格赛暨全国锦标赛	张天翔	男	85 公斤级		2	4.14–17	陕西
第十三届全运会男子自由式摔跤资格赛暨全国锦标赛	胡展翔	男	125 公斤级		2	3.29–4.1	内蒙
全国男子自由式摔跤冠军赛	胡展翔	男	125 公斤级		2	10.28–31	山东
全国跆拳道锦标赛	吴 桐	女	53 公斤级		2	2017.3	莱芜
全国跆拳道精英赛	邢佳妮	女	67 公斤级		2	12 月	苏州
全国竞走大奖赛(2)	温永杰	男	竞走青年组 30 公里	02:24	2	4.15–16	太仓
全国田径大奖赛(3)	孙世辰	男	铁饼	53.69 米	2	5.7–11	太原
全国田径大奖赛(3)	李菁华	女	七项全能	5207 分	2	5.7–11	太原
全国田径锦标赛暨全运会预选赛	杨红光	女	4×100 米接力	44.67	2	5.16–19	济南
全国武术套路冠军赛（传统项目赛区）	崔碧晖	男	42 式太极拳	2	2	9.19–22	重庆
全国武术套路冠军赛（传统项目赛区）	李 博	男	南刀	2	2	9.19–22	重庆
全国武术套路冠军赛	姚 洋	女	枪术	2	2	10.17–20	保定
全国武术套路冠军赛（传统项目赛区）	曹 磊	女	形意拳	2	2	9.19–22	重庆
全国艺术体操冠军赛暨全运会预赛	赵雅婷	女	个人带操		2	5.17–19	遂宁
全国艺术体操冠军赛暨全运会预赛	赵雅婷	女	个人棒操		2	5.17–19	遂宁
全国艺术体操冠军赛暨全运会预赛	赵雅婷	女	个人圈操		2	5.17–19	遂宁
全国艺术体操锦标赛	张豆豆 赵雅婷 杨 柳	女	成年个人团体		2	4.13–22	深圳
全国艺术体操锦标赛	赵雅婷	女	个人全能		2	4.13–22	深圳
全国艺术体操锦标赛	赵雅婷	女	个人带操		2	4.13–22	深圳
全国 BMX 自行车冠军赛第四站	赵志阳 郜文彬 韦江斌	男	团体赛		2	5.08	太原

续表

比赛名称	姓名	性别	项目	成绩	名次	时间	地点
全国BMX自行车冠军赛总决赛	赵志阳 郜文彬 韦江斌	男	团体赛		2	6.16	营山
全国公路自行车冠军赛总决赛	杨琦峰	男	个人计时赛	53:53.261	2	6.9	商洛
全国山地自行车冠军赛第三站	王亚东	男	越野赛	1:30.41	2	3.11	南丹
全国BMX自行车冠军赛第四站	马　越 崔杨俊 崔珍珍	女	团体赛		2	5.08	太原
全国BMX自行车冠军赛第一站	马　越 崔杨俊 崔珍珍	女	团体赛		2	4.21	长兴
全国场地自行车冠军赛总决赛	乐彩悦 缪敏莉 联合队	女	团体追逐赛	4:29.940	2	5.16	老山
全国公路自行车冠军赛总决赛	刘　羽 王淑红 朱　静	女	团体赛		2	6.09	商洛
全国蹦床系列赛	符　冰	男	网上个人	58.825分	3	4.8	高密
全国蹦床冠军赛	李佳杰	男	单跳个人	68.1分	3	7.7	太原
全国蹦床冠军赛	廉时栋 王鹏军	男	双人同步	49.4分	3	7.7	太原
全国蹦床锦标赛暨第十三届全运会蹦床预赛	胡译乘 贾宇洁 梁曦文 段豪媚 夏琳娜 方璐鹭	女	团体	194.005分	3	5.13–15	衡阳
全国蹦床锦标赛暨第十三届全运会蹦床预赛	夏琳娜	女	单跳	62.3分	3	5.13–15	衡阳
全国蹦床冠军赛	胡译乘 贾宇洁 梁曦文 段豪媚	女	网上团体	160.79分	3	7.7	太原
全国蹦床冠军赛	夏琳娜	女	单跳个人	64.5分	3	7.7	太原
全国击剑锦标赛暨十三运预赛第四站	郝佳露	女	重剑个人		3	6.28–7.5	宁德
十三运击剑预赛第三站	郝佳露 刘娜娜 田　雪 崔怡青	女	重剑团体		3	5.23–26	静安

续表

比赛名称	姓名	性别	项目	成绩	名次	时间	地点
十三运击剑预赛第三站	田 雪	女	重剑个人		3	5.23–26	静安
全国空手道冠军赛	袁怀斌	男	个人型		3	11.8–10	台州
全国空手道冠军赛	袁怀斌 刘永升 南高飞	男	团体型		3	11.8–10	台州
全国空手道锦标赛	管叙栋	男	个人组手–57公斤级		3	5.9–15	保定
全国空手道锦标赛	袁怀斌 刘永升 南高飞	男	团体型		3	5.9–15	保定
全国空手道精英赛	黄永才 瓮宁宁 史炎华 魏 元 陈 虎	男	团体组手		3	1212–17	葫芦岛
全国空手道冠军赛	邱 桐	女	个人组手–64公斤级		3	11.8–10	台州
全国空手道冠军赛	张玉婷 王艺蓓 陈安娜 邱 桐 张晓玲 吴 静 刘 加	女	团体组手		3	11.8–10	台州
全国空手道锦标赛	王 荣	女	个人组手–50公斤级		3	5.9–15	保定
全国空手道锦标赛	张晓玲 张玉婷 邱 桐 陈安娜	女	团体组手		3	5.9–15	保定
全国空手道锦标赛	张玉婷	女	个人组手–55公斤级		3	5.9–15	保定
全国空手道精英赛	邱 桐 胡育华 张妙君 张玉婷 刘 加 张思璇	女	团体组手		3	1212–17	葫芦岛
全国空手道精英赛	王艺蓓	女	个人组手–61公斤级		3	1212–17	葫芦岛
全国春季皮划艇冠军赛	许显飞	男	200米单人划艇	00;42.490	3	3.29	上海
全国春季皮划艇冠军赛	马亚男	女	200米单人划艇		3	3.31	上海

续表

比赛名称	姓　名	性别	项　目	成绩	名次	时间	地点
全国春季皮划艇冠军赛	王澳蓉 石舒艺	女	1000米双人划艇	04;56.780	3	3.29	上海
全国青年柔道锦标赛	敖斯尔	男	–60公斤级		3	5.24–28	兴城
全国柔道大师奖杯赛	张　雯	女	–57公斤级		3	1125–28	佛山
全国沙滩排球运动队年度排名	陈春霞 魏兆辰	女			3		
全国射击个人团体锦标赛暨全运会热身赛	刘　毅	男	10米气手枪	580/217.8环	3	7.2	天津
全国射击总决赛	刘　毅	男	10米气手枪	574/218.9环	3	9.23	南昌
全国射击个人团体锦标赛暨全运会热身赛	赵若竹	女	10米气步枪	418.7/229.5环	3	7.2	天津
全国射击总决赛	陈　妍	女	10米气手枪	385/217.5环	3	9.21	南昌
全国冠军赛	于少卿 方玉婷 刘慧敏	女	团体第一70米轮赛	1968环	3	3.3	莆田
全国三跤总决赛	王成武	男	古典式75公斤级		3	1225–27	河北
第十三届全运会资格赛暨全国女子自由式摔跤锦标赛	裴星茹	女	58公斤级		3	4.6–4.9	广西
全国三跤总决赛	胡展翔	男	125公斤级		3	1225–27	河北
全国跆拳道冠军赛	唐　皓	男	80公斤级		3	2017.10	迁安
全国跆拳道冠军赛	张宇森	男	63公斤级		3	2017.10	迁安
全国跆拳道冠军赛	赵鑫博	男	87公斤级		3	2017.10	迁安
中国跆拳道公开赛	唐　皓	男	87公斤级		3	2017.11	西安
全国跆拳道精英赛	梁文俐	女	49公斤级		3	2017.12	苏州
全国田径大奖赛(3)	闫　鲁	男	3000米障碍	9:38.58	3	5.7–11	太原
全国田径大奖赛(3)	庾石锁	男	跳高	2.15米	3	5.7–11	太原
全国室内田径锦标赛(2)	陈夏蓉	女	铅球	16.04米	3	2.23–24	南京
全国室内田径锦标赛(2)	李菁华	女	五项全能	3892分	3	2.23–24	南京
全国田径大奖赛(1)	张　雨	女	跳高	1.80米	3	4.3–5	淮安
全国田径大奖赛(2)	张　雨	女	跳高	1.84米	3	4.9–11	郑州

续表

比赛名称	姓　名	性别	项　目	成绩	名次	时间	地点
全国武术散打冠军赛	陈　辉	男	48公斤级		3	11.13	扬州
全国武术套路冠军赛（传统项目赛区）	吕浩然	男	杨式太极拳	8.73	3	9.20	荣昌
全国武术套路冠军赛（传统项目赛区）	李　博	男	八极拳	3	3	9.19—22	重庆
全国武术套路冠军赛（传统项目赛区）	吕浩然	男	杨式太极拳	3	3	9.19—22	重庆
全国艺术体操冠军赛暨全运会预赛	张豆豆 赵雅婷 杨　柳	女	成年个人团体		3	5.17—19	遂宁
全国艺术体操冠军赛暨全运会预赛	赵雅婷	女	个人全能		3	5.17—19	遂宁
全国艺术体操冠军赛暨全运会预赛	赵雅婷	女	个人球操		3	5.17—19	遂宁
全国BMX自行车冠军赛第二站	郜文彬 王宝玉 赵志阳	男	团体赛		3	4.23	长兴
全国BMX自行车冠军赛第三站	郜文彬 王宝玉 赵志阳	男	团体赛		3	5.06	太原
全国BMX自行车冠军赛第四站	郜文彬	男	计时赛	37.598	3	5.08	太原
全国BMX自行车冠军赛第一站	赵志阳 郜文彬 韦江斌	男	团体赛		3	4.21	长兴
全国场地自行车锦标赛	曹　震	男	1公里计时赛	1:04.722	3	5.27	老山
全国场地自行车锦标赛	王一博 联合队	男	竞速赛		3	5.27	老山
全国公路自行车冠军赛第一站	陈宇健	男	个人计时赛	50:37.935	3	4.1	温州
全国BMX自行车冠军赛第三站	马　越 崔杨俊 崔珍珍	女	团体赛		3	5.6	太原

2017年山西省运动员参加全国青少年协作区比赛录取名次

比赛名称	姓名	性别	项目	成绩	名次	时间	地点
全国青少年蹦床锦标赛	高圆杰 李宇名	男	11、12单跳团体	58分	1	10.16	合肥
全国青少年蹦床锦标赛	张欣欣 王欣懿	女	13、14双人同步	46分	1	10.16	合肥
全国青少年蹦床锦标赛	张欣欣 王欣懿 王梓仪	女	13、14网上团体	106.6分	1	10.16	合肥
第五届华东区蹦床交流协作赛	周杰	男	网上个人	59.805分	1	4.8	高密
全国空手道锦标赛	陈晓东	男	青年个人组手+76公斤级		1	5.9—15	保定
全国空手道锦标赛	陈晓东 时国富 王熙睿 魏元 于文博 刘永升 宁诚博	男	青年团体组手		1	5.9—15	保定
全国空手道锦标赛	王熙睿	男	青年个人组手−76公斤级		1	5.9—15	保定
全国空手道锦标赛	陈佳怡	女	青年个人组手−44公斤级		1	5.9—15	保定
全国乒乓球锦标赛(U13组)	梁家怡	女	单打		1	7.2	天津
全国U17射击锦标赛	常馨冉	女	甲组10米气步枪冲刺射击	473.6秒	1	7.25	杭州
全国青少年射击锦标赛	徐静	男	10米气步枪冲刺射击	329秒	1	8.2	莆田
全国青少年射击锦标赛	刘秀	女	10米气步枪冲刺射击	416.1秒	1	8.2	莆田
全国射箭分站赛(华北赛区)	刘慧敏	女	个人70米双轮	673环	1		呼和浩特
全国射箭分站赛(华北赛区)	刘慧敏 吕娜 方玉婷	女	团体70米双轮	1997环	1		呼和浩特
全国射箭分站赛(华北赛区)	刘慧敏 吕娜 方玉婷	女	团体淘汰赛		1		呼和浩特
全国射箭分站赛(华东赛区)	刘慧敏	女	个人淘汰赛		1		井冈山
全国射箭分站赛(华东赛区)	吕娜	女	个人70米轮赛	666环	1		井冈山
全国射箭分站赛(华东赛区)	吕娜 刘慧敏 方玉婷	女	团体70米轮赛	1980环	1		井冈山

续表

比赛名称	姓 名	性别	项 目	成绩	名次	时间	地点
少年跆拳道锦标赛	朱雅祺	女	+63 公斤级		1	7 月	绥中
全国青年体操锦标赛	韦筱圆	女	乙组个人全能	45.751 分	1	6.13—20	渭南
全国青年体操锦标赛	韦筱圆	女	乙组自由体操	12.78 分	1	6.13—20	渭南
全国青少年艺术体操锦标赛	李宇凡 朱芝旗 刘 畅	女	少年 A 组个人团体		1	7.20—30	宜兴
全国青少年蹦床锦标赛	高圆杰	男	11、12 单跳个人	29.4 分	2	10.16	合肥
全国青少年蹦床锦标赛	王伟铎 刘柯言	男	13、14 单跳团体	54.8 分	2	10.16	合肥
全国青少年蹦床锦标赛	周子龙	男	15 网上个人	54.93 分	2	10.16	合肥
全国青少年蹦床锦标赛	郝丽赟 王子瑄	女	11.12 双人同步	9.44 分	2	10.16	合肥
全国青少年蹦床锦标赛	任姣姣	女	15 单跳个人	56.5 分	2	10.16	合肥
全国青少年蹦床锦标赛	王子瑄 郝丽赟 廉雨荞	女	11、12 网上团体	96.9 分	2	10.16	合肥
全国青少年蹦床锦标赛	张欣欣	女	13、14 网上个人	37.3 分	2	10.16	合肥
全国空手道锦标赛	陈思思	女	青年个人型		2	5.9—15	保定
全国空手道锦标赛	陈思思 肖嘉倩 苗少花	女	青年团体型		2	5.9—15	保定
全国空手道锦标赛	苗少花	女	青年个人组手−44 公斤级		2	5.9—15	保定
全国皮划艇激流回旋青少年锦标赛	陈嘉辉 聂 帅	男	双人划艇静水障碍赛	251.26	2	10.29	贵州下司
全国青年女子拳击锦标赛	王 妍	女	51 公斤级		2	6.4—9	九江
全国 U17 射击锦标赛	王金炜	男	甲组 10 米气手枪冲刺射击	360.09 秒	2	7.25	杭州
全国 U17 射击锦标赛	张 昊	男	甲组 10 米气步枪冲刺射击	443.23 秒	2	7.25	杭州
全国射箭分站赛(华北赛区)	吕 娜	女	个人 70 米双轮	670 环	2		呼和浩特
全国射箭分站赛(华北赛区)	吕 娜	女	个人淘汰赛		2		呼和浩特
全国射箭分站赛(华东赛区)	吕 娜	女	个人淘汰赛		2		井冈山
全国青年跆拳道锦标赛	周易航	女	+68 公斤级		2	8 月	成都

续表

比赛名称	姓名	性别	项目	成绩	名次	时间	地点
少年跆拳道锦标赛	陈旺洋	男	+73 公斤级		2	7月	绥中
少年跆拳道锦标赛	米家琪	女	63 公斤级		2	7月	绥中
跆拳道 U18–21 年龄组锦标赛	李保辉	男	80 公斤级		2	5月	葫芦岛
全国青年体操锦标赛	杨焱智 韦国政 郭梦胜 晏熙尧	男	甲组团体	204.52 分	2	6.13–20	渭南
全国青年体操锦标赛	韦筱圆	女	乙组平衡木	13.5 分	2	6.13–20	渭南
全国青年(U20 田径锦标赛)	孙振江	男	男子 110 栏	14.01	2	6.3–5	鄂尔多斯
全国青少年艺术体操锦标赛	李宇凡	女	少年 A 组单项徒手		2	7.20–30	宜兴
全国青少年艺术体操锦标赛	李宇凡	女	少年 A 组单项绳		2	7.20–30	宜兴
全国 BMX 自行车冠军赛第三站	霍震波	男	计时赛	43.616	2	5.06	太原
全国 BMX 自行车冠军赛第四站	霍震波	男	计时赛	43.269	2	5.08	太原
全国 BMX 自行车冠军赛总决赛	霍震波	男	计时赛	40.761	2	6.16	营山
全国 BMX 自行车冠军赛总决赛	霍震波	男	越野赛	41.382	2	6.16	营山
全国场地自行车冠军赛第二站	啜　兴	女	记分赛		2	3.20	长兴
第五届华东区蹦床交流协作赛	周　杰 刘昌鑫 廉时栋 王鹏军 李佳杰 王　振	男	团体	391.15 分	2	4.8	高密
全国青少年蹦床锦标赛	李姝熠	女	11.12 网上个人	27.9 分	3	10.16	合肥
第五届华东区蹦床交流协作赛	李佳杰	男	单跳个人	64.3 分	3	24.8	高密
全国空手道锦标赛	魏　元	男	青年个人组手–68 公斤级		3	5.9–15	保定
全国空手道锦标赛	于文博	男	青年个人组手–76 公斤级		3	5.9–15	保定
全国空手道锦标赛	陈安娜 王艺蓓 张思璇	女	青年团体型		3	5.9–15	保定
全国空手道锦标赛	刘　加	女	青年个人组手–48 公斤级		3	5.9–15	保定

续表

比赛名称	姓　名	性别	项　目	成绩	名次	时间	地点
全国空手道锦标赛	吴　静	女	青年个人组手+59公斤级		3	5.9—15	保定
全国空手道锦标赛	肖嘉倩	女	青年个人型		3	5.9—15	保定
皮划艇青年 u23.u18 锦标赛	季博文	男	500 米单人划艇	00;58.545	3	5.31	天津
全国青年男子拳击锦标赛	雷　宁	男	75 公斤级		3	6.27—7.2	宁海
全国青年男子拳击锦标赛	刘　金	男	52 公斤级		3	6.27—7.2	宁海
全国青年 u16 赛艇锦标赛	贾梦柯	女	1000 米双桨		3	8.15	泰顺
全国青少年射击锦标赛	王玉玺	女	10 米气手枪冲刺射击	393.3 秒	3	8.2	莆田
全国射箭分站赛(华北赛区)	常　亮 任沿舟 王浩宇	男	团体淘汰赛		3	8 月	呼和浩特
全国射箭分站赛(华北赛区)	刘慧敏 常　亮	女 男	反曲弓混合团体淘汰赛		3	8 月	呼和浩特
全国射箭分站赛(华北赛区)	刘慧敏	女	个人淘汰赛		3	8 月	呼和浩特
全国射箭分站赛(华东赛区)	刘慧敏	女	个人 70 米轮赛	657 环	3	5 月	井冈山
全国射箭重点体校锦标赛	吕韦栋	男	个人淘汰赛		3	5 月	云南马龙
少年跆拳道锦标赛	安书熠	女	59 公斤级		3	7 月	绥中
跆拳道 U18—21 年龄组锦标赛	李宇鹏	男	54 公斤级		3	5 月	葫芦岛
跆拳道 U18—21 年龄组锦标赛	赵鑫博	男	87 公斤级		3	5 月	葫芦岛
全国青年体操锦标赛	杜宇良 刘恒宇 黄琰贤明	男	乙组团体	191.768 分	3	6.13—20	渭南
全国青年体操锦标赛	黄琰贤明	男	乙组单杠	11.784 分	3	6.13—20	渭南
全国青年体操锦标赛	杨焱智	男	甲组个人全能	69.846 分	3	6.13—20	渭南
全国青年体操锦标赛	韦筱圆	女	跳马	12.465 分	3	6.13—20	渭南
全国少年体操总决赛	李　能	男	12 岁组自由体操	13.36 分	3	7.16—20	成都
全国少年(U18)田径锦标赛	王怡菲	女	链球	58.58 米	3	4.18—20	渭南
全国青年(U20 田径锦标赛)	陈夏蓉	女	铅球	15.12 米	3	6.3—5	鄂尔多斯
全国青年(U20 田径锦标赛)	张　雨	女	跳高	1.70 米	3	6.3—5	鄂尔多斯

续表

比赛名称	姓 名	性别	项 目	成绩	名次	时间	地点
全国青少年艺术体操锦标赛	陈丁梓妍 陈万杨 曲祖娇	女	少年C组个人团体		3	7.20–30	宜兴
全国青少年艺术体操锦标赛	李宇凡	女	少年A组单项球		3	7.20–30	宜兴
全国青少年艺术体操锦标赛	朱芝旗	女	少年A组单项绳		3	7.20–30	宜兴
全国青年中国式摔跤锦标赛	张振国	男	青年70公斤级		3	7.23	聊城
全国BMX自行车冠军赛第三站	乔永斌	男	越野赛		3	5.6	太原
全国BMX自行车冠军赛第三站	乔永斌	男	计时赛	44.104	3	5.6	太原
全国BMX自行车冠军赛第三站	温美茹	女	越野赛		3	5.6	太原
全国BMX自行车冠军赛第四站	乔永斌	男	越野赛		3	5.8	太原
全国BMX自行车冠军赛第一站	霍震波	男	越野赛		3	4.21	长兴
全国BMX自行车冠军赛总决赛	苏金伟	男	越野赛	43.668	3	6.16	营山
全国BMX自行车冠军赛总决赛	温美茹	女	越野赛		3	6.16	营山
全国BMX自行车锦标赛	霍震波	男	计时赛	40.865	3	6.17	营山
全国BMX自行车锦标赛	霍震波	男	越野赛	40.983	3	6.17	营山
全国BMX自行车锦标赛	温美茹	女	越野赛		3	6.17	营山
全国场地自行车青年锦标赛	吕 鑫 王 彪 张鑫宇 田 雨	男	团体追逐赛		3	5.22	老山
全国公路自行车锦标赛	张祎婷	女	个人计时赛	23:30.188	3	6.24	唐山
第三十一届西南体操大联盟协作区比赛	姚建杉	男	鞍马		3	3.22–26	西安
第三十一届西南体操大联盟协作区比赛	樊雨欣	女	跳马		3	3.22–26	西安

综　述

【概况】 2017年，山西省委、省政府贯彻落实习近平总书记关于扶贫工作重要论述和视察山西重要讲话精神，高位推动，持续落实精准扶贫"五个一批"工作(即发展生产脱贫一批、易地扶贫搬迁脱贫一批、生态补偿脱贫一批、发展教育脱贫一批、社会保障兜底一批)，完成减贫任务。2017年，全省3个国定县、12个省定县脱贫摘帽，2557个贫困村退出、75万人脱贫，贫困发生率降到3.86%。贫困地区农村居民人均可支配收入达7330元，同比增长10.70%，高出全省3.70个百分点。生态扶贫五大项目带动51.90万贫困人口增收。全省3350个自然村、16.60万贫困人口整体搬迁行动中，启动2487个，搬迁884个，整村拆除复垦381个。特色农业八大产业带动32万贫困人口增收。光伏扶贫713座村级电站、21座地面集中电站并网发电，惠及2000多个贫困村、7万贫困户。电商扶贫建设村级网点6201个，带动9.70万贫困人口增收，21个贫困县进入全国电子商务进农村综合示范县。省级安排1.8亿元专项资金，完成农村贫困劳动力免费职业培训7.20万人，转移就业9万人。农村低保全省平均3627元，所有县都超过3200元省定扶贫标准指导线。完成农村危房改造7.79万户、土窑洞2.76万户。完成1121个贫困村、18.33万贫困人口安全饮水工程。教育扶贫资助贫困大学生7347人，"雨露计划"资助中高职生4.45万人，生源地助学贷款23.39亿元、37万人。健康扶贫"三保险、三救助"，省级每年投入11.70亿元，报销比例90%以上。 (刘世锋)

【扶贫资金投入】 2017年，山西省扶贫投入资金118.11亿元，其中：财政专项扶贫资金91.51亿元，包括：中央财政专项扶贫资金32.56亿元；省级财政专项扶贫资金30.11亿元；市级财政专项扶贫资金10.06亿元；县级财政专项扶贫资金18.78亿元。中央彩票公益金1.60亿元，8个项目县每县2000万元。政府专项债25亿元，主要用于贫困村整体提升工程。2017年全省纳入统筹整合财政资金达159.06亿元，基本达到应整尽整的要求。扶贫周转金2017年资金规模为21.60亿元，其中省级财政专项扶贫资金安排3.60亿元，贫困县统筹整合财政资金按1:1配套3.60亿元，在此基础上按1:2吸纳银行贷款14.40亿元。 (刘世锋)

【扶贫"四库"建设】 2017年，山西省委、省政府建设数据库、政策库、项目库和人才库"四库"，为精准扶贫精准脱贫打好基础。

数据库建设。完善建档立卡信息平台，对扶贫对象、帮扶责任人、帮扶资金项目、帮扶政策实行模块管理。建立扶贫数据交换分析系统，推进扶贫信息与行业部门共享共用、互联互通。

政策库建设。分类梳理政策，将开发式帮扶、保障式兜底、贫困村提升3大类55项政策汇编成册，网上公布，明确责任部门，公布咨询方式，方便基层干部和群众了解掌握政策。

项目库建设。根据实际情况，择优选定各类扶贫项目，以县为单位建立项目库，对实施主体、建设内容、资金需求、带贫机制和预期效益等实施项目化管理，确保扶贫投入接得住、用得准、效益好。

人才库建设。省级组建专家库，联系产业、科技、政策、金融、法律等方面专家200余名。市县组建人才库，为58个贫困县选派科技特派员1000名，主导产业技术需求与科技特派员技术服务精准对接。贫困村培育创业致富带头人2906名。 (刘世锋)

【贫困人口识别】 截至2017年底，山西省有75万贫困人口脱贫，2557个贫困村退出。贫困发生率下降到3.86%。针对考核、审计发现的脱贫不实、质量不高等问题，2017年按照国务院扶贫办统一安排，经过年初脱贫人口核查核准、年中脱贫不实整改，全省有20.60万人列为巩固脱贫对象；8月开展贫困人口动态调整和年度动态管理，新识别进入9.90万人，清理退出14万人。 (刘世锋)

【脱贫攻坚宣传】 2017年，山西省发布脱贫攻坚重要宣传报道4116条，其中：中央媒体报道924条，省级媒体报道3192条，推送《中国扶贫》杂志和中国扶贫微信平台86条。制作扶贫日公益宣传广告并于扶贫日前在《山西日报》整版刊登。40多家中央驻晋媒体和省主流媒体参加新闻发布会，深度报道山西省攻坚深度贫困高峰论坛和“六个帮扶”分论坛。组织开展学习习近平扶贫开发战略思想理论创新和实践创新学习成果征文活动，组织文化扶贫演出活动周、脱贫攻坚摄影作品和视频作品评选活动。形成有影响的宣传报道有：《走“山西路径” 以超常举措攻克深度贫困》《决战深度贫困 山西“战术”是啥，“战况”如何?》《如何啃下深度贫困“硬骨头”? 山西探索新思路、新路径》等。 省政府新闻办在太原举行“聚焦深度贫困 凝心聚力攻坚” 新闻发布会，推进全省脱贫攻坚。 （刘世锋）

【脱贫攻坚表彰】 2017年，山西省涌现一批在脱贫攻坚中事迹突出，群众公认的先进典型，经省脱贫攻坚领导小组同意，省人力资源和社会保障厅、省扶贫开发办公室决定予以表彰嘉奖。全省脱贫攻坚获奖共计40人。全省脱贫攻坚奋进奖（共10人）：马金莲（女、柳林县）、王应枝（中阳县）、刘桂珍（女、代县）、李自芳（灵丘县）、张先保（武乡县）、张刘生（垣曲县）、张尚富（忻州市）、陈建华（汾西县）、贺星龙（大宁县）、梁丽秀（女、平定县）；全省脱贫攻坚贡献奖（共10人）：巨彦军（左权县）、王财全（山西大学）、王金天（应县）、仇海涛（女、省国土厅）、成永生（吕梁市）、李飞（沁源县）、李林旺（省农业厅）、徐阳（国新晋药集团有限公司）、高生记（省地方志办公室）、郭若桥（临汾市）；全省脱贫攻坚奉献奖（共10人）：王文太（沁水县）、杨庆昌（大同市）、杨良杰（运城市）、沙万里（繁峙县）、宋以斌（昔阳县）、赵洪胜（省审计厅）、郝大庆（省人社厅）、胡俊来（晋中市）、贺虎平（兴县）、韩智慧（潞宝金和生食品有限责任公司）；全省脱贫攻坚创新奖创新奖（共10人）：万勇（省林业厅）、马国林（金控集团）、石狗拴（阳曲县）、冯国宝（潞安智华农林科技有限公司）、刘瑞贤（中北大学）、杨河芬（大同市）、张忠兵（国家开发银行山西分行）、郭平毅（山西农业大学）、曹彦军（和顺县）、阎长丽（女、山西润生大业生物材料有限公司）。 （刘世锋）

组织领导

【全省脱贫攻坚工作会议】 2017年2月28日，全省脱贫攻坚工作会议在太原召开。会议分析当前脱贫攻坚形势，总结首战之年工作，安排部署2017年重点任务。骆惠宁出席会议并讲话。他强调，要以习近平总书记扶贫开发重要战略思想为指引，认真贯彻落实中央扶贫开发工作会议精神，坚定决心信心，聚焦精准方略，以改革创新精神破解突出问题，确保脱贫攻坚再战再胜。

2017年是山西省精准扶贫、精准脱贫的深化之年。一要着力破解产业扶贫不够精准的问题；二要着力破解易地扶贫搬迁力度不大的问题；三要着力破解生态建设与脱贫攻坚结合不紧的问题；四要着力破解转移就业扶贫不足问题；五要着力破解特殊群体的致贫返贫问题。

楼阳生主持会议，省级领导薛延忠、黄晓薇、高建民等出席会议。会议表彰了全省首批脱贫攻坚奖获得者。

方山县委书记王锦锋、左权县寒王乡党委书记张雪平、2016年全省脱贫攻坚奖获奖代表程玉珍、省直干部驻村帮扶工作队代表郝大庆、市县派驻农村第一书记代表张尚富作大会发言。会议以电视电话会议的形式召开。

（盛 伟）

【“践行总书记讲话 深化脱贫攻坚”现场推进会】 2017年4月24日至25日，山西省“践行总书记讲话 深化脱贫攻坚”现场推进会在吕梁市召开。骆惠宁讲话，楼阳生进一步明确相关政策措施。

会议宣读《关于2016年市级党委政府和贫困县党委政府脱贫工作成效考核情况通报》，组织观看脱贫攻坚专题片，学习习近平总书记近期关于扶贫开发重要讲话和相关政策文件，对县委书记、县长进行政策测试。参会人员对临县朝阳农牧有限公司、临县白文职业护理工培训基地、兴县电商公共服务中心、兴县蔡家崖乡张家梁村、北坡村生态建设和移民安置工程等进行观摩。

会议就学习践行习近平重要讲话精神提出五点要求：一是精神吃透，二是问题找准，三是整改彻底，四是功夫下足，五是责任压实。会议进一步明确8个方面的政策措施。11个市市委书记、市长；36个国定贫困县和22个省定贫困县的县委书记或县长，省脱贫攻坚领导小组相关成员单位负责人参加会议。 （刘世锋）

【扶贫立法】 2017年，山西省委省政府稳步推进扶贫立法，规范农村扶贫开发，把《山西省农村扶贫开发条例》的制定列为山西省2017年立法项目，为全省脱贫攻坚提供法治保障。2月起草《山西省农村扶贫开发条例（草案）》，经几次讨论修改形成送审稿，报省政府法制办前置审查；6月16日，省政府第153次常务会议审议并原则通过《条例（草案）》。12月1日，省第十二届人民代表大会常务委员会第四十二次会议审议通过，自2018年1月1日起施行。 （刘世锋）

措施保障

【政策保障】 2017年4月21日，中共山西省委办公厅、山西省人民政府办公厅印发《山西省脱贫攻坚责任制实施细则》（以下简称细则），细则适用于全省11个设区市、58个贫困县（区）党委和政府、省有关部门和单位脱贫攻坚责任的落实，细则明确省、市、县三级成立脱贫攻坚领导小组，党政主要负责人“双组长”，成立专项扶贫领导小组，分管扶贫负责人和分管行业负责人任“双组长”，构建责任明晰、各负其责、合力攻坚的责任体系。细则共8章53条。6月9日，中共山西省委、山西省人民政府印发《关于聚焦深度贫困集中力量攻坚的若干意见》，对如期实现脱贫目标中的难点问题提出12条具体意见：认识把握集中攻坚深度贫困的重大意义和总体要求；五大项目连动，推进生态建设与脱贫攻坚互促互赢；六环连动，加快易地扶贫搬迁和危房改造；打造产业扶贫新业态，实现贫困村光伏资产收益全覆盖；实施免费培训计划，促进贫困劳动力转移就业；创新健康扶贫机制，提高社会保障水平；实施贫困村提升工程，提高基础设施建设和公共服务水平；加大财政金融倾斜支持力度；加大土地政策倾斜支持力度；加大帮扶力量倾斜力度；加强贫困乡村“三基”建设；加强督查考核工作。（刘世锋）

【组织保障】 2017年，山西省委落实习近平在太原主持召开的深度贫困地区脱贫攻坚座谈会上重要讲话精神，党中央精准扶贫决策部署得到贯彻，脱贫攻坚制度设计基本到位。组建7个省委脱贫攻坚督导组，实行市县委书记向省委述职脱贫攻坚制度。建强帮扶队伍。省委建立省领导联系帮扶、省直厅局包村帮扶、经济强县结对帮扶、各类企业合作帮扶、专业人才挂职帮扶、学校医院对口帮扶的机制，1.16万包村干部、2.80万名工作队员、9393名第一书记奋战在脱贫攻坚第一线。开展专项治理。制定《关于开展扶贫领域不正之风和腐败问题专项治理的工作方案》。围绕资金项目、政策落地、领导责任、干部作风等4个方面开展专项治理，覆盖有脱贫攻坚任务的11个市、102个县（市、区）及所有贫困乡镇。（盛 伟）

【创业致富带头人培育】 2017年，山西省实施贫困村创业致富带头人培育，按照“省市县共同推进、优选培训基地、分类分批培训、强化创业孵化”的培训模式，举办省级培训三期25个班培训2500人，市级培训班九期培训658人。培训涉及种植养殖经营、农村电商、生态旅游、中药材加工、黄花产业发展等20个专业。（刘世锋）

【农村低保助力扶贫】 2017年，山西省民政厅推进脱贫攻坚行动，制定印发《山西省农村最低生活保障制度和扶贫开发政策有效衔接实施方案的通知》《关于进一步加强农村最低生活保障制度与扶贫开发政策有效衔接的通知》，围绕精准扶贫脱贫目标，推进农村低保制度与扶贫开发政策有效衔接，及时将符合条件的建档立卡贫困户全部纳入低保保障范围。制定年度农村低保扶贫行动计划，明确“年内全省80%以上的县（市、区）农村低保标准达到或超过国家扶贫标准”的目标。（李春伟）

【贫困劳力转移就业】 2017年，山西省人社部门开展“6万名建档立卡贫困劳动力免费职业培训”工作。全年组织培训7.20万人，培训合格6.50万人，培训合格取得相应证书7.70万人，转移就业贫困劳动力9万人。在12个贫困县开展劳务输出“员工制”管理试点。出台跨省务工交通补助、社会保险等激励政策，促进就近就地就业和跨区域转移就业工作。全省涌现出“忻州月嫂”“山西护工”“吕梁护工”“五台瓦工”“代县古建”“神池月饼”“繁峙绣娘”“保德好司机”等劳务品牌。省卫计部门开展“山西护工”培训就业工作，全年培训25781人。其中“吕梁山护工”12500人；中级护理员7424人，初级护理员5857人。（刘世锋）

精准帮扶

【易地扶贫搬迁】 2017年，全省2016年计划的10万搬迁贫困人口全部安置入住。2017年国家计划下达山西省建档立卡搬迁任务9万人，全省实际开工14.91万人，到年底完成12.97万人，入住9.07万人。按照国家下达任务计算，入住率达100.78%。山西省以实施深度贫困自然村整体搬迁为重点，3350个自然村启动2487个，搬迁884个。截至2017年底，全省旧房拆除和土地复垦协议“双签”5.56万户，旧房拆除1.05万套，旧宅基地复垦4200亩。2017年全省加大易地扶贫搬迁后续产业就业扶持力度，采取多种方式发展产业、实现就业共涉及8.60万人。其中：发展特色农林业3.53人，发展劳务经济1.59万人，发展现代服务业0.79人，资产收益1.93万人，社会保障兜底0.76万人。（刘世锋）

【生态扶贫】 2017年，山西省委、省政府结合脱贫攻坚与生态治理，统筹治山治水，协调增绿增收，重点抓好林业脱贫攻坚，联动推进造林务工、退耕奖补、管护就业、经济林和林业产业增收“五大项目”。在58个贫困县投入资金20.80亿元，安排人工造林260万亩，以议标方式全部安排给扶贫攻坚造林专业合作社实施；推进退耕还林163万亩，其中贫困县退耕147.52万亩；58个贫困县提供管护岗位2.80万个，其中建档立卡贫困人口管护人员占比达60%以上；全省实施干果经济林提质增效200万亩，其中在58个贫困县实施150万亩；围绕荒山造林和新一轮退耕还林，调整经济林种植结构，发展油用牡丹、沙棘、皂荚等特色经济林。2017年，全省2400个扶贫攻坚造林合作社完成承揽的260万亩造林任务，6.20万贫困劳力人均增收6000元；退耕还林造林任务全部完成，农户第一年和第二年补助资金10.59亿元全部兑现到户；58个贫困县共聘用2.80万个管护人员，吸纳1.90万名贫困人口参与管护，人均年增收6700元，惠及4.75万名贫困人口；58个贫困县共培训林业技术人员及林农4万多人次，组建4000人的乡村级技术服务队，完成干果经济林提质增效150万亩任务，惠及58个贫困县20.40万户，51万贫困人口；实现增绿和增收、生态与生计的有机统一。9月25日至26日，国

家林业局、国务院扶贫办在吕梁召开全国林业扶贫现场观摩会，学习交流山西林业扶贫经验。（刘世锋）

【“六个帮扶”】 2017年，山西省持续深化领导联系、单位包村、县际结对、企县合作、专业人才挂职、学校医院对口“六个帮扶”。出台县际结对帮扶、企县合作帮扶指导意见，召开企县合作帮扶右玉现场推进会。省扶贫办和省综改区签署产业转型与深度扶贫协同行动协议。协调推进全省机关企事业单位、省军区、武警部队结对帮扶贫困村，全省群团组织发挥自身优势，助力脱贫攻坚。省工商联组织开展民营企业“千企帮千村–精准到户”扶贫行动，参与帮扶民营企业和商会组织数1463家，实施项目3102个，投入资金19.50亿元，帮扶贫困村2390个，帮扶贫困人口230939人。在忻州市、临汾市的4个县先期开展试点工作基础上，出台全省启动“中国社会扶贫网”上线工作的实施方案，举办信息管理员培训班，全面启动“中国社会扶贫网”山西上线工作。以“聚焦深度贫困，凝心聚力攻坚”为主题，组织开展10·17全国扶贫日系列活动，采取主论坛加六个分论坛的方式，举办“攻坚深度贫困”高峰论坛，和市域县际结对帮扶、企业与贫困县合作帮扶、教育对口帮扶、医疗卫生对口帮扶、干部挂职帮扶、单位包村帮扶六个分论坛；开展送奖到一线活动，为12名2016年全省脱贫攻坚奖获奖代表颁发“省五一劳动奖章”，召开贫困退出对标提升现场推进会、电子商务进农村综合示范暨电商扶贫工作推进会，组织各类公益慈善行动，形成全社会关注、支持、参与脱贫攻坚氛围。（刘世锋）

【光伏扶贫】 截至2017年底，全省完成2015年、2016年国家下达山西省光伏扶贫项目目标，713座18.96万千瓦村级电站和21座60万千瓦集中电站全部建成并网发电。55个有光伏扶贫项目的贫困县均制定完成光伏扶贫收益分配管理办法。全省村级电站累计发电1.29亿度，发电收益全部分配到村到户，累计发放金额4367万元，惠及1305个村、18548户贫困户。山西省发改委、扶贫办编制光伏扶贫实施方案，山西省“十三五”光伏扶贫计划申报总规模207.88万千瓦，惠及24.80万深度贫困户。其中：村级电站（含联村电站）3907座、127.80万千瓦，惠及5849个建档立卡贫困村、21.30万深度贫困户；集中电站33座、80万千瓦，惠及2160个建档立卡贫困村、3.55万深度贫困户。实施范围11个市、79个县（市、区），涉及35个国定贫困县（除平陆县外）、22个省定贫困县、22个非贫困县（市、区）。2017年12月29日，国家能源局、国务院扶贫办发布《关于下达“十三五”第一批光伏扶贫项目计划的通知》，批复山西省35个国家级贫困县光伏扶贫项目规模102.94万千瓦。（刘世锋）

【包容性农业融合发展项目】 2017年，山西省利用亚洲开发银行贷款实施包容性农业产业融合发展项目。项目以促进农民增收、农业增效、产业发展并减少农村贫困为最终目标，通过包容性商业孵化和农业全产业链建设，推动农村一二三产业融合发展，稳定和拓宽农民增收渠道，从而改善农村居民（尤其是贫困农民）生计和促进农村经济可持续发展。项目总投资10.33亿元人民币，其中：亚行贷款9000万美元（折人民币6.156亿元）贷款期限20年，含建设期5年，利率约2%。项目区域覆盖运城市、临汾市、长治市、晋中市、吕梁市和大同市6市的17县（区），其中贫困县10个。打造和强化畜禽养殖，干鲜果、小杂粮、食用菌、中药材、蔬菜、冷链物流等七类特色农业产业链，项目建设涉及19个农业龙头企业和农村专业合作社，直接带动原料供应和养殖户45291户。间接带动农户参与项目的上下游共71874户，其中安排贫困人口直接就业1251人，占就业总人数的45.67%，人均年工资收入25793元；季节性用工中贫困人口472人，占季节性用工总人数的16.56%，人均收入15368元。承包带动中贫困户532户，占总承包户数的48.58%，户均年净收入32780元。直接带动上下游贫困户6732户，占直接带动总户数的14.86%，户均年净收入10277元。（刘世锋）

【构树扶贫】 构树扶贫是国务院扶贫办确定的精准扶贫十大工程之一。2017年，山西省在2015年、2016年娄烦县、临县、兴县、蒲县、阳曲县、代县、稷山县、孝义等8个县试点种植构树5073亩的基础上，鼓励有条件的地区自主种植构树16830亩，惠及贫困户1682户，贫困人口4443人。鼓励试点县依托企业力量，灵活采取公司+基地+合作社+农户、合作社+农户、农户自主种植等形式，使企业、合作社等市场主体与贫困户连产、连利、连心，建立和完善农企利益联结机制，达到农企双赢目标。（刘世锋）

【中药材产业扶贫】 2017年，山西省8市27个贫困县，投入财政扶贫资金7616万元，种植各类中药材总面积30余万亩。带动贫困村852个，6.30万贫困人口受益。全省10个深度贫困县发展中药材纳入补贴范围，每亩补贴200元。引导贫困户参与中药材全产业链发展，通过基地建设、务工收入、土地租赁、集体入资、贫困户分红、技术指导、保底收购等形式实现贫困户增收。（刘世锋）

【谷子穴播项目推广】 2017年，山西省在6市24个县示范推广“渗水地膜谷子穴播技术示范推广项目”，其中涉及贫困县20个。全省种植推广面积达46.90万亩，惠及1622个贫困村，建档立卡贫困户57235户，贫困户推广种植面积32.70万亩，发放地膜3460.60吨，购置覆膜播种机701台，每亩平均增产150公斤以上，贫困户每户平均增收4200元以上。2017年省扶贫办联合省农科院以及市县相关部门联合举办渗水地膜谷子穴播技术培训会40余场，培训指导项目县2000余名农业、扶贫、农机等部门人员。对渗水地膜示范推广项目进行测产，旱地渗水地膜覆盖优质谷亩产量多数在400公斤到600公斤，比传统方法种植的谷子每亩增产30%~50%，神池、山阴、左权等地增收明显，部分县亩产量超过600公斤。

（刘世锋）

【教育扶贫】 2017年，山西省资助2016~2017学年中高职学生44534人，其中国定贫困县31203人、省定贫困县7927人、非贫困县贫困家庭学生5404人；资助建档立卡贫困大学生7347人。2017年6月，省扶贫办印发《关于做好2017年教育扶贫本科大学生资助工作的通知》，要求精准瞄准资助对象，规范审核程序，坚持公告公示制度，做到全覆盖，9月底前将资助金全部发放到位。

2017年，山西省召开全省教育脱贫攻坚推进会，出台《2017年教育扶贫行动计划》，组织10所大学利用高校优势结对帮扶10个深度贫困县。建设政策智囊库、帮扶项目库和高校技术库3个智库，为深度贫困地区提供人才和技术支撑。开展夯实基础补短板行动、爱心支教添活力行动、工匠培养增后劲行动、科技协作促产业行动、创新模式助营销行动、战略谋划找出路行动、医疗服务解民困行动、立体培训提素质行动、贫困助学暖民心行动和文化下乡鼓士气行动10项对口帮扶行动。组织普通本科高校、职业院校、示范高中和优质幼儿园开展对口帮扶，提升贫困地区学校办学质量。实施农村贫困地区定向招生专项计划，建立覆盖全面的建档立卡家庭学生资助体系。在全国率先启动建立建档立卡家庭学生教育扶贫个人资助账户，从2017年秋季开学起，面向10个深度贫困县开展学生资助工作。 （刘世锋 张建伟）

【电商扶贫】 2017年，山西省58个贫困县全部建立电商县级运营中心，2485个贫困村建立村级服务站，贫困户农产品上行1.70亿元。2017年岚县、隰县、方山县、大同县等10个贫困县新列为电子商务进农村综合示范县。省供销社制定《关于贫困村电商网点规范提升和新建扩面的实施方案》，对贫困县电子商务实行“五免一扶持”政策，并对农芯乐商城入驻商家进行店铺运营、品牌推广、形象建设扶持。供销系统建设县级电商管理运营服务中心108个，实现58个贫困县全覆盖，建设村级电商综合服务网点12000多个，覆盖贫困村2800多个。优先聘用贫困户在服务站从事农业主产服务及劳动力工作，带动农民就业3200人。本土电商“乐村淘”2017年山西省贫困地区交易总额达4.66亿元，其中农产品上行销售额5600万元。京东集团与石楼县签署电子商务进农村战略合作协议，组织开展用工扶贫、电子商务培训，开设特色馆。9月在北京举办“吕梁山货”扶贫活动暨中央单位大宗采购对接会，联合20个贫困县、50余家单位和企业参加，汇集100余种特色产品，推进“吕梁山货”区域品牌在片区发展中的带动作用，带动吕梁山片区农产品销售达1000万元。 （刘世锋）

【金融扶贫】 2017年2月13日，山西省召开“全省‘一村一品一主体’产业扶贫和‘五位一体’金融扶贫推进会”，部署“政府+银行+保险+实施主体+贫困户”的“五位一体”金融扶贫工作，推进扶贫小额信贷工作。省人行牵头出台《关于“五位一体”推进全省扶贫小额信贷工作的指导意见》。突出保证保险分散贷款风险作用，对保证保险保费给予不高于贷款额的1.50%的财政补贴。截至2017年底，山西省全年金融扶贫新增投入630多亿元，其中，扶贫小额信贷84.10亿元，17.67万贫困户获得贷款。

（刘世锋）

【保险业界助力脱贫】 山西省保监局在全省开展保险扶贫项目98个，覆盖103个县区，覆盖县区比例达86.55%，58个贫困县实现扶贫项目全覆盖。扶贫保险提供风险保障1.46万亿元，赔付支出1.83亿元，9.65万贫困户受益。参与“一站式”健康扶贫。督促大病保险“一降一升”扶贫政策在全省落地，起付线降至5000元，起付线以上给付比例提高至75%。参与制定《山西省农村建档立卡贫困人口医疗保障帮扶方案》，推动商业保险参与基本医保、大病保险和贫困人口补充医疗保险“一站式”健康扶贫，住院费用实际报销比例将达90%以上。截至2017年底，相关政策在忻州、朔州、阳泉、吕梁等市落地，初步形成保险助推健康扶贫的“山西样板”。推进产业扶贫。鼓励保险行业参与“五位一体”金融扶贫，在吕梁临县、忻州岢岚等10多个县，为6000多建档立卡贫困户提供小额贷款保证保险，撬动银行贷款2.93亿元。争取全国保险扶贫资金投资山西，协调中保投为吕梁贫困地区授信额度2亿元，立项两个项目。人保普惠金融确定“政融保”融资授信额度2.6亿元，为忻州、晋城8个项目融资336万元。引导行业降低农业保险费率、提高农业保险保额，帮助贫困户增强抵御灾害能力，42个特色农险产品覆盖33个贫困县。

（李 鹏）

【证券业界助力脱贫】 山西证监局到河曲县、壶关县、汾西县和隰县等4个国定贫困县开展金融扶贫调研，宣传资本市场服务脱贫攻坚政策，对省内国定贫困县对接和利用资本市场发展情况进行全面摸底，形成专题调研报告。广灵县1家企业在新三板成功挂牌。通过“一司一县”结对帮扶、招商引资、设立扶贫专项基金等方式，推动建立参与度更高的资本市场助推脱贫攻坚工作机制。2017年，辖区上市公司累计投入扶贫资金367.27万元；山西证券与山西省代县、娄烦县、云南省沧源佤族自治县结成帮扶关系；大同证券与山西省天镇县结成帮扶关系；山西证券推动汾西县和娄烦县两支产业扶贫基金成立；大同证券推进定点帮扶县隰县部分企业的上市辅导工作及与电商平台的合作工作；三立期货、和合期货分别与武乡县、娄烦县蒲峪村签订扶贫服务备忘录。山西证监局帮助娄烦县白家滩村引进公司制规模养殖大户，助力白家滩村贫困户稳定脱贫。

（任承业）

社会参与

【省政协专题协商】 2017年11月28日，山西省政协召开会议，反馈脱贫攻坚专项监督情况，就落实省委、省政府相关决策部署、推进脱贫攻坚工作进行专题协商。省政协主席薛延忠主持并讲话，副省长郭迎光出席。省政协副主席朱先奇代表省政协通报推进脱贫攻坚专项监督情况，提出推进脱贫攻坚工作建议。郭迎光对省政协助力脱贫攻坚工作给予肯定，要求省直相关职能部门认真研究，吸收采纳政协建议，着力解决突出问题，推动脱贫攻坚工作。

（周志清）

【民主党派助力脱贫】 2017年5月，民盟山西省委会制定《民盟山西省委员会关于开展脱贫攻坚民主监督工作的实施方案》，成立脱贫攻坚民主监督领导组，下设3个工作小组。工作小组成员由盟内农业、审计、水利、教育、经济等方面的专家组成，为调研建议、专项监督评估、政策宣讲提供组织领导和人才支撑。针对忻州市贫困人口精准识别、贫困人口精准脱贫情况、扶贫措施及其成效、干部驻村精准帮扶情况，以及落实脱贫攻坚责任制情况等几个方面开展民主监督。从7月开始，历时3个月，对忻州市11个贫困县进行9次实地调研，走访17个村、150余户村民，形成脱贫攻坚民主监督报告，报送省委统战部。民盟山西省委会选派2名机关专职干部到中阳县担任驻村第一书记和副镇长，助力脱贫攻坚。

民建山西省委会根据省委统战部和省扶贫办《关于支持各民主党派省委会开展脱贫攻坚民主监督工作实施方案》的有关要求，制定《民建山西省委会关于临汾市开展脱贫攻坚民主监督工作实施方案》。民建山西省委会组成调研组5次到临汾市、汾西县开展脱贫攻坚民主监督调研，听取5个国家级贫困县扶贫工作汇报，重点了解汾西县干部帮扶、易地移民搬迁、产业扶贫、精准脱贫、重点工程建设等方面的情况。分别在汾西县和平镇、永安镇召开座谈会，到贫困户入户走访调查，对当地脱贫攻坚工作、国家扶贫政策落实情况深入了解，针对性地提出意见和建议。

民进山西省委会对口大同开展脱贫攻坚民主监督，成立工作领导组，制定方案。听取大同市委市政府脱贫攻坚工作汇报，围绕7个重点领域，聚焦政策落实，掌握工作进度，摸清症状症结，探寻有效对策，把监督过程融入推动政策落实过程。走村入户实地访谈，围绕教育健康扶贫察实情，围绕扶贫政策促落实，围绕产业扶贫谋发展。向大同市委市政府做出反馈，提出意见建议。

农工党山西省委会组织各市委会及调研组，到贫困人口较为集中的县区，对199户建档立卡贫困家庭因病致贫、因病返贫情况进行跟踪调研，掌握实时充足的资料，稳定脱贫42户，占比21%。10月21日至22日，省委会选派党内优秀医疗专家，与省扶贫办联合开展赴武乡县送健康活动，共有心血管内科等10个科室的12名知名专家参加，两天内诊疗病人达571人次，并为县人民医院传授先进管理经验。组织第10届“中国环境与健康宣传周”、第29届“国际科学与和平周”等活动。7月，省委会调研组到长治市开展脱贫攻坚民主监督，与贫困户代表和村医交谈，查看村民实际用药情况，联系省内知名专家优化相关用药方案，形成《关于贫困患者服用非必需药物造成支出型贫困》的调研报告，受到中共山西省委主要领导好评，并转至省卫计委研究实施，有效解决一些因用药不当造成的支出型贫困问题。

九三学社山西省委会召开专题会议研究脱贫攻坚民主监督工作，成立由主委任组长的工作领导小组，制定工作实施方案。8月，九三学社山西省委会主委和专职副主委带队到运城市开展脱贫攻坚民主监督，召开座谈会9次，走访贫困户34户100余人，形成调研报告反馈给中共山西省委。

山西省工商联出台《关于贯彻省委〈关于深入学习贯彻落实习总书记在深度贫困地区脱贫攻坚座谈会上重要讲话精神的实施意见〉的实施方案》《关于引导民营企业与贫困县合作帮扶的行动方案》，开展摸底深度贫困县县企结对帮扶工作，组织引导87家民营企业与58个贫困县开展合作帮扶，实现帮扶对接全覆盖。根据全国“万企帮万村”台账管理系统显示全省登录企业数1573家，实施项目3479个，投入资金25.60亿元，帮扶贫困村2583个，帮扶贫困人口26.50万人。在长治市开展“山西光彩事业太行行”活动，达成招商引资项目49个，拟投资总额212亿元，全省民营企业和商会组织公益捐款捐物共计1828.94万元。振东健康集团有限公司、乐村淘网络有限公司、奥坤生物农村公司3家民营企业受到全国“万企帮万村”精准扶贫行动领导小组通报表扬，被授予“全国‘万企帮万村’精准扶贫行动先进民营企业”奖。

（梁俊娜 张云鹏 赵柱家 杨露 渠小梅 张全双 冯学亮）

【共青团助力脱贫】 2017年，共青团山西省委在58个贫困县建立青年电商扶贫站和青年金融服务站，培训青年电商人才7718人，协调发放农村青年创业小额贷款2.42亿元；开展青年人才帮扶工程，组织大学生“三下乡”志愿服务，动员青联委员结对帮扶，选派69名金融干部到贫困县区团委挂职；开展青少年助学助困工程，深化希望工程“1+1”“圆梦行动”助学行动，开展“小桔灯梦想课堂”“五防安全自护教育”等帮扶活动，培训青少年心理健康辅导骨干116人次；开展青年就业创业工程，资助“24小时自助便利店”607个，选荐58个贫困县青年创新创业企业在山西“青年创业板”挂牌发展，解决贫困县青年创新创业企业融资难问题。

11月，由团省委、省测绘局联合编制的《山西共青团助力脱贫攻坚

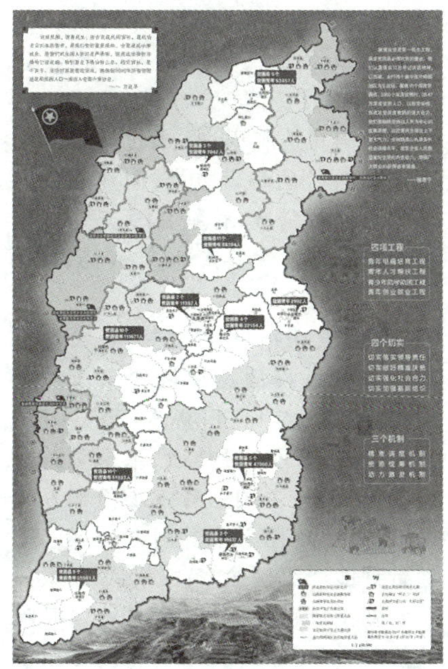

2017 年，山西共青团助力脱贫攻坚图
（赵舒悦供图）

图》发布，这是山西省首张社会扶贫领域专题保障用图。该图采取专题颜色区分、图表说明、名称标注等简洁明了的表示方法，真实、客观展现全省贫困县、贫困青年的分布现状，“十三五”期间共青团助力脱贫规划和任务分解等施策内容，为各级共青团组织实施脱贫攻坚规划，精准落实山西共青团“四项工程”助力脱贫攻坚行动任务，严格掌握脱贫攻坚时间提供客观实用的地理信息数据保障。

山西省青年联合会聚焦产业扶贫、教育扶贫、就业扶贫。采用“双500”“双结对”形式开展捐资助学、扶贫助困、关爱特殊青少年群体等活动46 次，组织委员捐赠物资计 450 余万元。与贫困县、贫困村签订各类帮扶协议 30 份，提供 2000 个就业岗位。组织青联委员中的医疗、科技、教育等青年专家开展送医送药、送学送教等扶贫活动 51 场。全省各青联组织组成 34 个扶贫工作小组，共结对 34 个贫困村、736 户贫困户，帮助 736 户贫困户制定“一户一策”脱贫方案并实施帮扶。（赵舒悦）

【民族宗教界助力脱贫】 2017 年，山西省民族宗教系统主动作为，引导社会力量助力脱贫攻坚。省宗教局（省民委）在隰县黄土村建立“山西省民族宗教界助力脱贫攻坚实践基地”，设立“山西省民族宗教界助力脱贫攻坚黄土镇孝善基金”，组织动员少数民族和宗教界人士履行社会责任，参与扶贫工作。筹集捐助善款 10 万元，全部捐赠给 4 个贫困村党支部。晋中市将左权县紫会村作为五大“宗教公益慈善实践基地”，开展“五教同行扬善，助力脱贫攻坚”主题活动，实现“五个转变”（即从自发自愿向宗教部门统一组织转变；从各自为阵向组织化规模化模式转变；从零散式向系统化方向转变；从分片型向基地型转变；从单一宗教向五教同心同行转变），五大宗教爱心捐款达 40 余万元。临汾市在吉县文成乡柏树村设立“宗教公益慈善实践基地”，组织民族宗教界开展扶贫济困、助学助残、救灾养老、义诊施药、环境整治、精准扶贫等社会公益慈善活动 120 余场次，捐款捐物 104.60 万余元，受益人数 2000 余人。（茅立新）

【科协助力脱贫】 2017 年，山西省科协联合省有关单位召开全省科技助力精准扶贫工作会议，印发《山西省科技助力精准扶贫工程实施方案》，启动实施“百千万”工程和“1658”示范行动，推动“十三五”末实现乡村 e 站、农技协组织服务、农村科普信息员等“六个全覆盖”。编印《山西省精准扶贫脱贫范例》，选派 20 名扶贫专员在永和、临县、岚县等 6 个国定贫困县的 15 个贫困村开展精准扶贫。组织动员 2886 名科技工作者、276 个农技协开展科技扶贫服务，共帮扶贫困户 72744 人，山西省在 2017 年度全国科技助力精准扶贫工作考核评估中被评为“优秀”。在阳曲县青草坡乡建设“科普小院”，组织开展科技扶贫进校园和扶贫助学服务活动。做好省科协定点扶贫工作，推动方山县麻地会乡 4 个包扶村党的建设、产业培育、基础设施、公益服务等众多方面迈上新台阶。省科协获全省干部驻村帮扶工作模范单位，1 名扶贫队员获全省脱贫攻坚贡献奖和山西省五一劳动奖章。（王继龙）

【残联扶贫助残】 2017 年，山西省残联对建档立卡贫困残疾人实施“五个全覆盖”，开展“六项行动”，采取“六条措施”，深化扶贫助残行动。“五个全覆盖”是指贫困残疾人精准识别全覆盖，进行年度动态更新；重度残疾人护理补贴全覆盖；贫困残疾人基本康复服务全覆盖；贫困残疾人基本辅助器具适配全覆盖；贫困残疾人实用技术全覆盖，对 9998 名农村贫困残疾人进行实用技术培训。“六项行动”是指“一店三基地”扶贫助残行动；残疾儿童抢救性康复扶贫助残行动；家庭无障碍改造扶贫助残行动，对 1600 户贫困残疾人家庭进行无障碍改造；基层党组织扶贫助残行动，帮扶 3000 户建档立卡贫困残疾人；手工制作扶贫助残行动；阳光助残关爱行动。结合开展“志愿助残阳光行动”，逐步实现志愿助残常态化。“六条措施”是指加强组织领导和工作协调；进一步完善残疾人贫困户精准识别机制；加强社会救助等社会保障政策和扶贫开发政策有效衔接；加强精准扶贫、精准脱贫的考核和贫困监测工作；提高残疾人组织参与贫困残疾人精准脱贫工作的水平；加强对残疾人脱贫攻坚工作的宣传引导。（陈贺峰）

【科技扶贫】 山西省科技厅实施《2017 年科技扶贫行动计划》，出台《深入推行科技特派员制度的实施意见》，实施科技特派员创新创业、科技扶贫培训和农村信息化服务三大工程。科技特派员网络科技服务系统启动运行，构建贫困县主导产业技术需求数据库，支撑全省脱贫攻坚。在国家备案的“星创天地”总数达 51 家。实施“三区”人才计划，投入 2278 万元，选派 1000 名“三区”科技特派员，培训乡村致富带头人 500 名。布局一批科技扶贫产业引导示范项目，实现 58 个贫困县全覆盖。开展汾西县驻村帮扶和结对帮扶，为 5 个村选派第一书记和驻村帮扶队员 10 人。玉露香

2017年,中国人民银行太原中心支行履行金融专项扶贫"双牵头"单位职责,建立金融助推扶贫攻坚工作机制 (扈照轼供图)

梨、双孢菇、黄粉虫、肉鸡等种养殖项目成为汾西"一村一品一主体"支柱产业,并走进中国杨凌农高会。5个村共145户510人脱贫,后加楼村实现整村脱贫。

2017年,山西省农业科学院选派12名科技人员担任挂职副县长,助推贫困县产业发展。在20个贫困县安排农业产业发展科技引领工程项目和科技成果转化与示范推广项目42个,项目数量占全部推广项目总量50%,项目经费占推广项目总经费48.47%;在贫困县设置科技扶贫行动计划项目15个,并在临县、娄烦县、永和县、岢岚县、神池县建立科技推广示范基地。建设300亩马铃薯种薯繁育基地、100亩西梅基地、10座香菇专用栽培大棚,引进改良肉牛63头,开展饲草玉米青贮示范,推广中小型农机具机械化耕种,促进贫困户增收脱贫。 (杨先锋 朱俊菲)

【农业银行助力脱贫】 农行山西分行支持企业33个,信贷投放超过20亿元。对接国家在大同地区重点建设的"领跑者"光伏发电项目,支持大同左云三峡新能源发电有限公司水窑十万千瓦光伏发电项目、华电大同新能源有限公司店湾秦家山十万千瓦光伏发电项目1.91亿元,带动项目实施地贫困户627户1259人,户均增加收入约3.70万元。发放农户小额光伏扶贫惠农贷,投放438笔、858.50万元。对建档立卡贫困户实行名单制管理。全年累计为建档立卡贫困户发放5万元以下的扶贫小额贷款8593户、3.47亿元。在58个贫困县支行各项贷款余额291.18亿元,占全部县域贷款的52.67%,较年初增加28.16亿元,增速10.70%。 (田喜成)

【中国银行助力脱贫】 中行山西分行为省内重点贫困地区提供金融精准扶贫贷款(包括产业扶贫、项目扶贫、个人扶贫)17.59亿元,较年初增加2.13亿元,其中个人精准扶贫小额贷款投放2316笔,金额1.15亿元。通过创新扶贫授信模式,以低于市场平均利率50个BP的价格为山西路桥集团发行2017年全国商业银行首单专项扶贫债券5亿元,募集资金全部用于省内贫困地区公路项目建设。开发"公益山西"精准扶贫共享平台,打通贫困地区农副产品销售渠道。与131家单位缔结善源联盟,邀请益客24.46万人,实现销售743万元,带动天镇、广灵、静乐、永和等10个深度贫困县贫困户脱贫。 (高 歌)

【邮储银行助力脱贫】 邮储银行山西分行成立三农金融事业部山西省分部,全省11个市分部、84个县(市)营业部同日挂牌成立。通过"公司+电站+贫困户"的运营方式,向建档立卡贫困户发放贷款,首笔2.19万元光伏扶贫贷款在天镇县落地。 (杨宏东)

【农业发展银行助力脱贫】 农发行山西省分行投放易地扶贫搬迁贷款47亿元,支持11个市、66个县(区)易地扶贫搬迁项目建设,年末贷款余额53亿元,占到全省市场份额6成以上,惠及建档立卡贫困人口30万。创新打造产业扶贫"吕梁模式"。聚焦深度贫困地区脱贫攻坚,打造以风险补偿基金为核心的产业扶贫"吕梁模式",运用该模式投放贷款2000万元,支持野生沙棘、红枣加工和奶牛养殖等特色农产品发展,带动当地300余名建档立卡贫困人口增收。农发行总行肯定产业扶贫"吕梁模式"并在吕梁召开现场会向全国推广。参与"千企帮千村"精准扶贫行动,累计支持企业31个、贷款余额12.20亿元。推进基础设施扶贫。精准支持贫困地区公路交通、农村人居环境改善、农田水利等薄弱环节建设。年末基础设施扶贫贷款余额173亿元,较年初增加119亿元,增幅220.40%。创建省级政策性金融扶贫实验示范区。农发行总行与省政府签约共创省级政策性金融扶贫实验示范区,完善实施方案和配套政策,助力全省整区域脱贫。农发行山西省分行在全省58个贫困县贷款余额达116.7亿元、同比增加40.50亿元;在36个国定贫困县贷款余额达57.10亿元、同比增加21.10亿元;在10个深度贫困县贷款余额达18亿元、同比增加9.30亿元。 (席晓军)

【旅游发展助力脱贫扶贫】 2017年,山西省旅发委发挥旅游在产业扶贫方面的独特优势,利用休闲农业、观光农业发展乡村旅游,召开发展生态文化旅游助力脱贫攻坚(左权)推进会,副省长郭迎光、张复明到会指导。印发《山西省乡村旅游扶贫行动计

划》，纳入山西省脱贫攻坚八大工程二十项行动中。聚焦全省10个深度贫困县选定20个深度贫困村开展重点帮扶。对2800万元中央财政资金支持的旅游扶贫项目跟踪指导，推动落实。在山西旅游信息咨询官网设立乡村旅游和旅游扶贫板块，动员旅行社、星级饭店、A级景区利用自身优势实施对口帮扶。先后组织国定贫困县、旅游扶贫重点村村主任、村支书、经营和服务人员1370多人进行培训。左权莲花岩景区成为中国乡村旅游创客示范基地。石楼县灵泉镇王村老窑文化农家乐被全国妇联、国家旅游局评为全国巾帼示范农家乐。

（任卫军）

【交通运输扶贫攻坚】 2017年，山西省贫困地区交通建设完成投资172.60亿元，建成高速公路70千米、普通国省干线公路383千米、农村公路和旅游公路5608千米。推进“四好农村路”建设，创建全国示范县2个、省级示范县4个，新增通客车建制村636个，全省具备条件建制村通客车率达96.90%。开展定点扶贫，推进驻村蹲点帮扶工作，处级以上干部与666户建档立卡贫困户实现结对帮扶“全覆盖”。省厅安排扶贫资金800余万元，完成47个精准扶贫项目，6个定点帮扶贫困村新脱贫81户181人、3个贫困村整村脱贫。

（师国梁　陈瑞丽）

【文化扶贫】 2017年10月16日至27日，山西省文化厅、山西省扶贫开发办公室在太原举办山西省文化扶贫剧目展演活动。从全省优选5台扶贫题材剧目进行演出，其中有临县道情现代戏《吕梁护工》、大同歌舞剧院的话剧《太阳照在南阳河上》、长治市上党梆子《第一书记》、晋中市晋剧团的晋剧《暖冬》，分别在太原青年宫演艺中心、星光剧院等剧场演出，并向市民推出惠民票价。（陈燕萍）

【健康扶贫】 2017年，山西健康扶贫工作重点针对因病而贫“支出型”贫困，发挥县乡医疗卫生机构“一体化”全覆盖的改革优势，对农村建档立卡贫困人口、低保对象、特困人员和贫困残疾人实施“三个一批”救治，“三保险、三救助”兜底，“一体化”改革助力的健康扶贫“山西模式”。

实施乡村振兴战略。县乡医疗卫生机构“一体化”改革优先在深度贫困地区展开，省级三级医院与10个深度贫困地区医疗集团开展“组团式”精准帮扶。

开展分类救治。山西省卫计委组织动员省市县乡村五级2.90万余名卫生计生工作人员，集中进行逐户、逐人、逐病调查核实，新认定因病致贫返贫人口全部完成核实核准工作，核准率达100%。大病集中救治方面，在国家规定9种大病基础上，将病种扩展到24种。发挥各级医疗集团在分级诊疗和双向转诊方面的“桥梁”作用，在常态化救治基础上，开展大病专项救治服务月活动进行集中救治。大病救治进展率达99.65%。慢病签约服务管理方面，持续关注妇幼、老年人、残疾人和重病患者等重点人群个性化健康需求，启动健康扶贫“双签约”服务，打通政策落实“最后一公里”。家庭医生签约服务团队为贫困群众解决看病就诊问题。乡村干部签约服务团队为贫困群众解决政策宣传和就医报销问题。开展健康扶贫“冬季攻势，暖心服务”、家庭医生“进万家、送服务、保健康”等一系列主题服务。

拓展政策保障维度。山西省卫计委在重病兜底保障方面，创新出台《山西省农村建档立卡贫困人口医疗保障帮扶方案》，新增帮扶资金投入11.70亿元，建立“三保险、三救助”（基本医保、大病保险、补充医疗保险、个人缴费救助、免费适配辅助器具救助、特殊困难帮扶救助）兜底保障长效机制，农村贫困人口参加城乡居民基本医保个人缴费部分由财政部门全额救助；35种特殊慢性病门诊目录内费用100%报销；住院医保目录内费用“136封顶”；住院医保目录外费用补充医疗保险“报销85%”；罹患24种大病的晚期贫困患者每人给予5000元大病关怀救助；免费为残疾人适配基本辅助器具；特殊困难人群自付费用通过医疗救助兜底。患大病的贫困群众个人自付比例稳定控制在10%以内。

增加政策供给。县域内定点医疗机构全部实行“先诊疗后付费”和“一站式”结算。开展贫困地区农村妇女宫颈癌、乳腺癌免费筛查、新生儿疾病筛查、儿童营养改善等惠民实事。发挥中医药服务防病、治病作用，提升贫困地区中医药服务能力。在贫困地区全面开展“三减三健”（减盐减油减糖，健康口腔、健康体重、健康骨骼）专项行动。评审确定83个定点培训机构和临床实践基地，74家社会资本参与，10226名贫困人口实现有效就业。（李　巍）

综 述

【劳动就业概况】 2017年,山西省城镇新增就业51.80万人,完成目标任务的115%;转移农村劳动力40.20万人,完成目标任务的122%;城镇登记失业率3.44%,低于4.20%的控制目标。实施6万名农村建档立卡贫困劳动力免费职业培训。全年培训7.40万人,完成年度任务的124.10%。太原市承办"2017山西·太原人才智力交流大会",610余家企业提供岗位1.7万个。大同市承办全国"互联网+就业服务"交流活动。完成7万名农村贫困劳动力转移就业。全年转移农村贫困劳动力9.08万人,完成目标任务的129.70%。实施劳务输出"员工制"试点。在全省12个贫困县试点,依托输出地劳务公司,签订劳动合同、参加社会保险、给予社保补贴,使农村贫困劳动力在制度保障下实现稳定就业、稳定脱贫。做好去产能企业职工分流安置工作。支持山西焦煤集团等煤炭企业出资成立人力资源服务公司,搭建统一的劳动力资源信息服务平台,采取"异地就业、属地保障"的办法,建立灵活的劳动关系和稳定的社保关系,引导转岗职工及其子女通过劳务输出实现就业。全年共分流安置1.96万人,安置率达90%。

(田国平)

【收入与消费概况】 2017年,山西省人均可支配收入20420元,其中城镇居民人均可支配收入29132元,比上年增长6.50%,农村居民人均可支配收入10788元,比上年增长7%;人均消费支出13664元,其中城镇居民人均消费支出18404元,比上年增长8.30%,农村居民人均消费支出8424元,比上年增长4.90%。城镇居民家庭人均全年总收入32813元,比上年增长9.97%,农村居民家庭人均全年总收入12819元,比上年增长5.36%;城镇居民家庭人均全年总支出27431元,比上年增长13.12%,农村居民家庭人均全年总支出12806元,比上年增长2.57%。

(田国平)

【社会保险概况】 2017年,山西省城镇职工基本养老、城乡居民基本养老、城镇职工基本医疗、城乡居民基本医疗、失业、工伤、生育保险参保人数分别达783万人、1552万人、666万人、2565万人、419万人、582万人、462万人,均超额完成年度目标任务。

(田国平)

【贫困妇儿救助】 2017年,山西省妇联做好全省建档立卡贫困"两癌"患病妇女摸排工作,完成905万元全国贫困母亲"两癌"救助专项基金发放工作。推动省财政投入3428.80万元对36个贫困县35-64岁建档立卡农村妇女进行"两癌"免费检查,完成275981例,完成率达100.40%。开展"春蕾计划"、贫困地区儿童营养改善项目等一系列国家级公益项目,发放救助款物250余万元,资助3500余名留守儿童,为77093名婴幼儿家庭提供早期家庭教育指导。全省特困妇女儿童救助项目救助贫困妇女儿童891人,救助金额达151.70万元。组织"六一"特困儿童关爱慰问活动,开展"邻里守望·姐妹相助"等巾帼志愿服务活动。

(侯少华)

【老年人权益维护保障】 2017年1月1日,山西省施行《山西省实施〈中华人民共和国老年人权益保障法〉办法》(以下简称《实施办法》),省老龄办以此为契机,推进老年法律法规落实。省老龄办与省人大法制委员会、省人大常委会法制工作委员会共同编写《实施办法释义》,对《实施办法》条款逐项进行解释说明。省老龄办举办2017年全省老龄系统《实施办法》培训班,省老龄办全体干部、各市老龄办开展多种形式宣传教育活动。落实《实施办法》第三十七条"65周岁以上老年人免费乘坐市内公共汽(电)车和市内轨道交通"规定。截至2017年底,除大同、临汾两市外,其他各地级市全部落实。各地级市老龄办会同有关部门开展执法检查,推进《老年法》和《实施办法》实施。

(闫 鹏)

【慈善业发展】 2017年,山西省慈善总会接收捐赠款物合计2.09亿元;捐赠支出达2.25亿元。其中,直接接收捐赠善款2472.01万元,接收捐赠物资价值1.84亿元。其中,“留守儿童”项目全年下拨留守儿童项目资金98.66万元;“免费午餐”项目在太原、吕梁、晋城、运城等地的6所小学为500余名小学生提供免费午餐,筹集支出善款78.95万元;“平安进校园”项目向山西省农村留守儿童和困境儿童发放“安全爱心包”(包括安全书包1个、安全图书一套10本、彩色铅笔一套12支)价值总计20万元;与山西晚报联合开展利群阳光圆梦大学助学活动,筹集支出善款53.40万元,对100余名家庭贫困大学新生给予救助;与黄河电视台合作“黄河公益金”项目,累计支出捐款10.86万元。

2017年,山西省慈善总会开展微笑列车、格列卫、达希纳、易瑞沙、特罗凯、多吉美、拜科奇、倍泰龙、安维汀、全可利、泰瑞沙、捷恪卫、维全特等助医项目。“微笑列车”项目全年救助贫困唇腭裂患者385人,减免费手术金额49.74万元;格列卫、达希纳、易瑞沙、特罗凯、多吉美、拜科奇、安维汀、泰瑞沙、捷恪卫、维全特等项目为13302人次的贫困重症患者提供价值31886.53万元药品救助。开展“中国移动‘爱’心行动”二期项目,截至2017年底,救助二期贫困心脏病患者346人,减免金额870余万元。

2017年,有8个“慈爱阳光班”“衣恋阳光班”学生得到资助,资助金额达206.90万元。慈善人士陈海珠在海外多方筹集助学款53.35万元,用于冯村博爱学校发展。开展“慈善情暖万家”活动,对山西省朔州、运城等地的困难群众进行慰问,整个活动累计共发放救助金33.35万元,物资价值295.56万元。

截至2017年底,全省11个市全部成立慈善总会,79个县(市、区)成立慈善组织,全省三级慈善网络初具规模。(武学亮)

劳动就业

【女性创业就业激励】2017年,山西省妇联开展女性就业创业服务活动,组织“春风送岗位”女性专场招聘会。参与供给侧结构性改革,深入省属大型企业组织开展“企业转岗分流女职工及女大学生就业创业服务活动”。举办“晋嫂”家政大赛,网络同步直播决赛,即时关注达7.6万余人次。举办“三晋巧姐”展评活动、三晋巾帼创业创新大赛,为创业女性搭建资源与项目供需对接平台。深化“创业创新巾帼明星”选树活动,通过电视、网络、微信、报刊等平台,播出“创业创新巾帼明星”选树活动专题节目11期,推出创业创新巾帼明星风采10期,专刊展示50名女性创业创新典型事迹,引导激励全省妇女投身大众创业、万众创新。评选表彰100个省级巾帼文明岗,149名巾帼建功标兵,激励城乡妇女岗位建功立业。(侯少华)

【残疾人就业援助】山西省残联联合人社部门开展2017年“就业援助月”活动,实名制纳入年度培训计划7330人,帮助1552名残疾登记失业人员实现就业、4179名残疾人落实专项扶持政策,8107名城镇残疾人参加职业技能培训。推进按比例就业,城镇残疾人新增就业2930人、农村残疾人新增就业3341人。山西假肢师参加“奥托博克杯”第一届全国假肢制作技能大赛并获奖。(陈贺峰)

【残疾人“一店三基地”建设】2017年,山西省残联按照《山西省残疾人实训基地 残疾人就业创业基地 农村残疾人扶贫基地及盲人按摩示范店建设实施方案》,提前将1000万元省级补助资金切块下达各市,各市、县(市、区)在巩固前两年创建成果的基础上,又创建78个省级基地和102个省级盲人按摩示范店,安置1960名残疾人就业(其中按摩店安置盲人329名),辐射带动1755名残疾人就业增收。截至2017年底,全省建成省级基地219个、省级盲人按摩示范店278个,共安置5895名残疾人就业,辐射带动7498名残疾人就业增收。(陈贺峰)

【欠薪欠保问题清理】2017年,山西省人社厅配合省国资委在全省开展清理企业欠薪欠保专项行动,共清理国有企业欠薪56.95亿元,清欠率78.60%;清理企业欠保136亿元,清欠率52.70%,“双清”工作成效显著。实现涉军维稳“四个百分之百”。在全省开展“信访问题源头化解专项行动”,实现企业军转干部“大走访”、解决企业退役志愿兵(士官)欠薪欠保和再就业问题“4个100%”的目标,走访企业军转干部26877人;清理欠薪3385万元,清欠率为100%;清理拖欠养老保险费1.90亿元,清欠率为100%;清理拖欠医疗保险费1593.40万元,清欠率为100%;摸排出下岗失业退役军人5408人,其中有就业意愿的3679人全部实现上岗再就业,帮扶率达100%。对农民工欠薪案件实行“三个清零”。推行“农民工工资无欠薪市县”创建活动,确保欠薪存量案件限期清零、新发生的欠薪案件在3个月内清零、四季度发生的欠薪案件在年底前清零。全年共查处欠薪案件1846起,涉及4.90万人,追发工资等待遇5.15亿元,同比分别下降27%、16%和27%,向社会公布典型欠薪违法案件67起,遏制欠薪高发势头。安排化解煤炭钢铁过剩产能职工分流安置任务,部署就业援助专项帮扶行动。(田国平)

收入与消费

【城乡居民收入调查】2017年,山西省把握经济由“疲”转“兴”总体态势,推动转型发展,企业效益提升,劳动力需求增加,财政收入增长,民生投入增加,为全省城乡居民收入增长提供保障。

城镇居民人均可支配收入稳定增长,增速逐季加快。2017年,全省城镇居民人均可支配收入达29132元,比上年增加1780元,增长6.50%。增速比上年(5.90%)快0.60个百分点,比2017年一季度(5.90%)、上半年(6%)、前三季度(6.40%)分别快0.60、

0.50、0.10个百分点。四大项收入“三增一减”，转移净收入增幅居首，工资性收入、财产净收入稳步增长，经营净收入下降。工资性收入稳步增长。2017年，全省城镇居民人均工资性收入为17831元，同比增加877元，增长5.20%，增速比上年(2.40%)快2.80个百分点。对可支配收入增长贡献率为49.30%，拉动可支配收入增长3.20个百分点。工资性收入占可支配收入比重为61.20%，比上年降低0.80个百分点。拉动工资性收入稳步增长的主要原因是全省经济企稳回升和新出台增加收入的政策。2017年以来，全省煤焦钢等行业价格回升，主导产业走势良好，相关工业企业运行状况好转，企业效益改善，职工工资待遇得到保障，为工资性收入的稳定增长奠定基础。省委、省政府出台一系列增资政策。提高最低工资标准，将全省最低工资标准每人每月提高80元，一到四类地区分别达1700元、1600元、1500元、1400元，惠及70万人。提高机关企事业单位退休人员基本养老金标准。全省234.60万名退休人员月人均增加170元，增幅达5.50%，其中企业退休人员基本养老金实现“十三连调”，月人均达2985元，排全国第5位。上调企业工资增长指导线，基准线为8%，上线为12%，下线为4%，高于上年标准；提高冬季采暖补贴标准，增长40%。发放应休未休假补贴、考核奖翻番，以及文明奖等标准提高；提高公益岗位人员工资补贴。各地警衔工资、偏远地区财政供养人员津贴调整、乡镇工作补贴以及检察院工资体制改革等政策也增加部分城镇居民的收入。

转移净收入增幅居首。2017年，全省城镇居民人均转移净收入为6667元，同比增加932元，增长16.30%。对可支配收入增长贡献率为52.30%，拉动可支配收入增长3.40个百分点。转移净收入占可支配收入比重为22.90%，比上年提高1.90个百分点。转移净收入较快增长的原因：提高退休人员养老金水平，平均每人每月增加约170元；提高城乡低保标准，从2017年1月开始低保标准上调7.70%；提高医保补助及报销标准，城乡居民基本医疗保险财政补助标准在2016年基础上提高30元，人均达450元，城乡居民住院费用报销比例提高15%；工伤保险待遇提高5.5%，增发失业保险补贴，为参保职工发放职业技能提升补贴，人均补贴标准为1609元。

财产净收入较快增长。2017年，全省城镇居民人均财产净收入为2190元，同比增加187元，增长9.30%。对可支配收入增长的贡献率为10.50%，拉动可支配收入增长0.70个百分点。财产净收入占人均可支配收入的比重为7.50%，比上年提高0.20个百分点。财产净收入较快增长的主要原因：一是随着经济形势的好转，企业效益回升，居民入股分红收益有所增加，住户调查显示，2017年城镇居民人均红利收入同比增加67元，增长45%；二是利息净收入增加34元，增长32%；三是出租房屋收入增加26元，增长6%。

经营净收入下降。2017年，全省城镇居民人均经营净收入为2443元，同比减少216元，下降8.10%。对可支配收入的贡献率为-12.10%，拉动可支配收入下降0.80个百分点。经营净收入占可支配收入比重为8.40%，比上年下降1.30个百分点。经营净收入减少的主要原因：一方面城镇调查户中从事一产经营的户，由于城镇化建设、城中村拆迁占地等导致经营土地减少，以及农产品价格下降，造成一产经营收入出现较大幅度下降，同比下降45.70%；另一方面各地大规模的城镇化改造，加之环保治理力度加大，导致一些城镇周边小型制造业经营户、城镇小规模餐饮住宿经营户流失，造成二产和三产部分行业经营收入减少。

农村居民人均可支配收入增长7%，扭转自2011年以来增速回落的态势。2017年，全省农村居民人均可支配收入10788元，比上年增加706元，同比增长7%。全年农民收入增速比上年(6.60%)提高0.40个百分点，比2017年一季度（6.10%）、上半年(6.20%)、前三季度(6.60%)分别提高0.90、0.80、0.40个百分点，增速逐季回升。与同期城镇居民收入增速(6.50%)相比，农村居民收入增速高出0.50个百分点，增速高于城镇。

工资性收入稳步增长。2017年，全省农村居民人均工资性收入5462元，同比增加258元，增长5%。随着全省经济形势好转，社会用工需求逐步增加，全年全省新增转移农村劳动力40.20万人。山西在2017年10月提高最低工资标准，各地务工工资上涨，促进工资性收入的增长。

经营净收入小幅增长。2017年，全省农村居民人均经营净收入2824元，同比增加94元，增长3.50%。经营净收入保持增长，主要得益于市场需求导致农产品出售时间提前、当年出售量增加。据调查了解，2017年玉米后期价格稳中有升，农民出售积极性有所回升。住户调查数据显示，全省农民人均玉米销售量比上年同期增加6.30%；2017年山东等地苹果产量减少、品质下降，不少客商在2017年10月下旬就开始在山西运城等苹果主产区收购并囤积优质苹果，多数果农边摘边卖，出售时点较往年提前，价格也有提高，住户调查数据显示，全省农民人均苹果出售量同比提高16.20%。

财产净收入恢复性增长。2017年，全省农村居民人均财产净收入164元，同比增加15元，增长10%。随着煤炭等工业品价格的回升并高位运行，全省企业效益逐步好转，企业利润达2014年以来的最好水平，从而促进农村居民入股企业的红利收入较快增长。

转移净收入增幅居首。2017年，全省农村居民人均转移净收入2337元，同比增加338元，增长16.90%，比上年增速(13.20%)高3.70个百分点。转移净收入保持快速增长主要是由于报销医疗费、社会救济和补助以及外出从业人员寄带回收入增长较多，以及山西2017年实行的提高医保报销比例、实行贫困人口医疗保

障帮扶、加大各种形式的扶贫济困力度等政策。 （乔森山）

【居民消费价格调查】 2017年，全年山西省CPI（居民消费价格）比上年同期上涨1.10%，涨幅低于全国平均水平（上涨1.60%）0.50个百分点。分城乡看，上年全年城市上涨1.40%，农村上涨0.50%；从类别来看，食品烟酒价格下降1.10%，非食品烟酒价格上涨2%；消费品价格上涨0.40%，服务价格上涨2.40%。全省CPI八大类商品和服务项目价格与上年同期相比呈现“七升一降”运行格局。其中，医疗保健价格上涨7.50%，其他用品和服务价格上涨2.30%，教育文化和娱乐价格上涨1.80%，居住价格上涨1.40%，而交通和通信价格上涨1%，衣着价格上涨0.90%，生活用品及服务价格上涨0.20%，食品烟酒价格下降1.10%。

（乔森山）

【从业人员劳动报酬】 2017年，山西省国有单位从业人员劳动报酬12362813万元，在岗职工平均工资64958元；城镇集体单位从业人员劳动报酬745581万元，在岗职工平均工资49563元；其他单位从业人员劳动报酬12474698万元，在岗职工平均工资59297元。

在岗职工平均工资按国民经济行业区分，国有单位中最高为金融业90774元，最低为住宿和餐饮业34805元；城镇集体单位中最高为金融业89340元，最低为房地产业18943元；其他单位中最高为金融业108849元，最低为公共设施管理业28186元。 （田国平）

【居民消费价格指数】 2017年，山西省居民消费价格指数（拉斯贝尔公式加权抽样调查，以上年为100）全省为101.10，其中食品烟酒98.90，衣着100.90，居住101.40，生活用品及服务100.20，交通通信101，教育文化娱乐101.80，医疗保健107.50，其他用品及服务102.30。以所抽查的市来看，超过这一价格指数水平的市有太原101.80、晋中101.70，长治101.50、阳泉101.40、大同101.30。 （田国平）

社会保险

【生育和医疗保险改革试点】 2017年，山西省人社厅督促指导晋中市印发试点实施方案，按照“保留险种、保障待遇、统一管理、降低成本”的原则，实现生育保险与基本医疗保险统一参保登记、统一基金征缴和管理、统一医疗服务管理、统一经办和信息服务，确保两项保险待遇不变。推进医保制度改革。在上年理顺城乡居民医保管理体制、实现制度并轨的基础上，深化医保支付方式改革，由项目付费为主改为总额预算管理为主，按病种、人头、床日相结合的付费方式，遏制医疗费用不合理增长；在全国率先实现省内异地就医购药持社保卡直接结算，全省12个统筹地区和102家医院全部接入全国跨省就医结算平台；在长治、忻州两市试点商业保险公司经办医疗保险业务；在临汾市开展长期护理保险试点。 （田国平）

【机关事业单位养老保险入新规】 2017年，山西省人社厅出台基本养老金计发、缴费工资基数和待遇统筹项目等8个配套文件，初步搭建起社会统筹和个人账户相结合、以职业年金为补充的机关事业单位养老保险制度框架，将全省170万机关事业单位工作人员全部纳入新制度。启动全民参保计划。全省全民参保登记数据库入库人数达3698万人，已上传3396万人，占全省人口的95.10%，基本实现法定人群全覆盖。推进商业保险机构参与经办医疗保险业务战略合作协议。 （田国平）

【城乡居民医保筹资保障】 2017年，山西省人社厅推进城乡居民医保工作。门诊统筹基金筹资标准由60元提高到100元，城乡居民基本医保财政补助标准由每人每年420元提高到450元。将城乡居民住院医疗费用支付比例平均提高到75%；将大病保险分段计算补偿的政策标准统一改为按75%报销，城乡居民住院总费用报销比例达80%。医保目录用药由1500种扩大到2800多种，定点医药机构从2000多家增加到7000多家。提高工伤保险待遇。按5.50%的增幅提高工伤保险待遇，其中伤残津贴、生活护理费、供养亲属抚恤金三项待遇合计月人均增加103元，惠及4.54万人。增发失业保险补贴。从失业保险基金中为参保职工发放职业技能提升补贴，人均补贴标准为1609元，惠及8.70万人。 （田国平）

社会救助

【留守儿童专项行动】 2017年，山西省民政厅开展农村留守儿童“合力监护、相伴成长”专项行动，对农村留守儿童监护、户籍登记、复学等工作落实比例分别达100%、97.90%和97.60%，均超过民政部要求的90%。落实监护责任8260人、登记户口1007人、返校复学415人。出台《关于加强困境儿童保障工作的实施意见》。指导各地通过政府购买服务等方式，充实农村留守儿童关爱保护工作力量，并建立动态管理机制。 （李春伟）

【特困老年人救助】 2017年，山西省老龄办联合省老龄事业发展基金会，在全省开展“暖心关爱行动暨全省特困失能、半失能老人照料及护理资助试点项目”。项目申请中央财政支持社会组织参与社会服务项目资金50万元，筹集省福利彩票公益金配套资金50万元，通过政府购买服务方式，资助全省各地特困失能、半失能老年人460人。各市老龄办开展特困老年人救助工作。吕梁市老龄办救助120位农村特困老年人，每位发放救助金500元；晋城市为31名特困老年人发放救助款4700元；忻州市老龄办对300余名特困老年人进行救助，每人发放300元救助金。 （闫　鹏）

【特困人员医疗救助】 2017年，山西

省民政厅落实省委、省政府关于建档立卡贫困人口医疗保障帮扶措施，全额资助建档立卡贫困对象参加基本医疗保险。制订医疗救助与城乡居民大病保险有效衔接实施方案，强化医疗救助协同基本医疗保险、大病保险等制度的衔接，全年下拨各类社会救助资金64.70亿元。 （李春伟）

【特困人员社会救助】 2017年，山西省民政厅全年救助流浪乞讨人员47800多人次，为940名长期滞留人员全部发布寻亲公告，采集DNA信息，开展儿童福利机构排查整治和孤残儿童"明天计划"手术项目。组织实施"三区"计划"牵手计划"以及困难家庭儿童救助，社区困境老人服务等30多个社会工作项目。 （李春伟）

【养老扶老社会管理】 2017年，山西省民政厅出台《关于全面放开养老服务市场提升养老服务质量的若干意见》《山西省"十三五"养老服务业发展规划》和《关于加快发展康复辅助器具产业的实施意见》等政策文件，推动养老服务等福利事业发展。列入省政府民生实事之一的新建600个农村老年人日间照料中心任务完成，省级补助资金3600万元、市级补助资金2400万元，共计6000万元全部下拨到位。开展养老院服务质量大检查、大整治活动。城乡低保家庭中的高龄老人高龄补贴和失能老人护理补贴、困难残疾人生活补贴全部落实到位，共发放1.92亿元，36.50万人受益。引导社会力量参与慈善事业，全省有225个企事业单位、社会组织开展公益慈善活动，有50余个社会组织或企业开展农村老年人日间照料中心帮扶活动。 （李春伟）

【贫困人口医保帮扶】 2017年，山西省人社厅实施农村建档立卡贫困人口医保帮扶，出台《农村建档立卡贫困人口医疗保障帮扶方案》，实施基本医保、大病保险、补充医保和参保缴费救助、辅具免费适配救助、特困帮扶救助相结合的"三保险、三救助"政策，实行医保目录内住院费用"136"控制机制，创新医保经办模式，用"医保"撬动"商保"，将住院总费用平均报销比例提高到90%以上，解决农村贫困人口因病致贫返贫等"支出型贫困"问题，在全国社保扶贫工作会上作经验介绍，受到人社部肯定。 （田国平）

【低保标准动态调整】 2017年1月1日起，山西省统一提高城乡低保保障标准，每人每月至少20元。年底，全省城市、农村低保平均保障标准分别达每人每月466元/人/月、304元（3646元/人/年），分别比上年底提高27元、34元，同比增长6.20%、12.50%，114个涉农县（市、区）农村低保标准全部超过3200元的扶贫标准指导线，超额完成目标任务。 （李春伟）

2017年2月21日，山西省长楼阳生在省民政厅调研农村老年人日间照料中心建设 （李春伟供图）

社会福利

【老龄事业发展"十三五"规划出台】 2017年8月4日，山西省政府印发《山西省"十三五"老龄事业发展规划》（以下简称《规划》）。《规划》提出到2020年，全省老龄事业发展整体水平达到全面建成小康社会新要求，应对人口老龄化基础条件基本具备，全体老年人进入全面小康社会。《规划》确定八项主要任务，即完善老年人社会保障体系，健全养老服务体系，保障老年人合法权益，扩大老年人社会参与，建设老年宜居环境，发展老龄产业，丰富老年人精神文化生活和夯实老龄工作基础。《规划》还从组织领导、工作机制、宣传教育、督促检查等方面提出具体要求，为落实各项目标任务提供重要保证。截至2017年底，除阳泉市外，其他各地级市均参照《山西省"十三五"老龄事业发展规划》，结合当地实际出台本地区老龄事业发展"十三五"规划，为推进全省老龄事业全面发展提供重要依据和保障。 （闫　鹏）

【爱心护理工程建设基地帮扶】 2017年，山西省老龄办申请省福利彩票公益金50万元、筹措业务经费60万元，合计110万元，对晋城市城区晓庄社区老年公寓、临猗县温泉老年公寓、太原市杏花岭区比家美托老院、运城市盐湖区康福乐老年公寓和太谷县福康老年公寓5家爱心护理工程建设（示范）基地进行资助帮扶。 （闫　鹏）

【城乡老年人状况监测调查】 2017年，山西省老龄办组织各市、县开展

调查工作。7月20日，举办全省监测调查培训班，邀请中国老龄科研中心副研究员董彭滔就问卷内容、手持设备的使用等进行讲解，全省各级督导员、调查员120多人参加培训。在全国老龄办规定标准调查时间8月1日至31日，各调查地区开展入户调查工作，省老龄办通过实地抽查督导和网络督导检查相结合方式，对调查工作进行指导、纠错、监督、检查，确保各地按时保质完成调查任务，各项数据按规定按要求报送全国老龄科研中心。（闫　鹏）

【银龄行动】 2017年，山西省各级老龄办开展“银龄行动”，解决基层群众实际困难。省老龄办以医疗援助为重点，组织省荣军医院数十名医护人员到国家级贫困县阳高县东小村镇，开展“送医送药送温暖”大型义诊活动。晋城市老龄办开展第九期“银龄行动”暨开发式扶贫助老活动，投资5万元支持城区、陵川、沁水、泽州等县区发展为老服务、光伏发电、种植养殖和旅游业。晋中市老龄办分别于3月和10月组织两次“银龄行动”义诊活动，服务群众数百名，免费提供药品价值1万多元。临汾市415支老龄志愿服务队、3.50万名队员在特困救助、医疗保健、法律咨询、民事调解、文化娱乐、社会治安等各12个方面开展志愿服务活动。（闫　鹏）

【残疾人精准康复服务行动】 2017年，山西省政府工作报告中要求为10万名残疾人提供基本康复服务。省残联等7部门出台《山西省残疾人精准康复服务行动实施方案》，各市、县（市、区）均成立领导组，出台精准康复服务行动实施方案。各级残联会同有关部门确定定点康复评估机构和服务机构，依托家庭医生签约团队，组成精准康复服务小组，深入社区乡村，对有需求的残疾儿童和持证残疾人进行精准康复评估，并将符合条件的转介到定点康复服务机构接受基本康复服务。全省共为28.10万名残疾人提供基本康复服务，超额完成年度任务的181%，全省残疾人康复服务率达75%。（陈贺峰）

【残疾人“两项补贴”制度】 2017年，山西省残联系统落实困难残疾人生活补贴和重度残疾人护理补贴制度，困难残疾人生活补贴范围扩大到城乡低保家庭中所有持证残疾人，由县级民政部门负责发放；重度残疾人护理补贴范围扩大到所有持证重度残疾人，由县级残联负责发放。补贴标准由每人每月40元提高到50元。全省共为29.60万名重度残疾人发放护理补贴1.79亿元；为20.90万名困难残疾人发放生活补贴1.22亿元。（陈贺峰）

【助残慈善行动】 2017年4月18日，湖南爱眼公益基金会捐出100万元善款支持山西省“集善工程·启明行动”项目。按照捐赠协议，山西省残疾人福利基金会配套100万元项目资金共同开展“集善工程·启明行动”，项目有助于帮助1600名贫困白内障患者、20名糖尿病视网膜病变患者、10名小儿先天性眼病患者接受手术，重见光明。

5月21日，由中国残疾人福利基金会、中国残疾人杂志社、北京人人公益网共同开展“大美善行 扶残助困行动”——走进山西活动。志愿者现场为在省康复研究中心和省聋儿康复教育研究中心接受康复训练的20户贫困家庭进行捐助。（陈贺峰）

慈善事业

【慈善关爱活动】 2017年1月6日，山西省慈善总会开展“慈善情暖万家”活动，现场为200户困难群众发放慰问金和慰问品，总价值达23万余元。1月8日，太原市慈善总会、晋源区新村村委会开展“孝行天下、关爱老人”慈善活动。1月10日、13日，“澳大利亚魏基成慈善列车”到吕梁、长治市、武乡县开展慈善情暖万家慰问活动。1月18日，临汾吉县“慈善情暖万家”活动惠及1000户困难家庭。太原开展“中华慈善日”活动。吕梁市举办迎9·5“中华慈善日”暨关爱环卫工活动。

2017年，晋城市慈善总会1月至10月募捐善款（物）4274.54万元，支出善款（物）3872.56万元。开展慈爱阳光班、蜂产业慈善扶贫、血液透析慈善救助项目、重大疾病慈善救助项目、中慈药品援助项目、贫困大学生慈善助学项目、膝关节患者救助项

2017年10月20日至22日，山西省荣军医院医护人员到国家级贫困县阳高县东小村镇开展“银龄行动”（闫　鹏供图）

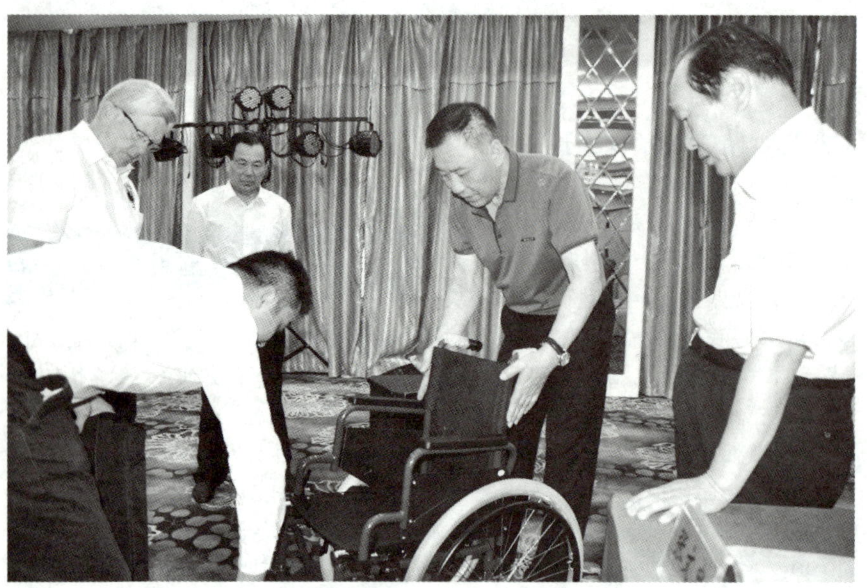

2017年8月9日至10日，中华慈善总会、美国LDS慈善协会轮椅项目山西工作会议在山西大同召开。中华慈善总会外联部专员刘晓嘉、美国LDS慈善协会中国区总监泰德·阿什顿夫妇、天津医院周雅媛、李勇医生一行，对山西省轮椅捐赠工作者进行培训指导　（武学亮供图）

目、晋城银行光明行动项目等，联合晋城市文明办、晋城市义工联合会开展“衣旧情深”“一张纸献爱心”慈善公益项目等。（武学亮）

【吕梁先心病儿童救治行动】 2017年，中国移动慈善基金会、山西省民政厅、山西省慈善总会、天津泰达国际心血管病医院联合开展中国移动爱“心”行动——吕梁贫困先心病儿童免费义诊筛查救治活动。该项目为来自吕梁市13个县（市、区）的106名先心病患儿进行免费检查，对符合手术条件的68名先心病患儿进行救治，手术费用全免。（武学亮）

【慈善救助活动】 2017年6月11日，山西晚报读者生活馆开馆首捐32万元物资公益惠民。6月27日，中国社会福利基金会社区发展基金联合亨氏（中国）投资有限公司在太原市社会福利院开展“婴爱同行”亨氏婴幼儿营养食品捐赠活动。陕西省晋商商会、运城市总商会西安商会为闻喜县慈善总会捐赠2万元，定向用于闻喜县患病学生韩圆辰的治疗费用。7月7日，宸咏集团公益慈善活动“寻找万名空巢失独老人”在高平市启动并举行捐赠活动。山西广播电视台“健康之声”广播联合山西省慈善总会开展“为岚县贫困留守儿童募集爱心餐活动”。7月，高平市慈善总会在泫氏家居城举办“为绝症女孩募捐”活动。吕梁市启动“聚焦深度贫困爱心慈善捐助”公益捐款活动。（武学亮）

【感动百姓山西乡村十大爱心大使】 2017年12月23日，由山西省慈善总会、共青团山西省委、省妇女联合会、省农村文化促进会联合主办的“第四届感动百姓山西乡村十大爱心大使颁奖典礼”在太原举行。沙万里、贺星龙、张秀珍等10人被评为第四届“感动百姓山西乡村十大爱心大使”，郭凤明、郭崇喜、刘招凤等5人获第四届“感动百姓山西乡村十大爱心大使提名奖”。（武学亮）

拥军优抚

【拥军优抚工作开展】 2017年，山西省民政厅开展部分军队退役人员信访问题源头化解专项行动和信访突出问题大整治活动。共解决安置遗留问题5639个，为53853名退役士兵发放待安置生活补助3.08亿元。慰问参战、参试退役人员4.49万名，发放慰问金2002万元。为41599名困难退役士兵发放救助金8484万元；对登记在册的80多万人发放光荣烈属、光荣军属、光荣之家牌匾。（李春伟）

【优抚标准调整】 2017年，山西省民政厅再次提高优抚对象抚恤和生活补助标准及一至四级伤残人员护理费标准，全年下拨优抚资金11亿元，保障重点优抚对象18.30万人。开展双拥宣传教育活动，营造军爱民、民拥军的氛围。召开军地协调会议，解决军地热点难点问题。（李春伟）

住房保障

【城镇保障性安居工程】 截至2017年底，山西省累计开工建设城镇保障性安居工程252.41万套（占全国开工总量约6500万套的3.90%），累计建成204.63万套，占开工总量的81.10%，解决约600万城镇中低收入住房困难群众和棚户区居民的住房问题，完成投资4242.80亿元。在完成开工任务的城镇保障性安居工程中，包括：公共租赁住房（含廉租住房）51.69万套，占20.50%；经济适用住房36.60万套，占14.50%；限价普通商品住房5.70万套，占2.20%；各类棚户区住房改造158.42万套，占62.80%。山西省棚户区住房改造开工13.61万套，占年度任务104.50%；建成20.37万套，占年度任务135.80%；城镇保障性安居工程完成投资547.51亿元，占年度任务109.50%；政府投资的公共租赁住房分配入住10.36万套，占年度任务106.30%。（李国红　米玉婷）

【棚户区改造】 截至2017年底，山西省累计开工改造各类棚户区住房158.42万套（含城中村41.93万套），占全国开工改造总量3860万套的4.10%；累计完成改造121.21万套，占开工量的76.50%，约360万棚户区居民出棚入楼；累计完成投资3026.9亿元。按照国家3年棚改攻坚计划要求，山西省保障性安居工程建设领导组办公室确定山西省2018–2020年新三年改造计划为各类棚户区住房31.11万套，占全国三年规划的2.10%。

（李国红 米玉婷）

【棚户区改造货币化安置】 2017年，山西省结合各市棚改任务及商品住房库存量，确定“可售面积消化周期大于36个月的市、县棚改货币化安置比例不低于80%，18个到36个月之间的不低于60%，其他原则上不低于50%，商品住房库存量大、市场房源充足的三、四线城市和县城基本实现货币化安置”的目标要求，推进棚改区改造货币化安置，各市县鼓励棚户区居民优先选择政府购买房源和政府搭建平台居民选购房源方式进行安置；引导和协调房地产开发企业对现有商品房源实施户型结构改造，确保商品住房与棚改安置住房渠道畅通。全年实施棚改货币化安置8.73万套，棚改货币化安置比例达64.20%，消化商品房库存。

（李国红 米玉婷）

【保障性安居工程投资】 2017年，负责承担国家开发银行棚户区改造专项贷款统一融资工作的山西省保障性安居工程投资有限公司以统一评级、统一授信、统贷统还的“三统一”模式和“省级统贷、市县购买”的政府购买服务模式，运行三年内累计获国家开发银行和农业发展银行棚改专项贷款授信1446.16亿元（国家开发银行959.55亿元、农业发展银行486.62亿元），累计发放638.73亿元（国家开发银行399.77亿元、农业发展银行238.96亿元）。其中，当年获得国家开发银行和农业发展银行棚改专项贷款年度授信662.24亿元(国家开发银行291.79亿元、农业发展银行370.45亿元）；年度发放402.03亿元（国家开发银行218.33亿元、农业发展银行183.71亿元），占全省年度棚改投资总额516亿元的77.90%，比上年增长49个百分点。

（李国红 米玉婷）

【公租房管理】 2017年，山西省住房与城乡建设厅、山西省发展改革委、山西省财政厅、山西省国土资源厅联合下发《关于转发〈关于进一步做好公共租赁住房有关工作的意见〉的通知》，组织开展对开工建设的各类公租房全面摸底清查，组织汇总拟盘活项目的申请和实施方案，由市级人民政府向省级人民政府统一上报。经山西省住房城乡建设厅、山西省发展改革委、山西省财政厅、山西省国土资源厅等部门现场核实和研究论证，由省政府批复7个市61个项目、20791套政府投资公租房的盘活申请。

山西省政府投资公租房全年新增分配8.27万套，分类处置和盘活2.08万套。截至2017年底，2013年底前开工政府投资公租房累计分配21.92万套，分配率为90.80%；2014年开工政府投资公租房累计分配2.15万套，分配率为85.20%。

为解决公共租赁住房配套基础设施不全问题，中央财政专门安排公共租赁住房及其配套设施专项补助资金100亿元，山西省有115个公租房项目争取到中央财政公租房及其配套设施专项补助资金40760万元，涉及公租房57740套。（李国红 米玉婷）

【公积金管理】 2017年12月底，山西省住房公积金缴存人数累计4234862人，缴存总额2365.39亿元，提取总额1454.25亿元，缴存余额911.14亿元，发放住房公积金贷款975.77亿元，贷款余额656.83亿元，结余资金252.52亿元。提取率61.48%，个贷率72.09%。2017年，全省住房公积金缴存额356.45亿元，同比增长32.38%，提取630591笔，资金额度141.81亿元，发放贷款53207笔，197.07亿元。申请降低缴存比例和缓缴公积金企业192家，涉及职工61479人，资金额度为20332.60万元。其中，申请降低缴存比例企业177家，涉及职工51594人，为企业减低成本12989.12万元；申请缓缴公积金的企业为15家，涉及职工9885人，为企业缓解资金7343.48万元。公积金贷款直接拉动住房消费占全省住宅销售额约30.10%。

公积金缴存使用监管。2017年，山西省晋煤、同煤、阳煤、焦煤、潞矿等五个公积金管理分中心与原单位分离移交纳入地方属地化管理。会同省国资委、省人社厅、省编办、省财政厅印发《关于做好省属国有煤炭企业住房公积金管理机构与原单位分离移交的通知》。对照《住房公积金廉政风险防空指引》，重点对太原、吕梁、运城三市开展廉政风险防控工作检查，发现问题，依据检查结果下达《关于限期整改住房公积金廉政风险防控存在问题的通知》，将资金风险消灭在萌芽状态，确保公积金行业健康发展。按照住建部要求于4月底向社会发布《山西省住房公积金2016年年度报告》，接受社会监督，提升住房公积金透明度和社会认同度。配合省审计厅对11个地级市管理中心及6个分中心业务进行全覆盖审计，督促各个单位对相关问题进行整改。

住房住房公积金“双贯标”。2017年，太原、大同、朔州、阳泉、长治、晋城6个市管理中心通过省、部联合验收，忻州、临汾、运城等3个市管理中心初步通过省级验收。指导督促11个地级市管理中心按时按要求连通全国住房公积金异地转移接续平台，为异地转移住房公积金的缴存职工提供便捷服务。

（李国红 米玉婷）

社会事务

·婚姻 家庭 殡葬·

【婚姻登记机关】 截至2017年底，山西省有婚姻登记机关136个，其中地级市以上婚姻登记机关12个，县区级124个。全年全省共办理国内居民婚姻登记42.40万对，其中结婚28.90万对，离婚6.60万对，补领6.90万对；涉外婚姻登记149对。（李春伟）

【家庭文明建设】 2017年，山西省各级妇联组织依托3万多个“妇女之家”，开展寻找三晋“最美家庭”活动，举办最美家庭最美家风故事会、家风家训家规评议会，开展“家庭·家教·家风”公益巡讲、讲家风说孝道示范故事会等活动。推选省级最美家庭100户，在线上展播3户全国文明家庭、25户全国最美家庭感人事迹。建立完善家庭教育服务体系。制定出台《山西省关于指导推进家庭教育的五年规划（2016–2020年）》，11个地级市、69个县建立家庭教育指导服务中心。为全省妇联系统16个未成年人校外活动场所争取建设经费235万元。提升家庭教育服务水平，依托各类家庭教育服务站点和家庭教育讲师团，全年开展家庭教育公益巡讲1318场，受益家长达217247人次。加强家庭教育人才队伍建设，全省各市县2000余名家庭教育骨干和家庭教育工作者接受专业培训。（侯少华）

【殡葬改革】 2017年，山西省民政厅推进殡葬改革和节地生态安葬，在火葬区，积极推行不占或少占土地的树葬、花葬、壁葬等节地生态葬式葬法，在人口密集区推行以楼、廊、堂、塔、墙等形式存放骨灰的立体安葬方式，大力倡导厚养薄葬。在经营性公墓开辟生态葬墓区，逐步提高节地生态葬式葬法所占比例。加强殡葬基础设施建设，完成清明节安全文明祭扫服务保障工作。（李春伟）

·社区建设·

【“三社联动”创新社区治理机制】 2017年，山西省民政厅创建的全国社区治理和服务创新实验区通过民政部评估，总结创新经验，出台《关于深入推进“三社联动”加强社区治理和服务创新的意见》；在全国率先下发加强完善城乡社区治理和加强乡镇政府服务能力建设两个政策文件，全国社区建设部际联席会议刊发各省学习；完成社区综合服务设施项目51个，新建项目120个，下拨福彩金3144万元，新增社区服务场所4.20余万平方米；3个乡镇、村通过民政部评审，确定为全国农村社区示范单位。（李春伟）

【村（社区）“两委”换届选举】 2017年，山西省民政厅指导新一届村（社区）“两委”开展换届工作。各地做好调研摸底和分析研判、软弱涣散村级组织整顿转化、农村干部经济责任专项审计等选前准备工作，召开全省村（社区）“两委”换届工作动员会，印发村民委员会换届选举工作实施意见，编写下发《选举实用手册》7万余册，直接培训选举骨干6000余人次。专门下发通知，明确村“两委”换届选举纪律，严肃选风选纪，维护正常的选举秩序。创造性提出的“六不能、六不宜”候选人条件负面清单，得到中组部肯定。各级公安机关对扰乱破坏换届选举工作的违法犯罪行为予以打击，对黑恶势力操控、影响换届选举秩序的违法犯罪行为，行凶打闹、聚众闹事、恐吓胁迫选民的违法犯罪行为，在换届选举中起哄闹事、撕毁选票、毁坏票箱、打砸会场等违法行为严厉打击。严密防范、严厉打击敌对势力、非法宗教插手和影响换届选举的违法犯罪行为。在全国率先实现村、社区选举同步进行，全省27350个应换届村、2576个应换届社区，换届率分别达99.97%和96.90%。（李春伟）

·社会组织管理·

【行业协会商会与行政机关脱钩】 2017年，山西省民政厅加强对全省社会组织发展与改革综合性顶层设计，出台《关于改革社会组织管理制度促进社会组织健康有序发展的实施意见》，激发社会组织活力。全省性行业协会商会脱钩试点工作完成，脱钩行业协会商会达120家。（李春伟）

【社会组织年检】 2017年，山西省民政厅加快建立社会组织信用体系，完成社会组织法人库建设立项申报工作。依法办理社会组织审批事项135件，完成年检940件。社会组织党建工作全面加强，社会组织党组织覆盖率达62%，党的工作覆盖率达68.50%，分别比上年提高24%和3.50%。（李春伟）

·防灾救灾·

【防灾减灾体制机制改革】 2017年，山西省民政厅落实党中央国务院关于防灾减灾救灾体制机制改革的重大部署，出台《关于推进防灾减灾救灾体制机制改革的实施意见》，提出一系列新战略、新举措。制订《山西省综合防灾减灾规划（2016–2020年）》，调整充实省减灾委成员单位。制定省级救灾应急工作规程，指导5个地级市修订救灾应急预案，在10个地级市、70多个县开展精准化救灾。（李春伟）

【救灾资金到位】 2017年，山西省民政厅针对干旱、洪涝、风雹等自然灾害，及时启动省级三级、四级救灾应急响应，报请启动国家四级救灾应急响应，争取中央救灾资金2.90亿元，全年下拨救灾资金3.30亿元，351万受灾群众基本生活得到保障。完成因灾倒塌、严重损坏住房重建修复工作，重建1.34万间、修复6.28万间。（李春伟）

【救灾物资储备】 2017年，山西省民政厅省级救灾物资储备库开工建设，筹措资金650万元支持6个县级救灾物资储备库。

创建全国综合减灾示范社区26个、省综合减灾示范社区182个，开展防灾减灾宣传教育活动，举办省、市、县救灾业务培训。部署开展冬春生活救助工作，确保受灾群众安全过冬、温暖过节。（李春伟）

民族宗教事务

·民族事务·

【概况】 2017年，山西省委、省政府

出台《山西省关于加强和改进新形势下宗教工作的实施意见》，为做好新形势下全省宗教工作提供基本遵循。山西省宗教局(省民委)开展“七五”普法学习宣传活动，贯彻实施新《条例》。依法推进宗教教职人员认定备案、宗教团体登记、宗教活动场所审批、大型宗教活动申报工作，推行教职人员户籍纳入当地派出所管理和宗教活动场所财务、安全、卫生、防疫等常态化监督管理工作。规范依法行政，在门户网站公布行政审批事项和有关要求，畅通群众办事渠道。针对宗教领域存在的突出问题制定工作措施，明确工作目标。开展佛道教商业化治理工作，加强道风建设，树立僧道良好形象。规范五台山佛教事务管理，牵头省直相关部门，在五台山开展综合整改整治调研督查。发挥五台山朝山僧人服务中心的作用，组建僧人“纠察队”参与服务管理。完成大同市天主教爱国会换届，巩固壮大爱国宗教团体力量。开展和谐寺观教堂创建、宗教政策法规学习月、宗教慈善周等活动。佛教界举办第三届五台山信仰国际研讨会、全省佛教教职人员研修班和以“慈悲·圆融·宏博”为主题的讲经交流会。伊斯兰教界开展“卧尔兹”演讲，选派优秀教职人员参加全国比赛。强化宗教界代表人士政治学习、培训教育和述职考评工作，指导爱国宗教团体建立健全各项规章制度，提升素质和服务能力。引导民族宗教界开展慈善公益活动，在隰县黄土镇设立“山西省民族宗教界助力脱贫攻坚实践基地”，设立“孝善基金”，捐资10.20万元。在第三届全国创建和谐寺观教堂表彰大会上，山西省五台山黛螺顶等7个先进集体和4名先进个人受到表彰。天主教信教群众聚居村长治郊区马厂村被评为全国文明村镇。

推动民族团结进步事业和少数民族经济发展。国家民委副主任李昌平到长治市回族社区调研，向武乡八路军纪念馆被命名为全国民族团结进步教育基地授匾。召开“山西省民族团结进步创建经验交流现场会”，发挥示范引领作用，大同城区南街等3家单位被命名为第五批全国民族团结进步创建示范单位。以点带面，整体推进少数民族流动人口服务管理工作。榆次区被命名为全国少数民族流动人口服务管理示范城市。对全省少数民族贫困人口摸底建档，实施精准扶贫，对尚未脱贫的加大脱贫攻坚力度，对已实现脱贫但有返贫迹象的继续实施帮扶。加强清真食品安全监管，重新审核发放清真食品生产经营许可证和标志牌。推广少数民族传统体育项目，组织参加全国比赛并取得优秀成绩。

(茅立新)

【李昌平调研长治民族工作】 2017年3月13日，国家民族事务委员会副主任李昌平一行到长治市城区调研民族团结进步创建工作。一行先后到天空之城创意文化园区、西街街道瓦窑沟社区、西街街道“三道营”、中德型材等地实地考察城区民族经济、民族文化等工作情况，详细了解少数民族青年创业就业情况，要求创业带头人要发挥带领、带动作用，扩展创业空间，搭建创业平台，使更多的青年人创业就业。希望城区各级部门贯彻落实好中央民族工作会议精神，加强民族团结进步工作，巩固提升民族团结成果；把民族团结进步工作与提高群众生活水平、保障和改善民生结合起来，促进城区经济社会发展，解决各民族群众生产生活实际问题。高度重视民族文化工作，营造良好的民族文化宣传氛围，探索更多民族工作好经验，为全国民族工作作出新贡献。(茅立新)

【民族团结进步创建活动】 2017年11月28日至29日，山西省委宣传部、省委统战部、省民委联合举办的山西省民族团结进步创建活动经验交流现场会在运城市召开。会议围绕“中华民族一家亲、同心共筑中国梦”的目标任务，学习中共十九大精神和全国民族团结进步创建活动经验交流现场会的精神，现场观摩运城市阳光少数民族群众服务站、平陆县东中村民族团结进步创建活动工作经验和做法，分析新形势下全省民族团结进步创建工作存在的问题，安排部署下一步工作。运城市、翼城县北关村、山西大学、阳泉城区上站街道德胜街社区、长治中德集团、尧都区辛寺派出所、运城阳光少数民族服务站等7个全国民族团结进步创建典型代表进行大会经验交流发言。(茅立新)

·宗教事务·

【《关于加强和改进新形势下宗教工作的实施意见》出台】 2017年8月，山西省委、省政府正式出台《关于加强和改进新形势下宗教工作的实施意见》(简称“实施意见”)。《实施意见》从准确把握全省宗教工作的形势和任务、坚持宗教中国化方向、提高宗教工作法治化水平、解决各宗教突出问题、支持宗教界加强自身建设、加强和改进党对宗教工作的领导等6个方面，共提出28条具体意见。

(茅立新)

【和谐寺观教堂创建活动】 2017年，山西省宗教局下发《关于2017年继续以“规范”为主题开展和谐寺观教堂创建活动的通知》，对全省创建活动进行安排部署。重点是对照《宗教活动场所财务监督管理办法(试行)》，重点检查财务管理制度是否健全并严格落实、财务管理组织是否充分发挥作用、财务管理是否公开透明，推动宗教活动场所提高财务管理规范化水平。加强监督检查，将“规范年”创建活动作为年度重点工作，纳入对基层宗教工作部门和宗教团体年度工作考核的重要内容，抓紧抓好。推广先进经验，多方式宣传第三届全国创建和谐寺观教堂先进集体和先进个人的先进事迹，总结推广先进经验和做法，以点带面，全面提高。发挥宗教团体的桥梁纽带作用和宗教活动场所的主体作用，加强规范管理，将各项工作纳入规范化管理轨道，建立规范管理长效机制，提高宗教活动场所管理的规范化水平，树立宗教界良好形象。(茅立新)

2017年8月2日至4日，山西省第四届佛教讲经交流会在盂县报国寺举办

（茅立新供图）

【第四届佛教讲经交流会】 2017年8月2日至4日，山西省第四届佛教讲经交流会在阳泉市盂县报国寺举办。来自全省各市的26名法师参加讲经交流活动，300余名佛教教职人员、居士分享讲经交流成果。省、市、县统战、宗教部门负责人出席活动。讲经交流会以“慈悲·圆融·宏博”为主题，评选出一等奖3名，二等奖5名，三等奖7名。活动致力于提高佛教教职人员综合素质、服务山西“一带一路”建设，坚持宗教中国化方向，以社会主义核心价值观为引领，对教义教规做出符合时代进步要求的阐释，推动教风建设，人才建设。

（茅立新）

【五台山佛教文化交流】 2017年6月28日至30日，应中国佛教协会邀请，以“中国佛教会”副理事长心茂法师为团长，台湾24个县（市）佛教会理事长、理事、佛教界代表组成的文化交流团一行80余人，在山西大同、忻州两市进行参观访问和文化交流。文化交流团访问大同市华严寺、云冈石窟、悬空寺和五台山大显通寺、塔院寺、菩萨顶、普寿寺、大圣竹林寺等佛教圣迹、重点寺院，并对大同佛教遗迹和五台山佛教圣地的浓厚文殊菩萨信仰及建筑艺术给予高度评价。30日上午，两岸佛教界代表人士在五台山大显通寺举行“两岸佛教界祈祷世界和平法会”。

7月12日至15日，以“文殊信仰、《大方广佛华严经》研究”为主题的第三届五台山信仰国际研讨会在五台山佛教国际研究院开幕，来自海内外的30多名佛学专家、80余名中青年学者参加研讨。研讨会旨在加强文殊信仰、《大方广佛华严经》研究，弘扬佛教优秀文化传统，促进佛教适应、融入文化大发展、思想大繁荣、文明大进步的时代要求。 （茅立新）

【穆斯林麦加朝觐保障】 2017年9月21日，山西省参加沙特麦加朝觐的穆斯林人员完成历时40余天的朝觐功课。朝觐期间，山西省朝觐人员听从中国朝觐总团的指挥与安排，统一行动，完成朝觐功课。参加综合团组织的伊玛目卧尔兹和“争优秀、保平安”做一位合格的哈吉主题等演讲活动，表达对伟大祖国、对党和政府的感恩之情，树立山西穆斯林的良好形象并表示爱国爱教、中正和善，抵制极端思想，坚持正信正行，以实际行动为家乡经济发展和谐稳定作贡献。

（茅立新）

【宗教活动场所安全工作】 2017年，山西省宗教活动场所严格落实各项安全生产制度措施，预防各类安全事故的发生，从五方面入手做好安全工作，确保全省民族宗教领域安全稳定。强化安全红线意识。各地加强对辖区宗教活动场所安全工作的监管，主要负责人亲力亲为，每季度至少检查一次宗教活动场所安全工作。健全安全管理制度。各地督促辖区宗教活动场所针对本场所消防、治安、建筑、食品、防洪、防震等安全工作，制定各项安全管理制度并落实。采取有效措施。加大排查整治力度。各地采取有计划的检查与随机抽查、突查暗查、巡查督查相结合，对所监管的宗教活动场所排查整治情况进行督查。配齐配足安全设施。配齐配足必要的防火、防盗、防雷等安全器材、设备设施，运用高科技手段进行安全预防和事故处置。各场所设置疏散指示标志和应急照明灯具。提高预案的可操作性和实用性，组织综合性的应急演练活动，增强宗教活动场所安全事故预防和应急处置能力。 （茅立新）

革命烈士

王彦萍 男,1907年生，永济市韩阳镇长旺村人。1929年参加革命,1931年加入中国共产党,曾任国民革命第四军团总指挥部上尉处员,长期秘密从事党的地下军运策动工作,1938年返乡组织抗日自卫队坚持在中条山与日军作战,1945年3月，日伪警备队将王彦萍暗杀于芮城县中瑶乡垴寨村。2017年1月19日被评定为革命烈士。

张海英 男,汉族,1970年1月生,闻喜县裴介镇毛家埝村第二组村民。2003年8月13日，在抢救落水学生时不幸遇难。2017年1月20日被评定为烈士。

王三全 男,1912年生，武乡县大井村人。1947年参加革命，民兵,1947年在来远支前中牺牲。2017年3月7日被评定为革命烈士。

郝　毅 男,1908年生，河北省涿州市东仙坡乡北务村人。1931年任太原市军委书记,组织汾阳军校士官与工农武装军事暴动，成立红色根据地,后被叛徒出卖暴动失败被捕,同年11月13日惨遭杀害。2017年5月18日被评定为革命烈士。

褚志刚 男,1984年11月生,太谷县森林防火专业队二中队队员。2017年4月3日，在执行扑救山火任务中不幸遇难。2017年7月19日被评定为烈士。

杜江涛 男,1995年8月生，太谷县森林防火专业二中队一班副班长。2017年4月3日,在执行扑救山火任务中不幸遇难。2017年7月19日被评定为烈士。

韩国梁 男,1992年9月生,太谷县森林防火专业二中队队员。2017年4月3日,在执行扑救山火任务中不幸遇难。2017年7月19日被评定为烈士。

孙新尧 男,1979年12月生,太谷县森林防火专业队二中队队员。2017年4月3日，在执行扑火救火任务中不幸遇难。2017年7月19日被评定为烈士。

梁梅香 女,1925年生，临汾市尧都区尧庙镇伊村人。1943年参加中共领导的抗日武装,在襄汾县安李一带打游击。1946年受组织委派搞策反工作,不慎被捕被敌杀害。2017年8月18日被评定为革命烈士。

李连海 男,1952年11月生,寿阳县供销合作公司退休职工。2016年3月3日，在扑救山火中不幸遇难。2017年8月29日被评定为烈士。

李保林 男,1969年5月生,寿阳县解愁乡独壁村红花堙党支部书记。2016年3月4日，在扑救山火中不幸遇难。2017年8月30日被评定为烈士。

郝　磊 男,1983年1月生，山西省永济市浦州镇寨子村人。2004年8月10日，在抢救落水学生中不幸遇难。2017年12月26日被评定为烈士。

（山西省民政厅）

先进人物

2017年山西省获全国五一劳动奖章名单

樊志勤　太原重型机械集团有限公司太原重工理化检定中心科科长

管　霞　大同煤矿集团有限责任公司四老沟矿管霞工作室带头人

宋青红　阳泉煤业(集团)有限责任公司一矿综采四队副

队长
郝春平 晋城市假日国际旅行社业务总监
袁子捷 柳林县公安局网络安全保卫大队大队长
王斌俊 山焦汾西矿业集团高阳煤矿机电创新工作室带头人
王海川 山西潞安矿业(集团)公司常村煤矿综采二队副 队长
刘富义 山西强伟纸业有限公司电气维修工
王少斌 山西红艳果蔬专业合作社工人
张宏祥 右玉县张千户岭养殖专业合作社带头人
白振华 太原市迎泽区双西小学校长
苗 洁 山西戏剧职业学院戏曲系主任
赵俊瑞 忻州市第十二中学副校长学部主任
康文娟 清徐县人民医院院长
贾俊国 国网山西省电力公司太原供电公司总经理、党委副书记
李向阳 中国农业银行临汾分行副行长
潘亚平 山西广播电视台总监

2017年山西省五一劳动奖章名单

太原

王瑞兵 西山煤电官地矿调度指挥中心副主任
秦爱华 太原重型机械集团有限公司太原重工冶铸分公司铸钢厂造型二工部造型一组组长
魏守有 太原煤气化太原天然气公司生产部部长
柳建军 太化物业管理公司建修公司副经理
郭世江 中车太原机车车辆有限公司钢结构二车间工装组组长
杨成凯 山西昆明烟草有限责任公司卷包车间轮保组组长
杜 荣(女) 中国邮政集团公司太原市分公司小店区坞中支局班组长
魏泽鹏 大唐太原第二热电厂锅炉工程部制粉一班班长
王 钰 山西百一机械设备制造有限公司经营部主任
贾文红 山西国营大众机械厂军用系统工程设备研究所工程师
栗文恺 太原供水集团有限公司枣沟制水分公司工段长
陈晋兴 太原市热力公司城南供暖分公司维检所所长
赵 峰 太原市第一建筑工程集团有限公司质量安全部部长
高 鸿 太原市市政工程总公司第四工程公司项目经理
王保同 太原市宁化府益源庆醋业有限公司车间副主任
于亚军(女) 太原市杏花岭区涧河街道锦绣苑社区党支部书记兼主任
王 惠(女) 太原市万柏林区万柏林街道和平社区党支部书记兼主任
王旭强 娄烦县娄烦镇城北村农民
杜金锁 太原市晋源区晋祠镇东院村党支部书记
杨金喜 太原市民营经济开发区侯村党支部书记
杜月新 太原市尖草坪区柏板乡宇文村农民
孟文斌 太原市城市规划设计研究所数字中心主任
杨向东 太原市第五十六中学校校长
郭进升 太原市妇幼保健院院长
张环娥(女) 太原市食品药品监督所所长
衡旭文 太原钢铁(集团)有限公司矿业分公司峨口铁矿矿长、党委书记
宋玉河 山西省清徐县地方税务局局长
赵东会 太原市尖草坪区司法局汇丰司法所所长

大同

许丁丁 大同煤矿集团马脊梁矿综采一队副队长
郑 森 大同煤矿集团矿井建设管理处证照管理科副科长
杨文胜 中国重汽集团大同齿轮有限公司车间主任
秦 龙 中车大同电力机车有限公司机车大修车间钳工组组长
苏国新 国电电力大同第二发电厂运行管理部主任
王 羽 国网大同供电公司检修公司电缆运检室二班班长
陈海滨 大同市供水排水集团有限责任公司口泉供水处处长
郝雁军 大同市房屋交易权属登记管理中心测绘科负责人
杨河芬 大同市人社局公务员考试录用科副科长驻天镇县许家夭村第一书记副科长
张 翔(女) 中国农业银行大同市分行南郊支行运营主管
温志强 山西大唐国际云冈热电有限责任公司燃料部部长
吴兴华 大同市吴官屯煤业有限责任公司综采一队跟班队长
王 春 灵丘县下车河村支部书记、道自然有机农业专业合作社理事长支部书记
田德永 大同市广灵县永青米面加工厂厂长
吴金山 左云县水窑乡兴隆沟村支部副书记、左云金山实业有限责任公司董事长
任巨波 大同市矿区恒安第一中学教师
仇立国 大同市南郊区口泉中学教师
季培富 山西省阳高县第一中学校教师
杜 芳(女) 天镇县第四中学教师
吴兴利 大同煤矿集团有限责任公司副总经理
刘建明 中国工商银行大同魏都支行行长

阳泉

李　杰　阳泉煤业(集团)有限责任公司三矿机电动力部综采组工人

石亚萍(女)　阳泉煤业(集团)有限责任公司升华实业分公司第五服务中心环卫队桥头组组长

谢俊生　阳泉煤业(集团)有限责任公司通风部高级工程师

王永明　阳泉市燕龛煤炭有限责任公司程庄矿生产区综采队队长

裴元钊　山西省阳泉市中级人民法院刑事审判二庭庭长

任红梅(女)　阳泉市矿区段南沟社区居民委员会主任

张增禄　阳泉市元承建业工程有限公司装潢分公司经理

陈培银　平定县丰兴红薯种植专业合作社理事长

胡金毛　盂县秀水镇东关南村党总支书记

王　然　阳泉市第三人民医院胸外乳腺科主任

陈俊明　阳泉煤业(集团)有限责任公司二矿矿长

曾随正　阳泉市国家税务局党组书记、局长

段宝山　阳泉煤业(集团)有限责任公司总医院党委书记、院长

长治

周可仁　山西漳泽电力股份有限公司长治分公司锅炉专业工程师

牛建民　长治市出租行业爱心车队队长

陈锦华(女)　长治市人民医院主任

李　琦　长治市澳瑞特欣鑫健身器材有限公司技术员

翟树斌　屯留县公安局刑警大队大队长

窦丙虎　山西省长治市财政局科长

吴增明　山西潞安(矿业)集团有限责任公司王庄煤矿工人

李五林　长治市郊区环境卫生管理中心主任

赵建国　山西省长治市黎城县建国农机专业合作社理事长

程玉珍(女)　长治市壶关县五龙山乡刘寨村支部书记、村委主任

景秀萍(女)　长治市城区东街小学校长

杨振亚　长治市生产力促进中心主任

岳福增　黎城县上遥河西小学教师

贾向刚　首钢长治钢铁有限公司董事长、总经理

贺少伟　长治市城区城管局党组书记、局长

李　彬　长治市委、市政府接待处副处长，长治宾馆、长治大酒店经理

孟晓波　长治三元晋永泰煤业有限公司副董事长

段开松　平顺县青羊镇党委书记

晋城

董光拽　晋煤集团古书院矿洗煤厂厂长

王晋临　晋城市关心下一代委员会办公室主任

范粉伟(女)　晋城市南街社区卫生服务中心主任

孙尚军　阳城县财政局科员

李红光　晋城市华牧农业开发有限公司董事兼技术员

杨新芳　高平市君欣种养植合作社理事长

平国珍　陵川县菇珍翠信用菌合作社理事

贾娜娜(女)　山西省沁水县示范初级中学校教师

杜玉喜　泽州县人民医院院长

任　忠　国网晋城供电公司总经理

马建民　山西兰花华明纳米材料股份有限公司董事长

史军民　浩翔控股集团公司董事长

陈　捷　中国移动通信集团山西有限公司晋城分公司副总经理

马晋章　泽州县工商联副会长

朔州

李向阳　中国移动通信集团山西有限公司朔州分公司工程部经理

李跃霞(女)　山西省朔州市人民检察院驻开发区检察室主任

张　林　大同煤矿集团朔州朔煤小峪煤矿调度室主任

张晓红　国网山西省电力公司朔州供电公司变电运检室班长

赵毓源　华电国际电力股份有限公司朔州热电分公司发电部主值

任朝东　怀仁县供热公司工人

陈永和　山阴县泰和牧业专业合作社理事长

丁爱国　朔州市朔城区人民医院医师

帖玉芳(女)　应县第五小学校副校长

王　炜　山西晋能集团朔州能源铝硅合金有限公司总经理

李明林　山西京玉发电有限责任公司总经理

王伟民(女)　中国农业银行股份有限公司朔州雁门支行行长

孙　宽　中煤平朔集团有限公司东露天矿副矿长

忻州

李富国　忻州市摔跤柔道运动学校招生就业科、代县上馆镇桂家窑村第一书记科长

郭俊义　阳煤忻州通用有限公司铆焊车间主任

岳变芳(女)　山西晨辉锻压设备有限公司技术中心主任

贾卫东　原平市住建局环卫中心主任

郭焕平(女)　山西天宝集团有限公司技术部部长

闫　翔　繁峙县中兴实业有限公司

中兴华德联铸造型车间主任
王秀栋(女) 静乐县城镇环境卫生队清扫工
邱俊杰 神池县公安局巡警大队民警
孟福锁 五台县阳白肉牛养殖专业合作社主任
常 芳(女) 宁武县余庄乡马营村村委会主任
刘俊希 五寨县道地中药材农民专业合作社理事长
孙爱玲(女) 岢岚县岚漪镇东街村蘑菇种植户农民
高占胜 代县第五中学校长
李乃仁 河曲县人民医院外科主任
付文国 保德县人民医院神经内科主任
秦瑞芳(女) 偏关县中学校化学教研组教师
张世平 中国邮政集团公司忻州市分公司总经理、党委书记
王爱明 忻州市规划勘测局副局长
刘文军 山西漳电同华有限公司总工程师

吕梁

李宏耀 汾阳市市政工程公司技术员
郭晓军 孝义市信访局驻省工作组组长
李乃忠 国网山西省电力公司孝义市供电公司营销部主任
武东文 山西京能吕临发电有限公司筹建处主任
张国庆 霍州煤电集团吕梁山煤电有限公司方山木瓜煤矿党委书记
王建新 山西地方电力有限公司临县分公司经理
颜永贵 吕梁市烟草公司汾阳市营销部经理
刘 晋 柳林县城市综合执法大队大队长
王栓安 交城县西社镇横岭村党支部书记兼村委主任
马德茂 文水县南安镇杨乐堡村(德茂肉牛养殖合作社)负责人
孙平莲(女) 吕梁市人民医院重症医学科主任
张秀珍(女) 中阳县培英学校教师
李万有 交口县一中校长
郑 鹏 孝义市鹏飞实业有限公司董事长
郭勇勇 岚县普明镇党委书记
张金平(女) 吕梁市离石区扶贫办主任
高利平 兴县地方税务局党总支副书记

晋中

李云剑 经纬纺织机械股份有限公司榆次分公司罗拉厂装配班班长
张 伟 山西鼎正钢结构有限公司车间主任
姚亮亮 平遥煤化集团宇皓照明灯具厂技术员
张卫芳(女) 昔阳县洁城清运有限公司环卫工人
闫忠生 山西安泰集团股份有限公司机焦厂安全科长
宋晋堂 山西灵石华瀛天星集广煤业有限公司皮带队队长
赵 亮 晋中广播电视台时政新闻部副主任
冯玉成 晋中市公安局特警支队支队长
籍福保 山西巨鑫伟农业开发科技有限公司董事长
毛晓玲(女) 和顺县横岭镇官庄村党支部书记(大学生村官)
韩效兵 山西省榆社县北寨乡水磨头村党支部书记
平俊爱(女) 山西省农科院高粱研究所主任
彭永强 晋中市第二幼儿园园长
侯春林 晋中市第一人民医院口腔科主任
文建福 祁县中医院院长
裴畅茂 晋中市交通建设质量安全监督局局长
刘贵斌 中国人民银行晋中市中心支行党委书记、行长
翟利民 国网山西省电力公司晋中供电公司副总经理

临汾

刘法军 中条山集团侯马北铜铜业有限公司班长
焦琛珀 洪洞大槐树寻根祭祖园旅商开发部部长
刘振基 浮山县人民医院儿科副主任
刘 辉 临汾市第四人民医院主任
张泽锋 山西煤矿安全监察局临汾监察分局主任
李迎敏 山西焦化股份有限公司甲醇厂生产技术科科长
王 萍 翼城县隆化镇隆化村农民
尉昌华 安泽天乐农业综合服务专业合作社带头人
冯三绪 吉县东城乡太和村农民
冯爱文 永和县阁底乡辛角村农民
武小建 霍州市辛置镇辛置村支部书记
贺星龙 大宁县徐家垛乡乐堂村乡村医生
席乐斌(女) 临汾市第二人民医院护士
白金莉(女) 山西省古县城镇幼儿园园长
许聪信 临汾开发区招商局局长
耿世文 人祖山文化旅游开发有限公司董事长
李保龙 临汾市水利机械工程局局长
李 逸 山西中条山新型建材有限公司董事长
王乾峰 临汾市地方税务局党办主任

运城

王汉平 国网运城供电公司二次专业二次运检二班副班长
师宁宁 中车永济电机有限公司铆焊车间组装四班班长
陈宝峰 山西省安瑞风机电气有限公司技术员
罗 进 中铁隧道集团二处有限公

司蒙华铁路平陆段项目负责人
刘　英　临猗县嵋阳镇中心卫生院医生
张军刚　永济市环境卫生管理处工人
谭丽红(女)　运城市广播电视台第一时间记者
李晓琴(女)　运城市中心医院产科主任
杨启刚　运城市盐湖区龙居镇雷家坡村支部书记兼村委主任
柴过安　闻喜县河底镇大尾沟村支部书记兼村委主任
张敏斋　河津市赵家庄石庄村农民
李忠实　芮城县永乐镇蔡村支部书记兼村委主任
张刘生　垣曲县皋落乡皋落村农民
陶小翠(女)　山西龙翔高级技工学校校长
牛江丽(女)　运城中学教师
赵俊霞(女)　新绛县西街实验小学北校校长
郭崇喜　山西国澳崇基电梯股份有限公司董事长
秦江峰　运城农村商业银行股份有限公司董事长
张学礼　运城市残疾人联合会理事长
杨　谦　中共运城市纪律检查委员会政策法规研究室主任
薛　军　运城市北赵引黄工程建设管理局副局长

国防

王永军　山西平阳重工机械有限责任公司高级技师
谢丙友　国营第六一六厂高级技师
王彩芳(女)　淮海工业集团有限公司四分厂技术科科长
车　军　中核新能核工业工程有限责任公司研究员级高工
张志龙　中国辐射防护研究院研究员
丰新龙　太原航空仪表有限公司高级工程师

省直

黄祥树　省政府办公厅建议提案处副处长
卢　成　省政协办公厅信息处处长
张文伟　省委统战部干部处处长
卫永杰　省统计局政策法规处处长
曹　阳　省邮政管理局普遍服务处调研员
薛敬仓　山西省纪委监委第四纪检监察室正处级副主任
范春艳(女)　省妇女干部学校校长
侯黎晓　山西省委党校山西行政学院培训部主任

煤矿

徐卫强　山西蓝焰煤层气集团有限责任公司勘探队工人
郭俊生　山西西山晋兴能源有限责任公司斜沟煤矿科长

公路运输

汪　伟　山西省交通规划勘察设计院所长
王生荣　山西太长高速公路有限责任公司工区主任

监狱

李光泽　山西省曲沃监狱十监区主任科员
张　军　山西省太原第二监狱狱政管理科科长

科教文卫体

申明远　山西传媒学院艺术设计系副主任
李卓玉(女)　山西大学生物技术研究所所长
赵　杰　山西省中西医结合医院中医工作室主任
赵　霖(女)　太原师范学院舞蹈系副主任

财贸

张国平　山西晋粮植物油库副科长
许晓桐　中国石油榆次汇通路东加油站加油员
李爱红(女)　太原市贝亲好家政服务有限公司总经理
王国卿　山西国瑞投资有限公司党支部书记、董事长
胡孝传　太原市地方税务局副局长

农林水

王卫刚　黄河万家寨水利枢纽有限公司工程师
张武云　山西省植物保护物检疫总站副站长

电业

李　光　国网山西省电力公司物资分公司主任
宁志刚　山西漳泽电力股份有限公司安全主管
任智卿　国网山西省电力公司大同供电公司总经理、党委副书记
刘志强　中国能源建设集团山西省电力勘测设计院有限公司副总工程师

信息

李路鹏　中国移动通信集团山西有限公司法律事务中心法律事务管理
张连荣　中移铁通有限公司太原分公司网络业务部工程师

建筑

余广勤　山西四建集团有限公司分公司测量组长
胡筱慷　中建三局北京公司山西分公司项目总工程师

直属基层

田喜平　山西焦煤集团岚县正利煤业有限公司综采队长
赵鹏杰　长治三元中能煤业有限公司综采队班组长
王福宝　山西能源交通投资有限公司秘书处处长
孟凡勇　山西煤层气(天然气)集输有限公司部长
贺歌今　中铁十二局集团建筑安装

工程有限公司重庆西站项目部项目经理
王树成　中铁十七局集团有限公司拉林铁路工程指挥部指挥长
樊江波　山西省民航机场集团公司主管
李　勇　中铁六局集团太原铁路建设有限公司项目经理
杨文府　山西省煤炭地质物探测绘院主任
赵培基　大同地方铁路公司总经理
温金平　山西焦煤汾西矿业化工有限责任公司经理

金融

原红波(女)　交通银行股份有限公司晋城分行营业部经理
卫东锋　吕梁市农村信用合作社联合社科长
邹嘉宏　中国信达资产管理股份有限公司山西分公司副总经理

机冶建材

孙金虎　太原重型机械集团有限公司太原重工新能源装备有限公司装配组长
邱华东　山西太钢不锈钢股份有限公司热连轧厂首席热轧数模工程师

（山西省总工会）

2017年全国三八红旗手(山西)名单

孙秀兰　山西省大同市城区环卫处清洁一公司清洁工
刘桂珍　山西省忻州市代县峪口乡段家湾村党支部书记、村委会主任
程玉珍　山西省长治市壶关县五龙山乡刘寨村党支部书记
崔玲玲　山西省晋城市妇联主席
韩利萍　山西省长治清华机械厂数控铣工、高级技师
车效梅　山西师范大学历史与文化旅游学院院长
刘近春　山西医科大学第一医院消化内科副主任

2017年山西省三八红旗手名单（139名）

太原(7名)

段瑜平　太原市迎泽区妇联党组书记、主席
侯晋娟　太原市委外宣办(市政府新闻办)副主任
杨秀兰　太原市妇联老干处处长
王铁云　太原市中医医院腹针科主任
杨红霞　太原市公安局迎泽分局迎泽派出所社区二中队副队长
孙婉丽　太原市少年宫教育活动部部长、女工委员会主任
张秀玲　太原市尖草坪区汇丰中学校长

大同(7名)

高　芳　浑源县妇联主席
董志敏　大同市二医院肿瘤医院病理科主任
许海兰　大同市广播电视台编辑
王　晖　大同市第二中学校教师
王　琴　大同市中级人民法院行政庭庭长
李利琼　中共左云县委组织部巡察组专员
王爱党　阳高县人民政府副县长

朔州(5名)

何香玲　朔州市妇联发展部部长
计瑞枝　朔州市平鲁区李林烈士陵园管委会主任
李琳瑛　朔州市第四中学教师
李　娟　朔州市平鲁区易苑双语幼儿园教师
苑冬花　怀仁县毛皂镇人大主席

忻州(8名)

李晋梅　定襄县妇联主席
马小玲　繁峙县邮政分公司职工
马永秀　五台县晋北大有农产品有限公司董事长
张虹霞　山西天桥水电有限公司职工
花三叶　偏关县新关镇白海沟村村支书兼村委会主任
郭映荷　忻州市中级人民法院政治部组织处处长
李青梅　河曲县黄河路小学副校长兼工会主席
李熠琼　忻州市忻府区解原乡政府科员

吕梁(8名)

冯全英　吕梁市离石区西崖底小学教师
王欣兰　吕梁市人力资源和社会保障局办公室主任
秦奇瑞　吕梁市人民医院产科主任
周玉荣　中阳县妇联主席
孙志红　吕梁市委人才工作领导组办公室主任
田煦荣　孝义市崇文街道崇北社区党支部书记、居委会主任
杨毛毛　山西离柳焦煤集团鸿庆源机制机修二分厂锚固组组长
李文静　吕梁市离石区东关村妈妈俱乐部社团负责人

晋中(7名)

李永娟　晋中市市容环卫局环丽清洁服务有限公司经理
张美林　晋中瑞达公交有限公司党总支书记、副总经理
李俊莉　晋中市社会科学界联合会办公室主任
王素红　晋中市榆次区乌金山镇苏村党支部书记兼村委主任
段德姝　祁县人民法院常务副院长
赵承珍　介休市妇幼保健计划生育服务中心常务副主任、妇产科主任
张淑珍　灵石县住房保障和城乡建设管理局局长

阳泉(5名)

郁秀梅　阳煤集团总医院内科副护

士长
王　玥　平定县公交公司二队调度员
张翠花　阳泉市郊区妇联主席
赵荣荣　阳泉市矿区人民法院立案庭庭长
李振芬　阳泉市服装工业公司党支部书记、经理

长治(8名)

吴　军　壶关农商银行党委书记、董事长
冯育平　屯留县教育科技局教研员
原建平　平顺县春蕾幼儿园园长
国　芬　长治市郊区妇联主席
李桦溶　潞城市卓越水泥有限公司总经理
程艳芬　武乡县故城学区东良小学教师
郭静秀　沁源县妇幼服务中心乳腺科科长
王仁芳　黎城县科学技术协会主席

晋城(5名)

申李玲　晋城市妇联副主席
马　婷　阳城县卫生和计划生育局
董秀平　沁水县土沃乡副乡长
王瑞霞　晋城市城区商务局局长
秦金梅　晋城市城区钟家庄街办凤鸣社区居委会党支部书记、社区主任

临汾(8名)

田亚欣　洪洞县人民法院甘亭法庭庭长
柴　慧　曲沃县曲村镇政府经管站副站长、义城村党支部书记
付　娟　蒲县乔家湾乡小洼村党支部书记
张英迪　吉县人民法院审判监督庭负责人
郭　婧　临汾市委值班室主任
郭海婷　临汾市人民医院审计科副科长
张丽霞　临汾市第二人民医院功检科主任
崔淑梅　临汾市尧都区文联退休干部

运城(9名)

赵巧云　运城市妇联副主席
马红琴　运城市盐湖区科技实验小学校长
黄博霞　永济市卫计局家庭发展股科员
冯丽梅　河津市地方税务局樊村税务所所长
冯瑞丽　万荣县教育科技局副科级督学
赵云霞　绛县横水镇西仇村村民
樊红燕　垣曲县宏润科牧有限责任公司经理
王丽萍　平陆县三门镇党委书记
韩惠群　临猗县妇联主席

省教育系统(4名)

桑　楠　山西大学环境与资源学院院长、教授
郭淑芬　山西财经大学资源型经济转型研究院教授
马瑞燕　山西农业大学教授、博导
张雪英　太原理工大学审计处处长、教授、博导

省文化系统(2名)

康素琴　省文化厅职工
董　雯　省文化馆副馆长

省卫计系统(4名)

师燕芸　省眼科医院眼底病科副主任
王　琦　山大二院消化科主任
肖红霞　省中医院体检中心主任、工会主席
安玉兰　省中医学院第三中医院党委书记、副院长

省体育系统(3名)

赵若竹　省射击射箭运动管理中心运动员
乐彩悦　省自行车击剑运动管理中心运动员
缪敏莉　省自行车击剑运动管理中心运动员

省国资委(3名)

王玲玲　太重集团太原重工技术中心设计员、高级工程师
郝　娜　山西云时代技术有限公司技术员
樊瑞芳　晋煤集团寺河矿通风管理部仪器室班长

省国防工委(3名)

覃晓琼　淮海工业集团第一研究所主任设计师
杨　倩　中国电子科技集团公司第三十三研究所工程师
屈旭琪　长治清华机械厂一分厂加工中心操作工

省非公和社会组织工委(2名)

马淑芳　大同市家怡养老院院长、党支部书记
尤金莲　山西莲芯美农业科技开发有限公司董事长、总经理、党支部书记

省公安系统(3名)

马煜华　长治市公安局郊区分局户政大队大队长
李　莉　怀仁县公安局云中派出所副所长
邓　英　襄汾县公安局政工处副主任

省委组织部(5名)

王　娟　山西林业职业技术学院后勤管理处物业管理中心主任、代县雁门关乡南口村第一书记
徐晋芝　省林业调查规划院资产评估室高级工程师、临县安家庄乡康家岭村第一书记
毛来荣　省农业厅后勤服务中心高级畜牧师、临县安业乡后青塘村第一书记
任　珊　省委宣传部调研员、武乡县

故县乡十里坡村第一书记
张　琼　省委组织部干部三处副调研员、永和县阁底乡阁底村第一书记

省扶贫办(2名)

刘桂珍　代县峪口乡段家湾村支部书记兼村委主任
马金莲　柳林县薛村镇小成村村委会副主任

省军区(2名)

刘　洋　省军区办公室数据信息室助理工程师
徐　云　武警山西总队晋中支队政治部干部科干事

省总工会(4名)

张晶晶　太原钢铁(集团)有限公司技术中心不锈钢室高级工程师
燕　虹　同煤集团总医院慢性病管理科副主任
刘录琴　山西焦煤霍州煤电集团鑫钜煤机装备制造有限责任公司首席设计师
刘民丽　山西晋投玄武岩开发有限公司络纱车间班长

省女法官协会(2名)

郭红宏　侯马市人民法院路西人民法庭庭长
王晓虹　运城市盐湖区人民法院专职审委会委员

省女检察官协会(2名)

杨　洁　省检察院政治部宣传处副处长
齐鸿雁　大同市人民检察院刑事检察二部检察官

省女企业家协会(1名)

刘培红　山西省小额再贷款股份有限公司党支部书记、董事长

省女医师协会(1名)

王　彦　山西医科大学第一医院内分泌科副主任

省护理学会(1名)

刘瑞云　省肿瘤医院副院长、省护理学会副理事长

省优生优育协会(1名)

张红梅　山西医科大学第一医院生殖中心护士长

省直(17名)

陈殊俊　刘胡兰纪念馆办公室主任
侯树萍　省财政厅行政处副处长
武东轶　山西省农业广播电视学校副校长
李晓红　省司法厅公证管理处处长
冀　红　省体操运动管理中心教练员
赵　红　省射击射箭运动管理中心教练员
刘　叶　省国税局财务处主任科员
李　菲　省地税局税收科研所所长
贾丽娥　省科协主任科员
许　丽　山西科技报刊总社社长
谭立新　山西省妇女干部学校副校长
段俊梅　中国移动山西公司网络部副总经理
杨　霞　中国移动山西公司临汾分公司城区营业部党群管理
董春菊　中国电信山西分公司网络操作维护中心主管
张金艳　中国电信临汾市襄汾分公司经理
肖　军　中国联通长治分公司八一旗舰厅店长
曹爱萍　中国联通大同分公司设备维护中心综合监看责任单元负责人

（山西省妇联）

太原市

【概况】 太原市位于北纬37°27′–38°25′,东经111°30′–113°09′,总面积1460平方千米,下辖6区3县,1个县级市。全市常住人口437.97万人,比上年末增加3.53万人。其中,城镇人口370.97万人,增加3.65万人;乡村人口67.00万人,减少0.12万人。城镇化率84.70%。男性人口222.41万人,女性人口215.56万人,性别比为103.17:100。全年出生人口5.28万人,人口出生率12.10‰;死亡人口1.75万人,死亡率4.01‰;自然增长率8.09‰。

2017年,太原市地区生产总值完成3382.18亿元,增长7.50%。人均地区生产总值77536元,比上年增长6.70%。一般公共预算收入311.85亿元,比上年增长10.30%,其中税收收入247.93亿元,增长12.50%。一般公共预算支出479.06亿元,比上年增长13%。其中教育、医疗卫生、社会保障和就业、住房保障、交通运输、节能环保、城乡社区事务等民生支出389.96亿元,增长12.20%,占全市一般公共预算支出的81.40%。城镇常住居民人均可支配收入达31469元,增长6.20%;农村常住居民人均可支配收入达15595元,增长6.90%。居民消费价格比上年上涨1.80%。其中,食品价格下降1.30%,非食品价格上涨2.50%;消费品价格上涨0.30%。

农业 2017年,太原市农作物种植面积9.48万公顷,比上年减少3320公顷。粮食种植面积7.13万公顷,比上年减少2090公顷。其中,夏粮种植面积70公顷,秋粮种植面积7.13万公顷。蔬菜种植面积1.95万公顷,药材种植面积2240公顷。全年造林面积1.18万公顷。零星植树1340万株。新增育苗面积800公顷。大牲畜存栏3.91万头,猪出栏43.23万头。肉类产量5.49万吨,禽蛋产量3.43万吨,牛奶产量10.60万吨。水产品养殖面积1140公顷,水产品产量2693吨。农业机械总动力43.67万千瓦。全年农用化肥施用量(折纯)28281吨。

工业建筑业 2017年,太原市规模以上工业增加值631.23亿元,比上年增长9%。其中,中央企业增加值76.03亿元,下降1.10%;省属企业增加值260.29亿元,增长16.40%;市属及以下企业增加值294.91亿元,增长8.10%。占全市规模以上工业增加值86.80%的十大行业中,增加值比上年增长的有7个。战略性新兴产业增加值91.40亿元,增长14%,占全市规模以上工业增加值的14.50%。高技术产业增加值64.50亿元,增长11.10%,占全市规模以上工业增加值的10.20%。非传统产业增加值383.34亿元,增长9.50%,占全市规模以上工业增加值的60.70%。其中,装备制造业增加值263.95亿元,增长17.60%,占全市规模以上工业增加值的41.80%。传统产业增加值247.88亿元,增长8.40%,占全市规模以上工业增加值的39.30%。其中,煤炭开采和洗选业增加值增长19.10%,黑色金属冶炼及压延加工业增加值增长7.60%,电力、热力生产和供应业增加值下降2.20%,石油加工和炼焦业增加值下降4.30%。规模以上工业主营业务收入2772.46亿元,增长19.60%。利润总额81.41亿元,增长18.30倍。利税总额217.49亿元,增长123.80%。规模以上工业企业每百元主营业务收入中的成本85.42元。

2017年,太原市具有建筑业资质等级的总承包和专业承包建筑业企业总产值2440.53亿元,增长4.50%。建筑业企业房屋建筑施工面积10773.25万平方米,竣工面积1882.43万平方米。

供给侧结构性改革 2017年,太原市发展实体经济,加快新兴工业发展。江铃重汽、比亚迪新能源汽车、太钢碳纤维二期、阳煤太化新材料、太重地铁盾构机制造等相继投产,富士康手机智能制造和全球维修产值突破700亿元。加快发展现代都市农业,调整种植结构,优化养殖布局,培育九牛、宝迪等12家农业产业化龙头企业。发展现代服务业,推动阳光城洲际、富力铂尔曼等五星级酒店、传化智能物流、华宇百花谷综合体等相继运营，华润万象城、新城吾悦商业、中海、信达超高层商务楼宇建设。

投资贸易 2017年，太原市固定资产投资(新口径,下同)964.86亿元,比上年增长6.80%。其中,中央项目投资66.51亿元，增长58.30%;省属项目投资117.82亿元，增长13.40%;市属及以下项目投资780.53亿元,增长3%。城市基础设施建设投资239.52亿元。三次产业投资比重为0.80%、14.10%和85.10%。分经济类型看,国有投资522.80亿元,增长14.10%;非国有投资442.06亿元,下降0.70%。在建固定资产投资项目615个。房地产开发投资478.14亿元。住宅投资335.25亿元。其中90平方米以下住房投资81.43亿元;商业营业用房投资41.15亿元。商品房竣工面积434.43万平方米，商品房销售额710.16亿元。

2017年，太原市社会消费品零售总额1767.82亿元，比上年增长6.10%。限额以上贸易企业零售额946.49亿元,比上年增长2%,占社会消费品零售总额的53.50%。限额以上批发零售业企业通过互联网实现商品零售额27.27亿元，增长42.80%。全年外贸进出口总额915.25亿元,比上年增长4.10%。有贸易往来的国家和地区172个。年进出口额在千万元以上的国家和地区79个,比上年减少2个。全年新设立外商投资企业19家。实际利用外商直接投资额1.07亿美元,下降76.80%。

城市基础设施建设 2017年，太原市市政道桥工程开工建设44项，总里程102千米，坞城中路改造、环湖北路建设等23个项目完工。东中环北延、新店街、北沙河、玉门河等八河道路快速化改造，推进迎泽大街下穿火车站、双塔南路、东峰路北延等城市道路改造建设。地铁2号线完成10个车站主体结构，1号、3号线前期工作顺利。高铁南站、太原站东广场改造启动。完成26个城中村50多个棚户区总计1000余万平方米拆迁,拆除建筑面积739万平方米，启动安置房建设2.4万套。开展滨河东西路、龙城大街、阳兴大道等道路综合整治。晋源东区地下综合管廊、餐厨垃圾处理、晋阳污水处理投入运行。新政务服务中心启用。推进二青会场馆建设,滨河体育中心改造、旅游职业学院排球馆、国际体育文化交流中心建设进入结构施工阶段。年末城镇天然气供气总量11.51亿立方米。集中供热率100%,集中供热面积2.07亿平方米。年末城市公交运营车辆2252辆,其中,公共汽车2146辆,电车106辆。公交运营线路网长度3351千米,年客运量3.84亿人次。公共自行车服务点1284个,累计投放自行车4.10万辆。

环境建设 2017年，太原市推进集中供热全覆盖，新增供热面积3300万平方米。“煤改电”“煤改气”完成11.60万户,市区严格禁煤。关停一电厂,取缔整治散乱污企业。淘汰老旧机动车、黄标车5000辆。推行河长制，实施八河治理，雨污分流、河道复清、两岸增绿、城市整治协同推进。汾河三期水利主体工程完成。全市共有综合性公园46个，专类公园11个，带状公园6个,街头游园253个，社区游园53个,街旁绿地194块。南寒体育公园、昌宁公园等建成开放,推进晋阳湖景区、明太原县城护城河公园、太原植物园建设和迎泽公园改造工程。全市实施绿化面积580.15万平方米,完成营造林42.60万亩,建成区绿化覆盖面积达到14767公顷，园林绿地面积13013公顷，公园绿地面积4384.80公顷，建成区绿化覆盖率42.19%,绿地率37.18%,人均公园绿地面积12.18平方米。开展“秋冬防大气污染综合治理”攻坚行动,空气质量指数同比下降28.70%,PM2.5浓度均值同比下降33.10%，重污染天数同比下降75%。市区空气质量二级以上天数175天，达标比率为47.90%。空气污染综合指数7.79%。集中式饮用水源地水质达标率保持100%，地表水国家和省考核断面水质优良比例为44.40%。全年PM2.5达标268天,达标比率为75.30%。

交通运输 2017年，太原市公路线路里程累计达到7449千米,其中高速公路287千米。公路密度106.60千米/百平方千米。太原地区铁路客运量2756.30万人次，增长4.30%;铁路货运量3415.35万吨,增长0.30%。航空客运量1240.11万人次,增长25.90%;航空货运量4.84万吨,下降1.40%。年末全市民用汽车保有量143.63万辆，比上年末增长12.90%,其中私人汽车129.46万辆,增长13.20%。本年新注册汽车18.47万辆,下降0.10%。年末轿车保有量90.03万辆,增长12.10%,其中私人轿车84.28万辆,增长12.10%;本年新注册轿车10.04万辆,下降14%。

旅游 2017年，太原市接待海内外游客6780.72万人次,比上年增长19.20%。其中,国内游客6757.77万人次，增长19.30%；海外游客22.95万人次,增长4.50%。海外游客中,外国人16.21万人次,香港同胞3.76万人次,澳门同胞0.44万人次,台湾同胞2.53万人次。全年旅游总收入821.88亿元，增长20.20%。其中,国内旅游收入815.72亿元,增长20.20%；旅游外汇收入1亿美元,增长18.40%。

教育科技 2017年，太原市有普通高等院校44所(其中高职院校23所),成人高等学校8所,中等职业教育学校57所,普通高中88所,普通初中132所,小学441所,幼儿园727所。全市学前三年毛入园率95.60%;小学学龄儿童入学率,初中生入学率、巩固率均达到国家标准。2017年高考一本、二本达线率和录取率在全省稳居前列。

2017年，太原市全年技术市场登记技术合同1665项，成交金额105.49亿元。拥有国家级技术中心11家,省级技术中心101家。截至年末累计建成省级及以上重点实验室和工程技术研究中心128个、科技企业26个、众创空间88个,拥有院士工作站54个。年末累计认定高新技术企业626家。2个技术项目荣获国家科技进步二等奖。全年发明专利申请量3743件、授权量1714件，有效发明专利拥有量7360件。年末转型综改示范区共有入区企业9460家，营业收入3200亿元。

文化体育 2017年，太原市开展晋祠景区、青龙古镇、太原古县城、太山龙泉寺、天龙山大景区、双塔景区改造建设。推进华夏文明主题公园建设。府城普光寺、文殊寺、五一路历史片区等保护性修复基本完成。晋剧《关公》入选2017年度国家艺术基金资助项目，电视剧《于成龙》荣获中宣部“五个一工程”奖。举办“担复兴大任，做时代新人”大型讲述活动。列入国家级非物质文化遗产保护项目17项、省级保护项目83项、市级保护项目135项。太原市图书馆改扩建投入使用。举办市十一届运动会暨第六届全民健身节；承办省运会场地自行车、体操、蹦床项目赛事和全国小轮车冠军赛。“太原国际马拉松赛、龙城龙舟赛、篮球城市、汾河体育健身长廊”成为城市体育名片。全年销售中国体育彩票10.76亿元。

民生事业 2017年，太原市推动太原五中、成成中学、一外、二外和中心医院、人民医院、妇幼保健院、儿童福利院、康宁医院等总投资超百亿元的民生工程建设。棚户区改造新开工3.25万套、基本建成3.36万套。推进医药卫生体制改革，建成国家级慢性病综合防控示范区，成立全省首个中医药院士工作站，成为全国艾滋病综合防治示范区。全市企业职工养老保险参保88.28万人；城镇职工基本医疗保险参保147.75万人；城乡居民基本医疗保险参保201.49万人；失业保险参保93.80万人；工伤保险参保103.35万人；生育保险参保98.83万人。城市低保覆盖人口2.58万人，农村低保覆盖人口3.99万人，3932人纳入农村五保供养，全年发放最低保障资金3.46亿元。各类收养类单位39个，床位7375张，收养5068人。临时救助1.88万人次。新建社区养老服务中心64个，老年日间照料中心87个。完成73个贫困村22069人脱贫任务，阳曲县脱贫摘帽进入公示验收阶段。城镇新增就业9.99万人，其中创业带动就业2.39万人。4.60万名下岗失业人员实现再就业，其中就业困难人员再就业1.16万人。城镇登记失业率3.41%。

（编辑部）

【太原市小店区】 太原市小店区位于太原市东南部，总面积295平方千米，下辖1镇2乡，7个街道办事处，123个社区，38个行政村。常住人口83.48万人。

旅游资源有汾河城市生态景观公园、延圣寺、东山城郊森林公园、九龙国际滑雪场等。

产业升级 2017年，小店区创建省级休闲农业和乡村旅游示范区，发展市级以上休闲农业示范点

2017年太原市辖县(市、区)经济指标统计表

县 市	地区生产总值（万元）	农林牧渔业总产值（万元）	固定资产投资（万元）	社会消费品零售总额（万元）	一般公共预算收入（万元）	一般公共预算支出（万元）	人均可支配收入(元)	
							城镇居民	农村居民
小店区	8299300	136918	1164725	4784794	271661	407331	32546	21152
迎泽区	6945905	7315	976606	4668070	152730	215437	32277	20383
杏花岭区	5982081	12183	678368	2186551	153342	265795	32321	17901
尖草坪区	2903933	72780	817076	1018807	100256	176779	31597	14668
万柏林区	4069051	10154	1760393	2159849	207906	321445	31329	21164
晋源区	620268	81156	934591	457893	92563	161970	31879	14212
清徐县	1443536	265440	217093	606882	80747	197491	30259	17799
阳曲县	399769	107161	339700	151356	50084	146731	22996	8501
娄烦县	210954	41109	101192	46904	30909	149738	19824	6700
古交市	300506	49197	280403	528741	56946	162735	29166	14856

14个。加快“三品一标”(即无公害农产品、绿色食品、有机农产品和农产品地理标志)农产品认证步伐,新增无公害农产品10个,创建国家级农产品质量安全区。华宇百花谷、北美N1等一批新型城市商业综合体开业运营,亲贤北街、体育南路等街区餐饮企业转型升级,增强长风街、康宁街等新兴现代商圈辐射带动作用,区域品牌影响力提升。发展“互联网+服务业”,登记注册电子商务公司达到500余家,物流企业突破200余家。商事制度改革取得成效,各类市场主体达到10万户。新增邦意等3家规模以上企业,民营企业营业收入完成693亿元。新增小微企业9000余个,技术合同成交额3亿元,授权专利600余件。发展省级以上众创空间14家、双创企业孵化园46个,培育认定高新技术企业56家,提供就业岗位2.4万个。苏宁广场、绿城太原广场等7个“重量级”项目完成签约。创新招商模式,设立小店区招商服务中心,通过第三方机构扩展招商服务。为企业提供“保姆式服务”,推进省水工机械厂研发中心、汾酒文化商务中心等一批转型项目对接。

城乡建设 2017年,小店区完善基础设施。服务轨道交通2号线、汾东污水处理厂等16项市级基础设施建设项目。实施小马西路、小马北街等道路建设工程。完成17项水利工程,改善灌溉面积1万亩。改造老旧小区庭院供水管网“一户一表”1万户,老旧供热二次管网40千米。服务转型综改示范区建设,完成1.95万亩征地任务。完成山西省政务服务中心搬迁基础工作。开展“一街一路”“一线一路”和太航、昌盛等12个片区城市管理提升行动,整治违法广告7万平方米,拆除违建43万平方米,清运垃圾600万吨,裸露地面硬化绿化21万平方米。实施无物业楼院清扫保洁全覆盖以及农村环境集中整治行动,打造“三环四路”10个示范村。推进城中村棚户区改造,横河、寇庄、大村等5个城中村拆除3301户、144万平方米,北张等城中村清零扫尾基本完成。碧桂园、绿地等知名房企与6个城中村签约。保障性安居工程完成投资35.47亿元,新开工建设4816套,基本建成4411套。

环境建设 2017年,小店区完成中央环保督察整改和省环保督查交办任务。完成62个村“煤改气”“煤改电”和90个燃煤棚户区清洁供暖改造1770万平方米,惠及群众68万人。燃煤锅炉清零,完成“一清二拆”3.14万户,技改升级企业674家。推进“环保管家”服务,建设160个大气环境监测微观站,推进环境污染精准施治。流涧村土壤污染修复试点任务基本完成。实施环境污染有奖举报。加强环保网格化建设,增加环保巡管员200人,配备23辆巡查车。截至2017年底,秋冬季大气污染防治PM2.5平均浓度同比下降33.60%,重污染天数同比减少21天。加快推进公园、游园、街道、社区的绿植覆盖,晋阳街公园投入使用,新建昌盛西街等5个游园和真武路南等6块城市绿地,打造5条林荫路。汾河河道环境综合整治和重点断面水质达标见效。

民生事业 2017年,小店区推进民生事业提标扩面,民生支出占到财政总支出的83.80%。深化集团化办学体制改革,推广“名校+”办学模式。新改扩建公益普惠性幼儿园2所、中小学校5所,新增学位4000个。发放中小学班主任每人每月500元津贴。扶持民办学历教育发展。成立区医疗集团,推进医疗机构一体化进程。组建家庭医生服务团队229个,家庭医生签约33万人。举办各类文化惠民演出200余场。推进全民健身和全民阅读,23个社区配置健身器材,58个社区文化活动室配备阅览设备,区图书馆免费接待群众10万人(次)。加快大汇嘉园等景区创建,打造5家“农业旅游示范点”。发放低保金、医疗救助金870万元,受益群众1.50万余人。托底安置军队退役人员256人。城乡居民基本医疗保险参保41万人,失业保险、工伤保险、生育保险参保16.50万人。城镇登记失业率控制在3.40%,城镇新增就业人数1.90万人。39个社区建成养老中心、日间照料中心。设立对口帮扶专项资金2500万元,落地23项脱贫项目。

(小店区史志办)

【太原市迎泽区】 太原市迎泽区位于太原市中部,总面积117平方千米,下辖1镇,6个街道办事处,89个社区,22个村。总人口52.30万人。

旅游资源有汾河城市生态景观公园、迎泽公园、碑林公园、永祚寺双塔、开化寺等。2017年,迎泽区被评为“全国中小学校责任督学挂牌督导创新区”“全省人民防空先进城区”。

产业转型 2017年,迎泽区推动产业转型发展。全年认定国家高新企业7家,打造省级众创空间7家、科技企业孵化器1家,创建市级科技型小微企业6家。全区发明专利申请量396件,有效发明专利拥有量达到1010件。加快传统产业转型升级、商文旅一体化,全市首家24小时敞开式“互联网+商业街区”——中正天街被评为山西省特色商业街。月星家居投入运营,加快朝阳商圈多元化经营。启动双塔景区建设,完成食品街、台骀山等景区体制机制改革,全区旅游总收入达137.60亿元。招商引资项目聚焦新兴产业,引进微谷中国互联网电子双创园等7个重大项目,总投资183.80亿元。

城乡建设 2017年,迎泽区配合全市重点工程,完成迎泽大街下穿火车站、双塔南路、松小线等道路及周边棚户区房屋征收工作。推进回迁安置房建设,基本建成2万余套,在建3000余套,同步建成37中分校、青年路小学分校和社区卫生服务场所等公共配套设施。完成松庄等最后3个村的整村拆除,建成区面积实现翻番,拓展发展空间。加快乡村建设,培育示范村3个。完成小山岩凿井配套工程,农村人畜饮水保障能力提升。实施城市管理提升行动,铁路沿线、交通秩序等十项综合整治取得成效。推进城市管理执法体制改革，建立街镇执法队伍统一管理、24小时巡查等工作机制。创新消防管理模式，“互联网+消防”烟、气、电远程火情预警系统作为“迎泽模式”在全市推广。

环境建设 2017年，迎泽区加大环卫作业市场化进程，提高清扫保洁规范化程度，道路冲洗率达到90%以上。推进散煤治理，完成15个村的“煤改电”“煤改气”，累计拆除改造燃煤棚户区近50万平方米；开展工业企业和工地扬尘污染治理，取缔“散乱污”企业44家，辖区工地基本达到“六个百分百”标准。全区空气良好以上天数达211天，重污染天数同比减少2天，优良率58.30%。重视生态绿化，提档升级造林6000余亩；新建10个街头绿地游园。建立大气环境质量三级监管网络，聘用第三方专业公司担任“环保管家”，环境空气质量监管实现全覆盖、无盲点。

民生事业 2017年，迎泽区财政投入17.90亿元用于改善和发展民生事业，占财政支出的83.30%。提升社会保障救助水平，低保金、医疗救助金、高龄保健津贴、残疾人生活补贴等按时足额发放。推进义务教育优质均衡发展，推进36中、37中、39中校舍改造和并东小学改扩建，中小学校责任督学挂牌督导工作被作为“迎泽模式”在全国推广。开展县乡医疗卫生机构一体化改革，成立迎泽区医疗集团，推进家庭医生签约服务，重点人群签约率达70.50%，计划生育特殊家庭管理服务、流动人口动态监测等多项工作名列全省前茅，郝庄镇卫生院被评为“全国百佳乡镇卫生院”。推行“嵌入式”居家养老新模式，引入易照护等18家第三方专业机构，成立社区养老服务中心29家、日间照料中心33家，为60周岁以上的老人提供各类服务。完成土地确权，夯实农村发展基础。开展对口精准扶贫，实现4475人脱贫，超额完成年度目标任务。 （杨水云）

【太原市杏花岭区】 太原市杏花岭区位于太原市东北部，总面积170.20平方千米，下辖2乡，10个街道办事处，119个社区居民委员会，29个村民委员会。

旅游资源有国民师范旧址、太原解放纪念馆、彭真纪念馆、万寿宫、文庙、皇庙、城隍庙、赵树理故居、太原动物园、东湖醋园、东山锦林百花园、圆通寺、文殊寺、浙江会馆、关帝庙等。2017年，杏花岭区被评为山西省首批“食品安全示范区”。

产业转型 2017年，杏花岭区实施项目102个，完成投资67.84亿元，服务业投资占全区固定资产投资95%。推进以现代服务业为重点的产业转型，发挥万达城市综合体、富力广场、铂尔曼酒店、美特好超市等引领作用，现代服务业占据主导地位，增加值占地区生产总值80.10%。迸发“新三板”企业活力，在山西睿信智达传媒科技股份有限公司挂牌基础上，山西中智天弘网络科技股份有限公司挂牌上市。推进工业转型，华能东山燃机热电、北方机械等一批生产和制造企业持续发力，二产占地区生产总值19.80%。扩大薰衣草庄园、采薇山庄、榆林坪城郊森林公园规模，新建808亩“海棠湾”，传统农业向现代农业转型。

城乡建设 2017年，杏花岭区加大城中村和棚户区改造力度，18个旧有未完动迁项目实现“清零”。实施7条道路、24个棚户区和5个城中村改造。与融信集团、奇盛国际集团合作，助推柏杨树、南窑、谷旦城中村及长沟棚户区连片改造。争取农发行、国开行等国家政策性银行支持，破解中涧河、东涧河城中村及涧河棚户区连片改造资金瓶颈。完成北沙河、北涧河快速路改造、东峰路北延、高铁沿线整治拆迁和谷旦村整村拆迁。用三个月时间基本完成占全市“八河”拆迁总量46%的北沙河、北涧河快速路改造拆迁任务。完成丈子头、前李家山、东沟和枣沟4个村饮水安全工程。推进回迁安置工作，15个棚户区和7个城中村回迁安置房开工，7079户居民喜迁新居。开展城乡管理全面提升、示范片区改造、重点片区整治三大行动，实施道路交通秩序、户外违法广告、违法建设、市容环境卫生等专项整治，交通秩序整治提升，堵点节点治理取得初步成效，市容秩序类案件同比下降41%。

环境建设 2017年，杏花岭区729件中央环保督察事项和358件环保部巡查事项办结销号；163件省委、省政府环保督察有效事项办结销号154件。开展散煤污染治理，拆迁城乡燃煤户15229户，完成15个村4027户“煤改气”和12个村2845户“煤改电”，拆除和清洁改造17台燃煤锅炉。取缔散乱污企业39家，整治重点工业企业12家、VOCs企业15家。实行领导包联责任制，开展“铁腕治污”和秋冬季大气污染防治攻坚战。与IBM公司合作，加密布设117个监控点，建成4级59个环境监测网格，运用大数据监测、网格化管理和第三方监管，全面防控，合力攻坚。推行河长制，建立区、街(乡)、社区(村)三级河长制体系。完成农村环境集中整治工作。完成东山提档升级绿化1.21万亩，完成2条主干道绿化工程和21条小街巷绿化改造，建设5个小游园，新增建成区绿地17.60万平方米，建成区绿化覆盖率、绿地率达到36.67%、29.69%。

民生事业 2017年，杏花岭区开展社会救助工作，全年发放各类低保金、救助金9453.53万元。开展全民参保入户调查，完成城乡居民养老保险制度整合。新改扩建16个社区公益性服务用房、1个区域党群服务中心、10个农村基层阵地。建成11个社区养老中心、10个日间照料中心，养老服务功能更加完善。1800平方米的三桥街道联合养老服务中心投入运行。完成对口帮扶工作，14个村4451人脱贫。完成148个社区(村)“两委”换届任务。 （刘彩秀）

【太原市尖草坪区】 太原市尖草坪区位于太原市北部，总面积295.70平方千米。下辖3乡2镇、9个街道办事处，共14个乡级政区；58个居民委员会、

85个村民委员会。总人口344419人。

尖草坪区旅游资源有汾河二库、太原湿地公园、崛围山、二龙山、中华傅山园、农业旅游庄园、窦大夫祠等。

农业 2017年,尖草坪区实施园内道路、水利、绿化、亮化等基础设施建设,形成以向阳农谷为核心,花海庄园、盛装农场、红枫园等联动发展的2300余亩休闲农业园。完成北部现代农业公园(示范区)的规划设计方案。九牛、老智、金大豆、五丰、绿森等农业龙头企业成长。壮大金滩田园、史劳模生态园等农游项目。全区农家乐超过100个,庄头、宇文山庄、天怡山庄等成为全市农家乐领军品牌,宇文河生态庄园创建为国家AAA级旅游景区。

工业 2017年,尖草坪区投身军民融合创新示范基地建设,推进前期选址工作。加大与新华、兴安、江阳等驻地企业的协调对接,深化与中北大学等科研院所的合作,签约京丰电务、中北大学无人机等项目。鼓励工业企业入园发展,解决京丰电务、东杰智能等企业的土地问题。完成21个工业技改项目,扶持恒山机电、冶金机械、警鹰保险柜等企业进行信息化技术改造。推进太钢取向硅钢、镍基合金技改等项目,培育聚尼耐磨、征宇喷灌等具有核心技术的创新型企业。“中北大数据”“智·空间”被认定为省级众创空间,全区高新技术企业达26家。

城乡建设 2017年,尖草坪区推进城区建设。完成赵庄、三给、摄乐、营村、芮城、柴村6个城中村,共计4545个院落、210万平方米的拆除任务。引入房企旭辉集团,参与三给片区改造,实现“连拆联建”城改模式。实施50片10573户棚户区改造,落实涧河路快速化改造、北排洪渠、新店街、汾西路北延等重点工程的征拆任务,城市主干路网延伸25千米。提升城市管理。开展打击“两违四抢”、基本农田违法建设清理、占道经营管理等10余项专项行动,投资5000余万元改造兴华北小区。实施高铁沿线、中北大学南环路、阳兴大道、二电厂周边等区域整治,全年累计征拆各类建(构)筑物560万平方米。改造、维修公厕54座,新购置环卫车辆28台,道路机扫率达90.31%。

环境建设 2017年,尖草坪区推行河长制,完成一河一策的编制工作,累计整治柏板河、北排洪渠、北部退水渠等8条区管河道32.59千米。推进摄乐、迎新、大同路公园建设,千峰北路、小东流、新村、金桥4个公园建设基本完工。实施崛围山增红、马头水森林抚育等绿化工程1.87万亩,全区绿地率、城市绿化覆盖率、人均公共绿地面积分别达42.57%、49.96%、16.47平方米。

民生事业 2017年,尖草坪区推进社会事业发展。教育方面,实施教学质量提质、示范校建设和中小学生阅读“三大工程”。新增图书3.60万册,中小学生人均增加图书1.20本,高考达线率达90%。完成区一中新校选址等工作,区职中实训车间、女生宿舍楼和滨河苑小学投入使用,龙湾写意小学开工建设,恒大御景湾配套小学主体完工。医卫方面,完成区中心医院新院选址,阳曲镇卫生院、柴村社区卫生服务中心主体建设完工。成立以区中心医院为核心,5所乡(镇)卫生院组建医疗集团。全区各级医疗机构达335个,卫生网格化监管率达100%。文化方面,开展基层文化培训670课时,全年送戏、送电影、文化惠民演出1600余场。建成33个1000平方米以上的高标准社区活动场所,社区平均面积由71平方米增至570平方米。社保方面,全年发放各类社保金、救助金、低保金等10.12亿元,完成农村危房改造45户,设置便民服务市场23个,3个社区日间照料中心建成投运。推进娄烦县马家庄乡扶贫工作。 (朱永钢)

【太原市晋源区】 太原市晋源区位于太原市西南部,总面积289平方千米,下辖金胜、晋祠、姚村3镇,义井、罗城、晋源3个街道办事处。

晋源区旅游资源有晋祠博物馆、明太原县城、蒙山、太山、天龙山、龙山、店头古村等。

产业转型 2017年,晋源区推进供给侧结构性改革,三次产业比例调整为6.90:34.30:58.80。国信证券投入运营。推进阳光城环球金融中心和化建大厦总部经济、长风国贸第六馆生活性服务业发展。传统产业提质增效,太原药业、家盛纸业通过国际提标认证,跃通电力、远东水泥构件启动转型搬迁,北方重工自主组装盾构机“晋阳一号”下线。推进新兴产业项目,传化物流公路港项目试运营,国新晋药完成生产调试,山西媒体智慧云平台上线运行,姚村新兴产业园区完成规划修编。加快发展都市现代农业,玉米播种减少3854亩,晋祠大米恢复1500亩、申报国家地理标志保护产品,特色水果种植面积达1500亩,苗木花卉种植面积达7357亩,标准化健康养殖园打造10个,休闲观光农业示范园建成5个。鸿升众创被确定为国家备案众创空间、并纳入国家级科技企业孵化器管理服务体系。双创示范基地达13个,小微企业拥有授权专利数56项,技术合同成交额2100万元,均超额完成年度目标任务。河家具、传化二期、省医药综合产业园等签约落地,签约项目到位资金75.30亿元。

城乡建设 2017年,晋源区推进城中村改造,拆除周家庄、金胜、董茹等7个村房屋3242处、109.34万平方米。安置房开工60栋、170.34万平方米、1.43万套,货币化安置7775套,北堰、吴家堡、西寨、木厂头4个村22栋、4624套安置房具备交付条件,北阜、南阜、武家庄3个村1758户村民实现回迁。新晋祠路和迎宾路绿化带按期建成,长兴南街、新晋祠路、滨河西路迎宾桥立交及蒙山大街通车,晋阳湖公园、青运村、太原植物园、太山龙泉寺、“两河”治理等征拆任务完成。推动东区综合管廊建设。打造三纵九横12条道路和6大片区,“智慧晋源”城市管理平台建成运行,20条背街小巷改造全面完成。开展村容村貌整治,拆除违章建筑291处,腾退土地2.87万平方米。

环境建设 2017年，晋源区财政投入环保资金2.64亿元。完成全区72个村、1个棚户区、1个企业燃煤小区清洁供暖改造，建成“禁煤区”，改造面积650.20万平方米。推进金胜、晋源2个重点片区整治，取缔万福路马路市场。开展铁腕治污攻坚战，环保督察案件全部整改，“两断三清”“散乱污”企业597家，提档升级67家，秋冬季大气污染防治任务完成。加强河道整治与生态绿化，13条河流推行“河长制”，完成创森骨干工程1.30万亩、天保工程8.29万亩，建成昌宁、西寨、庞家寨3个公园和10个游园绿地，新增绿地面积3.95万平方米，全区森林覆盖率、建成区绿化率分别达26.30%、47.10%。

旅游 2017年，晋源区接待游客达1048万人次，实现旅游收入140.82亿元。举办“2017魅力晋源”文化旅游推介招商会，签约项目达36项，总投资503亿元。华侨城大型文化旅游综合项目落地。晋农之窗农业文化博览园开园，建成全市首家旅游集散中心，接待游客40万人次。太原天际气膜运动中心打造全省首个运动文化产业园。开展晋祠景区综合整治，北大寺停车场建成投用。蒙山大佛景区改制运营，签约省内外旅行社达50余家，举办蒙山春节庙会。“晋祠—蒙山大佛—晋农之窗”一日游精品线路开通。太原古县城拆迁基本完成，推进历史建筑修缮工作。举办“拥抱新时代·点亮太原城”太原古县城灯彩嘉年华，接待游客50万人次。

民生事业 2017年，晋源区民生投入12.90亿元。成成中学、市二外主体完工，太师二附小阳光汾河湾校区建成投用，区第五实验小学基本建成，新改扩建村级幼儿园4所。区医疗集团挂牌成立，推进分级诊疗制度，普通人群家庭医生签约率45.10%、重点人群达81.14%。省儿童医院、市妇幼保健院、市人民医院与区人民医院合作共建项目基本建成。区美术馆免费开放。农民工工资清欠1961人2538万元。城乡居民养老保险参保8.32万人。发放各类保险金3.50亿元，低保金4072.45万元。社区养老服务中心建成6个，城乡日间照料中心完成7个。保障性住房完成6516套，基本建成率143.52%，投资率126.29%。集中供热供水改造扩网工程完工。开展农村公共浴室、农村危房改造。县乡公路生命防护工程建设15千米。K4快速专线开通，76路公交线路优化延长。对阳曲东黄水镇6个村扶贫脱贫任务完成，财政投入694万元。（晋　源）

【太原市万柏林区】 太原市万柏林区位于太原市西部，总面积304.80平方千米，下辖1个乡、14个街道办事处，42个行政村、117个社区。户籍人口565370人，乡村人口26547人。

旅游资源有神堂沟龙泉寺、西山万亩生态园、狮子崖生态景区等。

产业转型 2017年，万柏林区供给侧结构性改革初现成效，退出高耗低效煤炭产能225万吨，退出比例较上年度增长25%。推进西山煤电、晋西等大型企业技改项目，实施和平老工业区搬迁改造项目。科技创新取得阶段性成果，太重与科大产学研协同合作进展顺利，推进中车集团城市轨道交通等重大项目。现代服务业发展初具规模，华润万象城等一批城市综合体在万柏林落地生根，九润现代都市农业园区建设提质增效，启动“王封一线天”景区等文旅项目。100个重点工程项目成为全区经济的重要支撑，完成投资129亿元。

城中村改造 2017年，万柏林区城中村、城边村改造取得双突破。完成大王、瓦窑、南屯3个村拆迁扫尾“清零”任务，后王、北寒完成整村拆除，窊流、大井峪基本完成整村拆除，拆除各类建筑167.33万平方米。全区27个城中村整村拆除完成。加快回迁房建设、项目手续办理等工作，下元等10个村基本完成回迁安置，新城吾悦等15个城改项目五证齐全。启动城边村改造，西铭村、袁家庄村等9个城边村基本完成整村拆除，拆除各类建筑84.40万平方米。举办万柏林区招商引资项目推介会，集中签约16个重点招商项目，部分城边村改造项目签订框架性意向协议。

环境建设 2017年，万柏林区坚持环保倒逼经济转型，财政投入1.86亿元，运用科技手段网格布点40个大气环境质量监测点、20个道路扬尘监控点，依托大数据平台，监控污染源，在15个乡街成立环保工作站，实行环境保护管理。整治取缔散乱污企业259个，完成大虎峪、风声河等5个村1586户煤改气任务，7777户棚户区居民实现清洁能源替代，建成“禁煤区”。加大基础设施投入力度，基本完成“三河”改造及12条街巷改造任务，拆除各类建筑物80.60万平方米，建立河长制，推动河道综合整治。西山提档升级造林绿化1万亩，城市绿化加强，新建王家庄游园等11个游园绿地，完成普国路等13条道路配套绿化，提升全区绿地率、绿化覆盖率，分别达36.13%和42.21%，人均公共绿地增至10.73平方米。

民生事业 2017年，万柏林区完成41所学校维修改造、操场建设等提档升级工程，推进凤凰双语小学、区第三实验小学等4所学校新改扩建项目，区科技实验小学投入使用。推进医药卫生体制改革，实施两孩政策，创建省级计划生育优质服务示范区。扩大和保障就业，城镇新增就业14102人，城镇登记失业率为3.64%。推进“三基建设”，完成农村（社区）“两委”换届选举工作。社区标准化建设迈上新台阶，500平方米以上社区达到70%，1000平方米以上社区达到35%。城乡居民最低生活保障、困难救助等各项惠民资金发放到位，开展对口扶贫工作。新开工保障性安居工程9413套，基本建成9066套，超额完成目标任务。基层文化事业繁荣，组织民间民俗文化展示、灯饰亮化、全民健身等系列文体惠民活动，加强非物质文化遗产和文物保护，满足人民群众精神文化需求。（武超龙）

【清徐县】 清徐县位于太原市西南部，总面积609平方千米，下辖4镇5乡、1个街道办事处。

旅游资源有六味斋云梦坞、紫林醋工业园、清泉山庄、三晋奇石博物馆等。2017年，清徐县被列入全省“四好农村路”试点县。

产业升级 2017年，清徐县落实“三去一降一补”政策、全省企业减负“60条”、工业“20条”、营改增等政策，减轻企业负担。开展干部调研活动，建立帮扶企业长效机制。推进现代化矿井建设，东于、李家楼煤矿投产；锦富、麦地掌、碾沟煤矿进入验收即将转产。助推传统产业转型升级，制定振兴老陈醋、葡萄产业和暖气片升级换代研发实施方案。发展新型煤化工、新能源、装备制造、食品加工等新兴产业，阳煤太化新材料园、华阳焦炉煤气合成天然气等项目投产试运行。以农业供给侧结构性改革为主线，有机、绿色、无公害农产品供给，扩大反季节葡萄、设施蔬菜、高粱、中草药等特色农业种植规模。粮食、葡萄果投保面积覆盖119个村2.90万户，提升农业抗风险能力。农民专业合作社达到817家，家庭农场达到194家，农业融合发展迈出新步伐。申报省级出口食品农产品质量安全示范区。发展休闲观光旅游农业。

创业创新 2017年，清徐县推进大众创业、万众创新，实施电商进农村和“双创”示范工作，电子商务交易额10.60亿元，同比增长47.68%；打造6个众创空间、2个小微企业创业基地和4个微型企业孵化园。结合“多证合一、先照后证”等商事制度改革，新增市场主体7243户。组织开展“政银企”合作洽谈，8家银行与22家企业达成授信协议17.90亿元，落实贷款9.37亿元。创新财政和金融协同支农新机制，促成省农业信贷融资担保公司清徐办事处挂牌运营。成立县国有资本投资运营有限公司，打造城镇建设融资服务新平台。政府采购中心、公共资源交易平台实现全程监管、规范运行。农村土地确权登记颁证完成95.60%，调整完善土地利用规划，建立县乡数据库，开通建设用地报批“绿色通道”，供地20宗1078亩，保障项目用地需求。

城乡建设 2017年清徐县遵循“一河两中心”城镇发展框架，在河东、河西同时布局，县城中心规划北部生态新城、东部智慧新区、东湖片区；徐沟副中心加快设计文化小镇和教育园区，推进整体工作。推进307国道改线、紫林路与滨河西路连接线、榆古路县城段改造等一批重点工程，推进徐沟外环改造、滨河西路南延等一批基础性工程，基本敲定清徐大道、开南路、人民路等工程，形成交通网络。实施东湖公园、热源替代、北城污水系统建设、白石河水系治理、供水管网和县城街巷改造、县乡卫生院建设、中小学改造等一批民生工程，推进基础设施建设。加强农田水利基础设施建设，夯实农业增产增效基础。抢抓省级财政奖补美丽乡村试点县机遇，投资3401万元打造柳湾、杨房、东高白3个美丽乡村试点。

环境建设 2017年，清徐县推动工业企业退城入园，向园区聚集。整改中央、省市环保督察反馈问题，基本完成以脱硫、脱硝、VOC治理、无组织烟气治理等为重点的工业企业提标改造；关停取缔“散乱污”企业299家，规范整治71家；拆除改造燃煤锅炉464台，完成41个村（社区）1.90万户“煤改气”工程，散煤治理实现突破，完成清洁能源替代工作。南白石河流域水环境治理工程完工调试，超计划完成4.74万亩“创森”任务。分10个战场、8个领域，开展城乡管理全面提升行动，清理积存垃圾40余万吨、煤矸石270余万吨，清理乱堆乱放2万余处。空气质量二级以上优良天数达193天，同比增加13天；重污染天数11天，同比减少10天。

民生事业 2017年，清徐县按时足额兑付医疗、养老、低保等保障性经费。推进采煤沉陷区治理、地质灾害和开发区村庄搬迁安置。建成3个农村老年人日间照料中心、2个社区日间照料中心和2个社区养老服务中心。开展学区化改革、集团化办学，成立12个乡镇学区。引进山西职业技术学院、电力职业技术学院，基本建成太原市示范性综合实践基地。开展县乡医疗机构一体化改革，组建清徐医疗集团，县妇幼院综合楼、王答卫生院改扩建等项目进展顺利，城乡医疗卫生均衡发展。开展文化惠民演出、文明徒步行等活动。完成212个村（社区）“两委”换届选举任务。抓好煤矿、危化、燃气管网、交通运输、消防等行业领域隐患排查整治，5792家工商注册登记生产经营单位落实安全生产责任制。打击盗抢骗侵财、经济、食药环等违法犯罪行为。

（杨晓霆）

【阳曲县】 阳曲县位于太原市北部，总面积2070平方千米，下辖4镇6乡，124个行政村，11个居委会。总人口15.12万人。

旅游资源有青龙镇景区、玉皇庙、大盂慈仁寺、悬泉寺、水泉崖、不二寺等。2017年，阳曲县被评为“全省特色产业精准脱贫范例县”。

深化改革 2017年，阳曲县加快农村土地确权登记进度，完成权属调查任务92.30%。稳定农村土地承包关系，保护基本农田。组建不动产登记中心，完善产权保护制度。县乡村三级医疗卫生机构一体化改革取得成效，县医疗集团挂牌成立。推动金融改革，防范金融风险，依托县扶贫产业公司等6家融资平台，与16家金融机构签订战略合作协议，融资金额超过30亿元。推进“放管服效优”改革，取消县级行政许可事项22项，承接下放10项，取消行政许可各类前置条件30项、前置申请材料297条。

项目建设 2017年，阳曲县执行“两集中、两到位”要求，加大交通、水利、医疗卫生等惠民工程领域PPP项目建设力度。推动“干部入企服务”工作常态化，抽调乡镇及相关职能部门负责人59名，对年初确定的23家规模以上工业企业、20个续建项目、19个落地项目以及3个对接项目开展精准帮扶。开通“网络邮箱服务平台”，解决企业各类诉求问题15件。博奥检测、喜跃发新材料在“新三板”挂牌上市，特锐德、中广核等一批业界龙头企业落地，能投、国新物流等项目建成投产，储备库面粉二厂、车管所完成土地收储工作。

城乡建设 2017年，阳曲县推动“三场一所”建设，落实“厕所革命”要求，县城水冲式公共厕所达到20座，4个停车场投入使用。投资1.70亿元，实施大盂工业园污水管网、园区供水工程、站前广场等市政基础设施建设。投资1.30亿元，完成城南街、商贸街、南坡街等19条街巷改造和部分街巷老旧管网改造。投资8300万元，实施阳曲公园提档升级和阳兴大道、县城绿化工程。开工保障性安居工程住房1373套，基本建成749套。改造危险土窑洞407户。投资1.50亿元，完成9条“四好农村路”共72千米建设任务。

环境建设 2017年，阳曲县树立绿水青山就是金山银山理念，加强生态环境保护。实施工业企业采暖季错峰生产，取缔“散乱污”企业22家，提标改造6家，三兴焦化地面除尘站建成并投入使用。完成农村居民“煤改气”10190户、集中供暖替代767户、燃煤锅炉提标改造99台。加强露天矿山综合整治，对9家石料开采企业停产整顿。推行河长制，推进水保生态文明县建设，完成水土流失综合治理面积4578公顷，城市集中式饮用水源地水质达标率保持100%。加快生态绿化，实施“创森”骨干造林等“六大工程”，完成年度造林任务12.13万亩，森林覆盖率提高到22.01%。

文化旅游 2017年，阳曲县旅游发展规划编制完成。华强华夏历史文明传承园开工建设，马驼万亩花海、店子底红色文化产业园等一批新型旅游项目建成。乡村旅游经营主体涌现，全县农家庄园发展至50户，农家乐、农家客栈达到500户。开展“回村采摘”“回村避暑”“回村过年”等系列活动，推动“村庄变景区、民房变客房、农田变景点”绿色转型。依托新华社、山西旅游频道、省市新闻网等多家媒体向外界展示阳曲旅游新形象。

民生事业 2017年，阳曲县教育局与重庆行知学校对接，阳曲一中与北辰双语合作办学。推进阳曲县乡村文化记忆展示馆建设，实施文化信息资源共享工程、中央广播电视无线数字化覆盖工程和广播电视户户通工程，推进文化惠民送戏下乡和农村电影放映工程，开展群众文化活动。推行县域“智慧化医疗”，开展多学科远程联合门诊，双向转诊分级诊疗格局初步形成。启动社会救助“一门受理，协同办理”工作机制，设立县级救助大厅和乡镇救助申请受理窗口，为15602户27924名困难群众发放社会救助资金5627万元。各乡镇和社区办设立民政所，117个行政村设立民政服务站，基本形成县、乡、村三级联动基层民政工作格局。城镇新增就业1989人，完成城镇失业人员再就业培训1356人，农民工职业技能提升培训1312人。（崔振刚）

【娄烦县】 娄烦县位于太原市西北部，总面积1289.90平方千米，下辖3镇5乡，6个居委会，142个行镇村。

旅游资源有汾河水库、云顶山、泓佛寺、高君宇故居等。2017年，娄烦县获“全国绿化模范县”称号。

农业 2017年，娄烦县深化农业供给侧结构性改革，加快绿色兴农步伐。发展绿色生态农业，推进南峪香菇、仁家沟双孢菇、四家坪樱桃、汾河牡丹等一批特色种植基地标准化建设，提高天池肉牛、红崖头生猪、水峪肉羊等一批生态养殖精细化水平，实施双井麻油、马家庄沙棘等一批深加工项目，推进农产品质量安全追溯体系建设，形成绿色农产品供给体系。以有机旱作农业示范县创建为契机，实施品牌战略。围绕“耕地质量提升、农水集约增效、旱作良种攻关、农技集成创新、农机配套融合、绿色循环发展”六大工程，推进有机旱作农业标准化生产。构建“企业主体、市场主导、政府推动、行业促进”的品牌战略实施工作格局。推进优势农产品“三品一标”认证，面积要达到2万亩。加大“娄烦山药蛋”“旺鑫富锌小米”“楼烦王小杂粮”等品牌宣传推介力度，让农产品商标和地理标志证明商标。推进美丽宜居乡村建设。将农村环境整治与乡风文明、乡村治理相结合，对全县8个乡镇142个村人居环境综合治理，围绕沿河沿路重点村、乡镇中心村，建设一批精准脱贫亮点村、乡土文化特色村、环境提升示范村，提升乡村品质。

产业转型 2017年，娄烦县优化产业结构，推动发展方式转变。发展马铃薯、中药材、绿色蔬菜、特色养殖等7项特色产业，四家坪板蓝根基地、南川河蔬菜片区等农业产业基地初具规模，推进聚鑫园生猪等26个规模养殖场。加快完成86.88兆瓦光伏扶贫电站建设，推进天池风电、马头山风电项目建设。三聚盛、马家岩煤矿企业技改达产，推动银炎焦化清洁生产技术改造，服务尖山铁矿、龙泉能源发展，支持中铝公司娄烦铝矿建设。布局“1+8”电商服务架构，成立县服务中心，建立乡镇服务站，打造一批电商示范村，与现有电商物流企业对接，促进“县、乡、村”三级同步发展，线上线下农特产品一体化销售。围绕“三片”“一线”“两文化”实施全域旅游。开辟旅游门户网站，启动智慧旅游服务平台，扶持发展23家工农业旅游示范点和乡村客栈。

城乡建设 2017年，娄烦县推进城乡一起化发展。建设县城二级汽车站，新建2处公共停车场，实施县城街道“路灯亮化”全覆盖工程。完成北大街童子崖段、县综合医院后街等道路改造，推进排洪渠污水治理项目。完成娄家庄、三元村2个采煤沉陷区集中搬迁安置点建设，推进旧城棚户区改造。加强县城管理，启动智能交通管理平台和健全完善社会应急联动服务平台。推进环卫作业、垃圾处理等市场化运作。完成县城街巷命名立牌工作，提升县城文化内涵。推进城市管理执法体制改革，打击违法占地、违章建筑、占道经营、乱摆摊点等行为。推开河长制，推进农村土地承包经营权确权登记颁证、国有林场改革等。

环境建设 2017年，娄烦县推进造林绿化，组织65家扶贫专业合作社造林9.40万亩，实施退耕还林2.17万亩，全县绿化率57.20%，森林覆盖率28%。推进汾河水库生态环境保护治理项目，完成岚河、汾河干流治理工程。建立水源地生态补偿机制，建设水源生态防护网，加大库周产业调整力度，实现库区群众脱贫与省城水源安全互促双赢。巩固中央环保督察反馈问题整改成果，加大治理力度。深化大气污染防治行动，控制散煤污染，取缔散乱污企业，推进“煤改电、煤改气”等清洁取暖工程。开展工业企业污染整治、扬尘污染整治、城乡垃圾污染整治等专项行动。

民生事业 2017年，娄烦县加快第三实验学校、职教中心和娄烦中学标准化建设。创建市级特色示范校7所，实施9所薄弱学校改造项目，新招录教师147名。推进县乡医疗一体化改革，完善农村卫生室功能，完成县医院搬迁、县妇幼中心和疾控中心业务用房建设，加强农村全科医生队伍建设，实现家庭医生签约服务、基本医疗卫生服务“两个全覆盖”。成立县医疗集团，组建医疗团队28支，县乡医疗一体化加快。完善社会保障体系，推进基本医疗保险、基本养老保险全民参保。实施“送戏下乡”、公益电影下乡等文化惠民工程，提升农村公共文化服务水平。（张宪平）

【古交市】 古交市位于太原市西部，总面积1551平方千米，下辖7乡3镇、4个街道办事处。

旅游资源有千佛寺、水泉寨公园、红豆山庄、狐偃山、仙人坪等。2017年，古交市被评为“山西省首批食品安全示范县”。

产业升级 2017年，古交市完成省级经济技术开发区整合调规和可研编制工作，上报省政府待批。“煤电铝材”一体化产业链项目签订框架协议，中晋交能大数据产业聚集区开工建设。扶持盈捷玻璃微纤维、银河镁业、凤霖板业脱硫石膏板等新材料产业发展。推进输电、输热、输气综合能源输出基地建设，兴能电厂500千伏线路输出工程征地拆迁完成，三期热电联产投入试运行；推进蓝焰、国盛恒泰等煤层气开发利用项目，输出煤层气4927.70万立方米。西山华通水泥厂达到试生产条件。科技园区“饮领”沙棘系列产品通过SC认证，实现上市销售。有机旱作优势杂粮、脱毒马铃薯种薯、中药材等特色种植基地初具规模，红豆山庄、岔口老农现代农业园被列入省级休闲农业与乡村旅游示范点。组织编制《全域旅游发展规划》，启动狐爷山旅游开发前期工作。发展红果商贸和“乐村淘”等电商新业态。

深化改革 2017年，古交市深化“放管服效”改革，推进简易注销登记、“多证合一”等商事制度改革，精简行政审批事项，编制政府权力清单。推行“双随机、一公开”，加强事中事后监管。创新金融服务，运用“PPP”模式，完成第二污水厂项目融资5250万元，完成火山新区、汾河城区段综合治理、御道川水库建设、“创园”等项目融资15.79亿元，争取棚户区改造项目国开行贷款9亿元，为项目建设提供资金保障。开展招商引资，签约1.50万千瓦农光互补光伏电站、狐爷山旅游开发等4个项目，完成签约资金37.20亿元。

城乡建设 2017年，古交市火山片区拆迁安置工作取得突破，完成职工楼拆迁，安置项目开工建设。加强基础设施建设，建成日处理能力2万吨的第二污水处理厂并投入运行，解决市区汾河两岸污水直排问题。铺设改造燃气管网5500米；修缮城市道路6807平方米；完成滨河南路牛角段道路改造和市民广场提质改造及防灾避险公园建设；御道川水库完成可研立项、资金落实等前期工作，具备开工条件；汾河城区段河道综合治理一期、二期工程完工。开展“贯通三川”市域公路网规划和道路前期工作，完成县乡公路安全生命防护工程28.76千米。推进城市管理执法体制改革，开展城市管理提升行动和农村环境集中整治行动，拆除违建1800平方米，清理卫生死角800余处、垃圾8500余立方米。

环境建设 2017年，古交市实施大气、水、土壤污染防治，拆除改造治理燃煤锅炉224台，关停取缔“散乱污”企业208家，投入重点工业企业环保提升达标改造资金5000余万元，完成中央、省和太原市各类环保督察巡查移交问题整改322件，整改率达98%。实施王家沟、建安沟等4处黑臭水体应急治理，基本实现雨污分离；汾河断面水质改善，城市饮用水水质达标率为100%。推进生态建设，完成造林8.50万亩，实施高速出口、四中游园、古东集运站护坡、滨河南路牛角段等重点绿化工程，全市森林覆盖率超过30%，城市绿化覆盖率达43.72%。市域空气质量二级以上优良天数达308天。

民生事业 2017年，古交市保障民生支出13.53亿元，占一般公共预算支出的83.14%。扩大社会保险覆盖面，城乡“低保”标准分别提高到每人每月555元和430元；开展养老服务体系建设，新建农村老年人日间照料中心8所。推进“3+1”教育模式改革、“3+X”学区制办学模式改革和教师绩效工资改革，公开招聘教师80名，建设数字化教育资源试点校20所，新增1个6轨高中办学点和3所普惠性民办幼儿园。提升医疗服务水平，推行公立医院改革，组建古交市医疗集团，搭建与省城大医院医联体，成立6个巡回医疗服务队，服务群众5526人次。推进采煤沉陷区综合治理，争取政策补助资金9733万元，对接落实企业配套资金5783万元，累计建设安置房1718套，实施安置点市政配套工程8项，发放自主安置补贴4191户、2.30亿元。完成涉及3个村的地质灾害搬迁263户。（赵志英）

大同市

【概况】 大同市位于北纬 39°03′–40°44′,东经 112°34′–114°33′,总面积 14176 平方千米,下辖 4 区 7 县、1 个经济技术开发区。常住人口 344.24 万人,比上年增加 2.05 万人。

2017 年,大同市地区生产总值完成 1121.80 亿元,按可比价格计算,比上年增长 6.50%。第一产业增加值 62.50 亿元,增长 3.50%;第二产业增加值 413.20 亿元,增长 5.70%;第三产业增加值 646.10 亿元,增长 7.40%。人均地区生产总值 32687 元,比上年增长 6%。居民人均可支配收入 19895 元,增长 7%。其中,城镇居民人均可支配收入达 27981 元,增长 6.50%;农村居民人均可支配收入达 8862 元,增长 7.90%。城镇居民人均消费支出 12776 元,增长 8.40%;农村居民人均消费支出 6814 元,增长 8.30%。

农业 2017 年,大同市粮食总产量完成 114.62 万吨,比上年增加 1.96 万吨,增长 1.70%。农作物总播种面积 311700 公顷,比上年减少 1030 公顷。其中,粮食作物播种面积 270690 公顷,减少 6440 公顷。肉类总产量 15 万吨,比上年增长 3.10%。其中,猪羊肉产量 12.8 万吨,增长 2.70%。牛奶产量 26.80 万吨,增长 8.30%。禽蛋产量 6.80 万吨,增长 18.30%。农业机械总动力(不包括农用运输车动力)96.39 万千瓦。机械耕地面积 233320 公顷,增长 4.40%,机械播种面积 187890 公顷,机械收获面积 95820 公顷,分别增长 3.10%和 11.70%。

工业建筑业 2017 年,大同市规模工业增加值 285.90 亿元,比上年增长 5.70%。主营业务收入 1645.60 亿元,比上年下降 7.60%。实现利税 118.20 亿元,比上年增长 87.40%。其中,国有控股工业企业实现利税 100.60 亿元,增长 95.30%。实现利润 38.40 亿元,比上年增长 221.50%。其中,国有控股工业企业实现利润 28.20 亿元,增长 374.80%。

全市建筑业增加值 83.40 亿元,比上年增长 6.20%。具有建筑业资质等级的总承包和专业承包建筑业企业建筑业总产值 161.90 亿元,比上年增长 24.20%。房屋建筑施工面积 771.80 万平方米,增长 30.20%;房屋竣工面积 288.20 万平方米,下降 1.20%。

产业建设 2017 年,大同市新登记第三产业市场主体增长 20%,达 3.30 户。旅游业总收入 483.10 亿元,增长 33%,增速全省第 。大同被确定为全省唯一的国家级旅游业改革创新先行区。中科院、北大、清华等高端智库入驻大同,推进大数据产业、新一代人工智能信息、康养、医疗、"互联网+"等新业态建设。

城乡建设 2017 年,大同市建设道路 82.2 千米,新建和改造城市供热管网 152 千米、供气管网 224 千米、供水管网 138 千米、污水管网 71.50 千米。推进代王府、潘家园、晋商联盟等项目建设,永泰门广场立体通道通车。国际会展中心开工建设,推进体育中心、大剧院、美术馆后续工程建设。加快创建智慧城市,建成数字化管理平台。启动实施高铁枢纽项目,推进加快大张、大西高铁建设,开展大乌高铁前期工作。大同市首座全互通蝶状立交桥开源桥主塔封顶,大张高铁首座跨铁路连续梁转体成功。大同云冈机场开通 4 条国际直飞航线,分别飞往柬埔寨暹粒、越南岘港、泰国曼谷及芭提雅。

环境建设 2017 年,大同市推进煤改气、煤改电工程,煤改集中供热 5.90 万户、300 余万平方米,淘汰燃煤锅炉 243 台,取缔"散乱污"企业 610 家,全市空气质量二级以上优良天数 304 天。落实河长制,推进治污水、防洪水、排涝水、保供水、抓节水,"五水共治"工程。桑干河治理工程开工,推进十里河入御河生态湿地工程建设。造林 34.50 万亩,森林覆盖率 23.50%。城市建成区绿地率 37.70%,人均公共绿地面积 15.40 平方米。大同市入选"2017 美丽山水城市"。

文化旅游 2017 年,大同市获"2017 美丽山水城市"称号。1 月至 2 月,在大同古城墙上、大同古城内举行中国大同古都灯会。潘家园大同文化商业项目、南瓮城广场及地下空间项目开工建设。山西卫视《人说山西好风光》第二季旅游嘉年华狂欢夜直播晚会在大同南城墙关城举行。大同万龙白登山国际滑雪旅游区项目开工。举行民生银行·2017 大同国际半程马拉松赛。承办"盖世拳王· WBA 世界拳王争霸赛"。

2017 年 4 月 21 日,大同古长城旅游公路项目开工建设。9 月 6 日至 10 月 6 日,2017 山西大同云冈文化旅游活动月举行,主题为"中国古都天下大同"。活动涉及文化艺术、旅游、体育竞赛、宗教 4 个领域 44 项。活动月期间,大同市接待国内 1151.96 万人次,同比增长 46.86%;全市旅游总收入 89.74 亿元,同比增长 45.35%。9 月 25 日,在灵丘县平型关举行。社会各界代表参加纪念大会,并参观平型关大捷纪念馆和乔沟主战场遗址。大会缅怀革命先烈丰功伟绩,铭记党和人民军队光辉历史,激励全市广大党员干部群众弘扬平型关精神,传承红色基因,为建设美丽富裕幸福大同而奋斗。11 月 18 日,大同高铁站广场建设项目开工。工程由北京建工集团承建,广场综合枢纽项目总投资 12 亿余元,建设内容包括站前广场及地下枢纽、开源街高架连通高铁站接送客平台匝道 6 条、高铁站前 7 条市政道路、地下管廊工程等。11 月 25 日至 30 日,在东城墙和阳美术馆举行。展会由市委、市政府共同主办,市文化局、市文化创意协会承办,市文旅集团协办的 2017 中国大同文化产业博览会。分南北两个展区,包括展览展示、签约交易、招商考察、文艺汇演、非遗技艺展演、直播互动、科技体验、专场拍卖、动漫人偶展演、原创剧目展示等 20 余项活动板块。300 余家企业参展,6.50 万余人参观,交易金额 100 万元,总订单金额约 280 万元。展会期间,签约文化产业博览会项目 30 余项,签约总金额约 5 亿元。

民生事业 2017 年,大同市财政用于民生事业支出266亿元，占总支出81.70%。义务教育均衡发展实现全覆盖。12月13日，山西省教育厅与大同市人民政府签署共建大同大学战略合作协议。城镇新增就业4.48万人，农村劳动力转移就业2.39万人，城镇失业登记率3.10%。市级公立医院全部取消药品加成，全省首家进行药品二次议价，实现药品费用和药占比双下降。在全省率先实现“三保合一”，建成覆盖全民的医保和养老保险体系。改造老旧小区1.30万套，棚户区改造建成9万套，新增集中供热面积450万平方米。（冯晋慧）

【大同市城区】 大同市城区位于大同市中部，总面积为46平方千米，下辖15个街道办事处，138个社区居民委员会。常住人口745951人，较上年增加3342人，自然增长率为7.07‰。

旅游资源有大同古城、华严寺、善华寺、九龙壁、法华寺、白塔寺、鼓楼、朝阳寺等古建筑群，以及平城文化旅游区、展览馆等。

数字城市 2017年，大同市城区数字化城市管理中心发现并上报各类城市管理案件182520件，立案178870件，其中上报市级部件类案件90780件，城区所属范围内案件91740件，处理79413件。立案率达98%以上，处结率达96%以上。与上年同期相比，受理案件减少25%，处结率提高2%。

教育科技 2017年，大同市城区共有33所小学校，2所民办小学、1所特殊教育小学。2017年，城区推进新建、续建学校工程项目建设。41校原址重建、御河九号校区、14校上河校区新建教学楼工程基本完工，46校原址重建、14校同煤新苑校区新建工程如期进行，曙光幼儿园装修改造工程完工，馨泰花园幼儿园开园招生。为10所民办园办理许可证，取缔10所民办园，采取政府购买服务的方式，为3所公办幼儿园招聘幼儿教师和保教人员66名，31所学前教育机构通过普惠性民办幼儿园认定，学前教育普惠率提升。2017年，城区专利申请505件，发明专利申请181件，每一万人发明专利申请数3.63件。

文体卫生 2017年，大同市城区有文化馆1个，图书馆1个，文化市场综合执法队1个，少儿业余艺校1所。全年组织123场全省万场大戏

2017年大同市辖县（区）经济指标统计表

县　市	地区生产总值（万元）	农林牧渔业总产值（万元）	固定资产投资（万元）	社会消费品零售总额（万元）	一般公共预算收入（万元）	一般公共预算支出（万元）	人均可支配收入（元）	
							城镇居民	农村居民
城　区	1704458	—	582464	2603560	36059	188073	31186	—
矿　区	257987	—	174574	1017727	11613	123283	30029	—
南郊区	3607011	133020	1171399	1133406	94345	214820	25070	14201
新荣区	277505	80875	258480	108483	17203	93705	23484	8725
阳高县	333785	235565	330072	123173	12352	235704	20687	7262
天镇县	249281	124632	277452	103246	10213	191513	20865	6818
广灵县	254114	123623	244944	106431	10455	196207	20894	7168
灵丘县	345319	88615	315952	326414	13517	192118	25562	7271
浑源县	405113	169955	326216	346834	26989	264749	21815	7363
左云县	451389	58073	320319	245035	64922	135167	25837	11410
大同县	307712	148109	313402	171289	18674	164226	19428	8836

进社区活动演出，完成120场“百队百场”文化惠民直通车进社区文艺演出，20场群众性体育活动，2017年群众活动队伍达到180个站队，人数达1.80万多人，现有15个街道文化中心、108个社区文化活动室。截至2017年底，有社区卫生服务中心2所，床位50张，卫生技术人员共175人，其中医师88人。直属社区卫生服务站4所，妇幼保健计划生育服务中心1所，疾病预防控制中心1所，卫生监督所1所。

民生事业 2017年，大同市城区完成居民医疗保险征缴工作，参保居民16.77万人，完成全年征缴任务2532.18万元；完成职工医疗保险征缴3081万元，参保人数为2.11万人。城乡居民养老保险缴费人数2.48万人，征缴保费371万元；养老保险退休金支出6478万元，做到100%按标准足额发放，社会保障一卡通制作21.70万张。截至2017年底，审批城镇基本医疗保险门诊大额疾病共计1781人。其中，居民851人，职工930人。全年全区国家抚恤、补助各类优抚对象756人。全区共有低保对象13768户，共发放低保金11925.40万元。城镇新增就业人数4452人；城镇失业人员实现再就业1671人；创业带动就业人数526人；就业困难群体再就业人数408人。城镇登记失业率4.20%以内。开展创业培训四期，培训人员119人。城镇失业人员再就业培训353人。参加职业技能鉴定人数66人，农民工职业技能提升培训人数400人，新增长劳动力培训人数50人。全年立案受理劳动人事争议案件24起。其中，调解10起、裁决8起、撤回仲裁申请2起，不予受理2起、推进处理2起。全年法定审限期内结案率为100%，涉案标的977392.88元（养老保险除外）。（徐雅丽）

【大同市矿区】 大同市矿区位于大同市中西部，总面积约90平方千米，下辖28个街道办事处，116个社区居民委员会。常住人口517746人，自然增长率6.07‰。

旅游资源有晋华宫国家矿山公园。2017年，大同市矿区获国家和省、市表彰19项，其中，国家级表彰2项、省级表彰10项，市级表彰7项。

产业建设 2017年，大同市矿区富达昌煤机、卓立机化等8家企业年内实现“小升规”。助推煤机产业优化升级，华飞明株新建矿用PDC锚杆钻头、裕隆环保井下智能管理系统“四网合一”、龙广煤机链环扩建、百易通变频器扩建4个煤机项目，煤机产业销售收入实现5.60亿元。推动京同农副产品商贸落户矿区，北京新发地大同分市场试运营全面启动。引进普莉安水泥发泡自保温承重墙板与装配式绿色低能耗住宅、润喜石化润滑油生产扩建、祥天电力空气能热泵等新能源、新材料、化工产业项目。

环境建设 2017年，大同市矿区取缔建成区燃煤锅炉14台，关停重点污染企业2家，责令停产1家、处罚1家，取缔“散乱污”企业52家，完成中央环保督察组和省环保督察组交办的31件案件，办结率100%，落实“河长制”，完成同煤污水处理厂提标扩容改造，完成同煤集团忻州窑、煤峪口矿生活污水管网建设，对同煤中央机厂生活污水直排污染环境行为给予12万元行政处罚并责令建设管网工程。清扫面积485.50万平方米，清扫垃圾6.60万余吨，其中1.80万吨可燃垃圾用于发电，建成2座人行天桥，基本建成10座水冲式公厕。推进青磁窑和口泉地区棚户区改造进程和迎新街、华杰里、同福园等老旧小区综合整治项目。推行环境监管网格化管理，建成区、街道、社区三级环境监管网格。接交办中央第二环保督察组交办群众反映问题12件，办结率100%。

教育科技 2017年，大同市矿区投入7000多万元改善软硬件，高标准通过“全国义务教育基本均衡发展县”国家验收，发展互联网+教育，投资1200万元实施“三通两平台”建设，9所中心校与29所学校实行联盟办学，3所学校被确定为国培计划实践基地，全市名师小语站、英语名师工作室落户矿区。启动“书香矿区”建设，开展心理讲座、心理咨询、心理服务进社区等系列活动。设立政府微服务基金，倡导“微服务”，分别对矿区“春之歌”文化艺术服务中心、同煤集团矿区青年众创空间、青少年活动中心、大同市小学英语名师工作室、新胜三小音乐教室予以扶持。开展文体展演、文化惠民活动72次，举行大型朗诵会2场，邀山西省京剧院“送戏矿区”。培育文化旅游产业，规划青磁窑民俗度假村、口泉植物园PP、产业孵化园等文旅项目。

民生事业 2017年，大同市矿区启动机关事业单位养老保险工作，参保人数9925人，完善失业、工伤保险制度、居民基本医疗保险制度和大病保险制度，企业参保率97%，城镇居民养老保险、医疗保险实现全覆盖。关注残疾人等弱势群体，安排残疾人就业保障金19.80万元，安置残疾人就业97名，创建省级残疾人就业实训基地1家，创建大同市首家残疾人辅助性就业机构矿区德安柏雨文化传播公司。落实低保政策，15867户34101人享受低保待遇，1月至11月累计发放低保金13760.55万元，办理低保对象医疗救助1518人次，发放救助金321.67万元。携手同煤集团举办大型招聘会6场，开展各类技能培训6次，培训1000余人次。城镇新增就业4030人，创业带动就业485人。通过公开招考，安置公益性岗位人员66人，全年发放公益性岗位补贴516.40万元。

2017年，大同市矿区组建矿区医疗集团，与山西省中医药大学建立战略协作伙伴关系，完善医疗卫生服务网络，39家社区卫生服务机构与同煤一、二、三医院建立医疗联合体，基本实现医联体全覆盖。推广家庭医生签约服务，覆盖率达30%以上。

对泉华园、迎新园、康园、泉武园和兴秀园5个小区进行集中供热改造，老旧小区改造7354套，整治57.82万平方米，为4329户居民发放廉租房补贴519万元。投入1700多万元，为4000多户居民实施集中供热改造。建成大同市首家安全监控信息平台，创新设立政府一百万元“便民微服务基金”，联网“12345”和“13710”。（武新田）

【大同市南郊区】 大同市南郊区位于大同市中部，总面积1068平方千米。下辖3镇7乡，共10个乡级政区，190个村民委员会。常住人口39.14万，自然增长率4.35‰。

旅游资源有高山堡、甘河村三圣寺、西严寺、玉龙洞、云冈石窟等。

农业 2017年，大同市南郊区农作物播面积24.92万亩，粮食总产量6.80万吨。新、改、扩建农业产业化项目12个，总投资2.10亿元。新建项目3个，总投资7500万元，改、扩建项目9个，总投资1.35亿元，总投资1500万元的伊欣园面业、总投资2860万元华建油脂年产一万吨压榨一级胡麻油生产项目、总投资1100万元夏进乳业瓶装低温生产线项目、总投资3500万元象丰禽业鸡场第三期工程项目、总投资2300万元的牧同乳业扩建项目等一大批项目完成配套设施建设。新增2个星级示范点杨家窑村、和合圆梦园果蔬专业合作社。全区休闲农业接待游客20万人次，完成销售收入3600万元。

产业建设 2017年，大同市南郊区推动传统产业改造升级，对光华活性炭、富乔垃圾发电等4家企业进行技术改造升级，为冀东水泥、七峰山水泥等4家企业的重点工业产品进行推荐申报。同煤2×66万千瓦坑口电厂二期扩建项目基本建成，国新能源液化调峰储备集散中心项目主体工程基本完工，同煤60万吨烯烃项目各项支持性文件获批复，完成总体院招标工作，采煤沉陷区国家光伏先进技术示范基地一期工程50万千瓦完成国家验收，开展二期工程、古店镇5万千瓦风电项目前期工作，2017年11月24日，市发改委核准协鑫智慧能源大同风电项目，核准文号为《同发改政务发〔2017〕248号》，装机5万千瓦，总投资4.20亿元，完成投资2.10亿元。

城乡建设 2017年，大同市南郊区涉及保障性住房建设、重大项目建设、市政道路建设、净地出让、“大同蓝”保卫战、城市棚户区改造项目等110个项目（含6月29日市政府新发通告4个项目）共涉征15320户32079间房169.99万平方米，温室大棚208个，各类苗木482.59万株，迁坟374座，征地11166亩。完成各类房屋征收7376户37540间房90.40万平方米，完成征地10534.72亩，清理各类苗木470万株，迁坟330座，拆除温室大棚195座。

民生事业 2017年，大同市南郊区城乡居民基本养老保险参保15.16万人。城镇职工基本养老保险参保4.51万人。其中，城镇企业基本养老保险参保3.65万人；机关事业单位基本养老保险职工参保0.87万人。城镇职工基本医疗保险参保3.48万人。城乡居民基本医疗保险参保26.74万人。其中，城镇居民基本医疗保险参保2.14万人；农村居民基本医疗保险参保24.60万人。失业保险参保0.82万人。工伤保险参保3.69万人。生育保险参保3.13万人。城镇职工基本养老保险基金征缴31506万元；城乡居民基本养老保险基金征缴1985.13万元；城镇职工基本医疗保险基金征缴3589.75万元；城乡居民基本医疗保险基金征缴4922.51万元。其中，城镇居民基本医疗保险基金征缴122.42万元；农村居民基本医疗保险基金征缴4800.08万元；失业保险基金征缴69万元；工伤保险基金征缴528万元；生育保险基金征缴85.26万元。城镇新增就业4200人；创业带动就业590人；城镇失业人员再就业1450人；就业困难人员就业430人。城镇登记失业率控制在4.20%以内。农村劳动力转移就业625人；城镇失业人员再就业培训160人；技能人才培养（技能鉴定）60人；农民工职业技能提升培训2900人，“建档立卡”农村贫困劳动力免费职业培训1145人，新成长劳动力培训60人。（石有团）

【大同市新荣区】 大同市新荣区位于大同市北部，总面积1018平方千米，下辖1镇6乡，140个村民委员会，173个自然村，5个居民委员会。

旅游资源有太玄观、方山遗址、古长城、宁静寺、宣宁县城遗址等历史人文景观和采凉山、四家山、弥驼山、万泉河、饮马河等自然景观。

农业 2017年，大同市新荣区耕种面积36.99万亩。粮食作物总产量达56.06万吨。

产业建设 2017年，大同市新荣区大同国际柔性石墨+石墨烯创新科研产业园研发中心建设项目年产50万立方米阻燃保温石墨聚苯板生产线一期工程基本完工，新成新材料年产10万条电力机车受电弓碳滑条项目建成投产，年产20万吨锂电池电解液项目和年产2万吨超高功率石墨电极项目完工，年底投产。宇林德炭材料科技有限公司在新三板成功上市融资。山西悦凌空调有限公司太阳能超导变频综合利用与研发制造项目设备安装完毕。唯实机电、新康泽等企业全年实现销售收入达1.30亿元。6万千瓦华润新能源镇川风电场项目的林地并网手续完成办理。分布式光伏发电项目完成备案1458户，竣工并网180户，装机容量1.35万千瓦。

城乡建设 2017年，大同市新荣区统筹推进道路、供热、供水等城市基础设施建设。区址两横三纵道路改造工程开工，对府西街、长城街、迎宾街等道路地下供热、供水管网及部分路面进行改造以及水、暖、电、气、通信等管道安装铺设。全区热源改造项目40吨锅炉安装竣工并投入使用。供水管网漏损计量改造项目完成二、三级管网铺设26千米。饮马河引水入区工程完成管网25.40千米。淤泥河生态公园完成规划、立项、土地征用等各项前期工作。采煤沉陷区治理工程完成回购住房561套，新建14栋住宅楼基本完工，9栋楼基础开挖。棚户区改造工程50栋住宅楼全部封顶，小区的外市政基础设施项目完成全部招投标工作。长城东街幼儿园和农产品交易市场建设项目完成各项前期手续办理。完成二队窑村广场的绿化、硬化等美丽宜居示范建设3个项目。开展农村环境集中整治行动，清理村内乱堆乱倒垃圾1710处3226吨，清理煤堆、粪堆、料堆、柴堆等“四堆”1345处，清理村庄周围垃圾667处991吨，达标村达到40个。

环境建设 2017年，大同市新荣区完成京津风沙源治理二期工程造林7000亩，植被恢复400亩，通道绿化36.95千米，村庄绿化9个，推进总投资4.08亿元的市级重点工程沿古长城生态修复项目。为大呼高速新荣段南出口通道及交通环岛绿化提升工程和古长城森林公园增色增景一期造林提质工程，完成造林1.08万亩，全区森林覆盖率达28.90%。实施“碧水蓝天”工程。万元生产总值综合能耗降幅下降3.20%。开展环境保护大检查和“铁腕治污”专项行动，共排查取缔“散乱污”企业81家，拆除燃煤小锅炉15台。投资1751.80万元，新建一台40吨节能环保锅炉。推行河长制工作。落实整改中央环保督察组交办群众反映环境问题17件，完成16件，接收省委、省政府第二环保督察组反映的环境问题3件，完成整改3件，对20家企业进行行政处罚，处罚金额104.80万元。

民生事业 2017年，大同市新荣区成立新荣区人民医院集团，分级诊疗病种由40种增加到126种，并限制补偿最高限额，区级医院外住院50种疾病实行定额补偿标准。建立居民纸质健康档案95448份，建档率达86%。政府补助基层医疗机构销售款221.83万元。发放计生家庭奖励扶助2768人，170.85万元。全区城镇职工基本养老保险参保14253人；城乡居民基本养老保险参保5.78万人；失业保险参保7700人；职工医疗保险参保1.90万人；城镇居民基本医疗保险参保7857人；工伤保险参保1.18万人；生育保险参保1.32万人；新农合参保人数72543人，参保率达到97%。促进就业创业，城镇新增就业1401人；就业困难人员实现就业230人；各类失业人员就业553人；农村劳动力转移就业570人。城镇登记失业率控制在4.20%内。完成职业技能培训443人。新建7个乡镇就业区就业和社会保障服务中心站。（贺雨顺）

【阳高县】 阳高县位于大同市东北部，总面积1678平方千米。下辖7镇6乡，262个行政村、15个社区居民委员会。全年全县总人口285166人。

旅游资源有云林寺、许家窑遗址、大泉山森林公园、古城堡汉墓群、长城及镇边堡、守口堡等。

农业 2017年，阳高县粮食总产量2.59亿千克。建设两个10万亩杂粮规模化生产基地、两个千亩小杂粮示范基地。开展“三品一标”认证工作，9个无公害农产品、3个有机农产品和3个地理标志产品通过认证。

产业建设 2017年，阳高县晋能70兆瓦光伏发电项目建成并网发电。正大集团新型农牧食品产业综合开发、国电下深井风电等6个项目开工建设。华润长城风电三期、紫中阳新型建材、杏韵小镇3个项目办理前期手续。同煤热电两台机组具备发电能力，其中一台10月初投入试运行。推进正大集团新型农牧产业项目建设。

城乡建设 2017年，阳高县完善县城基础设施建设。北环路道路改造工程建成通车，整修和硬化小街小巷1.50万平方米。北环路和149条小街小巷安装1146盏LED太阳能路灯，云林公园建成并投入使用。推进安居工程建设。2016年棚户区12栋改造安置房、102套公租房主体工程完工。启动实施云林寺周边棚户区改造征收工作，完成农村危房和危险土窑洞改造5576户。

环境建设 2017年，阳高县开展农村环境集中整治行动，整治达标村191个。实施古长城沿线绿化工程整地1.30万亩，荒山造林2.60万亩，全县森林覆盖率26.20%。“铁腕治污”取缔“散乱污”企业43家，停产8家，淘汰燃煤锅炉25家28台。地表水白登河断面稳定达到Ⅳ类水质，空气质量二级以上优良天数300天，比上年增加37天。

文化旅游 2017年，阳高县组建县旅发委，成立县文旅公司，推进杏韵小镇、白登河生态公园项目前期工作。古长城旅游公路阳高段建设工程完成路基建设330千米。通用机场项目获得空军中部战区参谋部批准，并与省政府签订军地协议，上报空军参谋部。引进缘源文化生态园暨红楼梦影视城项目和德丰影视城等项目。佳峪牛态农林示范园完成投资7亿元。举办阳高县杏花节，接待游客13.44万人，带动全县餐饮、住宿、购物、娱乐等消费收入1286万元。

民生事业 2017年，阳高县56所学校“全面改薄”项目建设通过国家级评估验收。县中医妇幼医院综合楼建设项目完成招标，县人民医院传染病区进行室内装修。82个贫困村卫生计生服务室建成使用。培训村医5230人次，10161人享受农村计划生育家庭“4+2”奖励扶助，免疫接种率98%以上。免费培训4606人，城镇新增就业1544人，转移农村劳动力4438人，城镇登记失业率2.530%。督促企业为3851名职工补缴社保111.61万元，为746名农民工追回工资635.80万元。

首届亚洲康养产业国际高峰论坛举办 2017年12月29日，在阳高县举办。论坛以“绿色康养探新路，生态宜居启新程”为主题，探讨康养产业发展趋势，探讨阳高康养产业的发展路径。论坛组委会授予阳高县德丰阳光康养基地“全国优秀生态康养基地”称号。中国扶贫萧军研究会臻慈精准扶贫基金会和中国亚洲经济发展协会养老产业促进会分别与阳高县政府就医联体扶贫项目、二人台合作项目进行签约。（张　雯）

【天镇县】 天镇县位于大同市东北部，总面积1636平方千米，下辖5镇6乡，12个社区居委会，222个行政村。户籍人口212991人，常住人口214035人。

旅游资源有李二口长城、黑龙寺山林、保平堡、慈云寺等。

农业 2017年，天镇县粮食总产量1.70亿千克。县级电商公共服务中心、特色展示馆、物流园投运，全县11个乡镇服务站、133个村级服务点建成，创建区域公共品牌“天镇山泉粮”。解决9个乡镇14个村庄安全饮水问题。开展京津风沙源治理工程，在细巴沟、张小堡等村铺设节水管道25833米，在上吾其等村打井配套17眼，更新水泵6套。开展坡耕地水土流失综合治理工程，完成谷大屯、赵家夭等5个村水平梯田治理726公顷、修造生产道路4.11千米。开展中小河流治理工程，涉及3镇7村，河道治理6.30千米，完成工程投资1250万元。实施农业综合开发工程，向张西河乡7个贫困村和2个非贫困村投资1040万元，受益1831户，4253人，其中受益建档立卡贫困户620户，1576人。林业生态建设，围绕新平古堡风光景区绿化、边山峪口经济林提质、重点交通沿线绿色通道建设、南部环山造林、南洋河湿地保护5大项目，投资1840万元，完成3.35万亩京津风沙源、京津冀屏障工程。投资120万元，完成退耕还林1500亩。投资220万元，绿化村庄9个。投资140万元，绿化通道14千米。古长城沿线造林2010亩，累计整地4266亩。规划设计植树13.18万株。

产业建设 2017年，天镇县签约湖北阳光凯迪集团生物质发电系列项目、晋能70兆瓦光伏发电项目及华润薛三墩50兆瓦光伏发电项目，奥凯万达（北京）科贸有限公司集成墙面及相关产品生产基地项目，大同市经济建设投资有限公司高铁站城一体化建设项目、“互联网+政务服务”扶贫工程项目5项。落地北辰住宅产业化二期项目、国华赵家沟8万千瓦风电项目与华能天台山9.80万千瓦风电项目、山西国陶文化艺术有限公司黑陶生产销售一体化项目、天镇县福义和服饰有限公司服装加工项目、河北雄县昝岗栋标塑料制品公司投资1200万元加工生产PVC管材项目、北京普标科技有限公司机械加工项目、河北省廊坊市文安兴华制衣厂及河北霸州家具项目、中腾时代林木交易项目9项。

城乡建设 2017年，天镇县完成南大街、二小路、青年路、马走线县城段（西二路）等道路管网整治工程。滨河北街西段工程竣工通车。完成县城东、西、北三条主干街道立面复古工程。慈云寺周边和学府街改造工程居民房屋征收安置482户，完成应征收的90%。完成大张高铁建设涉及房屋征收安置任务。省道马走线马市口至瓦夭品段改造二级油路27.42千米。京—新高速公路山西天镇段长10.68千米全线贯通。古长城旅游公路完成30千米建设。农村公路建设完成村通硬化路107.90千米，安全生命防护工程41.80千米，铺混凝土路面70千米。新增12条公交线路，购置66辆纯电动公共汽车，辐射205个村庄。实施沿长城、荒山、通道、村庄等绿化5.90万亩。南洋河县城段核心区4.90千米生态修复工程液压坝安装蓄水。拆除违章建筑59处，废弃建筑42处，清理各类垃圾3.60万吨。

教育医疗 2017年，天镇县教育工程项目落实“改薄”工程7750万元，争取中国初级卫生保健基金会中西部扶贫办公室投资7066万元，为全县义务教育学校建设教育信息化“三通两平台”全覆盖项目。新建迎宾小学投入使用；新建世纪园小学完成主体工程建设；初中集团学校“文安校区”新建专用教学楼。重建原天镇三中。组建天镇县人民集团医院，争取投资2.50亿元，迁址新建县人民医院。北京积水潭医院智能骨科中心项目完成选址。大病不出县远程门诊实现乡镇全覆盖。

民生事业 2017年，天镇县全县发放低保金8462万元。有五保户30730人。其中，分散供养2677人；敬老院集中供养396人。农村五保集中和分散供养补助标准分别为每人每年5960元和3800元，并为每人交纳50元商业保险。为238名孤儿发放生活费179万元。为4045人次发放城乡医疗救助金607万元，为1581人发放临时救助金174万元。争取受风雹、低温冷冻、干旱等自然灾害损失救灾款340万元。为812名60周岁的农村退役士兵和50名烈士子女落实应享受的国家福利待遇，兑现现役军人的优待金360多万元。全县七项社会保险参保总人数累计达31.30万人次，保险费征缴收入达11608.80万元，各项社保待遇按时足额发放。参加合作医疗保险农民142225人，筹集基金2580万元，支出基金638万元。住院、大额门诊、普通门诊受益人口277462人次，城镇居民共筹集金324万元，支出基金630万元，受益人口1522人次。城镇职工筹集基金3066万元，支出基金1923万元。

（高志英）

【广灵县】 广灵县位于大同市东北部，总面积1283平方千米，下辖2镇7乡，180个行政村。

旅游资源有水神堂、壶泉、圣泉寺、圣佛寺、壶流河湿地、白羊峪、甸顶山草原、赵长城、汉墓群、古冰川遗迹、汉白玉石林、广济桥等。

农业 2017年，广灵县承办中国·大同杂粮产业暨有机旱作农业发展研讨会，新认证小杂粮“三品一标”7个，出台《广灵县“十三五”精准扶贫惠农政策奖补方案》，实施以豆制品加工、杂粮贸易、香菇种植、畜牧养殖等园区为重点的循环高效种养特色农业项目，引进海高牧业乳肉兼用牛示范牧场项目新大象生猪养殖全产业链项目。突出科技支撑，与山西农业大学合作，打造富硒小米、野生黑豆制品、荞麦高端家纺、苦荞养生酒等一批“广字号”功能产品。加大农机补贴力度，全县综合机械化程度达46.72%。突出主体培育，扶持壮大食用菌规模生产企业12家，培育发展专业合作社45家，新建标准日光温室大棚469栋，东方亮生命科技股份有限公司在新三板挂牌上市，3家“大同好粮”旗舰店和京东电商、微商平台投入运营。

环境建设 2017年，广灵县推进林业生态建设“123567”工程，完成千福山森林公园困难地造林4000亩。实施通道绿化2条35千米，提档升级通道绿化3条52.40千米。完成景点绿化美化5个500亩。在6个乡镇实施京津生态屏障区人工造林等工程3.30万亩，在7个乡镇发展干果经济林2万亩。推进壶流河生态综合整治项目、六棱山生态修复工程，落实"河长制"，"净水""净气""净土"行动取得成效。依法取缔散乱污企业39家，县城污水处理厂提标改造工程、4个农村污水防治等环保项目完工，工业企业生产废水达到零排放，空气质量二级以上天数达306天。县城饮用水源地一、二级保护区，7个乡镇饮用水源地保护区水质达标率100%。

文化旅游 2017年，广灵县编制完成旅游总体规划、乡村旅游规划及白羊峪、圣眷峪、长江峪3条沟域旅游规划。注重宣传推介，举办首届广灵湿地文化节、两届民食文化节、中国广灵塞上水城湿地发展研讨会、"域美广灵"摄影和微视频大赛等系列活动，文化旅游知名度扩大。发展乡村旅游扶贫项目16个，壶流河湿地、万亩仁用杏、圣泉寺、涧西古民居建筑群、殷家庄古民居建筑群、剪纸艺术博物馆等一批旅游招商项目入库储备。推进祥和谷滑雪度假区项目，开展湿地景区招商工作，建设永安医疗养老康复中心。全年旅游总收入增幅达27%。（姜成晋）

【灵丘县】 灵丘县位于大同市东南部，总面积2732平方千米，下辖3镇9乡，255个行政村，12个社区居委会。总人口245743人，常住人口243041人，自然增长率4.42‰。

旅游资源有平型关景区、桃花溶洞、空中草原等。2017年，灵丘县入选商务部组织评选的国家级电子商务进农村综合示范县。

产业建设 2017年，灵丘县东田创新产业园超纯铁精粉项目、德威农牧高新科技项目投产，国春苦荞食品项目、荞之源苦荞加工生产线项目建成试产，推进盛益公司、鑫大铁业、鑫海银业3家企业技改升级项目，引进金海砖厂和良伟公司2个热浸锌金属加工项目。建投衡冠公司南甸子梁风电场、山煤比星公司光伏发电项目一期工程和独峪乡9村村级光伏扶贫电站项目全部并网发电。衡冠公司凤凰山风电场项目开工，东方能源风电供暖项目一期工程、太原重工小王庄风电场项目获市发改委核准，山煤新能源公司集中式光伏扶贫电站待开工，98个村级光伏扶贫电站项目开工。河北佐美新能源200兆瓦碟式光热发电项目签订合作协议。截至2017年底，全县新能源发电总装机容量达210兆瓦、在建项目装机容量达315兆瓦，共签约风力发电项目1020兆瓦、光伏发电项目235兆瓦、光热发电项目200兆瓦。与山西国信投资集团签署战略合作协议。

城乡建设 2017年，灵丘县平型关大酒店投入使用。启动泽水河、育英街两侧片区棚户区改造房屋征收工作。开工建设沙河南路道路改造工程、育英街东段建设工程和新华东街改造工程。魁见、灵源两村综合整治工程全部完工，新建道路管网7328米。振华西街罩面工程全部完工，完成道路罩面1527米，安装路灯75盏。住宅楼节能改造二期工程全部完工，完成29个小区住宅楼的外墙和屋面节能改造。实施县城供热、供气、供水工程，集中供热面积累计达300多万平方米，供热普及率达95%，新增天然气用户1255户，新增供水用户800户。保持县城卫生环境整治常态化，县城街道清扫保洁率100%。

环境建设 2017年，灵丘县完成京津风沙源二期治理工程、环京津冀生态治理项目、退耕还林人工造林项目、李存孝牧羊山精品造林工程、天走线"沙涧路段旧有煤场"通道绿化、城头会骑行道绿化、县城北环路（庄头—刘家庄）段通道绿化等一批工程，森林覆盖率提高到32%。推进"河长制"。强化饮用水水源地保护，17个饮用水水源地水质全部达标。全县23个加油站中13个更新为双层罐或建设防渗池。强化农村人居环境生活污水防治，为独峪乡大兴庄村等5个村铺设污水收集管网、安装污水处理设备，申报市级生态村12个、绿色村庄35个。确定16家土壤环境重点监管企业，开展57家企业土壤详查点位核实工作，与16家涉重金属企业签订土壤污染防治责任书。完成190户"煤改电"任务，启动1000户"煤改气"工程，全域禁止焚烧秸秆和垃圾，对县城65家"散乱污"企业进行拆除清理，取缔、改造燃煤锅炉26台。全年空气质量二级以上天数306天，较上年增加13天。

文化旅游 2017年，灵丘县县级非遗专家库成立，第一批纳入15位书法、戏曲等方面专家。红石塄乡秧歌被列入山西省第五批省级非物质文化遗产代表项目。《李家（泉）字铁艺》《大涧云彩灯》《北水芦小曲》《岸底要十支》被列入大同市第五批市级文化遗产项目。举办赵北乡首届农民运动会、千人毽球大展演和象棋、篮球比赛等活动。全年免费送戏下乡318场，送电影下乡3100余场，送图书下乡1500余册。红石塄乡北泉村集装箱酒店正式运营。车河有机社区旅游开发项目入选2017年全国优选旅游项目名录，年产值达240多万元。平型关人捷纪念馆安防消防项目完工，平型关烈士陵园项目开工建设。举办灵丘县第十一届平型关文化旅游节、白崖台乡"首届乡土文化旅游节"和下关乡第二届插秧节暨灵丘首届帐篷节。打造"红古绿"三色旅游，其中"桃花溶洞景区旅游开发项目""空中草原风景区旅游开发项目"作为重点旅游项目列入省旅游局旅游项目储备库。旅游总收入达19.09亿元，同比增长27.27%；接待游客243.52万人次，同比增长22.81%。

民生事业 2017年，灵丘县城镇职工、城镇企业、机关事业和城乡居民养老保险参保人数分别为2.08万人、1.17万人、0.91万人、12.27万人；城镇职工和城乡居民保险参保人数分别为2.02万人和18.96万人；失业、工伤、生育等各项保险参保人数任务均越额完成。红石塄乡车河敬老院项目和县光荣院改扩建项目完工，东河南敬老院基础完成。年内分配公租房2674套，共发放廉租住房补贴

3198户。为36名创业人员申请创业贷款，完成建档立卡农村贫困劳动力免费职业培训1894人，全县86个贫困村29079名贫困劳动力纳入全县劳动力就业信息库。发放低保五保金7013.66万元，发放医疗救助金896.29万元。新建5个农村老年人日间照料中心。

电商扶贫工程 2017年，灵丘县新培育电子商务协会1家，孵化中心2家，成熟运营的电子商务公司2家，第三方电子商务平台6个，发展网上销售企业20家，个体网店经营户300多家，70多种农副产品成功上线销售，电商直接帮扶贫困户80户250人。

（高晓彬　刘甫花）

【浑源县】 浑源县位于大同市东部，总面积1966平方千米。下辖6镇12乡，315个行政村，11个社区居民委员会。

旅游资源有恒山、悬空寺等古长城堡寨、汤头温泉等。

产业建设 2017年，浑源县推进投资88.30亿元的150万千瓦抽水蓄能电站项目。热源厂扩容技改项目完成投资3000多万元，万吨秸秆综合利用项目完成投资2000万元。两个百万头生猪养殖、万头肉驴养殖和两个5万亩黄芪基地建设等一批大项目落户浑源，江西正邦、黑龙江龙建、江西双胞胎集团3家中国500强企业进驻浑源县。

城乡建设 2017年，浑源县征收老旧房屋1000户，完成迎宾街、省道203改线段、悬空寺至高速西段的绿化美化工程，连续攻克县城新区云阁街、云园路、天峰路北延等重点路段的拆迁难题，3条道路全面开工，管网全部埋设就位，采煤深陷区治理搬迁安置工程全部建成，恒山小镇建设主体工程完工，棚改货币化安置比例提高，实施租售并举，推进公租房盘活使用工作，解决1200户低收入家庭住房困难，推进特色小镇、美丽乡村和人居环境改善等工作。

环境建设 2017年，浑源县完成营造林3.37万亩。完成京津风沙源治理二期工程人工造乔木林0.50万亩、封山育林1.50万亩；完成环京津生态屏障区建设工程造林0.50万亩；退耕还林0.52万亩；实施仁用杏提质增效综合管理示范项目1.82万亩。推进“河长制”，将32条主要河流纳入河长制管理体系。加大饮用水水源保护力度，在全县划定重要饮用水水源地11处，推进水生态系统保护和修复工作。全年清理取缔涉案非法洗煤厂6个，煤场11个，停产停工整治涉案企业14个；取缔碘石堆、非法洗储煤厂等土小企业240家，取缔散乱污企业105家，淘汰燃煤锅炉91台。处理各类环境举报案件152件，对辖区范围内及重点企业下达责令改正违法行为决定书215件次，限产停产11家，查封扣押25家，立案处罚企业31家，罚款992.30万元，征收排污费116万元。改善县域环境质量，全县二级以上优良天气同比增加19天。控制污染物减排全年削减化学需氧量300.88吨，氨氮27.81吨，二氧化硫327.75吨，氮氧化物60.01吨。全年万元生产总值综合能耗下降3.20%。

文化旅游 2017年，浑源县组织举办春节、元宵节系列文化活动，完成“免费送戏下乡”演出108场，放映公益电影1700余场，开展10余场“脱贫攻坚·文化同行”文化下乡惠民文艺演出活动。为280个村级农家书屋配送3万多册图书，为全县18个乡镇69个贫困村文化活动室配发文化器材，文化阵地建设和设施设备配置基本实现全覆盖。2017年，推进文化旅游体制改革，组建县旅游发展委员会，成立大同文旅集团恒山文化旅游公司。举办首届“中国北岳恒山论道”峰会，推进五岳联合申遗和AAAAA景区创建工作。完善景区基础设施和功能配套，完成悬空寺景区危岩体抢险加固一期工程、恒山景区绿化一期工程。构建传统庙会、特色节庆、重大会展、文化艺术四大平台，带动旅游业快速发展。全年旅游门票收入6216万元，同比增长13.90%；境内旅游设施接待游客数量140万人次，同比增长6.61%。

民生事业 2017年，浑源县城市低保标准提高到419元/年·人；农村低保标准提高到3630元/年·人。全年共为31511名农村低保人员发放低保金6473.27万元；为9611名城市低保户发放低保金3031.37万元；为3827名农村五保对象发放五保供养金1498.93万元。救助住院治疗患者4145人，发放医疗救助金660.40万元；救助病、残等家庭困难群众2417名，发放临时救助款183.70万元。为124名老烈子、1030名农村“60”老兵发放生活补助金199.14万元；为738名重点优抚对象发放定补款825.93万元；为294名现役军人家属发放优待金969.81万元。实施特殊群体关爱工程，为5835名高龄老人补贴金发放189.02万元；为1134名生活完全不能自理的失能老人补贴金共发放68.09万元；为3855名困难残疾人补贴发放231.30万元；为245名孤儿发放孤儿保障金92.61万元。加大对城乡困难群体和农村转移劳动力的就业帮扶力度，全年城镇登记失业率为3.20%，城镇新增劳动力就业910人，发放再就业小额贷款近648万元。全年城镇职工基本养老保险参保人数达36143人；城乡居民基本养老保险参保人数183224人；城镇职工基本医疗保险参保人数40300人；城乡居民基本医疗保险参保人数259905人；生育保险参保人数24900人；工伤保险参保人数达15600人；失业保险参保人数15136人。（范颖莲）

【左云县】 左云县位于大同市西北部，总面积1314平方千米，下辖3镇9乡，228个行政村。总人口139944人。

旅游资源有保安堡、睡佛寺、南禅寺、月华池、长城、八台子圣母堂哥特式塔楼遗址、镇宁箭楼、官山石林、国家级非物质文化遗产楞严寺以及十里河湿地生态园区。

农业 2017年，左云县农作物种植面积26250.60公顷，其中粮食种植面积20698公顷，全年粮食产量30801.50吨。

交通邮电 2017年，左云县公路通车里程1387.87千米，其中高速公路 32.64 千米。全县公路网密度 105.60 千米/百平方千米。拥有二级汽车站 1 座，四级乡镇客运站 4 座，客运企业 4 家，客车 121 辆，长途班线 17 条，通车行政村数为 205 个，全年客运量 72 万人次，旅客周转量 4176 万人，全县货运大型企业 1 家，登记在册货车 2454 辆，货运量 228 万吨，货物周转量 43320 万吨。全年全县完成邮电业务收入 6799 万元，下降 6.40%。其中，邮政业务收入 684 万元，下降 10%；通信业务收入 6115 万元，下降 6%。年末固定电话用户 18600 户，移动电话用户 101100 户。全县宽带接入用户 20700 户。

科教文卫 2017 年，左云县科技方面组织申报市级项目 6 项，争取资金 115 万元，申请专利 35 项，其中发明专利申报完成 10 件。年末全县普通中小学校 24 所，专任教师 1393 人，在校学生数 11860 人，其中，小学生 6278 人，初中生 2632 人，普通高中生 2950 人。幼儿园(不包括附属幼儿园)6 所，在园幼儿 3106 人。年末全县共有文化馆 1 个，综合公共体育场一处，公共图书馆 1 个，藏书 13.8 万册，农村阅览室 228 个。全县有报社 1 家，出版报纸 53 万份。年末有线电视用户 2200 户，电视综合覆盖率达 98%以上。年末全县共有卫生机构(含诊所、村卫生室)254 个，床位 395 张。妇幼保健院(所、站)1 个。全县卫生机构共有卫生技术人员 335 人。

民生事业 2017 年，左云县城镇企业职工基本养老保险参保 10808 人；城乡居民养老保险参保 63550 人；城镇职工基本医疗保险参保 249630 人；城乡居民基本医疗保险参保 104211 人；失业保险参保 8575 人，工伤保险参保 20795 人；生育保险参保 11768 人。城市低保对象 1497 户 2401 人，累计发放低保资金 1090 万元；农村低保对象共 8372 户 10369 人，累计发放低保金 3000.72 万元。为 740 名困难群众实施医疗救助 229.89 万元；为 4107 名困难群众解决临时救助 205.60 万元。为 764 名农村五保户发放供养金 312.70 万元；为 58 名孤儿发放供养金 60.40 万元。全年城镇新增就业 1516 人，城镇登记失业率 2%，创业带动就业 350 人，就业困难人员就业 240 人，失业人员再就业 1000 人，完成转移农村劳动力 2116 人。

（邵明仁）

【大同县】 大同县位于大同市中部，总面积 1478.28 平方千米，下辖 7 乡 3 镇，175 个行政村。总人口 175695 人，自然增长率-0.15‰。

旅游资源有火山天路国家地质公园、金山、狼窝山、万龙白登山-采凉山滑雪场等。

产业建设 2017 年，大同县完成小升规入库企业 6 户，分别是云冈纸业、鑫能光伏、盾石混凝土、熊猫电站、鹏瑞商砼、晋投玄武岩。总投资 10 亿元的隆基股份乐叶光伏科技有限公司单晶硅生产项目完成投资 1 亿元，进入年产 1 吉瓦“超级领跑者”单晶硅组件生产设备入厂阶段。隆基乐叶光伏扶贫集中电站项目、村级电站项目，中广核马家梁 10 万千瓦风电场项目，北京国润天能 5 万千瓦峪口风电场项目开工建设。促成江苏鸿银羊毛羊绒产业链基地项目落地，中西部扶贫援建大同县医院建立肿瘤和心血管研究两个国家级研究中心项目落地奠基，白登万龙滑雪场项目建成运营，形成以装备制造、光伏发电、医药生产、轻工纺织、通用航空、钢构建材等新型产业集群为支撑多元格局。总投资 10 亿元的通航产业园项目，完成投资 1.20 亿元。大同熊猫电站首期 50 兆瓦项目并网发电，总投资 4.20 亿元。大同装配式绿色建筑集成产业园杭萧钢构项目完成投资 1.11 亿元。年产 50000 吨玄武岩岩棉项目完成投资 5020 万元。晋北国际物流园结束前期工作。占地 130 亩的森源激光技术产业园项目完成投资 0.18 亿元。体育运动生态旅游建设项目开工，完成投资 2.40 亿元。总占地 280 亩，建筑面积约 55831 平方米的大同县建筑垃圾资源一体化工厂项目完成投资 3.35 亿元。发展食用菌及乡村特色生态旅游项目，新建食用菌大棚 150 个，新增特色生态旅游服务设施 20000 平方米，同步配套建设项目区水电路、绿化等附属设施。

文化旅游 2017 年，大同县获“2017 年全国百佳深呼吸小城”和全国首家“国际健康养生基地”称号。投资 6669 万元完成“火山天路”、金山生态修复、狼窝山步道、黄花走廊、菊花节道路建设。基本完成“中华诗词之乡”申报工作资料收集、基层调研。举办火山徒步走、“天下大同”国际重型机车火山巡游、市国际骑游大赛、骑闯天下大同站选拔赛、火山地形越野跑等活动。大同万龙白登山——采凉山国际滑雪运动旅游区开业。国家火山地质公园资产评估完成，美国艾亦康公司规划设计的火山群五大项目招商引资中。全年接待游客 133.51 万人次，同比增长 43.56%。

科技卫生 2017 年，大同县通过“全国义务教育发展基本均衡县”国家评估认定。2017 年，全县组织企业、个人申请专利 37 项，其中发明专利 19 项、实用新型专利 18 项。成立大同县公立医院管理委员会和大同县人民医院集团，整合全县 16 个乡镇卫生院一体化组建县医疗集团。

民生事业 2017 年，大同县城镇新增就业人数 1507 人，转移农村剩余劳动力 2115 人，城镇登记失业率为 3.31%，技能人才培养 55 人，城镇失业人员再就业培训 200 人，农民工技能提升培训 1300 人，新成长劳动力培训 60 人。企业职工养老保险参保 13548 人（其中在职职工 8424 人），征缴保费 10428 万元；启动机关事业单位养老保险工作，完成数据录入和信息审核，参保 7070 人，征缴保费 20871 万元；城乡居民养老保险参保 71301 人，征缴保费 1217.78 万元；城镇职工基本医疗保险参保 10678 人，征缴城镇职工医疗保险保费 1693 万元；城乡居民基本医疗保险参保 12.99 万人，征缴城乡居民医疗保险费 2300 万元；工伤保险参保 1.12 万人，征缴保费 167 万元；生育保险参保 1.46 万人，征缴保费 81 万元；企业职工失业保险参保 7615 人，失业保险收入 115 万元。

（葛振婷）

阳泉市

【概况】 阳泉市位于北纬37°40′–38°31′,东经112°54′–114°04′,总面积4558.93平方千米,下辖3区2县。常住人口140.88万人,人口密度309人/平方千米,城镇化率67.56%。

2017年,阳泉市地区生产总值完成672亿元,按可比价计算,比上年增长6.30%。其中,第一产业完成增加值10.40亿元,增长3%;第二产业完成增加值320.40亿元,增长5.60%;第三产业完成增加值341.20亿元,增长7.10%;一、二、三次产业构成由上年1.70∶48∶50.30调整为1.50∶47.70∶50.80。城镇常住居民人均可支配收入达29581元,增长6.40%;农村常住居民人均可支配收入达12963元,增长6.50%。

农业 2017年,阳泉市农作物种植面积82.50万亩,比上年下降1.50%。其中,粮食种植面积79.50万亩,下降2.50%;油料种植面积1852.50亩,增长32.40%。粮食种植面积中,玉米种植面积67.50万亩,下降3.40%。全年粮食总产量26万吨,增长0.40%。其中玉米23.90万吨,增长0.20%。全年肉类总产量2.10万吨,增长5.10%。其中,猪肉产量1.60万吨,增长4.70%;牛肉产量0.04万吨,增长70.20%;羊肉产量0.10万吨,增长17.40%。牛奶产量0.60万吨,下降18.20%。禽蛋产量3.30万吨,下降2.20%。水产品产量701吨,增长12.80%。林地面积13万公顷,森林覆盖率28.50%。造林面积完成3700公顷,增长21.10%;其中,人工造林面积3300公顷,增长18.80%。荒山荒地造林面积3.30千公顷。农业机械总动力33.10万千瓦,下降21.50%。机械耕地面积630万亩,下降0.70%;机械播种面积66万亩,机械收获面积25.50万亩,分别增长1.10%和0.80%。农机化经营总收入2.10亿元,增长5%。

工业建筑业 2017年,阳泉市规模以上工业企业123个,实现工业增加值217亿元,比上年增长5.50%。规模以上工业企业原煤产量5132.60万吨,增长1.10%。洗煤2388.10万吨,下降29.90%。电力125.50亿千瓦小时,增长27.70%。规模以上工业企业实现主营业务收入739.10亿元,增长21.30%;实现利税40.10亿元,增长91%。其中,实现利润总额–16.40亿元,多盈利1.80亿元;实现税金56.50亿元,增长44.10%。亏损企业54家,亏损面为43.90%;亏损额34.10亿元,增长30.70%。

全年建筑业实现增加值50.80亿元,增长6.20%。具有建筑业资质等级的总承包和专业承包建筑业企业实现利润总额0.30亿元,下降83.90%;上缴税金4.60亿元,增长96.70%。

能源 2017年,阳泉市一次能源生产折标准煤3788.80万吨,增长0.70%;二次能源生产折标准煤277.81万吨,增长18.60%。规模以上工业综合能源消费量折标准煤565.88万吨,上升0.70%。全年全市全社会用电总量82.90亿千瓦小时,增长16.50%。

投资贸易 2017年,阳泉市全社会固定资产投资完成245.70亿元,同口径比较增长6.60%。其中,第一产业投资3亿元,下降88.80%;第二产业投资149.70亿元,增长51.30%;第三产业投资93亿元,下降11%。按登记注册类型分,国有经济控股投资147.90亿元,增长29.40%。按主要行业分,工业投资149.70亿元,增长51.30%;基础设施投资36.10亿元,下降24.90%;其他投资59.90亿元,下降28.20%。

社会消费品零售总额完成325亿元,增长6.10%。其中,城镇消费品零售额293.20亿元,增长5.90%,占全市比重为90.20%;乡村消费品零售额31.80亿元,增长8.20%,占全市比重为9.80%。海关进出口总额12336万美元,下降6.60%。其中,出口额8630万美元,下降13.40%;进口额3706万美元,增长14.30%。

交通邮电 2017年,阳泉市交通运输、仓储和邮政业实现增加值50亿元,比上年增长12.10%。公路线路年末里程5660.40千米,比上年末增加2.20千米。铁路货运量4497.10万吨,增长3.70%;铁路客运量264万人,增长1.30%。民用汽车保有量达到21.70万辆(包括三轮汽车和低速货车),增长9.90%。轿车保有量13.40万辆,增长10.90%。其中私人轿车12.60万辆,增长11.70%。

全年完成邮电业务总量16.20亿元。其中,邮政业务总量2.30亿元,比上年增长26.70%;电信业务总量13.90亿元。移动电话用户年末142.20万户,下降3.40%;其中4G移动电话用户年末79.80万户。全市互联网接入用户47万户,增长26.30%。

教育科技 2017年,阳泉市普通高等学校招生4819人,在校生15726人,毕业生3446人;中等职业学校招生2314人,在校生7090人,毕业生3688人;普通高中招生7953人,在校生25355人,毕业生9647人;初中招生14098人,在校生40278人,毕业生13204人;普通小学招生12613人,在校生80936人,毕业生14201人;特殊教育招生147人,在校生767人,毕业生129人;学前教育招生13738人,在校生31996人,毕业生12277人。组织农民实用技术培训,参与人数达6.70万人次。

2017年,阳泉市专利申请量1107件,比上年减少21.60%。其中,发明专利申请量439件,增长7.60%;专利授权量360件,减少5.70%,其中发明专利授权量18件,减少21.70%。全年共取得市级以上科研成果41项,其中,市级37项、省级4项。全年共签订各类技术合同154项,技术合同成交总额2.50亿元。全年新登记科技成果26项。获得省级科学技术奖4项。国家认定企业技术中心1家、省级认定企业技术中心10家、市级认定企业技术中心30家。全市高新技术企业42家。

文化旅游 2017年,阳泉市有群众艺术馆、文化馆6个,艺术表演团体6个,公共图书馆6个。年底有线电视用户33.20万户。《阳泉日报》年发行621万份。2017年,阳泉市旅游总收入283.93亿元,增长25.80%;星级宾馆10个,旅行社37个。A级及以上旅游景区(点)11个。

环境建设 2017年,阳泉市市区大气环境质量达标天数193天,达标天数比例54.80%,PM2.5平均浓度61

微克/立方米，比上年下降3.20%；PM10平均浓度116微克/立方米，下降11.50%；空气质量综合指数7.28，下降4.60%，在全省11个地市中排名第六。

民生事业 2017年，阳泉市卫生机构(含诊所、村卫生室)1548个，床位6957张。妇幼保健院(所、站)6个。卫生技术人员10162人。3个农业县全部开展新型农村合作医疗保险试点工作，55万农民参加新型农村合作医疗保险。城镇职工基本养老保险参保31.09万人，比上年增加2.23万人；参加城乡居民养老保险44.09万人，增加0.03万人；城镇职工基本医疗保险参保38.60万人，城乡居民基本医疗保险参保81.56万人；工伤保险参保26万人，增加0.22万人；失业保险参保25.12万人；生育保险参保24.67万人，增加0.09万人。城区、矿区、郊区最低工资标准1700元，平定县、盂县最低工资标准1500元，均比上年提高80元。全市城市最低生活保障对象3.43万人，减少999人；农村最低生活保障对象4.08万人，增加217人，农村"五保"供养0.63万人，全年共发放最低保障资金2.45亿元，增加0.24亿元。全市各类提供住宿的社会服务机构28个，养老服务机构床位数1995张，各类福利院床位数350张，收养102人。城镇各种社区服务设施576个，其中综合性社区服务中心90个。全年销售福利彩票1.99亿元，接收社会捐赠款10万元。

中环快速路建设项目启动 2017年，阳泉市启动中环快速路项目建设。中环快速路以在建的漾泉大道、平坦路、现状义白路、义平路局部和新选的南环为基本框架的一条围绕主城区环形道路，双向8车道，全长26.10千米。其中北环7千米、东环5.90千米、西环加南环13.20千米。环内面积40.59平方千米，双向8车道，主路设计时速60千米，辅路设计时速40千米。全线交叉路口采用互通立交或跨线桥设计，主路全线无红绿灯。截至2017年底，规划、土地、环评、立项等前期手续完成，西南环监理7个标段全部招标，施工分11个标段，第5标段于8月中旬完成招标并进场施工，其余各标段完成施工投标资格预审；拆迁工作完成93%；通过国家开发银行山西省分行以PPP模式实施。

阳泉大数据及智能物联网产业发展 2017年，阳泉市推动大数据及智能物联网产业发展。中共阳泉市委、阳泉市人民政府、中国信息通信研究院、山西大学、百度公司于10月13日以"数聚阳泉 物联天下"为主题，对大数据、智能物联网发展新形势、新成果、新技术、新模式召开研讨会。会议邀请山西大学、中国信息通信研究院、百度公司、科大讯飞等权威机构与顶尖企业专家，对大数据及智能物联网技术在山西省的应用和产业发展方向进行探讨。会议期间，阳泉市政府与中国信息通信研究院签署《关于促进阳泉市大数据及智能物联网发展的合作框架协议》，与山西大学签署《大数据及智能物联网产业技术产学研合作协议》；百度(阳泉)创新中心、山西大学大数据阳泉实训基地、山西慧泉大数据产业发展有限公司揭牌成立；举行漾泉大讲堂、技术发展论坛等主题活动。

山西(阳泉)国际陆港集团组建 2017年12月28日，阳煤集团联合北京铁路局、天津港(集团)，在北京市召开山西(阳泉)国际陆港集团有限公司成立新闻发布会。山西(阳泉)国际陆港集团有限公司以物流园为点，以物流链为线，融合公路、铁路、海运多种运输方式，发展钟摆式多式联运物流链。以煤炭运输业务为主，白货(含集装箱)运输业务为辅，通过"互联网+"，形成联结晋陕蒙与环渤海港口、长江沿江码头的现代物流网络，物流货运量达千万吨以上。在此基础上，通过增资扩股，建设中心商务区、综合保税区和更多方位的商贸物流园。

市县(区)两级监委率先组建挂牌 2017年，阳泉市推进监察体制改革试点工作。3月13日，市监察委员会召开第一次干部大会，市监察委员会正式组建挂牌。5个县区监察委员会于2月20日前组建挂牌，阳泉市在山西省首家完成市县(区)两级监委组建挂牌工作。

(孟学武　王　刚　张卫萍　杨　文)

【阳泉市城区】 阳泉市城区位于阳

2017年阳泉市辖县(区)经济指标统计表

县　市	地区生产总值(万元)	农林牧渔业总产值(万元)	固定资产投资(万元)	社会消费品零售总额(万元)	一般公共预算收入(万元)	一般公共预算支出(万元)	人均可支配收入(元)	
							城镇居民	农村居民
城　区	1943044	–	155041	1773145	25303	64342	30686	–
矿　区	1161274	–	338283	265580	26465	77967	30249	–
郊　区	772430	38890	509736	182983	38388	140166	25103	13674
平定县	1000475	86439	610947	359977	39658	207279	27259	12427
盂　县	1228974	78234	742348	514727	56983	191563	29431	12937

泉市区东南部，总面积55.88平方千米(包含义井镇),下辖6个街道办事处,46个社区居民委员会,1个镇,14个村。总人口228958人,人口自然增长率2.79‰。

旅游资源有狮脑山红色文化旅游区和保晋历史文化园区等。

产业建设 2017年,阳泉市城区正式托管义井镇后,发展近郊农业,全年粮食产量共计1126.70吨,畜禽养殖存栏量21.20万只(头),为全市提供鲜活农产品6450.50吨。规模以上工业增加值同比增长68.40%，非煤产业占比34.10%,白羊墅光伏发电项目完成投资近4亿元。三产服务业实现提质升级。白羊墅公铁联运物流园项目、健奔智能助力自行车项目等48个重点工程项目总投资达113.40亿元。城区一产、二产、三产比重为0.10：15.10：84.80。投资1500万元改建城区汽贸公司厂房。制定《区直集体企业改制意见》,加快集体企业实行股份制改制。推动大唐阳泉369云工厂项目孵化器建设取得积极进展,引进葫芦科技有限公司、天天安途信息技术有限公司、小豆科技有限公司、中国云·遥控云·移动电竞遥控中心4家科技型企业。2家企业通过省级高新技术企业认定，每万人口发明专利拥有量达1.90件。启动“网上招商”新模式,利用城区政府网、微信公众号和微信群等平台开展网上招商,逐步构筑“互联网+招商”模式,建立完善招商服务信息系统。

城乡建设 2017年,阳泉市城区投入5429万元，开展生态环境建设。取缔“散乱污”企业28家,淘汰20蒸吨以下燃煤锅炉51台,完成清洁取暖9513户。启动大阳泉矿、南庄矿生态环境恢复治理工程；投资100余万元完成西峪村矸石山和义井村垃圾山治理工程;推行“河长制”,在全市率先完成公示牌设置。开展黑臭水体治理,义井河、桃河洪城桥至五渡桥段污水全部接入排污管网。中央环保督察组76件交办问题全部办结,环保部19轮强化督察181件交办问题、6轮巡查49件整改问题全部完成整改。开展城乡环境集中整治,拆除南外环、新华西街、桃河南岸防洪通道等违建临建202间1.30万平方米。推进南大街、义平路环境整治，拆除建筑13.30万平方米,建设绿地9.30万平方米。

民生事业 2017年,阳泉市城区实现城镇新增就业2530人,下岗再就业1305人。发放低保、临时救助、大病医疗救助等社会救助资金3304万元。发放保障性安居工程货币化补贴213万元、分配住房1507套。完成机关事业单位养老保险制度改革和城乡居民基本医疗保险制度整合。成立全省首家文化众创空间。投入1600余万元改善办学条件，巩固义务教育均衡发展成果。组建成立城区医疗集团,初步形成县乡医疗卫生机构一体化新格局。推进医养结合工作，天佑老年康复医院主体工程完工，区人民医院老年护理中心医养床位增加至100张，建成社区日间照料中心22个,医养融合养老机构2个。首次举办环卫工人节立功表彰大会,并拿出22万元专项资金慰问环卫职工。城区社区矫正中心揭牌使用，规范司法局对社区服刑人员的接收、事项审批、应急处置和调查评估等行为,加强和创新社会治理,规范社区矫正流程、创新教育矫正方法、提高社区矫正执法规范化水平、预防和减少重新犯罪。

2017年，阳泉市城区落实“13710”工作制度,建立区级电子督办平台,健全正向激励和容错纠错机制。出台《关于政府系统“13710”工作制度试行办法》,建立“13710”工作微信群,提升公共服务能力,打造服务型政府。开展社区治理体制机制改革。活动场所总面积建成19189平方米，平均417平方米，完成200平方米以下社区达标提升任务,22个社区建成老年人日间照料中心。推进社区协商。推进社区减负增效。取消社区考核评比事项17项、社区工作机构29个,实现社区减负增效。搭建社工人才专业实践平台,完善培育机制,促进社工队伍能力素质提升。加强组织领导,建设“大社工”工作格局。 （王世钧）

【阳泉市矿区】 阳泉市矿区位于阳泉市市区西部，总面积87.27平方千米，下辖6个街道办事处、44个社区,18个行政村，新增社区4个,18个行政村。总人口数为251345人(未包括18个行政村)。

旅游资源有平潭街马王庙和保晋公司简子沟煤炭生产线、狮脑山、矿区银圆山庄等。

产业建设 2017年,阳泉市矿区统筹谋划四大产业集聚区，启动编制矿区建成区与托管区融合发展详细规划，煤炭装备集聚区规划用地1000亩,已有11户企业入驻。开展农村路网普查,编制完成矿区“四好农村路”三年建设规划。落实各项惠农政策,发放惠农补贴246万元，建成农业科技示范基地1家。加快推动养老服务产业发展，富山养老托养中心项目顺利推进。编制完成《2018—2020年矿区独立工矿区实施方案》,争取上级专项补助和转移支付资金2.81亿元，学校基础设施改造、居民区道路绿化亮化、采煤沉陷区综合治理等一批重点工程顺利实施。开展“三去一降一补”任务,阳煤五矿五林井退出产能50万吨。推进房地产去库存力度，为国电满庭春化解房地产房源18套。建立减轻企业负担联席会议制度，取消或停征社企行政事业收费项目41项,全年累计为企业减负近1亿元。农信社“漾泉微贷”“漾泉快带”系列小微贷事业部挂牌成立,“银证税”合作机制完善。稳定和扩大石板片油用玫瑰种植，延伸产业价值链。推动神堂沟果品规模种植,扩大半坡、大村蔬菜种植规模,发展石卜咀、大村规模化养殖。开发功能农业，鼓励药食同源农产品种植。召开“双创”基地建设恳谈会,推动矿区产业结构转型升级。

智慧城市 2017年,阳泉市矿区网格化破解基层社会难题改革探索入选全国中小城市综合改革试点优秀案例,并在全国范围内进行经验推广。司法局构筑矿区“掌上公共法律服务平台”。自运行以来,共有1226名辖区居民通过平台定期发送的177条普法文章或普法剧了解到各类法律常识,152人(次)的法律咨询得到在线律师及时解答。在平台建设、技术融合、管理创新、人员培训、业务宣传等方面开展企业登记全程电子化改革,形成“线上线下"双轨运行、功能互补、相辅相成的政务服务新模式。

移民搬迁 2017年,阳泉市矿区开展矿区独立工矿区搬迁改造工作。开展官沟村、西河村涉及采煤沉陷区治理搬迁安置工作,计划搬迁1056户、3318人。开展中环快速路矿区段房屋征收工作。简子沟棚户区改造项目启动实施,1016套棚户区改造住房建成,271套回购公租房竣工,459户公租房分配入住。中环快速路矿区段征收工作完成签约或评估300户,评估率达95.20%。

环境建设 2017年,阳泉市矿区开展城乡环境集中整治行动,实施大气、水、土壤污染防治及十大专项整治。修订和实施《矿区重污染天气应急响应实施方案》,全区空气质量综合指数7.14,优良天数198天。全年迎接环保部巡查督查32轮次,交办并办结环保案件161个,办结群众反映问题57件。开展居民煤改气、煤改电工作,清除"小广告"9万余平方米,清运各类垃圾6万吨,拆除违建1.53万平方米,协调开放停车位1.10万个,疏通污水管网9380米,取缔或规范违规经营4000余处。

民生事业 2017年,阳泉市矿区托管整合石卜嘴小学、西河小学、前庄教学点。小南坑小学教育信息化应用案例入选全国教育信息化应用优秀案例,完成多处中小学校园综合改造工程。全区全科医生团队签约服务家庭达到4万余户。引进"手掌静脉认证智能终端",全年发放低保金、低收入住房困难补贴和各类残疾人救助金等2765余万元。矿区医院实行药品采购"两票制"。改扩建社区矫正中心,完成投资约30万元。成立国民体质监测中心,购置国家体育总局指定的国民体质监测器材11件。为社区增设健身器材181件,"免费送戏下乡"25场,4座街区自助图书馆、10台电子书刊借阅机实现全天候开放。矿区新闻中心制作完成电视专题片《魅力矿区 创业热土》。开发矿区银圆山庄等旅游资源,加强景区基础设施建设,促进矿区旅游产业提档升级。 (王宏英)

【阳泉市郊区】 阳泉市郊区位于阳泉市东部,总面积627平方千米,下辖4乡3镇,146个村民委员会,6个居民委员会,并含划归阳泉经济技术开发区区域及部分城、矿区托管村镇。常住人口为18.93万人。

旅游资源有玉泉山关王庙、桃林沟、翠枫山景区、小河古村评梅景区、银圆山庄、刘备山风景区、和谐生态园等。2017年,郊区获"2016山西年度经济环境创优县区""省级平安县(区)"称号,入选山西省村级集体经济发展试点县行列。

农业 2017年,阳泉市郊区开展土地收益保证贷款、土地增减挂钩、农村土地流转和土地承包经营权确权等试点工作。郊区获得市财政下达项目资金1000万元,扶持10个村级集体经济发展试点村。

产业建设 2017年,阳泉市郊区投入风险补偿金,为39家企业办理助保金贷款1.36亿元;下千耐火公司入选国家知识产权优势企业,阳泉八方电气等5家企业入选省级高新技术企业,中嘉磨料磨具等4家企业挂牌上股交Q板、深股交新四板,金隅通达等26家企业进入"小巨人"培育库,天隆工程材料、华岭耐火等11家企业获省著名商标。

文化旅游 2017年,阳泉市郊区桃林沟挂牌国家AAAA级景区。小河、官沟、辛庄和大阳泉入选"中国传统村落"。1月10日,小河古村与太原台骀山滑世界农林生态游乐园有限公司签订小河古村旅游项目合作开发框架协议。对小河古村进行整体保护开发,推动小河古村建设国家AAAAA级景区。

民生事业 2017年,阳泉市郊区开展生态新城建设,新城大道、李家庄互通、西外环、双营路等路网工程竣工通车。开展全民健身活动,郊区"农民体育健身工程"累计投入各项资金5000余万元,建设体育场馆、健身广场、乡村篮球场、综合活动室、网球场、健身路径等,累计添置体育健身器材6000余件,为各行政村配置各类器材1400余件。全区体育场地面积397600平方米,人均体育场地面积为1.42平方米。行政村体育设施实现全覆盖,校园篮球场、操场、乒乓球场实现全覆盖。截至2017年底,郊区筹集各类资金共计100余万元对区体育馆进行改造完善。

国地税联合办税大厅投入使用 2017年11月1日,郊区国税局、地税局创建的联合办税服务大厅投入使用。大厅总面积840平方米,是集标准化、规范化、现代化为一体全职能办税服务中心,规划有自主办税区、纳税辅导区、实体办税区、24小时办税区等全流程办税区域,配备24小时自主办税设备、LED大屏幕、叫号系统、个人门禁识别系统、信息网络系统等现代化设施,可办理辖区范围内纳税人登记、税务认证、发票管理、申报纳税、税收证明、宣传咨询等涉税事项。

义井镇管理权调整 2017年5月1日,阳泉市郊区义井镇由城区托管,平坦镇18个村由矿区托管,解决城市发展用地问题。 (侯晋元)

【平定县】 平定县位于阳泉东南部,总面积1395平方千米,下辖8镇2乡,318个村民委员会,17个社区居委会。人口数34.50万人。

旅游资源有冠山、东浮山、石楼山、药林寺省级森林公园以及娘子关旅游贸易区、固关长城、石评梅故居、红岩岭自然风景区玉皇洞、东回镇乡村旅游文化园、小蘑菇山庄等。平定县获"山西省食品安全示范县"称号。

产业建设 2017年,平定县发展特色农业,杂粮薯类,蔬菜种植面积和肉蛋奶产量持续增长;农业合作社、家庭农场、一村一品专业村等新型农业经营主体加快发展。规模以上农产品加工企业经销收入达到11.24亿元,新认证"三品一标"企业6家,无公害农产品、绿色食品、有机农产品种植面积和养殖规模分别达到1.50万亩、18.80万头(只)。完成农村土地确权登记工作,确认家庭承包耕地30.49万亩,合同签订率98.10%。

2017年,平定县关闭阳煤五矿五林井和古州陈家庄煤矿,退出产能150万吨,承担全市70%去产能任务。非煤产业占规模以上工业增长值比重达到66.02%,煤炭产业占规模以上工业增加值比重降低13.06%。阳煤平定化工乙二醇(一期)投产试运行;光伏领跑者和东方新能源光伏发电项目并网发电。

第三产业 2017年,平定县全县接待旅游客55.50万人(次),门票收入2036.60万元,综合收入8757万元。娘子关景区和红岩岭自然风景区升级为AAA级景区,平定莹玉陶瓷有限公司与旅行社、阳泉市小河古村评梅景区合作。电子商务进农村"1922"工程县级公共服务中心、物流仓储配送中心和乡(镇)、村网点建设完成,电商交易额达到3.35亿元,比上年增长59.52%。

转型综改 2017年,平定县推进开发区改革创新发展,申报设立省级经济技术开发区,组建成立开发区管委会;落实平台建设用地1800亩,建设道路4千米;引进10个项目,5个落地项目。审批时限缩短60%以上;工商登记前置审批减少到29项。完成商品房去库存1910套;争取资源枯竭型地区财政转移支付、采煤沉陷区治理、棚户区改造等项目和省级技改专线扶持资金、中小企业创业创新奖励资金等共计2.60亿元;开展入企服务常态化,落实降成本政策,累计为企业减负8374.95万元。全年申请发明专利43件,发明专利29件。新发展高新技术企业2家,"专精特新"企业4家,完成科技成果转化和科技创新项目19项。8月16日,举办"南宜兴·北平定"紫砂产业发展合作论坛。

城乡建设 2017年,平定县新建改造县乡路网328千米;配合207和307国道城市过境公路前期工作,推进307国道石门口段改线工程;阳泉汽车客运南站投入试运行;市政新建改造城市道路14.70千米,更新100辆新能源出租车;集中供热和供气管网分别新增26千米、29.20千米,新建改造下水管网10.75千米,游园和绿化面积增加11万平方米。

环境建设 2017年,平定县开展城乡环境卫生整治,冶西镇保持全国文明村镇称号,冠山镇宋家庄村、东回镇前黄安村获全国文明村称号。新建10处公共停车场,886个停车位和2座公厕,购置5座环保公厕,南关、西关两个便民市场投入使用,鹊山天和物流园两个汽车服务市场升级改造。完成冬季清洁采暖改造9285户,取缔县域103家"散乱污"企业和县城建成区51台燃煤锅炉。实行秸秆禁烧,二氧化硫浓度降低18.70%,空气质量二级以上天气增加26天。落实河流管理"河长制"制度,完成367处水毁堤防修复和南川河生态环境综合治理(一期)工程;治理水土流失4.17万亩,营造林1.59万亩。工业固废综合利用率达到73%,地区生产总值能耗降低3.20%,万元地区生产总值用水量和用电量分别降低3%和5.59%。

民生事业 2017年,平定县完成383户、1054人异地扶贫搬迁;20个贫困村退出,4759人稳定脱贫。完成棚改4210套,货币化安置率100%。农村困难户危房改造和地质灾害治理搬迁分别完成144户、50户。城镇新增就业3912人,转移农村劳动力3961人。新建20个农村老年人日间照料中心。平定二中、实验小学、第三实验小学改扩建工程推进,5所新改建公办普惠性幼儿园投入使用;高考首批达线人数居全市第一;开展医疗卫生体制改革,医疗集团成立,组建医联体7个,为边远乡村3万余人提供巡回医疗服务;免费送戏下乡和公益电影放映分别达到163场、4700多场;民国《平定县志》正式影印出版。 (王志锋)

【盂县】 盂县位于阳泉市北部,总面积2514.38平方千米,下辖10个社区,1个城镇办事处,8镇,6乡,453个村民委员会。总人口30.80万人,非农业人口7.34万人。

旅游资源有藏山、水神山、龙台山、滹沱河、奕丰生态园、大汖温泉古村、梁家寨生态旅游区、雁子崖、尖山等。2017年,盂县获"山西省食品安全示范县"称号。

高城山路三期建成通车 2017年6月,盂县高城山路三期建成通车。该公路位于县城中部偏北,南起金龙大街,北至省道双阳线,道路全长约1.90千米,红线宽40米。成为盂县南北方向交通干道,阳泉北站与盂县县城间第二条交通纽带。

文化节 2017年,盂县2月25日至27日(农历正月二十九至二月初二),在大崔家村举办首届河灯民俗文化节。活动有民俗表演、摄影图片展览、参观乡村街道及古民居、沐浴天然温泉、观放河灯等,3天共接待游客近万人。9月30日,首届"忠义文化彩灯美食节"开幕,国家级非物质文化遗产——"自贡彩灯"全国巡展首次展出。该次灯展共设8个展区,有品美食、观彩灯、游园会、猜灯谜、看演出等活动,接待游客20万人次。

盂县文化中心落成 2017年7月,盂县文化中心落成启用。县文化中心项目总投资2.69亿元,占地面积150余亩,建筑面积2万平方米。其中,A座是档案馆,B座是新盂县编辑部、广电中心,C座是文化馆、博物馆,D座是图书馆、文联,E座是剧场。文化中心广场面积约1.30万平方米,景观游园约2万平方米,停车位400个,绿化率达50%。

体育赛事 2017年6月18日,盂县举办首届"哈佛杯"绿动太行、仙人指路全国越野跑邀请赛。德国、北京、上海等国内外越野跑运动员和本地越野跑爱好者300余人参加5千米、10千米、21千米三个级别的比赛。7月7日至7月9日举办第五届摩托人阳泉盛典暨盂县摩旅文化节,全国各地2000余名摩旅爱好者参加。

《中国共产党盂县历史》出版 2017年12月7日,盂县召开《中国共产党盂县历史(1931—2012)》出版发行座谈会。《中国共产党盂县历史(1931—2012)》由中共盂县县委党史研究室组织编写,历时5年,分上下两册,共14编、53章,约110万字,由中共党史出版社出版发行。

龙华口水库下闸蓄水 2017年9月17日,盂县龙华口水库工程正式下闸蓄水。是山西省大水网建筑重要组成部分,阳泉市最大的水利工程。蓄水后,可实现年调水及供水7000万立方米,利于解决盂县乃至阳泉市工农业生产和生活用水。 (郝丽花)

长治市

【概况】 长治市位于北纬35°49′—37°48′，东经111°58′—113°44′，总面积13955平方千米，下辖1市2区10县，1个国家级开发区，132个乡镇，14个街道，139个社区，3447个行政村。全市总人口为345.50万人，比上年增加2万人。出生人口4万人，人口出生率为11.69‰；死亡人口2.10万人，死亡率为6.01‰；自然增长率为5.68‰。性别比(女=100)为104.63。城镇新增就业4.50万人。转移农村劳动力4.60万人。城镇登记失业率1.98%。

2017年，长治市地区生产总值完成1477.50亿元，比上年增长7%。其中，第一产业增加值62.80亿元，增长3.10%，占生产总值的比重为4.20%；第二产业增加值793.40亿元，增长7.20%，占生产总值的比重为53.70%；第三产业增加值621.30亿元，增长7.20%，占生产总值的比重为42.10%。第三产业中，金融保险业增加值92.60亿元，增长8.30%；交通运输、仓储和邮政业增加值86.30亿元，增长8%；房地产业增加值94.20亿元，增长7.30%。城镇常住居民人均可支配收入30060元，比上年增长7%；农村常住居民人均可支配收入12705元，比上年增长7.10%。城镇居民家庭恩格尔系数(即居民家庭食品消费支出占家庭消费支出的比重)25.40%，农村居民家庭恩格尔系数35.20%。

2017年，长治市公共财政预算收入132.30亿元，增长34.30%。税收收入102.90亿元，增长58%。公共财政预算支出268.50亿元，增长14.80%。居民消费价格比上年上涨1.50%，其中，食品烟酒价格下降1.30%。商品零售价格上涨0.90%。工业生产者出厂价格上涨13.20%；工业生产者购进价格上涨22.10%。

农业 2017年，长治市粮食种植面积23.92万公顷，比上年减少3700公顷；油料种植面积3600公顷，比上年增加1000公顷；棉花种植面积10公顷，比上年减少20公顷。粮食产量163.10万吨，比上年增加1.40万吨，增产0.90%。猪牛羊肉总产量9.10万吨，比上年增长3.50%。其中，猪肉产量7.80万吨，增长2%；牛肉产量0.50万吨，增长17.40%；羊肉产量0.80万吨，增长11.10%。生猪存栏62.40万头，生猪出栏100.90万头。牛奶产量1.64万吨，下降7.10%。禽蛋产量13.70万吨，下降0.90%。

工业建筑业 2017年，长治市规模以上工业企业319家。规模以上工业增加值累计完成759.40亿元，同比增长7.40%，实现主营业务收入1730.10亿元，增长34.90%，实现利税341.90亿元，增长119.80%，实现利润189.80亿元，增长194.50%；全年全市建筑业实现增加值58.70亿元，比上年增长6.50%。

投资贸易 2017年，长治市固定资产投资614.20元，增长6.40%。其中，国有及国有控股投资205亿元，增长29.30%。分产业看，第一产业投资64.60亿元，下降33%；第二产业投资258.30亿元，增长4.50%；第三产业投资291.30亿元，增长15.30%。在第二产业中，工业投资257.90亿元，增长3.90%。在建固定资产投资项目1176个。其中，5亿元以上项目77个，计划总投资1658.50亿元，完成投资167.50亿元。房地产开发投资72.30亿元，增长6.60%。长治市社会消费品零售总额607.80亿元，增长7.30%。其中，城镇消费品零售额492.90亿元，增长7.20%；乡村消费品零售额114.90亿元，增长7.60%。全年全市进出口总额52369万元，下降2.60%。其中，进口额26519万元，下降24.10%；出口额25850万元，增长37%。

交通运输 2017年，长治市公路线路里程11797.30千米，其中高速公路338.60千米。民用汽车保有量48.90万辆（包括三轮汽车和低速货车0.39万辆），比上年增长9.40%，其中私人汽车44.30万辆，增长10.10%。新注册汽车5.80万辆，增长10.60%。3月2日，国道207、208、309线长治过境段改扩建工程启动。国道207、208、309线长治过境段改扩建工程全长112千米、总投资49.81亿元，利用原有公路30千米，新改扩建82千米，按双向四车道一级公路标准设计。

文化旅游 2017年，长治市有星级以上旅游景点68处。其中，国家AAAA级旅游景区9个：太行山大峡谷景区、太行水乡景区、太行龙洞、八路军太行纪念馆、八路军文化园、黄崖洞景区、仙堂山景区、通天峡景区；AAA级景区2个：老爷山景区、洗耳河景区；AA级景区2个：始祖百草堂景区、五凤楼景区。全年全市共接待入境游客26603人次，同比增长5.69%；旅游外汇收入1620.44万美元，同比增长3.81%；接待国内游客4808.42万人次，同比增长28.19%；国内旅游收入460.22亿元，同比增长25%；实现旅游总收入461.21亿元，同比增长24.96%。旅游总收入增幅超省、市考核指标0.96个百分点。1月19日，山西省政府公布第五批山西省历史文化名镇名村名单，长治市壶关县树掌镇，平顺县虹梯关乡虹霓村及石城镇东庄村、上马村、岳家寨村、黄花村列入其中。

城乡建设 2017年，长治市城市交通运营车辆1260辆，其中市区公共汽车537辆。出租汽车3201辆，其中市区出租车1801辆。市区有公园4座，总面积127公顷。全年市区供水总量9424万吨，液化气供气总量4160吨，天然气供应量7296.58万立方米，其中生活用天然气3163.95万立方米。市区集中供热面积4450万平方米。市区污水处理能力27.5万吨/日，全年污水处理量8036.95万吨。生活垃圾年清运量23.40万吨。1月18日，长治市500台纯电动公交车投入运营。2月，长治市城市交通可持续发展项目设计的公共自行车项目完成一期配置。一期公共自行车项目覆盖范围主要涉及四条公交走廊(太行街、府后街、英雄路、城西路)及周边区域布设共享自行车服务点，面积约20平方千米，设计服务点共计80处，配置自行车2500

辆，3250个锁桩。

教育科技 2017年，长治市有普通高等学校5所，中等职业学校49所，普通高中51所，初中157所，小学525所。全年专利申请量与授权量分别为1147件和627件，共签订各类技术合同69项，技术合同成交总额3.8亿元。产品质量检验机构1个。对71户企业实施产品认证，对7种产品进行监督抽查。全市共有法定计量技术机构19个，全年完成强制检定计量器具11.96万台件。长治大数据中心正式建成运营。

文体卫生 2017年，长治市共有艺术表演团体19个，文化馆14个，公共图书馆14个，公共图书馆藏书量198万册。广播电台13座，电视台18座，广播、电视综合人口覆盖率分别达99.78%和99.75%，有线电视用户49.0万户，接收数字信号用户38.0万户。医疗卫生机构4642个。其中，医院、卫生院246个，妇幼保健机构15个，疾病预防控制中心14个，卫生监督机构14个。病床位17555张，其中医院、卫生院13524张。卫生技术人员22135人。其中，医生8252人，注册护士8737人，药剂人员987人。乡镇卫生院132个，床位2808张，乡村医生和卫生技术人员7310人。全市新型农村合作医疗参合率达98.20%。全年全市运动员在各类体育比赛中获得世界冠军1个，全国冠军12个，全省冠军73个。

民生事业 2017年，长治市基本养老保险参保208.35万人；新型农村社会养老保险参保138.14万人。城镇职工基本医疗保险参保60.74万人；城乡居民基本医疗保险参保244.65万人。失业保险参保41.57万人。工伤保险参保57.13万人。生育保险参保43.92万人。纳入城市最低生活保障的居民3万人，发放城市低保资金1.20亿元；纳入农村最低生活保障的居民

2017年长治市辖县（市、区）经济指标统计表

县市	地区生产总值（万元）	农林牧渔业总产值（万元）	固定资产投资（万元）	社会消费品零售总额（万元）	一般公共预算收入（万元）	一般公共预算支出（万元）	人均可支配收入（元）	
							城镇居民	农村居民
城区	2293381	11508	737308	3484887	48618	102176	32245	—
郊区	1616156	54174	728852	516346	50211	113516	37261	17296
长治县	1732675	137660	512893	322365	152027	203208	30131	16017
襄垣县	1834428	123167	759818	288648	139432	203930	33935	14610
屯留县	1098082	125596	457575	168183	84356	162580	25699	14725
平顺县	226652	56424	221763	93638	9899	157070	22019	6081
黎城县	309029	50488	290345	143412	16202	113308	18075	8289
壶关县	540683	94135	278670	199246	17685	189588	22022	5804
长子县	1455589	207915	582971	194416	120070	181557	28262	13417
武乡县	574170	64693	186490	143398	30474	169791	22574	6593
沁县	250063	97326	159793	105125	9727	126592	18835	6046
沁源县	1366643	50155	501637	252535	110333	164944	32507	13714
潞城市	1058521	81721	632050	165962	64075	122458	27693	13089

10.80 万人，发放农村低保资金 2.50 亿元。各类福利院床位数 11176 张，收养 5127 人。城镇各种社区服务设施 360 个。全年销售社会福利彩票 2.40 亿元，接收社会捐赠款 71 万元。

长治市被纳入《中原城市群发展规划》 2017 年 1 月，国家发改委印发《中原城市群发展规划》，涵盖河南、山西、河北、山东、安徽 5 省共 30 座地级市，长治市被纳入其中。中原城市群是中国 7 大国家级城市群之一，《规划》将其定位为：立足区位交通等优势，建设全国重要的先进制造业、现代服务业基地和现代综合交通枢纽，打造新亚欧大陆桥经济走廊极具发展活力的核心地带。

2017 长治振东国际马拉松赛 2017 年 7 月 23 日，2017 长治振东国际马拉松赛在长治县举行，来自中国、肯尼亚、埃塞俄比亚、乌干达等国家和地区的 5000 余人参赛。这次马拉松赛主题是“上党幸福地·生态马拉松”，国际组选手 Phil-ipKiplagatBiwott 以 2 小时 28 分 56 秒的成绩夺得男子全程马拉松冠军，国内组选手邸旺东以 2 小时 30 分 32 秒的成绩夺得男子全程马拉松冠军；女子全程马拉松冠军分别被国际组选手 ChebokelMilkaJebe 和国内组选手王万芳夺得，她们的成绩分别是 3 小时 13 分 24 秒和 3 小时 01 分 55 秒；男子半程马拉松冠军由国际组选手 ElkanahKimeliArusey 和国内组选手边岐夺得；女子半程马拉松冠军被国际组选手 NancyJelagat 和国内组选手崔琳琳夺得。（曾晋芳）

【长治市城区】 长治市城区位于长治市中部，总面积 55.60 平方千米，下辖 10 个街道办事处，29 个行政村（菜场），57 个社区居委会。全区总人口 42.20 万人，比上年增加 0.28 万人。

旅游资源有上党战役北关战斗遗址、长治市博物馆、塔岭山休闲观光度假区、太行湿地公园、潞安府城隍庙等。2017 年，长治市城区获“省级平安区”称号，城区青少年活动中心获“第四届全国未成年人思想道德建设工作先进单位”称号。

农业 2017 年，长治市城区粮食种植面积 201.30 公顷，粮食总产量 1686.70 吨。

城乡建设 2017 年 1 月 18 日，长治市城区在北石槽村集中开展“两打击一规范”专项行动，成立专项行动领导组，打击侵占集体利益、非访闹访等不法行为，规范村民自治、民主决策制度。北山头村“煤改气”改造工程开工，标志城区冬季清洁取暖改造工程正式启动。工程实施范围涉及辖区内 10 个街道办事处，78 个村（社区、菜场），改造清洁取暖面积 550 万平方米，共计 26728 户居民受惠。实施“煤改气”后，城区将减少燃煤 12 万吨。长治城区颁发首张电子营业执照，标志城区办理企业登记营业执照申领进入全程“电子化”新时代。

环境建设 2017 年，长治市城区二氧化硫排放浓度 44 微克每立方米，二氧化氮排放浓度 40 微克每立方米，污水处理厂 1 座，垃圾处理站 23 个，城区空气质量优良以上天数 200 天。“三河一渠”实现全程贯通，具备通水条件。工程主要包括河道治理、景观绿化、引调水和水质监测运行管理系统等建设内容，共建设、修缮 7 座游园、6 处湖泊、33 座桥梁。区环保、住建、公安、综合执法等部门联合，对全区范围内存在扬尘污染的建筑工地进行集中整治。

文体卫生 2017 年，长治市城区共有艺术表演团 2 个，文化馆 1 个，公共图书馆 1 个，档案馆 1 个。全区广播电台 1 座，电视台 1 座。全区共有医疗卫生机构 359 个，床位 6794 张。卫生防疫、防治机构 2 个，妇幼保健院(所、站)3 个。举行全国第二届“万步有约”职业人群健走激励大奖赛（长治市城区）活动，19 支代表队近 400 人参加活动，健走淮海公园。开展“十进”基层百场文艺巡演活动。

民生事业 2017 年，长治市城区城镇职工基本养老保险参保 20538 人，比上年增加 530 人；城乡居民基本养老保险参保 38759 人；城镇职工基本医疗保险参保 5058 人；全区实现城乡居民基本医疗制度整合并轨，城乡居民基本医疗保险参保 143842 人；失业保险 10433 人参保；工伤保险参保 29169 人；生育保险参保 3356 人。各种社区服务设施 344 个，其中综合性社区服务中心 55 个。国家抚恤、补助各类优抚对象 637 人。全年得到城市最低生活保障救济 7095 人，发放城市最低保障资金 3018.19 万元。

“大美长治·品质城区”文化艺术节 2017 年 4 月 28 日，由中共长治市城区委员会、长治市城区人民政府主办，长治市城区区委宣传部、长治市城区总工会、长治市城区文化局承办的 2017“大美长治·品质城区”文化艺术节开幕。这次艺术节提出全区文化建设新思路，即“政府搭台、协会组织、社会参与、群众受益”。采用政府购买服务的模式，依托 12 个协会和民间文化团体，突出民间性、社会性、群众性、娱乐性、参与性，涵盖朗诵、合唱、书画、摄影、微电影、体育竞技、戏曲民乐、非物质文化遗产等 10 余个类别，参与人数超过万人。（刘瑞林）

【长治市郊区】 长治市郊区位于长治市中部，总面积 290.80 平方千米，下辖 1 乡 5 镇，2 个办事处，1 个开发区，125 个行政村。总人口 29.14 万人，比上年增加 0.20 万人。

旅游资源有观音堂、潞州二贤庄、百草堂、静乐宫、滴谷寺、崇教寺等。

农业 2017 年，长治市郊区耕地面积 1.13 万公顷，粮食种植面积 8099.80 公顷，粮食产量 55548.50 吨，比上年增长 1.01%。

产业建设 2017 年 4 月 12 日，长治市郊区举行首批重点项目集中开工推进会。青岛高测新型金刚石线、山西漳山发电超低排放改造、浊漳河南源北寨上游人工湿地、老顶山风景区旅游通道提档改造等 20 个项目集中开工，总投资 187 亿元，涵盖工业新型化、现代物流、文化旅游、城中村改造、基础设施建设、民生改善等多个领域。举行 2017 首次招商引资项目集中签约仪式。联绿技术建筑垃圾处理、装配式建筑生产基地、中德瑞宝墙体保温材料等10个项目签约，总额达34.82亿元。8月24日，郊区代表团参加第三届山西文化产业博览交易会。与神州长城基础设施投资有限公司签订老顶山炎帝文化产业项目，签约金额达40亿元。该项目是以老顶山区位优势为核心，以公共服务为中心，通过推进老顶山国家森林公园炎帝像步道工程、炎帝文化馆、中草药种植观光区等项目建设，建设具有全国影响力的古建文旅区，擦亮长治的“炎帝”名片。郊区南耀集团、霍家工业公司以45亿元和18.46亿元的营业收入入围2017山西企业百强名单。霍家工业有限公司入围“山西民营企业制造业二十强”。

环境建设　2017年，长治市郊区建筑业实现增加值6.38亿元，比上年增长98.20%。城市建成区面积763.97公顷，建成区绿化覆盖率24.01%。空气质量达标天数为222天。推进冬季清洁取暖“以电代煤”“以气代煤”、热电联供集中供热等工作。其中，“以电代煤”工作率先完成全部目标任务，老顶山镇和老顶山旅游开发管理中心19个村2484户居民采暖设备安装完工。

教育科技　2017年，长治市郊区普通中小学73所。其中，小学54所，普通高中2所，普通初中17所。全年高中招生589人，在校学生1730人。初中招生2493人，在校学生7061人。小学招生2313人，在校学生14239人。幼儿园71所，在园幼儿9221人。

文体卫生　2017年，长治市郊区有艺术表演团5个，文化馆10个，博物馆1个，公共图书馆1个，公共图书馆藏书量7.90万册，档案馆1个。电视台1座，广播、电视综合人口覆盖率分别100%和100%。医疗卫生机构230个。其中，医院、卫生院19个，妇幼保健院1个，疾病预防控制中心1个。床位1623张，卫生技术人员1161人。7月17日，郊区召开全市农村精神文明建设现场推进经验交流会，100余人出席会议进行实地观摩。

民生事业　2017年，长治市郊区基本养老保险参保11.08万人；城乡居民社会养老保险参保9.71万人；城乡居民医疗保险职工参保18.82万人；失业保险职工参保18100人。工伤保险参保3.02万人。纳入城市最低生活保障0.26万人，发放城市低保资金1604万元；纳入农村最低生活保障0.21万人，发放农村低保资金567万元。各类福利院床位438张，收养184人。城镇各种社区服务设施13个。　（姜玉罡）

【长治县】　长治县位于长治市南部，总面积483平方千米，下辖6镇5乡2区，254个行政村，4个社区居民委员会。总人口34.70万人。

旅游资源有玉皇观、都城隍庙、老雄山森林公园、黎都公园、法云寺、炎帝庙、东泰山庙等。

农业　2017年，长治县粮食作物播种面积18302.80公顷，粮食总产量137631.80吨。

环境建设　2017年，长治县市政公用设施建设完成投资2.45亿元。开工建设保障性住房1180套，基本建成323套。取缔“散乱污”企业214家，淘汰黄标车412辆，建成区淘汰改造燃煤锅炉18台；先期8500投入余万元，完成煤改电、煤改气23000余户。

教育科技　2017年，长治县有学校179所。其中，完全中学2所，普通中学12所，职业高中1所，小学68所，幼儿园94所，特殊教育学校1所，教师进修校1所。全年招生13512人，毕业学生13600人，在校学生51846人。各类专利总数58件，每万人人口发明专利拥有量1.60件，有高新技术企业6家。日盛达集团入选省级“专精特新”企业名单，超白压延玻璃生产线是山西省唯一、华北地区最大的太阳能玻璃生产线。长治医学院设立南校区，是长治县第一所高校，占地面积147.12公顷，首期招收新生335名。

文体卫生　2017年，长治县有文化馆1个，文博馆1个，公共图书馆1个，档案馆1个。全县有城乡体育机构13个，单项协会10个。有县级综合医院1所，中医院1所，妇幼和保健计划生育服务中心1所，疾控中心1所、卫生监督所1所、红十字会1家、计生协会1家，乡镇卫生监督站11所，乡镇卫生院12家。村卫生所351家，个体诊所39家，3家医务室，1家煤矿职工医院，7家个体医院，2家卫生服务站。7月23日，长治振东国际马拉松赛在长治县举行，为山西首个县级马拉松赛，主题为“上党幸福地·生态马拉松”，共有来自中国、肯尼亚、埃塞俄比亚等国家或地区近5000名选手参加。10月20日，长治医学院托管县医院，组建县医疗集团，在全省首家推行市县乡村四级医疗卫生服务一体化。

民生事业　2017年，长治县城镇职工基本养老保险参保40428人；企业基本养老保险职工参保24114人；机关事业单位基本养老保险职工参保6643人；城乡居民基本养老保险参保181341人。城镇职工基本医疗保险参保39500人；城乡居民基本医疗保险参保295290人；失业保险参保22750人；工伤保险参保54821人；生育保险参保28390人。全年城市低保603户785人，发放低保金223.69万元；农村低保4402户7770人，发放低保金1260.41万元；临时救助89人，发放救助资金39.80万元。

上党经济技术开发区成立　2017年6月26日，长治县上党经济技术开发区成立，由太行山农产品物流园区、振东科技园区、新型工业创业园区3个园区组成，总规划面积9.88平方千米。9月，山西省人民政府同意设立长治经济技术开发区。由长治县科工贸产业园区和城区城南工业园组成，总规划面积56.40平方千米。

乡村建设　2017年，长治县开展“美丽乡村”建设，西火镇获“中国美丽乡村建设示范镇”；振兴新区振兴村获“中国美丽乡村建设示范村”和“2017年度中国乡村休闲旅游示范村”。荫城、苏店申报省级特色小城镇，东掌、振兴等5个村创建“森林村庄”。东掌村、长安社区获“全国文明村镇(社区)”称号。5月，荫城镇椐寨村、南宋乡南宋村被列入2017年中央财政支持范围

中国传统村落。11月29日,总投资13亿元的荫城古镇保护开发项目开工。

（李书玲　杜伟峰）

【襄垣县】 襄垣县位于长治市西北部,总面积1178平方千米,下辖8镇3乡,1个园区,1个县城区,8个居委会,323个行政村。总人口27.92万人,男性14.50万人,女性13.42万人。

旅游资源有仙堂山、宝峰湖、凉楼景区、娲皇宫等。2017年,襄垣县获"2016年度山西经济环境创优县"称号,被列入全国100个"千年古县",襄垣县手工挂面获"国家农产品地理标志"登记证书。

农业 2017年,襄垣县耕地面积63.40万亩,粮食作物播种面积27941.90公顷,粮食总产量17711930吨。

产业建设 2017年,襄垣县20项重点工程项目竣工。其中,工业项目4项,分别是潞安高硫煤清洁利用油化电热一体化示范项目投产运行、襄矿集团瑞恒化工年产60万吨聚氯乙烯二期项目110千伏变电站实现送电、山西君发瓦斯发电有限公司襄垣七一新发煤业瓦斯发电项目、华诚分布式光伏发电项目;城建项目2项,分别是县城绿化提档升级工程、和美苑保障性住房项目一期工程;民生项目5项,分别是3个乡镇卫生院和30个村卫生室维修改造工程、采煤深陷治理搬迁工程、煤气管网改造工程、热电联产二线集中供热工程、农村寄宿制学校改造工程。

环境建设 2017年,襄垣县建成区绿地面积554.70万平方米,建成区绿化覆盖面积713.10万平方米,建成区绿化覆盖率47.50%。城市供水总量467万立方米,集中供热面积535万平方米,煤气供气总量2910万立方米,处理污水362万立方米,生活垃圾年清运量43130吨。县城建成区空气质量二级以上天数达229天。开展大气污染治理工作,9个乡镇机关,3个派出所,1个养老院实施空气源热泵改造项目。新能源汽车产业进驻襄垣县。

教育科技 2017年,襄垣县有各类学校120所。其中,中等职业学校2所、普通中学13所、小学41所、特殊教育学校1所、幼儿园63所。在校学生36555人,教职工2493人。在园幼儿8528人。申报省级科技项目2项;申报省级科技型中小企业4家;省农业技术集团承包奖3项;申报市级科技创新券企业3家;完成有效发明专利48件,发明专利申请量24件。

文体卫生 2017年,襄垣县馆藏图书85772册。体育健身场地总面积58.44万平方米,人均场地面积2.10平方米。医疗卫生计生机构449个,床位1401张,卫生计生技术人员1604人。举办2017年中华福梨岛第一届梨花文化节、第六届中华连氏文化节、非物质文化遗产成果展等。襄垣秧歌大型新编历史剧《法显》代表长治市参加首届山西省艺术节。举行2017山西省老年人乒乓球交流活动。举办"浪漫之城、美丽襄垣、科学健身、冬季锻炼"活动。襄垣县医疗集团正式成立,新建中医医院投入使用,县人民医院介入导管室项目投入使用。

民生事业 2017年,襄垣县企业职工养老保险参保25147人,机关事业养老保险参保8999人,城乡居民养老保险参保121971人,城镇基本医疗保险参保34767人,城乡居民医疗保险参保195785人,工伤保险参保46625人,失业保险参保17002人,生育保险参保28896人。城镇低保对象671人,发放低保资金366.5万元;农村低保对象4916人,发放低保金1461.80万元。

襄垣经济技术开发区成立 2017年4月,襄垣县经济技术开发区成立,被纳入省级经济技术开发区。开发区以"一区两园"模式,整合富阳工业园和王桥工业园,规划总面积56.08平方千米。主导产业为现代煤化工产业、新能源新材料高新技术产业,建成产业集聚高地、招商引资凹地、产城一体示范区和开放型经济、体制机制创新先行区。

首届文化旅游地方特色产品展示周 2017年,襄垣县举办县首届文化旅游地方特色产品展示周。集中展示AAAA级旅游区、省级风景名胜区仙堂山、家居典范襄子老粗布、"国家地理标志产品"天下襄手工挂面、林盛果品、阎老醋业、东宝薯品、中天玫瑰等地方特产,展示根雕、叶雕艺术、女红、剪纸手工艺品及特色襄垣精美小吃,提升文化旅游知名度。

（黄旭琴　李　玲）

【屯留县】 屯留县位于长治市西部,总面积1142平方千米,下辖4乡7镇,3个开发区,294个行政村。总人口27.3万人。

旅游资源有老爷山风景区、盘秀山、三嵕山神庙、金蝉寺及古舍利塔、先师庙等。2017年,屯留县被国家体育总局表彰为"全国群众体育先进单位"。被省农业厅确定为农业生产托管服务试点县和秸秆综合利用试点县。

农业 2017年,屯留县耕地面积4.86万公顷,粮食种植面积33.99千公顷,粮食总产量26.16万吨。万亩辣椒种植项目被山西省质量和技术监督局批准为第八批省级农业标准化示范区。珍珠黄小米、鹿莲茸、富硒核桃、荆花蜜等特色农产品参加首届长治农合发展博览周。推进"一园三基地"建设,发展润邦田园、嘉鸣科技园、白泉葫芦山庄等绿色农业观光园13个;种植尖椒1.3万亩,种植优质核桃1万亩;广东大广20万头仔猪、富康源50万只蛋鸡、大象生猪育肥3个大型规模养殖企业落地。

2017年,屯留县开展产业扶贫、就业扶贫、教育扶贫、健康扶贫、金融扶贫、兜底扶贫。实施光伏扶贫贫困户1000户,实施易地搬迁贫困户141户253人,发放扶贫贷款3600余万元,全县建档立卡贫困户916户2000人实现稳定脱贫。

产业建设 2017年,屯留县签约引进项目27个,总投资121.19亿元,其中落地开工15个。太重榆液高性能液压产品、太行润滑油年产10万吨全系列润滑油、潞安精蜡年产6万吨合成蜡、振东开元芪蛭通络胶囊等项目建成投产或试生产。渔泽镇岗上村与中乔大三农实业股份有限公司签约千亩富硒谷种植项目。“上古神都康养度假区”项目签约落户。

城乡建设 2017年,屯留县完成麟绛镇和康庄工业园区2个乡镇18个村7758户煤改气工作。完成旧城棚户区一期1224户、21.52万平方米征收拆迁工作,正式开工建设。首家农村物流县级服务中心—屯留588物流服务中心挂牌成立。10月19日,屯留县设立经济技术开发区,纳入省级开发区管理序列。

环境建设 2017年,屯留县集中开展秋冬季大气污染防治攻坚行动,取缔“散乱污”企业87家,淘汰黄标车258辆,37家企业实行错峰生产。在郭河、绛河、岚河等流域推行“河长制”,在全县建成覆盖流域面积50平方千米以上的9条河流的市、县、乡、村四级河长制体系。

科教文卫 2017年,屯留县有各级各类学校213所。屯留一中教育创新名师工作站正式成立。抗大一分校岗上村旧址被山西省党史研究室命名为“山西省党史教育基地”。乡镇文化站11个,农村书屋实现294个行政村全覆盖。摄影家协会创作拍摄的“绛水春涨”获山西省微电影大赛优秀奖。举行首届中国·屯留老爷山定向越野锦标赛徒步健身活动,全国80支代表队近400名运动员参加活动。235个村成立环境卫生中心(站),实现垃圾不落地管理。县人民医院与山西医科大学第二附属医院成为医疗联合体。

民生事业 2017年,屯留县基本医疗保险参保239734人,城镇基本医疗保险职工参保17385人,城乡居民基本医疗保险参保222349人。享受城市最低生活保障的居民1642人,发放城市低保资金766.72万元;享受农村最低生活保障的居民6909人,发放农村低保资金1915万元。各类福利单位5所,床位304张,集中供养107人。

(段蓓蓓)

【平顺县】 平顺县位于长治市东部,总面积1550平方千米,下辖7乡5镇,262个行政村。总人口15.16万人。旅游资源有通天峡风景区、太行水乡风景区、天脊山风景区、神龙湾天瀑峡景区、西沟村红色旅游区。2017年,平顺县入选首批国家中医药健康旅游示范区,获长治市扶持村集体经济试点县资格。

农业 2017年,平顺县耕地面积1.43万公顷,粮食种植面积9768.20公顷,粮食产量53781.80吨。

产业建设 2017年,平顺县洁源阳高49兆瓦风电项目开工奠基。总投资4.23亿元,安装17台2兆瓦风电机组和5台3兆瓦风电机组,实现年发电量1.30亿千瓦时,年节约原煤3.40万吨,减少二氧化碳排放10.26万吨,上缴税收1352万元。与德亨仁厚医院管理有限责任公司进行社会福利服务中心敬老楼公建民营项目签约。

城乡建设 2017年,平顺县50辆纯电动公交车和青羊充电站投入使用。集中供热面积130万平方米,其中住宅供热面积90万平方米。总用水量1530万立方米。其中,生活用水340万立方米,工业用水123.50万立方米,农业用水1001.50万立方米,生态补水65万立方米。解决农村饮水安全人口37733人。举办农村电商技能培训,12个乡镇180余名贫困户参加培训。

环境建设 2017年,平顺县森林面积52169公顷,森林覆盖率34.48%。完成造林面积2818公顷,其中人工造林2485公顷,林业重点工程完成造林面积2260公顷。空气质量综合指数4.77,长治市排名第一。环境空气质量二级以上天数276天。

文化旅游 2017年,平顺县各景区接待游客306.68万人次,增长12.99%;旅游综合收入22.3亿元,增长13.72%。神龙湾旅游公路、三叉口——庄和上旅游公路、虹梯关——东寺头段旅游公路、通天峡旅游公路、后壁——虹梯关段旅游公路等五条农村旅游公路开工奠基。全长119.57千米,总投资11.06亿元。虹梯关乡虹霓村、石城镇东庄村、上马村、岳家寨村、黄花村位列第五批“省级历史文化名村”。平顺县导游协会成立。2017年,长江支队平顺纪念园正式落成开园。占地8400平方米,总投资900万元,包括红色通道、人物雕塑、铭记石刻、文化浮雕、纪念丰碑等建筑。

教育科技 2017年,平顺县中等职业学校2所;普通高中2所;初中6所,小学42所。全年完成有效发明专利4件,发明专利申请量6件。全县有博物馆1个,公共图书馆1个,公共图书馆藏书量8万册,文化馆1个,档案馆1个。医疗卫生机构288个,卫生技术人员452人。医院卫生机构床位613张,发放医疗保险补偿金额1.07亿元。平顺县医疗集团成立。举行“结对子种文化服务基层‘三贴近’”慰问演出活动。

民生事业 2017年,平顺县基本养老保险参保96422人。其中,企业职工6882人。城乡居民基本养老保险参保84604人。基本医疗保险参保142085人。其中,城镇职工基本医疗保险参保9571人;城乡居民基本医疗保险参保132514人。失业保险参保7596人。工伤保险参保14508人,其中农民工3681人。生育保险参保9283人。纳入城市最低生活保障1564人,发放城市低保资金0.06亿元;纳入农村最低生活保障11135人,发放农村低保资金0.26亿元。纳入农村五保供养1137人。社会服务机构及养老机构4个,床位600张,收养救助各类人员54人。采取现场抽签形式,将213套政府公共租赁住房以1:3配租比例,分配给650户城镇低收入家庭。

平顺经济技术开发区成立 2017年5月27日,平顺县经济技术开发区挂牌成立。开发区选址于苗庄、北社两个乡镇,总体规划面积13.04平方千米,主导产业定位为制造业、新材料加工业、现代医药业。 (张国梅)

【黎城县】 黎城县位于长治市北部,总面积1101平方千米,下辖4乡5镇,1个生态功能保护区,1个开发区,242个行政村,13个居民委员会。总人口16.26万人。旅游景点有黄崖洞革命纪念地、长宁大庙、西周黎侯墓群、辛村天齐王庙、城隍庙、轿顶山等。

农业 2017年,黎城县耕地1.86万公顷,粮食种植面积14677.30公顷,粮食总产量72227.50吨。

产业建设 2017年3月30日,汇禾源腐竹生产项目、中航明德无人机研发及生产项目、聚英科技10000吨镁合金及镁深加工等12个重点项目集中开工建设,总投资12.30亿元。

城乡建设 2017年,黎城县全社会建筑业实现增加值1.32亿元,城市建成区面积5.96平方千米,建成区绿化覆盖率44.42%。公园2座,总面积1250平方米。城市供水总量5080万立方米,人均生活用水量33812升。液化气供气总量400吨,天然气供应量150万立方米。集中供热面积150万平方米。污水处理能力0.72万吨每日,污水处理量261.99万吨。生活垃圾年清运量2.56万吨,无害化处理率为100%。空气质量二级以上天数189天。

教育科技 2017年,黎城县普通中小学103所,其中小学94所,普通初中8所,普通高中1所。职业高中1所,招生242人,在校学生517人。高中招生800人,在校学生2640人。初中招生1830人,在校学生5838人。小学招生1672人,在校学生10309人。幼儿园82所,在园幼儿4778人。专利申请与授权量分别为5件和1件。

文体卫生 2017年,黎城县有艺术表演团30个,文化馆1个,博物馆1个,公共图书馆1个,公共图书馆藏书量5.69万册,档案馆1个。广播电台1座,电视台1座,广播、电视综合人口覆盖率分别100%和100%。有线电视用户1.04万户,其中数字信号用户1.04万户。人均体育场地面积1.40平方米。医疗卫生机构255个,其中医院、卫生院16个,妇幼保健院1个,疾病预防控制中心1个。床位640张,卫生技术人员451人。全县新型农村合作医疗覆盖率98%。9月26日,山西·黎城2017第五届太行红山自行车骑游文化节活动开幕,300多名自行车骑行爱好者进行环城骑游活动。

民生事业 2017年,黎城县城镇基本养老保险参保4590人,新型农村社会养老保险参保7.64万人;城镇基本医疗保险职工参保35956人;失业保险职工参保12952人;工伤保险参保2.56万人。纳入城市最低生活保障0.22万人,发放城市低保资金902万元;纳入农村最低生活保障0.81万人,发放农村低保资金2225万元。发放社会救助保障金4502.90万元。各类福利院床位812张,收养452人。城镇各种社区服务设施13个。接收社会捐赠款145.77万元。 (王利芳)

【壶关县】 壶关县位于长治市东南部,总面积1007.70平方千米,下辖5镇7乡,1个开发区,390个行政村。总人口29.93万人,比上年增加670人。主要旅游景区有太行山大峡谷、红豆峡、八泉峡、九龙洞风景区等。2017年,壶关县被评为“省级出口农产品质量安全示范区”,连续三年被评为“全国百佳深呼吸小城”。

农业 2017年,壶关县耕地总面积27327.72公顷。粮食种植面积15563.30公顷,比上年减少517.20公顷,粮食产量121882.10吨,比上年减少1417.80吨,减产1.10%。

产业建设 2017年,壶关县先后到北京、珠三角、张家港、安徽等地招商引资,共签约众智纺织、新大象养殖等13个转型项目,签约金额达41.40亿元。

城乡建设 2017年,壶关县南城街周边区域城中村改造项目包括南关村区域拆迁改造项目187套,武装部前区域拆迁改造39套,共计开工248套,货币化安置率100%。实施旧城拆迁改造,共拆迁2000余户,拆迁面积30余万平方米,腾退土地33.33余公顷。完成农村困难家庭危房改造1254户。住房居住面积346万平方米,人均住房面积40.80平方米。全县供水总量1545万吨,县城供水总量170万吨。县城集中供热面积达180万平方米,其中住宅供热面积134万平方米。

环境建设 2017年,壶关县开展涉及20026户的“以电代煤”“以气代煤”工程,取缔散乱污企业41家,工业企业全部实行限产或错峰生产,紧邻市区3个乡镇和县城道路采取洒水、喷淋等措施抑尘,城建工地实行裸地遮盖、围挡,打击车辆抛洒扬尘,禁止焚烧秸秆、落叶等,发布县城主城区禁止燃放烟花爆竹和禁煤的通告,空气质量明显好转。全年县城细颗粒物(PM2.5)同比下降14%,浓度控制在44%之内,重污染天气仅有3天。

文化旅游 2017年,壶关县有艺术表演团体12个,文化馆1个,博物馆1个,公共图书馆1个。公共图书馆藏书量118千册,放映单位18个,放映场次4680场,文物保护单位143个。乡镇广播电视中心站5个,广播、电视通乡镇均为13个,有线广播电视用户达5.05万户,接收数字信号用户1.60万户。卫生机构475个,其中医院2个、卫生院12个。妇幼保健机构1个,疾病预防控制中心1个。床位1098张,卫生技术人员1283人。新型农村合作医疗人数达25.013万人,全民参保率达95%以上。体育场馆2个,举办各级运动会9次,参加人员1.50万人。

2017年,壶关县接待海内外游客460.13万人次。其中,国内游客458.71万人次,增长44.33%;海外游客1.42万人次,下降75.43%。旅游总收入44.10亿元,比上年增长17.22%。其中,国内收入43.53亿元,增长20.41%;海外收入916.30万美元,下降53.48%。太行山大峡谷景区实现营业收入1.11亿元,首次突破亿元大关。

教育科技 2017年,壶关县高中3所,初中21所,小学23所,幼儿园79所,职业高中3所。高中招生1437人,在校4651人。初中招生2392人,在校生7515人。小学招生3037人,在校生16002人。幼儿园在校生8243人。职业高中招生556人,在校生1278人。认定高新技术企业1家,专利申请20件,其中全年专利授权8件。

民生事业 2017年,壶关县有80个村7720户,18700名建档立卡贫困人口如期脱贫。城镇基本养老保险参保22562人,其中职工18988人;城镇基本医疗保险参保29741人，其中职工14350人;失业保险参保19051人;农村社会养老保险参保149772人。城镇新增就业3069人,城镇登记失业率为2.31%。各类收养性社会福利单位13个,床位727张,收养512人。城镇居民最低生活保障1930人,发放城市低保资金823.20万元;农村居民最低生活保障17570人,发放农村低保资金3634.40万元;农村五保供养1571人。2017年2月,壶关县被确定为全省18家、全市唯一的县乡医疗卫生机构一体化改革试点县，作为全市唯一一家公立医院改革试点县，壶关县在医改工作中取得重大进展。4月11日,壶关县医疗集团正式成立,挂牌运营。

(王林茂)

【长子县】 长子县位于长治市西部，总面积1029平方千米，下辖5乡7镇,2个办事处,399个行政村。总人口364627万人，比上年末增加335人，增长0.65%。

森林覆盖率17.6%。旅游资源有发鸠山自然风景区、法兴寺、崇庆寺、中漳伏羲庙等。

农业 2017年,长子县耕地面积4.55万公顷，粮食种植面积2.92万公顷,粮食总产量24.04万吨。

城乡建设 2017年,长子县城市建成区面积916万平方米，建成区绿化覆盖面积371.87万平方米，建成区绿化覆盖率40.70%。人均公共绿地面积12.81平方米。公园6座，总面积101.35公顷。供水总量276万吨,人均日生活用水量32升。液化气供气总量2580吨，天然气供应量1375万立方米。集中供热面积263万平方米,其中住宅供热面积189万平方米。污水处理能力1.53万吨每日,污水处理量415.82万吨。生活垃圾无害化处理率96.73%。空气质量二级以上天数为212天。

交通邮电 2017年,长子县公路线路里程879.03千米。民用汽车保有量30589辆，其中私人汽车保有量30041辆。邮电业务总量完成16831万元,增长11.80%。其中,邮政业务总量1751万元,增长4.80%;电信业务总量15080万元,增长12.70%。移动电话用户252516户,增长14%;互联网接入用户57091户,增长18.50%。

教育科技 2017年,长子县普通中小学80所。其中,小学62所,普通高中2所,普通初中18所。高中招生1690人,在校学生5483人。初中招生2874人,在校学生8409人。小学招生3390人,在校学生18817人。幼儿园83所,幼儿园招生3254人,在园幼儿10423人。受理专利申请为29件。

文体卫生 2017年,长子县有艺术表演团65个,文化馆1个,博物馆1个,公共图书馆1个(藏书量18.75万册),档案馆1个。电视台1座。接收数字信号用户61680户。医疗卫生机构572个。其中,医院、卫生院21个,妇幼保健院1个,疾病预防控制中心1个。床位1147张,卫生技术人员1030人。新型农村合作医疗覆盖率99.37%。

民生事业 2017年,长子县城乡居民养老保险参保191700人;城镇基本医疗保险职工参保31033人。纳入城市最低生活保障居民1928人;纳入农村最低生活保障居民15210人。各类福利院床位689张。

南北大街建成通车 2017年,长子县城南北大街改扩建项目完成,北高庙至鹿谷街段正式开放通车。项目南起南环路,北至北外环路,道路全长约3.60千米，规划道路红线宽度30米。道路功能定位为横贯县中心城区的南北向集散性次干道、管线载体、南北景观大道。道路设计速度为40千米/小时,双向四车道。

全国炎黄文化论坛举行 2017年11月28日、29日,全国炎黄文化论坛暨第五届中部六省炎黄文化论坛在长子县举行。论坛以弘扬中华优秀传统文化与坚守中华文化立场为主题，分为炎黄文化与文化自信，炎黄文化与中国精神、中国智慧,炎黄文化与传统美德，炎黄文化与文化旅游业发展四个议题,来自中华炎黄文化研究会、中部六省炎黄文化研究会(湖北、湖南、河北、安徽、山西、江西)、全国其他省份炎黄文化研究会等120余名专家学者参会,共同研讨炎黄文化,弘扬中华优秀传统文化。

(王卫星)

【武乡县】 武乡县位于长治市西北部,总面积1610平方千米。下辖9乡5镇,1个开发区,328个行政村。总人口20.89万人。

旅游资源主要有八路军太行纪念馆、太行龙湖、板山风景区、崇城山森林公园等。2017年,武乡县被命名为全国首批“中国红色地标”。“武乡小米”通过农业部农产品地理标志认证。

农业 2017年,长子县耕地面积4.55万公顷，粮食种植面积2.92万公顷,粮食总产量24.04万吨。2017年,武乡县耕地面积3.16万公顷，粮食种植面积2.50万公顷,粮食总产量11.34万吨。

产业建设 2017年,武乡县首批重点项目集中开工，包括县城新区道路及综合管廊项目、武乡县红色旅游公路二期(县城—北社段)、潞安光伏发电有限公司50兆瓦光伏发电项目、年产10万吨纳米碳酸钙建设项目、东正建材有限公司年产20万吨脱硫石膏及3000万平方米纸面石膏板项目、大山循环经济园区建设项目等13个项目,投资总额达31.60亿元。5月20日,太原市武乡商会成立。推出涉及工业、文化旅游、服务业等领域共计33个项目，总投资224.75亿元。7月19日,武乡县招商引资项目推介会举办。共签约10个项目,总投资76.45亿元。

城乡建设 2017年,武乡县全社会建筑业实现增加值0.35亿元，比上年增长1119.10%,城市建成区面积10万平方米,建成区绿化覆盖率44.65%。公园6座,总面积277592平方米。城市供水总量1.85万吨，液化气供气总量350吨，天然气供应量303万立方米。集中供热面积220万平方米。污水处理能力0.80万吨每日，污水处理量270万吨。生活垃圾年清运量2.48万吨,无害化处理率为100%。空气质量二级以上天数为216天，比上年减少70天。广志水库大坝封顶。全县投资

2478.40 万元购置 80 辆比亚迪 E6 纯电动出租车,投入营运。

教育科技 2017 年,武乡县普通中小学 103 所,职业中学 1 所,其中小学 88 所,普通高中 1 所,普通初中 15 所。普通高中招生 900 人,在校学生 2964 人。职业中学招生 698 人,在校生 1830 人。初中招生 1835 人,在校学生 5765 人。小学招生 1690 人,在校学生 10577 人。幼儿园 38 所,在园幼儿 4617 人。太行干部学院正式成立。

文化旅游 2017 年,武乡县先后举办第三届权店梅杏赏花节、中国·武乡·岭头梨花节、武乡旅游·中国八路军文化旅游度假地启动仪式、第四届旅游特色产品展销会、第七届八路军文化旅游节等多项活动。

民生事业 2017 年,武乡县城镇职工养老保险参保 27125 人,城镇企业基本养老保险参保 14696 人,机关事业单位基本养老保险参保 5750 人,城乡居民基本养老保险参保 110928 人。城镇职工基本医疗保险参保 20950 人,城乡居民基本医疗保险参保 174551 人,失业保险参保 13788 人,工伤保险参保 2857 人。生育保险参保 20950 人。纳入城市最低生活保障 1852 人,发放城市低保资金 689 万元;纳入农村最低生活保障 10991 人,发放农村低保资金 1451.90 万元。全县各类福利院床位 750 张,供养 230 人。接收"送温暖、献爱心"7.90 万元。

武乡经济技术开发区成立 2017 年 6 月 11 日,武乡经济技术开发区揭牌仪式举行,开发区依托煤炭、白云石、电力等资源,发展主导产业为新材料、新能源、装备制造。截至 2017 年底,入驻企业 34 家,规模以上工业总产值完成 41.69 亿元,实现经营收入 40.41 亿元,税收收入完成 4.41 亿元。

电商扶贫 2017 年 10 月,山西省电子商务进农村综合示范暨电商扶贫工作推进会在武乡县召开。武乡县为国家电子商务进农村综合示范县,建立村级电商服务点 233 个,村级物流派送站 328 个,网店、微店近 7000 家,培训电商创业人员 2773 人,形成电商扶贫四种模式:"打造微信村,整村能脱贫""一店带多户,户户能致富""生产商、网商、服务商联动扶贫"和"扶贫购平台运营"。截至 2017 年底,全县实现网上交易额 2.30 亿元,其中农产品实现 9535 万元。 (贾成丽)

【沁县】 沁县位于长治市西北部,总面积 1320 平方千米,下辖 7 乡 6 镇,6 个社区居民委员会,306 个行政村。总人口 17.70 万人。

旅游资源主要有二郎山森林公园、莱茵湖郡、南涅水石刻馆、永庆寺、漳河源头等。

农业 2017 年,沁县耕地面积 3.40 万公顷,粮食种植面积 24933 公顷,粮食总产量 187347 吨。依托"全国有机产品认证示范创建县、国家级出口农产品质量安全示范区"等品牌,发展特色农业产业,初步形成以沁州黄谷子、高粱、设施蔬菜、中药材、油用牡丹、肉鸡、生猪、肉牛为主的"五种三养"特色农业开发新格局。沁州黄小米被公布为国家地理标志登记保护农产品。举行第五届中国(山西)农博会沁州黄小米文化主题推介活动。

脱贫攻坚 2017 年,沁县统筹整合各类资金 2.15 亿元,投入产业扶贫资金 1.79 亿元,支持贫困村产业发展、基础改造、生态建设、社会保障。引导贫困村发展光伏产业、电商产业、生态产业。完成易地扶贫搬迁 778 户 2015 人,33 个集中移民搬迁安置点主体工程全部完工,入住率达 45%。解决贫困户上学、看病、保障问题,落实补助政策;对因病致贫、返贫的 3089 户 7451 人,提供免费体检、"先诊疗后付费"服务,落实"三保险、三救助"政策。执行农村低保标准与国家扶贫标准"两线合一",推进"五帮联动"机制,开展"百企帮百村"扶贫行动。全县 57 个村 3531 户 10008 人达退出标准。

产业建设 2017 年,沁县分别与中核建设集团第三工程局有限公司、正邦集团有限公司、山西潞安智华农林科技有限公司、中国建筑一局有限公司、山西漳泽电力长治公司等 35 家企业进行项目签约,签约资金总额达 101.52 亿元,涉及农业、新能源产业、文化旅游业、城镇建筑、交通等多领域。

城乡建设 2017 年,沁县全社会建筑业实现增加值 0.95 亿元,城市建成区面积 603 万平方米,城市供水总量 147.60 万吨,人均生活用水量 32485 升(89 升/日)。液化气供气总量 236 吨,天然气供应量 21.85 万立方米。集中供热面积 130 万平方米。

环境建设 2017 年,沁县有公园 6 座,总面积 76.70 平方米。建成区绿化覆盖率 45.60%。污水处理能力 0.72 万吨每日,污水处理量 246 万吨。生活垃圾年清运量 3 万吨,无害化处理率为 100%。空气质量二级以上天数为 268 天。

民生事业 2017 年,沁县城镇基本养老保险参保 16544 人;城乡居民社会养老保险参保 0.61 万人;城镇基本医疗保险职工参保 9455 人;失业保险职工参保 6195 人;工伤保险参保 9556 万人。纳入城市最低生活保障 0.43 万人,发放城市低保资金 1836.03 万元;纳入农村最低生活保障 0.95 万人,发放农村低保资金 2266.70 万元。各类福利院床位 311 张,收养 190 人。全县城镇各种社区服务设施 6 个。接收社会捐赠款 5.75 万元。

沁园春矿泉水获多类奖项 2017 年,沁县沁园春矿泉水获"全国质量检验稳定合格""全国质量信得过产品""全国产品和服务质量诚信示范企业"三项"国字号"质量奖;通过中国质量认证中心认证的食品安全管理体系、质量管理体系、HACCP 体系、环境管理体系;9 月,通过欧盟 CE 认证,打开欧美国际市场通道。

(王淑红 杨佳佳)

【沁源县】 沁源县位于长治市西北部,总面积 2548.80 平方千米,下辖 9 乡 5 镇 6 个社区,1 个开发区,254 个行政村。总人口 16.28 万人。

旅游资源有圣寿寺、灵空山、青果寒泉寺遗址、太岳军区司令部旧址、太岳山森林公园、阎寨等。沁源县获

"2017中国避暑休闲十佳县""省级文明县城""全国投资潜力百强县"等称号,入选"2017年山西省休闲农业和乡村旅游示范县"。

农业 2017年,沁源县耕地面积2.29万公顷,粮食种植面积13521.40公顷,粮食总产量75219.60吨。

城乡建设 2017年,沁源县全社会建筑业总产值3600万元。城市建成区面积5.46平方千米。建成区绿化覆盖率45%。城市供水总量156万吨。集中供热面积256万平方米。污水处理能力1万吨每日,污水处理量287万吨,污水处理率95%。生活垃圾无害化处理率100%。

环境建设 2017年,沁源县森林面积216.65万亩,森林覆盖率56.70%。营造林合格面积2.265万亩。自然保护区2个,总面积11.91万亩。公园12座,公园绿地总面积220.21万平方米。空气质量二级以上天数246天,比上年减少73天。举行"保护绿色家园沁源在行动"活动,500余人参加活动。

科教文卫 2017年,沁源县有普通高中1所,职业高中1所,单办初中5所,九年一贯制学校1所,小学68所。专利申请量为14项,签订各类技术合同19项。启动教育扶贫"手拉手"结对帮扶活动,对全县建档立卡户贫困学生结对资助。建成村级文化活动场所254个,群众舞台86个,乡镇文化站14个,农家书屋254个。开展"书香太岳,文化沁源"全民阅读活动,包括读书知识竞赛、公益性文化讲座、读书研讨会、读书征文等多项活动,在车站、影院等公共场所设立"流动图书点"。沁源秧歌参加成都"国际非物质文化遗产节",扩大沁源县"非遗"影响力。

民生事业 2017年,沁源县城乡居民养老保险参保83188人;城镇职工基本医疗保险参保24203人;城乡居民基本医疗保险参保129412人;企业养老保险参保13422人;城镇失业保险参保24203人。城镇居民最低生活保障1533人;农村居民最低生活保障7063人。农村五保供养1516人。

(宋江华)

【潞城市】 潞城市位于长治市北部,总面积615平方千米,下辖3乡4镇,2个办事处,202个行政村。总人口235789人。

旅游资源有八路军总部北村旧址、高山流水旅游景区、绿野漂流旅游景区、李庄武庙、原起寺、东邑龙王庙、卢医山风景区等。

农业 2017年,潞城市耕地面积6.20万公顷,粮食种植面积17775公顷,粮食总产量124644吨。

城乡建设 2017年,潞城市城市建成区面积10.50平方千米,建成区绿化覆盖率45%。城市供水总量304万吨,人均生活用水量64升。天然气供气总量510万立方米。集中供热面积360万平方米。污水处理能力2万吨每日,污水处理量336万吨。生活垃圾年清运量3.28万吨,无害化处理率为100%。空气质量二级以上天数176天。

产业建设 2017年,潞城市潞宝集团兴海新材料有限公司10万吨己内酰胺项目正式投产使用,标志企业实现从现代煤化工向精细化工转型升级。潞宝集团成为2017山西民营企业100强榜首、山西民企制造业20强榜首。棚户区(城中村)改造A区回迁安置项目正式开工奠基。潞城市举办2017年冬季招商引资(上海)推介会,上海及潞城市40余名企业负责人参加。与北控风力发电有限公司举行分散式风力发电项目洽谈会。

教育科技 2017年,潞城市各级各类学校173所。其中,小学83所,普通高中4所,普通初中10所。高中招生4788人,在校学生4788人。初中招生6885人,在校学生6885人。小学招生13897人,在校学生13897人。幼儿园74所。专利申请量109件,比上年增加83件。长治市煤化工产业研究院在潞宝园区挂牌成立。

文体卫生 2017年,潞城市有文化事业机构8个,公共图书馆藏书量6万册。电视台1座,广播电视覆盖率95%。数字信号用户3.90万户。人均体育场地面积1.65平方米。医疗卫生机构334个。其中,医院、卫生院11个,妇幼保健院1个,疾病预防控制中心1个。床位724张,卫生技术人员684人。新型农村合作医疗覆盖率96.70%。潞城市新增3个省级非物质文化遗产项目,分别为"潞城市的潞城甩饼""舒心养生枕""安陵寺祈福佛乐"。3名潞城籍选手在全国第十三届生肖(戊戌年)个性化邮票青少年创意设计大赛中获奖。

民生事业 2017年,潞城市城镇基本养老保险参保36864人;城乡居民养老保险参保111801人;失业保险职工参保27800人;工伤保险参保43226人。纳入城市最低生活保障的居民1350人,发放城市低保资金472万元;纳入农村最低生活保障的居民6343人,发放农村低保资金1619万元。潞宝集团董事长韩长安个人出资1千万元设立的"长安爱心基金"成立,定向用于奖励和资助"长治好人"。

(申俊良)

晋城市

【概况】 晋城市位于北纬35°11′–36°13′，东经111°56′–113°37′，总面积9424.90平方千米，下辖1区1市4县，共设48个镇，26个乡，10个街道办事处。常住人口233.30万人，比上年增加1.22万人。出生人口2.39万人，人口出生率为10.26‰；死亡人口1.17万人，死亡率为5.03‰；自然增长率为5.23‰。出生人口性别比102.30。

2017年，晋城市地区生产总值完成1151.50亿元，比上年增长6.10%。其中，第一产业增加值50.70亿元，增长1.30%；第二产业增加值618.90亿元，增长5.10%；第三产业增加值481.90亿元，增长8%，三次产业的比重分别为4.40%、53.70%和41.90%。人均地区生产总值49487元。固定资产投资完成430.70亿元，增长6.30%。社会消费品零售总额415亿元，增长7.50%。财政总收入216亿元，增长27.80%。一般公共预算收入101.40亿元，增长13.50%，其中税收收入75亿元，增长35.70%。一般公共预算支出178.70亿元，增长3.40%。居民人均可支配收入22039元，增长7.10%。城镇居民人均可支配收入达30142元，增长6.80%；农村居民人均可支配收入达12511元，增长7.50%。

农业 2017年，晋城市农作物种植面积17.35万公顷，减少0.68万公顷。其中，粮食种植面积16.26万公顷，减少0.64万公顷；油料种植面积0.23万公顷，增加0.02万公顷；棉花种植面积0.01万公顷，减少50公顷。在粮食种植面积中，玉米种植面积8.56万公顷，减少0.26万公顷；小麦种植面积4.22万公顷，减少0.09万公顷。粮食产量83.60万吨，减少6.40万吨，下降7.20%。其中，夏粮20.70万吨，增长12%；秋粮62.90万吨，下降12.10%。完成造林面积0.08万公顷，下降55.70%，其中经济林面积80公顷，下降86.70%。木材产量7602立方米，增长4.80%。肉类总产量16.20万吨，下降2.10%。猪牛羊肉总产量14万吨，下降5.10%。其中，猪肉产量13.30万吨，下降4.70%；牛肉产量0.10万吨，下降42.30%；羊肉产量0.60万吨，下降5.10%。年末生猪存栏95.90万头，下降6.90%；生猪出栏178.90万头，下降4.90%。牛奶产量0.05万吨，下降18.10%；禽蛋产量8.50万吨，增长2.50%；水产品产量0.20万吨，下降3.80%。设施蔬菜产量9.70万吨，下降12%；食用菌1.10万吨，下降13.60%；蚕茧0.20万吨，下降23%；蜂蜜0.20万吨，下降13%；药材0.80万吨，增长9.20%。农业机械总动力58.60万千瓦，下降46.60%。机械耕地面积14.11万公顷，下降4.40%；机械播种面积12.42万公顷，下降3.90%；机械收获面积9.29万公顷，下降2.50%。全市农机化经营总收入5.30亿元，增长7.80%。

工业建筑业 2017年，晋城市规模以上工业企业242家，规模以上工业增加值比上年增长5.50%。原煤产量9462万吨，增长2.90%；规模以上工业发电238亿千瓦时，增长5.30%；水泥232万吨，增长20.10%；农用化肥(折纯)234万吨，下降9.80%；焦炭50万吨，增长50.30%；钢材350万吨，下降1.30%；生铁408万吨，下降2.20%。规模以上工业企业实现主营业务收入1335.60亿元，增长41.10%。其中，煤炭、冶铸、装备制造、化工、电力和煤层气开采分别实现主营业务收入733.80亿元、149.60亿元、147.30亿元、103.20亿元、77.30亿元和62.70亿元，分别增长58.50%、40.50%、19%、26.10%、7.10%和33.10%；建材、医药、炼焦和食品制造工业分别实现主营业务收入16.80亿元、7.40亿元、3.90亿元和1.70亿元，分别增长31.70%、52.80%、34.20%和34.60%。规模以上工业实现利税260亿元，增长94.80%；实现利润134.30亿元，增长152.80%。

2017年，晋城市具有资质等级总承包和专业承包建筑业企业113家，完成总产值56.30亿元，增长0.30%；房屋施工面积352.80万平方米，下降6.20%；签订合同额134.30亿元，增长12.50%。

投资贸易 2017年，晋城市海关进出口总额46.80亿元，增长17.60%。其中，进口额34.20亿元，增长18.30%；出口额12.60亿，增长15.70%。出口煤炭22万元，下降75.4%；出口钢材2.2亿元，下降1.20%；出口机电产品10.40亿元，增长19.50%；出口高新技术产品3.80亿元，增长22.50%；出口电器及电子产品6.10亿元，增长20.40%；出口计算机及通信技术产品2.50亿元，增长45%。进口铁矿砂13.40亿元，下降12.90%；进口机电产品15.60亿元，增长45.30%；进口集成电路4.10亿元，下降6%；进口机械设备4.50亿元，增长198%；进口电子技术产品5亿元，下降5.80%；进口计算机集成制造技术产品3.50亿元，增长296.30%。实际使用外商直接投资金额20048万美元，增长11.40%。

环境建设 2017年，晋城市有自然保护区5个，自然保护区面积达到14.60万公顷。全年市区环境空气质量二级以上天数达166天，其中一级天数11天。空气综合污染指数为7.78，较上年增长5.85%。城市污水处理率达95%；城市生活垃圾无害化处理率达100%；全市集中供热普及率达90%。

交通邮电 2017年，晋城市公路线路里程9325.60千米，其中高速公路388.60千米。民用汽车保有量40.30万辆（包括三轮汽车和低速货车0.30万辆)，增长10.80%，其中私人汽车36.70万辆，增长11.60%。本年新注册汽车4.30万辆，下降1.60%。轿车保有量27.10万辆，增长11%，其中私人轿车25.90万辆，增长11.60%。

2017年，晋城市完成邮电业务总量33.10亿元。其中，邮政业务总量1.40亿元；电信业务总量31.70亿元。年末移动电话用户249.20万户，全市宽带接入用户56.30万户。

能源 2017年，晋城市一次能源生产折标准煤7166万吨，增长2.40%；二次能源生产折标准煤3006.50万吨，增长6%。向省外运输煤炭 6154.80 万吨，下降 0.96%，外运煤炭占原煤产量 67.24%。向省外输送电力 175.70 亿千瓦时，增长 8.60%，外输电量占发电量 72.10%。全社会用电总量 192.50 亿千瓦时。其中，第一产业用电 1.70 亿千瓦时，占全社会用电量 0.90%；第二产业用电 171.10 亿千瓦时，占全社会用电量 88.90%，其中，工业用电 170 亿千瓦时；第三产业用电 10.70 亿千瓦时，占全社会用电量 5.60%；城乡居民生活用电 9 亿千瓦时，占全社会用电量 4.70%。

旅游 2017 年，晋城市共有 A 级景区 20 个。其中，AAAAA 级景区 1 个，AAAA 级景区 7 个，AAA 级景区 11 个，AA 级景区 1 个。共有星级饭店 18 家。其中，五星级 2 家，四星级 10 家，三星级 5 家，二星级 1 家。接待海外旅游者 13706 人次，接待国内旅游者 4848.32 万人次，分别增长 6.92%和 24.79%；旅游外汇收入 768.66 万美元，国内旅游收入 444.08 亿元，旅游总收入 444.56 亿元，分别增长 7.66%、24.66%和 24.66%。

教育科技 2017 年，晋城市有普通高等学校 1 所，独立设置的成人高等学校 1 所。高中阶段毛入学率 95.88%，义务教育均衡化发展。

2017 年，晋城市组织实施各类科技项目 72 项（省级 30 项、市级 42 项）。技术市场交易成交 333 项，交易额 10.12 亿元；有效发明专利拥有量 414 件；省级科技成果鉴定 2 项。拥有国家级星创天地 2 个，国家级众创空间 1 个，国家级重点实验室 1 个，省级众创空间 9 个，省级及以上重点实验室和省级工程技术研究中心 3 个，省级科技企业孵化器 1 家，省级民营科技企业 46 个，省级科普基地 11 个，省级创新型企业 11 个，省级创新型试点企业 2 个，省级农业科技园区 2 个，省级星火示范基地 3 个。

文体卫生 2017 年，晋城市共有艺术表演团体 10 个，新创作首演剧目 2 个；演出场次 3270 场，演出收入 1892 万元；共有艺术表演场馆 4 个，群众艺术馆 1 个，文化馆 6 个，美术馆 2 个，公共图书馆 7 个，总藏书 130 万册。

2017 年，晋城市拥有各级各类体育场馆 6215 个，中小学体育锻炼标准达标人数达 223623 人。运动员在省级以上重大比赛中获金、银、铜牌分别为 65 枚、67 枚和 68 枚（包括非奥运项目比赛）。销售中国体育彩票 2.80 亿元，增长 59.20%。

2017 年，晋城市共有各级医疗卫生机构 3128 个，其中妇幼保健院（所、站）7 个。医院和卫生院床位 11.30 千张，卫生专业技术人员 1.29 万人，每千人拥有病床 5.10 张，每千人拥有医生数 2.30 人。全市 6 县（市、区）全部开展新型农村合作医疗保险试点工作。村卫生室覆盖率达 100%，县乡村三级医疗机构达标率均达 100%。各县（市、区）的儿童“五苗”全程接种率以乡镇为单位均达 90%以上。碘盐覆盖率达 97.78%，合格碘盐食用率达 90.84%，各种地方病得到控制。乡镇卫生监督站覆盖率达 100%。

民生事业 2017 年，晋城市城镇职工基本养老保险参保 44.80 万人，比上年增加 2.60 万人；新型农村社会养老保险参保 110.50 万人，减少 0.10 万人；城镇职工基本医疗保险参保 41.40 万人；城乡居民基本医疗保险参保 166 万人。其中，城镇居民基本医疗保险参保 22.40 万人，农村居民基本医疗保险参保 143.60 万人；失业保险参保 30.60 万人，增加 0.30 万人；工伤保险参保 48.30 万人，增加 0.30 万人。其中，农民工 18 万人，减少 1.10 万人；生育保险参保 33 万人，增加 1.60 万人。城镇低保人数 11273 人，减少 1857 人；农村低保人数 42473 人，增加 935 人；农村特困人员救助供养 6896 人；民政部门资助参加基本医疗保险 57021 人。优抚对象 15162 人，享受定期抚恤 501 人，享受定期补助 13143 人。共发放最低保障

2017 年晋城市辖县（市、区）经济指标统计表

县　市	地区生产总值（万元）	农林牧渔业总产值（万元）	固定资产投资（万元）	社会消费品零售总额（万元）	一般公共预算收入（万元）	一般公共预算支出（万元）	人均可支配收入（元）	
							城镇居民	农村居民
城　区	2681085	14228	1330687	2203905	74994	146805	32147	—
沁水县	1899450	112154	566775	241379	127409	206101	26761	10985
阳城县	2001536	167656	765344	462503	133918	247279	27795	12287
陵川县	393737	99043	198656	187341	15000	181019	18441	8620
泽州县	2525776	266913	752506	414044	152658	293731	31280	14073
高平市	2078047	274203	693096	640664	147573	276766	30240	13069

资金2.50亿元。提供住宿的社会服务机构37个，床位数2877张，年收养救助人数1775人。社区养老机构和设施521个。福利彩票发行单位1个。直接接收捐赠款95.90万元，受益1787人次。

中原城市群发展规划 2017年1月5日，国家发改委印发《中原城市群发展规划》。晋城市作为核心发展区之一被列入其中。中原城市群由5省30市组成，其中14个城市为核心发展区，并联动辐射其他16市。规划明确城市群发展的目标和任务，并首次提出构建“一核四轴四区”网络化空间发展格局，形成城乡统筹协调发展、网络化、开放式、一体化的中原城市群发展新格局。中原城市群是继珠三角城市群、长三角城市群、京津冀城市群等之后国务院批复的第7个国家级城市群。

海装风电总装维护基地项目开工 2017年2月13日，中船重工山西晋城海装风电总装维护基地建设项目开工仪式，在金匠开发区中船重工晋城新能源装备产业园区举行。项目总投资80亿元，分5年建设。主要在晋城市金匠工业园投资建设，年装配能力达30万千瓦的风电总装维护基地，在晋城辖区进行60万千瓦风力发电场建设运营，并为当地其他风电开发商提供风电机组和工程技术服务。同时根据集团公司风电产业发展战略布局，依托晋城风电总装基地研发制造能力，拓展山西、陕西、河南、河北周边4省风电市场。

国家智能铸造产业创新晋城中心组建 2017年7月18日，晋城市政府与中国铸造协会、国家智能铸造产业创新中心签署合作协议，共同组建国家智能铸造产业创新晋城中心。

首届农博会开幕 2017年10月11日，山西省农业厅、晋城市政府主办的首届晋城市现代农业交易博览会在晋城市文体宫开幕。农博会以“新供给、新动能、新发展”为主题，历时5天，共设文体宫广场主会场和司徒小镇、皇城相府生态园两个分会场，集中展现晋城富铁红土、富硒红土两种功能土壤，桑树、山楂树、连翘三棵产业树，农旅产业、功能农业、康养产业三大农业新模式。农博会布展总面积4万多平方米，分各县（市、区）综合展区和10大板块专业展示区，销售摊位57个，吉利尔、彤康等一大批晋城市优秀农业龙头企业、合作社以及台湾等地的农业企业参展参销。 （牛晋军）

【晋城市城区】 晋城市城区位于晋城市中部，总面积133.70平方千米，下辖7个街道办事处，1个镇。

旅游资源有白马寺、司徒小镇、青莲寺、玉皇庙等。

农业 2017年，晋城市 城区农作物总种植面积24269亩，其中粮食种植面积22215亩，粮食总产量7283吨。城区发展城郊型创意高效农业。司徒小镇主承办全区旅游嘉年华暨老山西民俗文化节活动、晋城市首届现代农业博览会城区分会等重大展会；景熙农业园城市海景水上乐园二期开业运营；黑龙潭文化园的国学馆、书院及综合素质训练基地完成主体，构建形成“住在市区、游在周边、宜居宜业”的局面。

招商引资 2017年，晋城市城区签约项目17个，总投资314.80亿元。大华时代广场二期、水陆院庙会文化广场、怀覃里商业步行街、蓝海港花卉市场等工程完成主体；电子商务产业园二期、庞大汽贸、集酷文化小镇等进展顺利。举办昆山恳谈会、晋商晋才推介会、首届全域旅游嘉年华暨“老山西民俗文化节”等招商推介活动，同中电智云大数据、华谊兄弟星剧场等项目达成合作意向。组织参加第十届中国中部投资贸易博览会和“山西品牌中华行”、“山西品牌丝路行”活动，组团赴合肥、北京、重庆、贵阳等地开展招商对接，举办“城区招商引资对接（昆山）恳谈会”和“城区招商引资(晋商晋才)推介会”等招商活动。

城市建设 2017年，晋城市推进西北片区改造、北石店新区开发、城中村改造和市政重点工程建设，狠抓城区15项重点城建道路工程和21项配合全市城建重点项目。完成景西路太印厂区旧宿舍楼拆迁，解决文博路(七岭店段、晓庄段)征收补偿以及207国道(苇匠段)、市人民医院易址扩建等项目征地问题。景西北路全线贯通，景西南路(凤台街至文昌街段)建成通车，书院西街、书院东街、道西路、电厂路、晋春街5条西北片区道路和百灵街具备通车条件；推进程颢路、泰康街等工程。推进城中村改造，开展宜居城区建设，全年新增批准项目2个，新增开工项目4个，完成投资17.23亿元，新增建筑面积72.48万平方米，完成拆迁423户、7.02万平方米；回迁安置1197套；出让平衡用地161.74亩。

环境建设 2017年，晋城市城区开展大气污染防治攻坚行动，推进“禁煤区”建设，完成建成区范围内20蒸吨及以下燃煤锅炉淘汰、20蒸吨以上燃煤锅炉及建成区外共48台燃煤锅炉特别排放限值达标改造任务；推进清洁能源改造，解决建成区外10427户居民冬季清洁取暖问题。划定水源地保护区，推进寺底污水处理站建设。制定出台《晋城市城区土壤污染防治工作方案》《晋城市城区土壤污染防治2017年行动计划》。在“三山三河一场”生态治理工程基础上，完成白马寺山至吴王山15千米绿道建设；增建市区3块绿地；总治理长度23.09千米、投资约4亿元的10条黑臭水体整治工程基本完工。借助中央环保督察组和环保部对京津冀“2+26”通道城市强化督察契机，整治各类环保突出问题。环保部强化督察组交办案件282件，完成整改264件。216家“散乱污”企业全部按照要求取缔整改到位。建成区内20蒸吨(含)以下的燃煤锅炉、茶水炉、经营性小煤炉、煤气发生炉“清零”。开展城乡环境卫生大整治，总投入达5700余万元，清除“四堆”、生活建筑垃圾5784处8.36万吨，硬化、修复路面249条18.92万平方米，清理残墙断壁717处5.87万平方米。推进城乡清洁工程，15个达标村创建任务完成。

民生事业 2017年，晋城市城区财政用于民生方面的支出累计达12.36亿元，占一般公共预算支出的84.17%。教育方面，书院小学投入使用，推进东王台小学、北石店中心幼儿园、花园小学建设；开展教育改革，基本完成各学校章程建设，初步建立现代学校管理制度。就业方面，实现城镇新增就业6897人，转移农村劳动力2788人，城镇登记失业率控制在1.20%以内。医疗方面，市二院新建住院楼、区卫生监督所投入使用，建设北石店中心卫生院。社会保障方面，推进城乡居民基本医保制度并轨，整合区医疗保险管理服务中心和区新型农村合作医疗管理中心机构；试行医保异地结算。文化事业方面，推动文化馆、图书馆免费开放，南石店吕祖坛修缮工程基本完工，推进全民健身中心、程颢书院、怀覃会馆、张院民居、晋冀鲁豫野战军十二纵队整军地旧址修缮工程。（杨 盼）

【沁水县】 沁水县位于晋城市西北部，总面积2676.6平方千米，下辖7镇7乡，242个建制村，9个社区。常住人口216612人，人口自然增长率为3.45‰。

沁水县旅游资源有武安村战国古寨、河头村汉墓群、柳氏民居、湘峪古城、窦庄夫人城等。2017年，沁水县获"全国十佳生态文明城市"称号。

农业 2017年，沁水县农作物播种面积25637.50公顷，其中粮食作物播种面积23595公顷，粮食总产量127278.10吨。

城镇建设 2017年，沁水县人均道路面积达14.60平方米，生活垃圾无害化处理率达100%，污水处理率达97%，供水普及率达95%，集中供热普及率达80.50%，燃气普及率达98%，城镇化率达43.20%。组织完成县城城隍庙及周边棚户区改造、梅杏剧院、档案馆、游泳馆、南山城市道路等重点项目的立项、可研、初步设计、"两评一案"前期工作；完成桃园小区、教育园区、庙沟等1030套保障性住房建设，完成林区棚户区桥梁、小岭和桃园小区公租房等市政配套，累计投资2.8亿元；完成县城北坛路和花园路的拓宽改造任务。

环境建设 2017年，沁水县列入市级考核的4项主要污染物减排指标全部控制在市控目标之内；饮用水源地水质达标率达100%；全面实施清洁生产工程，涉重金属和涉危险废物企业清洁生产审核率达100%。打造梅河、杏河、县河"三河靓丽景观带"，建成以郊野休闲为主题的碧峰公园，以儿童运动为主题的龙脖公园，以佛教文化为主题的石楼公园，以缅怀英雄为主题的龙岗公园。全县森林覆盖率达48.60%，县城绿化覆盖率44.10%，空气质量优良天数占比93%。空气质量二级以上天数312天，比上年增加21天，其中一级天数62天；全年空气综合污染指数5.01，环境空气质量稳定达到二级标准。

文化 2017年，沁水县免费送戏下乡41场，送电影下乡2904场；举办"杏花节""梨花节""黄花节""槐花节"等如画沁水之百花世界系列活动；举办花键比赛、乒乓球团体赛、篮球联赛、马拉松赛、五人制足球邀请赛、三人制篮球赛、公路自行车赛、全国少儿足球邀请赛、垂钓联谊赛、山地自行车赛、徒步赛等如画沁水之跑动山水系列体育赛事；举办中国曲协"送欢笑走进沁水"专场演出、消夏晚会、戏剧展演等如画沁水之声色鼓韵系列文化活动。

高沁高速公路通车运营 2017年8月22日，沁水县高沁高速公路通车运营，全长69.50千米，起点位于高平市河西镇常乐村南，终点位于沁水县龙港镇中木亭西，把高平至陵川、阳城至翼城、长治至晋城3条高速公路连接在一起，双向四车道，设计时速80千米/时。全线有大中桥梁54座、隧道11座涵洞、通道183道，桥隧占比达35%以上。

首届山西沁水赵树理文化旅游嘉年华活动 2017年4月19日，以"千年古县、如画沁水"为主题的"2013—2015年度赵树理文学奖"颁奖典礼暨首届山西沁水赵树理文化旅游嘉年华开幕式在县全民健身中心举行。"2013—2015年度赵树理文学奖"设有13个奖项，有36部作品和个人获奖。以"千年古县 如画沁水"为主题的首届沁水赵树理文化旅游嘉年华活动整体布局按照"四大板块"和"六大环节"进行。10月28日举行沁水县赵树理文化旅游嘉年华闭幕式，"如画沁水 醉美金秋"启动。

（张丽霞）

【阳城县】 阳城县位于晋城市东南部，总面积1917.50平方千米，下辖10镇7乡，467个行镇村。年末常住人口为393730人，人口自然增长率为4.44‰。

旅游资源有皇城相府、天官王府、砥洎城、潘家十三院、商汤析城山、九女仙湖、蟒河生态旅游区、海会寺、杨柏大峡谷、五彩河等。

工业建筑业 2017年，阳城县工业增加值1123244万元，比上年增长6.50%。规模以上工业增加值增长6.50%。全年规模以上工业企业实现主营业务收入1591556万元，规模以上工业企业实现利税406319万元，规模以上工业企业实现利润209709万元。全年建筑业实现增加值60054万元。年末全县具有资质等级的总承包和专业承包建筑业企业13家，完成总产值120248万元，房屋建筑施工面积81151平方米。

旅游 2017年，阳城县有成规模旅游景区(点)5处。其中，有1处AAAAA级景区；2处AAAA级景区；2处AAA级景区。接待游客975万人次，实现旅游总收入91.15亿元。

民生事业 2017年，阳城县组织实施市级农村地区分布式光伏发电扶持项目下达专项资金1201万元，组织实施本级科技项目11项。新增高新技术企业2家，发明专利拥有量47件，有效发明专利拥有量37件。全县普通中学27所，职业高级中学2所，小学66所，幼儿园145所，成人中等专业学校1所。高考二本以上达线1991人。完成农村公益电影放映5544场，文化低保电影264场。广场休闲消夏公益电影20场，农村寄宿制中小学电影279场。举办戏剧、合唱、舞蹈等各类活动230余场次。开展"全民阅读月"服务读者活动。参加"人祖山杯"晋陕蒙民歌大赛晋城赛区选拔赛。举办第四届山西(晋城)太行山文化旅游节、晋城市第五届"最炫太行风"健身广场舞电视大赛阳城赛区的比赛。全县有体育场1个,综合体育馆2个,田径场5个,游泳馆3个。举办"中信银行杯"第八届阳城国际徒步大会、第一届阳城山地马拉松比赛、毽球、门球、篮球比赛以及全国山地自行车赛、农民篮球联赛等大中型体育赛事以及群众性文化体育活动。县乡村共有医疗卫生机构615个,卫生技术人员2824人,床位2116张。村级卫生所达标率99%。新型农村合作医疗参保率99.63%。

2017年,阳城县非私营单位在岗职工年平均工资56099元。居民人均可支配收入18789元。企业职工基本养老保险参保41577人,机关事业养老保险参保15552人,城乡居民养老保险参保211506人,城镇职工基本医疗保险参保47208人,失业保险参保30543人,工伤保险参保70015人,生育保险参保35899人。

(王家胜)

【陵川县】 陵川县位于晋城市东南部,总面积1751平方千米,下辖7镇5乡,371个行政村,7个居民社区。常住人口为236518人,

旅游资源有抱犊沟、王莽岭景区、凤凰欢乐谷、棋子山省级地质公园、锡崖沟、丈河村等。

农业 2017年,陵川县农作物播种面积22556公顷,其中粮食种植面积20420公顷,粮食总产量10.72万吨。森林覆盖率达52.07%。

工业建筑业 2017年,陵川县规模以上工业11个。全年规模以上工业总产值完成115985万元,同比增长33.58%;规模以上工业增加值增长8.30%。其中,国有控股企业增长13.86%,非公有制企业下降14.92%。从轻重工业看,轻工业下降58.06%,重工业增长12.70%。规模以上工业企业实现主营业务收入120322万元,增长32.90%。规模以上工业企业实现利税33555万元,实现利润20035万元;亏损企业亏损额2493万元,下降62.80%。全县建筑业实现增加值3.70亿元,同比增长14.90%。年末全县具有资质等级总承包和专业承包建筑业企业共有2家,完成总产值8819万元,下降31%;竣工产值8419.30万元,下降38%。

第三产业 2017年,陵川县乡镇及民营经济增加值20亿元,下降5.30%;总产值62.20亿元,下降4.50%;营业收入52.50亿元,下降5.20%。全年旅游企业个数达到24个。接待旅游人数450万人次,增长11.40%;实现旅游总收入16.48亿元,增长60%。

民生事业 2017年,陵川县共有各级各类学校159所。全县科技三项经费支出580.60万元,完成各类科技项目6项。共有文化馆1个,公共图书馆1个,总藏书量10万册。博物馆1个。共有各级医疗卫生机构455个,床位857张,卫生从业人员1205人,村卫生室覆盖率96%,县、乡、村三级医疗机构达标率92.80%。全县的儿童"七苗"全程接种率以乡镇为单位均达到96.80%。

2017年,陵川县城镇职工参保13688人,基金征收完成7124万元,分别占年任务12770人和4000万元的107.20%和178.10%;城乡居民养老保险参保133902人,与目标任务基本持平。基金征收完成1538.90万元,超额完成231.90万元。机关事业养老保险参保8472人,基金征收完成9355万元,分别占年度任务6300人和8300万元的134.50%和112.70%;全年为2806名机关事业离退休人员发放养老金13039万元。城镇职工医疗保险参保18226人,城镇居民医疗保险参保220560人,全年基金征收完成4354万元;失业保险参保8767人,基金征收完成225.50万元;全年为352名失业人员发放失业保险金546.10万元。工伤保险参保22033人,基金征收完成705万元,全年为157名工伤职工支付工伤保险基金完成1039万元。生育保险参保15526人,基金征收完成198万元。年末城镇低保人数为1025人,减少583人;农村低保人数4540人,增加756人;农村集中供养五保户363人;分散供养五保户1514人。全县各类收养性社会福利单位6个,床位480张,收养各类人员393人。全年享受伤残抚恤金人数1874人,增加1656人;享受定期补助人数1667人,减少90人。优待对象户数217户,优待总金额397.20万元。全年安置219个残疾人就业。

(焦国锋)

【泽州县】 泽州县位于晋城市东南部,总面积2023平方千米,下辖14镇3乡,629个行政村,1088个自然村。常住人口为494681人。

旅游资源有珏山风景区、青莲寺、李寨栖龙景区、泽州岱庙、老翁山、聚寿山文化景区、陟椒三教堂、李寨风景、大阳古镇、大箕天主教堂等。2017年,泽州县获"全国第一批畜牧业绿色发展示范县""国家级妇幼健康优质服务示范县""山西省首批食品安全示范县"称号。

农业 2017年,泽州县农作物种植面积57888.40公顷,其中粮食种植面积55465.30公顷,粮食总产量23.10万吨。

产业建设 2017年,泽州县实施"两带四板块""四化"同步推进转型发展战略。以项目建设助力转型,共实施重大转型项目13个。推进清慧三期项目、南村绿色智能铸造创新产业园、中国青年城、华电风电等项目建设。建成华昱煤制油、金驹段河瓦斯发电等项目。完善政银企常态化对接机制,组建四大公司搭建项目运作平台。投资13.25亿元用于环境提标提质改造。对403家重点工业企业进行9轮次排查整治,倒逼企业转型升级,狠抓重点领域和关键环节的改革,"供改"与"综改"互促互进。20家中小企业在省股权交易中心挂牌。

城乡建设 2017年,泽州县加快城乡融合发展,巴公镇与清大文产规划设计研究院合作的装备制造特色

小镇融建联合体项目签约，推动金村新区规划建设，推进太岳街、滨川路、崇实街等城建工程，开展环境集中整治和“双违”专项整治，解决1.54万人饮水安全，建设乡村公路安全生命防护工程697.30千米，煤层气用户占到全县的36.20%，集中供热惠及群众3万余户，“一元惠民票价”公交车覆盖335个行政村。

环境建设 2017年，泽州县接待游客达到1030.75万人次，同比增长24.79%；旅游总收入达94.51亿元，同比增长24.68%。泽州县丹河湿地公园二期、山里泉磨滩大景区等一批文化旅游项目开工建设；珏山、山里泉、聚寿山3家景区完成改制。山西凤泽岭旅游文化有限公司达成投资60亿元建设南岭乡特色小镇旅游项目意向。林木绿化覆盖率达50.56%，森林覆盖率达36.84%。

泽州县医疗集团成立 2017年5月11日上午，泽州县医疗集团成立。集团以县人民医院为所有核心，整合县妇幼保健院和26家乡镇卫生院为成员组建“1+1+26”的泽州县医疗集团。 （张　静）

【高平市】 高平市位于晋城市北部，总面积980.30平方千米，下辖16个乡（镇、街道办事处），463个行政村（居委会）。

旅游资源有羊头山炎帝文化旅游区、古浤文创园、白马寺、丹河景观、元代姬氏民居等。2017年，高平市获“全国农业可持续发展试验示范区”“畜牧业绿色发展示范县”和“畜禽粪污资源化利用整县推进项目试点县”称号。

产业建设 2017年，高平市187项重点项目完成投资52亿元，完成率104%。85%的建设矿井转入生产，29座地方煤矿生产原煤1437.50万吨，实现利润9.10亿元；新能源、新材料等高新技术产业增加值增长63.80%，新长征动力汽车锂电池生产线投入生产，海诺科技成为比亚迪汽车供应商。现代农业稳中提质，凯永养殖新增生猪规模40万头，华夏天润、金田农业由卖产品向卖技术、卖服务拓展，红薯、小杂粮等富硒农产品品牌效应初步显现，农产品加工企业实现销售收入27.10亿元；创优农业工作。发展三产服务业，举办第二届海峡两岸神农炎帝文化旅游招商系列活动，高平炎帝陵成为“海峡两岸交流基地”和“中国华侨国际文化交流基地”，全国第三家、全省首家“商务印书馆乡村阅读中心”落户高平，央视《焦点访谈》栏目以《希望的田野—良户的守护》为题，报道本市良户古村保护与开发经验；壮大电商产业，通过全国电子商务进农村综合示范县建设中期验收。

深化改革 2017年，高平市经济技术开发区在晋城六县（区）中首家获批省级经济技术开发区。全省县乡医疗卫生机构一体化改革现场会在高平市召开，“六统一”医改模式在全省推广，市卫计局被评为“全国卫生计生先进集体”。相对集中行政许可权改革列为全省试点，行政审批局作为山西省唯一批复的县级综合审批机构挂牌运行。推进国企国资改革，科兴集团改革取得进展，自来水公司等7户国有企业完成公司制改革。推进供销社综合改革，市供销社被表彰为“全国供销合作社系统先进集体”。民企股改上市，兰花药业“新三板”挂牌。深化投融资体制改革，炎帝文化苑、神农健康城入选省级第四批PPP示范项目。争取到全省双创示范基地、农村创业创新典型县、出口食品农产品质量安全示范区、财政奖补美丽乡村建设试点县等政策机遇，共争取各类上级政策资金近3亿元。

城乡建设 2017年，高平市新改建城乡道路62余千米，金峰大道南延、建设路南延、锦华西街、野川至南城快速路建成贯通，高沁高速竣工通车，推进太焦城际铁路建设，城乡路网和对外通道便捷畅通。推进农村饮水安全巩固提升工程，开展张峰东延供水二期，城市第三水厂开工建设，城乡骨干供水网络初步成型。新增市区集中供热面积160万平方米、集中供气3100余户，城市集中供热面积达627万平方米，全市煤层气通气户数达4万户。推进炎帝文化苑，完成神农大剧院、古浤文创园规划设计。城南片区棚户区改造完成拆迁，基本完成小北庄棚户区改造前期工作，完成老城区提升实施规划编制。加强特色小镇和美丽乡村建设，汤王头古村落文保修复一期工程完工，马村镇、三甲镇被评为“山西省园林乡镇”，神农镇入选第二批全国特色小镇。

环境建设 2017年，高平市开展大气、水、土壤污染防治攻坚战。配合中央环保督察和环保部“2+26城市”督查巡查，取缔141家“散乱污”企业，淘汰41台市区10蒸吨以下燃煤锅炉，完成387台燃煤锅炉对标改造，开展105家企业挥发性有机物治理，完成2.10万户“煤改气”“煤改电”等清洁能源取暖改造。建立市乡村三级河长制，完成南部“两河”湿地和小东仓河截污管涵建设，开工第二生活污水处理厂和马村镇生活污水处理站，启动农村供排水及污水处理一体化改造。建成病死畜禽无害化处理中心，实施城乡垃圾综合处理工程；开展“三环四沿五治”城乡环境集中整治，加强植树造林和园林绿化。

民生事业 2017年，高平市民生类财政支出达23.90亿元，占总支出的86.30%。完成80所中小学、幼儿园维修改造。高考二本B类以上达线人数2224人，北大、清华达线人数连续六年位居晋城市六县（区）第一。完善医疗基础设施，市人民医院医技综合楼即将完工，神农健康城施工，推进健康高平信息化建设。举办第一届创新创业大赛，公开招聘机关事业单位人员、公益性岗位人员等1083名，城镇新增就业6591人，转移农村劳动力4967人。城镇职工医保、城镇居民医保和新农合实现“三保合一”，残疾人康复中心投入使用。推进脱贫攻坚，完成年度脱贫任务。 （秦皓宇）

朔州市

【概况】 朔州市位于北纬39°05′–40°17′，东经111°53′–113°34′，总面积1.06万平方千米，下辖2区4县，73个乡镇(含街道办事处)，1684个行政村。

2017年，朔州市地区生产总值完成980.20亿元，增长7.30%。规模以上工业增加值完成289.50亿元，增长6.30%；公共财政收入完成73.20亿元，增长49.10%，增幅排名全省第二；固定资产投资完成214.20亿元，增长3.10%；社会消费品零售总额完成311.70亿元，增长7.10%。城镇居民人均可支配收入达30989元，增长6.90%；农村居民人均可支配收入达12305元，增长7.20%。

农业 2017年，朔州市推动农业供给侧结构性改革，饲草饲料作物种植面积达到177万亩，比上年增加17万亩。实施规模健康养殖，改造提升58个养殖小区，奶牛存栏19万头，肉羊饲养608万只。承办全国杂粮绿色高产高效模式交流会，举办全国北方农牧交错带农业结构调整现场会。农业产业化经营组织达到1218家，农产品销售收入达到205.50亿元，增长7%。累计认定“三品一标”农产品生产基地133万亩，认证“三品”农产品130个，地理标志认证产品8个。开展“三环三边”“四治四无”集中整治行动，实施农村危房改造2485户，农村人居环境改善。神头镇等5个村镇荣获第五届全国文明村镇称号，山阴县燕庄村被评为全国改善农村人居环境示范村。深化农村改革，农村承包地确权登记颁证基本完成。启动农村集体产权制度改革，建成市、县两级农村产权流转交易市场。

产业建设 2017年，朔州市巩固提升煤炭、火电两大传统产业，培育壮大高端陶瓷、新能源新材料、现代煤化工、生物医药、文化旅游、草牧业和农产品加工、商贸物流等七大产业。实施产业转型项目133个，总投资573亿元。非煤产业投资占工业投资的81%。非煤工业增加值增长8.60%，高出规上工业增加值2.30个百分点。建成标准化矿井40座，其中现代化矿井6座。新增光伏、风电装机37.10万千瓦，新能源电力装机占比达36.70%。推动晋北(朔州)现代煤化工基地建设，推进松蓝化工2×40万吨丙烯酸项目开展前期工作。中美新能源闪氢提油中试(产品正式投产前试验)顺利。举办第五届亚洲粉煤灰国际交流大会。国家大宗工业固废产品质量检验中心挂牌运行。工业固废综合利用产业产值达120多亿元，综合利用率达65%。旅游业综合收入实现203.90亿元，增长26.90%。

深化改革 2017，朔州市推进煤炭供给侧结构性改革，关闭煤矿4座，退出落后产能1360万吨。推进旅游体制机制改革，市县(区)全部撤局设委，全市11个景点景区完成管理权和经营权分离。国企国资改革完成年度任务。推进医疗卫生体制改革，9所城市公立医院取消药品加成，六县(区)全部组建医疗集团，县乡医疗卫生机构一体化改革实现全覆盖。推进电力体制改革，交易直供电量21.40亿度，培育6家售电公司，山阴北周庄工业园区列入全国增量配电业务改革试点。实施12个PPP项目，其中7个完成招标，3个开工建设。筹建朔州农村商业银行。晋坤公司“新三板”挂牌上市。全市新增高新技术企业10家，总数达到21家，省级重点实验室和工程技术中心达到2家。招商引资签约项目205个，总投资1126.80亿元。

城市建设 2017年，朔州市新开工保障性住房6903套，基本建成8725套，完成投资17.69亿元。完成公租房分配，全市4044户低收入困难居民迁入新居。新建改建城市道路60.60千米、市政管网344.50千米，新增供热面积700万平方米。推进七里河综合治理工程，敬德公园开放。开展“三路五桥”建设，市区振华东街改造完成。数字化城管平台基本建成。实施民福街西延线、市府街西延线等七条道路绿化改造，巩固国家园林城市创建成果。市区新增纯电动公交车100台，新增公交运营线路26千米，延伸农村线路15千米，覆盖38个周边村镇。

环境建设 2017年，朔州市完成营造林12.30万亩，治理水土流失面积29.70万亩，桑干河综合治理与生态修复五大水利项目全部启动。实施冬季清洁取暖改造工程，完成5.70万户改造任务。淘汰燃煤小锅炉76台，取缔“散乱污”企业443家。全年空气质量综合指数5.90，全省排名第二，下降8.70%，下降率全省排名第一。细颗粒物(PM2.5)平均浓度每立方米48微克，全省排名第二，下降15.80%，下降率全省排名第一。优良天数242天，全省排名第三。推进城市污水处理设施建设。实施矿井外排水质治理提标改造工程。市、县、乡、村四级落实河长制。完成地下水关井压采任务，省考核5个地表水断面水质全部达标，万元工业增加值用水量较上年降低2.20%，万元生产总值用水量较上年降低6.10%。中央和省环保督察组交办的395件问题事项全部办结，反馈的34件问题事项整改达序时进度。

民生事业 2017年，朔州市政府坚持精准扶贫、精准脱贫，国家级贫困县右玉县和省级贫困县平鲁区、山阴县整体摘帽，24095人脱贫，148个贫困村退出。全市提前一年全部通过县域国家义务教育均衡发展验收。高中教育质量明显提升，高考二本B类以上达线人数14111名，创历史最好水平。开展朔州医疗机构基础设施建设。城镇新增就业等6项指标全部达标。机关事业单位养老保险制度实现入轨运行。城乡居民基本医疗保险完成整合，与省内10家定点医药机构开通异地就医直接结算。参加省十五届运动会资格赛，获得五金八银十三铜好成绩。

朔州大医院建设 2017年，朔州市利用政府和社会资本合作PPP融资模式，推动朔州大医院建设建设。项目占地300多亩，总投资近15亿元，选址位于市区长宁街与广安街之间，北靠中北大学朔州校区和朔州师范高等专科学校，采用模块化设计，科学配置门诊、急诊、医技、住院等模块，标准为地市级三级甲等综合医院。

内陆港建设 2017年，朔州市依托省级经济开发区建设政策，在平鲁区开展内陆港建设前期工作。先期建设煤炭内陆港，以阳圈安太堡内排区基础场地为核心，利用向阳堡、卧场、平鲁西3个站点，连接准朔、准池2条铁路线，连通北同浦、大秦两条线，直通秦皇岛港，打造集煤炭信息、物流、交易结算等综合功能为一体的服务平台，打造晋陕蒙连通河北港口集团所属港口的大型煤炭集散中心、加工中心、交易中心，最终升级建设综合保税区。

云计算大数据产业战略合作 2017年，朔州市与浪潮集团有限公司开展战略合作。浪潮集团在朔投资5亿元发展云计算、大数据产业，建设立足朔州、面向周边的云计算大数据中心、大数据创新研发中心及容灾备份平台；以参与朔州市政务云建设为基础，参与建设政府数据交换与共享平台、政府数据开放平台；合作建设数据交易中心、创客空间和创新应用平台，运营“爱城市”网，建设智慧朔州、大数据人才实训基地，推动云计算、大数据及智慧城市产业创新发展，促进产业转型升级，提升政府治理和公共服务水平。

开发区改革创新 2017年，朔州市推动市区县(国家级、省级)开发区全覆盖工作。朔州经济开发区、右玉生态文化旅游开发区、怀仁县开发区挂牌运行，平鲁区、山阴县、应县开展开发区设置前期工作；朔州经济开发区实行“三制三化”改革，落实开发区领导班子任期制、全员岗位聘任制和绩效工资制，加快建设专业化、市场化、国际化的管理团队。 (元雷花)

【朔州市朔城区】 朔城区位于朔州市中部，总面积1793平方千米，下辖2镇9乡，4个街道办事处，299个行政村。总人口51万人。

旅游资源有朔州老城、崇福寺、尉迟敬德庙等。

农业 2017年，朔城区实施粮改饲11.80万亩，打造千亩以上苜蓿、燕麦草种植示范基地各3个。优化农业区域布局，粮经饲种植结构比例调整为63:27:10。发展规模健康养殖，新建牛羊标准化棚圈2.30万平方米，扶持新建养殖小区10个。农村土地承包经营权确权登记，完善农村产权流转交易市场。推进农业基础设施配套、维修、改造，试验推广新技术，加强农作物病虫害防治，提升动物疫病防控水平。新修防渗渠3.10万米，改善和恢复灌溉面积3万亩；京津风沙源二期水利项目，打井配套21眼，铺设管道6200米，新修防渗渠600米；水土流失治理项目治理面积3.80万亩。推行河长制，出台区乡两级河长制实施方案，加强辖区内河流管理。

产业建设 2017年，朔城区提升传统产业。推进煤炭供给侧结构性改革，葫芦堂煤矿上报退出市场。推进安全专项整治，煤电一体化发展。石碣峪、西沙河和下窑三座煤矿通过复工复产验收，完成原煤生产71.40万吨。培育新兴产业。加快转型项目建设，总投资达到107亿元，产值59.40亿元，占到生产总值的23%。实施文化旅游规划，开展文化

2017年朔州市辖县(区)经济指标统计表

县 市	地区生产总值(万元)	农林牧渔业总产值(万元)	固定资产投资(万元)	社会消费品零售总额(万元)	一般公共预算收入(万元)	一般公共预算支出(万元)	人均可支配收入(元)	
							城镇居民	农村居民
朔城区	2890190	208859	258782	1169200	79498	216203	32035	13842
平鲁区	1693015	79965	562691	347314	84506	164541	23908	9512
山阴县	1580436	234308	177092	319581	114556	211698	32481	15278
应 县	757046	319181	121834	399616	15388	153130	23455	9975
右玉县	671923	119501	181491	168695	37033	127781	22717	7161
怀仁县	2254838	241053	688370	712313	91644	190198	33030	15040

旅游体制改革，组建文化旅游发展委员会，成立崇福寺景区管理委员会和马邑古城文化旅游投资有限公司。全年接待游客350多万人（次），占全市旅游总收入的28.52%。创优营商环境，举办昆山招商引资恳谈会，签约项目25个、总投资163亿元。

城市建设 2017年，朔城区完成朔州再生能源公司整合，金沙供热站、大运供热站实现热电联供工程。铺设供气管网8.10千米，新增天然气用户5200户。完成城中村煤改气工作，铺设管道310千米，涉及居民户3万户。基本建成保障性住房2000套；去库存5394套、58.29万平方米；推进农村危房改造工程。完成高铁沿线土地征收清查摸底工作，推进七里河沿线城市棚户区改造安置及道路征收项目。加大城区环境清洁力度；农村清理生活垃圾、建筑垃圾、煤矸石等100多万吨。

环境建设 2017年，朔城区推进环境整治与生态创建。开展总面积7.60万亩林业生态建设五大工程。完成5万亩南山综合治理绿化一期工程，与西山50万亩生态工程相连接，形成市区西南部百万亩、百千米生态走廊。国家京津风沙源治理二期工程人工乔木造林、植被恢复造林工程、干果经济林提质增效和扶贫经济林造林工程全部完工。提升城乡绿化水平，打造文化旅游名镇。治理环境污染，取缔拆除建成区10蒸吨以下燃煤锅炉12台、“散乱污”小企业129家，关停小平易、神头一带违法煤场140家。

民生事业 2017年，朔城区推进精准扶贫工作，发展农业产业扶贫项目。加强学校基础建设，职中综合实训楼开工建设，区第四、第六幼儿园投入使用。以区人民医院为核心，21家单位为成员，组建运行区人民医院集团；打造23个小区、学校、乡村和机关企业健康促进示范点。社会保障征缴各项基金6.69亿元。审批城乡低保，发放各类救助金910万元。新增城镇就业3713人，转移农村劳动力3817人。

（常凤霞　王雄一　弓　慧）

【朔州市平鲁区】 平鲁区位于朔州市西部，总面积2314平方千米，下辖2镇11乡，286个行政村。

旅游资源有安太堡煤矿文化园、北固山、乌龙洞、大河堡村等。

农业 2017年，朔州市平鲁区播种面积72.30万亩，粮食产量0.70亿千克；藜麦、中药材、葵花种植面积分别达到1.50万亩、1.30万亩、0.90万亩，同比增长50%、54%、80%。生态草牧业快速发展。种植优质牧草3万亩，改良天然草场1万亩，新增规模养殖小区11个、大型屠宰加工企业1个、规模养殖户250个。标准化养殖小区累计达86个、规模养殖户1800户。新增粮改饲面积2万亩，亩均增收150多元，养殖饲料成本下降5%。壮大农产品加工业，12家农产品加工企业完成销售收入12.90亿元，同比增长7.50%。完成农村土地确权颁证登记，农村产权交易中心挂牌运营，注册农业经营主体达1100多个。改善农村人居环境，投入4400多万元，整治村庄156个。

产业建设 2017年，朔州市平鲁区一二三产比重1.55:66.90:31.55。主导产业结构实现煤电并举。除中煤平朔外，原煤产值占比下降到工业总产值的49%；推动电力产业发展，电力企业总产值达34.30亿元，其中火电占26%，风电占16%。风电并网发电166.50万千瓦，产值达13.20亿元，比上年增长40.70%。实施重点工程项目150个，总投资346.50亿元，完成投资56.30亿元。其中，一、二、三产投资额分别占总投资14.70%、540%、31.30%。民间投资完成31.60亿元。

深化改革 2017年，朔州市平鲁区煤炭供给侧结构性改革取得实效，关闭中煤平朔井工二矿，退出产能1000万吨。开发区改革创新稳步推进，省级经济技术开发区顺利通过省级评审。医药卫生体制改革取得新进展，组建平鲁区医疗集团，设立6个管理中心、6个业务中心，推进区乡医疗卫生机构一体化改革，异地就医直接结算和付费方式改革。开展税收征管体制改革。加快农信社改制，平鲁区和朔城区合并组建朔州农商行获批复。晋坤公司“新三板”成功上市，实现全市本土企业上市零突破。全年签约招商引资项目32个，总投资162.90亿元。

城市建设 2017年，朔州市平鲁区推进古城小区棚户区改造、堡子沟城中村改造、热电联产集中供热、三水厂新建、“两街两路”改造、安口河排污管网改造等一大批重点城建工程，完成投资8亿元；推进井西、善学小区建设；市政府下达的1500套城市安居工程全部完成；投资778万元建成垃圾处理厂渗滤液处理站；投资2534万元完成学苑、晨苑、锦苑三个小区21.80万平方米节能改造；投资220万元完成6000平方米沿街建筑立面整治；投资1875万元对8个小区进行道路提质改造；对24个居民小区实施绿化美化，栽植各类树种57万株，小区绿化面积达到30%以上。

环境建设 2017年，朔州市平鲁区坚持植绿兴水并举，强化环境污染治理。完成大片造林3.91万亩，新增绿地110万平方米。实施坡耕地水土流失综合治理7371亩。落实河长制，实施七里河引黄1号洞至刘家口应急疏浚整治工程，治理河道2.90千米。取缔“小散乱污”企业76家，淘汰黄标车及老旧车213辆；全部淘汰清零建成区10蒸吨以下燃煤小锅炉；完成5257户清洁取暖改造；取缔“十小”企业8家，完成20个农村环境综合整治任务；完成农用地土壤污染详查单元和点位核实工作。推进环保督察整改。空气质量优良天数达到316天，优良天数比例达86.60%。

民生事业 2017年，朔州市平鲁区推动教育综合改革。开展学区制和校际联盟办学模式改革，启动实施城乡义务教育一体化改革。高考一本达线209人，二本B类以上达线697人。区、乡、村三级医疗卫生机构实现基本药物制度全覆盖，人均基本公共卫生服务经费提高到50元。“先住院、后付费”诊疗服务受益患者5000多人（次）。社会保障水平不断提高。城乡低保标准均提高20元，城市低保达到每人每月468元，农村低保每人每年3580元。城镇新增就业3384人，城镇登记失业率2.88%，低于4.20%的年度控制目标。完成减贫1877户5077人，退出贫困村26个，实现贫困摘帽目标。

(马　军)

【山阴县】 山阴县位于朔州市东北部，总面积1651平方千米，下辖4镇9乡，257个行政村。

旅游资源有广武古城长城遗址文化群、杨莫岭森林公园等。

农业 2017年，山阴县开展“粮改饲”试点和雁门关农牧交错带结构调整先行区建设，粮经饲比例调整为64∶11∶25。粮食产量达2.85亿千克，比上年增长7.40%。小米品牌“百汇农珍”加入山西省小米产业联盟，“雁门香”“桑干河”等杂粮品牌走出国门，古城乳业、鑫邦燕麦、惠民小杂粮等一批农产品取得生态原产地认证。古城二期15万吨液态奶生产线投产，20个奶牛养殖园区实现向牧场化转型。推进农村改革，完成土地承包经营权确权登记；完成永久基本农田划定；成立农村产权交易中心，建立不动产登记信息平台；农村集体建设用地和宅基地使用权地籍调查通过验收。

产业建设 2017年，山阴县推进经济开发区改革创新和晋北现代煤化工基地建设，发展新材料和资源循环利用产业，玉竹1万吨针状硅酸钙、金沙源6万吨废旧轮胎处理等项目建成投产。华夏、台东山、北祖3座煤矿达到国家一级标准化矿井，释放先进产能150万吨，全县原煤洗选率达到95%以上。落实“三去一降一补”，退出4座煤矿，淘汰落后产能450万吨；北周庄低碳循环经济工业园区列入国家第二批增量配电业务试点。通过“助保贷”为玉龙等22户企业解决贷款6508万元。推进用地改革，重度盐碱地规划为建设用地改革试点取得省国土厅的批复。全年新增市场主体1161户；开展优化营商环境“1+9”专项行动，储备转型项目28个，签约金额197.40亿元。

城乡建设 2017年，山阴县完成河阳大道A段北端道路和紫光湖大桥、虎山线公铁立交桥整改拓宽等路桥工程；县区新增供热面积40多万平方米。开展打击私搭乱建、占道经营、私停乱放等整治行动，加大县城主要街道保洁范围和频次。完善农村基础设施建设，完成山合线、岱东线道路改造，完成农村道路改造19千米，整治31个贫困村及85个公路沿线村庄环境。北周庄镇燕庄村被评为“全国改善农村人居环境示范村”。

环境建设 2017年，山阴县启动“山河修复”行动，开展生态恢复“治荒”行动，依法取缔“散乱污”企业71家，清理处置陈年煤矸石堆放900万吨。推进造林绿化，完成京津风沙源治理人工造林5000亩，京津冀生态屏障工程2000亩，交通沿线荒山绿化1000亩，新一轮退耕还林276亩，植被恢复造林200亩，创建绿色村庄26个。推进节能减排，取缔县城建成区10蒸吨以下小锅炉22台，为5430户“煤改气”用户接通天然气管道，重点企业工业污染源治理达标14家，全年空气质量二级以上天数达295天。推进水源治理，加强县城饮用水源地以及3个乡镇集中式饮用水源地保护；落实“河长制”，桑干河河头断面水质稳定达到三类以上标准。

民生事业 2017年，山阴县开展“健康山阴”建设，推进县乡医疗机构一体化、“医联体”建设、医保支付方式等一系列改革；新建县人民医院落成并投入使用，中医院综合门诊楼建成。推进城乡住房保障，完成货币化安置棚户区改造450套；府东街城市棚户区回迁安置485套，公租房配租1680套；完成农村危房改造630户。养老、医疗等五项社会保险参保人数达到28万人(次)。全年城镇新增就业人数4248人。举办首届山阴春晚、“六月二十四”传统庙会(骡马交流大会)等系列文化活动，开展“送戏下乡”100场。投入各类扶贫资金2.45亿元，其中涉农资金1.30亿元。开展“六打六整三加强”“创建平安山阴”、百日基层矛盾纠纷巡回化解大会战等活动。

(侯志林)

【应县】 应县位于朔州市东部，总面积1793平方千米，下辖3镇9乡，321个行政村。

旅游资源有金代释迦木塔、永镇寺、净土寺等。

农业 2017年，应县发展农副产品加工业，雅士利奶粉小包装项目基本完工，永春食品加工项目建成投产。蔬菜总收入12.67亿元，粮食总产量3.45亿千克；奶牛存栏6.53万头，肉羊饲养量稳定在120万只左右，畜牧业产值16亿元。全县籽粒玉米调减到52.80万亩，青贮玉米扩展到13万亩，杂粮扩展到10.80万亩；蔬菜达30.20万亩，黄芪达15万亩。加快建设“南菜北牧”两大板块，实施蔬菜病害综合防治，推广发展有机蔬菜，全县日光温室和移动大棚发展到1.70万亩；依托恒天然奶牛扩繁中心，推动奶牛产业量质同步。发展和改善灌溉面积3.64万亩，建设高标准农田4.83万亩。通过“一卡通”发放各类惠农补贴8538万元。农业品牌化、产业化持续发展，新增无公害农产品认证4个，产地面积2万亩；“513”龙头企业达到155家，农产品加工企业销售收入完成60.90亿元，增长6.77%。农村土地确权工作基本完成。

产业建设 2017年，应县加快发展新型工业。白马石风电一期正式投产，华电梨树坪风电一期立项。华屹和恒锐达建陶项目一期工程、博达异型瓷项目建成试产；推动国瑞、卓峰、佳德宝、华陶、尊信和玉晖6个陶瓷项目落地；优尊、通盛陶瓷扩建项目完工。全县陶瓷企业发展到20家30条生产线，日用瓷年产量达10亿件、建筑瓷达2000万平方米、工艺瓷达4000万件。新型建材化工业，盛达包装和雁砼兴路路面砖两大项目建成投产，美园标准化节能门窗项目建设厂房主体，山川耐火材料项目安装调试设备。广聚砼减水剂扩建项目开工。炉具业加快技改步伐，老万炉业发展节能环保炉具。引资上亿元盘活同朔水泥、应平化肥、鑫泰洗煤等企业。

城乡建设 2017年，应县配合大原客专项目征地拆迁等前期工作。投资3.79亿元的木塔周边棚户区改造项目启动实施；投资6.80亿元的万豪府东、名佳花园、欣明家园、青年家园、富民园棚户区改造等8个城建项目部分主体封顶；完成廉租房实物配租1200户，实施城中村改造500套；新增和改造县城供水、供气、供热等各类管网16千米。开展垃圾集中清理行动。推进农村环境集中整治，开展农村道路新建和改造、危房改造、农村厕所无害化改造活动。完成战备公路、釐镇线、小石口山老区等五条道路新建和改造工程。

环境建设 2017年，应县完成小石口水库扫尾工程。推进乡村绿化，完成营造林2.66万亩，全县森林覆盖率达19.18%；推进县城绿化，新增城市绿地4.80万平方米，绿地率达到35.60%，绿化覆盖率达39.70%，人均公园绿地达10.20平方米。开展"绿色建筑行动"，全县节能建筑比例达72.70%；推广清洁能源，完成建成区平房6005户居民"煤改气"工程；推进集中供热，新增面积10万平方米；强化污染治理，淘汰燃煤锅炉24台，取缔关闭"散乱污"企业15家，完成陶瓷企业天然气改造和脱水企业污染防治设施升级改造，整治饭店污水乱倒、油烟乱排、露天烧烤等群众反映强烈的问题；落实河长制，重点开展桑干河流域水质达标百日攻坚行动。空气质量二级以上天数达319天。

民生事业 2017年，应县改善办学条件，完成苏寨、南丰疃2所农村幼儿园改造、一小迁建、24所义务教育学校"改薄"和2所农村学校校舍建设等工程，推进一中教学楼、职中实训楼、汽修实训设备建设。全县高考二本B类及以上达线1543人，总达线率41.35%；县特殊教育学校正式招生。整合县域医疗卫生资源组建医疗集团，县医院、中医院与北大人民医院、省市三甲医院形成多个医疗联合体。推进基本公共卫生均等化服务。推进中医药事业，中医院综合楼项目主体工程完工。落实计生家庭奖扶政策，发放奖扶资金746.60万元。

2017年，应县新增就业、再就业6400人，完成农村贫困劳动力免费职业培训370人。加强医保管理，实现新农合、城镇医保、职工医保"三保合一"，征缴各类社会保险5.47亿元，发放资金5.88亿元。发放各类民政资金1.70亿元，受益群众达20万人(次)。新建日间照料中心5家。推进残疾预防重点干预和残疾儿童抢救性康复项目，完成省定任务。开展图书馆、文化馆总分馆建设试点"两馆"均被文化部评为"国家一级馆"。

文化旅游 2017年，应县接待游客470.40万人(次)，增长29.10%；旅游业总收入40.30亿元，增长28.10%。推进南山生态旅游、迎宾旅游景区、净土寺文化遗产保护利用设施、木塔残损构件调查及展示研究建设四大项目，完成投资3.20亿元。引深木塔景区休制机制改革，实现文物保护管理与旅游运营两权分离。"人说山西好风光"第二季朔州竞演活动举办。

脱贫攻坚 2017年，应县5426名贫困人口实现脱贫，8个建档立卡贫困村全部退出。发展特色种养业，帮助贫困户发展经济作物、家畜养殖。帮助义井、镇子梁等乡镇13个村建设光伏电站，建档立卡贫困村申报联村光伏电站项目。协调县农行、信用联社发放小额信用贷款1424.77万元，惠及贫困人口上千人。投放易地扶贫搬迁贷款8561.71万元，对贫困户在县城购房给予补贴，完成搬迁1553人。投资880万元的白马石乡集中安置项目主体完工。开展生态扶贫，为贫困户提供营造林整地、栽植、管护等劳务岗位。将225名贫困户纳入农村低保范围，并将年低保标准提高到3300元；落实贫困大学新生补助政策，落实生源地大学生助学贷款3449万元；通过多种方式资助贫困中小学生598万元，为贫困户缴纳医疗保险、意外伤害保险和政策性农业保险504万元。贫困村提升。帮助8个建档立卡贫困村修建村级文化活动场所，拓宽通村水泥路，改善农田水利条件。 (安培兴)

【右玉县】 右玉县位于朔州市西北部，总面积1969平方千米，下辖4镇6乡，1个风景名胜区，288个行政村。总人口11.59万人。

旅游资源有杀虎口景区、南山森林公园、苍头河生态走廊等。

农业 2017年，右玉县农作物播种总面积72.09万亩，比上年增加4.81万亩。完成高标准农田建设665亩，燕麦绿色高产高效创建1.80万亩。推进草牧业试点和粮改饲建设，种植饲用燕麦草1.60万亩、全株玉米1.17万亩，"右玉燕麦米"申报国家地理标志。

产业建设 2017年，右玉县东洼北、玉岭两座煤矿申报国家一级安全生产标准化矿井，通过省级验收。发展清洁能源产业，核准风电项目4个、开工1个，并网1个，华谊中泰2万千瓦分布式光电项目并网发电，清洁能源总装机容量达到100万千瓦。

城乡建设 2017年，右玉县完成玉林西街西延道路、农民安居小区市政道路、玉兴街道路工程，铺设输水管道2.80千米，新建改造污水管网2千米，新凿县城集中供水水源井4眼。完成供气分输站连接线3.20千米，铺设配套管网22.20千米。开展沿街商铺门店规范、流动摊点占道经营整治等专项行动。新建厕所192个、垃圾池590个，农村清理垃圾1392处，2399吨。打造美丽宜居示范村7个，对5个村实施美丽乡村建设工程。完成生态旅游路、李达窑—马营河道路改建、右卫镇八里庄—牛心道路改建、运煤线路、魏家山窄路拓宽、生命防护等6项工程。

环境建设 2017年，右玉县加大生态建设力度，完成京津风沙源治理、退耕还林、环京津冀生态屏障区建设、高速公路沿线荒山营造林2.16万亩,通道绿化5条84.70千米,村庄绿化28个。治污减排工作开展,完成平房集中供热3004户。取缔"散乱污"企业22家、燃煤锅炉3台。整治元堡工矿区储售煤厂、煤矸石堆放点和运煤车辆。县城空气质量二级以上优良天数达283天。细小颗粒物(PM2.5)年平均浓度值比上年下降22%。

文化旅游 2017年,右玉县旅游总人数达214.97万人(次),同比增长27.28%,实现旅游收入20.89亿元,同比增长25%。获批省级生态文化旅游开发区。实施13个旅游项目建设,完成右卫艺术粮仓二期工程、牛心孕璞观景台建设、玉龙文体旅游产业园项目和大南山景区彩化工程。以弘扬右玉精神为题材的大型音乐舞蹈史诗《为有牺牲多壮志——右玉和他的县委书记们》在北京保利剧院上演,电视连续剧《右玉和她的县委书记们》拍摄完毕。

民生事业 2017年,右玉县实施种养、旅游、光伏、电商等产业扶贫项目,提升农村安全饮水、通村公路、标准化卫生室、综合文化活动场所等建设水平,完成易地扶贫搬迁、农村危房改造等工作。26个贫困村退出、15918名贫困人员减贫,全县贫困发生率下降到0.46%,达到贫困县退出标准,并通过省级退出核查验收。整合教育资源,以右玉一中为核心和龙头,组建"中学教育集团",推进教育振兴五年行动计划。启动实施《学前教育三年行动计划(2017—2019)》,两所幼儿园投入使用。职业教育与青岛海湾理工学院进行联合办学。组建医疗集团,实现农村低保对象、五保供养对象在定点医院就医全免费和特困人员住院治疗费用个人"零支付"。各项社会保险参保人数累计达到20.33万人,社保基金积累达到5.70亿元。加大创业就业培训力度,开展农村电商、中药材种植、特色养殖、护工技能等就业扶贫培训。 (王晓东)

【怀仁县】 怀仁县位于朔州市东北部,总面积为1232平方千米,下辖4镇6乡,162个行政村。

旅游资源有金沙滩旅游区、清凉山、口泉河国家湿地公园等。

"三农"工作 2017年,怀仁县优化种植业结构,全县农作物总播面积74.50万亩,粮食产量2.41亿千克,粮经饲比例调整为60:25:15。畜牧业健康发展,全年肉羊饲养量稳定在410万只、奶牛存栏量1.26万头、生猪饲养量40.20万头。推广特色农业种植,在新家园乡、马辛庄乡等5个乡镇试种金花葵、油用牡丹、中药材0.80万亩。加强水利建设,实施膜下滴灌0.94万亩,完成牧草喷灌0.90万亩。3家企业的5个品牌获得国家生态原产地产品保护认证。

产业转型 2017年,怀仁县6座煤矿全部建成二级安全标准化矿井,凯胜德、峙峰煤业2个煤炭洗选项目投产运行,全县原煤入洗率达到90%以上。21个光电项目、2个风电项目、1个生物质发电项目落地开工。新增陶瓷企业11家、生产线24条,全年日用陶瓷产量达15亿件。新建6个固废综合利用项目,年综合利用煤矸石124.30万吨,粉煤灰42.70万吨。为13家企业续贷7663万元,峙峰煤业、大阳煤业、尊屹陶瓷、华元医药、嘉鑫畜产品、龙首山食业6家企业升级为规上企业,全县规模以上企业达71家。开发区挂牌运行,成为全县经济转型发展的重要平台。

城乡建设 2017年,怀仁县完成怀善街二段、怀信街东延等4条城市道路建设;完成铁西区、怀玉街集中供热工程总任务的80%建设任务;建设"四好农村路"38.37千米。推进雁北瓷厂、大修厂家属院棚户区改造和东关村大榆树城中村改造,410户农村危房改造任务全部完成。实施道路硬化、美化绿化、污水处理等工程,达到省级清洁村标准的有130个、省级卫生村标准的有55个、省级平安村标准的有95个,省级文明村标准的有55个,其中被评为省级文明村的有9个、国家级文明村的有2个。

生态建设 2017年,怀仁县推进环城绿化、农田林网、口泉河国家湿地公园绿化工程,栽植树木45万株,完成新造林面积350亩。推行河长制,建立起县乡村三级河长制体系。开展冬季清洁供暖,建成区6064户清洁能源替代任务按时完成。取缔燃煤锅炉,10蒸吨以下燃煤锅炉"清零"。开展环保监察,取缔136家"散乱污"企业,21家"十小"企业,45家陶瓷企业完成"煤改气"。县城空气质量二级以上天数达303天,空气优良率达83%。

社会事业 2017年,怀仁县教育事业健康发展,陶瓷学院开工建设;义务教育均衡发展。完善医疗卫生服务体系,完成海北头、毛皂等5个乡镇卫生院改扩建工程。社会保障水平提升,新增就业4310人,转移农村劳动力3546人,城镇登记失业率控制在2.53%以内,五大社会保险基金累计结余5.30亿元。按时完成新农合和城镇居民医保并轨整合工作。脱贫攻坚精准到位,122户294人脱贫。

改革发展 2017年,怀仁县推进财税改革,建立财政资金使用绩效评价体系和跟踪监督机制。实施旅游景区体制机制改革,在朔州市率先完成金沙滩生态旅游区"两权"分离。推进农村改革,土地承包经营权确权登记颁证工作基本完成。开展医疗体制改革,医疗集团组建运营。开展"放管服效"改革,各类市场主体达22398家,增长14.70%。推进农信社改制。推动撤县设市工作,进入国务院审批程序。

招商引资 2017年,怀仁县开展外出招商50余批(次),参加省、市组织的大型展会10余次,到县考察企业160多批(次)。全县签约引资项目631个,拟引资额720亿元;项目落地405个,引资额360亿元。

(杨志雁)

晋中市

【概况】 晋中市位于北纬36°40′—38°06′，东经110°56′—114°05′，总面积1.64万平方千米，下辖1区9县，1个县级市。全市常住人口3365597人，比上年末增加16859人。其中，城镇人口1821990人，乡村人口1543607人；男性1745224人，女性1620373人。出生人口36569人，人口出生率10.89‰；死亡人口19710人，死亡率5.87‰；自然增长率5.02‰。

2017年，晋中市地区生产总值完成1284.90亿元。其中，第一产业增加值111.40亿元，第二产业增加值595.20亿元，第三产业增加值578.30亿元。人均地区生产总值38274元，按2017年平均汇率计算为5682美元。一般公共预算收入118.10亿元。税收收入81.80亿元。一般公共预算支出278.90亿元，其中用于民生的支出231亿元，占一般公共预算支出的82.80%。在民生支出中，节能环保支出增长77.40%；农林水支出增长24.70%；城乡社区事务支出增长16.80%，住房保障支出增长14.40%；医疗卫生与计划生育支出增长3.40%；社会保障和就业支出增长2.70%。城镇常住居民人均可支配收入达30927元；农村常住居民人均可支配收入达12297元。

农业 2017年，晋中市农作物种植面积29.96万公顷，比上年减少2400公顷。其中，粮食种植面积25.22万公顷，减少4600公顷；蔬菜种植面积3.93万公顷，增加300公顷；油料种植面积1900公顷；棉花种植面积8.30公顷。在粮食种植面中，玉米种植面积21.11万公顷，减少4100公顷；小麦种植面积6100公顷，与上年持平。果园面积3.12万公顷，增加600公顷。粮食产量176.10万吨，减少8.40万吨，减产4.50%。其中，夏粮2.80万吨，秋粮173.30万吨；玉米产量162.60万吨，小麦2.70万吨，谷子5万吨，豆类1.80万吨。全年完成造林面积1.25万公顷。全年肉类总产量22.60万吨。其中，猪肉产量12.10万吨；牛肉产量2.10万吨；羊肉产量1.90万吨；禽肉产量6.30万吨。牛奶产量14.30万吨；禽蛋产量16.70万吨；水产品产量3625吨。农业机械总动力161.10万千瓦，机械耕地面积26.73万公顷，机械播种面积24.92万公顷，机械收获面积14.77万公顷。全市农机化经营总收入15.80亿元。

工业建筑业 2017年，晋中市规模以上工业法人企业523家，比上年增加22家。全年规模以上工业增加值完成477.30亿元，增长4.30%。其中，战略性新兴产业增加值完成20亿元，增长6.20%，占比4.20%。在战略性新兴产业中，高端装备制造业增长44%，新能源产业增长31.70%，新材料产业增长16.80%，生物产业增长4.40%。全市规模以上工业企业原煤产量7288.60万吨，发电量192.30亿千瓦时，焦炭产量1160.70万吨，粗钢产量215.10万吨；氧化铝173.30万吨，增长233.90%；汽车产量86252辆，增长633.40%；新能源汽车和光伏电池从无到有，分别生产10988辆、17210千瓦。全市规模以上工业企业实现主营业务收入1586.90亿元。其中，煤炭行业、焦炭行业、机械行业、冶金行业、非金属矿制品业、化工行业、电力行业和医药行业分别实现主营业务收入749.40亿元、214.70亿元、158.70亿元、127.60亿元、77.90亿元、67.50亿元、50亿元和27.70亿元；食品行业实现主营业务收入77.40亿元。全市规模以上工业实现利税148.10亿元，实现利润57.30亿元，其中国有控股企业实现利润7.20亿元。规模以上工业企业每百元主营业务收入中的成本83.30元，下降3元。

全年全市建筑业增加值82.90亿元，增长4.20%。资质以上建筑企业总产值241.20亿元，增长7.80%，共签订合同额551.50亿元，增长20.50%。房屋建筑施工面积634.20万平方米，增长2%，竣工面积144.10万平方米，下降8.90%。资质以上建筑企业共216家，其中一级企业7家。房地产开发投资116亿元，下降35.20%，其中住宅投资75.50亿元，下降33.60%。房屋施工面积1504.60万平方米，其中住宅1073万平方米；房屋新开工面积336.20万平方米，其中住宅218.80万平方米；房屋竣工面积150.90万平方米，其中住宅119.10万平方米；商品房销售面积159.80万平方米，其中住宅149.30万平方米；商品房待售面积54.90万平方米，其中住宅28.30万平方米；商品房销售额71.10亿元，其中住宅65.30亿元。

投资贸易 2017年，晋中市固定资产投资641.20亿元。其中，基础设施投资完成128.30亿元，国有及国有控股投资164亿元，民间投资417亿元。分登记注册类型看，内资企业投资609.70亿元，外商及港澳台商企业投资13.10亿元，个体经营投资18.40亿元。分产业看，第一产业投资61.80亿元，第二产业投资219.70亿元，第三产业投资359.70亿元。全市工业投资217.90亿元。其中，煤炭工业投资49.60亿元，非煤产业投资168.30亿元；传统产业（煤炭、焦炭、冶金、电力）投资合计118.80亿元，非传统产业投资合计99.10亿元。在建固定资产投资项目1685个，其中亿元以上项目443个，计划总投资2630.60亿元，完成投资398.70亿元。

2017年，晋中市社会消费品零售总额607.30亿元。按经营地统计，城镇消费品零售额389.30亿元，乡村消费品零售额218亿元。按消费形态统计，商品零售额562.50亿元，餐饮收入额44.80亿元。限额以上单位消费品零售额185.30亿元，其中限额以上批发零售业单位网上零售额3.90亿元，占限额以上零售额比重2.10%。新登记市场主体41205户。海关进出口总额176086万元。其中，出口额138847万元，进口额37239万元。加工贸易金额15万元，其他贸易金额128万元；国有企业贸易金额18026万元，比上年增长186.90%，外商投资企业贸易金额21303万元，比上年下降30.40%。按商品类别统计，全年出口焦炭5.10万吨，出口金额8882万元；出口钢铁管配件1.10万吨，出口金额11828万元；出口鲜、干水果及坚果9394吨，出口金额5502万元；出口陶瓷7034吨，出口金额7540万元；出口角钢及型钢3.30万吨，出口金额11662万元；出口玻璃器皿8119吨，出口金额18076万元；出口电器及电子产品26054万元；出口高新技术产品707万元，下降67.60%。按商品涉及地区统计，亚洲出口额58429万元，非洲出口额1330万元，欧洲出口额26919万元，拉丁美洲出口额6246万元，北美洲出口额42929万元，大洋洲出口额2993万元。全年新签项目(合同)数4个；合同利用外资项目投资总额12400万美元，实际使用外资金额38595万美元。

全年全市保费收入72.40亿元，比上年增长26.60%。其中，财产险业务保费收入16.70亿元，增长12.20%；寿险业务保费收入50.40亿元，增长19.40%。全年支付各类赔款及给付8.90亿元，下降48.60%。

环境建设 2017年，晋中市森林面积25.36万公顷。5个自然保护区，保护区面积9.78万公顷。11个县(区、市)环境空气优良天数范围在106–276天之间，其中市城区183天；环境空气综合污染指数范围在5.30–10.74之间，其中市城区为7.68。全市河流监测断面11个。全市污水处理厂集中处理率96.98%。全市生活垃圾无害化处理率100%。建成区绿化覆盖率达35.84%

科技平台 2017年，晋中市认定高新技术产业企业92家，比上年增加8家，高新技术企业销售额达84.60亿元。全市省级以上重点实验室和工程(技术)研究中心总数20家，省级众创空间15家。

交通邮电 2017年，晋中市公路通车里程16024.70千米，比上年增加36.50千米，其中高速公路625千米。全市民用汽车保有量57.70万辆(包括三轮汽车和低速货车2996辆)，比上年末增长9.70%，其中私人汽车51.90万辆，增长10.90%。新注册汽车6.70万辆，增长15.50%。轿车保有量35.50万辆，增长10.10%，其中私人轿车34.20万辆，增长10%。

全市完成邮电业务总量35.50

2017年晋中市辖县(市、区)经济指标统计表

县市	地区生产总值(万元)	农林牧渔业总产值(万元)	固定资产投资(万元)	社会消费品零售总额(万元)	一般公共预算收入(万元)	一般公共预算支出(万元)	人均可支配收入(元)	
							城镇居民	农村居民
榆次区	2698240	340362	1746670	1920587	128848	343773	32972	16608
榆社县	310289	76932	142598	129742	23619	142719	21341	5153
左权县	525415	67406	519802	153259	45567	175351	25369	5257
和顺县	527539	55657	362663	153988	47011	161068	23658	6258
昔阳县	725285	88369	432488	269822	57038	175817	24174	8587
寿阳县	1089008	218473	622950	281588	82169	151473	32563	12568
太谷县	913408	368775	524418	388794	46350	188088	29165	17546
祁县	792934	305092	399308	436020	35831	170685	30422	15879
平遥县	1165301	246714	409239	627312	49030	252143	28478	11548
灵石县	2262843	94795	701125	756311	160706	202512	35366	16052
介休市	1803645	110454	520478	955698	129075	212120	32734	13073

亿元。其中，邮政业务总量4.90亿元，电信业务总量30.70亿元。邮政业完成邮政函件业务77.30万件，国内普通包裹业务4.70万件，国内标准快递业务量1326.50万件。固定及移动电话用户总数达到357.30万户。宽带接入用户71.90万户，手机互联网上网人数286.80万人。

旅游 2017年，晋中市旅游总收入823.72亿元。其中，旅游外汇收入13137.10万美元，国内旅游收入815.60亿元。全年全市接待入境旅游者24.47万人次。其中，外国人15.71万人次，港澳台8.75万人次，接待国内旅游者7927.60万人次。

民生事业 2017年，晋中市有普通高等学校17所，普通中学232所，小学673所，幼儿园589所。高等教育学校共招生57175人，在校生共185541人；普通中学招生59000人，在校生165232人；小学招生37525人，在校生235635人；特殊教育招生289人，在校生1557人；学前教育招生41940人，在校生114242人。全市有群众艺术馆、文化馆12个，艺术表演团58个，公共图书馆11个。公共图书馆图书总藏量达1711千册。文物保护单位1034个，剧院(影剧院)29个。电视台11座，广播电台节目11套。卫生机构(含诊所和村卫生室)3783个。其中，医院106个，妇幼保健院(所、站)12个，疾病预防控制中心(防疫站)12个。卫生机构有床位15815张，其中，医院床位11656张，卫生院床位3370张。卫生机构有卫生技术人员18247人，其中，执业(助理)医师7129人，注册护士7632人。各级体育机关12个，体育运动学校1个，体育场2个，体育馆13个。全二级运动员205人，二级裁判员292人。福利彩票销售点327个，福利彩票销售收入31152万元；体育电脑彩票销售点310个，销售中国体育彩票21300万元。

2017年，晋中市城镇职工基本养老保险参保42.60万人。城乡居民社会养老保险参保154.60万人，增加0.25万人。城镇职工医疗保险参保54.70万人，增加0.40万人。完成城乡居民基本医疗制度整合并轨，城乡居民基本医疗保险参保306.70万人。失业保险参保32.20万人，减少685人。工伤保险参保38.70万人，增加506人。生育保险参保36万人，增加1.60万人。

全年全市纳入城市最低生活保障的居民11140人；纳入农村最低生活保障的居民56862人；纳入农村五保供养17138人。全年发放城乡最低保障资金15612万元。年末全市有各类提供住宿的社会服务机构71个。其中，老年人与残疾人服务机构56个，提供住宿的社会服务机构床位数6109张。 (王　虹)

【晋中市榆次区】 榆次区位于晋中市中部，总面积1328平方千米，6镇4乡，9个街道办事处，283个行政村，61个社区。

旅游资源有榆次老城、常家庄园、后沟古村、乌金山森林公园等。

产业建设 2017年，榆次区重点工程开复工27项，完成投资103.48亿元，娃哈哈八宝粥、万达广场等项目投产达效；签约总投资210.30亿元的东方时尚驾校、新能源汽车等12项重大项目；投入科研资金2900万元，申报科技项目42项，新增远大、海玉、千年井、金粮、尚品天香5个市级企业技术中心。

深化改革 2017年，榆次区完成液压创新型产业集群、新型职业农民培育、农民住房财产权抵押、城乡土地增减挂钩等国家、省级试点任务；完成晋中市城市管理综合执法支队整建制划转；承接开发区社会管理职能；深化农发行战略合作，争取资金48.60亿元；引入PPP模式实施"四好农村路"；启动"河长制"改革，投资3000余万元实施潇河、黑河、涧河河道治理；完成土地确权数据汇交，10个乡镇产权流转交易所建成；完成国有林场主体改革任务；"一网一微"政务服务平台架构成型。

城乡建设 2017年，榆次区配合完成蕴华街改造、龙城大街东延、龙湖街东延、综合通道、城际轨道等27项市政重点工程征地拆迁任务；源涡、聂村、南沟、小东关、寇村5村整村拆迁改造基本完成；建成修文基地污水处理站，完成7项黑臭水体治理，建设各类公路55.50平方千米；投资4亿元完成四环及周边3.69万户近505万平方米集中供热和1万户居民煤改气工程，四环外207台财政供养燃煤锅炉整治基本完成，年减少燃煤20万吨，减排二氧化硫8000吨、氮氧化物500吨、烟尘6000吨，完成营造林1.90万亩，森林覆盖率达22.10%。

民生事业 2017年，榆次区启动中小学校长职级制改革；组建榆次区医疗集团，取消公立医院药品加成。寇村学校一期主体完工，推进区实验小学、潇河湾小学、郭家堡小学扩建工程；群众尽享文化发展成果，"送电影3200场、送戏400场、送书5万册"；全区城镇新增就业7476人，转移农村劳动力5111人，城镇登记失业率控制在2.44%以内，城乡居民养老、医疗保险分别完成20.66万人、48万人，城乡居民医保并轨一体化管理，实现跨省异地就医直接结算；新建4所农村老年人日间照料中心、2所民办养老机构；全区279个村、71个社区完成换届选举。投入扶贫资金1400余万元，协调贷款210万元，帮扶项目86个，首批6个相对贫困村完善生活生产基础设施。

官道巷民俗文化小镇 2017年5月，榆次区官道巷民俗文化小镇对外开放。小镇位于榆次区环城东路文华街口南500米，占地650亩，距太原市区20分钟车程，距晋中市城区、省高校新区3千米。内建设有150余套300间开放式商铺和多个功能区，融合吃、住、游、看、购、娱的全业态理念是榆次区集地方美食、民宿客栈、无公害果蔬采摘于一体的乡村旅游项目。 (薛丽瑾)

【榆社县】 榆社县位于晋中市东南部，总面积1699平方千米，下辖4镇10乡，1个城区管理委员会。

旅游资源有云竹湖、文峰塔、禅山寺、古生物化石博物馆、清凉寺等。2017年，榆社县被评为全国群众体育工作先进县。

农业 2017年，榆社县实施“一村一品一立体”产业脱贫和“八大产业十个一”工程。依托五福公司、新疆西琳鸟公司等企业，带动谷子产业发展，种植面积达10万亩；依托农民合作社，全年拱棚蔬菜种植面积1万亩、大棚种植面积1万亩；主要分布在箕城、社城、西马、北寨4个乡镇50余个村，种植小杂粮7.27万亩，粮食播种面积22.72万亩，粮食总产量8.45万吨，中药材种植面积1.54万亩，依托退耕还林项目，重点培育“玉露香梨”5089亩，开展特色产业扶贫工作。

工业 2017年，榆社县实施榆化公司5万吨烧碱、6万吨聚氯乙烯、原料药二期，乾晋公司氯乙酸甲酯，时限基础化工、精细化工双提升、双增强。广生公司100亿粒植物胶囊扩建、广华源公司1万吨药用高阻隔包装材料、晋胶公司阿胶功能食品扩建、天生公司阿胶饮片及系列功能食品开发等项目。延伸中药材种植、养驴产业，扩张榆社阿胶、高端胶囊两大医药用品，打造华北地区医药产业大县。实施PVC型材，管材及聚合氯化铝、氯化钙、DHPPA、四氯苯酐、氯乙酸原料等重点项目；发展医药产业中药材种植、养殖产业，实施100亿粒高端植物胶囊6000吨中成药技改项目。阿胶产品打入香港、泰国等地。华能榆社电厂农光互补项目被列为省重点项目；榆化原料项目、美岳高档文化用纸项目、华能榆社电厂超低排放项目3个项目被列为省经信委转型项目榆化原料药项目、山西原生肽公司500吨小分子核桃肽项目被列为市级优质转型项目。

城乡建设 2017年，榆社县实施漳源大道北延工程，东升街综合改造工程，坂坡桥加宽改造工程，工业园区路网建设工程。推进生态治理，打造生态景观廊道，建立景观钢坝一座。重点实施浊漳河北源生态湿地公园工程。开展城乡环境大整治，拆除违章建筑1911处、31.70万平方米，腾退土地85.60万平方米；投资6352万元的8项市政重点工程完工，城市新增绿化面积26.68万平方米，美化临街建筑立面6082万平方米。榆洪线、东郭线10公里农村四好公路开展“示范路”建设。

文化旅游 2017年，榆社县加快文化旅游产业，打造云竹湖AAAAA级风景区，景观大道云簇驿、无动力水上运动中心等工程竣工投用。全县接待游客129.36万人次，同比增长30.04%，完成旅游收入10.69亿元，同比增长30.21%。开展独特化石文化、箕子文化景点景区和梨花节、“采摘节”等主题活动。组织开展“2017年中国国际公路自行车赛事”“云竹湖垂钓节”“晋胶杯”“发现最美榆社徒步”等体育活动。云簇镇被国家体育总局评为首批运动休闲特色小镇。

民生事业 2017年，榆社县榆社一中改造校园网设备、广播系统、新建校园电视台等，通过晋中市标准化普通高中评估验收。榆社职中电工与自动化技术实训基地投入使用。榆社二中新建录播教室，为7所村子教室点接入光纤，实现宽带网络“校校通”。参加高考1187名，二本B类以上达线总数为595人，比去年增长65人；中考达成创历史新高。实现晋中市义务教育阶段学生“营养餐改善计划”全覆盖。文化事业繁荣发展，文体活动中心馆举行开馆仪式，县体育运动中心、文化馆、图书馆、非遗展馆搬入新馆，县、乡、村三级公共文化服务网络完善。

（杨玉文　常彩萍）

【左权县】 左权县位于山西省东部边缘，总面积2028.1平方千米。下辖5镇5乡，1个城区管理委员会，203个行政村，8个居民委员会。总人口166603人。

旅游资源有麻田八路军总部纪念馆、太行龙泉国家森林公园、莲花岩生态庄园等。2017年，左权县被评为“全省统筹整合使用财政资金先进县”。

农业 2017年，左权县农作物播种面积为12836公顷，其中粮食播种面积为11445.90公顷，粮食总产量58617.80吨。

产业建设 2017年，左权县攻坚总投资130亿元的70项县级重点工程。以即食小米营养粥项目为龙头的一产完成投资12.60亿元，同比增长65.90%。扩张特色产业规模，粮食总产实现十二连增，农产品加工销售收入首次突破3亿元大关，农业农村工作综合考核全市第二；强推“双十”转型项目，东方希望集团氧化铝项目注册驻左公司，推进中式儿童服装服饰、一帆纸业高强瓦楞纸、焦炉煤制气直接还原铁、汽配制造等重大转型项目，搭建工业转型框架；深挖山水、生态、红色三大元素，加快景区景点打造，太行冰酒小镇成为国家AAA级旅游景区，莲花岩被评为“国家乡村旅游创客示范基地”，麻田为晋中唯一入选“全国生态文化村”，松树坪建成三晋3D第一村。“桃花红·杏花白”民歌基地投用，举办首届太行民歌会。推进十大节庆活动，带动全县游客接待量、旅游综合收入同比分别增长35.40%、33.30%，三次产业结构比优化为7:49.50:43.50。

环境建设 2017年，左权县实施荒山造林、通道绿化、公园提质三大工程建设，完成生态造林6693.33公顷，全县森林覆盖率达37%；铺开全省首批森林县城创建，石佛寺森林公园开工，滨河体育公园投用；“四好农村路”52条道路贯通，改造373.80千米；改造候车亭87个，新增电动公交97辆、共享单车580辆、新能源出租车25辆，开通公交路线32条；实施清漳河县城段清淤防渗整治，改造城南污水配套管网，治理泽城、龙则、下武、拐儿至箕山段河道；巩固省级环保模范县创建成果，

巩固治污成果，完成“煤改气”“煤改电”4400户，空气质量综合指数连续12个月领跑全市。

民生事业 2017年，左权县实施就业“3710”行动计划，培训各类人员3037个，新增就业岗位2281个，转移农村劳动力2807人；落实工资保证金制度，开展农民工工资支付专项检查；新开办2所学校，3所学校教师周转宿舍投用，高考成绩综合排名全市第三；第一部综合年鉴《左权年鉴（2017年）》出版发行；推进县乡医疗卫生机构一体化改革，左权医疗集团挂牌成立，龙泉乡卫生院业务用房建成投用，新建左权医院项目开工；城镇职工生育险与医疗保险合并实施，城乡居民医疗保险基本完成“三保合一”。组建家庭医生签约服务团队30个，签约服务81942人；推进低保扩面提标，农村低保标准每人每年提高380元，城市低保每人每月提高35元。

脱贫攻坚 2017年，左权县4个乡镇脱贫，退出53个贫困村，脱贫5946户贫困户、15038名贫困人口，贫困发生率降至11.20%。调整县脱贫攻坚领导组，设立26个专项行动小组，入村入户帮扶实现全覆盖；建立扶贫项目库，入库项目1414个，整合8类37项涉农资金4.20亿元；创新利益联结，组建脱贫攻坚三支工队，实施光伏贷、精准脱贫特别流转金等政策，左权模式全省推广；聚焦本质脱贫，全年新发展核桃666.67公顷、杂粮1200公顷、设施蔬菜133.33公顷、中药材2333.33公顷，建成村级光伏电站35座、农户屋顶光伏扶贫电站1565座、电商站点144个。 （宋 丽 韩永丽）

【和顺县】 和顺县位于晋中市东部，总面积2194.30平方千米，下辖5镇5乡，294个行镇村。

旅游资源有海眼寺、牛郎织女文化园景区、牛郎峪、懿济圣母庙、太行龙口景区、天河山风景区、云龙山森林公园。2017年，和顺县获“2016—2018年周期省级卫生县城”和“晋中市粮食安全责任制考核优秀县”称号。

产业建设 2017年，和顺县成立重点项目办公室和服务企业办公室，推进总投资112.90亿元的83个重点项目建设，完成投资35.80亿元，投资完成率71.60%。紧抓全省“晋商晋才回乡创业创新”工程机遇，“引老乡回故乡建家乡”，对接“京津冀”“长三角”产业转移，水煤浆集中供热改造、一缘乳业有机奶粉、一缘医疗科技二类医疗器械等6个优质产业项目落地，全年签约拟引资137.70亿元，完成率114.80%。

城乡建设 2017年，和顺县投资19.20亿元，建设城建重点工程20个，城市规划展览馆、自来水净化水厂、县城停车场及综合市场建设等竣工投用。建成区环卫服务市场化运营。开展县城10条主街道整治工作。投资2.05亿元，建成“四好农村路”163千米，完成乔夫线、疙范线升级改造和53条建制村硬化路工程。投资1.47亿元，推进“拆违治乱提质”城乡环境大整治攻坚行动，拆除违建1212处、面积28.16万平方米，腾退土地72.36万平方米，打造样板示范村44个、标准村121个。推进农村人居环境改善工程，提质农村公路40千米，天然气管网入户1216户，新造林面积3.01万亩，打造市级美丽宜居示范村16个、县级10个。

环境建设 2017年，和顺县开展秋冬季大气污染防治攻坚战，取缔燃煤小锅炉43台，关停“散乱污”企业11家；完成“煤改气”改造3090户，二氧化硫降幅达50%。

文化旅游 2017年，和顺县接待游客168万人次，实现旅游综合收入14.60亿元，同比增长24%。推动东山生态旅游体系建设，以“一带两路五区十道”（太行山断裂带；207国道、318省道两侧；太行龙口景区、懿济圣母庙景区、天凯生态园景区、石佛洞景区、八路军石拐会议纪念园景区；十条登山旅游健身步道）为重点，实施景区景点提档升级工程。投资6120万元，完成太行鹊桥、夫子岭休闲度假区等景点建设；举办第二届太行山森林旅游健身步道徒步大赛和第四届许村国际艺术节。

民生事业 2017年，和顺县民生支出达8.60亿元，同比增长18.28%。投资5927万元，实施思源实验学校、高中教育技术标准化等八大教育工程，全县20所义务教育阶段寄宿制学校配置饮水设备。实施中小学教师“县管校聘”，推进县乡一体化医疗卫生体制改革，组建医疗集团。县医院门诊住院楼开工建设，新建标准化村卫生室10所。创建全国健康促进县，完成省计生优质服务县创建工作。县文旅委挂牌成立，开展文化惠民工程。全年新增城镇就业2471人，创业带动就业769人，城镇失业人员再就业657人，就业困难人员就业151人，转移农村劳动力2410人，全民干事创业氛围浓厚。新建农村老年日间照料中心7个，改造274户农村危房和6户危险土窑洞。

脱贫攻坚 2017年，和顺县以58个贫困村为脱贫攻坚工作主战场，1.14万贫困人口为主攻对象，确立以“五大行动”（大调研、大走访、大摸底行动；宣传造势行动；产业支撑行动；易地移民扶贫搬迁行动；集体经济破零行动）为统领，推进全县脱贫攻坚工作。产业帮扶方面，整合涉农资金2.35亿元，实施脱贫产业项目548个，带动12895户、33960人，人均稳定增收3000元左右。总投资2.60亿元，实施易地扶贫移民搬迁工程。实施金融扶贫工程，共发放扶贫小额贷款9554.14万元，解决1963个贫困户发展资金短缺难题。实现227个贫困村集体经济“破零”。落实健康扶贫、教育扶贫、低保兜底等各项政策。55个村、14132贫困人口完成脱贫工作，贫困发生率降至12.6%。 （杨善文 张 燕）

【昔阳县】 昔阳县位于晋中市东部，总面积1954平方千米，下辖5镇7乡，1个社区，335个行镇村。总人口

23.80万人,其中农业人口19.80万人。

旅游资源有大寨风景区、虎头山、龙岩大峡谷。2017年,昔阳县获"四好农村路"全国示范县称号。

产业建设 2017年,昔阳县发展"煤电气化"四大产业,涌现新能源、新材料、生物医药、节能环保等新兴产业。北京科莱固废处理、石家庄尚太锂离子电池负极材料、济南陆美斯新型蓄光材料等新型项目引进、落地,推进皋落风电一期、大寨药业饮片厂、鼎丰瓦斯发电等一批转型项目按期开工。发展特色农业,"菜果猪菌药"规模发展、多元发展、链式发展,"金谷阳光"成为国际商标,昔阳小米、双孢菇、压饼、香核桃、乌接茶被认定为国家地理标志产品;扶持食用菌产地冷储、冷链配送、干鲜品等加工,引进处置农畜废弃物有机肥项目。推进全域旅游,结合旅游体制改革,探索全域旅游新模式,举办全国柔力球之乡健身展示活动、2017"昔阳安顺杯"山西·大寨中国汽车场地越野锦标赛、环中国国际公路自行车开场赛、中国·大寨"长寿·读者杯"门球挑战赛等4场国家级赛事,打造"山水昔阳、户外天堂"旅游品牌。

城乡建设 2017年,昔阳县投入4.40亿元,实施市政工程161项,新建沾岭路、延伸朝阳街、拓宽城壕街;筑绿园、修公园、建游园,人均绿地面积达到14.45平方米;改造棚户区、建设新小区、规划新校区,城市布局优化;提质改造免费公厕、安装现代艺术灯景、塑造德孝铁艺街景、架设松溪跨河天桥、打造智慧城管和智慧水务。实施60处农村饮水安全工程和维修养护工程,饮水安全达标率达到99.70%。投资2188万元改造提升农村电网,县域内开通动力电。优化升级36个贫困村互联网信号,互联网覆盖率达97.80%。投入2.20亿元,改造提升乡村公路81条。全县38个淘宝店、25个便民点、59个村邮站、108个物流网,以路为线,连线成网,加速物流大融通。"四横八纵"城市路网格局形成,建制村通硬化路和通客车率实现"双百"目标。实施"煤改气"工程,改造11659户,完成市定任务145.70%。

民生事业 2017年,昔阳县新增家用轿车近2000辆。提高城乡老人养老金,县城新建图书馆、文化馆,农村提升卫生室、活动室等"九个一"便民服务工程。投资5479万元实施中小学校、幼儿园校舍改造工程,新城学校建成使用,完成高中校长职级制改革,高考成绩领先。医疗改革深化。组建昔阳医疗集团,促进一体化管理,降低管理运行和服务成本;医养结合走出新路,全省幸福家庭创建现场会在昔阳县召开。开展国家公共文化服务体系示范区创建工作,县文化馆、图书馆开放运营。建成保障性住房256套,改造农村危房1360户,易地搬迁768户2145人。

脱贫攻坚 2017年,昔阳县县、乡、村三级干部和市工作队沉到一线,驻村帮扶;特色农业、劳务就业、电商创业、光伏产业、旅游新业、生态林业等"八大路径"齐头并进;普惠政策、特惠政策、优惠政策"三策"统筹,提升保障;完善基础设施、公共服务,筑牢根基;"326"脱贫工作法、"六个倾斜""十个全覆盖"和"双示范双达标"等脱贫模式树立样板,创出特色。2017年,脱贫7889户、15341人,退出91个贫困村,贫困发生率降到省定标准之内,县退出14项指标完成。 (刘利国)

【寿阳县】 寿阳县位于晋中市东部,下辖7镇7乡,2个城区管委会,206个行政村。总人口214641人。

2017年,寿阳县粮食作物播种面积67.90万亩,粮食总产3.55亿吨。旅游资源有乌金山国家森林公园、祁嶲藻故居、方山国家森林公园、水涛沟瀑布、龙泉寺等。

农业 2017年,寿阳县发展以设施蔬菜、食用菌、露地特色菜为重点的蔬菜产业,蔬菜面积12万亩,蔬菜总产量80万吨。新建、改扩建标准化养殖场10个,累计131个。农民专业合作社累计发展到1079家,家庭农场71个,辐射带动农户2.30万户。新培育3个省级、5个市级、8个县级示范社和1个市级、2个县级示范农场。举办全国小米大会,开展金粮、汉世伟、上湖玉露香梨等现代农业示范项目,建立县级玉米产业化指导中心,构建以寿阳为中心,辐射周边4县区、联通国内12个省市玉米流通集散基地。

工业 2017年,寿阳县完善新煤电化、新能源、新材料、新装备制造、新生物科技"五新"工业体系,投产阳煤化工、强伟纸业二期等项目,推进博奇低热值煤发电、兰凯博醚基燃料等项目,晋能风电建成投产,中船、雁门关风电获准建设,汇能生物质发电项目基本建成,战略性新兴工业成为经济转型新引擎;全年81个重点工程项目开(复)工,完成年度投资近50亿元;全年新签约项目8个,总投资187亿元。总投资150亿元的阳煤寿阳煤电热铝化材循环工业园区签约开工,1吉瓦光伏发电应用领跑基地以全国第二的成绩落地。

城乡建设 2017年,寿阳县完善滨河新区,建设中心城区,拓展北部新区,建成区面积达到16平方千米,南大街工程基本完工,四个铁路平交路口完成总工程量的80%,推进滨河东路(马首段)、平阳路工程,灵芝公园二期工程接近完工,提升县城承载功能;开展拆违治乱提质环境大整治。启动"四好农村路"建设,累计完成9个乡镇、16个村近百公里道路建设;15个乡镇、216户农户完成农村危房改造。

民生事业 2017年,寿阳县打胜脱贫攻坚战,11个贫困村摘帽,3617名贫困人口实现脱贫;网络教研与学习信息化工作全省领先,连续三年成为全国义务教育发展基本均衡县;新建人民医院主体基本完工,中医院综合业务楼加快建设,4个县、乡医养联合体成立,孕妇免费产前筛查和家庭医生签约服务取得成效,贫困患者看病惠民政策落实;

新建文化馆竣工投用，新建、改建14个乡镇文化站完工，农村（社区）综合文化活动中心实现全覆盖，生云博物馆获评全国优秀民办博物馆；全年城镇新增就业2805人，创业带动就业1085人，城镇登记失业率2.20%，新农合参保率达99.90%，城乡基本养老保险参保10.30万人，基本医疗保险参保16.90万人。

国家能源局光伏发电应用领跑基地 2017年11月22日，寿阳县光伏发电应用领跑基地项目入选国家能源局2017年光伏发电应用领跑基地。该基地规划总装机容量100万千瓦，共9个电站，总投资65.90亿元，总占地面积38000亩，分两期建设。一期（2017年）规划建设装机规模为50万千瓦，5个电站，用地总面积18673.95亩。（李丽萍）

【太谷县】 太谷县位于晋中市中部，总面积1050平方千米，下辖3镇6乡，198个行政村。

旅游资源有曹家大院、孔祥熙宅院、明清古城、怡园、梅苑山等。

农业 2017年，太谷县打造“山西农谷”，申报并实施现代农业产业园、现代农业科技创新中心等6个国家级试点项目，省级农业高新技术产业示范区获批，引进中科大、中国食品发酵工业研究院等一批科研团队，落地华为、大北农等一批行业领军企业，推进山西农产品国际交易中心、山西农谷农民培训中心等一批重点项目，举办第十七届科技节，承办国家林业现场会、省农博会（分会场）等重大活动。发展绿色农业，推进土地确权工作。组建功能农业（食品）研究院，299套人才公寓投入使用，“一年见雏形”目标基本实现。

产业建设 2017年，太谷县整合水秀新型产业园和胡村玛钢铸造园，规划总面积24.78平方千米的太谷经济技术开发区，纳入省级开发区管理序列。启动建设中小微企业园和华北水暖物流城，大唐房车实现建设与试生产，“玛钢之都”品牌影响力扩大。加快传统特色产业升级，广誉远国药实现产值14亿元、税收1.10亿元，一期工程基本完工；恒达集团总税收1.20亿元，与中车集团合作的动车刹车毂项目开始试生产，运行循环链条。全县非煤行业增加值增长24.30%，战略性新兴产业增加值增长25.20%，拉动全县工业经济增长5.70个百分点，新培育规模以上工业企业8家。

城乡建设 2017年，太谷县拆除违建31.30万平方米，腾退土地46万平方米；喷涂亮化444.60万平方米，“文化上墙”1.10万平方米，打造样板村102个；新建6个便民市场、2个综合服务区，城区353万平方米实现市场化保洁，19万平方米主干路（人行道）提质升级；金谷大道两座高架桥全面通车，35千米的4条农谷主干路开工，125千米的67条“四好农村路”实施；13千米南山雨污分流工程基本完工，第二污水处理厂主体完成，垃圾处理厂、城西退水渠、咸阳河治理等工程完成规划设计；城区新增绿化面积20万平方米、供热71万平方米、天然气管网47千米；棚户区改造760套，城南片区城中村改造回迁工程主体完工。

文化旅游 2017年，太谷县开展古城规划、保护与开发，修复改造古院落178间3290平方米，古县衙主体修缮工程基本完成；投资155亿元的文旅项目乐华城国际欢乐度假区落地建设；山西文化产业园展示馆主体完工；孟母文化养生健康城古街区民俗文化展示区对外开放；推进阳邑小镇、田森番茄小镇项目；举办孟母文化节、美丽乡村游等系列活动，旅游集散中心挂牌运营。

民生事业 2017年，太谷县实施义务教育优质均衡发展改革和办学模式改革，高中校长职级制改革完成，48所学校校舍完成改造；“两馆一站一屋”免费开放，创排两部现代秧歌戏，送戏下乡60场。县乡医疗卫生机构一体化改革先行先试，医疗集团成立运行，跨省就医实现直接结算，“六统一”“1+3+9”等医改模式获好评，人民医院新建住院楼项目启动建设；落实国家省市有关工资福利和补贴政策，完善医疗养老等社保体系。全年新增就业3478人，城镇登记失业率控制在2.08%，成为全省“双创”示范基地。

（杨 扬 王少静）

【祁县】 祁县位于晋中市中部，总面积854平方千米，下辖6镇2乡，3个城区，1个经济开发区，160个行政村。总人口27万人。

旅游资源有乔家大院、祁县古城、何家大院、九沟风景区等。

城乡建设 2017年，祁县主导产业发展。酥梨出口17个国家和地区，出口创汇额保持全市第一，连续六年获评国家级出口食品农产品（酥梨）质量安全示范区。万牧、泓润被农业部命名为“国家级畜禽养殖标准化示范场”；九牛牧场奶牛存栏突破7500头。申办第十三届（2018）中国牛业发展大会主办权，提升“三晋养牛第一县”品牌知名度。现代农业提质增效。推进“十个一”农业示范工程，基本完成古县核心片区建设，带动5000余农户增收致富。“三品一标”农产品认证数量达到24个，认证面积突破7.20万亩。推进“厕所革命”，全县500座农村厕所得到无害化改造。开展美丽宜居示范村“三级联创”活动，新增2个省级美丽宜居示范村。推行河长制，治理全县7河2渠。

PPP项目 2017年，祁县实施总投资20亿元的中轴线、208旅游通道、文化艺术中心三大PPP项目入选“山西省示范PPP项目”。中轴线项目列入“国家发改委重大市政工程领域重点PPP项目”，20项子工程完成5项，东夏线完成城市化改造，东风大街、新建北路、丹枫东路完成提质改造，同步安装城市公交站台53座。208旅游通道主路面通车，初步构建起208国道旅游长廊产业集群框架。

四大集聚区建设 2017年，祁县提升玻璃器皿产业品牌影响力。“祁玻集团”成立；红海玻璃城开门迎客。加快碳素制品产业提质。完成丹源碳素和宇通碳素技改升级，产能达25万吨；启动投资45亿元的百万吨碳素新材料产业园规划、建设。酒类饮品行业扩规上项多点开花。伊利三条利乐枕生产线、今麦郎软化水生产线建成投产；红星新厂迁建一、二期工程完工，三期推进；年产10万吨红星白酒产业园项目达成战略合作。乔家大院景区登陆纽约时代广场；千朝谷承办中蒙俄万里茶道市长峰会；7000万欧元法署贷款古城保护项目通过法开署董事会最终评审；渠家大院游客量同比增长236%。玻璃、碳素、饮品、文旅四大产业年产值突破140亿元，同比增长17%。

中国首个文化遗产类外国政府贷款项目落地 2017年12月26日，山西省政府发布消息:5.50亿元人民币(7000万欧元)外国政府贷款项目——古城保护与城市更新发展示范项目落地祁县。古城保护与城市更新发展示范项目包括公用基础设施建设、临街立面修缮、古建筑整治修缮工程和机构能力建设等。

(岳丽霞)

【平遥县】 平遥县位于晋中市中南部，总面积1260平方千米，下辖5镇9乡，3个街道办事处，16个居民委员会，273个行政村。总人口520839人。

旅游资源有平遥古城、双林寺、日昇昌旧址等。

产业建设 2017年，平遥文化旅游经济开发区整体规划通过省级专家评审。引进央企中国通号公司战略合作，启动开发区基础设施建设。中钢研蓝宝石、碳化硅长晶生产线、华为平遥大数据中心、“又见平遥”啤酒、色素辣椒加工、晋明通脱硝催化剂等一批优质项目落地开工。共关停、淘汰小铸造企业44户，与中国工程院院士丁文江教授团队联合设立“平遥县铸造产业联盟院士工作站”。开展7大新兴工业项目建设，新增投资5亿元。

城乡建设 2017年，平遥县汇通路改造、兴平路延伸工程通车，春蕾桥拓宽改造完成。铺开平泰线、七林线等4个PPP公路项目。人民医院新院区主体工程封顶。建设供热管网5千米、换热站19座，集中供热入网面积达589.40万平方米。铺设煤改气工程主管网72千米，惠及居民2万户。启动国家园林县城创建工作，新增绿化面积25.02万平方米，绿地率达33.95%。开展“拆违治乱提质”攻坚行动，实施“天面、立面、河面、街面、路面”五面工程，拆除违建1995处、34.76万平方米；投资3500万元，完成康宁路、曙光街两条核心街区建筑立面改造工程。

民生事业 2017年，平遥县启动“政府+金融+企业+贫困户”带动脱贫模式，撬动金融资金1.90亿元，8个贫困村、4642名贫困人口实现本质脱贫。取缔“散乱污”企业72户，淘汰燃煤锅炉190台。招录350名幼儿和小学教师充实到农村教学第一线；体育馆、文化艺术中心、青少年活动中心向社会开放。投资5200万元，实施五里庄小学等7所农村薄弱校舍改造工程；投资2160万元，实施普通高中标准化建设工程。成立医疗集团管理委员会，组建医疗集团，推进医疗机构一体化改革。转移农村劳动力5130人，城镇新增就业5290人，城镇登记失业率控制在2.11%以内；全年配售经济适用住房199套、公共租赁住房579户，完成农村危房改造251户。

文化旅游 2017年，平遥古城接待游客1297.30万人次，增长21.97%；综合收入150.46亿元，增长23.70%。“又见平遥”演出807场，观演人数60.17万人次，演出收入突破亿元。引进深圳华侨城集团，成立平遥古城景区管理有限公司。举办平遥中国年、国际摄影大展，承办世界面食大会。启动建设旅游观光小火车、老醯水镇文旅项目。分别在古城内和故宫内阁大堂店上市销售“平遥礼物”，国内首家故宫文创研发交流中心挂牌。开通海航集团直升机俯瞰平遥古城项目和平遥古城到乔家大院、五台山等低空旅游项目。平遥古城获“年度旅游目的地声誉奖”“全国AAAAA景区网络口碑前十”等荣誉，位列2017年中国古村落古镇品牌影响力排行榜单第2名。完成旅游厕所建设、改造23处。

平遥国际电影展 2017年10月28日至11月4日，平遥县举办由贾樟柯发起创立、马克·穆勒担任艺术总监的首届平遥国际电影展。影展设立八个单元，分别是“平遥之夜”“卧虎”“藏龙”“首映”“特别展映”“影展之最”“平遥一角”及法国电影大师梅尔维尔百年诞辰回顾展，放映50余部来自全球各地的2017年度优秀电影。

(籍晓莉)

【灵石县】 灵石县位于晋中市南部，总面积1206平方千米，下辖6镇6乡，3个社区、291个行政村。

旅游资源有王家大院、红崖峡谷、静升古镇、石膏山、夏门古堡等。

城乡建设 2017年，灵石县实施静升新区路网建设工程、纬九路完善工程。修建3座人行天桥。启动政府西侧微循环车行桥工程。水峪东盛保障性住房3号、4号楼城市棚户区项目，水峪东盛保障性住房9号、10号楼公共租赁住房项目完成主体建设。供热升级改造工程完成投资3650万元。燃气升级改造工程总投资3876.50万元，投资876.50万元完成铁路西、小南关、水峪东盛保障性住房3号4号楼煤气安装工程，沙峪沟、延安小区主管道工程。政法大厦煤气安装工程竣工，老化管道改造4千米，城东储配站搬迁工程完成勘界、项目选址等前期手续。实施农村饮水安全工程14处，改造乡村道路31.70千米、农村危房264户。

环境建设 2017年，灵石县实施静升河综合治理工程，开展河道综合治理项目。在向阳桥东侧、启明桥与新建桥之间增建两处跨静升河休闲广场。水头片区污水收集工程沿汾河东岸敷设污水管线1.50千米。第二污水处理厂项目采用PPP

模式建设与运营，完成立项、环评等前期手续。完成建成区与部分村庄供暖锅炉整治与集中供热工作。推进城区集中供气工程，完成10413户“煤改气”任务。取缔“散乱污”企业30户，综合整治全县范围煤矿、洗煤厂、发运站、储煤场、电力、焦化、腐植酸行业。全年淘汰黄标车和老旧车361辆。

文化旅游 2017年，灵石县完善公共文化服务三级网络建设，文化馆、图书馆、博物馆、非遗馆、文体活动中心“五馆”向群众免费开放，图书馆总分馆试点工作铺开，10个分馆实现统借统还。12个乡镇公共文化机构硬件设施达到国家标准。举办春节、元宵节。地方文人书画展等系列文体活动。送戏下乡完成100场，送电影下乡完成3700场。完成王家大院文化旅游景区AAAAA项目规划，静升镇正式列入全国特色小镇名录。推进石膏山和红崖峡谷两个AAAA景区提升建设、金山森林休闲度假区建设等旅游项目。“灵石灵动智慧旅游综合服务平台”网址运营，组织旅游企业参加北京、西安、宁夏等旅游推介会。

民生事业 2017年，灵石县农村贫困人口脱贫2258人，易地扶贫搬迁1079人，贫困发生率由6.60%下降到3.30%。183项“微民生”工程完工，累计投入1亿元，受益群众15万人。完成34所中小学校舍维修和6所幼儿园主体工程，高考质量综合考核全市第一。实施县乡医疗卫生机构一体化改革，医疗集团组建挂牌。乡镇综合文化站落实国家公共文化服务体系示范区创建任务。城镇新增就业2700人，转移农村劳动力3680人，城镇登记失业率2.33%。建成农村老年人日间照料中心6个，农村低保标准提高370元。城乡居民社会养老保险参保12万人，城乡居民养老保险参保率达100%。城镇职工养老保险参保4.40万人。其中，企业养老保险参保单位537户，参保37262人；机关事业养老保险参保单位176户，参保9481人。

（郭红霞）

【介休市】 介休市位于晋中市南部，总面积744平方千米，下辖7镇3乡，5个街道办事处，231个行政村，35个社区。常住总人口423022人。

旅游资源有绵山风景区、张壁古堡、秦柏岭、后土庙等。

产业建设 2017年，介休市签约10个招商引资项目，PPP项目达成合作协议，文体中心及天峻山旅游基础设施入选省PPP示范库。71项重点工程完成投资50亿元，省重点博创纳米一期工程投产，崇光低热值煤发电项目主体完工。完成开发区管委会筹建，73户市级重点企业入区。重点监测的11种工业产品产量实现两位数以上增幅。生产原煤788.90万吨、洗精煤2037.40万吨、焦炭575.10万吨、钢材363.70万吨、化产16.40万吨。新种植药材4000亩，蛋禽饲养总量160万只，新增核桃林5000亩，形成30户特色农产品龙头企业，22户企业年销售收入超2000万元。洪霁寺申报AAAA级景区，打造10个乡村旅游示范村。

城乡建设 2017年，介休市拆除违建3206处，腾退土地53.30万平方米，清理积存垃圾70余万平方米，绿化植树58余万株，喷涂美化外墙50余万平方米。投资1.60亿元完成北坛东路、定阳路改造。改造县乡公路11.70千米，绿化提质9条国省县主干道。市城区公厕数量达到131座。完成城区环卫市场化改革，整合交警、巡警和城管执法力量，构建“城乡一体、三勤合一”城市综合管理新模式。城市绿地总面积达到692万平方米，城市绿地率、绿化覆盖率、人均公园绿地面积分别达33.80%、38.50%、9.10平方米，城区机扫保洁率达到96.70%。12个村成为宜居示范村，三道河村成为“拆违治乱提质”样板村和首个“禁煤村”。

生态建设 2017年，介休市实施五大工程，开展三大攻坚，二级以上优良天数增加7天，重污染天气减少8天，二氧化硫浓度下降11.40%。大气治理累计投入6.20亿元，实施3万户居民“以气代煤”工程，占晋中任务总数近1/3，焦化企业提标改造完成，取缔“散乱污”企业71户，淘汰燃煤锅炉400余台。建立二级河长制，开展清河专项行动，投资4亿元对汾河进行综合治理；完成74户畜禽粪污治理，开工4条黑臭水体和3个农村污水治理项目。土壤治理完成调查，形成污染防治方案，规范煤矸石固废治理。

民生事业 2017年，介休市民生投入19.10亿元，增长近1亿元。成立民生事务保障服务中心，“民生热线”受理3436件城市管理问题办结。推进教育综合改革，撤销乡镇中心校，整合10所学校，实施集团化办学，中高考成绩提升；引入社会资本创办新学道、绵山现代双语两所高水平民办学校。投资5000万元实施“一乡一实事”和农村“六个一”工程，开办50个大众食堂。完成10个老旧小区改造，2.4万群众受益。完成“3232”便民工程，增设机动车停车位7029个。利用闲置资产改建成“民生大院”，开放共享6万平方米的三个体育场。图书馆、文化馆完成改造升级，设立70个群众活动阅览室。组建介休市医疗集团，人民医院迈入全省县级医院先进行列。城镇新增就业4769人，完成城乡居民医保制度改革，扩大社保覆盖面。

（王亚丽）

运城市

【概况】 运城市位于北纬34°35′–35°49′，东经110°15′–112°04′，总面积14182平方千米，下辖1区2市10县5个省级开发区，133个乡镇（街道办事处），3338个行政村。常住人口533.60万人。

2017年，运城市地区生产总值完成1336.10亿元，比上年增长7%。其中，第一产业增加值213.10亿元，增长3.70%；第二产业增加值486.80亿元，增长8.10%；第三产业增加值636.20亿元，增长7.20%。第三产业中，交通运输、仓储和邮政业108.20亿元，增长12.20%；批发和零售业103亿元，增长3%；金融业80.90亿元，增长7.70%；房地产业53.60亿元，增长8.30%。民营经济增加值900.90亿元，占全市地区生产总值的比重达67.40%。人均地区生产总值25112元，比上年增长6.40%，按2017年平均汇率计算为3719美元。财政总收入完成129.60亿元，增长22.20%；一般公共预算收入完成67.10亿元，增长13.50%。城镇居民人均可支配收入达27302元，增长6.50%；农村居民人均可支配收入达9992元，增长6.70%。

2017年，运城市共发生各类生产经营性事故53起，比上年下降19.70%；死亡57人，下降12.30%。其中，商贸制造业发生事故5起，死亡6人；交通运输和仓储业发生事故39起，死亡42人；建筑业发生事故4起，死亡4人；其他行业发生事故5起，死亡5人。农林牧渔业、采矿业未发生伤亡事故。

农业 2017年，运城市农林牧渔业总产值完成432.60亿元，同比增长3.50%。其中，农业178.60亿元，增长3.10%；林业2.40亿元，下降4.20%；牧业31.10亿元，增长7%；渔业1.30亿元，增长7.20%；农林牧渔服务业14.90亿元，增长0.80%。全年农作物种植面积70.83万公顷，比上年下降1.90%。粮食种植面积59.94万公顷，下降3.60%。全年粮食总产量30.90亿千克，比上年减少1.20亿千克，下降3.90%。全年肉类总产量18.60万吨，增长5.70%。水产品产量2.60万吨，增长3.60%。全市当年造林面积9217公顷。其中，荒山荒地造林面积8017公顷。年末全市拥有森林面积45.60万公顷，森林覆盖率29.10%。

工业和建筑业 2017年，运城市全部工业增加值382.30亿元，比上年增长8.70%。规模以上工业增加值302.70亿元，增长8.90%。其中，制造业增加值230亿元，增长9.50%，占规模以上工业增加值76%。规模以上工业中，战略性新兴产业增加值35.40亿元，增长7.10%。其中，节能环保产业增长23.40%，新一代信息技术产业增长21.10%，新材料产业增长15%，新能源汽车产业增长11.80%。全年规模以上工业产品销售率为97.40%。建筑业实现增加值107.10亿元，比上年增长6%。资质以上建筑企业共185家，其中，一级企业12家。资质以上建筑企业总产值139亿元，增长8.90%，共签订合同额192.40亿元，增长13.20%。

投资贸易 2017年，运城市固定资产投资（新口径，下同）616.10亿元，同比增长6.10%。其中，民间投资462.90亿元，同比下降0.40%，占全市投资比重75.10%。在固定资产投资中，第一产业投资89.20亿元，同比下降7.10%；第二产业投资268.50亿元，增长13.20%；第三产业投资258.40亿元，增长4.40%。全年全市房地产开发投资90.60亿元，比上年下降22.10%。其中，住宅投资75.40亿元，下降14.70%。年末商品房待售面积179.80万平方米，比上年末减少51.80万平方米。年末商品住宅待售面积112.80万平方米，比上年末减少49.90万平方米。

社会消费品零售总额752.80亿元，比上年增长6.80%。按规模统计，限额以上消费品零售额317.20亿元，增长3.80%；限额以下消费品零售额435.60亿元，增长9.20%。货物进出口总额90.80亿元，比上年增长12.50%（以美元计价为13.40亿美元，增长9.80%）。其中，进口65.20亿元，增长10%（以美元计价为9.60亿美元，增长7.50%）；出口25.60亿元，增长19.40%（以美元计价为3.80亿美元，增长16.40%）。对“一带一路”沿线国家进出口总额22.20亿元，增长77.60%。

环境建设 2017年，运城市耕地保有量494326.70公顷。全年国有建设用地供应总量1031.80公顷。其中，工矿仓储用地182.30公顷，房地产用地176.20公顷，商业服务用地33.70公顷，基础设施等其他用地639.60公顷。水资源总量13.30亿立方米，总用水量16.30亿立方米，其中，生活用水1.90亿立方米，工业用水1.10亿立方米，农业用水13.40亿立方米。省级自然保护区1个，自然保护区面积达8.70万公顷。黄河、汾河流域运城段监测11个断面。中心城市空气质量二级以上（含二级）天数为161天。年末全市公园面积1539.80公顷，比上年增长2.20%。绿地面积6923.50公顷，增长5%。城市建成区绿化覆盖率达38.50%。全年中心城市污水处理率达93.50%；城市生活垃圾无害化处理率达100%；集中供热普及率达90.40%；城市燃气普及率达90.80%。

交通邮电 2017年，运城市公路通车里程16091千米。其中，高速公路601千米，国道1247千米，省道695千米，县道2619千米，乡、村道及专用道11529千米。公路客运量2761万人，公路货运量15567万吨。公路旅客运输周转量13.70亿人千米，公路货物运输周转量378亿吨千米。截至2017年底，运城机场共开通运城—北京、上海、广州、深圳、珠海、香港、芭提雅等25个国内外城市，共19条航线。全年民航旅客运输量144.50万人，比上年增长71.20%；货运量0.30万吨，同比持平。航空口岸实现临时开放，运城直飞香港、泰国旅客超过2.20万人（次）。截至2017年，全市民用车辆拥有量107.90万辆，比上年末增加10.20%。全年全市邮电业务总量106.70亿元。其中，邮政业务总量9.40亿元，电信业务总量97.30亿元。邮政全年完成邮政函件业务152.50万件，包裹业务7万件，快递业务量2709.20万件。截至2017年底，固定及移动电话用户总数达到552.90万户，比上年末增加55.20万户。其中，固定电话29.60万户，移动电话523.30万户，在移动电话用户中，4G用户355.10万户。

民生事业 2017年，运城市城镇职工基本养老保险参保56.50万人；城乡居民社会养老保险参保281.90万人；城镇职工基本医疗保险参保49.70万人；城乡居民基本医疗保险参保420.90万人；失业保险参保33.90万人；工伤保险参保67.10万人；生育保险参保40.40万人。

2017年，运城市完成城乡居民医疗保险并轨工作，提前完成全民参保登记计划。家庭医生签约完成年度任务。运城市第一医院建成运营，市中心医院、市中医医院规培中心、市儿童医院基建项目主体封顶。医疗卫生机构5435个。其中医院269个，卫生院183个，社区卫生服务中心（站）94个，诊所（卫生所、医务室）1285个，村卫生室3527个，疾病预防控制中心14个，卫生监督所（中心）14个。卫生技术人员28859人，其中执业医师和执业助理医师11583人，注册护士11322人。医疗卫生机构床位31491张，其中医院22414张，卫生院7528张。截至2017年底，全市有各类提供住宿社会服务机构80个，床位7182张。其中，老年人与残疾人服务机构73个，床位6903张。共有社区服务中心118个，社区服务站137个。有1.5万人纳入城市居民最低生活保障，发放城市低保资金1.70亿元；11.30万人纳入农村居民最低生活保障，发放农村低保资金3.10亿元。1.20万人享受农村特困人员救助供养。

教育科技 2017年，运城市普通高等院校招生17009人，在校生55342人，毕业生16567人。各类中等职业学校招生14641人，在校生43354人，毕业生14137人。普通高中招生31775人，在校生103256人，毕业生37980人。初中招生49330人，在校生150639人，毕业生52817人。普通小学招生51526人，在校生290873人，毕业生48578人。特殊教育招生230人，在校生1331人，毕业

2017年运城市辖县（市、区）经济指标统计表

县市	地区生产总值（万元）	农林牧渔业总产值（万元）	固定资产投资（万元）	社会消费品零售总额（万元）	一般公共预算收入（万元）	一般公共预算支出（万元）	人均可支配收入（元）	
							城镇居民	农村居民
盐湖区	2461333	279941	912331	2454689	86750	255101	29432	11379
临猗县	1370100	732144	539299	677862	22759	222744	27125	12138
万荣县	661343	381135	393482	341459	15598	193022	24145	8842
闻喜县	954265	262643	360689	455139	28251	196324	27573	9332
稷山县	819649	249196	441492	310486	20315	149976	25261	10282
新绛县	816843	376454	245573	460483	31056	135849	26845	10945
绛县	583916	196400	239276	253840	9598	148037	24614	8990
垣曲县	566835	124363	419020	256252	23889	163794	24896	6722
夏县	508507	405221	318344	270285	11279	178913	24643	7740
平陆县	424937	197852	340594	295047	25670	155781	22832	6894
芮城县	821835	449218	502450	349305	27515	185825	27487	10404
永济市	1316650	4440	571904	621962	41861	209801	27975	12385
河津市	2055634	156467	495660	781266	117757	202788	27211	12736

生258人。在园幼儿数178859人。专利申请受理1926件。其中，受理发明专利申请489件，比上年减少0.40%。全市授予专利权1037件，增长8.90%。其中，授予发明专利权108件。全年有15个项目列入国家、省各类科技计划，获得项目研究资金258万元。

文化旅游 2017年，运城市构建永乐宫壁画全方位监测、预警、保护体系；第十八届“群星奖”选拔赛中，运城市选送《当你老了》《蒸花馍》等舞蹈全部获奖；《枣儿谣》《黄土情》分别获得全省戏曲“杏花奖”优秀剧目奖和全省广场舞大赛优秀展演节目奖；“河东花灯传习所” 等16个非物质文化遗产传习所获得命名、授牌；开设《砥砺奋进的五年》《喜迎十九大》等栏目。全市艺术表演团体17个，群众艺术馆1个，文化馆13个。公共图书馆13个，馆藏图书169.60万册。博物馆23个，档案馆14个。市级以上重点文物保护单位273处，其中国家级90处，省级79处，市级104处。拥有广播电视台13座，有线电视用户53.70万户。广播人口覆盖率99.50%，电视人口覆盖率99.50%。全年送戏下乡演出2877场，公益电影放映4.20万场。运动员在省级重大比赛项目中获得金牌33枚、银牌30枚、铜牌34枚。跳水运动员李政成为运城市首个世界冠军。全年销售中国体育彩票3.90亿元，比上年增长38.10%。

2017年，运城市接待游客人(次)和实现旅游总收入分别增长26%和28.10%。全年接待国内游客6704.20万人(次)，增长26%。接待入境游客33651人(次)，增长5.70%。其中，外国人9279人(次)，增长6.60%；香港同胞8755人(次)，增长5.50%；澳门同胞5795人(次)，增长5.20%；台湾同胞9822人(次)，增长5.40%。全年旅游总收入556.50亿元，增长28.10%。其中，国内旅游收入555.90亿元，增长28.10%；旅游外汇收入979.90万美元，增长7.20%。举办“花之海·俏运城”美丽乡村游、关公国际文化旅游节等重大活动。参加“人说山西好风光”第二季城市竞演活动。完成13家旅游景区体制机制改革，实现企业化运营。推进水峪口、印象风陵、袁家村·运城印象等重点旅游项目。

第二届山西(运城)国际果品交易博览会 2017年11月5日至13日，运城市举办第二届山西(运城)国际果品交易博览会。展会新增国际、省际精品水果、水果动漫、旅游展区，展示国内96个苹果品种和来自18个国家65类国外特色果品。推出“运城苹果”区域公用品牌，标志着运城市开启由农业大市向农业强市转变、由规模农业向品牌农业转变。来自世界33个国家，全国30个省、自治区、直辖市、特别行政区1200余位政、商界人士和农业专家参加，超过40万人(次)的果农和群众参观。(张 涛)

【运城市盐湖区】

盐湖区位于运城市西南部，总面积1237平方千米，下辖7镇6乡，8个街道办事处，33个居委会，314个村委会，112个社区，470个自然村。总人口70.60万人。

旅游资源有太平兴国寺塔、解州关帝庙、魏豹城、池神庙等。

农业 2017年，运城市盐湖区粮食播种面积60万亩，总产1.80亿千克。水果总面积35万亩，总产70余万吨，出口3.80万吨。新增家庭农场11家，规范发展合作社50家。新栽树木319万株，绿化面积1.80万亩。完成王范片区高标准农田建设9000余亩。孙坞站北扩、峨嵋分干二期工程新增灌溉面积6万亩；北赵引黄末级渠系配套工程基本完工，新增灌溉面积6.70万亩。凯盛现代循环农业、阜民“中央厨房”、双季槐深加工等产业链条延伸，王范甜瓜、龙居红香酥梨等十个标准示范园建成。中条山皂荚、涑水河休闲农业、峨嵋岭双季槐三大万亩农业带初步形成。完成76万亩土地承包经营权、91.70平方千米农村集体建设用地和宅基地确权登记。

转型升级 2017年，运城市盐湖区实施“512”发展计划，培育45家优势企业，同天翔、博鸣木业产值突破10亿元，登上“虎榜”。投资3.60亿元，实施天海泵业、石药银湖等9大技改项目。加快“五小企业”发展，新增小微企业345家，新增规上企业5家。工业园区科技中心被认定为省级科技孵化器，同邦创业基地被评为省级创业基地，星河创业基地被评为国家级“双创”基地。建立“三账三制”管理平台，为4万余名在外人员提供精准服务。注册商标406件，启动企业登记全程电子化改革。举办京津冀、长三角招商引智恳谈会，签约项目24个。成立盐湖智库，设立吴建平和赵沁平院士工作站，新增黄河新型化工博士工作站。

民生事业 2017年，运城市盐湖区1163户3001人实现脱贫，4个贫困村摘帽。12000余名贫困群众和2500名农村重度残疾人免费享受医疗保险。完成4.20万名老年人免费健康体检、7444名怀孕妇女免费产前筛查、695名贫困妇女免费“两癌”检查。转移农村劳动力6277人，城镇新增就业5011人，安置就业困难人员348人。圣惠小学等5所新建公立学校开学招生，红军小学挂牌成立；运城中学、解州中学等5所高中完成标准化建设。50辆校车投入运营，解决19个乡镇3000余名农村学生接送问题。解决148所中小学师生饮水问题。完成61个村、647台农灌变压器、218千米供电线路改造。推进岳坛城中村改造，古盐道建成通车，179条小街小巷完成改造。送戏下乡180场，盐湖剪纸等6项民间艺术列入省级非遗名录。

环境建设 2017年，运城市盐湖区开展城乡环境卫生整治，投资8598万元，清运垃圾14.70万吨，拆除违建2.60万平方米，污水减排499吨，清理面源污染2.70万处。完成解州、东郭等6个乡镇垃圾中转站建设。引入第三方评估，解决141件环境突出问题，22家工业企业实行错峰生产，取缔关停“散乱污”企业111家。清理回购散煤8462户、1.15万吨，清洁能源置换5839吨。

旅游 2017年,运城市盐湖区接待游客723万人(次),增长25%,实现旅游总收入243.70亿元,增长28.40%。举办花开盐湖、舜帝公园、牛庄红色教育基地、民俗文化旅游年等活动。舜帝公园管理权、经营权实现“两权分离”。新增营业面积6.50万平方米;电子商务、智慧物流等新业态发展,“小二便利网”用户数量达到6.80万家,日营业额超过6万元;乐村淘体验店覆盖到247个行政村,山西七品建成103个平价蔬菜销售点。

2017年,运城市盐湖区开展国家食品安全示范城市创建工作,完善监管防控体系,各类生产经营性事故起数和死亡人数双下降。建立公共法律服务平台,法律援助覆盖农村、社区、企业,“七五”普法取得进展。实行包案包办工作机制,预防化解社会矛盾纠纷。开展“干部入企服务”,帮助企业排忧解难。落实“13710”工作机制,办理事项132项。取消行政审批64项、行政职权7项,清理规范中介服务26项。 (张瑞玲)

【临猗县】 临猗县位于运城市中部,总面积1339.32平方千米,下辖9镇5乡,2个工贸区,375个村委会,550个自然村。

旅游资源有春秋猗顿古墓、元代临晋县衙、傅作义故居、吴王古村等。

农业 2017年,临猗县实施“三改三减两推广”工程;建设闫家庄2万亩有机肥替代化肥连片示范区;认证11家无公害农产品,打造4000亩苹果、枣树病虫害绿色防控项目示范区。建成农业部第一批标准化果园5个、省级标准化示范园5个。打造全省重要果品出口基地,“中华果都·运城临猗”品牌走出中国。培育新型经营主体,新型职业农民1075人,发展合作社226个、家庭农场21个,农产品加工龙头企业销售收入达到39.50亿元。推广种养循环“丰淋模式”,德勤牧业一期工程投入运行,新改建规模化养殖场5个。

转型发展 2017年,临猗县召开全县推进实体经济转型发展大会,华晋纺织、翔宇化工被确定为市级“虎榜”企业,豪钢锻造在“新三板”挂牌上市。帮助企业争取省技改项目4个、扶持资金2570万元。成立临猗县金融服务有限公司,建立应急资金倒贷平台,帮助华晋、青山、兵娟等重点企业破解难题。推动产学研合作,富森能源被认定为省级企业技术中心,绿海农药新生产技术获省科技进步三等奖,支持青山、翔宇、卓里3家企业开展“两化融合”贯标工作。新签约项目21个,总投资103.55亿元,到位资金31.68亿元,商贸流通持续升级,推动电子商务发展,阿里巴巴“农村淘宝”入驻临猗,建设村级服务站48个;涌现各类电商企业1200余家,电商销售果品达5亿千克。

城乡建设 2017年,临猗县启动“撤县设区”工作,引进晋运联通公交公司,开通2条运临公交线路和13条城区、城乡公交线路。通过PPP模式引进社会资本1.63亿元,实施郇阳东街改造、府东街改造、北环路西延及西环路北延等8个市政基础设施项目,新增绿化面积4.67万平方米。完成349户棚户区改造任务,货币化安置率100%。临晋镇污水处理工程进入试运行阶段,集中供热工程投入使用。开展“四治六化一创”农村环境集中整治,农村人居环境改善。

民生事业 2017年,临猗县新建改建5所标准化幼儿园;东康新教育学校开学。县中医院新院、县妇幼和计划生育服务中心业务用房主体基本建成,运城同德医院临猗分院建成投入使用,临猗县医疗集团挂牌成立。16个五保户集中供养点主体完工;“一村一品一主体”产业脱贫带动1200余户贫困户增收致富;为3084名贫困户子女发放教育扶贫资金400万元;为1100余户贫困户办理金融扶贫贷款5700余万元;完成医疗“双签约”服务8626人;家庭医生签约31.17万人。老年福利中心养护综合楼、残疾人康复托养中心、就业服务中心主体完工。郇之梦舞蹈协会在全国广场舞总决赛中获得金奖第一名。开展群众文艺大看台、元宵节民间艺术调演、“古中国·大运城·新临猗”民俗文化年等活动。2017年,临猗县开展危险化学品、涉氨果库、道路交通、特种设备、建筑施工等8个重点领域安全生产排查整治行动,整改隐患3026条。开展打击电信网络犯罪、“扫黑除恶”等专项行动。

环境建设 2017年,临猗县取缔土木炭窑45个,完成煤改气、煤改电2600户,空气质量二级以上天数达到269天,占比超过目标任务4个百分点。水污染源自动监控平台投入运行,推进排污许可制改革,落实“河长制”。开展果袋、反光膜等农业面源污染治理行动。

文化旅游 2017年,临猗县编制完成《旅游发展总体规划(2017—2025)》,傅作义故居达到国家AA景区标准,临晋县衙完成文物主体修复和环境整治,推进角杯乡吴王古寨项目建设。举办第二届“花韵果都·多彩临猗”美丽乡村游活动,杏花节、梨花节、银杏文化节等先后被中央电视台、新华社等主流媒体报道;天宇庄园和石榴观光采摘园被评为“运城市乡村旅游示范点”。 (程明清)

【万荣县】 万荣县位于运城市西北部,总面积1081.50平方千米,下辖14个乡镇,5个居民委员会,281个村委会。总人口456000人。

旅游资源有后土祠、李家大院、笑话文化园、薛瑄家庙、秋风楼等。

农业 2017年,万荣县建成贾村、汉薛、通化3大水果主题公园,开启三产融合发展新模式,用品种改良、品质提升、品牌推介、产业大会、电商平台等方式推广万荣水果。万荣苹果荣获“国家级生态原产地保护产品”“全国商标富农和运用地理标志精准扶贫十大案例”苹果类第一名,以28.42亿元品牌估值入选“2017中国果品区域公用品牌价值榜”,位列山西苹果第一名。扶持形成“天天香”“壮香知”“天地祥芮”等一批香菇示范基地,编制生产规程、突破菌种技术,实现香菇产业由试种试验到成熟成型跨跃。集中推进牧原、温氏生猪养殖项目,推进现代化、集约化养殖体系形成。

产业建设 2017年,万荣县落实“龙腾虎跃”“群星灿烂”“凤还巢”三个发展计划,确定“虎榜”培育企业7家,实施技改项目7个,认证高新技术企业11家,招商推介7次,对接企业117个,新增中小微企业238个,组织产品展销3次。全县防水建材、医药加工、新型材料、农副产品加工企业由创业型向成长型转变。建成电商服务中心和“双创”孵化基地、乡村电商快递中心11个、电商服务网点179个,开发各类网货200余种,培养电商从业人数4000余人,培育山西首个“淘宝村”。万荣县被评为“互联网+农业”全国十大标杆县域。

城乡建设 2017年,万荣县编制控制性详细规划和8个专项规划,修建王勃街、汇源街、解店南路、华康北路等10条街路,开通贯穿东西、全长6千米的南环路。启动县委党校、城东生态公园等重点项目,改造亮化小街小巷29条,绿化美化街道节点1.3万平方米,补栽县城行道树木2755棵,用灯光妆扮3个公园、4条街道。乡村建设方面,开展“四治六化一创”农村环境集中整治行动,建设特色小镇和美丽乡村试点,修通乡村道路18条,新增灌溉面积9万亩,新建高标准农田6.70万亩,解决4.20万人安全饮水问题,完成24个中心村农网升级改造和638眼机井通电工程。

环境建设 2017年,万荣县实施大气、水、土壤污染防治行动,取缔各类土小企业700余个、淘汰老旧车和黄标车280余辆,完成煤改气1600户。完成32个农村整村绿化,提档106千米通道绿化,打造道路交叉口、农村进村口、景区标识口等绿化节点40个,实施三北、天保造林2500亩,封山育林3000亩。

文化旅游 2017年,万荣县举办后土文化研讨会、王通文化研讨会。廉政蒲剧《铁汉公薛瑄》在山西省首届艺术节展演,同名廉政电视纪录片荣获中国纪录片学院奖,微电影《车窗记》《留守的天空》、舞蹈《黄河边》《黄土情》等一批文艺精品荣获省级奖励。实施闫景古村、晋汉子农庄续建等工程,修缮稷王庙、薛瑄家庙等国保文物,举办“畅游后土·果海笑城”14项乡村游活动。

民生事业 2017年,万荣县实施脱贫项目275项,20个贫困村、11400人脱贫出列,全县贫困发生率由6%下降到2%。建成示范初中,加固20所农村学校,组建医疗集团,完成县乡医疗机构一体化改革,新增30个农村老年人日间照料中心,拓展就业8139人。 (薛勇勤 张东宏)

【闻喜县】 闻喜县位于运城市北端,总面积1171.31平方千米,下辖7镇6乡,343个村民委员会。总人口419652人。

旅游资源有中华宰相村、汤王山、闻喜文庙、董泽湖等。

农业 2017年,闻喜县农作物播种面积119.14万亩,其中粮食播种面积99.80万亩;粮食高产示范片区发展到30个,面积32万亩,经济作物比重增加到48%。粮食总产量34.13万吨,同比下降4.20%;油料总产量2167吨,同比增长10.50%。畜牧养殖业产值突破24亿元,迈入山西省畜牧养殖先进县行列。农民专业合作社发展到1300余家,农副产品加工企业实现销售收入15.35亿元。

工业 2017年,闻喜县经济技术开发区建设项目获批。山西建龙集团年销售收入突破1百亿元,成为运城市“龙榜”企业;象丰、瑞格进入“虎榜”名单;金属镁深加工率突破30%,玻璃、建材等产品结构进一步优化。创办孵化小微企业243家,新增“小升规”企业3家。实施招商引资项目22个,签约项目12个,总投资115.67亿元。规模以上工业总产值164.07亿元,同比增长141.90%。全县规模以上工业企业实现增加值37.75亿元,同比增长32.80%。规模以上工业企业实现利税21.47亿元,比上年同期增加18.35亿元;实现利润15.72亿元,比上年同期增加14.56亿元;应交增值税5.14亿元,同比增长175.30%。主要工业产品产量分别为:服装689.20万件,同比下降6.31%;水泥134.20万吨,同比下降18.64%;日用玻璃9.50万吨,同比下降4.48%;钢材3007824.10吨,同比增长318.52%;金属镁81951.90吨,同比增长4.56%;镁合金93784.80吨,同比下降2.21%;铅酸蓄电池314899千伏安时,同比增长46.61%。

交通邮电 2017年,闻喜县高速里程81千米,二级公路101.80千米,县域公路通车里程1315.30千米;年末民用汽车拥有量18158辆,包括载客汽车4917辆,载货汽车3885辆。全县邮路总长度1690千米,邮电通讯标杆路总长度6532千米,县话交换机总容量59096门,邮电业务收入6500万元。

科教文卫 2017年,闻喜县教育事业均衡发展,实施薄弱校改造工程,西街示范小学被授予全国第一所“中国楹联希望小学”。截至2017年底,闻喜县有公共体育场1个,体育馆2个。有艺术表演团体1个(蒲剧团),文体类协会24个,图书馆1个,青少年校外活动中心1个,剧场、影剧院3个。开展医疗机构县乡一体化改革,成立闻喜医疗集团,新建、改建标准化卫生室102个,医疗服务水平全面提升;在运城市率先搭建家庭签约服务系统和手机APP,签约家庭医生人数25万余人。

旅游 2017,闻喜县规划中华家教园景区;开发陈家庄红色文化资源;以“花之海·俏闻喜”乡村游、“山楂花节”为契机,打造3条游览赏花线路;举办家风家教主题文化系列活动;参加“从裴氏家族看家风家训的当代社会价值”北京座谈会等活动。文化与旅游服务产业深度融合。裴柏碑馆保护修缮工程基本完工,横店影视闻喜电影城投入使用,文化馆和美术馆文化中心建设工程主体完工。

民生事业 2017年,闻喜县加强就业和社会保障工作。养老、医疗、工伤、失业、生育等各类保险参保人数均创历史新高,城乡低保和“五保”实现应保尽保,新建农村日间照料中心

45所。加快供水、供电、道路、天然气、住房和信息化建设。全县参加基本养老保险27.95万人，其中城镇职工基本养老保险参保52340人，城乡居民基本养老保险参保22.71万人。

（樊香叶）

【稷山县】 稷山县位于运城市北部，总面积686平方千米，下辖5镇2乡，200个行政村。人口361421人，人口自然增长率5.36‰。

旅游资源有稷王庙、青龙寺、法王庙、玉壁城遗址等。

农业 2017年，稷山县粮食产量24.05万吨。其中，夏粮12.89万吨，秋粮11.16万吨。全县粮食种植面积65.29万亩。其中，秋粮种植面积29.45万亩，夏粮种植面积35.84万亩。全年全县水浇地面积达84%，土地流转9.1万亩。全县畜牧业产值达10.17亿元，占农业总产值的40%。农产品加工销售收入达24.70亿余元，同比增长7.60%。全县农民专业合作社总数达到799家，家庭农场58家，辐射带动2.80万个农户。

产业建设 2017年，稷山县21家规模以上工业企业增加值完成18.67亿元，增长6%。全县新孵化小微企业249家，完成“小升规”3家，东方资源、永东化工、铭福钢铁三个企业荣登全市“虎榜”。稷山农村信用联社改制稷山农村商业银行股份有限公司。山东高端科技工程研究院稷山博士工作站揭牌和山西蓝越新能源电动汽车项目开工。翟店镇入选第二批全国特色小镇名单。

环境建设 2017年，稷山县完成造林面积0.90万亩，全县森林覆盖率达22.75%。全县公园绿化总面积达到63.24万平方米，新增绿化面积10.20万平方米，人均公园绿地面积达到6.03平方米。县城绿地总面积达到293.02万平方米。城镇生活用水量387万立方米，农村生活用水量405万立方米，工业用水量540.70万立方米。全年农田灌溉面积完成45.69万亩，水土流失综合治理面积完成33.81万亩，新增水土流失治理面积2.60万亩。全县城市生活污水处理447万吨，城市污水处理率达91%。县城环境空气细颗粒物（PM2.5）实现自动监测，空气质量2级以上良好天数稳定在295天以上。汾河柴村桥断面达到五类水质标准。

民生事业 2017年，稷山县学前三年教育毛入园率达97.70%，初中三年保留率达98.60%，高中阶段毛入学率达98%。高考全县文理两大类二本B类达线超824人，达线率34.10%。全县共拥有国家级非物质文化遗产五项（高跷走兽、高台花鼓、麻花传统制作技艺、螺钿漆器技艺、金银细工制作技艺）。全县参加新型农村合作医疗的农民29.15万人，参合率达99.98%。新农合全年受益60.27万次。其中，乡村门诊受益54.93万人（次），住院受益5.34万人（次）。累计拨付补偿款14.25亿元。稷山成为首批全国健康促进县，马跑泉村被授予“千年古村落长寿文化村”称号。首届“花海清河、非遗之乡”桃花节举行，开展大佛文化园项目建设工程。

2017年，稷山县共投入扶贫资金832.23万元。其中，省级财政拨付扶贫资金611万元，县级拨付221.23万元。截至2017年底，全县完成7个贫困村摘帽，共脱贫351户1111人，剩余贫困人口1960户4743人。新改建农村老年人日间照料中心47个。居民人均可支配收入1.53万元，增长6.70%。按常住地分，城镇常住居民人均可支配收入2.53万元，增长6.40%；农村常住居民人均可支配收入1.03万元，增长6.50%。全县城镇基本养老保险参保2.60万人；城镇职工基本养老保险参保2.53万人；企业职工基本养老保险参保1.65万人；城镇居民养老保险参保692人；新型农村社会养老保险参保17.42万人；城镇基本医疗保险参保3.57万人；失业保险参保1.55万人；工伤保险参保5.07万人；生育保险参保1.91万人。全县审定城市低保对象439户883人，审定农村低保对象2363户4711人，发放五保供养经费244万元。救助925人（次），发放医疗救助235万元。国家抚恤、补助各类优抚对象2500余人，发放补助款1200余万元。（段美云）

【新绛县】 新绛县位于运城市东北部，总面积593.39平方千米，下辖8镇1乡1区，220个村。常住人口为346842人。

旅游资源有隋代园林绛守居园池、绛州大堂、隆兴寺、绛州古城等。

农业 2017年，新绛县农业产值269999万元，牧业产值83150万元，渔业产值159万元，农林牧渔服务业产值20300万元，农林牧渔业增加值完成186851万元。粮食播种面积48146.10公顷，蔬菜及食用菌播种面积10577.90公顷。粮食总产量260544吨，小麦136604吨，玉米122722吨。蔬菜及食用菌产量603488吨。年末生猪存栏210422头，全年累计出栏171619头。牛年末存栏9070头，全年累计出栏4332头。羊年存栏54094只，全年累计出栏30555只。家禽年存栏411.0万只，累计出栏363.38万只。猪牛羊禽肉产量18658.75吨。造林完成1.33万亩，完成乡村道路绿化50千米，四旁植树100万株。

工业 2017年，新绛县工业增加值324755万元。其中，规模以上工业企业29户，完成工业增加值247507万元。全年规上工业企业能源消费总量214.10万吨标准煤，原煤消费量130.90万吨，焦炭消费量为125.10万吨，电力消费量为16.93亿千瓦时，折合标准煤为20.80万吨。第一产业投资38089万元，第二产业投资105034万元，第三产业投资102450万元。房地产开发完成61154万元，住宅投资46536万元，商业营业用房投资9882万元，其他投资完成4656万元。

交通邮电 2017年，新绛县境内铁路营运里程18.30千米，公路通车里程817.50千米（含村道）。其中，高速公路18.80千米，国道、省道72.90千米，县道、乡道、村道及专用道740千米。公路客运量34万人，公路旅客运输周转量2080万人千米；公路货运量378万吨，公路货物运输周转量68040万吨千米。邮政业务总量1952.40万元，年末固定及移动电话用户269053户，电话普及率达77.80部/百人。全县宽带接入用户达61448户。

民生事业 2017年，新绛县各类学校在校学生43059人。其中，小学在校学生19077人，初中在校学生13411人，高中在校生8323人，中职在校生3130人，特教在校生110人。年末全县各类学校专任教师5463人。小学学龄儿童入学率达到100%。全县幼儿在园人数10859人，高考达二本线2656人，达线率62.60%。开展文化下乡系列活动，完成送戏下乡100场，公益电影2640场。广播电视台1座，广播人口覆盖率为100%，电视人口覆盖率100%，数字电视用户1.70万户。

2017年，新绛县有县乡两级医疗卫生机构33个，村卫生所261个，诊所114个各类医疗卫生技术人员1878人，医疗卫生机构床位1750张。县乡村三级医疗卫生机构达标率100%。各类提供住宿社会服务机构7个，床位390张；农村社区老年人日间照料中心73个。全县1648人纳入城市居民最低生活保障，发放城市低保资金905.30万元；9907人纳入农村居民最低生活保障，发放农村低保资金3617.60万元；295人纳入特困供养人员；全年救助困难群众1212人（次），发放救助资金207.10万元。

2017年，新绛县新型农村合作医疗参保率为99.50%。城乡基本养老保险参保215442人；城镇职工基本养老保险参保36577人。其中，企业基本养老保险参保27592人；机关事业单位基本养老保险参保8985人。城乡居民基本养老保险参保178865人；失业保险参保19620人；工伤保险参保36537人；生育保险参保20745人；城镇职工基本医疗保险参保17831人；城乡居民基本医疗保险参保284093人；城镇居民基本医疗保险参保15727人；农村居民基本医疗保险参保268366人。 （杨英杰）

【绛县】 绛县位于运城市东北部，总面积993.49平方千米，下辖8镇2乡1区，189个村。行政村由205个撤并为189个。

旅游资源有尧王故里、西周倗国封地、柴家坡古民居群、太英寺文物群等。

农业 2017年，绛县粮食产量1.85亿千克。建成县级农村产权交易中心，有序流转土地10.50万亩。农村土地确权登记颁证完成97%。全县无公害认证面积13万亩，农产品出口企业1家，出口水果注册果园7000亩，成为国家级出口水果质量安全示范区。推进10个农业重点项目、33个现代农业示范园。新发展各类水果9700亩、中药材3万亩、露地蔬菜360亩。新建蔬菜温室大棚200栋。种植蓝莓100亩、金针3500亩。培育产业专业村85个。市级以上龙头企业发展到13家，专业合作社达931个，家庭农场发展到78家。开展第三次全国农业普查。

产业建设 2017年，绛县争取直供电指标11亿千瓦时，为大用户企业节约成本3500余万元。完成企业技改投资2.08亿元。明迈特与上海百联集团、中节能（天津）投资集团开展重组工作。恒天镁业复产，争取军民融合专项技改资金950万元。山西晋煤大唐安峪热电有限责任公司成立。风轮车辆、永立铸造、骏和高钙、晨鮀服饰、众莱日用品、林坊园食品等项目建成投产。星源工贸自走式秸秆收获打捆机企业标准升级为国家标准。玉米收获秸秆青贮黄贮打捆机研发成功并申报国家发明专利。绛侯机场项目纳入省通用航空“十三五”发展规划、中原城市群发展规划，入园一级公路建设完成。陈村“双创孵化园”入驻企业3家，签订协议4家，意向入驻7家。新增“小升规”企业2家，孵化小微企业225户。《绛县机械制造转型区行动方案》编制完成。“助保贷”业务有效开展，农商行、建行为13家小微企业放贷1708万元。中信机电车桥与大运汽车开展合作。亚新科发动机缸体缸盖柔性加工中心项目实施。华晋铸造高铁制动盘装车累计运行50余万千米。

城乡建设 2017年，绛县“一横三纵”道路改造基本完工。文体中心土地征收基本完成。开展棚户区改造、城东广场建设。完善电力配套设施。横水镇5个村气化工程建成通气。规划四路建成通车。改造县城小街小巷3.80千米。新建城管车辆停车场。改扩建热源站5座，新增入网面积8万平方米。大交、陈村、冷口垃圾中转站建设完成。开展农村环境卫生集中整治，实施街巷硬化38.60千方米，栽补各类苗木30余万株，粉刷墙面110余万平方米，维修、安装路灯1000余盏，绘制文化墙6万余平方米。完成新一轮退耕还林4183亩、营造林1万亩、主干道绿化37.50千米。新育苗1.60万亩。完成园林村绿化34个。南柳村、毛家坡村成功申报省、市级美丽宜居示范村。《涑水河流域生态修复规划》审批通过，涑水河城区段生态修复工程可研完成。沸泉泉域生态修复保护工程可研、预审完成。空气质量二级以上天数达254天。推进散煤治理、煤改气、煤改电工作。

文化旅游 2017年，绛县旅游接待人数达到65.10万人（次），旅游总收入达到8.26亿元。太阴寺环境整治工程完工。乔寺碑楼、绛县文庙、南樊石牌坊3处国保单位本体维修工程完成招标。横水成汤庙、车厢城城址公布为全省重点文物保护单位。沸泉九龙庙、西吴壁炼铜遗址等6处公布为全市重点文物保护单位。发展乡村旅游，组织东华山登山节、首届樱桃文化节、山楂赏花节等活动。开发特色旅游产品，打造“绛县经典一日游、两日游”“赏花游”“美食游”线路。《绛县全域旅游及军工铁路开发旅游概念规划》编制完成。接待外地游客千余人，实现地接团队零的突破。“2017年大学新生免费一日游”活动反响良好。市级乡村旅游示范点达到4家。

深化改革 2017年，绛县推进综合行政执法体制改革、行政职能类事业单位改革、商事制度改革。新登记市场主体1798户。新增“志信”著名商标。推行河长制改革,"一河一档""一河一策"编制完成。公立医院取消药品加成,药品"两票制"推行,实现零差率销售政策。绛县经济开发区"三化三制"改革推进。绛县烟庄林场改制为绛县国有林场。众莱日用品公司获得7万元招商引资贡献奖。全国百家媒眼看绛县暨"两乡五区"招商项目推介会成功举办。全年完成签约资金105.45亿元、到位资金29.30亿元,落地开工率达47%。

民生事业 2017年,绛县民生领域支出达13.10亿元,占一般公共预算支出的89%。推进精准扶贫、精准脱贫,完成4个贫困村退出、2410人脱贫及2016年度1018人易地搬迁任务。发放"雨露计划"资助金54.2万元、扶贫小额信贷2081万元。危房改造102户。城镇新增就业4488人,创业带动就业948人,转移农村劳动力5491人,城镇失业人员再就业1218人。招聘中小学教师48名、医护人员10名。开工建设新建高中、实验三小,改造完成政府幼儿园一园,建成运行政府幼儿园二园。高考二本以上达线率达30%。县医院增容扩建工程拆迁工作结束,5所乡镇卫生院综合改造主体工程完工。卫东一级路全线通车。改造县乡公路34千米,实施生命安全防护工程47.60千米,完成农村公路改善提质和窄路面加宽52千米。开展非煤矿山专项整治,关停采矿企业19家,拆除未申请采矿延续的企业12家。中央、省环保督察反馈意见整改任务落实。实施大气、水、土壤"三个行动计划",开展秋冬季大气污染综合治理攻坚行动。(刘 超)

【垣曲县】 垣曲县位于运城市东北部,总面积1620平方千米,下辖5镇6乡,188个行政村。总人口24万人。

旅游资源有历山、天盘山、白马山景区、清泉漂流等。

农业 2017年,垣曲县农作物种植面积426471亩,粮食产量99287.40吨,比上年减少2478.20吨。完成造林面积665公顷,比上年下降4.30%。肉类总产量10786吨,水产品产量1409吨。

工业 2017年,垣曲县规模以上工业企业13家,完成工业总产值826284.60万元,完成工业增加值228490.20万元,实现销售产值753202.30万元。全年建筑业实现增加值22945万元,同比增长6%。具有建筑业资质等级的总承包和专业承包建筑业企业实现产值34955.80万元,增长8.30%;实现利润-4207.70万元(上年为2050.40万元)。签订合同额44773万元,下降7%;全年全县固定资产投资419020万元,比上年增长25.90%。2017年9月29日,新城镇瓦舍村瓦舍水库大坝正式封顶。

交通邮电 2017年,垣曲县各种运输方式完成客运量99.70万人,全社会旅客周转量5287万人千米;货运量544.70万吨,货物周转量69221万吨千米。公路通车里程1011.20千米,公路密度62.40千米/百平方千米。邮电业务总量13241万元,比上年增长1.30%。全县移动电话用户187852户,增长4.50%,其中:4G用户132786户,增长16.60%。固定电话用户8582户,下降18.10%。互联网宽带接入用户49323户,增长14.40%。

旅游 2017年,垣曲县旅游景区、景点接待游客32.30万人(次),比上年增长26.20%。直接收入1350万元,比上年增长16.40%;相关产业收入2.10亿元,比上年增长55.60%。在王茅镇举办首届王茅荷花节。

教育卫生 2017年,垣曲县各级各类学校共97所。其中,幼儿园35所,小学49所,初级中学9所,高级中学3所,聋哑人学校1所。各级学校中,在校生21852人,毕业生5935人。九年义务教育巩固率为89.30%。卫生机构(含村卫生所和个体诊所)357个,每千人拥有医生7.37人,每千人拥有床位6.37张。新型农村合作医疗保险参保率99.75%。

民生事业 2017年,垣曲县推进易地扶贫搬迁工作,完成1800人扶贫搬迁。坚持城乡环境整治与"五城同创"相结合,从7月到9月县委县政府集中开展城乡环境集中整治行动。开展农村土地承包经营确权登记工作,182个行政村完成合同签订工作,共签订合同36383份,181个村数据通过农业部质检,完成181个村数据库汇交工作,确权工程数据扫描件及命名基本完成,山西省检软件正确性检查,完成55村。(王建民)

【夏县】 夏县位于运城市东南部,总面积1252.60平方千米,下辖11个乡镇,257个行政村。总人口36.50万人。

旅游资源有司马温公祠、堆云洞景区、瑶台山景区、泗交风景区等。2017年,夏县被评为"山西省农产品质量安全县""省级卫生城市"。

农业 2017年,夏县粮食播种面积73万亩,水果面积13万亩,干果14万亩,中药材12万亩,蔬菜22万亩。建设泗交绿茶、夏乐西瓜、埝掌花椒、裴介钙果、庙前桃杏、南大里现代设施蔬菜等一批农业产业示范园区。开展"井井通"、高标准农田改造、田间循环道路硬化等一批农田基本建设,河南牧原生猪养殖项目落地。德盛养殖建成投产,与奥优特饲料共同被评为"市级农业产业化龙头企业"。新建裴介姚村生猪定点屠宰场,锦瑞肉羊定点屠宰场。"咱老家"黑木耳被评为"全省首批功能农产品(食品)品牌",格瑞特和夏乐西瓜被认定为山西省著名商标,厚民晋茶、四季飘香花椒通过国家绿色食品认证,"夏乐西瓜"通过地理标志保护登记。"阳丰甜柿"借助电商出口俄罗斯。被运城市委市政府评为"全市农业农村工作先进县"。

投资贸易 2017年,夏县规模以上企业达21家,格瑞特酒业进入全市"虎榜"培育企业;运力化工销售收入超过3亿元。宇达雕塑和天立电缆成为山西省名牌产品,天立电缆被命名为全省"专精特新"中小企业。开展优化营商环境1+9专项行动,帮扶企业解决行政审批和要素保障类问题15个;专列企业应急周转保障资金1000万元;整治企业周边安全隐患14处。签约9个投资亿元以上项目,总投资 97.50 亿元。小额扶贫贷款和整合扶贫项目资金达 3.25 亿元,用于贫困村基础设施、产业园区等 461 个扶贫项目建设,发展特色产业面积 16293 亩,为贫困村日间照料中心各增加运行经费 2 万元。

城乡建设 2017 年,夏县加快"盐临夏"一体化路网建设。开展白沙河城区段生态蓄水与环境修复工程。推进埝裴线改造拆迁工程建设,林荫路东延绿化亮化高标实施,西关城中村改造盘活启动,恒达怡景苑棚户区改造完成。县委党校、老干部活动中心开工建设,完成县城污水处理厂提标升级并投入运营。完成沙南线公路改造、窄路面拓宽、安全生命防护工程等。开展城乡环境整治工作,整合资金 5000 余万元,拆除违章建筑 9.50 万平方米,建设文化墙 5.20 万平方米。

环境建设 2017 年,夏县完成 50 千米通道增景增色、5000 亩荒山造林、2000 亩林地植被恢复、园林村提档升级、城市道路高标准绿化工程,通过国家林业局森林资源保护管理专项巡查验收。林地占补平衡做法得到肯定,埝掌镇林业站被评为"全国标准化林业工作站"。"中国野生中药资源保护抚育基地"在泗交王家河挂牌成立。整改各类污染问题 126 件。完成煤改气、煤改电任务 1908 户。落实"河长制",确立 16 条主要河道名录,建立县乡村三级河长体系,推进涑水河夏县段河道治理工程。

文化旅游 2017 年,夏县累计接待游客人数 254 万人(次),实现旅游综合收入 20.60 亿元。编制完成《夏县全域旅游发展规划》。推进祁家河景区综合开发项目,恒泽山水旅游项目主体完工、司马温公祠和堆云洞景区提档升级以及胡张三圣庙戏台文物保护工程全面完工,引进嫘祖文化产业园旅游项目。开展重点景区节庆和杏花节、桃花节等乡村旅游活动。

民生事业 2017 年,夏县实验中学迁建工程主体完工;中小学改薄工程全面完工,顺利通过国家义务教育均衡县评估验收。夏县医疗集团挂牌成立,落实"136"兴医工程、"先诊疗后付费""一站式服务",发起"共铸中国心"义诊活动,被评为"全国基层中医药工作先进县"。城镇新增就业 3570 人,城镇失业人员再就业 925 人,转移农村劳动力 5044 人,帮助困难群体就业 270 人,救助困难群众 1005 人。开通夏县至运城城际公交,新建农村社区老年人日间照料中心。实施瑶峰等六乡镇易地扶贫搬迁项目,1720 户 6855 人实现易地搬迁,99 个贫困村 9004 户贫困户 31589 人脱贫,村级集体经济收入全部破零。

(任巧杰)

【平陆县】 平陆县位于运城市东南部,总面积 1173.50 平方千米,下辖 6 镇 4 乡,1 个茅津经济开发区,228 个村民委员会,4 个居民委员会。总人口为 247168 人。

旅游资源有赵家猾氏族公社、枣园壁画等。2017 年,平陆县获得"省文明县城""省卫生县城"称号。

农业 2017 年,平陆县农林牧渔业增加值完成 109009.40 万元,增长 3.64%。其中,农业 85673.70 万元,林业 1177.70 万元,牧业 14399.80 万元,渔业 8.20 万元,农林牧渔服务业 7750 万元。粮食作物播种面积 30618 公顷,比上年减少 101 公顷。经济作物播种面积 5696.40 公顷,水果 10252.60 公顷,油料 2370 公顷,蔬菜 2234.40 公顷,烟叶 558 公顷,棉花 13.70 公顷。全年全县粮食总产量 10852.68 万千克,下降 16.08%。全年共完成造林面积 946.80 公顷。全县肉类总产量 10954.55 吨。2017 年全县水产品产量 15 吨,产值 21 万元。

工业建筑业 2017 年,平陆县工业增加值 113146 万元,全县规模以上工业增加值完成 111308 万元,比上年增长 9.90%。分轻重工业看,轻工业下降 35.20%;重工业增长 10.60%;主营业务收入完成 376179 万元,实现利润 43581 万元。全年全县建筑业增加值完成 34662 万元,具有建筑业资质等级总承包和专业承包建筑企业实现利润 1157.90 万元,比上年下降 11.30%。全年全县房屋施工面积 194039 平方米,新开工房屋施工面积 87412 平方米,增长 14.40%,房屋建筑竣工面积 105710 平方米。

城乡建设 2017 年,平陆县开展集中供热二期项目,供暖能力达到 150 万平方米,实际供暖 130 万平方米;热电联产专项规划获批,设计装机容量 3×15 兆瓦。圣人大街绿化带改造和砥柱广场修缮完工;红鲤鱼电影城投用。城区环境卫生管理服务工作公开招标,实现县城生活垃圾即满即清、密闭运输。启动数字化城市管理平台建设。投资 249 万元购买炮雾车 2 台、固定炮雾装置 8 台,新增流动空气监测设施 5 套。优化农村环境,开展农村环境集中整治活动。

民生事业 2017 年,平陆县城镇人均住宅建筑面积 40 平方米,农村人均住宅建筑面积 57 平方米。城镇职工基本养老保险参保 24113 人;城乡居民社会养老保险参保 146507 人;城镇基本医疗保险参保 29388 人;新型农村医疗合作保险参保 200812 人;失业保险参保 16082 人;工伤保险参保 19884 人;生育保险参保 16070 人。领取最低生活保障救助人数 21918 人,其中城镇 2222 人,农村 19696 人。全年共发放最低保障资金 6692.50 万元。

脱贫攻坚 2017 年,平陆县 3298 户贫困户、10031 名贫困人口脱贫,34 个贫困村实现摘帽。发展玉露香梨 3300 亩,总面积达 6.30 万亩;干果经济林 9885 亩,总面积达 6.40 万亩;发展拱棚蔬菜 278 个共 300 亩,全县大棚菜面积达到 5000 余亩。培训贫困户 1000 余人,265 人在北京、上海、西安、福建、运城等地实现就业,月收入在 4000 元以上。9 个易地扶贫搬迁集中安置点竣工 3 个,150 名贫困群众搬进新居、住上新房。制定统筹整合资金使用管理办法,全年整合扶贫资金 2.10 亿元、拨付率达 100%,安排项目 404 个、完工 143 个。包括栽植经济林 3375 亩、绿化造林 1034 亩、建设安全饮水工程 26 处、硬化道路 65 千米、改造农村学校 17 所、改扩建贫困村卫

生室58个等。（杨卯翠）

【芮城县】 芮城县位于运城市西南部，面积1175.55平方千米，下辖7镇3乡，1个城镇社区管理委员会，1个省级经济开发区。总人口410708人。

旅游资源有永乐宫、西侯度遗址、大禹渡等。2017年，芮城县获首批“全国主要农作物生产全程机械化示范县”称号。

农业 2017年，芮城县粮食总产量3.40亿千克，连续七年被评为“全国产粮大县”。“惠丰苹果”入选全国“名优特新”农产品目录；成为“国家级出口水果质量安全示范区”“国家生态原产地产品保护示范区”。水果出口23个国家和地区，出口量达到7.79万吨，连续四年稳居全省第一。推进农业供给侧结构性改革，建设农村产权流转交易中心，构建新型农业经营体系。引进安厨电商，建设京东中国特产芮城馆，申报全省农业农村信息化示范基地，网上农产品交易达1500万千克。172个建制村实现集体经济“破零”，农机示范区综合机械化率达到99.80%。

工业 2017年，芮城县进行工业转型，亚宝药业、大唐电厂、宏光医玻、天之润枣业进入全市“虎榜”培育名录；亚宝药业、宏光医玻获首届市长质量奖，南通星辰获得国家“两化”融合贯标企业，“央企入晋”1万吨PPE扩产改造项目竣工投产；大禹生物登陆“新三板”，大禹生物院士专家工作站、杨森包装产学研基地挂牌成立。全县中小企业工业总产值完成12.60亿元，同比增长9.11%。风陵渡经济开发区改革创新取得进展。推行向导式、快递式、保姆式“三式”服务，全力打造“六最”营商环境，创造“芮城速度”。光伏领跑技术基地一期工程在全国率先实现全容量并网，创造光伏行业新纪录。芮城通用机场项目选址方案获得民航华北局正式批复。招商引资到位资金40.98亿元，完成全年任务的178%，引进广东瑞能、南京方强、东莞川云等3家PPE下游企业落户芮城。

环境建设 2017年，芮城县完成41项国家生态文明先行示范区建设指标，两项国家级课题取得重大成果，出台芮城县《环境信息公开办法》等8个文件，《实行最严格水资源管理工作制度》等四项制度。全年植树造林2.87万亩，栽植苗木200余万株，森林覆盖率达到34.59%；城市新增绿化面积9万平方米，人均公园绿地面积11.82平方米。实施6000米县城污水处理厂排水管网工程，推进河长制。推行环保“网格化”管理，开展“铁腕治污”环保专项行动，打击各种破坏环境违法行为。空气质量二级以上优良天数297天。

旅游 2017年，芮城县发展全域旅游，接待游客564.50万人（次），同比增长27%，实现旅游总收入44.90亿元，同比增长28%。《全域旅游规划设计》通过评审，举办“花之海·俏运城”美丽乡村游等活动。建设旅游公路16.90千米，完善旅游服务设施。圣天湖景区列为“国家体育旅游示范基地”，入选全国首批“运动休闲特色小镇”，被评为国家AAAA级景区；西侯度遗址成为第二届全国青年运动会圣火采集地。全国第二次地名普查中，风陵渡镇入选全国100个最美地名故事。大禹渡景区管理权与经营权整体转让，印象风陵与西侯度遗址开展合作经营。

民生事业 2017年，芮城县完成13个易地扶贫搬迁安置点建设，3个贫困村2980名贫困人口实现脱贫。改善基础教育设施，学前教育一体化管理模式在全省推广，高考质量稳中有进。成立芮城县医疗集团管理委员会，医疗卫生服务水平提升。城中村改造完成安置房建设360套，货币化安置276套，改造农村危房200户，新建农村、小区日间照料中心16个。完成农村公路和村信道路建设；开通城乡公交线路10条，通车里程达169千米。设立乡镇农业废弃物回收点。古魏镇太安村孙银聪老人获第六届全国道德模范称号。（董少峰）

【永济市】 永济市位于运城市西南部，总面积1208平方千米，下辖7镇3个街道，265个行政村，22个社区，415个自然村。总人口458920人。

旅游资源有鹳雀楼、普救寺、五老峰、唐开元大铁牛等。

农业 2017年，永济市农作物种植面积114.63万亩，全年粮食总产量4.22亿千克。造林面积6405亩。机械耕地面积81.54万亩，播种面积85.52万亩，收获面积84.15万亩；农机化经营总收入1.56亿元。召开全省农业标准化现场会，“两高一优”特色产业面积扩大，设施化、标准化程度提高。全年培训农民11万余人（次），新发展合作社73家、家庭农场20家，农业产业化企业销售收入达84.70亿元。实施凡谷归真、紫韵花海薰衣草种植园、河东葫芦文化艺术庄园、尧王洞天、中农乐有机冬枣基地、新意农业科技示范园等项目，加快农旅融合步伐；争取省级田园综合体试点资金3740万元。

工业 2017年，永济市14家企业纳入运城市“龙虎榜”培育企业；先后孵化晋诚机电等优势企业60余个。西沙金属铝深加工等一批项目建成投产。申报设立永济经济技术开发区，成立铝加工、机电装备制造协会和技术创新战略联盟。签约项目19个，到位资金33.60亿元，工业发展后劲增强。全部工业增加值50.03亿元，规模以上工业企业中，五大支柱行业增加值26亿元。

城乡建设 2017年，永济大西高铁引道、赵杏高速立交桥等重大基础设施项目动工实施。农村清垃圾、清违建、治乱、治污水、治农业面源污染，基础设施完善，公共服务提升。推进荒山绿化、通道绿化、村镇绿化等造林工程，建成一批产业示范村。建成区内新增绿化面积10万平方米。

文化旅游 2017年，永济市对外营业旅游景点9家，共接待游客976万人（次），旅游总收入83亿元。完成国有景区改制，组建鹳雀楼旅游集团。实施神潭大峡谷三期、五老峰高空玻璃吊桥等一批重点项目，完成卿头横桥、栖岩寺塔群等保护修缮及蒲州故城西城墙抢险加固等工程。开展景区环境整治和标准化建设。成功举办五老峰登山节等系列活动。《中国影像方志·永济篇》《人说山西好风光》第二季电视竞演等节目成功播出。农家书屋全覆盖265个行政村；“三馆一站”免费开放，图书馆藏书7.33万册，电子图书10万册，全年举办读者活动41次，“舜都讲坛”11期。发行《永济报》95期，85.50万份。

民生事业 2017年，永济市各类保险人数参保468787人。其中，城镇职工基本养老保险参保46451人；城乡居民社会养老保险参保237543人；失业保险参保33986人；城镇基本医疗保险参保51678人；工伤保险参保64500人；生育保险参保34629人。全市确定城市低保18061户44145人，农村低保19740户48564人。城乡贫困对象大病医疗救助人数1322人，全市符合条件并纳入“五保”人员1206人。

凡谷归真农业 2017年，永济市山西凡谷归真农业科技有限公司打造低碳型、可持续型、可追溯型的“凡谷农业中国好番茄”品牌，带动周边区域蔬菜种植基地产业升级及智慧转型，实现一体化综合服务。园区种植参照全球良好农业操作规范（简称“GAP”）进行，生产过程采用番茄标准化种植方案，生产步骤标准化，产品包装二维码可追溯生产过程化。凡谷现代农业示范园区项目规划为“三区、二心、一平台”，即高效安全生产区、集约化育苗区、生态观光体验区、科技集成展示中心、产品检测检验中心及冷链物流仓储平台。至2017年末，现代农业示范园区项目一期工程完成投资8000万元，建成“育苗区”暖棚2个、“科技集成展示区”暖棚2个、“高效安全生产区”冷棚300亩，日光温室棚4个，水肥一体化车间、分拣棚、冷藏库等工程及设备安装到位并投入使用；园区硬化道路1.8千米、绿化苗木7万余株。 （薛越茜）

【河津市】 河津市位于运城市西部，总面积593平方千米，下辖2镇5乡，2个街道办事处，148个行政村。总人口为41.17万人。

旅游资源有薛仁贵故里、天险龙门、玉泉寺、台头庙等。

农业 2017年，河津市粮食总产量1.90亿千克，干鲜果经济林达7.80万亩，全市农产品加工企业完成销售收入13亿元。开展“七道七治”，整治道路173千米、河道73千米，拆除违建3万平方米，绘制文化墙5.50万平方米，天然气入户32个村，改厕38个村，农村人居环境改善。瓜峪水库封顶，汾河干流阳村段整治如期完工。张清线改造、闻苍路上市段改造、井井通电等农村民生工程建成投用。

产业建设 2017年，河津市成功获批省级经济技术开发区。阳光集团、中铝山西新材料、宏达集团等6家企业跨入“虎榜”，培育“小升规”企业8户，新增企业1092家、个体工商户4067户。制定招商地图，开展精准招商，签约项目14个、总金额134.90亿元。发展腾茂科技、安仑化工等一批新兴企业，龙门灰陶琉璃园初具规模，在山西省率先设立“一带一路”办公室和区域经济合作办公室，与哈萨克斯坦埃基巴斯图兹市、黑山共和国新海尔采格市缔结友好城市，设立河津驻德国、澳大利亚商务代表处，组织优秀企业家和拔尖人才赴香港、澳门、江苏等地学习交流，接待32个国家的国际友人到河津参观访问。

城乡建设 2017年，河津市编制城乡总体规划和专项规划，省级园林城市通过评估验收。推进老人民医院改造、10千伏延平线、8个棚户区改造等工程，一年完成城市集中供热工程。开展城市环境集中整治，整修街道26千米，高标准亮化13条主干街路、80家沿街楼体、10余处地标建筑，确定城市形象标识；开展“七道七治”农村集中整治，打造美丽宜居示范村11个。

环境建设 2017年，河津市开展环保专项整治，完成焦化、电力、洗煤、高钙灰等行业提标改造，取缔“散乱污”企业153家，通过中央、省委环保督察。财政出资600万元，购置抑尘车、无人机等现代装备，治污控污能力提升。通道绿化提档升级30千米，绿化村庄60个、企业30个，造林1.50万亩。

文化事业 2017年，河津市文化馆、图书馆免费开放；戏曲下乡完成190场；农村公益电影放映1776场，寄宿制学校放映162场；为148个行政村配送图书23236册。成功申报第五批省级非物质文化遗产代表性项目4项，分别是：传统音乐“河津小曲”、传统技艺“灰陶制作技艺”、传统美术“河东戏剧脸谱”、传统美术“河津吕氏砖雕”。编印《河津干板腔作品选集》。推介剪纸、琉璃等非遗项目参加“创意运城”文创产品设计大赛。

民生事业 2017年，河津市脱贫240户807人。引进优质教育资源，与山西师大、山大附中签订战略合作协议，开展教师跟岗培训等帮扶工作。投资3.20亿元，实施实验小学、第五小学、第四初中新建、河津中学扩建、“全面改薄”扫尾等重点工程。全市高考二本达线总人数1518人，达线率连续四年稳步提升，达到36.94%，同比增长5.04%；中考各项指标稳中有进；小学阶段和学前教育教学质量明显提升。成立河津市医疗集团，市人民医院与省人民医院合作，区域医疗中心初具规模。开展医疗卫生体制改革，推进十二冶医院与省中医院合作，投资7700万元新建市中医院。国家基本药物制度全覆盖，全市所有公立医疗机构药品采购实施“两票制”，基层医疗机构共购进药物1570万元，财政补助资金376万元；市直4家公立医疗机构共销售药品2910万元，财政补助资金262万元。

（张丽华 柴 欣）

忻州市

【概况】 忻州市位于北纬38°09′–39°40′，东经111°09′–113°58′，总面积2.52万平方千米，下辖1区12县，1个县级市，2个省级开发区，1个五台山国家风景名胜区管委会，191个乡镇(办事处)、4888个行政村。总人口316.70万人。

2017年，忻州市地区生产总值完成874.50亿元，同比增长6.70%。工业增加值677.50亿元，同比增长32.80%；固定资产投资449.90亿元，同比增长6.50%；社会消费品零售总额361.50亿元，同比增长7%；公共财政预算收入73.30亿元，同比增长5.80%；外贸进出口总额20598万美元，同比增长12.90%。城镇居民人均可支配收入达26536元，同比增长6.20%；农村常住居民人均可支配收入达7588元，同比增长8%。城镇新增就业3.80万人，登记失业率3.70%；全年居民消费价格涨幅达0.90%。

农业 2017年，忻州市调整农业种植结构，发展现代农业，发展有机旱作农业，规划建设红芸豆、藜麦等国字号品牌生产、加工、交易基地，组建特色农副产品生产、加工、销售、技术联盟，6个县区列入省级粮改饲试点县，启动100个特色农业产业园区建设，新增71个产品申报"三品"认证，发展"三品"产地面积38万亩、"三品"规模养殖8万头(只)，全年新认证"三品"农产品217个，超任务近4倍；粮食总产量达18.30千克。

以建设"中国杂粮之都"产业融合示范区为契机，强化特色产业基地、科技创新、品牌培育、人才建设，狠抓物流集散、市场开拓、电商营销等重点工作，构建现代农业产业体系、生产体系、经营体系。发展杂粮、中药材等特色产业，推进城郊农业、休闲农业、"互联网+"等新业态，实施有机旱作农业八大工程，全省有机旱作农业现场推进会在忻州召开。

转型综改 2017年，忻州市战略性新兴产业工业增加值增长6.70%，高技术产业增加值增长20.40%。化解煤炭过剩产能，完成3座矿井关闭任务，退出产能150万吨；3座矿井纳入"僵尸企业"；推动22座煤矿近2000万吨产能进行置换；地方煤矿销售产值增长44.54%。出台鼓励农民工和农民进城购买新建商品房奖励政策，打通商品房、保障房和安置房转换通道，房地产市场运行平稳；推进"忻材忻用、忻用忻材"。加强政银企对接，全年信贷投放24.32亿元；提升"助保贷""过桥资金"水平，企业应急周转资金累计支持43.93亿元。取消、停征、降低45项涉企收费，全市共减免税费14亿元，33户直供电企业节省电费0.70亿元，城区非居民用管道天然气价格降低0.12元/立方米。

推进新能源基地建设，装机300万千瓦风电项目列入晋北风电基地规划，完成22个项目立项，当年开工、投产光伏发电项目19.39万千瓦；新能源建成装机近500万千瓦，形成以风电为龙头、以光伏为基础、以水电为骨干和生物质能、垃圾、燃气发电并存的新格局。

国家法兰锻件产品质量监督检验中心建成，山西省杂粮产品质量检验中心批准筹建，山西天宝、同德化工成为工信部企业科技创新品牌培育试点企业，山西省大型铸锻件工程技术研究中心、忻州市漫游世纪科技孵化器等4家创新主体成为忻州市首批省级科技创新平台；3户省首批创新板挂牌企业在山西股权交易中心挂牌，新认定高新技术企业5户、省级企业技术中心1户、省级中小企业技术中心5户、市级企业技术中心12户，全市众创空间增长1.50倍。

重点体制改革 2017年，忻州市规划建设1个国家级开发区、7个省级经济技术开发区、2个生态文化旅游开发区、4个现代农业产业开发区，开发区规划体系建立。全市入区企业数量、经营(销售)收入、投资强度、当年实际利用省外直接投资、研究与试验发展经费五项转型升级指标均超额完成省考核任务；组建市国有资产经营公司，云河集团转型脱困进展顺利，市押运护卫中心和保安公司改革实施重组，云母厂改制启动，市铁合金厂、锻压机床厂与田森集团混改加快推进，完成"三供一业"分离移交年度任务，推进忻通公司、原平汽修厂厂办大集体改革，全市正常生产经营的50户国有企业全部完成公司制改制；工商登记实现"十七证合一"，开展审批事项改革，企业登记全程电子化，"双随机、一公开"监管实现全覆盖，信用体系加快构建，市场主体增长17.60%。落实农村产权制度改革、投融资体制改革、综合行政执法体制改革。

脱贫攻坚 2017年，忻州市委出台《忻州市脱贫攻坚统揽全局实施方案》，市四套班子、市直34个系统442个单位、14个县(市、区)出台脱贫攻坚具体工作举措；出台加快整村搬迁的《实施意见》，三年整村搬迁797个村，2017年实施432个村，销号216个村，促进脱贫攻坚和乡村治理的互促共赢。实施"9+9"产业扶贫工程，建立产业开发利益联结机制，产业扶贫覆盖1619个贫困村，开展生态、金融、光伏、健康、旅游、民政等专项扶贫。出台《忻州市脱贫攻坚责任制实施办法》，坚持县委书记脱贫攻坚专题述职测评制度，市县两级财政脱贫攻坚专项资金投入实现"双增长"。组织扶贫工作队、专职副乡(镇)长、第一书记、"两代表一委员"等"八路大军"挺进一线，3.10万名"两代表一委员"结对帮扶7.90万户，实施项目2710个，在岢岚县召开全省"践行习总书记视察山西重要讲话精神抓党建促脱贫攻坚暨深度贫困村整体搬迁"现场推进会。对扶贫工作不到位的县委书记约谈13人(次)，撤换处分乡镇党委书记、乡镇长等乡科级干部22名。

2017年，忻州市贫困村出列638个，贫困人口脱贫13.16万人，分别占省下达任务的106.70%和113.40%。开展"对标回头看，大干一百天"专项行动和"冬季攻坚行动"，市县两级财政预算安排脱贫攻坚专项资金同比增长187.15%；解决旧村处置、新村配套、利益衔接等问题。推进1619个贫困村脱贫产业实现全覆盖，引导838个村与龙头企业建立结对帮扶机制，1374个村成立合作经济组织。89个村级光伏电站全部并网发电；培训建档立卡贫困劳动力17200人，打造"忻州月嫂""五台瓦工""繁峙绣娘""静乐裁缝""保德好司机""代县古建匠人"等地域劳务品牌；加快补上水、电、路、网等基础设施短板，提升学校、卫生室、文化站等公共服务，改善村容村貌。769处农村饮水安全巩固提升工程完工，升级一批农村电网，农村公路建设投资10亿元以上，贫困村危房改造和危险土窑洞改造竣工；"五位一体"金融扶贫小额信贷达到17亿元，82万亩造林任务均由扶贫造林合作社承担，吸纳贫困人口近万人；健康扶贫"双签约"实现全覆盖，农村建档立卡贫困人口全部纳入医疗救助范围，因病致贫、因病返贫问题得到破解，实现扶贫线与低保线"两线合一"。

基础设施建设 2017年，忻州市大西高铁原平西站与韩原线连接线铺轨，忻州至雄安高铁线路列入雄安新区高铁规划，神岢高速公路基本完工，推进五台山机场连接线建设，机场航站楼改造收尾。忻州城区44条新建改造道路通车，"创园"成果提升，体育公园开园。新增集中供热面积286万平方米。全市棚户区改造超额完成年度任务。

环境建设 2017年，忻州市创建国家卫生城市和省级文明城市。市政基础设施投资37.47亿元。推进九龙岗森林公园、云中河景区二期，"一河一湖两山三组团"生态康养园区规划建设。静乐县创建国家园林县城，五寨县、繁峙县创建省园林县城。特色建筑风貌整治100个村，实施农户庭院美化、农村街巷整治、村庄净化绿化"三大工程"。推动各县区开展"八道四治四建"专项行动。实施河道治理河长制，执行"双主任"制度，无劣V类水体，水质优良断面比例92.86%；营造林82.24万亩；万元生产总值能耗下降3.81%，全市环境空气质量综合指数向好。

旅游业 2017年，忻州市财政注资1.50亿元设立文旅产业投资基金；忻州古城同袁家村、雁门关景区同银泰、老牛湾景区同普惠金融公司完成

2017年忻州市辖县(市、区)经济指标统计表

县 市	地区生产总值(万元)	农林牧渔业总产值(万元)	固定资产投资(万元)	社会消费品零售总额(万元)	一般公共预算收入(万元)	一般公共预算支出(万元)	人均可支配收入(元)	
							城镇居民	农村居民
忻府区	1383021	164015	539111	1101377	46239	207051	28453	9646
定襄县	440371	73491	253990	230005	17891	130873	28421	12075
五台县	498315	92996	307959	223153	24211	208227	25159	6238
代县	671171	56343	207750	141380	32635	36749	25295	5557
繁峙县	666766	96113	402659	194523	23929	184966	28211	7523
宁武县	585459	39299	376037	123877	60840	181233	23146	5371
静乐县	387223	70301	299024	104784	15892	156785	22108	6545
神池县	225704	143853	176479	96624	14334	120411	22241	7291
五寨县	220537	79677	181364	93991	20225	120525	22774	7152
岢岚县	244122	73763	229244	94234	12866	135588	25496	6476
河曲县	964391	64667	472041	167626	55015	153799	25804	6531
保德县	860311	62258	350780	190603	58632	159156	27542	6906
偏关县	281397	74167	50361	94432	12051	121195	21065	6506
原平市	1412738	240405	642564	719545	81042	307083	29106	10079

合资合作，五台山景区与银泰投资公司进行合作。市和重点县组建旅发委，五台山景区成立旅游警察大队和旅游工商分局，34个景区体制机制改革任务完成，加快编制全域旅游发展规划。K601/K602号列车冠名为“五台山号”。五台山景区通过中央文明委复查并保留“全国文明单位”称号，雁门关景区升格国家AAAAA级景区并获“2017中国十大最受欢迎旅游目的地”，宁武芦芽山景区获“国内十佳旅游目的地”称号，偏关老牛湾村入选“2017中国最美村镇50强”。开展忻州古城保护改造工程，云中河景区房车营地开工，打造“心灵之舟”旅游品牌。全市旅游总收入同比增长24.65%，突破400亿元。

项目建设 2017年，忻州市工业企业开工率提高到85%，规模以上工业企业实现利税比上年翻一番，28户企业 “小升规”，12户企业认定为省级“专精特新”企业。96项省市重点工程全部开复工，新开工重大产业项目109个，总投资445.91亿元，完成投资占固定资产投资的30%以上。储备项目1209个，总投资17664亿元，完成任务的133.80%；签约项目224个，总投资142768亿元，完成任务的189%；新签约项目开工103个，到位资金461.56亿元，完成任务的166%；实行重大项目领导包联责任制，入企服务常态化，帮助企业落实土地、电、水、气、热、网等要素。投运五寨500千伏超高压输电线路。处理保德中部引黄、五台山机场高速连接线相关问题，争取中央、省级资金增长77%，17个PPP项目纳入全省推介目录。

2017年，忻州市争取试点示范政策支持，打出转型综改系列政策“组合拳”。原平市成为国家首批采煤沉陷区治理搬迁工作试点，五寨县创建国家首批农村产业融合发展示范园，定襄县成为国家级法兰锻造产品技术性贸易措施研究评议基地、国家级绿色锻造产业示范基地；56个传统产业项目列入全省工业转型升级重点项目库，完成投资31.76亿元；金宇科林高岭土产能扩张到20万吨，德奥公司由电梯延伸到立体车库，昌茂石油建成汽运服务产业链，忻州浪潮云计算大数据中心开工，蓝宝石、5G芯片等高技术产业项目落地。全市服务业增加值增长7.50%。

社会保障 2017年，忻州市转移农村劳动力3.95万人；就业困难人员就业4545人，573名下岗失业退役士兵(士官)实现就业，7532名“4050”人员、零就业家庭、就业困难高校毕业生通过公益性岗位就业。提高退休人员养老金标准，落实最低工资标准。公益性岗位人员工资、在职企业军转干部和退休企业军转干部生活困难补贴标准提高。城镇职工、城乡居民养老保险扩面提标，机关事业单位养老保险纳入新制度运行；城乡居民基本医疗保险制度整合，财政补助提高30元，在北京、上海、海南等地实现跨省异地就医直接结算；农村低保标准年人均提高252元，完善医疗救助和临时救助帮扶制度，落实特困人员救助供养政策，高龄老人补贴、失能老人补贴、困难残疾人生活补贴、重度残疾人护理补贴按标准发放，60个农村老年人日间照料中心投入运营。创建14个全国减灾示范社区、75个省级综改。

民生事业 2017年，忻州市兑现各项惠民利民政策，民生投入占到公共预算支出的80%以上，同比增长17.40%。开展“教育振兴年”行动，启动文旅学院筹备、技工学院建设，推动城区新建十四中、雁门小学、和平小学、龙岗小学等，忻府区等6个县(区)义务教育均衡发展通过国家认定。居民基本公共卫生服务人均财政补助标准提高到50元，公立医院药品实现零差率销售，14个县(市、区)医疗集团挂牌。全市各市县10个乡村开展省级健康城市、健康村建设试点。文化部恭王府博物馆驻山西忻州(静乐)传统工艺工作站成立，忻州文化遗产精品展示月活动在京举办，代县雁绣等7个项目入选第五批省级非遗保护名录。忻州市国民体质监测中心启用。 (赵 芳)

【忻州市忻府区】 忻府区位于忻州市中部，总面积1986.53平方千米，下辖11乡6镇，3个街道办事处，村民委员会394个，城市社区居委会33个。总人口562131人。其中，农村人口214858人，城镇人口347273人。

旅游资源有秀容古城、秀容书院、元好问墓、貂蝉墓、禹王洞等。

农业 2017年，忻州市忻府区调整种植结构，减少玉米播种面积10万亩，扩大特色种植，其中辣椒增加5.08万亩，达到10.06万亩；杂粮增加1万亩，达到5.40万亩；红薯增加3000亩达到1.50万亩；瓜类增加2000亩达到1.40万亩；中草药增加1800亩达到3000亩；甜糯玉米增加3000亩达到2.10万亩。强化农业产业园区示范效应，高城辣椒加工销售园区投产运行，带动全区辣椒产业实现产值2.50亿元，山西卫视和央视财经频道等媒体进行专题报道。金山出口香瓜园区获得出境水果果园注册登记证书，产品销往海外。

转型综改 2017年，忻州市忻府区推进煤化工、装备制造、新型材料、生物医药等重点领域科技创新。晨辉、金宇、四方、九瑞等一批科技型企业新上项目相继投产运行。推进50个产业项目。其中，8个续建项目复工；1个建成投产；11个开工建设；4个开展前期工作；11个拟落地项目签订战略合作框架协议；15个项目洽谈对接。2个国家级、3个省级、20个市级技术中心建成，金宇科林科技有限公司开展国家级技术中心创建工作。禹王焦化投资近1亿元进行大气污染治理，开展生产技术环保改造。推进区属国有企业转型，陶瓷厂、化机厂转型案例在全市推广。

城乡建设 2017年，忻州市忻府区服务基础设施建设，完成城区44条道路建设的征迁补偿、协调保障任务，完成城区新建道路、红线外整治任务。推进忻县古城保护开发，秀容书院上、中、下院修缮工程全部完工。投资近1.20亿元，开展城乡环境“九道四治四建”专项行动和“六道四治四建”专项整治行动，完成6个村农村特色风貌整治任务。

环境建设 2017年，忻州市忻府区强化大气污染综合治理，划设150平方千米高污染燃料禁燃区。覆盖城区周边8个乡镇办45个村21个社区居委会，并在禁燃区划定三个总面积12平方千米禁煤片区。在一般禁燃区内，推进劣质煤置换和散煤综合治理，累计为27380户置换散煤57632吨。加强燃煤锅炉治理，组织拆除20蒸吨以下燃煤锅炉162台。实施秸秆综合利用，累计利用秸秆52万亩。加大综合治理力度，开展秸秆禁燃行动。开展扬尘污染治理，规范建筑工地管理，实施农田冬浇，抑制扬尘污染。整治城区1828家餐饮饭店、机关食堂，更换安装高效油烟净化器和油水分离器1637个。开展造林绿化，完成三北防护林荒山造林3000亩，环京津冀生态屏障区建设项目造林2000亩，新一轮退耕还林工程造林10000亩，三北护林封山育林4000亩，未成林造林地管护31500亩。投入绿化整治专项资金1818.90万元，完成忻保、大运、忻阜、忻禹、城晏、旧京原线六条通道及牧马河沿岸绿化整治提升工作，栽植各类树种23.70万株。

脱贫攻坚 2017年，忻州市忻府区实现贫困人口退出2640户5580人，贫困村退出35个。产业扶贫成效显现，全区118个贫困村实现“五有”全覆盖，贫困村全部有主导产业、带动企业、合作社。带动贫困户6247户，贫困人口13796人，实现户均新增产业收入3000元。加强金融扶贫，区财政注入风险补偿金1370万元，政府贴息154.43万元，带动1734户收入260.10万元，户均1500元。加速移民工程建设，推进怡居苑第10期项目共10栋1440套建设，怡居苑第9期项目共9栋904套具备入住条件。推进整村搬迁，20个村实现销号，24个村完成拆除腾退，21个村完成全部土地复垦。

民生事业 2017年，忻州市忻府区推进义务教育均衡发展，全区113所学校和58个教学点通过国家义务教育基本均衡验收。实施城乡一体化医疗改革，启动公立医院药品分类采购，建立家庭医生签约服务制度，重点人群签约10.11万人，签约率68%；普通人群签约30.14万人，签约率54%。实施健康扶贫工程，九种大病集中救治覆盖率100%，救治100%。社会保障覆盖，保障水平逐年提高，农村低保标准由原来的3026元/人/年，提高252元，达到3278元/人/年。为农村低保对象20009户30464人发放低保金8587.80万元，为城市低保对象5626户12140人发放低保金4465.90万元。（巩福荣）

【定襄县】 定襄县位于忻州市东南部，总面积865平方千米，下辖3镇6乡，155个行政村。

旅游资源有北社洪福寺、薄一波故居、阎锡山故居、西河头地道战遗址、凤凰山景区等。年内成功创建省中小微企业创业创新基地示范县。

农业 2017年，定襄县调减玉米种植面积5万亩，扩大以辣椒、甜瓜、蔬菜等为主的5类经济作物种植面积。推进农业现代化、规模化发展，设施农业突破1万亩，各类规模经营主体达到325户，农业机械化总动力达10.20万千瓦，全县农作物耕种收综合机械化水平达83.50%。全县实施农业科技推广项目15项30余万亩，新技术覆盖率达95%以上，农业科技贡献率达57.50%。农产品加工业新增玉米烘干贮藏企业6个，新建大小杂粮加工企业3个。畜禽养殖规模化比重达82.30%，生猪、羊、鸡最大规模分别达10000头、4000只、25000只。

工业 2017年，定襄县推进法兰锻造产业发展，天宝集团成为工信部企业科技创新品牌培育试点企业。天宝、双环、中标、金瑞等法兰集团延伸风机、塔筒等产业链条，实现由零部件向整机产品生产突破。管家营、天宝、冠力等6个企业产品获得“山西省名牌产品”称号，金瑞、众立等5户企业分别参与国家、行业技术标准制定。举办中国锻压协会秘书长会议和全国大锻件学术会议暨定襄县法兰锻造产业高峰论坛，打造国家级出口法兰锻件产品质量安全示范区、国家级出口法兰锻造产品技术性贸易措施研究评议基地、国家绿色锻造基地等3个“国字号”品牌。

第三产业 2017年，定襄县构建全域旅游发展新格局。推进景区体制改革，组建阎家大院文化旅游发展有限公司；开展全县旅游市场秩序综合治理专项行动；举办乡村旅游节和甜瓜节，“襄瓜”品牌影响力扩大；助力忻州市申办山西省旅游发展大会主办权活动。全年接待游客145.90万人（次），同比增长8.60%；旅游总收入达到22.15亿元，同比增长23.53%。文化旅游商贸物流一体化发展起步成型，永旺物流园区成为全国重要物流节点，园内保税仓库和出口监管仓库落成投用，填补忻州周边市场空白。五台山机场新开通深圳、厦门、南京等8个城市的定期航班，通航城市累计达到16个。全年旅客吞吐量突破26万人（次），同比增长134%；起降3824架次，同比增长121%。

转型综改 2017年，定襄县6个省市重点项目全部开工建设，其中5个省重点项目总投资36.96亿元，完成投资7.73亿元，占年度计划投资的134%；1个市重点项目总投资3.60亿元，完成投资3.15亿元，占年度计划投资的105%。对外贸易逐步复苏，出口增速明显回升，完成出口总额10.70亿元，增长18.40%。推进开发区改革和创新发展，成立定襄经济技术园区（开发区）管委会和定襄县招商服务中心，确立法兰智能制造产业园、空港C2M定制工贸园和永旺保税物流园“一区三园”多元化产业格局，总规划面积19.24平方千米。创建省级开发区可研报告通过省商务厅初审。举办“迎老乡回故乡建家乡”新春恳谈会、中国（定襄）·马拉维文化经济交流活动、永旺物流专项招商引资会等专题活动，组织赴广东珠海、雄安新区、河北文安、贵州贵定、天津等地进行招商推介活动，30个项目成功签约，总投资97.40亿元。在天津设立招商联络处，与天津市铸锻行业协会达成委托招商战略合作。推进县乡医疗机构一体化改革，县人民医院医疗集团挂牌成立。

城乡建设 2017年，定襄县开展“铁腕治污”“秋冬季大气污染防治攻坚行动”等专项行动，实施锻造企业提质改造、城区大气污染治理等九大工程，开展“煤改气、集中供热、河道治理”三大攻坚战，取缔燃煤加热炉969台，全县324户锻造企业全部使用清洁能源加热。天然气管线建成通气169千米，实现锻造企业燃气管网全覆盖。建成区10蒸吨以下燃煤锅炉淘汰任务完成。全年优良天数达277天，同比增长12天。落实“河长制”，开展牧马河综合治理工作，陈家营断面水质稳定达到Ⅲ类标准。中央、省环保督察组交办的群众反映的51件突出问题全部按要求整改落实、办结销号。 （薄振宇）

【五台县】 五台县位于忻州市东部，总面积2865平方千米，下辖6镇24乡，573个行政村。

旅游资源有五台山佛寺建筑群、抗战文化遗址南茹村、徐向前元帅故居、驼梁景区、滴水崖景区等。2017年，五台县获“全国电子商务进农村综合示范县”称号。

农业 2017年，五台县推进现代农业产业园区建设。以阳白现代农业循环园区为依托，整合东雷农业科技示范园区和五台县工业园区，设立规划面积21.70平方千米的五台现代农业产业园区。扶持金道物流有限公司成为全县农副产品仓储物流加工销售龙头企业，收储农副产品800万千克，销售425万千克，销售收入2100万元。扶持科丰农牧业开发有限公司成为全县脱毒马铃薯产业龙头企业，建成原原种繁育基地30亩，生产微型薯360万粒，带动全县发展脱毒马铃薯7万亩。扶持五台山酿酒厂成为阳白现代农业循环园区龙头企业，实现销售收入3000万元。扶持山西五台山沙棘制品有限公司成为新型产业龙头企业，实现销售收入2218.70万元。扶持城园丰农机制造有限公司成为农机制造龙头企业，实现销售收入2250.20万元。

第三产业 2017年，五台县推进旅游景区（景点）体制机制改革，成立徐向前元帅故居和纪念馆管委会筹备处。张老沟生态旅游项目总体规划完成评审。驼梁旅游公路完成投资1860万元，推动驼梁景区创建A级景区、滴水崖旅游度假村创建省级旅游度假村。接待游客29.90万人（次），增长26.27%。实现旅游综合收入9.80亿元，增长23.59%。

环境建设 2017年，五台县开展大气、水、土壤污染防治三大战役。落实“河长制”。日处理1300吨的扶贫新区污水处理厂主体完工。城区空气质量一级天数达163天，二级天数184天。唐家湾水库公园主体工程完工。完成农村建筑特色风貌整治148户。安装新城区至扶贫新区太阳能路灯360套。开展农村环境集中整治，完成棚户区住房改造70套，农村危房改造274户。

项目建设 2017年，五台县参加各类招商活动，签约项目46.90亿元，完成率134%。扶持德奥电梯有限公司成为全县装备制造龙头企业，二期年产5万个立体车库项目投产，实现销售收入11148.90万元。

脱贫攻坚 2017年，五台县52个贫困村退出、11612口贫困人口脱贫，贫困发生率降为10.88%。推进6个易地扶贫搬迁安置点建设工程，整村搬迁15个村全部完成搬迁。投入产业扶贫资金3591.40万元，8638名贫困人口参与产业脱贫。批复村级光伏扶贫电站208座、40.70兆瓦。建成1600平方米的电子商务产业园，发展体验店136个。培训贫困人口2336人，输出贫困劳动力5511人，占全县有劳动能力贫困人口32%。组建脱贫攻坚造林专业合作社43个，吸纳贫困劳动力680人，实施造林工程4.80万亩，带动贫困人口就业。推进金融扶贫，注入银行风险补偿金1600万元，发放“富民贷”“强农贷”1.19亿元，受益贫困户2370户。完成52个脱贫村卫生室基础设施建设，改造农村饮水设施、脱贫村通村公路、农村危房。统筹整合财政专项资金2.37亿元用于贫困村和贫困户。县财政投入1000万元“三农”奖补资金，支持产业脱贫工作。

社会保障 2017年，五台县落实从学前到大学贫困学生资助政策，受助学生7572人。落实“136”医疗兜底保障政策，享受政策8846人（次）。县财政投入253万元为全县所有贫困人口办理大病医疗保险和意外伤害保险。农村低保标准提高到3278元，实现低保标准与扶贫标准“两线合一”，为各类困难人群发放补助补贴5140.37万元。为2177名贫困残疾人发放生活补贴137.63万元，为1946名重度残疾人发放护理补贴116.76万元。

民生事业 2017年，五台县推进义务教育“改薄”工程，创建全国义务教育基本均衡县。高考二本以上达线937人。为111个村配套文化娱乐器材111套，为100个贫困村维修更换户外体育健身设施。送戏下乡112场，送电影下乡7308场。城镇登记失业率控制在3.98%。培训贫困人口2336人。擦亮“五台泥瓦匠”品牌，全年输出劳动力37531人，其中贫困劳动力5511人。推行县乡医疗卫生机构一体化改革，组建五台县医疗集团，建立医疗联合体。家庭医生服务签约人数达到17万人。完善农村“三留守”关爱保护机制，建成农村老年人日间照料中心3个。 （赵世靓）

【代县】 代县位于忻州市东北部，总面积1729平方千米，下辖6镇5乡，377个行政村，1个居民办事处，8个社区居民委员会。总人口220985人。其中，农村人口121015人；城镇人口99970人。男性11.46万人。

旅游资源有雁门关景区、代州古城建筑群、白仁岩、赵杲观等。代县年内获“国家卫生城市”称号。

农业 2017年，代县粮食总产量8329.40万千克。农作物种植面积24853.40公顷。特色种植面积6670公顷，新增规模龙头企业2个，新注册农民专业合作社74个，审核登记家庭农场139个，规模农产品加工企业销售收入4.90亿元，富硒农产品科技项目增收1474万元。粮食企业完成改制重组。新增市场主体1448个。

招商引资 2017年，代县实施万达苗木、方盛酒业、村级光伏电站等一批重点工程项目。完成招商项目21个，总投资132.30亿元。其中，结转项目11个，总投资44.50亿元；新增项目10个，总投资87.80亿元。

产业转型 2017年，代县第三产业份额占地区生产总值比重达34.50%。雁门关景区创建国家AAAAA级景区，获“2017中国十大最受欢迎旅游目的地”称号；举办雁门关国际骑游大会和“人说山西好风光”第二季初赛电视竞演等系列活动。景区景点累计接待游客211万人(次)，门票收入突破2900万元，旅游综合收入达31.60亿元，同比增长23.50%。传统铁矿产业提档升级，程林铁矿等20户企业进行技改备案。新能源产业实现增长，全宝通40兆瓦地面集中光伏电站建成并网发电。发展电商平台和物流业建成“乐村淘”农村体验店46个、供销e家32个、京东体验店43个，快递企业达到14家。

城乡建设 2017年，代县完成炭市街道路改造工程。实施52个村安全饮水巩固提升工程，改造贫困村通村公路58.40千米，完成高苏线改造14.20千米，改造危房330户、土窑洞150户，完成95个村卫生室标准化改造。6个村实施农村建筑特色风貌整治工程。整治河道120千米，整治各类道路357千米，拆除违建177处，清运垃圾2.80万吨。县城新增集中供暖面积49.20万平方米，完成清洁能源替代工程5635户。

环境建设 2017年，代县实施退耕还林1.50万亩，完成造林2.20万亩，国土绿化面积增加；开展矿山生态环境保护与恢复治理工作；开展环境治理攻坚，关停违法企业153家，取缔“散乱污”企业42家，拆除建成区燃煤锅炉107台、涉铁企业锅炉21台；开展“铁腕治污”行动，打击各类环境违法行为，查处违法案件87件；中央、省环保督查交办群众反映问题全部办结。全县水质监测稳定达标，空气质量二级以上天数302天，PM2.5浓度同比下降9.50%，各项约束性指标实现预期目标。栽植树木5万余株。完善乡村清扫保洁和垃圾收运处置体系，全县配备村庄保洁员688名、保洁车779辆，在新高等乡镇建成垃圾中转站4个。

脱贫攻坚 2017年，代县退出贫困村61个，减少贫困人口14706人；易地搬迁两年任务一年完成，搬迁2995人，拆除49个村，销号16个村；统筹整合财政资金21571.40万元，县财政投入扶贫资金1590万元，实现总量和增幅“双增长”。全县符合“五有”标准的贫困村196个，309个村实现集体经营性收入破零。各项扶贫政策到村到户到人，建档立卡贫困户全部纳入医疗救助范围，贫困家庭学生救助率达100%。培训建档立卡贫困劳动力2260人，打造“代县古建匠人”等劳务品牌。开展“一村一品一主体”产业扶贫、林业生态扶贫、“五位一体”小额贷款金融扶贫。

民生事业 2017年，代县实施教育振兴计划，适龄幼儿入园率达95%；推动城乡教育均衡化发展；提升高中教育水平，高考二本B类以上达线182人，同比增加31人。落实基本公共卫生服务项目，实施县乡医疗卫生机构一体化改革，组建医疗集团。城镇新增就业3014人，转移农村劳动力2281人，城镇登记失业率控制在4.02%。提高城乡居民低保标准，全年发放低保金5441.60万元。五保供养1847人，孤儿救助131人，临时救助困难群众521人(次)。建成农村老年日间照料中心2个。 (高继东)

【繁峙县】 繁峙县位于忻州市东北部，总面积2368平方千米，下辖3镇10乡，1个居民办事处，402个行政村。总人口276480人，年内净增人口1181人。

旅游资源有明长城遗存韩庄长城敌台群、滹沱河源景区、平型关长城抗战遗址等。

农业 2017年，繁峙县重点建设10万亩优谷、10.40万亩精黍、3万亩马铃薯、2万亩富硒藜麦、15万亩中药材等13个特色种植基地。粮食总产量达8417.70万千克。全县牛、驴、羊、猪、鸡、兔分别发展到3.10万头、1.02万头、53.60万只、36.50万头、112万只、1.40万只。打造特色品牌，万锦肉牛育肥场成为晋北首家活牛供港、供澳企业。绿源亨通在山西股权交易中心培育板(企业创新板)挂牌。

重点改革 2017年，繁峙县申请创立省级经济技术开发区可行性研究报告通过全省专家评审。强化企业科技创新，紫金矿业节电生产获得工信部用电需求侧“A”级评价。发展装备制造园区、农业生物园区和文创物流园区。推进县乡医疗卫生机构一体化改革，实现“五统一”，医疗集团挂牌运行。深化农村产权制度改革。农村土地承包经营权确权登记颁证基本完成，推动不动产登记改革。

城乡建设 2017年，繁峙县投资3.81亿元，改善城市人居环境。完成砂河镇棚户区改造工程。启动兴城街、万里路等6条道路建设和维修工程。完善城市公共交通建设体系，开通环保公交车。开展“八道四治四建”专项行动，实施农村建筑风貌特色整治工程和农村垃圾治理工程，城中村环境卫生统一购买社会化保洁服务。

环境建设 2017年，繁峙县开展大气污染综合治理攻坚行动，县城建成区10蒸吨/小时及以下燃煤锅炉全部“清零”。滹沱河源头断面和青羊河源头断面水质稳定达到省下达标准。开展土壤污染调查，有效控制农业面源污染，强化畜禽养殖污染防治。绿化造林6.20万亩，全市造林绿化现场推进会在繁峙县召开。推进滹沱河源头、赵庄河流域综合治理、平型关景区矿区生态治理等生态修复项目。推行河长制，县乡村河长实现全覆盖。

项目建设 2017年，繁峙县157个重点项目完成投资35.07亿元，同

比增长 6.80%。3 户企业"小升规"。汉和中兴年产 2 万吨机床项目投产运行。实施现代农业项目、文旅项目、新能源项目 85 个，占到产业类项目总数的 72.65%;投资额占到产业项目总投资的 26.50%。完成青岛奥博 1 兆瓦光伏生产基地项目、汉和中兴年产 2 万吨机床零部件项目建设任务。完成田源毛驴养殖项目、伯强农村特色风貌整治项目、瑞迪航空飞行营地项目、大营亨隆绿蔬加工项目建设。

文旅产业 2017 年，繁峙县实施文旅兴县战略，组建成立平型关景区管委会，成立国有控股繁峙县憨山文化旅游开发有限公司。推进"大智镜圆"景区工程建设。灵岩山文化旅游区总体规划通过专家论证。开展平型关长城修复和文化展示中心建设。推进繁峙县滹源通用机场项目，瑞迪航空飞行营地建设开创繁峙低空经济发展先河。

民生事业 2017 年，繁峙县民生投入 15.60 亿元，占全县公共财政支出 84.70%。全县国家义务教育基本均衡发展工作通过验收。高考二本 B 类以上达线 367 人，应届生达线 238 人。实施初中教育"强腰工程"，开展中学教育布局调整工作。加强教师队伍建设，补充 48 名特岗教师到农村教育一线，为砂河中学公开招聘 28 名研究生教师。提高卫生保障水平。实施县医院门急诊综合楼、中医院综合大楼、妇幼计生大楼等医疗基础设施工程。公立医疗机构基本药物制度普遍落实，乡镇卫生院基本药物使用率均达 90%以上。14.75 万人参加城乡居民养老保险。新农合参合率达 98%，受益 22.66 万人(次)。全县农村低保户 18317 户 18473 人，全县五保户 2022 名。"送戏下乡"492 场。农村公益电影放映 5047 场。举办"中兴铸业杯"2017 年中国·繁峙毽球公开赛和"首创奥莱奥跑中国"奥林匹克中心大众路跑全国系列赛——山西繁峙站比赛等国家级赛事。5738 户 15834 名贫困人口高质量脱贫，贫困发生率降到 10.10%。城镇新增就业 3172 人，转移农村劳动力 6526 人，年末城镇登记失业率 3.80%。 (冯占军)

【宁武县】 宁武县位于忻州市西部，总面积 1936.40 平方千米，下辖 4 镇 10 乡，464 个行政村，8 个居委会。

旅游资源有宁化古城、明长城遗址、宁武关城楼、万年冰洞、管涔山仙人洞、宁化万佛洞、情人谷景区、汾河源景区、悬空栈道等。

转型综改 2017 年，宁武县第三产业比重产值占全县生产总值比重 37%。10 个产业项目列入全市重点建设项目，投资总额达 74.16 亿元，累计入库 10 亿元。推进供给侧结构性改革，煤炭去产能 210 万吨，商品房去库存 351 套。推进国有企业改革，公交公司、供水公司、汾源水电站公司制改革完成。开展开发区建设，顺利完成机构组建、五规合一和总体规划编制工作，开发区改革创新实施方案完成审核。推进医疗卫生体制改革，组建成立县级医疗集团，基本完成村卫生室改革。东寨镇和高桥洼村列为健康城镇试点。农村土地承包经营权确权登记和颁证工作基本完成，土地经营权流转面积达 30087 亩。

脱贫攻坚 2017 年，宁武县提升脱贫攻坚保障能力，政府兜底 13146 人，引导就业 2581 人，教育资助 9888 人(次)，医疗报销 3981 人(次)，贫困户生活保障力度得到加强。产业基础夯实，资产性收益增多，达 1200 余万元。党建引领脱贫工作，落实"第一书记"抓脱贫工作，中央驻晋帮扶工作现场会在县境召开。全年出列贫困村 53 个，减贫 3429 户 7551 人。完成宁化村饮水工程建设，设置 25 个集中供水点，入户 11 家，基本解决群众饮水困难问题；落实村级垃圾处理工程规划；完成退耕还林 300 亩。

旅游业 2017 年，宁武县推进旅游体制改革，芦芽山列入世界自然遗产预备清单，芦芽山创建 AAAAA 景区申请文本上报国家旅游局待批。发掘宁化古城资源，开展宁化古城保护修复工程前期工作。

民生事业 2017 年，宁武县扩大优质教育资源，建成示范性高中，完成职业高中主体建设，义务教育均衡发展通过"国检"。提升普通高中教育质量，高考达线 129 人。增强医疗保障能力，家庭医生签约服务工作推进，重点人群签约服务率达到 88%。推进就业工作，城镇就业、农村劳动力转移就业、失业人员再就业等均超额完成任务。加快省级文明县城创建，通过市级验收。城市基础建设加强，新建和改造城市供水、供气、供热、雨水管网 10.50 千米，新增城区集中供热面积 1.50 万平方米。人民广场建设完工，社会福利中心投运，廉租房全部分配。推进绿色发展，完成营造林任务 4.82 万亩，小流域治理 6.45 万亩。开展宁武县农村建筑特色风貌整治工作。 (白瑞萍 王丽萍)

【静乐县】 静乐县位于忻州市西北部，总面积 2058 平方千米，下辖 4 镇 10 乡，381 个行政村。

旅游资源有显字佛崖、文峰塔等。2017 年，静乐县获"国家卫生县城"和"国家园林县城"称号。被中央文明办确定为 2018—2020 年创建周期全国文明城市提名城市，创建"静生长、乐生活"县域公用品牌。

转型改革 2017 年，静乐县完善农村土地所有权承包权经营权"三权分置"改革，乡镇流转服务组织实现全覆盖。落实 16 条河流"河长制"。开展诉讼制度、公安、司法行政等司法改革。监察体制改革完成，"纪法"衔接、"法法" 衔接机制初步建立，实现对全县所有行使公权力的公职人员监察全覆盖。探索"园区+产业+转型"的发展新模式，组建现代农业产业园区管理委员会。

项目建设 2017 年，静乐县开展招商引资活动，先后引进和上马国电、龙源、新疆晋商、合肥阳光、万国工坊服装加工、北控绿产光伏等项目，签约储备一批涵盖基础设施、现代农业、装备制造等项目。推广"333"农业产业发展模式，种植黑枸杞 1000 亩、沙棘经济林 3 万亩、藜麦 3 万亩、红辣椒 1 万亩，带动贫困群众脱贫增收致富。完成藜麦、黑枸杞生态原产地保护认证。忻静藜麦种植推广有限公司在山西股权交易中心挂牌上市，成为全市首家上市的农产品企业。培育健康养老、家政服务、物流配送、生态旅游等现代服务业，建成老年人日间照料中心31个，发展规模物流配送企业5家，接待游客60万人(次)，实现旅游综合收入8000余万元。

脱贫攻坚 2017年，静乐县实现贫困户帮扶全覆盖。开展“迎老乡、回故乡、建家乡”活动，引导静乐成功人士、大学生和在外务工人员回乡创办产业项目300多个，培育农民专业合作社105户、种养大户400余户，带动5700余名群众致富。突出产业扶贫，打造10个电商村、10个裁缝村、10个农产品加工村，192个贫困村“五有”全覆盖。强化就业培训力度，打造静乐裁缝、小杂粮面点师品牌。建成35兆瓦集中式光伏电站1座、村级光伏电站10座、户用光伏电站962户，2562户贫困户实现稳定增收。实施生态扶贫，组建70个造林合作社，聘用644名贫困人口参与生态管护，3310户贫困户近万人受益。全年完成贫困村出列70个，贫困人口脱贫11107人。

民生事业 2017年，静乐县实施采煤沉陷区治理和移民搬迁工程，打通商品房和保障性住房转换通道，化解商品房库存面积8804平方米。统筹推进义务教育、高中教育和职业教育发展，高考二本以上达线310人，位居全市县级高中前列。推进文化强县，成立恭王府博物馆驻山西忻州(静乐)传统工艺工作站，县博物馆被省社科联授予全省首批第一个县级社会科学普及宣传教育基地。

（王晓军）

【神池县】 神池县位于忻州市西北部，总面积1470.75平方千米，下辖3镇7乡。总人口10.92万人。

旅游资源有坝堰梁北齐长城、黄花岭宋辽国界沟、野猪口、鹞子沟明长城遗址、八角堡、黄华岭堡、西天瑶池西海子等。

农业 2017年，神池县粮食作物总产1.60亿千克，同比增长15.30%，油料作物总产593万千克，瓜菜总产4900万千克，全县种植大户、家庭农场、农业合作社分别达648个、572个、654个。畜养殖业快速增长，全县猪、牛、羊、家禽分别比上年同期增长14.60%、23.54%、3.26%和23.22%。加大品牌创建力度，围绕“六大地标”认证产品，对传统的胡麻、黑豆等老品种实施保护性种植，发展三品产地面积3.36万亩，三品养殖规模5700头(只)，新认证三品产品4个。福满园牌杂粮在中国绿色食品博览会上获金奖；神池亚麻籽入选国际美味方舟食材；举办首届网上月饼节。

转型创新 2017年，神池县推进产业园区改革，建成市级众创空间1个。国资国企改革实施，启动自来水公司和新时代食品公司的公司制改制工作，完成县供电公司家属宿舍区“三供一业”的分离工作。商事制度改革推进，全年完成“五证合一”企业、专业合作社、个体工商户共2389户。落实供销社综合改革，完成7个基层社，建成1个县级农村电子商务综合服务中心，53个农村电商服务点。

环境建设 2017年，神池县推进大气污染防治工作，开展生态环境执法检查，淘汰燃煤锅炉83台，完成清洁替代3600户、煤改电13户，新增集中供热面积45万平方米；完成污染物总量减排任务，空气质量二级以上天数345天；推行“河长制”，加强饮用水源地保护；开展生态绿化，人工造林5.84万亩；投资2451万元，完成淤地坝除险加固、坡耕地水土流失综合治理、小流域治理等工程。投资2亿多元，开展特色建筑风貌整治、八道四治四建、村容村貌整治工程。

项目建设 2017年，神池县开工62项，完成投资23亿元；储备30项，总投资576.05亿元。落实艾特科创5万千瓦五连山风电二期、渊林能源有限公司生物质发电、晋城润宏9.80万千瓦风电、艾科东湖1万千瓦光伏发电等一大批重点产业项目，全县建成和在建的风电场达到17期85万千瓦，建成光伏电站2期2万千瓦；推进省市重点项目建设，省重点工程完成投资1.20亿元，市重点工程完成投资1.34亿元；新入驻园区的神池县曦晟源饮料有限公司、老农贡亚麻籽油开发二期项目达产运营。组建招商服务中心，开展各类招商活动20余次，签约招商项目17个，签约资金52.65亿元。

脱贫攻坚 2017年，神池县完成39个村3768户8282人的年度脱贫任务，占总任务的103.50%，被市政府授予全市脱贫攻坚先进集体称号。创新帮扶模式，推广“N+贫困户”的帮扶模式，有效带动1909户贫困户户均增收3100多元；为2964户建档立卡贫困户发放扶贫小额信用贷款1.14亿元；35家造林专业合作社参与4.34万亩造林任务，带动1116家贫困户户均增收8400元；建成10个村级光伏电站，5月底并网发电，带动200户无劳动能力贫困户增收；夯实电商扶贫基础，建成1个县级农村电子商务综合服务中心，53个农村电商服务点。落实扶贫政策，发放教育补助资金203万元，资助在校学生2112人(次)；对6个乡(镇)99户危房和305户危险土窑洞进行改造；健康扶贫“双签约”实现全覆盖。强化整村搬迁，完成27个村994户2314人的移民搬迁任务，复垦旧村16个复垦宅基地142亩，11个行政村撤村销号，整村搬迁和易地移民搬迁超额完成年度任务。

（杨向东）

【五寨县】 五寨县位于忻州市西北部，总面积1387.60平方千米，下辖3镇9乡，2个办事处，人口11.6万人。

旅游资源有芦芽山风景区、荷叶坪高山草甸区、五寨沟、南禅寺等。

农业 2017年，五寨县发展甜糯玉米、马铃薯、小杂粮、蔬菜、中药材等五大优势产业，实施旱作农业科技示范项目、马铃薯“一亩田”计划、杂粮专业村建设、特色高效种植园建设、甜糯玉米丰产方、中药材基地建设等调产增效工程，全县落实种植面积73.40万亩，其中玉米23.10万亩，马铃薯12.70万亩，小杂粮31.80万亩，中药材、蔬菜等5.80万亩，全年粮食总产量达2.16亿千克。发展生态畜牧业，新大象集团万头育肥猪场基本完工、生猪养殖合作项目投入运营。亿牧源农牧有限公司160亩牧草基地投入生产。全县52个企业带动农户养羊2.66万只。全县规模养殖户达552家，羊存栏达53万只，大畜、猪、鸡存栏分别达6万头、6.10万只、34万只，农民人均牧业收入达3576元。实施25个村、6863人饮水安全工程，治理小流域面积0.75万亩，水土保持综合治理7.70万亩，农田实灌面积超过6.50万亩。发展现代农业，新增"三品"认证6个、地标认证1个、基地认证2.10万亩，全县标准化生产率达74%，标准化规模养殖场比重达36%，农业机械化作业率达68%。19家农业龙头企业年加工转化各类农产品18万吨，实现销售收入6.77亿元。开展"八道四治四建"环境整治，实施6个村建筑特色风貌整治工程。

民营经济 2017年，五寨县全县民营主体发展到6866户，从业人员达3.36万人，民营经济占生产总值比重达57%。五寨现代农业产业园区启动建设，规划布局"种、养、加、销"四大特色园区，入驻企业6个，意向投资企业11个。煤炭运销产业健康发展，同庆丰煤台与唐山港合作，共建晋西北物流"内陆港"；神朔铁路线绕行技改项目建成投运。全县全年发运煤炭4399万吨，创利税2亿多元。

城乡建设 2017年，五寨县绿地率达33.34%，人均公园绿地达13.75平方米。围南山森林公园主体绿化完成；西河堰路改造、运输路北延等项目完成；宁远桥、颐峰桥主体工程完工。清涟河治理完成31座水面工程改造建设，峤峪引水工程试运行。推进东城区漪涟市场建设，完成城区主街道和重点路段路面改造工程。神岢高速五寨境内路基桥涵工程建设完成。实施迎宾东街入口线路管网和运输北路供水管道改造，更换维修管线5500米。

文旅产业 2017年，五寨县接待游客113.75万人(次)，旅游总收入完成13.08亿元，同比增长23.86%。成立五寨沟风景区管委会，加大对芦芽山、五寨沟、荷叶坪等旅游资源挖掘，参加北京恭王府文旅展示会和第三届山西文化产业博览交易会。投资2800余万元，综合开发五寨沟景区。依托产业扶贫，实施旅游小镇建设。

项目建设 2017年，五寨县落实省市重点项目7个、亿元以上重大产业项目11个、县级骨干项目50个，总投资160.70亿元。落地新大象集团百万头生猪全产业链、百万只蛋鸡养殖及有机肥加工、亿牧源农业综合开发、椒美辣辣椒深加工、旭来驾校等重大产业项目。杏岭子、韩家楼、李家坪3个风电项目取得省发改委核准。成立县招商服务中心，签约招商引资项目8个，签约资金41亿元。

脱贫攻坚 2017年，五寨县退出贫困村69个，脱贫12105人。发展马铃薯、甜糯玉米、小杂粮、中药材、蔬菜、羊产业、光伏、旅游、电商等九大扶贫产业，带动25054人实现增收。建成阳光家园、百梦苑等4个易地搬迁集中安置点，新建、改造敬老院4个，搬迁户基本完成分房。推进拆旧复垦，完成整村拆除35个村、销号22个村。完成新一轮退耕还林1.8万亩，带动1820名贫困人口，人均增收2706元；组建扶贫造林专业合作社47家，吸纳2357名贫困人口，参与造林3.74万亩，实现人均增收3127元；聘请428名贫困人口参与森林管护、生态护林，实现人均增收7800元。教育扶贫方面，实现建档立卡贫困户子女"零辍学"。为全县32594名建档立卡贫困人口建立健康档案，对3871户因病致贫贫困户实施家庭医生、帮扶干部"双签约"服务。农村建档立卡贫困人口住院总费用实际报销比例达90%以上。开展金融扶贫小额信贷工作，累计投入政府风险补偿金1300万元，发放小额信贷8700余万元。69个贫困村基础设施建设基本达到村退出标准。 (朱和森)

【岢岚县】 岢岚县位于山西省西北部，下辖2镇10乡，202个行政村，1个城区居民委员会。全县常住人口87047人，比上年末增加202人。全年全县人口出生率8.57‰；死亡率6.25‰；自然增长率2.32‰。

旅游资源有王家岔宋代长城遗址区、黄花坪高山草甸、毛主席路居纪念馆等。

农业 2017年，岢岚县打造"羊豆"品牌，发展特色农业。建设红芸豆出口基地10万亩、科技示范园区5050亩，种植优势小杂粮10万亩、渗水地膜谷子3万亩，推广中药材6800亩、设施及露地蔬菜981亩，粮食总产量0.70亿千克，红芸豆出口5492.50吨，创汇654.50万美元。振兴畜牧产业，建设晋岚绒山羊改良点、扩繁场13个，新建养殖棚圈5000平方米、青储窖5000立方米，晋岚生物科技公司30万只肉羊屠宰加工项目、新大象公司2个育肥猪场完成主体工程，全县羊饲养量65万只，畜牧业总产值4亿元。加强农田水利建设，坡改梯8000亩，整理高标准农田2.63万亩，民间造地1646亩，解决32村9300人饮水安全问题。

产业振兴 2017年，岢岚县煤炭物流企稳回暖，全年经销量915.60万吨，较上年增长42.80%，创税6944万元。煤化工产业形成"煤焦气站"一体化发展格局，鑫宇煤气化实现销售收入9.50亿元，创税4391万元，道生鑫宇LNG项目建成投产。晋兴奥隆新型水泥项目完成试生产；推进锦绣石业石材加工扩建项目建设。大唐大阳坡一期5万千瓦风电项目基础工程完工，武汉风脉新能源10万千瓦风电项目开工建设，上元新能源农光互补项目并网发电。农副加工产业较快发展，18户龙头企业实现销售收入6.50亿元。发展文化旅游产业，宋长城景区一期PPP项目签约。

城乡建设 2017年，岢岚县城市棚户区改造综合整治605户、货币化安置1299户，新增城市绿化面积4.60万平方米，美丽乡村建设完成20个村特色风貌整治、1135户危房改造，水娘线11.90千米四级公路建成通车。生态建设卓有成效，完成造林任务6.09万亩、荒山绿化4.53万亩、通道绿化94.10千米、沙棘林改造1万亩，全县森林覆盖率达到18.51%，建成区绿地率达到36.19%，再次入选中国避暑休闲百佳县。推进“八道四治四建”专项行动，启动省级健康县城创建工作、省级农村垃圾治理试点项目，开展企业排污、原煤散烧、秸秆焚烧、道路扬尘、原料堆场等专项整治，查处环境违法案件21起，空气质量二级以上优良天数达360天。

项目建设 2017年，岢岚县签约17个项目42.20亿元，签约项目落地12个、开工9个。推进项目建设，全年规划实施各类项目129个，总投资134亿元，完成投资25.50亿元，其中6个省市重点项目完成投资8.20亿元，8个县级重点项目完成投资3.09亿元。规划园区面积13.29平方千米，项目储备额达到560亿元。推进融资创新，探索运用PPP模式支持岢岚古城、垃圾分类等重点项目。

民生事业 2017年，岢岚县推进义务教育质量提升和高中标准化建设，补充特岗教师39名，建成广惠新村仰峤幼儿园，投资478万元实施校舍维修。深化医药卫生体制改革，成立县医疗集团。推行建档立卡贫困人口“先诊疗、后付费”“一站式”结算服务，完成中医院、疾控中心及7个乡卫生院建设，新农合参合率99%以上。实施文化惠民工程，送戏下乡65场，公益电影放映2424场，文化下乡演出10场，举办文体活动10次。五大社会保险健康运行，政府出资为12018名城乡低保、孤儿、特困人员参加基本医疗保险，高家会等3个老年人日间照料中心投入使用，城镇新增就业1528人，城镇登记失业率3.50%，转移农村劳动力1097人。

脱贫攻坚 2017年，岢岚县整合财政资金3.42亿元实施166个扶贫项目，发放小额扶贫信贷资金1.5亿元。联结13个企业、131个合作社参与“一村一品一主体”产业扶贫，带动16630名贫困人口人均增收1331元。落实“六环联动”和“1+8”搬迁举措，搬迁98个村1452户3365人。落实教育、健康、民政、生态、光伏等扶贫政策，推动40个贫困村退出、8336人脱贫，贫困发生率下降至7.77%。

（贾润高）

【河曲县】 河曲县位于忻州市西北部、总面积1323平方千米，下辖4镇9乡，340个行政村。

旅游资源有黄河景观区、汉代薄太后娘娘滩、西口古渡、龙口峡谷、弥佛栈洞等。河曲县年内获国家级妇幼健康优质服务示范县和全省中医药管理先进县。

农业 2017年，河曲县农业产业提质增效，以平川瓜果蔬菜、半山小杂粮林果、高山脱毒马铃薯“三大产业带”为核心，推进富民产业多元化。推广种植脱毒马铃薯8万亩，发展富硒功能杂粮2万亩，特色瓜菜种植5232亩。

工业 2017年，河曲县推进神朔铁路扩能改造项目、中电建山西河曲风电场一期100兆瓦项目等项目建设。两家电力企业、11家煤炭及洗选企业平稳运行，全年共生产原煤1549.25万吨，同比增长1.43%；共发电156.68亿度，同比增长25.11%。

第三产业 2017年，河曲县依托黄河、长城等旅游资源和民歌二人台等文化资源，推动文旅融合发展，带动全县服务业的整体提升，零售、住宿、餐饮等服务业增加值分别增长4.40%、4.90%、10.40%。

城乡建设 2017年，河曲县推进“十路三网”工程建设，延瑞路、向阳街西延、翠峰路南延、圆通路南延、康乐路南延、神河高速连接线与黄河大街互通等六条道路；开展益民路拓宽延伸、隩州路延伸、黄河东大街改造、黄河西大街与临隩大道南北互通等四条道路建设；完善自来水管网和集中供热管网、排污管网。加快推进县城棚户区改造工程。推进晋蒙黄河大桥建设进度。加快推进石城万吨列车集运（客运）站建设。推进娘娘滩沿黄旅游公路、翠峰山旅游公路建设。城镇化率达到48.25%。

环境建设 2017年，河曲县建成区环境空气质量国家二级标准达标、绿化覆盖率达到38.30%，全县森林覆盖率达到27.90%。

民生事业 2017年，河曲县发展壮大脱毒种薯、富硒杂粮、设施农业、等特色产业。高考成绩二本B类以上人数突破600人大关。落实扶贫政策，33个村完成搬迁，26个村完成撤并整村搬迁。危房改造、村卫生室、饮水安全、村村通公路、农村客车等全部或超额完成任务，“三保险三救助”“两免一补”“雨露计划”等惠民政策全部落实到户，全年实现71个村退出、10027人脱贫，全县贫困发生率降至4.70%。城镇新增就业1999人。

项目建设 2017年，河曲县推动重点工程项目建设，实施省市重点工程14个，开工率100%，累计完成投资13.57亿元，完成率116.98%。A类考核的11个重大产业项目全部入库，累计完成投资10.81亿元。

改革创新 2017年，河曲县坚持用“三个三”方法抓改革，供给侧结构性改革推进，全年消化房地产库存980套，完成62个农村金融服务站建设任务。推动经济技术园区建设，班子全部配齐，“三化三制”落实到位，完成收储土地750亩，入驻企业9家。监察体制改革试点工作推进，在全市率先挂牌成立县监察委员会。金融存贷比达到59.30%。（白耀欢）

【保德县】 保德县位于忻州市西北部，总面积1323平方千米，下辖4镇9乡，340个行政村。

旅游资源有陈奇瑜遗迹文化群、黄河钓鱼台、烈女庙、康熙枣园、飞龙山等。

农业 2017年，保德县农民专业合作社达到777个。累计认证“三品”23个，“三品”原料生产基地达到5.50万亩。农产品加工龙头企业销售收入达到4.60亿元，同比增长7%。农作物种植面积22840.50公顷，较上年减少245.20公顷。其中，粮食种植面积21554.30公顷，较上年减少25.80公顷；经济作物种植面积1314公顷，较上年减少312.20公顷。粮食种植面积中，谷物种植面积12089.10公顷，豆类种植面积4478.50公顷，薯类种植

面积5129.50公顷。谷物种植面积中，玉米种植面积5256.90公顷。红枣栽植面积达4205.40公顷，较上年4311.80减少106.40公顷。全县红枣产量达19575.80吨，较上年增加25353吨。粮食总产量为4942.71万千克。粮食单产153千克/亩，比上年单产(145千克/亩)每亩增加8千克，同比增长5.50%。

工业 2017年，保德县入统在库规模以上工业企业有22户(新入库2户)，含10户煤矿，5户洗煤企业，3户发电企业，1户水泥厂，1户镁冶炼企业，1户石油企业，1户免烧砖厂，主要工业产品有原煤、洗煤、电力。规模工业完成销售产值94.90亿元，产销率100%。规模以上工业增加值达37.70亿元，居全市第3位，较上年同期同比增长8.10%，增幅排名居第5位。规模煤炭工业企业累计生产原煤1456.90万吨，较上年同期增长9.30%。全县规模以上洗煤工业企业累计生产洗煤322.40万吨，同比增长56.40%，其他洗煤199.80万吨，同比增长159.90%。规模以上煤炭工业实现总产值87.80亿元，占规模以上工业总产值的比重为93.70%。规模以上煤炭工业增加值35亿元，占规模以上工业增加值的比重为92.80%。规模以上水泥工业企业累计生产水泥61.90万吨，同比增长1.30%。发展电力产业。三大电厂生产发电量17亿千瓦时，较上年同期增加3.60亿千瓦时，同比增长26.80%。规模以上工业企业用电量为3.80亿千瓦时，同比下降0.05%，12月份当月用电量为0.22亿千瓦时，同比下降16.20%。规模以上工业综合能源消费量54.1万吨标准煤，同比增长2.10%；万元工业产值能耗0.58吨标准煤/万元，同比下降31.90%。前三季度全县能源消费总量45.69万吨标准煤，同比下降0.89%，单位生产总值能耗0.99吨标准煤/万元，同比下降2.57%；全社会用电量7.70万千瓦时，同比增长6.70%。

项目建设 2017年，保德县王家岭500万吨矿井、兴保铁路及3000万吨煤炭集运站投产运行，中部引黄工程、晋能保德低热值煤电厂、国新能源热电联产项目等省市重点工程取得重大进展，总投资22亿元的9个招商引资项目开工。引导成立扶贫造林专业合作社61个，完成造林6.53万亩。

脱贫攻坚 2017年，保德县按照“1245”发展战略，坚持脱贫攻坚统揽经济社会发展全局，实现40个贫困村退出序列，9011名贫困人口脱贫，贫困发生率降到4.57%。移民搬迁一期工程1192套安置房主体完工，二期工程开工建设。（武延飞）

【偏关县】 偏关县位于山西省西北部，下辖4镇6乡、248个行政村、459个自然村，1个城区居民委员会，总人口116697人。

旅游资源有秦晋大峡谷老牛湾黄河堡寨景区、明长城遗址、万世德文化公园、偏关古城遗址群等。

农业 2017年，偏关县农作物种植面积27314.20公顷，比上年减少1103.80公顷。发展杂粮、干鲜果、设施蔬菜、畜牧业等特色产业。杂粮种植面积达24万亩，新发展中药材种植0.30万亩。全年猪牛羊总产量7359吨。年末农业机械总动力45631千瓦。机械耕地面积16333公顷；机械播种面积16000公顷；机械收获面积11333公顷，同比增长3.03%。全县注册成立农村电子商务村级服务站37个。种植露地蔬菜600亩、设施蔬菜80亩，新认证无公害农产品6个，认定产地1.60万亩，建成无公害生产基地7个。发展规模养殖户3534户，全年羊饲养量保持稳定。开展农田水利建设。推进农业供给侧结构改革，推进农村产权制度改革和土地承包经营权确权工作；农业机械化作业面增大；张杂谷子、脱毒马铃薯、偏关小米、偏关羊肉等农产品成为国家级品牌；发展无公害蔬菜、白水大杏、中药材、畜牧养殖、光伏扶贫发电等新型产业。

工业 2017年，偏关县新签约7个项目全部为清洁能源、绿色循环农业、文化旅游产业等“补短板”的重大项目。全年工业投资总额完成2.69亿元，同比增长66.20%；全年规模以上工业企业实现主营业务收入93895万元，增长15.94%。工业企业实现利税1.05亿元，同比增长10.40%；煤炭产业占工业比重3.35%。保障万家寨水利枢纽和龙口电站正常运行，发展风电项目，全县竣工运营风电项目达20万千瓦。联合式、集中式光伏扶贫电站竣工运营2.08万千瓦；建设总装机近3万千瓦的贫困户分布式户级光伏电站项目。

城乡建设 2017年，偏关县相继启动各类市政工程建设项目6大类44项，投资8109万元实施文笔大街北段道路踏铺、府街道路改造、马家坡移民村东侧坡面治理、罗汉坪供热及给水建设工程、县城关河黄牛沟口至塞北春饭店污水箱涵建设等市政工程。新建和改造城市道路5.4千米，建设公共卫生间9座，新建城市污水管网及雨水管网5.40千米，完成改造雨污合流制管网1.50千米，新建供热管网6.90千米，新建和改造供水管网4.87千米，市政功能完善。推进万家寨、天峰坪、水泉等旅游特色乡镇建设，增强辐射功能。开展6个村的农村建筑特色风貌整治。

文化旅游 2017年，偏关县挖掘黄河文化、长城文化、历史文化、边塞文化、民俗文化和红色文化，承办2017年文化和自然遗产日山西省主会场活动。发展旅游产业，景区体制机制改革完成。全年接待游客总人数146.30万人，同比增长22.20%；旅游总收入16.32亿元，同比增长23.90%。引进山西高新普惠文化旅游科技有限公司对西线黄河风情游老牛湾景区进行改造升级，与内蒙古青煤集团对接东线长城边塞风情游开发。承办2017—2018全国大众速度滑冰马拉松系列赛及全省长城板块旅游开发推进会等系列会议和活动。老牛湾村入选2017全国最美村镇50强。

脱贫攻坚 2017年，偏关县县级财政扶贫资金整合18794.74万元，使用率达93.38%。本级投入达1080万元，增长465万元，增幅75.60%，完成1007户2890人的易地搬迁安置工作。年内完成32个贫困村退出，3334户8670口人脱贫。"8311"产业项目全年创收资金和政府补贴资金累计4000万元以上。金融扶贫完成放贷1.40亿元。贫困户分布式户级光伏项目覆盖6100户，电站全部建成后，初期可带动9000多户贫困户年增收1000元以上。91个贫困村22300千瓦的光伏扶贫项目列入国家扶贫第一批实施计划。穆勒四通3万千瓦集中式光伏扶贫电站完成项目选址。落实教育扶贫资金,2252户危房改造任务全部完成,新建饮水安全工程62处。推进公立医院改革,组建偏关县人民医院医疗集团。

(王志刚)

【原平市】 原平市位于忻州市北中部,总面积2571平方千米,下辖7镇11个乡3个办事处,520个自然村。常住人口50万人。其中,男26万人;女24万人。

旅游资源有天涯山风景区、崞山、崞阳古城、西神头扶苏寺、南神头蒙恬庙、滹沱河风景区、大营温泉景区等。获得省级园林城市、省级文明城市称号。获批粮食生产功能区全国试点、国家首批采煤沉陷区综合治理试点、国家规模化生物天然气工程试点、山西省直管县财政管理体制改革试点、山西省首批健康城市建设试点、山西省县乡医疗卫生机构一体化改革试点、山西省农村垃圾治理试点等十多个国家和省级试点。

项目建设 2017年,原平市签约项目27个,总投资175.80亿元;集中开工5批次22个项目，总投资达7亿元。新石煤焦化项目复工启动,飞马集团富乔循环经济产业园、中盈万维精密铸造、山西神沐生物天然气等项目开工建设,中铁十二局集团铝模板项目、国新能源山西燃气煤层气液化一期建成投产。三产方面,南怀化红色田园旅游、苏龙口生态文化旅游项目开工建设,林江商厦项目主体封顶,忻州汽运物流汽贸园项目主体完工。促进招商引资和对外交流合作;引进一批央企、国企项目落地建设,与韩国爱德林研究院就发展清洁能源开展国际合作。支持玉皇峁低氘水矿泉水生产项目建设,打造"秀云山泉"矿泉水品牌。

农业 2017年，原平市落实强农富农惠农政策，推进产业结构调整，玉米种植面积较上年减少21%,杂粮面积增长41%,小麦复播"两茬田"达1万亩,粮食生产稳定在3.5亿千克以上;完成20个"三品"和1个地理标志认证。"石鼓小米"获"中国好粮油"品牌称号。万亩樱桃基地项目基本完成土地流转,禾丰牧业饲料生产项目竣工投产,汉唐绿色农产品项目土建完工，万林源玉露香梨、金忙田园综合体项目开工建设。落实脱贫攻坚责任制，易地移民搬迁惠及3615人,完成16个村的搬迁、拆旧、复垦、退出工作;落实教育、医疗、社保等24项惠民政策,5163人脱贫。

转型改革 2017年，原平市推进开发区改革创新,"三制"改革基本到位。全年新入驻企业24家,累计入驻企业62家。入区企业数量、经营(销售)收入、投资强度、实际利用省外直接投资、研究与试验发展经费五项考核指标均完成目标任务。围绕"三去一降一补"重点任务,退出煤炭产能150万吨;房地产去库存1080套;推进国有企业改革,11户企业完成公司制改制,原平汽修厂完成厂办大集体改制,9户企业签订"三供一业"分离移交框架协议。

城乡建设 2017年，原平市智慧城市与华为公司签订框架协议并立项，国家卫生城市通过复审验收，国家级健康促进示范市通过技术评估，省级环保模范城市具备验收条件。基础建设方面,开展前进东街、新华街、解放街"三街"棚户区改造,文殊东街开工建设,一批道路工程前期工作基本完毕;新建改造小街小巷13条;新增集中供热面积59万平方米;"气化"村镇南线工程全部完工。环境治理方面,创建乡村清洁工程达标村144个、农村建筑风貌整治示范村6个;"八道四治四建" 打造18条景观道、5个精品乡镇、39个特色示范村。

环境建设 2017年，原平市开展大气、水、土壤污染防治三大战役,空气质量优良天数比例达到85%;淘汰燃煤小锅炉94台，提标改造锅炉28台，完成洁净煤替代年度任务;实施地表水、地下水、饮用水、黑臭水体"四水同治",西镇水源地水质达到地下水三类标准。治理水土流失面积6.2万亩。狠抓节能降耗,推进燃煤机组超低排放改造,万元地区生产总值能耗下降3.67%。

文化旅游 2017年,原平市成功举办首届"原平慧远故里文化节"、第二届天涯山地质公园介子推"忠孝文化节"。西神头村柏枝山扶苏寺旅游公路竣工通车。

民生事业 2017年,原平市实施创业引领和就业促进"双计划",城镇新增就业5126人。拓宽居民增收渠道,城乡居民人均可支配收入分别增长7%和8.50%。整合城乡医疗资源组建原平市医疗集团,完成农村妇女免费"两癌"检查任务,为全市怀孕妇女提供免费产前筛查和诊断服务;家庭医生签约服务率34.84%。为农家书屋补充图书7.90万册,全民健身中心向社会开放。完善城乡保障体系,完成"两线合一"。改造农村危房105户。新建8个农村老年日间照料中心,累计达到41个。

(张文炳)

临汾市

【概况】 临汾市位于北纬35°23′–36°57′，东经110°22′–112°34′，总面积2.03万平方千米。下辖1区2市14县，2个省级经济技术开发区，151个乡镇，20个街道办事处，2968个行政村。全市常住人口448.15万人。

2017年，临汾市地区生产总值完成1320.10亿元，比上年增长5.50%。人均地区生产总值29534元，按2017年平均汇率计算为4372美元。全年全市城镇新增就业5.31万人，转移农村劳动力5.75万人。年末城镇登记失业率2.93%，控制在4.20%的目标范围之内。全市居民消费价格比上年上涨0.40%。工业战略性新兴产业、装备制造业、高技术产业增加值分别增长55.10%、63.90%、46.30%，对全市工业经济增长的拉动分别为：1.80、2.10和0.30个百分点。全市一般公共预算收入97.10亿元，比上年增长12.90%。全年全市一般公共预算支出335亿元，增长7.20%。居民人均可支配收入18764元。其中，城镇常住居民人均可支配收入达28873元；农村常住居民人均可支配收入达10742元。

农业 2017年，临汾市农作物种植面积54.39万公顷，比上年减少9470公顷，下降1.70%。粮食产量260.60万吨，比上年减产2.70%。造林4.09万公顷，其中经济林面积1.80万公顷。木材产量27356立方米，下降0.90%。猪、牛、羊肉总产量12.20万吨，比上年增长3.50%。年末全市农业机械总动力199.90万千瓦，比上年下降19.50%。机械耕地面积36.44万公顷，下降1.20%，机械播种面积42.74万公顷，增长0.40%，机械收获面积34.77万公顷，下降0.60%。全市农机化经营总收入达到9.23亿元，增长6.90%。新发展和改造设施蔬菜2.10万亩、果园15.80万亩、中药材22.10万亩。新发展养猪项目17个，新建晋南牛等养牛基地15个。肉、蛋、奶类产量分别达33.40万吨、17.50万吨、6.20万吨。2017年培育壮大农产品加工龙头企业29家，农产品加工销售收入完成100.20亿元。蒲县入选全国首批"国家级农业可持续发展试验示范区暨农业绿色发展试点先行区"。打造以尧都、侯马、霍州为中心的现代都市休闲农业圈，农村新业态、新模式蓬勃发展。现代服务业发展迅猛。商贸、电商、文旅等产业加快发展。设立1000万元加工贸易产业转移引导资金，承接加工贸易转移。汾西、隰县被商务部确定为"电子商务进农村综合示范县"。

工业 2017年，临汾市规模以上工业企业361家。规模以上工业增加值比上年增长1%。规模以上工业企业原煤产量6322万吨，增长14.90%；发电量204.90亿千瓦时，增长4.60%；焦炭产量1452.10万吨，下降14%；钢材产量1138万吨，下降5.20%。全年全市规模以上工业企业实现主营业务收入1545.84亿元，增长23.40%。其中，煤炭、钢铁、焦炭和电力工业分别实现主营业务收入595.70亿元、423.70亿元、298.50亿元和52.50亿元，分别增长36.40%、9.50%、38.70%和14.90%；装备制造、建材和医药分别实现主营业务收入59.80亿元、13.70亿元和6.20亿元，分别增长21.20%、27.70%和18.60%；化学和食品工业分别实现主营业务收入39.70亿元和9.70亿元，分别下降23.80%和15.70%。全年全市规模以上工业实现利税209.98亿元，增长308.30%；实现利润107.85亿元，增加110.99亿元。

2017年，临汾市构建"4+6+N"现代工业体系，实施61个工业转型升级项目，通才工贸高温超高压煤气发电、汤荣机械制造双金属复合一体制动毂等28个项目完工，华为（临汾）云计算大数据产业园完成规划、设计、选址等前期工作，临汾"互联网+"智慧产业园项目启动实施。全市战略性新兴产业、装备制造业、高技术产业分别增长55.10%、63.90%、46.30%。

产业建设 2017年，临汾市推进供给侧结构性改革。推进"三去一降一补"，压减钢铁产能170万吨、煤炭产能420万吨；工业产成品存货比上年下降11.40%，商品房去库存消化周期缩短3.40个月；工业企业资产负债率降低2.90%；工业企业每百元主营业务收入成本降低6.70元；清理规范政府性基金15项，削减涉企行政事业性收费53项。推动综改示范区建设，临汾侯马综合保税区上报国务院待批，临汾、侯马经济开发区扩区和洪洞经济开发区设立经省政府批准，襄汾、霍州、安泽经济开发区设立通过省级评审，推进"多规合一"、机构改革、"三化三制"等工作。农业农村改革步入"全省第一方阵"，国有林场、集体林权制度配套、市场监管体制、旅游体制、国企国资等重点领域改革均取得进展。融入国家发展战略，8个县（市、区）被列入关中平原城市群。打造内陆地区对外开放新高地，加强与京津冀、环渤海、黄河金三角等区域交流合作。加强对外贸易，开行4列中欧班列，全市海关进出口总额16.70亿元。打造"六最"营商环境。举办各类专题招商推介会15场，签约项目332个，总投资额2213.70亿元，到位资金404.50亿元，大宁县医用手套、蒲县生猪养殖和晋南牛产业化、侯马经济开发区金葵花大健康产业等项目实现"当年签约、当年落地、当年开工"。

投资贸易 2017年，临汾市固定资产投资完成578.90亿元，增长6.90%。从三次产业看，第一产业投资完成44.80亿元，第二产业投资完成230.40亿元，第三产业投资完成303.70亿元。工业投资完成230.60亿元，工业技改投资完成103.60亿元。在固定资产投资（不含跨市、农户）中，民间投资完成368.10亿元，高技术产业投资完成33.90亿元。全年全市在建固定资产投资项目1294个。其中，亿元以上项目173个，计划总投资1049.40亿元，完成投资213.20亿元。全年全市房地产开发投资103.10亿元，增长5.80%。其中，住宅投资77.80亿元，增长14.10%；商业营业用房投资15.10亿元，下降21.20%。

2017年，临汾市社会消费品零售总额653.10亿元。按经营地统计，城镇消费品零售额520.40亿元，乡村消费品零售额132.70亿元。按消费形态统计，商品零售额597.70亿元，餐饮收入额55.40亿元。海关进出口总额16.67亿元。出口机电产品90029万元；进口机电产品1471万元，进口铁矿砂50807万元。全年全市新设立外商直接投资企业1家。外商对内投资额7414万美元。

城乡建设 2017年，临汾市启动《临汾市市域城镇体系规划(2017—2035)》《临汾市城市总体规划(2017—2035)》编制工作，加大中心城市建设，实施40项重点城建工程，滨东、滨西两座立交桥竣工通车。开展城乡环境集中整治行动，乡村清洁工程省级达标村实现全覆盖，推进襄汾县等5个农村垃圾治理试点县建设。以“四美三宜”为标准，参与“三级联创”美丽宜居示范村创建。其中，创建省级示范村13个、市级示范村25个。交通建设全面提速。长临高速路基、霍永高速永和至永和关段路基全线贯通。新改建农村公路2050千米，尧都区获全国“四好农村路”示范县(区)。沿黄一号旅游公路永和乾坤湾试验段开工。新增新能源公交车110辆，临汾“掌上公交”运行，入选国家“公交都市”示范城市。方略保税物流被确定为全国多式联运示范工程企业，兴荣物流被确定为全国甩挂运输试点企业。民航机场新开通北京、上海、广州等7条航线，通达10个城市，旅客吞吐量突破30万人次。建立“河长

2017年临汾市辖县(市、区)经济指标统计表

县 市	地区生产总值(万元)	农林牧渔业总产值(万元)	固定资产投资(万元)	社会消费品零售总额(万元)	一般公共预算收入(万元)	一般公共预算支出(万元)	人均可支配收入(元)	
							城镇居民	农村居民
尧都区	2829721	159143	1149947	2562228	120405	324956	32467	13902
曲沃县	981399	245203	402003	241702	25802	146265	30506	14133
翼城县	763060	167961	248675	435906	29789	189046	28597	10962
襄汾县	1231913	268837	480298	467783	47416	235236	29123	12563
洪洞县	1702546	196995	677830	605191	71721	318195	26229	11178
古 县	477217	47025	181972	106514	27995	110732	29895	9754
安泽县	463340	76237	230374	96592	40800	93337	27185	9176
浮山县	473268	83022	155390	91787	7381	108931	28488	8601
吉 县	219627	106267	153776	79220	11750	126212	19919	5211
乡宁县	1009443	68060	391807	217290	126229	214784	28246	9548
大宁县	58688	29450	118970	33814	3303	121100	18533	3303
隰 县	160593	83020	74982	103902	7489	152871	22390	5688
永和县	83025	41961	109108	48572	10103	124964	20915	3636
蒲 县	731758	48643	178950	84180	72662	136392	25852	8437
汾西县	248724	65376	203285	126314	6988	133626	25351	3783
侯马市	1035645	62889	289664	874429	40878	157162	27294	14073
霍州市	781632	70961	399358	355369	58548	157922	28753	12932

制”体系，推进“一河一策”启动实施。推动引沁入汾、引沁入浮、禹门口东扩、中部引黄、县域小水网工程建设。完成农田实灌面积255.40万亩，新增水土流失治理面积67.50万亩，新增高效节水灌溉面积9.80万亩。23.60万农村人口稳定解决饮水安全问题。

环境建设 2017年，临汾市推进工业企业深度治理、散煤专项整治、扬尘污染防治等“八大工程”，完成投资118亿元，完成工业企业深度治理361家，取缔、关停和整治“散乱污”企业865家，取缔和整治燃煤锅炉5035台，完成“煤改气”“煤改电”、集中供热清洁取暖改造19.80万户。空气质量综合指数、二氧化硫浓度、细颗粒物浓度、可吸入颗粒物浓度、重污染天气数等五项指标降幅均居全省第一。举办2017临汾国际大气污染防治技术展览会暨中国大气环境绿色发展高峰论坛。加强水土污染防治，启动饮用水水源地规范化建设、采煤沉陷区治理修复等工程，全市地表水考核的8个断面，优良水体比例为12.50%，达到省考核要求。12月29日，环保部解除对临汾环境限批。市区建成区新增绿化面积12.14万平方米，绿化覆盖率38.40%，人均公共绿地面积10.53平方米。全市建成区新增绿化面积168.41万平方米，绿化覆盖率36.50%，人均公共绿地面积9.85平方米。全年市区空气质量二级以上天数128天。地表水达到三类水体的比例为12.50%，劣五类水体的比例为37.50%。市区PM2.5浓度均值为83微克/立方米。年末全市城市污水处理率92.98%，市区城市生活垃圾无害化处理率连续六年达100%，全市集中供热普及率93.08%。

创新驱动 2017年，临汾市引深产学研合作，与山西师范大学、山西中医药大学等院校建立战略合作关系，华翔集团与太原理工大学、华中科技大学合作建立材料成型技术与装备研究院、3D打印与绿色铸造实验室。推进“双创”工作，培育省级及以上重点实验室和工程技术研究中心4家、科技企业孵化器1家、众创空间8家、高新技术企业42家。“隰县电商孵化众创空间”等3家被认定为国家级“星创天地”。新培育小微企业3160户、“专精特新”企业40户、“管理标杆”企业21户。首次设立“市长创新奖”，16家科技创新优秀企业获奖。弘扬劳模精神，开展“平阳工匠”评选活动。华翔集团“人人创新、全员创客”模式受到国家领导人肯定并在全国推广。

民生事业 2017年，临汾市民生支出执行268.70亿元。推进省市重点扶贫工程，投入各类专项扶贫资金12.80亿元，完成225个贫困村退出、8.50万贫困人口脱贫，推动吉县、乡宁、安泽3个贫困县“摘帽”。教育事业优先发展。侯马、洪洞、汾西、曲沃、襄汾5个县市通过国家义务教育均衡验收。“三优”评选活动开展，二本B类以上达线率45.10%，教育教学质量提升。山西师大新校区开工建设，推进师大临汾学院新校区工程。推进医药卫生体制改革，17个县（市、区）全部成立医疗集团并挂牌运行，在全省率先实现全覆盖。城市公立医院全部取消药品加成，在北京等21个省（市、自治区）实现医保异地直接结算。落实县域内先诊疗后付费一站式服务。重点人群家庭医生签约率达90.60%。文旅事业方面，市办2018年全省旅发大会，陶寺遗址入选国家考古遗址公园立项名单，《唱响新时代》走进山西临汾和元宵特辑在央视播出。申报省级非物质文化遗产项目22项，《赵城金藏》复制工程首批经卷回归。“免费送戏下乡”近2000场。竞技体育在全运会上实现金牌“零”的突破。市图书馆、博物馆基本建成，与国家图书馆签署加强临汾市文化建设战略合作框架协议。城镇新增就业53148人，转移农村劳动力57489人，建档立卡农村贫困劳动力免费职业培训8685人，五大保险参保人数和基金征缴全部超额完成省定目标任务。

（李艳洁）

【临汾市尧都区】 临汾市尧都区位于临汾市中部，总面积1316平方千米，下辖16个乡镇、10个街道办事处，372个行政村，69个社区居委会。总人口982468人。

旅游资源有尧庙、尧居、尧帝陵、尧井、击壤台、仙洞沟、龙子祠、华门、大中楼、元代戏台等。

农业 2017年，临汾市尧都区耕地保有量68.74万亩，粮食播种面积68.20万亩，粮食总产量24.20万吨。

产业建设 2017年，临汾市尧都区连续三批次推进项目集中开工，新上项目37个，同比增长32.10%。104个重点项目完成投资89亿元。依托博达公司加快尧都工业园区建设，金风科技、亨瑞达制药等一批高新企业入园落地；成立经纬达铸造集团，启动尧都绿色精密铸造园区建设；云商产业园启动建设，华夏国际商贸城全面开工，京东商城入驻兴荣物流园，新百汇商业广场开业运营。

招商引资 2017年，临汾市尧都区举办杭州招商引资推介会，开展尧商尧才“回故乡、建家乡”活动，签约项目20个，落地开工13个。实施招才引智战略，编制《尧都区“十三五”人才发展规划》，出台12项配套政策，引进上海师范大学、复旦大学专家5名。

城乡建设 2017年，临汾市尧都区涝洰河生态建设工程累计完成投资39.80亿元，“五湖六园”在龙湾园、福胙园对外开放的基础上，开工建设与润州园、尧乡园和栖霞园等“五湖六园”相配套的路网、桥梁工程，启动实施涝洰河—汾河贯通工程。推进东城“五纵五横”骨干路网工程，临纺街中段、阳光街道路工程竣工通车，启动实施枣林街地下管网工程，基本完成尧贤街南延、解放东路拓宽改造工程前期工作。区人民医院投入试运营，东城体育馆主体工程完工。完成万通社区、翟庄、汾东等货币化棚改项目资金兑付和拆迁工作。筹资14.50亿元，完成拆迁近百万平方米，征地5500亩。基本完成迎春街南延、体育街南延、广宣街游园等项目征地拆迁，具备开工建设条件。规划四街、河西供热管网、第三污水处理厂、大数据中心、师大整体搬迁、尧天大街、兴旺庄路等市重点项目按时完成征地拆迁。开展五大专项整治，推进108国道、309国道主要路域环境综合治理。与国开行、农发行合作，争取政策性银行授信130亿元，启动13个棚改项目。

环境建设 2017年，临汾市尧都区完成清洁取暖改造投资19.80亿元、环境治理投资8亿多元。在全省首家实施“环保管家”服务机制，建立节能环保专家咨询制度，举办大气污染防治技术国际展览和高峰论坛，推进“八大工程”，收缴劣质散煤6万吨，取缔违规煤炭销售点41处，深度治理工业企业64家、停产治理72家，关停淘汰散乱污企业167家，淘汰燃煤锅炉1023台，3048家餐饮企业安装油烟净化设施，32家工地扬尘治理达6个100%。实施总投资26.80亿元、总面积2039万平方米清洁取暖改造工程，新建东城2座天然气热源厂，改造67600户、1495万平方米。

社会事业 2017年，临汾市尧都区保障社会就业工作，公开招聘110名全额事业工作人员，开发公益性岗位200个，举办10场招聘会，推介就业4139人。落实保障民生社会救助办法，实施各类救助52263人，11057户城乡低保户实现应保尽保。全年发放城市低保金2884.30万元；农村低保金3151.50万元。为2358名困难残疾人发放生活补贴148.33万元；开展重点困难救助对象实物救助，为“四类家庭”配送保障面粉、大米，全年受助32427人次。实施社保扩面工作，全年社会保障卡累计发放530961张；企业养老保险参保36929人；机关事业养老保险参保20043人；城乡居民养老保险参保277290人；城镇职工基本医疗保险参保47277人；城乡居民医疗保险参保552447人；失业保险参保31502人；工伤保险参保44500人；生育保险参保31823人。劳动用工检查与争议调解。围绕“无欠薪市县”“三个清零”目标任务，规范农民工工资支付行为，全年对辖区内3286家用人单位进行劳动用工检查，督促用人单位补签劳动合同8500余份，受理投诉案件88起，为989名劳动者追回拖欠工资867.60万元，结案率达100%。督促54家用人单位预存工资保证金1672万元。 （张洪亮）

【曲沃县】 曲沃县位于临汾市南部，总面积437.90平方千米，下辖7个乡镇，158个行政村。总人口246920人。

旅游资源有曲村–天马遗址、东许遗址、曲沃古城遗址、曲沃方城遗址、望绛墓地、四牌楼、晋国博物馆、南林交龙泉寺、薛家大院等。2017年，曲沃县被确定为国家农产品质量安全创建县，被命名为山西省农产品质量安全示范县、国家级出口食品农产品质量安全示范区。

产业建设 2017年，曲沃县推进转型升级。千万吨级钢铁工业园区立恒公司高强度金属制管，通才公司高温超高压煤气发电、优特钢技术改造，杭氧乾鼎气体空分等一批循环配套、链条延伸项目相继投产达效；推进“两化”融合，聚鑫物云平台注册车辆达10万辆，年总成交量达4000万吨；立恒、通才两家企业投资6亿元实施涉及原料场地封闭、脱硫脱硝设施升级、厂容厂貌整治等方面50余项深度治理项目。三星新型工业园区江峰水晶公司45台设备投入运行，嘉丰水晶公司30台设备进入试生产阶段，佑俊磁业公司52台设备处于安装调试阶段，同丰精密制造项目设备完成订购。紫金山黄金产业开发园区办理探矿权等前期手续。筹建经济技术开发区，完成31平方千米边界勘定，先期调整建设用地440公顷，编制可研报告并通过省开发区建设领导组评审，待省政府批复。

城乡建设 2017年，曲沃县推进实施东城新区顾园建设项目，致用苑、宜园、白石楼等建筑完成主体。晋园实施游客中心建设和停车场、星级公共卫生间改造提升等工程，被评为国家AAA级景区；中心城区绛园建设项目取得成效，完成明堂、烟草馆、文公阁等建筑主体工程。绛山路东侧道路完成供水供热管网和路面铺设。府东府西街设置8组成语典故石雕和56盏成语典故景观灯。对府东府西街和晋园北街绿化带，4个出城口及城区各单位、大型住宅小区实施立体亮化工程。推进美丽乡村建设，曲村镇被住建部评定为“全国特色小镇”，全县省、市级美丽宜居示范村达到10个。2017年，曲沃县成功创建省级文明县城，并被推荐为创建全国文明城市提名城市。

环保建设 2017年，曲沃县投资913万元购置垃圾压缩收集车、抑尘车等现代化环卫车29辆，环卫装备达到全省县（市、区）一流水平；开展三轮城乡环境综合整治行动，县城主街道达到国家一级卫生标准；推进配套设施建设，新兴市场开展前期工作，5座星级公共卫生间完成主体，下裴和东明德2座垃圾中转站具备运营条件。新增绿化面积27.70万平方米。取缔“小、散、乱、污”企业80家；取缔燃煤锅炉111户、118台、114.30蒸吨，完成煤改气2079户，集中供热面积达63.20万平方米；328家餐饮饭店油烟净化装置和1个油库、26个油气站油气回收装置安装到位，53家夜市烧烤摊点全部置换环保烧烤炉；城北污水提升泵站、县城污水处理厂中水回用、福瑞鑫污水处理厂二期扩容工程建成投用，铺开浍河（东韩段）生态治理一期工程竣工、建设二期工程。

旅游 2017年，曲沃县诗经故里田园综合体景区被评为国家AA级景区，浍河水岸风光旅游区被评为国家AAA级景区，晋国博物馆旅游区成为2017年全省仅有3家、全市唯一一家国家AAAA级景区创成单位。2017年5月，举办首届“全域旅游晋都行——六区四园文化旅游系列活动月”，组织参加山西电视台“人说山西好风光”竞演活动，全年旅游总人数突破150万人次，旅游综合收入达到18.08亿元。

社会事业 2017年，曲沃县通过国家义务教育发展基本均衡验收。妇幼保健业务用房完成主体，加紧建设中医院住院楼。组建成立县医疗集团，集团内部改革进入实质性推进阶段。中医药工作实现“省级中医药特色乡镇卫生院（中医馆）”全覆盖。做好就业创业工作，新招聘95名教师和30名事业单位人员。养老保险、医疗保险、城乡低保等社保制度健康运

行，覆盖范围扩大，标准提高。加快建设保障性住房，完成256户农村危房改造任务，完成102套廉租房和300套公租房预分配。实施产业扶贫、金融扶贫、光伏扶贫等工程，完成东张寨、安吉两个村级和169户户用光伏电站建设，发放扶贫贷款1955万元，落实"雨露计划"教育扶贫和社保兜底政策，1002名贫困人口稳定脱贫。

（张淑霞）

【翼城县】 翼城县位于临汾市东南部，总面积1170平方千米，下辖4乡6镇、212个村民委员会。总人口322544人。

旅游资源有历山舜王坪风景旅游区、翔山、功德山、关帝庙、东岳庙、乔泽庙、四圣宫等。翼城普法模式被誉为"中国普法的缩影"，社会治安综合治理工作受到中央综治委表彰。

产业建设 2017年，翼城县6个传统产业技术改造项目投产运行。腾达春雷3万吨专用铜合金棒材项目、励鑫振兴15万吨锁胚铸造及机加工项目一期工程投产运行。投资20亿元的甲阳集团中空纤维膜项目落地开工。经易集团对舜达公司的整合重组和8000吨模锻生产线、机加工生产线启动工作全面铺开。

城乡建设 2017年，翼城县"引黄入翼"工程正式向西梁水库注水。城集中供热一期工程投入近3亿元，供热面积达到245万平方米。投资1.20元的城镇饮水卫生安全项目竣工通水。垃圾处理厂后期改造完工，实现县城生活垃圾集中卫生填埋。修复完善城西污水管网，提标改造污水处理厂设施设备，提高污水收集率和处理率。完成红旗街便道改造，实施绵山街东段、翔翼街东门坡段道路改造工程。改善农村人居环境"四大工程"完成投资近1.20亿元，新改建农村道路70余千米，完成1个省级、3个市级、15个县级美丽宜居示范村创建工作，南梁镇"一事一议"美丽乡村财政奖补项目基本完工，隆化镇项目区建设推进。统筹推进"六城联创"基础性工作，"八大工程"累计完成投资5.70亿元。

环境建设 2017年，翼城县完成工业企业深度治理60家，取缔、关停和整治"散乱污"企业157家，取缔和整治燃煤锅炉117台，全县清洁取暖面积达到320万平方米，完成3236户居民"煤改气"，禁燃区清洁碳置换2600吨。推行县乡村三级"河长制"，设立"河警长"，开展清河行动、浍河沿线排污口截污整治，浍河跨界断面水质稳定达标。落实"土十条"，划定畜禽养殖禁养区，开展秸秆综合利用和畜禽粪污资源化利用，启动土壤污染风险管控调查与评估工作。完成15个园林村绿化、65千米通道绿化和0.20万公顷荒山绿化，推进浍河南段生态综合整治项目。全年减排二氧化硫565吨、氮氧化物159吨、烟粉尘473吨。城区二级以上天数247天，优良天数比例67.70%。

旅游 2017年，翼城县完成全域旅游规划编制，舜王坪旅游路建成通车，武池乔泽庙—南梁故城遗址旅游路完成路基工程，桥上王良纪念馆—西阎四圣宫旅游路开工建设。启动历山、河上公德山景区开发，完善古城、佛爷山、绵山景区基础设施，推动重点文保单位保护修缮、传统古村落和历史文化名村申报开发工作。

社会事业 2017年，翼城县提高教育教学质量，加强师资力量建设，中高考成绩继续名列全市前茅，学前教育、职业教育、民办教育的发展更加健康规范。家庭医生签约服务人口达20余万人，通过全国中医药基层先进县复审验收，启动全国计生基层群众自治示范县创建工作。投资3.70亿元的县医院迁建项目、投资7200万元的中医院扩建项目开工建设。机关事业单位养老保险制度改革全面实施，公开招聘事业单位工作人员119名。残疾人托养服务中心建设完工，启动就业和社会保障服务中心、综合检验检测中心建设，农村危房改造、棚户区改造完成年度任务。翼城非遗项目"浑身板"登上央视元宵特别节目。里砦镇和隆化镇两坂村入选全国首批农村幸福社区建设示范单位。

（文 山）

【襄汾县】 襄汾县位于临汾市南部，总面积1034平方千米，下辖13个乡镇、348个行政村，总人口460932人。

旅游资源有丁村遗址、陶寺遗址、汾城古建筑群、双龙湖国家湿地公园、龙澍峪、燕村生态园等。2017年，襄汾县获"省级平安县"称号。

农业 2017年，襄汾县粮食总产量5.28亿公斤，成为山西省唯一国家级田园综合体试点县。蔬菜、水果、中药材种植面积分别达16.80万亩、16万亩、10万亩。碧云天、新大象等两个大型养殖公司投产运营，新建标准化养殖场30个，各类规模养殖场达到221个。新发展农民专业合作社89个。

产业建设 2017年，襄汾县光大气源公司、星原集团、新金山公司发电项目投产运行。新金山特钢完成对众泰冶炼公司兼并重组。华基建材公司建筑垃圾及工业尾矿资源化利用项目、博利士公司年产3万吨抛光液项目竣工投产，推进振发能源公司20兆瓦光伏发电项目建设。晋南民俗体验基地等3个项目开工建设，文创产业基地等3个项目加紧筹备前期工作。在南京举办台资企业交流推介会。全年签约项目52个，签约金额150.87亿元，当年落地项目15个，到位资金34.12亿元。

城乡建设 2017年，襄汾县投资2800万元的汾永线改造工程全线通车。投资1.19亿元的北大街改造襄光桥至复兴路段工程主体完工。投资近3.30亿元的陶寺旅游公路部分路段实现通车。国道108线襄汾过境一级公路改线工程和河东文体广场项目被列入全省第四批PPP示范项目。规范有序推动棚改工作，全年落实房源500套，发放购房券22套。

环境建设 2017年，襄汾县投资26.28亿元，对18个行业162家企业796个点位进行深度治理，污染物达到特别排放限值。开展"两散"整治，对登记在册的48家"散乱污"企业，按照"两断三清"标准关停取缔；查处非法售煤点101家，清理劣质煤2.50万吨、劣质蜂窝煤10万余块。通过"煤改气""煤改电"、县城集中供热扩面、企业余热供暖等方式，实施清洁供暖改造，面积达330万平方米，总投资超过6亿元。汾河襄汾段出境断面较入境断面氨氮下降7.10%、化学需氧量下降21.30%。营造合格林1.85万亩，植树100万株。主要污染物浓度大幅下降。空气质量二级以上天数达241天。

文化旅游 2017年，襄汾县接待旅游人数241万人次，旅游综合收入24.47亿元。汾城特色小镇完成规划，推进燕村荷花温泉度假村项目，启动实施龙澍峪景区二期项目建设，东岭滑雪休闲旅游景区投入运营。举办陶寺二月二龙抬头社火节、广奇西瓜观光采摘节、南贾徒步节等活动。推进全域旅游示范县建设，确立全县文化旅游“一轴一带六线八景区”格局。陶寺考古遗址公园入选第三批国家考古遗址公园立项名单，陶寺遗址考古成果获世界考古论坛“重要考古研究成果奖”。“旧石器考古在丁村：回顾、进展、研讨”学术论坛在襄汾举行。举办丁村百人吉他音乐会、中欧艺术家对话会，组织部分非遗项目和丁村艺术史实物参加首届中欧国际艺术双年展。

社会事业 2017年，襄汾县通过国家义务教育基本均衡县评估验收。襄汾县医疗集团挂牌成立，全面取消县级公立医院药品加成，公立医院医疗费用增长严格控制在10%以内。推进县医院河西新院建设。举办首届“晋襄酥”烧饼大赛。全年新增城镇就业7373人，创业就业1659人，转移农村富余劳动力6460人，城镇登记失业率控制在2.70%以内。五大保险参保83.51万人次，征缴社会保险基金10.30亿元。太平绣球等6项非遗项目入选省级非物质文化遗产代表性项目。参与承办尧王杯骑行赛，组织举办干部职工篮球赛等大型赛事活动30多项，开展文化惠民演出15场，送书下乡1.70万余册，送戏下乡96场，送电影下乡4176场。

（王建刚）

【洪洞县】 洪洞县位于临汾市北部，总面积1493.80平方千米，下辖9镇7乡，463个村民委员会。总人口761103人。

旅游资源有大槐树、广胜寺、苏三监狱、万圣寺、温家大院、青龙观玄帝宫、兴唐寺风景区等。

农业 2017年，洪洞县粮食总产量4.40亿千克。水地小麦最高单产再次刷新全省纪录，被山西省农业厅确定为“粮食生产功能区划定”试点县；全年新发展中药材6000亩、油用牡丹3000亩、富硒黑小麦2000亩、果树2000亩、设施蔬菜1600亩；牛存栏达到1.70万头，生猪存栏26万头，羊存栏13.80万只，禽类存栏260万只；付西1800吨食用菌和南垣1万吨红薯制品项目竣工投产。

产业建设 2017年，洪洞县洪崖、万安2座煤矿基建完工，全年原煤产量达到913.70万吨；华翔JDH一期、国新能源液化调峰中心等项目建成投产，沃特玛产业园一期、鼎隆宇鑫腐殖酸和三维乙烯中试等项目建设完工；华翔格力凌达、沈阳中行等8个项目进入试产阶段；推进太化重苯加氢、沃特玛电池等项目建设。华翔集团“人人创新，全员创客”模式受到国家领导人肯定。洪洞经济技术开发区成为全市首家获省政府批复的开发区。

招商引资 2017年，洪洞县启动实施100项重点工程项目，全年完成投资49.30亿元；参与承办各类重大招商活动，共引进项目23个，签约投资额150亿元，到位资金26.20亿元。承办“中国梦、华人根”广州招商引资推介会，签订合作项目16项，总投资额63亿元。投资10亿元的东方园林赵城环保循环经济产业园、投资7亿元的威灵新工艺和投资4亿元的凌达绿色节能压缩机零部件等项目落户洪洞。

城乡建设 2017年，洪洞县推进县城、城镇和美丽乡村建设。实施河西新区主干道路、涧河南岸景观道路、县城供水改扩建、洪安涧河蓄水美化一期等城市建设重点项目；汾河国家湿地公园初具规模。城区集中供热、供气基本实现全覆盖，309西延、宾阳东街、文东北路、支四街完成前期规划设计。开展三轮集中整治行动，创建2个省级、2个市级美丽宜居示范村。

环境建设 2017年，洪洞县实施生态攻坚“八大工程”，筹资3.50亿元，完成大槐树、甘亭、曲亭、淹底4个乡镇，70个村、3.20万余户居民的清洁能源改造工程；对山焦、三维、远中等97家工业企业实施脱硫脱硝、提标改造、煤场封闭等深度治理；关停取缔176家“散乱污”企业；规划建设29家标准化煤炭销售点；取缔、改造全县行政企事业单位、经营性场所燃煤锅炉1090台；开展餐饮业油烟净化改造、加油站地下油罐防渗改造；治理道路交通、施工工地二次扬尘。投资2000余万元，完成赵城、广胜寺2个乡镇污水处理厂建设。全年造林1.10万亩，植树210万株。县域空气质量二级以上天数达247天。

文化旅游 2017年，洪洞县接待游客800余万人次，门票收入8700余万元。大槐树景区AAAAA级创建通过国家旅游局评估验收；投资1亿元的恒富温泉酒店投入运营；明代县衙修复工程主体完工，重新启动广胜寺景区拓展改造工程；举办造父文化节、汾河牡丹旅游节等系列民间节庆活动。举办第15届广场消夏文化艺术节等系列节庆活动。全年送戏下乡200余场，放映公益电影6000余场。推进乡村记忆工程，广胜寺镇乡村文化记忆展示馆得到省市文化部门肯定。首批百卷《赵城金藏》回归广胜寺，苏三传奇故事、飞虹塔传奇故事等5项民间文艺列入省级非物质文化遗产。

社会事业 2017年，洪洞县涧河蓄水美化一期工程竣工；取暖费保持全市最低；招录110名幼小教师；完成综合检验检测中心主体工程，创建为省级食品安全示范县；培训职业技术农民1453人。通过国家级义务教育发展基本均衡县评估认定。新英学校教学楼投入使用，筹划启动洪洞二中新校区建设。医疗集团挂牌成立，县级医院所有药品实现零差率销售，启动省级健康县城创建工作。城乡居民医保制度并轨，平均报销比例达到75%；全年发放城乡低保、城乡医疗和各类救助金1.02亿元；为80

岁以上农村老年人发放生活补助金843万元；改造农村危房114户，分配各类保障性住房62套，新增就业5452人，转移农村劳动力8871人。脱贫1735户、3810人，2个省级贫困村均实现脱贫摘帽。（张甜甜）

【古县】 古县位于临汾市东北部，总面积1206.38平方千米，下辖4镇3乡，4个居民委员会，111个行政村。总人口95615人，人口出生率8.58‰，人口自然增长率5.94‰。

旅游资源有岳阳古镇、三和牡丹景亭、热留关帝庙、古阳凌云洞等。

农业 2017年，古县粮食作物播种面积19.60万亩，粮食总产量达7139.90万公斤。经济作物播种面积2.30万亩，油料、蔬菜、中草药产量大幅增长。粮食生产以胡洼、草峪、钱家峪等优质玉米高产示范区建设和祁寨、坡头、尧峪等优质谷子杂粮连片区建设为重点。核桃新发展200公顷，实施提质增效2万亩，实现产值1.80亿元。推广"经济林+X"发展模式，发展东池村"苹果-药材"间作、松树坡村赤焰椒、佐村中药材等一批特色农业示范区。发展林油2万亩、林药3万亩。发展以白芍、远志为主的中药材2万亩。推进"三品一标"认证，德昇源核桃、华海天宇小米、赤豆通过无公害农产品申报，面积达到26055亩。

产业建设 2017年，古县利达焦化1亿标准立方液化天然气工程开工建设。正泰煤气化、利达焦化一批煤化工项目开展建设工作；新疆众和古县新型功能性变形合金材料循环经济产业化项目一期320万吨氧化铝完成备案。推进安吉至大南坪高铝粘土合作开发项目、古鑫铝矿低品位矿综合利用项目建设。

第三产业 2017年，古县接待游客144.72万人次，实现旅游综合收入19.98亿元，增幅为36.10%。完成旅游管理体制改革和旅游景区（点）体制机制改革任务。举办第十届"天下第一牡丹"文化旅游节。建设伴森缘度假村康养中心。引进古县红橡谷科技发展有限公司发展橡树种植及橡树观光产业项目。

城乡建设 2017年，古县实施81.25千米的农村公路安全生命防护工程，惠及贫困村16个，完成投资1241.30万元；县城至洪洞108国道列入改造计划。长临高速古县连接线全线施工；古大线（古阳至凌云）、北凌线（交里至凌云）公路改造续建工程完工；城市道路提质改造方面：完成涧河北路拓宽改造、岳阳路续建工程；城市街道人行道改造、小河街教育街提质改造工程进入招投标程序。配套完成道路地下管网、换热站建设。县城建成区清洁取暖面积达到140万平方米，供热率达到90%；实施城市供水改造、污水处理厂一期技改二期扩容及主管网维修工程。开展农村环境集中整治，创建贾寨、五马岭、草峪3个美丽宜居示范村，北平镇通过国家卫生乡镇复审，完成农村无害化改厕1070座。

环保建设 2017年，古县开展"散乱污"企业整治。35家企业全部按照"两断三清"的标准，实施关停取缔；4家焦化企业脱硫脱硝、熄焦水处理、料场全封闭等治理工程全部完成。实施清洁取暖改造430户，治理餐饮油烟单位249家，PM10、PM2.5、氮氧化物、一氧化碳分别下降1.20%、10.60%、15%、14.30%。推进省级低碳示范县试点工作，新投运纯电动公交车20辆。完成人工造林1.58万亩，森林覆盖率达41.70%。空气质量一级天数19天，二级天数226天，优良率67%。

脱贫攻坚 2017年，古县发展核桃、光伏、小杂粮、中药材、油用牡丹等特色产业扶贫惠及6000余贫困户；贫困村确立"一村一品一主体"，实现"五有"机制全覆盖；生态补偿脱贫工程惠及贫困户4000余户，受益583.50万元；社会保障兜底工程惠及贫困户3560人次，享受补贴1000余万元；教育扶贫惠及贫困学生2664人次，发放补助288.30万元；23个易地扶贫搬迁集中安置点主体工程全部完工，涉及贫困户332户1065人，发放补助资金2154.50万元。推进健康扶贫"双签约"服务，推进"千村破零行动"。19个村、1565户、5001口人的脱贫任务如期完成，贫困发生率降至历史新低9.30%。实施采煤沉陷区治理搬迁安置工程、农村危房改造工程。采煤沉陷区治理搬迁安置三期工程全面开工；实施地质灾害治理搬迁19户、危险土窑洞加固改造99户、农村危房改造300户。（蔺燕艳）

【安泽县】 安泽县位于临汾市东部，总面积1967.30平方千米，下辖4镇3乡，102个行政村，4个社区，513个自然村。总人口84869人。

旅游资源有荀子文化园、太岳红色革命旧址、安泽森林公园。2017年，安泽县获"中国森林生态药材连翘种植基地"称号。第三次获"全国平安建设先进县"称号，被中央综治委授予政法综治领域最高荣誉——长安杯。

农业 2017年，安泽县耕地面积23.13万亩。推进玉米、生态畜牧养殖链条循环发展。山西大象集团入驻，成为辐射晋东南地区唯一种猪基地。以连翘为主的中药材产业取得进展，举办"安泽连翘产业助力精准扶贫推介会"，安徽井泉药业等知名药企落地，打响"安泽连翘品牌"。

产业建设 2017年，安泽县推进转型标杆项目建设，耀阳光电200兆瓦/年光伏组件生产线项目投产达效；永鑫千吨甲醇制丙烯分子筛催化剂项目完成可研等前期工作，省发改委备案；推进投资3.17亿元的马壁东煤层气项目，总投资达4.80亿元的安泽南等三大区块近900平方千米煤层气探矿权成功招标，进入勘查期。

城乡建设 2017年，安泽县推进"国卫"创建和环境集中整治，实施"八大工程"，拆除危旧建筑7.50万余平方米，清理垃圾6.30万余立方米。推进城建提质，实施县城集中供热、步行街改造、城南城北两个集贸市场等基础设施建设。推进农村环境卫生整治，实施冀氏、马壁乡镇创卫工程，推进美丽乡村建设。

文化旅游 2017年，安泽县接待游客176万人次，同比增长46.70%，旅游综合收入达4.30亿元，同比增长38.70%。开展消夏晚会、书香安泽等20多项文化主题活动。挖掘安泽红色文化，3个作品参加全市“好基地讲好故事”活动。杜村太岳革命旧址、革命烈士陵园均被批准纳入全市“红色护照”主题活动承接基地，太岳行署旧址等被列为省级爱国主义教育基地。依靠“黄花、荀子、红叶”三张牌，加大旅游基础建设，实现乡镇旅游景点全覆盖。打造“山水太行 休闲安泽”旅游品牌，中央七台《相约》栏目在黄花岭景区录制。

民生事业 2017年，安泽县推进“三优”工程，安泽县一中与晋城一中对接合作，教育教学质量提升。持续深化社会保障制度改革，机关事业单位养老保险制度改革稳步入轨运行，城乡居民养老保险参保人数完成市定年度任务。创新养老模式，府城红叶康养中心、改建的一批农村老年人日间照料中心投入使用。完成县人民医院医技门诊综合大楼和县中医医院住院楼建设项目主体工程，山西省心血管病医院安泽分院挂牌成立，继续实施“四免一降”惠民措施，居民健康档案建档率达85%，公共卫生服务均等化取得成效。（尚晓玲）

【浮山县】 浮山县位于临汾市东南部，下辖2镇7乡，185个村民委员会，2个居民委员会。总面积946平方千米。总人口131109人。

旅游资源有天圣宫古遗址、清微观、龙角山、老君洞等。

农业 2017年，浮山县有耕地26836公顷。推进水利重点工程建设，完成水土流失治理面积0.30万公顷；实施2017年国家农业综合开发高标准农田建设项目，土地治理面积达到300公顷；农业气象预警信息发布网络基本实现全覆盖；印象田园温室大棚提档升级。市级以上农业产业化重点龙头企业发展到5家，农产品加工销售收入完成2.95亿元。建成一批与龙头企业紧密联结的种养殖基地，振强农业开发有限公司通过实施土地流转，发展杂粮生产基地5000余亩，带动500余户农民户均增收1万余元；神农农产品开发公司、汉中洋食品饮料公司采取“订单农业”模式，带动1000余户农民种植西红柿、核桃，实现户均增收3000元以上；古桓牧业创建为国家畜禽养殖标准化示范场。

产业建设 2017年，浮山县年初确定的重点项目完成投资8.46亿元。西气东输浮山段改线工程全部完工，完成长临高速浮山连接线项目社会资本方采购工作，开工建设丞相河大桥、臣南河水库，引沁入汾浮山供水工程完成总工程量75%，神农西红柿蘑菇酱等系列产品打入北京、太原、临汾等地市场，旅游公路西张至北庄、米家垣至湾子里段建成通车，四十岭至十里垣段完成路基施工。

城乡建设 2017年，浮山县启动检察院巷扩建工程，完成城西街、小邢路的街巷改造任务，对县城集中供热设施进行改造，新增供热面积42万平方米，全县集中供热入网覆盖总面积达148万平方米。启动200套公租房及部分配套附属工程建设；启动210套经济适用房项目建设。开展环境卫生集中整治行动，县城乱停乱放及店外店经营行为得到遏制。20辆纯电动公交车正式投用。开展城市违法建设专项整治行动，拆除主街道违章建筑13处。

环境建设 2017年，浮山县完成14家工业企业深度治理，取缔、关停、整治19家“散乱污”企业，对全县10蒸吨以下燃煤锅炉淘汰取缔91台，环保改造48台，274家餐饮单位安装油烟净化装置，清洁取暖改造面积达到3.50万平方米。落实县、乡、村三级“河长制”，分级分段配备河长85人、河警11人，水污染防治工作取得实质性推进。完成生态造林5200亩，未成林抚育4.05万亩，森林抚育1500亩。综合污染指数下降5.10%，空气质量二级以上天数达298天。

文化旅游 2017年，浮山县举办首届“印象田园”乡村文化旅游节，接待游客13.60万人次，旅游综合收入达到1200余万元；推进尧山森林公园太和桥工程。建设寨圪塔“扁担精神”纪念馆工程；浮山剪纸、木偶、刺绣等民间手工艺品参加中国巧手澳门行等文化交流活动，产品远销西安、澳门、东南亚等地。

社会事业 2017年，浮山县教育扶贫工作救助贫困生4465人次，发放补助资金312万元；教育教学条件改善，县第四幼儿园及城关小学、北关小学综合教学楼项目建成投用。组建县医疗集团，与临汾市人民医院签定“院县共建、健康扶贫”合作协议；基本公共卫生服务水平提高，建立居民健康档案11.70万余份，建档率达90.50%；家庭医生签约12万余人，超额完成省定目标；推行健康扶贫“一站式”结算，为319名贫困患者提供“先诊疗，后付费”服务，方便贫困群众就医。2017年，全县城镇新增就业1191人，转移农村劳动力1900人，失业人员再就业151人，城镇登记失业率控制在4%以内。各项社会保险累计参保22万余人，征缴基金1.70亿余元，五大险种基本实现法定人群全覆盖。2017年，浮山县实现28个贫困村脱贫摘帽，5233口人稳定脱贫，并通过第三方评估验收。

（许　卓　陈聪聪）

【吉县】 吉县位于临汾市西部，总面积1777.26平方千米，下辖3镇5乡，79个村民委员会，567个自然村。2017年，全县总人口110199人。

旅游资源有壶口瀑布、人祖山、柿子滩、锦屏山、坤柔圣母庙等。

产业建设 2017年，吉县40兆瓦分布式光伏电站并网发电，实现100千瓦光伏扶贫电站79个行政村全覆盖；上海远景风力发电项目进入施工阶段。

城市建设 2017年，吉县新城路网二期、府前广场、供水管网、集中供热、污水处理站、公共体育场等工程基本完成；老城区重点实施几个片区改造，新华东街和小府村两个棚户区改造项目办完立项、环评、土地预审、规划选址、消防等手续，推进征地拆迁工作，开展城市环境卫生大整治活动。

环境建设 2017年，吉县开展生态环境治理。大气污染防治方面，新建热源点3个，新增集中供热面积28万平方米；改造居民燃煤炉500个，改造机关企事业单位锅炉29台；建设煤炭交易市场，实行散煤集中销售。水污染防治方面，落实三级河长制，实施城区河道污水管网铺设工程和州川河人工湿地项目。土壤污染防治方面，编制全县化肥、农药、农膜污染防治规划，开展果业生产废弃物清理回收专项活动。开展造林绿化和流域治理，完成造林绿化6.39万亩，新一轮退耕还林1.30万亩，治理水土流失3万亩，扩大生态建设成果。

旅游 2017年，吉县接待游客128万人次，门票收入8095万元。推动壶口景区体制机制改革，成立国有独资公司，启动AAAAA级创建工作，开展景区环境卫生和旅游秩序大整治活动。举办"春华秋实"系列文化旅游活动和"歌唱黄河"艺术周活动，配合央视录制春节特别节目《美丽中国唱起来》，打造太度村"厚川味道体验地"和上东、社堤、西岭村"苹果采摘园"等乡村旅游热点，支持人祖山景区基础设施建设。

民生事业 2017年，吉县巩固义务教育均衡发展成果，推动城乡教育均衡发展，改扩建农村幼儿园5所。推进县乡卫生机构一体化改革，成立县级医疗集团，整合优化城乡医疗资源配置；开展建档立卡贫困户医疗服务"双签约"工作，签约率100%。拓宽就业渠道，城镇新增就业1000余人。健全完善社会保障体系，落实帮扶救助政策。

脱贫攻坚 2017年，吉县加快农村水、电、路、通宽带、通客车、卫生室等基础设施建设；作为全市易地搬迁任务最重的县，"两年任务一年完"，9376名贫困群众告别危险土窑洞；落实健康扶贫、教育扶贫、社会保障兜底等各项政策，为贫困群众稳定脱贫搭起"安全网"。全县14项退出指标全部达标，61个贫困村全部退出，贫困人口下降到126户290人，贫困发生率降至0.32%，通过市初审和省核查。

苹果生产 2017年，吉县用于苹果产业的整合资金为历年最多，达到5000多万元；全县苹果产量首次突破20万吨，吉县苹果首次出口美国、澳大利亚等国；成立吉县电商协会。在园区化发展、标准化生产、品牌化营销、产业化开发上，在统一标准、统一品牌、统一包装、统一宣传上取得新进展。

（强培家）

【乡宁县】 乡宁县位于临汾市西南部，总面积2029平方千米，下辖10个乡镇，182个村民委员会，1113个自然村。总人口数为244129万人，新增人口2407人。

旅游资源有云丘山、华灵庙抗日纪念馆、千佛洞、文笔峰景区等。

农业 2017年，乡宁县开发整理土地1.20万亩，水保治理3.90万亩，实施农村饮用水安全工程19处，粮食产量达8万余吨。培训农民1.40万余人次。出台经济林秋冬季管护办法，建立高标准经济林示范园269个，以核桃为主的经济林30万亩。发展畜牧规模养殖511户，建成果畜循环示范场2个、农业科技试验基地4个，培育科技示范户810户。农产品加工销售收入突破3亿元。

产业建设 2017年，乡宁县推进煤炭供给侧改革，淘汰关闭煤矿2座，化解产能90万吨。矿井建设完成投资18.20亿元，3座投产达效，6座达先进产能标准，生产原煤1053万吨。发展金融保险、信息咨询、快递物流、家政服务、健康休闲等现代服务业。重点旅游项目完成投资3.10亿元，云丘山景区收入达7300多万元。为18家中小微企业发放"惠商贷"1840万元，培育"小升规"企业2家，民营企业总产值完成19.90亿元，同比增长3%。乡宁县组织招商引资活动，举办"引老乡、回故乡、建家乡"暨在晋异地商会合作恳谈会，成功签约远景能源、中电投风力发电、大象集团百万头生猪养殖、通用机场建设等12个重大项目，签约金额179亿元。

环境建设 2017年，乡宁县加快建设基础设施。启动劳动保障服务大厅和政务服务中心建设项目，实施东城健康公园、粮食棚户区改造等工程，完成吉河高速引线绿化亮化及辅道建设、城市天然气置换煤气、樊家坪公交总站建设等工程。拓宽改造窄路基道路30.60千米，实施道路生命防护工程17.90千米。推进220千伏输变电工程，改造升级农村电网141.70千米。推进完善提质、农民安居、环境整治、宜居示范等"四大工程"，农村生产生活条件改善。开展铁腕治污、环境卫生等专项整治行动，3家焦化企业完成烟气脱硫提标改造，1家焦化企业停产整顿，2家砖厂配套安装脱硫除尘设施，新建垃圾厂渗滤液处理站1座、污水处理站2座，完成农村清洁工程达标村70个，淘汰黄标车、老旧车400辆，新增供热面积10万平方米。强化生态环境综合治理，实施166户、548口人的采煤沉陷区治理工程，地质灾害治理搬迁35户、140口人，植树造林4.80万亩。空气质量二级以上天数达300天，优良比例达82%。

民生事业 2017年，乡宁县统筹资金1亿元，改造薄弱学校68所；普通高考二本上线人数达708人，职业对口高考达本科线290人，初中、小学教育质量稳步提升；国家义务教育发展基本均衡县高标准通过督导评估认定。新医院装修工程加快推进；轮训乡村医生364人次，对1.8万名60岁以上老年人进行免费体检；药品零差率销售额达2532万元；新农合参保17.10万人，参保率98.50%；乡宁油糕、空心月饼制作技艺等11项非物质文化遗产列入市级名录，举办广场消夏月等文体活动80余场次，文化产业增加值达4213万元。城镇新增就业1605人，转移农村劳动力1304人，城镇登记失业率控制在4.20%以内；发放各类低保、社保救助金5198.40万元。开工建设公租房110套，完成棚户区改造和公共租赁住房721套。推进农村危房改造，1268户居民住房条件改善。

脱贫攻坚 2017年，乡宁县坚持精准扶贫，组建96个驻村工作队、2500余名干部驻村帮扶到户，12项帮扶措施落实到户。开工建设移民集中安置点16个，搬迁674户、2500口人。贫困户发展特色产业享受补贴131.50万元。落实教育扶贫补助资金659.50万元，扶贫培训2000余人次，实现就业300余人。471人参加造林合作专业社，588人通过退耕还林每亩受益1500元。实施村级光伏扶贫项目6处。新建贫困村网络电商平台

6个。“强农贷”“富民贷”发放2481.50万元,“股加贷”人均受益390余元。开展“访贫问寒送温暖”活动,捐资75万多元,慰问贫困户5000余户。投资159万元,为所有建档立卡贫困户购买大病补充保险和意外伤害保险,全年4694户、15778口人实现脱贫。

(成全红)

【大宁县】 大宁县位于临汾市西部,总面积967平方千米,下辖2镇4乡,1个城区街道办,84个村,3个社区、297个村民小组,309个自然村。常住人口66866人。

旅游资源有黄河仙子祠、周朝小神龙庙、明朝十八罗汉洞等。

转型改革 2017年,大宁县基本形成现代农业产业体系。建设标准化苹果出口基地6个,新建花卉温室大棚2万平方米、有机蔬菜大棚6座,新建种猪厂1个、商品猪场2个,生猪存栏量达1.30万头,生产有机肥7.30万吨。引进鸿锐医疗器械、宇良科技等企业。推进煤层气勘探开发,新建开发井27口、评价井8口,年产气量达3亿立方米;煤层气液化调峰一期开展工程建设,正午日电20兆瓦大型光伏地面站并网运营;完善轻工业园区功能,新建2栋实训厂房和教育实训楼,入园企业达到3家。完成二郎山生态旅游初步规划和道教村乡村旅游开发整体规划。加强政企合作,为中小企业融资1730万元;开展生态文明体制改革综合试验。

城乡建设 2017年,大宁县档案馆综合大楼投入使用,公租房三期工程主体完工。实施小冯新区供热、城市生活垃圾填埋场渗透液处理工程,完成南山公园、金殿广场、滨河路、步行街绿化工程。改造农村危房134户,实施乡村清洁工程4个;完成农村饮水提质增效工程51个,解决15610人的饮水问题;完成狗头山至罗曲公路二期工程,实施11个“四好农村路”建设项目,17项“安、窄、危”整治工程,启动曹家庄小流域综合治理和固沟保垣工程。

环保建设 2017年,大宁县完成生态林建设任务7.48万亩,森林覆盖率达到36.10%。集中整治散煤销售点4个,淘汰小型燃煤锅炉28台,完成1台6吨的燃煤锅炉“煤改气”改造工程;完成1070户的清洁取暖工程改造,全部纳入集中供暖管网,全年空气质量二级以上天数323天,优良天数比例达到88.40%。推行河长制,推进饮用水源地规范化建设,城镇集中式水源地水质达标率达100%;实施污水处理厂尾水深度治理、畜禽养殖禁养区划定、加油站防渗池改造等工作,对全县河道排查出的54个排污口进行集中整治,昕水河出境断面水质稳定在四类水质标准。启动土壤污染防治试点工作。

医疗教育 2017年,大宁县成立山西医科大学第一医院大宁分院,组建大宁县医疗集团;启动大宁县新医院建设工程,实施卫生系统业务用房建设项目。新建县第二幼儿园,全县幼儿毛入园率达到91%以上;对全县农村19所小学进行合并调整;实施昕水中学改扩建二期建设工程;与襄汾高级中学组建教育联合体。

脱贫攻坚 2017年,大宁县财政投入资金1000万元,统筹整合涉农资金3.10亿元,实施十大扶贫工程,全年整村退出22个贫困村,减贫2351户6531人,贫困发生率下降为17.92%。62个贫困村实现产业“五有”全覆盖,为农民持续增收奠定坚实基础;小杂粮、设施蔬菜、赤焰辣椒、牛驴养殖等特色种养产业助力脱贫攻坚。实施购买式造林5.31万亩,带动1562户4699人脱贫;启动“大宁技工”品牌创建,成立“大宁新时代技工讲习所”,培训带动1000余名贫困劳动力就地就业;新改扩建村级光伏电站46座,发放金融扶贫贷款5191.18万元;新建移民安置点12个,易地搬迁372户1071人;累计为大宁籍建档立卡贫困家庭考取二本B类以上的142名本科学生发放补贴142万元;落实“三保障、三救助”政策,完成5189户14137人的健康扶贫“双签约”任务;农村低保标准提高到每年3340元。

(李宏伟)

【隰县】 隰县位于临汾市西北部,总面积1415.30平方千米,下辖3镇5乡,97个村民委员会,364个自然村。常住人口107456人,人口自然增长率2.05‰。

旅游资源有玉泉寺、小西天、千佛庵、明代大鼓楼、紫荆山风景区等。获批全国电商综合示范县,获“互联网+农业”全国十大最具特色县域奖。

产业建设 2017年,隰县推进玉露香梨标准化、品牌化建设,建好35个标准化示范园,玉露香梨通过有机产品认证。举办玉露香梨品牌战略发布会、梨花节和采摘节,推广区域公用品牌。完善电商生态系统,建成电商园区。好乐佳冻干食品、国新润泽数字化果业基地、金土地粮油等一批“农”字号企业投入运营,盾安98兆瓦风力发电待并网,推进弗莱克煤层气勘探、地热开发、天然气利用、光伏发电等新能源产业。引进西子集团紫荆山综合旅游开发项目,发展商贸、物流、家政、养老等生产生活性服务业。

城乡建设 2017年,隰县启动建设生活垃圾转运站、太和路北延、南大街南延、智慧城市、雪亮工程、滨河路绿化等重点工程,完成供水、供气、供热管网改造。改造162千米农村公路,完成1.79万亩水保治理,新增梨果灌溉面积1.50万亩,实施天然林保护、“三北”防护林、退耕还林等生态提升工程。开展国家卫生城镇创建和城乡环境卫生整治活动。

民生事业 2017年,隰县全年民生支出11.46亿元,占公共财政支出75%。教育事业上,与西安高新区建立教育战略联盟,午城士成中学、龙泉小学、实验中学、北城艺术幼儿园建成投入使用。加大教师队伍培训力度,推进“三优”工程建设。医疗卫生上,推进县乡医疗卫生机构一体化改革,组建县医疗集团,选举产生集团理事会成员。实施健康扶贫工程,落实医疗惠民政策,健全医疗卫生服务体系。文化事业上,新建和维修村文化活动广场,配送文体器材,改善乡村综合文化活动中心基础设施。开展文化惠民“四下乡”活动。部分文艺作品剧目和活动分别在全国、省、市获奖。社会保障上,全县养老、医疗、失业、工伤、生育五项保险参保总人数达 18.13 万人次，实现社保全覆盖。开工建设保障性住房 500 套，完成农村危房改造 100 户，分配公共租赁住房 196 套。城镇登记失业率控制在 4%以内。

脱贫攻坚 2017 年，隰县财政投入扶贫资金 1587.44 万元，增长率达 58.74%，统筹整合各类财政涉农资金 3.27 亿元，发放金融扶贫贷款 1.02 亿元。统筹实施产业、电商、金融、易地搬迁、生态、光伏、兜底等扶贫工程，所有村集体经济实现破零，21 个村、8000 口人脱贫。（张克强）

【永和县】 永和县位于临汾市西北部，总面积 1212.89 平方千米，下辖 5 乡 2 镇，79 个行政村，306 个自然村，1 个居民管理委员会，4 个居民社区。总人口 65682 人。

旅游资源有永和关、红军东征永和纪念馆、上退干村毛泽东旧居、永和蛇曲国家地质公园等。

城乡建设 2017 年，永和县投资 1.80 亿元，完成正大路拓宽改造，滨河路雨污分流、城东路排水管网改造、城区街巷亮化等项目。扩充城市综合执法队伍，规范城市管理，开展环境大整治。推进改善农村人居环境四大工程，完成农村安全饮水 125 处，农村公路改造 105 千米、农村危房改造 790 户。创建东征村省级美丽宜居示范村和白家崖、郭家村 2 个市级美丽宜居示范村。

环境建设 2017 年，永和县实施三北防护林、天然林保护、荒山造林等造林绿化工程，完成 3.72 万亩，森林覆盖率达 28.40%，林木覆盖率达 37%。开展燃煤锅炉淘汰、清洁取暖、散煤整治三大专项行动，全年共淘汰燃煤锅炉 26 台，改造 20 蒸吨燃煤锅炉 2 台，安装 10 蒸吨燃气锅炉 2 台，新建换热站 2 座，集中供热面积达 58.45 万平方米，供热能力达 100 万立方米；完成个户煤改气 683 户、煤改电 66 户；置换优质煤 2160 吨。开展秋冬季秸秆禁烧、路域环境治理、建筑工地治理等专项整治，县域空气质量优良率达 90.40%。落实三级河长制；取缔沿河排污口 100 余个；完成 11 个养殖场粪污治理，芝河断面水质指标均高于省市考核标准。

旅游开发 2017 年，永和县游客人数达 15.30 万人次，同比增长 24.39%。推动黄河乾坤湾风景名胜区、生态文化旅游开发区发展，开展乾坤湾通用机场选址审核工作。投资 7292 万元，拓宽改造、绿化、亮化景区旅游公路 2 条，建成游客接待中心 3 个；乾坤湾互通项目开工建设；山西黄河一号公路——沿黄扶贫旅游公路开工。举办槐花、红枣、草莓采摘节，开展百名摄影师航拍、百位油画家黄河行写生创作、“2017 永和乾坤湾杯”全国大学生演讲大赛等对外宣传活动。

民生事业 2017 年，永和县全年财政为民生事业支出 10.70 亿元，占公共财政支出的 85.51%。教育工作方面，完成县直学校用电线路改造和职业教育实训基地建设，推动教师“县管校聘”改革。医疗卫生方面，推进县乡医疗卫生机构一体化改革，组建县医疗集团，建立医疗联合体，县域内就诊率提高 5%，患者自费率降低 7%。推行大病社会救助工作，推进健康扶贫“双签约”服务活动，引进“智能家庭医生”信息技术平台。社会保障方面，提高社会保障救助标准，健全完善临时救助制度，发放各类救助资金 2298 万元；开展关爱特殊群体行动，县级领导和科级干部与全县 126 名孤寡老人和 30 名孤儿“一对一”帮扶；持续实施四大“暖心”工程。

脱贫攻坚 2017 年，永和县完成 15 个村 3007 人的脱贫攻坚任务，贫困发生率从 37.91%下降至 17.87%。21 个产业扶贫项目稳步实施，带动 3461 名贫困户增收；投放金融贷款 5391 万元，受益贫困户达 1082 户。1687 名贫困人口参与生态工程建设，人均收入 1.2 万元左右，1705 户 4939 名贫困人口享受到新一轮退耕还林政策，当年户均增收 2400 元，321 名贫困人口被聘为护林员，户均增收 8000 元右。采取去库存方式，在县城安置易地搬迁户 242 户 900 人；完成 8 个集中安置点主体工程，安置 351 户 1061 人。全年资助普通高考达二本以上大学生、中等职业教育贫困生和学前入园贫困儿童 156.70 万元，受益建档立卡贫困人口 2291 人；免费职业培训农村劳动力 606 人；367 人享受困难家庭大病救助和医疗补助 116.60 万元。建成村级光伏电站 25 个，户用光伏电站 2136 户；新发展农家乐 70 户；成立电子商务企业联盟，注册永和农副产品销售平台—“各街网”，强化“吕梁山货”区城公共品牌和“乾坤湾”“喜和合”县域公共品牌营销，全年网上交易额达 2802 万元。（马宏伟）

【蒲县】 蒲县位于临汾市西部，总面积 1510.60 平方千米，下辖 4 镇 5 乡，93 个村民委员会。常住人口为 111470 人，自然增长率 5.94‰。

旅游资源有东岳庙、翠屏山、段云书屋、五鹿山自然保护区、梅洞山景区、峡村峡谷风景区等。

农业 2017 年，蒲县农作物播种面积 15312 公顷，粮食总产量达 71243.90 吨。森林覆盖率 39.96%，林木覆盖率 54%。牧业公司在红道乡推进五座五万头能繁母猪繁育基地建设。

城乡建设 2017 年，蒲县井山公路路面翻修工程主体竣工。蒲红线（辛庄至返底段）公路改造工程主体工程竣工交付使用。蒲县完成农村饮水安全巩固提升工程目标任务。全县城镇化率达 47.36%，县城建成区面积为 4.10 平方千米，街道、巷道硬化 573 千米。蒲县北街休闲广场工程竣工。空气质量二级以上天数 315 天，优良天数比例为 86.50%。

文化旅游 2017 年，蒲县接待国内外游客 175.54 万余人次，实现旅游收入 18.40 亿元。举办群众性文化活动 800 余场，大型文艺演出 28 场，编排上演大型古装历史剧《讲道台》，成为厚重蒲伊文化的崭新名片。山中乡山中村被评为“全国文明村镇”，举办首届“蒲伊杯”杞柳编制创业大赛。

教育科技 2017 年，蒲县小学在校学生 7285 人，小学适龄儿童入学率 100%；初中在校学生 3070 人，适龄人口入学率 99.40%；中等职业教育在校学生 175 人；普通高中在校学生1508人。2017年，蒲县共申请专利11项，专利授权8项。其中，实用型专利2项，发明专利8项，运用发明专利9项，外观设计专利1人，财政科技投入1252万元，增长56.30%。

社会事业 2017年，蒲县企业养老保险参保7194人；机关事业养老保险参保7794人；城乡居民养老保险参保46639人；10815名农村老人领取基础养老金1156.30万元；基本医疗保险参保99549人，医疗费用支出5177万元；失业保险参保7600人，发放失业金406万元；工伤保险参保34800人。全县居民城市最低生活保障20370户次，52517人次，累计发放城市低保资金1827.30万元；农村居民政府最低生活保障11223户次，13791人次，累计发放农村低保资金1040.25万元；城乡医疗救助1374人，发放资金587.69万元。

能繁母猪繁育基地建设 2017年7月16日，蒲县璟丞牧业开工建设西坪垣牛旺头村2万头能繁母猪繁育基地建设项目，项目总投资2.58亿元，占地44公顷，年可产仔猪45万头。投资7700万元，开工建设一期工程1万头能繁母猪三条生产线，包括妊娠室、分娩室、保育室。完成粪污处理设施、地下管网和一条生产线的建设，投放能繁母猪1000余头，其余两条生产线土建工程全部完成。组织动员蒲县广大养殖户开展委托放养，为全县养殖户放养仔猪15000头，是同行业华北地区最大单体项目。

（曹立华）

【汾西县】 汾西县位于临汾市北部，总面积875平方千米，下辖5镇3乡，120个村民委员会。总人口150151人。

旅游资源有姑射山风景区、师家大院、师家沟民居、师家沟古建筑群、姑射山仙洞、观音阁、真武祠、汾西凤凰生态公园等。

农业 2017年，汾西县农作物总播种面积25740公顷，比上年增加114.10公顷，增长0.44%。其中，粮食播种24307.40公顷，油料种植面积377.50公顷，棉花种植面积5.30公顷。粮食产量达80228.90吨，其中，夏粮40531.10吨，秋粮39697.80吨。完成造林合格面积2602公顷。其中，人工造林面积2400公顷，经济林面积2400公顷。农业机械总动力4.38万千瓦，机械耕地面积17901公顷；机械播种面积16353公顷；机械收获面积7573公顷。全县农机化经营总收入1376万元，利润总额679.70万元，综合机械化水平达到57.20%。

产业建设 2017年，汾西县实施重点工程47项，完成投资27.80亿元。推进铝业项目建设。北掌水库建设坝体封顶；1.10万亩以工代赈，完成土地治理项目；麻寺、府麻等9条县、乡公路建成通车；省道桃临公路北段改造工程全线开工；东大街、士贞路改造项目完工。客运站建设完工并投入试运营。

环境建设 2017年，汾西县推进城乡环境综合整治。清理整治团柏河、对竹河、勍香河河道62千米，深度治理工业企业13家，“两断三清”散乱污企业7家，取缔燃煤锅炉111台，集中供暖扩容30万平方米，煤改电取暖263平方米，造林绿化3.90万亩。县域空气质量二级以上天数达284天。

文化旅游 2017年，汾西县举行“美丽汾西”社火和灯展活动，举办7场群众消夏文艺晚会。开展送电影下乡1440场，送戏下乡70场，送文化下乡25场次，送图书下乡6000余册，在姑射山举办“相约神仙居，探幽道家源”首届登山活动。在师家沟举办“中秋月更圆”赏月节活动。

脱贫攻坚 2017年，汾西县紧扣“一达标、两不稳、三保障”精准脱贫目标，开展13项行动计划，统筹整合涉农资金，专项扶贫资金2.10亿元，建成易地扶贫搬迁县城集中安置点楼房30栋1356套8.30万平方米，建成8个乡镇集中安置点平房1399间3.50万平方米。发展特色扶贫产业，新发展肉鸡养殖大棚23个；建成大型企业光伏电站5座160兆瓦，村级光伏电站80个8兆瓦，户用光伏电站606户5兆瓦。全县整村脱贫27个，脱贫人口2690户8145人，贫困发生率由24.10%下降到12.90%。

（赵鸿虎）

【侯马市】 侯马市位于临汾市南部，总面积220.10平方千米，下辖3乡，5个街道办事处。总人口248857人。

旅游资源有彭真故居、台骀庙、晋国故都博物馆、晋国古城等。2017年，侯马市获“全国新型城镇化质量百强县(市)”称号。

农业 2017年，侯马市发展芳草香、鸿满、瑞河食用菌等一批农业园区，推动青创田园、晋南黄牛、金牧自动化蛋鸡等种植养殖基地建设，新发展特色蔬菜、水果、中药材等7540亩，全市农业龙头企业达17个，家庭农场21个，农民合作社408家。推动北庄、太秦高标准农田建设。全年粮食总产9.20万吨。开展土地确权工作，97.30%的农户签订农村土地承包合同，各项确权任务基本完成。

产业建设 2017年，侯马市推进河北正大制管、长沙远大装配式PC工厂、北方创信新型建材等新兴产业项目落地。年度重点项目建设66个，完成投资23.28亿元。汽车装备制造业集群化发展，汤荣集团双金属复合制动鼓项目融资2.50亿元，6条新建生产线建成投产；东鑫球铁曲轴技改、旺龙药业生产线技改等项目完工投产；海洲微生物、益通LNG扩建等项目开工建设。风雷管模、中晋机械等4家企业实现“小升规”，建邦集团在全省同行业首家开展期货套期保值业务，益通股份进入主板市场辅导期。全市战略性新兴产业增加值占比4.55%，高技术产业增加值占比13.80%。

商贸经济 2017年，侯马市振通电商产业园快递转运中心仓库建成投入使用，圆通、中通等现代物流配送平台入驻；公路枢纽货运中心项目主体完工；方略保税物流洋货码头项目的5个仓库和13个单体场馆主体完工。推动本土品牌电商“马上购”赤焰辣椒项目建设。新兴纺织城、金钻国际商城入驻率达80%以上，居然之家落户侯马丽源星城。方略保税物流被确定为全国多式联运示范工程企业，方略陆港口岸发往欧洲国家的中欧班列开行，实现常态化运营。

重点改革 2017年，侯马市推进4个国家级试点。开展现代服务业综合试点，临汾侯马综合保税区上报国务院待批。推动农民工等人员返乡创业试点，出台优惠扶持政策，返乡创业563人，吸纳就业1830人。推进全国健康城市试点，成立公立医院管理委员会，组建侯马市医疗集团，覆盖全市范围的“十分钟健身圈”初步形成。推进集体林权制度、国有企业“三供一业”等改革，中小微企业创业创新基地示范县、政务服务中心国家标准化试点等工作。

城乡建设 2017年，侯马市北环路西延工程竣工通车，推进海军街北延、纺织巷东延、时代广场南北路等工程建设；新建雨水管网、改造雨污管网20千米。18个村实现集中供热，城乡新增供热面积150万平方米；农村天然气主管网新增10.50千米；城市自来水农村覆盖率达65%；落实城乡垃圾一体化处理工程，通过国家卫生城市复审验收。

环境建设 2017年，侯马市突出企业深度治理，整治散乱污企业，综合防治面源污染，淘汰燃煤锅炉，推行清洁取暖，全年空气质量二级以上天数284天，其中一级天数22天。提升水环境质量，建立完善河长制组织体系。新增城市绿化面积20万平方米。

文化旅游 2017年，侯马市举办“晋都·新田文化旅游季”系列主题活动和中国手艺小镇“画说侯马”采风创作活动。启动全民手艺技能培训，培训专业技能人才600余人。新编蒲剧现代戏《樱桃花开》作为全省唯一代表剧目赴京会演。举办“两节”、消夏晚会等系列文化活动，全年送戏、送电影下乡1014场。侯马首个公益网站“侯马热线”门户网上线。《樱桃花开》剧目参加全国基层院团戏曲会演。

民生事业 2017年，侯马市通过教育部义务教育均衡县评估认定，投资8500万元改造完善薄弱学校基础设施，配齐教育教学设施设备；新招聘教师198名，全市高考二本B类以上达线857人、达线率50.23%。市乡医疗联合体格局基本建成；城乡居民医保整合到位；公立医院全面取消药品加成，家庭医生签约覆盖率达38%。推进山西怡之福老年医养中心项目建设。落实各项社会保障政策，城乡低保、困难补助、社会救助等各项补贴资金发放到位。完成公租房分配135套，发放公租房补贴180余万元，农村危房改造125户。 （赵香琴）

【霍州市】 霍州市位于临汾市北部，总面积765.39平方千米，下辖3乡4镇，5个街道办事处。

旅游资源有霍州古城、霍山、陶唐峪、七里峪等。

农业 2017年，霍州市农作物种植面积19943公顷，其中粮食种植面积18734公顷。粮食总产量87066吨。推动“一园五基地”建设，干鲜果基地种植苹果达4万亩；规模养殖基地达到省级标准的各类企业超过40个；大小杂粮、文冠果产业规模扩大，产业化水平提升，文冠果种植面积达5600余亩，文冠果油生产线装配完成；霍州核桃列入国家地理标志产品名录；枣夹核桃特色农产品销往台湾地区，出口新加坡、加拿大等地，出口额达11.80万元，使霍州市出口创汇实现零突破；农家乐、采摘园、生态休闲农场等新型农业经营主体涌现，小杂粮种植面积达4万亩。

工业 2017年，霍州市“一煤两电”加大技术改造，产业结构优化。国电、兆光超低排放改造完成。华得宇光伏发电一期工程并网投入使用。亿能新能源电动车项目建成投产，环保电动车上市销售。

城乡建设 2017年，霍州市规划启动20.86平方千米的省级经济技术开发区，可研报告通过省级评审。编制完成城市控规、海绵城市、地下综合管廊等一批城市规划。建成迎宾南路、桥西街、桥西新村南路、新建南路等一批城市道路，实施橡胶厂棚户区、汇泽源棚户区、阳光首府等一批城市住房建设项目，推进红崖堡紫薇园等一批城市绿化工程建设，完成霍东新区供水，垃圾处理厂渗滤液改造等一批市政工程，启动农村“四好”公路建设。投入5000余万元，实施七里峪客运站建设、悬泉山公路改造、农村公路安全防护等工程。共享汽车“鑫矩出行”平台与汽车投入运行。推进城区及城周村热电联产集中供热扩户工作，辛置南矿区集中供热工程竣工运行，新增供热面积330万平方米，累计达790万平方米，主城区覆盖率达95%，天然气扩户3600余户，达41600户。推进采煤沉陷区治理、农村地质灾害搬迁、农村危房改造等工作。

旅游 2017年，霍州市推进文旅深度融合发展，成立文旅公司，全年接待旅游者13万人次，门票直接收入207万元。七里峪景区入口引导区全面竣工，滑雪场二期工程投入使用，完成霍州署游客服务中心改造，开展AAAA景区申报工作，举办第九届“中镇霍山·华夏州署”文化旅游月，鸣梦老粗布、地珍坊“枣夹核桃”分获中国首届特色旅游商品博览会金奖和银奖。

民生事业 2017年，霍州市被确立为临汾市唯一现代学校管理改革省级试点县。完成市二中运动场改造，圣佛小学新校区建设，实施辛置公办中心幼儿园建设。爱心助学活动募集善款128万元，资助贫困学生4069名。农村80岁以上老人救助等多种机制继续完善，新建城乡老年人日间照顾中心2所，累计达17所。实现脱贫1551人。全年全市参加基本养老保险人数为116854人，参加基本医疗保险人数为124786人，参加失业保险人数为12915人。全年全市纳入城市最低生活保障的居民2966人，纳入农村最低生活保障的居民2639人。 （郭秀东）

吕梁市

【概况】 吕梁市位于北纬36°43′—38°43′，东经110°22′—112°19′，总面积21140平方千米，下辖1个市辖区，10个县，2个县级市。

2017年，吕梁市地区生产总值完成1310.30亿元，增长9.20%。规模以上工业增加值完成878.40亿元，增长11.30%；公共预算收入138.80亿元，增长54.90%；企业利润总额实现195.90亿元，增长44.60倍。固定资产投资增长6.20%，社会消费品零售总额增长6.40%。城镇居民人均可支配收入达25704元，增长6.30%；农村居民人均可支配收入达8232元，增长7.70%，吕梁市获2017年“亚洲旅游‘红珊瑚’奖”——“最受欢迎旅游目的地”奖。

产业建设 2017年，吕梁市推进产业转型发展。发展壮大铝工业，局域电网初步建成试用，全省最大合金铝生产线中润一期50万吨项目具备投产条件。推进煤焦产业发展，鹏飞集团与北京三聚环保公司合作的30万吨甲醇联产2亿立方米LNG项目建成投产，金达、金岩分别与宝钢、山东科瑞合作，促进煤系针状焦、甲醇联产LNG等传统产业项目升级。规模以上工业增加值中，非煤产业占比由2013年的35.50%上升到49%，其中铝工业、白酒产业分别达16.60%、14.30%，战略性新兴产业和高技术产业增加值分别增长16.90%、14.30%。

转型综改 2017年，吕梁市落实“三去一降一补”重点任务，核减煤炭产能20万吨，减量置换234.60万吨；加大房地产去库存力度，全市商品房待售面积、库存消化周期实现“双下降”；多措并举降低企业负债率和实体经济成本，规模以上企业每百元主营业务收入成本减少5.79元。成立9户售电公司，38户企业参与电力直接交易，节约成本1.50亿元。加快开发区“整合改制扩区调规”，基本完成“三制”改革，省级开发区数量达5个。19个景区完成体制机制改革，实现管理权和经营权“两权分离”。举办“数谷吕梁·智赢未来”大数据产业推介会、世界酒文化博览会、第四届全国煤炭深加工及焦化产业绿色发展交流会、铝工业发展论坛。实施“百千万人才工程”和“百校千人计划”，与北航、北理工等9所重点高校(单位)签订战略合作协议，47位院士专家被聘为吕梁转型发展顾问。建立博士后工作站、技术研发平台12个。推广PPP模式和孝义公立医院改革，受到国务院通报表扬。推进法治政府建设，建成市县乡三级“13710”电子督办平台，全年督办重点工作233件。建立新区建设、集中供热、扶贫等重点工作微信平台，实行“3个24小时直通车”制度，协调解决各类问题1000余个。深化“放管服效”改革，取消和下放审批事项145项。

城乡建设 2017年，吕梁市推进“双十”市政重点工程建设。新区基本建成以11.50千米吕梁大道为主干的两纵十六横路网；以两带三湖为主的水面面积达327亩、绿化面积达2326亩，初步形成宜居宜业生态环境；吕梁火车站站前广场、盛地小学投入使用，水电气热讯等市政设施建成完善；社会关注的两县区16个小区69栋安置楼11369套安置房建成，4000余户群众拿到新房钥匙。推进主城区提质改造，投资9亿余元实施城区集中供热项目，供热面积从1477万平方米增加到近2000万平方米，热源点由原来的3个增加到5个，惠及2万余户群众；雨污分流管网改造工程完成。启动“五十百千”创建活动，开工建设静兴、祁离2条高速和沿黄扶贫旅游公路一期工程，新改建农村公路1210千米。榆横—潍坊、上海庙—山东过境输电线路全面架通。中部引黄隧洞连通工程和柏叶口龙门供水工程建成投运。

民生事业 2017年，吕梁市民生支出259.90亿元，占公共财政支出的82.49%。召开全国义务教育学校管理标准实施部署会，完成“义务教育基本均衡评估认定”。高考二本B类以上达线人数超过1.40万人，清华、北大录取18人。推进医疗、医保、医药“三医联动”，孝义、岚县、交口经验做法被央视报道，全省医改工作现场会在柳林召开。开展大气、水、土壤污染防治，推进中央、省环保督察发现问题整改工作，投资近100亿元实施50项重点环保基础设施工程，改善全市空气质量和重点河流水环境质量，17个重点河流水质监测断面达考核要求。

脱贫攻坚 2017年，吕梁市开展“春季行动”“夏季攻势”“秋季会战”“冬季对标”脱贫攻坚四大行动。实施五大重点工程，推广生态扶贫经验，开展整自然村搬迁，产业扶贫利益联结紧密，光伏扶贫收益分配到村到户，劳动力转移就业取得进展。突破五个制约短板，推进健康扶贫，提升教育扶贫，提高兜底扶贫，完善公共基础设施。加强五个保障措施，推进“三基建设”，实施帮扶措施，加大投入力度，增强脱贫内生动力，落实脱贫攻坚责任。全年445个贫困村退出，14.80万贫困人口减贫，中阳、柳林2个贫困县摘帽，孝义、汾阳、文水3个县整体脱贫。开展具有吕梁特色的生态脱贫、护工护理培训和光伏扶贫三项行动。实施特色产业扶贫，带动33.10万贫困人口增收。加大金融扶贫力度，推广风险补偿产业扶贫贷款模式。出台教育扶贫“5+5”资助政策，资助贫困学生20.90万人次；贫困人口医疗费用报销率达87.34%；13个县市区农村低保标准与扶贫标准实现“两线合一”，低保标准高于扶贫标准，实施脱贫攻坚“三五工程”方略。

“吕梁山护工”劳务名片 2017年12月28日，吕梁市举行第十四批“吕梁山护工”欢送活动，996名护工奔赴北京、天津、太原等地实现就业。市县两级通过多形式宣传发动、分类式订单培训、多元化就业安置、多层次跟踪服务，取得脱贫成效。全年累计培训2.3万人，实现就业1.10万人。“吕梁山护工”成为吕梁劳务输出新名片。

“汾酒号”旅游列车开通 2017年4月16日，太原至吕梁直达特快列车“汾酒号”正式开通，“乘汾酒号列车，赏吕梁山风光”旅游季活动启动。列车开通为吕梁市打开对外开放和交流窗口，扩大吕梁文化旅游品牌知名度和美誉度。

“数谷吕梁”大数据产业 2017年8月21日，吕梁市举行“数谷吕梁——智赢未来”大数据产业发展推进会。会议邀请近100家知名大数据企业和300余位嘉宾专家，标志吕梁市云计算、大数据产业迈入新阶段。吕梁市与华为开展合作，推动吕梁云计算、大数据产业发展；华为联合合作伙伴共同丰富云计算、大数据产业生态，实现吕梁云计算、大数据产业的特色化和全面化。

吕梁产区获“世界十大烈酒产区”称号 2017年9月28日，“2017山西(汾阳杏花村)世界酒文化博览会”在汾阳市开幕，国内17大名酒企业负责人和全球500余家酒类行业企业代表参会。博览会以“相约汾阳品味世界清香”为主题，是中国酒类行业展唯一以酒文化为主题的国际展会，开创山西酒类行业展会之最。11月19日，在以“世界名酒、共享荣耀”为主题的2017上海国际酒交会上，经过组委会评比评选，吕梁市被授予“世界十大烈酒产区——吕梁产区”称号，标志吕梁白酒增添一张“世界级”新名片。 （刘翠翠）

【吕梁市离石区】 吕梁市离石区位于吕梁市中部，总面积1324平方千米，下辖2镇3乡，7个街道办，194个行政村，43个居委会。总人口32.5万人。

旅游资源有凤山、汉化石像博物馆、安国寺、白马仙洞、天贞观、马茂庄汉墓群等。

产业建设 2017年，吕梁市离石区推进项目建设，引进项目14个，概算投资224.26亿元，实施重点项目58个，完成投资41亿元，竣工投产12个。推进传统产业提档升级，大土河甲醇项目、天然气项目建成投运，晋能热电联产项目并网供热；中磁尚善、中包凌云等新材料项目投产；华为云服务大数据项目84个机柜投运，进入数据迁移阶段。引进中天智慧、中国网库、华唐集团等行业知名领军企业，铺开大数据、新能源、新材料等战略性转型项目，山西东方拉格

2017年吕梁市辖县(市、区)经济指标统计表

县 市	地区生产总值(万元)	农林牧渔业总产值(万元)	固定资产投资(万元)	社会消费品零售总额(万元)	一般公共预算收入(万元)	一般公共预算支出(万元)	人均可支配收入(元)	
							城镇居民	农村居民
离石区	813938	35875	556758	713114	96389	216544	28035	5907
文水县	661339	226953	217777	216370	24445	209501	20955	9692
交城县	722394	64253	373728	192489	52006	179634	21114	9429
兴 县	858943	76185	308287	157858	133309	287883	20148	4471
临 县	550413	135619	278347	445679	63225	411115	17204	4971
柳林县	1758784	39994	417170	405864	240749	231550	30120	11408
石楼县	95964	44269	81642	32790	4353	143399	13795	3277
岚 县	329885	46229	151342	116023	40070	137771	19213	5064
方山县	357558	37006	108366	96555	41396	151162	20195	4461
中阳县	671301	29200	239753	140120	63444	138246	21560	6723
交口县	551220	36524	154509	81884	63481	114618	19481	7389
孝义市	4389493	187092	1141417	1371474	209782	249284	32575	16027
汾阳市	1320656	115992	197549	645438	86851	202864	22821	13289

罗斯文化旅游项目、宏泰广场商贸项目启动运行。

城乡建设 2017年，吕梁市离石区配合吕梁新区建设，开展房屋土地拆迁征收，配合完成两山防洪、吕梁大道、医疗园区、新区如意湖、新区安置回迁等重点项目建设。坚持新区建设与旧城改造统筹推进，启动主城区棚改项目，拓展旧城发展空间。实施城区集中供热全覆盖工程，全年新增集中供热面积501.20万平方米，惠及28983户城乡居民。投资700万元，实施29处饮水安全提质工程，解决1452户2911人饮水安全问题。规划总投资22.70亿元的“八纵九横十循环”交通项目，打通信义至交城界、离石至碛口两条东西山骨干公路，开工建设7条87.50千米循环公路，硬化村通公路106千米，形成互联互通大交通格局。

环境建设 2017年，吕梁市离石区落实大气、水、土壤污染防治三项行动计划。以大气污染为整治重点，控煤、治污、管车、降尘四管齐下，在城区7个街道办41个村配送清洁煤9010吨，回收劣质煤1117吨，对高耗低效企业实行停产或限产，万元GDP能耗涨幅下降3.31%，市区二级以上天数达246天，全省排名第二。推行“河长制”，对主要河流实施一河一策监管治理，启动大小东川河道综合治理工程。推进全省农村生活污水综合整治试点工作，启动刘家庄沟、枣林沟、刘家湾沟黑臭水体整治工程。在大小东川沿线实施大规模生态修复工程，完成造林绿化8万亩，实施高速通道绿化63千米，推进森林公园建设，投资2.90亿元，完成道路景观绿化工程。

社会事业 2017年，吕梁市离石区民生支出8.08亿元，占公共财政支出的84.20%。社保覆盖面扩大，城乡基本养老保险、医疗保险和失业保险覆盖率均保持在95%以上，新增城镇就业岗位4108人，城镇登记失业率控制在3.50%以内。对符合农村低保条件的贫困户，实行差额救助、分类施保，低保标准提高到3300元，提前一年实现低保线和贫困线“两线合一”。加大政府救助力度，救助各类困难群众2391人，发放救助资金894.90万元。

脱贫攻坚 2017年，吕梁市离石区发展特色种植、规模养殖、农产品加工等脱贫富民产业，培育乡村旅游、休闲农业、光伏、电商等新兴产业，实现85个贫困村产业全覆盖，带动2148户5155人户均增收3000元以上。全年完成退耕还林6万亩，经济林提质增效7.40万亩，带动72个专业合作社943名贫困户收益1410万元。实施贫困村基础设施提升工程，完成道路提升57条，改造危房4973户，新建改建卫生室72个，新建文体活动场所58个，村通互联网66个，推进移民搬迁工作，3500户贫困户喜分新居。为2305名贫困户发放扶贫小额信贷1.14亿元，1908名贫困人口享受护理护工、种植养殖、丝网编织等技能培训。全年退出53个贫困村、3249户7606人，贫困发生率下降至2.87%。 （任　凯）

【文水县】 文水县位于吕梁市东部，总面积1068.57平方千米，下辖7镇5乡，199个村民委员会。总人口43.60万人。

旅游资源有文峪河水库、狄青庙、上贤梵安寺塔等。

三农 2017年，文水县粮食生产总量达25.20万吨。推进农业供给侧结构性改革，减少玉米种植面积2万亩，发展蔬菜、杂粮等特色种植3.75万亩，建成直供港澳果蔬基地3000亩。贤美牛肉等6个农产品通过国家“无公害农产品”认证。实施3.56万亩高标准农田建设和部分沿汾河村庄蓄洪排涝工程，完成虎喊沟水库除险加固。特色农业服务业综合改革、农村一二三产融合发展、农民工返乡创业、秸秆综合利用、村集体经济试点取得成效。

产业建设 2017年，文水县晋能科技分布式发电、水木新碳锂电池、鑫明泰煤焦油深加工、小牛娃食品、华晟源玻璃制品等项目投产达效，推进赤峪煤矿、国金固废综合利用等项目。出台招商引资重点产业指导目录，对外推介6方面25个重点项目，确定“十三五”期间PPP项目18个。牛栏山二锅头瓶装白酒生产线、都宝瓦斯发电等项目落地。文水县加快开发区改革创新和“一区三园”建设，完成区内道路、供热供气、绿化亮化、污水处理等基础设施建设。举办“请老乡、回故乡、建家乡”活动，设立省级“联络工作站”16个，聘任“招商大使”100名，海朗德电子元件、颐心苑养老中心、馨领地农庄等成为返乡创业典范。电子商务创业园入驻企业31户，167个行政村设立电商体验店375个，交易额突破1亿元。海威铁路集运站建成通车。与中国科学院、中国农大等科研院校开展合作，建成晋能光伏实验室和沙棘、梨果等研发中心。光华铸管、吉港水泥、野山坡、牧标牛业等6户企业产品被评为山西省名牌产品，省著名商标21件。

城乡建设 2017年，文水县编制完成县城北片区控制性详规、南庄镇总体规划和凤城镇前周村、下曲镇北辛店村国家级传统村落保护性规划，启动开栅镇特色小镇规划编制。开展城乡环境卫生整治，凤城镇、开栅镇、孝义镇33个村环卫一体化试点取得成效。开展县城基础设施建设，完成西山公园、狄青大街中段景观绿化、公交停车场建设和部分街巷提质改造工程。开展城乡公路建设，完成307国道至马西机场国防公路、307国道6千米路面改造和148千米“四好”农村公路建设，启动320省道城区段改线工程，滨河西路建成通车。

环境建设 2017年，文水县开展铁腕治污专项行动，落实大气、水、土壤污染防治行动计划。按照“两断三清”标准，关停取缔轮窑、小石灰窑等“散乱污”企业。实施县城集中供热扩面，供热面积达500万平方米。实施刘胡兰镇、开栅镇、杨乐堡村等污水处理设施建设，完成开发区污水处理厂改造，县城污水处理厂第二条处理线投入使用，新增污水收集管网2.80千米。推行河长制，配齐县、乡、村三级河长，对汾河、文峪河、磁窑河沿线51个地段排污、垃圾等问题开展专项整治。实施文峪河城区段1350米综合治理，配合汾河蓄水工程推进沿线堤外湿地建设。

民生事业 2017年，文水县民生领域支出占财政支出83%。文东新区第一小学主体完工，县职教中心开工建设，与北师大合作“校长教师队伍素质提升”工程。实施家庭医生签约服务、新农合打包付费措施，西城卫生院被评为全国百佳乡镇卫生院。落实积极就业政策，新招聘事业人员153人，城镇新增就业2112人。启动胡兰大街棚户区拆迁改造，一期签订征收协议210户。

脱贫攻坚 2017年，文水县开展精准扶贫，33个贫困村退出、5304名贫困人口脱贫。实施产业扶贫，推广“政府贴息、公司担保、合作社贷款、贫困户获利”模式，建成马西村肉牛育肥、河西村生猪养殖等产业扶贫项目，累计为扶贫专业合作社发放贴息贷款7577万元、为贫困户发放扶贫小额信贷3054万元。开展兜底扶贫，1732名符合条件的贫困人口纳入低保范围。开展贫困人口“吕梁山护工”、驾驶员等培训，贫困群众实现稳定就业。推进易地扶贫搬迁，凤城镇集灵源、曹家山整村搬迁。（彭秀芬）

【交城县】 交城县位于吕梁市东北部，总面积1822.11平方千米，下辖6镇4乡，148个行政村。总人口24.16万人。

旅游资源有卦山、天宁寺、玄中寺、华国锋陵园、庞泉沟等。2017年，交城县获全省依法行政先进县、中国生态魅力县等称号。

产业建设 2017年，交城县经济结构支持财政收入能力和财政偿债能力增强。规模以上工业企业上缴利税超过10亿元，达12.88亿元。第一产业利用脱贫攻坚政策机遇，探索构建“政府+龙头企业+基地+合作社+贫困户+非贫困户”稳定利益联结机制，培育宝迪、新瑞利邦、山西老农民、西域果农、嘉荣农业等一大批农业龙头企业，完成产值3亿元，同比增长4.20%。第二产业利用环保倒逼机遇，提升集群化、循环化、高端化水平，形成新元太苯酚深加工系列产品、义望铁合金废渣循环再利用、古特金风电全产业链开发等新循环链条，完成产值43亿元，同比增长8.10%。第三产业围绕全域旅游，实现文旅、农旅融合发展，完成产值19亿元，同比增长6.70%。全县规上企业开展产学研合作35户，占全县规上企业的80%；培育高新技术企业12个，占全市的40%。实施科技兴县，全年申报国家技术专利15件，投入科学研究与试验发展（R&D）经费1.60亿元，投入科学研究与试验发展经费名列全省第8、吕梁第1。引进各类高层次人才177人，院士陈芬儿受聘新天源院士工作站。全年完成招商签约项目11个，总投资134亿元，占市任务75亿元的178.69%。招商项目签约数、开工项目数、到位资金总额、到位资金完成率居全市前列。

城乡建设 2017年，交城县加强基础设施建设，龙门供水工程全线竣工通水，交城山旅游大通道工程前期开工，永宁路、却波街拓宽改造工程基本完成。实施两河治理生态修复工程，完善城市水系建设。旅游大通道和社会福利院养护楼建设项目，成为全省第四批PPP示范项目。加强行政效能建设，“互联网+政务服务”系统平台投入运行，落实“13710”工作制度。实现县乡互通，推行“两随机一公开”工作机制，提升政务效率。

环境建设 2017年，交城县开展城乡环境集中整治暨“垃圾不落地，城市更美丽”全民动员活动。完成7个城市小游园建设，绿化面积1.72公顷，绿地率增加1.50个百分点，达34.50%。开展环保1+7“百日攻坚”行动，整治散乱污企业244户，对焦化、硝酸盐、铸造、化工等135户企业进行达标改造。在全市率先开展“煤改气”工程，万户居民用上取暖清洁能源。

旅游 2017年，交城县重点培育以翠丰、宏禾园等为代表的休闲、采摘、观光旅游产业，以文旅双创基地田家山“非遗”文化村为代表的文化消费产业，以如金、薰衣草庄园、社会福利院养护楼为代表的康养消费产业。建成游客服务中心2座、文化旅游星级厕所17座；代表吕梁参加第二季“人说山西好风光”电视竞演，展出全省首个以褐马鸡为原型的文旅双创产品吉祥物“褐小美”。

民生事业 2017年，交城县城镇登记失业率控制在3.30%，新增就业人员3100人，下岗失业人员再就业700人，帮助就业困难人员再就业140人，转移农村劳动力2600人，创业带动就业人数400人。推进城西小学、交城二中、交城职中改扩建工程，山大一院交城分院医疗综合楼封顶，县级医疗集团挂牌，31个农村老年人日间照料中心投入运行。维护安全稳定，开展安全生产大检查大整治活动，化解各类信访案件，开展社会综合治理，全县安全稳定形势总体平稳，百姓安全感增强。全县全年完成农村贫困人口脱贫10036人，贫困村退出23个，完成移民搬迁2345人。

（李大斌　燕保平　苏婷婷）

【兴县】 兴县位于吕梁市西北部，总面积3168平方千米，下辖7镇10乡，376个行政村，常住人口28万人。

旅游资源有晋绥革命纪念馆、石楼山、石猴山等。

产业建设 2017年，兴县中润公司50万吨轻合金项目具备试生产条件，进厂道路路基全部完成，配套的50万吨合金铝项目前期工作基本结束。临兴区块煤层气连接线项目建成并投入使用，全县煤层气日产达到45万立方米。蔡家崖火车站建成，肖家洼煤矿专运线建成投运，推进豫能兴鹤煤炭集运站建设。兴县旅游发展总体规划和蔡家崖、黑茶山两个AAAA级景区规划编制完成，晋绥边区革命纪念馆重新布展，建成蔡家崖红色风情街，举办首届“红色兴县”旅游文化季活动。兴县经济技术开发区获得省政府批准。

环境建设 2017年，兴县加大环保攻坚力度，加强环境治理，蔚汾河、岚漪河2个断面水质达到考核要求，全县饮用水源地保护区水质达标率达100%，城区空气优良率达71.20%。开展社会稳定风险隐患大排查大整治，排查治理安全隐患，对全县露天采石场进行集中整治。

社会事业 2017年，兴县120师学校改扩建工程、友兰中学教学楼续建工程、政务服务中心和老年大学主体工程完工，改造薄弱学校55所，充实教师68名，全县义务教育均衡发展通过国家验收。完成县医院迁建项目主体工程，改扩建乡镇卫生院2所，公开招聘卫生专业技术人才87名，挂牌成立兴县医疗集团，在县人民医院建成先诊疗后付费“一站式结算”系统，在县医保中心建立“一站式”服务平台，建立家庭医生服务团队384个，服务覆盖11.40万人。新建9个行政村文化服务中心，完成县综合福利服务中心扩建工程，新建10个老年人日间照料中心、5个“农村留守儿童之家”。对6707户农村低保户、分散供养五保户、残疾人家庭、贫困户的危房、土窑洞进行改造。新区湿地公园基本建成，南山生态公园完成绿化1.60万亩，园林景观工程开工建设，第二水厂和城区全天候供水管网改造工程全部完工，城市棚户区改造一期工程基本完成，新增集中供热44万平方米，煤改气7008户。

脱贫攻坚 2017年，兴县推进“春季行动”“夏季攻势”“秋季会战”“冬季对标”四大行动，突出抓好生态建设、易地搬迁、特色产业、光伏扶贫、转移就业五大重点。完成造林22.88万亩；搬迁贫困人口4290人、同步搬迁一般农户928人；建设无公害杂粮基地12万亩、绿色杂粮基地7万亩、有机谷子基地5000亩，绿色谷子种子基地1000亩；发展无公害马铃薯3万亩、绿色马铃薯2万亩；栽培食用菌400万棒；种植中药材1.30万亩；总规模11.50兆瓦的11个光伏电站建成并网；培训护理护工1700人，就业率达到60%。落实健康、教育、社保扶贫政策，46163名贫困人口享受健康扶贫政策，10994人得到医疗救助，救助对象住院医疗费用报销比例达90%以上；投入教育扶贫资金1548万元，受益学生27842人次；2121名特困供养人员纳入保障范围，城乡特困家庭实现应保尽保；推动低保线和贫困线“两线合一”，将农村低保标准提高到每人每年3228元。实现55个贫困村摘帽、16050人脱贫。

（兴　兴）

【临县】 临县位于吕梁市西北部，总面积2979平方千米，下辖13镇10乡，631个行政村，11个街道委员会。总人口65.54万人。

旅游资源有碛口风景名胜区、晋陕黄河大峡谷、黑龙庙、西湾民居、义居寺、善庆寺等。

农业 2017年，临县农作物种植面积83783.40公顷，粮食产量139925.20吨。

城乡建设 2017年，临县编制完成《临县县域农村生活垃圾专项规划》《临县地下综合管廊专项规划》《临县县城绿地系统专项规划》《临县北城新区控制性详细规划》4个规划，经县政府批准实施。棚户区改造任务970套，信用联社片区、城南安业棚户区、城北东关棚户区、凤凰南街片区等4个改造项目完成政府棚户区改造单一来源采购工作，经省农发行授信融资贷款10.69亿元，到位资金5.30亿元。

环境建设 2017年，临县开展城乡环境卫生整治活动。空气质量二级以上天数236天。城市污水集中处理率达33.40%；城区集中供热普及率达91%，天然气普及率达78%，绿化覆盖率达26.80%，公共供水普及率98%，生活垃圾无害化处理率100%。农村自来水普及率73%。

旅游 2017年，临县《临县旅游总体规划》编制项目通过公开招标，确定由北京江山多娇规划院编制全县旅游总规，实施《碛口国家级风景名胜区详细规划》《前青塘详细规划》，全县旅游产业步入规范化发展轨道。中共中央西北局旧址陈列布展，对外开放。举办中国·碛口第二届“枣儿红了”红枣旅游文化节。接待海外旅游者669人次，接待国内旅游者351.25万人次，分别增长5.40%和35.24%；旅游外汇收入106.90万美元，国内旅游收入262000万元，旅游总收入262106.90万元，分别增长5.10%、33.43%和34.41%。

社会事业 2017年，临县城镇职工基本医疗养老保险参保33940人；新型农村社会养老保险参保368550人；城镇基本医疗保险参保20990人；失业保险参保20113人；工伤保险参保19800人；生育保险参保23322人；城乡居民基本医疗保险参保526294人。纳入城市最低生活保障1443人。纳入农村最低生活保障22345人。纳入农村五保供养4993人。各类提供住宿的生活服务机构5个，其中养老服务机构4个。各类福利院床位322张，收养97人，国家抚恤、补助各类优抚对象4026人，接收社会捐赠款31.70万元。

脱贫攻坚 2017年，临县对照贫困村提升工程14项重点任务及标准要求，聘请专业机构编制《临县美丽乡村暨农村基础设施提质改造项目可行性研究报告》。报告涉及临县23个乡镇，631个行政村，其中333个贫困村，规划总投资为119092.13万元，重点规划实施农村安全引水工程、农村环境综合整治工程、农村田间道路改造工程、义务教育“全面改薄”工程、村级卫生室改造工程等六大工程，改善饮水、道路等基础设施，提升基础教育、医疗卫生等公共服务水平。全年全县新增贫困人口2335户5015人，返贫550户1288人，家庭成员补录1996户2613人，出列贫困人口1041户3348人，家庭成员删除、自然减少2661户2984人。实现88个贫困村退出、35022贫困人口脱贫。截至2017年底，有贫困村246个、贫困人口39094户90448人，贫困发生率降至15.38%。

（张海红）

【柳林县】 柳林县位于吕梁市西南部，总面积1287.29平方千米，下辖8镇7乡，5个街道办事处，257个行政村。

旅游资源有香严寺、孟门南山寺、联盛农业园、南山公园、玉虚宫、黄河三峡等。

产业建设 2017年，柳林县建设全国煤电铝材一体化发展试点县。与省内外战略合作者签约招商项目22个，协议投资额120亿元。与中国矿业大学合作设立“柳林能源和环境院士工作站”，启动推广“无煤柱自成巷110工法”和“地质灾害远程实时监测预报”技术。与韩国爱德林智慧能源研究院签订总投资53亿元的煤矸石综合利用项目。中南铁路孟门战略装车点和孝柳铁路王家会集运站开通运营，形成现代交通运输物流产业雏形。规划旅游产业，编制《全县旅游发展总体规划》和《AAAA级抖气河景区提升工程规划》，启动抖气河景区二期工程建设。与中石油、中海油等大型国企合作开发，全县煤层气探明储量超过500亿立方米，日产气量达18.50万立方米。

城乡建设 2017年，柳林县推进基础建设。307国道城区段改线工程解决新增投资问题。聚雅公路完成安防工程和道路绿化工程通车。柳林明清街保护更新工程入列山西省历史文化街区示范工程和山西省重点建设项目，开展规划范围征收拆迁工作。三川河两河口湿地工程建设项目开工，是全市首家在三川河道口建设的湿地工程。热电联产项目供热首站开始供热，和青龙片区部分管网成功并网，新增覆盖180万平方米，总覆盖面积300万平方米。完成饮水安全工程38处，完成造林绿化13.61万亩。

民生事业 2017年，柳林县出台《关于加快教育改革和发展的若干意见》，庙湾小学建成投用，城东小学开工，新建山头、下岬芝2所农村幼儿园，启动上青龙村和龙门会村幼儿园建设，足额落实教育经费，招聘农村特岗教师50名。山西省重点抗战题材电影《下柳林》首映并启动全省放映活动。柳林新医院主体封顶，县医疗集团挂牌。全县各项社会保障实现应保尽保，城市低保和农村低保救助标准平均每人每年提高240元，分别达到5460元、3924元。完成4所中心敬老院消防改造和10个老年人日间照料中心建设任务。实行全民意外伤害保险、免费公交、高中教育免学费等县定惠民政策。

脱贫攻坚 2017年，柳林县用于脱贫攻坚的投资累计达15.90亿元。通过“一村一品一主体”产业扶贫措施，因地制宜实施20余个特色产业项目，贫困户产业覆盖率达80%以上。通过发动企业吸纳劳动力、开发公益岗位和培训护理护工等方式，帮助3800余名贫困人口实现就业。注入1000万元风险补偿金，撬动金融扶贫发放贷款5.46亿元，支持贫困群众发展产业。加大基础设施和公共服务建设力度，贫困村交通、电力、饮水、医疗、教育等各项指标全部达标。建立“三保障”电子平台，落实上级各项扶贫惠民政策，结合实际进行补充或兜底，保障贫困户基本生活。全年有24个村2788户8614人实现脱贫。（张景尧）

【石楼县】 石楼县位于吕梁市西部，总面积1808平方千米，下辖4镇5乡，134个行政村，常住人口11.60万人。

旅游资源有红军东征纪念馆、黄河湾、郝家大院等。2017年，石楼县获“有机农产品认证示范创建县”称号。

农业 2017年，石楼县推进农业供给侧结构性改革。玉米种植减少2万亩，优质谷子增加到12万亩，高粱2万亩。完成林果业提质增效4.40万亩，新增单季槐、油牡丹特色经济林2万亩。“金鸡计划”开工建设，“银狐计划”投入生产，“善农计划”获得“石楼县枣花蜂蜜”地理标识农产品认证。推进“一村一品一主体”，涌现出草莓、黑木耳、蝎子、肉驴等一批特色合作社，合作社数量增加到569户。建成5000亩有机示范基地，与太原现代双语学校签定“放心粮蔬基地”合作协议。

产业建设 2017年，石楼县营造“六最”营商环境，推进3大类40个重点项目。火车站站前广场大桥、全民健身活动中心、鼓楼街棚户区改造、3个县级沟域经济示范点等一批重点项目推进；30兆瓦集中式光伏发电项目获得国家能源局立项批复；天然气勘探试钻出气，具备开工条件；50兆瓦中广核风电项目并网发电，清洁能源开发取得历史性突破。推进招商引资，签约19个项目有12个落地。举办山西石楼招商引资引智推介会，签约16个项目。

城乡建设 2017年，石楼县创建省级卫生县城。推进农村清洁工程，投资3000余万元，新增保洁面积20余万平方米，安装河道护栏、护网2600余米，清理陈年垃圾和河道淤泥6万立方米。新建38个公交候车站，启用电子警察执法，查处1.40万余起交通违法行为。双石线改造和马村至小蒜道路拓宽实现通车，推进农村“四好公路”PPP项目建设。集中供热面积一期达到80万平方米，完成“煤改气”4760户，“煤改电”600余户。

社会事业 2017年，石楼县投资6000万元建设14处中小学“改薄工程”，配备信息化教学设备，通过义务教育基本均衡国家级验收评估认定。全年普高二本以上达线460人，3人考入清华和北大。职中对口升学率50.70%。开展健康扶贫“双签约”活动，实施“先诊疗、后付费”一站式收费服务，组建石楼县医疗集团，构建城乡一体化医疗服务体系。光荣院改造开工建设，贫困线和低保线实现“双线合一”，落实优抚安置、特困供养、救灾救济等政策。文化下乡演出100余场，农村“大喇叭”覆盖所有行政村，成为全省第一县。680套廉租房分房到户，5700余户农村危房完成改造。

脱贫攻坚 2017年，石楼县贯彻落实习近平总书记视察山西重要讲话精神，坚持精准扶贫、精准脱贫方略，推进“春季行动”“夏季攻势”“秋季会战”“冬季对标”行动。统筹整合财政涉农资金3.90亿元，实施“三五工程”。落实教育扶贫、健康扶贫、兜底扶贫政策，组建57个造林合作社，3900余名贫困社员人均增收4000元；737户易地搬迁分房到户；3.10兆瓦光伏扶贫电站并网发电，574户深度贫困户享受资产性收益；3000余户贫困户享受到1155万元产业补贴；822人参加护理护工培训。全县22个贫困村整村退出，10250人脱贫，超额完成脱贫任务。（郑凤斌）

【岚县】 岚县位于吕梁市西北部，总面积1508.90平方千米，下辖4镇7乡，1个城区管委会，167个行政村，336个自然村，常住人口18万人。

旅游资源有白龙山、隋城遗址、北魏秀容古城、饮马池高山草甸风景区、中国土豆花风景区等。

产业建设 2017年，岚县推进传统产业提质转型，继亨铸造20万吨矿渣棉保温材料形成规模性生产，佳昌汽配5万吨矿渣棉生产线完成试产。新材料园区电感绕线项目、绿缘锦环保科技有限公司聚乙烯超分子成型项目完成生产线改装。发展风力发电、光伏发电等新兴产业，30兆瓦集中式和4兆瓦村级分布式光伏扶贫项目全部并网发电。全年签约招商引资项目17个，签约资金44.36亿元，完成率103%，落地资金22.57亿元，完成率150%。

环境建设 2017年，岚县加快路、水、电、气、讯“五网”建设，开展大气污染防治、环保突出问题督促整改、垃圾处理、污水治理、村庄绿化等工作。淘汰不达标燃煤锅炉34户47台118蒸吨，取缔散乱污企业10户，整改1户。新增集中供热面积44万平方米，推进冬季清洁取暖。推进污水处理厂二期投入运行。投入1400余万元新建改建污水收集管网6505米，新增管网覆盖面积45000平方米。启动国家园林县城创建工作，新增山体绿化面积8万平方米，建成区绿化覆盖率42.93%，绿地率36.84%，人均公共绿地面积11.70平方米。完成造林13.87万亩，全年优良天数235天。

旅游业 2017年，岚县接待游客68万人，拉动经济增长近5.10亿元。推进全域文化旅游产业，按照“主导产业+旅游+文化+互联网”融合发展模式，将马铃薯产业与生态旅游、特色餐饮、红色遗迹、非遗项目等县域文化旅游要素深度融合，举办“中国·岚县·土豆花开了”第三届旅游文化月。

民生事业 2017年，岚县民生支出13.44亿元，占财政总支出的83%。全年完成各类培训3524人，城镇新增就业2194人，创业带动就业432人，城镇失业人员再就业520人，就业困难人员就业107人，转移农村劳动力2486人，全部超额完成全年任务，城镇登记失业率为2.80%，基本实现五大保险全覆盖。城乡居民最低生活保障实现应保尽保，推进社会保险、社会救助、社会福利和慈善事业，实现“两线合一”，广覆盖、保基本、多层次、可持续的社会保障体系基本建成。

脱贫攻坚 2017年，岚县安排扶贫资金5750万元，整合各类涉农项目资金1.87亿元用于脱贫攻坚。实施马铃薯产业减贫工程，推进马铃薯脱毒种薯全覆盖，完成“四品一标”认证，岚县马铃薯获“全国百强农产品区域公用品牌”称号，带动8000余名贫困人口实现稳定脱贫。实施生态扶贫，探索创新推动合作社造林、林业资产性收益等生态扶贫新机制，102个扶贫攻坚造林专业合作社承接13.87万亩造林任务，带动5155名贫困人口增收2000万元。推进科技扶贫，启动由中国科协组织的“中科馆大讲堂走进岚县”下基层科技扶贫专项活动。释放政策红利，全省率先实现先诊疗后付费“一站式结算”全覆盖，为贫困人口办理大病补充保险、意外伤害保险，对因病致贫人口开展“四个一批”兜底保障。开展易地移民搬迁，1061户3313人分房到户。提升脱贫技能，完成护理护工培训1013人，实现北京、太原等外出就业496人，完成农民工职业技能培训2450人，劳动力转移2486人。举办以“弘扬工匠精神，助力改革攻坚”为主题的2017全国国有林场职业技能竞赛。全年实现35个贫困村退出，4909户14511名贫困人口脱贫，贫困发生率下降至13.60%。（赵　丽）

【方山县】 方山县位于吕梁市西北部，总面积1434.10平方千米，下辖5镇2乡，169个行政村。总人口14.60万人。

旅游资源有北武当山、南村古城遗址、张家塔村堡遗址、大武木楼、太和宫等。

产业建设 2017年，方山县发展煤铝材产业。霍州煤电木瓜、店坪矿和汇丰新星、金晖凯川、金晖瑞隆通过安全生产标准化验收；汇丰新星、金晖瑞隆煤水平延伸项目投产；庞泉工贸矿山机械厂技改扩建项目建成投运。开展新能源建设。国电马坊48兆瓦风电项目一期工程、马坊20兆瓦光伏发电农业综合项目一期工程并网发电。发展招商引资，引进深圳中苋公司，流转土地种植苋草2500亩，建成年产10万吨饲料加工厂1座；与北京易诚蓝天合作，完成“煤改电”公益性单位16个2.40万平方米；与山西文旅和北京东方园林达成合作意向，北武当山开展创建AAAAA级景区工作，推进全域旅游开发。

城乡建设 2017年，方山县编制完成县城总体规划和城区控制性规划，通过省级专家评审。县城垃圾处理厂、公共体育场改扩建、水质提升及峪口镇污水处理厂项目完工，东一区、东二区棚改项目开工建设，方圆大道项目四项审批手续办结。推进吕梁新区方山安置区建设，累计完成拆迁4107户、驻镇企事业单位20处，建成安置楼23栋3746套，分配安置房1675套；大武小学开工建设，市政配套基础设施项目及大武医院启动招投标程序。实施城区集中供热扩面工程，新建换热站14个，投运100吨锅炉1台，新增供热面积106万平方米，覆盖城区居民8700户。

民生事业 2017年，方山县教育总体规划通过市级评审，全县中小学校长竞聘、中小学及幼儿园核编定岗完成，义务教育"改薄"扫尾工程和新高中建设项目一期工程基本完工。全县7个乡镇卫生院全部实行基本药物零差率销售，城乡居民医疗保险参保率稳定在95%以上；完成健康扶贫"双签约"2775户，签约率97%；深化医药卫生体制改革，整合县乡两级医疗机构组建成立方山县医疗集团。农村低保线提标到3300元/年，实现"两线合一"；新建农村老年人日间照料中心5所；总投资5006万元的社会福利院养护楼项目开工建设。

脱贫攻坚 2017年，方山县实现贫困村退出64个，减贫5901户15208人。推进农村基础设施建设，实施总投资2.60亿元的农村基础设施建设"10+1"工程，完成总工程量70%。开展光伏扶贫。新建光伏电站48.53兆瓦，装机总容量68.15兆瓦的光伏电站全部并网，结算收益347万元分配到68个贫困村。实施易地扶贫搬迁，全年完成总工程量60%。开展生态扶贫。采取"合作社+贫困户"方式，投资3.65亿元完成吕梁机场周边二期绿化、新一轮退耕还林、高速通道绿化等生态建设工程7.06万亩，累计使用扶贫造林专业合作社226支次，惠及贫困劳力6306人，人均增收约8280元。向1868户贫困户发放扶贫小额贴息贷款9547万元；完成教育扶贫、"雨露计划"贫困生资助1271人，新型职业农民培训等各类技能创业培训1086人；完成护工护理培训7批833名，就业527人；机关干部及社会各界捐款1406万元，实现农村人口慈善慰问全覆盖。 （刘林林）

【中阳县】 中阳县位于吕梁市西南部，总面积1438.61平方千米，下辖5镇2乡，100个行政村(居)委员会。总人口155635人。

旅游资源有柏洼山、石堡寨、仙明洞、龙泉湖、车鸣峪、黄土源等。

农业 2017年，中阳县农业总产值实现29200.30万元，农作物播种面积13.78万亩。

产业建设 2017年，中阳县对接招商项目30余个，落地亿元以上项目12个。培育新能源产业，华润一期12万千瓦风电项目完成设备安装；中汇科技孵化器申报省级"双创"空间，航电新能源、硕为思大数据转化落地，安置劳动力500余人。

环境建设 2017年，中阳县规划区面积23平方千米，建成区6.80平方千米。公共绿地面积66.65万平方米，人均9.65平方米，建成区绿化覆盖率33.69%，绿化率29.75%。城区供热面积360万平方米，供热覆盖率58.60%，换热站76个，受益居民8.50万余人。

交通电力 2017年，中阳县公路总里程933.83千米。其中，国道55.54千米、省道4.41千米、县公路7条193.10千米、乡公路24条233.18千米、村通公路157条445.92千米，公路密度65千米/100平方千米。公交车33辆，出租车122辆，客车26辆，有硬化路的行政村通客运班车。变电站9座。其中，110千伏5座，3万5千伏4座，220千伏1座（金罗站），500千伏变电站1座(吕梁500千伏变电站)。全年完成供电量6.89亿千瓦时，售电量6.49亿千瓦时，综合线损5.80%。

邮政通信 2017年，中阳县邮政业务收入累计完成1006.94万元，邮政储蓄余额54126.40万元。移动营业网点20个，代办网点20个，手机用户8万户，普及率65%，接入互联网用户7800户，基站258个。联通营业网点3个，代办网点28个，宽带用户1.30万余户，手机用户2.30万余户，营业额2000余万元。电信营业网点2个，代办网点40个，宽带用户6800户，手机用户8100户，年营业额860余万元。

科教文卫 2017年，中阳县有中小学、幼儿园58所。其中，普通高中1所，职业高中1所，单办初中6所，单办小学32所，九年一贯制学校4所，单办幼儿园15所。在校生26397人。其中，普通高中3220人，职业高中623人，初中4849人，小学11742人，幼儿5963人。大型广场2个，乡镇文化站7个，农家书屋87个，社区文化中心8个，新建图书流通点1个。初步完成投资120万元的"无线数字电视覆盖工程"，投资200万元的制播大厅和卧龙岗无线发射塔基础设施建设主体完工。直播卫星"户户通"工程设备安装和调试任务完成工作，通过验收。各级各类医疗卫生机构154个，护理人员92名，乡镇卫生人员195人，村级卫生人员155人。床位数338张，其中县医院拥有287张，乡镇医院拥有129张。

民生事业 2017年，中阳县城镇新增就业人数2308人，城镇登记失业率4.20%以内；就业困难人员就业122人，转移农村劳动力2410人，新农合参保率达98.16%。投资646万元实施20个村人畜饮水工程，投资485万元对67个村人畜饮水工程进行防护维修，解决农村人畜饮水问题。扩大养老、医疗、失业、工伤、生育等保险产保面，发放各类补贴救济金4000余万元，保障困难群众生产生活。全县30个贫困村退出，4637户、11605名贫困人口脱贫，贫困发生率降为0.70%。

（李晓中）

【交口县】 交口县位于吕梁市西南部，总面积1259.92平方千米，下辖4镇3乡，95个行政村，381个自然村。总人口12.47万人。

旅游资源有云梦山、元代千佛寺、西庄历史文化名村、红军东征总0指挥部旧址、毛主席路居地等。

产业建设 2017年，交口县建成华瑞国家一级安全质量标准化和特级安全高效露天矿，工业行业增长面回升达到87%。煤、焦、氧化铝等主要产品产量分别实现增长

11.70%、36.30%和7.20%，县域经济实现6.70%的合理增长，人均生产总值、公共预算收入较全市分别高出1万元和1505元。优化产业结构，煤、铝两大行业占比分别实现29%和53%，“一煤独大”结构性矛盾得到扭转，“煤电铝材”一体化产业格局形成。

城乡建设 2017年，交口县铺开总投资48亿元的30余项市政项目，中心商贸区、东征文化广场、体育场等一批重点项目建成投用。9个棚户区改造、南山河两岸环境整治、南山生态综合治理等项目开工。保障性住房开工956套，竣工698套，分配1376套。城市供热、雨污管网新建22.30千米，改造7.20千米，城市建设步入新里程。实施水电路等骨干项目，汾石高速签订战略合作协议，中部引黄县域涵洞工程基本完工，220千伏输变电线路架设具备开工条件，全县基础设施投资完成2.40亿元，实现159%的高位增长。

环境建设 2017年，交口县完成集中供热改造2363户，“煤改气”2523户。淘汰燃煤小锅炉107台、黄标老旧车1004辆。取缔“小散乱污”企业23户。完成14户重点企业水污染防治提标改造和21户规模化养殖场粪污无害化处理。集中治理煤矸石1800余万吨。推进中央、省环保督察问题整改，开展道路扬尘、矿山生态修复等突出问题整治，61户企业全部硬化出厂道口，完成露采区域土地复垦2.50万亩，生态修复1.20万亩。完成营造林2.60万亩。

民生事业 2017年，交口县完成民生支出9.20亿元，占总支出的80.50%。高考二本B类以上达线361人，其中一本达线106人，首次突破百人大关。初、高中优秀学生留县就读比例达85%，教育质量低下、学生无序外流的被动局面得到扭转。县医疗集团挂牌成立，实现管理运营“六统一”。率先完成“两线合一”，实现农村低保标准高于扶贫标准。改善农村人居环境，完成32个村安全饮水工程，危房改造506户。

脱贫攻坚 2017年，交口县推进易地扶贫搬迁，完成67个自然村3766人的9个安置点主体工程，实现“三年任务两年完”。完成55.60亩搬迁村复垦土地交易。发展特色扶贫产业，新增项目139个，规模龙头企业6个。加快城市拆迁改造，农发行授信10.20亿元，到位3.41亿元，完成1050户25万平方米的棚户区拆迁。创新“交口模式”，激发贫困群众内生动力，形成龙头企业订单回购带动、“房前屋后”领棒自养参与、政策性资金入股分红兜底等产业扶贫模式。破解支出型贫困，建立慢病补充险、慢病报销“一卡通”、大病报销县内县外双“一站式”服务等健康扶贫模式。创新形成“5+3”金融扶贫模式，净增扶贫贷款3.80亿元，其中扶贫小额贷款1.10亿元，带动5644户贫困户实现增收。拓展销售渠道，在全市率先建立中国夏菇、中国沙棘两大单品种电商交易平台，全国30余个省、2100余家企业级会员入驻，交易额突破亿元，构建形成农批农超直供、线上线下联动的特色农产品营销模式。展示“交口形象”，参加全省农博会、特色农产品展销会，开展“中国夏菇之乡、三晋避暑胜地”专题推介。举办山西首家直供港澳生猪品牌发布会，吕粮山猪、云梦香菇、维仕杰、晋骄香、雅汇刺绣、回龙老布鞋等地域品牌走向全省全国。

（武允明）

【孝义市】 孝义市位于吕梁市东部，总面积945.80平方千米，下辖7镇5乡，5个街道办事处，379个行政村，50个社区。总人口49.06万人。

旅游资源有临黄塔、琉璃塔、慈胜寺、永福寺、三皇庙、中阳楼、关帝庙等。2017年，孝义市获“第五届全国文明城市”称号，获“全国群众体育先进单位”称号，入选首批“山西省食品安全示范市”。

产业建设 2017年，孝义市开展“百项千亿项目攻坚大会战”，85个重点项目完成投资121.30亿元，新开工亿元以上项目16个。签约24个新兴产业项目，协议投资404.80亿元，5个项目实质性落地。开展干部入企服务，累计解决各类问题191条，为7户企业提供应急转贷资金1.16亿元。培育市场主体，新增小微企业673户，培育规模以上企业8户、限额以上企业4户。

转型综改 2017年，孝义市“2+3”现代产业集群基本形成。新型焦化产能突破1200万吨，氧化铝产能达1050万吨，初步形成两大千万吨级产业基地。金岩乙二醇联产LNG、东义甲醇联产液氨等一批新煤化工项目落地，鹏飞甲醇联产LNG、金晖兆隆可降解塑料分别入选国家绿色工厂和绿色设计产品。紫晨大健康产业园项目7天落地、产品110天下线；核桃、杂交构树、设施蔬菜等特色农业产量产值提升。新开通太原—孝义旅游专线，新建成“水舞孝·义”灯光水秀表演等6大旅游项目，全年累计接待游客570.90万人（次），旅游总收入达47.30亿元，同比增长32.90%。推进软通动力城市综合体项目建设。29家企业入驻，推进总投资120亿元的孝能移动能源产业园项目。争取和推进35项省级以上改革试点，完成转型综改2017年行动计划，基本完成国家级循环经济示范县创建。实施经济开发区“三化三制”改革。铺开国企国资改革，启动“最多跑一次”改革。推进公立医院改革。促进义务教育均衡发展、农村集体产权制度改革。

城乡建设 2017年，孝义市铺开总投资23.82亿元的九大城市重点工程，消除一批“三供”覆盖盲区，城市老旧道路分步改造，建西街改造完成，启动“文化十馆”规划。推进采煤沉陷区搬迁安置、农村危房改造。开展“治违、治乱、治污、治路、治河”城乡环境集中大整治，城乡环境秩序提档升级，通过国家卫生城市评选复审。

环境建设 2017年，孝义市开展“十大环保整治专项行动”，实施生态环境治理“八大工程”，整治环境突出问题。执行秋冬季大气污染综合治理措施，城区空气质量二级以上天数达227天，优良率62.50%。

实施开发区污水处理厂、农村垃圾中转站、垃圾无害化处理场和污水集中处理厂建设等一批重点工程。落实"河长制",推进"六河一渠"生态治理,全市饮用水源地水质达标率100%。启动4个国有矿矸石山治理,完成新一轮退耕还林2万亩,全市森林覆盖率达32.90%,绿化覆盖率达43.51%。

民生事业 2017年,孝义市财政投入民生20.20亿元,占财政支出的80.90%。开展"十大惠民工程"。精准施策脱贫攻坚,建档立卡贫困人口约束性指标全部超过退出标准,实现整体脱贫。实施中小学均衡办学工程,试点"县管校聘"改革。推进市乡医疗卫生机构一体化改革试点,公立医院综合改革入选第二批国家级示范县名单,推进药品零差价、分级诊疗等7项医改任务,市域内就诊率达90%以上。建成14个乡镇养老院、39个农村老年人日间照料中心,市乡村三级养老服务体系基本形成。市综合福利中心养护院开工建设。国家农业综合标准化示范市通过国标委验收。委托式、定单式就业培训4000余人(次),转移闲置劳动力近万人,城镇登记失业率控制在3.10%。落实城乡居民养老保险、低保补差救助等政策。(张彩琴)

【汾阳市】 汾阳市地处吕梁市东部,总面积1178.91平方千米,下辖9镇2乡5个街道,262个行政村,37个社区。常住人口434733人。

旅游资源有文峰塔、汾酒工业园林、贾家庄生态园、太符观等。2017年,汾阳市获山西省文明城市称号,被评为全省创新驱动助力工程示范市、全省县级文化馆图书馆总分馆制试点市、全省慢性病综合防控示范市、全省首家"厨师之乡"。"汾州小米"获国家农产品地理标志保护产品。

农业 2017年,汾阳市粮食播种面积58.54万亩,粮食总产量13.04万吨。按照"一村一品一主体"要求,财政投入1000万元发展特色农业,实施核桃林提质增效工程6000亩,全年核桃产量2.10万吨。减少玉米种植5万亩,扩大酿酒高粱、汾州小米、红薯等经济作物种植,种植面积分别达3.50万亩、5万亩和1.89万亩。发展林下养鹅18万只,建成三泉镇万头种猪繁育基地和石庄镇、杨家庄镇2个万头生猪养殖基地。加强农业产业化发展,有38个农业产业化龙头企业和300余户农产品加工企业,实现销售收入21.36亿元。

产业建设 2017年,汾阳市开展"招商引资年"活动,聘请北京中建政研集团对全市产业布局及招商项目进行整体规划和包装策划,委托上海东方龙商务咨询有限公司面向全国开展招商,先后签约汾阳市政务链数据中心、贾家庄影视田园文旅小镇等55个项目,概算投资278.90亿元。争取国开行贷款9.10亿元,报请金砖国家新开发银行贷款11.45亿元,通过PPP模式融资31.70亿元,全部用于棚户区改造和基础设施建设。总投资13.50亿元的汾河流域生态修复与保护31个项目和总投资7.80亿元的市政基础设施建设19个项目开工。棚户区改造8个项目中,完成文峰西街和汾阳监狱宿舍南院两处拆迁工作,总投资16.50亿元。307国道改线工程完成前期工作,总投资7.60亿元。杏花村经济技术开发区基础设施建设4个项目,通过省财政厅审核,总投资2.78亿元。

环境建设 2017年,汾阳市投资4.49亿元用于环保整治,投资1亿余元用于植树造林,投资4000余万元用于城乡环境卫生整治。城市建成区17.60平方千米,绿化覆盖面积644.17万平方米,绿地面积559.77万平方米,建成区公园绿地面积117.30万平方米,建成区人均绿地面积为9.31平方米。

社会事业 2017年,汾阳市城镇职工基本养老保险参保5.30万人,城乡居民基本养老保险参保20.88万人。基本医疗保险参保38.72万人,其中城镇职工基本医疗保险参保3.71万人;城乡居民基本医疗保险参保35.01万人。失业保险参保3.20万人,工伤保险参保3.75万人,生育保险参保4.07万人。有3789人享受城市居民最低生活保障,全年发放城市最低保障资金1598.73万元;26269人享受农村居民最低生活保障,发放农村居民最低保障资金962万元。1735人纳入农村五保供养。

世界酒文化博览会 2017年9月27日至30日,山西(汾阳·杏花村)世界酒文化博览会在汾阳市举行。这是中国首次在县级市举办的大型酒文化博览会,主题是"相约汾阳·品味世界清香"。博览会分5个展区,举行11项系列活动,参展企业512家,参观人数20万人次,展出3673个系列酒品。专业采购商1500家,签单率90%,签约成交额3.90亿元。组织行业商会、协会合作对接洽谈活动8场,展商一对一对接洽谈活动20次,参与对接洽谈的客商1300人次,签订合作项目36个。签约广东碧桂园房地产项目战略合作协议、农商行改制战略合作协议、循环经济产业园等10个项目,签约金额142.50亿元。(郭宇霞)

地方性法规选登

山西省城乡环境综合治理条例

（2017年7月4日山西省第十二届人民代表大会常务委员会第三十九次会议通过）

第一章 总 则

第一条 为了创造和保持整洁、优美、文明的城乡人居环境，提升公共环境品质，提高公众生活质量，根据有关法律、行政法规的规定，结合本省实际，制定本条例。

第二条 本条例所称城乡环境综合治理，是指政府领导、部门协作、社会参与，对城镇和乡村的环境卫生、容貌与秩序、设施建设、公共服务和绿化生态等进行规划、实施、管理和监督的活动。

第三条 县级以上人民政府应当加强本行政区域内城乡环境综合治理工作的领导，建立城乡环境综合治理领导协调机制，组织协调城乡环境综合治理工作。

乡（镇）人民政府、街道办事处负责辖区内城乡环境综合治理的具体工作，指导和督促村（居）民委员会、物业服务企业等组织或者单位开展和参与城乡环境综合治理工作。

第四条 省人民政府住房和城乡建设主管部门负责全省城乡环境综合治理工作。设区的市、县（市、区）人民政府确定的城乡环境综合治理主管部门，负责本行政区域内城乡环境综合治理工作。

县级以上人民政府城乡管理、发展和改革、公安、环境保护、环境卫生、卫生计生、国土资源、交通运输、财政、民政、农业、水利、林业、商务、工商行政管理、供销社等部门以及铁路、电力、通信等单位按照职责分工，负责城乡环境综合治理相关工作。

城乡环境综合治理主管部门应当与前款所列部门和单位建立城乡环境综合治理信息互通共享机制。

第五条 县级以上人民政府应当将城乡环境综合治理所需经费列入同级财政预算。

城乡环境基础设施建设以政府投入为主，鼓励社会资本参与建设和运营。

第六条 各级人民政府及有关机关、团体、企业事业单位、村（居）民委员会应当加强城乡环境综合治理的宣传教育，鼓励和引导公民参与城乡环境综合治理活动。

广播、电视、报刊、网络等媒体应当加强城乡环境综合治理的公益宣传和舆论引导。

第七条 鼓励开展城乡环境综合治理科学技术研究工作，推广、应用先进技术，提高城乡环境综合治理水平。

第二章 规划管理

第八条 省人民政府住房和城乡建设主管部门负责制定城乡环境综合治理规划编制的相关办法。

设区的市、县（市、区）人民政府城乡环境综合治理主管部门组织编制本行政区域城乡环境综合治理规划，经本级人民政府批准后组织实施，并报本级人民代表大会常务委员会和上一级人民政府备案。

乡（镇）人民政府、街道办事处根据县（市、区）人民政府批准的城乡环境综合治理规划，制定所辖区域的环境综合治理方案、年度工作计划，指导村（居）民委员会编制环境综合治理手册。

第九条 城乡环境综合治理规划应当以城乡规划为依据，与土地利用总体规划、生态环境功能区规划、历史文化保护规划等相衔接，与城市生态修复、城市修补规划和城市设计相协调，划定特色风貌分区，体现文化特色。

第十条 县级以上人民政府城乡环境综合治理主管部门应当会同有关部门，依法做好铁路、公路、河流、湖泊等沿线沿边环境综合治理工作。

城市规划、镇规划应当明确主要街巷和区块的风貌景观规划管理要求，做好背街小巷的综合整治；城市应当加强城市设计，明确城市生态修复和城市修补工作管理要求；乡村应当明确主要街巷和对外风貌展示面的规划管理要求。

第十一条 县级以上人民政府城乡环境综合治理主管部门应当加

强历史文化名城、名镇、名村和传统村落的保护范围、建设控制地带、风貌协调区或者环境协调区的环境综合治理工作。

第十二条 县级以上人民政府城乡环境综合治理主管部门应当维护和突出地域建筑文化特色，规范建筑的色彩、风格、形式、材质等。

第三章 责任区管理

第十三条 城乡环境综合治理实行责任区制度。

城乡环境综合治理责任区按照下列规定进行划分与管理：

（一）实行物业管理的区域，由物业服务企业负责；

（二）河道、水域、水工建筑，由使用、作业或者管理单位负责；

（三）风景名胜区、旅游景区、铁路、公路、机场、车站、港口、渡口、码头、地铁及其设施，由经营单位或者管理单位负责；

（四）公园、商场、医院、宾馆、酒店、娱乐场所、文化体育场馆、农贸市场、商铺和停车场等场所，由经营单位、管理单位或者所有权人负责；

（五）机关、团体、企业事业单位规划红线范围内的区域，由所在单位负责；

（六）施工工地由施工单位负责，待建地块由建设单位或者所有权人负责；

（七）独立工矿区和各类园区内的公共区域由管理单位负责；

（八）城镇道路、桥梁、地下通道、公共广场、公共绿地、园林设施等区域，由相关管理部门负责；

（九）乡村的道路、桥梁、公共广场等区域，由县（市、区）人民政府或者乡（镇）人民政府、街道办事处负责。

确定责任区时，所有权人、管理人、使用人之间约定管理责任的，由约定的责任人负责；范围和权属划分不清或者有争议的，由具有管辖权的城市、县人民政府予以确定。

第十四条 城乡环境综合治理责任区的责任单位和责任人应当履行下列职责：

（一）建立健全责任区综合治理制度；

（二）指定专门机构或者人员负责责任区综合治理具体工作；

（三）配备、完善和维护相关设施；

（四）保证责任区环境卫生、容貌与秩序等达到有关标准；

（五）城乡环境综合治理的其他工作。

第十五条 城乡环境综合治理主管部门应当公示责任区、责任单位、责任人，设立意见箱、联系电话等，收集公众建议和意见，受理投诉。

第十六条 城乡环境综合治理主管部门应当建立责任考核机制，对责任区定期组织考核检查，督促责任单位、责任人依法履行职责。

第四章 环境卫生

第十七条 城乡环境综合治理主管部门应当根据国家有关标准制定道路清扫、保洁以及生活垃圾的收集、运输和处理等环境卫生作业规范，并实施监督管理。

设区的市、县（市、区）城乡环境综合治理主管部门应当制定突发事件的垃圾处理应急预案。

第十八条 设区的市、县（市、区）人民政府确定的部门和单位负责城乡道路、地下通道、桥梁、广场等公共区域的清扫、保洁，以及生活垃圾的收集、运输和处理。

第十九条 村民委员会应当制定维护村容村貌、环境卫生和秩序的村规民约，对垃圾分类、投放、收集和清运以及污水排放等作出约定。

第二十条 鼓励有关企业参与城乡道路清扫、垃圾清运、公共厕所保洁、园林绿地维护、餐厨垃圾处理等。

第二十一条 县（市、区）人民政府应当合理规划布局集贸市场，完善配套设施，引导经营者进入经营场所从事经营。

集贸市场责任人应当加强市场管理，合理设置垃圾收集容器，保持场内及周边环境整洁。经营者应当保持摊位和经营场所的整洁，易产生垃圾的餐饮、农产品等摊位和经营场所应当配置垃圾收集容器。

活禽、活畜宰杀点应当固定设置，配备完善的污物污水处置和消毒设施。

第二十二条 早市、夜市、临时农副产品市场应当定时定点经营，保持摊位整洁，不得违规占道。收市时应当将垃圾、污渍清理干净。临时饮食摊点应当采取有效措施，防止油污、污水和垃圾污染环境。

第二十三条 从事车辆修理、清洗、装饰和再生资源回收的，应当符合城乡容貌管理的要求，保持经营场所及周边环境整洁卫生，不得占用公共道路和公共场所。

第二十四条 城镇居民饲养宠物的，不得影响环境卫生和周围居民正常生活。携带宠物出户的，应当携带清洁用具，及时清除宠物排泄物，维护公共环境卫生。

禁止在城市住宅小区内饲养家禽、家畜。

第二十五条 城镇应当逐步实行生活垃圾分类投放、分类收集、分类运输、分类处理。

单位和个人应当按照规定缴纳生活垃圾处理费。生活垃圾处理费应当专项用于生活垃圾的收集、运输和处置。城乡环境综合治理主管部门可以委托相关单位代收生活垃圾处理费。

第二十六条 乡村垃圾按照县域乡村生活垃圾处理规划的规定，推行户分类投放、村分类收集、乡镇转运、县级统一处理的方式，推进垃圾无害化处理。

城乡环境综合治理主管部门应当会同相关部门加强对乡村非正规垃圾堆放点的排查整治。

第二十七条 设区的市、县（市、区）人民政府城乡环境综合治理主管部门应当建立餐厨垃圾处理的源头登记、定点回收、集中处理制度，推行餐厨垃圾源头减量化、无害化处理和资源化利用。

第二十八条 建筑垃圾应当及时清运，在场地内堆存的，应当采用密闭式防尘网遮盖。

鼓励建设单位、施工单位优先使用建筑垃圾综合利用产品。

第二十九条 设区的市、县(市、区)人民政府相关部门应当加强再生资源集散市场和回收网点的规划、建设和管理。

第三十条 禁止单位和个人使用高音喇叭、音响器材等发出超过国家标准的噪声干扰周围居民生活。建筑施工、房屋室内装修应当限定时间，商业娱乐场所应当采取有效措施减轻噪声污染。

第三十一条 县级以上人民政府应当改善环卫人员的工作条件，提高生活待遇。任何单位和个人应当尊重环卫人员，不得妨碍、阻挠环卫人员作业。

第三十二条 禁止影响环境卫生的下列行为：

(一)随地吐痰、吐口香糖，乱扔烟蒂、纸屑、果皮及食品包装等废弃物，随地便溺；

(二)从车辆内或者建筑物、构筑物上向外抛掷杂物、废弃物；

(三)在非指定地点倾倒垃圾、粪便以及污水、污泥等废弃物或者将废弃物倒入、排入排水管道或者沟渠等设施；

(四)在露天场所或者垃圾收集容器内焚烧秸秆、树叶、垃圾或者其他废弃物；

(五)在住宅区内从事产生废气、废水、废渣的经营活动，影响居民正常生活；

(六)违规占用道路、桥梁、人行天桥、地下通道、广场及其他公共场所设摊经营、堆放物料、拍卖或者兜售物品。

第五章 容貌与秩序

第三十三条 城镇临街建筑风貌应当与周围环境景观相协调。建筑立面应当按照批准的设计方案进行建设或者改造。

所有权人、使用人应当保持建筑立面整洁完好，屋顶、阳台、平台、外走廊及窗外不得搭建、堆放、吊挂影响城镇容貌的物品；雨棚等各类附属设施应当规范设置。

城镇干线道路临街建筑外墙面应当定期清洗、粉刷。破损的墙体应当及时整饰、维修或者更换。

第三十四条 世界遗产地、风景名胜区、广场、文化体育场馆、娱乐场所、公园、机场、车站、港口、渡口、码头、商场、医院、宾馆、酒店等公共场所，应当注重风貌设计，体现历史文化和地域特色。

第三十五条 城镇园林绿地应当定期维护，保持整洁美观，禁止围挡、侵占、损毁园林绿地。

城镇雕塑和各种街景小品应当规范设置，保持整洁完好。

第三十六条 村容村貌建设应当符合乡村规划，突出乡土文化和地域特色。

第三十七条 城乡水域水体应当保持清洁；水域堤岸应当绿化美化；桥梁、管道、闸门、亲水平台等附属设施应当整洁完好。

第三十八条 禁止在道路、桥梁建筑限界内堆放杂物、垃圾。道路、桥梁建筑限界内既有的各类违法建筑应当拆除。

强化公路路面监控管理，严禁擅自在公路用地范围内敷设管线；任何单位和个人不得擅自占用、挖掘各类道路。

城镇道路和其他公共场地上设置的各种井盖应当齐备、正位。井盖所有权人或者管理人应当定期进行巡查。井盖出现破损、移位或者丢失的，应当设置警示标志，及时维修更换。

临街树木、绿篱、花坛(池)、草坪等应当保持整洁美观。栽培、整修或者其他作业留下的渣土、枝叶等应当及时清除。

第三十九条 加强对客运车辆乱停乱靠、非法营运、拒载等不文明行为的管理，维护正常的客运市场秩序；合理整治布局配货车及货运集散地，规范货车通行。

第四十条 城镇机动车停车场、非机动车停放点应当合理布局、规范设置。机动车和非机动车不得乱停乱放。

第四十一条 机动车辆运载垃圾、渣土、灰浆等易抛洒物和液体的，应当采取覆盖或者密闭措施，不得泄漏抛洒和违规倾倒。

第四十二条 在城镇区域内建筑工程施工现场应当按照规定设置围挡、施工标志牌和警示标志；现场材料、机具应当放置整齐；现场主要道路应当硬化，工地出口应当设置车辆冲洗装置，对驶出车辆进行冲洗；施工中应当洒水降尘，对裸露的土地和堆放的土方应当采取覆盖等防尘措施。

在设区的市、县(市、区)人民政府规定的限制区域内，禁止任何单位和个人在施工现场搅拌混凝土、砂浆。

第四十三条 利用城镇空间设置的户外广告、导向牌、指路标志牌、招牌和区域地图等应当符合有关法律、法规的规定和技术规范。

禁止在城镇道路、建筑物、构筑物、树木、市政及其他设施上涂写、刻画，擅自张贴广告、墙报、标语和海报等宣传品。

城市夜景照明和大型电子屏设施应当按照规划进行设置。

第六章 设施建设

第四十四条 城乡环境卫生基础设施建设应当满足城乡环境综合治理功能。重大城乡环境卫生基础设施应当做到区域共享、城乡共享、优化配置。

第四十五条 县级以上人民政府交通运输、住房和城乡建设、环境保护、公安、商务等主管部门应当根据交通、环卫、绿化、污水和垃圾处理等专项规划，指导和规范道路交通、环境卫生、园林绿化、污水处理、农贸市场和停车场等基础设施建设、运营、维护和管理。

城乡环境卫生基础设施确需拆除的，应当经城乡环境卫生主管部门同意。

第四十六条 城乡环境卫生主管部门应当合理规划、建设公共厕所，支持有关单位建设、改造公共厕所。

城镇规划区内公共厕所建设应当符合国家标准，设置明显标志，由专人按照相关标准负责管理。

鼓励农户修建无害化卫生厕所。

第四十七条　城镇应当统一建设污水管网,完善污水收集系统和处理设施,实行污水集中处理。既有的合流制管网应当逐步实行雨污分流改造。

鼓励乡村建设污水处理设施,推进旱厕、厨房及畜禽圈舍的改造。

第四十八条　垃圾收集点、转运站和处置场所的设置应当符合国家标准、技术规范和相关规定,合理布局,方便收运和处理。逐步推行生活垃圾焚烧处理。鼓励跨区域共建共享生活垃圾焚烧处理设施。

第四十九条　单位和个人应当正确使用和保护城乡环境卫生设施。禁止损毁、盗窃、占用环境卫生设施,禁止擅自关闭、拆除、迁移或者改变其使用性质和内部结构。

第五十条　道路两旁或者公共场所设置的公共服务设施应当保持整洁美观,保证使用安全。

城镇各类管线应当规范建设,定期维护。架空线缆和杆架应当按照规划逐步改造入地埋设或者采取隐蔽措施。

无障碍设施应当规范建设,其所有权人和管理人应当对无障碍设施进行管理和维护,保证无障碍设施的正常使用。

第七章　考核监督

第五十一条　城乡环境综合治理工作实行执法责任和过错追究制度。

县级以上人民政府应当建立城乡环境综合治理绩效考核制度,将其纳入年度目标责任制考核体系。

第五十二条　县级以上各级人民代表大会常务委员会应当通过听取和审议专项工作报告、执法检查等,监督同级人民政府的城乡环境综合治理工作。

第五十三条　县级以上人民政府及有关部门对新闻媒体反映、曝光的问题,应当及时处理和反馈。

第五十四条　县级以上人民政府应当建立城乡环境综合治理群众监督和举报制度,设立并公布城乡环境综合治理举报信箱、投诉电话和其他联系方式,及时查处影响城乡环境综合治理的行为。

第五十五条　城乡环境综合治理执法人员应当依法履行监督管理职责,文明、规范执法,不得有下列行为:

(一)违反法定程序进行执法;

(二)收缴罚款未出具专用收据;

(三)故意损坏、擅自处理或者侵占他人物品;

(四)辱骂、殴打他人;

(五)法律、法规禁止的其他行为。

第八章　法律责任

第五十六条　违反本条例规定,法律、行政法规已有法律责任规定的,从其规定。

第五十七条　违反本条例规定,责任区的容貌与秩序、环境卫生未达到有关标准的,由有关主管部门予以警告,责令改正;拒不改正的,可以对单位处五百元以上二千元以下罚款,对个人处一百元以上二百元以下罚款,对直接负责的主管人员和其他直接责任人员依法给予处分。

第五十八条　违反本条例规定,未按照批准的设计方案对建筑立面进行建设或者改造的,由有关主管部门予以警告,并责令限期改正;拒不改正的,对单位处五千元以上三万元以下罚款,对个人处一千元以上三千元以下罚款,可以代为改正,改正的费用由违法行为人承担。

第五十九条　违反本条例规定,有下列情形之一的,由有关主管部门予以警告,并责令改正或者限期清理;拒不改正或者清理的,对单位处一千元以上五千元以下罚款,对个人处五十元以上二百元以下罚款,可以代为清理,清理费用由违法行为人承担:

(一)搭建、堆放、吊挂影响城镇容貌的物品的;

(二)在城镇道路、建筑物、构筑物、树木、市政及其他设施上涂写、刻画,擅自张贴广告、墙报、标语和海报等宣传品的;

(三)违反本条例第二十一条第二款、第二十二条有关摊位、摊点卫生管理规定的;

(四)使用高音喇叭、音响器材等发出超过国家标准的噪声干扰周围居民生活的。

第六十条　违反本条例规定,有下列行为之一的,由有关主管部门责令限期改正,并处二千元以上一万元以下罚款;构成犯罪的,依法追究刑事责任:

(一)围挡、侵占、损毁园林绿地的;

(二)损毁、盗窃、占用城乡环境卫生设施,或者擅自关闭、拆除、迁移或者改变其使用性质和内部结构的。

第六十一条　违反本条例规定,车辆未采取覆盖或者密闭措施,造成泄漏抛洒的,由有关主管部门予以警告,并责令清除;拒不清除的,处一千元以上三千元以下罚款,可以代为清除,其费用由违法行为人承担。

第六十二条　违反本条例规定,在城市住宅小区内饲养家禽、家畜的,或者饲养宠物影响环境卫生的,由有关主管部门责令限期处理;拒不处理的,予以没收,并处五十元以上二百元以下罚款。

第六十三条　违反本条例规定,占用公共道路和公共场所从事车辆修理、清洗、装饰和再生资源回收的,由有关主管部门责令改正,恢复原状,并处五百元以上二千元以下罚款。

第六十四条　拒绝、阻碍城乡环境综合治理执法人员执行公务,或者侮辱、殴打城乡环境综合治理工作人员,违反《中华人民共和国治安管理处罚法》的,由公安机关予以处罚;构成犯罪的,依法追究刑事责任。

第六十五条　城乡环境综合治理主管部门、相关主管部门及其执法人员违反本条例第五十五条规定的,对直接负责的主管人员和其他直接责任人员依法给予处分;构成犯罪的,依法追究刑事责任。

第九章　附则

第六十六条　本条例自2017年8月1日起施行。

山西省汾河流域生态修复与保护条例

(2017年1月11日山西省第十二届人民代表大会常务委员会第三十四次会议通过)

第一章 总 则

第一条 为了加强汾河流域生态修复与保护,规范流域内开发、利用、建设等活动,实现汾河流域生态良好的目标,促进经济社会可持续发展,根据有关法律、行政法规,结合本省实际,制定本条例。

第二条 本条例所称汾河流域,是指汾河干流及其支流汇水面积内的水域和陆域,以及出露带在流域范围内的岩溶泉域、跨流域向汾河补水的水源和输水工程沿线管理范围。

第三条 本条例适用于汾河流域内生产、生活、生态修复与保护以及监督管理等活动。

第四条 在汾河流域进行生态修复与保护应当坚持统一规划、保护优先、因地制宜、科学修复的原则。

第五条 县级以上人民政府应当将汾河流域生态修复与保护工作纳入国民经济和社会发展规划,建立专项资金,逐步增加财政资金投入,并组织实施。

第六条 县级以上人民政府应当加强汾河流域生态修复与保护工作的组织领导,建立健全汾河流域生态修复与保护工作机制,协调和解决汾河流域生态修复与保护中的重大问题。

各级人民政府应当按照国家规定设立河长,实行河长负责制,逐级落实本行政区域生态修复与保护责任。

县级以上人民政府有关部门按照各自职责,负责汾河流域生态修复与保护的相关工作。

第七条 汾河流域生态修复与保护实行目标责任制。

汾河流域生态修复与保护目标任务应当逐年分解落实,其完成情况应当纳入政府及其有关部门年度目标责任考核内容,考核结果向社会公布。

第八条 各级人民政府应当加强汾河流域生态修复与保护的宣传教育工作,增强公众生态保护意识。

第九条 鼓励、引导社会资本参与汾河流域生态修复与保护。

第十条 对在汾河流域生态修复与保护工作中做出突出贡献的单位和个人,县级以上人民政府应当给予表彰和奖励。

第二章 规划与产业发展

第十一条 汾河流域生态修复与保护应当统一规划。

省人民政府水行政主管部门会同有关部门和设区的市人民政府,编制汾河流域生态修复与保护综合规划,报省人民政府批准后实施。

县级以上人民政府有关部门根据汾河流域生态修复与保护综合规划,编制汾河流域生态修复与保护专项规划,报本级人民政府批准后实施。

规划变更应当经原审批机关审查批准。

第十二条 汾河流域生态修复与保护综合规划应当与国民经济和社会发展规划以及土地利用总体规划、城乡规划、水资源综合规划、环境保护总体规划等相协调。

第十三条 县级以上人民政府应当根据当地资源和生态环境承载能力,合理规划城乡建设和产业布局,优化产业结构。

第十四条 省人民政府发展与改革行政主管部门应当会同同级经济和信息化、水行政和环境保护等部门,支持汾河流域内设区的市、县(市、区)人民政府落实主体功能区规划和国家产业结构调整指导目录,加快新兴产业发展;制定汾河流域限制、禁止发展的产业、产品目录,报省人民政府批准后公布实施。

第十五条 县级以上人民政府应当鼓励企业使用新材料、新工艺、新技术,改造和提升传统产业,开展废弃物处理与再生资源综合利用,发展循环经济;鼓励依托汾河流域特有资源,发展具有地方特色的种植业、养殖业、林业、休闲观光农业、文化产业和旅游业。

第三章 生态修复

第十六条 县级以上人民政府应当坚持自然修复与人工修复相结合,统筹规划,实行山、水、林、田、湖综合治理,提高汾河流域生态环境承载能力。

第十七条 优化水资源配置,兼顾上下游、左右岸和有关地区之间的利益,推进河湖连通,实现多源互补,恢复流域生态功能。

优先配置、使用地表水和再生水,合理利用外调水,有效涵养和保护地下水。

适时开展人工增雨作业,有效利用空中水资源,促进汾河流域生态自然修复。

第十八条 恢复汾河流域水域和湿地,在确保防洪安全的前提下,增强河道及其两侧调蓄水功能,科学利用洪水资源。在汾河干流河道内建闸蓄水,两侧低洼地带和古水域恢复具有调蓄功能的湖泊、湿地、缓洪洼淀,增加地下水补给,提高汾河流域防洪标准和洪水利用能力。

第十九条 严格限制地下水开采。

在地下水禁采区和限采区,不得开凿新井。已建成的水井依法限期封闭,水行政主管部门应当提供有效可靠的替代水源。

省人民政府水行政主管部门应当制定汾河流域关井压采总体方案。设区的市、县(市、区)人民政府水行政主管部门依照汾河流域生态修复与保护综合规划和汾河流域关井压采总体方案,会同有关部门制定区域关井压采分阶段实施方案,报本级人民政府批准后实施。

关井压采实施方案应当明确关井压采目标、阶段实施计划、关井期限、遇特殊年份水井启用程序、监督考核、奖惩制度等内容。

第二十条 建设节水型社会应当以农业节水为重点,统筹工业、生活节水，严格控制用水增量。

发展集约型高效节水农业，推广先进的灌溉技术和方式，提高农田灌溉用水效率。

结合产业结构调整、技术改造升级以及产品的更新换代，加强对冶金、煤化工、焦化、火电等高耗水行业的节水改造与管理，提高工业用水效率。

鼓励使用再生水，给予政策补贴。园林绿化、环境卫生、建筑施工、洗车行业等应当优先使用雨水和符合水质标准的再生水。

加快城镇集中供水管网改造力度，推广普及节水器具，全面推行阶梯水价制度。科学利用雨洪资源，建设海绵城市。

第二十一条 县级以上人民政府应当优先支持城镇、农村生活污水处理项目。城镇应当建立和完善生产、生活污水处理及供排水等公共设施。对农村生产、生活污水应当采取无害化处理，防止直接进入河道和污染地下水。

第二十二条 县级以上人民政府应当加大资金投入，加强对汾河源头的生态修复与保护。

县级以上人民政府应当对汾河源头、主要支流源头、岩溶泉域重点保护区，实施科学造林、种草，实行封山育林，提高植被覆盖率；有计划地实施移民搬迁，依法关停破坏水资源、污染水环境的企业等措施，促进生态自然修复。

第二十三条 县级以上人民政府及其有关部门应当将占用的河滩地、古水域恢复为湿地，逐步增加林地、湿地、水域面积，优化土地利用结构。

第二十四条 在水土流失严重的地区应当加大植树种草力度，增加高郁闭度森林水源涵养区，减少水土流失。

在黄土沟壑区，以小流域为单元建设淤地坝工程，减少泥沙进入河流；在山区、丘陵区对坡耕地逐步实行坡改梯，25度以上坡耕地退耕还林，合理利用土地资源。

第二十五条 县级以上人民政府有关部门应当逐步改善野生动植物生存环境，采取有效措施，保护野生动植物资源集中分布区、产卵场、索饵场、越冬场和迁徙洄游通道等场所。

第四章 生态保护

第二十六条 汾河流域水量分配方案由省人民政府水行政主管部门会同有关设区的市人民政府制定，报省人民政府批准后实施。

汾河流域水量调度应当遵循总量控制、断面流量控制、分级管理的原则，按照水量分配方案，实行年度水量调度计划、月旬水量调度方案和实时水量调度指令相结合的调度方式。

设区的市、县（市、区）人民政府应当执行水量分配方案和上一级人民政府水行政主管部门的水量调度指令，确保断面流量符合规定的控制指标。

第二十七条 县级以上人民政府应当依法划定河道、湖泊（水库）、引调水工程的管理和保护范围，实行河道、湖泊（水库）、引调水工程岸线分功能管理。

河道、湖泊（水库）管理与保护范围内水域和土地的利用应当符合行洪、输水、滩涂开发的要求。
禁止在河道内私挖滥采，确保河道防洪安全。

禁止在引调水工程沿线保护范围内从事采石、采砂、取土、爆破等活动。

第二十八条 在河道管理和保护范围内建设拦河、跨河建筑物、构筑物，铺设跨河管道、电缆，应当符合国家规定的防洪标准和其他有关的技术要求，工程建设方案应当依法报水行政主管部门审查同意。

第二十九条 实施排污总量控制制度。

县级以上人民政府水行政主管部门应当按照水功能区划对水质的要求和水体的自然净化能力，核定水域的纳污能力，向同级环境保护主管部门提出水域限制排污总量意见，实施排污总量控制。

第三十条 排污单位应当依照法律规定和有关技术规范设置排污口，并安装标志牌。排污口设置后不得随意变动。

在饮用水源保护区内不得设置排污口。

第三十一条 禁止占用或者征收、征用汾河流域内一级保护林地和天然草甸；禁止随意变更水源涵养林地和天然草甸用途。

在造林绿化工程区和封山育林区，应当采取禁牧措施，保护幼林繁育成长。

第三十二条 县级以上人民政府农业行政主管部门应当加大科技投入，推广使用安全、高效农药以及可降解地膜，指导农民科学合理施用化肥，防止农业面源污染。

第三十三条 县级以上人民政府及其有关部门应当组织开展生态清洁型小流域建设，对本区域内城乡生产废弃物和生活垃圾实行分类处置和综合回收利用。

鼓励利用沼气、太阳能、生物质能、风能等新能源。

第三十四条 县级以上人民政府应当在煤矿采空区、沉陷区、煤矸石区，划定重点生态修复区，实施生态修复，防止再次破坏。

开采矿产资源或者建设地下工程，导致地下水水位下降、水源枯竭或者地面塌陷，采矿企业或者建设单位应当采取补救措施；给他人生活和生产造成损失的，依法给予补偿。

第三十五条 禁止在下列区域开采矿产资源：

（一）汾河源头、主要支流源头、岩溶泉域重点保护区，饮用水水源一、二级保护区；

（二）风景名胜区、重点文物保护区、地质遗迹保护区、自然保护区、森林公园、湿地公园；

（三）一级国家保护公益林地、工程设施安全区；

（四）法律、法规禁止开采矿产资源的其他区域。

第三十六条 建设可能造成水土流失的项目，建设单位应当依法编制水土保持方案，并按照批准的水土保持方案，采取水土流失预防和治理措施。

第三十七条 建设项目应当采取生态保护措施,选址应当避让生态保护区,无法避让的,应当提高防治标准,优化施工工艺,有效控制可能造成的生态破坏。

对建设周期长、生态影响大的建设工程实行工程环境监理制。

生态修复与保护工程应当与建设项目主体工程同时设计、同时施工、同时使用。

第三十八条 县级以上人民政府应当采取措施加强天然林、水域和湿地保护,进行野生动植物种群及生息地监测,对种群濒危的野生动植物及其栖息环境,采取人工驯养繁殖(植)或者封育等措施进行恢复。

第三十九条 旅游资源的开发与利用应当与当地生态环境相协调。对有损自然生态环境和景观的旅游景点和设施,县级以上人民政府应当责令管理或者建设单位限期改正、关闭或者拆除。

第四十条 按照权责统一、合理补偿和谁受益谁补偿的原则,建立森林、草地、湿地、荒漠、水流、耕地等区域的生态保护补偿机制。

建立汾河源头、主要支流源头、岩溶泉域重点保护区、集中式饮用水源地生态补偿机制,补偿资金专项用于当地经济结构调整和社会事业发展。具体办法由省人民政府制定。

第五章 监督检查

第四十一条 县级以上人民政府应当组织水利、环保、农业、林业、国土资源、气象等有关部门,按照统一规划布局、统一标准方法、统一信息发布的要求,建立生态修复与保护监测体系和信息共享平台,实行数据信息共享和实时监测。

第四十二条 县级以上人民政府应当建立汾河流域生态修复与保护联合执法检查机制,对联合执法检查中发现的问题,影响和破坏生态修复与保护的行为,有关部门在各自职责范围内依法进行处理。

第四十三条 县级以上人民政府应当定期对汾河流域生态修复与保护工作的相关部门进行监督检查。监督检查的主要内容有:

(一)上一年度生态修复与保护目标任务完成情况;

(二)存在问题的整改落实情况;

(三)需要检查的其他情况。

县级以上人民政府应当每年对下一级人民政府的汾河流域生态修复与保护工作进行检查。

第四十四条 县级以上人民代表大会常务委员会应当定期对汾河流域生态修复与保护情况进行监督检查。监督检查情况向社会公布。

第六章 法律责任

第四十五条 违反本条例规定,法律、行政法规对法律责任已有具体规定的,从其规定。

第四十六条 违反本条例规定,在引调水工程沿线保护范围内从事采石、采砂、取土、爆破等活动的,由县级以上人民政府水行政主管部门责令停止违法行为,限期清除障碍或者采取补救措施,并处一万元以上五万元以下的罚款,有违法所得的没收违法所得。

第四十七条 违反本条例规定,擅自在河道保护范围内建设拦河、跨河建筑物、构筑物,铺设跨河管道、电缆的,由县级以上人民政府水行政主管部门责令停止违法行为,限期拆除;逾期不拆除的,依法强行拆除,所需费用由违法行为人承担,并处一万元以上十万元以下的罚款。

第四十八条 违反本条例规定,占用天然草甸或者变更天然草甸用途的,由县级以上人民政府有关部门责令停止违法行为,限期恢复原状,并处非法占用天然草甸每平方米五十元的罚款。

第四十九条 国家机关及其工作人员在生态修复与保护工作中违反本条例规定,有下列情形之一的,对直接负责的主管人员和其他直接责任人员依法给予处分;情节严重,构成犯罪的,依法追究刑事责任:

(一)不执行汾河流域水量分配和调度计划、指令的;

(二)不执行汾河流域关井压采实施方案的;

(三)违反规定审批开发建设项目的;

(四)其他滥用职权、玩忽职守、徇私舞弊的。

第七章 附 则

第五十条 本条例自 2017 年 3 月 1 日起施行。

统计资料

·水文水资料统计情况·

一、2017年山西省年平均降水量

2017年，山西省年均降水量为509.50毫米，比多年平均473.50毫米多36毫米，属正常年份，比上年528.60毫米少19.10毫米。各县(市、区)年均降水量介于315.40毫米(天镇县)~732.40毫米(和顺县)之间。全省各月降水量与多年平均比较，7月显著偏多，10月异常偏多，2、4、5、6、8月正常，3月偏少，1、9、12月显著偏少，11月异常偏少。全省汛前、汛期和汛后降水量分别占年降水总量的14.60%、66.50%和18.90%。

(一)汛前降水

汛前(1月至5月)，全省平均降水量74.10毫米，占年降水量的14.60%，比多年平均少10毫米，属正常年份，比上年同期多4.40毫米。各县(市、区)降水量介于37.20毫米(灵丘县)~134.80毫米(壶关县)之间。汛前降水量评价为：大同市、忻州市、太原市、阳泉市和吕梁市降水偏少，其余各市降水属正常。

1月，全省平均降水量2.30毫米，与历年同期相比少2.90毫米，比上年同期多2毫米。其中，临汾市和晋城市降水偏少，太原市、阳泉市、晋中市、运城市和长治市降水显著偏少，其余各市降水均属异常偏少。

2月，全省平均降水量6.40毫米，与历年同期相比少1.20毫米，比上年同期多1.50毫米。其中，大同市降水显著偏多，朔州市降水异常偏多，太原市、晋中市和吕梁市降水偏少，阳泉市、长治市和晋城市降水显著偏少，其余各市降水均属正常。

3月，全省平均降水量6.51毫米，与历年同期相比少3.90毫米，比上年同期多2.80毫米。其中，大同市和晋城市降水正常，朔州市、阳泉市、晋中市、临汾市和运城市降水偏少，其余各市降水显著偏少。

4月，全省降水属正常，各县(市、区)降水量介于2.10毫米(南郊区)~54.90毫米(沁源县)之间。全省平均降水量26毫米，与历年同期相比多4毫米，比上年同期多4.30毫米。其中，太原市和吕梁市降水正常，朔州市、忻州市和阳泉市降水偏少，大同市显著偏少，其余各市降水均属偏多。

5月，全省降水正常，各县(市、区)降水量介于10.10毫米(太谷县)~91毫米(壶关县)之间，全省平均降水量32.90毫米，与历年同期相比少6毫米，比上年同期少6.20毫米。其中，朔州市、忻州市、太原市和吕梁市降水偏少，其余各市降水正常。

(二)汛期降水

汛期(6月至9月)，全省平均降水量338.90毫米，占年降水量的66.50%，比多年平均少8毫米，属正常年份，比上年同期少42.20毫米。整体呈现中间多、南北少的趋势，低值区(小于200毫米)位于忻州市东南部(定襄县)；高值区(大于600毫米)位于晋中市东部(和顺县)、吕梁市中、北部(方山县、兴县)。各县(市、区)降水量介于196.30毫米(晋城市城区)~506.70毫米(和顺县)之间。汛期降水量评价为：晋城市降水偏少，其余各市降水均属正常。

6月，全省降水正常，各县(市、区)降水量介于8.40毫米(大同市矿区)~126毫米(长治市郊区)之间，全省平均降水量59.50毫米，与历年同期相比少3.60毫米，比上年同期少18.70毫米。其中，长治市降水偏多，忻州市、阳泉市和吕梁市降水偏少，其余各市降水正常。

7月，全省降水显著偏多，各县(市、区)降水量介于52.40毫米(盐湖区)~280.80毫米(和顺县)之间，全省平均降水量142.60毫米，与历年同期相比多48毫米，比上年同期少48.70毫米。其中，大同市、临汾市和长治市降水偏多，朔州市和忻州市降水显著偏多，太原市、晋中市和吕梁市降水异常偏多，其余各市降水正常。

8月，全省降水正常，各县(市、区)降水量介于47.70毫米(晋城市城区)~222.90毫米(岚县)之间，全省平均降水量114.70毫米，与历年同期相比多7.90毫米，比上年同期多33.10毫米。其中，大同市、忻州市和吕梁市降水偏多，朔州市降水显著偏多，长治市和晋城市降水偏少，其余各市降水正常。

9月，全省降水显著偏少，各县(市、区)降水量介于1.80毫米(昔阳县)~96.20毫米(芮城县)之间，全省平均降水量22.10毫米，与历年同期相比少60.30毫米，比上年同期少7.90毫米。其中，运城市降水偏少，大同市、朔州市、忻州市、临汾市和晋城市降水显著偏少，其余各市降水异常偏少。

(三)汛后降水

汛后(10月至12月)，全省平均降水量96.50毫米，占年降水量的18.90%，比多年平均多54毫米，属异常偏多年份，比上年同期多18.70毫米。各县(市、区)平均降水量介于40.40毫米(陵川县)~156.80毫米(阳泉市城区)之间。汛后降水量评价为：运城市和长治市降水偏多，临汾市降水显著偏多，晋城市降水正常，其余各市降水均属异常偏多。

10月，全省降水异常偏多，各县(市、区)降水量介于35.90毫米(壶关县)~150.80毫米(阳泉市城区)之间，全省平均降水量94.30毫米，与历年同期相比多65.40毫米，比上年同期多29.40毫米。其中，晋城市降水显著偏多，其余各市降水异常偏多。

11月，全省降水异常偏少，各县(市、区)降水量介于0~12.30毫米(平陆县)之间，全省平均降水量1.10毫米，与历年同期相比少8.50毫米，比上年同期少6.90毫米。其中，阳泉市和运城市降水显著偏少，其余各市降水异常偏少。

12月，全省降水显著偏少，各县(市、区)降水量介于0~7.40毫米(五台县)之间，全省平均降水量1.10毫米，与历年同期相比少2.90毫米，比上年同期少3.80毫米。其中，大同市、朔州市和运城市降水异常偏少，其余各市降水显著偏少。

(四)暴雨

2017年，全省日降水量大于50毫米(暴雨)有1543站次，大于100

毫米(大暴雨)有45站次。日降水量达到暴雨级别的发生在汛期有1075站次(占总站次的69.70%),主要集中在四次强降水过程中,分别是7月5日至6日30站次,7月21日至29日578站次,8月20日至22日40站次,8月27日162站次,共计810站次,占总站次的52.50%。

日降水量排在前五位为:泽州县晋庙铺7月25日156.60毫米,祁县峪口8月9日145毫米,柳林县龙门垣8月26日139.20毫米,榆社县郜村7月28日137毫米,和顺县寒湖8月3日134毫米。

二、河道水情

(一)全年河道水情

2017年,山西省各水文站年均流量与多年均值相比,除永定河水系桑干河东榆林、南洋河天镇,子牙河水系滹沱河济胜桥、峪口河王家会、清水河五台山、松溪河泉口,南运河水系清漳东源蔡家庄,沿黄支流东川河岢岚、北川河圪洞、南川河万年饱,汾河干流宁化堡、静乐、河岔、寨上、汾河二坝(二)、义棠、赵城、柴庄,汾河支流岚河上静游、涧河娄烦、静升河灵石21个站偏多外,其余站点均偏少。汾河支流冶峪沟董茹、续鲁峪大交(续)2个站点河道出现全年断流情况。

各主要河道水文站年平均流量与多年均值比较:桑干河固定桥站2.64立方米每秒,比多年均值4.59立方米每秒少1.95立方米每秒;唐河灵丘(高庄)站0.22立方米每秒;滹沱河界河铺站2.64立方米每秒,比多年均值4.85立方米每秒少2.21立方米每秒;南庄站8.80立方米每秒,比多年均值15.10立方米每秒少6.30立方米每秒;松溪河泉口站2.78立方米每秒,比多年均值1.56立方米每秒多1.22立方米每秒;桃河阳泉站0.34立方米每秒,比多年均值1.20立方米每秒少0.87立方米每秒;浊漳河石梁站13.10立方米每秒,比多年均值13.60立方米每秒少0.50立方米每秒;偏关河偏关站0.05立方米每秒,比多年均值0.99立方米每秒少0.940立方米每秒;鄂河乡宁站0.03立方米每秒,比多年均值0.16立方米每秒少0.13立方米每秒;汾河静乐站15.20立方米每秒,比多年均值7.07立方米每秒多8.13立方米每秒;兰村站8.37立方米每秒,比多年均值12.70立方米每秒少4.33立方米每秒;义棠站30.40立方米每秒,比多年均值14.50立方米每秒多15.90立方米每秒;柴庄站28.40立方米每秒,比多年均值28.10立方米每秒多0.30立方米每秒;潇河芦家庄站1.25立方米每秒,比多年均值3.44立方米每秒少2.19立方米每秒;沁河飞岭站5.45立方米每秒,比多年均值6.24立方米每秒少0.79立方米每秒。

(二)汛前河道水情

2017年,各站汛前平均流量与多年同期平均相比,除永定河水系南洋河天镇,子牙河水系滹沱河济胜桥、云中河寺坪、牧马河豆罗桥、松溪河泉口,南运河水系浊漳河石梁、清漳东源蔡家庄,沿黄支流东川河岢岚、南川河万年饱、洮水河冷口,汾河干流宁化堡、静乐、河岔、义棠、赵城,汾河支流涧河娄烦、昌源河盘陀17个站偏多外,其余站点均偏少。部分站点出现河道断流的现象:永定河水系桑干河东榆林、桑干河新桥、南洋河天镇、御河孤山、壶流河广灵,大清河水系唐河灵丘(高庄),子牙河水系桃河旧街、阳泉,南运河水系榆社河榆社,沿黄支流偏关河偏关、鄂河乡宁,汾河干流汾河二坝(二),汾河支流冶峪沟董茹、静升河灵石、洪安涧河东庄、续鲁峪大交(续),共16站。

2017年,汛前各主要河道水文站平均流量与多年同期平均比较:桑干河固定桥站0.83立方米每秒,比多年同期平均3.09立方米每秒少2.26立方米每秒;唐河灵丘(高庄)站0.01立方米每秒;滹沱河界河铺站1.67立方米每秒,比多年同期平均2.34立方米每秒少0.67立方米每秒;南庄站8.18立方米每秒,比多年同期平均8.93立方米每秒少0.75立方米每秒;松溪河泉口站1.48立方米每秒,比多年同期平均0.67立方米每秒多0.81立方米每秒;桃河阳泉站0.03立方米每秒,比多年同期平均0.24立方米每秒少0.21立方米每秒;浊漳河石梁站9.74立方米每秒,比多年同期平均5.62立方米每秒多4.12立方米每秒;偏关河偏关站0立方米每秒,比多年同期平均0.39立方米每秒少0.39立方米每秒;鄂河乡宁站0.003立方米每秒,比多年同期平均0.04立方米每秒少0.03立方米每秒;汾河静乐站12.60立方米每秒,比多年同期平均3.59立方米每秒多9.01立方米每秒;兰村站7.86立方米每秒,比多年同期平均11.40立方米每秒少3.54立方米每秒;义棠站15.50立方米每秒,比多年同期平均5.46立方米每秒多10立方米每秒;柴庄站13.20立方米每秒,比多年同期平均14.90立方米每秒少1.70立方米每秒;潇河芦家庄站0.81立方米每秒,比多年同期平均1.30立方米每秒少0.50立方米每秒;沁河飞岭站0.88立方米每秒,比多年同期平均2.42立方米每秒少1.55立方米每秒。

(三)汛期河道水情

1. 汛期各主要河流控制站来水量。山西省各主要河流控制站流域总面积为93768平方千米。其中,海河流域面积40443平方千米,占总控制面积的43.10%,黄河流域面积53325平方千米,占总控制面积的56.90%。2017年汛期,全省各控制站径流总量110813万立方米;海河流域各控制站汛期径流量34790万立方米,占汛期径流总量的31.40%;黄河流域各控制站汛期径流量76023万立方米,占汛期径流总量的68.60%。

2. 汛期主要河道水文站平均流量。2017年各站汛期平均流量与多年同期平均相比,除永定河水系桑干河东榆林、南洋河天镇,子牙河水系滹沱河济胜桥、清水河五台山、松溪河泉口,沿黄支流北川河圪洞、南川河万年饱,汾河干流宁化堡、静乐、河岔、义棠、赵城,汾河支流岚河上静游、涧河娄烦、静升河灵石15个站偏多以外,其余站点均偏少。部分站点出现河道断流现象:永定河水系桑干河新桥、御河孤山、壶流河广灵,沿黄支流偏关河偏关、洮水河冷口,汾河支流冶峪沟董茹、续鲁峪大交(续),

共 7 站。

汛期各主要河道水文站平均流量与多年同期平均比较：桑干河固定桥站 3.67 立方米每秒，比多年同期平均 8.13 立方米每秒少 4.46 立方米每秒；唐河灵丘（高庄）站 0.57 立方米每秒；滹沱河界河铺站 2.96 立方米每秒，比多年同期平均 9.00 立方米每秒少 6.04 立方米每秒；南庄站 6.78 立方米每秒，比多年同期平均 25.1 立方米每秒少 18.3 立方米每秒；松溪河泉口站 3.29 立方米每秒，比多年同期平均 3.18 立方米每秒多 0.11 立方米每秒；桃河阳泉站 0.39 立方米每秒，比多年同期平均 2.96 立方米每秒少 2.57 立方米每秒；浊漳河石梁站 17.0 立方米每秒，比多年同期平均 25.70 立方米每秒少 8.70 立方米每秒；偏关河偏关站 0.14 立方米每秒，比多年同期平均 2.17 立方米每秒少 2.03 立方米每秒；鄂河乡宁站 0.07 立方米每秒，比多年同期平均 0.40 立方米每秒少 0.33 立方米每秒；汾河静乐站 17.20 立方米每秒，比多年同期平均 12.60 立方米每秒多 4.60 立方米每秒；兰村站 3.31 立方米每秒，比多年同期平均 19.20 立方米每秒少 15.90 立方米每秒；义棠站 34.80 立方米每秒，比多年同期平均 29.10 立方米每秒多 5.70 立方米每秒；柴庄站 31.90 立方米每秒，比多年同期平均 46.40 立方米每秒少 14.50 立方米每秒；潇河芦家庄站 1.45 立方米每秒，比多年同期平均 7.19 立方米每秒少 5.74 立方米每秒；沁河飞岭站 7.40 立方米每秒，比多年同期平均 11.40 立方米每秒少 4 立方米每秒。

3.洪水。受强降雨过程及局部暴雨的影响，汾河水系、沁丹河水系、沿黄支流、南运河水系、永定河水系和大清河水系均发生不同程度洪水。

6 月，受暴雨影响，全省多处发生洪水。灵丘县唐河灵丘（高庄）站 21 日 16 时 18 分流量 67.30 立方米每秒；洪洞县汾河赵城站 22 日 6 时 37 分流量 52.20 立方米每秒；襄汾县汾河柴庄站 23 日 2 时流量 50.80 立方米每秒；寿阳县白马河赵金庄站 24 日 18 时 12 分流量 68.20 立方米每秒；寿阳县潇河芦家庄站 24 日 18 时 42 分流量 64.70 立方米每秒；长治市郊区石子河二贤庄站 24 日 22 时流量 55.60 立方米每秒；临县湫水河林家坪站 25 日 0 时 55 分流量 57.50 立方米每秒；潞城市浊漳河石梁站 25 日 6 时 40 分流量 80.60 立方米每秒。

7 月，受 5 日至 6 日，21 日至 29 日两次主要降水影响，寿阳县潇河芦家庄站 5 日 18 时流量 71 立方米每秒；永定河水系、子牙河水系、汾河水系、襄汾县汾河柴庄站 28 日 2 时流量 225 立方米每秒；沿黄支流、河曲县县川河旧县站 23 日 17 时流量 315 立方米每秒；临县湫水河阳宇会站 24 日 5 时 12 分流量 396 立方米每秒；沁丹河水系、南运河水系均发生不同程度洪水。

8 月，受 20 日至 22 日降雨，26 日至 29 日降水影响，沿黄支流、汾河水系部分河段出现较大洪峰。

9 月，受 2 日至 5 日降雨影响，怀仁县大峪河大峪口站 4 日 19 时 54 分流量 52.60 立方米每秒。

（四）汛后河道水情

2017 年，各站汛后平均流量与多年同期平均相比，共有 35 个站偏多，其余站点偏少。部分站点出现河道断流的现象：永定河桑干河东榆林、桑干河新桥、南洋河大镇、御河孤山、壶流河广灵，大清河水系唐河灵丘（高庄），子牙河水系桃河旧街、阳泉，沿黄支流偏关河偏关、鄂河乡宁，汾河水系汾河支流续鲁峪大交（续），共 11 站。

汛后各主要河道水文站平均流量与多年同期平均比较：桑干河固定桥站 4.25 立方米每秒，比多年同期平均 2.34 立方米每秒多 1.91 立方米每秒；唐河灵丘（高庄）站 0.12 立方米每秒；滹沱河界河铺站 3.81 立方米每秒，比多年同期平均 3.47 立方米每秒多 0.34 立方米每秒；南庄站 12.50 立方米每秒，比多年同期平均 11.80 立方米每秒多 0.70 立方米每秒；松溪河泉口站 4.24 立方米每秒，比多年同期平均 0.89 立方米每秒多 3.35 立方米每秒；桃河阳泉站 0.77 立方米每秒，比多年同期平均 0.46 立方米每秒多 0.31 立方米每秒；浊漳河石梁站 13.50 立方米每秒，比多年同期平均 10.60 立方米每秒多 2.90 立方米每秒；偏关河偏关站 0 立方米每秒，比多年同期平均 0.40 立方米每秒少 0.40 立方米每秒；鄂河乡宁站 0.01 立方米每秒，比多年同期平均 0.05 立方米每秒少 0.04 立方米每秒；汾河静乐站 17 立方米每秒，比多年同期平均 5.42 立方米每秒多 11.60 立方米每秒；兰村站 15.90 立方米每秒，比多年同期平均 6.49 立方米每秒多 9.410 立方米每秒；义棠站 49.1 立方米每秒，比多年同期平均 10.10 立方米每秒多 39 立方米每秒；柴庄站 48.70 立方米每秒，比多年同期平均 25.40 立方米每秒多 23.30 立方米每秒；潇河芦家庄站 1.71 立方米每秒，比多年同期平均 1.96 立方米每秒少 0.25 立方米每秒；沁河飞岭站 10.40 立方米每秒，比多年同期平均 5.71 立方米每秒多 4.69 立方米每秒。

10 月份降水量偏多，汾河水系、沿黄支流、永定河水系发生不同程度洪水。

三、大中型水库蓄水情况

2017 年，山西省大中型水库蓄水情况分汛初（2017 年 6 月 1 日）、汛末（2017 年 10 月 1 日）和年末（2018 年 1 月 1 日）3 个节点进行统计分析。

（一）汛初大中型水库蓄水情况

1.大中型水库蓄水情况

据全省汛初 60 座大中型水库蓄水量统计，汛初蓄水总量为 9.87 亿立方米，比年初（2017 年 1 月 1 日）少 1.28 亿立方米，比上年同期多 1.36 亿立方米。

2.大型水库蓄水情况

据全省 8 座大型水库汛初蓄水量统计，汛初蓄水总量为 6.98 亿立方米，占所有大中型水库蓄水总量的 70.80%；比年初少 0.84 亿立方米，比上年同期多蓄 0.74 亿立方米。

（二）汛末大中型水库蓄水情况

1.大中型水库蓄水情况

据全省汛末 63 座大中型水库蓄水量统计，汛末蓄水总量为 12.51 亿立方米，比汛初多 2.64 亿立方米，比上年同期多 1.85 亿立方米。

2.大型水库蓄水情况

据全省8座大型水库汛末蓄水量统计，汛末蓄水总量为9.50亿立方米，占所有大中型水库蓄水总量的75.90%；比汛初多2.52亿立方米，比上年同期多1.97亿立方米。

（三）年末大中型水库蓄水情况

1.大中型水库蓄水情况

据全省年末59座大中型水库蓄水量统计，年末蓄水总量为14.15亿立方米，比汛末多1.64亿立方米，比上年同期多3亿立方米。

2.大型水库蓄水情况

据全省8座大型水库年末蓄水量统计，年末蓄水总量为9.90亿立方米，占所有大中型水库蓄水总量的70%；比汛末多0.40亿立方米，比上年同期多2.08亿立方米。

四、土壤墒情与灾情

2017年，山西省共有人工墒情监测站68处，站点稀少，代表性不是很好，选用各县降水量距平指标分季节逐月进行旱情分析。

（一）春季干旱分析

降水偏少，春季干旱较为严重。

3月，全省大部出现轻、中度干旱，吕梁、长治市局部出现严重干旱。

4月，除大同市旱情有所加重外，其余各地旱情均有所缓解。仅大同、朔州、忻州部分地区出现轻、中度干旱，大同市局部出现严重干旱。

5月，大同市旱情得到缓解，忻州、太原、晋中、吕梁市局部出现轻、中度干旱。

（二）夏季干旱分析

6月，除太原市、阳泉市、临汾市和长治市外，其他地区都有不同程度的旱情，忻州市旱情较为严重。

7月，除运城市有轻度旱情外，其余各地区均属正常。

8月，除运城市、长治市和晋城市有轻度旱情外，其他地区均属正常。

（三）秋季干旱分析

9月，全省各地区都有不同程度的旱情，太原市、阳泉市、晋中市和吕梁市旱情较为严重。

10月份，全省各地区均属正常。

11月份，全省各地区均有不同程度旱情，大同市、忻州市、太原市、晋中市和吕梁市旱情尤为严重。

（四）灾情

据2017年1月1日至9月30日统计，山西省有82个县（市、区）受灾，涉及10个市。受灾人口46.43万人，紧急转移1.23万人，倒塌房屋0.09万间。因洪涝灾害造成直接经济损失5.76亿元，其中水利工程水毁直接经济损失1.11亿元。

农林牧渔业损失：农作物受灾面积79.50万亩，成灾面积45.74万亩，绝收面积7.68万亩，因灾减产粮食3.98万吨。死亡牲畜330头，水产养殖损失8000吨，农林牧渔业直接经济损失2.83亿元。

工业交通运输业损失：停产工矿企业2个，公路中断573条（次），供电中断15条（次），通讯中断3条（次），工业交通运输业直接经济损失0.65亿元。

水利设施损失：损坏小型水库1座，损坏堤防432处共计76.37千米，损坏堤防决口11处共计0.47千米，损坏护岸122处，冲毁塘坝9座，损坏灌溉设施115处，损坏水文测站4个，损坏机电井112眼，损坏机电泵站9座。水利设施直接经济损失1.11亿元。

城市受淹情况：全省没有城市受淹，未造成任何相关损失。（刘耀峰）

·气象资料统计情况·

2017年，山西省年降水量较常年偏多，其中夏季降水明显偏多，为近20年来第三多；各地年平均气温普遍偏高，全省均值为历史第二高；年日照时数全省大部偏少。主要气象灾害和极端天气气候事件有暴雨、冰雹、高温、干旱等，其中局地暴雨、冰雹和干旱等不利影响较为严重。但总体看，全年大范围造成严重影响灾害性天气较少，气候总体较为平稳。

2017年，山西省年平均降水量为552.10毫米，较常年值（468.30毫米）偏多83.8毫米（偏多17.90%）。

全省各地年均气温介于5.50℃~15.30℃之间，

山西省平均日照时数为2383.80小时，较常年偏少65.60小时。

一、主要气象灾害、气候事件

1. 强降雪天气。2017年2月20日至22日，山西省出现冬季最强降雪天气，降雪主要集中在21日，各县市均出现降水，过程降水量介于1.90（岢岚）毫米~16.30（交口）毫米之间。全省除大同东部、忻州西部、阳泉南部、晋中东部、长治中西部及临汾东部部分地区出现中雪外，全省大部降大雪。其中有17站降中雪、72站降大雪、17站降暴雪。从历史上2月一日最大降水量统计来看，有13个县（市）日降水量超历史同期极值。

2.春雨。4月，山西省冬小麦进入关键生长期、中南部开始春播工作。月内，山西省中南部大部地区降水较多，大部地区均出现春播期第一场好雨。大范围降水过程主要集中在上旬4~5日、7~10日。其中，4月8日、9日分别有106站、98站出现降水，平均降水量分别为10.30毫米、7.80毫米；4月8日有22站降水量大于15毫米，51站降水量大于10毫米，90站降水量大于5毫米；9日有17站降水量大于15毫米，30个站点降水量大于10毫米，70站降水量大于5毫米。该次降水过程（7~10日）范围广、持续时间长、过程降水量大，为冬小麦拔节提供充足水分，改善土壤墒情，对冬小麦生长和春耕春播工作有利。

3.沙尘天气。5月4日，受自内蒙古西部地区逐渐向东扩展沙尘影响，山西出现大范围沙尘天气，山西省北部、西部沿黄区域、忻定盆地和太原盆地被沙尘覆盖。为应对沙尘天气对环境带来的不利影响，部分地区对有关企业采取停工限产等措施，对社会生产活动造成一定影响。

4.暴雨。5月出现第一次暴雨天气，7月26日至28日为年内最强暴雨过程。5月22日，山西省出现一次强降水过程，有53站降中雨，长治、晋城、临汾等市12站降大雨，夏县、平陆降暴雨，是2017年首次出现暴雨天气。

7月26日至28日，出现年内最强暴雨过程，其中26日有10站、27日有12站、28日有6站降暴雨，其中柳林和浮山降大暴雨。7月26日，柳林降水量为163.10毫米；7月27日，浮山降水量为139.90毫米，两县日降水量均突破当地历史极值。柳林163.10毫米为全省年内最大单日降水量。

5. 高温。2017年，山西省共有1403站次出现≥35℃的高温天气，异常偏多于常年599站次，为自1961年以来第二位，第一位为1997年的1573站次。大部分高温天气出现在7月，共有878站次出现最高气温≥35℃的高温天气，为自1961年以来第一位。7月9日至13日和20日，全省有超过一半站次出现高温天气，以7月12日和13日出现最多，有83站次和91站次；高温区域主要集中在中南部地区，尤其在南部临汾和运城一带。全省极端最高气温为41.90℃，7月24日出现在平陆；有5站极端最高气温突破当地年最高气温历史极值，分别为永济（41.60℃）、新绛（41.60℃）、柳林（40.50℃）、永和（40.20℃）、石楼（39.20℃），其出现日期均在7月。

二、气候影响

（一）气候与农作物

2017年影响山西省农作物生长发育的气象灾害及极端气候事件主要有干旱、暴雨等。

1.冬小麦。2017年度冬小麦生育期内麦区水分和热量条件匹配良好，农业气象条件对其生长发育及产量形成较为有利。冬前生长期麦区降水偏多、大部墒情适宜，气温偏高、日照充足，冬小麦大部壮苗入冬；越冬期间，麦区气温偏高，墒情适宜，全省平均降水量为19.90毫米，比常年同期偏多6.60毫米，冬小麦顺利越冬；起身拔节至抽穗灌浆期底墒较为充足，又出现2次大范围降水过程，利于抽穗灌浆顺利进行，对冬小麦后期产量形成有利；成熟收获期山西省麦区大部气温偏高，降水偏少，冬小麦收获顺利进行。

2.玉米。2017年，玉米生育期内光温匹配基本合理，但降水分布不均，农业气象条件对玉米生长发育影响有利有弊。播种出苗期大部地区出现春播好雨，墒情适宜；拔节抽雄期降水分布不均，朔州、忻州大部、吕梁大部和晋中西部旱情较重且持续发展蔓延，中南部部分县市高温干旱，夏玉米长势明显偏差，运城部分地区旱地夏玉米出现绝收；抽雄吐丝期降水偏少、气温偏高，北中部出现持续性干旱，部分地区旱地玉米出现“卡脖旱”，对产量形成不利，7月下旬出现大范围强降水过程，为春玉米灌浆提供比较充足水分，利于夏玉米生长和春玉米抽雄吐丝；灌浆乳熟期全省大部墒情适宜，但南部部分地区旱情仍持续，玉米作物产量受到一定影响；成熟收获期大部地区气温偏高，降水少，对玉米成熟以及收获晾晒都较为有利。

（二）气候与水资源

2017年，全省降水资源量约为859.30亿立方米，较累年值偏多129.30立方米，较上年偏少48.50亿立方米。根据降水资源及丰枯标准，山西省2017年降水资源总量属丰水年份。全省11个地市中仅晋城市为枯水年份。

与上年同期相比，11个地市中有8个地市降水资源均较上年减少，3个地市增加。8个地市减少量介于0.50至17.70亿立方米。其中，晋城市减少最多，为17.70亿立方米；吕梁市减少较少，约0.50亿立方米；增加的3个地市中临汾市较多，为5亿立方米。

（三）气候与人体舒适度

2017年，山西省全年及冬、春、夏、秋季舒适日数为132天，比累年均值偏少8天，较上年偏少约3天。四个季节中，夏季偏少，其他季节略偏多。其中：春季全省舒适度日数为28天，较常年偏多约2天；夏季全省舒适日数为72天，较常年偏少7天；秋季全省舒适日数为27天，较常年偏多约1天；冬季全省舒适日数为13天，较常年偏多约1天。

（四）气候与交通

2017年，影响山西省交通的天气事件主要有雾霾，雨雪天气和局地强对流等天气。

年初和年末各地出现雨雪天气，给道路交通安全带来不利影响。其中，2月20日至22日，山西省出现最强降雪天气，全省除大同东部、忻州西部、阳泉南部、晋中东部、长治中西部及临汾东部部分地区出现中雪外，全省大部降大雪，降雪天气过程造成路面积雪及道路结冰，给交通运输和群众出行造成影响。12月13日夜间至14日白天，山西大部出现入冬以来首场降雪，全省过程降雪量介于0.10毫米至3.60毫米之间。其中，14日降水范围较大，有86站出现降水，该次雨雪天气过程导致道路湿滑、结冰，对交通运输和人们出行等产生不利影响，晋城市高速公路全线封闭。

春秋季及年末霾、雾天气各地出现较多，对人们出行及健康不利。春季山西省雾、霾天气前期和中期较多，后期较少；北部以雾为主，中南部以霾为主。4月，晋城市6站（次）出现大雾，其中4月1日凌晨晋城市区出现大雾天气，最小能见度为150米，高平最小能见度为60米；5日和6日陵川出现最小能见度为188米和293米大雾天气，大雾天气给当地交通运营及人们出行带来一些不便。12月，山西省多次受静稳天气控制，各地市出现不同程度雾霾天气，其中中南部地区出现霾天气较多。

夏季部分地区出现雷雨大风、局地强降水等天气，造成城市内涝、暴雨冲毁道路、桥梁垮塌等灾害，对人们出行和交通运输带来不利影响。其中7月25日晚，忻州市偏关县范围内普降大雨，局部暴雨，降雨量45.40毫米，其中老营镇降雨量64.30毫米，尚峪乡59.30毫米，全县普遍受灾。造成水毁道路23千米，水毁局部桥梁涵洞2处。25日至29日，吕梁市柳林县出现区域性大暴雨，造成各乡（镇）都不同程度受灾，道路损毁严重。27日，晋中市左权县境内出现强降雨，最高降雨量达134.70毫米。清漳河、枯河等河流河水猛涨，导致洪灾发生，造成全县桥梁垮塌，冲毁国、省、县、乡道路3680余米，冲毁护村、地坝5800余米，冲毁大小桥梁28座。

（五）气候与植被

2017年，山西省大部地区植被长势与上年持平；南部大部、东南部部分、北中部局部地区植被长势略差于上年同期，北中部及东南部局部地区植被长势略好于上年同期。

（六）气候与林果业

2017年，对林果业影响的气候事件主要有局地强对流、高温及阶段性干旱等。

春季前期和后期气温偏高，降水偏少，对林木生长和森林防火工作不利，中期降水量中南部大部偏多，对降低森林火险等级及后期林木生长较为有利，运城市4月上旬阴雨天较多，致使苹果树开花期普遍偏晚3天至5天；月末出现寒潮、霜冻致大同部分地区果树花蕾遭受冻害。春季气温偏高，经济林木开花早，但出现一次强降温天气，使大部分果树受冻，花朵脱落，严重降低产量。

夏季局地强对流天气过程及高温干旱天气较多，导致树木尤其中南部部分地区经济类果木遭受损害较为严重。运城市绛县、垣曲县、临猗县分别在7月4日、10日和12日遭受风雹、洪涝等灾害。4日绛县遭受风雹、洪涝灾害，受灾较为严重的卫庄镇、郝庄乡、陈村镇19个村有山楂780亩、桃400亩、苹果445亩受损。10日垣曲县出现强降水并伴有冰雹天气，风雹灾害致使核桃、桃子、葡萄、苹果等受灾。12日凌晨1时临猗县遭受大风袭击，最高风力达8级，持续时间16分钟左右，致使苹果、桃、梨果体刮落。临汾市隰县11日出现大范围大风天气，最大风速每秒23.6米，8个乡镇都不同程度受到大风侵袭，致使套袋果树受灾严重，约有25%~35%果品及果袋一同被大风刮落。7月14日吉县东城乡出现冰雹天气，最大冰雹直径1厘米，持续时间30分钟；冰雹造成东城乡苹果受灾面积12000亩，重灾面积5000亩，造成经济损失3000万元。晋城市阳城县7月15日至18日连续4日出现强对流天气，部分地区遭遇暴雨、短时强降雨，局部伴随冰雹和大风袭击，造成干果经济林受灾面积18公顷。运城市7月份以来降水持续偏少，高温持续时间长，超过37℃和40℃以上高温日数多，使得部分县市苹果遭遇高温灼伤，对农果树等生长发育带来不利影响。晋中市平遥县出现严重夏旱，果树等农产品受灾严重。临汾市永和县7月降水特少，造成严重夏旱，林业受灾面积达1250公顷。9月21日16时48分至17时26分，吉县吉昌镇、文城乡、东城乡、车城乡、柏山寺乡、中垛乡、屯里镇出现大风天气，极大风速23.60米每秒。大风天气对苹果及设施农业造成影响，造成苹果大面积落果，大棚损毁严重，苹果受灾面积3300公顷，经济损失3000万元。

（七）气候与旅游

2017年，影响人们出行旅游的气象灾害主要有雨雪、雾霾等。年初和年末降雪、雾、霾天气较多，造成道路积冰，空气质量较差，对人们出行及身体健康都有不利影响。其中，2月20日至22日，山西省出现最强降雪天气，造成路面积雪及道路结冰，给交通运输和群众出行造成较大影响。12月13日夜间至14日白天，山西大部出现入冬以来首场降雪，导致道路湿滑、结冰，对交通运输和人们出行等产生不利影响，晋城市高速公路全线封闭。春秋季出现雾霾天气给人们出行旅游造成一定影响。

夏季初大部气温较为舒适，适宜外出游玩，中、高考结束后是学生和家长们旅游的一个小高峰；季内多地持续性的高温天气以及频繁局地强对流天气，对市民外出旅游有一定不利影响。中秋国庆假日期间，降水偏多，气温偏低，不利于人们出行和旅游。 （杨　柳）

·地震监测情况·

2017年，山西省共发生Ms≥1.0级地震115次，其中1.0~1.9地震97次，2.0~2.9地震15次，3.0~3.9地震3次，最大地震是2月9日运城市盐湖区3.3级地震。与上年相比，山西地区地震活动频次和强度明显减弱。

山西省地震监测台网布局和运行情况。2017年，山西省数字测震台网由“十五”期间新建与升级改造32个台站、“十一五”期间新建9个台站、地方16个台站，共57个组成，全年总体运行率为98.52%，向中国地震台网中心速报地震8次（包括天然地震和非天然地震），其中省内4次、邻省4次。山西区域地震前兆台网包括磁电、形变、流体（包含辅助观测）3个学科，共38个台站，其中国家台5个、省级台26个、市县台7个，运行前兆观测仪器133台套，共计414个测项，全年平均运行率为99.72%，数据连续率为99.70%，完整率为98.90%，预处理完成率为100%。山西省地震信息台网由7个台站信息节点、11个地市信息节点、2个一般台站节点、1个省局区域中心节点，共21个信息节点组成，全年网络综合运行率为99.90%。山西陆态GNSS观测网络直属和托管基准站5个，全年平均通信连通率为99.45%、数据连续率为100%、有效率为97.38%。山西强震动台网运行台站57个，全年总体运行率为99.60%，向中国地震局强震动台网中心速报地震3次。2017年，山西省地震局组织各地震台站、业务中心参加2016年度全国地震观测资料质量检查评比，获前三名测项40项，取得历史新高。

震情跟踪。2017年，山西省地震局召开各类会商会73次，其中年度地震趋势会商会1次，年中会商会1次，周、月会商会52次，紧急、加密、专题会商14次，应急会商会5次。流动水准加密观测6期，流动地磁加密观测2期。对山西北部5条断裂10条测线开展痕量氢、氡流动地球化学观测；与陕西省地震局合作对韩城断裂2条测线开展2期痕量氢、氡流动地球化学观测。现场核实异常12次，提交异常核实报告12份。开展地震趋势专题研究，召开3次晋冀蒙协作区震情跟踪专题会商会、2次晋陕豫交界地区震情跟踪专题会商会和1次石家庄至太原区域震情跟踪专题会商会。 （和　炜）

经济和社会发展统计资料

2010–2017年山西省社会经济主要指标人均水平统计表

指　　标	2010	2015	2017
地区生产总值(元)	26397	34993	42060
主要农产品产量(公斤)			
粮　食	316	359	367
油　料	4.70	3.30	4.10
甜　菜	7.20	1.50	0.20
蔬　菜	198.30	229.10	218.50
猪牛羊肉	19.30	22.90	20.90
主要工业产品产量(全社会)			
原　煤(吨)	21.17	26.44	23.62
发电量(千瓦小时)	6143.20	6721.60	7490.60
粗　钢(公斤)	870.90	1052.20	1199.80
钢　材(公斤)	818.80	1167.20	1174.30
焦　炭(吨)	2.43	2.20	2.27
水　泥(公斤)	1048.40	1035.6	1018.50
布(米)	2.10	2.10	1.00
社会消费品零售额(元)	9478	16503	18738
人民生活(元)			
在岗职工平均工资	33544	52960	61547
国　有	33119	54953	64958
集　体	21993	44114	49563
城镇居民可支配收入	15648	25828	29132
城镇居民消费支出	9793	15819	18404
农村居民可支配收入	4736	9454	10788
农村居民消费支出	3664	7421	8424
住户存款	26346	42877	50434

2010—2017年山西省国民经济与社会发展结构指标统计表

单位:%

指　　标	2010	2015	2017
男女人口比例			
男　性	51.40	51.30	51.20
女　性	48.60	48.70	48.80
人口抚养比			
总抚养比	32.80	32.60	34.30
少儿抚养比	22.70	20.60	20.90
老年抚养比	10.10	12.10	13.40
地区生产总值构成(生产法)			
第一产业	5.80	5.70	4.60
第二产业	57.20	41.10	43.70
第三产业	37.00	53.20	51.70
地区生产总值构成(支出法)			
最终消费	44.70	55.70	56.40
资本形成总额	68.20	73.20	46.10
货物和服务净出口	−12.90	−28.90	−2.50
一般公共预算支出构成			
#教　育	17.00	17.60	16.50
社会保障和就业	14.20	15.60	17.20
医疗卫生与计划生育	5.90	8.50	8.60
能源使用比例			
第一产业	2.40	2.00	1.90
第二产业	75.90	76.10	75.50
第三产业	12.00	12.20	12.60
人民生活	9.60	9.70	9.90
全社会固定资产投资构成			
第一产业	4.40	11.10	9.40
第二产业	41.40	36.80	34.30
第三产业	54.20	52.10	56.30
城乡居民人均收入比(农民=1)	3.30	2.73	2.70

2017年山西省地区生产总值构成项目统计表

单位：万元

指 标	总 计	劳动者报酬	生产税净额	固定资产折旧	营业盈余
地区生产总值	155284200	74156600	25972900	26630700	28524000
按国民经济行业分					
农、林、牧、渔业	7640600	5942800	-509300	712800	1494300
#农、林、牧、渔业服务业	449000	342200	-900	50200	57500
工业	57712200	24281500	14984900	11288600	7157200
#金属制品、机械和设备修理业	121700	84500	31300	4300	1600
建筑业	10198400	5386100	2195500	652300	1964500
批发和零售业	10785400	3008400	3279700	1096900	3400400
交通运输、仓储和邮政业	10521400	4993300	703000	1768300	3056800
住宿和餐饮业	4017700	1418400	441300	410100	1747900
信息传输、软件和信息技术服务业	6230100	2591200	457700	1716800	1464400
金融业	13200500	5673100	1820400	795500	4911500
房地产业	7987300	1157000	1714100	5022000	94200
租赁和商务服务业	2967300	1196200	271700	653800	845600
科学研究和技术服务业	1480200	904200	128100	226600	221300
水利、环境和公共设施管理业	711800	525800	26700	181000	-21700
居民服务、修理和其他服务业	3916500	1960300	182100	206200	1567900
教育	5529900	4719400	85400	706800	18300
卫生和社会工作	2411900	1702100	53300	256600	399900
文化、体育和娱乐业	1789800	1162000	119000	256300	252500
公共管理、社会保障和社会组织	8183200	7534800	19300	680100	-51000
按三次产业分					
第一产业	7191600	5600600	-508400	662600	1436800
第二产业	67788900	29583100	17149100	11936600	9120100
第三产业	80303700	38972900	9332200	14031500	17967100

2017年全社会固定资产投资主要指标

指　　标	2017
投资总额	61408894
#房地产开发投资	11662833
#农户投资	3183809
#住宅	11431746
按登记注册类型分	
内　资	60168547
港、澳、台商投资	805872
外商投资	434475
按构成分	
建筑工程	38708169
安装工程	5756242
设备工器具购置	9722448
其他费用	7222035
按第三产业分	
第一产业	5801187
第二产业	21057051
第三产业	34550656
新增固定资产	39811683
房屋建筑面积(万平方米)	
本年房屋施工面积	22792
#住宅	15661
本年房屋竣工面积	5185
#住宅	4200
本年资本来源小计	56094698
国家预算内资金	3532787
国内贷款	5409574
利用外资	91721
自筹资金	35565625
其他	11494991

2010—2017 年山西省人民物质文化生活情况统计表

指 标	2010	2015	2017
城乡居民收入(元)			
城镇居民人均可支配收入	15648	25828	29132
农村居民人均可支配收入	4736	9454	10788
在岗职工平均工资	33544	52960	61547
平均每人住房面积(平方米)			
城镇居民住房面积	28.00	32.00	32.40
农村居民住房面积	28.70	33.50	37.80
生活、文化、教育、卫生			
每百户拥有(抽样)			
彩色电视机(台)			
城镇居民	111.80	107.20	106.70
农村居民	109.00	104.60	107.00
洗衣机(台)			
城镇居民	100.70	98.90	100.00
农村居民	81.00	83.20	89.10
移动电话(部)			
城镇居民	146.60	220.60	235.90
农村居民	107.70	201.20	222.60
每人每年拥有期刊(份)	1.10	0.70	0.60
每百人每天拥有报纸(份)	16.20	15.30	14.90
每万人拥有在校大学生(人)	160.80	202.50	215.40
每千人拥有医院床位数(张)	3.10	3.80	4.20
每千人拥有卫生技术人员数(人)	5.50	5.80	6.20

2017年山西省科学研究机构及人员统计表

项　　目	机构（个）	职工人数（人）	从事科技活动人员（人）	
				大学本科及以上学历
总　计	158	10695	8817	7061
自然科学	124	9423	7720	6115
按隶属关系分				
中　央	1	528	525	433
地　方	123	8895	7195	5682
按国民经济行业分				
农、林、牧、渔业	51	3109	2589	2208
采矿业	2	128	47	47
制造业	15	786	534	376
建筑业	1	811	723	693
信息传输、软件和信息技术服务业	1	129	119	115
科学研究和技术服务业	21	1700	1528	1135
水利、环境和公共设施管理业	14	794	730	562
教　育	2	72	70	70
卫生和社会工作	13	1775	1282	849
文化、体育和娱乐业	2	84	64	34
公共管理、社会保障和社会组织	2	35	34	26
社会科学	22	956	808	711
艺术学	6	136	112	88
考古学	2	182	134	113
经济学	8	391	327	297
社会学	1	23	23	23
教育学	2	164	161	147
体育科学	2	51	42	36
统计学	1	9	9	7
情报科学	12	316	289	235

索 引

Index

说 明 (1)本索引以人名、地名、机构名称、活动名称、事件(事物)名称为主题词。(2)本索引按主题词汉语拼音字母顺序排列,主题词后面的数字和字母分别表示所在页码和分栏位置(abc 表示本页码左中右三栏)。(3)本索引主题词主要选自本年鉴正文部分,特载、大事记、附录以及图表、照片不在索引范围内。

D

F

G

J

K

L

M

N

P

Q

R

S

T

W

X

Y

Z

（编辑部）

省直单位撰稿人名单

盛　伟	省委办公厅
程永杰	省委组织部
王　正	省委宣传部
侯国柱	省委统战部
李　磊	省委政法委
张　杰	省委巡视办
吕继常	省台湾事务办
王小琴	省委机构编制办
赵　悦	省直属机关工委
尹　君	省委党史办
孟国丽	省委党校
杨卫兵	省委信访局
马召钰	省委老干部局
郭　强	省人大常委会
杜天生	省政府办公厅
王合龙	省政府参事室(文史馆)
岳剑耀	省外事侨务办
刘世锋	省扶贫开发办
周志清	省政协
杨凌渡	省纪委监察厅
王瑞成	省公安厅
杜　虹	省公安厅交管局
张　霏	省司法厅
尹桂珍	省检察院
马云跃	省高级法院
田　庆	省监狱管理局
梁智腾　卫忠梅	省财政厅
董其文	省国税局
刘晓军	省地税局
宁丽丽	省审计厅
景向发	省政府法制办
王展波	省政府发展研究中心
一　溪	省地方志办
孔跃宏	省档案局
省军志办	省军区
张勇志	省武警总队
高　博	省人民防空办
赵雅琤	民革山西省委
梁俊娜	民盟山西省委
赵柱家	民进山西省委
张云鹏	民建山西省委
杨　露　渠小梅	农工民主党山西省委
张全双	九三学社山西省委
冯学亮	省工商联
尚　翰　文慧霞	省总工会
赵舒悦	共青团山西省委
侯少华	省妇女联合会
王继龙	省科学技术协会
樊丽红	省文学艺术界联合会
许小登	省作家协会
杜伟琴	省社会科学界联合会
庞　乐	省归国华侨联合会
唐　浩　樊彩萍	省台湾同胞联谊会
侯晓俊	省红十字会
郭卓宇	省发展和改革委员会
杨　亮	省国有资产监督管理委员会
王卫国	省国土资源厅
靳国琦　王子维	省工商行政管理局
龙　颖	省能源监管办
宋慧勇　李　佳	省投资促进局
雷　靖	省质量技术监督局
关永革	省安全生产监督管理局
杨晓锋	省食品药品监督管理局
李　妍	审计署驻太原特派办
郭　帅	财政部驻山西监察专员办
乔森山	国家统计局山西调查总队
郭　瑞	省口岸办
宋　阳	太原海关
郑　罡	省检验检疫局
张奇科	省统计局
董晨阳	省经信委
王德善	省煤炭工业厅
李海涛	太原煤炭交易中心
龙　云	国网省电力公司
周继祥	省机械电子行业办
康建基	省冶金行业办
张　平	省化工行业办
刘永风	省建筑材料工业行业办
赵登斌	省国防科技工业
康雁翔	省医药行业办
高文珍	省轻工业行业办
张彦斌	省纺织业行业管理办
王　彬	省食品工业协会
边　疆	省中小企业局

冯晓东 省城镇工业联社
孙青洪 武少东 省农业厅
闫维平 省农垦局
郑晓静 省畜牧兽医局
秦永红 省农业机械管理局
朱俊菲 省农科院
贾向前 省林业厅
梁述杰 省水利厅
米玉婷 李国红 省住房和城乡建设厅
闫淑铮 山西省黄河万家寨水务集团有限公司
王　颖 王　毅 省环保厅
师国梁 陈瑞丽 省交通运输厅
孙淑环 太原铁路局
张　芮 省民航机场集团公司
刘博军 省邮政管理局
王二平 省邮政公司
任小英 省无线电管理局
魏程明 省通信管理局
于俊玲 中国电信山西分公司
黄云霞 中国联通山西分公司
张炳武 中国移动山西分公司
徐晨星 省商务厅
辛剑波 省粮食局
韩景洲 省供销社
朱永胜 省烟草专卖局
赵晓蓉 中国石化山西石油分公司
扈照轼 中国人民银行太原中心支行
赵未陆 省银监局
李　鹏 省保监局
任承业 省证监局
席晓军 中国农业发展银行山西省分行
闫洁琼 中国工商银行山西省分行
田喜成 中国农业银行山西省分行
高　歌 中国银行山西省分行
麻林楠 中国建设银行山西省分行
韩　雪 华夏银行山西省分行
王　晶 民生银行山西省分行
韩晓俊 晋商银行
夏广朝 省农村信用社联合社
杨宏东 邮政储蓄银行山西省分行
梁　曦 中国人民财产保险股份有限公司山西分公司
周苗为 太平洋财产保险股份有限公司山西分公司
王平均 中国人寿保险股份有限公司山西分公司
刘志平 太平洋人寿保险股份有限公司山西分公司
李晓光 中国平安人寿保险股份有限公司山西分公司
张建伟 省教育厅
杨先锋 省科技厅
王文斌 省测绘地理信息局
刘耀峰 省水文水资源勘测局
杨　柳 省气象局
和　炜 省地震局
徐宏新 省社会科学院
陈燕萍 省文化厅
王　岳 三晋文化研究会
李德胜 省图书馆
王振华 省文物局
丁耿彪 省新闻出版广电局
郭成强 山西日报报业集团
张　茂 省出版传媒集团
任卫军 省旅游发展委员会
韩一平 省展览馆
张红霞 中国煤炭博物馆
田若微 省博物院
李　巍 省卫生和计划生育委员会
王宏德 省体育局
田国平 任婷婷 省人力资源和社会保障厅
李春伟 省民政厅
茅立新 省民族宗教事务局
闫　鹏 省老龄工作委员会
陈贺峰 省残疾人联合会
武学亮 省慈善总会
郭　微 太原不锈钢产业园区
林广源 侯马经济开发区
许引弟 绛县经济开发区
姚洪涛 风陵渡开发区
张　弢 山西演艺(集团)有限责任公司
李慧芳 王　丽 晋能集团

市县(区)单位撰稿人名单

撰稿人	单位
编辑部	太原市地方志办公室
小店区史志办	小店区史志办公室
杨水云	迎泽区地方志办公室
刘彩秀	杏花岭区地方志办公室
朱永钢	尖草坪区地方志办公室
武超龙	万柏林区地方志办公室
晋　源	晋源区地方志办公室
杨晓霆	清徐县地方志办公室
崔振刚	阳曲县地方志办公室
张宪平	娄烦县地方志办公室
赵志英	古交市地方志办公室
冯晋慧	大同市地方志办公室
徐雅丽	城区地方志办公室
武新田	矿区史志办公室
石有团	南郊区史志馆
贺雨顺	新荣区史志办公室
张　雯	阳高县史志研究室
高志英	天镇县史志办公室
姜成晋	广灵县地方志办公室
高晓彬　刘甫花	灵丘县地方志办公室
范颖莲	浑源县史志办公室
邵明仁	左云县史志办公室
葛振婷	大同县史志办公室
王　刚　张卫萍　杨　文	阳泉市地方志办公室
王世钧	城区地方志办公室
王宏英	矿区地方志办公室
侯晋元	郊区地方志办公室
王志锋	平定县史志办公室
郝丽花	盂县史志办公室
曾晋芳	长治市地方志办公室
刘瑞林	城区史志办公室
姜玉罡	郊区地方志办公室
李书玲　杜伟峰	长治县地方志办公室
黄旭琴　李　玲	襄垣县地方志办公室
段蓓蓓	屯留县地方志办公室
张国梅	平顺县地方志办公室
王利芳	黎城县地方志办公室
王林茂	壶关县史志办公室
王卫星	长子县史志办公室
贾成丽	武乡县史志办公室
王淑红　杨佳佳	沁县史志办公室
宋江华	沁源县史志办公室
申俊良	潞城市地方志办公室
牛晋军	晋城市地方志办公室
杨　盼	城区地方志办公室
张丽霞	沁水县地方志办公室
王家胜	阳城县地方志办公室
焦国锋	陵川县志编委会办公室
张　静	泽州县史志办公室
秦皓宇	高平市地方志办公室
元雷花	朔州市地方志办公室
常凤霞　王雄一　弓　慧	朔城区地方志办公室
马　军	平鲁区地方志办公室
侯志林	山阴县史志馆
安培兴	应县史志办公室
王晓东	右玉县地方志办公室
杨志雁	怀仁县史志办公室
王　虹	晋中市史志研究院
薛丽瑾	榆次区史志办公室
杨玉文　常彩萍	榆社县史志办公室
宋　丽　韩永丽	左权县史志办公室
杨善文　张　燕	和顺县史志办公室
刘利国	昔阳县史志办公室
李丽萍	寿阳县地方志办公室
杨　扬　王少静	太谷县党史县志办公室
岳丽霞	祁县地方志办公室
籍晓莉	平遥县史志办公室
郭红霞	灵石县史志办公室
王亚丽	介休市史志办公室
张　涛	运城市地方志办公室
张瑞玲	盐湖区地方志办公室
程明清	临猗县地方志办公室
薛勇勤　张东宏	万荣县地方志办公室
樊香叶	闻喜县地方志办公室
段美云	稷山县地方志办公室
杨英杰	新绛县地方志办公室
刘　超	绛县地方志办公室
王建民	垣曲县地方志办公室
任巧杰	夏县地方志办公室
杨卯翠	平陆县地方志办公室

董少峰	芮城县地方志办公室
薛越茜	永济市地方志办公室
张丽华　柴　欣	河津市地方志办公室
赵　芳	忻州市委史志办公室
巩福荣	忻府区地方志办公室
薄振宇	定襄县史志办公室
赵世靓	五台县史志办公室
高继东	代县史志办公室
冯占军	繁峙县地方志办公室
白瑞萍　王丽萍	宁武县委史志办公室
王晓军	静乐县地方志办公室
杨向东	神池县史志办公室
朱和森	五寨县地方志办公室
贾润高	岢岚县史志办公室
白耀欢	河曲县史志办公室
武延飞	保德县史志办公室
王志刚	偏关县史志办公室
张文炳	原平市史志办公室
李艳洁	临汾市地方志办公室
张洪亮	尧都区史志办公室
张淑霞	曲沃县史志办公室
文　山	翼城县史志办公室
王建刚	襄汾县史志办公室
张甜甜	洪洞县地方志办公室
蔺燕艳	古县地方志办公室
尚晓玲	安泽县地方志办公室
许　卓　陈聪聪	浮山县地方志办公室
强培家	吉县地方志办公室
成全红	乡宁县地方志办公室
李宏伟	大宁县地方志办公室
张克强	隰县地方志办公室
马宏伟	永和县史志办公室
曹立华	蒲县地方志办公室
赵鸿虎	汾西县史志办公室
赵香琴	侯马市地方志办公室
郭秀东	霍州市史志办公室
刘翠翠	吕梁市地方志办公室
任　凯	离石区史志办公室
彭秀芬	文水县史志办公室
李大斌　燕保平　苏婷婷	交城县地方志办公室
兴　兴	兴县档案史志馆
张海红	临县地方志办公室
张景尧	柳林县地方志办公室
郑凤斌	石楼县地方志办公室
赵　丽	岚县地方志办公室
刘林林	方山县地方志办公室
李晓中	中阳县地方志办公室
武允明	交口县地方志办公室
张彩琴	孝义市地方志办公室
郭宇霞	汾阳市史志办公室

（编辑部）